CB070053

POLÍTICAS PÚBLICAS NAS LICITAÇÕES E CONTRATAÇÕES ADMINISTRATIVAS

JESSÉ TORRES PEREIRA JUNIOR

MARINÊS RESTELATTO DOTTI

POLÍTICAS PÚBLICAS NAS LICITAÇÕES E CONTRATAÇÕES ADMINISTRATIVAS

3ª edição revista, atualizada e ampliada

Belo Horizonte

Fórum
CONHECIMENTO JURÍDICO

2017

© 2009 Editora Fórum Ltda.
2012 2ª edição revista, atualizada e ampliada
2017 3ª edição revista, atualizada e ampliada

É proibida a reprodução total ou parcial desta obra, por qualquer meio eletrônico, inclusive por processos xerográficos, sem autorização expressa do Editor.

Conselho Editorial

Adilson Abreu Dallari
Alécia Paolucci Nogueira Bicalho
Alexandre Coutinho Pagliarini
André Ramos Tavares
Carlos Ayres Britto
Carlos Mário da Silva Velloso
Cármen Lúcia Antunes Rocha
Cesar Augusto Guimarães Pereira
Clovis Beznos
Cristiana Fortini
Dinorá Adelaide Musetti Grotti
Diogo de Figueiredo Moreira Neto
Egon Bockmann Moreira
Emerson Gabardo
Fabrício Motta
Fernando Rossi
Flávio Henrique Unes Pereira

Floriano de Azevedo Marques Neto
Gustavo Justino de Oliveira
Inês Virgínia Prado Soares
Jorge Ulisses Jacoby Fernandes
Juarez Freitas
Luciano Ferraz
Lúcio Delfino
Marcia Carla Pereira Ribeiro
Márcio Cammarosano
Marcos Ehrhardt Jr.
Maria Sylvia Zanella Di Pietro
Ney José de Freitas
Oswaldo Othon de Pontes Saraiva Filho
Paulo Modesto
Romeu Felipe Bacellar Filho
Sérgio Guerra
Walber de Moura Agra

Fórum
CONHECIMENTO JURÍDICO

Luís Cláudio Rodrigues Ferreira
Presidente e Editor

Coordenação editorial: Leonardo Eustáquio Siqueira Araújo

Av. Afonso Pena, 2770 – 15º andar – Savassi – CEP 30130-012
Belo Horizonte – Minas Gerais – Tel.: (31) 2121.4900 / 2121.4949
www.editoraforum.com.br – editoraforum@editoraforum.com.br

P436p   Pereira Junior, Jessé Torres

        Políticas públicas nas licitações e contratações administrativas / Jessé Torres Pereira Junior, Marinês Restelatto Dotti. - 3. ed. - Belo Horizonte : Fórum, 2017.

        791 p.
        ISBN 978-85-450-0219-2

        1. Direito público. 2. Direito constitucional. 3. Direito administrativo. 4. Direito financeiro. I. Dotti, Marinês Restelatto. II. Título.

                                    CDD: 341
                                    CDU: 342

Informação bibliográfica deste livro, conforme a NBR 6023:2002 da Associação Brasileira de Normas Técnicas (ABNT):

PEREIRA JUNIOR, Jessé Torres; DOTTI, Marinês Restelatto. *Políticas públicas nas licitações e contratações administrativas.* 3. ed. rev., atual. e ampl. Belo Horizonte: Fórum, 2017. 791 p. ISBN 978-85-450-0219-2.

SUMÁRIO

NOTA DOS AUTORES À 3ª EDIÇÃO 21

NOTA DOS AUTORES À 2ª EDIÇÃO 23

APRESENTAÇÃO..25

CAPÍTULO I
ATIVIDADE CONTRATUAL DA ADMINISTRAÇÃO E POLÍTICAS PÚBLICAS
CONSTITUCIONAIS...33

1	Introdução – Os novos paradigmas da gestão pública...33
2	O conceito de políticas públicas e suas fontes..36
3	As políticas públicas constitucionais...37
4	A política pública inscrita no art. 37, XXI, da CR/88..38
5	O dever de licitar como política pública...39
6	Contribuição da Lei nº 8.666/93 à implementação de políticas públicas.............40
6.1	Inclusão de pessoa com deficiência ou reabilitado da Previdência Social..........40
6.2	Preservação do meio ambiente..41
6.3	Promoção do desenvolvimento nacional sustentável..43
6.4	Política fundiária...43
6.5	Licitação dispensável e políticas públicas setoriais 44
6.5.1	Preservação do patrimônio histórico..45
6.5.2	Geração de emprego e inclusão social..45
6.5.3	Reequipamento das forças militares e de defesa nacional......................................46
6.5.4	Participação em força de paz internacional...47
6.5.5	Apoio ao deficiente físico..47
6.5.6	Ciência e tecnologia...48
6.5.7	Política agrícola de assistência técnica e extensão rural 49
6.5.8	Política pública de acesso à água para famílias rurais de baixa renda atingidas pela seca ou falta regular de água...49
6.5.9	Política pública de promoção, proteção e recuperação da saúde, organização e funcionamento dos serviços correspondentes 50
6.6	Leis esparsas implementadoras de políticas públicas por meio de dispensa de licitação...50
6.7	Proteção ao trabalho do menor..52
6.8	Incentivo à produção de bens e serviços de informática e automação..................52

6.8.1	Preferência na contratação de bens e serviços de informática e automação	54
6.8.1.1	Diplomas que relacionam os bens e serviços considerados de informática e automação e, ainda, regulamentam a aquisição desses objetos pela administração pública federal	57
6.8.2	Licitação restrita a bens e serviços com tecnologia desenvolvida no País e produzidos de acordo com o Processo Produtivo Básico	59
6.8.3	Incentivo ao mercado interno e à autonomia tecnológica do País	60
6.9	Margem de preferência para produtos manufaturados e serviços nacionais que atendam a normas técnicas brasileiras	61
6.9.1	Decretos federais que estabelecem margem de preferência	63
7	Políticas públicas estimuladas em normas extravagantes de licitação	65
7.1	Tratamento favorecido a microempresas, empresas de pequeno porte e cooperativas	65
7.2	Gestão de florestas	66
8	Políticas públicas e participação da sociedade	66
9	Peroração	68

CAPÍTULO II
AS LICITAÇÕES E CONTRATAÇÕES PÚBLICAS NO CENÁRIO DA GOVERNANÇA ELETRÔNICA 69

1	Introdução	69
2	O conceito de governança	71
3	O fenômeno da globalização	72
4	Políticas públicas de inclusão digital e de aperfeiçoamento da função administrativa estatal	74
5	Os desafios da governança eletrônica	76
6	Linhas de ação da governança eletrônica	77
7	Efetivação da governança eletrônica	79
8	A governança eletrônica nas licitações e contratações da administração pública	80
9	Dever de transparência e direito à participação do cidadão	82
10	Profissionalização da gestão do Estado e governança eletrônica – A experiência de Bologna	84
11	Conclusão	85

CAPÍTULO III
A TECNOLOGIA NA ATIVIDADE CONTRATUAL DO ESTADO 89

1	Contextualização do tema	89
2	A tecnologia como instrumento de gestão, em busca de melhorias contínuas	94
3	A agilidade do pregão eletrônico	99
4	Licitações sustentáveis e tecnologia	104
5	A matriz de riscos no regime diferenciado de contratação (RDC)	110
6	Conclusão	113

CAPÍTULO IV
O TRATAMENTO DIFERENCIADO ÀS MICROEMPRESAS E EMPRESAS DE PEQUENO PORTE NAS CONTRATAÇÕES PÚBLICAS, SEGUNDO AS CLÁUSULAS GERAIS E OS CONCEITOS JURÍDICOS INDETERMINADOS 117

1	Introdução	117
2	O conceito jurídico indeterminado e a cláusula geral como técnicas de elaboração da norma jurídica	119
2.1	O conceito jurídico indeterminado	119
2.2	A cláusula geral	121
3	As normas do Decreto nº 8.538/15 sob a perspectiva das cláusulas gerais e dos conceitos jurídicos indeterminados	123
3.1	Desenvolvimento econômico e social no âmbito municipal e regional	123
3.2	Ampliação da eficiência de políticas públicas	127
3.3	Incentivo à inovação tecnológica	128
3.4	Condições para ampliar a participação das pequenas e microempresas nas licitações	129
3.5	Balanço patrimonial	132
3.6	O aperfeiçoamento da regularidade fiscal	133
3.7	Devido processo legal e regime recursal	136
3.8	Devido processo legal no pregão	138
3.9	Critério de desempate	139
3.10	Negociação	141
3.11	Limites e vedação de licitação exclusiva para microempresas, empresas de pequeno porte e sociedades cooperativas	142
3.11.1	Participação exclusiva de entidades de menor porte em licitação dividida em itens ou lotes/grupos	144
3.12	A exigência de subcontratação	145
3.12.1	Limite para a subcontratação	149
3.13	Reserva de cotas	150
3.13.1	Não aplicabilidade da reserva de cota quando os itens de licitação possuírem valor estimado de até oitenta mil reais	153
3.14	Impedimentos à licitação exclusiva para pequenas empresas, à exigência de subcontratação e à reserva de cotas	153
3.15	A vinculação do tratamento diferenciado ao instrumento convocatório	156
3.16	A declaração de ser microempresa ou empresa de pequeno porte	159
4	Conclusão	162

CAPÍTULO V
AS SOCIEDADES COOPERATIVAS E O TRATAMENTO PRIVILEGIADO CONCEDIDO ÀS MICROEMPRESAS E EMPRESAS DE PEQUENO PORTE 165

1	Introdução	165
2	Duplicidade de tratamento diferenciado?	167
3	Tratamento diferenciado e princípio da igualdade	168

4	Regularização de situação fiscal em presença de restrições	172
5	O empate ficto	174
6	O tratamento privilegiado estendido às cooperativas	176
6.1	Terceirização das atividades acessórias	177
6.2	Perfil jurídico das cooperativas	180
6.3	As cooperativas nas licitações para a contratação de serviços	181
6.4	Jurisprudência dominante	182
7	Conclusão	184

CAPÍTULO VI
OBRAS E SERVIÇOS DE ENGENHARIA – O QUE IMPORTA À EFICIÊNCIA E À EFICÁCIA DE SUA CONTRATAÇÃO, QUALQUER QUE SEJA A MODALIDADE LICITATÓRIA 187

1	Contextualização do tema	187
2	O início do ciclo reformador	189
3	Projeto de Lei do Senado nº 559, de 2013	192
4	Contratando obras e serviços de engenharia, diretamente ou qualquer que seja a modalidade de licitação adotada	193
5	Distinção entre obras e serviços de engenharia	193
6	Formas de execução de obras e de prestação de serviços de engenharia na administração pública	196
7	Regimes de execução indireta	197
8	Parcelamento da execução	199
9	Planejamento e parcelamento	200
10	Fracionamento de despesas	202
11	Estudo preliminar/anteprojeto, projeto básico e projeto executivo	204
11.1	Estudo preliminar	204
11.2	Anteprojeto	205
11.3	Projeto básico	205
11.4	Características do projeto básico, segundo a Lei nº 8.666/93, na interpretação do TCU	207
11.5	Informações essenciais no projeto básico	209
11.5.1	De acordo com o Tribunal de Contas da União	211
11.5.2	De acordo com o CONFEA	211
11.5.3	De acordo com o Ministério do Planejamento, Orçamento e Gestão	212
11.5.4	De acordo com o Decreto nº 92.100/85	212
11.5.5	Orientações Técnicas IBR 001/2006 e IBR 004/2012	212
11.5.6	Elementos relacionados à Lei nº 8.666/93	212
11.5.7	Elementos complementares	213
11.6	O projeto básico é o parâmetro principal da fiscalização da execução do contrato	214
11.7	Aprovação do projeto básico	215
11.8	Licença ambiental	216

12	Subcontratação	218
12.1	A subcontratação na Lei Complementar nº 123, de 14 de dezembro de 2006, e no Decreto nº 8.538, de 06 de outubro de 2015	220
12.2	Sub-rogação	220
13	Projeto executivo	221
14	Peculiaridades do projeto básico e do projeto executivo	223
14.1	Requisitos adicionais	223
14.1.1	Critérios de sustentabilidade	223
14.2	Autoria	225
14.3	Impedimento legal do autor de projeto básico ou executivo	225
14.4	Licitação ou contratação direta com vistas à elaboração de projeto básico e/ou executivo	226
14.5	Terceirização do projeto básico e atribuição para a realização de pesquisa de preços de todos os custos unitários e global de obra ou serviço de engenharia	227
15	Anotação de Responsabilidade Técnica (ART)	227
15.1	Registro de Responsabilidade Técnica (RRT)	229
16	Cronograma físico-financeiro	229
17	Vistoria prévia no local onde será executada a obra ou prestado o serviço	232
18	Estimativa de custos nas licitações para obras e serviços de engenharia	234
19	Orçamento de obras públicas e BDI (Benefícios ou Bonificações e Despesas Indiretas)	237
19.1	Despesas indiretas	238
19.2	IRPJ e CSLL	241
19.3	Lucro	241
19.4	BDI nos aditivos contratuais para adição de novos serviços ao objeto	241
19.4.1	Detalhamento do BDI nas propostas	242
19.5	Base de cálculo do ISS	242
19.6	Variação percentual do BDI	243
19.7	Composição do BDI na proposta orçamentária	243
20	Pesquisa de preços de mercado	244
20.1	Fontes de pesquisa de preços	247
20.2	Elementos básicos da pesquisa de preços	249
20.3	A avaliação do custo da obra e da prestação de serviços	250
20.4	Deliberações do TCU acerca da pesquisa de preços	251
20.5	Pesquisa baseada na média dos preços coletados	253
20.6	Publicidade da pesquisa de preços	253
21	Jogo de planilhas	255
22	Critérios de aceitabilidade dos preços propostos	257
22.1	Critério da compatibilidade entre preços unitários e global ofertados pelos licitantes e os preços unitários e global estimados pela administração	258
22.2	Critério de aceitabilidade com base na fixação de preços máximos	260
22.3	Inexequibilidade do valor proposto	262

22.4	Apresentação de novas propostas	264
22.5	Aplicação da regra do art. 48, §3º, da Lei nº 8.666/93 na modalidade do pregão, no formato presencial	265
22.6	Aplicação da regra do art. 48, §3º, da Lei nº 8.666/93 na modalidade do pregão, no formato eletrônico	266
23	Recomposição de preços	266
23.1	Reajuste	267
23.2	Compensação financeira	268
23.3	Revisão	268
24	Repactuação de preços	269
25	Vigência contratual e exercício financeiro	271
26	Celebração de aditivo ao contrato	272
26.1	Requisitos à celebração de aditivo ao contrato	273
26.2	Duas mitigações da regra geral	273
27	Alterações contratuais unilaterais	275
27.1	Vedação à compensação de acréscimos e decréscimos contratuais	278
28	Fiscalização da execução do contrato	279
28.1	Contratação de terceiro (pessoa física ou jurídica) para auxiliar a fiscalização	283
29	Seguro	284
30	Peroração	284

CAPÍTULO VII
O DEVIDO PROCESSO LEGAL DA CONTRATAÇÃO DIRETA – DAS NORMAS GERAIS ÀS REGRAS DA COTAÇÃO ELETRÔNICA E DO CARTÃO CORPORATIVO..........287

1	Introdução	287
2	Princípios cardeais	289
3	Dispensa e inexigibilidade de licitação	290
4	Diretrizes para a formalização e instrução dos processos de contratação direta	291
4.1	O processo administrativo de contratação direta, com base no art. 17, nos incs. III e seguintes do art. 24, e no art. 25 da Lei nº 8.666/93	292
4.1.1	Processo administrativo devidamente autuado, protocolado e numerado	294
4.1.1.1	Gestão documental e proteção a documentos e arquivos	295
4.1.1.2	Autuação	296
4.1.1.3	Protocolização	296
4.1.1.4	Numeração	296
4.1.1.5	Páginas numeradas, assinatura, firma ou rubrica	296
4.1.2	Documento da administração contendo a solicitação da alienação, da compra, do serviço ou da obra	298
4.1.3	Justificativa da necessidade da contratação direta	299
4.1.3.1	Justificativa das situações de dispensa ou de inexigibilidade de licitação, com os elementos necessários à sua configuração	299

4.1.3.2	Caracterização da situação emergencial ou calamitosa que justifique a dispensa, segundo o art. 24, inc. IV, da Lei nº 8.666/93	300
4.1.3.2.1	Desídia administrativa	301
4.1.3.2.2	Prorrogação de prazo nos contratos emergenciais	302
4.1.3.2.3	Dever de motivar	304
4.1.3.2.4	Observância das formalidades e tipificação penal	304
4.1.4	Parecer técnico	306
4.1.5	Documento contendo as especificações, unidades e quantidades (compras)	307
4.1.6	Elaboração de projetos básico e executivo	308
4.1.6.1	Obrigatoriedade do projeto básico	308
4.1.6.2	Informações essenciais no projeto básico	310
4.1.6.3	Amostras ou protótipos	312
4.1.6.4	Indicação de marca	313
4.1.6.5	Exclusão de marcas	313
4.1.6.6	Padronização	314
4.1.6.7	Vedação imposta ao autor do projeto básico ou executivo	315
4.1.6.8	Aprovação do projeto básico	315
4.1.6.9	Projeto executivo	316
4.1.7	Planilha de composição de custos	318
4.1.8	Pesquisa de preços praticados no mercado	318
4.1.8.1	Pesquisa de preços (obras e serviços de engenharia)	321
4.1.8.2	Preço de mercado	323
4.1.8.3	A pesquisa de preços e o controle das despesas públicas	323
4.1.8.4	Contratação segundo o valor estimado para o objeto	323
4.1.8.5	Pesquisa de preços nas inexigibilidades	324
4.1.8.6	Recomendações do TCU sobre pesquisa de preços	324
4.1.9	Juntada das propostas de preços coletadas e indicação de outros preços obtidos de fontes diversas, se houver, elaborando-se mapa comparativo	326
4.1.10	Justificativa do preço	326
4.1.10.1	Fator preço	327
4.1.10.2	Contratação mais vantajosa	327
4.1.11	Razões da escolha do executante da obra, do prestador do serviço ou do fornecedor do bem	328
4.1.12	Declaração de exclusividade, no caso de inexigibilidade	329
4.1.13	Habilitação jurídica, regularidades fiscal e trabalhista, e declaração prevista pela Lei nº 9.854/99	331
4.1.13.1	Regularidade jurídica	331
4.1.13.2	Regularidade fiscal	332
4.1.13.2.1	Regularidade fiscal e quitação	335
4.1.13.2.2	Comprovação da regularidade com as Fazendas Federal, Estadual e Municipal	336
4.1.13.2.3	Comprovação da regularidade fiscal exigida para efeito de contratação, durante a vigência do prazo contratual	337

4.1.13.3	Regularidade trabalhista	338
4.1.13.4	Declaração da Lei nº 9.854/99 (proteção ao trabalho de menores)	338
4.1.13.5	Comprovação da qualificação técnica da futura contratada	339
4.1.14	Impedimentos de contratar com o poder público	340
4.1.14.1	Consulta a sistemas de registros cadastrais	347
4.1.14.2	Dos impedimentos e seus efeitos	347
4.1.14.3	Participação de parentes do servidor ou dirigente do órgão ou entidade pública contratante e do responsável pela contratação direta	349
4.1.14.4	Entidade empresarial regularmente constituída	355
4.1.15	Previsão de recursos para a cobertura da despesa	357
4.1.15.1	Lei Complementar nº 101/00 (Lei de Responsabilidade Fiscal)	358
4.1.16	Termo de contrato ou instrumento contratual equivalente	359
4.1.16.1	A importância de estabelecerem-se previamente as especificações do objeto e as condições de sua execução	362
4.1.16.2	Prazo de vigência contratual	362
4.1.16.3	Requisitos aplicáveis às prorrogações de contratos	364
4.1.16.4	Data para assinatura do termo de contrato ou aceite do instrumento equivalente	365
4.1.17	Inclusão de outros documentos relativos à contratação direta	366
4.1.18	Parecer jurídico	367
4.1.18.1	Parecer jurídico e aprovação de minutas de instrumento contratual	367
4.1.18.2	Competência para a emissão de parecer jurídico	368
4.1.19	Autorização motivada da autoridade competente	369
4.1.20	Comunicação à autoridade superior do ato administrativo que autoriza a dispensa ou declara a inexigibilidade de licitação, visando à ratificação e à publicação na imprensa oficial	370
4.1.20.1	Ato de autorização proferido pela autoridade da mais alta hierarquia do órgão/entidade	370
4.1.21	Publicidade do ato que autoriza a contratação direta	371
4.1.21.1	Publicidade do resumo do contrato	372
4.2	A instrução simplificada do processo administrativo de dispensa de licitação com base no art. 24, incs. I e II, da Lei nº 8.666/93	374
4.2.1	Considerações introdutórias	374
4.2.2	Formalização do processo de contratação direta com base no art. 24, incs. I e II, da Lei nº 8.666/93	375
4.2.2.1	Processo administrativo devidamente autuado, protocolado e numerado	376
4.2.2.2	Documento contendo a solicitação do material, serviço ou obra	376
4.2.2.3	Elaboração de projeto básico e executivo, no que couber, no caso de obra ou serviço, ou documento contendo as especificações, quantidades e condições para a entrega nas aquisições de bens	376
4.2.2.4	Planilha de formação de custos, no caso de obra e serviço	376
4.2.2.5	Pesquisa de preços praticados no mercado	376
4.2.2.6	Juntada dos orçamentos colhidos e elaboração de mapa comparativo	376
4.2.2.7	Justificativa do preço	377

4.2.2.8	Razões da escolha do executante da obra, do prestador do serviço, ou do fornecedor do bem	377
4.2.2.9	Previsão de recursos para a cobertura da despesa	377
4.2.2.10	Comprovações da habilitação jurídica, da regularidade fiscal e trabalhista, declaração da Lei nº 9.854/99 e comprovação de inexistência de impedimento para contratar	377
4.2.2.11	Verificação de eventual impedimento da futura contratada	377
4.2.2.12	Autorização da autoridade competente	377
4.2.2.13	Termo de contrato ou instrumento contratual equivalente	378
4.2.2.14	Parecer técnico e/ou jurídico	378
4.2.2.15	Inclusão de outros documentos relativos à contratação direta	378
4.2.3	Hipóteses de dispensa do art. 24, incs. III e seguintes, e situações de inexigibilidade do art. 25 da Lei nº 8.666/93, cuja contratação pode efetivar-se, em termos, nos moldes dos incs. I e II do art. 24	379
5	Sistema de cotação eletrônica	380
5.1	Perfil do sistema	381
5.2	Credenciamento	382
5.3	Art. 65, §1º, da Lei nº 8.666/93	382
5.4	A instrução do processo de contratação direta, pelo sistema de cotação eletrônica	382
5.4.1	Processo administrativo devidamente autuado, protocolado e numerado	382
5.4.2	Documento contendo a solicitação do material ou do serviço	382
5.4.3	Pesquisa de preços praticados no mercado	383
5.4.4	Previsão de recursos para a cobertura da despesa	383
5.4.5	Pedido de cotação eletrônica de preços	383
5.4.6	Autorização pela autoridade competente	383
5.4.7	Relatório de classificação dos fornecedores participantes da cotação	384
5.4.8	Razões da escolha do prestador do serviço ou do fornecedor do bem e justificativa do preço	384
5.4.9	Comprovações da habilitação jurídica, regularidade fiscal e trabalhista, declaração da Lei nº 9.854/99 e comprovação da inexistência de impedimento para contratar	385
5.4.10	Despacho de adjudicação e homologação	385
5.4.11	Cópia da nota de empenho emitida	386
5.4.12	Cópia da nota fiscal e/ou fatura contendo a formalização do recebimento do objeto	386
5.4.13	Pagamento	387
5.4.14	Inclusão de outros documentos relativos à contratação direta	387
6	Pagamento de despesas por meio de suprimento de fundos e utilização de cartão de pagamento do governo federal (cartão corporativo)	387
6.1	Suprimento de fundos	387
6.2	Normas regentes do suprimento de fundos	388
6.3	Concessão de suprimento de fundos	390
6.4	Limites para concessão de suprimento de fundos	392

6.4.1	Limites alterados quando o pagamento efetiva-se por meio do cartão de pagamento	392
6.4.2	Limite de despesa de pequeno vulto	392
6.4.3	Limites alterados quando da utilização dos cartões de pagamento	392
6.5	Vedações	392
6.6	O uso do Cartão de Pagamento do Governo Federal (CPGF)	393
6.7	Utilização de recursos públicos e princípio da probidade	394
6.8	Uso indevido e penalidades	394
6.9	Transparência pública e controle social	395

CAPÍTULO VIII
PRESENÇA DA ADMINISTRAÇÃO CONSENSUAL NO DIREITO POSITIVO BRASILEIRO 397

I	Súmula conceitual	397
1	Introdução	397
1.1	A supremacia da Constituição e a efetividade dos princípios	397
1.2	Os direitos fundamentais como estratégia de limitação ao poder estatal	398
1.3	O direito fundamental à boa administração	399
1.4	Da administração pública monológica à administração dialógica	399
2	A consensualidade como instrumento de gestão pública	400
2.1	Querer, poder e saber	401
2.2	Pontos de tensão com os princípios da legalidade, da impessoalidade e da indisponibilidade	401
3	A positivação da consensualidade na ordem jurídica brasileira	404
4	Conclusão	407
II	Quadro síntese da presença da administração consensual no direito positivo brasileiro	408
III	Notas explicativas ao quadro síntese	411

CAPÍTULO IX
OS IMPEDIMENTOS NOS CONTRATOS ADMINISTRATIVOS ACAUTELAM A GESTÃO PÚBLICA? 415

1	Introdução	415
2	Impedimento decorrente de sanção administrativa	416
3	Participação de entidade empresarial com objeto social similar e sócio em comum com entidade empresarial proibida de participar de licitações e contratar com o poder público	418
4	A desconsideração da personalidade jurídica na atividade contratual da administração pública	420
5	Hipóteses de improbidade administrativa	422
6	Participação de duas filiais de dada empresa, de empresa matriz e sua filial, de empresas coligadas, de empresas com sócios em comum ou de empresas cujos sócios tenham relação de parentesco	423

7	Contratação direta de pessoa jurídica na qual haja administrador ou sócio com poder de direção que mantenha relação de parentesco com o dirigente do órgão ou entidade pública contratante, ou com o responsável pela contratação	425
8	Participação de pessoa jurídica em cujos quadros houver administrador ou sócio com poder de direção que mantenha relação de parentesco com dirigente do órgão ou entidade pública licitante, ou com o responsável pela licitação	426
9	Participação de empresa cujo sócio seja associado ao autor do projeto básico em outra sociedade empresarial	428
10	Relação de parentesco entre sócio de empresa licitante e autor de projeto básico caracteriza ilegal participação indireta deste na licitação	429
11	Participação de empresa cujo sócio seja agente do órgão licitante ou contratante	430
12	Vedação constante no art. 9º, III, da Lei nº 8.666/93	431
13	Aplicação do art. 9º, III, da Lei nº 8.666/93 na fase externa da licitação, na hipótese de não mais existir vínculo do servidor alcançado pela vedação	432
14	Deputados e senadores em relações contratuais com órgãos e entidades da administração pública	433
15	Inscrição no cadastro informativo de créditos não quitados (Cadin)	435
16	Conclusão	436

CAPÍTULO X
A DESCONSIDERAÇÃO DA PERSONALIDADE JURÍDICA EM FACE DE IMPEDIMENTOS PARA PARTICIPAR DE LICITAÇÕES E CONTRATAR COM A ADMINISTRAÇÃO PÚBLICA – LIMITES JURISPRUDENCIAIS 439

1	Introdução	439
2	Hipóteses de impedimentos de participar de licitações e de contratar com o Estado	440
2.1	Impedimento decorrente de conflito de interesses	442
2.1.1	Parente de servidor ou dirigente do órgão ou entidade contratante ou do responsável pela licitação	442
2.1.2	Enteado de dirigente competente para a autorização e homologação da licitação	446
2.2	Impedimento por efeito de sanção administrativa	447
2.3	Cadastro único de fornecedores proibidos de participar de licitação e de celebrar contratos administrativos	452
3	A desconsideração da personalidade jurídica *Disregard doctrine*	453
3.1	Origem	453
3.2	Aplicabilidade	454
3.3	Positivação no ordenamento jurídico	454
3.3.1	Desconsideração da personalidade jurídica no âmbito do Código Tributário Nacional	456
3.3.2	Desconsideração da personalidade jurídica no âmbito da Consolidação das Leis Trabalhistas	457
3.4	Desconsideração da personalidade jurídica em julgados do Supremo Tribunal Federal	458

3.5	Desconsideração da personalidade jurídica em julgados do Tribunal de Contas da União	459
3.6	Requisitos que autorizam a desconsideração da personalidade jurídica	465
4	Desconsideração da personalidade jurídica no âmbito das licitações e contratações administrativas	466
4.1	Extensão, por ato administrativo, do impedimento de participar de licitação e de contratar com o poder público à sociedade constituída com o propósito de fraudá-lo	468
5	Conclusão	474

CAPÍTULO XI
DESENVOLVIMENTO SUSTENTÁVEL – A NOVA CLÁUSULA GERAL DAS CONTRATAÇÕES PÚBLICAS BRASILEIRAS 477

1	Contextualização do tema	477
2	A cláusula geral do desenvolvimento	478
3	O vínculo da sustentabilidade	480
4	O parâmetro do preço de mercado	484
5	Direito de preferência e sustentabilidade	488
6	Margens de preferência	491
7	Direito à compensação	495
8	Definições de eficácia contida	497
9	A regulamentação dos §§5º a 12 do art. 3º	502

CAPÍTULO XII
SUSTENTABILIDADE E PLANEJAMENTO: VALORES CONSTITUCIONAIS REITORES DAS CONTRATAÇÕES ADMINISTRATIVAS, NO ESTADO DEMOCRÁTICO DE DIREITO 505

1	Contextualização do tema	505
1.1	A sustentabilidade nas organizações empresariais	505
1.2	A sustentabilidade no serviço público	506
2	O planejamento na Constituição de 1988	507
3	Administração responsiva e de resultados no estado democrático de direito	513
4	A sustentabilidade como princípio regente das contratações públicas	517
5	Conclusão	524

CAPÍTULO XIII
ROTEIRO ANOTADO DE PROCEDIMENTOS LICITATÓRIOS MEDIANTE PREGÃO (PRESENCIAL E ELETRÔNICO) E PARA A FORMAÇÃO DE SISTEMA DE REGISTRO DE PREÇOS 527

Parte I	Licitar mediante pregão	527
1	Devido processo legal	527
1.1	Introdução	527
1.2	Fases interna e externa	528

1.3	Normas que disciplinam a fase interna	528
1.3.1	Abertura de processo administrativo, devidamente autuado, protocolado e numerado	532
1.3.1.1	Processo administrativo obrigatório	532
1.3.1.2	Gestão documental e proteção a documentos e arquivos	532
1.3.1.3	Autuação	533
1.3.1.4	Protocolo	533
1.3.1.5	Numeração	533
1.3.1.6	Páginas numeradas, assinatura, firma ou rubrica	533
1.3.2	Solicitação do objeto	535
1.3.3	Justificativa/motivação da contratação	535
1.3.4	Autorização para a instauração da licitação	536
1.3.4.1	Bens e serviços de natureza comum	537
1.3.4.2	Bens e serviços de tecnologia da informação	540
1.3.4.3	Justificativa para não utilização do pregão, na forma eletrônica	540
1.3.5	Elaboração do termo de referência	542
1.3.5.1	Conteúdo básico do termo de referência	547
1.3.5.1.1	Proibição de especificações que limitem ou frustrem o caráter competitivo do certame	547
1.3.5.1.2	Definição de unidades e quantidades	548
1.3.5.1.3	Relação entre necessidade da contratação e quantidade do objeto	549
1.3.5.1.4	Licitação por lotes (grupos)	549
1.3.5.1.5	Licitação por itens	550
1.3.5.1.6	Demonstrativo de resultados a serem alcançados	552
1.3.5.1.7	Padronização (compras)	552
1.3.5.1.8	Indicação de marca (compras)	553
1.3.5.1.8.1	Exclusão de marca	555
1.3.5.1.9	Amostras ou protótipos (compras)	555
1.3.5.1.10	Margem de preferência (compras e serviços)	557
1.3.5.1.11	Condições relacionadas à subcontratação (compras e serviços)	560
1.3.5.1.12	Vistoria ou visita (serviços)	560
1.3.5.1.13	Fornecimento de peças ou materiais (serviços)	562
1.3.5.1.14	Transição contratual (serviços)	562
1.3.5.1.15	Direitos da administração contratante segundo a IN nº 02, de 30.04.2008, do MPOG (serviços)	563
1.3.5.1.16	Critério de mensuração dos serviços	563
1.3.5.1.17	Critérios de aceitação das propostas (compras e serviços)	565
1.3.5.1.17.1	Compatibilidade com o preço estimado	565
1.3.5.1.17.2	Fixação de preços máximos	565
1.3.5.1.17.3	Maior percentual de desconto sobre tabela de preço praticada no mercado	568
1.3.5.1.17.4	Menor taxa de administração	569
1.3.5.1.18	Prazo para início e conclusão do objeto, periodicidade da prestação dos serviços ou prazo de entrega dos bens (compras e serviços)	571

1.3.5.1.19	Critério de aceitação do objeto e prazo para substituições (compras e serviços)	571
1.3.5.1.20	Fixação de prazos para os recebimentos provisório e definitivo (compras e serviços)	572
1.3.5.1.21	Prazo de validade ou de garantia (compras e serviços)	573
1.3.5.1.22	Obrigações do contratado e contratante	574
1.3.5.1.23	Procedimentos de fiscalização, atestação e gerenciamento do contrato	575
1.3.5.1.24	Local de entrega dos bens ou da prestação dos serviços	577
1.3.5.1.25	Prazo para assinatura do termo de contrato ou aceite/retirada do instrumento equivalente	578
1.3.5.1.26	Sanções	578
1.3.5.1.26.1	Inserção das sanções no edital ou em seus anexos	580
1.3.5.1.27	Fusão, cisão e incorporação do licitante/contratado	581
1.4	Pesquisa de preços praticados pelo mercado/orçamento	581
1.4.1	Publicidade da pesquisa de preços/orçamento	587
1.5	Custos da prestação do serviço, com a respectiva metodologia (orçamento detalhado em planilhas de composição de custos)	588
1.6	Aprovação motivada do termo de referência	590
1.7	Indicação dos recursos orçamentários	590
1.8	Designação do pregoeiro e da equipe de apoio	593
1.9	Elaboração do edital	596
1.9.1	Anexos do edital	597
1.9.1.1	Termo de referência	597
1.9.1.2	Planilha de formação de custos	597
1.9.1.3	Modelo de declaração (vedação à contratação de menor)	597
1.9.1.4	Modelo de declaração de que o licitante cumpre plenamente os requisitos de habilitação	598
1.9.1.5	Modelo de declaração de que o licitante não ultrapassou o limite de faturamento e que cumpre os requisitos estabelecidos no art. 3º da Lei Complementar nº 123/06, estando apto a usufruir do tratamento favorecido estabelecido nos arts. 42 ao 49 da referida Lei Complementar	598
1.9.1.6	Termo de contrato, se for o caso	598
1.10	Análise pela assessoria jurídica	601
1.10.1	Análise jurídica e minuta padrão	601
1.10.2	Discordância do parecer jurídico	604
1.11	Publicação do edital	607
2	Modelos de editais e seus anexos	608
2.1	Edital pregão eletrônico (compra)	608
2.1.1	Termo de contrato (compra) – Anexo	622
2.2	Edital pregão eletrônico (prestação de serviços)	625
2.2.1	Termo de contrato (prestação de serviços)	640
2.3	Edital pregão presencial – Compra	644
2.3.1	Anexos	658
2.3.1.1	Declarações	658
2.3.1.2	Propostas	659

2.4	Edital pregão presencial – Prestação de serviços	659
3	Licitações exclusivas a microempresas, empresas de pequeno porte e sociedades cooperativas	675
3.1	Edital pregão eletrônico – Compra – Art. 6º do Decreto nº 8.538/15 (contratação exclusiva de ME, EPP e sociedade cooperativa)	676
Parte II	Licitar para a formação de Sistema de Registro de Preços	687
1	Devido processo legal	687
1.1	Escolha entre concorrência ou pregão (presencial e eletrônico)	688
1.2	A instauração da licitação independe da indicação de recursos orçamentários	688
1.3	As contratações se efetivarão na medida das necessidades	689
1.4	Fixação da quantidade total estimada, por item, e dos quantitativos mínimos e máximos para cada aquisição	690
1.5	Critérios de aceitabilidade de preço	690
1.6	Participação de empresas de pequeno porte e microempresários	691
1.7	Registro de vários fornecedores para atingir o total estimado	692
1.8	Fracionamento indevido de despesas	693
1.9	Redução do número de licitações	696
1.10	Redução do volume de estoques	696
1.11	Beneficiamento de órgão ou entidade da administração pública que não participou do certame	696
1.12	Documentos e atos administrativos que, de ordinário, devem instruir o processo de adesão à ata de registro de preços	697
1.13	Reanálise pela assessoria jurídica	700
1.14	Impedimento de contratar	701
1.15	Comprovação da regularidade fiscal	702
1.16	Garantia do preço e reajuste	703
1.17	Revisão do preço registrado diante de redução e elevação do praticado no mercado	704
1.18	Publicação do aviso	704
1.18.1	Publicação da ata de registro de preços	704
1.19	Competência para a aplicação de penalidades	705
1.20	Intenção de Registro de Preços (IRP)	706
1.21	Elenco exemplificativo das hipóteses preferenciais do SRP	707
1.22	Requisitos que devem integrar o edital de licitação para o sistema de registro de preços	709
2	Modelos	710
2.1	Edital pregão eletrônico – Sistema de registro de preços (compra)	710
2.2	Ata de registro de preços (compra)	725
3	Procedimentos	729
3.1	Pregão eletrônico	729
3.2	Pregão presencial	735
4	Notas explicativas	738
REFERÊNCIAS		787

NOTA DOS AUTORES À 3ª EDIÇÃO

A Editora Fórum transmitiu aos autores o interesse que os seus leitores e assinantes manifestavam quanto à revisão e atualização deste livro, notadamente porque, nos quatro anos que se seguiram à segunda edição (2012), mudanças significativas ocorreram no sistema normativo regente da atividade contratual do estado brasileiro, sobretudo com a edição do chamado Regime Diferenciado de Contratação – RDC, inicialmente concebido para disciplinar, em novos termos, a contratação de obras, serviços e compras destinados a atender aos eventos que o país sediaria (Copa do Mundo e Olimpíadas), e depois progressivamente estendido a programas e projetos vinculados à efetivação de direitos sociais fundamentais nos campos da educação, da saúde, da ciência e tecnologia, dos transportes.

O interesse convolou-se em repto na medida em que dados divulgados pelo Tribunal de Contas da União informavam que, nesse quadriênio, mais de 90% do total das licitações e contratações realizadas com recursos federais, em todo o país, passaram a aplicar o RDC, que, todavia, além de portar novidades normativas com projeções estratégicas, gerenciais e operacionais no cotidiano da atividade contratual do estado brasileiro, remete, ainda, às vetustas soluções da Lei Geral das Licitações e Contratações – a vintenária Lei nº 8.666/93 – e à evolução trazida pela legislação instituidora da modalidade do pregão, presencial e eletrônico – a partir da Lei nº 10.520/02 –, além de alterações que foram introduzidas no estatuto das pequenas e microempresas, da multiplicação de normas técnicas influentes sobre requisitos de sustentabilidade que passaram a ser exigidos em projetos básicos e editais de licitações, e culminando com a edição, já em 2016, do estatuto das empresas estatais, esperado pela ordem jurídica administrativa brasileira desde a Emenda Constitucional nº 19, que o prometeu em 1998.

Tudo a compor um cenário dinâmico de transição, gerador de circulares transformações sistêmicas nos processos por meio dos quais a administração pública brasileira, em todas as esferas da federação, promove as licitações e contratações de compras, obras e serviços, mobilizadoras de um volume de recursos oscilante, a cada exercício financeiro, situando-se entre 13% e 16% do Produto Interno Bruto, ou seja, mais de trezentos bilhões de reais ao ano.

Não fosse tal bastante, ainda a sociedade brasileira assiste, atordoada, a revelações de mazelas e desvios de dinheiro público na atividade licitatória e contratual do estado, trazidas à luz do dia por investigações e procedimentos criminais notoriamente envolventes de variados escalões da gestão pública, de modo a acrescentar ingrediente peculiar à formulação de vertentes necessariamente inovadoras de políticas públicas. Estas, doravante, a par de promoverem a efetivação de direitos fundamentais constitucionais, devem cogitar de instrumentos aptos a precatar os investimentos públicos de decisões e práticas ruinosas, acentuando medidas de controle e responsabilização, inevitavelmente distinguindo as competências para promovê-las.

Fica claro o quadro de desafios que esta terceira edição das *Políticas públicas nas licitações e contratações administrativas* haveria de enfrentar para responder ao interesse manifestado pelos leitores das edições anteriores e manter-se atualizada quanto aos aspectos jurídicos e administrativos do tema, sem a pretensão, por imprópria nesta sede, de especular sobre acertos e erros estritamente políticos na escolha dessa ou daquela tendência de maior ou menor intervencionismo estatal. É o que a nova edição propõe, deixando, como sempre, ao crivo dos que a honrarem com seu exame, a avaliação de haver razoavelmente atendido às expectativas.

NOTA DOS AUTORES À 2ª EDIÇÃO

Não apenas o desempenho da primeira edição, esgotada em menos de dois anos, anima o lançamento desta segunda edição. Houve inúmeros avanços na legislação e na jurisprudência sobre os temas versados desde então, que importava atualizar, como ora se apresenta. E sobrevieram duas notáveis contribuições, igualmente da legislação e da jurisprudência, a ponto de justificar o acréscimo de dois novos capítulos: a tomada de posição dos tribunais em favor de estender aos contratos administrativos a teoria da desconsideração da personalidade jurídica; e a inserção, na Lei Geral das Licitações e Contratações, com a qualidade de cláusula geral, do compromisso com o desenvolvimento sustentável.

A primeira contribuição torna possível à administração pública buscar, no patrimônio pessoal dos sócios da empresa contratada inadimplente, a reparação dos danos suportados pelo erário quando o inadimplemento decorrer de má gestão da empresa, observados os requisitos que assim autorizam na lei civil, em situações excepcionais.

A segunda contribuição tende a repercutir sobre todos os passos da fase interna e sobre todos os procedimentos da fase externa do processo das contratações públicas, precedidas ou não de licitação, na medida em que a administração passa a ter o dever jurídico — não apenas uma exortação politicamente correta — de estabelecer exigências e exigir o atendimento pelo mercado a requisitos de sustentabilidade.

Tanto a aplicação da desconsideração da personalidade jurídica aos contratos administrativos, após cerca de quarenta anos de sua admissão no direito societário privado, quanto a cogência de requisitos de sustentabilidade na contratação de compras, obras e serviços alçam-se a novos itens da política pública traçada pela ordem jurídica brasileira, a partir da Constituição de 1988, para a atividade contratual do Estado.

Esta segunda edição vem a lume, portanto, sob o signo da pós-modernidade, que parece iluminar os caminhos do direito público nacional no limiar do século XXI, a descerrar novos horizontes para a sociedade, os direitos fundamentais e a dignidade da pessoa humana.

APRESENTAÇÃO

A Constituição da República de 1988 entendeu de agasalhar, pela vez primeira na história do direito constitucional brasileiro, disposições acerca dos contratos de compras, obras, serviços e alienações pela administração pública. Considerando que sempre foram objeto de tutela normativa infraconstitucional, desde o Império, extraordinária e nova dimensão se há de extrair da elevação dos contratos administrativos ao *status* de tema constitucional.

O significado decerto que se encontra no movimento constitucionalista que se desenvolveu, em âmbito mundial, a partir da segunda metade do século passado, com o fim de estabelecer a supremacia da Constituição, na qualidade de documento por meio do qual uma sociedade define os sistemas, regimes e formas de organização estatal e traça as políticas públicas que os governos instituídos haverão de efetivar. Na medida em que a Constituição define o sistema e traça as políticas que reputa prioritárias, ficam a estas vinculados, por força da supremacia da Constituição, todos os poderes constituídos e os seus respectivos agentes.

Recorde-se, em brevíssimo bosquejo, o processo histórico de formação do conceito de política pública. Seus principais elementos podem ser descortinados no respectivo verbete do *Dicionário enciclopédico de teoria e de sociologia do direito* (tradução para o português coordenada por Vicente de Paulo Barreto, a partir da segunda edição do original francês, dirigida por André-Jean Arnaud. Renovar, 1999. p. 605-607).

O conceito: "Conjunto de atos e de não-atos que uma autoridade pública decide pôr em prática para intervir, ou não intervir, num domínio específico". O adjetivo "pública" distingue o conceito de política relacionado ao conflito entre interesses heterogêneos que implica o exercício do poder (*politics*), do conceito de política relacionado ao conteúdo das escolhas e ações de uma autoridade que exerça o estatuto governamental (*policy*).

Estrutura-se no período que se segue à II Grande Guerra, de 1939-1945, quando as sociedades, repensando os meios e caminhos para soerguerem-se da destruição provocada pelo conflito bélico planetário, e vendo acentuarem-se as complexidades de suas novas interações, passam a exigir uma gestão fundada na correta identificação de problemas e na escolha de soluções que sejam eficientes e eficazes para resolvê-los. Percebe-se, nítida, a existência de uma relação de causalidade entre a escolha de certos instrumentos (orçamentários e institucionais) e a produção de certos efeitos ou impactos sobre a organização social e a qualidade de vida das pessoas.

Entre 1965-1970, surge o "gerenciamento público" como área de formação profissional de gestores voltados para decisões mais racionais e eficazes na direção das ações estatais. Aceita-se que uma política pública se decomponha em cinco segmentos sucessivos e intercomplementares de atividades: a identificação do problema cuja inclusão na agenda governamental se justifica; a formulação de soluções e respostas para o problema identificado; a implementação dessas soluções; a avaliação, isto é, como os efeitos da implementação são percebidos pelos destinatários da política e sua influência sobre novas ações; e a gestão das interfaces entre as várias políticas, reconhecendo-se que nenhuma delas pode ser isolada.

Tais conceitos e perspectivas permeiam, hoje, a gestão daqueles estados nacionais que se deram conta de que, esgotado o período histórico da modernidade — em que se acumularam quatro gerações de direitos fundamentais reconhecidos e proclamados, a começar dos direitos individuais da Revolução Francesa e da declaração de independência das colônias norte-americanas, no século XVIII, e a findar, passando pelos direitos sociais, coletivos e difusos, com o reconhecimento do direito ao meio ambiente ecologicamente equilibrado, mais de duzentos anos depois da primeira geração —, cumpre-lhes atuar como garante desses direitos e abrirem-se para outra era histórica, dita pós-moderna, em que não basta a proclamação dos direitos em abstrato, sendo imperativo torná-los efetivos e acessíveis para todos, sem discriminação, nem exclusão, e em tempo hábil.

Daí as mais recentes Constituições (as de Espanha e Portugal, na década de 1970, são paradigmáticas) virem estabelecendo, em seu próprio texto, políticas públicas que visam a assegurar, por definição, o mínimo existencial compatível com a dignidade humana.

A repercussão desse ideário da pós-modernidade revoluciona a compreensão acerca da possibilidade de exercer-se controle sobre a implementação das políticas públicas traçadas na Constituição. Entre nós, a jurisprudência do Supremo Tribunal Federal vem desenhando novos parâmetros. O processo de maturação teve início em 1993, com o julgamento da ADIn nº 319-DF, na qual o STF considerou constitucional a Lei Federal nº 8.039/90, que autorizava o poder público a controlar os preços de mensalidades praticados por escolas particulares, como decorrência de política pública fixada na Constituição (v. *RTJ* nº 149/93, p. 666-692).

No RE nº 410.715-5/SP, a Corte Suprema desdobrou e explicitou, em 2005, os demais aspectos da supremacia dessas políticas ao examinar recurso do Município de Santo André contra decisão que deu pela procedência de pleito deduzido pelo Ministério Público de São Paulo, em ação civil pública destinada a compelir o Município a providenciar o atendimento, em creche e pré-escola, a crianças de até seis anos de idade, direito assegurado pela CF/88, art. 208, IV, e imposto como dever jurídico à execução dos Municípios por seu art. art. 211, §2º.

O Município de Santo André articulou a defesa conservadora habitual: "Importam na situação de atendimento organizado a centenas de crianças a qualidade, a segurança e a proteção, dentro da razoabilidade que o orçamento público permite (...) A carência de novos aportes de recursos para financiar a educação infantil limitou o atendimento em todo o Município e a possibilidade de ampliação do atendimento em educação infantil (...) considerando a enorme demanda de crianças carentes de creches ou pré-escola no âmbito do Município, e considerando que as instituições de ensino público em funcionamento abrigam crianças matriculadas muito acima do limite de vagas e da capacidade das salas de aulas, em razão de dezenas de liminares judiciais, obviamente há grande comprometimento do erário, da ordem administrativa, da qualidade do ensino e da educação transmitida aos abrigados (...) Os deferimentos das medidas liminares e das sentenças, obrigando as matrículas de crianças em creches, adequando o Estatuto da Criança e do Adolescente à realidade fática, não pode vigorar, pois essa disposição configura indevida ingerência do Judiciário no poder discricionário do Executivo, o que difere do poder jurisdicional em analisar a legalidade dos atos administrativos".

Seguem-se excertos do voto do relator, Ministro Celso de Mello, a que, referendado à unanimidade de seus pares, se atrela o fio condutor dos capítulos reunidos neste livro, *verbis*:

> Não assiste razão à parte ora recorrente, eis que a decisão agravada ajusta-se, com integral fidelidade, aos postulados constitucionais que informam, de um lado, o direito público subjetivo à educação e que impõem, de outro, ao Poder Público, notadamente ao Município (CF, art. 211, §2º), o dever jurídico-social de viabilizar, em favor das crianças de zero a seis anos de idade (CF, art. 208, IV), o efetivo acesso e atendimento em creches e unidades de pré-escola (...)
>
> (...) o direito à educação — que representa prerrogativa constitucional deferida a todos (CF, art. 205), notadamente às crianças (CF, arts. 208, IV, e 227, *caput*) —, qualifica-se como um dos direitos sociais mais expressivos, subsumindo-se à noção dos direitos de segunda geração (*RTJ* 164/158-161), cujo adimplemento impõe, ao Poder Público, a satisfação de um dever de prestação positiva, consistente num *"facere"*, pois o Estado dele só se desincumbirá criando condições objetivas que propiciem, aos titulares desse mesmo direito, o acesso pleno ao sistema educacional, inclusive ao atendimento, em creche e pré-escola, "às crianças de zero a seis anos de idade" (...)
>
> O alto significado social e o irrecusável valor constitucional de que se reveste o direito à educação infantil — ainda mais se considerado em face do dever que incumbe, ao Poder Público, de torná-lo real, mediante concreta efetivação da garantia de "atendimento em creche e pré-escola às crianças de zero a seis anos de idade" (CF, art. 208, IV) — não podem ser menosprezados pelo Estado, "obrigado a proporcionar a concretização da educação infantil em sua área de competência" (Wilson Donizeti Liberati, Conteúdo Material do Direito à Educação Escolar, *in* Direito à Educação: Uma questão de Justiça, p. 236/238, item 3.5, 2004, Malheiros), sob pena de grave e injusta frustração de um inafastável compromisso constitucional, que tem, no aparelho estatal, o seu precípuo destinatário (...)
>
> O objetivo perseguido pelo legislador constituinte, em tema de educação infantil, especialmente se reconhecido que a Lei Fundamental da República delineou, nessa matéria, um nítido programa a ser implementado mediante adoção de políticas públicas conseqüentes e responsáveis — notadamente aquelas que visem a fazer cessar, em favor da infância carente, a injusta situação de exclusão social e de desigual acesso às oportunidades de atendimento em creche e pré-escola —, traduz meta cuja não-realização qualificar-se-á como uma censurável situação de inconstitucionalidade por omissão imputável ao Poder Público (...)
>
> Ao julgar a ADPF 45/DF (Informativo STF 345/2004), salientei que o Supremo Tribunal Federal, considerada a dimensão política da jurisdição constitucional outorgada a esta Corte, não pode demitir-se do gravíssimo encargo de tornar efetivos os direitos econômicos, sociais e culturais, que se identificam — enquanto direitos de segunda geração (como o direito à educação, p.ex.) — com as liberdades positivas, reais ou concretas. (*RTJ* 164/158-161)
>
> É que, se assim não for, restarão comprometidas a integridade e a eficácia da própria Constituição, por efeito de violação negativa do estatuto constitucional, motivada por inaceitável inércia governamental no adimplemento de prestações positivas impostas ao Poder Público, consoante já advertiu, em tema de inconstitucionalidade por omissão, por mais de uma vez (*RTJ* 175/1212-1213), o STF: "O desrespeito à Constituição tanto pode ocorrer mediante ação estatal quanto mediante inércia governamental. A situação de inconstitucionalidade pode derivar de um comportamento ativo do Poder Público, que age ou edita normas em desacordo com o que dispõe a Constituição, ofendendo-lhe, assim, os preceitos e os princípios que nela se acham consignados. Essa conduta estatal, que importa em um *facere* (atuação positiva), gera a inconstitucionalidade por ação. Se o Estado deixar de adotar as medidas necessárias à realização concreta dos preceitos da Constituição, em ordem a torná-los efetivos, operantes e exeqüíveis, abstendo-se, em

conseqüência, de cumprir o dever de prestação que a Constituição lhe impôs, incidirá em violação negativa do texto constitucional. *Desse non facere ou non praestare resultará a inconstitucionalidade por omissão, que pode ser total, quando é nenhuma a providência adotada, ou parcial, quando é insuficiente a medida efetivada pelo Poder Público* (...) A omissão do Estado — que deixa de cumprir, em maior ou em menor extensão, a imposição ditada pelo texto constitucional — qualifica-se como comportamento revestido da maior gravidade político-jurídica, eis que, mediante inércia, o Poder Público também desrespeita a Constituição, também ofende direitos que nela se fundam e também impede, por ausência de medidas concretizadoras, a própria aplicabilidade dos postulados e princípios da Lei Fundamental". (*RTJ* 185/794-796, Pleno)

É certo — tal como observei no exame da ADPF 45/DF (Informativo STF, 345/04) — que não se inclui, ordinariamente, no âmbito das funções institucionais do Poder Judiciário — e nas desta Suprema Corte, em especial — a atribuição de formular e de implementar políticas públicas (ANDRADE, José Carlos Vieira de. *Os direitos Fundamentais na Constituição Portuguesa de 1976*, Coimbra: Almedina, 1987. p. 207, item 05), pois, nesse domínio, como adverte a doutrina (BUCCI, Maria Paula Dallari. *Direito Administrativo e Políticas Públicas*. São Paulo: Saraiva, 2002.), o encargo reside, primariamente, nos Poderes Legislativo e Executivo.

Impende assinalar, no entanto, que tal incumbência poderá atribuir-se, embora excepcionalmente, ao Poder Judiciário, se e quando os órgãos estatais competentes, por descumprirem os encargos político-jurídicos que sobre eles incidem em caráter mandatório, vierem a comprometer, com tal comportamento, a eficácia e a integridade de direitos individuais e/ou coletivos impregnados de estatura constitucional, como sucede na espécie ora em exame.

Não deixo de conferir, assentadas tais premissas, significativo relevo ao tema pertinente à "reserva do possível" (HOLMES, Stephen ; SUNSTEIN, Cass R. *The Cost of Rights*.New York: Norton, 1999; BARCELOS, Ana Paula de. *A eficácia jurídica dos princípios constitucionais*. Rio de Janeiro: Renovar,2002. p. 245-246; GALDINO, Flávio. *Introdução à teoria dos custos dos direitos*.Rio de Janeiro: Lúmen Juris, 2005. p. 190-198, itens 9.6 e 9.6, e p. 345-347, item 15.3), notadamente em sede de efetivação e implementação (sempre onerosas) dos direitos de segunda geração (direitos econômicos, sociais e culturais), cujo adimplemento, pelo Poder Público, impõe e exige, deste, prestações estatais positivas concretizadoras de tais prerrogativas individuais e/ou coletivas.

"Não se ignora que a realização dos direitos econômicos, sociais e culturais — além de caracterizar-se pela gradualidade de seu processo de concretização — depende, em grande medida, de um inescapável vínculo financeiro subordinado às possibilidades orçamentárias do Estado, de tal modo que, comprovada, objetivamente, a alegação de incapacidade econômico financeira da pessoa estatal, desta não se poderá razoavelmente exigir, então, considerada a limitação material referida, a imediata efetivação do comando fundado no texto da Carta Política.

Não se mostrará lícito, contudo, ao Poder Público, em tal hipótese, criar obstáculo artificial que revele — a partir de indevida manipulação de sua atividade financeira e/ou político-administrativa — o ilegítimo, arbitrário e censurável propósito de fraudar, de frustrar e de inviabilizar o estabelecimento e a preservação, em favor da pessoa e dos cidadãos, de condições materiais mínimas de existência (...)

Cumpre advertir, desse modo, na linha de expressivo magistério doutrinário (PORT, Otávio Henrique Martins. *Os direitos sociais e econômicos e a discricionariedade da administração pública*. [S.l]: RCS, 2005. p. 105-110, item 6, e p. 209-211, itens 17-21.), que *a cláusula da 'reserva do possível' — ressalvada a ocorrência de justo motivo objetivamente aferível — não pode ser invocada, pelo Estado, com a finalidade de exonerar-se, dolosamente, do cumprimento de suas obrigações constitucionais, notadamente quando, dessa conduta governamental negativa, puder resultar nulificação ou, até mesmo, aniquilação de direitos constitucionais impregnados de um sentido de essencial fundamentalidade* (...)

Tratando-se de típico direito de prestação positiva, que se subsume ao conceito de liberdade real ou concreta, a educação infantil (...) tem por fundamento regra constitucional cuja densidade normativa não permite que, em torno da efetiva realização de tal comando, o Poder Público, especialmente o Município (CF, art. 211, §2º), disponha de um amplo espaço de discricionariedade que lhe enseje maior grau de liberdade de conformação, e de cujo exercício possa resultar, paradoxalmente, com base em simples alegação de mera conveniência e/ou oportunidade, ou, ainda, com apoio em 'argumentos de natureza política e econômica' (APPIO, Eduardo. *Controle judicial das políticas públicas no Brasil*. Curitiba: Juruá, 2005. p. 233-237), a nulificação mesma dessa prerrogativa essencial (...)

Cabe referir, ainda, neste ponto, ante a extrema pertinência de suas observações, a advertência de Luíza Cristina Fonseca Frischeisen, ilustre Procuradora Regional da República (FRISCHEISEN, Cristina Fonseca. Políticas públicas: a responsabilidade do administrador e o Ministério Público,. São Paulo: Max Limonad, 2000. p. 59, 95 e 97), cujo magistério, a propósito da limitada discricionariedade governamental em tema de concretização das políticas públicas constitucionais, assinala: '(...) o administrador está vinculado às políticas públicas estabelecidas na Constituição Federal; a sua omissão é passível de responsabilização e a sua margem de discricionariedade é mínima, não contemplando o não fazer (...) o administrador público está vinculado à Constituição e às normas infraconstitucionais para a implementação das políticas públicas relativas à ordem social constitucional, ou seja, próprias à finalidade da mesma: o bem-estar e a justiça social (...) Conclui-se que o administrador não tem discricionariedade para deliberar sobre a oportunidade e a conveniência de implementação de políticas públicas discriminadas na ordem social constitucional, pois tal restou deliberado pelo Constituinte e pelo legislador que elaborou as normas de integração (...) As dúvidas sobre essa margem de discricionariedade devem ser dirimidas pelo Judiciário, cabendo ao Juiz dar sentido concreto à norma e controlar a legitimidade do ato administrativo (omissivo ou comissivo), verificando se o mesmo não contraria sua finalidade constitucional, no caso, a concretização da ordem social constitucional".

Tenho para mim, presente tal contexto, que os Municípios não poderão demitir-se do mandato constitucional, juridicamente vinculante, que lhes foi outorgado pelo art. 208, IV, da Carta Política, e que representa fator de limitação da discricionariedade político-administrativa dos entes municipais, cujas opções, tratando-se de atendimento das crianças em creche, não podem ser exercidas de modo a comprometer, com apoio em juízo de simples conveniência ou de mera oportunidade, a eficácia desse direito básico de índole social, mesmo que, tal como adverte a doutrina (SCAFF, Fernando Facury. Reserva do Possível, Mínimo Existencial e Direitos Humanos. *Interesse Público*, n. 32, p. 213-226, 2005), a liberdade de conformação do Estado, em tema de implementação de direitos assegurados pelo próprio texto constitucional, está vinculada ao postulado da supremacia da Constituição.

Desenhado o quadro pela Corte guardiã da Constituição, verifica-se que, quando o art. 37, inciso XXI, desta estatui que, ressalvadas as exceções previstas na legislação, compras, obras, serviços e alienações devem ser contratados mediante processo de licitação, está também a traçar uma política de observância obrigatória por todos os órgãos e entidades que desempenhem função administrativa, em qualquer dos Poderes da União, dos Estados, do Distrito Federal e dos Municípios. Até porque poderia a Constituição, como documento criador de uma nova ordem, entender de consagrar outra solução, como, por exemplo, a de entregar à discrição das autoridades competentes a escolha daqueles a quem a administração pública contrataria aqueles objetos, como, aliás, José Roberto Dromi recorda ser a regra nos Estados liberais ("En materia de selección del contratista estatal, el principio general es que la Administración puede elegir libre y directamente la persona con la cual contratará; solo un texto normativo expreso, genérico o específico en sentido contrario deja sin efecto tal principio" – DROMI, José Roberto. *La licitación pública*. Buenos Aires: Astrea, 1977. p. 81).

A opção que o Texto de 1988 quer ver realizada por meio de certames seletivos públicos vincula todos os gestores, no Executivo, no Legislativo e no Judiciário, traduzindo a existência de: (a) um princípio, no sentido de que há o dever geral de contratar através de licitação; (b) um processo, na acepção de que a competição e o contrato são o resultado de um processo jurídico-administrativo formal; e (c) um procedimento, por que cada processo deve seguir o rito preestabelecido pertinente.

Sempre que o princípio, o processo ou o procedimento seja desrespeitado, viola-se política constitucional, a atrair, se emenda não houver pela própria administração (STF, Súmula nº 473), a intervenção do controle externo, exercido pelo Tribunal de Contas ou Judicial competente, o primeiro de ofício ou provocado por representação, e o segundo sempre e tão só mediante provocação da parte que se entender lesada pela violação, ou, com base em legitimação extraordinária, pelo Ministério Público, por meio da ação civil pública.

Por outro lado, sendo esses contratos, como são, sedes constitutivas de direitos e obrigações, que, uma vez exercitados aqueles e adimplidas estas, tendem a produzir resultados de interesse público, poderão igualmente ser instrumentos de apoio à implementação de outras políticas públicas, na medida em que favoreçam ou dinamizem a consecução de objetivos ou precatem eventuais desvios relacionados a prioridades eleitas pela Constituição.

Basta, para demonstrá-lo, verificar, nas leis regentes das licitações e contratações, a presença de normas indutoras de estímulos ou controles sobre políticas específicas, tais como, entre outras:

a) na Lei nº 8.666/93: o art. 17, §2º, II, e §§2º-A e 2º-B, estes acrescidos pela Lei nº 1.196/05, a ocuparem-se de política fundiária; o art. 24, XV, de política de incentivo à preservação do patrimônio histórico; o art. 24, XVIII, XIX e XXVIII, de políticas de reequipamento das forças militares e de defesa nacional; o art. 24, XX, de política de apoio ao deficiente físico; o art. 24, XXI e XXV, de política relacionada à ciência e à tecnologia; o art. 27, V, inciso acrescido pela Lei nº 9.854/99, de política de proteção ao trabalho de menores; o art. 45, §4º, de política de informática e automação;

b) na Lei Complementar nº 123/06, a definir tratamento diferenciado em favor da participação em licitações e contratações administrativas de microempresas e empresas de pequeno porte. Cada uma dessas políticas setoriais conta com expressa previsão na Constituição de 1988.

O presente livro reúne textos cujo elo é, precisamente, a incidência da supremacia da Constituição na definição de uma política de contratações pela administração e nos balizamentos infraconstitucionais estabelecidos para o adequado cumprimento dessa política, vinculante, no presente e no futuro previsível, de todos os agentes públicos, sob pena de responsabilização, cuja possibilidade se ilustra com as inúmeras ações por improbidade administrativa que os Ministérios Públicos da União e dos Estados têm deflagrado.

A coletânea selecionou trabalhos publicados pelos autores ao longo de 2007-2015, e que vêm sendo utilizados em cursos de treinamento e reciclagem de profissionais da administração pública, de variada formação. Daí a farta remissão, em cada capítulo, à jurisprudência do Tribunal de Contas da União, incumbido pela mesma Constituição de estabelecer as diretrizes de aplicação e interpretação da política constitucional e das normas legais que a implementam.

Os capítulos versam sobre as matérias que mais intensamente frequentam o cotidiano administrativo em sede de licitações e contratos, gerando dúvidas e polêmicas em sua aplicação, tais como aquelas atinentes ao uso da tecnologia da informação nos procedimentos licitatórios, ao tratamento diferenciado dispensado a microempresas, empresas de pequeno porte e cooperativas, à contratação de obras e serviços de engenharia, às particularidades das contratações sem licitação, à cláusula geral do desenvolvimento nacional sustentável, à aplicação da teoria da desconsideração da personalidade jurídica, à presença da administração consensual no direito positivo e às licitações para a formação do sistema de registro de preços.

Arremata-se a coletânea com guia prático de como licitar na modalidade do pregão (presencial e eletrônico) e para a formação de sistema de registro de preços, ferramentas que tendem a ser maioria nos procedimentos adotados pelas organizações administrativas de maior porte, porém ainda insuficientemente manejados pelas unidades distanciadas dos maiores centros.

Homenageiam-se, assim, os esforços que os órgãos de execução e de controle vêm empenhando com a finalidade de efetivar, em todos os quadrantes da administração pública brasileira, a política constitucional das licitações e contratações de compras, obras, serviços e alienações, de modo eficiente e eficaz.

ATIVIDADE CONTRATUAL DA ADMINISTRAÇÃO E POLÍTICAS PÚBLICAS CONSTITUCIONAIS

1 Introdução – Os novos paradigmas da gestão pública

A política pública é fenômeno próprio do estado que entretenha relações respeitosas de recíprocas influências com a sociedade. Enquanto o estado expressava, na descrição de Cristiane Derani,[1] relação de dominação, espelhando em suas decisões os interesses daqueles que detinham o poder, a ideia de política encarnava a de representação mediante imposição e coerção. Tal estado impunha os limites do exercício da liberdade e os fazia respeitar em proveito dos interesses dominantes. Assim foi desde a Antiguidade clássica. E continua a ser nos recantos do planeta onde ainda estado e dominação são sinônimos quase que perfeitos.

A partir da década de 1970, o direito público desperta, em escala mundial, para a realidade de que o estado dito moderno, edificado com base nos direitos fundamentais proclamados nas declarações universais de direitos humanos do século XVIII (Revolução Francesa e independência das colônias norte-americanas), não lograra ser o garante pleno de todas as gerações desses direitos (individuais, sociais, coletivos, difusos, ambientais). Milhões continuavam, e continuam, cumprindo a sua jornada terrena sem acesso àqueles direitos.

O movimento jurídico que então se inicia, e que se expande no século XXI, almeja a reconstrução de outro modelo de estado, chamado de pós-moderno, em que se soleniza o compromisso da gestão pública com resultados que assegurem a concretização daqueles direitos, sem exclusões, nem discriminações, pelo só fato de serem direitos inerentes à dignidade da pessoa humana, e não favores ou liberalidades do estado.

A gestão de resultados, por oposição à gestão patrimonialista do estado, desenvolve métodos e formas de atuação, articulação e intervenção dos poderes públicos, que, passados 40 anos de formulações – com avanços e recuos –, podem ser traduzidos através de quatro paradigmas essenciais para a operação dos sistemas jurídicos: (a) efetividade dos princípios; (b) motivação necessária; (c) controle da discricionariedade;

---

[1] BUCCI, Maria Paula Dallari (Org.). *Políticas públicas:* reflexões sobre o conceito jurídico. São Paulo: Saraiva, 2006. p. 131.

(d) supremacia da Constituição, de que flui o caráter cogente das políticas públicas nela traçadas.

São paradigmas universais e sistêmicos. Universais porque reconhecidos por todas as ordens jurídicas contemporâneas que se avaliam insatisfeitas com a incapacidade de o estado, sob gestão patrimonialista, garantir a fruição daquelas várias gerações de direitos fundamentais para todos os membros da sociedade. Sistêmicos porque devem permear os órgãos e entidades dos poderes constituídos de todas as esferas, exigindo de seus respectivos agentes, inclusive os políticos, o mesmo padrão de conduta jurídico-administrativa e o mesmo compromisso com os resultados de interesse público, o único móvel a impulsionar as ações estatais e o único objetivo a que legitimamente devem aspirar.

Nenhum segmento das atividades atribuídas aos poderes públicos, no exercício das funções administrativas do estado, escapa à incidência desses paradigmas. A atividade contratual é um desses segmentos, e dos mais relevantes, seja em razão do volume dos recursos que movimenta, na administração direta e indireta de todos os Poderes da União, dos estados, do Distrito Federal e dos municípios (situando-se entre 13% e 16% do PIB), seja à conta dos benefícios, ou malefícios – dependendo de como resulta planejada, executada, controlada e avaliada –, que os contratos administrativos são capazes de gerar para as populações alcançadas por seus efeitos.

Em apertadíssima síntese, é possível enunciar que:

1. a efetividade dos princípios significa que ao núcleo conceitual de ser todo princípio uma proposição geral, impessoal, abstrata e programática, a definir, em tese, objetivos a atingir em futuro indeterminado, agrega-se um valor substitutivo da parte final do conceito, que passa a exprimir que todo princípio é uma norma jurídica (o que preserva a índole geral, impessoal e abstrata própria das leis) provida de eficácia imediata e de poder de sanção; vale dizer que descumprir um princípio equivale a descumprir uma norma e obriga a apuração de responsabilidades por lesão sumamente grave contra a ordem jurídica, dada a natureza de diretriz balizadora do sistema, qualidade intrínseca de todo princípio;

2. a motivação necessária significa que os motivos (razões de fato e de direito que fundamentam e justificam a decisão da autoridade) devem ser sempre explicitados, sob pena de comprometimento da validade do ato por vício de motivo (falseamento ou inidoneidade daquelas razões – mácula grave, porque o motivo, ao lado da competência, da forma, do objeto e da finalidade, integra a estrutura morfológica de todo ato administrativo), eventualmente caracterizador de improbidade administrativa ou de gestão antieconômica, indutoras de responsabilização da autoridade que agiu sem motivo veraz e apto para produzir os resultados de interesse público supostamente pretendidos;

3. o controle[2] da discricionariedade significa que a discrição, com que a norma provê a autoridade para fazer escolhas técnicas, estará ao alcance de revisão por

---

[2] Jurisprudência do STF: "EMENTA: Agravo regimental no recurso extraordinário com agravo. Servidor público militar. Exclusão da corporação. Ato administrativo. Controle judicial. Possibilidade. Artigo 93, inciso. IX, da CF. Violação. Não ocorrência. Reexame de fatos e provas. Impossibilidade. Precedentes. 1. **Não viola o princípio da separação dos poderes o controle pelo Poder Judiciário de ato administrativo eivado de ilegalidade ou abusividade, o qual envolve a verificação da efetiva ocorrência dos pressupostos de fato e direito, podendo o Judiciário atuar, inclusive, nas questões atinentes à proporcionalidade e à razoabilidade.** (grifamos)

instâncias de controle externas à administração, na premissa de que o chamado poder discricionário há de ser exercido de modo a que a escolha corresponda sempre à solução comprovadamente mais adequada à produção do resultado de interesse público planejado, de que o gestor não é juiz único, nem exclusivo;

4. a supremacia da Constituição significa que nenhum dignitário estatal, no sistema jurídico por ela fundado, poderá colocar-se acima dos princípios e normas que a Constituição estabelece, tanto que a Corte Suprema, que a interpreta com máxima e final autoridade, assim o faz na qualidade de sua guardiã (CR/88, art. 102, *caput*), daí o caráter cogente das políticas públicas que o texto constitucional consagra e de cuja implementação incumbe os entes e poderes constituídos, sob pena de inadimplência de deveres jurídicos inarredáveis, desafiando, se, quando e na medida da necessidade, a intervenção tutelar do Poder Judiciário, com o fim de fazer prevalecer a Constituição.

A ordem jurídica positiva brasileira alinha-se a esses paradigmas da gestão pós-moderna desde a própria letra da CR/88. Seu art. 1º declara que a união federativa constitui-se em estado democrático de direito. Seu art. 37, *caput*, com a redação da EC nº 19/98, nomeia os princípios, eivados de efetividade, a que devem obediência todos os órgãos e entidades da administração direta e indireta de todos os Poderes da União, dos estados, do Distrito Federal e dos municípios (legalidade, impessoalidade, moralidade, publicidade e eficiência). E seus arts. 70 e 74 submetem todos os poderes constituídos a sistema de controles externo e interno.

Na legislação infraconstitucional multiplicam-se as normas exigentes da efetiva aplicação dos princípios, da motivação necessária e da exposição da discricionariedade administrativa a controles instrumentalizados por poder de sanção (*v.g.*, Lei nº 9.784/99, art. 2º, *caput* e inc. VII, e Lei nº 8.429/92, arts. 4º, 9º, 10 e 11).

Os tribunais vêm incorporando esses paradigmas a seus julgamentos e na formação de sua jurisprudência – os entes públicos "não poderão demitir-se do mandato constitucional, juridicamente vinculante, que lhes foi outorgado pela (...) Lei Fundamental da República, e que representa fator de limitação da discricionariedade político-administrativa (...), cujas opções (...) não podem ser exercidas de modo a comprometer, com apoio em juízo de simples conveniência ou mera oportunidade, a eficácia desse direito básico de índole social. Embora resida, primariamente, nos Poderes Legislativo e Executivo, a prerrogativa de formular e executar políticas públicas revela-se possível, no entanto, ao Poder Judiciário, determinar, ainda que em bases excepcionais, especialmente nas hipóteses de políticas públicas definidas pela própria Constituição, sejam estas implementadas pelos órgãos estatais inadimplentes, cuja omissão – por importar em descumprimento dos encargos político-jurídicos que sobre eles incidem em caráter mandatório – mostra-se apta a comprometer a eficácia e a integridade de direitos sociais e culturais impregnados de estatura constitucional" (STF, AgReg no RE nº 410.715-5/São Paulo, rel. Min. Celso de Mello, julgado aos 22.11.2005).

---

2. Não houve violação do art. 93, inciso IX, da Constituição Federal, haja vista que a jurisdição foi prestada mediante decisão suficientemente fundamentada, não obstante tenha sido contrária à pretensão do ora agravante, tendo o Tribunal de origem apresentado suas razões de decidir. 3. O Tribunal de origem consignou, com fundamento nos fatos e nas provas dos autos, que o ato administrativo praticado não se encontra em consonância com o acervo fático-probatório apurado. 4. Inadmissível, em recurso extraordinário, o reexame dos fatos e das provas dos autos. Incidência da Súmula nº 279/STF. 5. Agravo regimental não provido" (AG. REG. NO ARE 937.232-BA, Rel. Min. Dias Toffoli, DJe: 29.04.2016).

Cabe também à doutrina refletir o movimento em prol da prevalência dos novos paradigmas. O presente texto inventaria a presença das políticas públicas constitucionais na atividade contratual da administração, abrindo o horizonte para, nos capítulos seguintes, examinar-se o seu desdobramento gerencial e operacional nos procedimentos licitatórios e na gestão dos contratos, com o caráter vinculante para o qual adverte a supratranscrita ementa de acórdão do Supremo Tribunal Federal.

2 O conceito de políticas públicas e suas fontes

Para Eros Roberto Grau, "a expressão políticas públicas designa todas as atuações do Estado, cobrindo todas as formas de intervenção do poder público na vida social".[3]

Maria Paula Dallari Bucci[4] ensina que a política distingue-se das categorias das normas e atos jurídicos, embora esses elementos sejam parte integrante dela. A noção operacional de política estaria mais próxima do conceito de atividade, como "programas de ação do governo para a realização de objetivos determinados, num espaço de tempo certo".

Fábio Konder Comparato define políticas públicas como "o conjunto organizado de normas e atos tendentes à realização de um objetivo determinado".[5]

Ana Paula de Barcellos sintetiza que

> expressão políticas públicas pode designar, de forma geral, a coordenação dos meios à disposição do Estado, harmonizando as atividades estatais e privadas para a realização de objetivos socialmente relevantes e politicamente determinados. Nesse sentido, trata-se de conceito bastante abrangente, que envolve não apenas a prestação de serviços ou o desenvolvimento de atividades executivas diretamente pelo Estado, como também sua atuação normativa, reguladora e de fomento, nas mais diversas áreas.[6]

Segundo André-Jean Arnaud e María José Fariñas Dulce[7] (tradução em português coordenada por Eduardo Pellew Wilson), as políticas públicas formam

> o conjunto de atos e de não atos que uma autoridade pública resolve iniciar, a fim de intervir (ou não) numa esfera específica. Interessa aqui, portanto, o processo de produção de todas as políticas envolvidas não apenas pelos diversos setores da atividade governamental, mas também por muitos outros atores ligados a essa atividade.

As definições convergem para a compreensão de que políticas públicas envolvem ações e programas que almejam dar efetividade aos princípios, normas, valores e escolhas conformadores do sistema juspolítico modelado pela ordem constitucional de determinado estado nacional. Em outras palavras, são as ações empreendidas pelos

---

[3] *O direito posto e o direito pressuposto*. 5. ed. São Paulo: Malheiros, 2003. p. 25.
[4] *Direito administrativo e políticas públicas*. São Paulo: Saraiva, 2006. p. 255.
[5] Ensaio sobre o juízo de constitucionalidade de políticas públicas. *Revista dos Tribunais*, v. 737, p. 18, 1997, p. 18.
[6] Constitucionalização das políticas públicas em matéria de direitos fundamentais: o controle político-social e o controle jurídico no espaço democrático. *Revista de Direito do Estado*, v. 1, n. 3. Ensaio sobre o juízo de constitucionalidade de políticas públicas. *Revista dos Tribunais*, v. 737, p. 17-54, jul./ set. 2006.
[7] *Introdução à análise sociológica dos sistemas jurídicos*. Rio de Janeiro: Renovar, 2000. p. 242.

poderes públicos com o fim de implementar o sistema que lhes cabe operar, com o fim de tornar realidade a Constituição no cotidiano dos cidadãos.

Três são os planos em que se desdobram as políticas públicas: o estratégico, o gerencial e o operacional, cada qual correspondendo a competências e legitimações que se devem integrar, porém sem superposições, nem usurpações.

No estado pós-moderno, a Constituição é a sede necessária do plano estratégico, isto é, aquela em que se formulam as linhas e diretrizes gerais das políticas públicas. Os planos gerenciais e operacionais terão sede em conjuntos normativos infraconstitucionais. Nestes, as ênfases e vias de implementação podem conhecer matizes de predominância de acordo com os compromissos que o grupo político eleito estabeleceu com os seus eleitores ao assumir o poder estatal. Essas ênfases e vias podem variar, desde que não desnaturem as políticas públicas estrategicamente traçadas pela Constituição, ou enquanto estas não forem por outras substituídas, por meio do regular processo de emendas à Constituição.

Resulta que as políticas públicas contam com distintas fontes normativas, conforme se trate de concebê-las, delimitá-las, provê-las de meios, disciplinar-lhes a implementação ou disseminá-las. Podem ser expressas em preceitos constitucionais; leis; normas regulamentares, como decretos e resoluções; ou instrumentos de colaboração, como convênios e consórcios (art. 241 da CR/88).[8]

Maria Paula Dallari Bucci[9] faz ver que:

> Ao direito cabe conferir expressão formal e vinculativa a esse propósito, transformando-o em lei, normas de execução, dispositivos fiscais, enfim, conformando o conjunto institucional por meio do qual opera a política e se realiza seu plano de ação. Até porque, nos termos do clássico princípio da legalidade, ao Estado só é facultado agir com base em habilitação legal. A realização das políticas deve dar-se dentro dos parâmetros da legalidade e da constitucionalidade, o que implica que passem a ser reconhecidos pelo direito – e gerar efeitos jurídicos – os atos e também as omissões que constituem cada política pública.

3 As políticas públicas constitucionais

A Constituição da República de 1988 traçou a essência das políticas públicas onde quer que haja tido por relevante a atuação estatal.

Os instrumentos orçamentários – plano plurianual, lei de diretrizes orçamentárias e lei orçamentária anual – são expressões jurídicas de políticas públicas, cuja vocação já destacava o art. 2º da Lei nº 4.320, de 17 de março de 1964, que dispõe acerca da "política econômico-financeira" e do "programa de trabalho do Governo". São diretrizes situadas acima da natural alternância de poder porque conciliam o princípio republicano e democrático com as demandas da estabilidade e da governabilidade.[10]

---

[8] "A União, os Estados, o Distrito Federal e os Municípios disciplinarão por meio de lei os consórcios públicos e os convênios de cooperação entre os entes federados, autorizando a gestão associada de serviços públicos, bem como a transferência total ou parcial de encargos, serviços, pessoal e bens essenciais à continuidade dos serviços transferidos."

[9] *Políticas públicas*: reflexões sobre o conceito jurídico. São Paulo: Saraiva, 2006. p. 37.

[10] Mesmo havendo um ramo específico do direito para este tema – o direito financeiro –, permanece certa negligência com os mecanismos de controle de gastos públicos, como bem notou BARCELLOS, Ana Paula de.

São pródigos na definição de políticas públicas os Títulos VII, Da Ordem Econômica e Financeira (Capítulo I – Princípios gerais da atividade econômica; Capítulo II – Política urbana; Capítulo III – Política agrícola e fundiária e da reforma agrária; e Capítulo IV – Sistema financeiro nacional) e VIII, Da Ordem Social (seguridade social; educação,[11] cultura e desporto; ciência e tecnologia; comunicação social; meio ambiente).

A Constituição refere-se a políticas de crédito, de câmbio, de transporte (art. 22, VII e IX), de educação para a segurança do trânsito (art. 23, XII). Também giza diretrizes e objetivos para a política de desenvolvimento a ser executada pelo poder público municipal (art. 182).

No art. 196, dispõe que "A saúde é direito de todos e dever do Estado, garantido mediante políticas sociais e econômicas que visem à redução do risco de doença e de outros agravos e ao acesso universal e igualitário às ações e serviços para sua promoção, proteção e recuperação".

Rente ao princípio da supremacia da Constituição – valor máximo do direito público pós-moderno –, todas essas políticas são estratégicas e compulsórias, isto é, ditam os elementos norteadores e vinculantes da gestão administrativa pública, que a Constituição quer comprometida com a obtenção de resultados compatíveis com as políticas traçadas.

4 A política pública inscrita no art. 37, XXI, da CR/88

A norma inscrita no art. 37, XXI, da CR/88 porta todas as características de política pública concernente à atividade contratual do Estado brasileiro. Diz que, "ressalvados os casos especificados na legislação, as obras, serviços, compras e alienações serão contratados mediante processo de licitação pública que assegure igualdade de condições a todos os concorrentes, com cláusulas que estabeleçam obrigações de pagamento, mantidas as condições efetivas da proposta, nos termos da lei, a qual somente permitirá as exigências de qualificação técnica e econômica indispensáveis à garantia do cumprimento das obrigações".

O comando da ação descerra-lhe o caráter sistêmico universal em três pontos: 1º, a contratação de bens, serviços, obras e alienações decorre de procedimento licitatório, como regra, admitida a contratação sem licitação como excepcionalidade e desde que sob expressa previsão legal e observância do princípio da igualdade; 2º, o respeito a cláusulas gerais (obrigação de pagamento; preservação do equilíbrio da equação econômico-financeira fixada desde a proposta aceita pela administração; satisfação de requisitos de qualificação técnica e econômica tão só necessários ao cumprimento

---

Neoconstitucionalismo, direitos fundamentais e controle das políticas públicas. *Revista de Direito Administrativo*, n. 240, p. 93, 2005: "Para um estudante de direito dos primeiros períodos será curioso comparar a quantidade de títulos jurídicos dedicados ao tema da tributação com aqueles que se ocupam de estudar a questão do gasto dos recursos públicos, recursos esses obtidos pelo Estado, em sua maior parte, pela arrecadação tributária. (...) Há uma grave e legítima preocupação em limitar juridicamente o ímpeto arrecadador do Estado; nada obstante, não existe preocupação equivalente com o que o Estado fará, afinal, com os recursos arrecadados."

[11] O FUNDEF (Fundo de Manutenção e Desenvolvimento do Ensino Fundamental e de Valorização do Magistério), criado pela Emenda Constitucional nº 14, de 12 de setembro de 1996, é outro exemplo de política pública com suporte constitucional.

das obrigações contratuais); 3º, sujeitam-se à exigência todos os órgãos e entidades da administração pública brasileira.[12]

Enquanto as relações contratuais privadas são regidas pela liberdade das partes na negociação do objeto e do preço, nas relações de que é parte ente público a contratação vincula-se a procedimento formal previamente estatuído em lei, orientado pela busca da melhor proposta encontrável no mercado. O Estado não contrata o que quer; contrata o que deve, segundo padrão normativo estabelecido e finalidades públicas que devem ser atendidas.

Contrapondo-se à liberdade de escolha dos particulares nas relações negociais, a Constituição impõe aos poderes constituídos, no desempenho de suas funções administrativas, contratar através de licitação, por meio de processo jurídico-administrativo formal, e observância de procedimentos cuja condução rege-se por meio de normas cogentes, isto é, inafastáveis pela vontade das partes.

O desrespeito ao princípio (dever de licitar), ao processo (sede de seleção da proposta mais vantajosa) ou ao procedimento (o rito da competição) viola política constitucional, a atrair, se emenda não houver pela própria administração (STF, Súmula nº 473), a intervenção do controle externo, a cargo do tribunal de contas ou judicial competente.

5 O dever de licitar como política pública

É impossível compreender-se estado democrático de direito operante sem políticas públicas predefinidas e funções administrativas sem o balizamento de normas jurídicas. A atividade contratual da administração pública, mesmo quando no exercício de competências discricionárias, deve exprimir escolhas ditadas por políticas públicas e implementadas de acordo com normas jurídicas que viabilizem a concretização do interesse público.

A norma constitucional que estabelece o dever de licitar traduz política pública na medida em que pressupõe ser a competição seletiva isonômica aquela que habilita a administração pública, consultado o mercado, à identificação da proposta mais favorável à prestação de serviços, à execução de obras, à compra ou à alienação de bens. A competição reduz o risco da formação de cartéis e superiormente atende aos princípios nomeados na cabeça do art. 37 da CR/88.

Também significa política que prefere a execução indireta, por terceiros, à direta, pelo próprio estado, acreditando no potencial racionalizador dessa opção, seja por não dispor a administração dos recursos necessários e suficientes para a execução com seus próprios meios, ou por considerar que os recursos de que disponha não seriam adequados, vale dizer, opção estratégica pela contratação de empresas do mercado.

A execução indireta conhece ênfase especial desde o Decreto-Lei nº 200, de 25 de fevereiro de 1967, segundo o qual a administração, para melhor desincumbir-se das tarefas de planejamento, coordenação, supervisão e controle, e com o objetivo de impedir o crescimento desmesurado da máquina administrativa, procurará desobrigar-se da

---

[12] A Lei nº 8.666/93, em seu art. 1º e parágrafo único, estabelece que suas normas aplicam-se aos três Poderes (Executivo, Legislativo e Judiciário) e que a ela estão sujeitos os órgãos da administração direta, os fundos especiais, as autarquias, as fundações públicas, as empresas públicas, as sociedades de economia mista e demais entidades controladas direta ou indiretamente pela União, estados, Distrito Federal e municípios.

realização material de tarefas executivas, recorrendo, sempre que possível, à execução indireta, mediante contrato, desde que existente iniciativa privada suficientemente desenvolvida e capacitada a desempenhar os encargos de execução.

A terceirização pode não implicar mudança significativa na estrutura do estado, mas traz atores privados para a consecução e a concretização de políticas públicas, como, por exemplo, a construção de escolas e hospitais, melhorias em infraestrutura e contratação de serviços.

A norma constitucional que estabelece o dever de licitar também consubstancia política pública (*policy*) na medida em que distancia a administração dos conflitos político-partidários (*politics*) e proporciona gestão técnica, racional e previsível, baseada no estrito cumprimento da lei e tutelada por sistema de controle interno e externo, que atua como instrumento de transparência, logo de legitimação, da administração perante a sociedade.

6 Contribuição da Lei nº 8.666/93 à implementação de políticas públicas

O princípio da supremacia da Constituição atrai para o seu texto a definição de políticas públicas reputadas essenciais para garantir o chamado "mínimo existencial" inerente à dignidade da pessoa humana (CR/88, art. 1º, III). Daí as diretrizes que a Carta traça para a ordem econômica e social, nos campos da saúde, da educação, dos transportes, da seguridade social, etc.

A estratégia da execução indireta faz da atividade **contratual** da administração o caminho necessário e natural para viabilizar as compras, as obras e os serviços de que carecem os programas e projetos que materializarão aquelas políticas. Por isto que se introduzem na legislação regente das licitações e contratações normas de estímulo à contratação de objetos relevantes para tal implementação.

6.1 Inclusão de pessoa com deficiência ou reabilitado da Previdência Social

A Lei nº 13.146/15 (Lei brasileira de inclusão da pessoa com deficiência) alterou a Lei nº 8.666/93, a qual passou a dispor que:

> Art. 3º [...] §2º Em igualdade de condições, como critério de desempate, será assegurada preferência, sucessivamente, aos bens e serviços: [...] V – produzidos ou prestados por empresas que comprovem cumprimento de reserva de cargos prevista em lei para pessoa com deficiência ou para reabilitado da Previdência Social e que atendam às regras de acessibilidade previstas na legislação. [...] §5º Nos processos de licitação, poderá ser estabelecida margem de preferência para: I – produtos manufaturados e para serviços nacionais que atendam a normas técnicas brasileiras; II – bens e serviços produzidos ou prestados por empresas que comprovem cumprimento de reserva de cargos prevista em lei para pessoa com deficiência ou para reabilitado da Previdência Social e que atendam às regras de acessibilidade previstas na legislação.
> [...]
> Art. 66-A. As empresas enquadradas no inciso V do §2º e no inciso II do §5º do art. 3º desta Lei deverão cumprir, durante todo o período de execução do contrato, a reserva de cargos prevista em lei para pessoa com deficiência ou para reabilitado da Previdência Social, bem como as regras de acessibilidade previstas na legislação.

O propósito da Lei nº 13.146/15, ao conceder preferência a bens e serviços produzidos ou prestados por empresas[13] que comprovem cumprimento de reserva de cargos prevista em lei para pessoa com deficiência ou para reabilitado da Previdência Social e que atendam às regras de acessibilidade previstas na legislação, foi o de assegurar e promover, em condições de igualdade, o exercício dos direitos e das liberdades fundamentais por pessoa com deficiência, sua inclusão social e cidadania e inserção no mercado de trabalho, em cumprimento à política pública de assistência social, tal como sublinhado no art. 203, IV, da CF/88:

> Art. 203. A assistência social será prestada a quem dela necessitar, independentemente de contribuição à seguridade social, e tem por objetivos: [...] IV – a habilitação e reabilitação das pessoas portadoras de deficiência e a promoção de sua integração à vida comunitária;

6.2 Preservação do meio ambiente

Dispõem o inc. IX do art. 6º e o inc. VII do art. 12 da Lei nº 8.666/93, respectivamente:

> IX – Projeto Básico – conjunto de elementos necessários e suficientes, com nível de precisão adequado, para caracterizar a obra ou serviço, ou complexo de obras ou serviços objeto da licitação, elaborado com base nas indicações dos estudos técnicos preliminares, que assegurem a viabilidade técnica e o adequado tratamento do *impacto ambiental* do empreendimento, e que possibilite a avaliação do custo da obra e a definição dos métodos e do prazo de execução, devendo conter os seguintes elementos:
> (...)
> Art. 12. Nos projetos básicos e projetos executivos de obras e serviços serão considerados principalmente os seguintes requisitos:
> (...)
> VII – *impacto ambiental*.

O estado, ao optar por um produto, contratar um serviço ou realizar uma obra, pode produzir impactos negativos sobre o meio ambiente. A contratação de produtos, serviços ou obras menos degradantes do meio ambiente é a chave para que os entes públicos contratem sem obstar o desenvolvimento sustentável, alinhando-se às obrigações constitucionais e legais de proteção ao meio ambiente (arts. 23, VII, e 225 da CF/88, e Lei nº 6.938, de 31 de agosto de 1981). Nesse sentido, a licitação é instrumento de

---

[13] Jurisprudência do TST: Ação civil pública. Art. 93 da Lei nº 8.213/91. Vagas destinadas a trabalhadores reabilitados ou portadores de deficiência. Não preenchimento. Ausência de culpa da empresa. Dano moral coletivo. Não configuração. O descumprimento da obrigação legal de admitir empregados reabilitados ou portadores de deficiência, conforme cota estipulada no art. 93 da Lei nº 8.213/91, somente enseja o pagamento de multa e de indenização por danos morais coletivos se houver culpa da empresa. Ressalte-se, todavia, que o fato de a empresa haver empreendido esforços a fim de preencher o percentual de vagas estabelecido pela lei, não obstante leve à improcedência do pedido de condenação ao pagamento de multa e de indenização, não a exonera da obrigação de promover a admissão de pessoas portadoras de deficiência ou de reabilitados. Sob esse fundamento, a SBDI-I, por unanimidade, conheceu do recurso de embargos, por divergência jurisprudencial, e, no mérito, por maioria, deu-lhe provimento parcial para absolver a empresa da condenação ao pagamento de multa e de indenização por dano moral coletivo. Vencidos parcialmente os Ministros Cláudio Mascarenhas Brandão, Augusto César Leite de Carvalho, José Roberto Freire Pimenta e Hugo Carlos Scheuermann. (TST-E-ED-RR-658200-89.2009.5.09.0670, SBDI-I, Rel. Min. Brito Pereira, 12.05.2016. *Informativo* nº 136).

mudança de comportamento à disposição da administração pública, de modo a induzir boas práticas preservacionistas. Ao ordenar a observância de requisitos ambientais, a Lei nº 8.666/93 maneja ação positiva tendente a reduzir impactos que compras, obras e serviços públicos poderiam causar ao meio ambiente.

A diretriz de política pública do art. 170, VI,[14] da CF/88 inspira vários normativos que estabelecem práticas de sustentabilidade ambiental a serem observadas por órgãos e entidades da administração pública quando da realização de seus procedimentos licitatórios.

São eles:

(a) Lei nº 9.433/97, instituidora da Política Nacional de Recursos Hídricos, cria o Sistema Nacional de Gerenciamento de Recursos Hídricos, regulamenta o inciso XIX do art. 21 da Constituição Federal;

(b) Lei nº 10.295/01, que dispõe sobre a Política Nacional de Conservação e Uso Racional de Energia;

(c) Decreto nº 5.940/06, disciplinador da separação dos resíduos recicláveis descartados pelos órgãos e entidades da administração pública federal direta e indireta, na fonte geradora, e a sua destinação às associações e cooperativas dos catadores de materiais recicláveis;

(d) Lei nº 12.187/09, instituidora da Política Nacional sobre Mudança do Clima - PNMC;

(e) Decreto nº 7.390/10, regulamentador dos arts. 6º, 11 e 12 da Lei nº 12.187/09, que instituiu a Política Nacional sobre Mudança do Clima - PNMC;

(f) Lei nº 12.305/10, dispõe sobre a Política Nacional de Resíduos Sólidos;

(g) Lei nº 12.349/10, introduziu o desenvolvimento nacional sustentável na redação do art. 3º da Lei nº 8.666/93;

(h) Instrução Normativa SLTI/MPOG nº 01, de 2010, que dispõe sobre os critérios de sustentabilidade na aquisição de bens, contratação de serviços ou obras pela Administração Pública Federal direta, autárquica e fundacional;

(i) Portaria SLTI/MP nº 02, de 2010, que define especificações e padrão de bens de tecnologia da informação no âmbito da administração pública federal direta, autárquica e fundacional;

(j) Lei nº 12.512/11, que institui o Programa de Apoio à Conservação Ambiental e o Programa de Fomento às Atividades Produtivas Rurais;

(k) Decreto nº 7.746/12, regulamentador do art. 3º da Lei nº 8.666/93, para estabelecer critérios, práticas e diretrizes para a promoção do desenvolvimento nacional sustentável nas contratações realizadas pela administração pública federal;

(l) Instrução Normativa IBAMA nº 06, de 2013, regulamentadora do Cadastro Técnico Federal de Atividades Potencialmente Poluidoras e Utilizadoras de Recursos Ambientais (CTF/APP);

(m) Portaria MPOG nº 23, de 2015, que estabelece boas práticas de gestão e uso de energia elétrica e de água nos órgãos e entidades da administração pública federal direta, autárquica e fundacional; e

---

[14] "Art. 170. A ordem econômica, fundada na valorização do trabalho humano e na livre iniciativa, tem por fim assegurar a todos existência digna, conforme os ditames da justiça social, observados os seguintes princípios: [...] VI – defesa do meio ambiente, inclusive mediante tratamento diferenciado conforme o impacto ambiental dos produtos e serviços e de seus processos de elaboração e prestação;"

(n) Portaria Conjunta/SLTI-MP nº 8, de 2015, que estabelece os indicadores para o monitoramento do consumo de energia elétrica e de água nos órgãos e entidades da administração pública federal direta, autárquica e fundacional. Registre-se a existência da Lei nº 6.938/81, anterior à Constituição Federal de 1988, que dispõe sobre a Política Nacional do Meio Ambiente, seus fins e mecanismos de formulação e aplicação.

O estado participa dos esforços preservacionistas tanto como consumidor quanto como regulador, ao utilizar-se de suas contratações como instrumento de política pública que incentiva a produção de bens, serviços e obras sustentáveis, tornando-se instrumento de fomento de novos mercados, gerando emprego e renda compatíveis com a prioridade estratégica com que também a economia internacional tem conferido preferência às empresas que pautam suas atividades produtivas segundo normas de proteção ao meio ambiente.

6.3 Promoção do desenvolvimento nacional sustentável

V. o capítulo intitulado "Desenvolvimento sustentável: a nova cláusula geral das contratações públicas brasileiras".

6.4 Política fundiária

O art. 17 da Lei nº 8.666/93 dispensa de licitação a alienação de bens móveis e imóveis da administração. A licitação dispensada difere da licitação dispensável do art. 24: esta contempla hipóteses em que a licitação seria possível, porém afastável em homenagem a outros bens jurídicos e interesses públicos que devem prevalecer nas peculiares circunstâncias do caso concreto; naquela, a norma previamente identifica a pessoa física ou jurídica apta a celebrar o negócio jurídico-contratual com a administração pública[15], *in casu*, a quem a administração alienará bens que se tornaram inservíveis ou superados para as finalidades próprias do serviço público, bem como aqueles que desde a sua origem já haviam sido destinados a finalidades específicas de interesse social. Entre as modificações introduzidas no art. 17, algumas o tornaram instrumento para implementação de política habitacional e fundiária. Assim, as alíneas "f", "g", "h" e "i" do inc. I ditam estar a licitação dispensada nas hipóteses de: (a) alienação gratuita ou onerosa, aforamento, concessão de direito real de uso, locação ou permissão de uso de imóveis residenciais construídos, destinados ou efetivamente utilizados no âmbito de programas habitacionais ou de regularização fundiária, desenvolvidos por órgãos ou entidades da administração pública; (b) alienação gratuita ou onerosa, aforamento, concessão de direito real de uso, locação ou permissão de uso de imóveis de uso comercial de âmbito local, com área máxima fixada e inseridos no âmbito de programas de regularização fundiária, desenvolvidos por órgãos ou entidades da administração pública; [...] (c) alienação gratuita ou onerosa, aforamento, concessão de direito real de uso, locação ou permissão de uso de bens imóveis de uso comercial de âmbito local com área de até 250 m² (duzentos e cinquenta metros quadrados) e inseridos no âmbito

---

[15] Lei nº 11.652/08: "Art. 8º (...) §2º É dispensada a licitação para a: (...) II – contratação da EBC por órgãos e entidades da administração pública, com vistas na realização de atividades relacionadas ao seu objeto, desde que o preço contratado seja compatível com o de mercado".

de programas de regularização fundiária de interesse social desenvolvidos por órgãos ou entidades da administração pública; e (d) alienação e concessão de direito real de uso, gratuita ou onerosa, de terras públicas rurais da União e do Incra, onde incidam ocupações até o limite de que trata o §1º do art. 6º da Lei nº 11.952/09, para fins de regularização fundiária, atendidos os requisitos legais.

Extrai-se do art. 12 da Lei nº 11.481/07, que modificou o art. 290-A da Lei nº 6.015/73 (Lei dos Registros Públicos), o conceito básico de regularização fundiária de interesse social:

> §2º Considera-se regularização fundiária de interesse social para os efeitos deste artigo aquela destinada a atender famílias com renda mensal de até 5 (cinco) salários mínimos, promovida no âmbito de programas de interesse social sob gestão de órgãos ou entidades da administração pública, em área urbana ou rural.

O inc. II do §2º do mesmo art. 17 enuncia que a administração pública poderá conceder título de propriedade ou de direito real de uso de imóveis, dispensada a licitação, quando o uso destinar-se a pessoa natural que, nos termos da lei, regulamento ou ato normativo do órgão competente, haja implementado os requisitos mínimos de cultura, ocupação mansa e pacífica e exploração direta sobre área rural situada na Amazônia Legal, superior a 1 (um) módulo fiscal e limitada a 15 (quinze) módulos fiscais, desde que não exceda 1.500ha (mil e quinhentos hectares).

Nesse caso, a dispensa de licitação é aplicável desde que: (a) o imóvel esteja situado em zona rural, não sujeito a vedação, impedimento ou inconveniente a sua exploração mediante atividades agropecuárias; e (b) esteja limitada a áreas de até quinze módulos fiscais e não exceda mil e quinhentos hectares, vedada a dispensa de licitação para áreas superiores a esse limite.

A concessão de título de propriedade ou de direito real de uso de imóveis, por dispensa de licitação, pode ser cumulada com o quantitativo de área decorrente da figura prevista na alínea "g" do inc. I do *caput* do art. 17, até o limite previsto no inc. II do §2º do mesmo dispositivo.

Percebe-se, a toda evidência, que a licitação dispensada, nas hipóteses mencionadas, é ferramenta que promove o acesso à terra e ao emprego de seus ocupantes, o disciplinamento de sua posse e uso adequado, em homenagem à função social da propriedade (CF/88, art. 5º, XXIII).

6.5 Licitação dispensável e políticas públicas setoriais

O tempo e o custo administrativo da contratação direta experimentam considerável decréscimo, o que a torna mais ágil, sem prescindir da segurança jurídica que deve cercar todo contrato administrativo. Daí esses contratos habilitarem a administração pública a intervir com maior presteza nos respectivos objetos, que podem ser esgrimidos, assim, como instrumentos de estímulo e fomento à implantação de políticas públicas específicas. Por isto que o art. 24, sede das hipóteses de licitação dispensável, concentra grande número desses instrumentos. Nada obstante, nada se altera no exame do caso concreto, quanto ao fato de normas de exceção somente comportarem interpretação estrita. Em outras palavras: mesmo tratando-se de estímulo à consecução de políticas públicas, a dispensa somente será deferida se presentes todos os requisitos previstos na norma de regência.

6.5.1 Preservação do patrimônio histórico

De acordo com a CF/88, art. 216, o patrimônio cultural brasileiro é constituído pelos bens de natureza material e imaterial, tomados individualmente ou em conjunto, significando pontos de referência à identidade, à ação e à memória dos diferentes grupos formadores da sociedade. Seu §1º estabelece que o poder público, com a colaboração da comunidade, promoverá e protegerá o patrimônio cultural brasileiro por meio de inventários, registros, vigilância, tombamento e desapropriação, e de outras formas de acautelamento e preservação.

O patrimônio histórico desempenha papel crucial no fortalecimento do sentimento de cidadania e identidade cultural do País, daí cometer-se ao estado a promoção de ações que almejam a preservação de bens móveis e imóveis e a proteção do patrimônio natural e arqueológico. Nesse propósito, o inc. XV do art. 24 da Lei nº 8.666/93 faculta à administração contratar sem licitação a aquisição ou a restauração de obras de arte e objetos históricos, de autenticidade certificada, desde que compatíveis ou inerentes às finalidades do órgão ou entidade contratante.

6.5.2 Geração de emprego e inclusão social

O inc. XXVII do art. 24 declara dispensável a licitação para a contratação de coleta, processamento e comercialização de resíduos sólidos urbanos recicláveis ou reutilizáveis, em áreas com sistema de coleta seletiva de lixo, efetuados por associações ou cooperativas formadas exclusivamente por pessoas físicas de baixa renda, reconhecidas pelo poder público como catadores de materiais recicláveis, com o uso de equipamentos compatíveis com as normas técnicas, ambientais e de saúde pública.

A hipótese articula-se com a política pública de implantação e ampliação de serviços e ações de saneamento básico nas áreas ocupadas por populações de baixa renda (Lei nº 11.445/07) e de proteção ao meio ambiente, no propósito de reduzir desigualdades regionais, gerar emprego e renda, e promover inclusão social, o que se compadece com os fundamentos explicitados nos arts. 1º, IV; 2º, III; e 6º da Constituição da República.

São requisitos necessários à contratação direta com base no art. 24, XXVII, da Lei nº 8.666/93: (a) o objeto da contração direta deve ser a prestação de serviço de coleta, processamento e comercialização de resíduos sólidos urbanos recicláveis ou reutilizáveis, em áreas com sistema de coleta seletiva de lixo; (b) o serviço deve ser prestado por associação ou cooperativa formada exclusivamente por pessoas físicas de baixa renda, reconhecidas pelo poder público como catadores de materiais recicláveis, que : (i) esteja formal e exclusivamente constituída por catadores de materiais recicláveis, tendo nessa atividade a sua única fonte de renda; (ii) não possua fins lucrativos; (iii) conte com infraestrutura para realizar a triagem e a classificação dos mencionados resíduos; e (iv) adote o sistema de rateio entre associados e cooperados (Decretos federais nº 5.940/06 e nº 7.405/10); (c) elaboração de projeto básico que contemple todas as medidas cabíveis de resguardo dos que participarão das várias etapas do trabalho – coleta, acondicionamento, transporte e destinação final dos resíduos –, evitando-se a exposição de agentes e catadores a eventuais acidentes e contágios; (d) justificativa do preço, exigida no art. 26, parágrafo único, III, da Lei nº 8.666/93; (e) justificativa da necessidade da contratação; e (f) razões da escolha da associação ou cooperativa.

6.5.3 Reequipamento das forças militares e de defesa nacional

Dispõem os incs. IX, XVIII, XIX e XXVIII do art. 24, respectivamente:

> Art. 24. É dispensável a licitação: (...)
> IX – quando houver possibilidade de comprometimento da segurança nacional, nos casos estabelecidos em decreto do Presidente da República, ouvido o Conselho de Defesa Nacional;
> XVIII – nas compras ou contratações de serviços para o abastecimento de navios, embarcações, unidades aéreas ou tropas e seus meios de deslocamento quando em estada eventual de curta duração em portos, aeroportos ou localidades diferentes de suas sedes, por motivo de movimentação operacional ou de adestramento, quando a exigüidade dos prazos legais puder comprometer a normalidade e os propósitos das operações e desde que seu valor não exceda ao limite previsto na alínea "a" do inciso II do art. 23 desta Lei;
> XIX – para as compras de material de uso pelas Forças Armadas, com exceção de materiais de uso pessoal e administrativo, quando houver necessidade de manter a padronização requerida pela estrutura de apoio logístico dos meios navais, aéreos e terrestres, mediante parecer de comissão instituída por decreto;
> (...)
> XXVIII – para o fornecimento de bens e serviços, produzidos ou prestados no País, que envolvam, cumulativamente, alta complexidade tecnológica e defesa nacional, mediante parecer de comissão especialmente designada pela autoridade máxima do órgão;

Nessas situações, cabe dispensar o certame seletivo em atenção a imperativos da política de defesa nacional, cujo sistema se deve manter adequado à: (a) preservação da soberania nacional, do estado democrático de direito, da integridade territorial, do patrimônio e dos interesses nacionais, da coesão e da unidade da Nação; (b) salvaguarda das pessoas, dos bens e dos recursos brasileiros ou sob jurisdição brasileira; (c) consecução e manutenção dos interesses brasileiros no exterior; (d) contribuição para a manutenção da paz e da segurança internacionais, ao que se extrai dos arts. 4º, I e VI; 91, *caput* e §1º, III e IV; 136 e 142 da CF/88.

Ilustra a contratação direta fundada no art. 24, inciso IX, da Lei nº 8.666/93, o Decreto federal nº 2.295/97, que dispõe sobre a dispensa de licitação em presença de ameaça à segurança nacional:

> O PRESIDENTE DA REPÚBLICA, no uso da atribuição que lhe confere o art. 84, inciso IV, da Constituição, e tendo em vista o disposto no art. 24, inciso IX, da Lei nº 8.666, de 21 de junho de 1993, ouvido o Conselho de Defesa Nacional, DECRETA:
> Art. 1º Ficam dispensadas de licitação as compras e contratações de obras ou serviços quando a revelação de sua localização, necessidade, característica do seu objeto, especificação ou quantidade coloque em risco objetivos da segurança nacional, e forem relativas à:
> I – aquisição de recursos bélicos navais, terrestres e aeroespaciais;

II – contratação de serviços técnicos especializados na área de projetos, pesquisas e desenvolvimento científico e tecnológico;

III – aquisição de equipamentos e contratação de serviços técnicos especializados para a área de inteligência.

Parágrafo único. As dispensas de licitação serão necessariamente justificadas, notadamente quanto ao preço e à escolha do fornecedor ou executante, cabendo sua ratificação ao titular da pasta ou órgão que tenha prerrogativa de Ministro de Estado.

Art. 2º Outros casos que possam comprometer a segurança nacional, não previstos no art. 1º deste Decreto, serão submetidos à apreciação do Conselho de Defesa Nacional, para o fim de dispensa de licitação.

6.5.4 Participação em força de paz internacional

A Lei nº 11.783/08 veio acrescentar o inc. XXIX ao art. 24 da Lei nº 8.666/93, de molde a autorizar a dispensa de licitação "na aquisição de bens e contratação de serviços para atender aos contingentes militares das Forças Singulares brasileiras empregadas em operações de paz no exterior, necessariamente justificadas quanto ao preço e à escolha do fornecedor ou executante e ratificadas pelo Comandante da Força".

A hipótese reflete a experiência brasileira de integrar a força internacional de paz da Organização das Nações Unidas, em atuação no Haiti, participação esta que se compõe com os princípios adotados pelo País em suas relações internacionais, notadamente aqueles inscritos nos incs. VI ("defesa da paz") e VII ("solução pacífica dos conflitos") do art. 4º da CF/88.

Por óbvio que o abastecimento de contingente militar brasileiro no exterior carece de presteza, mormente quando a região do teatro das operações é desprovida de mercado capaz de suprir as necessidades básicas da tropa.

A menção à justificativa do preço e à escolha do fornecedor ou executante mostra-se ociosa na medida em que tal já consta do art. 26, parágrafo único, incs. II e III, da Lei nº 8.666/93, porém denota zelo pelo paradigma da motivação necessária na gestão do estado democrático de direito, fundamentalmente preocupada com a eficiência e a eficácia das contratações públicas, ainda que vinculadas à observância de política pública constitucional.

6.5.5 Apoio ao deficiente físico

Segundo o inc. XX do art. 24 é dispensável a licitação para a contratação de associação de portadores de deficiência física, sem fins lucrativos e de comprovada idoneidade, por órgãos ou entidades da administração pública, para a prestação de serviços ou fornecimento de mão de obra, desde que o preço contratado seja compatível com o praticado no mercado. A contratação direta objetiva implementar política pública de inclusão social do deficiente físico, viabilizando-lhe o acesso a contratos administrativos de prestação de serviços ou fornecimento de mão de obra, tal como sublinhado no art. 203, IV, da CF/88.

> Art. 203. A assistência social será prestada a quem dela necessitar, independentemente de contribuição à seguridade social, e tem por objetivos: (....) IV – a habilitação e reabilitação das pessoas portadoras de deficiência e a promoção de sua integração à vida comunitária;

6.5.6 Ciência e tecnologia

O conhecimento que apoia e impulsiona as inovações tecnológicas e científicas é cada vez mais complexo. Para avançar e continuar inovando, é necessário introduzir e explorar novos produtos, processos, formas de organização, insumos e mercados. O progresso decorre da expansão dos limites do conhecimento existente. A experimentação é essencial para desenvolver a pesquisa científica e o uso de tecnologias inovadoras. Nesse domínio, a CF/88 traçou política pública ao incumbir o estado de promover e incentivar o desenvolvimento científico, a pesquisa e a capacitação tecnológicas (art. 218). É ferramenta dessa política a aquisição ou a contratação de produto, sem licitação, para pesquisa e desenvolvimento, limitada, no caso de obras e serviços de engenharia, a 20% (vinte por cento) do valor de que trata a alínea "b" do inciso I do *caput* do art. 23 da Lei nº 8.666/93 (art. 24, XXI) e, ainda, a contratação realizada por Instituição Científica e Tecnológica (ICT) ou por agência de fomento para a transferência de tecnologia e para o licenciamento de direito de uso ou de exploração de criação protegida (art. 24, XXV).

De acordo com a Lei nº 10.973/04, a Instituição Científica e Tecnológica (ICT) é o órgão ou entidade da administração pública que tenha por missão institucional, entre outras, executar atividades de pesquisa básica ou aplicada de caráter científico ou tecnológico.

A Lei nº 13.243/16, que dispõe sobre estímulos ao desenvolvimento científico, à pesquisa, à capacitação científica e tecnológica e à inovação, alterou[16] a redação do inciso XXI, a qual passou a abarcar não somente a aquisição de produtos destinados à pesquisa, mas também ao desenvolvimento de tecnologia ou inovação tecnológica.

O art. 6º, inciso XX, da Lei nº 8.666/93, veio definir produtos para pesquisa e desenvolvimento como sendo os bens, insumos, serviços e obras necessários para atividade de pesquisa científica e tecnológica, desenvolvimento de tecnologia ou inovação tecnológica, discriminados em projeto de pesquisa aprovado pela instituição contratante.

A Constituição Federal também incumbiu o estado de viabilizar o desenvolvimento cultural e socioeconômico, o bem-estar da população e a autonomia tecnológica do País, por meio de incentivos ao mercado interno. Visando implementar política pública inserta no art. 219 da CF, foi introduzido ao elenco do art. 24 da Lei nº 8.666/93 mais uma hipótese de contratação direta. Trata-se do inc. XXXI, o qual torna dispensável a licitação "nas contratações visando ao cumprimento do disposto nos arts. 3º, 4º, 5º e 20 da Lei nº 10.973, de 2 de dezembro de 2004, observados os princípios gerais de contratação dela constantes".

A Lei nº 10.973/02, alterada pela Lei nº 12.349/10, dispõe sobre medidas de incentivo à inovação e à pesquisa científica e tecnológica no ambiente produtivo, com vistas à capacitação e ao alcance da autonomia tecnológica e ao desenvolvimento industrial do País.

De acordo com o disposto em seu art. 20, os órgãos e entidades da administração pública, em matéria de interesse público, poderão contratar empresa, consórcio de

---

[16] O texto anterior dispunha que: "XXI – para a aquisição de bens e insumos destinados exclusivamente à pesquisa científica e tecnológica com recursos concedidos pela Capes, pela Finep, pelo CNPq ou por outras instituições de fomento a pesquisa credenciadas pelo CNPq para esse fim específico;"

empresas e entidades nacionais de direito privado sem fins lucrativos voltadas para atividades de pesquisa, de reconhecida capacitação tecnológica no setor, visando à realização de atividades de pesquisa e desenvolvimento, que envolvam risco tecnológico, para solução de problema técnico específico ou obtenção de produto ou processo inovador.

6.5.7 Política agrícola de assistência técnica e extensão rural

O art. 187, IV, da CF, preceitua que a política agrícola será planejada e executada na forma da lei, com a participação efetiva do setor de produção, envolvendo produtores e trabalhadores rurais, bem como dos setores de comercialização, de armazenamento e de transportes, levando em conta, especialmente, entre outros, a assistência técnica e extensão rural.

Para implementá-la foi editada a Lei nº 12.188/10 que instituiu a Política Nacional de Assistência Técnica e Extensão Rural para a Agricultura Familiar e Reforma Agrária (PNATER) e o Programa Nacional de Assistência Técnica e Extensão Rural na Agricultura Familiar e na Reforma Agrária (PRONATER).

A Lei anteriormente citada também introduziu mais uma hipótese de contratação direta ao elenco do art. 24 da Lei nº 8.666/93, o inciso XXX, dispensando-se a licitação para a contratação de instituição ou organização, pública ou privada, com ou sem fins lucrativos, para a prestação de serviços de assistência técnica e extensão rural no âmbito do Programa Nacional de Assistência Técnica e Extensão Rural na Agricultura Familiar e na Reforma Agrária, instituído por lei federal.

A contratação direta de tais instituições é ferramenta de apoio e incentivo à melhoria da renda e da qualidade de vida das famílias rurais, por meio do aperfeiçoamento dos sistemas de produção e de mecanismo de acesso a recursos e serviços.

6.5.8 Política pública de acesso à água para famílias rurais de baixa renda atingidas pela seca ou falta regular de água

Dispõe o art. 43, §3º, da Constituição Federal de 1988, que nas áreas a que se refere o §2º, inc. IV do mesmo dispositivo (*"regiões de baixa renda, sujeitas a secas periódicas"*), a União incentivará a recuperação de terras áridas e cooperará com os pequenos e médios proprietários rurais para o estabelecimento, em suas glebas, de fontes de água e de pequena irrigação.

A Lei nº 12.873/13, instituída para o fim de promover o acesso à água para o consumo humano e para a produção de alimentos por meio da implementação de tecnologias sociais simples e de baixo custo, introduziu o inciso XXXIII ao art. 24 da Lei nº 8.666/93, o qual autoriza a dispensa de licitação na contratação de entidades privadas sem fins lucrativos, para a implementação de cisternas ou outras tecnologias sociais de acesso à água para consumo humano e produção de alimentos, para beneficiar as famílias rurais de baixa renda atingidas pela seca ou falta regular de água. A contratação direta visa a atender o programa nacional de apoio à captação de água de chuva e outras tecnologias sociais de acesso à água (Programa Cisternas), cujo público-alvo são famílias rurais de baixa renda atingidas pela seca ou falta regular de água, com prioridade para povos e comunidades tradicionais.

6.5.9 Política pública de promoção, proteção e recuperação da saúde, organização e funcionamento dos serviços correspondentes

As ações e serviços públicos de saúde integram uma rede regionalizada e hierarquizada e constituem um sistema único consoante estabelece a Constituição Federal (art. 198). Ao sistema único de saúde compete, além de outras atribuições, incrementar, em sua área de atuação, o desenvolvimento científico e tecnológico e a inovação (art. 200, V, da CF). De acordo com a Lei nº 8.080/90, o Sistema Único de Saúde (SUS) deve estabelecer mecanismos de incentivos à participação do setor privado nos investimentos em ciência e tecnologia e, ainda, estimular a transferência de tecnologia das universidades e institutos de pesquisa aos serviços de saúde nos estados, Distrito Federal e municípios, e às empresas nacionais.

Visando à implementação de política pública de promoção, proteção e recuperação da saúde, organização e funcionamento dos serviços correspondentes e, ainda, de desenvolvimento científico e tecnológico e de inovação na área de atuação do Sistema Único de Saúde (SUS), foram introduzidos os incisos XXXII e XXXIV ao art. 24 da Lei nº 8.666/93, respectivamente pelas Leis nº 12.715/12 e nº 13.204/15, os quais dispõem:

> XXXII – na contratação em que houver transferência de tecnologia de produtos estratégicos para o Sistema Único de Saúde – SUS, no âmbito da Lei nº 8.080, de 19 de setembro de 1990, conforme elencados em ato da direção nacional do SUS, inclusive por ocasião da aquisição destes produtos durante as etapas de absorção tecnológica.
> (...)
> XXXIV – para a aquisição por pessoa jurídica de direito público interno de insumos estratégicos para a saúde produzidos ou distribuídos por fundação que, regimental ou estatutariamente, tenha por finalidade apoiar órgão da administração pública direta, sua autarquia ou fundação em projetos de ensino, pesquisa, extensão, desenvolvimento institucional, científico e tecnológico e estímulo à inovação, inclusive na gestão administrativa e financeira necessária à execução desses projetos, ou em parcerias que envolvam transferência de tecnologia de produtos estratégicos para o Sistema Único de Saúde – SUS, nos termos do inciso XXXII deste artigo, e que tenha sido criada para esse fim específico em data anterior à vigência desta Lei, desde que o preço contratado seja compatível com o praticado no mercado.

6.6 Leis esparsas implementadoras de políticas públicas por meio de dispensa de licitação

São leis esparsas implementadoras de políticas públicas constitucionais por meio de dispensa de licitação:

a) Lei nº 11.947/09, dispõe sobre o programa dinheiro direto na escola aos alunos da educação básica e estabelece a possibilidade de o administrador público dispensar a licitação para a aquisição de alimentação escolar; cumpre dupla finalidade: atendimento ao educando, em todas as etapas da educação básica, por meio de programas suplementares de alimentação (art. 208, VII, da CF) e apoio ao desenvolvimento sustentável, com incentivos para a aquisição de gêneros alimentícios diversificados, produzidos em âmbito local e preferencialmente pela agricultura familiar e pelos empreendedores familiares rurais, priorizando as comunidades tradicionais indígenas e de remanescentes de quilombos; estatui que:

Art. 14. Do total dos recursos financeiros repassados pelo FNDE, no âmbito do PNAE, no mínimo 30% (trinta por cento) deverão ser utilizados na aquisição de gêneros alimentícios diretamente da agricultura familiar e do empreendedor familiar rural ou de suas organizações, priorizando-se os assentamentos da reforma agrária, as comunidades tradicionais indígenas e comunidades quilombolas.

§1º A aquisição de que trata este artigo poderá ser realizada dispensando-se o procedimento licitatório, desde que os preços sejam compatíveis com os vigentes no mercado local, observando-se os princípios inscritos no art. 37 da Constituição Federal, e os alimentos atendam às exigências do controle de qualidade estabelecidas pelas normas que regulamentam a matéria. (grifamos)

§2º A observância do percentual previsto no *caput* será disciplinada pelo FNDE e poderá ser dispensada quando presente uma das seguintes circunstâncias:

I – impossibilidade de emissão do documento fiscal correspondente;

II – inviabilidade de fornecimento regular e constante dos gêneros alimentícios;

III – condições higiênico-sanitárias inadequadas.

b) Lei nº 12.512/11, institui o programa de apoio à conservação ambiental e o programa de fomento às atividades produtivas rurais, visando à promoção da cidadania, à melhoria das condições de vida e à elevação da renda da população em situação de extrema pobreza que exerça atividades de conservação dos recursos naturais no meio rural; são suas diretrizes nucleares:

Art. 16. Podem fornecer produtos ao Programa de Aquisição de Alimentos – PAA, de que trata o art. 19 da Lei nº 10.696, de 2 de julho de 2003, os agricultores familiares e os demais beneficiários que se enquadrem nas disposições da Lei nº 11.326, de 24.07.2006.

§1º As aquisições dos produtos para o PAA poderão ser efetuadas diretamente dos beneficiários de que trata o *caput* ou, indiretamente, por meio de suas cooperativas e demais organizações formais.

§2º Nas aquisições realizadas por meio de cooperativas dos agricultores familiares e dos demais beneficiários que se enquadrem nas disposições da Lei nº 11.326, de 24 de julho de 2006, a transferência dos produtos do associado para a cooperativa constitui ato cooperativo, previsto na Lei nº 5.764, de 16 de dezembro de 1971.

§3º O Poder Executivo federal poderá estabelecer critérios e condições de prioridade de atendimento pelo PAA, de forma a contemplar as especificidades de seus diferentes segmentos e atendimento dos beneficiários de menor renda.

§4º A aquisição de produtos na forma do *caput* somente poderá ser feita nos limites das disponibilidades orçamentárias e financeiras.

Art. 17. Fica o Poder Executivo federal, estadual, municipal e do Distrito Federal autorizado a adquirir alimentos produzidos pelos beneficiários descritos no art. 16, dispensando-se o procedimento licitatório, obedecidas, cumulativamente, as seguintes exigências: (grifamos)

I – os preços sejam compatíveis com os vigentes no mercado, em âmbito local ou regional, aferidos e definidos segundo metodologia instituída pelo Grupo Gestor do PAA; e

II – seja respeitado o valor máximo anual ou semestral para aquisições de alimentos, por unidade familiar, cooperativa ou por demais organizações formais da agricultura familiar, conforme definido em regulamento.

Parágrafo único. Produtos agroecológicos ou orgânicos poderão ter um acréscimo de até 30% (trinta por cento) em relação aos preços estabelecidos para produtos convencionais, observadas as condições definidas pelo Grupo Gestor do PAA.

c) Lei nº 12.872/13, promove ações de cooperação energética com países da América Latina e o aproveitamento racional de equipamentos de geração de energia elétrica; na dicção de sua regra básica:

> Art. 8º Com vistas a promover a cooperação energética com países da América Latina e a aproveitar racionalmente os equipamentos de geração de energia elétrica, órgãos e entidades federais poderão ceder, a título oneroso ou gratuito, o uso de bens caracterizados pela Agência Nacional de Energia Elétrica – ANEEL como inservíveis à concessão de serviço público.
> §1º As ações de cooperação previstas no *caput* dependerão de aprovação prévia do Ministro de Estado de Minas e Energia.
> **§2º Para a execução do previsto no *caput*, é dispensada a licitação para a União contratar e celebrar acordos com empresas estatais federais a fim de prestar ou supervisionar serviços de logística e de recuperação, reforma e manutenção de equipamentos de geração de energia elétrica.** (grifamos)

6.7 Proteção ao trabalho do menor

A EC nº 20/98 inseriu, no capítulo dos direitos sociais (art. 7º, XXXIII), a "proibição de trabalho noturno, perigoso ou insalubre a menores de dezoito e de qualquer trabalho a menores de dezesseis anos, salvo na condição de aprendiz, a partir de quatorze anos". A Lei nº 9.854/99 acrescentou inc. V ao art. 27 da Lei nº 8.666/93, que passou a vigorar com a seguinte redação: "Para a habilitação nas licitações exigir-se-á dos interessados, exclusivamente, documentação relativa a: (...) cumprimento do disposto no inciso XXXIII do art. 7º da Constituição Federal". O Decreto federal nº 4.358/02 autoriza o cumprimento da exigência por intermédio de declaração firmada pelo licitante.

Tal política pública constitucional não se destina apenas ao estado, cuja competência é a de agir como poder normativo e fiscalizador, mas, também e principalmente, às pessoas físicas ou jurídicas empresárias, que não podem ter, na mão de obra que contratam, menores em contravenção ao regime de proteção fixado na Constituição.

O combate ao trabalho infantil desafia todos os países, sendo auspicioso que tenha sido alçado a política pública constitucional brasileira. Por isso que não se pode correr o risco, ainda que involuntário fosse, de o estado coonestar violações à tutela de proteção, acaso contratasse adjudicatário que a desrespeitasse. Daí a severidade do art. 27, V, da Lei nº 8.666/93, que tem por inabilitado para contratar com a administração pública quem assim proceda. O descumprimento do disposto no inciso V do art. 27 enseja a rescisão do contrato administrativo (art. 78, XVIII, da Lei nº 8.666/93), sem prejuízo da aplicação das sanções penais cabíveis.

6.8 Incentivo à produção de bens e serviços de informática e automação

Nos termos do art. 45, §4º, da Lei nº 8.666/93, a contratação de bens e serviços pela administração observará o disposto no art. 3º da Lei nº 8.248/91, levando em conta os fatores especificados em seu §2º e adotando obrigatoriamente o tipo de licitação "técnica e preço", permitido o emprego de outro nos casos indicados em decreto do Poder Executivo.

A Lei nº 8.248/91, com o fim de fortalecer a capacitação e a competitividade das empresas brasileiras de informática e automação (arts. 218 e 219 da Carta Magna), assenta:

> Art. 3º Os órgãos e entidades da Administração Pública Federal, direta ou indireta, as fundações instituídas e mantidas pelo Poder Público e as demais organizações sob o controle direto ou indireto da União darão preferência, nas aquisições de bens e serviços de informática e automação, observada a seguinte ordem, a:
> I – bens e serviços com tecnologia desenvolvida no País;
> II – bens e serviços produzidos de acordo com processo produtivo básico, na forma a ser definida pelo Poder Executivo.
> (...)
> §2º Para o exercício desta preferência, levar-se-ão em conta condições equivalentes de prazo de entrega, suporte de serviços, qualidade, padronização, compatibilidade e especificação de desempenho e preço.

A Lei nº 11.077/04 acrescentou-lhe o §3º, enunciando que a licitação de bens e serviços de informática e automação, considerados como bens ou serviços comuns, nos termos do parágrafo único do art. 1º da Lei nº 10.520/02, pode ser realizada na modalidade pregão, restrita às empresas que cumpram o Processo Produtivo Básico (PPB), que a Lei nº 8.387/91 define como o conjunto mínimo de operações, no estabelecimento fabril, que caracteriza a efetiva industrialização de determinado produto (o Decreto nº 783/93 fixou o Processo Produtivo Básico para os produtos industrializados na Zona Franca de Manaus).

O Tribunal de Contas da União[17] decidiu que deve ser franqueado a todos os interessados, independentemente de cumprirem ou não o Processo Produtivo Básico, o acesso à licitação para a aquisição de bens e serviços de informática e automação. Tal requisito, mesmo quando legítima a sua aplicação, deve ser aferido no exame das propostas, por ser intrínseco ao produto, e não como exigência de habilitação, que visa a aferir a comprovação jurídica, a regularidade fiscal e trabalhista e a qualificação técnica e/ou econômico-financeira da empresa.

O fundamento para elidir o cumprimento do PPB está em que grande parte dos produtos de informática e automação ainda não dispõe de fabricação no País. A produção nacional – desejável do ponto de vista estratégico – resultará da gradual implementação de política pública de incentivo ao progresso tecnológico brasileiro. Enquanto não consolidada a diversificação do parque produtivo nacional de bens comuns de informática e automação, não consulta a razoabilidade, sob pena de ofensa aos princípios da eficiência e da economicidade, impor-se à administração pública procedimento mais gravoso para aquisição de produtos não fabricados em escala doméstica.

No mesmo julgado, o TCU considerou que a prelação estabelecida pela redação atualizada do art. 3º da Lei nº 8.248/91 permanece imperativa, mas incidirá apenas quando a administração, diante de duas propostas economicamente vantajosas e equivalentes, houver de optar pela que cumpra simultaneamente os seguintes requisitos:

---

[17] Acórdão nº 2.138/05, Plenário, Relator Min. Walton Alencar Rodrigues. Processo TC nº 012.986/2004-0, *DOU*, 23.12.2005.

(a) bens e serviços com tecnologia desenvolvida no País, conforme determina o art. 3º, I, da Lei nº 8.248/91; (b) bens e serviços fornecidos por empresas que cumpram o Processo Produtivo Básico definido pela Lei nº 8.387/91, conforme prescreve o art. 3º, §3º, da Lei nº 8.248/91. A persistir o empate entre as melhores ofertas, assenta ainda a Corte de Contas, nada impede que a administração proceda a sorteio, observado o disposto no art. 45, §2º, da Lei nº 8.666/93, aplicável subsidiariamente ao pregão por força do art. 9º da Lei nº 10.520/02.

Em aresto que se seguiu ao Acórdão nº 2.138/05-Plenário, o TCU ratificou, *verbis*:

(...) a Consulta efetuada apresenta semelhança com aquela tratada no TC 012.986/2004-0 (Acórdão nº 1.707/2005 – Plenário), cujo consulente foi o então Exmo. Sr. Presidente da Câmara dos Deputados. Naquele processo, ao apreciar embargos de declaração opostos pelo signatário da presente consulta, este Tribunal proferiu o Acórdão nº 2.138/2005 – Plenário esclarecendo ao Consulente que é juridicamente possível a aquisição de bens e serviços comuns de informática e automação nas contratações realizadas por intermédio da modalidade Pregão, mesmo nas hipóteses em que não seja tecnicamente viável a aplicação da regra da preferência a que alude o art. 3º da Lei nº 8.248/1991, com redação alterada pelas Leis nº 10.176/2001 e nº 11.077/2004, vale dizer, nas situações em que não haja licitantes que possam fornecer produto ou serviço com tecnologia desenvolvida no País ou não cumpram o processo produtivo básico, assim definido pela Lei nº 8.387/1991.

4. O Plenário, naquele acórdão, foi além e estabeleceu os procedimentos a serem adotados pela Administração Pública Federal nos processos licitatórios sob a modalidade pregão que se destinem ao fornecimento de bens e serviços comuns de informática e automação, quais sejam:

"9.3.1. verificado empate entre propostas comerciais, adotar as providências a seguir:

9.3.1.1. primeiro, analisar se algum dos licitantes está ofertando bem ou serviço que preencha simultaneamente às seguintes condições, hipótese em que deverá ser aplicado o direito de preferência estabelecido no art. 3º da Lei nº 8.248/91, alterado pelas Leis nº 10.176/2001 e nº 11.077/2004:

a) bens e serviços com tecnologia desenvolvida no Brasil, a ser devidamente comprovada pelo interessado, conforme dispõe o art. 9º da Lei nº 10.520/2002, c/c o art. 45, §2º, da Lei nº 8.666/93;

b) bens e serviços produzidos de acordo com processo produtivo básico, na forma definida pelo Poder Executivo (Lei nº 8.387/1991);

9.3.1.2. persistindo o empate entre as melhores propostas licitantes, ou comprovada a inviabilidade da aplicação da regra de preferência estabelecida pela redação atualizada do art. 3º da Lei nº 8.248/1991, proceder ao sorteio da oferta que atenderá ao interesse público, observado o disposto no art. 45, §2º, da Lei nº 8.666/93, aplicável subsidiariamente ao Pregão por força do art. 9º da Lei nº 10.520/2002";

5. Dessa forma, o Plenário deixou cristalino que a regra de preferência somente se aplica como critério de desempate entre duas propostas, independentemente da modalidade de licitação aplicada. (Acórdão nº 208/2006, Plenário, Relator Min. Lincoln Magalhães da Rocha, Processo TC nº 020.658/2005-1, *DOU*, 01.03.2006)

6.8.1 Preferência na contratação de bens e serviços de informática e automação

Em 12 de maio do ano de 2010 foi publicado o Decreto nº 7.174, que veio regulamentar a contratação de bens e serviços de informática e automação no âmbito da administração pública federal, direta ou indireta, das fundações instituídas ou mantidas pelo poder público e demais organizações sob o controle direto ou indireto da União, prevista no art. 3º da Lei nº 8.248/91.

De acordo com o seu art. 5º, na hipótese de apresentarem-se empatadas as propostas, será assegurada preferência na contratação a fornecedores de bens e serviços, observada a ordem que segue: "I – bens e serviços com tecnologia desenvolvida no País e produzidos de acordo com o Processo Produtivo Básico (PPB), na forma definida pelo Poder Executivo Federal; II – bens e serviços com tecnologia desenvolvida no País; e III – bens e serviços produzidos de acordo com o PPB, na forma definida pelo Poder Executivo Federal".

Assim, de acordo com o art. 8º, o exercício do direito de preferência disposto no decreto federal será concedido após o encerramento da fase de apresentação das propostas ou lances, observando-se os seguintes procedimentos, sucessivamente:

(a) aplicação das regras de preferência para as entidades de menor porte, dispostas no Capítulo V da Lei Complementar nº 123/06, ou seja, antes da aplicação do direito de preferência previsto no art. 3º da Lei nº 8.248/91, deve ser observada a concessão de tratamento diferenciado e favorecido às entidades de menor porte, caso participem do certame, conforme disposto no art. 44 da Lei Complementar citada (política pública de estímulo às entidades de menor porte prevista nos arts. 146, III, "d"; e 170, IX, da CF/88);

(b) aplicação das regras de preferência previstas no art. 5º do decreto federal, observada a seguinte ordem: "I – bens e serviços com tecnologia desenvolvida no País e produzidos de acordo com o Processo Produtivo Básico (PPB), na forma definida pelo Poder Executivo Federal; II – bens e serviços com tecnologia desenvolvida no País; e III – bens e serviços produzidos de acordo com o PPB, na forma definida pelo Poder Executivo Federal", classificando-se os licitantes cujas propostas finais estejam situadas até dez por cento acima da melhor proposta válida, conforme o critério de julgamento adotado na licitação, para a comprovação e o exercício do direito de preferência;

(c) convocação dos licitantes classificados que estejam enquadrados no inc. I do art. 5º (bens e serviços com tecnologia desenvolvida no País e produzidos de acordo com o Processo Produtivo Básico, na forma definida pelo Poder Executivo Federal), na ordem de classificação, para que possam oferecer nova proposta ou novo lance para igualar ou superar a melhor proposta válida, caso em que será declarado vencedor do certame;

(d) caso a preferência não seja exercida na forma do item anterior, por qualquer motivo, serão convocadas as empresas classificadas que estejam enquadradas no inc. II do art. 5º (bens e serviços com tecnologia desenvolvida no País), na ordem de classificação, para a comprovação e o exercício do direito de preferência, aplicando-se a mesma regra para o inc. III do art. 5º (bens e serviços produzidos de acordo com o PPB, na forma definida pelo Poder Executivo Federal), caso esse direito não seja exercido; e

(e) caso nenhuma empresa classificada venha a exercer o direito de preferência, observar-se-ão as regras usuais de classificação e julgamento previstas na Lei nº 8.666/93 e na Lei nº 10.520/02.

O parágrafo único do art. 5º do Decreto nº 7.174/10 estabelece que nas licitações em que participem microempresas e empresas de pequeno porte que atendam às condições enunciadas nos seus três incisos – que produzam bens e serviços com tecnologia desenvolvida no País e de acordo com o Processo Produtivo Básico (PPB), na forma definida pelo Poder Executivo Federal, bens e serviços com tecnologia desenvolvida no País ou bens e serviços de acordo com o PPB, na forma definida pelo Poder Executivo

Federal –, deverá ser assegurada a prioridade no exercício do direito de preferência em relação às médias e grandes empresas enquadradas nas mesmas condições.

Segundo o art. 5º, §9º, incs. II e III, do Decreto federal nº 8.538/15, nas contratações de bens e serviços de informática e automação, nos termos da Lei nº 8.248/91, as microempresas e as empresas de pequeno porte que fizerem jus ao direito de preferência previsto no Decreto nº 7.174/10, terão prioridade no exercício desse benefício em relação às médias e às grandes empresas na mesma situação e, quando aplicada a margem de preferência a que se refere o Decreto nº 7.546/11, não se aplicará o desempate previsto no Decreto nº 7.174/10.

Na prática, o procedimento a ser adotado na respectiva licitação é o que segue:

1. ultrapassada a etapa referente à concessão do direito de preferência às entidades de menor porte, será observado o seguinte rito:

1.1 classificação dos licitantes cujas propostas finais estejam situadas até dez por cento acima da melhor proposta válida, conforme o critério de julgamento, para a comprovação e o exercício do direito de preferência;

1.2 convocação dos licitantes classificados que detenham certificação de bens ou serviços com tecnologia desenvolvida no País e produzidos de acordo com o Processo Produtivo Básico (PPB), na forma definida pelo Poder Executivo Federal, na ordem de classificação, para que possam oferecer nova proposta ou novo lance para igualar ou superar a melhor proposta válida, caso em que será declarado vencedor do certame;

1.3 caso a preferência não seja exercida na forma do item anterior, por qualquer motivo, serão convocadas as empresas classificadas que detenham certificação de bens e serviços com tecnologia desenvolvida no País, na ordem de classificação, para a comprovação e o exercício do direito de preferência;

1.4 caso a preferência não seja exercida na forma do item anterior, por qualquer motivo, serão convocadas as empresas classificadas que detenham certificação de bens e serviços produzidos de acordo com o PPB, na forma definida pelo Poder Executivo Federal;

2. caso nenhuma empresa classificada venha a exercer o direito de preferência, segue-se a negociação para obtenção de melhor proposta;

3. as microempresas e empresas de pequeno porte que atendam ao disposto nos incisos do art. 5º do Decreto nº 7.174/10 terão prioridade no exercício do direito de preferência em relação às médias e grandes empresas enquadradas no mesmo inciso;

4. caso haja empresa licitante de menor porte – ME e EPP – detentora de certificação, a ordem de classificação, para a oferta de nova proposta ou lance que vise igualar ou superar a melhor proposta, é a que segue:

Tecnologia no país + processo produtivo básico + ME e EPP

Tecnologia no país + processo produtivo básico

Tecnologia no país + ME e EPP

Tecnologia no país

Processo produtivo básico + ME e EPP

Processo produtivo básico

Cumpre o Decreto nº 7.174/10 a política pública constitucional prevista no art. 170, IX, da CF/88, a qual estabelece tratamento favorecido para as empresas de pequeno porte, constituídas sob as leis brasileiras e que tenham sua sede e administração no País.

6.8.1.1 Diplomas que relacionam os bens e serviços considerados de informática e automação e, ainda, regulamentam a aquisição desses objetos pela administração pública federal

O art. 16-A da Lei nº 8.248/91, que dispõe sobre a capacitação e competitividade do setor de informática e automação, considera bens e serviços de informática e automação: (a) os componentes eletrônicos a semicondutor, optoeletrônicos, bem como os respectivos insumos de natureza eletrônica; (b) as máquinas, equipamentos e dispositivos baseados em técnica digital, com funções de coleta, tratamento, estruturação, armazenamento, comutação, transmissão, recuperação ou apresentação da informação, seus respectivos insumos eletrônicos, partes, peças e suporte físico para operação; (c) os programas para computadores, máquinas, equipamentos e dispositivos de tratamento da informação e respectiva documentação técnica associada (*software*); e (d) os serviços técnicos associados aos bens e serviços descritos nos itens retrocitados.

Não se aplica o disposto na Lei nº 8.248/91, segundo o seu art. 16-A, §1º, às mercadorias dos segmentos de áudio, áudio e vídeo, e lazer e entretenimento, ainda que incorporem tecnologia digital, incluindo os constantes da relação a seguir, que poderá ser ampliada em decorrência de inovações tecnológicas, elaborada conforme nomenclatura do Sistema Harmonizado de Designação e Codificação de Mercadorias – SH:

> I – toca-discos, eletrofones, toca-fitas (leitores de cassetes) e outros aparelhos de reprodução de som, sem dispositivo de gravação de som, da posição 8519;
> II – gravadores de suportes magnéticos e outros aparelhos de gravação de som, mesmo com dispositivo de reprodução de som incorporado, da posição 8520;
> III – aparelhos videofônicos de gravação ou de reprodução, mesmo incorporando um receptor de sinais videofônicos, da posição 8521;
> IV – partes e acessórios reconhecíveis como sendo exclusiva ou principalmente destinados aos aparelhos das posições 8519 a 8521, da posição 8522;
> V – suportes preparados para gravação de som ou para gravações semelhantes, não gravados, da posição 8523;
> VI – discos, fitas e outros suportes para gravação de som ou para gravações semelhantes, gravados, incluídos os moldes e matrizes galvânicos para fabricação de discos, da posição 8524;
> VII – câmeras de vídeo de imagens fixas e outras câmeras de vídeo (camcorders), da posição 8525;
> VIII – aparelhos receptores para radiotelefonia, radiotelegrafia, ou radiodifusão, mesmo combinados, num mesmo gabinete ou invólucro, com aparelho de gravação ou de reprodução de som, ou com relógio, da posição 8527, exceto receptores pessoais de radiomensagem;
> IX – aparelhos receptores de televisão, mesmo incorporando um aparelho receptor de radiodifusão ou um aparelho de gravação ou de reprodução de som ou de imagens; monitores e projetores, de vídeo, da posição 8528;
> X – partes reconhecíveis como exclusiva ou principalmente destinadas aos aparelhos das posições 8526 a 8528 e das câmeras de vídeo de imagens fixas e outras câmeras de vídeo (camcorders) (8525), da posição 8529;
> XI – tubos de raios catódicos para receptores de televisão, da posição 8540;
> XII – aparelhos fotográficos; aparelhos e dispositivos, incluídos as lâmpadas e tubos, de luz-relâmpago (flash), para fotografia, da posição 9006;

XIII – câmeras e projetores cinematográficos, mesmo com aparelhos de gravação ou de reprodução de som incorporados, da posição 9007;
XIV – aparelhos de projeção fixa; aparelhos fotográficos, de ampliação ou de redução, da posição 9008;
XV – aparelhos de fotocópia, por sistema óptico ou por contato, e aparelhos de termocópia, da posição 9009;
XVI – aparelhos de relojoaria e suas partes, do capítulo 91.

O Decreto federal nº 5.906/06, que regulamenta o referido dispositivo da Lei nº 8.248/91, também relaciona os bens e serviços de informática e automação, para efeito de sua aplicação. Assim:

Art. 2º Para fins do disposto neste Decreto, consideram-se bens e serviços de informática e automação:
I – componentes eletrônicos a semicondutor, optoeletrônicos, bem como os respectivos insumos de natureza eletrônica;
II – máquinas, equipamentos e dispositivos baseados em técnica digital, com funções de coleta, tratamento, estruturação, armazenamento, comutação, transmissão, recuperação ou apresentação da informação, seus respectivos insumos eletrônicos, partes, peças e suporte físico para operação;
III – programas para computadores, máquinas, equipamentos e dispositivos de tratamento da informação e respectiva documentação técnica associada (software);
IV – serviços técnicos associados aos bens e serviços descritos nos incisos I, II e III;
V – os aparelhos telefônicos por fio com unidade auscultador-microfone sem fio, que incorporem controle por técnicas digitais, Código 8517.11.00 da Nomenclatura Comum do Mercosul – NCM;
VI – terminais portáteis de telefonia celular, Código 8517.12.31 da NCM; e
VII – unidades de saída por vídeo (monitores), classificadas nas, Subposições 8528.41 e 8528.51 da NCM, desprovidas de interfaces e circuitarias para recepção de sinal de rádio freqüência ou mesmo vídeo composto, próprias para operar com máquinas, equipamentos ou dispositivos baseados em técnica digital da Posição 8471 da NCM (com funções de coleta, tratamento, estruturação, armazenamento, comutação, transmissão, recuperação ou apresentação da informação).

O Anexo I do Decreto nº 5.906/06, com redação dada pelo Decreto nº 7.010/09, relaciona os bens considerados de informática e automação. Já o seu Anexo II, com redação dada pelo Decreto nº 6.405/08, relaciona os que não o são.

São normativos que regulamentam a aquisição de bens e serviços considerados de informática e automação pela administração pública federal:

(a) Decreto federal nº 7.174/10, regulamenta a contratação de bens e serviços de informática e automação pela administração pública federal, direta ou indireta, pelas fundações instituídas ou mantidas pelo Poder Público e pelas demais organizações sob o controle direto ou indireto da União; os bens de informática abrangidos pelas certificações de que trata o inciso II do art. 3º do referido diploma são aqueles listados no Anexo A da Portaria Inmetro nº 170, de 10 de abril de 2012, com exceção do Grupo "*Equipamentos eletroeletrônicos para uso em escritórios*";

(b) Instrução Normativa SLTI/MPOG nº 04, de 2010, dispõe sobre o processo de contratação de Soluções de Tecnologia da Informação pelos órgãos integrantes do

Sistema de Administração dos Recursos de Informação e Informática (SISP) do Poder Executivo federal;

(c) Portaria MP/SLTI nº 86, de 2014, dispõe sobre as orientações e especificações de referência para contratação de soluções de tecnologia da informação no âmbito da administração pública federal direta, autárquica e fundacional e dá outras providências;

(d) Instrução Normativa SLTI/MPOG nº 01, de 2015, estabelece que nas aquisições de bens de informática e automação, o instrumento convocatório deverá prever que as certificações previstas no inciso II do art. 3º do Decreto nº 7.174/10 serão exigidas como requisito de qualificação dos bens a serem adquiridos, ou seja, não serão exigidas como requisito de habilitação; serão aceitas certificações emitidas, no âmbito do Sistema Brasileiro de Avaliação da Conformidade, coordenado pelo Instituto Nacional de Metrologia, Qualidade e Tecnologia (Inmetro), como também aquelas emitidas por organismos acreditados por esse Instituto, os quais podem ser consultados por meio do endereço <http://www.inmetro.gov.br/organismos>; e

(e) Portaria da Secretaria de Tecnologia da Informação nº 20, de 2016, dispõe sobre orientações para contratação de soluções de Tecnologia da Informação no âmbito da administração pública federal direta, autárquica e fundacional e dá outras providências; por seu art. 1º, as contratações de soluções de Tecnologia da Informação (TI) pelos órgãos e entidades integrantes do Sistema de Administração dos Recursos de Tecnologia da Informação (SISP) devem: a) ser precedidas de processo de planejamento específico, alinhado ao Plano Diretor de Tecnologia da Informação e Comunicações (PDTIC) do órgão e aderente às políticas de aquisição, substituição e descarte de equipamentos constantes da Instrução Normativa SLTI/MP nº 1, de 19 de janeiro de 2010, da Instrução Normativa SLTI/MP nº 4, de 11 de setembro de 2014, e do Decreto nº 99.658, de 30 de outubro de 1990; b) observar as boas práticas, vedações e orientações constantes no sítio Orientações para Contratação de Soluções de TI, do Núcleo de Contratações de TI do SISP (NCTI) (<http://governoeletronico.gov.br/sisp-conteudo/nucleo-de-contratacoes-de-ti/orientacoes-de-ti>); c) considerar as planilhas sobre contratações de soluções de TI disponíveis no sítio Consulta Licitações de TI do NCTI (<http://governoeletronico.gov.br/sisp-conteudo/nucleo-de-contratacoes-de-ti/consulta-licitacoes-de-ti>) como referência para: c.1) a especificação de soluções de TI, adequando-as à satisfação de suas necessidades específicas; c.2) a estimativa de preço público.

6.8.2 Licitação restrita a bens e serviços com tecnologia desenvolvida no País e produzidos de acordo com o Processo Produtivo Básico

A Lei nº 12.349/10, com o propósito de implementar política pública de apoio e incentivo ao mercado nacional de produção de bens e execução de serviços na área de tecnologia da informação e comunicação, introduziu o §12 ao art. 3º da Lei nº 8.666/93, cuja redação é a que segue:

> Nas contratações destinadas à implantação, manutenção e ao aperfeiçoamento dos sistemas de tecnologia de informação e comunicação, considerados estratégicos em ato do Poder Executivo federal, a licitação poderá ser restrita a bens e serviços com tecnologia desenvolvida no País e produzidos de acordo com o processo produtivo básico de que trata a Lei nº 10.176, de 11 de janeiro de 2001.

A mesma Lei, a par de conferir tratamento privilegiado ao mercado nacional que produz e executa tais objetos, desde que considerados estratégicos por ato do Poder Executivo federal, também introduziu mais um conceito entre aqueles arrolados no art. 6º da Lei nº 8.666/93.

De acordo com o inc. XIX, os sistemas de tecnologia de informação e comunicação estratégicos constituem-se nos bens e serviços de tecnologia da informação e comunicação cuja descontinuidade provoque dano significativo à administração pública e que envolvam pelo menos um dos seguintes requisitos relacionados às informações críticas: disponibilidade, confiabilidade, segurança e confidencialidade.

O Decreto nº 7.546/11, que veio regulamentar o §12 do art. 3º da Lei nº 8.666/93, fixou a competência para definir bens e serviços estratégicos:

> Art. 10. Nas contratações a que se refere o §12 do art. 3º da Lei nº 8.666, de 1993, destinadas à implantação, manutenção e aperfeiçoamento dos sistemas de tecnologia da informação e comunicação, a licitação poderá ser restrita a bens e serviços com tecnologia desenvolvida no País e produzidos de acordo com o processo produtivo básico de que trata a Lei nº 10.176, de 11 de janeiro de 2001, desde que considerados estratégicos por meio de ato conjunto dos Ministérios do Planejamento, Orçamento e Gestão, de Ciência e Tecnologia e do Desenvolvimento, Indústria e Comércio Exterior.
> Parágrafo único. O ato conjunto previsto no *caput* deverá explicitar a vinculação dos bens e serviços de tecnologia da informação e comunicação aos critérios previstos no art. 6º, inciso XIX, da Lei nº 8.666, de 1993.

V., ainda, os comentários sobre a licitação restrita a bens e serviços com tecnologia desenvolvida no País e produzidos de acordo com o Processo Produtivo Básico de que trata a Lei nº 10.176/11, no capítulo intitulado "Desenvolvimento sustentável: a nova cláusula geral das contratações públicas brasileiras".

6.8.3 Incentivo ao mercado interno e à autonomia tecnológica do País

A Lei nº 12.349/10 introduziu modificações ao inc. I do §1º do art. 3º da Lei nº 8.666/93, de modo a fazer do direito de preferência, que já ali estava inscrito, instrumento de política econômica, ajustando-o, ainda, aos termos da Emenda Constitucional nº 6/95, que revogou o art. 171 da CF/88.

A alteração definiu a hierarquia do critério de desempate ante a existência de propostas equivalentes numa licitação. Assim, após cumprida a fase que concede o direito de preferência às entidades de menor porte (art. 44 da Lei Complementar nº 123/06), permanecendo o empate entre as propostas, será assegurada preferência, sucessivamente, aos bens e serviços: "II – produzidos no País; III – produzidos ou prestados por empresas brasileiras; IV – produzidos ou prestados por empresas que invistam em pesquisa e no desenvolvimento de tecnologia no País".

A preferência cumpre política pública de incentivo ao mercado interno e à autonomia tecnológica do País.

Conforme a ordem estipulada no inc. I do §1º do art. 3º, em primeiro lugar, privilegia-se o fato de os bens ou serviços serem produzidos no País, independentemente da nacionalidade de quem os produza ou preste, desde que o faça em território brasileiro; em segundo lugar, o fato de serem os bens produzidos ou os serviços prestados por empresa brasileira, se, portanto, houver empresa estrangeira que também os produza ou preste em território brasileiro; em terceiro lugar, o fato de os bens serem produzidos ou os serviços serem prestados por empresa, qualquer que seja a sua nacionalidade, que invista em pesquisa e no desenvolvimento de tecnologia no País.

6.9 Margem de preferência para produtos manufaturados e serviços nacionais que atendam a normas técnicas brasileiras

A Lei nº 12.349/10 e a Lei Complementar nº 147/14 inseriram no art. 3º da Lei nº 8.666/93 os §§5º a 15, que dispõem sobre a preferência para produtos manufaturados e serviços nacionais que atendam a normas técnicas brasileiras, quando não ultrapassarem o montante de 25% (vinte e cinco por cento) sobre o preço dos produtos manufaturados e serviços estrangeiros.

A norma é aplicável às licitações realizadas por órgãos da administração direta, fundos especiais, autarquias, fundações públicas, empresas públicas, sociedades de economia mista e demais entidades controladas direta ou indiretamente pela União, estados, Distrito Federal e municípios.

Visa implementar política pública de apoio e incentivo ao mercado doméstico de produção de bens e execução de serviços que observem as normas técnicas brasileiras, ou seja, normas válidas em qualquer ponto do território nacional, como as da Associação Brasileira de Normas Técnicas (ABNT) e de outras entidades designadas pelo Conselho Nacional de Metrologia, Normalização e Qualidade Industrial (CONMETRO).

Assim estabelecem os parágrafos introduzidos:

§5º Nos processos de licitação, poderá ser estabelecida margem de preferência para:
I – produtos manufaturados e para serviços nacionais que atendam a normas técnicas brasileiras; e
II – bens e serviços produzidos ou prestados por empresas que comprovem cumprimento de reserva de cargos prevista em lei para pessoa com deficiência ou para reabilitado da Previdência Social e que atendam às regras de acessibilidade previstas na legislação.
§6º A margem de preferência de que trata o §5º será estabelecida com base em estudos revistos periodicamente, em prazo não superior a 5 (cinco) anos, que levem em consideração:
I – geração de emprego e renda;
II – efeito na arrecadação de tributos federais, estaduais e municipais;
III – desenvolvimento e inovação tecnológica realizados no País;
IV – custo adicional dos produtos e serviços; e
V – em suas revisões, análise retrospectiva de resultados.
§7º Para os produtos manufaturados e serviços nacionais resultantes de desenvolvimento e inovação tecnológica realizados no País, poderá ser estabelecido margem de preferência adicional àquela prevista no §5º.
§8º As margens de preferência por produto, serviço, grupo de produtos ou grupo de serviços, a que se referem os §§5º e 7º, serão definidas pelo Poder Executivo federal, não podendo a soma delas ultrapassar o montante de 25% (vinte e cinco por cento) sobre o preço dos produtos manufaturados e serviços estrangeiros.
§9º As disposições contidas nos §§5º e 7º deste artigo não se aplicam aos bens e aos serviços cuja capacidade de produção ou prestação no País seja inferior:
I – à quantidade a ser adquirida ou contratada; ou

II – ao quantitativo fixado com fundamento no §7º do art. 23 desta Lei, quando for o caso.

§10. A margem de preferência a que se refere o §5º poderá ser estendida, total ou parcialmente, aos bens e serviços originários dos Estados Partes do Mercado Comum do Sul – Mercosul.

§11. Os editais de licitação para a contratação de bens, serviços e obras poderão, mediante prévia justificativa da autoridade competente, exigir que o contratado promova, em favor de órgão ou entidade integrante da administração pública ou daqueles por ela indicados a partir de processo isonômico, medidas de compensação comercial, industrial, tecnológica ou acesso a condições vantajosas de financiamento, cumulativamente ou não, na forma estabelecida pelo Poder Executivo federal.

§12. Nas contratações destinadas à implantação, manutenção e ao aperfeiçoamento dos sistemas de tecnologia de informação e comunicação, considerados estratégicos em ato do Poder Executivo federal, a licitação poderá ser restrita a bens e serviços com tecnologia desenvolvida no País e produzidos de acordo com o processo produtivo básico de que trata a Lei nº 10.176, de 11 de janeiro de 2001.

§13. Será divulgada na internet, a cada exercício financeiro, a relação de empresas favorecidas em decorrência do disposto nos §§5º, 7º, 10, 11 e 12 deste artigo, com indicação do volume de recursos destinados a cada uma delas.

§14. As preferências definidas neste artigo e nas demais normas de licitação e contratos devem privilegiar o tratamento diferenciado e favorecido às microempresas e empresas de pequeno porte na forma da lei.

§15. As preferências dispostas neste artigo prevalecem sobre as demais preferências previstas na legislação quando estas forem aplicadas sobre produtos ou serviços estrangeiros.

A Lei nº 12.349/10 também acrescentou definições ao rol do art. 6º da Lei nº 8.666/93, para o efeito de aplicar-se a margem de preferência prevista nos §§5º a 15:

XVII – produtos manufaturados nacionais – produtos manufaturados, produzidos no território nacional de acordo com o processo produtivo básico ou com as regras de origem estabelecidas pelo Poder Executivo federal;

XVIII – serviços nacionais – serviços prestados no País, nas condições estabelecidas pelo Poder Executivo federal.

O Decreto nº 7.546/11, que regulamenta a margem de preferência prevista nos §§5º a 15, aplicável no âmbito dos órgãos da administração direta, os fundos especiais, as autarquias, as fundações públicas, as empresas públicas, as sociedades de economia mista e as demais entidades controladas direta ou indiretamente pela União, também elenca algumas definições:

Margem de preferência normal – diferencial de preços entre os produtos manufaturados nacionais e serviços nacionais e os produtos manufaturados estrangeiros e serviços estrangeiros, que permite assegurar preferência à contratação de produtos manufaturados nacionais e serviços nacionais;

II – Margem de preferência adicional – margem de preferência cumulativa com a prevista no inciso I do *caput*, assim entendida como o diferencial de preços entre produtos manufaturados nacionais e serviços nacionais, resultantes de desenvolvimento e inovação tecnológica realizados no País, e produtos manufaturados estrangeiros e serviços estrangeiros, que permite assegurar preferência à contratação de produtos manufaturados nacionais e serviços nacionais; [...]

IV – Produto manufaturado nacional – produto que tenha sido submetido a qualquer operação que modifique a sua natureza, a natureza de seus insumos, a sua finalidade ou o aperfeiçoe para o consumo, produzido no território nacional de acordo com o processo produtivo básico definido nas Leis nº 8.387, de 30 de dezembro de 1991, e nº 8.248, de 23 de outubro de 1991, ou com as regras de origem estabelecidas pelo Poder Executivo federal, tendo como padrão mínimo as regras de origem do Mercosul;

V – Serviço nacional – serviço prestado no País, nos termos, limites e condições estabelecidos nos atos do Poder Executivo que estipulem a margem de preferência por serviço ou grupo de serviços;

VI – Produto manufaturado estrangeiro e serviço estrangeiro – aquele que não se enquadre nos conceitos estabelecidos nos incisos IV e V do *caput*, respectivamente; e

VII – Normas técnicas brasileiras – normas técnicas produzidas e divulgadas pelos órgãos oficiais competentes, entre eles a Associação Brasileira de Normas Técnicas – ABNT e outras entidades designadas pelo Conselho Nacional de Metrologia, Normalização e Qualidade Industrial – CONMETRO.

6.9.1 Decretos federais que estabelecem margem de preferência

São decretos federais – ou seja, atos administrativos privativos de chefe de poder executivo – que disciplinam a aplicação de margem de preferência em licitações para aquisições de bens e serviços:

Decreto nº 7.546, de 2 de agosto de 2011 – Regulamenta o disposto nos §§5º a 12 do art. 3º da Lei nº 8.666, de 21 de junho de 1993, e institui a Comissão Interministerial de Compras Públicas;

Decreto nº 7.601, de 07 de novembro de 2011 – Estabelece a aplicação de margem de preferência nas licitações realizadas no âmbito da administração pública federal para aquisição de produtos de confecções, calçados e artefatos, para fins do disposto no art. 3º da Lei nº 8.666, de 21 de junho de 1993;

Decreto nº 7.709, de 3 de abril de 2012 – Estabelece a aplicação de margem de preferência nas licitações realizadas no âmbito da administração pública Federal para aquisição de retroescavadeiras e motoniveladoras descritas no Anexo I, para fins do disposto no art. 3º da Lei nº 8.666, de 21 de junho de 1993;

Decreto nº 7.713, de 3 de abril de 2012 – Estabelece a aplicação de margem de preferência nas licitações realizadas no âmbito da administração pública Federal para aquisição de fármacos e medicamentos descritos no Anexo I, para fins do disposto no art. 3º da Lei nº 8.666, de 21 de junho de 1993;

Decreto nº 7.746, de 5 de junho de 2012 – Regulamenta o art. 3º da Lei nº 8.666, de 21 de junho de 1993, para estabelecer critérios, práticas e diretrizes para a promoção do desenvolvimento nacional sustentável nas contratações realizadas pela administração pública federal, e institui a Comissão Interministerial de Sustentabilidade na Administração Pública – CISAP;

Decreto nº 7.756, de 14 de junho de 2012 – Estabelece a aplicação de margem de preferência em licitações realizadas no âmbito da administração pública federal para aquisição de produtos de confecções, calçados e artefatos, para fins do disposto no art. 3º da Lei nº 8.666, de 21 de junho de 1993;

Decreto nº 7.767, de 27 de junho de 2012 – Estabelece a aplicação de margem de preferência em licitações realizadas no âmbito da administração pública federal para aquisição de produtos médicos para fins do disposto no art. 3º da Lei nº 8.666, de 21 de junho de 1993;

Decreto nº 7.810, de 20 de setembro de 2012 – Estabelece a aplicação de margem de preferência em licitações realizadas no âmbito da administração pública federal para aquisição de papel-moeda, para fins do disposto no art. 3º da Lei nº 8.666, de 21 de junho de 1993;

Decreto nº 7.812, de 20 de setembro de 2012 – Estabelece a aplicação de margem de preferência em licitações realizadas no âmbito da administração pública federal para aquisição de veículos para vias férreas, para fins do disposto no art. 3º da Lei nº 8.666, de 21 de junho de 1993;

Decreto nº 7.816, de 28 de setembro de 2012 – Estabelece a aplicação de margem de preferência em licitações realizadas no âmbito da administração pública federal para aquisição de caminhões, furgões e implementos rodoviários, para fins do disposto no art. 3º da Lei nº 8.666, de 21 de junho de 1993;

Decreto nº 7.840, de 12 de novembro de 2012 – Estabelece a aplicação de margem de preferência em licitações realizadas no âmbito da administração pública federal para aquisição de perfuratrizes e patrulhas mecanizadas, para fins do disposto no art. 3º da Lei nº 8.666, de 21 de junho de 1993;

Decreto nº 7.843, de 12 de novembro de 2012 – Estabelece a aplicação de margem de preferência em licitações realizadas no âmbito da administração pública federal para aquisição de disco para moeda, para fins do disposto no art. 3º da Lei nº 8.666, de 21 de junho de 1993;

Decreto nº 7.903, de 04 de fevereiro de 2013 – Estabelece a aplicação de margem de preferência em licitações realizadas no âmbito da administração pública federal para aquisição de equipamentos de tecnologia da informação e comunicação, para fins do disposto no art. 3º da Lei nº 8.666, de 21 de junho de 1993;

Decreto nº 8.184[18], de 17 de janeiro de 2014 – Estabelece a aplicação de margem de preferência em licitações realizadas no âmbito da administração pública federal para aquisição de equipamentos de tecnologia da informação e comunicação, para fins do disposto no art. 3º da Lei nº 8.666, de 21 de junho de 1993;

Decreto nº 8.185, de 17 de janeiro de 2014 – Estabelece a aplicação de margem de preferência em licitações realizadas no âmbito da administração pública federal para aquisição de aeronaves executivas, para fins do disposto no art. 3º da Lei nº 8.666, de 21 de junho de 1993;

Decreto nº 8.186, de 17 de janeiro de 2014 – Estabelece a aplicação de margem de preferência em licitações realizadas no âmbito da administração pública federal para aquisição de licenciamento de uso de programas de computador e serviços correlatos, para fins do disposto no art. 3º da Lei nº 8.666, de 21 de junho de 1993;

Decreto nº 8.194, de 12 de fevereiro de 2014 – Estabelece a aplicação de margem de preferência em licitações realizadas no âmbito da administração pública federal para aquisição de equipamentos de tecnologia da informação e comunicação, para fins do disposto no art. 3º da Lei nº 8.666, de 21 de junho de 1993;

Decreto nº 8.223, de 3 de abril de 2014 – Estabelece a aplicação de margem de preferência em licitações realizadas no âmbito da administração pública federal para aquisição de brinquedos, para fins do disposto no art. 3º da Lei nº 8.666, de 21 de junho de 1993;

Decreto nº 8.224, de 3 de abril de 2014 – Estabelece a aplicação de margem de preferência em licitações realizadas no âmbito da administração pública federal para aquisição de

---

[18] O TCU determinou a entidade pública que adotasse as medidas necessárias ao exato cumprimento da lei, no sentido de anular a aplicação do benefício da margem de preferência previsto no Decreto nº 8.184/14, a uma licitante privada da área de informática, bem como todos os atos posteriores, uma vez que, por força do art. 5º, §1º, do citado decreto, não é possível utilizar o benefício quando a licitante já é ofertante da menor proposta, o que deve ser observado em todos os certames, inclusive naqueles realizados sob a forma de grupos ou lotes (Acórdão nº 1.347/2016-Plenário, Rel. Min. Raimundo Carreiro, Processo nº 000.792/2016-0).

máquinas e equipamentos, para fins do disposto no art. 3º da Lei nº 8.666, de 21 de junho de 1993;

Decreto nº 8.626, de 30, de dezembro de 2015 – Altera os Decretos que especifica, para prorrogar o prazo de vigência das margens de preferência.

V., também, os comentários sobre a margem de preferência introduzida pela Lei nº 12.349/10 no capítulo intitulado "Desenvolvimento sustentável: a nova cláusula geral das contratações públicas brasileiras".

7 Políticas públicas estimuladas em normas extravagantes de licitação

O dever de licitar, além de traduzir, ele próprio, política pública constitucional, serve de ferramenta à estimulação do cumprimento de outras políticas públicas. Legislação extravagante volta e meia incursiona no tema das contratações administrativas para atender a políticas setoriais, como se descortina a seguir.

7.1 Tratamento favorecido a microempresas, empresas de pequeno porte e cooperativas

Inovações tecnológicas, globalização e aumento da competitividade fazem surgir o chamado "empreendedorismo", que consiste na formação de microempresas e empresas de pequeno porte em resposta à insuficiência e à seletividade das ofertas de trabalho pelo mercado formal. Esse caldo de cultura socioeconômica cria a figura dos "donos do próprio negócio".

A migração de mão de obra acontece de maneira progressiva e envolve cerca de 40 milhões de brasileiros, cuja subsistência depende, direta ou indiretamente, dessas microempresas e empresas de pequeno porte, que, todavia, carecem de condições objetivas para disputar o acesso às contratações do Estado. Daí a política pública inscrita nos arts. 146, III, "d"; e 170, IX, da CF/88, introduzidos pelas ECs nºs 42/03 e 06/95, respectivamente, com o fim de dispensar a essas empresas "tratamento diferenciado e favorecido". A Lei Complementar nº 123, de 14 de dezembro de 2006, deu cumprimento à política constitucional ao instituir o Estatuto da Microempresa e da Empresa de Pequeno Porte. Dedicou o Capítulo V a regras que lhes ampliam o acesso às licitações e contratações de compras, obras e serviços pela administração pública, concebendo instrumentos em correspondência àquele tratamento diferenciado e favorecido, a saber: (a) prazo especial para a comprovação de regularidade fiscal (e trabalhista[19]) da pequena ou microempresa, na etapa de habilitação do procedimento licitatório (art. 43, §§1º e 2º); (b) empate ficto com a proposta da empresa de maior porte, se o valor da proposta da pequena ou microempresa for até 10% superior ao daquela, ou de 5% na modalidade do pregão (arts. 44 e 45); (c) emissão de cédula de crédito microempresarial pela micro ou pequena empresa que, sendo titular de direito a crédito empenhado e liquidado, não o receba em pagamento pela administração em 30 dias, contados da data da liquidação

---

[19] De acordo com o art. 11 da Lei Complementar nº 155/16, o prazo especial para a regularização da situação trabalhista terá início a partir de 1º de janeiro de 2018.

(art. 46); (d) possibilidade de realização de licitações restritas à participação dessas empresas, com os objetivos cumulados de promover o desenvolvimento econômico e social no âmbito municipal e regional, elevar a eficiência das políticas públicas e incentivar a inovação tecnológica, bem como estender o tratamento diferenciado a licitações em que os respectivos atos convocatórios exijam a subcontratação de pequenas empresas, ou que reservem cota de até 25% para a contratação de pequenas empresas, se o objeto for bem de natureza divisível (arts. 47 e 48); e (e) aquisições feitas preferencialmente de microempresas e empresas de pequeno porte nas dispensas tratadas pelos incisos I e II do art. 24 da Lei nº 8.666/93 (art. 49, IV).

A CF/88 igualmente reconhece a relevância do papel que as sociedades cooperativas desempenham na ordem econômica, tanto que livra a sua criação de autorização e veda interferência estatal em seu funcionamento. Como medida de política tributária, ordena que lei complementar dê adequado tratamento ao ato cooperativo. Preceitua que a lei apoiará e estimulará o cooperativismo como alternativa econômica. Determina ao estado que favoreça a organização da atividade garimpeira em cooperativas, tendo estas prioridade na autorização ou concessão para pesquisa e lavra dos recursos e jazidas de minerais garimpáveis, recomendadas, ainda, como instrumentos de política agrícola (CF/88, arts. 21, XXV; e 174, §§2º, 3º e 4º).

A Lei nº 11.488, de 15 de junho de 2007, em seu art. 34, estendeu às sociedades cooperativas que tenham auferido, no ano-calendário anterior, receita bruta igual ou inferior a R$4.800.000,00 (quatro milhões e oitocentos mil reais), nela incluídos os atos cooperados e não cooperados, o disposto no Capítulo V da Lei Complementar nº 123/06.

7.2 Gestão de florestas

O procedimento licitatório igualmente serve à implementação da política pública desenhada no art. 23, VI, da CF/88, que remete à competência comum da União, dos estados, do Distrito Federal e dos municípios a preservação das florestas, da fauna e da flora, objeto da Lei nº 11.284, de 02 de março de 2006, que dispõe acerca da gestão de florestas públicas para a produção sustentável. O seu art. 5º atribui ao poder público a gestão de florestas nacionais, estaduais e municipais criadas nos termos do art. 17 da Lei nº 9.985, de 18 de julho de 2000, facultando-lhe, na execução de atividades subsidiárias, firmar convênios, termos de parceria, contratos ou instrumentos similares com terceiros, observados os procedimentos licitatórios e demais exigências legais pertinentes.

Vê-se que as normas constitucionais e legais lançam mão, na realização de atividades subsidiárias, da execução indireta mediante contratação de terceiros, desde que observado o procedimento licitatório.

8 Políticas públicas e participação da sociedade

À sociedade o sistema constitucional vigente reserva insubstituível participação na concepção e na aprovação de políticas públicas, de que são exemplos as audiências e consultas públicas conexas às licitações de grande porte (Lei nº 8.666/93, art. 39) e àquelas destinadas – o que é emblemático do novo tom que deve presidir as relações Estado-Sociedade – à formação de parcerias público-privadas (Lei nº 11.079, de 30 de dezembro de 2004, art. 10, VI).

O plebiscito e o referendo, bem assim o ensejo para questionar a legitimidade das contas municipais anuais (CF/88, arts. 14, I e II; e 31, §3º), ilustram a participação da sociedade no próprio processo de decisão.

No Conselho Consultivo e de Acompanhamento, integrado por representantes da sociedade civil, para opinar sobre políticas, diretrizes e prioridades do Fundo de Combate e Erradicação da Pobreza, previsto no art. 79 do Ato das Disposições Constitucionais Transitórias, introduzido pela EC nº 31/00, encontra-se outra vertente de participação, definidora de ações suplementares de nutrição, habitação, educação, saúde, reforço de renda familiar e outros programas de relevante interesse social, que também farão uso da contratação de compras, obras e serviços.

Do art. 39 da Lei nº 8.666/93 destaca-se a sua repercussão sobre o controle popular da função administrativa estatal, *v.g.*:

> A audiência pública preconizada no art. 39 não produzirá conclusões vinculantes da autoridade, mas meramente opinativas, porque é modo de participação, inconfundível com competência institucional. À autoridade caberá sopesar a pertinência de seus fundamentos, a expressividade da corrente majoritária e a representatividade daqueles que a sustentaram, para tudo mensurar o grau de influência que tais conclusões devem ser admitidas a exercer sobre a decisão que ela, autoridade competente, terá de tomar. Inclusive divergindo, se for o caso, de consenso resultante da audiência e sujeitando-se, de um lado, a questionamento pela via da ação popular, que abrange, desde a Carta de 1988, o controle da moralidade administrativa perante o Poder Judiciário, e, de outro, ao controle de legitimidade e de economicidade, a cargo dos Tribunais de Contas, como órgãos auxiliares do Poder Legislativo. (PEREIRA JUNIOR, Jessé Torres. *Comentários à lei das licitações e contratações da administração pública*. 8. ed. Rio de Janeiro: Renovar, 2009. p. 481)

A formulação e a implementação de políticas públicas constituem processo a um só tempo político, jurídico e técnico, cujas respectivas legitimidade e qualidade se acham na raiz de outro processo – este histórico e cultural – de amadurecimento das instituições do estado democrático de direito e das posturas e exigências dos cidadãos, sob a supremacia da Constituição.

Poucos, no direito público contemporâneo, terão captado de modo tão perspicaz a desejável, porém complexa de produzir-se, simbiose dos textos constitucionais com a realidade do cotidiano dos cidadãos quanto Konrad Hesse:

> (...) Até que ponto a Constituição consegue obter essa validez é, antes, uma questão de sua força normativa, de sua capacidade de produzir efeito determinante e regulador na realidade da vida histórica.
> Ela está, por um lado, condicionada pela possibilidade de realização dos conteúdos da Constituição. Quanto mais suas normas partem das realidades da situação histórica e procuram conservar e aperfeiçoar aquilo que já está delineado na condição individual da atualidade, tanto mais rápido podem elas desenvolver efeito normalizador. Onde a Constituição ignora o estágio de desenvolvimento espiritual, social, político ou econômico de seu tempo, lhe falta o germe indispensável de sua força de vida e ela não é capaz de alcançar que o Estado, que ela, em contradição com esse estágio de desenvolvimento normaliza, realize-se. Essa força de vida e de efeito assenta sobre isto, que ela seja capaz de unir-se com as forças espontâneas e tendências vivas do tempo, que ela leve essas forças ao desenvolvimento e as coordene mutuamente, que ela seja, em virtude do objeto, ordem total determinada das condições de vida concretas.

Por outro lado, a força normativa da Constituição está condicionada por cada vontade atual dos participantes da vida constitucional, de realizar os conteúdos da Constituição. Como a Constituição, como toda ordem jurídica, carece da atualização pela atividade humana, sua força normativa depende da disposição de considerar seus conteúdos como obrigatórios e da determinação de realizar esses conteúdos também contra resistências (...). (HESSE, Konrad. *Elementos de direito constitucional da República Federal da Alemanha*. Tradução da 20. ed. por Luís Afonso Heck. Porto Alegre: Sergio Antonio Fabris, 1998. p. 48-49)

9 Peroração

Conta-se que Deus convidou um homem para conhecer o céu e o inferno.

Levou-o ao inferno em primeiro lugar. Ao abrir uma porta, o homem deparou-se com um salão em cujo centro havia um caldeirão de sopa fumegante, que exalava um aroma delicioso. A toda volta do caldeirão havia pessoas sentadas, famintas e desesperadas. Cada uma delas segurava uma colher de cabo muito comprido, que lhe possibilitava alcançar o caldeirão, mas não permitia que levasse a colher à própria boca. Sofrimento e frustração eram grandes.

A seguir, Deus levou o homem para conhecer o céu, em outro salão, idêntico ao primeiro: a mesma sopa saborosa num caldeirão, a cuja volta havia pessoas empunhando colheres de cabo comprido, porém felizes, saciadas. Não havia fome, nem sofrimento.

A diferença estava em que, no céu, cada pessoa servia a sopa à outra que se encontrava do lado oposto do caldeirão. Todos estavam fartos.

Moral da história em quatro pontos: 1º) as pessoas no inferno estavam preocupadas com a própria fome, impedindo que cogitassem de alternativas para resolver a situação; 2º) não exercitavam o mínimo de criatividade para utilizar a colher de cabo comprido de modo eficiente e eficaz; 3º) houvesse ao menos espírito solidário e ajuda mútua, a solução teria sido encontrada; 4º) dificilmente o individualismo consegue transpor barreiras; uma equipe participativa, homogênea, coesa, supera um batalhão de pessoas com posicionamentos isolados, o que vale para qualquer relação entre pessoas, inclusive a profissional.

A alegoria em nada difere do objetivo fundamental da República Federativa do Brasil, tal como posto no art. 3º, I, da CF/88: "construir uma sociedade livre, justa e solidária". As políticas públicas são veículos dessa construção e entre os seus instrumentos de maior efetividade está a atividade contratual exercitada no dia a dia da função administrativa estatal.

CAPÍTULO II

AS LICITAÇÕES E CONTRATAÇÕES PÚBLICAS NO CENÁRIO DA GOVERNANÇA ELETRÔNICA

> *O fetiche tecnológico "é político" para nós, possibilitando-nos prosseguir o resto de nossas vidas aliviados da culpa de talvez não estarmos fazendo nossa parte e seguros na crença de que somos, afinal, cidadãos informados e engajados. O paradoxo do fetiche tecnológico é que a tecnologia que age em nosso lugar realmente nos habilita a permanecer politicamente passivos. Não temos de assumir a responsabilidade política porque, uma vez mais, a tecnologia faz isso por nós (...) A "dose" nos permite pensar que tudo que precisamos é universalizar determinada tecnologia, e então teremos uma ordem social democrática ou harmoniosa.*
>
> (BAUMAN, Zygmunt. *Medo líquido*. Rio de Janeiro: Zahar, 2008. p. 119)

1 Introdução

Os processos de trabalho e atividades desempenhados pela função administrativa do Estado contemporâneo – conjunto que, nas repúblicas federativas, como o Brasil, compreende a gestão de todos os Poderes constituídos (Legislativo, Executivo e Judiciário), em qualquer das esferas da Federação (União, estados-membros, Distrito Federal e municípios) – experimentam profunda reforma de métodos e procedimentos, com o fim de torná-los mais eficientes e eficazes. O uso da Tecnologia da Informação e da Comunicação (TIC) distingue essa reforma de todas as revisões que a cultura administrativa estatal empreendeu no passado. A burocracia administrativa parece haver esgotado o seu modelo patrimonialista, declaratório de direitos, porém inapto para produzir os resultados que as sociedades destinatárias daquelas revisões cobram, entre impacientes e desencantadas, dos governos, quais sejam, os de garantir a todos, sem exclusão, o exercício e a fruição dos direitos declarados (individuais, sociais, econômicos e ambientais, coletivos e difusos).

O emprego generalizado da TIC serve a iniciativas e soluções que dão forma a um novo sistema de gestão dos negócios públicos, a que se tem chamado de governança eletrônica, a reacender esperanças, modificar realidades e também construir mitos.

Inevitável que as licitações e contratações da administração pública recebam o influxo da TIC. A consecução dos objetivos e fins do Estado não prescinde da parceria das empresas públicas e privadas que, mediante contratos sujeitos a regime jurídico específico, fornecem os bens, executam as obras e prestam os serviços necessários à implementação de planos, programas e projetos governamentais, contratos esses cujos valores representam cerca de 16% do Produto Interno Bruto.

A Constituição da República optou por um regime de contratação fundado em competição seletiva aberta, denominada licitação, somente afastável nas situações de exceção previamente definidas em lei (CF/88, art. 37, XXI). Acredita-se que o processo de contratação de compras, obras, serviços e alienações, mediante licitação (regra geral) ou direta (sem licitação, excepcionalmente), terá, aos olhos da governança eletrônica, maior ou menor índice de eficiência e eficácia de acordo com os métodos e procedimentos que viabilizem, restrinjam ou estimulem o uso da TIC.

Daí a sucessão de alterações que, desde o início do século, leis e decretos vêm introduzindo nas normas jurídicas regentes da matéria, na administração pública brasileira, de modo a alinhar o processo de suas contratações ao perfil idealizado de governança eletrônica. Atribui-se êxito a essas alterações, diante dos resultados até aqui mensurados – redução do tempo de processamento, simplificação do procedimento e obtenção de propostas mais vantajosas, na modalidade do pregão (presencial ou eletrônico). Tão auspiciosos soam os ganhos de eficiência e eficácia que o Decreto nº 5.450/05, que regulamenta o pregão eletrônico no âmbito da administração pública federal, prevê que nas licitações para aquisição de bens e serviços comuns será obrigatória a modalidade pregão, sendo preferencial a utilização da sua forma eletrônica (art. 4º); o Decreto federal nº 5.504/05, tornou obrigatório o emprego do pregão, de preferência o eletrônico, nas licitações que almejam contratações com recursos repassados pela União (art. 1º, §1º); a Lei nº 12.462/11, que instituiu o regime diferenciado de contratações públicas (RDC), dispõe, em seu art. 13, que as licitações deverão ser realizadas preferencialmente sob a forma eletrônica, admitida a presencial, e que nos procedimentos realizados por meio eletrônico a administração pública poderá determinar, como condição de validade e eficácia, que os licitantes pratiquem seus atos em formato eletrônico; a Lei nº 13.303/16, que dispõe sobre o estatuto jurídico da empresa pública, da sociedade de economia mista e de suas subsidiárias, no âmbito da União, dos estados, do Distrito Federal e dos municípios, estabelece que as licitações na modalidade de pregão, na forma eletrônica, deverão ser realizadas exclusivamente em portais de compras de acesso público na internet (art. 32, §3º); o Decreto federal nº 8.638/16, instituidor da política de governança digital[20] no âmbito dos órgãos e das entidades da administração pública federal direta, autárquica e fundacional; e, por fim,

---

[20] Dispõe o referido diploma: "Art. 1º Fica instituída a Política de Governança Digital para os órgãos e as entidades da administração pública federal direta, autárquica e fundacional, com as seguintes finalidades: I – gerar benefícios para a sociedade mediante o uso da informação e dos recursos de tecnologia da informação e comunicação na prestação de serviços públicos; II – estimular a participação da sociedade na formulação, na implementação, no monitoramento e na avaliação das políticas públicas e dos serviços públicos disponibilizados em meio digital; III – assegurar a obtenção de informações pela sociedade, observadas as restrições legalmente previstas. Art. 2º Para os fins deste Decreto, considera-se: I – autosserviço – serviço público disponibilizado em meio digital que pode ser utilizado pelo próprio cidadão, sem auxílio do órgão ou da entidade ofertante do serviço; II – dados em formato aberto – dados representados em meio digital em um formato sobre o qual nenhuma organização tenha

o Decreto nº 8.936/16, instituidor da Plataforma de Cidadania Digital, o qual dispõe sobre a oferta de serviços públicos digitais, no âmbito dos órgãos e das entidades da administração pública federal direta, autárquica e fundacional.

O sucesso não costuma ser bom conselheiro. A TIC, por mais modernizantes que aparentem ser *hardwares* e *softwares*, é instrumento que pode contribuir para elevar índices de eficiência, mas não assegura, por si só, a realização das finalidades. Pondere-se, a título de ilustração, que a adoção das chamadas urnas eletrônicas, a partir das eleições de 1996, decerto que aumentou os índices de segurança e praticidade do processo eleitoral brasileiro, reduziu-lhe custos e viabilizou a apuração, em horas, de milhões de votos que, antes, demandava semanas, permeadas de suspeitas de fraudes. Nenhum desses avanços assegura, porém, a fidelidade dos eleitos ao mandato e às expectativas de seus eleitores. Em outras palavras: a ferramenta tecnológica não responde pelo uso que dela fará aquele que a maneja ou que dela se beneficia; o uso dependerá antes de compromissos com valores éticos do que de destreza, ou seja, axiologia acima de tecnologia.

O presente texto sintetiza reflexões sobre a evolução das normas jurídico-administrativas que vêm impelindo as licitações e contratações da administração pública brasileira rumo à governança eletrônica. Nesse intuito, repassará interpretações que lhe têm sido dadas na doutrina e na jurisprudência, e deixará registrada uma visão de seu possível horizonte prospectivo.

2 O conceito de governança

O exercício do poder político porta desafios seculares permanentes, inclusive de sistematização conceitual. Uma das maneiras de racionalizá-los é a de compreender aquele exercício como um triângulo (MATUS, Carlos. *Planejamento estratégico situacional*. Chile, 1998): no vértice, situa-se o projeto estratégico de governo, passível de traduzir-se pelo verbo "querer" (vontade política); no primeiro ângulo da base do triângulo, estarão as competências distribuídas para agir e a organização dos meios para efetivá-las, compondo a governabilidade, que se encarna no verbo "poder" (atos de autoridade legitimada); no último ângulo dessa figura geométrica, colocam-se o conhecimento e os instrumentos de sua operação e disseminação, configurando a governança, a que corresponde o verbo "saber" (*know how* científico e tecnológico).

---

controle exclusivo, passíveis de utilização por qualquer pessoa; III – governança digital – a utilização pelo setor público de recursos de tecnologia da informação e comunicação com o objetivo de melhorar a disponibilização de informação e a prestação de serviços públicos, incentivar a participação da sociedade no processo de tomada de decisão e aprimorar os níveis de responsabilidade, transparência e efetividade do governo; IV – Plano Diretor de Tecnologia da Informação e Comunicação – instrumento de diagnóstico, planejamento e gestão dos recursos e processos de tecnologia da informação e comunicação, com o objetivo de atender às necessidades finalísticas e de informação de órgão ou entidade para determinado período; V – rede de conhecimento – associação de indivíduos constituída para permitir a interação, o debate, a criação, o aprimoramento e a disseminação de conhecimento sobre assuntos relativos à governança digital e a temas correlatos; e VI – tecnologia da informação e comunicação – ativo estratégico que apoia processos de negócios institucionais, mediante a conjugação de recursos, processos e técnicas utilizados para obter, processar, armazenar, disseminar e fazer uso de informações. Art. 3º A Política de Governança Digital observará os seguintes princípios: I – foco nas necessidades da sociedade; II – abertura e transparência; III – compartilhamento da capacidade de serviço; IV – simplicidade; V – priorização de serviços públicos disponibilizados em meio digital; VI – segurança e privacidade; VII – participação e controle social; VIII – governo como plataforma; e IX – inovação".

O governo eficiente e eficaz quer, pode e sabe produzir resultados de interesse público. Não garante tais resultados o governo que afirma querer, mas não estrutura adequadamente a governabilidade, nem domina suficientemente a governança.

Distribuir computadores e desenvolver aplicativos que informatizem os processos de trabalho do cotidiano administrativo constituem não mais do que passos iniciais no caminho da governança qualificada pelo uso da TIC. A governança pressupõe projeto estratégico de governo e aparato institucional de sua governabilidade, do mesmo modo que estratégia e governabilidade carecem de governança para que se estabeleçam relações diretas entre a administração e os cidadãos, mediante redes, sítios e endereços eletrônicos de acesso público. A governança dita eletrônica caracteriza-se pela interatividade entre governantes e cidadãos, em diálogo participante da tomada de decisões de interesse geral.

Sob a perspectiva da participação, duas são as versões de governança: a primeira enfatiza o incremento da eficiência e da eficácia das ações governamentais, com foco na qualidade de vida das populações, cuja participação é instrumental e subordinada; a segunda incentiva o potencial emancipatório de ações em parceria entre os setores públicos e privados, com foco na inclusão de segmentos alijados do processo político ou por ele discriminados, por isso que eficiência e eficácia, sempre relevantes, passam a constituir objetivo subordinado, conferindo-se prioridade ao protagonismo dos cidadãos.

A vigente Constituição Federal e suas quase 60 emendas vêm desenhando um formato de governança que combina eficiência/eficácia com participação emancipatória, no processo político de gestão do Estado. Gera ambiguidades, que ora levam à paralisia pela perplexidade, ora à inconsequência de resultados por gestão inepta. Ainda não se encontrou o ponto ótimo de articulação (se é que existe) entre gestão de resultados (eficiência/eficácia) e gestão emancipatória (parcerias).

É nesse contexto que se apresenta, às escolhas estratégicas ("querer") e às estruturas organizacionais (o "poder" da governabilidade), o uso instrumental da TIC, que tanto pode favorecer a oferta de serviços públicos *on-line* quanto provocar conflitos de complexa composição, a reclamar ponderação de interesses de importância equivalente. Basta lembrar, para ilustrá-lo, que um erro pessoal pode ser isolado e corrigido antes de contaminar o sistema, ao passo que um erro do sistema é multiplicado, a grande velocidade, por todos os seus segmentos, comprometendo o projeto antes que a gestão identifique a origem do problema e desenvolva as soluções aptas a saná-lo e aos seus efeitos, também sistêmicos.

3 O fenômeno da globalização

Não bastassem as sutilezas da TIC, a globalização formula exigências que repercutem sobre o "querer", o "poder" e o "saber" da gestão pública.

Visite-se, a propósito, a visão didático-metafórica que do fenômeno tem Thomas Friedman, *verbis*:

> (...) a globalização atravessou três grandes eras. A primeira se estendeu de 1492 – quando Colombo embarcou, inaugurando o comércio entre o Velho e o Novo Mundo – até por volta de 1800. Eu chamaria essa etapa de Globalização 1.0, que reduziu o tamanho do mundo de grande para médio e envolveu basicamente países e músculos. Isto é, o principal agente

de mudança, a força dinâmica por trás do processo de integração global, era potência muscular (a quantidade de força física, a quantidade de cavalos-vapor, a quantidade de vento ou, mais tarde, a quantidade de vapor) que o país possuía e a criatividade com que a empregava (...) As questões básicas da Globalização 1.0 eram: como o meu país se insere na concorrência e nas oportunidades globais? Como posso me globalizar e colaborar com outras pessoas, por intermédio do meu país? A segunda grande era, a Globalização 2.0, durou mais ou menos de 1800 a 2000 (sendo interrompida apenas pela Grande Depressão e pelas Primeira e Segunda Guerras Mundiais) e diminuiu o mundo do tamanho médio para o pequeno. O principal agente de mudança, a força dinâmica que moveu a integração global, foram as empresas multinacionais, que se expandiram em busca de mercados e mão-de-obra – movimento encabeçado por ações inglesas e holandesas e a Revolução Industrial (...) As forças dinâmicas por trás dessa etapa da globalização foram as inovações de *hardware* (dos barcos a vapor e ferrovias, no princípio, aos telefones e *mainframes*, mais para o final), e as grandes indagações eram: como a minha empresa se insere na economia global? Como tirar proveito das oportunidades? Como posso me globalizar e colaborar com outras pessoas, por intermédio da minha empresa? (...) Por volta do ano 2000, adentramos uma nova era: a Globalização 3.0, que está não só encolhendo o tamanho do mundo de pequeno para minúsculo, como também, ao mesmo tempo, aplainando o terreno. Enquanto a força dinâmica na Globalização 1.0 foi a globalização dos países e, na Globalização 2.0, a das empresas, na 3.0 a força dinâmica vigente (aquilo que lhe confere seu caráter único) é a recém descoberta capacidade dos indivíduos de colaborarem e concorrerem no âmbito mundial – e a alavanca que vem permitindo que indivíduos e grupos se globalizem com tamanha facilidade e de maneira tão uniforme é não o cavalo-vapor nem o *hardware*, mas o *software* (novos aplicativos de todos os gêneros), conjugado à criação de uma rede de fibra óptica em escala planetária, que nos converteu, a todos, em vizinhos de porta. Agora, o que os indivíduos podem e devem indagar é: como é que eu me insiro na concorrência global e nas oportunidades que surgem a cada dia e como é que eu posso, por minha própria conta, colaborar com outras pessoas, em âmbito global? (...) A diferença reside no fato de que as duas primeiras etapas foram encabeçadas basicamente por europeus e americanos, pessoas e empresas. Muito embora a China fosse a maior economia do mundo no século XVIII, foram os países, empresas e exploradores ocidentais que conduziram a maior parte do processo de globalização e configuração do sistema. A tendência, todavia, é que esse fenômeno se inverta: em virtude do achatamento e encolhimento do mundo, esta fase 3.0 será cada vez mais movida não só por indivíduos, mas também por um grupo muito mais diversificado de não-ocidentais e não-brancos. Pessoas de todos os cantos do mundo estão adquirindo poder; a Globalização 3.0 possibilita a um número cada vez maior de pessoas se conectarem num piscar de olhos, e veremos todas as facetas da diversidade humana entrando na roda (...) a Terra deixou de ser redonda e se achatou (...). (FRIEDMAN, Thomas L. *O mundo é plano*. Rio de Janeiro: Objetiva, 2005. p. 17-10)

A globalização, em sua versão 3.0, não é apenas econômica. Sua capacidade de também afetar a cultura é extraordinária e insuspeitada. Recorra-se, ainda, à saborosa narrativa jornalística de Friedman: "tomei um café-da-manhã em Washington, com uma amiga egípcia, antiga repórter de economia no Cairo (...) perguntei-lhe onde estava quando descobriu que o mundo era plano. Ela respondeu que isso tinha acontecido poucas semanas antes, durante o mês muçulmano sagrado do ramadã. Minha amiga tinha feito uma reportagem para a televisão árabe CNBC, a respeito das lanternas coloridas chamadas *fawanis*, cada qual com uma vela acesa no interior, que tradicionalmente são levadas pelas crianças egípcias durante o ramadã, uma tradição secular que data do período fatímida no Egito. As crianças balançam as lanternas e cantam músicas, e as pessoas lhes dão balas ou presentes, como se faz nos Estados Unidos, no

Halloween [no Brasil, lembraria o dia de São Cosme e São Damião]. Durante séculos essas lanternas têm sido fabricadas em pequenas oficinas de baixo custo, nos bairros antigos do Cairo; isto é, até pouco tempo atrás. Foi nessa época que lanternas do ramadã de plástico, feitas na China, com uma lâmpada a pilha por dentro em vez de vela, começaram a conquistar o mercado, liquidando as oficinas egípcias tradicionais. – Eles estão invadindo nossa tradição de forma inovadora, e nós não fazemos nada (...) Essas lanternas são originárias de nossa tradição, de nossa alma, mas as versões chinesas são mais criativas e adiantadas do que as egípcias (...) Como relatou no número de dezembro de 2001 a revista *Business Monthly*, publicada pela Câmara Norte-Americana de Comércio no Egito, os importadores de produtos chineses competem não somente entre si, mas também contra a secular indústria egípcia. Mas os modelos chineses estão fadados a triunfar (...) De todos os *fawanis* que existem no mercado, não mais de 5% hoje em dia são fabricados no Egito" (*op. cit.*, p. 277-278).

O acesso do indivíduo ao conhecimento, através de rede mundial, em tempo real, produz um novo cenário também para as relações entre a administração estatal e os cidadãos, de modo a expandir o acesso a serviços públicos mediante: canais *on-line* de comunicação com órgãos e entidades (o contribuinte brasileiro já pode saber pela internet, por exemplo, como está o processamento de suas declarações ao imposto de renda dos últimos cinco anos, em sítio da secretaria da receita federal); informação e tramitação processual à distância (no âmbito do Judiciário, as partes e os advogados não mais necessitam comparecer aos Foros e Juízos informatizados para acompanhar o andamento dos processos de seu interesse); obtenção de documentos (certidões de regularidade no recolhimento de contribuições sociais, como as devidas ao INSS e ao FGTS); contratações de bens e serviços por meio do pregão no formato eletrônico, que enseja a participação de licitantes sediados em qualquer ponto do território nacional.

O que ainda não terá ficado claro para todos, entretanto, é que o uso da TIC, do ponto de vista da governança eletrônica, não se deve limitar ao aumento quantitativo de computadores nos órgãos e entidades públicos. Este aumento conjuga-se ao fomento da interação estado-cidadão, da prestação de serviços públicos à população e da participação desta no processo democrático de tomada de decisão acerca de políticas públicas.

4 Políticas públicas de inclusão digital e de aperfeiçoamento da função administrativa estatal

A Corporação Financeira Internacional do Banco Mundial (IFC) elaborou estudo em mais de 130 países, chamado *Doing Business in 2004* (Fazendo Negócios em 2004). Formulou cinco perguntas, no intuito de estabelecer o grau de facilidade ou de dificuldade para: (a) iniciar um negócio, em termos de normas locais, regulamentação e taxas de licenciamento; (b) contratar e despedir empregados; (c) fazer valer os contratos; (d) obter crédito; (e) encerrar uma empresa insolvente. Ainda Friedman comenta: "os países que fizeram todas essas coisas com relativa simplicidade e sem atritos realizaram a reforma no varejo, e os que não o fizeram estão parados na reforma por atacado e provavelmente não prosperarão no mundo plano. Os critérios da IFC foram inspirados na obra brilhante e inovadora de Hernando de Soto, que demonstrou no Peru e em outros países em desenvolvimento que, se mudarmos o ambiente regulador e de negócios em favor dos pobres, e lhes proporcionarmos os instrumentos para que colaborem, eles farão o resto" (*op. cit.*, p. 285).

O processo de simplificação de exigências para estimular o empreendedorismo, seja nos negócios privados dependentes de outorgas estatais, tais como licenças e autorizações (CF/88, art. 170, parágrafo único), seja por meio das contratações de compras, obras e serviços com a administração pública, passa, necessariamente, pela inclusão digital, direcionada não apenas ao indivíduo, mas, sobretudo, à sociedade civil.

Significa que distribuir e instalar computadores, redes e sistemas não são fins em si mesmos, mas servem ao objetivo de estabelecer e entreter relações diretas, transparentes e participativas entre as instituições estatais e a sociedade civil. Relacionamento desse teor é que viabilizará a concepção e a concretização de políticas públicas, definidas como o conjunto de estratégias, táticas e operações de governo, em resposta a pleitos legítimos da sociedade ou da própria administração pública, esta quando houver de dar cumprimento a políticas públicas pré-traçadas na Constituição, incluindo, ou não, intervenções na esfera privada.

Inúmeras são as políticas públicas postas na Constituição da República, nas Constituições Estaduais e nas Leis Orgânicas Municipais. O Supremo Tribunal Federal tem decidido que o assento nas leis fundamentais confere a essas políticas caráter cogente, isto é, são de implementação obrigatória pelos entes públicos respectivamente competentes (*v.g.* Ag. Reg. no RE nº 410.715-5/SP, rel. Min. Celso Mello, *DJU*, 22.11.2006, destacando-se o seguinte excerto da ementa: "Embora resida, primariamente, nos Poderes Legislativo e Executivo, a prerrogativa de formular e executar políticas públicas, revela-se possível, no entanto, ao Poder Judiciário, determinar, ainda que em bases excepcionais, especialmente nas hipóteses de políticas públicas definidas pela própria Constituição, sejam estas implementadas pelos órgãos estatais inadimplentes, cuja omissão – por importar em descumprimento dos encargos político-jurídicos que sobre eles incidem em caráter mandatório – mostra-se apta a comprometer a eficácia e a integridade de direitos sociais e culturais impregnados de estatura constitucional"). Entre essas políticas públicas constitucionais encontra-se a que determina o aperfeiçoamento contínuo da administração pública através de "escolas de governo" (CF/88, art. 39, §2º, com a redação da EC nº 19/98), e a que pretende, considerando o mercado interno integrante do patrimônio nacional, a autonomia tecnológica do País (CF/88, arts. 218 e 219).

A política pública voltada para a melhoria da própria administração é fator importante para a maximização de resultados de outras políticas, bem como instrumento de transparência, logo de legitimação e fidúcia do governo perante a sociedade. A percepção da sociedade de que o governo empenha-se por cumprir as políticas públicas constitucionais contribui para a formação de consciência acerca da cidadania, que ao mesmo tempo participe da definição das etapas desse cumprimento e seja corresponsável por controlar sua execução e avaliar-lhe os resultados.

A exclusão digital – grande número de pessoas sem acesso a meios informatizados – é um dos óbices a superar para a implementação da governança eletrônica, pela evidente razão de que impede a conexão direta entre cidadãos e administração. Sem que os instrumentos da TIC estejam disponíveis para todos os cidadãos, a prestação de serviços eletrônicos e a perspectiva de interatividade com o governo na tomada de decisões correm o risco de aumentar o espaço entre as vantagens que os cidadãos educados e proficientes tecnologicamente têm sobre aqueles que não o são, lamentável violação da isonomia e da impessoalidade que a Constituição da República eleva a princípios reitores de todos os órgãos e entidades da administração pública, direta e indireta, e que se deve compreender como extensivos ao relacionamento desta com os cidadãos. Perde-se a TIC como catalisador apto a mudar o foco dos serviços públicos quanto ao modo de sua prestação à população (foco no usuário), com maior qualidade, continuidade e efetividade (Lei nº 8.987/95, art. 6º, §1º), e, ademais, como ferramenta hábil a sustentar novos modos de criação de redes sociais e políticas, ou seja, participação democrática na gestão pública.

Dados divulgados pela União Internacional das Telecomunicações (UIT) sugerem a existência de um *apartheid* digital: os países do G8 (os mais abastados do planeta) têm somente 15% da população mundial, porém contam o mesmo número de usuários de internet que todas as demais nações, salvo a China. O Brasil ocupa a 76ª posição na lista da UIT, em termos de população com acesso à rede mundial de computadores (17,2%), atrás de Chile (28,9%), Uruguai (20,6%) e Argentina (17,8%). Em relação à banda larga, temos 3% da população com acesso a essa tecnologia, ao passo que os países mais desenvolvidos já se situam entre 25% e 32%. No ensino fundamental, 17,2% dos alunos das escolas públicas brasileiras usam a internet, enquanto, nas escolas particulares, o índice é de 74,3%. No ensino médio, 37,3% dos alunos das escolas públicas têm acesso à internet; 83,6% entre os alunos das escolas particulares (*O Globo*, p. 7, 11 nov. 2007).

Nessas circunstâncias, a inclusão digital deve constituir, ela própria, uma política pública de alta prioridade, se o País quiser caminhar rumo à governança eletrônica.

5 Os desafios da governança eletrônica

Experiências exitosas em países culturalmente diferenciados, como são Alemanha, Finlândia, Itália e Inglaterra, demonstram, desde a década passada, que governar tornou-se um processo interativo. As dificuldades das instituições estatais em lidar com os novos desafios decorrentes da complexidade dos processos de decisão política vêm contribuindo para o debate acerca das novas tendências de gerir o Estado e as políticas públicas. Estratégias inovadoras de gestão e uso pertinente de TIC podem representar oportunidade para reformar e democratizar as instituições, umas mais resistentes do que outras à modernização, desde que se atente para as principais interfaces entre globalização e governança eletrônica, a propor a necessidade de novos paradigmas, compatibilizados com os princípios inscritos na Constituição da República (arts. 1º, 4º e 170), em termos de:

a) políticas de regulamentação claras e tão estáveis quanto forem conciliáveis com a natureza do objeto regulamentado;

b) estratégias para responder a crescentes demandas sociais, em aparente antagonismo com a busca do Estado mínimo;

c) incremento de mecanismos de controle e prestação de contas;

d) parcerias público-privadas, inclusive na luta contra a exclusão digital;

e) mais eficiência da administração pública, bem definidas as suas missões e alentadas por uma visão de futuro que a faça credora de maior reconhecimento por parte da sociedade civil;

f) retração do Estado na esfera econômica, na qual intervirá em caráter excepcional;

g) dependência do setor público das decisões tomadas por agentes econômicos privados;

h) novas formas de interação e cooperação nos níveis supranacional e nacional, bem como em níveis regional e local;

i) submissão da TIC a valores éticos e estratégicos.

Os recentes processos de criação e transformação da TIC devem ser aplicados em modelos inovadores de gerenciamento, assim como novos instrumentos, procedimentos e formas de ação devem ser capazes de criar vias de interatividade entre os administradores públicos e os cidadãos a que se destinam os serviços que aqueles gerenciam.

Nessa perspectiva, a governança eletrônica pretende restaurar a erodida legitimidade do sistema político-administrativo pela criação de canais de participação e parcerias entre o setor público e o setor privado, contribuindo para novas formas democráticas de gestão. As potencialidades da TIC atenderão não apenas às exigências de maior eficiência/eficácia de gestão pública, mas, também, a valores democráticos, como a participação, a transparência, a representatividade e o controle, pela sociedade, da atuação estatal. Tudo a depender de investimentos que erradiquem a exclusão digital e cogitem de erigir a inclusão digital como direito subjetivo individual, ou seja, será direito subjetivo de todo cidadão ter acesso garantido aos meios informatizados e, por meio deles, interagir com os serviços públicos.

6 Linhas de ação da governança eletrônica

O professor brasileiro Klaus Frey (Departamento de Administração da PUC-Paraná), após conhecer a experiência de governança eletrônica em cidades da Alemanha (Bremen), da Itália (Bologna), da Inglaterra (Newham e Birmingham) e da Finlândia (Helsinki, Espoo e Tampere), concluiu serem basicamente três os campos de ação "essenciais à implementação de estratégias de e-governança numa perspectiva emancipatória", a saber:

> 1º – pontos de acesso público: quiosques interativos onde os cidadãos têm acesso garantido à internet são de importância fundamental para garantir que todas as pessoas tenham pelo menos a chance de usar as novas tecnologias e os serviços *on line*, ou participar de fóruns de discussão pública; especialmente em países em desenvolvimento, o mercado sozinho vai certamente ser incapaz de reduzir significativamente a exclusão digital; 2º – campanhas de ensino da linguagem digital são também de importância fundamental para capacitar os cidadãos a usarem a internet de maneira consciente e em benefício próprio; isso significa não apenas transmitir capacidades técnicas para o uso de computadores e da internet, mas também seu uso de maneira a fomentar a cidadania ativa; 3º – o apoio a aplicativos para a cidadania significa explorar as possibilidades da internet para fomentar uma esfera pública virtual; o sucesso dos fóruns públicos no aprofundamento da prática democrática depende da capacidade de criar ligações entre os fóruns virtuais e o processo político tradicional de comunidades reais; se o processo de discussão nos fóruns virtuais não tiver conseqüências para o processo de tomada de decisão em organizações políticas reais, a predisposição da população em participar vai logo diminuir. (<http://www.e-democracy.lcc.ufmg.br>)

Redes eletrônicas transformam as dimensões de tempo e espaço. A informação é transmitida em tempo real e os contatos podem ser estabelecidos de imediato, independentemente da distância física. O potencial democrático da internet baseia-se em sua estrutura não hierárquica, favorecendo a interatividade. Mas não deve haver dúvida de que o uso da TIC, com fins emancipatórios da cidadania e sua participação democrática, não se dará automaticamente, muito menos por geração espontânea. A internet não foi criada com a finalidade de promover cidadania democrática, mas carrega enorme potencial nesse sentido, que pode ser usado para renovar modos de participação política e tomada de decisão, desde que se valorize e compartilhe a inteligência distribuída em todas as comunidades conectadas e explorar os respectivos efeitos sinergéticos. Portanto, a governança eletrônica busca novas maneiras de articular dois espaços qualitativamente bem diferentes – o território e a inteligência coletiva.

Obtempera-se que a interatividade da internet, ao elevar, de um lado, a dependência dos indivíduos dos espaços virtuais – televisão ou ciberespaço –, os faz menos dependentes da esfera pública. Na medida em que a cultura da tela se torna mais e mais o ponto de referência do cotidiano, e os indivíduos mergulham no mundo digital, o engajamento cívico tende a diminuir no que diz respeito aos problemas que afetam toda a sociedade.

A resposta a tal pertinente objeção é a de que os efeitos benéficos da TIC sobre o processo político e o fortalecimento da sociedade dependem menos da tecnologia em si e mais da tomada de decisões políticas. É preciso repensar a forma de atuação de governos locais e conjugá-la com as potencialidades da internet para amadurecer práticas democráticas. O uso da TIC em prol da cidadania participativa e corresponsável dependerá de decisões políticas tomadas sobretudo por governos locais e do efetivo engajamento do cidadão.

Recorde-se que o art. 31, §3º, da CF/88 ordena que as contas dos Municípios permaneçam, durante 60 dias, anualmente, "à disposição de qualquer contribuinte, para exame e apreciação, o qual poderá questionar-lhes a legitimidade". E que entre as finalidades enunciadas pela Lei nº 10.257, de 10 de julho de 2001, mais conhecida como Estatuto da Cidade, está a gestão democrática por meio da participação da população e de associações representativas na formulação, execução e acompanhamento de planos, programas e projetos de desenvolvimento urbano. O mesmo diploma legal estabelece que, no processo de elaboração do plano diretor e na fiscalização de sua implementação, os Poderes Legislativo e Executivo municipais garantirão: (a) a promoção de audiências públicas e debates com a participação da população e de associações representativas dos vários segmentos da comunidade; (b) a publicidade quanto aos documentos e informações produzidos; e (c) o acesso de qualquer interessado aos documentos e informações produzidos.

Tanto o preceptivo da Constituição quanto o Estatuto da Cidade parece que se inscreveram, até aqui, entre as "leis que não pegam", como se suas disposições pouco repercutissem na vida urbana. Convenha-se, de outro turno, que os governos locais, salvo honrosas exceções, não debatem as contas anuais com a população, não se empenham no estudo das normas do Estatuto da Cidade, nem percebem as potencialidades de sua aplicação. Na verdade, as Prefeituras pouco delas cogitam na gestão das cidades.

Vê-se, então, a importância do pensar estratégico (o "querer" do vértice do triângulo da gestão pública eficiente e eficaz), sem o qual não se organizam, nem se modelam, estruturas aptas a gerir (o "poder" do segundo ângulo do triângulo), muito menos se mobiliza conhecimento capaz de transformar realidades (o "saber" do último ângulo do triângulo). Articulados o "querer", o "poder" e o "saber", as políticas de desenvolvimento urbano poderão sinergir com ambiente interativo das comunidades, revigorando laços sociais e aumentando a participação política nos processos locais de tomada de decisão.

7 Efetivação da governança eletrônica

Complemente-se o rol de providências essenciais, retrossintetizado por Klaus Frey, com vistas à possível efetivação da governança eletrônica:

1. a ideia dos quiosques como sede de pontos de acesso público à internet talvez funcionasse melhor se levasse em conta as peculiaridades culturais de cada comunidade urbana e os locais que cada ambiente cultural considerasse relevantes para o dia a dia da cidade; os locais estratégicos seriam, de preferência, estabelecimentos de ensino, órgãos e entidades públicas, igrejas e associações, serventias extrajudiciais (cartórios) e instituições financeiras (notadamente bancos); importa que se valorize a cultura de interatividade e se introduza um significativo número de cidadãos nesses ambientes; a ideia de implantar centros ou pontos comunitários de informação é garantir aos cidadãos acesso gratuito à internet, para que todos tenham, pelo menos, a chance de usar novas tecnologias e os serviços *on-line*, participar de fóruns de discussão pública, prevenindo o aparecimento de subclasses desinformadas e reduzindo as existentes, dando condições e espaço para uma comunicação não comoditizada, especialmente acerca dos assuntos locais, valendo-se do fato de que a internet tende a privilegiar modos de relacionamento transversais e estruturas menos rígidas; colocar à disposição da população a maior parte dos serviços públicos a partir de um único ponto de entrada, 24 horas, via PCs instalados em locais estratégicos da comunidade, torna o governo menor, mais barato, mais célere e mais fácil de gerenciar;

2. campanhas de educação na linguagem digital carecem de pessoas treinadas para conduzi-las, recrutadas na própria comunidade; o treinamento deverá cuidar da capacitação técnica para o uso dos instrumentos de TIC, de maneira a fomentar a cidadania ativa; enquanto no mundo desenvolvido o mercado pode resolver o problema de acesso insuficiente em período reduzido, dado que o gargalo educacional não é expressivo, a questão educacional permanece desafiante nos países em desenvolvimento;

3. a criação de comunidades virtuais locais pretende reduzir a distância entre os gestores que tomam as decisões e os cidadãos que são os seus destinatários; iniciativas como fóruns de discussão sobre problemas da agenda política local e sistemas de mediação *on-line* podem preparar as instituições e organizações para essas novas formas de "governança social negociada", além de treinar cidadãos para a negociação, a argumentação e a deliberação; o êxito da medida depende de demonstrar-se que a transparência do processo participativo canaliza a influência concreta dos participantes na tomada de decisão, permitindo o questionamento de assuntos, pedidos de informações e efetiva resposta em linguagem compreensível para o cidadão comum;

4. o desenvolvimento de programas de interatividade em comunidades disponibiliza instrumentos de TIC, promove a igualdade de acesso à informação, fomenta a formação de grupos de voluntários comunitários aptos a operar o sistema; o sucesso

de fóruns públicos no aprofundamento da prática democrática depende da capacidade de criar ligações entre os fóruns virtuais e o processo político tradicional;

5. oferecer à população o maior número possível de serviços públicos via internet, aproximando a burocracia estatal do cidadão, substituindo o modelo tradicional de administração pública, simplificando os processos administrativos; serviços *on-line*, todavia, devem corresponder às expectativas dos usuários, de modo a ganhar-lhes a confiança; vital, para corrigir rumos e colher dos erros oportunidades de melhoria, é que se avaliem a qualidade dos serviços mediante pesquisas periódicas de satisfação do usuário; há de ser permanente a preocupação de melhorar o nível de resposta no atendimento ou de simplificar a apresentação dos conteúdos segundo critérios bem avaliados pelos usuários;

6. redes de comunicação, com abrangência nacional, com as quais possam interagir todos os poderes e esferas de governo, de modo a habilitar a transferência e a utilização de informações de maneira uniforme e eficiente entre vários sistemas, cooperativamente; imagine-se a extraordinária utilidade, na seara das licitações e contratações, do acesso a sistema integrado de consulta de preços de bens e serviços praticados em âmbito regional e local, como ferramenta de apoio ao gestor, de todas as esferas e níveis de governo; outra rede estaria apta a disponibilizar um sistema de cadastro, atualizado, de pessoas físicas e jurídicas impedidas de licitar e contratar com a administração pública.

A utilização da internet e de *websites* governamentais para prestação de serviços públicos *on-line* e para a disponibilização de informações sobre atividades públicas são ferramentas aptas a elevar o teor de eficácia e de qualidade dos serviços prestados aos cidadãos, bem como para ampliar o processo democrático através do atendimento a demandas específicas da população e da participação mais efetiva desta na gestão pública, tanto definindo prioridades, quanto fiscalizando e controlando ações do governo.

Não configura governança eletrônica a mera expansão do uso da TIC pela administração pública. Tal governança implica a modificação dos padrões de relacionamento entre governo e sociedade. Parcerias público-privadas e um envolvimento mais forte do setor voluntariado, simplificação dos processos, melhoria na gestão de recursos, impessoalidade, clareza, respostas rápidas, pesquisas de satisfação do usuário são outros elementos que a caracterizam.

Governança eletrônica não é somente um avanço no manejo de instrumentos de trabalho da administração pública, mas uma mudança substancial no relacionamento Estado-Cidadão, vinculando-o ao desenvolvimento socioeconômico e de cultura democrática. O espaço virtual não substitui os demais espaços de relação política do cidadão, tais como sindicatos, associações, organizações não governamentais. Mas garante ao cidadão que assim o desejar interlocução direta com o poder público e seus agentes, sem a intermediação dessas outras instituições.

8 A governança eletrônica nas licitações e contratações da administração pública

O perfil essencial da governança eletrônica, tal como vivida nas organizações estatais que a vêm praticando desde o final do século passado, encontra na legislação sobre licitações e contratos inúmeros pontos de identidade. Embora em tímida evolução, o presente da atividade contratual da administração pública brasileira prenuncia que, em futuro próximo, tal atividade não será domínio técnico privativo dos agentes da administração. Há normas que apoiam o vaticínio desde logo, como as dos arts. 3º, §3º; 4º; 39; e 41, §1º, da Lei nº 8.666/93, segundo os quais: (a) todos os passos do procedimento licitatório são públicos e acessíveis ao público; (b) a observância, pela administração, das normas regentes do procedimento constitui direito público subjetivo de todos os participantes; (c) é obrigatória a realização de audiência pública sobre licitações para a contratação de objetos de valor estimado elevado; (d) todo cidadão está legitimado para impugnar regras de edital que veiculem aparentes irregularidades.

Passo decisivo deu a Lei nº 10.520/02, que autorizou a administração pública brasileira a licitar na modalidade do pregão, presencial ou eletrônico, se o objeto a ser contratado for bem ou serviço comum, isto é, especificável segundo as mesmas características com que se encontra no mercado.

É possível dizer que o pregão no formato eletrônico é o precursor da governança eletrônica em matéria de licitação e contratação no direito público brasileiro, na medida em que proporciona a realização do procedimento licitatório a distância, em sessão pública, por meio de sistema que promove a comunicação entre o órgão promotor da licitação e os participantes da competição, por meio da rede mundial de computadores.

Também quanto aos resultados o pregão eletrônico testifica um avanço em relação às demais modalidades: tem proporcionado economia entre 20% e 30% do valor estimado para cada contratação, celeridade processual, competitividade, simplificação de exigências e transparência; possibilita a participação de número maior de interessados, graças ao acesso universal à rede mundial de computadores, permitindo que em qualquer ponto do país sejam ofertadas propostas, mesmo distantes do órgão promotor da competição.

A forma eletrônica torna o prélio ágil porque o licitante não se desloca até a sede da administração, nem encaminha suas manifestações (documentos de habilitação, propostas, recursos administrativos) por via postal, arcando com os respectivos custos, como previsto na Lei nº 8.666/93. Eventuais impugnações ao edital não dependem do encaminhamento de documentos à administração.

A prática do pregão eletrônico tem atestado a viabilidade da simplificação do procedimento licitatório sem riscos à segurança jurídica da contratação e à razoável certeza da fiel execução do que se contratou.

Por fim, o sistema eletrônico dota de maior efetividade o acompanhamento das contratações públicas pela sociedade, permitindo que qualquer cidadão, que tenha acesso à rede mundial de computadores, conheça os editais e seus anexos, podendo impugná-los. O sistema também permite o acompanhamento dos licitantes de todas as fases do procedimento, mesmo à distância, tornando efetivo o controle dos atos administrativos praticados pelos condutores da competição.

Em princípio, as normas disciplinadoras do pregão consideravam-no de uso prioritário (Decreto nº 3.555/00, art. 3º, *caput*). Ante os resultados obtidos em cinco anos de aplicação, evoluíram para considerá-lo obrigatório (Decreto nº 5.450/05, art. 4º e Decreto nº 5.504/05, art. 1º, §1º). E ainda que assim não houvesse sido positivado em norma, assim haveria de ser julgado, como tem sido pelos tribunais de contas. Se o gestor dispõe de modalidade licitatória que supera todas as demais em qualidade e presteza, será ato de gestão antieconômica, violador do princípio da eficiência, optar por qualquer outra modalidade quando cabível for o pregão, salvo situação excepcional, devidamente justificada.

Também a exigência de justificar a necessidade da contratação, como etapa obrigatória da fase interna preparatória do processo administrativo do pregão (Lei nº 10.520/02, art. 3º, I), poderá aproximar tal modalidade dos parâmetros da governança eletrônica. É que a justificativa, que se presume técnica e fundada em fatos e circunstâncias demonstrados objetivamente, poderá não esgotar o seu âmbito se o objeto a ser contratado repercutir diretamente sobre o atendimento à população, como ocorre, por exemplo, com a edificação de prédios que abrigarão escolas, hospitais, delegacias policiais, foros judiciais. Nessas hipóteses, antes e além do fundamento técnico, a justificativa deve compreender a demonstração da aptidão da obra para vir a corresponder às expectativas da comunidade usuária da escola, do hospital, da delegacia ou do foro. A medida dessa correspondência adviria da participação interativa da comunidade na discussão do projeto.

O interlocutor da administração com a comunidade não poderia ser, nos moldes das normas vigentes, o pregoeiro, que assume a direção do processo uma vez que o respectivo edital, aprovado pela unidade de assessoramento jurídico do órgão licitador (Lei nº 8.666/93, art. 38, parágrafo único), houver estabelecido as regras do certame, espelhando o termo de referência definido por outras instâncias administrativas. O espaço e o tempo próprios para a interação gestores/comunidade estariam no momento da eleição do objeto como prioritário e no curso da elaboração do termo de referência (incluindo o projeto básico, em caso de serviço), onde devem ser explicitadas as características que deverá ter e as funções que cumprirá.

Ademais, seria conforme aos postulados da governança eletrônica a extensão, aos cidadãos, de legitimidade para acompanhar a fiscalização da execução do contrato, de que as normas vigentes incumbem exclusivamente à administração. Cogitar-se-ia, nesse sentido, de regra de fiscalização pelos cidadãos assemelhada à que já se encontra no art. 4º, segunda parte, da Lei nº 8.666/93, quanto a admitir a presença de qualquer pessoa nas sessões de julgamento das licitações, que são públicas, "desde que não interfira de modo a perturbar ou impedir a realização dos trabalhos". Seria o caso de distinguir a execução de obras ou serviços que implicarão atendimento direto à população, da execução de obras ou serviços necessários ao funcionamento interno da máquina administrativa, estabelecendo-se que à fiscalização da primeira teriam acesso os futuros usuários.

Dir-se-ia que o acesso dos futuros usuários complicaria e retardaria a instrução e o curso do processo administrativo. Talvez assim ocorresse até que os cidadãos se habituassem a tal participação. Seria o preço de transição para a governança eletrônica, cujo retorno em pertinência e adequação do projeto compensaria dilação de maior duração, com ganhos de amadurecimento democrático tanto para os cidadãos quanto para os gestores.

9 Dever de transparência e direito à participação do cidadão

A governança eletrônica deve elevar, por definição, a taxa de transparência dos atos jurídicos praticados pela administração pública, sejam unilaterais (ato administrativo), bilaterais (contratos administrativos) ou coletivos (convênios). É que falta de transparência, ou seu reduzido teor, compromete um dos atributos da governança eletrônica, que é a possibilidade da efetiva participação da sociedade. Nada obstante os esforços localizados em setores da gestão pública, ainda é baixa a taxa de transparência na administração pública brasileira. Basta lembrar, para ilustrá-lo, que poucas são as cortes de contas estaduais que seguem o exemplo do Tribunal de Contas da União na publicação da íntegra dos pareceres e votos que instruem seus acórdãos e decisões. Volta e meia se percebe a existência de decisões contraditórias da mesma corte estadual ou municipal sobre determinada matéria, sem que se divulguem os fundamentos que motivariam a diversidade, o que, por óbvio, confunde a própria administração e os cidadãos que pretenderiam conhecer os fundamentos da discrepância, de cuja seriedade se passa a suspeitar, não sem razão.

A governança eletrônica reconhece, na efetiva participação dos cidadãos, importante instrumento para a eleição de prioridades legítimas a serem atendidas. Suas reivindicações desafiam, de ordinário, três eixos: o socioeconômico, o assistencial e o político. O eixo socioeconômico abrange a relação entre ocupação, renda e bem-estar material. O eixo assistencial ocupa-se do direito ao mínimo existencial dos cidadãos que não têm condições de autossustento. O eixo político correlaciona-se à participação dos cidadãos na definição das políticas públicas.

São fatores que concorrem para retardar a plenitude da governança eletrônica, também nas licitações e contratações do Estado: carência de instituições sólidas, incipiente cultura democrática, corrupção endêmica e crescimento da pobreza. A proposta de responsabilizar agentes da administração pública por atos de gestão antieconômica, ineficiente ou ineficaz tem progredido e ecoado nos tribunais, judiciais e de contas, sendo crescente o número de condenações e de penalidades aplicadas em decorrência da comprovada prática desses atos.

É inadiável que o desempenho dos gestores públicos apresente-se transparente, em sintonia com as necessidades legítimas da população. A sociedade deve estar ciente da gestão, cujas escolhas devem ser divulgadas e examinadas pelo cidadão, asseguradas todas as vias que traduzam a democratização da informação pelo Estado.

A Constituição da República ainda não consagrou o direito à inclusão digital, isto é, o direito de estar conectado à internet, como já providenciaram algumas ordens jurídicas estrangeiras. Se se quiser perseguir, com eficiência e eficácia, o ideal de democracia participativa, tal direito deve vir a ser inserido no título referente aos direitos e garantias fundamentais. O direito público subjetivo à conectividade tornaria efetivo o direito de receber dos órgãos públicos informações de seu interesse particular, ou de interesse coletivo ou geral, ressalvadas aquelas cujo sigilo seja imprescindível à segurança da sociedade e do Estado, consoante enunciado no art. 5º, XXXIII, da Constituição, bem como o direito de diálogo direto com os gestores públicos acerca de políticas públicas.

Na concepção da governança eletrônica, é condição para o Estado legitimar-se política e socialmente a incorporação dos cidadãos aos negócios e às políticas públicas, oferecendo-lhes oportunidades de acesso às informações governamentais. Essa proposta supõe que quanto mais se envolvam os cidadãos no debate e se criem canais de participação social, mais o setor público verá ampliada sua capacidade de ação e o reconhecimento dos cidadãos à seriedade de suas opções. Rejeita-se, destarte, a atuação administrativa sem a possibilidade do crivo da cidadania acerca de sua formulação e de seus efeitos.

O ato administrativo, assim como todo ordenamento jurídico, deve ser voltado ao bem da sociedade, conforme os valores de sua dignidade. Assim, o controle realizado pelos sujeitos finais de sua criação, atuação e razão de existir é, em todos os sentidos, fundamental. E os mecanismos viabilizadores de sua aplicação são peças centrais da engrenagem do estado democrático de direito, na percepção da governança eletrônica.

10 Profissionalização da gestão do Estado e governança eletrônica – A experiência de Bologna

O ideário da gestão pública eficiente, eficaz e democrática inclui políticas voltadas para o desenvolvimento de alto grau de profissionalismo de seus agentes, que se espera conscientes dos objetivos, metas e resultados a alcançar, e com eles comprometidos.

Nenhuma organização – vise ou não lucros – pode dar-se ao luxo de dispensar administradores que sejam, ao mesmo tempo, engajados na missão e conhecedores das atividades a que se propõe a organização, planejadores de seu desenvolvimento, hábeis na prática de sistemas de aferição de desempenho e de construção de indicadores gerenciais, a par de zelosos gestores financeiros. Nenhuma razão política ou administrativa autoriza que se exclua a administração pública desse modelo.

Emendas constitucionais e legislação ordinária se vêm ocupando da profissionalização dos agentes públicos, traduzindo o reconhecimento de que: (a) se faz necessária uma nova moldura administrativa para o País; (b) há graves deficiências na prestação dos serviços públicos, gerando insatisfação entre os usuários; (c) o limite ético dos gestores apresenta-se não raro enevoado.

Um processo consequente de profissionalização e reforma deve reduzir, mais e mais, o espaço para improvisações, seja na escolha de agentes despreparados, seja na gestão de políticas públicas, seja na administração do cotidiano do serviço público.

A TIC será instrumento a ser manejado com esses compromissos. A interatividade que possibilita não é equiparada a nenhuma outra solução tecnológica, na medida em que pode promover a democracia, o desenvolvimento, a cultura de cobrança e a transparência das ações de governo.

Daí a importância de conhecerem-se experiências de governança eletrônica que já alcançaram estágios mais avançados de maturidade, como a que se encontra em Bologna, Itália.[21]

Em janeiro de 1995, junto ao Ofício para as Relações com o Público[22] (*Ufficio per le Relazioni con il Pubblico*), foi aberta a porta para a distribuição gratuita de conexões com a rede cívica *Iperbole* aos cidadãos, organizações civis, organizações públicas e entidades

---

[21] Disponível em: <http://www.comune.bologna.it/iperboliani/retecivica/docs/10annidic2005.rtf>.

[22] O Ofício para as Relações com o Público (*Ufficio per le Relazioni con il Pubblico*) constitui-se na prestação de serviços através dos quais o governo de Bologna comunica-se com os cidadãos e as empresas. Ouve e orienta o cidadão, colocando-o em posição de tirar partido de todas as oportunidades e serviços oferecidos na área. Fornece informações gerais sobre o governo, a localização de escritórios, números de telefone e hora da recepção. Garante o direito de acesso a documentos administrativos, consultas, cópias de leis, regulamentos, resoluções, avisos de leilões e concursos públicos. Distribui material promocional sobre temas de interesse público, iniciativas promovidas pela Província e outros organismos do território. Recolhe sugestões e reclamações dos cidadãos sobre o funcionamento dos serviços provinciais. Divulga informações sobre eventos culturais. Disponível em: <http://www.provincia.bologna.it/urp/>.

sem fins lucrativos de Bologna, Itália. Teve início a primeira experiência italiana e a segunda na Europa – depois de Amsterdã, Holanda – de uma rede cívica impulsionada pela administração pública. Interatividade, acesso, parceria, diálogo e transparência nas informações foram as palavras-chave das ações e dos projetos da rede, um desafio na medida em que novas tecnologias surgiam em terreno até então quase inexplorado na emergente economia digital.

A estratégia *Iperbole* centrou-se, inicialmente, na conexão gratuita de informações *on-line* para toda a comunidade de Bologna, para as organizações da sociedade civil, organismos públicos e organizações sem fins lucrativos. Após dez anos de implantação da rede cívica, avalia-se que a comunidade cresceu, os cidadãos amadureceram a ideia da conexão eletrônica, os serviços em rede multiplicaram-se, as páginas *on-line*, em 2005, somavam cerca de 32 mil e quase meio milhão de contatos diários. Assegurou-se o acesso sem fio (*wireless*), como elemento estratégico para ampliar a rede cívica, além de complementar e alargar a oferta de serviços. Hoje, *Iperbole* é tida como um serviço público do cidadão de Bologna.

Democracia eletrônica, participação em processos de tomada de decisão, *e-governance*, privacidade, novos e livres conhecimentos, direitos para o cidadão digital, uma "Constituição Eletrônica" pela internet – eis algumas das propostas do presente e para os próximos anos de rede cívica de Bologna. O tema da *e-democracy* – e dos aspectos participativos relacionados a ela – é o DNA da rede *Iperbole*. As metas da administração são incentivar e promover linhas de ação dirigidas a: (a) interatividade em todos os campos, como instrumento essencial para a participação nos processos de tomada de decisão, reforçando de forma interativa a democracia representativa; (b) inclusão digital e social, com igual oportunidade de acesso; (c) implementação de serviços interativos *on-line*, por meio de um portal rico em conteúdo e fácil de acessar, uma espécie de portal virtual em atividade 24 horas por dia; (d) adoção da "Carta do Cidadão Eletrônico" – com validade em toda a Europa –, como garantia de um "espaço público" plural e equitativo; e (e) desenvolvimento de um "laboratório de *software* livre", com a participação das comunidades locais.

11 Conclusão

A questão que ainda intriga, à vista das experiências em curso de governança eletrônica, é a de se saber se a internet, por si só, garantiria o surgimento de gerações de cidadãos mais engajados no controle social dos atos de governo. Tem-se visto, a exemplo dos resultados positivos de redes cívicas implantadas há mais de uma década, que a maior disponibilidade e a circulação de informações refletem novas práticas de cidadania. As redes cívicas utilizam a TIC como ferramenta para criar uma administração mais humanista (foco nas reais necessidades e prioridades dos usuários), transparente (permeável a controles efetivos), eficiente e eficaz na prestação de serviços, a par de fomentar a participação dos cidadãos no processo político de tomada de decisões.

O controle social do governo está diretamente associado à promoção da transparência ao permitir o acompanhamento da formulação de políticas e de suas iniciativas pelos cidadãos e suas organizações. Criar condições para o estabelecimento de relações de confiança entre governados e governantes legitima as ações destes últimos. Nessa categoria de direitos, promovidos pelo uso da TIC, incluem-se as iniciativas que permitem o acesso dos cidadãos a informações sobre as ações do governo, fundadas no direito à informação pública, permitindo-lhes acompanhar, avaliar e controlar o desempenho governamental.

A governança eletrônica deve transformar a qualidade das relações de poder existentes, constituindo tarefas essenciais as de explorar e disponibilizar oportunidades. O ato de reconhecer que o erro é uma oportunidade de melhoria, como a ciência da administração passou a propor a partir das lições de Peter Drucker, na segunda metade do século XX, recebe da governança eletrônica novos impulsos e dimensão, na medida em que gestores e cidadãos buscam as melhores soluções, prevenindo o erro ou sanando-o de forma compartilhada e amadurecida, com crescimento pessoal e institucional relevante.

Na seara das licitações e contratações da administração pública, quantos erros de perspectiva e desencontros de prioridades teriam sido evitados, ou corrigidos com transparência em tempo hábil, se já houvesse maior participação dos cidadãos no controle de projetos e editais, antes do certame, e, após, no acompanhamento da execução dos contratos de obras e serviços que implicam atendimento direto à população. Certamente que obras públicas que hoje se sabe desprovidas de utilidade para a população supostamente interessada, ou que resultaram em rombudo fracasso quanto à sua eficácia (capacidade de realizar as finalidades planejadas), sequer teriam sido objeto de licitações e contratações onerosas e ineficientes, se ouvidos os presumidos destinatários de seus imaginados benefícios.

E se a participação dos cidadãos não obstasse tais erros, ao menos teria valido como exercício importante para o reconhecimento das complexidades da gestão, para a redução das taxas de autoritarismo, com a consequente elevação da taxa de democratização, e para a formação de amadurecida consciência quanto à responsabilidade republicana de todos pelas escolhas do que deve ser público por definição e natureza.

A expansão do uso da TIC não deve denotar apenas modernidade no manejo de ferramenta administrativa, mas, antes e acima, contribuição para efetivar, na jornada diária do estado e da sociedade, os cânones democráticos e a fruição dos direitos e garantias constitucionais prometidos a todos, sem exclusão de um só brasileiro.

Por isso mesmo, a possível contribuição da TIC ao estado democrático de direito não pode soar como a fé em promessas de tempo indeterminável. Retome-se, com o fim de condicionar tal contribuição à realidade das coisas tangíveis, o alerta lançado como epígrafe ao início deste texto, extraído da obra de Zygmunt Balman, o festejado sociólogo polonês que lecionou nas universidades de Varsóvia e de Leeds, Inglaterra, bem sopesada a incredulidade que sua octogenária existência autoriza, *verbis*:

> Jodi Dean analisou recentemente os novos aspectos acrescidos ao "fetichismo tecnológico" com o advento e a propagação da comunicação eletrônica e das "redes" eletronicamente mediadas. Ela sugere que "os revolucionários conectados" poderiam agora "imaginar que estavam mudando o mundo ao mesmo tempo confortados pelo fato de que nada mudaria realmente (ou, na melhor das hipóteses, poderiam conseguir que as gravadoras baixassem os preços dos CDs)" (...) Não admira, podemos acrescentar, que quando nos chega ao conhecimento (muitas vezes de forma brutal) que nossas expectativas foram frustradas e o que era esperado e desejado deixou de ocorrer, o efeito seja tão chocante quanto os impactos das catástrofes naturais. E a suspeita reprimida de que a tecnologia a que confiamos nossas esperanças possa frustrá-las ou destruí-las é uma nova e formidável fonte de medo.

Nisso, creio eu, está a causa mais profunda desse curso amplamente não-planejado, aleatório e casual do desenvolvimento moderno, que provavelmente inspirou Jacques Ellul a sugerir que a tecnologia (as habilidades e instrumentos de ação) se desenvolve exatamente porque se desenvolve, sem necessidade de qualquer outra causa ou motivo. Poucos anos antes de Ellul, em *A condição humana*, escrito logo após o fim da guerra e publicado em 1958, Hannah Arendt advertiu que nós, criaturas terrestres pleiteando a relevância cósmica, dentre em breve seremos incapazes de compreender e articular as coisas que somos aptos a fazer. E poucos anos depois Hans Jonas se queixou de que, embora possamos agora afetar com nossas ações espaços e tempos tão distantes a ponto de nos serem desconhecidos e incompreensíveis, nossa sensibilidade moral avançou muito pouco desde os tempos de Adão e Eva.

Os três grandes pensadores transmitiram uma mensagem semelhante: padecemos de uma defasagem moral. Os motivos da ação só tendem a ser claramente visualizados como reflexões posteriores, freqüentemente na forma de uma desculpa retrospectiva ou de um argumento em favor de circunstâncias atenuantes, enquanto as ações que empreendemos, embora às vezes inspiradas por insights e impulsos morais, são mais comumente estimuladas pelos recursos de que dispomos. Como o *spiritus movens* de nossas ações, a causa substituiu a intenção. (*Medo Líquido*, op. cit., p. 119-120)

Temperada por essas tão densas quanto universais ponderações, a governança eletrônica há de cuidar para encontrar o nexo entre o uso da TIC e os valores morais e éticos que devem presidir a gestão do que é de todos, em benefício de todos.

CAPÍTULO III

A TECNOLOGIA NA ATIVIDADE CONTRATUAL DO ESTADO

1 Contextualização do tema

O somatório dos valores das contratações de compras, obras e serviços por todos os órgãos subordinados e entidades vinculadas da administração pública brasileira retrata o funcionamento do estado e do mercado, situando-se entre 13% e 16% do Produto Interno Bruto. Faz-se sob a disciplina de sistema complexo de princípios e normas constitucionais, legais e regulamentares, gerador de não poucas dificuldades de interpretação e aplicação, não raro conduzindo a controvérsias e perplexidades. Não bastasse a sua dimensão – integram-no milhares de regras e procedimentos federais, estaduais, municiais, de regulamentos internos e resoluções normativas de tribunais de contas –, tal sistema defronta-se com décadas cumulativas de mutações nos paradigmas que conformam o perfil da ordem jurídica no estado democrático de direito, em especial, no Brasil, a partir da Constituição da República de 1988, a refletir a evolução do direito público desde a década de 1950.

A constitucionalização do direito administrativo, fenômeno planetário da pós-modernidade, projeta-se em todas as Cartas Fundamentais promulgadas no curso da segunda metade do século XX, com o intuito de, traçando políticas públicas cogentes que assinam ao estado obrigações de fazer e de não fazer, fixar limites que as autoridades públicas devem respeitar em face da sociedade e dos direitos fundamentais que a embalam (individuais, sociais, econômicos, ambientais). No dizer de Luis Prieto Sanchis, festejado lente das Universidades Castilla-La Mancha e de Toledo, "se conciben tanto la Constitución y la justicia constitucional como los derechos fundamentales como artifícios jurídicos que cobran todo su sentido al servicio de la limitación del poder y de la garantia de la inmunidad y libertad de las personas..[23]

Na "juridicização" constitucional da administração pública se vão plasmando os paradigmas da gestão, aos quais se acopla, por coincidência histórica, o desenvolvimento de novos métodos e ferramentas tecnológicas que haveriam, por pressuposto, de auxiliar

---

[23] SANCHIS, Luis Prieto. *Justicia constitucional y derechos fundamentales*. 2. ed. Madri: Trota, 2009. p. 9.

o estado a ser mais ágil e dinâmico no exercício de suas funções, o que, porém, nem sempre acontece por erros conceituais e de manejo dessas ferramentas, cujo uso não pode perder de vista aqueles paradigmas, a saber: a efetividade dos princípios a que a administração pública deve obediência; a obrigatoriedade da explicitação dos motivos do ato administrativo; a delimitação da discricionariedade; a processualização da atividade decisória; a responsabilidade objetiva do estado, mas subjetiva, individual e solidária, dos agentes públicos; a consensualidade que vincula a ação administrativa às prioridades da sociedade, objetivamente aferidas; a gestão sustentável dos recursos públicos organizacionais, materiais, financeiros e humanos.

Não raro o ferramental tecnológico é posto acima dos paradigmas da gestão, como se esta devesse subordinar-se àquele. Somam-se a conflitos internos crises globais e setoriais, que, impulsionadas por enevoadas convicções ideológicas, suscitam indefinições quanto às verdadeiras prioridades da dignidade da pessoa humana. No funcionamento anárquico de repúblicas fundadas em democracias representativas não se logra distinguir se são os mandatários que se desviam do mandato ou se são os mandantes que outorgam mandatos equivocados, ou ambos.

O movimento constitucionalista do pós-guerra deflagrou a revisão ao cunhar o primeiro dos paradigmas que passariam a reger a gestão estatal, qual seja, o da supremacia da Constituição, no evidente propósito de colocar o respeito ao homem e ao atendimento de suas necessidades essenciais (educação, saúde, trabalho, moradia, transporte, lazer, segurança, previdência social e assistência aos desamparados – CR/88, art. 6º) como vetores limitadores e orientadores da autoridade estatal. Nenhuma ação de estado será legítima se os ignorar. A Carta brasileira de 1988 segue o modelo teórico ao vincular todos os poderes constituídos do estado aos fundamentos e princípios enunciados em seus artigos 1º, 5º e 37, bem assim às políticas públicas traçadas em capítulos específicos. Certo que, no que respeita às contratações de compras, obras, serviços e alienações, a política encontra-se traçada nos artigos 22, XXVII, 37, XXI, 173, §1º, III, 175 e 195, §3º.

O segundo paradigma, corolário do primeiro, é o da efetividade dos princípios. Os manuais do século passado ensinavam que princípio era toda proposição geral, impessoal e abstrata a desafiar o futuro, na qualidade de norma tão só programática. Hoje, princípio continua sendo proposição geral, impessoal e abstrata, todavia com a índole de norma cogente, provida de eficácia imediata e de sanção para o caso de descumprimento. A nenhum dos poderes da república, em qualquer das esferas federativas, é dado imaginar que os princípios da legalidade, da impessoalidade, da moralidade, da publicidade e da eficiência, insertos na cabeça do art. 37 da Constituição de 1988, devam ser entendidos como mera condição, no sentido com que a define a lei civil – evento futuro e incerto. Devem presidir toda e cada ação de gestão estatal desde já, podendo a sua dolosa desobediência configurar improbidade administrativa, tal como previsto no art. 11 da Lei nº 8.429/92.

O terceiro paradigma é o da motivação obrigatória. A novidade não está na admissão dos motivos (razões de fato e de direito que justificam a decisão da autoridade) entre os elementos integrantes da estrutura morfológica irredutível de todo ato jurídico da administração, ao lado da competência, do objeto, da forma e da finalidade. A novidade está em que os motivos hão de ser, sob pena de invalidade do ato, explicitados pela autoridade quando de sua edição, de modo a propiciar o controle da veracidade e da idoneidade do ato para produzir resultados conformes ao interesse público, ditos almejados pela autoridade. Daí apartar-se motivo de motivação, esta a explicitada revelação obrigatória daquele.

O quarto paradigma é o da sujeição da discricionariedade a controle. A discrição para escolher a solução adequada entre as possíveis, quando a norma de regência não a predetermina, continua sendo atributo indispensável da função administrativa, no executivo, no judiciário e no legislativo. Dela o gestor público não pode prescindir ou será colhido desarmado para alinhar planos e prioridades aos meios disponíveis, bem como para conjurar incidentes, imprevistos e crises. A novidade está em que a discricionariedade não confere à autoridade, no exercício da função administrativa, a faculdade de escolher qualquer das alternativas possíveis. O gestor somente será fiel à discricionariedade que houver recebido da lei quando optar pela solução que estudos consistentes comprovaram ser a mais adequada em face da eficiência (relação custo-benefício) e da eficácia (aptidão para produzir resultados de interesse público). No exato momento em que a autoridade identifica a melhor solução, a ela se vincula, cessando a discricionariedade para adotar outra.

O quinto paradigma indica a sede formal onde estarão as provas de que o gestor agiu de acordo com a ordem jurídica, lastreado em motivação idônea e legítima discrição. Trata-se da processualização da atividade decisória. A decisão da autoridade há de ser tomada ao cabo de um processo administrativo no qual se levaram em conta levantamentos, relatórios, análises, propostas e pareceres que importavam à seriedade da decisão. É ao longo do processo que esta, uma vez percorrido o procedimento que a norma de regência haja fixado, amadurece e encontra os elementos de sua densidade e legitimação. Combate-se, com o devido processo, seja em meio impresso ou eletrônico, a improvisação, o amadorismo, a superficialidade, o personalismo. Tanto que o legislador ordinário já ditou normas específicas sobre o processo administrativo – na esfera federal, as da Lei nº 9.784/99 –, balizando-lhe a condução e o conteúdo mínimo necessário.

O sexto paradigma traduz o que se convencionou chamar de consensualidade. Abriu-lhe o caminho o art. 37, §3º, da CR/88, com a redação da EC nº 19/98, ao autorizar a lei a disciplinar formas de participação do usuário na administração pública direta e indireta. Desde então leis se vêm multiplicando no emprego do novel instituto, seja exigindo, como requisito de validade, audiências públicas prévias à concretização de negócios jurídicos pelo poder público, tal como na instituição das parcerias público-privadas; seja anuindo em que o Ministério Público ponha cobro a irregularidades na esfera administrativa, mediante termos de ajustamento de conduta (TAC); seja admitindo a introdução, em contratos administrativos, de cláusulas de arbitragem; seja estimulando outros métodos de composição de conflitos, tais como a conciliação e a mediação; seja animando os tribunais de contas a exercerem fiscalização concomitante, e não apenas *a posteriori*, dos atos de que se origina a despesa pública. As possibilidades são infinitas.

O sétimo paradigma é o compromisso com o desenvolvimento sustentável. Cuida-se de prover às necessidades do presente sem causar danos a serem suportados pelas gerações futuras. O pacto intergeracional tem raiz no art. 225, *caput*, da CR/88, que erige à qualidade de direito fundamental o "meio ambiente ecologicamente equilibrado, bem de uso comum do povo e essencial à sadia qualidade de vida, impondo-se ao poder público e à coletividade o dever de defendê-lo e preservá-lo para as presentes e futuras gerações". Tal dever será igualmente jurídico e cobrará responsabilidades ao gestor público na medida em que a lei torna exigível dos administradores a adoção de requisitos de sustentabilidade na contratação de compras, obras e serviços, de modo a evitar desperdícios ou uso irracional de água ou de energia elétrica, ou a elevar custos no tratamento de acidentes ou doenças laborativas que poderiam ser prevenidos. Em outras palavras, evitar a contratação de produtos e serviços inadequados do ponto de vista da sustentabilidade; incluir estudos de impacto ambiental nos processos decisórios em matérias que possam provocá-lo; escolher soluções compatíveis com a sustentabilidade, de preferência àquelas que, embora também viáveis, a desatendam; entender, afinal, que o custo da sustentabilidade será historicamente menor do que o custo de desprezá-la, embora este, em determinada conjuntura, possa parecer monetariamente inferior àquele.

E o oitavo paradigma, a estabelecer a responsabilidade subjetiva, individual e solidária dos agentes públicos por conduta antijurídica – não apenas violadora da legalidade estrita –, a orientar os respectivos procedimentos apuratórios.

O gestor público, na administração direta e indireta de qualquer dos poderes da União, dos estados, do Distrito Federal e dos municípios, vê-se compelido a conduzir-se de acordo com esses paradigmas, que se harmonizam sem hierarquia, nem exclusões: deve reconhecer a supremacia da Constituição e agir em consequência, dar efetividade aos princípios nela inscritos ou dela defluentes, motivar as suas decisões de modo idôneo e como resultado de um processo administrativo bem instruído e amadurecido, em consenso com a qualidade de vida ou o mínimo existencial a que tem direito todo cidadão, no presente e no futuro sustentável, sob pena de responsabilidade.

Esses novos paradigmas e seus instrumentos repercutem sobre a atividade contratual do estado em todas as fases dos seus pertinentes processos e ritos, quer se cuide de contratação mediante licitação, como regra geral, ou sem ela, em situações excepcionais. A pauta de indagações que se descortina parece inesgotável, diante de um sistema normativo que, nos últimos vinte anos, tem incorporado periódicas alterações, ensejando, a cada passo, novos roteiros, lógicas e prioridades, sem que se possa dizer que terão chegado ao seu modelo definitivo, se é que haverá tal modelo atemporal.

A constitucionalização do direito administrativo, embora fenômeno universal dos estados democráticos de direito atuais, não se desvincula, exatamente por ser constitucional, da ambiência cultural em que se desenvolve. Importa mais compreender as motivações de um texto constitucional (as funções que desempenha no dia a dia da nação e com quais finalidades), do que definir o que é uma constituição (a descrição de sua forma preceptiva). Thomas Jefferson, em 1776, escreveu os fundamentos da Constituição dos Estados Unidos da América tendo como verdade evidente por si só (*"we hold these truths to be self-evident"*) que todos os homens são criados iguais e como titulares de direitos inalienáveis, entre os quais a liberdade e a busca da felicidade. Para assegurar tais direitos, ditava, os governos dispõem de poderes derivados do consentimento dos governados (*"consent of the governed"*), seguindo-se que estes têm o direito de destituir qualquer governo que venha a desviar-se da proteção devida àqueles direitos humanos fundamentais. Nada obstante, o mesmo Jefferson era dono de escravos e, em acordo com os demais líderes da época, não considerou que o direito de propriedade devesse subordinar-se à liberdade e à busca da felicidade com que nascem todos os homens. O que significa que, por trás e ao cabo de toda postura constituinte, bem como dos princípios e normas que gera, tecem-se pactos políticos, econômicos, sociais e corporativos que os condicionam e somente fazem sentido se compreendidos em seu contexto histórico-cultural, por isso que podem ser exitosos ou não conforme os resultados que proporcionam, em suas respectivas conjunturas.

O estado democrático de direito, adotado pela Constituição brasileira, convive com pelo menos três concepções acerca do papel do estado de direito, desenvolvidas ao longo do século XX – a do estado liberal, a do estado do bem-estar social e a do estado regulador. Os limites e a dinâmica da democracia em face dessas concepções devem ser objeto de permanente debate, dependente de diálogo que a ninguém exclua. Afastadas promessas ilusionistas, há de prevalecer a realidade de vida das pessoas em suas relações públicas e privadas.

Quando se trata de analisar a eficiência, ou ineficiência, operacional do estado organizado segundo a democracia e o direito – a que se agregam as ferramentas tecnológicas –, uma didática explicação dos modernos compêndios[24] compara-os aos sinais de trânsito: os teóricos da "luz vermelha" (estado liberal) concentram prioridade nos meios de impedir a intervenção governamental sobre a autonomia individual (na CF/88, art. 170, IV e parágrafo único); os teóricos da "luz verde" (estado do bem-estar social) sustentam que o governo deve submeter a autonomia individual à promoção do bem-estar coletivo e à efetivação dos direitos sociais (na CF/88, art. 6º); os teóricos da "luz amarela" (estado regulador) ponderam que as necessidades individuais distribuem-se por amplo espectro socioeconômico-cultural, exigente de estrutura flexível e controle sobre a dosagem das intervenções do estado (na CF/88, art. 174).

A cor vermelha indica ser proibido avançar sobre a livre concorrência, desde que leal; a verde estimula a satisfação do bem-estar das pessoas, observados os limites de velocidade; a amarela acende quando erro ou má-fé houver no planejamento da rota ou no ritmo que se imprima ao veículo, sempre em movimento.

Qualquer que seja o partido governante, a didática das cores pode esbarrar no daltonismo político, inepto para identificar quando o muito é demais e o pouco não é o bastante para se chegar a destinos desafiantes de consenso, no prazo planejado e respeitadas as características do veículo de que se disponha. Governos politicamente daltônicos concorrem para situações de crise porque baralham as cores ou não as distinguem. O excesso ou a escassez do vermelho, do verde e do amarelo produzirão desordem no trânsito da produção eficiente de bens e serviços, da justa distribuição do trabalho e da renda, da educação e da saúde de qualidade para todos, do respeito à segurança pública e das relações jurídicas, do equilíbrio entre receitas e despesas, da probidade na gestão pública.

Inverter ou remover os sinais trará caos ao trânsito. É preciso compreender o significado de cada cor e debater sobre os cruzamentos, avenidas e acessos onde devem ser reforçados os semáforos existentes, instalados os ausentes ou retirados os dispensáveis. Motoristas, pedestres, condutores e passageiros devem manifestar-se, pois sabem, ou deveriam saber, onde a sociedade estará mais vulnerável a acidentes, atropelamentos e morte.

As personagens desse trânsito responderão às instâncias competentes, sem exceção, pelas infrações àqueles sinais, seus resultados e a intenção com que as cometeram. O debate permanente entre os atores sociais em busca de consensos traduz a

---

[24] LOVELAND, Ian. *Constitutional law, administrative law and human rights*. 7. ed. Londres: Oxford University Press, 2015.

democracia; a prevenção e a reparação de danos civis, criminais, administrativos e ambientais significam o direito. Por isto que os poderes constituídos, em todas as esferas federativas (união, estados e municípios), devem operar respeitosos das respectivas funções, constrangidos pela soberania da sociedade, como traçada na Constituição e nas leis. E fazerem uso adequado, em suas operações, das ferramentas tecnológicas pertinentes como meios que são, e, não, como fins em si mesmas.

2 A tecnologia como instrumento de gestão, em busca de melhorias contínuas

O direito administrativo é concebido na afirmação do modelo liberal de estado, vigente a partir do século XIX, período em que a imperatividade conformou os institutos e categorias desse ramo das ciências jurídicas. A ação administrativa estatal típica haveria de manifestar-se por meio de atos jurídicos cujos atributos gravitassem em torno da noção de autoridade, por isto chamados de atos administrativos. O propósito era o de conferir-se proteção a um poder político a que se pretendia reconhecer especial e proeminente juridicidade, cuja premissa era uma relação de subordinação entre o estado administrador, subordinante, e os administrados, subordinados.

A atuação da administração pública, do século XIX para o século XXI, evolui desse modelo centrado no ato administrativo (unilateralidade) para um modelo gerencial, que não desconsidera a noção de autoridade, mas a faz dependente de compromisso com os resultados, que só serão legítimos se corresponderem aos direitos, interesses e prioridades das populações destinatárias da ação, que, por isto mesmo, deverão haver participado da definição das políticas e das prioridades traçadas pela autoridade, ou, ainda, com esta colaborarem na execução de programas e projetos. Passam a ser tão ou mais importantes do que os atos administrativos os contratos e convênios administrativos (bilateralidade e multilateralidade), cujas referências são o diálogo, a negociação, o acordo, a coordenação, a descentralização, a cooperação, a colaboração. A imperatividade cede espaço à consensualidade.

> O debate sobre o Estado não se situa tanto, como se possa pensar, sobre o seu tamanho, embora seja também um tema relevante, mas principalmente sobre sua competência, vale dizer, quanto às funções que deve desempenhar para se afirmar como um Estado Instrumental e Competitivo, apropriado a sociedades abertas... Várias consequências podem ser retiradas das novas características tendenciais que apresentam a Sociedade e o Estado no tocante à administração dos interesses públicos, tal como se vem dispondo nas diferentes ordens jurídicas nacionais e meta nacionais. Desde logo, a Administração Pública do Estado Pluriclasse, até mesmo em razão da própria existência de múltiplos interesses representados, deve ser imparcial, abstendo-se de inclinações e favorecimentos, ainda que possam ser moralmente justificáveis, exigindo-se que sejam previamente filtrados pelo crivo da legitimidade. Em segundo lugar, a Administração Pública deve abrir cada vez mais espaço à participação do administrado, não só para dela retirar orientação como para vir com ela colaborar e, não menos importante, para controlar seu desempenho. Em terceiro lugar, é necessário que a ação administrativa do Estado não se limite em ser apenas eficaz, ou seja, apta a produzir os resultados esperados, mas seja também eficiente, buscando alcançá-los em melhor nível de qualidade e com o mínimo de dispêndio de recursos públicos. Finalmente, dever-se-á dar preferência às atividades concertadas, consensualmente, sobre as atividades que demandem a aplicação da coerção.

A Administração Pública sempre apresenta resultados superiores quando atua na linha do consenso, como, por exemplo, quando logra substituir a imposição de uma conduta pelo fomento ao cumprimento espontâneo.[25]

Identificam-se novas atividades em que o estado pode atuar mais eficientemente e com menores custos, em relações de coordenação, valendo-se da sinergia com acordantes associativos, públicos e privados, do que o faria nas clássicas relações de subordinação. Em outras palavras: para o superior atendimento de políticas públicas é mais eficiente a parceria do que a coerção. Na lição de Diogo de Figueiredo Moreira Neto:[26]

> O consenso se formaliza no concurso de vontades – o pacto – que, por sua vez, se apresenta ora como contrato ora como acordo, distinguindo-se um do outro pela natureza jurídica das respectivas prestações neles avençadas. Com efeito, enquanto as prestações dos contratos são recíprocas, voltadas cada uma delas ao atendimento de interesses distintos de cada um dos contraentes, as prestações dos acordos são integrativas, porque solidariamente voltadas ao atendimento de interesses comuns. O corte imperativo, que sempre dominou na Administração Pública, costumava inibir a admissibilidade dessas atividades negociais, embora a História do Direito haja registrado, na época das grandes navegações, a negociação de expressivos contratos entre Coroas europeias e empreendedores particulares para a exploração das potencialidades econômicas das terras descobertas. No século dezenove foi a vez das concessões de serviços públicos se desenvolverem rapidamente e passarem a ocupar um importante nicho na Administração Pública, que, de outro modo, não teria como realizar os pesados investimentos necessários à expansão dos transportes terrestres e marítimos, das comunicações telegráficas, e dos demais serviços de utilidade pública, reclamados pelas massas populacionais emergentes. Por outro lado, a diversificação das necessidades de bens e de serviços empregados pelo Estado tornava-o cada vez mais dependente da contratação de fornecimento pelo mercado, ampliando-se também, com isso, a prestabilidade das formas contratuais. Por fim, foi a crônica carência de recursos fiscais que assola os Estados contemporâneos que levou as Administrações, para supri-la, à realização de operações de crédito, com a celebração de diversos tipos de contratos comerciais com bancos e outras instituições financeiras. No século vinte, depois de um breve período, coincidente com a eclosão das grandes guerras e das grandes ideologias de massa, a estatização das atividades econômicas reduziu a necessidade das contratações, pois empresas do Estado eram criadas para garantir-lhe o máximo de autonomia econômica *vis-à-vis* à sociedade. Foi um período de retrocesso e breve reacender das teses autocráticas, mas o término da era das confrontações globais coincidiu com o advento da chamada Revolução das Comunicações, passando a redespertar os anseios democráticos em sociedades que se tornavam cada vez mais conscientes de seus direitos e da necessidade de reduzir o poder do Estado para torná-lo delas instrumento e não um fim em si mesmo. O refluxo da economia ao mercado livre e a reposição do Estado na condição de instrumento dos interesses legítimos das sociedades foram dois outros fatores que reabriram inúmeros canais de relação entre sociedade e Estado e possibilitaram, no processo, o ressurgimento da contratualidade administrativa, tal como hoje se apresenta, notadamente com a transferência de várias atividades, antes conduzidas atipicamente pelo Estado, para a iniciativa privada. Mas os mecanismos de pactuação se diversificaram além da contratualidade, com a admissão de variados tipos

---

[25] MOREIRA NETO, Diogo de Figueiredo. *Mutações do direito administrativo*. Rio de Janeiro: Renovar, 2000. p. 123-124.
[26] MOREIRA NETO, Diogo de Figueiredo. Novas tendências da democracia: consenso e direito público na virada do século; o caso brasileiro. *Revista Eletrônica sobre a Reforma do Estado* – RERE, n. 13, mar./maio 2008.

de acordos, de natureza não-contratual, para a coordenação de vontades e de esforços. Ganhava expressão a chamada administração concertada, uma fórmula sintética designativa para "os novos modelos da ação administrativa, ou seja, aqueles módulos organizativos e funcionais caracterizados por uma atividade consensual e negocial", em pouco tempo passou a ser empregada não apenas para o desempenho da administração corrente, como e principalmente para o desenvolvimento de projetos conjuntos entre a iniciativa privada e as entidades administrativas públicas e até para a solução de conflitos. [...] Não obstante o laconismo do texto constitucional de 1988, já é perceptível o avanço da democracia substantiva no Brasil, como se pode acompanhar pelo fluxo de normas de direito público produzidas nos últimos quinze anos de sua vigência. Obedecendo à classificação acima, o consenso tem sido objeto de inúmeros outros meios participativos que ganham a legislação, além dos sufrágios eleitorais periódicos de representantes políticos. Assim é que na tomada de decisão administrativa o consenso aparece como elemento coadjuvante da formação da vontade administrativa em vários institutos, como a coleta de opinião, o debate público, a audiência pública e a assessoria externa, cabendo à Administração em qualquer deles valer-se da audiência dos interessados e, se possível, buscar com eles manter o diálogo e a negociação de interesses, não obstante a lei reserve apenas a ela a decisão, que deverá ser justificada de acordo com as achegas recebidas ou refutá-las motivadamente. Distintamente, atuando como elemento determinante da formação da vontade administrativa, como no plebiscito, no referendo, na audiência pública, na cogestão e nas delegações atípicas, a vontade manifestada participativamente é a que deve prevalecer, como, tomando um exemplo, ocorre no plebiscito, que é uma modalidade constitucional e formal de consulta pública pela qual o cidadão é convocado a manifestar-se sobre um fato, quase sempre no sentido de conferir-lhe ou não valoração jurídica. Observe-se que o legislador brasileiro, como se prevê constitucionalmente salvo cláusula impeditiva expressa e à semelhança de outros sistemas precedentes, poderá deixar de legislar especificamente sobre quaisquer das matérias de sua competência, optando alternativamente por delas dispor como melhor lhe pareça (art. 48, *caput*), o que inclui, em geral e a toda evidência, fazê-lo na linha de modalidades decisórias substitutivas, como as são as referendárias, as de consulta pública vinculada e as de deslegalização. Essa nova percepção da democracia se manifesta na multiplicação de institutos consensuais no Brasil, tais como os contratos administrativos de parceria e os acordos administrativos de coordenação, ambas destacadas modalidades de execução associada do interesse público, por sua notável característica sinérgico-sociopolítica de potenciar a capacidade de ação do Estado pela composição e pela soma de esforços, sobrevindo em acréscimo às modalidades de execução tradicionais, a direta e a indireta, antes praticadas, de modo que a gestão dos interesses públicos a cargo do Estado pode ser realizada diretamente – pelos órgãos executivos da União, dos Estados, do Distrito Federal e dos Municípios; – indiretamente – pelos entes públicos por eles criados, como autarquias, paraestatais (integrantes da administração indireta); e, de modo inovativo, associadamente – através de pessoas jurídicas de direito privado que se aliam ao Estado sob um vínculo de colaboração de direito público. A partir da premissa de que o interesse público é próprio do Estado, que deve persegui-lo e realizá-lo na forma da lei e do Direito, mas não é dele exclusivo, pois a sociedade organizada pode e em certos casos deve ter ação concorrente, abre-se um vasto campo, que a doutrina tem denominado de administração privada associada de interesses públicos, sempre com a notável característica sinérgico-sociopolítica de potenciar a capacidade de ação do Estado pela composição e pela soma de esforços entre os setores público e privado. As modalidades contratuais de parceria tendem a se multiplicar no Direito Administrativo brasileiro e isso em razão mesmo da extrema diversidade de situações encontradas na área econômica, como um simples elenco exemplificativo o demonstra: concessão de serviço público e de uso de bem público, permissão de serviços públicos, arrendamento portuário, arrendamento operacional, franquia pública, gerenciamento privado de entidade pública, venda de bilheteria e contrato de risco. Por outro lado, as modalidades unilaterais de parceria, ou seja, as modalidades de administração associada de interesses públicos de conteúdo econômico em parceria por ato unilateral, também proliferam no direito positivo brasileiro, como a autorização de serviços públicos, a autorização portuária, a permissão de uso de bem público e o credenciamento. A esse elenco se soma o da execução associada não-contratual por coordenação, também com sua especial sinergia, encontrada em várias modalidades, tais como convênios, acordos de programa, *joint ventures* públicas e conferências de serviços. Distintamente, os entes associados por vínculos não-contratuais buscam coordenar, por via de colaboração, suas atividades de interesse privado com as atividades administrativas de interesse público, pela identificação de pontos de contato sobre os quais se pode gerar uma sinergia relacional, que, assim livremente produzida, poderá do mesmo modo ser extinta a qualquer tempo, enquanto durar o interesse das partes associadas. É a modalidade de colaboração que pode ser ajustada por convênios, acordos de programa e *joint ventures* públicas, esses últimos institutos ainda não convenientemente regulados e, por isso, ainda pouco empregados no Brasil.

Deduz-se que um estado de juridicidade plena – legalidade, legitimidade, economicidade, eficiência –, um estado de justiça, de acordo com Diogo de Figueiredo Moreira Neto, acena como uma possível marca cultural do século XXI, que não pode prescindir da interação permanente entre órgãos e entidades públicas e entre estes e a sociedade.

Tais tendências e institutos que se vão criando e aperfeiçoando, no plano da estratégia e dos conceitos, bastariam, por si sós, para tornar, nos planos da gerência e da operação, a relação sociedade-estado eficiente e eficaz a ponto de garantir o eficiente funcionamento das instituições e a produção de resultados comprometidos com a qualidade de vida das pessoas, especialmente mediante o uso de tecnologias em permanente desenvolvimento? Em busca da resposta deve entrar em cena a ciência da administração, a serviço do direito administrativo, tal a interdisciplinaridade que caracteriza as relações entre as ciências no mundo coevo.

Mauriti Maranhão e Maria Elisa Bastos Macieira apontam para uma propriedade da natureza – entropia – em face da qual todos os sistemas, sem exceção, tendem à desorganização, ao envelhecimento, à morte. Ponderam que, nas organizações – públicas e privadas, que sistemas sociais são –, há uma única maneira de retardar o seu envelhecimento, de modo a preservá-las ou melhorá-las: investir na preservação da energia disponível na organização, representada por seus recursos humanos e materiais. Dado que a entropia é fato da natureza, todo cuidado deve ser tomado quanto ao tipo de energia investida pela organização. Para trazer resultados, é preciso que a energia tenha qualidade, isto é, seja capaz de gerar trabalho útil à organização. Não basta investir energia em quantidade. É o que acontece quando, por exemplo, são investidas somas imensas de recursos em projetos mal planejados, mal gerenciados ou mal controlados. Resulta considerável aumento de entropia, sem a contrapartida de trabalho útil, além de acarretar dano social.

Acrescentam que, na impossibilidade material, objetiva, de impedir o envelhecimento, resta ao gestor retardá-lo. É essa uma das principais razões para que as organizações se disponham a implementar, obsessivamente, melhorias contínuas nos processos de trabalho e no ambiente organizacional. Não o fazendo, envelhecerão mais rapidamente. Melhorias contínuas é que justificam procedimentos permanentes de análise crítica da gestão, para a qual são indispensáveis indicadores de desempenho, em geral obtidos mediante ferramentas tecnológicas.

Procedimentos de análise crítica, apoiados em indicadores objetivos, envolvem os conceitos fundamentais de: pertinência (existência de vínculo entre o que está sendo examinado e a situação alvo da análise); adequação (proporcionalidade entre o objeto sob exame e a decisão a tomar); eficácia (extensão na qual as atividades planejadas são realizadas e os resultados planejados, alcançados); e eficiência (relação entre o resultado alcançado e os recursos utilizados, ou seja, a relação custo-benefício).

Estabelecendo-se a correlação entre a ordem jurídica constitucional-administrativa e a condução dos serviços públicos por seus gestores, deduz-se que uma das mais relevantes atribuições da autoridade administrativa, no exercício regular de suas competências – estas no sentido de elemento da estrutura morfológica irredutível de todo ato administrativo – é a de conduzir avaliações sistemáticas sobre a pertinência, a adequação, a eficácia e a eficiência do sistema de gestão adotado, no que diz respeito à política e aos objetivos da qualidade. Tal análise crítica pode incluir considerações sobre a necessidade de se adaptarem a política e os objetivos, em resposta às mudanças de cenário e às expectativas dos interessados (contribuintes e usuários dos serviços púbicos), de sorte a instruir, de modo consistente, o processo de tomada de decisões.

Sublinham Maranhão e Macieira ser fundamental que

> o condutor interrompa as comuns e frequentes evasivas, na tentativa de explicar resultados não alcançados... as organizações são plataformas de recursos humanos, de infraestrutura, de recursos financeiros, de conhecimento e outros, com a finalidade de alcançar os seus objetivos através de uma gestão adequada. Para tanto, a gestão requer um conjunto de elementos ou ferramentas gerenciais, com destaque para o conjunto de indicadores logicamente estabelecidos e mantidos, via um sistema de indicadores. Este permitirá a organização sentir como andam as coisas e permitir a tomada de decisões adequadas às inevitáveis correções de rumo, decorrentes da dinâmica do ambiente em que ela existe.[27]

A existência de indicadores objetivos de desempenho, obtidos mediante o uso de tecnologia sobretudo informatizada, almeja, destarte, a introdução de melhorias contínuas nos processos de trabalho comprometidos com resultados pertinentes, adequados, eficazes e eficientes, daí ser instrumento de gestão tanto nas organizações privadas, destinadas ou não ao lucro empresarial, quanto na gestão de órgãos e entidades da administração pública, estes voltados à satisfação do interesse público, cujo alcance, ou não, também é mensurável por indicadores objetivos.

Ver-se-á, nos capítulos subsequentes, que a administração pública brasileira tem incorporado, no século corrente, inovações tecnológicas nos processos de trabalho concernentes à atividade contratual do estado, mas nem sempre tais inovações, nada obstante o avanço que possam representar, se ocupam das melhorias contínuas que sua gestão e operação deveriam conhecer. Não raro, boas intenções se esvaziam na entropia dos órgãos e entidades que as adotam.

---

[27] MARANHÃO, Mauriti; MACIEIRA, Maria Elisa. *Os indicadores nossos de cada dia*: avaliação quantitativa do desempenho organizacional. São Paulo: Baraúna, 2015. p. 77-93.

3 A agilidade do pregão eletrônico

Um dos principais exemplos do quanto anteriormente se sintetizou reside na modalidade de licitação criada pela Lei federal nº 10.520/2002, chamada pregão. Veio com o propósito de simplificar e tornar mais rápido o processo administrativo da contratação de compras e serviços, que o direito brasileiro, desde os tempos do império, submete a competição seletiva pública sob outras modalidades (nos termos da Lei nº 8.666/93, concorrência, tomada de preços, convite, concurso, leilão).

A novel modalidade, inicialmente sob a forma presencial, se mostrou apta a alcançar tal propósito, tanto que reduz o tempo de processamento da licitação e o número de recursos interpostos contra as decisões administrativas, além de propiciar a obtenção de preços que se estimam em torno de 20% menores do que os resultantes de licitações feitas nas modalidades tradicionais. O tempo de processamento logrou redução ainda maior quando, mediante decretos regulamentadores, a administração passou a contar com a espécie do pregão eletrônico, cuja sessão se processa em minutos, com a vantagem adicional de admitir e estimular a participação de concorrentes sediados em qualquer ponto do território brasileiro, e, não, apenas, na sede do órgão administrativo promotor da licitação, o que eleva a competitividade e contribui para acentuar a redução dos preços cotados pelos licitantes, através de rodadas sucessivas de propostas remetidas por mídia eletrônica.

Seria de esperar-se que, à vista do êxito, o pregão, sobretudo o eletrônico, passasse a constituir, em curto prazo, a modalidade majoritária no cotidiano das licitações da administração pública brasileira. Embora as estatísticas administrativas assim o apontem – o pregão representaria, hoje, em torno de 80% das licitações de compras e serviços ditos comuns (como delimitado pela lei de regência, aqueles cujas especificações desejadas pela administração coincidem com as especificações com que o objeto a contratar se apresenta no mercado) –, a espécie eletrônica enfrenta dificuldades surpreendentes de implantação, bem como há resistência a que se expanda a modalidade, ainda que fosse apenas a presencial, para obras de menor complexidade, por ora ainda consideradas, em sua maioria, não comuns e, portanto, excluídas de objeto passível de ser licitado mediante pregão.

Entre os óbices à expansão do pregão erguem-se: (i) o curso moroso de vários projetos de lei em curso no Congresso Nacional, admitindo a extensão do pregão, porque contrariariam interesses corporativos conflitantes, a paralisarem politicamente a tramitação dos respectivos projetos; (ii) o fato de inúmeros municípios não disporem de equipamentos de informática e de domínio da tecnologia necessária ao processamento do pregão, o que também ocorreria com número ainda considerável de empresas de menor porte; (iii) o despreparo de órgãos e entidades da administração, em cujos quadros não se encontrariam agentes com formação suficiente para o manejo das regras do pregão, nada obstante simples, exigentes de treinamento; (iv) o apego às modalidades tradicionais de licitação, que ensejam maior burocracia e mais tempo de processamento, a par de dúvidas técnicas que o devido processo legal do pregão ainda suscita.

Inaceitáveis escusas, dado que todos os indigitados obstáculos são superáveis pela evidente prevalência do interesse público em dotar-se a administração de recursos materiais e humanos aptos ao processamento do pregão, que, como demonstrado na prática, abrevia o tempo da licitação e obtém melhores preços. Quanto à segurança do sistema informatizado que adotar, responde a administração por seu perfeito funcionamento perante os usuários, para tanto devendo valer-se de recursos de criptografia e de tecnologias adequadas – próprias ou do sistema que venha a contratar – em todas as etapas do pregão eletrônico, observada a disciplina do Decreto nº 3.996/01, que dispõe sobre a prestação de serviços de certificação digital.

No concernente a dúvidas técnicas, reduzem-se a indagações que vêm sendo dirimidas em sede doutrinária e pela jurisprudência dos tribunais de contas, percurso que percorre qualquer inovação legislativa e administrativa, não devendo, por isto mesmo, surpreender ou deter a administração na adoção de melhorias contínuas dos processos de trabalho concernentes à contratação.

Traga-se à colação breve sinopse dessas dúvidas.

De acordo com a Lei nº 10.520/02, no dia, hora e local designados no edital, será realizada sessão pública para o recebimento das propostas, devendo o interessado, ou o seu representante, identificar-se e, se for o caso, comprovar a existência dos necessários poderes de representação para a formulação de propostas e a prática de todos os atos inerentes ao certame.

Aberta a sessão, os interessados ou seus representantes, apresentarão declaração dando ciência de que cumprem, plenamente, os requisitos de habilitação e entregarão os envelopes contendo a indicação do objeto e do preço oferecidos, procedendo-se à sua imediata abertura e à verificação da conformidade das propostas com os requisitos estabelecidos no instrumento convocatório. Encerrada a etapa competitiva e ordenadas as ofertas, o pregoeiro procederá à abertura do invólucro contendo os documentos de habilitação do licitante que apresentou a melhor proposta, para verificação do atendimento das condições fixadas no edital.

No pregão, nos formatos presencial e eletrônico, a fase de julgamento das propostas antecede a de habilitação, por força de lei, sendo ilegal a inversão de fases, ou seja, a habilitação e inabilitação de licitantes antes da abertura das propostas. Se isso ocorrer, impõe-se a nulidade da licitação, por violação do devido processo legal e do contrato decorrente, acaso celebrado. Extrai-se da jurisprudência do Supremo Tribunal Federal:

> Há competição, pressuposto da licitação, quando o universo dos possíveis licitantes não estiver previamente circunscrito, de sorte que dele não se exclua algum ou alguns licitantes potenciais. Por isso, impõe-se que a competição de que ora se trata, pressuposto da licitação, seja desenrolada de modo que reste assegurada a igualdade (isonomia) de todos quantos pretendam acesso às contratações da Administração. Fala-se, porém, em competição também em diverso sentido, ou seja, como disputa. Há competição-disputa quando, assegurada a todos a oportunidade de concorrerem à contratação pretendida pela Administração, apresentam-se os proponentes diante dela oferecendo vantagens distintas entre si, de modo que possa ela distinguir, a partir dos critérios objetivos da licitação, entre as várias propostas, o negócio mais vantajoso a ser contratado. Daí dizermos que cessa a competição – já não mais no primeiro sentido acima delineado: competição plena, permissiva do acesso de todos e quaisquer agentes econômicos, indiscriminadamente, à licitação, porém como disputa – quando, embora a todos os licitantes possíveis tenha sido assegurada a oportunidade de disputarem a contratação pretendida pela Administração, todos eles apresentam-se em igualdade de condições na licitação, de modo que não se possa distinguir, entre vários, o negócio mais vantajoso para a Administração (ADI nº 3.070/RN, Rel. Min. Eros Grau, *DJe* 19.12.2007).

A limitação do número de lances no pregão frustra a competição a que alude a decisão do STF, tanto que reduz a disputa e impede os licitantes de ofertarem preços em condições mais vantajosas para a administração. Ilegal, portanto.

Prescreve o inciso XVI do art. 4º da Lei nº 10.520/02 que, se a oferta não for aceitável ou se o licitante desatender às exigências de habilitação, o pregoeiro examinará as ofertas subsequentes e a qualificação dos licitantes, na ordem de classificação, e assim sucessivamente, até a apuração de uma que atenda ao edital, sendo o respectivo proponente declarado vencedor.

No pregão, presencial e eletrônico, o chamamento simultâneo de licitantes para apresentação da documentação de habilitação não tem amparo na lei de regência da modalidade, que prescreve o chamamento sequenciado de cada participante, de acordo com a ordem de classificação advinda da fase de lances.

Deve ser designada como pregoeiro pessoa pertencente ao quadro do órgão ou da entidade promotora do certame, como preconiza o art. 3º, IV, da Lei nº 10.520/02, a menos que não se disponha de servidor qualificado para atuar na função, situação que justifica a excepcional designação de terceiro estranho à administração. Colha-se a orientação do Tribunal de Contas da União:

> Por fim, passo a tratar da proposta de determinação em relação ao fato de o pregoeiro do certame ser terceirizado. Embora considere adequada a análise da unidade técnica, entendo que uma determinação impondo a utilização apenas de pregoeiro pertencente aos quadros das unidades jurisdicionadas pode ter como efeito a inviabilização de realização de pregão por parte dessas unidades, nos casos em que as mesmas não disponham em seus quadros de servidores qualificados para atuar como pregoeiro. Assim, considero mais prudente flexibilizar essa determinação no sentido de se excepcionalizar os casos em que as unidades não tenham capacidade de cumpri-la pela razão acima exposta [...] Acórdão: [...] 9.3.3. designe como pregoeiro, sempre que disponível, pessoa pertencente ao quadro de servidores do [...], conforme os ditames do art. 3º, inciso IV, da Lei nº 10.520/2002 (Acórdão nº 2.166/2014 – Plenário, Rel. Min. Augusto Sherman Cavalcanti, Processo nº 011.468/2014-9).

Outro precedente do TCU admite a flexibilização de critério de julgamento da proposta, na hipótese em que (i) o produto ofertado apresentar qualidade superior à especificada no edital, (ii) não tiver havido prejuízo para a competitividade do certame, e (iii) o preço obtido revelar-se vantajoso para a administração. Assim:

> Representação formulada por empresa noticiou supostas irregularidades no Pregão Eletrônico 21/2011, conduzido pelo [...], cujo objeto é o registro de preços para fornecimento de macacão operativo de combate para a recomposição do estoque do Depósito de Fardamento da Marinha no Rio de Janeiro. A unidade técnica propôs a anulação do certame fundamentalmente em razão de a proposta vencedora ter cotado uniformes com gramatura superior à da faixa de variação especificada no edital (edital: 175 a 190 g/m2; tecido ofertado na proposta vencedora: 203 g/m2), o que deveria ter ensejado sua desclassificação. O relator, contudo, observou que o tecido ofertado "é mais 'grosso' ou mais resistente que o previsto no edital" e que o [...] havia reconhecido que o produto ofertado é de qualidade superior à prevista no edital. A esse respeito, anotou que a Marinha do Brasil está habilitada a "emitir opinião técnica sobre a qualidade do tecido". Levou em conta, ainda, a manifestação do Departamento Técnico da Diretoria de Abastecimento da Marinha, no sentido de que o produto atenderia "à finalidade a qual se destina, tanto

no que se refere ao desempenho, quanto à durabilidade". Noticiou ainda que a norma técnica que trata desse quesito foi posteriormente alterada para admitir a gramatura 203 g/m2 para os tecidos desses uniformes. Concluiu, então, não ter havido afronta ao interesse público nem aos princípios licitatórios, visto que o procedimento adotado pela administração ensejará a aquisição de produto de qualidade superior ao desejado pela administração contratante, por preço significativamente inferior ao contido na proposta da segunda classificada. Ressaltou também a satisfatória competitividade do certame, do qual participaram 17 empresas. E arrematou: "considero improvável que a repetição do certame com a ínfima modificação do edital (...) possa trazer mais concorrentes e gerar um resultado mais vantajoso...". O Tribunal, então, ao acolher proposta do relator, decidiu julgar parcialmente procedente a representação "em face da verificação de apenas falhas formais na condução do Pregão Eletrônico 21/2011, que não justificam a sua anulação" (Acórdão nº 394/2013 – Plenário, Rel. Min. Raimundo Carreiro, Processo nº 044.822/2012-0. Informativo de Licitações e Contratos nº 142, de 2013).

Nada obstante, o pregoeiro se deve acautelar quanto à aceitação de produto de melhor qualidade em confronto com o exigido no edital. É que a existência de produto de qualidade superior no mercado é atrativa da realização de nova licitação, buscando-se, assim, o fornecedor que o ofereça em condições mais vantajosas para a administração.

A inexequibilidade de valores referentes a itens isolados de planilha de custos, desde que não contrariem instrumentos legais, não caracteriza motivo suficiente para a desclassificação de proposta. Se houver indícios de inexequibilidade, cumpre ao pregoeiro realizar diligências, na forma do §3º do art. 43 da Lei nº 8.666/93, para o efeito de comprovação de sua exequibilidade,

> Representação formulada ao TCU noticiou a ocorrência de possível irregularidade no Pregão Eletrônico nº 15/2008, promovido pelo [...], consistente na desclassificação da proposta da representante sob a alegação de que a cotação de encargos sociais (auxílio doença, licença maternidade/paternidade, faltas legais, acidentes de trabalho e aviso prévio) componentes da remuneração da mão de obra, no percentual de 0,01%, a tornara inexequível. Mediante o Acórdão nº 2.364/2009, decidiu a Segunda Câmara determinar "ao Instituto Benjamin Constant – IBC que, nas próximas licitações que vier a realizar [...], atenda ao preceito de que cabe ao particular, nas hipóteses em que a lei não definir objetivamente patamares mínimos para cotação de encargos sociais, a decisão acerca do preço que pode suportar, no entendimento de que a inexequibilidade de proposta deva ser adotada de forma restrita, a fim de não prejudicar a obtenção de condições mais vantajosas para a Administração, sem olvidar, contudo, do exercício do seu poder-dever de verificar o correto recolhimento desses encargos sociais pela empresa contratada a cada pagamento a ela realizado", bem como "abstenha-se de prorrogar a vigência do contrato nº 29/2008, firmado com a empresa [...], dando início a procedimento licitatório com a antecedência necessária à assinatura de novo contrato antes do término da sua vigência". Ao apreciar pedido de reexame interposto pela contratada, destacou o relator que, "à exceção da regra contida nos §§1º e 2º do artigo 48 da Lei nº 8.666/93, destinada exclusivamente à contratação de obras e serviços de engenharia, a legislação específica não elege uma regra objetiva e padronizada para exame da exequibilidade das propostas em licitações para compras e outros serviços". Além disso, "o inciso X do artigo 40 da Lei nº 8.666/93 é claro ao vedar a estipulação de limites mínimos, critérios estatísticos ou faixas de variação em relação aos preços de referência, abaixo dos quais as propostas seriam automaticamente desclassificadas". Para o relator, o mencionado dispositivo revela-se ainda mais contundente em face das características do pregão, em que "não pode ser fixado um valor mínimo para o bem pretendido, sob pena de inviabilizar a disputa".

É claro que "um particular pode dispor de meios que lhe permitam executar o objeto por preço inferior ao orçado inicialmente. Não obstante, não há como impor limites mínimos de variação em relação ao orçamento adotado aplicáveis a todas as hipóteses". Portanto, a apuração da inexequibilidade dos preços, "com exceção da situação prevista nos §§1º e 2º do artigo 48 da Lei nº 8.666/93, acaba por ser feita caso a caso, diante das peculiaridades de cada procedimento licitatório". Ao tempo em que "a dissociação entre o valor oferecido e o constante do orçamento produz presunção relativa de inexequibilidade, obriga a Administração a exigir comprovação, por parte do licitante, da viabilidade da execução do objeto nas condições por ele ofertadas". O entendimento adotado está em consonância com o disposto na Instrução Normativa n.º 2/2009, do Ministério do Planejamento, Orçamento e Gestão, que, em seu artigo 29, §2º, estabelece que "a inexequibilidade dos valores referentes a itens isolados da planilha de custos, desde que não contrariem instrumentos legais, não caracteriza motivo suficiente para a desclassificação da proposta". Não obstante considerar improcedentes as alegações da recorrente, o relator propôs o provimento parcial do recurso, a fim de que fosse conferida nova redação à determinação expedida ao [...], no seguinte sentido: "nas próximas licitações que vier a realizar [...], quando se constatar eventual inexequibilidade de proposta, promova diligência complementar junto ao proponente, facultando-lhe a possibilidade de comprovar, documentalmente, por meio de planilhas de custos e demonstrativos, a real exequibilidade de sua oferta". Precedentes citados: Acórdão nº 559/2009-1ª Câmara, Acórdão nº 1.079/2009-2ª Câmara, e Acórdãos de nº 2.093/2009, nº 141/2008, nº 1.616/2008, nº 1.679/2008, nº 2.705/2008 e nº 1.100/2008, todos do Plenário (Acórdão nº 1.092/2010 – Segunda Câmara, Rel. Min. Benjamin Zymler, Processo nº 025.717/2008-1. Informativo de Licitações e Contratos nº 08, de 2010);

Representação formulada ao TCU indicou possíveis irregularidades no Pregão Eletrônico nº 7/2009, do [...], que teve por objeto a contratação de serviços de manutenção predial em unidades do banco. Os responsáveis pela condução do certame foram chamados em oitiva, para apresentar justificativas quanto à "desclassificação de dez empresas, ofertantes dos menores preços, por motivos meramente formais, em desacordo com o princípio do julgamento objetivo das propostas, ao arrepio do art. 3º da Lei nº 8.666/93". Em seu voto, o relator reforçou a posição de que o Tribunal combate o formalismo exagerado do administrador, quando este aplica restritivamente as cláusulas do edital, de modo a excluir indevidamente possíveis licitantes. Defendeu como salutar a atuação do controle externo até no sentido de, ao apreciar casos concretos submetidos a seu crivo, afastar as próprias cláusulas do edital que se mostram desarrazoadas e prejudiquem a competitividade da licitação. Nesse mesmo sentido, mencionou o voto condutor do Acórdão nº 3.046/2008-Plenário. No caso concreto, concluiu o relator que o [...] não procedeu ao arrepio do edital, nem se mostraram desarrazoados os critérios de julgamento observados pelo banco para a desclassificação das licitantes. Destacou que o representante do Ministério Público junto ao TCU, em seu parecer, "demonstrou com precisão que todas as propostas desclassificadas apresentaram alguma inconsistência no custo da mão de obra, notadamente pela falta de cotação dos adicionais noturno, de insalubridade e de periculosidade". E para o Parquet especializado, "essas irregularidades relativas ao custo de mão de obra são indícios de que as respectivas propostas podem ser inexequíveis, uma vez que os valores apresentados não são suficientes para cobrir as despesas a que se destinam. É verdade que, em princípio, é da empresa contratada o dever de arcar com os eventuais erros existentes na proposta que formulou. No entanto, se isso não ocorrer, esse ônus recai sobre a administração (...), conforme a Súmula 331, IV, do TST (...)". E arrematou o relator: "a falta de segurança por parte da administração em conhecer especificamente como se compõem os itens de custo, tais como os mencionados, compromete o julgamento objetivo para a natureza do objeto pretendido, que cuida essencialmente de prestação de serviços terceirizados". Acompanhando a manifestação do relator, deliberou a Primeira Câmara no sentido de considerar improcedente a representação (Acórdão nº 744/2010 – Primeira Câmara, Rel. Min. Valmir Campelo, Processo nº 010.109/2009-9. Informativo de Licitações e Contratos nº 05, de 2010).

4 Licitações sustentáveis e tecnologia

Embora inserida na Constituição desde o seu texto original – passados menos de trinta anos, alterado por emendas que se aproximam da centena –, o ideário da sustentabilidade posto no seu art. 225 somente aos poucos vai assumindo posição de observância obrigatória nos processos formais por meio dos quais a atividade administrativa do estado colhe os elementos necessários à tomada de decisões. A atividade contratual da administração pública assim e bem o ilustra: por força da Lei nº 12.349/10, é que ingressou, no art. 3º da Lei Geral de Licitações (Lei nº 8.666/93), o desenvolvimento nacional sustentável na condição de cláusula geral vinculante de todas as licitações administrativas para a contratação de compras, obras, serviços e alienações, a significar que todos os processos de contratação, com ou sem licitação, devem levar em conta requisitos de sustentabilidade que distingam os produtos, obras e serviços que a administração pretenda contratar.

O avanço, conquanto tardio, é auspicioso porque, no direito administrativo contemporâneo, o processo formal de que resulta a decisão administrativa é tão importante quanto a própria decisão, como bem evidenciado em sede doutrinária:

> O que deve ser pensado é a legalidade como princípio da constitucionalidade, princípio de juridicidade, de agir conforme à Constituição, para produzir resultados desejados pelo ordenamento jurídico. Muitas vezes, o administrador vai agir, até mesmo, diante da omissão do legislador, quando a atividade administrativa é reclamada pela sociedade ao Estado e o legislador nem sempre tem o tempo, a oportunidade, o conhecimento ou o manejo político necessários para lidar com a situação. Nesse passo, em sendo indispensável a ação para a concretização de valores e princípios socialmente reconhecidos, aí se fará presente a legitimidade (sempre sindicável) da ação administrativa.
> É nesse contexto que vão sendo modificados alguns alicerces do Direito Administrativo. Em torno do princípio da legalidade tem-se, na era da democratização, a importante missão de revisitar o Direito Público. As bases até então conhecidas e estudadas são repensadas em razão dessa abertura democrática. Dá-se o reconhecimento de que o Direito Administrativo deve ser focado não na autoridade e nas suas prerrogativas, mas no cidadão, que deve ter voz ativa para fazer com que as decisões de Estado e da Administração Pública sejam efetivamente voltadas para o atendimento desses interesses.
> Surgem, assim, cada vez mais, canais de manifestação da sociedade. É aí que entra a participação e a ideia de se estabelecer uma metodologia para que ela se efetive e se aprimore. Com isso, cabe falar na processualização das decisões administrativas, como método para que se alcance uma manifestação de vontade da Administração Pública que coincida com o interesse da sociedade, que é legitimadora dessa manifestação de vontade e dela destinatária. O processo – e não a decisão materializada no ato administrativo – assume a primazia do Direito Administrativo.
> A processualização das decisões passa a ser uma rotina no Direito Administrativo, com o reconhecimento do direito à participação e do dever de a Administração Pública viabilizar

essa participação para, exatamente, atender o princípio democrático e o princípio da legitimidade das ações da Administração Pública.[28]

Ao art. 225 da Constituição Federal se agregam normas legislativas, bem como diretrizes e orientações de normalização técnica, expedidas por entidades especializadas, conjunto do qual é possível extraírem-se os eixos temáticos que balizam a concepção de políticas, objetivos e metas de sustentabilidade, para a realização de tarefas integradas em todos os níveis e escalões da gestão pública, a saber: (i) uso racional dos recursos naturais e bens públicos: (ii) gerenciamento de resíduos; (iii) educação e sensibilização ambientais; (iv) qualidade de vida no ambiente laboral; (v) licitações sustentáveis; (vi) construções sustentáveis.

No **eixo do uso racional dos recursos naturais e bens públicos** situam-se os projetos de reforma ou de edificação de prédios públicos, que destacam preocupações objetivas com eficiência energética, utilização de materiais de mínimo impacto ambiental e processos construtivos redutores desses impactos. Isto porque as edificações respondem por 42% de toda a energia elétrica consumida no País, distribuídas entre os setores residencial (23%), comercial (11%) e público (8%). No caso dos prédios públicos ou comerciais, sistemas de condicionamento de ar arcam com 48% do consumo e os de iluminação, com 24%, segundo levantamentos do Ministério do Meio Ambiente.

Daí o Instituto Nacional de Metrologia, Qualidade e Tecnologia (Inmetro) e a Eletrobras haverem lançado, em 2010, a Etiqueta de Eficiência Energética de Edificações, que avalia e classifica as edificações de acordo com o seu consumo de energia. Segundo o consumo induzido por fachada e entorno dos prédios, pelos sistemas de iluminação e de ar condicionado, o nível de eficiência energética da edificação é classificado de (A) a (E), sendo que somente os prédios que recebem a classificação (A) ganham o selo Procel Edifica.

Os projetos básicos de edificação de novos prédios públicos ou a reforma dos existentes devem passar a incluir, como itens obrigatórios de critérios técnicos, os de eficiência energética (cobertura verde, vidros especiais, ar condicionado central com distribuição setorizada, elevadores inteligentes, instalações e equipamentos adequados à racionalização do uso das águas, aquecimento solar, equipamentos de alto desempenho, valorização da iluminação natural, uso de tintas à base de água e de materiais de acabamento com baixa volatilidade, uso de madeira certificada e de pisos permeáveis, etc.), canteiros de obras com baixo impacto ambiental, controle adequado de resíduos e bicicletário, entre outras soluções de sustentabilidade.

Ainda como medida pertinente ao eixo de racionalização dos recursos naturais e ao uso de bens públicos, deve cogitar da edição de regra interna que padronize a impressão de textos mediante o uso preferencial da Fonte Ecológica Spranq (ECOFONT), que enseja até 25% de economia de tinta na impressão de documentos que, dada a sua natureza, não possam ser exclusivamente virtuais.

O **eixo do gerenciamento de resíduos** é balizado pela Lei nº 12.305/10, a chamada Lei da Política de Resíduos Sólidos, regulamentada, na administração da União, pelo Decreto federal nº 7.404/10. Instituiu a separação obrigatória dos resíduos recicláveis

---

[28] SOUTO, Marcos Juruena Villela. *Direito administrativo em debate*. 2. ed. Rio de Janeiro: Lumen Juris, 2007. p. 28-29.

daqueles não recicláveis. Considerada a índole essencialmente técnica da matéria, é recomendável conveniar com universidades públicas parcerias de cooperação técnica e científica para a elaboração de plano de gerenciamento de resíduos sólidos, certo que visitas *in loco* identificarão as fontes geradoras de resíduos decorrentes das atividades administrativas, consagrando as soluções gerenciais a serem implementadas para todo o ciclo da gestão dos resíduos sólidos, incluindo coleta, separação, transporte e destinação.

O **eixo da educação e sensibilização ambientais** parte da premissa de que a maioria das pessoas ainda não tem consciência dos impactos socioambientais que elas próprias produzem. Assim também ocorre com os servidores públicos, daí a importância de formar-se uma nova cultura institucional, nas atividades meio e fim do setor público, mediante ações educativas. Palestras, cursos, exibição de filmes comentados e outras iniciativas do gênero podem vir a sensibilizar os servidores, com o objetivo de despertar a responsabilidade socioambiental individual e coletiva, bem como de capacitá-los para práticas administrativas sustentáveis, de que são exemplos a veiculação, em sítio eletrônico, de mensagens ambientais que orientem, por meio de ilustrações práticas, como economizar água e energia elétrica; cursos de formação de agentes e monitores ambientais, bem como de capacitação para o preparo e a condução de procedimentos licitatórios com observância de requisitos de sustentabilidade; sessões de cinema que exibam filmes acerca de saneamento, resíduos, consumo, gestão e mudanças climáticas.

Ao **eixo da qualidade de vida no ambiente laboral** importa a melhoria da qualidade do ambiente de trabalho, onde o servidor exerce suas atividades e passa a maior parte de sua vida profissional ativa, por isto que o conceito abarca aspectos físicos, ambientais e psicológicos. Ilustra-se com curso de noções de ergonomia e a elaboração de *folder* e cartilha virtual com noções de ergonomia para os servidores, enfatizando medidas preventivas e corretivas de efeitos sobre a acuidade visual, patologias físicas decorrentes de esforço repetitivo, e vícios de posturas, responsáveis pela maioria das causas de licenças de afastamentos de servidores para tratamento de saúde, com perda de produtividade.

O **eixo das contratações e licitações administrativas** estrutura-se a partir da Lei nº 12.349/10, introdutora, na Lei nº 8.666/93, a chamada Lei Geral das Licitações, de modificações que abrem um novo ciclo para a gestão dos contratos públicos, qual seja o da incorporação, como cláusula geral obrigatória, do desenvolvimento nacional sustentável.

Intensas, em extensão e profundidade, são as repercussões dessa cláusula sobre as várias fases do processo administrativo das contratações de compras, obras e serviços. Alcançam a especificação de materiais e produtos, a elaboração de projetos básicos de obras e serviços, a estimativa dos preços de mercado, a definição dos critérios de julgamento de propostas, o exercício do juízo de aceitabilidade de preços, a análise de impugnações a atos convocatórios de licitações, o julgamento de recursos administrativos, a adjudicação do objeto e a homologação do procedimento competitivo.

A rigor, nada escapa à necessidade de revisão e de ajustamento em todos os segmentos que configuram o devido processo legal da contratação, a que se devem adaptar órgãos, entidades e agentes, na administração direta e na indireta de qualquer dos poderes de todos os entes federativos, bem como fornecedores, prestadores de serviços e executores de obras que pretenderem participar dos certames licitatórios ou contratar com a administração estatal, no desempenho do compromisso jurídico-administrativo com o desenvolvimento sustentável.

A Lei nº 12.349/10 converteu em dever jurídico o que antes não passava de apelo politicamente correto, dever esse que cobrará a responsabilidade dos administradores públicos, por isso que impende conhecê-lo e bem praticá-lo. As mais recentes inovações legislativas, desdobrando as incumbências que o art. 225, §1º, da Carta Fundamental assina aos poderes públicos, deixam claro que a estes cabe papel essencial no cumprimento desses compromissos, na medida em que é o estado um dos maiores, senão o maior, dos contratantes permanentes de produtos, serviços e obras.

Cabe a elaboração de minutas padronizadas de editais e de contratos, incluindo requisitos de sustentabilidade, bem como a de um guia verde, onde sejam indicadas, de acordo com normas técnicas de entidades normalizadoras credenciadas (*v.g.*, ABNT[29] e Inmetro), as especificações que devem preencher os bens e serviços mais comumente licitados, sob pena de desclassificação da proposta que descumpra aqueles requisitos e essas especificações, além de um manual dirigente do ciclo de contratação e suas respectivas rotinas operacionais, a serem observados por todos os agentes administrativos.

A questão ambiental insere-se, cada vez mais, nas atividades relativas ao sistema produtivo e à administração das organizações, indissociáveis as variáveis ambientais de suas decisões estratégicas. Pontos de tensão são inevitáveis na aplicação e interpretação de princípios e normas, dos quais decorram requisitos de sustentabilidade a serem observados na atuação de órgãos e entidades integrantes da administração pública, bem assim das sociedades empresárias.

Esses pontos de tensão geram conflitos que vêm sendo judicializados em progressão geométrica, sobretudo mediante ações civis públicas propostas pelo Ministério Público. Basta referir que demandas versando sobre danos e direitos ambientais, distribuídas aos Juízos e instâncias do Judiciário do Estado do Rio de Janeiro, apresentam a seguinte evolução: na década de 1970, foram aforadas três ações; na de 1980, seis ações; na de 1990, 74 ações; na primeira década do novo século, 2.759 ações. Daí a relevância de se conhecer o desenvolvimento dos princípios e normas de sustentabilidade e suas implicações, inclusive no plano das responsabilidades civil, administrativa e penal, seja para evitá-las, reduzi-las ou administrar os seus efeitos e consequências.

A sustentabilidade é necessariamente sistêmica, inter e multidisciplinar, examinando aspectos que pareceriam alheios uns dos outros, mas que se defrontam, reciprocamente influentes, nas confluências, superposições, interseções e tangências da sustentabilidade, a exigir gestão eficiente e eficaz em todas as etapas de seu ciclo virtuoso – planejamento, execução, controle e avaliação, desde a gestão da infraestrutura até a de serviços prestadores dos direitos sociais fundamentais (CR/88, art. 6º) e suas políticas públicas de efetivação em prol de todos os cidadãos, sem exclusão.

O tema já conta com bibliografia denotativa do interesse e da responsabilidade com que dele se ocupam autores e editores.

---

[29] Lei nº 4.150/62: "Art. 1º Nos serviços públicos concedidos pelo Govêrno Federal, assim como nos de natureza estadual e municipal por êle subvencionados ou executados em regime de convênio, nas obras e serviços executados, dirigidos ou fiscalizados por quaisquer repartições federais ou órgãos paraestatais, em tôdas as compras de materiais por êles feitas, bem como nos respectivos editais de concorrência, contratos ajustes e pedidos de preços será obrigatória a exigência e aplicação dos requisitos mínimos de qualidade, utilidade, resistência e segurança usualmente chamados 'normas técnicas' e elaboradas pela Associação Brasileira de Normas Técnicas, nesta lei mencionada pela sua sigla 'ABNT'".

Luciana Maria Junqueira Terra, Luciana Pires Csipai e Mara Tieko Uchida destacam que, nas licitações sustentáveis,

> quando da definição das características técnicas do objeto, a Administração deve adotar nível de detalhamento compatível com o atendimento a suas necessidades, inserindo os critérios ambientais pertinentes, aos quais as propostas de todos os licitantes deverão necessariamente atender, sob pena de desclassificação. Todavia, deve ter a cautela de limitar as exigências aos estritos termos necessários para o cumprimento da finalidade ambiental pretendida, sem imposições que potencialmente restrinjam a competitividade do certame ou favoreçam dado fornecedor.
>
> A medida essencial a ser tomada em tal momento é, sem dúvida, a formalização de justificativa técnica no processo, a cargo de profissional da área, elencando as razões que levaram à opção por aquela exata configuração do objeto da licitação. Em outras palavras, a definição deverá basear-se em fundamentos objetivos, que assegurem a proteção ao meio ambiente ao mesmo tempo em que satisfaçam adequadamente a necessidade concreta da Administração.
>
> As especificações vedadas pelo ordenamento jurídico são aquelas que representam preferências ou distinções impertinentes ou irrelevantes (art. 3º, I, Lei nº 8.666/93). Ao contrário, quando há justificativa técnica robusta que demonstra a pertinência e relevância de determinada exigência ambiental, é plenamente possível optar pelo objeto ambientalmente favorável, ainda que potencialmente reduza de forma sensível a competitividade entre os fornecedores do setor afetado.
>
> Aliás, mediante tal justificativa técnica, também é possível superar o entrave do menor preço, sempre presente quando se fala em licitação sustentável, vez que muitos dos objetos ambientalmente amigáveis costumam ser mais caros que os produtos dos demais concorrentes, que não apresentam as mesmas qualidades.
>
> Normalmente, apesar do eventual preço superior no momento do julgamento da licitação, o objeto ambiental atenderá ao requisito da economicidade a longo prazo, no âmbito da própria execução contratual, no decorrer de seu uso, manutenção e descarte.
>
> Por exemplo, quando a Administração adquire o chamado "computador verde", cujos componentes contêm menor nível de substâncias tóxicas, ainda que pague preço maior, estará economizando recursos na fase de desfazimento do bem, pois não precisará adotar medidas especiais para evitar riscos de contaminação.[30]

Sérgio Augustin e Letícia Gonçalves Dias Lima ponderam que

> a Justiça brasileira, de um modo geral, é acometida por dificuldades em atender de forma rápida e eficaz às contendas a ela submetidas. Por óbvio, na seara ambiental o problema se agrava e a rápida solução dos conflitos é imperativa, sob pena de se configurar uma situação de irreversibilidade. Em sendo o Brasil um dos países mais avançados em legislação ambiental, em que pese seus problemas de estrutura judicial, é no mínimo inquietante a situação atual dos ordenamentos jurídicos que ainda não alcançaram tão organizado aparato legal. Isto é, se o ordenamento pátrio encontra dificuldades, apensar de todo o arcabouço legislativo a seu dispor, o que dizer daquelas nações que ainda sequer distinguiram mecanismos básicos de ordem jurisdicional em favor da defesa do

---

[30] SANTOS, Murillo Giordan; BARKI, Teresa Villac Pinheiro. Formas práticas de implementação das licitações sustentáveis: três passos para a inserção de critérios socioambientais nas contratações públicas. In: SANTOS, Murillo Giordan; BARKI, Teresa Villac. *Licitações e contratações públicas sustentáveis*. Belo Horizonte: Fórum, 2011. p. 229-230.

ambiente? A questão merece discussão em nível global, a partir do olhar holístico do direito, em razão da natureza social das demandas ambientais... O grande desafio da sociedade globalizada é educar-se para a formação de uma nova cultura social, alcançada por meio de novos horizontes científicos, de práticas radicais, aptas a incutir nos indivíduos valores de eco cidadania.[31]

Pérsio Arida responde à pergunta recorrente dos incrédulos – "quanto de produto a sociedade global está disposta a sacrificar hoje para não ter que enfrentar uma catástrofe climática no futuro?":

> Se a taxa intertemporal de desconto for alta, a resposta tende a ser muito pouco. Se for baixa, a propensão ao sacrifício fica maior. Mas não sabemos, com certeza, muito sobre a catástrofe em si, se vai ocorrer no curto prazo de cinquenta anos ou em um século, se o estoque acumulado de gás carbônico aumenta a temperatura de forma linear ou se o processo tem um *turning point* a partir do qual se torna irreversível, ou mesmo se há algum mecanismo de autoequilíbrio do planeta que detenha os processos em curso. Não temos resposta exata para nenhuma dessas questões. Vale a pena sacrificar o produto hoje mesmo assim? Minha resposta é sim. Vamos supor que a catástrofe climática seja um evento com baixa probabilidade. O fato de ter baixa probabilidade não quer dizer que possa ser ignorada, por assim dizer, porque teria consequências dramáticas para o mundo, caso viesse a acontecer. Se há uma probabilidade, ainda que baixa, de uma catástrofe global, devemos reduzir a taxa de crescimento para tentar equacionar o problema... Muitas vezes escuto a pergunta: mas se há tanta incerteza, no plano científico, sobre a inevitabilidade da catástrofe climática, por que deveríamos sacrificar o padrão de vida hoje? A resposta mais adequada é contraintuitiva: justamente porque não conseguimos atribuir uma probabilidade exata da catástrofe, justamente porque não podemos prever pontos de irreversibilidade, devemos ser mais prudentes, e não menos![32]

Quatro advertências parecem inarredáveis: 1ª, a pergunta inteligente não é a que indaga qual o custo da sustentabilidade, mas, sim, qual o custo de ser a sustentabilidade ignorada pelo planejamento das ações governamentais, nesta geração e nas vindouras; 2ª, a de que, ao contrário do que imaginavam os economistas clássicos, não é a oferta que produz a demanda, porém esta é que condiciona aquela; 3ª, a de que intervenções arbitrárias e açodadas do poder público – especialmente na concessão dos serviços públicos essenciais – produzirão insegurança jurídica e a certeza técnica de que qualquer avaliação de riscos deverá considerar o custo da interferência do governo no quadro regulatório; 4ª, a de que a sustentabilidade há de gerar um novo paradigma para identificar-se, nas contratações de compras, obras e serviços pela administração pública, a proposta mais vantajosa, que deverá ser a de menor preço dentre as que cumprirem os requisitos da sustentabilidade, destinando-se à desclassificação as de preço inferior, mas que os desatendam, consoante previa e consistentemente constar do planejamento do órgão licitador.

---

[31] FLORES, Nilton Cesar. Meios alternativos para o desenvolvimento de uma nova cultura social ambiental. In: FLORES, Nilton Cesar (Org.). *A sustentabilidade ambiental em suas múltiplas faces*. São Paulo: Millennium, 2012. p. 66.
[32] ARNT, Ricardo (Coord.). *O que os economistas pensam sobre sustentabilidade*. 2. ed. São Paulo: Editora 34, 2011. p. 237.

Quanto maiores a dimensão e a complexidade da organização, maior o desafio de estruturarem-se, com racionalidade, eficiência e eficácia, ações comprometidas com a sustentabilidade – daí o imperativo do planejamento, ponto crucial do tema: as contratações administrativas hão de ser precedidas de planejamento que enuncie justificativas, defina prioridades, estabeleça critérios objetivos, fixe metas, estime custos e riscos, sob pena de as contratações não se mostrarem aptas e produzir resultados conformes à sustentabilidade, ou a supor que o fazem sem, todavia, evidenciada pertinência, cuja transparência e objetividade ganham especial relevo no estado democrático de direito. Adverte Jorgen Randers que

> a transição para a sustentabilidade irá requerer mudanças fundamentais em muitos sistemas que governam os desdobramentos mundiais atuais. Não só o sistema energético terá de mudar do fóssil para o solar, e o paradigma reinante do crescimento físico eterno para algum tipo de estabilidade que se encaixe dentro da capacidade de suporte físico do globo, mas também haverá mudanças nos guias institucionais, como o capitalismo, a democracia, os acordos de compartilhamento do poder e a perspectiva humana com relação à natureza [..] os próximos quarenta anos serão fortemente influenciados por como nós lidaremos com cinco questões centrais..., envolvendo os sistemas e conceitos intangíveis que influenciam nossas vidas diárias: capitalismo, crescimento econômico, democracia, equidade inter geracional, e nosso relacionamento com o clima da Terra... E não se espere progresso imediato. Mudanças sistêmicas levam tempo. Mas o tempo que segue uma mudança de paradigma é como o tempo após um terremoto: a nova situação é tanto diferente quanto estável.[33]

5 A matriz de riscos no regime diferenciado de contratação (RDC)

Uma das mais recentes contribuições da tecnologia à atividade contratual do estado vem de ser acolhida pelo regime diferenciado de contratação (RDC), instituído pela Lei federal nº 12.462/11 e outras que se lhe seguiram, com o fim de atender às peculiares circunstâncias da contratação de compras, obras e serviços destinados a eventos esportivos internacionais que o país haveria de sediar, em 2014 e 2016, bem como a programas estratégicos de infraestrutura e áreas prioritárias dos direitos sociais fundamentais, notadamente saúde, educação, pesquisa, ciência, transporte, dragagem portuária e hidroviária, abastecimento, estabelecimentos penais e de atendimento sócio educativo. Ou seja, objetos providos de prioridade institucional, de execução dependente de tecnologias específicas e premida por prazos angustos ou inadiáveis.

Dentre as soluções e os instrumentos autorizados pelo RDC, especialmente um tem chamado a atenção em razão de sua visceral importância para prevenir impropriedades e dilações indevidas, qual seja, o da apresentação de matriz de riscos, sobretudo na contratação chamada de integrada, na qual a administração apenas elabora um anteprojeto, ficando a cargo da licitante vencedora desenvolver os projetos básico e executivo, tanto que dito modelo (contratação integrada) cabe quando o objeto envolva, pelo menos, uma das seguintes condições: inovação tecnológica ou técnica; possibilidade

---

[33] *2052:* uma previsão global para os próximos quarenta anos. Tradução André Luiz Sherrill de Lemos. White River Junction: Clube de Roma/Chelsea Green Publishing, 2012. p. 16.

de execução com diferentes metodologias; ou possibilidade de execução com tecnologias de domínio restrito no mercado (art. 9º da Lei nº 12.462/11).

Mais realça o instrumento o fato de a contratação integrada contar com precedentes de utilização no regulamento de licitações da Petrobras, passando a constituir modelo controvertido a partir dos notórios desvios ocorridos na gestão dos contratos da empresa. Por isto que o Tribunal de Contas da União debruçou-se sobre a matéria e expediu orientação que cumpre conhecer, *verbis*:

> Auditoria realizada nas obras de implantação do Complexo Petroquímico do Rio de Janeiro (Comperj), executadas pela Petróleo Brasileiro S.A. (Petrobras), apontara, como indício de irregularidade, o modelo de formalização das propostas comerciais, denominado Demonstrativo de Formação de Preços (DFP), que não exigia a apresentação das composições dos custos dos serviços ofertados pelos licitantes. Ao examinar o caso, o relator, mencionando o Manual da Petrobras para Contratação e destacando a omissão do Decreto nº 2.745/98 sobre o tema, sentenciou que *"é de clareza solar que não há regra geral sobre como os preços ofertados pelos licitantes deverão ser discriminados; em cada contratação, os parâmetros a serem seguidos pelos licitantes na formulação de suas propostas comerciais serão arbitrados, a critério dos agentes da Petrobras. As licitantes, pautadas nas exigências editalícias – e na ausência de critérios cogentes inscritos em normativos superiores, detalham seu preço no DFP segundo os padrões estabelecidos"*. Por causa da utilização desse modelo, prosseguiu o relator, *"ao ofertar seus preços, os empreiteiros não indicam os serviços que estão sendo precificados, nem apresentam quaisquer composições e/ou memórias justificativas que minudenciem a forma como os preços propostos foram constituídos"*. Transcrevendo determinações feitas à Petrobras em julgados anteriores, o relator observou fragilidades detectadas pelo TCU na forma como a estatal exige e avalia os custos de suas contratações. Após rebater os argumentos trazidos em oitiva da auditada, o relator asseverou a existência de lacuna normativa sobre o tema, o que *"demanda a necessidade de serem delineadas trilhas firmes para o bom trato do patrimônio da Estatal"*. Nesse sentido, acolhendo posicionamento da unidade técnica, ancorado na semelhança e paralelismo entre as contratações integradas do RDC (Regime Diferenciado de Contratações Públicas) e os contratos EPC (*Engineering, Procurement and Construction*) autorizados pelo Decreto nº 2.745/98, o condutor do processo afirmou que vários dos entendimentos da Corte de Contas relacionados ao RDC teriam a mesma aplicabilidade aos contratos da Petrobras e deveriam ser à estatal brasileira estendidos. Assim, como primeira medida, deveria ser exigida *"uma 'matriz de riscos', a ser divulgada no certame licitatório e posteriormente inserida nos termos contratuais da Petrobras"*, com a finalidade precípua de *"indicar, de maneira explícita e objetiva, as etapas do projeto licitado que serão passíveis de definição posterior pela contratada, que assumirá os riscos pelo detalhamento do projeto"*. Em seguimento a essa etapa, *"uma vez estabelecidas as parcelas da obra com incipiente grau de avanço de projeto (e que ficarão sob a responsabilidade da contratada), o detalhamento exigido do orçamento base da Administração e das propostas comerciais deverá ser proporcional ao nível de minúcias que cada etapa do projeto licitado possui"*. Por fim, concordando com a unidade instrutiva, o relator reforçou ser oportuno que etapas do projeto definidas, *"com soluções de engenharia já pré-estabelecidas na licitação e cuja responsabilidade por sua integridade recairá sobre a Administração, (...) sejam discriminadas em composições de custo que exprimam todas as informações necessárias à perfeita e inequívoca caracterização do valor ofertado. Complementarmente, etapas do projeto que ainda virão a ser detalhadas pela futura contratada, responsável pelo EPC, deverão ser esmiuçadas na proporção do grau de maturidade do projeto, sem olvidar de serem apresentadas todas as premissas orçamentárias que pautaram a formulação dos preços ofertados"*. Recepcionando na íntegra o voto da relatoria, o Plenário decidiu, dentre outras deliberações, determinar à Petrobras, *"em prestígio aos princípios da segurança jurídica, do julgamento objetivo, da isonomia, da eficiência e da obtenção da melhor proposta, que passe a adotar os seguintes procedimentos em suas contratações de obras e serviços de engenharia, em especial nas empreitadas por preço global:*

> *9.1.1. faça constar, no instrumento convocatório das licitações, documento que estabeleça, de forma precisa, quais frações do empreendimento haverá liberdade das contratadas para inovar em termos das soluções metodológicas ou tecnológicas, seja em termos de modificação das soluções previamente delineadas no projeto-base da licitação, seja detalhando os sistemas e procedimentos construtivos do projeto-base da licitação; 9.1.2. <u>elabore e faça constar nos seus instrumentos convocatórios e contratos uma 'matriz de riscos', capaz de definir a repartição objetiva de responsabilidades advindas de eventos supervenientes à contratação, como informação indispensável para a caracterização do objeto e das respectivas responsabilidades contratuais, como também elemento capaz de subsidiar o dimensionamento das propostas por parte das licitantes; 9.1.3. exija das licitantes a fundamentação técnica (ou memória de cálculo) dos preços ofertados, por meio da apresentação de informações detalhadas em seus Demonstrativos de Formação de Preços (DFP), requerendo, para a parcela da obra que possui projeto desenvolvido, ou para casos em que a totalidade do projeto já estiver definida pela Estatal, de forma que não haja liberdade dos particulares modificarem o projeto licitado, todos os dados necessários à perfeita e inequívoca caracterização dos valores propostos, discriminados, no mínimo, nas seguintes informações: a) relação dos serviços previstos para a obra, com os respectivos preços, quantidades e unidades de quantificação, acompanhadas de memórias de cálculo e justificativas; b) composição e produtividade das equipes de trabalho; c) coeficiente de consumo dos insumos; e d) contingenciamentos considerados; 9.1.4. para a parcela da obra cujo risco de desenvolvimento do projeto estiver ao encargo da futura contratada, em que existir liberdade para as contratadas apresentarem solução de engenharia própria: 9.1.4.1. estabeleça nos editais, a padronização das informações mínimas necessárias nos Demonstrativos de Formação de Preços das contratadas (DFP) que viabilizem o julgamento das propostas, em termos de exequibilidade, alinhamento da oferta aos requisitos editalícios e vantagem dos preços, em comparação com o pré-dimensionamento estabelecido nas estimativas de custo do projeto-base da licitação, solicitando da proponentes informações que demonstrem as premissas orçamentárias consideradas para cada etapa de execução do empreendimento, em especial as contingências inseridas nos preços; 9.1.4.2. sempre que o projeto-base da licitação, por seus elementos mínimos, assim o permitir, as estimativas de preço da Companhia devem se basear em orçamento tão detalhado quanto possível, devendo a utilização de estimativas paramétricas e a avaliação aproximada baseada em outras obras similares serem realizadas somente nas frações do empreendimento não suficientemente detalhadas pelo projeto-base da licitação, exigindo no mínimo o mesmo nível de detalhamento das contratadas em seus Demonstrativos de Formação de Preços (DFP);</u> 9.1.4.3. quando utilizada metodologia expedita ou paramétrica para abalizar o valor do empreendimento – ou fração dele –, consideradas as disposições do subitem anterior, dentre duas ou mais técnicas estimativas possíveis, utilize em suas estimativas de preço-base a que viabilize a maior precisão orçamentária, exigindo no mínimo o mesmo nível de detalhamento das contratadas em seus Demonstrativos de Formação de Preços (DFP)" (Acórdão nº 621/2015-Plenário, TC 007.315/2011-2, relator Ministro Vital do Rêgo, 25.3.2015) – o grifo não consta do original.

Decerto que a elaboração da aludida matriz de riscos haverá de louvar-se em indicadores apurados segundo fatores e índices dependentes de programas computadorizados, que habilitem a administração a mensurar os riscos e a precatar-se contra a sua eventual ocorrência, com repercussões não apenas sobre os preços cotados e contratados, quanto sobre a própria viabilidade da metodologia diferenciada ou da tecnologia de domínio restrito que hajam justificado a adoção do regime de contratação integrada.

Nesse ponto residirá o traço distintivo das responsabilidades por erros e impropriedades: se da administração – que, em face da matriz composta, não diligenciou a aferição devida e aprovou projetos básico e executivo inviáveis ou precários –, ou se da adjudicatária – que ofereceu soluções que se venham a demonstrar impróprias ou deficientes. É o que igualmente recomenda a Corte de Controle Externo federal, *verbis*:

[...] tendo em conta que uma obra licitada com base no anteprojeto já carrega em si a possibilidade de a contratada desenvolver metodologia e/ou tecnologia própria para a feitura do objeto, no caso de a motivação para a utilização da contratação integrada estiver baseada nessa viabilidade de emprego de diferenças metodológicas, nos moldes do art. 20, §1º, II, da Lei nº 12.462/2011, justifique, em termos técnico-econômicos, a vantagem de sua utilização, em detrimento de outros regimes preferenciais preconizados no art. 8º, §1º, c/c art. 9º, §3º, da Lei nº 12.462/2011; [...] a matriz de riscos, instrumento que define a repartição objetiva de responsabilidades advindas de eventos supervenientes ao contrato, na medida em que é informação indispensável para a caracterização do objeto e das respectivas responsabilidades contratuais, como também essencial para o dimensionamento das propostas por parte das licitantes, é elemento essencial e obrigatório do anteprojeto de engenhara, em prestígio ao definido no art. 9º, §2º, I, da Lei nº 12.462/2011, como ainda nos princípios da segurança jurídica, da isonomia, do julgamento objetivo, da eficiência e da obtenção da melhor proposta... (Acórdão nº 1.510/2013, processo nº 043.815/2012-0, Rel. Min. Valmir Campelo).

6 Conclusão

A tecnologia, seus instrumentos e ferramentas estão a serviço da gestão eficiente e eficaz, indiferente que tal gestão seja a de empresas privadas ou a de órgãos e entidades integrantes da administração pública, direta e indireta (autarquias, fundações públicas, empresas públicas, sociedades de economia mista e fundos públicos). Mas, tratando-se de gestão pública, avulta que o uso desses instrumentos e ferramentas estará submetido aos paradigmas jurídicos administrativos que conformam o estado democrático de direito: supremacia da Constituição, efetividade dos princípios, motivação obrigatória, processualização da atividade decisória, controle da discricionariedade, consensualidade, sustentabilidade e responsabilidade subjetiva dos agentes públicos por suas escolhas e decisões.

Fazer ou não uso de arsenal tecnológico pressupõe investimentos bem planejados e treinamento pertinente dos agentes, para que o seu manejo não se esgote em uma aparência de modernidade, mas efetivamente corresponda a melhorias contínuas nos processos de trabalho, sob análise crítica permanente dos gestores e instâncias decisórias competentes, mediante a aplicação de indicadores objetivos de desempenho e resultados.

Há exemplos de uso exitoso da tecnologia na gestão de atividades administrativas públicas fundamentais, tais como a das licitações e contratações de compras, obras e serviços, sobretudo no emprego da modalidade licitatória do pregão, presencial ou eletrônico, e a da adoção de matriz de riscos na espécie da contratação integrada instituída pela lei do regime diferenciado de contratação (RDC). Todavia, há também resistências e desvios que cumpre conjurar, tais como o apego a soluções excessivamente burocráticas e inaceitáveis escusas de falta de recursos ou de agentes aptos para o uso da tecnologia.

A gestão pública brasileira carece de contar, ao menos, com uma política de governança digital, tal como a que vem de ser enunciada pelo Decreto federal nº 8.638/16, no âmbito dos órgãos e entidades da administração federal direta, autárquica e fundacional, cujas finalidades, expressamente nomeadas, são: gerar benefícios para a sociedade mediante o uso da informação e dos recursos de tecnologia da informação e comunicação na prestação de serviços públicos; estimular a participação da sociedade na formulação, na implementação, no monitoramento e na avaliação das políticas públicas e dos serviços públicos disponibilizados em meio digital; e assegurar a obtenção de informações pela sociedade, observadas as restrições legalmente previstas.

Tal política alinha-se à orientação do estado democrático de direito para que a gestão pública faça uso crescente de instrumentos de administração consensual, esta essencial para a emancipação socioeconômico-cultural da sociedade, que passa a participar das decisões que importam à gestão dos recursos aplicados em programas de interesse público e de efetivação dos direitos sociais fundamentais assegurados pela Constituição da República, e que pressupõe, como princípios reitores, "foco nas necessidades da sociedade, abertura e transparência, compartilhamento da capacidade de serviço, simplicidade, priorização de serviços públicos disponibilizados em meio digital, segurança e privacidade, participação e controle social, governo plataforma, e inovação", tal como arrolados no art. 3º do aludido Decreto nº 8.638/16.

Augura-se que este saia das páginas do diário oficial e ingresse nas práticas cotidianas de nossos gestores, públicos e privados, embora se registre que a ordem jurídica brasileira – com frequência copiadora, sem maiores ajustes, de modelos estrangeiros – pressuporia, como toda ordem jurídica indutora de estabilidade, um padrão homogêneo de aplicação que não se compadece com nossa crônica heterogeneidade socioeconômico-cultural, de onde são recrutados aqueles gestores.

É o que transparece de dois recentes e didáticos julgados do Tribunal de Contas da União, alinhando recomendações a gestores de tecnologia da informação em vários órgãos da administração federal, *verbis*:

> TECNOLOGIA DA INFORMAÇÃO. *DOU* de 13.11.2014, S. 1, p. 202. Ementa: recomendação ao CNJ, ao DEST, à SLTI-MP, ao CNMP, à SEGEPRES/TCU, à Câmara dos Deputados e ao Senado Federal no sentido de que: a) estabeleçam mecanismos permanentes de interlocução e compartilhamento de estratégias, ações e produtos no sentido de maximizar o aproveitamento de soluções elaboradas por um órgão governante superior (OGS), tais como guias, manuais, entre outros, pelos demais OGS, com o objetivo de alcançar maior eficiência e celeridade na melhoria dos processos e estruturas das organizações sob sua respectiva jurisdição; b) estabeleçam estratégias e ações de sensibilização da alta administração das organizações sob sua jurisdição quanto ao tema governança de TI, com o objetivo de orientar tais responsáveis acerca de seu papel na avaliação, direção e monitoramento da gestão e o uso da tecnologia da informação; c) orientem as unidades sob sua jurisdição a avaliar previamente a viabilidade de projetos de TI, incluindo, entre os objetos de análise, a verificação do custo/benefício do projeto, a exemplo do processo EDM02 – Assegurar a Entrega de Benefícios do Cobit 5; d) orientem as organizações sob sua jurisdição a respeito da importância da adoção das seguintes práticas relativas ao planejamento de TI e seu acompanhamento: d.1) atribuição de responsáveis pelo alcance dos objetivos e metas de TI; d.2) definição de responsáveis pela aferição dos indicadores de TI; d.3) disponibilização de indicadores estratégicos para acompanhamento por parte da alta administração, mediante relatórios ou sistemas específicos; d.4) estabelecimento de instrumentos de acompanhamento, a exemplo de: sistemas, reuniões periódicas, relatórios; d.5) definição de ações específicas para quando as metas de TI não forem alcançadas, a exemplo de: discussão em reuniões, escalamento, elaboração de planos de tratamento; d.6) divulgação interna e externa do alcance das metas de TI, ou os motivos de elas não terem sido alcançadas; e) normatizem a obrigatoriedade de que todas as organizações sob sua jurisdição gerenciem os riscos de TI a que estão sujeitos, por meio de um processo formal; f) promovam ações de sensibilização e capacitação dos gestores

das organizações sob sua jurisdição quanto à gestão de riscos de TI, com o objetivo de orientá-los sobre a identificação, análise, tratamento e comunicação dos riscos a que a instituição está sujeita; g) orientem as unidades sob sua jurisdição no sentido de aprimorar os respectivos processos de gestão de orçamento e de custos de TI, a exemplo do disposto no processo APO06 – Gerenciar orçamento e custos do Cobit 5, com vistas a permitir a visualização e o acompanhamento da evolução dos custos diretos e indiretos de TI, incluindo, por exemplo, os custos ligados a recursos humanos (remuneração, treinamento, etc.) e infraestrutura; h) elaborem modelo de custos de TI para servir de referência para as organizações jurisdicionadas, baseado na definição dos serviços prestados, de forma a tornar a alocação de custos aos serviços de TI identificável, mensurável e previsível, a exemplo do previsto na prática APO06.04 – Modelar e alocar custos do Cobit 5 (itens 9.1.1 a 9.1.8, TC-023.050/2013-6, Acórdão nº 3.051/2014-Plenário).

TECNOLOGIA DA INFORMAÇÃO. *DOU* de 07.05.2015, S. 1, p. 71. Ementa: recomendação à Secretaria de Logística e Tecnologia da Informação do Ministério do Planejamento, Orçamento e Gestão (SLTI/MP) para que avalie a conveniência e a oportunidade de adotar os seguintes procedimentos, com vistas a aperfeiçoar a fiscalização e o acompanhamento de contratos de TI: a) ampliar a capacitação de fiscais técnicos e administrativos e de gestores de contratos de TI, intensificando, se for o caso, a parceria com a Escola Nacional de Administração Pública (ENAP), a exemplo do disposto no item 9.3.1 do Acórdão nº 594/2012-P e no Cobit 5, APO07.03 – Manter as habilidades e competências da equipe; b) regulamentar a necessidade de que a quantificação ou estimativa prévia do volume de serviços a ser contratado, prevista no art. 19, inciso II, da IN/SLTI-MP nº 4/2014, seja justificada mediante a elaboração de documento que demonstre a relação entre a demanda prevista e a quantidade a ser contratada, a exemplo de memória de cálculo; c) elaborar um modelo de documento para o Histórico de Gestão do Contrato, previsto na IN/SLTI-MP 4/2014, art. 34, inciso XIV, e orientar os membros do Sisp acerca do seu preenchimento; d) adotar ações adicionais de sensibilização e capacitação acerca da gestão de riscos em contratações de TI; e) elaborar modelos de listas de verificação para apoio à fiscalização de contratos de TI, mencionadas no art. 32, inciso II, alínea "c", da IN/SLTI-MP nº 4/2014, e orientar os órgãos e entidades quanto à sua utilização, considerando a necessidade de: e.1) garantia da realização de avaliação da qualidade do serviço prestado; e.2) adequada aplicação dos critérios de medição; e.3) manutenção dos requisitos técnicos exigidos das empresas contratadas em edital durante a vigência contratual; e.4) considerar o estudo constante deste relatório para o cumprimento do item 9.6 do Acórdão nº 114/2013-Plenário; f) alertar os órgãos e entidades por ela (SLTI/MP) abrangidos: f.1) sobre a necessidade da correta designação de todos os quatro papéis de acompanhamento e fiscalização de contratos de TI (IN/SLTI-MP nº 4/2014, art. 2º, incisos V a VIII), diferentemente do que ocorre para os contratos de obras e serviços gerais, sugerindo, ainda, que, se necessário, prevejam, em ato normativo interno, a designação de fiscalização e acompanhamento quadripartite para os contratos de TI, ressalvados os casos de contratos cuja execução seja simplificada e não justifique tal quantidade de fiscais; f.2) sobre os riscos assumidos pelo titular da unidade de TI e pela autoridade competente da área administrativa (IN/SLTI-MP nº 4/2014, art. 2º, incisos VI e VII) ao indicar e designar servidores não capacitados para as atividades de fiscalização técnica e administrativa dos contratos de TI; f.3) sobre os riscos assumidos pelo titular da unidade de TI e pela autoridade competente da área administrativa (IN/SLTI-MP nº 4/2014, art. 2º, incisos V e VII) ao atribuir quantidade excessiva de contratos de TI para fiscalização ou gestão por um mesmo servidor, a exemplo do consignado no item 9.1.3 do Acórdão nº 2.831/2011-P; f.4) sobre a necessidade de prever, durante o planejamento das contratações de serviços de TI, os meios e os recursos necessários à mensuração dos serviços prestados e à realização da avaliação de sua qualidade, em atenção ao disposto na IN/SLTI-MP nº 4/2014, art. 12, inciso VI; f.5) que a aferição sistemática da qualidade dos serviços de TI (IN/SLTI-MP nº 4/2014, art. 34, inciso II), conforme previsão contratual, não consiste em faculdade, mas em obrigação dos responsáveis pelo acompanhamento e fiscalização contratual; f.6) que a mensuração dos serviços de TI em desconformidade com os critérios previstos contratualmente afronta o art. 66 da Lei nº 8.666/1993, pode causar prejuízo ao erário e ensejar responsabilização dos agentes envolvidos; f.7) que é obrigatório o acompanhamento da manutenção dos requisitos técnicos exigidos em edital durante a vigência contratual, em conformidade com o disposto na Lei nº 8.666/1993, art. 54, §1º, c/c o art. 55, inciso XIII; f.8) que a utilização de métricas, como Unidade de Serviço Técnico (UST) e Unidade de Medida de Serviços (UMS), por exemplo, mostra-se inadequada para serviços que não geram resultados ou produtos aferíveis pelo ente público contratante e não se coaduna ao disposto na Súmula/TCU nº 269; f.9) que o controle da classificação e da mensuração das ordens de serviços de TI é responsabilidade do ente contratante, não passível de delegação à empresa que presta os serviços mensurados, em atenção ao disposto na Lei nº 8.666/1993, art. 67, *caput*; f.10) sobre o conflito de interesses decorrente da adoção, em contratações para suporte de infraestrutura de TI ou manutenção de sistemas, de modelos de remuneração em que a contraprestação da empresa contratada seja resultado exclusivo da quantidade de incidentes e problemas ocorridos, sugerindo que estabeleçam, sempre que possível, acordos de nível de serviço que favoreçam a redução de ocorrências dessa natureza e incentivem a boa prestação dos serviços contratados (itens 9.1.1 a 9.1.6, TC-014.815/2014-1, Acórdão nº 916/2015-Plenário).

CAPÍTULO IV

O TRATAMENTO DIFERENCIADO ÀS MICROEMPRESAS E EMPRESAS DE PEQUENO PORTE NAS CONTRATAÇÕES PÚBLICAS, SEGUNDO AS CLÁUSULAS GERAIS E OS CONCEITOS JURÍDICOS INDETERMINADOS

1 Introdução

A Lei Complementar nº 123/06, ao instituir o Estatuto da Microempresa e da Empresa de Pequeno Porte, dedicou seu Capítulo V ao estabelecimento de regras que lhes ampliam o acesso às licitações e contratações de compras, obras e serviços pela administração pública. As inovações almejam implementar o tratamento diferenciado que a Constituição da República assegura a essas empresas, em homenagem à sua relevância na geração de atividade produtiva para cerca de 40 milhões de brasileiros, que, de outro modo, permaneceriam fora do mercado de trabalho integrado pelas empresas de maior porte.

A norma complementar concebeu os seguintes instrumentos tendentes a ampliar as oportunidades de acesso das entidades de menor porte aos contratos administrativos:

(a) prazo especial para a comprovação de regularidade fiscal (e trabalhista[34]) da pequena ou microempresa (art. 43, §§1º e 2º);

(b) empate ficto com a proposta da empresa de maior porte, se o valor da proposta da pequena ou microempresa for até 10% superior ao daquela, nas modalidades convencionais da Lei nº 8.666/93 (concorrência, tomada de preços ou convite) ou de 5% na modalidade do pregão (arts. 44 e 45);

(c) emissão de cédula de crédito microempresarial pela micro ou pequena empresa que, sendo titular de direito a crédito empenhado e liquidado, não o receba em pagamento pela administração em 30 dias, contados da data da liquidação (art. 46);

(d) concessão de tratamento diferenciado e simplificado por meio do qual as pequenas e microempresas, disputando licitações destinadas exclusivamente à sua

---

[34] De acordo com o art. 11 da Lei Complementar nº 155/16, o prazo especial para a regularização da situação trabalhista terá início a partir de 1º de janeiro de 2018.

participação, contribuam para promover o desenvolvimento econômico e social no âmbito municipal e regional, para elevar a eficiência das políticas públicas e para incentivar a inovação tecnológica, segundo previsto e regulamentado em lei;

(e) possibilidade de subcontratação de microempresa ou empresa de pequeno porte em processos licitatórios destinados à aquisição de obras e serviços; e

(f) reserva de cota de até 25% para a contratação de entidades de menor porte, em certames para aquisição de bens de natureza divisível.

O só enunciado dessas inovações evidenciava a necessidade de lhes sobrevir norma regulamentadora, fosse para estabelecer regras dissipadoras de dúvidas acerca dos procedimentos de sua efetivação, fosse para esclarecer o sentido de conceitos jurídicos indeterminados e cláusulas gerais que abundam no texto legal complementar. O Decreto nº 8.538/15 veio regulamentar, no âmbito da administração pública federal, o tratamento favorecido, diferenciado e simplificado para as microempresas, empresas de pequeno porte, agricultores familiares, produtores rurais pessoa física, microempreendedores individuais e sociedades cooperativas de consumo nas contratações públicas de bens, serviços e obras. Mas suas disposições não dão respostas tranquilizadoras àquelas dúvidas e criam outras, nem ministram esclarecimentos suficientes sobre aqueles conceitos indeterminados e cláusulas gerais, que, condicionantes da aplicação da lei e do decreto, são, quase todos, de intrincada apreensão em tese e de complexa demonstração a cada caso concreto.

No texto da lei e do decreto, traduzem conceitos jurídicos indeterminados ou cláusulas gerais as expressões "promoção do desenvolvimento econômico e social no âmbito municipal e regional"; "ampliação da eficiência das políticas públicas"; "incentivo à inovação tecnológica"; "microempresas e empresas de pequeno porte sediadas regionalmente"; "urgência na contratação" (caso a micro ou pequena empresa não comprove a sua regularidade fiscal no prazo); "inviabilidade da substituição" (pela empresa contratada, da microempresa ou empresa de pequeno porte por aquela subcontratada); "padronização, compatibilidade, gerenciamento centralizado e qualidade da subcontratação"; "serviços acessórios"; "subcontratação inviável, desvantajosa ou prejudicial"; "fornecedores competitivos"; "possibilidade de conluio ou fraude".

O manejo desses conceitos indeterminados e cláusulas gerais produzirá, enquanto não se alcançar consenso razoável sobre o significado e a extensão de cada qual, soluções as mais díspares. Pode-se prever período de considerável turbulência na gestão do tratamento diferenciado deferido às microempresas e empresas de pequeno porte, tendo-se em conta que as instituições controladoras das licitações e contratações da administração pública – Tribunais de Contas, Ministério Público, Ministério da Transparência, Fiscalização e Controladoria-Geral da União, Poder Judiciário – haverão de exigir dos executores congruência entre as decisões tomadas no processo pertinente a cada contratação e aqueles conceitos indeterminados e cláusulas gerais.

Como varia ao infinito o nível de preparo e treinamento dos agentes da administração pública brasileira – certo que grande número não porta formação jurídica –, segue-se a natural dificuldade que encontrarão na instrução dos processos e na edição de atos jurídicos providos de estrutura íntegra, notadamente quanto aos motivos e às finalidades, que se deverão alinhar àqueles conceitos indeterminados e cláusulas gerais, a cada contratação. Convém, pois, que se debata, em sede doutrinária e jurisprudencial, sobre as normas da lei complementar e de seu decreto regulamentador no âmbito da administração federal, a partir de compreensão que se venha a desenvolver, progressivamente, quanto ao sentido e à extensão dos conceitos indeterminados e das cláusulas gerais que balizam a sua aplicação. Contribuir para tal debate é o propósito deste estudo.

2 O conceito jurídico indeterminado e a cláusula geral como técnicas de elaboração da norma jurídica

A nenhum agente da administração deve surpreender a presença, em leis e decretos, de expressões de caráter genérico e abstrato, cujo sentido preciso, por isto mesmo, não se deduz do só conteúdo léxico ou sintático, ou mesmo técnico-jurídico, das palavras que as compõem. O fenômeno ocorre em todos os campos do direito, incluído aquele que disciplina a atuação da função administrativa estatal, que é o Direito Administrativo.

É que o elaborador da norma – qualquer que seja, legal ou regulamentar – não emprega somente palavras e expressões de cunho unívoco, certo e determinado, nem tal seria compatível com a infinita variedade de situações fáticas que a realidade cria, no presente e para o futuro, em função da dinâmica da vida inteligente, o que obriga a existência de técnicas próprias de elaboração normativa, como sejam o conceito jurídico indeterminado e a cláusula geral, quando a conduta dos aplicadores da norma houver de depender de premissas, condições ou objetivos genéricos e abstratos.

2.1 O conceito jurídico indeterminado

> Nem sempre convém, e às vezes é impossível, que a lei delimite com traço de absoluta nitidez o campo de incidência de uma regra jurídica, isto é, descreva, em termos pormenorizados e exaustivos, todas as situações fáticas a que há de ligar-se este ou aquele efeito no mundo jurídico. Recorre então o legislador ao expediente de fornecer simples indicações de ordem genérica, dizendo o bastante para tornar claro o que lhe parece essencial, e deixando ao aplicador da norma, no momento da subsunção – quer dizer, quando lhe caiba determinar se o fato singular e concreto com que se defronta corresponde ou não ao modelo abstrato –, o cuidado de preencher os claros, de cobrir os espaços em branco. A doutrina costuma falar, ao propósito, em conceitos juridicamente indeterminados. (MOREIRA, José Carlos Barbosa. Regras de experiência e conceitos jurídicos indeterminados. In: MOREIRA, José Carlos Barbosa. *Temas de direito processual*: segunda série. São Paulo: Saraiva, 1988. p. 64)

Em que consiste a "boa-fé" que deve presidir as relações contratuais, públicas ou privadas; os "atos de mera permissão ou tolerância" que, no Código Civil, não induzem posse; as "cláusulas abusivas" que autorizam a declaração de nulidade nas relações de consumo; o "atentado violento ao pudor" que tipifica crime capitulado no Código Penal; a "vantagem indevida ou o benefício injusto" decorrente de prorrogação contratual, a configurar delito na Lei nº 8.666/93 (art. 92, parágrafo único), ou o "atraso injustificado" que constitui motivo para rescisão do contrato administrativo (art. 78, IV)?

Indagações desse teor desafiam o aplicador da norma a identificar, nas circunstâncias de cada caso, se os fatos que se apresentam à sua interpretação correspondem, ou não, à conduta de "boa-fé", ao "ato de mera tolerância", à "cláusula abusiva", ao "atentado violento ao pudor", à "vantagem indevida ou benefício injusto", ao "atraso injustificado".

São conceitos jurídicos no sentido de que, uma vez afirmada e demonstrada a sua presença no caso concreto, impõem ao aplicador da norma um comportamento jurídico-administrativo nela previsto. São indeterminados quanto à vaguidão da expressão abstrata com que se exprime o conceito. Porém, se tornam determináveis à vista das circunstâncias apuradas e avaliadas em face da realidade factual comprovada.

Na "fixação dos conceitos juridicamente indeterminados, abre-se ao aplicador da norma, como é intuitivo, certa margem de liberdade. Algo de subjetivo quase sempre haverá nessa operação concretizadora, sobretudo quando ela envolve, conforme ocorre com freqüência, a formulação de juízos de valor" (MOREIRA, *op. cit.*, p. 65). Daí ser comum que o elaborador da norma, sobretudo quando esta visa a disciplinar matéria técnica, opte por incluir disposições definidoras, tal como aquelas que se encontram no art. 6º, seus incisos e alíneas, da Lei nº 8.666/93.

Ainda assim, ao tentar reduzir a margem de subjetividade, o legislador nem sempre consegue livrar-se de, ao definir o núcleo de um conceito indeterminado, socorrer-se de outro conceito indeterminado. Veja-se, por exemplo, a definição de projeto básico, posta no art. 6º, IX, da Lei nº 8.666/93, na qual o "conjunto de elementos necessários e suficientes para caracterizar a obra ou o serviço" deve ser traçado com "nível de precisão adequado". Em que consistirá, a cada caso, esse "nível de precisão adequado", conceito jurídico indeterminado utilizado para reduzir o espectro abstrato de "projeto básico", outro conceito jurídico indeterminado?

Os conceitos indeterminados se transmudam em determinados pela função que têm de exercer na situação concreta. Servem para propiciar a aplicação equitativa do preceito abstrato ao caso concreto, como resultado jurídico da valoração do conceito tornado vivo e atuante pelo aplicador na norma. Assim, no exemplo dado, terá "nível de precisão adequado" o projeto básico de obra ou serviço cujo conjunto de elementos caracterizadores viabilize planejamento, execução e controle da obra ou do serviço segundo parâmetros tecnicamente reconhecidos e objetivamente demonstráveis, a garantir o resultado esperado, o que, por evidente, variará de acordo com a natureza e as finalidades a cumprir em cada obra ou serviço.

Quando – na linguagem da geometria descritiva – se rebate o projeto básico, do plano técnico de engenharia para o plano do conceito jurídico indeterminado, para fins de aplicação da Lei nº 8.666/93 e demais normas regentes das licitações públicas, duas consequências se apresentam: a sua falta impede a instauração da licitação (art. 7º, §2º, I, da Lei nº 8.666/93), e a sua existência com nível de precisão inadequado compromete os resultados pretendidos pela administração, constituindo vício grave no processo de contratação.

Esse o raciocínio jurídico que deverá orientar o aplicador da Lei Complementar nº 123/06 e do Decreto federal nº 8.538/15 quando se defrontar com os conceitos jurídicos indeterminados de "inviabilidade da substituição" (art. 7º, IV), "qualidade da subcontratação" (art. 7º, V), "serviços acessórios" (art. 7º, §2º) e "fornecedores competitivos" (art. 10, I).

Ainda Barbosa Moreira adverte que "não se deve confundir esse fenômeno com o da discricionariedade. Às vezes, a lei atribui a quem tenha de aplicá-la o poder de, em face de determinada situação, atuar ou abster-se, ou, no primeiro caso, o poder de escolher, dentro de certos limites, a providência que adotará, mediante a consideração da oportunidade e da conveniência. É o que se denomina poder discricionário (...) O que um e outro fenômeno têm em comum é o fato de que, em ambos, é particularmente importante o papel confiado à prudência do aplicador da norma, a quem não se impõem padrões rígidos de atuação. Há, no entanto, uma diferença fundamental, bastante fácil de perceber se se tiver presente a distinção entre os dois elementos essenciais da estrutura da norma, a saber o fato e o efeito jurídico atribuído à sua concreta ocorrência. Os conceitos indeterminados integram a descrição do fato, ao passo que a discricionariedade se situa toda no campo dos efeitos. Daí resulta que, no tratamento daqueles, a liberdade do aplicador se exaure na fixação da premissa: uma vez estabelecida, *in concreto*, a coincidência ou a não-coincidência entre o acontecimento real e o modelo normativo, a solução estará, por assim dizer, pré-determinada. Sucede o inverso (...) quando a própria escolha da consequência é que fica entregue à decisão do aplicador" (*op. cit.*, p. 65-66).

Sublinhe-se o que é fundamental para a conduta jurídica do agente da administração pública que aplicará os conceitos indeterminados da LC nº 123/06 ou do Decreto nº 8.538/15: incidindo o conceito no caso concreto, "inviabilidade da substituição", por exemplo, a própria norma também estipula a solução a ser adotada, ou seja, o seu efeito (na hipótese do art. 7º, IV, do decreto, o efeito terá de ser a execução da parcela originalmente subcontratada pela empresa de grande ou médio porte contratada pela administração). Nenhuma discricionariedade autoriza o descumprimento do efeito da presença do conceito: diante da inviabilidade de substituição do subcontratado, o aplicador deve determinar que a empresa contratada execute a parcela originalmente subcontratada.

A questão estará em verificar, portanto, se, nas circunstâncias do caso concreto, se apresenta, comprovada, a inviabilidade da substituição; em caso afirmativo, a norma não deixa espaço discricionário para o aplicador praticar conduta diversa. Ou seja, a incidência do conceito indeterminado, que se tornou determinado no caso concreto, exclui o poder de escolher solução diversa daquela que decorre da presença do conceito. Logo, conceito jurídico indeterminado e discricionariedade se excluem quanto aos efeitos: quando houver o primeiro, afasta-se a segunda. Incompreensão sobre isto gerará um sem-número de decisões ilegais na aplicação da LC nº 123/06 e do Decreto nº 8.538/15.

2.2 A cláusula geral

Embora tecnicamente próximas dos conceitos jurídicos indeterminados, as chamadas "cláusulas gerais" da lei deles se distinguem. Ditas cláusulas são formulações da lei, exprimindo valores que devem ser reconhecidos pelo aplicador com a natureza de diretrizes. Em outras palavras: o sistema concebido pela lei (no caso, o tratamento diferenciado em favor das microempresas e empresas de pequeno porte) se moverá sempre de acordo com as diretrizes de suas cláusulas gerais, sem as quais o próprio sistema perde rumo e congruência.

As cláusulas gerais legais dotam o sistema normativo de mobilidade, permitindo que o aplicador o ajuste às contingências históricas e socioeconômicas que o tempo e a cultura vão moldando e transformando. Por isto que não é necessário que os interessados as invoquem para que incidam no caso concreto. O aplicador do sistema legal estará sempre comprometido em geri-lo de acordo com as cláusulas gerais que lhe dão significado (v. COSTA, Judith Martins. As cláusulas gerais como fatores de mobilidade do sistema jurídico. *Revista dos Tribunais*, v. 680, n. 112, p. 50, out./dez. 1991).

Há leis que prodigalizam o emprego de cláusulas gerais no propósito de assegurar maior longevidade e atualidade aos respectivos sistemas normativos, a despeito das mutações da cultura, que tenderiam a torná-los obsoletos em pouco tempo, não fossem as diretrizes contidas em cláusulas gerais.

No Código Civil brasileiro de 2002, por exemplo, se identificam como cláusulas gerais, entre outras, a da função social do contrato como limite à autonomia privada; a do atendimento aos fins sociais e econômicos de todo negócio jurídico; a da função social da propriedade e da empresa; a do dever de indenizar objetivamente, isto é, independentemente de dolo ou culpa, quando a atividade causadora do dano criar riscos para o direito de outrem.

Na Lei Complementar nº 123/06 e no Decreto nº 8.538/15 são cláusulas gerais as que estabelecem os objetivos de "promover o desenvolvimento econômico e social no âmbito municipal e regional", "ampliar a eficiência das políticas públicas" e "incentivar a inovação tecnológica" (art. 47 da Lei e art. 1º, incs. I, II e III do Decreto).

Como se vê, tanto na cláusula geral quanto no conceito jurídico indeterminado, há vagueza e generalidade. Mas perceba-se que: (a) quando a norma já prevê a consequência de sua incidência, está-se diante do conceito indeterminado e o aplicador deverá ater-se ao efeito previsto na norma; (b) quando a norma não prevê consequência, caberá ao aplicador criar a solução para o caso concreto de acordo com as cláusulas gerais, o que poderá legitimar soluções distintas para casos aparentemente idênticos.

A função da cláusula geral da lei é integrativa, no sentido de que o sistema espera que o aplicador encontre a solução adequada, desde que harmônica com as diretrizes estabelecidas em suas cláusulas gerais. Assim, caberá ao aplicador, à luz do Código Civil, verificar se o dono terá feito uso social ou egoístico da propriedade e quais seriam os efeitos daí advindos em determinado conflito de interesses (o que explica a dificuldade de se dar solução equânime aos casos de invasão de terras, por exemplo). Caberá ao aplicador, no tratamento diferenciado deferido à microempresa e à empresa de pequeno porte, delinear, nas minutas de contrato, direitos e obrigações que dele façam instrumento apto a promover o desenvolvimento econômico e social no âmbito municipal e regional, sob pena de frustrarem-se os objetivos do tratamento diferenciado. Mas a norma não revela que direitos e obrigações serão esses, porque delega ao aplicador, quando da elaboração do contrato, estabelecê-los na conformidade das cláusulas gerais.

Fica claro que as cláusulas gerais conferem ao aplicador discricionariedade da maior amplitude, desde que a exercite em busca de soluções que submetam o caso concreto às diretrizes estabelecidas naquelas cláusulas legais. Vale dizer que os agentes da administração, do mesmo modo que se devem cercar de cautelas quando do manejo dos conceitos jurídicos indeterminados, cuja aplicação, no caso concreto, os levará a situações de vinculação à solução prevista na norma, deverão empregar maior apuro na instrução dos processos de contratação de microempresas e de empresas de pequeno porte, de molde a que dos autos resulte demonstrado que o respectivo contrato apresenta perfil de direitos e obrigações apto a cumprir as diretrizes das cláusulas gerais fixadas nas normas de regência.

Se determinado contrato com uma dessas empresas não atender a tais diretrizes, sequer poderia ter havido contratação e os agentes responderão por desvio de finalidade. Tanto assim é que o art. 10, IV, do Decreto nº 8.538/15 alinha, entre os impedimentos à realização de licitações para participação exclusiva dessas empresas (art. 6º), à imposição da exigência de sua subcontratação (art. 7º) ou à reserva de cota para a sua contratação (art. 8º), o da impossibilidade de o contrato cumprir os objetivos enunciados no art. 1º (sede das cláusulas gerais de promoção do desenvolvimento econômico e social no âmbito local e regional, de ampliação da eficiência das políticas públicas e de incentivo à inovação tecnológica).

3 As normas do Decreto nº 8.538/15 sob a perspectiva das cláusulas gerais e dos conceitos jurídicos indeterminados

Passa-se à reflexão sobre os pontos axiais do Decreto nº 8.538/15, sob a perspectiva das cláusulas gerais e dos conceitos jurídicos indeterminados expressos em suas normas.

3.1 Desenvolvimento econômico e social no âmbito municipal e regional

Estabelece o Decreto federal nº 8.538/15 que:

> Art. 1º Nas contratações públicas de bens, serviços e obras, deverá ser concedido tratamento favorecido, diferenciado e simplificado para as microempresas e empresas de pequeno porte, agricultor familiar, produtor rural pessoa física, microempreendedor individual – MEI e sociedades cooperativas de consumo, nos termos deste Decreto, com o objetivo de:
> I – promover o desenvolvimento econômico e social no âmbito local e regional;
> II – ampliar a eficiência das políticas públicas; e
> III – incentivar a inovação tecnológica.

De acordo com o art. 47 da Lei Complementar nº 123/06, nas contratações públicas da administração direta e indireta, autárquica e fundacional, federal, estadual e municipal, deverá ser concedido tratamento diferenciado e simplificado para as microempresas e empresas de pequeno porte objetivando a promoção do desenvolvimento econômico e social no âmbito municipal e regional, a ampliação da eficiência das políticas públicas e o incentivo à inovação tecnológica.

O Decreto nº 8.538/15 regulamenta tal tratamento no âmbito da administração pública federal, e outras, por conseguinte, não poderiam ser as diretrizes balizadoras que adotou, as quais, por força do art. 34 da Lei nº 11.488/07[35] se estendem às cooperativas. Vale dizer que o gestor público federal deverá demonstrar, em cada caso, mediante justificativa idônea (explicitação dos motivos do ato administrativo, que se definem, a

---

[35] "Art. 34. Aplica-se às sociedades cooperativas que tenham auferido, no ano-calendário anterior, receita bruta até o limite definido no inciso II do *caput* do art. 3º da Lei Complementar nº 123, de 14 de dezembro de 2006, nela incluídos os atos cooperados e não-cooperados, o disposto nos Capítulos V a X, na Seção IV do Capítulo XI, e no Capítulo XII da referida Lei Complementar."

seu turno, como o conjunto das razões de fato e de direito que legitimam o ato), que a contratação atenderá aos três objetivos concomitantemente, sob pena de incorrer em desvio de finalidade.

Que os objetivos são cumulados não deixa dúvida a conjunção "e", inserida entre os incs. II e III do art. 1º do decreto federal. Ou seja, somente poderá ser concedido o tratamento favorecido, diferenciado e simplificado em demonstrada presença dessas três diretrizes. Se uma delas não se compatibilizar com as demais, a administração estará impedida de aplicar o regime diferenciado e as microempresas e empresas de pequeno porte terão a faculdade de participar do prélio licitatório sem direito àquele tratamento, o que soa intrigante: se, por exemplo, tal tratamento for importante para promover o desenvolvimento econômico e social no âmbito municipal e regional, bem assim para ampliar a eficiência de políticas públicas específicas, não se compreende o sentido de ser inviável a aplicação do regime diferenciado porque do contrato não resultasse inovação tecnológica ou esta não fosse necessária para a execução de seu objeto, até porque inovação tecnológica não é imprescindível à consecução dos dois outros objetivos.

Atingir a *finalidade* da norma implica o dever de a autoridade administrativa utilizar todos os métodos válidos de aferição e interpretação para realizar ou proteger o bem jurídico (interesse público) que o legislador quis tutelar. Apresenta certa complexidade conjugar os objetivos elencados na norma do art. 1º do Decreto nº 8.538/15, visando a legitimar a concessão de tratamento favorecido, diferenciado e simplificado, segundo se demonstre nos autos do processo administrativo pertinente.

Dificuldades se prenunciam.

O Decreto nº 5.450/05 obriga, nas licitações da administração pública federal e naquelas empreendidas por entidades executoras de convênios com recursos repassados pela União, a utilização da modalidade licitatória do pregão, para aquisição de bens e serviços comuns, com preferência para a forma eletrônica, salvo nos casos de comprovada inviabilidade (técnica ou operacional), a ser justificada pela autoridade competente.

Excepcionando-se a hipótese de inviabilidade do modo eletrônico – quando o administrador público optará, motivadamente, pela forma presencial do pregão –, o sentido do Decreto nº 5.450/05 é o de estimular a participação de maior número de licitantes, bastando, para tanto, o acesso aos recursos de tecnologia da informação e o prévio credenciamento no sistema eletrônico. Esse propósito confronta com o objetivo do Decreto nº 8.538/15 no que respeita à promoção do desenvolvimento econômico e social no âmbito local ou da região: o administrador público federal depara-se com a obrigatoriedade de utilizar o formato eletrônico do pregão, salvo justificada inviabilidade, com o fim de universalizar o acesso à licitação, mas, ao mesmo tempo, deve ater-se ao desenvolvimento econômico e social no âmbito local e regional, nas licitações em que se assegure tratamento privilegiado às microempresas e empresas de pequeno porte.

Sucedem-se indagações a que o Decreto nº 8.538/15 não responde diretamente, *v.g.*: como circunscrever a promoção do desenvolvimento econômico e social aos níveis local e regional, se acudirem ao certame, balizado por tratamento diferenciado, entidades de pequeno porte sediadas em pontos diversos do território nacional, mormente se cotarem propostas mais vantajosas para a administração?

O Decreto nº 8.538/15 instituiu novo critério de aceitabilidade de proposta ou novo requisito de habilitação, fundados na localização da sede do licitante? Se o fez, caberia ao pregoeiro ou à comissão de licitação afastar entidades de pequeno porte estabelecidas fora do município ou da região do órgão licitador, ou tal exigência poderia ser expressa no instrumento convocatório, colidindo, então, com a vedação do art. 3º, §1º, segunda parte, da Lei nº 8.666/93? Se não o fez, qual a conciliação possível diante da cláusula geral do art. 47 da Lei Complementar nº 123/06?

A concessão do tratamento privilegiado às entidades de pequeno porte, objetivando a promoção do desenvolvimento econômico e social no âmbito local e regional, aliada à ampliação da eficiência de políticas públicas e ao incentivo à inovação tecnológica, conviveria com a inviabilidade da utilização do formato eletrônico do pregão e legitimaria o uso do pregão presencial, que não se vale de tecnologia da informação, como disposto no art. 4º, §1º, do Decreto nº 5.450/05?

Tendo em vista o dever jurídico-administrativo de comprovar-se que a licitação atenderá às finalidades inscritas nos incs. I, II e III do art. 1º do Decreto nº 8.538/15, a par do valor estimado do objeto conter-se no teto fixado no art. 6º (80 mil reais), da demonstração de que existem mais de três microempresas, empresas de pequeno porte ou sociedades cooperativas competitivas, sediadas local ou regionalmente, conjuntamente com as disposições dos incs. II e IV do art. 10, devidamente justificadas, decorreria estar a administração pública federal autorizada a utilizar a modalidade do convite mesmo que o objeto da licitação fosse a aquisição de bens e serviços comuns?

Qual seria o alcance do termo "regional" e em que consistiria o "incentivo à inovação tecnológica"?

Como comprovar que a concessão do tratamento privilegiado será fator de ampliação da eficiência de políticas públicas? Nestas se incluem também aquelas definidas nas Constituições estaduais e nas Leis Orgânicas Municipais, ou somente aquelas traçadas pela Constituição da República?

A primeira ponderação a fazer-se é a de que o Decreto nº 8.538/15 não excluiu a possibilidade de utilização da modalidade licitatória do pregão, tanto na forma presencial como eletrônica. Qualquer uma delas poderá, nas circunstâncias do caso concreto, atender às três diretrizes do art. 1º. O fato de o pregão presencial não se valer de tecnologia da informação é irrelevante, dado que o incentivo à inovação tecnológica haverá de decorrer da execução do objeto do contrato, não de sua licitação.

A segunda diz respeito à estipulação, no instrumento convocatório, de regra alusiva à localização dessas empresas e sociedades cooperativas. O art. 2º, III, do Decreto nº 8.538/15 sinaliza que os órgãos ou entidades contratantes, isto é, os que integram a administração, deverão, "sempre que possível", na definição do objeto da contratação, não utilizar especificações que restrinjam, injustificadamente, a participação das microempresas e empresas de pequeno porte sediadas regionalmente.

O destinatário da norma não é o edital, nem decisões da comissão de licitação ou do pregoeiro, mas, sim, a especificação do objeto a ser licitado e contratado. A especificação do objeto é que, sempre que possível, deverá evitar características restritivas à participação de empresas com sede no município ou na região. As características especificadoras do objeto devem ser de ordem a viabilizar a participação de empresas sediadas localmente, obviando sofisticações ou peculiaridades que somente empresas de outras regiões fossem capazes de atender. Coisa muitíssimo diferente, como se deduz, de privilegiar empresas em função de sua localização, até porque se tal ou qual especificação for tecnicamente indispensável a que o objeto atenda às necessidades da contratação, deve mesmo constar da especificação, ao que se extrai, recorde-se, do art. 7º, §5º, segunda parte, da Lei nº 8.666/93.

Tanto o art. 4º, XIII, da Lei nº 10.520/02, como o art. 14 do Decreto nº 5.450/05 e os artigos 28 a 31 da Lei nº 8.666/93 não preveem, como requisito de habilitação, a comprovação da localização da sede dos licitantes, certo que o art. 3º, §1º, da Lei Geral o proíbe, como assinalado. E tampouco se poderia cogitar da exigência de localização da sede do licitante, no instrumento convocatório, como critério de aceitabilidade da proposta (arts. 43, inc. IV, e 45, *caput*, da Lei nº 8.666/93), pela singela razão de que requisitos relacionados à pessoa do licitante concernem à etapa procedimental da habilitação, não à etapa de julgamento de propostas, na qual se examinam qualidade e preço do objeto da compra, da obra ou do serviço, não a qualificação da pessoa do licitante, alvo da habilitação.

Ademais, preferência em razão de localização criaria reserva de mercado transgressora do princípio da igualdade expresso no art. 37, inc. XXI, da CF/88 ("ressalvados os casos especificados na legislação, as obras, serviços, compras e alienações serão contratados mediante processo de licitação pública que *assegure igualdade de condições a todos os concorrentes*, com cláusulas que estabeleçam obrigações de pagamento, mantidas as condições efetivas da proposta, nos termos da lei, o qual somente permitirá as exigências de qualificação técnica e econômica indispensáveis à garantia do cumprimento das obrigações").

De acordo com a jurisprudência do STF, estabelecer no edital da licitação a exclusiva participação de pessoas jurídicas sediadas em determinados municípios configura ofensa à competitividade do certame. Assim:

> DIREITO PROCESSUAL CIVIL E ADMINISTRATIVO. AGRAVO REGIMENTAL NO RECURSO ESPECIAL. LICITAÇÃO. CLÁUSULA EDITALÍCIA. ACÓRDÃO QUE, APÓS EXAME DAS CLÁUSULAS EDITALÍCIAS E DO CONJUNTO PROBATÓRIO, CONCLUIU PELA OFENSA À COMPETITIVIDADE DO CERTAME. REEXAME. IMPOSSIBILIDADE. SÚMULAS 5 E 7/STJ. AGRAVO REGIMENTAL IMPROVIDO.
>
> I. Segundo consignado no acórdão recorrido, após exame das cláusulas editalícias e do conjunto probatório dos autos, o item 4.9.1 do edital do processo licitatório de concorrência "restringe, significativamente a participação de interessados na disputa, ao estabelecer que somente, pessoas jurídicas com sede nos Municípios de Florianópolis ou São José podem ser habilitadas no certame".
>
> II. Diante desse contexto, alterar o entendimento do Tribunal de origem ensejaria, inevitavelmente, o reexame fático-probatório dos autos e da cláusula do edital de licitação, procedimento vedado, pelas Súmulas 5 e 7 desta Corte. Precedentes do STJ.
>
> III. Agravo Regimental improvido. (AgRg no REsp 1363302/SC, Rel. Min. Assusete Magalhães, *DJe* 16.03.2016)

Resta definir o conteúdo do "âmbito municipal e regional" que, no art. 47 da LC nº 123/06, se correlaciona a desenvolvimento econômico e social. Por isto que o parâmetro do conceito é de natureza econômico-social, afastando qualquer conotação de circunscrição ou competência territorial. O "âmbito municipal e regional" compreende, para os fins da lei, as atividades peculiares à vocação econômica regional ou municipal – agrícola, industrial, extrativa, artesanal, turística, etc. Os contratos, a cujo acesso se pretende garantir tratamento diferenciado em favor de microempresas e empresas de pequeno porte, bem como a sociedades cooperativas, devem ter por objeto atividades compatíveis com a vocação econômico-social da região ou do município em que as respectivas obrigações haverão de ser cumpridas pela contratada. Logo, as políticas públicas a que alude o inc. II do art. 1º do Decreto nº 8.538/15 são igualmente aquelas traçadas nas Constituições estaduais e nas Leis Orgânicas municipais, tendo por destinatárias essas atividades.

O Decreto nº 8.538/15 define "âmbito local" como sendo os limites geográficos do município onde será executado o objeto da contratação e "âmbito regional" os limites geográficos do estado ou da região metropolitana, que podem envolver mesorregiões ou microrregiões, conforme definido pelo Instituto Brasileiro de Geografia e Estatística (IBGE). Admite-se a adoção de outro critério de definição de âmbito local e regional, justificadamente, em edital, desde que previsto em regulamento específico do órgão ou entidade contratante e que atenda aos objetivos previstos em seu art. 1º, ou seja, a promoção do desenvolvimento econômico e social no âmbito local e regional, a ampliação da eficiência das políticas públicas e o incentivo à inovação tecnológica.

3.2 Ampliação da eficiência de políticas públicas

O conceito de política pública é polissêmico e, como tal, sujeito à influência de valores e ideologias do grupo que exerce o poder e detém a possibilidade de fazer ou deixar de fazer ações, implementar ou descontinuar projetos. Todavia, na medida em que a política pública seja estabelecida em textos constitucionais e/ou orgânicos, passa a dispor de cogência incontrastável, tornando-se sua execução exigível dos governos. É o caso do tratamento favorecido, diferenciado e simplificado devido às microempresas e empresas de pequeno porte, por força do comando explicitado nos arts. 146, III, "d", 170, IX, e 179 da Constituição Federal.

É na execução da política pública que aquela influência se fará sentir, seja na concepção dos instrumentos, na escolha dos meios e das oportunidades para agir, ou na fixação de objetivos e metas a alcançar, no tempo e no espaço.

A ampliação da eficiência de políticas públicas, a que se refere o inc. II do art. 1º do Decreto nº 8.538/15 estará conexa aos resultados que se obtenham com o tratamento diferenciado deferido àquelas empresas e cooperativas. A diretriz permeará as contratações dessas organizações: (a) intrinsecamente, impulsionando os administradores a verificar o suporte teórico/acadêmico da política considerada, a correlação entre propostas de sua viabilização e o alinhamento/validade dos paradigmas e parâmetros adotados; por exemplo, se a participação exclusiva de entidades de pequeno porte, nos moldes do art. 6º do Decreto nº 8.538/15, em determinada licitação, não representa prejuízo ao conjunto ou complexo do objeto a ser contratado; (b) externamente, mediante avaliação permanente dos resultados e da percepção destes pelos destinatários da política e pelos usuários das compras, obras e serviços decorrentes da contratação dessas empresas.

Trata-se de segmento do ciclo da gestão de resultados (planejamento, execução, controle e avaliação) a que menos está afeiçoada a experiência da administração pública brasileira, mais preocupada, até aqui, em organizar centros de custos – atividade interna de controle –, antes de desenvolver indicadores de avaliação de desempenho e de instrumentos de pesquisa da satisfação do usuário – atividade voltada para a opinião que os usuários têm da qualidade dos resultados. Em outras palavras: os resultados da gestão, no estado democrático de direito, não se encontram, propriamente, nos centros de custos, mas, sim, na opinião dos usuários sobre a eficiência e a eficácia dos serviços prestados e recebidos, ou seja, os resultados estão fora da organização estatal e representam a avaliação que os usuários fazem do grau de eficiência e de eficácia com que tal organização se desincumbe dos serviços a seu cargo.

O mesmo se deve dizer da consecução das políticas públicas. Contribuir para que se tornem mais eficientes e eficazes significa exigir, das entidades que as executam, desempenho que os usuários reputem satisfatório.

3.3 Incentivo à inovação tecnológica

A Lei Complementar nº 123/06 e o Decreto nº 8.538/15, no intuito de estimular a inovação tecnológica nomeada no Capítulo X do Estatuto Nacional da Microempresa e da Empresa de Pequeno Porte, guindaram-na a diretriz nas contratações dessas empresas para a execução de compras, obras e serviços pela administração pública.

Em que, juridicamente, consistiria tal cláusula geral legal? Pretende dizê-lo o art. 64 da LC nº 123/06: "Para os efeitos desta Lei Complementar considera-se: I – inovação: a concepção de um novo produto ou processo de fabricação, bem como a agregação de novas funcionalidades ou características ao produto ou processo que implique melhorias incrementais e efetivo ganho de qualidade ou produtividade, resultando em maior competitividade no mercado".

Deduz-se que se trata da adoção de métodos de produção tecnologicamente novos ou significativamente aperfeiçoados. Esses métodos podem abranger mudanças em equipamentos ou na organização da produção, ou uma combinação de ambos, ou podem derivar do uso de conhecimento novo. Podem ser introduzidos com o propósito de produzir ou distribuir produtos e serviços tecnologicamente novos ou aperfeiçoados, insuscetíveis de produção ou distribuição mediante métodos convencionais. Ou, ainda, podem ser desenvolvidos para aumentar a eficiência de produção ou distribuição dos existentes.

Saber se a concessão do tratamento favorecido, diferenciado e simplificado àquelas empresas e cooperativas implica incentivo à inovação tecnológica demandaria dos agentes da administração demonstração nada corriqueira, qual seja, a de que a contratação ensejaria o emprego de conhecimento, de método ou de processo produtivo capaz de agregar valor ao objeto do contrato, em comparação com o que se encontra no mercado, praticado pelas empresas de maior porte, como desafio pretensioso e contraditório em relação à simplificação pretendida.

Somadas e integradas as diretrizes dessas três cláusulas gerais legais, enunciadas no art. 1º e seus incisos do Decreto nº 8.538/15, exsurge que este não almejaria alargar, ilimitadamente, a concessão do tratamento favorecido, diferenciado e simplificado às entidades de pequeno porte nas licitações públicas. O administrador público planejará as contratações sob o regime diferenciado analisando as circunstâncias do caso concreto (objeto, mercado, custos e prazo de execução, vantajosidade, possíveis prejuízos ao conjunto ou complexo do objeto, capacidade econômico-financeira da contratada, entre outros) e poderá direcionar a atuação administrativa no sentido de afastar a incidência das regras de licitação exclusiva para microempresas e empresas de pequeno porte, das que possibilitem a subcontratação destas, ou das que lhes garantem reserva de cota. Ou seja, o tratamento diferenciado, embora constitucional, não é um valor absoluto. Será imperativo que, a cada situação, se demonstre a sua conveniência para o interesse público, aferido segundo as diretrizes que o justificam.

Ao mesmo tempo em que a Lei Complementar nº 123/06 e o seu decreto regulamentador foram editados com o fim de nortear o respeito ao tratamento favorecido para as empresas de pequeno porte, é de serem reconhecidas as dificuldades jurídicas e operacionais de sua aplicação.

A eficiência e a eficácia da atuação do administrador para a solução das questões suscitadas será controlada por meio da *motivação* (justificativa) de seus atos, cujos fundamentos de fato deverão ser apontados, assim como a correlação lógica entre os eventos e as soluções jurídicas tidas por adequadas.

Essa motivação deve convencer da legalidade e da regularidade das contratações. O princípio da motivação necessária está consagrado no direito administrativo brasileiro. Seja na Lei Geral de Licitações (arts. 38, inc. IX; 49, *caput*; 51, §3º; e 79, §1º), seja no Decreto nº 5.450/05 (arts. 9º, §1º; 26, §3º; e 29), ou no art. 3º, I e III, da Lei nº 10.520/02, quando exige que a autoridade competente justifique a necessidade da contratação, bem como no art. 8º, inc. VI, do Decreto nº 3.555/00, que manifesta o dever de constar dos autos a motivação de cada um dos atos que especifica. Além de encontrar-se entre os onze princípios que o art. 2º da Lei nº 9.784/99 arrola como balizadores de todo processo administrativo, no âmbito da administração pública federal, daí aplicar-se, igualmente, no processo administrativo de suas licitações e contratações.

3.4 Condições para ampliar a participação das pequenas e microempresas nas licitações

> Art. 2º Para a ampliação da participação das microempresas e empresas de pequeno porte nas licitações, os órgãos ou entidades contratantes deverão, sempre que possível:

A ampliação da participação das entidades de pequeno porte nas licitações, enunciada no art. 2º e seus incisos, objetiva franquear o acesso destas ao mercado específico das contratações administrativas, como proposto no Capítulo V da Lei Complementar nº 123/06. Esse dispositivo do decreto exprime metas de gestão, decorrentes de planejamento que leve em conta as características do órgão/entidade pública, as prioridades de suas contratações, as estimativas de custos, os recursos materiais e humanos disponíveis, segundo análise programada das demandas e finalidades a atingir. Estas, por sua vez, necessitam ser articuladas em torno dos objetivos institucionais e envolver todos os agentes que operam o sistema.

O planejamento da atuação administrativa nas contratações não é inovação do Decreto nº 8.538/15, mas este lhe dá destacada ênfase. Planejar significa pensar antes de agir, propor objetivos e desenvolver ações que, transportados para a esfera da administração pública, traduzem-se no princípio da eficiência, no qual toda a ação deve ser orientada para a concretização material e efetiva dos fins de interesse público, sejam os explicitados na regra de competência ou os implícitos no sistema jurídico.

A cabeça do preceito arremata com a locução "sempre que possível". Vale dizer que as medidas relacionadas nos incisos são impositivas, salvo se houver impossibilidade material à sua concretização, a ser cabalmente justificada pela autoridade competente, a quem caberá rever, periodicamente, a impossibilidade, com o fim de verificar se já se apresentam condições para removê-la.

> I – instituir cadastro próprio, de acesso livre, ou adequar os eventuais cadastros existentes, para identificar as microempresas e empresas de pequeno porte sediadas regionalmente, juntamente com suas linhas de fornecimento, de modo a possibilitar a notificação das licitações e facilitar a formação de parcerias e as subcontratações;

Dispositivo similar consta no art. 36 da Lei nº 8.666/93, que trata dos registros cadastrais de licitantes, para efeito de habilitação, estabelecendo que os inscritos serão classificados por categorias, tendo em vista sua especialização, subdivididas em grupos, segundo a qualificação técnica e econômica, avaliada pelos elementos constantes da documentação relacionada nos arts. 30 e 31. A medida aproveita as modalidades licitatórias da tomada de preços e do convite, nas quais há exigência de prévio cadastramento (art. 22, §§2º e 3º, da Lei nº 8.666/93), bem como auxilia nas contratações diretas, tornando disponível para a administração conhecimento estruturado sobre as empresas que atuam nos vários segmentos do mercado e que, mercê dos documentos cadastrados no registro, apresentariam qualificação para contratar sem licitação.

O objetivo da norma no Decreto nº 8.538/15 reside na identificação de empresas do ramo do objeto que a administração pretende licitar, segundo o critério do desenvolvimento econômico e social no âmbito regional e municipal, a fim de notificá-las para o efeito de participação em certames. Almeja, ademais, promover a interatividade entre as diversas categorias empresariais, com o fim de subsidiar as subcontratações enunciadas no art. 7º.

> II – padronizar e divulgar as especificações dos bens, serviços e obras contratados, de modo a orientar as microempresas e empresas de pequeno porte para que adequem os seus processos produtivos;

A padronização deve refletir a prevalência do interesse público, dos princípios da eficiência, da economicidade e da impessoalidade, sendo possível tanto para a aquisição de novos bens quanto para dar continuidade a projetos implantados. Pode contar, exemplificadamente, com a utilização de servidores já treinados para o manuseio de determinados equipamentos ou serviços, com a prevalência de um sistema em operação, com a eficaz adaptação pelos usuários de bens antes adquiridos, com a compatibilidade de especificações técnicas e de desempenho já existentes e a relação custo-benefício.

O inc. II, visando a ampliar a participação das entidades de pequeno porte e cooperativas nas licitações, quer a divulgação das especificações de bens e serviços de interesse da administração a fim de que aquelas entidades ajustem os seus processos produtivos às especificações usualmente exigidas e, mercê disto, elevem o respectivo teor de competitividade e prontidão para participarem de licitações.

Abre-se ensejo à organização de catálogos de padronização de materiais, com atribuição de código a cada item, cuja referência, nos projetos básicos e atos convocatórios, bastará para esclarecer o mercado quanto às características que o objeto em licitação deve reunir para atender ao que deseja a administração.

Sem embargo de, previamente à realização de qualquer modalidade licitatória, na fase interna do procedimento, o setor requisitante elaborar projeto básico ou termo de referência, que será aprovado e motivado pela autoridade competente, contendo todos os elementos capazes de identificar, de forma clara e objetiva, o objeto que se quer licitar, com sua adequada caracterização e todos os respectivos atributos, incluindo características que assegurem padrão mínimo de qualidade, não se admitindo restrição injustificada, que afete a isonomia entre os interessados ou pré-direcionem o resultado da competição.

A adequada caracterização do objeto, como previsto nos arts. 14 e 15, III, §7º, da Lei nº 8.666/93, é garantia de qualidade para a administração e assegura aos licitantes aferição segundo critérios objetivos, nos termos do art. 44, §1º, cujo desatendimento, na proposta, implica desclassificação, como preceituam os arts. 43, IV, e 48, I, da mesma Lei Geral.

> III – na definição do objeto da contratação, não utilizar especificações que restrinjam, injustificadamente, a participação das microempresas e empresas de pequeno porte sediadas regionalmente;
> IV – considerar, na construção de itens, grupos ou lotes da licitação, a oferta local ou regional dos bens e serviços a serem contratados;

As regras dos incs. III e IV devem ser lidas articuladamente com a do art. 3º, §1º, I, da Lei nº 8.666/93, que veda aos agentes públicos admitir, prever, incluir ou tolerar, nos atos de convocação, cláusulas ou condições que comprometam, restrinjam ou frustrem o seu caráter competitivo e estabeleçam preferências ou distinções em razão da naturalidade, da *sede ou domicílio dos licitantes* ou de qualquer outra circunstância impertinente ou irrelevante para o específico objeto do contrato. O dispositivo da Lei Geral de Licitações proíbe cláusulas ou condições, nos instrumentos convocatórios, que restrinjam a participação dos licitantes sob o critério da localização, enquanto as disposições introduzidas pelos incs. III e IV do art. 2º do Decreto nº 8.538/15 estimulam a participação das entidades de pequeno porte nos certames em razão de sua regionalidade, leia-se localização. O termo de conciliação entre as normas aparentemente discrepantes, proposto linhas atrás, estará em fixar o foco na proibição de especificações que restrinjam a participação das pequenas empresas e cooperativas locais, sem significar que estas devam ser beneficiadas pelo fato de serem locais, como critério a inserir-se no ato convocatório. A não ser assim, os incs. III e IV do decreto padeceriam de ilegalidade diante da norma geral da Lei nº 8.666/93, desafiando, também, o princípio constitucional da igualdade pela possível existência de outras entidades de pequeno porte situadas no território nacional, aptas a executar o objeto da licitação.

Por outro lado, cabe ponderar-se que, quando o objetivo da administração for o de contratar entidades de pequeno porte estabelecidas em determinado local ou região – hipótese que merecerá a devida motivação –, a alternativa seja a de utilizar-se a modalidade licitatória do convite, respeitados os limites de valores fixados no art. 23, inc. I, alínea "a", e inc. II, alínea "a", da Lei nº 8.666/93.

A participação das entidades de pequeno porte nas licitações, segundo critério de localização, há de ser descartada quando a administração demonstrar a sua impropriedade em razão do objeto que pretende contratar, ou, ainda, quando representar prejuízo ao conjunto ou complexo do objeto a ser contratado.

3.5 Balanço patrimonial

> Art. 3º. Na habilitação em licitações para o fornecimento de bens para pronta entrega ou para a locação de materiais, não será exigida da microempresa ou da empresa de pequeno porte a apresentação de balanço patrimonial do último exercício social.

A regra objetiva simplificar a habilitação nas licitações cujo objeto seja a pronta entrega de bens, especificamente no requisito atinente à qualificação econômico-financeira prevista no art. 31, I, da Lei nº 8.666/93. Disposição similar consta no art. 32, §1º, da citada lei, facultando à administração a dispensa da documentação prevista nos arts. 28 a 31, no todo ou em parte, nos casos de convite, leilão, concurso, ou, independentemente da modalidade licitatória, quando do fornecimento de bens para pronta entrega.

O art. 3º do Decreto nº 8.538/15 também afastou a exigência de balanço patrimonial da microempresa e empresa de pequeno porte, referente ao último exercício, quando o objeto da licitação for a locação de materiais. Locação constitui serviço (art. 6º, II, da Lei nº 8.666/93), e não compra (fornecimento). A exceção do art. 32, §1º, da Lei Geral se limita a incidir, cuidando-se de compra, quando for para pronta entrega, o que não se configura na hipótese de locação, e, nos demais casos, se o valor estimado for o do convite. Logo, a regra do decreto vai além da exceção delimitada pela Lei Geral.

Quando a administração reduz exigências de habilitação, independentemente da modalidade adotada e da categoria empresarial participante da licitação, está reduzindo burocracia e ônus para os licitantes. Em tese, estará ampliando a competitividade e aumentando a possibilidade de obter proposta mais vantajosa. Mas, tratando-se de hipótese de exceção, há de conter-se nos limites da lei, sabido que as normas que a definem somente comportam interpretação estrita, vedadas analogia e extensão.

Outro ponto polêmico diz respeito à exigência de balanço patrimonial de microempresa e empresa de pequeno porte nas licitações referentes a outros objetos que não o fornecimento de bens para pronta entrega ou locação de materiais, ante o disposto no art. 1.179, §2º, combinado com o art. 970, ambos do Código Civil.

O art. 1.179, §2º, do CC/02 dispensa o pequeno empresário, a que se refere o art. 970, da exigência de manutenção de sistema de contabilidade, mecanizado ou não, com base em escrituração uniforme de seus livros, em correspondência com a documentação respectiva e levantamento anual de balanço patrimonial e de resultado econômico.

O art. 970 determina que a lei assegurará tratamento favorecido, diferenciado e simplificado ao empresário rural e ao pequeno empresário, quanto à inscrição e aos efeitos daí decorrentes, em consonância com o art. 179 da Constituição Federal.

Essas questões não se colocam para fins de participação em licitação porque a exigência de qualificação econômico-financeira, prevista no art. 31, I, da Lei nº 8.666/93, objetiva apurar se o empresário interessado em participar do certame está apto a integrar os registros cadastrais dos órgãos públicos, bem como a aferir se possui condições ou idoneidade econômico-financeira para participar de licitações e executar satisfatoriamente o objeto a ser contratado.

A Lei Complementar nº 123/06 não dispensou as microempresas e empresas de pequeno porte da apresentação de qualquer documento de habilitação previsto na Lei Geral de Licitações ou nos diplomas que tratam do pregão (Lei nº 10.520/02 e Decreto nº 5.450/05). Apenas concedeu-lhes o direito de regularizar a situação fiscal (*e trabalhista*[36]) acaso constatada restrição por ocasião da conferência dos documentos exigidos no instrumento convocatório.

Por esta razão, as microempresas e empresas de pequeno porte que pretendam participar de licitações promovidas pelos órgãos públicos, em que se tenha exigido, como requisito de qualificação econômico-financeira, a apresentação de balanço patrimonial, nos moldes previstos pelo art. 31, I, da Lei nº 8.666/93, deverão elaborá-lo e apresentá-lo, ainda que somente para atender a essa finalidade específica, sob pena de inabilitação.

O fato de determinadas categorias empresariais gozarem de regime jurídico fiscal-civil específico não as libera de elaborar e apresentar o balanço patrimonial para fins de participação em licitação, restando indispensável, portanto, que assim o façam, se exigido no ato convocatório. Segue-se que a empresa de pequeno porte ou microempresa que deixar de apresentar o balanço patrimonial e as demonstrações contábeis, exigidos no ato convocatório nos termos do art. 31, I, da Lei nº 8.666/93, deverá ser inabilitada, com fulcro no princípio da vinculação ao instrumento convocatório, inserto no art. 3º, *caput*, combinado com o art. 41, *caput*, da mesma lei.

3.6 O aperfeiçoamento da regularidade fiscal

Dispõe o Decreto federal nº 8.538/15 que:

> Art. 4º A comprovação de regularidade fiscal das microempresas e empresas de pequeno porte somente será exigida para efeito de contratação e não como condição para participação na licitação.

Desde a publicação da Lei Complementar nº 123/06 que se hesita quanto ao momento da comprovação da regularidade fiscal[37] das microempresas ou empresas de pequeno porte, após o exercício do direito ao desempate previsto nos arts. 44 e 45 ou quando portadoras da melhor proposta.

Formularam-se duas interpretações.

A primeira sustentava que, na fase de habilitação, deve ser apresentada somente a documentação referente à comprovação da regularidade jurídica, técnica e/ou econômica da microempresa ou empresa de pequeno porte – na medida em que exigidas no instrumento convocatório –, inabilitando-a ou habilitando-a, na hipótese de não cumprir um dos requisitos ou na hipótese de cumprir todos eles, respectivamente; somente

---

[36] De acordo com o art. 11 da Lei Complementar nº 155/16, o prazo especial para a regularização da situação trabalhista terá início a partir de 1º de janeiro de 2018.
[37] De acordo com o art. 11 da Lei Complementar nº 155/16, o prazo especial para a regularização da situação trabalhista das entidades de menor porte terá início a partir de 1º de janeiro de 2018.

por ocasião da assinatura do termo de contrato, ou aceite ou retirada de instrumento equivalente, é que seria exigida a comprovação da regularidade fiscal fixada no instrumento convocatório, permitindo-se a regularização no prazo de cinco dias úteis, se acompanhada de alguma restrição.

Segunda vertente entendia que a comprovação da regularidade fiscal, jurídica, técnica e/ou econômico-financeira – consoante exigida no instrumento convocatório – deve ser aferida na fase de habilitação, própria em cada modalidade licitatória. O não cumprimento de um dos requisitos de regularidade, de ordem jurídica, técnica e/ou econômico-financeira, é causa de inabilitação, independentemente da categoria empresarial do licitante. Tratando-se de microempresa ou empresa de pequeno porte, a verificação da existência de alguma restrição na documentação *fiscal (e trabalhista*[38]*)* apresentada não autoriza sua inabilitação, permitida a regularização em cinco dias úteis. O não cumprimento do permissivo legal, ou seja, a não regularização da restrição fiscal (*e/ou trabalhista*) no prazo legal, acarreta a inabilitação da microempresa ou empresa de pequeno porte, facultado à administração convocar os licitantes remanescentes na ordem de classificação ou revogar a licitação.

Esta última interpretação entrevia espécie de habilitação condicional e veio a prevalecer no disposto nos §§1º e 2º do art. 4º do Decreto nº 8.538/15, os quais estabelecem que:

> Art. 4º A comprovação de regularidade fiscal das microempresas e empresas de pequeno porte somente será exigida para efeito de contratação, e não como condição para participação na licitação.
>
> §1º Na hipótese de haver alguma restrição relativa à regularidade fiscal quando da comprovação de que trata o *caput*, será assegurado prazo de cinco dias úteis, prorrogável por igual período, para a regularização da documentação, a realização do pagamento ou parcelamento do débito e a emissão de eventuais certidões negativas ou positivas com efeito de certidão negativa.
>
> §2º Para aplicação do disposto no §1º, o prazo para regularização fiscal será contado a partir:
> I – da divulgação do resultado da fase de habilitação, na licitação na modalidade pregão e nas regidas pelo Regime Diferenciado de Contratações Públicas sem inversão de fases; ou
> II – da divulgação do resultado do julgamento das propostas, nas modalidades de licitação previstas na Lei nº 8.666, de 21 de junho de 1993, e nas regidas pelo Regime Diferenciado de Contratações Públicas com a inversão de fases.

As microempresas e empresas de pequeno porte, por ocasião da participação em certames licitatórios, deverão apresentar toda a documentação exigida para o efeito de comprovação de regularidade fiscal (*e trabalhista*), mesmo que esta registre alguma restrição (art. 43 da Lei Complementar nº 123/06). Havendo alguma restrição na comprovação da regularidade *fiscal (e/ou trabalhista)* da microempresa ou empresa de pequeno porte, acaso vencedora, ser-lhe-á assegurado prazo de cinco dias úteis para regularização. A não regularização nesse prazo ou no prazo da prorrogação, confirmada pela decisão da comissão de licitação ou pelo pregoeiro, retira-lhe a condição de

---

[38] De acordo com o art. 11 da Lei Complementar nº 155/16, o prazo especial para a regularização da situação trabalhista da entidade de menor porte terá início a partir de 1º de janeiro de 2018.

adjudicatária, de vez que apenas esta pode ser convocada para contratar, daí o *caput* do art. 4º referir-se à comprovação da regularidade fiscal ser exigível apenas "para efeito de contratação, e não como condição para participação na licitação".

O art. 43 da Lei Complementar nº 123/06 e o §1º do art. 4º do Decreto nº 8.538/15 querem que, na fase de habilitação, todos os licitantes apresentem os documentos exigidos no instrumento convocatório, inclusive os referentes à regularidade fiscal (*e trabalhista*). É admitida a permanência da microempresa ou empresa de pequeno porte na licitação, acaso verificada alguma restrição na documentação referente à regularidade fiscal (*e/ou trabalhista*).

Na modalidade pregão e nas licitações regidas pelo regime diferenciado de contratações públicas (RDC) que adotem o rito ordinário, ou seja, o mesmo do pregão (apresentação de propostas, fase de lances, habilitação do primeiro classificado, fase recursal, adjudicação e homologação), conta-se o prazo de cinco dias úteis para a regularização da situação fiscal (*e trabalhista*), da divulgação do resultado da fase de habilitação. Nas modalidades de licitação da Lei nº 8.666/93 (concorrência, tomada de preços e convite) e nas licitações regidas pelo regime diferenciado de contratações públicas (RDC) que adotem o mesmo rito dessas modalidades convencionais (análise de documentos de habilitação, recurso, julgamento de propostas, recurso, adjudicação e homologação), conta-se o prazo de cinco dias úteis para a regularização da situação fiscal (*e trabalhista*) da divulgação do resultado do julgamento das propostas.

Tanto a Lei Complementar nº 123/06 (art. 43, §1º) como o Decreto nº 8.538/15 estabelecem que será assegurado o prazo de cinco dias úteis para a regularização da documentação. Deduz-se da parte final do art. 4º, §1º, do decreto que a irregularidade consiste na existência de débito e que a regularização se fará mediante o seu pagamento, integral ou parcelado, de sorte a gerar a emissão de certidão negativa (no caso de quitação integral do débito) ou de certidão positiva com efeito de negativa (no caso de deferimento, pela repartição fiscal competente, de parcelamento do pagamento do débito). De nenhuma outra irregularidade fiscal parece cogitar a norma, o que não significa inexistência de outra espécie de irregularidade além do débito, capaz de opor-se à comprovação da regularidade fiscal.

Estabelece o Decreto nº 8.538/15 que:

> Art. 4º [...]
> §3º A prorrogação do prazo previsto no §1º poderá ser concedida, a critério da administração pública, quando requerida pelo licitante, mediante apresentação de justificativa.

A concessão do prazo de cinco dias úteis para a regularização da situação fiscal (*e trabalhista*) é direito subjetivo assegurado às microempresas e empresas de pequeno porte que ofereçam a proposta de preço vencedora, mesmo que inexista previsão no edital da licitação, admitida a prorrogação do prazo por igual período, a ser concedida pela administração desde que requerida pela entidade de menor porte antes do término do prazo inicial para a regularização e acompanhada de justificativa plausível. Motivo não haverá para o indeferimento da prorrogação quando atendidos tais requisitos.

Ainda segundo o Decreto nº 8.538/15:

Art. 4º [...]

§5º A não regularização da documentação no prazo previsto nos §§1º e 3º implicará decadência do direito à contratação, sem prejuízo das sanções previstas no art. 87 da Lei nº 8.666, de 1993, sendo facultado à administração pública convocar os licitantes remanescentes, na ordem de classificação, ou revogar a licitação.

Quando a melhor proposta de preço for de entidade de pequeno porte, uma vez verificada a existência de restrições na documentação apresentada na fase de habilitação, para efeito de comprovação da regularidade fiscal (*e trabalhista*), é permitida a regularização, cujo desatendimento, no prazo fixado, implicará sua inabilitação e consequente impossibilidade de contratação – que a Lei Complementar nº 123/06 e o Decreto nº 8.538/15 rotulam, incidindo em erro conceitual, de decadência de direito; não se decai de direito algum pela singela razão de que não há direito à contratação, mas, apenas, o direito de, a haver contratação, exigir-se a observância da ordem de classificação.

O §5º alude à imposição de sanções previstas nos art. 87 da Lei nº 8.666/93, na hipótese de não regularização da documentação no prazo fixado, não bastando, para esse efeito, mera menção ao dispositivo da lei. É imprescindível que as sanções estejam especificadas no instrumento convocatório, como, por exemplo, o *quantum* referente à multa que deva ser aplicada e a tipificação das hipóteses atraentes das demais penalidades previstas na lei, estabelecendo-se correlação entre o teor de severidade de cada qual e a gravidade da falta.

A aplicação da sanção observará o devido processo legal, o que pressupõe que se garanta ao licitante oportunidade para a articulação de defesa prévia à aplicação da penalidade e, após esta, se houver, o manejo dos recursos previstos em Lei (CF/88, art. 5º, incs. LIV e LV, e Lei nº 8.666/93, arts. 49, §3º, 78, parágrafo único, e 87), competindo à administração a apreciação dos motivos que justificam, ou não, a escusa do licitante.

3.7 Devido processo legal e regime recursal

Nas modalidades convencionais da Lei nº 8.666/93, verifica-se, inicialmente, o cumprimento dos requisitos de habilitação exigidos no instrumento convocatório, seguindo-se a decisão que habilita e/ou inabilita licitante(s) (art. 43, inc. I), sujeita a recurso administrativo hierárquico (art. 43, inc. III, c/c art. 109, inc. I, alínea "a"), que, exaurido, enseja a abertura do(s) envelope(s) contendo a(s) proposta(s) de preço(s) do(s) licitante(s) habilitado(s) (art. 43, inc. III). Prossegue o procedimento com decisão que julga a(s) proposta(s) e apura a vencedora (art. 43, IV e V), a que sucede outra fase recursal (art. 109, inc. I, alínea "b"), após a qual sobrevém o ato declaratório do vencedor do certame.

Nos termos do art. 4º, §§1º e 2º, do Decreto federal nº 8.538/15, na hipótese de haver alguma restrição relativa à regularidade fiscal, será assegurado prazo de cinco dias úteis à entidade de menor porte, prorrogável por igual período, para a regularização da documentação, a realização do pagamento ou parcelamento do débito e a emissão de eventuais certidões negativas ou positivas com efeito de certidão negativa.

Nas modalidades de licitação previstas na Lei nº 8.666/93 (concorrência, tomada de preços e convite), o prazo para regularização fiscal (*e trabalhista*[39]) será contado a partir da divulgação do resultado do julgamento das propostas (assim também nas licitações regidas pelo regime diferenciado de contratações públicas (RDC) com a inversão de fases). Note-se que a fase de habilitação já ocorreu. Se nessa fase (de habilitação) a comissão de licitação verifica problemas na regularidade fiscal (*e trabalhista*) de entidades de menor porte, tal fato não é causa de inabilitação. Prossegue-se com a fase recursal dessa etapa.

Decididos os recursos da fase de habilitação, acaso interpostos, o procedimento seguinte é o de abertura dos envelopes e julgamento das propostas. Divulgado o resultado do julgamento das propostas, abre-se, então, o prazo para regularização da situação fiscal (*e trabalhista*) da entidade de menor porte.

Não comprovada a regularidade fiscal (*e/ou trabalhista*) – seja pelo decurso de prazo sem a devida apresentação do documento comprobatório, ou pela rejeição daquele(s) que for(em) apresentado(s) –, é facultado à administração convocar os licitantes remanescentes, na ordem de classificação, ou revogar a licitação. Existindo propostas de preços de entidades de menor porte iguais ou até dez por cento superiores à de menor preço, será conferido a estas, na ordem de classificação, o exercício do direito à regularização fiscal (*e/ou trabalhista*), aplicando-se, novamente, o prazo previsto na Lei Complementar nº 123/06, de cinco dias úteis, podendo ser prorrogado, a critério da administração, quando requerido pelo licitante, mediante apresentação de justificativa.

A abertura da fase recursal em relação ao resultado do certame (julgamento de propostas) ocorrerá após os prazos de regularização fiscal,[40] segundo disposto no art. 4º, §4º, do Decreto nº 8.538/15.

Aventa-se a tese de que a fase recursal resume-se a um único recurso também nas modalidades convencionais de licitação, se delas participam microempresas e empresas de pequeno porte. O princípio da hierarquia entre as normas jurídicas não sustenta a tese: simples decreto regulador não pode derrogar dispositivos de lei ordinária. O regime recursal da Lei nº 8.666/96 não se compadece com a fusão dos recursos em momento único. Permanecem vigentes as regras que preveem duas oportunidades para a interposição de recursos administrativos distintos, um após a decisão da habilitação e outro após a decisão sobre as propostas, tal como estabelecido no art. 109, inc. I, alíneas "a" e "b", da Lei Geral de Licitações, regime que somente se altera na modalidade do pregão, mediante lei específica. De vez que o Decreto nº 8.538/15 não tem, nem poderia ter, por objeto unificar o regime recursal nas diversas modalidades de licitação, os recursos serão aqueles que as leis pertinentes estabeleceram para cada modalidade, independentemente de quem esteja a participar do certame.

---

[39] De acordo com o art. 11 da Lei Complementar nº 155/16, o prazo especial para a regularização da situação trabalhista da entidade de menor porte terá início a partir de 1º de janeiro de 2018.

[40] Confiram-se os arts. 42 e 43 da Lei Complementar nº 123/06, alterada pela Lei Complementar nº 155/16: "Art. 42. Nas licitações públicas, a comprovação de regularidade fiscal e trabalhista das microempresas e das empresas de pequeno porte somente será exigida para efeito de assinatura do contrato. Art. 43. As microempresas e as empresas de pequeno porte, por ocasião da participação em certames licitatórios, deverão apresentar toda a documentação exigida para efeito de comprovação de regularidade fiscal e trabalhista, mesmo que esta apresente alguma restrição. § 1º Havendo alguma restrição na comprovação da regularidade fiscal e trabalhista, será assegurado o prazo de cinco dias úteis, cujo termo inicial corresponderá ao momento em que o proponente for declarado vencedor do certame, prorrogável por igual período, a critério da administração pública, para regularização da documentação, para pagamento ou parcelamento do débito e para emissão de eventuais certidões negativas ou positivas com efeito de certidão negativa."

O termo inicial para a apresentação do recurso administrativo é o da intimação do ato a cada um dos licitantes, cuja contagem excluirá o dia do início e incluirá o do vencimento, segundo a regra geral do art. 110 da Lei nº 8.666/93.

Eis os passos a serem observados pela comissão de licitação, para a aplicação do tratamento privilegiado às entidades de menor porte nas modalidades tradicionais da Lei nº 8.666/93, segundo o Decreto federal nº 8.538/15:

> Art. 5º Nas licitações, será assegurada, como critério de desempate, preferência de contratação para as microempresas e empresas de pequeno porte.
> §1º Entende-se haver empate quando as ofertas apresentadas pelas microempresas e empresas de pequeno porte sejam iguais ou até dez por cento superiores ao menor preço, ressalvado o disposto no §2º.
> [...]
> §3º O disposto neste artigo somente se aplicará quando a melhor oferta válida não houver sido apresentada por microempresa ou empresa de pequeno porte.
> §4º A preferência de que trata o *caput* será concedida da seguinte forma:
> I – ocorrendo o empate, a microempresa ou a empresa de pequeno porte melhor classificada poderá apresentar proposta de preço inferior àquela considerada vencedora do certame, situação em que será adjudicado o objeto em seu favor;
> II – não ocorrendo a contratação da microempresa ou empresa de pequeno porte, na forma do inciso I, serão convocadas as remanescentes que porventura se enquadrem na situação de empate, na ordem classificatória, para o exercício do mesmo direito; e
> III – no caso de equivalência dos valores apresentados pelas microempresas e empresas de pequeno porte que se encontrem em situação de empate, será realizado sorteio entre elas para que se identifique aquela que primeiro poderá apresentar melhor oferta.
> [...]
> §6º No caso do pregão, após o encerramento dos lances, a microempresa ou a empresa de pequeno porte melhor classificada será convocada para apresentar nova proposta no prazo máximo de cinco minutos por item em situação de empate, sob pena de preclusão.
> §7º Nas demais modalidades de licitação, o prazo para os licitantes apresentarem nova proposta será estabelecido pelo órgão ou pela entidade contratante e estará previsto no instrumento convocatório.

3.8 Devido processo legal no pregão

Na modalidade do pregão, na forma presencial, o procedimento licitatório tem início com a apresentação de propostas escritas, seguindo-se a fase de lances verbais e a verificação dos requisitos de habilitação do licitante que ofertou a melhor proposta. Na forma eletrônica, o encaminhamento das propostas se faz exclusivamente por meio virtual, até a data e a hora marcadas para a abertura da sessão; seguem-se os lances e a verificação dos requisitos de habilitação do licitante que ofertou a melhor proposta.

Nos termos do art. 4º, §§1º e 2º, do Decreto federal nº 8.538/15, na hipótese de haver alguma restrição relativa à regularidade fiscal,[41] será assegurado prazo de cinco

---

[41] A Lei Complementar nº 123/06 foi alterada pela Lei Complementar nº 155/16, *verbis*: "Art. 42. Nas licitações públicas, a comprovação de regularidade fiscal e trabalhista das microempresas e das empresas de pequeno porte somente será exigida para efeito de assinatura do contrato. Art. 43. As microempresas e as empresas de pequeno porte, por ocasião da participação em certames licitatórios, deverão apresentar toda a documentação

dias úteis à entidade de menor porte, prorrogável por igual período, para a regularização da documentação, a realização do pagamento ou parcelamento do débito e a emissão de eventuais certidões negativas ou positivas com efeito de certidão negativa. Esse prazo deve ser contado da divulgação do resultado da fase de habilitação (assim como nas licitações regidas pelo RDC sem inversão de fases).

Observar-se-á o seguinte procedimento na modalidade pregão: análise do cumprimento dos requisitos de habilitação do licitante que ofertou a melhor proposta; tratando-se de empresa de pequeno porte e constatado que há restrições quanto à regularidade *fiscal (e/ou trabalhista*[42]), exigida no edital, ser-lhe-á assinado o prazo de cinco dias úteis para a regularização, prorrogável por igual período.

A comprovação da regularidade fiscal dar-se-á segundo a norma do art. 4º, XV, da Lei nº 10.520/02 (pregão presencial), ou de acordo com o art. 25, §9º, do Decreto nº 5.450/05 (pregão eletrônico). É facultado à administração convocar os licitantes remanescentes, na ordem de classificação, ou revogar a licitação caso não regularizada a situação fiscal (*e/ou trabalhista*) pela entidade de menor porte. Assim, existindo propostas de preços de entidades de menor porte iguais ou até cinco por cento superiores ao de menor preço, pode ser concedido a estas, respeitada a ordem de classificação, o exercício do mesmo direito à regularização fiscal (*e/ou trabalhista*), aplicando-se, novamente, o prazo previsto na Lei Complementar nº 123/06 (cinco dias úteis), podendo ser prorrogado, a critério da administração, quando requerida pelo licitante, mediante apresentação de justificativa. Pode a autoridade competente, desde que oportuno e conveniente, revogar a licitação em vez de convocar os licitantes remanescentes. A abertura da fase recursal (que no pregão abrange a fase de propostas e de habilitação) em relação ao resultado do certame ocorrerá após os prazos de regularização fiscal (art. 4º, §4º, do Decreto federal nº 8.538/15). No pregão, a fase recursal inicia com um procedimento próprio, qual seja, a concessão de prazo para manifestação da intenção de recorrer. Na forma presencial, o recurso obedece ao disposto no art. 4º, incs. XVIII a XXI, da Lei nº 10.520/02 e, na forma eletrônica, ao estatuído nos arts. 26 e 27 do Decreto nº 5.450/05.

No pregão, tanto no formato presencial quanto no eletrônico, há oportunidade processual para a interposição de um único recurso, abrangendo as fases de classificação de propostas e de habilitação do proponente classificado em primeiro lugar.

3.9 Critério de desempate

Dispõe o Decreto nº 8.538/15 que:

> Art. 5º Nas licitações, será assegurada, como critério de desempate, preferência de contratação para as microempresas e empresas de pequeno porte.

---

exigida para efeito de comprovação de regularidade fiscal e trabalhista, mesmo que esta apresente alguma restrição. § 1º Havendo alguma restrição na comprovação da regularidade fiscal e trabalhista, será assegurado o prazo de cinco dias úteis, cujo termo inicial corresponderá ao momento em que o proponente for declarado vencedor do certame, prorrogável por igual período, a critério da administração pública, para regularização da documentação, para pagamento ou parcelamento do débito e para emissão de eventuais certidões negativas ou positivas com efeito de certidão negativa".

[42] De acordo com o art. 11 da Lei Complementar nº 155/16, o prazo especial para a regularização da situação trabalhista terá início a partir de 1º de janeiro de 2018.

§1º Entende-se haver empate quando as ofertas apresentadas pelas microempresas e empresas de pequeno porte sejam iguais ou até dez por cento superiores ao menor preço, ressalvado o disposto no §2º.

§2º Na modalidade de pregão, entende-se haver empate quando as ofertas apresentadas pelas microempresas e empresas de pequeno porte sejam iguais ou até cinco por cento superiores ao menor preço.

§3º O disposto neste artigo somente se aplicará quando a melhor oferta válida não houver sido apresentada por microempresa ou empresa de pequeno porte.

O dispositivo criou espécie de *empate ficto*, ou seja, reputam-se empatadas as propostas apresentadas pelas entidades de pequeno porte cujo preço seja até 10% superior ao menor preço ofertado por empresa de maior porte, nas licitações convencionais da Lei nº 8.666/93, ou até 5% superior, na modalidade licitatória do pregão (presencial ou eletrônico). Para esta última modalidade, o decreto estipulou o prazo de cinco minutos para o exercício do direito ao desempate, não prevendo, todavia, prazo para a redução da oferta quando se tratar das modalidades convencionais da Lei Geral de Licitações (concorrência, tomada de preços e convite), cuja solução deverá ser regulamentada pelo instrumento convocatório, segundo critério da administração.

Registre-se que o Decreto nº 8.538/15 não excluiu a aplicação do tratamento privilegiado nas licitações que combinem técnica e preço, segundo dispõe o seu art. 5º, §8º:

> Nas licitações do tipo técnica e preço, o empate será aferido levando em consideração o resultado da ponderação entre a técnica e o preço na proposta apresentada pelos licitantes, sendo facultada à microempresa ou empresa de pequeno porte melhor classificada a possibilidade de apresentar proposta de preço inferior, nos termos do regulamento.

O Decreto nº 8.538/15 tampouco suprimiu o dever de o pregoeiro negociar o menor preço ofertado, que ocorrerá após a redução da oferta por entidade de pequeno porte. Na hipótese de não contratação de nenhuma dessas empresas, a negociação se fará com os licitantes remanescentes, na ordem de classificação.

A respeito da negociação, o Ministério do Planejamento, Orçamento e Gestão, por intermédio do SIASG (Sistema Integrado de Administração de Serviços Gerais), expediu regras para a operacionalização do pregão eletrônico, *verbis*: "a negociação de preço junto ao fornecedor classificado em primeiro lugar, quando houver, será sempre após o procedimento de desempate de propostas e classificação final dos fornecedores participantes;".

Esclareça-se que a hipótese de equivalência tratada no art. 5º, §4º, III, do Decreto nº 8.538/15, que prevê o desempate em todas as modalidades licitatórias, prospera, apenas, na fase de apresentação das propostas, ou seja:

a) no caso de concorrência, tomada de preços e convite – nos quais as propostas de preços são apresentadas por escrito e envelopadas –, é possível a ocorrência de propostas de microempresas, empresas de pequeno porte ou sociedades cooperativas com valores idênticos; proceder-se-á, então, a sorteio para identificar aquela que primeiro poderá exercer o direito ao desempate e reduzir a oferta;

b) na modalidade do pregão, na forma presencial, não havendo lances verbais, também é possível a existência de propostas de microempresas, empresas de pequeno porte ou sociedades cooperativas com valores idênticos, e a solução para identificar aquela que primeiro poderá reduzir a oferta será o sorteio; havendo lances verbais, que deverão ser formulados de forma sucessiva, em valores distintos e decrescentes, resulta afastada a hipótese de as ofertas apresentarem valores idênticos, sendo ordenadas segundo a ordem de classificação;

c) na modalidade do pregão, na forma eletrônica, o art. 5º, §5º, do Decreto nº 8.538/15 explicita descaber sorteio porque o procedimento não admite empate real, o que se deduz do Decreto nº 5.450/05, art. 24, §4º, dispondo que não serão aceitos dois ou mais lances iguais, prevalecendo aquele que for recebido e registrado primeiro (Não se aplica o sorteio a que se refere o inciso III do §4º quando, por sua natureza, o procedimento não admitir o empate real, como acontece na fase de lances do pregão, em que os lances equivalentes não são considerados iguais, sendo classificados de acordo com a ordem de apresentação pelos licitantes).

Todavia, no pregão eletrônico, há fase em que poderão coexistir duas ou mais propostas com valores idênticos: a do art. 21 do Decreto nº 5.450/05 (fase de apresentação de propostas), sem que se efetive a fase competitiva do art. 24 do mesmo diploma (fase de lances). O Ministério do Planejamento, Orçamento e Gestão, por intermédio do sistema SIASG, elaborou regras referentes à participação das microempresas e empresas de pequeno porte, aplicáveis às licitações na modalidade do pregão, no formato eletrônico, prevendo que: "caso sejam identificadas propostas de microempresa ou empresa de pequeno porte empatada em segundo lugar, ou seja, na faixa dos 5% (cinco por cento) da primeira colocada e permanecendo o empate até o encerramento do item, o sistema fará um sorteio eletrônico entre tais fornecedores, definindo e convocando automaticamente a vencedora para o encaminhamento da oferta final para desempate".

O Decreto nº 8.538/15 não disciplina o procedimento do sorteio. O caráter subsidiário das normas gerais da Lei nº 8.666/93 preenche a lacuna. Seu art. 45, §2º, orienta que se fará o sorteio em ato público, para o qual todos os licitantes serão convocados. Se, durante a sessão de julgamento das propostas (concorrência, tomada de preços, convite e pregão, na forma presencial), todos os licitantes estiverem presentes, serão notificados da realização do sorteio, com registro em ata.

Na hipótese do pregão eletrônico, o instrumento convocatório deve cuidar de dispor a respeito do sorteio.

3.10 Negociação

A negociação encontra previsão na modalidade pregão (art. 4º, XVII, da Lei nº 10.520/02) e, também, na Lei nº 12.462/11, que disciplina o regime diferenciado de contratações públicas (RDC) (art. 26). Precedentes do Tribunal de Contas da União assentaram o entendimento de que, no pregão, constitui poder-dever da administração a tentativa de negociação para reduzir o preço final, conforme previsto no art. 24, §8º, do Decreto nº 5.450/05, tendo em vista a maximização do interesse público em obter-se a proposta mais vantajosa, mesmo que eventualmente o valor da oferta tenha sido inferior à estimativa da licitação (Acórdão nº 206/2016 – Plenário, Rel. Min. Walton Alencar Rodrigues, Processo nº 000.704/2016-4 e Acórdão nº 694/2014 – Plenário, Rel. Min. Valmir Campelo, Processo nº 021.404/2013-5).

A falta de previsão explícita sobre a negociação na Lei nº 8.666/93 não significa que deva ser afastada pela comissão de licitação. Consoante dispõe seu art. 3º, *caput*, um dos objetivos a serem perseguidos com a realização da licitação é justamente a seleção da proposta mais vantajosa, objetivo esse que se alcança com a realização de séria e ampla pesquisa de preço praticado pelo mercado, pela fixação de critério de aceitabilidade adequado à natureza do objeto da licitação, pela desclassificação de propostas desconformes com o critério fixado e, ainda, pela negociação.

A negociação, em qualquer modalidade licitatória, visa a máxima satisfação do interesse público na obtenção da proposta mais vantajosa, até porque tal medida em nada prejudica o procedimento licitatório, apenas ensejando a possibilidade de contratação por valor ainda mais interessante para a administração.

De acordo com o Tribunal de Contas da União, constitui prerrogativa administrativa a negociação em todas as modalidades licitatórias, em busca da proposta mais vantajosa. Confira-se:

> 21. A corroborar o acima exposto, julgo oportuno frisar ainda que a realização de negociação no âmbito de uma concorrência, sob a ótica da legalidade estrita, não encontra supedâneo na Lei de Licitações e Contratos. Tal prerrogativa administrativa encontra-se explicitada tão somente na Lei do Pregão e no âmbito do Regime Diferenciado de Contratações Públicas (RDC), nos termos que se seguem. [...] 22. Não obstante concluir, tal qual a unidade técnica, que cabe sim negociação – na busca da proposta mais vantajosa para a Administração Pública – no âmbito de todas as modalidades licitatórias, aí se inserindo, por óbvio as previstas na Lei nº 8.666/93, não se me afigura desarrazoado que os integrantes da comissão de licitação tenham concluído pela impossibilidade de se negociar condições mais vantajosas com licitantes no âmbito de uma concorrência. (Acórdão nº 1.401/2014 – Segunda Câmara, Rel. Min. José Jorge, Processo nº 006.478/2012-3).

Ainda:

> 9.4. dar ciência à [...], com fundamento no art. 7º da Resolução – TCU 265/2014, sobre a ausência de negociação com o licitante vencedor, visando obter melhor proposta de preços, identificada no Pregão Eletrônico 9/2014, dado que essa providência deve ser tomada mesmo em situação na qual o valor da proposta seja inferior ao valor orçado pelo órgão licitante, considerando o princípio da indisponibilidade do interesse público e o disposto no art. 24, §8º, do Decreto nº 5.450/2005, com a interpretação dada pelo TCU mediante os Acórdãos nº 3.037/2009 e nº 694/2014, ambos do Plenário, com vistas à adoção de controles internos que mitiguem a possibilidade de ocorrência de outras situações semelhantes; (Acórdão nº 720/2016 – Plenário, Rel. Min. Vital do Rêgo, Processo nº 020.977/2014-0).

3.11 Limites e vedação de licitação exclusiva para microempresas, empresas de pequeno porte e sociedades cooperativas

> Art. 6º Os órgãos e as entidades contratantes deverão realizar processo licitatório destinado exclusivamente à participação de microempresas e empresas de pequeno porte nos itens ou lotes de licitação cujo valor seja de até R$80.000,00 (oitenta mil reais).

O objetivo do Decreto nº 8.538/15, já se viu, não é o de generalizar o tratamento favorecido, diferenciado e simplificado às empresas de pequeno porte, nas licitações públicas. Análise acurada, no que tange ao objeto a ser contratado, direcionará a atuação administrativa no sentido de aplicar ou de afastar a incidência das regras que autorizam a realização de licitação exclusiva para essas empresas, a cada caso. Assim se depreende da conjugação entre o parágrafo único do art. 6º e as disposições do art. 9º, ambos do decreto.

Recorde-se que as licitações públicas somente podem ser instauradas, qualquer que seja a modalidade, após estimativa prévia do valor do respectivo objeto (Lei nº 8.666/93, arts. 7º, §2º, II; 14; e 40, §2º, II; e Lei nº 10.520/02, art. 3º, III), estimativa essa que, segundo o Tribunal de Contas da União,[43] será entranhada nos autos do processo de contratação.

Algumas considerações acerca da fixação do teto de R$80.000,00 (oitenta mil reais), previsto no art. 6º, demarcam limites para a aplicação do tratamento diferenciado, a partir da planilha estimativa de preços, a saber.

1. a estimativa levará em conta todo o período de vigência do contrato a ser firmado, consideradas, ainda, todas as prorrogações previstas para a contratação; nesse sentido orienta o Tribunal de Contas da União em deliberações[44] acerca da escolha da modalidade licitatória, quando o objeto seja a prestação de serviços contínuos, a execução de projetos cujos produtos estejam contemplados nas metas estabelecidas no Plano Plurianual ou referente ao aluguel de equipamentos, ou a utilização de programas de informática, ou seja, cuja execução ultrapasse o exercício financeiro; decerto que, nas hipóteses de fornecimento de bens, o valor total estimado do contrato estará adstrito ao final do exercício, segundo a regra do art. 57, *caput*, da Lei nº 8.666/93; dispõe o art. 8º da Lei nº 8.666/93, a respeito dos custos estimados de obras e serviços, que "*A execução das obras e dos serviços deve programar-se, sempre, em sua totalidade, previstos seus custos atual e final e considerados os prazos de sua execução*"; no âmbito da Advocacia-Geral da União, a Orientação Normativa nº 10, de 14 de dezembro de 2011, alerta: "A definição do valor da contratação levará em conta o período de vigência do contrato e as possíveis prorrogações para: (a) a realização de licitação exclusiva (microempresa, empresa

---

[43] Precedentes do TCU: "(a) (...) determinar à (...) que observe a necessidade de fazer constar, dos autos dos processos licitatórios relativos a licitações na modalidade pregão, o orçamento estimado, exigido no art. 3º, inciso III, da Lei nº 10.520/2002, bem como da pesquisa de mercado em que deverá assentar-se, consoante o disposto no art. 40, §2º, inciso II, c/c art. 43, inciso IV, da Lei nº 8.666/1993" (Acórdão nº 2.349/2007 – Plenário, Rel. Min. Raimundo Carreiro, Processo nº 001.509/2006-7); (b) (...) "faça constar dos autos dos processos de pregão uma via dos orçamentos estimados em planilha, com os preços unitários resultantes das pesquisas de preços, em cumprimento ao disposto ao art. 3º, inciso III, da Lei nº 10.520, de 17.07.2002, tendo em vista ter sido constatado pela equipe de auditoria que referidas planilhas, quando elaboradas, estavam sendo arquivadas exclusivamente em processos específicos, distintos dos de licitação" (Acórdão nº 1.512/2006 – Plenário, Rel. Min. Augusto Nardes, Processo nº 008.225/2006-6); (c) "(...) realize pesquisa de preços como forma de cumprir a determinação contida no art. 43, inciso IV, da Lei de Licitações, fazendo constar formalmente dos documentos dos certames a informação sobre a equivalência dos preços" (Acórdão nº 301/2005 – Plenário, Rel. Min. Marcos Bemquerer Costa, Processo nº 928.598/1998-5); e (d) "(...) efetue pesquisa de preços ou outro procedimento que permita verificar a conformidade das propostas com os preços correntes no mercado ou fixados por órgão oficial competente, fazendo constar dos respectivos processos licitatórios o procedimento utilizado (Lei nº 8.666/1993, art. 43, IV)" (Acórdão nº 100/2004 – Segunda Câmara, Rel. Min. Benjamin Zymler, Processo nº 014.018/2002-3).

[44] "Escolha a modalidade de licitação com base nos gastos estimados para todo o período de vigência do contrato a ser firmado, consideradas as prorrogações previstas no edital, nos termos dos arts. 8º e 23 da Lei nº 8.666/1993" (Acórdão nº 1.395/2005, Segunda Câmara, Rel. Min. Lincoln Magalhães da Rocha, Processo nº 011.256/2004-8). "Proceda a adequado planejamento das licitações, de modo a demonstrar, nos autos, que o enquadramento na modalidade adotada foi precedido de avaliação dos custos totais de sua conclusão, levando-se em consideração, inclusive, as despesas decorrentes de prorrogações contratuais, nos termos do art. 57 da Lei nº 8.666/93, observando-se as disposições contidas nos arts. 40, 41, 43 e 48 da Lei nº 8.666/93" (Acórdão nº 90/2004, Segunda Câmara, Rel. Min. Adylson Motta, Processo nº 011.265/2003-9).

de pequeno porte e sociedade cooperativa); (b) a escolha de uma das modalidades convencionais (concorrência, tomada de preços e convite); e (c) o enquadramento das contratações previstas no art. 24, inc. I e II, da Lei nº 8.666, de 1993";

2. no caso de compras, a estimativa total considerará a soma dos preços unitários (multiplicados pelas quantidades de cada item);

3. no caso de serviços, a estimativa será pormenorizada em planilhas que expressem a composição de todos os custos unitários, ou seja, em orçamento estimado em planilhas de quantitativos e preços unitários;

4. a estimativa deve ser elaborada com base nos preços correntes no mercado onde será realizada a licitação – local, regional ou nacional;

5. a estimativa pode ser feita com base em preços fixados por órgão oficial competente, nos constantes de sistema de registro de preços ou, ainda, nos preços para o mesmo objeto vigentes em outros órgãos, desde que em condições semelhantes;

6. a estimativa instrui a verificação da existência de recursos orçamentários suficientes para o pagamento da despesa com a futura contratação;

7. a estimativa serve de parâmetro objetivo para o julgamento de ofertas desconformes ou incompatíveis, e consequente declaração de sua inexequibilidade, se for o caso.

De vez que a norma sob foco estipulou um teto para a que a licitação possa ser reservada à participação exclusiva de microempresas, empresas de pequeno porte e sociedades cooperativas, não será uma demasia cogitar de que dito valor será objeto de atenta fiscalização por parte das empresas de maior porte, que poderão impugnar os editais dessas licitações se lhes for possível demonstrar que a estimativa, no caso concreto, está equivocada e o valor do objeto em verdade superaria o teto, daí a inviabilidade legal de a licitação ser exclusiva para aquelas entidades. Argumento a mais a advertir a administração quanto ao zelo que deve empregar na elaboração de planilhas de estimativa de preços.

3.11.1 Participação exclusiva de entidades de menor porte em licitação dividida em itens ou lotes/grupos

Itens ou lotes/grupos de um único edital de licitação, cujos valores sejam iguais ou inferiores a oitenta mil reais, serão destinados à participação exclusiva de microempresas, empresas de pequeno porte ou sociedades cooperativas (art. 34 da Lei nº 11.488/07), desde que não haja a subsunção a quaisquer das situações previstas pelo art. 10 do Decreto nº 8.538/15.

Em licitação dividida em itens ou lotes/grupos, cada item ou lote/grupo é considerado uma licitação separada, isolada das demais, com julgamentos e adjudicações independentes.

Essa metodologia, além de atender à regra do parcelamento (art. 23, §1º, da Lei nº 8.666/93 e Súmula nº 247, do Tribunal de Contas da União), propicia economia de tempo e de recursos financeiros, uma vez que é realizada uma única licitação para objetos específicos. Na prática, podem ocorrer vários negócios jurídicos distintos (contratações) derivados de um único instrumento convocatório, em razão da possibilidade de serem adjudicados os itens ou lotes/grupos a licitantes distintos, selecionados por meio de uma única licitação.

Desse modo, mesmo quando o valor total da licitação for superior a oitenta mil reais, mas existindo itens ou lotes/grupos com valores iguais ou inferiores a essa cifra, para cada um deles o edital regulamentará a exclusiva participação de entidades de menor porte. Para os demais itens ou lotes/grupos com valores superiores a oitenta mil reais, o mesmo edital estenderá a participação às outras categorias empresariais do ramo do objeto da licitação (grande e médio porte), concedendo-se, todavia, nesse caso, o tratamento privilegiado às entidades de menor porte na hipótese de ocorrer o "empate ficto".

Se fossem realizadas várias licitações apartadas, ou seja, fossem publicados vários instrumentos convocatórios independentes, e em cada um deles houvesse um único objeto (item ou lote/grupo) com valor igual ou inferior a oitenta mil reais, não haveria dúvida acerca da exclusiva participação de entidades de menor porte, desde que não incidisse uma das situações previstas art. 10 do Decreto nº 8.538/15. Na mesma hipótese, sendo o valor superior a oitenta mil reais, a licitação destinar-se-ia à ampla participação.

É possível a adjudicação de todos os itens ou lotes/grupos de uma mesma licitação a um único licitante, de que resultarão contratações totais superiores a oitenta mil reais. Tal possibilidade não infringe o disposto no art. 48, inc. I, da Lei Complementar nº 123/06, bem como os arts. 6º e 9º, I, do Decreto nº 8.538/15, em decorrência da autonomia da adjudicação de cada item ou lote/grupo.

Reproduzem-se os dispositivos citados, acerca da exclusiva participação de entidades de menor porte nos itens (ou lotes/grupos) de licitação cujo valor seja de até oitenta mil reais:

Lei Complementar nº 123/06:

Art. 48. Para o cumprimento do disposto no art. 47 desta Lei Complementar, a administração pública:
I – deverá realizar processo licitatório destinado exclusivamente à participação de microempresas e empresas de pequeno porte nos itens de contratação cujo valor seja de até R$80.000,00 (oitenta mil reais)

Decreto nº 8.538/15:

Art. 6º Os órgãos e as entidades contratantes deverão realizar processo licitatório destinado exclusivamente à participação de microempresas e empresas de pequeno porte nos itens ou lotes de licitação cujo valor seja de até R$80.000,00 (oitenta mil reais).
[...]
Art. 9º Para aplicação dos benefícios previstos nos arts. 6º a 8º:
I – será considerado, para efeitos dos limites de valor estabelecidos, cada item separadamente ou, nas licitações por preço global, o valor estimado para o grupo ou o lote da licitação que deve ser considerado como um único item;

3.12 A exigência de subcontratação

Dispõe o Decreto nº 8.538/15:

Art. 7º Nas licitações para contratação de serviços e obras, os órgãos e as entidades contratantes poderão estabelecer, nos instrumentos convocatórios, a exigência de subcontratação de microempresas ou empresas de pequeno porte, sob pena de rescisão contratual, sem prejuízo das sanções legais, determinando:

I – o percentual mínimo a ser subcontratado e o percentual máximo admitido, a serem estabelecidos no edital, sendo vedada a sub-rogação completa ou da parcela principal da contratação;

II – que as microempresas e as empresas de pequeno porte a serem subcontratadas sejam indicadas e qualificadas pelos licitantes com a descrição dos bens e serviços a serem fornecidos e seus respectivos valores;

III – que, no momento da habilitação e ao longo da vigência contratual, seja apresentada a documentação de regularidade fiscal das microempresas e empresas de pequeno porte subcontratadas, sob pena de rescisão, aplicando-se o prazo para regularização previsto no §1º do art. 4º;

IV – que a empresa contratada comprometa-se a substituir a subcontratada, no prazo máximo de trinta dias, na hipótese de extinção da subcontratação, mantendo o percentual originalmente subcontratado até a sua execução total, notificando o órgão ou entidade contratante, sob pena de rescisão, sem prejuízo das sanções cabíveis, ou a demonstrar a inviabilidade da substituição, hipótese em que ficará responsável pela execução da parcela originalmente subcontratada; e

V – que a empresa contratada responsabilize-se pela padronização, pela compatibilidade, pelo gerenciamento centralizado e pela qualidade da subcontratação.

§1º Deverá constar do instrumento convocatório que a exigência de subcontratação não será aplicável quando o licitante for:

I – microempresa ou empresa de pequeno porte;

II – consórcio composto em sua totalidade por microempresas e empresas de pequeno porte, respeitado o disposto no art. 33 da Lei nº 8.666, de 1993; e

III – consórcio composto parcialmente por microempresas ou empresas de pequeno porte com participação igual ou superior ao percentual exigido de subcontratação.

§2º Não se admite a exigência de subcontratação para o fornecimento de bens, exceto quando estiver vinculado à prestação de serviços acessórios.

§3º O disposto no inciso II do *caput* deverá ser comprovado no momento da aceitação, na hipótese de a modalidade de licitação ser pregão, ou no momento da habilitação, nas demais modalidades, sob pena de desclassificação.

§4º É vedada a exigência no instrumento convocatório de subcontratação de itens ou parcelas determinadas ou de empresas específicas.

§5º Os empenhos e pagamentos referentes às parcelas subcontratadas serão destinados diretamente às microempresas e empresas de pequeno porte subcontratadas.

§6º São vedadas:

I – a subcontratação das parcelas de maior relevância técnica, assim definidas no instrumento convocatório;

II – a subcontratação de microempresas e empresas de pequeno porte que estejam participando da licitação; e

III – a subcontratação de microempresas ou empresas de pequeno porte que tenham um ou mais sócios em comum com a empresa contratante.

O conjunto normativo do art. 7º não cuida de licitação reservada à participação exclusiva de microempresas, empresas de pequeno porte e cooperativas. Faculta à administração estabelecer a exigência, em licitações abertas a empresas de maior porte, de a empresa contratada subcontratar a execução de partes do objeto do contrato a microempresa, empresa de pequeno porte ou sociedade cooperativa. A subcontratação resulta afastada quando comprovada sua inviabilidade ou prejuízo ao conjunto ou complexo do objeto a ser contratado, ou não demonstrada vantajosidade para a administração. Mais uma vez, é fundamental o dever de motivar, ficando a cargo do gestor público indicar os elementos de fato e técnicos que embasam a decisão e suas repercussões administrativas, podendo valer-se de pareceres ou orientações técnicas para essa finalidade, não bastando a só menção a uma das hipóteses previstas no Decreto nº 8.538/15.

A Lei nº 8.666/93 trata da subcontratação em seu art. 72, segundo o qual o contratado, na execução do contrato, sem prejuízo das responsabilidades contratuais e legais, poderá subcontratar partes da obra, serviço ou fornecimento, até o limite admitido, em cada caso, pela administração. No Decreto nº 8.538/15, a subcontratação depende de prévia estipulação no instrumento convocatório. Veja-se, porém, que os regimes são distintos: na Lei nº 8.666/93, a iniciativa de subcontratar é do contratado, no curso da execução do contrato, nenhuma restrição havendo ao objeto a ser subcontratado, desde que autorizado pela administração; no Decreto nº 8.538/15, a iniciativa é da própria administração, que a impõe aos licitantes no edital – antes, destarte, de haver contrato –, tanto que se a proposta de um concorrente recusar o dever de subcontratar microempresa, empresa de pequeno porte ou cooperativa, previsto no edital, a consequência será a desclassificação da proposta e somente serão passíveis de subcontratação os "serviços acessórios", sendo vedadas a sub-rogação completa ou da parcela principal da contratação e a subcontratação das parcelas de maior relevância técnica, assim definidas no instrumento convocatório.

Caberá ao termo de referência ou ao projeto básico, conforme se trate de obra ou serviço, distinguir quais serão os "serviços acessórios", conceito jurídico indeterminado que carecerá de determinação no caso concreto. Em projeto básico de serviços de limpeza de prédio, por exemplo, poderá ser acessória a manutenção de um recanto interno arborizado, cuja execução caberia ser subcontratada a pequena empresa ou cooperativa especializada. Mas certamente que serviço acessório não seria o de conservar um jardim de grande dimensão em praça pública, constituindo o próprio objeto integral do contrato. O acessório é sempre secundário e de menor valor em relação ao principal. A não execução de um serviço acessório não compromete, em princípio, a operação do principal, não lhe impondo riscos de interrupção. Esse o núcleo conceitual que deverá presidir as definições que o projeto básico ou o termo de referência levará em conta ao discriminar quais serão os serviços acessórios ao objeto em licitação.

Há, no Decreto nº 8.538/15, regras delimitadoras da subcontratação, desconhecidas da Lei Geral quando esta cuida do mesmo instituto. São vedações ou restrições específicas do tratamento diferenciado e que não teriam serventia fora de seu contexto. Nenhum sentido haveria em se impor a subcontratação quando o próprio contratado já fosse microempresa, empresa de pequeno porte ou cooperativa. O direito a ser subcontratada tem por titular essas entidades, com o correspondente dever jurídico de sujeição das empresas de maior porte, quando estas forem as contratadas. São estas que terão de cumprir a exigência da subcontratação, prevista no edital em favor daquelas. Por isto que o §1º do art. 7º afirma inaplicável a exigência de subcontratação a microempresa, empresa de pequeno porte ou cooperativa, a consórcio composto em sua totalidade por essas entidades, ou a consórcio composto parcialmente por elas, com participação igual ou superior ao percentual exigido de subcontratação.

Eis o perfil da subcontratação no decreto sob análise:

(a) o edital da licitação deve estabelecer o percentual mínimo a ser subcontratado e o percentual máximo admitido, sendo vedadas a sub-rogação completa ou da parcela principal da contratação e, ainda, a subcontratação das parcelas de maior relevância técnica, definidas no edital;

(b) a execução de parte do objeto subcontratado será exclusiva para as entidades de menor porte (microempresas e as empresas de pequeno porte);

(c) as microempresas e as empresas de pequeno porte a serem subcontratadas devem ser indicadas e qualificadas pelos licitantes com a descrição dos bens e serviços a serem fornecidos e seus respectivos valores; adequado que se façam tais indicações na proposta a ser apresentada, tanto que se referem ao objeto a ser executado; dispõe o art. 7º, §3º, do Decreto nº 8.538/15 que tal exigência deve ser comprovada no momento da aceitação (da proposta) na hipótese de a modalidade de licitação ser o pregão, ou no momento da habilitação, nas demais modalidades, sob pena de desclassificação; duas são as impropriedades nesta última situação: a primeira reside na desclassificação de licitante relacionada à fase de habilitação e, a segunda, na exigência de requisitos (descrição dos bens e serviços a serem fornecidos e seus respectivos valores) que não estão contemplados nos arts. 27 a 31 da Lei nº 8.666/93, cujo rol é taxativo; sublinhe-se que a exigência, no instrumento convocatório, da obrigatoriedade de o licitante, independentemente da modalidade licitatória adotada (pregão, concorrência, tomada de preços ou convite), descrever os bens e serviços a serem fornecidos e seus respectivos valores relaciona-se à execução do objeto e, portanto, constitui critério de aceitabilidade de proposta (art. 43, inc. IV, da Lei nº 8.666/93), ensejando a desclassificação quando desconforme;

(d) no momento da habilitação e ao longo da vigência contratual, deve ser apresentada a documentação de regularidade fiscal das microempresas e empresas de pequeno porte subcontratadas, sob pena de rescisão, aplicando-se o prazo para regularização previsto no §1º do art. 4º do Decreto nº 8.538/15 ("Na hipótese de haver alguma restrição relativa à regularidade fiscal quando da comprovação de que trata o *caput*, será assegurado prazo de cinco dias úteis, prorrogável por igual período, para a regularização da documentação, a realização do pagamento ou parcelamento do débito e a emissão de eventuais certidões negativas ou positivas com efeito de certidão negativa"); o decreto exige tal comprovação, sem especificar quais devam ser os documentos, mas convenha-se em que exigências estabelecidas pela administração, no que tange à comprovação fiscal das pequenas empresas, devem ser as mínimas indispensáveis à plena e satisfatória execução do objeto; o rigoroso elenco de exigências de habilitação fiscal previsto pela Lei nº 8.666/93 deve ser reservado às licitações envolventes de grande volume de recursos ou alta complexidade de execução do objeto a ser licitado; o caso concreto demandará análise em busca da maior competitividade; verificando-se alguma restrição na documentação fiscal – e somente nesta – das entidades indicadas à subcontratação, aplicar-se-á o tratamento previsto no art. 4º, §1º, do Decreto nº 8.538/15; este se omite da hipótese de não apresentação dos documentos que comprovem a regularidade fiscal da(s) entidade(s) indicada(s) à subcontratação, todavia a inabilitação será de rigor no momento em que for exigida a apresentação dos documentos, inclusive por simetria com o efeito previsto no art. 7º, III, do Decreto federal, para a situação de não se manter a habilitação das entidades subcontratadas durante a vigência do contrato, qual seja, o da rescisão;

(e) o instrumento convocatório deverá estabelecer que a empresa contratada compromete-se a substituir a subcontratada, no prazo máximo de trinta dias, na hipótese de extinção da subcontratação, mantendo o percentual originalmente subcontratado até a sua execução total, notificando o órgão ou entidade contratante, sob pena de rescisão contratual, sem prejuízo das sanções cabíveis, ou a demonstrar a inviabilidade da substituição, hipótese em que ficará responsável pela execução da parcela originalmente subcontratada; eis outro conceito jurídico indeterminado, a ser determinado segundo as circunstâncias do caso concreto, sendo, porém, de alvitrar-se que o edital e o contrato desde logo descrevam situações factuais que caracterizem a "inviabilidade de substituição", tal como, por exemplo, a de demandar a execução do objeto subcontratado licença específica do poder público, de que não dispõe a contratada; não configuraria inviabilidade mera dificuldade de recrutamento de pessoal especializado ou de obtenção de material momentaneamente indisponível, dado que esses contratempos também seriam os que haveria de enfrentar e resolver a subcontratada;

(f) a contratada responsabiliza-se pela padronização, compatibilidade, gerenciamento centralizado e qualidade da subcontratação, o que significa responder pela integralidade da execução perante a administração; outro conceito jurídico indeterminado, que deve encontrar definição prévia no projeto básico ou no termo de referência, na medida em que estes descrevam, sendo tal necessário, os métodos e processos de produção ou execução do objeto, com os respectivos indicadores de avaliação de qualidade e desempenho; e

(g) são vedadas a subcontratação de microempresas e empresas de pequeno porte que estejam participando da licitação e, ainda, a subcontratação de microempresas ou empresas de pequeno porte que tenham um ou mais sócios em comum com a empresa contratante.

3.12.1 Limite para a subcontratação

Sobre o limite para a subcontratação, extraem-se dos diplomas que estabelecem normas aplicáveis a licitações e contratações administrativas:

(a) na Lei nº 8.666/93 (Lei Geral de Licitações), não há limite para a subcontratação parcial, ficando a cargo da administração admiti-lo, como proposto pelo contratado, na fase de execução contratual;

> Art. 72. O contratado, na execução do contrato, sem prejuízo das responsabilidades contratuais e legais, poderá subcontratar partes da obra, serviço ou fornecimento, até o limite admitido, em cada caso, pela Administração.

(b) no Decreto nº 8.538/15 (regulamenta o tratamento favorecido a entidades de menor porte), o edital deve estabelecer o percentual mínimo a ser subcontratado e o percentual máximo admitido;

> Art. 7º Nas licitações para contratação de serviços e obras, os órgãos e as entidades contratantes poderão estabelecer, nos instrumentos convocatórios, a exigência de subcontratação de microempresas ou empresas de pequeno porte, sob pena de rescisão

contratual, sem prejuízo das sanções legais, determinando: I – o percentual mínimo a ser subcontratado e o percentual máximo admitido, a serem estabelecidos no edital, sendo vedada a sub-rogação completa ou da parcela principal da contratação;

(c) no Decreto federal nº 7.581/11, que regulamenta a Lei nº 12.462/11 (regime diferenciado de contratações públicas – RDC), a possibilidade de subcontratação deve estar prevista no edital, contudo, o diploma não estabelece limite para tal;

> Art. 10. A possibilidade de subcontratação de parte da obra ou dos serviços de engenharia deverá estar prevista no instrumento convocatório. §1º A subcontratação não exclui a responsabilidade do contratado perante a administração pública quanto à qualidade técnica da obra ou do serviço prestado. §2º Quando permitida a subcontratação, o contratado deverá apresentar documentação do subcontratado que comprove sua habilitação jurídica, regularidade fiscal e a qualificação técnica necessária à execução da parcela da obra ou do serviço subcontratado.

3.13 Reserva de cotas

Decreto nº 8.538/15:

> Art. 8º Nas licitações para a aquisição de bens de natureza divisível, e desde que não haja prejuízo para o conjunto ou o complexo do objeto, os órgãos e as entidades contratantes deverão reservar cota de até vinte e cinco por cento do objeto para a contratação de microempresas e empresas de pequeno porte.
> §1º O disposto neste artigo não impede a contratação das microempresas ou das empresas de pequeno porte na totalidade do objeto.
> §2º O instrumento convocatório deverá prever que, na hipótese de não haver vencedor para a cota reservada, esta poderá ser adjudicada ao vencedor da cota principal ou, diante de sua recusa, aos licitantes remanescentes, desde que pratiquem o preço do primeiro colocado da cota principal.
> §3º Se a mesma empresa vencer a cota reservada e a cota principal, a contratação das cotas deverá ocorrer pelo menor preço.
> §4º Nas licitações por Sistema de Registro de Preço ou por entregas parceladas, o instrumento convocatório deverá prever a prioridade de aquisição dos produtos das cotas reservadas, ressalvados os casos em que a cota reservada for inadequada para atender as quantidades ou as condições do pedido, justificadamente.
> §5º Não se aplica o benefício disposto neste artigo quando os itens ou os lotes de licitação possuírem valor estimado de até R$80.000,00 (oitenta mil reais), tendo em vista a aplicação da licitação exclusiva prevista no art. 6º.

Reza o art. 48, III, da Lei Complementar nº 123/06, alterado pela Lei Complementar nº 147/14, que:

> Art. 48. Para o cumprimento do disposto no art. 47 desta Lei Complementar, a administração pública:
> [...]
> III – deverá estabelecer, em certames para aquisição de bens de natureza divisível, cota de até 25% (vinte e cinco por cento) do objeto para a contratação de microempresas e empresas de pequeno porte.

De acordo com o dispositivo retrocitado, que visa a cumprir política pública de apoio e incentivo às entidades de menor porte, é dever da administração pública estabelecer, em certames para aquisição de bens de natureza divisível, cota de até 25% (vinte e cinco por cento) do objeto para a contratação de microempresas e empresas de pequeno porte.

Compreende-se o parcelamento do objeto, resultante da reserva de cota prevista na Lei Complementar. Permite a participação de entidades de menor porte que se enquadrem nas regras do art. 3º da Lei Complementar nº 123/06, podendo preencher os requisitos de disputa para o fornecimento de bens em menores dimensões, desde que divisíveis.

Compra, segundo definido na Lei Geral de Licitações, é toda aquisição remunerada de bens para fornecimento de uma só vez ou parceladamente. É negócio jurídico por meio do qual a administração adquire definitivamente o domínio (propriedade) de determinado bem. A compra gera obrigação de dar, admitindo-se a hipótese de estar vinculada à prestação de serviços acessórios, como, por exemplo, a compra de determinado equipamento que exige assistência técnica do fornecedor.

Ainda para a Lei nº 8.666/93, serviço é toda atividade destinada a obter determinada utilidade de interesse para a administração, tais como: demolição, conserto, instalação, montagem, operação, conservação, reparação, adaptação, manutenção, transporte, locação de bens, publicidade, seguro ou trabalhos técnico-profissionais e obra toda construção, reforma, fabricação, recuperação ou ampliação, realizada por execução direta ou indireta. Obras e serviços geram obrigações de fazer.

A distinção entre obrigação de dar e obrigação de fazer é relevante por serem diversas as regras jurídicas aplicáveis a cada qual, como se deduz, ilustrativamente, do art. 57 da Lei nº 8.666/93, que, em outras palavras, não admite prorrogação de obrigação de dar, mas admite prorrogação de obrigação de fazer, em termos.

Outra aplicação se encontra no art. 15, IV, da Lei nº 8.666/93, segundo o qual as compras, sempre que possível, deverão ser subdivididas em tantas parcelas quantas necessárias para aproveitar as peculiaridades do mercado, visando à economicidade. O parcelamento refere-se ao objeto. A licitação objetiva garantir a observância do princípio constitucional da isonomia e selecionar a proposta mais vantajosa para a administração, de maneira a assegurar oportunidade igual a todos os interessados e possibilitar o comparecimento do maior número possível de concorrentes. Por isto é possível a inclusão de mais empresas pela cisão do objeto em distintos itens, desde que a cada qual corresponda uma obrigação de dar autônoma.

De acordo com o art. 8º do Decreto nº 8.538/15, nas licitações para a aquisição de bens de natureza divisível, e desde que não haja prejuízo para o conjunto ou complexo do objeto, os órgãos e entidades contratantes deverão reservar cota de até 25% do objeto, destinando-a à contratação por entidades de pequeno porte. O art. 3º, §1º, I, da Lei nº 8.666/93 informa que é vedado aos agentes públicos admitir, prever, incluir ou tolerar, nos atos de convocação, cláusulas ou condições que comprometam, restrinjam ou frustrem o seu caráter competitivo.[45]

---

[45] Recorde-se a jurisprudência do Superior Tribunal de Justiça: "é certo que não pode a Administração, em nenhuma hipótese, fazer exigências que frustrem o caráter competitivo do certame, mas sim garantir ampla participação na disputa licitatória, possibilitando o maior número possível de concorrentes" (RESP nº 474.781/DF; Rel. Min. Franciulli Neto, publ. em 12.05.2003).

A ampliação da competitividade também é tratada no §1º do art. 23 da Lei nº 8.666/93, determinante de que as obras, serviços e compras efetuadas pela administração serão divididas em tantas parcelas quantas se comprovarem técnica e economicamente viáveis, procedendo-se à licitação com vistas ao melhor aproveitamento dos recursos disponíveis no mercado e à ampliação da competitividade, sem perda da economia de escala (quanto maior for a quantidade licitada, menor poderá ser o custo unitário do produto a ser adquirido).

Conforme a Lei nº 8.666/93, é obrigatório o parcelamento quando o objeto da contratação tiver natureza divisível, desde que não haja prejuízo para o conjunto a ser licitado. O administrador público define o objeto da licitação e verifica se é possível dividir as compras, obras ou serviços em parcelas, que visam a aproveitar as peculiaridades e os recursos disponíveis no mercado.

Após avaliação técnica e decisão de que o objeto pode ser dividido e individualizado em itens, devem ser feitas licitações distintas para cada etapa ou conjunto de etapas da obra, serviço ou compra, preservada, em cada licitação, a modalidade que seria a pertinente para a execução de todo o objeto da contratação, segundo o seu valor global estimado. Assim, se forem realizados um ou mais processos de licitação, devem ser somados os valores de todos os itens para a definição da modalidade licitatória adequada.

A licitação dividida em itens decompõe-se em várias licitações dentro de um único procedimento, em que cada parcela (item) é julgada em separado. Nesse sentido a orientação do Acórdão nº 1.331/2003-Plenário, do Tribunal de Contas da União, relator o Ministro Benjamin Zymler, *verbis*: "A leitura atenta do próprio dispositivo legal transcrito pelo responsável (art. 23, §1º, da Lei nº 8.666/1993) na parte inicial de sua primeira e segunda intervenções revela que é objetivo da norma tornar obrigatório o parcelamento do objeto quando isso se configurar técnica e economicamente viável. O dispositivo dá um caráter impositivo ao parcelamento na medida em que traz uma obrigação para o administrador público por meio da expressão (...) serão divididas".

A respeito da obrigatoriedade de parcelamento, quando comprovada a sua viabilidade técnica e econômica, tão sedimentado está o entendimento, que a Corte de Controle Externo da administração pública federal cunhou o verbete 247 e o inseriu em sua súmula – "É obrigatória a admissão da adjudicação por item e não por preço global, nos editais das licitações para a contratação de obras, serviços, compras e alienações, cujo objeto seja divisível, desde que não haja prejuízo para o conjunto ou complexo ou perda de economia de escala, tendo em vista o objetivo de propiciar a ampla participação de licitantes que, embora não dispondo de capacidade para a execução, fornecimento ou aquisição da totalidade do objeto, possam fazê-lo com relação a itens ou unidades autônomas, devendo as exigências de habilitação adequar-se a essa divisibilidade".

Tanto o parcelamento como a reserva de cota, na forma estatuída pela Lei nº 8.666/93 e pelo Decreto nº 8.538/15, respectivamente, possibilitam a participação de entidades de pequeno porte que se enquadrem nas regras do art. 3º da Lei Complementar nº 123/06, podendo preencher os requisitos de disputa para o fornecimento em menores dimensões, se houver vantagem efetiva para a administração, preservada a economia de escala. Em regra, quando existir parcela de natureza específica que possa ser executada por empresas com especialidades próprias e diversas, ou quando for viável técnica e economicamente, o parcelamento em itens é de rigor, uma vez que seja vantajoso para a administração.

3.13.1 Não aplicabilidade da reserva de cota quando os itens de licitação possuírem valor estimado de até oitenta mil reais

Cumpre à administração, quando do planejamento da contratação de bens (compra), de natureza divisível, estabelecer cota de até 25% (vinte e cinco por cento) de seu valor, reservada à contratação de microempresas e empresas de pequeno porte. O edital estabelecerá, a cada licitação, a quantidade do bem reservada a essas entidades, em cumprimento ao art. 48, III, da Lei Complementar, independentemente do valor do objeto. É possível que o percentual de 25% esgote-se numa única licitação.

Alcançado esse limite (de 25%), as próximas licitações destinar-se-ão à ampla participação de entidades empresariais de grande, médio e pequeno porte, concedendo-se a essas últimas categorias os benefícios dos arts. 43 e 44 da Lei Complementar, ressalvada a hipótese em que o valor estimado do objeto (item) não ultrapasse a cifra de R$80.000,00 (oitenta mil reais), situação atraente da aplicação do art. 48, I, da Lei Complementar, o qual determina a exclusiva participação de microempresas e empresas de pequeno porte no item da contratação que não supere essa cifra.

As hipóteses dos incisos I (exclusiva participação) e III (cota reservada) do art. 48 da Lei Complementar nº 123/06 não se excluem e nem poderiam, pois cada qual visa implementar política pública constitucional de apoio e incentivo a entidades de menor porte, quando presentes as respectivas situações. Por isso que um edital de licitação pode contemplar item reservado a entidades de menor porte e item exclusivo à participação dessas entidades, notadamente quando seu valor estimado não ultrapassar a cifra de R$80.000,00 (oitenta mil reais).

Tal entendimento encontra abrigo no art. 8º, §5º, do Decreto federal nº 8.538/15, segundo o qual não se aplica a reserva de cota de até vinte e cinco por cento do objeto para a contratação de microempresas e empresas de pequeno porte quando os itens da licitação possuírem valor estimado de até R$80.000,00 (oitenta mil reais), tendo em vista a exclusiva participação dessas entidades nesses itens, com base no art. 6º do mesmo diploma.

3.14 Impedimentos à licitação exclusiva para pequenas empresas, à exigência de subcontratação e à reserva de cotas

> Art. 10. Não se aplica o disposto nos art. 6º ao art. 8º quando:
> I – não houver o mínimo de três fornecedores competitivos enquadrados como microempresas ou empresas de pequeno porte sediadas local ou regionalmente e capazes de cumprir as exigências estabelecidas no instrumento convocatório;
> II – o tratamento diferenciado e simplificado para as microempresas e as empresas de pequeno porte não for vantajoso para a administração pública ou representar prejuízo ao conjunto ou ao complexo do objeto a ser contratado, justificadamente;
> III – a licitação for dispensável ou inexigível, nos termos dos arts. 24 e 25 da Lei nº 8.666, de 1993, excetuadas as dispensas tratadas pelos incisos I e II do *caput* do referido art. 24, nas quais a compra deverá ser feita preferencialmente por microempresas e empresas de pequeno porte, observados, no que couber, os incisos I, II e IV do *caput* deste artigo; ou
> IV – o tratamento diferenciado e simplificado não for capaz de alcançar, justificadamente, pelo menos um dos objetivos previstos no art. 1º.

Parágrafo único. Para o disposto no inciso II do *caput*, considera-se não vantajosa a contratação quando:
I – resultar em preço superior ao valor estabelecido como referência; ou
II – a natureza do bem, serviço ou obra for incompatível com a aplicação dos benefícios.

O decreto regulamentador da LC nº 123/06 impõe limites objetivos à prática do tratamento diferenciado em favor de empresas pequenas e sociedades cooperativas. O direito, a elas reconhecido, de participar de licitações exclusivas, de serem subcontratadas e de contarem com cota reservada na contratação de bens de natureza divisível, torna-se inexigível se colidir com qualquer dos quatro impedimentos expressos nos incisos do art. 10, a saber: (a) não haver o mínimo de três fornecedores competitivos, enquadrados como microempresas, empresas de pequeno porte ou sociedades cooperativas, sediadas local ou regionalmente, e capazes de cumprir as exigências estabelecidas no ato convocatório; a restrição lembra a do art. 22, §§3º e 7º, da Lei nº 8.666/93, relativamente ao número mínimo de concorrentes que devem comparecer à licitação na modalidade convite, que não poucas controvérsias e dificuldades operacionais acarreta, transformando o convite, não raro, na menos eficiente de todas as modalidades de licitação, de vez que a inobservância do número mínimo resulta na repetição do certame ou em sua possível futura invalidação, com a responsabilização dos agentes recalcitrantes, se descumprido o *quorum* legal, que, ademais, recebe do TCU interpretação ainda mais restritiva, no sentido de que o número mínimo não é de convidados, mas, sim, de propostas válidas; no regime do Decreto nº 8.538/15, o critério do *quorum* mínimo se apresenta acrescido de desafios, a saber: 1. a presença de um conceito jurídico indeterminado,[46] sendo necessário saber em que consiste "fornecedor competitivo" (aventa-se que seja aquele em condições de ofertar proposta cujo valor esteja abaixo do de mercado e comprova condições de executar o contrato por esse preço); 2. nos termos em que a norma coloca a questão, a apuração, pela administração, da existência desse número mínimo é *conditio sine qua non* para a instauração da licitação, e nem sempre será tarefa fácil proceder-se a esse levantamento prévio, o que acabará por levar a administração, na dúvida e premida pelo fator tempo, a preferir realizar licitação comum, isto é, sem tratamento diferenciado, e adotada a modalidade que a lei apontar como devida ou preferencial, o que viabiliza a utilização do pregão, presencial ou eletrônico, de vez que este almeja a universalização do acesso às licitações, independentemente da localização do licitante; de toda sorte, fique claro que a existência do número mínimo de fornecedores é condição para a instauração do certame, não se confundindo com exigência de habilitação ou de especificação influente sobre o julgamento de propostas;

(b) o tratamento diferenciado ser desvantajoso para a administração ou representar prejuízo ao conjunto ou complexo do objeto a ser contratado; a norma se vale de outro conceito jurídico indeterminado, qual seja, o da contratação desvantajosa ou prejudicial; somente se sabe que a desvantagem ou o prejuízo se relaciona à contratação porque o diz, expressamente, o parágrafo único do art. 10 não fora assim e seria possível

---

[46] Sobre o que seja âmbito local ou regional, o Decreto nº 8.538/15 assim define em seu art. 1º, §1º, I e II: "âmbito local", como sendo os limites geográficos do município onde será executado o objeto da contratação e "âmbito regional", os limites geográficos do estado ou da região metropolitana, que podem envolver mesorregiões ou microrregiões, conforme definido pelo Instituto Brasileiro de Geografia e Estatística.

cogitar-se de que a desvantagem ou o prejuízo estaria na execução do contrato, o que tornaria inócuo o conceito, porque, então, somente se saberia de sua incidência ao final do contrato; mas a dicção do parágrafo único não resolve outro problema, qual seja, o de que, se a desvantagem é da contratação e decorre de "preço superior ao valor estabelecido como referência", então somente se saberá de sua existência após a abertura das propostas trazidas pelos licitantes, ao passo que a desvantagem é posta pela norma do art. 10 como impedimento à aplicação do tratamento diferenciado, ou seja, é condição prévia à instauração do certame; não se percebe como seja possível conciliar-se uma condição (desvantagem ou prejuízo), que se opõe à instauração da licitação com regime diferenciado, com o fato de que a mesma condição somente se torna conhecida no curso do procedimento da licitação instaurada; provavelmente, o que a norma do art. 10, II, gostaria de haver dito, porém não disse, é que não se instaurará licitação com tratamento diferenciado em favor de pequenas empresas e cooperativas, se a administração, na fase de estimativa do valor de mercado do objeto a ser licitado, verificar que os valores praticados por essas entidades são superiores aos de mercado, em percentual superior àquele que autoriza o empate ficto; tal interpretação faria sentido na medida em que a norma evitaria a realização de uma licitação em que as pequenas empresas e cooperativas não teriam condições de se beneficiar do tratamento diferenciado, dada a distância entre os preços que praticam e aqueles que o mercado das maiores empresas tem condições de ofertar, mesmo com o *handicap* do empate ficto; a hipótese não se encaixa, portanto, na conhecida orientação de deixar-se ao critério da administração o exame da aceitabilidade de propostas de preços superiores ao estimado pela administração (TCU, Acórdão nº 64/2004 – Segunda Câmara – (...) "contratar com valores superiores ao orçado, *sem justificativa ou comprovação*, é falta grave e pode ensejar multa (...) é admitido, uma vez fixado o valor estimado para a contratação decorrente de ampla pesquisa de mercado, o exame de compatibilidade de preços entre o estimado e a proposta vencedora, desde que devidamente justificado (motivação) pelo pregoeiro ou comissão de licitação");

(c) caracterizar-se hipótese de licitação dispensável ou inexigível; o tratamento privilegiado é incompatível com as contratações diretas excepcionalmente admitidas nos arts. 24 e 25 da Lei nº 8.666/93; o tratamento diferenciado não beneficia as pequenas empresas e cooperativas a ponto de admitir sua contratação sem licitação; se o fizesse, estaria a criar hipótese de dispensa ou inexigibilidade de licitação, cujo móvel seria tão só o fato de tratar-se de pequena empresa ou cooperativa, o que discreparia por completo da técnica de configuração das exceções ao dever de licitar, cujo núcleo conceitual é sempre um fato de interesse público, não uma determinada categoria de pessoas, a fraudar o princípio constitucional da impessoalidade; com a publicação da Lei Complementar nº 147/14, que alterou a Lei Complementar nº 123/06, as compras baseadas no pequeno valor devem ser realizadas preferencialmente de microempresas e empresas de pequeno porte; a LC nº 147/14 implementa política pública constitucional de apoio e incentivo às entidades de menor porte, ao ampliar tratamento preferencial a essas entidades nas contratações diretas amparadas no art. 24, I e II, da Lei nº 8.666/93; o afastamento do direito de preferência estabelecido no art. 49, IV, da LC nº 123/06, exige justificativa da administração pública; veja-se que o art. 49, IV, da LC nº 123/06, estabelece que nas dispensas tratadas pelos incisos I e II do art. 24 da Lei nº 8.666/93, a compra deverá ser feita preferencialmente de microempresas e empresas de pequeno porte, aplicando-se o disposto no inciso I do art. 48 LC nº 123/06; a primeira das considerações é a de que preferencialmente não significa exclusivamente; a segunda, ao aludir ao inciso I do art. 48 da LC nº 123/06, a lei visa conferir preferência por item de contratação, atendendo, assim, a regra do parcelamento do objeto;

(d) o tratamento privilegiado não for apto a promover o desenvolvimento econômico e social no âmbito municipal e regional, a ampliar a eficiência das políticas públicas e a incentivar a inovação tecnológica, cláusulas gerais já examinadas.

3.15 A vinculação do tratamento diferenciado ao instrumento convocatório

Decreto nº 8.538/15:

> Art. 11. Os critérios de tratamento diferenciado e simplificado para as microempresas e empresas de pequeno porte deverão estar expressamente previstos no instrumento convocatório.

A norma pretende observar os princípios da vinculação ao instrumento convocatório e do julgamento objetivo. O primeiro obriga a administração a respeitar estritamente as regras que haja previamente estabelecido para disciplinar o certame (art. 41 da Lei nº 8.666/93). O segundo precata que a licitação seja decidida sob o influxo do subjetivismo, de sentimentos, impressões ou propósitos pessoais dos membros da comissão julgadora ou do pregoeiro (art. 45 da Lei nº 8.666/93).

No que tange à inserção, no ato convocatório, de regras que reproduzam a disciplina do empate ficto e do desempate, e da preferência de contratação para as pequenas empresas e sociedades cooperativas, introduzidas pelos arts. 44 e 45 da Lei Complementar nº 123/06, duas recentes decisões do Tribunal de Contas da União relativizam o caráter absoluto que muitos ainda atribuem ao princípio da vinculação ao edital, reproduzido nesse art. 11 do Decreto nº 8.538/15, a despeito das muitas advertências e ponderações desenvolvidas em sede doutrinária e jurisprudencial, demonstrando que a vinculação é relativa, por ser imperativo distinguir-se entre as exigências formais e as exigências substanciais que o edital pode formular, certo que as primeiras podem ser atendidas de outro modo, sem prejuízo à competição.

Eis a síntese do voto condutor da primeira decisão relativa ao tema (Acórdão nº 702/07, Plenário, Relator Ministro Benjamin Zymler, Processo nº 007.850/2007-5):

> 16. Outro aspecto abordado pela Representante é a ausência de previsão, no instrumento convocatório, de cláusulas que concedam às microempresas e empresas de pequeno porte os benefícios contidos em seu Estatuto (Lei Complementar nº 123/2006).
>
> 17. Os arts. 42 a 49 daquele diploma legal estabelecem disposições diferenciadas para a participação em licitações de entidades empresariais caracterizadas como microempresas e empresas de pequeno porte. Destacam-se, neste sentido, os arts. 44 e 45, *in verbis*:
>
> Art. 44. Nas licitações será assegurada, como critério de desempate, preferência de contratação para as microempresas e empresas de pequeno porte.
>
> §1º Entende-se por empate aquelas situações em que as propostas apresentadas pelas microempresas e empresas de pequeno porte sejam iguais ou até 10% (dez por cento) superiores à proposta mais bem classificada.

§2º Na modalidade de pregão, o intervalo percentual estabelecido no §1º deste artigo será de até 5% (cinco por cento) superior ao melhor preço.

Art. 45. Para efeito do disposto no art. 44 desta Lei Complementar, ocorrendo o empate, proceder-se-á da seguinte forma:

I – a microempresa ou empresa de pequeno porte mais bem classificada poderá apresentar proposta de preço inferior àquela considerada vencedora do certame, situação em que será adjudicado em seu favor o objeto licitado;

II – não ocorrendo a contratação da microempresa ou empresa de pequeno porte, na forma do inciso I do *caput* deste artigo, serão convocadas as remanescentes que porventura se enquadrem na hipótese dos §§1º e 2º do art. 44 desta Lei Complementar, na ordem classificatória, para o exercício do mesmo direito;

III – no caso de equivalência dos valores apresentados pelas microempresas e empresas de pequeno porte que se encontrem nos intervalos estabelecidos nos §§1º e 2º do art. 44 desta Lei Complementar, será realizado sorteio entre elas para que se identifique aquela que primeiro poderá apresentar melhor oferta.

§1º Na hipótese da não-contratação nos termos previstos no *caput* deste artigo, o objeto licitado será adjudicado em favor da proposta originalmente vencedora do certame.

§2º O disposto neste artigo somente se aplicará quando a melhor oferta inicial não tiver sido apresentada por microempresa ou empresa de pequeno porte.

§3º No caso de pregão, a microempresa ou empresa de pequeno porte mais bem classificada será convocada para apresentar nova proposta no prazo máximo de 5 (cinco) minutos após o encerramento dos lances, sob pena de preclusão.

18. Depreende-se, da leitura do trecho supracitado, não ser facultativa a aplicação de tais dispositivos, em oposição àqueles previstos nos arts. 47 e 48 daquela lei, disciplinados pelo art. 49 do mesmo diploma. Nesse caso, sim, considera-se facultativa à Administração a adoção dos procedimentos disponibilizados pelo Estatuto, ficando obrigada aquela, caso opte por utilizá-los, a mencioná-los expressamente no instrumento convocatório.

Art. 47. Nas contratações públicas da União, dos Estados e dos Municípios, poderá ser concedido tratamento diferenciado e simplificado para as microempresas e empresas de pequeno porte objetivando a promoção do desenvolvimento econômico e social no âmbito municipal e regional, a ampliação da eficiência das políticas públicas e o incentivo à inovação tecnológica, desde que previsto e regulamentado na legislação do respectivo ente.

Art. 48. Para o cumprimento do disposto no art. 47 desta Lei Complementar, a administração pública poderá realizar processo licitatório:

I – destinado exclusivamente à participação de microempresas e empresas de pequeno porte nas contratações cujo valor seja de até R$80.000,00 (oitenta mil reais);

II – em que seja exigida dos licitantes a subcontratação de microempresa ou de empresa de pequeno porte, desde que o percentual máximo do objeto a ser subcontratado não exceda a 30% (trinta por cento) do total licitado;

III – em que se estabeleça cota de até 25% (vinte e cinco por cento) do objeto para a contratação de microempresas e empresas de pequeno porte, em certames para a aquisição de bens e serviços de natureza divisível.

§1º O valor licitado por meio do disposto neste artigo não poderá exceder a 25% (vinte e cinco por cento) do total licitado em cada ano civil.

§2º Na hipótese do inciso II do *caput* deste artigo, os empenhos e pagamentos do órgão ou entidade da administração pública poderão ser destinados diretamente às microempresas e empresas de pequeno porte subcontratadas.

Art. 49. Não se aplica o disposto nos arts. 47 e 48 desta Lei Complementar quando:

I – os critérios de tratamento diferenciado e simplificado para as microempresas e empresas de pequeno porte não forem expressamente previstos no instrumento convocatório;

II – não houver um mínimo de 3 (três) fornecedores competitivos enquadrados como microempresas ou empresas de pequeno porte sediados local ou regionalmente e capazes de cumprir as exigências estabelecidas no instrumento convocatório;

III – o tratamento diferenciado e simplificado para as microempresas e empresas de pequeno porte não for vantajoso para a administração pública ou representar prejuízo ao conjunto ou complexo do objeto a ser contratado;

IV – a licitação for dispensável ou inexigível, nos termos dos Art. 24 e 25 da Lei nº 8.666, de 21 de junho de 1993.

19. Apesar da ausência de previsão editalícia de cláusulas que concedam a estas categorias de empresas os benefícios previstos nos arts. 45 e 46 da lei supradita, não há impedimentos para a aplicação dos dispositivos nela insculpidos.

20. Tais disposições, ainda que não previstas no instrumento convocatório, devem ser seguidas, vez que previstas em lei. Cometerá ilegalidade o Sr. Pregoeiro caso, no decorrer do certame, recuse-se a aplicá-las, se cabíveis.

21. Não se vislumbra, deste modo, a necessidade de inclusão, no edital, destes dispositivos, conforme requerido pela Representante.

Segue-se o núcleo do voto condutor da segunda decisão (Acórdão nº 2.144/07, Plenário, Relator Ministro Aroldo Cedraz, Processo nº 020.253/2007-0):

3. Entendo, contudo, conforme consignei no despacho concessivo da cautelar, que tal requisito não se fazia obrigatório. De fato, em uma análise mais ampla da lei, observo que seu art. 49 explicita que os critérios de tratamento diferenciado e simplificado para as microempresas e empresas de pequeno porte previstos em seus arts. 47 e 48 não poderão ser aplicados quando "não forem expressamente previstos no instrumento convocatório". A lei já ressalvou, portanto, as situações em que seriam necessárias expressas previsões editalícias. Dentre tais ressalvas, não se encontra o critério de desempate com preferência para a contratação para as microempresas e empresas de pequeno porte, conforme definido em seus arts. 44 e 45 acima transcritos.

4. A existência da regra restringindo a aplicação dos arts. 47 e 48 e ausência de restrição no mesmo sentido em relação aos arts. 44 e 45 conduzem à conclusão inequívoca de que esses últimos são aplicáveis em qualquer situação, independentemente de se encontrarem previstos nos editais de convocação.

5. Vê-se, portanto, que não houve mera omissão involuntária da lei. Ao contrário, caracterizou-se o silêncio eloqüente definido pela doutrina.

6. O tema foi abordado em recente assentada pelo ministro Guilherme Palmeira, que registrou no voto condutor do acórdão 2.473/2007 – 2ª Câmara:

"Compulsando o acervo bibliográfico sobre o tema, destaco, para maior compreensão, os registros contidos nos Estudos Doutrinários sobre 'O ISS das Sociedades de Profissionais e a LC 116/2003', de autoria do Prof. Hugo de Brito Machado, em que cita o ensinamento de Eduardo Fortunato Bim a respeito:

'O silêncio eloqüente do legislador pode ser definido como aquele relevante para o Direito, aquele silêncio proposital. Por ele, um silêncio legislativo sobre a matéria de que trata a lei não pode ser considerado como uma lacuna normativa a ser preenchida pelo intérprete, mas como uma manifestação de vontade do legislador apta a produzir efeitos jurídicos bem definidos. Ele faz parte do contexto da norma, influenciando sua compreensão'".

7. De fato, somente há que se falar de lacuna quando for verificada, da análise teleológica da lei, ser ela incompleta, carecendo de complementação. Não se vislumbra, na espécie, essa situação. Resta nítido que a lei buscou propiciar uma maior inserção das microempresas e empresas de pequeno porte no mercado de aquisições do setor público, o que se compatibiliza por inteiro com o silêncio eloqüente mencionado.

8. Observo, aliás, que os comandos contidos nos arts. 44 e 45 são impositivos ("proceder-se-á da seguinte forma"...), ao passo que a redação conferida aos arts. 47 e 48 deixa claro seu caráter autorizativo ("a administração pública poderá"...). As regras insculpidas nos arts. 44 e 45 não são, portanto, facultativas, mas auto-aplicáveis desde o dia 15.12.2006, data de publicação da Lei Complementar 123.
9. Não poderia, portanto, a Comissão Permanente de Licitação da Coordenadoria de Gestão de Recursos Materiais da Universidade Federal da Grande Dourados ter declarado a empresa Excede Construções e Planejamento Ltda. vencedora da tomada de preços 003/2007, sem antes facultar à Telear – Telecomunicações, Eletricidade e Construções Ltda. – ME a apresentação de nova proposta de preços, de forma a dar cumprimento ao art. 45 do Estatuto Nacional da Microempresa e da Empresa de Pequeno Porte.

Conclui-se que, em matéria de tratamento diferenciado devido às microempresas, empresas de pequeno porte e sociedades cooperativas, a legislação de regência já cuidou de fixar os pontos em que a conduta jurídico-administrativa decorre diretamente da lei, desnecessário que os editais se ponham a repeti-la, bastando referi-la (empate ficto e critérios de desempate). E remeteu para a disciplina das normas reguladoras e dos editais os pontos sobre cujos procedimentos silenciou (licitações exclusivas, exigência de subcontratação e reserva de cotas). Nestes últimos, é indispensável a tutela normativa dos atos convocatórios. Naqueles outros, bastará à administração aplicar as normas já traçadas nos textos legislativos.

A dualidade evoca a distinção entre norma geral e norma não geral, originária do art. 22, inciso XXVII, da Constituição da República.

A primeira (norma geral) é necessária ao cumprimento de princípios e ao estabelecimento de paradigmas de comportamento jurídico-administrativo em todas as esferas e instâncias da administração pública; no caso, são as normas que, na LC nº 123/06, estabelecem como deve a administração proceder para tratar as pequenas empresas e as cooperativas em licitações, quanto ao empate ficto e aos critérios de desempate, mercê dos quais lhes garante preferência; vale dizer que normas do edital não poderão traçar, nesses pontos, roteiro diverso daquele consagrado na lei.

A segunda (norma não geral) é manejada para ditar os procedimentos que se devem ajustar às peculiaridades de cada organização administrativa, sem, portanto, a pretensão de fixar paradigmas universais; no caso, são as normas do Decreto nº 8.538/15, orientadoras da conduta dos órgãos e entidades que integram a administração federal, podendo cada estado e município editar normas que tratem da mesma matéria de modo diverso.

3.16 A declaração de ser microempresa ou empresa de pequeno porte

Decreto nº 8.538/15:

Art. 13 [...]
§2º Deverá ser exigida do licitante a ser beneficiado a declaração, sob as penas da lei, de que cumpre os requisitos legais para a qualificação como microempresa ou empresa de pequeno porte, microempreendedor individual, produtor rural pessoa física, agricultor familiar ou sociedade cooperativa de consumo, estando apto a usufruir do tratamento favorecido estabelecido nos art. 42 ao art. 49 da Lei Complementar nº 123, de 2006.

O art. 3º da Lei Complementar nº 123/06 considera microempresas ou empresas de pequeno porte a sociedade empresária, a sociedade simples e o empresário a que se refere o art. 966 do Código Civil, devidamente registrados no Registro de Empresas Mercantis ou no Registro Civil de Pessoas Jurídicas, desde que, tratando-se de microempresas, o empresário, a pessoa jurídica, ou a ela equiparada, aufira, em cada ano-calendário, receita bruta igual ou inferior a R$360.000,00 (trezentos e sessenta mil reais) e, no caso de empresas de pequeno porte, receita bruta superior a esse valor e igual ou inferior a R$4.800.000,00 (quatro milhões e oitocentos mil reais), em cada ano-calendário. Não fará jus ao regime diferenciado e favorecido previsto nos arts. 42 a 49 da Lei Complementar a pessoa jurídica que incida nas ressalvas constantes do §4º do art. 3º. Às sociedades cooperativas o art. 34 da Lei nº 11.488, de 15 de junho de 2007, estendeu o mesmo tratamento privilegiado.

O art. 13, §2º, do Decreto nº 8.538/15 determina que será exigida da empresa declaração de que cumpre os requisitos legais para qualificar-se como micro ou de pequeno porte, estando apta a usufruir do tratamento favorecido estabelecido nos art. 42 ao art. 49 da Lei Complementar nº 123/06. A declaração compromete a licitante com as exigências do Estatuto Nacional da Microempresa e da Empresa de Pequeno Porte e com as regras postas no edital. O propósito da norma é o de dissuadir a participação na licitação, estando a entidade de menor porte desalinhada da Lei Complementar nº 123/06, conduta censurável por traduzir locupletamento indevido do tratamento privilegiado instituído somente em favor dessas entidades empresariais.

Na obra[47] intitulada *Limitações constitucionais da atividade contratual da administração pública*, editada sob a vigência do Decreto nº 6.204/07, lecionou-se que:

> Editais têm exigido dita declaração dos licitantes nas seguintes fases: (a) nas modalidades convencionais de licitação (convite, tomada de preços e concorrência), sua apresentação deve ocorrer logo após a abertura da sessão, sendo possível o encaminhamento à Administração licitadora, separadamente, dos envelopes contendo os documentos de habilitação e propostas, pelos licitantes que desejarem participar do certame sem comparecer à sessão, até a data fixada no instrumento de convocação; (b) na modalidade pregão, na forma presencial, a declaração deve ser entregue separadamente dos envelopes que contêm as propostas e os documentos de habilitação, juntamente com a declaração prevista no art. 4º, VII, da Lei nº 10.520/02, declaração esta de que a empresa licitante cumpre plenamente os requisitos de habilitação exigidos no processo licitatório; (c) na forma eletrônica do pregão, a declaração instituída pelo Decreto nº 6.204/07 será prestada eletronicamente, em campo próprio do sistema, antes do envio da proposta.

Indaga-se: é legítima a exigência da indigitada declaração, por meio da qual a empresa se autoproclama cumpridora dos requisitos legais para qualificar-se como microempresa ou empresa de pequeno porte, estando, pois, apta a usufruir do tratamento favorecido estabelecido nos arts. 42 a 49 da Lei Complementar nº 123/06, como condição para participação no certame?

A resposta é negativa.

---

[47] PEREIRA JUNIOR, Jessé Torres; DOTTI, Marinês Restelatto. *Limitações constitucionais da atividade contratual da Administração Pública*. Sapucaia do Sul: Notadez, 2011. p. 171-172.

Falta à exigência amparo legal, dado que formulada por norma regulamentar (decreto), sem anterior provisão em lei, quando esta é de rigor à vista do disposto no art. 84, IV, da CF/88, tratando-se, como se trata, de decreto de mera execução da lei, não lhe cabendo, por isto, criar direitos ou obrigações não previstas na lei. Porta, ademais, caráter antes intimidador, à vista dos efeitos de ordem penal que a emissão de declaração falsa desencadeia (art. 299 do Código Penal), do que de utilidade para a administração licitadora, certo que esta, independentemente da declaração, não se desonerará do dever funcional de diligenciar, se dúvida houver acerca do enquadramento da licitante como microempresa ou empresa de pequeno porte para fins de conceder-lhe o tratamento favorecido previsto na Lei Complementar nº 123/06.

Não se sustenta a tese de que a exigência da declaração, prevista na norma regulamentar, encontra arrimo no art. 115 da Lei nº 8.666/93 ("Os órgãos da Administração poderão expedir normas relativas aos procedimentos operacionais a serem observados na execução das licitações, no âmbito de sua competência, observadas as disposições desta Lei"). Este dispositivo autoriza a administração a expedir normas destinadas, exclusivamente, a disciplinar formalidades secundárias relativas às licitações e contratações administrativas regidas pela Lei nº 8.666/93, sendo-lhe vedado criar obrigações ou proibições sem assento legal.

A propósito, veja-se julgado do Tribunal de Contas da União sobre a exigência de condições de participação sem que haja previsão na Lei nº 8.666/93:

> 9.2.4. abstenha-se de estabelecer: [...]
> 9.2.4.2. condições de participação em certames licitatórios anteriores à fase de habilitação e não previstas na Lei nº 8.666/93, a exemplo da prestação da garantia de que trata o art. 31, inciso III, da Lei nº 8.666/93 antes de iniciada a fase de habilitação, devendo processar e julgar a licitação com observância dos procedimentos previstos no art. 43 da Lei nº 8.666/93 e nos princípios estatuídos no inciso XXI do art. 37 da CF e no art. 3º da Lei nº 8.666/93; (Acórdão nº 808/2003, Plenário, Relator Min. Benjamin Zymler, Processo TC nº 002.145/2003-1, *DOU* de 11.07.03)

Resulta que, se microempresa ou empresa de pequeno porte pretender concorrer e não apresentar a declaração, prevista no edital ou no convite, por ocasião da abertura da sessão (modalidades convencionais e pregão na forma presencial), ou sem assinalar a aptidão para fazer jus ao tratamento assegurado nos artigos 42 a 49 da Lei Complementar nº 123/06 (pregão na forma eletrônica), não poderá ser impedida de participar do certame. A ausência da declaração apenas produzirá o efeito de a microempresa ou empresa de pequeno porte participar da licitação em igualdade de condições com as entidades de maior porte, ou seja, não terá direito ao tratamento favorecido previsto na Lei Complementar nº 123/06, nem poderá invocá-lo.

O art. 13, §2º, do Decreto nº 8.538/15 exige a apresentação da declaração de que as empresas cumprem os requisitos legais para a qualificação como microempresa, empresa de pequeno porte – em especial o art. 3º da Lei Complementar nº 123/06 – sem, contudo, estabelecer forma determinada. A eventual falta dessa declaração, inclusive por lapso do licitante, poderá ser suprida pela singela providência de ter-se à mão um modelo padronizado de declaração, que os respectivos representantes assinam na própria sessão – somente poderão firmar a declaração os representantes munidos dos correspondentes poderes.

O instrumento convocatório também pode contribuir para prevenir incidentes, fazendo-se acompanhar, como anexo, do mesmo modelo, de que também disporá o pregoeiro ou a comissão de licitação para atender ao licitante que não a houver trazido. Deverá constar no instrumento convocatório, também, que os licitantes que não desejarem comparecer à sessão poderão enviar os respectivos envelopes contendo a proposta de preço e a documentação, até a data e horário fixados, e, no mesmo prazo e separadamente, a declaração do art. 13, §2º, do Decreto nº 8.538/15, devidamente assinada por quem detenha poderes para essa finalidade.

4 Conclusão

O cenário retrodescrito tenderá a valorizar, nos processos de contratação de microempresas, empresas de pequeno porte e cooperativas, pontos em que a gestão da administração pública brasileira enfrenta problemas crônicos. Caberá ao administrador demonstrar, em cada processo, que a contratação dessas entidades atenderá às cláusulas gerais do sistema legal pertinente e estará sintonizada com os conceitos jurídicos indeterminados nele definidos, porém determináveis a cada caso, mediante planejamento que contemple a seleção de alternativas de solução, análise das respectivas relações de custo/benefício e o estabelecimento de indicadores qualitativos e quantitativos, capazes de reduzir riscos e incertezas, direcionar recursos adequados e propiciar condições para a obtenção de resultados comprometidos com o interesse público, segundo as diretrizes postas no art. 47 da Lei Complementar nº 123/06 e no art. 1º do Decreto nº 8.538/15.

Pareceres técnicos e jurídicos, relatórios, levantamentos e pesquisas, demais documentos relevantes, tal como referidos no conteúdo obrigatório dos processos administrativos das licitações e contratações (Lei nº 8.666/93, art. 38, incs. V, VI e XII), deverão retratar a prática cotidiana do princípio da eficiência (CF/88, art. 39, *caput*, com a redação da EC nº 19/98), que o direito público, há décadas, vem destacando como o fator diferencial entre a gestão patrimonialista e a gestão de resultados do Estado.

Parta-se da contribuição italiana, que começa nos anos sessenta, com Massimo Severo Giannini *"Sulla formula amministrazione per risultati"*, a que se seguiram monografistas de prestígio, como destacado na resenha coordenada por Giancarlo Sorrentino (*Diritti e partecipazione nell'amministrazione di resultado*. Nápoles: Scientifica, 2003), aduzindo G. Pastori, na mesma obra coletiva, a identificação da administração de resultado com a anglo-saxônica *"performance-oriented administration"*.

Entre nós, Diogo de Figueiredo Moreira Neto sumaria estar "implícito que a chave do êxito do controle de resultado está preponderantemente na participação, pois a sintonia fina da legitimidade dela necessita para que se não pratique uma justiça abstrata e distante, mas uma justiça administrativa concreta e bem próxima das necessidades das pessoas. É ainda a participação, disciplinada pelo procedimento adequado – e por isso, elemento essencial da assim chamada democracia processual – que concorre para reestruturar o direito pela renovação da relação entre as normas e as pessoas (...) E, se no passado, no processo administrativo decisório, a discricionariedade tornava supérflua a participação, atualmente, os termos se inverteram e passa a ser a própria discricionariedade que, para ser adequadamente exercida com o máximo de legitimidade, impõe a participação. Finalmente, e como reforço da tese da ampla participação legitimatória do controle da administração de resultado e de sua importância no Direito Público do século que se inicia, vale lembrar que a doutrina acrescenta-lhe duas outras preciosas vantagens: a primeira, por ser um antídoto ao despotismo da maioria (CASSESE, Sabino. Lo spazio juridico globale. *Revista Trimestral Di Diritto Pubblico*, p. 331-332, 2002), e a segunda, por inaugurar um novo modo de tomada de decisões nas sociedades pós-modernas, notadamente naquelas ainda em vias de desenvolvimento, em que os reclamos de legitimidade são mais prementes, embora menos auscultados" (*Novo referencial no direito administrativo*: do controle da vontade ao do resultado. Rio de Janeiro: III Fórum de Controle da Administração Pública, 08 ago. 2006).

A ação administrativa do Estado, além do natural respeito à lei, deve ser desenvolvida em direção à satisfação das exigências do interesse coletivo primário (interesse público genérico) e do interesse coletivo secundário (os objetivos a atingir em cada ato ou contrato específico). São as técnicas diversas e a experiência pretérita que indicam a ação administrativa superiormente apta a assegurar, essencialmente, presteza, agilidade, economia, rendimento e resposta às necessidades dos usuários. O que pressupõe controle e avaliação de resultados, segundo indicadores preestabelecidos e que gerarão informações a serem consideradas no aperfeiçoamento de futuros contratos, base das melhorias contínuas que deve animar todo planejamento.

Sem essa ótica, o tratamento diferenciado desejado pela Constituição da República será ineficiente (relação custo/benefício insatisfatória) e ineficaz (resultados planejados inatingidos). E não apenas nas licitações e contratações.

CAPÍTULO V

AS SOCIEDADES COOPERATIVAS E O TRATAMENTO PRIVILEGIADO CONCEDIDO ÀS MICROEMPRESAS E EMPRESAS DE PEQUENO PORTE

1 Introdução

O regime jurídico das licitações da administração pública brasileira parece fadado a suportar permanente "conspiração" legislativa contra a consolidação de um sistema estável, apto a garantir o equilíbrio entre os interessados em ter acesso, disputando-as isonomicamente, às contratações de obras, bens e serviços pelo Estado.

A "conspiração" tornou-se ostensiva a partir da edição da Lei Federal nº 8.666/93, cuja pretensão é a de estabelecer um sistema nacional de normas gerais, em tese destinado a viabilizar a implementação de princípios e a instituir um padrão de conduta jurídico-normativa na matéria, com validade e força cogente para todas as esferas e em todos os níveis da gestão pública brasileira (administração direta e indireta de qualquer dos Poderes da União, dos estados, do Distrito Federal e dos municípios, estendendo-se o princípio da licitação aos convênios, no que cabível, e às entidades do chamado sistema S, para bem cumprir-se o disposto nos arts. 22, XXVII; e 37, XXI, da Constituição Federal de 1988).

Mas nenhum outro diploma normativo precedente, dentre os vários que a história da administração pública brasileira registra sobre o tema – passando pelo Código de Contabilidade Pública da União, de 1922, pelo Decreto-Lei nº 200/67 (Lei da Reforma Administrativa Federal) e pelo Decreto-Lei nº 2.300/86 (Estatuto Nacional das Licitações e Contratações) –, tem recebido tantas alterações quanto o da Lei nº 8.666/93, que, em menos de três lustros de vigência, convive com uma sucessão de normas ampliativas, supressivas ou modificativas, veiculadas por mais de uma dúzia de leis (média de uma por ano), em presumida busca de dotar as licitações e contratações de nossa administração de um padrão de eficiência e de eficácia que se possa considerar satisfatório e à prova de desvios.

Quando se imaginava, talvez, que o redesenho normativo houvesse atingindo patamar longevo, com a criação da modalidade do pregão (Lei nº 10.520/02) – comprovadamente, após emprego que se tende a universalizar, capaz de elevar os índices de eficiência e de eficácia nas licitações em razão da racionalidade de seu procedimento, responsável por reduzir o tempo de processamento, os preços obtidos nos certames competitivos e a taxa de recorribilidade contra as decisões administrativas –, eis que nova formatação do cenário normativo recomeça aos 14 de dezembro de 2006, quando da edição da Lei Complementar nº 123, regulamentada pelo Decreto nº 8.538, de 06 de outubro de 2015, no âmbito da administração pública federal, concernente ao tratamento favorecido, diferenciado e simplificado para as microempresas e empresas de pequeno porte nas contratações públicas de bens, serviços e obras.

Ao cumprir a Constituição da República quanto a garantir tratamento tributário, trabalhista, previdenciário, contábil e administrativo diferenciado às microempresas e empresas de pequeno porte, a LC nº 123/06 a estas garante condições especiais de participação nas licitações e contratações. E mal se digeriu a novidade – ainda aguardando-se a sobrevinda de prometidas leis de regulamentação – e já outra se sobrepõe como a Lei nº 11.488, de 15 de junho de 2007, cujo art. 34 manda aplicar "às sociedades cooperativas que tenham auferido, no ano-calendário anterior, receita bruta até o limite definido no inciso II do *caput* do art. 3º da Lei Complementar nº 123, de 14 de dezembro de 2006, nela incluídos os atos cooperados e não-cooperados, o disposto nos Capítulos V a X, na Seção IV do Capítulo XI, e no Capítulo XII da referida Lei Complementar".

Vero é que, diante dos vários anteprojetos de leis que tramitam pelo Congresso Nacional, visando a alterar a estrutura da Lei nº 8.666/93 ou mesmo a substituí-la integralmente, a par das inúmeras modificações pontuais que se efetivaram desde a sua edição, a nenhum profissional do setor seria dado imaginar estável o sistema traçado pela chamada Lei Geral das Licitações e Contratações, sequer que ainda se possa falar de um "sistema", tantas as alterações que o fragmentam e desdobram em subsistemas, como ocorre com o próprio pregão.

Não seria demais esperar-se, todavia, um mínimo de cuidado com o fim de evitarem-se modificações heterogêneas, que desafiam esforços ininterruptos de interpretação a cada novidade legislativa. A "conspiração" chega à obsessão porque, por mais que se altere a Lei Geral, os resultados continuam a despertar inquietação e dúvidas. É o que se passa com a extensão às sociedades cooperativas do regime diferenciado assegurado às microempresas e empresas de pequeno porte.

Embora ambas as categorias – microempresas e empresas de pequeno porte, de um lado, e cooperativas, de outro – contem com o reconhecimento da Carta Fundamental da República à sua relevância para a ocupação de grande número de pessoas na produção e na circulação de bens e serviços na economia nacional, o fato é que se trata de categorias ontologicamente desiguais: as microempresas e as empresas de pequeno porte se movem pelo impulso inerente a toda empresa, que é o da competição e do lucro; as cooperativas, na qualidade de sociedades de pessoas, se organizam e se movem por impulso de outra natureza, que é o associativismo, em que a cooperação se substitui à competição e não almeja o lucro da sociedade.

É dessa antinomia essencial que se pretendem ocupar as observações que se seguem, esforço de prospecção sobre a extensão, às cooperativas, do tratamento jurídico originalmente deferido às microempresas e empresas de pequeno porte. O objetivo é o de sinalizar para a assemelhação pretendida pela legislação e as possíveis assimetrias que dela poderão resultar.

2 Duplicidade de tratamento diferenciado?

A Lei Complementar nº 123/06, versando, como versa, sobre tratamento diferenciado assegurado no texto constitucional, estabelece normas gerais, vale dizer, a serem necessariamente cumpridas por todos os órgãos e entidades integrantes de todos os Poderes da União, dos estados, do Distrito Federal e dos municípios. São normas destinadas a estabelecer: (a) a apuração e o recolhimento de impostos e contribuições da competência dos entes integrantes da Federação mediante regime único de arrecadação, incluindo as obrigações acessórias; (b) o cumprimento simplificado de obrigações trabalhistas e previdenciárias, incluindo as obrigações acessórias; e (c) o acesso ao crédito e aos mercados, estimulado por meio de preferência nas aquisições de bens e serviços pelos poderes públicos, tecnologia, associativismo e regras de inclusão.

A disciplina do acesso aos mercados, traçada no Capítulo V da LC nº 123/06, incentiva a participação das microempresas e das empresas de pequeno porte nas licitações, realizadas no âmbito da União, estados, Distrito Federal e municípios, mediante: 1. a possibilidade de adiar-se a regularização da situação fiscal (*e trabalhista*[48]) da empresa, quando verificada a existência de restrições; 2. preferência na contratação, quando houver *empate ficto*[49] com os valores de propostas/lances ofertados por outras entidades empresariais de maior porte; 3. possibilidade, prevista no art. 47, de, nas contratações da União, dos estados e dos municípios, ser concedido tratamento diferenciado e simplificado em licitação exclusivamente destinada às empresas de pequeno porte e microempresas, quando importante para o desenvolvimento econômico e social no âmbito municipal e regional, ou quando se caracterizar como fator de ampliação da eficiência de políticas públicas e fonte de incentivo à inovação tecnológica; 4. ampliação, em determinadas situações, do tratamento diferenciado além das condições estabelecidas nos arts. 42 a 45, simplificando procedimentos específicos; 5. a possibilidade, sob determinadas condições, de subcontratação de microempresa ou empresa de pequeno porte pela licitante vencedora da licitação, bem como de a administração fracionar o objeto em licitação com o fim de contratar com tais sociedades empresárias.

O art. 6º do Decreto nº 8.538/15 impõe aos órgãos e entidades integrantes da administração pública federal a realização de processo licitatório destinado exclusivamente à participação de microempresas e empresas de pequeno porte nos itens ou lotes de licitação cujo valor seja de até R$80.000,00 (oitenta mil reais), excepcionando-se a obrigatoriedade, devidamente justificada, quando: 1. não houver o mínimo de três fornecedores competitivos enquadrados como microempresas ou empresas de pequeno porte, sediados local ou regionalmente e capazes de cumprir as exigências estabelecidas no instrumento convocatório; 2. o tratamento diferenciado e simplificado para essas entidades empresariais não for vantajoso para a administração ou representar prejuízo ao conjunto ou complexo do objeto a ser contratado, assim considerada a contratação que resultar em preço superior ao valor estabelecido como referência; 3. a licitação for

---

[48] De acordo com o art. 11 da Lei Complementar nº 155/16, o prazo especial para a regularização da situação trabalhista terá início a partir de 1º de janeiro de 2018.

[49] O art. 44 da LC estabeleceu uma espécie de empate ficto, quando a proposta ou lances ofertados pela empresa de pequeno porte ou microempresa apresentarem percentual acima da proposta ou lances ofertados pelas demais entidades empresariais participantes do certame: iguais ou até 10% (dez por cento) nas licitações convencionais (concorrência, tomada de preços e convite), e de até 5% (cinco por cento) na modalidade do pregão.

dispensável ou inexigível, nos termos dos arts. 24 e 25 da Lei nº 8.666/93, excetuadas as dispensas tratadas pelos incisos I e II do *caput* do referido art. 24, nas quais as compras deverão ser feitas preferencialmente por microempresas e empresas de pequeno porte; e 4. o tratamento diferenciado e simplificado não for capaz de alcançar os seguintes objetivos, justificadamente: (a) promoção do desenvolvimento econômico e social no âmbito municipal e regional, (b) ampliação da eficiência das políticas públicas, e (c) o incentivo à inovação tecnológica. Norma que, por depender de vários conceitos jurídicos indeterminados, reclamará atenta interpretação, de futuro.

Ao ampliar as oportunidades de contratação – propósito do tratamento diferenciado e simplificado –, a LC nº 123/06 condiciona a participação de microempresas e empresas de pequeno porte ao cumprimento de requisitos, a saber:

1. definição das normas de regência em regulamento do respectivo ente público;

2. previsão expressa das condições de favorecimento no instrumento convocatório;[50]

3. houver o mínimo de três fornecedores competitivos, enquadrados como microempresas ou empresas de pequeno porte, sediados local ou regionalmente, desde que capazes de atender às exigências estabelecidas no instrumento convocatório;

4. explicitação dos motivos (motivação fundada em razões de fato e de direito objetivamente aferíveis, que devem constar dos autos do processo administrativo pertinente) de ser economicamente vantajoso o tratamento diferenciado, no caso concreto.

Próprio que se sindique se tal regime e seus requisitos se compadecem com o perfil jurídico das sociedades cooperativas, que, muito antes das microempresas e empresas de pequeno porte, já contavam, como se verá, com legislação própria, assecuratória de tratamento diferenciado no concernente a encargos trabalhistas e previdenciários, que já as desonerava de modo suficiente para participarem de licitações em condições de vantagem, se confrontadas com as empresas em geral, sobre as quais incidem aqueles encargos. Mercê da Lei nº 11.488/07, art. 34, seriam as cooperativas beneficiárias de uma duplicidade de privilégios, que as colocaria em vantagem até mesmo em relação às microempresas e empresas de pequeno porte?

3 Tratamento diferenciado e princípio da igualdade

A LC nº 123/06, ao favorecer o acesso das empresas de pequeno porte e microempresas às contratações públicas, assenta normas gerais de procedimento sempre que essas empresas participem de licitação. Concede-lhes tratamento diferenciado, em contraste com um dos princípios constitucionais norteadores das licitações e contratos do Estado, que é o de assegurar igualdade de condições a todos os concorrentes (CF/88, art. 37, XXI).

Por definição, toda licitação visa a identificar a proposta mais vantajosa para a administração, por isto que garante o acesso igualitário a todos os interessados. Portanto, o certame competitivo não pode, por princípio, ser manejado de sorte a incentivar a participação de determinadas categorias empresariais nos negócios públicos. O Estado não contrata com particulares visando ao lucro, mas, sim, à satisfação do interesse

---

[50] Consolidado pelo art. 11 do Decreto nº 8.538/15.

público. Os participantes de uma licitação têm a legítima expectativa, com fundamento na Constituição e na legislação de regência, de que lhes serão asseguradas as mesmas oportunidades de contratar com o poder público.

O princípio da *igualdade*, nas licitações, implica o dever não apenas de tratar isonomicamente todos os que afluírem ao certame, mas, também, o de ensejar oportunidade de disputá-lo a quaisquer interessados, desde que atendam às condições que o ato convocatório reputou indispensáveis, justificadamente. A explicitação concreta do princípio da *igualdade* está no §1º do art. 3º da Lei nº 8.666/93, cuja norma proíbe que o ato convocatório do certame admita, preveja, inclua ou tolere cláusulas ou condições capazes de frustrar ou restringir o caráter competitivo do procedimento licitatório e veda o *estabelecimento de preferências* ou distinções em razão da *naturalidade*, sede ou domicílio das licitantes ou de qualquer outra circunstância impertinente ou *irrelevante para objeto do contrato*.

O tratamento diferenciado outorgado às microempresas e empresas de pequeno porte, que a Lei nº 11.488/07 estendeu às cooperativas, deve enfrentar, destarte, a arguição de que conflita com o princípio da igualdade. Jessé Torres Pereira Junior vem de assim analisar a questão:

> A Lei Complementar nº 123/06, ao instituir o Estatuto Nacional da Microempresa e da Empresa de Pequeno Porte, entendeu de dedicar seção (artigos 42 a 49) à disciplina do acesso dessas empresas às contratações da Administração Pública, destinando-lhes tratamento diferenciado em cumprimento ao disposto nos artigos 170, IX, e 179 da Constituição da República (...) cabe examinar a inspiração constitucional das inovações trazidas pela LC nº 123/06 e o disposto em seus artigos 47 a 49, que retratam o cumprimento, pelo Congresso Nacional, de política pública traçada pelo Documento Fundamental da República (...) Eis o ponto nuclear da questão constitucional suscitada pela LC nº 123/06: o cumprimento de política pública. O tema já conta com expresso equacionamento pelo Supremo Tribunal Federal, que, na Argüição de Descumprimento de Preceito Fundamental, ADPF, nº 45 MC-DF/2004, sendo relator o Min. Celso de Mello, desvendou-o de modo a sinalizar caminhos que se devem trilhar na compreensão e na aplicação do Estatuto Nacional da Microempresa e da Empresa de Pequeno Porte, *verbis*:
>
> "O desrespeito à Constituição tanto pode ocorrer mediante ação estatal quanto mediante inércia governamental. A situação de inconstitucionalidade pode derivar de um comportamento ativo do Poder Público, que age ou edita normas em desacordo com o que dispõe a Constituição, ofendendo-lhe, assim, os preceitos e os princípios que nela se acham consignados. Essa conduta estatal, que importa em um *facere* (atuação positiva), gera a inconstitucionalidade por ação.
>
> Se o Estado deixar de adotar as medidas necessárias à realização concreta dos preceitos da Constituição, em ordem a torná-los efetivos, operantes e exeqüíveis, abstendo-se, em conseqüência, de cumprir o dever de prestação que a Constituição lhe impôs, incidirá em violação negativa do texto constitucional. Desse *non facere* ou *non praestare* resultará a inconstitucionalidade por omissão, que pode ser total, quando é nenhuma a providência adotada, ou parcial, quando é insuficiente a medida efetivada pelo Poder Público.
>
> A omissão do Estado – que deixa de cumprir, em maior ou em menor extensão, a imposição ditada pelo texto constitucional – qualifica-se como comportamento revestido da maior gravidade político-jurídica, eis que, mediante inércia, o Poder Público também desrespeita a Constituição, também ofende direitos que nela se fundam e também impede, por ausência de medidas concretizadoras, a própria aplicabilidade dos postulados e princípios da Lei Fundamental" (RTJ 185/794-796, Pleno) (...)

Cabe assinalar, presente esse contexto – consoante já proclamou esta Suprema Corte – que o caráter programático das regras inscritas no texto da Carta Política "não pode converter-se em promessa constitucional inconseqüente, sob pena de o Poder Público, fraudando justas expectativas nele depositadas pela coletividade, substituir, de maneira ilegítima, o cumprimento de seu impostergável dever, por um gesto irresponsável de infidelidade governamental ao que determina a própria Lei Fundamental do Estado" (RTJ 175/1.212-1.213) (...)

Não deixo de conferir, no entanto, assentadas tais premissas, significativo relevo ao tema pertinente à "reserva do possível" (...), notadamente em sede de efetivação e implementação (sempre onerosas) dos direitos de segunda geração (direitos econômicos, sociais e culturais), cujo adimplemento, pelo Poder Público, impõe e exige, deste, prestações estatais positivas concretizadoras de tais prerrogativas individuais e/ou coletivas.

É que a realização dos direitos econômicos, sociais e culturais – além de caracterizar-se pela gradualidade de seu processo de concretização – depende, em grande medida, de um inescapável vínculo financeiro subordinado às possibilidades orçamentárias do Estado, de tal modo que, comprovada, objetivamente, a incapacidade econômico-financeira da pessoa estatal, desta não se poderá razoavelmente exigir, considerada a limitação material referida, a imediata efetivação do comando fundado no texto da Carta Política.

Não se mostrará lícito, no entanto, ao Poder Público, em tal hipótese – mediante indevida manipulação de sua atividade financeira e/ou político-administrativa – criar obstáculo artificial que revele o ilegítimo, arbitrário e censurável propósito de fraudar, de frustrar e de inviabilizar o estabelecimento e a preservação, em favor da pessoa e dos cidadãos, de condições materiais mínimas de existência.

Cumpre advertir, desse modo, que a cláusula da "reserva do possível" – ressalvada a ocorrência de justo motivo objetivamente aferível – não pode ser invocada, pelo Estado, com a finalidade de exonerar-se do cumprimento de suas obrigações constitucionais, notadamente quando, dessa conduta governamental negativa, puder resultar nulificação ou, até mesmo, aniquilação de direitos constitucionais impregnados de um sentido de essencial fundamentalidade (...)

A meta central das Constituições modernas, e da Carta de 1988 em particular, pode ser resumida (...) na promoção do bem-estar do homem, cujo ponto de partida está em assegurar as condições de sua própria dignidade, que inclui, além da proteção dos direitos individuais, condições materiais mínimas de existência. Ao apurar os elementos fundamentais dessa dignidade (o mínimo existencial), estar-se-ão estabelecendo exatamente os alvos prioritários dos gastos públicos. Apenas depois de atingi-los é que se poderá discutir, relativamente aos recursos remanescentes, em que outros projetos se deverá investir. O mínimo existencial, como se vê, associado ao estabelecimento de prioridades orçamentárias, é capaz de conviver produtivamente com a reserva do possível...

Vê-se, pois, que os condicionamentos impostos, pela cláusula da "reserva do possível", ao processo de concretização dos direitos de segunda geração – de implantação sempre onerosa –, traduzem-se em um binômio que compreende, de um lado, (1) a razoabilidade da pretensão individual/social deduzida em face do Poder Público e, de outro, (2) a existência de disponibilidade financeira do Estado para tornar efetivas as prestações positivas dele reclamadas...

Não obstante a formulação e a execução de políticas públicas dependam de opções políticas a cargo daqueles que, por delegação popular, receberam investidura em mandato eletivo, cumpre reconhecer que não se revela absoluta, nesse domínio, a liberdade de conformação do legislador, nem a de atuação do Poder Executivo. É que, se tais Poderes do Estado agirem de modo irrazoável ou procederem com a clara intenção de neutralizar, comprometendo-a, a eficácia dos direitos sociais, econômicos e culturais, afetando, como decorrência causal de uma injustificável inércia estatal ou de um abusivo comportamento governamental, aquele núcleo intangível consubstanciador de um conjunto irredutível de condições mínimas necessárias a uma existência digna e essenciais à própria sobrevivência do indivíduo, aí, então, justificar-se-á – até mesmo por razões fundadas em um imperativo ético-jurídico – a possibilidade de intervenção do Poder Judiciário, em ordem a viabilizar, a todos, o acesso aos bens cuja fruição lhes haja sido injustamente recusada pelo Estado.

A vigente Constituição da República traçou inequívoca política pública em relação às microempresas e empresas de pequeno porte. Basta reler os seus artigos 170, IX ("A ordem econômica, fundada na valorização do trabalho humano e na livre iniciativa, tem por fim assegurar a todos existência digna, conforme os ditames da justiça social, observados os seguintes princípios: (...) IX – tratamento favorecido para as empresas de pequeno porte constituídas sob as leis brasileiras e que tenham sua sede e administração no País") e 179 ("A União, os Estados, o Distrito Federal e os Municípios dispensarão às microempresas e às empresas de pequeno porte, assim definidas em lei, tratamento jurídico diferenciado, visando a incentivá-las pela simplificação de suas obrigações administrativas, tributárias, previdenciárias e creditícias, ou pela eliminação ou redução destas por meio de lei").

À vista desses solares preceptivos, o primeiro dos quais (art. 170, IX) alterado pela Emenda Constitucional nº 6/95, verifica-se que o Poder Público retardou-se, por mais de uma década, em cumprir o dever jurídico deles decorrentes, o que somente veio a ocorrer pela edição da LC nº 123/06, que é lei complementar para conformar-se a outra exigência constitucional, qual seja a do art. 146, III, "d", alínea esta acrescida pela Emenda Constitucional nº 42/03, no sentido de caber à lei complementar a "definição de tratamento diferenciado e favorecido para as microempresas e para as empresas de pequeno porte".

Toda política pública de assento constitucional, na interpretação da Corte guardiã da Constituição, tem prioridade sobre qualquer outra e deve ser implementada pelo Poder Público, relativamente aos direitos econômicos, sociais e culturais. Assegurar tratamento preferencial às microempresas e às empresas de pequeno porte era e é, destarte, prioritário, na medida em que corresponde a uma política pública traçada pela Constituição, na expectativa de lei complementar que a viesse definir. Tal o papel que a LC nº 123/06 veio desempenhar na ordem jurídica brasileira.

O sentido de prioridade e de premência, conferido ao tema pela Constituição, decerto que se inspirou na realidade sócio-econômica. A Justificativa que encabeçou a remessa do projeto original de lei complementar, em janeiro de 2004, assinalava que "As receitas das micro e pequenas empresas, em 2001, totalizaram a quantia de R$168 bilhões e 200 milhões, respectivamente. Um estudo realizado nessa mesma época constatou que cerca de um milhão e 100 mil dessas pequenas e microempresas eram do tipo empregadora, isto é, pelo menos uma pessoa estava registrada pela empresa como empregado, sendo os demais membros familiares ou sócios, ou seja, mais de 926 mil famílias diretamente envolvidas no negócio, com os seus membros participando da empresa na condição de proprietários ou sócios (...) podemos perceber a importância das pequenas e microempresas no desenvolvimento de nossa economia e principalmente como fator de geração de emprego e distribuição de renda. Nessa linha, foi feita uma pesquisa em 37 países, em 2002, coordenada pela GEM – *Global Entrepreneurship Monitor*, projeto criado pela *London Business School*, da Inglaterra, e pela *Babson School*, nos Estados Unidos, coordenado no Brasil pelo Instituto Brasileiro de Qualidade e Produtividade do Paraná e Sebrae, em que o Brasil se destaca em sétimo lugar no *ranking* dos países com maior nível geral de empreendedorismo. A taxa brasileira da atividade empreendedora total, ou seja, a que indica a proporção de empreendedores na população de 18 a 64 anos de idade, foi de 13,5%, estimando-se em 14,4 milhões de empreendedores no país, dos quais 42% são mulheres".

Induvidoso que expressivo segmento de pessoas dependentes da existência e da atuação de microempresas e empresas de pequeno porte necessita, sob pena do perecimento destas, do tratamento diferencial prometido pela Constituição, nos termos que lei complementar haveria de definir, como definiu a LC nº 123/06. Se as medidas que esta acolheu serão, ou não, eficientes e eficazes para o fim de cumprir a política pública traçada na Constituição, é o que a implementação de suas disposições irá aquilatar. O que não se apresenta condizente com a realidade sócio-econômica e a ordem constitucional é resistir a tal tratamento, acoimando-o, desde logo, de inadequado. Pode ser que a aplicação das medidas definidas venha a assim evidenciar, no todo ou em parte. Mas tal não se saberá sem que o Estado empenhe os melhores esforços em executar, controlar e avaliar os resultados.

Na seara específica das licitações e contratações da Administração Pública, há, como se verá adiante, dúvidas ponderáveis sobre a juridicidade, a inteligência e a pertinência das medidas propostas – basicamente, por ora, a possibilidade de corrigir defeitos na documentação fiscal e o direito de preferência para contratar, sob condições determinadas. Por outro lado, a estreiteza das disponibilidades orçamentárias estatais – insuficientes para atender a todas as prioridades constitucionais – avaliza a tentativa de estimular-se o empreendedorismo na criação de oportunidades de trabalho de que carece numeroso contingente de brasileiros, para os quais a empresa tradicional e o Estado não parecem reunir condições para empregar e garantir meios de desenvolvimento pessoal e coletivo, gerando frustrações individuais e o desvio de gerações de brasileiros para atividades marginais e marginalizantes, quando não ilícitas e destrutivas, como o noticiário jornalístico cotidiano vem tornando notório.

Essas são as premissas da compreensão com que se deve recepcionar o disposto nos artigos 47 a 49 da LC nº 123/06. Traduz a cota de participação da Administração Pública no estímulo ao empreendedorismo, representado pelas microempresas e empresas de pequeno porte; um dos instrumentos desse estímulo está em dispensar-lhes tratamento diferenciado nas licitações e contratações de bens e serviços. (*Comentários à Lei das Licitações e Contratações da Administração Pública*. 7. ed. Rio de Janeiro: Renovar, 2007. p. 39-43)

A indagação a fazer-se, em face dessas considerações, é a de se as cooperativas são, igualmente, objeto de política pública constitucional, justificadora de a elas se estender o tratamento diferenciado assegurado às microempresas e empresas de pequeno porte. Como se verá adiante, as cooperativas também estão sob o foco da Carta Política vigente, de sorte a serem sujeitas de política pública prioritária, tanto que figuram em nada menos que seis de seus preceptivos. Nada obstante serem sociedades de cooperação, não de competição, a Constituição atribui-lhes tanta relevância quanto atribui às microempresas e empresas de pequeno porte como instrumentos de política econômica.

O que cumpre verificar é se a estrutura jurídica de sociedades de cooperação pode ou deve receber o mesmo tratamento diferenciado destinado a sociedades de competição. E se, em caso afirmativo, será idêntico o modo de dar-se cumprimento ao tratamento. Além de perquirir-se se haveria preponderância de umas sobre as outras. Daí a utilidade, para os fins deste estudo, de repassarem-se, em brevíssima síntese, os principais aspectos do tratamento diferenciado de que cuida a LC nº 123/06.

4 Regularização de situação fiscal em presença de restrições

Segundo a Lei nº 8.666/93, a entrega de documentos em desacordo com as exigências editalícias dá motivo à inabilitação de qualquer licitante, sem distinção à conta de natureza jurídica ou de qualquer outra circunstância. O art. 43, §1º, da LC nº 123/06 estipula que empresas de pequeno porte e microempresas – por força do art. 34 da Lei nº 11.488/07, também as cooperativas – podem participar de licitações e entregar os documentos referentes à habilitação no prazo assinado no edital, com a vantagem de, caso os documentos demonstrativos da regularidade fiscal (*e trabalhista*)[51] contiverem irregularidade, serem admitidas a comprovar[52] a regularização posteriormente, no prazo de cinco dias úteis, prorrogável por igual período. E o art. 42 determina que a comprovação da regularidade fiscal (*e trabalhista*) dessas empresas – por extensão, também das cooperativas – *somente será exigida para efeito de assinatura do contrato*.-

A omissão, em edital de licitação, de dispositivo atinente ao tratamento privilegiado (prazo especial para regularização da situação fiscal *e trabalhista*[53] e empate ficto) que a lei defere a entidades de menor porte, não impede a comissão de licitação ou o pregoeiro de aplicá-lo. O tratamento privilegiado previsto nos artigos 43 e 44 da Lei Complementar nº 123/06 constitui direito subjetivo das microempresas e empresas de pequeno porte. Direito subjetivo é a faculdade assegurada ao seu titular de fazer prevalecer, administrativamente ou em juízo, o seu interesse legitimado pela ordem jurídica.

A norma que assegura o tratamento privilegiado a essas categorias de empresas de menor porte, participantes de licitações, obriga a comissão de licitação ou o pregoeiro a seu estrito cumprimento, ou seja, ao direito subjetivo sempre corresponde o dever jurídico de dar-lhe cumprimento. Eventual omissão do edital não autoriza violação de direito subjetivo, que, a ocorrer, configuraria lesão a direito. Significa que a entidade de menor porte pode exigir do pregoeiro ou da comissão de licitação, com as medidas que a legislação lhe faculta, a observância do tratamento privilegiado que lhe garante a lei de regência.

Duas hipóteses se apresentam:

- a primeira, quando a menor proposta de preço for de microempresa ou empresa de pequeno porte, ou cooperativa, uma vez verificada a existência de restrições na documentação apresentada na fase de habilitação, para efeito de comprovação da regularidade fiscal (*e trabalhista*), é permitida a regularização, cujo desatendimento, no prazo fixado, implicará a impossibilidade de contratação – que a LC nº 123/06 e o Decreto nº 8.538/15 rotulam, incidindo em erro conceitual, de decadência de direito; não se decai de direito algum pela singela razão de que não há direito à contratação, mas, apenas, direito de, havendo contrato, exigir-se a observância da ordem de classificação –, sem prejuízo das sanções previstas no art. 81 da Lei nº 8.666/93, sendo facultado à administração convocar os licitantes remanescentes, na ordem de classificação, para a assinatura do contrato, ou revogar a licitação;

---

[51] De acordo com o art. 11 da Lei Complementar nº 155/16, o prazo especial para a regularização da situação trabalhista terá início a partir de 1º de janeiro de 2018.

[52] O art. 4º do Decreto nº 8.538/15 estabelece que a comprovação de regularidade fiscal das microempresas e empresas de pequeno porte somente será exigida para efeito de contratação, e não como condição para participação na licitação. Na hipótese de haver alguma restrição relativa à regularidade fiscal quando da comprovação de que trata o *caput*, será assegurado prazo de cinco dias úteis, prorrogável por igual período, para a regularização da documentação, a realização do pagamento ou parcelamento do débito e a emissão de eventuais certidões negativas ou positivas com efeito de certidão negativa. O prazo para regularização fiscal será contado a partir da divulgação do resultado da fase de habilitação, na licitação na modalidade pregão e nas regidas pelo Regime Diferenciado de Contratações Públicas sem inversão de fases ou da divulgação do resultado do julgamento das propostas, nas modalidades de licitação previstas na Lei nº 8.666/93 e nas regidas pelo Regime Diferenciado de Contratações Públicas com a inversão de fases. A prorrogação do prazo poderá ser concedida, a critério da administração pública, quando requerida pelo licitante, mediante apresentação de justificativa.

[53] De acordo com o art. 11 da Lei Complementar nº 155/16, o prazo especial para a regularização da situação trabalhista terá início a partir de 1º de janeiro de 2018.

- a segunda, quando da licitação participarem somente entidades empresariais não enquadráveis como microempresas ou empresas de pequeno porte, não incidirá o regime da LC nº 123/06, tramitando a licitação nos termos da Lei nº 8.666/93, caso utilizadas as modalidades convencionais (concorrência, tomada de preços ou convite), ou nos termos da Lei nº 10.520/02, se a modalidade licitatória for a do pregão, na forma presencial ou eletrônica, sendo que para esta última a regulamentação se encontra no Decreto nº 5.450/05.

Indagar-se-ia, nessa segunda hipótese, se a participação de cooperativas na licitação, sem a participação de microempresas ou empresas de pequeno porte, atrairia a aplicação da LC nº 123/06. Não seria de todo descabido cogitar-se de resposta negativa, ao fundamento de que, inaplicável o regime da LC nº 123/06 pela ausência de microempresas ou empresas de pequeno porte na licitação, tampouco poderia incidir o da Lei nº 11.488/07, dado que este dependeria daquele, por extensão e simetria.

Tal interpretação não soa como adequada em confronto com o objetivo da Lei nº 11.488/07, que é o de criar regime especial de incentivos para o desenvolvimento da infraestrutura. Imaginar que as cooperativas somente fariam jus ao tratamento diferenciado, assegurado às microempresas e empresas de pequeno porte, quando estas comparecessem ao prélio licitatório equivaleria – comparando-se os protagonistas do processo administrativo da licitação com os do processo judicial – a considerar as cooperativas como assistentes das micro e pequenas empresas.

Não se trata, entretanto, de assistência, no sentido que se extrai dos arts. 119 e seguintes do Código de Processo Civil, segundo os quais o assistente atua como auxiliar da parte principal, exercendo os mesmos poderes e sujeitando-se aos mesmos ônus processuais porque tem interesse jurídico em que o resultado do processo seja favorável ao assistido. Em uma licitação, não há parte principal. Todos os concorrentes competem entre si na disputa que habilitará o vitorioso a contratar com a administração. Esse objetivo traduz motivação antes econômica que jurídica, tanto da parte dos concorrentes, que querem prestar o serviço ou fornecer o bem mediante remuneração, quanto da administração, que almeja ter o serviço prestado ou o bem fornecido por quem oferecer a proposta mais vantajosa.

Em verdade, as cooperativas, graças à extensão estabelecida pela Lei nº 11.488/07, têm direito e interesse próprios quando ingressam na licitação, estejam ou não presentes também microempresas e empresas de pequeno porte. O tratamento diferenciado que a LC nº 123/06 deferiu a estas, a Lei nº 11.488/07 estendeu àquelas, sem que umas dependam da presença das outras para que o tratamento diferenciado seja devido. A competição entre todas – empresas e cooperativas –, titulares do mesmo direito a tratamento diferenciado, é que cumprirá a finalidade enunciada pela Lei nº 11.488/07, de incentivo ao desenvolvimento da infraestrutura.

5 O empate ficto

O art. 44 da LC nº 123/06 e o art. 5º, §§1º e 2º, do Decreto nº 8.538/15 instituíram e disciplinaram a verificação de *empate simulado ou ficto*, somente arredável se se comprovar que as microempresas e empresas de pequeno porte incorreram em alguma das vedações do art. 3º, §4º, da referida lei complementar. Esta elegeu, como critério de desempate, preferência na contratação de microempresas e empresas de pequeno porte, preferência que não se aperfeiçoará caso se comprove a ocorrência de vedação legal; é que, então, não se poderá aplicar o tratamento diferenciado, somente devido às microempresas e empresas de pequeno que atendam às prescrições legais e não incidam em qualquer de suas vedações. Logo, também as cooperativas, cujas organização e operação se demonstre haverem fraudado o perfil jurídico da sociedade de pessoas, não poderão invocar o tratamento diferenciado.

Instigante combinação de presunções jurídicas. A presunção do empate é absoluta (*juris et de jure*), ou seja, não comporta prova em contrário no pertinente ao fato do empate; mesmo sendo desiguais as propostas, a lei determina que devam ser consideradas empatadas, dentro dos limites que fixou. A presunção é relativa (*juris tantum*) quanto ao direito ao tratamento diferenciado; sempre será admissível comprovar-se que a empresa em presumida situação de empate não faz jus ao tratamento privilegiado porque desqualificada em cotejo com alguma das vedações do art. 3º, §4º, da LC nº 123/06.

Afastada a hipótese de fraude, as micro e pequenas empresas, bem como as cooperativas – por extensão determinada pela Lei nº 11.488/07 –, desde que suas propostas de preço sejam iguais ou superiores em até 10% (dez por cento) à proposta mais bem classificada, tratando-se de uma das modalidades licitatórias convencionais da Lei nº 8.666/93 (concorrência, tomada de preços ou convite), ou em até 5% (cinco por cento) superiores ao melhor preço, na modalidade licitatória do pregão (presencial e eletrônico), serão havidas em situação de empate com as empresas de maior porte e terão preferência ao contrato.

Não haverá o direito ao desempate quando somente as categorias empresariais favorecidas pela LC nº 123/06 participarem do certame, posto descaber o exercício de direito de preferência entre as próprias beneficiárias, assim como não haverá o direito ao desempate quando apenas participarem da licitação empresas não enquadradas como micro ou de pequeno porte, já que nenhuma delas ostenta legitimidade para postular o tratamento preferencial. A pergunta, em face da extensão estabelecida pela Lei nº 11.488/07, será: e se houver empate entre microempresas ou empresas de pequeno porte e cooperativas, de quem será a preferência?

Aqui, também, não seria inverossímil a ideia de reservar-se o tratamento preferencial para as microempresas e empresas de pequeno porte, ao argumento de que as cooperativas se beneficiariam por extensão, não por direito próprio, em eventual disputa com o direito precedente daquelas empresas. Mas, como retroassinalado, tal compreensão pressuporia a existência de parte principal (as microempresas e empresas de pequeno porte) e secundária (as cooperativas, na qualidade de assistentes das empresas), no processo administrativo da licitação, o que não se concilia com a índole da competição licitatória, nem com a finalidade da Lei nº 11.488/07.

Assim, mesmo que do certame não participem microempresas ou empresas de pequeno porte, as cooperativas, que se apresentarem e preencherem os requisitos legais, farão jus ao desempate e terão preferência na contratação em disputa com empresas de maior porte, nos termos da LC nº 123/06. E, caso as empresas micro e pequenas se apresentem na competição, as cooperativas disputarão o contrato em igualdade de condições com elas, já que entre as beneficiárias do tratamento diferenciado não pode haver hierarquia, nem prelação.

A disputa entre cooperativas e microempresas ou empresas de pequeno porte, presentes na mesma licitação, fará pelos preços reais que cotarem, sem intervalo de empate ficto, nem qualquer preferência. No plano teórico, a pergunta que intriga é: microempresas e empresas de pequeno porte terão condições de disputar preço com as cooperativas que a elas se nivelem no requisito da renda anual, estas já desoneradas de encargos trabalhistas e com ônus previdenciários reduzidos? Se a resposta for negativa, poderão resultar frustrados os objetivos da LC nº 123/06 quanto ao acesso daquelas empresas às contratações administrativas, inibidos que serão os seus efeitos pela aplicação da Lei nº 11.488/07. Somente a prática do tratamento legal diferenciado o revelará.

Anote-se que para a modalidade do pregão, a LC nº 123/06 fixou o prazo de cinco minutos para o oferecimento de proposta em valor inferior ao da proposta ofertada pela licitante vencedora. O legislador não previu prazo e momento para a redução da proposta nas modalidades convencionais (concorrência, tomada de preços e convite); deverá constar do instrumento convocatório, porém augurando-se que cada ente público venha a editar norma uniformizadora desse prazo, com o fim de prevenir a inconveniência de a cada edital adotar-se um prazo e contá-lo segundo critérios variados.

6 O tratamento privilegiado estendido às cooperativas

O art. 34 da Lei nº 11.488/07 preceitua que "Aplica-se às sociedades cooperativas que tenham auferido, no ano-calendário anterior, receita bruta até o limite definido no inciso II do *caput* do art. 3º da Lei Complementar nº 123, de 14 de dezembro de 2006, nela incluídos os atos cooperados e não-cooperados, o disposto nos Capítulos V a X, na Seção IV do Capítulo XI, e no Capítulo XII da referida Lei Complementar".

Deduz-se que as cooperativas que tenham receita bruta de até R$4.800.000,00 (quatro milhões e oitocentos mil reais), no ano-calendário anterior, terão direito aos seguintes benefícios:

a) acesso aos contratos administrativos mediante tratamento diferenciado em termos de regularidade fiscal (*e trabalhista*),[54] comprovável *a posteriori* e a empate ficto, quando participantes de licitações (arts. 42 a 49);
b) simplificação das relações de trabalho (arts. 50 a 54);
c) ação fiscalizadora de caráter orientador (art. 55);
d) possibilidade de contratação de compras, bens e serviços, para os mercados nacional e internacional, por meio de consórcio (art. 56);
e) estímulo ao crédito e à capitalização (arts. 57 a 63);
f) estímulo à inovação (arts. 58 a 67);
g) regras diferenciadas acerca do protesto de títulos (art. 73);
h) acesso aos juizados especiais cíveis, visando à utilização dos institutos da conciliação prévia, da mediação e da arbitragem para a solução de seus conflitos (arts. 74 a 75).

Jessé Torres Pereira Junior destaca que "Diante das notórias restrições à participação, em certames licitatórios, de cooperativas de mão-de-obra, especialmente quando a execução do objeto a contratar não prescinda da subordinação típica das relações de

---

[54] De acordo com o art. 11 da Lei Complementar nº 155/16, o prazo especial para a regularização da situação trabalhista terá início a partir de 1º de janeiro de 2018.

emprego, estranhas à natureza jurídica das cooperativas (sociedades de pessoas em que cada profissional cooperado mantém sua autonomia), a extensão do regime diferenciado da LC nº 123/06 deixa dúvida ao se referir a 'atos cooperados e não-cooperados'".

E esclarece: "Em face das diretrizes consolidadas na jurisprudência das Cortes de Controle Externo, tal referência não pode ser compreendida como uma autorização para que essas cooperativas contratem intermediação de mão-de-obra com a Administração. A melhor interpretação sobre o alcance da expressão 'atos não-cooperados' será a de que estes são os que as cooperativas praticam na gestão de seus fundos e do pessoal que opera os seus serviços internos na qualidade de empregados, de molde a que essa gestão se beneficie dos procedimentos simplificados de natureza tributária, concedidos às pequenas e microempresas" (*Comentários...*, *op. cit.*, p. 47).

6.1 Terceirização das atividades acessórias

Desde o Decreto-Lei nº 200/67 que se positivou a distinção entre a atuação estatal no cumprimento de suas atividades inerentes (vinculadas aos fins jurídicos do Estado, em caráter próprio e indelegável), daquela em que se desobriga de outras meramente acessórias (atividades-meio), terceirizáveis ao setor privado. Recorde-se a regra de seu art. 10:

> A execução das atividades da Administração Federal deverá ser amplamente descentralizada.
> (...)
> c) da Administração Federal para a órbita privada, mediante contratos ou concessões.
> (...)
> §7º Para melhor desincumbir-se das tarefas de planejamento, coordenação, supervisão e controle e com o objetivo de impedir o crescimento desmesurado da máquina administrativa, a Administração procurará desobrigar-se da realização material de tarefas executivas, recorrendo, sempre que possível, à execução indireta, mediante contrato, desde que exista, na área, iniciativa privada suficientemente desenvolvida e capacitada a desempenhar os encargos de execução.
> §8º A aplicação desse critério está condicionada, em qualquer caso, aos ditames do interesse público e às conveniências da segurança nacional.

Denise Hollanda Costa Lima[55] obtempera, acerca das características da terceirização, que "não se trata de mera transferência da gestão de recursos humanos à empresa terceirizada, visando simplesmente reduzir custos com pessoal, mantendo-se os mesmos vínculos que caracterizam a relação de emprego com os funcionários terceirizados, o que corresponde, na verdade, à atividade comumente denominada de locação de mão-de-obra. A terceirização, isso sim, pressupõe a prestação de serviços especializados por empresa alheia de forma autônoma, sem ingerência direta na administração das atividades ou sobre os profissionais nelas envolvidos".

---

[55] LIMA, Denise Hollanda Costa. *Terceirização na administração pública*: as cooperativas de trabalho. Belo Horizonte: Fórum, 2007. p. 44.

O Decreto nº 2.271, de 07 de julho de 1997, veio dispor sobre a contratação de serviços relacionados às atividades materiais acessórias, instrumentais ou complementares aos assuntos que compõem a competência legal dos órgãos ou entidades da administração pública federal direta, autárquica e fundacional, nos seguintes termos:

> Art. 1º No âmbito da Administração Pública Federal direta, autárquica e fundacional poderão ser objeto de execução indireta as atividades materiais acessórias, instrumentais ou complementares aos assuntos que constituem área de competência legal do órgão ou entidade.
> §1º As atividades de conservação, limpeza, segurança, vigilância, transportes, informática, copeiragem, recepção, reprografia, telecomunicações e manutenção de prédios, equipamentos e instalações serão, de preferência, objeto de execução indireta.
> §2º Não poderão ser objeto de execução indireta as atividades inerentes às categorias funcionais abrangidas pelo plano de cargos do órgão ou entidade, salvo expressa disposição legal em contrário ou quando se tratar de cargo extinto, total ou parcialmente, no âmbito do quadro geral de pessoal.

O decreto normativo tratou de coibir práticas irregulares na atividade estatal, como a pessoalidade da relação de trabalho e a subordinação direta dos empregados da entidade empresarial com a contratante, dispondo, em seu art. 3º, que as contratações no âmbito da administração pública federal serão compatibilizadas, exclusivamente, com a prestação de serviços, vedada, pelo art. 4º, inc. II, a caracterização do objeto como fornecimento de mão de obra.

Estabelece a Portaria nº 409, de 21 de dezembro de 2016, do Ministro de Estado do Planejamento, Desenvolvimento e Gestão, que dispõe sobre as garantias contratuais ao trabalhador na execução indireta de serviços e os limites à terceirização de atividades, no âmbito da administração pública federal direta, autárquica e fundacional e das empresas estatais federais controladas pela União, a respeito das atividades que não podem ser objeto de execução indireta na administração pública federal direta, autárquica e fundacional:

> Art. 8º Não serão objeto de execução indireta na Administração Pública federal direta, autárquica e fundacional:
> I - atividades que envolvam a tomada de decisão ou posicionamento institucional nas áreas de planejamento, coordenação, supervisão e controle;
> II - as atividades consideradas estratégicas para o órgão ou entidade cuja terceirização possa colocar em risco o controle de processos e de conhecimentos e tecnologias;
> III - as funções relacionadas ao poder de polícia, as de regulação, de outorga de serviços públicos e de aplicação de sanção; e
> IV - as atividades inerentes às categorias funcionais abrangidas pelo plano de cargos do órgão ou entidade, salvo expressa disposição legal em contrário ou quando se tratar de cargo extinto, total ou parcialmente, no âmbito do quadro geral de pessoal. Parágrafo único. As atividades auxiliares, instrumentais ou acessórias às funções e atividades definidas nos incisos do caput podem ser executadas de forma indireta, sendo vedada a transferência de responsabilidade para realização de atos administrativos ou a tomada de decisão para o contratado.

No âmbito das empresas estatais, a citada Portaria estabelece que:

Art. 9º Não serão objeto de execução indireta nas empresas estatais federais atividades que demandem a utilização, pela contratada, de profissionais com atribuições inerentes às dos cargos integrantes de seus respectivos Plano de Cargos e Salários, exceto se afrontar os princípios administrativos da eficiência, da economicidade e da razoabilidade, tais como na ocorrência de pelo menos uma das seguintes situações exemplificativas:
I - caráter temporário do serviço;
II - incremento temporário do volume de serviços;
III - atualização de tecnologia ou especialização de serviço, quando for mais atual, mais segura, trouxer redução de custo ou for menos prejudicial ao meio ambiente; ou
IV - impossibilidade de competir dentro do mercado concorrencial em que se insere.
§ 1º As situações de exceção a que se referem o caput, dispostas nos incisos I e II, podem estar relacionadas às especificidades da localidade ou necessidade de maior abrangência territorial de atuação onde os serviços serão prestados.
§ 2º Os empregados da contratada com atribuições coincidentes ou não com as da contratante atuarão apenas no desenvolvimento das atividades da contratada para entrega do produto ou serviço contratado.
§ 3º Não se aplica a vedação do caput quando se tratar de cargo extinto ou em extinção.
§ 4º O Conselho de Administração ou instância equivalente da empresa estatal federal deverá definir o conjunto de atividades passíveis de contratação indireta.

Nada obstante as exceções elencadas no art. 9º da Portaria nº 409/16, as quais possibilitam a contratação de profissionais com atribuições inerentes às dos cargos integrantes dos respectivos Plano de Cargos e Salários da empresa estatal, é necessária cautela quando da contratação de tais atividades.

A terceirização deve representar a possibilidade de transferir a terceiros algumas atividades de apoio (atividades-meio), acessórias e instrumentais às atividades finalísticas da empresa estatal, estas exclusivas de empregados públicos, segundo disposto no art. 37, II, da Constituição Federal, o qual determina que a investidura em cargo ou emprego público depende de aprovação prévia em concurso público de provas ou de provas e títulos, de acordo com a natureza e a complexidade do cargo ou emprego, na forma prevista em lei, ressalvadas as nomeações para cargo em comissão declarado em lei de livre nomeação e exoneração

São lícitas as terceirizações de atividades materiais acessórias, instrumentais ou complementares aos assuntos que constituem área de competência legal da empresa estatal, ou seja, atividades-meio ou de apoio ao regular desempenho das atividades finalísticas exercidas por empregados públicos concursados.

O desempenho de atividades finalísticas são exclusivas de empregados públicos, consoante estabelece o art. 37, II, da Constituição Federal, acessíveis por meio de concurso público, o qual cumpre as seguintes finalidades: (a) afere aptidões necessárias aos ocupantes de cargos e empregos públicos na administração pública; (b) privilegia o sistema de mérito; (c) proporciona que os interessados participem do certame em igualdade de condições; (d) seleciona os candidatos mais aptos a firmar a relação jurídica estatutária ou laboral conforme o vínculo a ser encetado; e (e) afasta a prática ilegítima do nepotismo.

Ainda, a realização de concurso público parte da presunção de que o empregado ou servidor de carreira preenche, pela independência e profissionalismo na defesa do interesse público, a necessidade do administrador de encontrar proficiência na realização de seus fins, sendo despiciendo a procura de terceiros fora do quadro dos empregados ou servidores efetivados por concurso quando o princípio republicano requer a participação ativa e engajada de todos os cidadãos nos assuntos públicos.

Como assentado pelo Supremo Tribunal Federal, o postulado do concurso público traduz-se na necessidade essencial de o estado conferir efetividade a diversos princípios constitucionais, corolários do *merit system*, dentre eles o de que todos são iguais perante a lei, sem distinção de qualquer natureza (CR/88, art. 5º, *caput*). (RE nº 837.311/PI, Rel. Min. Luiz Fux, DJe 18/04/2016).

6.2 Perfil jurídico das cooperativas

A Constituição da República quer claramente fomentar o desenvolvimento do modelo cooperativo, tanto que: o art. 5º, inc. XVIII, prevê a criação de cooperativas independentemente de autorização estatal, defesa à interferência desta em seu funcionamento; o art. 146, inc. III, alínea "c", determina a competência da lei complementar para estabelecer normas gerais em matéria de legislação tributária, especialmente a incidente sobre o ato cooperativo; os §§2º e 3º do art. 174 estabelecem que a lei apoiará e estimulará o cooperativismo e outras formas de associativismo, devendo o Estado favorecer a organização da atividade garimpeira em cooperativas; o art. 187 determina que a política agrícola será planejada e executada na forma da lei, com a participação efetiva do setor de produção, envolvendo produtores e trabalhadores rurais, bem como dos setores de comercialização, de armazenamento e de transportes, levando em conta, especialmente, o cooperativismo; e o art. 192, *caput*, com a redação da Emenda Constitucional nº 40/03, estipula que o sistema financeiro nacional, estruturado de forma a promover o desenvolvimento equilibrado do País e a servir aos interesses da coletividade, abrangerá as cooperativas de crédito.

Inequívoco, destarte, que as cooperativas constituem instrumento a que a Carta Fundamental dedica singular apreço para a consecução de políticas públicas em vários campos de atividades, gerais e específicos. Daí haver recepcionado a Lei nº 5.764, de 16 de dezembro de 1971, que definiu a Política Nacional de Cooperativismo e instituiu o regime jurídico das sociedades cooperativas, de maneira a estruturá-las como sociedades de pessoas, com forma e natureza jurídicas próprias, de caráter civil, constituídas para prestar serviços aos associados. Essência da qual decorre, por sinal, o fato de serem os próprios cooperados aqueles que devem executar a prestação dos serviços que a cooperativa venha a contratar, inclusive com a administração pública.

O art. 1.093 do vigente Código Civil (Lei nº 10.406, de 10 de janeiro de 2002) remete a disciplina das sociedades cooperativas às disposições de seu Capítulo VII, ressalvada a legislação especial. Segue-se que o Código Civil assume o papel de Lei Geral, reservando à Lei nº 5.764/71 a função de lei especial. Com esse regime renovado pela lei civil não se harmoniza qualquer vedação à criação de cooperativas de trabalho, tendo por objeto qualquer gênero de serviço, operação ou atividade. E o art. 86 da Lei nº 5.764/71 não veda a possibilidade de prestação de serviços a terceiros, desde que pelos cooperados e de modo a atender aos objetivos sociais para os quais a cooperativa foi constituída.

Eis os balizamentos da nova lei civil para as cooperativas: (a) variabilidade, ou dispensa, do capital social; (b) concurso de sócios em número mínimo necessário a compor a administração da sociedade, sem limitação de número máximo; (c) limitação do valor da soma de quotas do capital social que cada sócio poderá tomar; (d) intransferibilidade das quotas do capital a terceiros estranhos à sociedade, ainda que por herança; (e) *quorum*, para a assembleia geral funcionar e deliberar, fundado no número de sócios presentes à reunião, e não no capital social representado; (f) direito de cada sócio a um só voto nas deliberações assembleares, tenha ou não capital a sociedade, e qualquer que seja o valor de sua participação; (g) distribuição dos resultados, proporcionalmente ao valor das operações efetuadas pelo sócio com a sociedade, podendo ser atribuído juro fixo ao capital realizado; (h) indivisibilidade do fundo de reserva entre os sócios, ainda que em caso de dissolução da sociedade; (i) a responsabilidade ilimitada ou limitada dos sócios; (j) aplicação subsidiária das disposições gerais a respeito das sociedades simples, contidas nos arts. 997 a 1.038 e respeitados os balizamentos do art. 1.094.

6.3 As cooperativas nas licitações para a contratação de serviços

Denise Hollanda Costa Lima[56] informa que as cooperativas de trabalho tiveram um surpreendente crescimento quantitativo no País a partir da Lei nº 8.949, de 09 de dezembro de 1994, que introduziu parágrafo único no art. 442 da Consolidação das Leis Trabalhistas, sede de regra segundo a qual, qualquer que seja o ramo de atividade da sociedade cooperativa, não existe vínculo empregatício entre ela e seus associados, nem entre estes e os tomadores de serviços daquela.

Observa a autora que o conteúdo dessa norma não alterou substancialmente a ordem jurídica vigente, em face do reconhecimento da relação de emprego quando presentes os pressupostos dos arts. 2º e 3º da Lei nº 5.452/43, todavia estimulou o desenvolvimento desse tipo de sociedade, sobretudo sob o impulso da promessa de redução de custos às empresas terceirizadoras, que passaram a ter, na contratação de cooperativas, alternativa viável para ganhar eficiência e competitividade. As cooperativas, a seu turno, passaram a ver nas licitações públicas, para a contratação de bens e serviços, importante fonte para a prática de atividade econômica em benefício de seus associados.

A par do crescimento dessas sociedades, inúmeras constituíram-se sob as normas vigentes, mas com características de verdadeiras entidades empresárias, perseguindo o lucro e executando atividades em estado de subordinação, tanto em relação ao tomador como em relação ao fornecedor de serviços.

A administração pública, ao mesmo tempo em que terceirizou a prestação de serviços considerados acessórios e complementares a suas atividades-fins, também por meio da contratação de cooperativas, deparou-se com a ilicitude de contratar possíveis "pseudocooperativas", cujas atividades consistem na mera intermediação de trabalhadores, com características de pessoalidade e habitualidade na relação de trabalho, fraudando, assim, o ideário associativo de profissionais autônomos, que singulariza o modelo cooperativo.

---

[56] LIMA, Denise Hollanda Costa. *Terceirização na administração pública*: as cooperativas de trabalho. Belo Horizonte: Fórum, 2007. p. 53.

Sobrevieram divergentes interpretações acerca da admissibilidade e das condições para a participação de cooperativas de prestação de serviços nas licitações.

Denise Hollanda[57] compila os distintos posicionamentos sobre a matéria. De acordo com uma primeira corrente, uma vez preenchidos os requisitos usuais de habilitação, não há por que vedar a participação de cooperativas em licitações para a contratação de serviços. Ao se conferir tratamento restritivo a um tipo de instituição que foi incentivada pela própria Carta Magna, além de prejudicar potencialmente a obtenção da proposta mais vantajosa para a administração, objetivo primordial do procedimento licitatório, estar-se-á afrontando o princípio da isonomia e o caráter competitivo do certame.

Segunda corrente admite a participação de cooperativas nas licitações, mas entende que é necessário um procedimento especial em relação a elas, subdividindo-se, nesse ponto, os posicionamentos em três[58] situações distintas:

> a) deve-se exigir documentação especial referente à habilitação jurídica (art. 28 da Lei nº 8.666/93), de modo que seja demonstrada, ao menos formalmente, a constituição regular da cooperativa em consonância com suas características básicas definidas na Lei nº 5.764/71;
> b) deve proceder-se à equalização das propostas, por analogia à situação prevista no art. 42, §4º, da Lei nº 8.666/93, tendo em vista respeitar a isonomia entre as licitantes;
> c) a proposta de cooperativa deve ser acrescida, para efeito único de julgamento, de 15% em face da contribuição previdenciária diferenciada prevista na Lei nº 8.212/91.

6.4 Jurisprudência dominante

Remanescem divergências, na jurisprudência dos tribunais judiciais, acerca da admissão de cooperativas nas licitações para contratação de serviços. Tende a administração pública, nos editais de licitação, a não admitir a participação de cooperativas para a contratação de serviços, ao fundamento de que cabe prevenir a responsabilidade de que cuida a Súmula nº 331-TST, nos casos em que a Justiça do Trabalho julgar fraudulenta a cooperativa de trabalho,[59] configurando-a como simples intermediadora

---

[57] Ibidem, p. 81-87.
[58] LIMA, Denise Hollanda Costa. *Terceirização na administração pública*: as cooperativas de trabalho. Belo Horizonte: Fórum, 2007. p. 84.
[59] Em decorrência do julgado proferido pelo Supremo Tribunal Federal na ADC nº 16, foi reeditada a Súmula nº 331, do TST, cujo atual teor é, *verbis*:
"I – A contratação de trabalhadores por empresa interposta é ilegal, formando-se o vínculo diretamente com o tomador dos serviços, salvo no caso de trabalho temporário.
II – A contratação irregular de trabalhador, mediante empresa interposta, não gera vínculo de emprego com os órgãos da Administração Pública direta, indireta ou fundacional.
III – Não forma vínculo de emprego com o tomador a contratação de serviços de vigilância (Lei nº 7.102, de 20.06.1983) e de conservação e limpeza, bem como a de serviços especializados ligados à atividade-meio do tomador, desde que inexistente a pessoalidade e a subordinação direta.
IV – O inadimplemento das obrigações trabalhistas, por parte do empregador, implica a responsabilidade subsidiária do tomador dos serviços quanto àquelas obrigações, desde que haja participado da relação processual e conste também do título executivo judicial.
V – Os entes integrantes da Administração Pública direta e indireta respondem subsidiariamente, nas mesmas condições do item IV, caso evidenciada a sua conduta culposa no cumprimento das obrigações da Lei nº 8.666, de 21.06.1993, especialmente na fiscalização do cumprimento das obrigações contratuais e legais da prestadora de serviço como empregadora. A aludida responsabilidade não decorre de mero inadimplemento das obrigações trabalhistas assumidas pela empresa regularmente contratada.
VI – A responsabilidade subsidiária do tomador de serviços abrange todas as verbas decorrentes da condenação referentes ao período da prestação laboral".

de mão de obra, e quando a execução das atividades implicarem subordinação, habitualidade e pessoalidade.

Tais os argumentos expendidos pelo Ministério Público do Trabalho na Ação Civil Pública nº 01082-2002-020-10-00-0, 20ª Vara do Trabalho/DF, que resultou em termo de conciliação judicial firmado aos 05 de junho de 2003, entre este e a União, por intermédio da Advocacia-Geral, recebendo a cooperativa de mão de obra a seguinte definição: (...) "aquela associação cuja atividade seja a mera intermediação individual de trabalhadores de uma ou várias profissões (inexistindo assim vínculo de solidariedade entre seus associados), que não detenham qualquer meio de produção e cujos serviços sejam prestados a terceiros, de forma individual (e não coletiva) pelos seus associados".

Dito termo apresenta um elenco de serviços cujas atividades representam subordinação dos agentes ao tomador ou à cooperativa, assim identificados:

> Cláusula Primeira – A União abster-se-á de contratar trabalhadores, por meio de cooperativas de mão-de-obra, para a prestação de serviços ligados às suas atividades fim ou meio, quando o labor, por sua própria natureza, demandar execução em estado de subordinação, quer em relação ao tomador, ou em relação ao fornecedor dos serviços, constituindo elemento essencial ao desenvolvimento e à prestação dos serviços terceirizados, sendo eles:
> a) Serviços de limpeza;
> b) Serviços de conservação;
> c) Serviços de segurança, de vigilância e de portaria;
> d) Serviços de recepção;
> e) Serviços de copeiragem;
> f) Serviços de reprografia;
> g) Serviços de telefonia;
> h) Serviços de manutenção de prédios, de equipamentos, de veículos e de instalações;
> i) Serviços de secretariado e secretariado executivo;
> j) Serviços de auxiliar de escritório;
> k) Serviços de auxiliar administrativo;
> l) Serviços de office boy (contínuo);
> m) Serviços de digitação;
> n) Serviços de assessoria de imprensa e de relações públicas;
> o) Serviços de motorista, no caso de os veículos serem fornecidos pelo próprio órgão licitante;
> p) Serviços de ascensorista;
> q) Serviços de enfermagem e
> r) Serviços de agentes comunitários de saúde.
> Parágrafo Primeiro – O disposto nesta Cláusula não autoriza outras formas de terceirização sem previsão legal.
> Parágrafo Segundo – As partes podem, a qualquer momento, mediante comunicação e acordos prévios, ampliar o rol de serviços elencados no *caput*.

O Tribunal de Contas da União, por meio do verbete 281 de sua súmula, pacificou o entendimento sobre o assunto ao estabelecer que a participação de sociedades cooperativas na licitação encontra vedação quando, pela natureza do serviço ou pelo modo como é usualmente executado no mercado em geral, houver necessidade de subordinação jurídica entre o obreiro e o contratado, bem como de pessoalidade e habitualidade.

A Corte Especial do Superior Tribunal de Justiça proferiu decisão em sede de Agravo Regimental em Suspensão de Segurança, confirmando os termos do acordo firmado entre a União e o Ministério Público do Trabalho, nos termos do AgRg na SS nº 1.352/RS – Agravo Regimental na Suspensão de Segurança nº 2004/0063555-1, Corte Especial, Rel. Ministro Edson Vidigal (*DJU*, 09.02.2005).

A Lei nº 12.349/10 introduziu modificações ao inc. I do §1º do art. 3º da Lei nº 8.666/93, cuja redação passou a ser:

> §1º É vedado aos agentes públicos:
> I – admitir, prever, incluir ou tolerar, nos atos de convocação, cláusulas ou condições que comprometam, restrinjam ou frustrem o seu caráter competitivo, inclusive nos casos de sociedades cooperativas, e estabeleçam preferências ou distinções em razão da naturalidade, da sede ou domicílio dos licitantes ou de qualquer outra circunstância impertinente ou irrelevante para o específico objeto do contrato, ressalvado o disposto nos §§5º a 12 deste artigo e no art. 3º da Lei nº 8.248, de 23.10.1991;

Depreende-se que sociedades cooperativas não podem contar, pelo fato de serem cooperativas, com privilégios que comprometam, restrinjam ou frustrem o caráter competitivo inerente a todo certame licitatório.

O inc. I do §1º do art. 3º da Lei nº 8.666/93 não está a proibir que se estabeleça qualquer vedação à participação de sociedades cooperativas em licitações. Estas concorrem em igualdade de condições com os demais licitantes, mas nas exclusivas hipóteses em que sejam legitimamente admitidas.

A redação do dispositivo não está em contradição com o Termo de Conciliação Judicial firmado entre o Ministério Público do Trabalho e a Advocacia-Geral da União, tampouco com o verbete nº 281, da súmula do Tribunal de Contas da União, eis que se pretende, em ambos os casos, impedir que as falsas cooperativas participem de certames, garantindo o direito daquelas que estão em conformidade com a legislação.

A alteração introduzida pela Lei nº 12.349/10 absorveu a solução que se consagrou em sede doutrinária e jurisprudencial, e da qual se deduz ser legítimo que: (a) editais proíbam a participação de cooperativas em licitações de objeto cuja execução, por exigir subordinação de mão de obra, não se compatibilize com a natureza dessas sociedades de profissionais autônomos; (b) acaso autorizadas a participar, delas se exija o atendimento a todos os requisitos de habilitação e de validade de propostas dirigidos aos demais licitantes, sob pena, respectivamente, de inabilitação da cooperativa ou de desclassificação de sua proposta.

7 Conclusão

A Lei nº 8.949/94 deflagrou aumento significativo do número de sociedades cooperativas no País, ao acrescentar parágrafo único ao art. 442 da CLT, dispondo que, qualquer que seja o ramo de atividade da sociedade cooperativa, não existe vínculo empregatício entre ela e seus associados, nem entre estes e os tomadores de serviços daquela. As empresas terceirizadoras passaram a ter, na contratação dessa espécie de sociedade, alternativa para aumentar sua eficiência e competitividade.

O crescimento do número de cooperativas veio acompanhado do surgimento de "pseudocooperativas", constituídas segundo a legislação vigente, mas com características de entidades empresárias, perseguindo o lucro e executando atividades correspondentes a intermediação de mão de obra, tida como ilegal e ilegítima.

Tal situação produziu reflexos no âmbito da administração pública, que, objetivando terceirizar suas atividades acessórias e complementares, deparou-se com a participação de sociedades cooperativas nos certames licitatórios e na execução de serviços, quando vencedoras dos certames, por meio de pessoal diverso dos cooperados, sem preservação do caráter de autonomia previsto na Lei nº 5.764/71, mas em estado de subordinação, tanto em relação ao tomador como em relação ao fornecedor de serviços.

Formaram-se, na doutrina e no decisório dos tribunais, entendimentos divergentes acerca da admissão ou não de sociedades cooperativas nas licitações realizadas pelo poder público visando à contratação de serviços, predominando, na jurisprudência atual, inclusive da Corte de Contas da União, os fundamentos que presidiram acordo firmado entre a União, por intermédio da Advocacia-Geral, e o Ministério Público do Trabalho.

Em síntese, as sociedades cooperativas podem constituir-se segundo as normas previstas no vigente Código Civil e na Lei nº 5.764/71, ou seja, com configuração própria, tendo por objeto social a prestação de serviços ou a produção e comercialização de bens, desde que os executores das obrigações inseridas nos contratos que venham a celebrar sejam os próprios cooperados, sem a subordinação típica da relação patrão-empregado.

Às cooperativas que auferem receita bruta anual de até R$4.800.000,00 (quatro milhões e oitocentos mil reais) foram estendidos os benefícios deferidos às empresas de pequeno porte e microempresas pela LC nº 123/06, dentre os quais tratamento diferenciado quando participarem de licitações (notadamente, prazo para a emenda de irregularidades fiscais e trabalhistas[60] e empate ficto), regime a que fazem jus por direito próprio e independentemente da participação, no certame, de microempresas e empresas de pequeno porte.

Da mesma forma como o regime privilegiado não se poderá aplicar às microempresas e empresas de pequeno porte que incidam nas vedações do art. 3º, §4º, da LC nº 123/06, também as pseudocooperativas estarão dele excluídas.

Jessé Torres Pereira Junior faz ver que

> Tratando-se de cooperativas, as possibilidades de desvios e mal entendidos aumentam geometricamente porque há uma antítese natural entre a estratégia da terceirização e o cooperativismo, que impende superar com engenho e técnica. A terceirização tem compromisso com resultados que enfrentem e suplantem a concorrência. O cooperativismo não pretende concorrer, mas servir-se da cooperação como mola propulsora de atividade econômica, irmanando em um propósito comum, sem deixarem de ser profissionais autônomos, aqueles que não conseguiram lugar nos processos econômicos empresariais, estruturalmente movidos pela concorrência (...)
>
> Escolher o caminho da terceirização, e percorrê-lo tendo cooperativas como parceiras, deve enquadrar-se na moldura da eficiência e da eficácia. Não se trata de optar segundo convicções ou predileções pessoais. É imprescindível conhecer-se o perfil jurídico, econômico e administrativo da solução (terceirizar) e de uma de suas ferramentas

---

[60] De acordo com o art. 11 da Lei Complementar nº 155/16, o prazo especial para a regularização da situação trabalhista terá início a partir de 1º de janeiro de 2018.

(cooperativa); contrastá-lo com as circunstâncias do caso concreto por meio de estudos e levantamentos pertinentes; elaborar-se o projeto básico por lei exigido e sujeitá-lo às análises críticas de ordem técnica e jurídica; afinal, verificar se, em determinado caso e suas circunstâncias, terceirizar é a solução que superiormente atende ao interesse público e, sendo, se será de melhor proveito entregar-lhe a respectiva execução a cooperativa fiel aos princípios que lhe conformam a gênese e o funcionamento, tal como os arrola Denise, extraindo-os da evolução histórica do cooperativismo – adesão livre, gestão democrática, cooperação, preço justo sem intermediação, neutralidade político-religiosa, desenvolvimento da educação, formação de reservas para o auto desenvolvimento, autonomia e independência frente às demais instituições de direito privado e entidades governamentais. (PEREIRA JUNIOR, Jessé Torres. Prefácio a *Terceirização na administração pública*: as cooperativas de trabalho, p. 13-14)

Sem tais cuidados, a extensão às cooperativas dos benefícios concedidos às microempresas e empresas de pequeno porte apenas multiplicará os desvios que os tribunais, judiciais e de contas, têm encontrado nos contratos com "pseudocooperativas".

CAPÍTULO VI

OBRAS E SERVIÇOS DE ENGENHARIA – O QUE IMPORTA À EFICIÊNCIA E À EFICÁCIA DE SUA CONTRATAÇÃO, QUALQUER QUE SEJA A MODALIDADE LICITATÓRIA

1 Contextualização do tema

A administração pública brasileira está às portas de um novo ciclo normativo da contratação de obras e serviços de engenharia.

Seria enganoso atribuí-lo apenas à revisão por que passa a legislação regente das licitações e contratações, ora tramitando no Congresso Nacional. Desde o seu nascimento que a Lei nº 8.666/93 é alvo de fluxo ininterrupto de modificações e aperfeiçoamentos, média de uma lei nova introduzindo-lhe alterações a cada ano, nesses três lustros de vigência da chamada Lei Geral das Licitações e Contratações.

Voltando mais no tempo, o tema das licitações e contratações jamais conheceu estabilidade normativa prolongada no direito brasileiro.

Presente no cotidiano da gestão pública desde o Império – onde já se praticavam as "concorrências" públicas e administrativas (estas, assemelhadas à atual modalidade do convite), mercê do Decreto nº 2.926, de 14.05.1862, que cuidava das "arrematações dos serviços a cargo do então Ministério da Agricultura, Commercio e Obras Públicas" –, o Estado republicano brasileiro licitou e contratou sob regras postas na Lei Orçamentária nº 2.221, de 30.12.1909, no Código de Contabilidade Pública da União (1922), depois sob as normas da Lei da Reforma Administrativa (Decreto-Lei nº 200/67), cujo título concernente às licitações veio ser substituído por um estatuto geral (Decreto-Lei nº 2.300/86), afinal chegando-se à vigente Lei nº 8.666/93, acrescida, em seus procedimentos, pela Lei nº 10.520/02, introdutora do pregão entre as modalidades licitatórias.

Ou seja, sete balizamentos normativos de regimes distintos, complementados por dezenas de normas regulamentadoras específicas, em 126 anos de administração republicana, média, portanto, de um novo regime a cada 18 anos, isto é, menos do que o tempo estatístico de uma geração, que é de 20 anos. Pode-se dizer que, sob tal perspectiva, jamais duas gerações sucessivas completas de gestores públicos brasileiros administraram licitações e contratações sob o mesmo regime jurídico.

Acrescentem-se ao elenco de normas balizadoras de licitações promovidas pela administração pública: a Lei nº 12.232/10, que dispõe sobre normas gerais aplicáveis a licitações e contratações de serviços de publicidade; a Lei nº 12.462/11, que instituiu o regime diferenciado de contratações pública (RDC);[61] e a Lei nº 13.303/16, que dispõe sobre o estatuto jurídico da empresa pública, da sociedade de economia mista e de suas subsidiárias, no âmbito da União, dos estados, do Distrito Federal e dos municípios.

As normas editadas, praticadas e substituídas sem cessar sempre buscaram, em tese, traçar um regime jurídico-administrativo à prova de desvios e fraudes. Jamais se chegou a esse regime, ao que se deduz da crônica dos grandes escândalos da administração pública brasileira, todos, ou quase todos, decorrentes ou envolventes de licitações e contratações questionáveis.

No centro dos desvios, ocupam posição proeminente licitações e contratações de obras e serviços de engenharia. Não só porque tendem a ser as de maior valor, mas também por serem as que garantem maior visibilidade aos nomes que aparecem nas placas de inaugurações, que, por isto, devem ocorrer em prazos compatíveis com a duração dos mandatos, ainda que com o sacrifício do tempo de maturação necessário à correta elaboração técnica de projetos.

A vaidade e o êxito de ambições pessoais, aliados a condutas oportunistas, acabam por gerar projetos básicos e executivos de obras e serviços imprecisos e lacunosos, porém formalmente suficientes para atender a prazos políticos, em detrimento da melhor técnica.

Os efeitos são conhecidíssimos dos órgãos e instituições de controle: "jogo de planilhas", para encobrir descontos excessivos em itens irrelevantes e aumentos exorbitantes em itens de maior significação financeira; multiplicação de termos aditivos aos contratos, com o fim de atender a alterações quantitativas e qualitativas que se tornam necessárias por deficiências ou insuficiências do projeto licitado e contratado; lassidão no exercício da fiscalização da execução dos contratos, a negligenciar a verificação do emprego de materiais diversos dos especificados ou de técnicas construtivas inadequadas; imposição de penalidades de fachada, que encobrem vícios da administração pela responsabilização do particular e vice-versa.

Sem falar nas obras cuja necessidade não se justifica e cuja execução não se planeja, resultando em esqueletos abandonados e recursos desperdiçados. Essa experiência histórica é que estará a presidir o esforço para conceber-se um novo modelo normativo para as licitações e contratações, alcançando obras e serviços de engenharia, que, como todos os demais, suscita polêmicas e resistências, algumas sérias, outras nem tanto. Registre-se, para esse efeito, a criação do regime diferenciado de contratações públicas (RDC), pela Lei nº 12.462/11, o qual prevê inovações aplicáveis às contratações de obras e serviços de engenharia, destacando-se: adoção do regime de contratação integrada, matriz de riscos a compor a planilha de formação de custos, utilização de tabelas oficiais de preços de referência, limitação para aditamentos contratuais, remuneração conforme o desempenho do contratado, rito procedimental similar ao do pregão, modo de disputa aberto ou fechado, podendo ser combinados, fixação de intervalo de valor entre os lances, padronização de editais, contratos, projetos básicos e termos de referência.

---

[61] Sobre o regime diferenciado de contratações públicas – RDC, a obra dos autores PEREIRA JUNIOR, Jessé Torres; DOTTI, Marinês Restelatto. *Comentários ao RDC integrado ao sistema brasileiro de licitações e contratações públicas*. Rio de Janeiro: Renovar, 2015.

Visando à implementação de um modelo único de licitações e contratações administrativas, tramita no Congresso Nacional o Projeto de Lei do Senado nº 559, de 2013, que almeja estabelecer normas gerais de licitações e contratos administrativos no âmbito da União, dos estados, do Distrito Federal e dos municípios, a par de revogar a Lei nº 8.666/93 (Lei Geral das Licitações), a Lei nº 10.520/02 (que instituiu a modalidade do pregão) e os arts. 1º a 47 da Lei nº 12.462/11 (regime diferenciado de contratações públicas – RDC).

O presente estudo se propõe a examinar o perfil do novo ciclo que se prenuncia, de modo a destacar os pontos aptos a assegurar um padrão de eficiência (adequada relação custo-benefício) e de eficácia (consecução das finalidades planejadas) das licitações e contratações de obras e serviços de engenharia, qualquer que seja a modalidade que se adote, à vista das regras da experiência do que ordinariamente acontece. Em outras palavras: o que deve constituir o cerne das atenções dos gestores para que essas licitações e contratações produzam resultados conformes ao interesse público, qualquer que seja o modelo que venha a ser acolhido no projeto de lei ora em curso no Legislativo da União, com a pretensão de vir a substituir o regime da Lei nº 8.666/93, a partir da experiência colhida durante a aplicação desta.

Esse critério de avaliação – "regras da experiência do que ordinariamente acontece" – a ninguém deve surpreender. É o recomendado pelo vigente Código de Processo Civil brasileiro (art. 375), nas hipóteses em que as partes controvertem acerca de fatos que não contam, nos autos do processo, com prova inequívoca do que efetivamente se passou no caso concreto levado a julgamento. Ramo do direito público, o direito processual civil pode e deve ser invocado supletivamente (Lei nº 8.666/93, art. 54, *caput*), daí a pertinência metodológica do emprego das regras da experiência em estudos exploratórios acerca de soluções projetadas para o futuro, com base em vivências do passado, por isto que igualmente proveitoso e idôneo o seu manejo quando se trata de analisar propostas de alterações processuais e procedimentais nas licitações e contratações de obras e serviços de engenharia.

2 O início do ciclo reformador

O fato precursor do novo ciclo é a Lei nº 10.520, de 17 de julho de 2002, que conferiu à administração pública, no âmbito da União, dos estados, Distrito Federal e municípios, a faculdade de utilizar a modalidade licitatória do pregão para a contratação de compras de bens ou de prestação de serviços ditos comuns, assim considerados, conforme a lei, aqueles cujos padrões de desempenho e qualidade possam ser objetivamente definidos pelo edital, por meio de especificações usuais no mercado.

Doutrina e jurisprudência dedicaram-se desde logo a compor uma definição operacional do que seriam bens e serviços de natureza comum. O que parecia ser uma restrição ao uso da nova modalidade passou a constituir um desafio à ampliação de seu cabimento, desde que se descortinasse na expressão "bens e serviços comuns" conteúdo compatível com a celeridade processual que se obtinha com o pregão, graças à redução de prazos,[62] da unificação dos recursos[63] e da oportunidade deferida aos licitantes de

---

[62] "Art. 4º, V – o prazo fixado para a apresentação das propostas, contado a partir da publicação do aviso, não será inferior a 8 (oito) dias úteis;"

[63] "Art. 4º, XVIII – declarado o vencedor, qualquer licitante poderá manifestar imediata e motivadamente a intenção de recorrer, quando lhe será concedido o prazo de 3 (três) dias para apresentação das razões do recurso,

oferecerem lances sucessivos, viabilizando a obtenção de propostas em valores significativamente inferiores aos estimados no mercado.

No âmbito dos órgãos da administração federal direta, fundos especiais, autarquias, fundações, empresas públicas, sociedades de economia mista e demais entidades controladas direta ou indiretamente pela União, a utilização da modalidade licitatória do pregão tornou-se obrigatória, sendo preferencial o formato eletrônico, em atenção a esses auspiciosos resultados. Tal a dicção do Decreto nº 5.450, de 31 de maio de 2005:

> Art. 4º Nas licitações para aquisição de bens e serviços comuns será obrigatória a modalidade pregão, sendo preferencial a utilização da sua forma eletrônica.
> §1º O pregão deve ser utilizado na forma eletrônica, salvo nos casos de comprovada inviabilidade, a ser justificada pela autoridade competente.

No que se refere à contratação de obras, omitiu-se a Lei nº 10.520/02 acerca da possibilidade de licitá-la por meio da modalidade do pregão, diversamente do que dispunha o Decreto nº 3.555, de 08 de agosto de 2000, que regulamentava a medida provisória instituidora do pregão, decreto que fora expresso e taxativo na vedação ao uso da modalidade para a licitação de obras e serviços de engenharia, *verbis*:

> Art. 5º A licitação na modalidade de pregão não se aplica às contratações de obras e serviços de engenharia, bem como às locações imobiliárias e alienações em geral, que serão regidas pela legislação geral da Administração.

O Decreto nº 5.450/05, ao disciplinar a utilização do formato eletrônico do pregão, preceitua:

> Art. 6º A licitação na modalidade de pregão, na forma eletrônica, não se aplica às contratações de obras de engenharia, bem como às locações imobiliárias e alienações em geral.

A ausência de norma[64] na Lei nº 10.520/02 foi interpretada no sentido de que, também no âmbito dos estados, Distrito Federal e municípios, a modalidade do pregão não poderia ser utilizada nas licitações destinadas à contratação de obras.

E da regulamentação dos Decretos de nº 3.555/00 e nº 5.450/05, no âmbito dos órgãos da administração federal direta, fundos especiais, autarquias, fundações, empresas públicas, sociedades de economia mista e demais entidades controladas direta ou indiretamente pela União, extrair-se-ia ser vedada a utilização do pregão, tanto no formato presencial como no eletrônico, para licitar-se a contratação de obras e serviços de engenharia.

A Lei nº 10.520/02 também silenciou quanto a serviços de engenharia.

Na seara dos órgãos da administração federal direta, fundos especiais, autarquias, fundações, empresas públicas, sociedades de economia mista e demais entidades

---

ficando os demais licitantes desde logo intimados para apresentar contra-razões em igual número de dias, que começarão a correr do término do prazo do recorrente, sendo-lhes assegurada vista imediata dos autos;"

[64] A razão de ser é o princípio da legalidade, um dos pilares da doutrina administrativista, no qual reside o dever de o agente público agir segundo os mandamentos legais, ou seja, não pode fazer o que quer, tampouco em face da ausência de norma, mas, somente, o que a lei expressamente determina.

controladas direta ou indiretamente pela União, o Decreto nº 3.555/00 estabeleceu que a licitação na modalidade do pregão não se aplica às contratações de serviços de engenharia. E o Decreto nº 5.450/05 proibiu a modalidade do pregão, na forma eletrônica, nas licitações para contratação de *obras de engenharia*, sem aludir a serviços de engenharia.

Tal cenário estimulou, em sede doutrinária, a tese de ser possível a utilização do pregão para licitar a contratação de serviços de engenharia, desde que classificáveis como comuns, nos termos do Decreto nº 3.555/00, no âmbito dos órgãos e entidades anteriormente mencionados, à falta de norma proibitiva na Lei nº 10.520/02 e com base no fato de o Decreto nº 5.450/05 vedar obra, sem mencionar serviço de engenharia.

A jurisprudência[65] do Tribunal de Contas da União evoluiu no sentido de autorizar o uso da modalidade pregão, presencial ou eletrônico, para a contratação de serviço de engenharia, desde que se possa enquadrá-lo como sendo de natureza comum, segundo expresso, afinal, no verbete 257, da súmula da Corte de Contas: "*O uso do pregão nas contratações de serviços comuns de engenharia encontra amparo na Lei nº 10.520/2002*".

Texto publicado em edição do jornal *Valor Econômico*, reproduzido pela *Revista*[66] do *Tribunal de Contas da União*, desenvolve argumentos em prol da adoção da modalidade do pregão, na forma eletrônica, para a licitação de *obras de engenharia*. Destaquem-se as seguintes passagens, sob o título geral de "TCU defende uso de pregão eletrônico para contratar obras de engenharia":

> (...) Ao contrário do que pregam entidades representativas de empresários e profissionais da construção, o Tribunal de Contas da União (TCU) não vê problema no uso do pregão eletrônico como modalidade de licitação para obras e serviços de engenharia. Tanto que decidiu dar o exemplo. Desde dezembro, duas obras do TCU já foram contratadas por meio do pregão e uma terceira deverá ser licitada em breve, diz o secretário de engenharia do órgão, Valdir Lavorato.
> (...)
> O primeiro desses dois foi firmado por cerca de R$190 mil, bem menos do que os R$257,4 mil estimados pelo TCU a partir de um banco de dados com preços pesquisados pelo IBGE e pela Caixa Econômica Federal para insumos e serviços usados em obras públicas. No segundo caso, a economia também foi grande. A estimativa chegava a R$2,43 milhões e o último lance da empresa vencedora foi de R$1,5 milhões aproximadamente.
> Rebatendo argumentos da CBIC, Lavorato diz que o que garante a capacitação técnica do contratado são as especificações e as exigências do edital e a verificação, pelo órgão, de que elas são cumpridas pela empresa que ofereceu o melhor preço, no fim da disputa. Portanto, não há problema em se fazer a habilitação depois, diz ele.

---

[65] PRECEDENTES: Acórdão nº 1.947/08 – Plenário – Sessão de 10.09.2008, Ata nº 36, Proc. 007.982/2008-2, *DOU* de 12.09.2008. Acórdão nº 2.664/07 – Plenário, Sessão de 05.12.2007, Ata nº 51, Proc. 027.522/2007-1, *DOU* de 11.12.2007. Acórdão nº 2.635/07 – Plenário – Sessão de 05.12.2007, Ata nº 51, Proc. 006.075/2005-0, *DOU* de 11.12.2007. Acórdão nº 2.482/07 – Plenário – Sessão 21.11.2007 – Ata 49, Proc. 027.938/2007-3, *DOU* de 28.11.2007. Acórdão nº 2.079/07 – Plenário – Sessão de 03.10.2007 – Ata nº 41, Proc. 009.930/2007-7, *DOU* de 05.10.2007. Acórdão nº 709/07 – Plenário – Sessão de 25.04.2007, Ata nº 16, Proc. 015.843/2006-7, *DOU* de 27.04.2007. Acórdão nº 2.272/06 – Plenário – Sessão de 29.11.2006, Ata nº 48, Proc. 000.870/2006-8, *DOU* de 01.12.2006. Acórdão nº 1.329/06 – Plenário – Sessão de 02.08.2006 – Ata 31, Proc 006.630/2006-9, *DOU* de 07.08.2006. Acórdão nº 286/07 – Primeira Câmara, Sessão de 13.02.2007, Ata nº 4, Proc. 027.327/2006-9, *DOU* de 16.02.2007. Acórdão nº 817/05 – Primeira Câmara, Sessão de 03.05.2005, Ata nº 14, Proc. 013.896/2004-5, *DOU* de 09.05.2005. Acórdão nº 5.226/08 – Segunda Câmara – Sessão de 18.11.2008, Ata nº 42, Proc. 020.706/2006-9, *DOU* de 21.11.2008.

[66] Ano 38, n. 108, jan./ abr. 2007.

(...) diz que a escolha do pregão não impede que o órgão contratante permita vistorias das empresas interessadas ao local da futura obra ou serviço, para poder construir melhor sua proposta. Tampouco prejudica, na sua avaliação, verificar se o preço proposto é exequível – um dos focos de preocupação do Confea. Conforme o secretário do TCU, basta o órgão contratante ter o cuidado de exigir no edital a apresentação posterior de tabelas previamente definidas de composição de custo, já ajustadas ao lance vencedor, para poder analisar se a proposta é viável de ser executada com aquele preço.

(...) o pregão é viável para obras e serviços de engenharia, sem risco referente à qualidade, sempre que for possível especificar no edital, detalhadamente, tudo o que o contratado terá que fazer, definindo inclusive os materiais a serem utilizados e em que medida. Lavorato acha que isso vale inclusive para manutenção de estradas e até construção de pontes mais simples.

No âmbito da jurisprudência da Corte de Contas federal, no entanto, o entendimento que se extrai é no sentido da não adoção da modalidade pregão para as licitações de obras de engenharia. Assim:

A terraplenagem constitui uma etapa da obra, não cabendo sua classificação como serviço comum de engenharia, razão pela qual é irregular sua contratação mediante utilização da modalidade pregão eletrônico, expressamente vedada pelo art. 6º do Decreto nº 5.450/2005 (Acórdão nº 592/2016 – Plenário, Rel. Min. Benjamin Zymler, Processo nº 031.644/2015-5);
A modalidade pregão não é aplicável à contratação de obras de engenharia, locações imobiliárias e alienações, sendo permitida a sua adoção nas contratações de serviços comuns de engenharia (Acórdão nº 3.605/2014 – Plenário, Rel. Min. Marcos Bemquerer Costa, Processo nº 014.844/2014-1. Informativo de licitações e contratos nº 227, de 2014);
9.2.7. conforme jurisprudência desta Corte, não se aplica a modalidade pregão à contratação de obras de engenharia, locações imobiliárias e alienações, sendo permitida nas contratações de serviços comuns de engenharia (Súmula TCU nº 257/2010); (Acórdão nº 1.540/2014 – Plenário, Rel. Min. Walton Alencar Rodrigues, Processo nº 028.256/2013-1).

O rito ordinário do regime diferenciado de contratações públicas (RDC), da Lei nº 12.462/11, é o mesmo do pregão (apresentação de propostas, fase de lances, julgamento, análise dos documentos de habilitação do licitante classificado em primeiro lugar, recurso, adjudicação e homologação), sendo viável, nesse novo regime, a licitação para a execução de obras de engenharia.

3 Projeto de Lei do Senado nº 559, de 2013

O PLS nº 559, de 2013, almeja estabelecer normas gerais de licitações e contratos administrativos no âmbito da União, dos estados, do Distrito Federal e dos municípios, ao mesmo tempo em que revoga a Lei nº 8.666/93 (Lei Geral das Licitações), a Lei nº 10.520/02 (que instituiu a modalidade do pregão) e os arts. 1º a 47 da Lei nº 12.462/11 (regime diferenciado de contratações públicas – RDC). Referido projeto prevê que a utilização da modalidade pregão deverá ser adotada, obrigatoriamente, nas contratações de bens, serviços e obras de engenharia que possam ser definidos por especificações usuais de mercado, ou seja, "comuns". Ainda segundo o projeto, o procedimento a ser seguido para a licitação desses objetos observará as seguintes fases, nessa ordem: preparatória, publicação do instrumento convocatório, apresentação de propostas e lances, julgamento, habilitação, recursal e homologação, ou seja, exatamente o rito do pregão da Lei nº 10.520/02.

O PLS nº 559 amplia a utilização do pregão também para as licitações de obras de engenharia, desde que definidas por especificações usuais de mercado, proporcionando celeridade processual, ampliação da competitividade e propostas mais vantajosas para a administração.

4 Contratando obras e serviços de engenharia, diretamente ou qualquer que seja a modalidade de licitação adotada

No cenário atual, ao contratar obras e serviços de engenharia – diretamente (sem licitação), ou qualquer que seja a modalidade licitatória adotada ou que venha a ser autorizada pelas normas em elaboração legislativa –, cabe à administração pública observar os requisitos exigidos pela Lei Geral de Licitações e suas alterações posteriores, além das exigências previstas na Lei nº 10.520/02 e nos respectivos decretos regulamentadores, editados pelos diversos entes da Federação.

O projeto básico, com a devida caracterização do objeto, de forma clara e precisa, sua especificação detalhada e a composição de todos os custos da obra ou do serviço, é instrumento obrigatório à instrução da licitação, independentemente da modalidade adotada, e também nas hipóteses de contratação direta, sob pena de nulidade do procedimento e apuração de responsabilidades, ao que resulta do disposto no art. 7º, §§2º e 6º, da Lei nº 8.666/93.

Este estudo desenvolverá o exame jurídico-administrativo do tema, a começar da análise do anteprojeto e do projeto básico propriamente dito, prosseguindo com a análise das características do projeto executivo e de suas repercussões sobre a eficiência e a eficácia do contrato e sua execução.

5 Distinção entre obras e serviços de engenharia

Não se haverá de negar a substancial diferença técnica entre obra e serviço de engenharia. Não repercute, porém, sobre o requisito legal de a licitação, quer para obra ou para serviço, ser precedida de projeto básico, envolvente da elaboração de planilhas contendo os custos unitários e global; de pesquisa de preços; de apuração do preço de mercado; de fixação do critério de aceitabilidade[67] de propostas; de projeto executivo, se for o caso; de indicação dos recursos orçamentários que assegurem o pagamento das obrigações, entre outros requisitos comuns aos dois objetos.

Os limites de valores para a escolha das modalidades licitatórias convencionais (convite, tomada de preços, concorrência) são determinados pelos seguintes objetos, agrupados, segundo a Lei nº 8.666/93, em (a) obras e serviços de engenharia (art. 23, inc. I), e (b) compras e outros serviços que não os de engenharia (art. 23, inc. II).

Por vezes, o órgão ou a entidade pública busca enquadrar o serviço como sendo de engenharia, com o fim de, em vista do maior limite de valor, adotar modalidade

---

[67] O verbete 259, da súmula do Tribunal de Contas da União, estabelece que: *"Nas contratações de obras e serviços de engenharia, a definição do critério de aceitabilidade dos preços unitários e global, com fixação de preços máximos para ambos, é obrigação e não faculdade do gestor."*

licitatória mais simplificada e de menor publicidade, como o convite, ou para viabilizar contratação direta com base no art. 24, inc. II, da Lei Geral (dispensa em razão do reduzido valor), valendo-se do percentual fixado sobre os valores correspondentes a obras e serviços de engenharia. Aos órgãos de controle cumprirá a tarefa de analisar o caso concreto e as implicações quanto ao mau uso dos recursos públicos resultantes dessa prática, tendente a mascarar censuráveis propósitos.

A Lei nº 8.666/93 aparta obra de serviço, mas não distingue serviços de engenharia, o que dificulta a classificação destes em face das demais espécies de serviços, com reflexos na determinação do limite de valor e na definição da modalidade licitatória adequada.

A Lei Geral considera obra toda construção, reforma, fabricação, recuperação ou ampliação, realizada por execução direta ou indireta (art. 6º, I). A confusão com serviço de engenharia é inevitável porque a realização de uma reforma ou a recuperação de um imóvel, por exemplo, pode caracterizar-se como obra ou como serviço de engenharia, conforme as peculiaridades de cada caso.

O Tribunal de Contas do Estado do Rio Grande do Sul, a título ilustrativo, desenvolveu o Manual Técnico do SISCOP (Sistema para Controle de Obras Públicas),[68] no qual assim define obras e serviços de engenharia:

Obra de engenharia – toda construção, reforma, fabricação, recuperação ou ampliação, realizada por regime de execução direta ou indireta;
Serviço de engenharia – os trabalhos de profissionais, inclusive interdisciplinares, que fundamentam e assistem um empreendimento de engenharia e arquitetura ou deles decorrem, neles compreendidos, entre outros, planejamento, estudo, projetos, assistência técnica, bem como vistorias, perícias, avaliações, inspeções, pareceres técnicos, controles de execução, fiscalização e supervisão, técnica e administrativa.

A Orientação Técnica IBR 002/2009, do Instituto Brasileiro de Auditoria de Obras Públicas (IBRAOP) (<www.ibraop.org.br>), é importante instrumento a guiar a elaboração de parecer técnico ou laudo, pelo profissional habilitado, sobre o enquadramento do objeto da licitação ou da contratação direta como obra ou serviço de engenharia.
Assim:

3. DEFINIÇÃO DE OBRA
Obra de engenharia é a ação de construir, reformar, fabricar, recuperar ou ampliar um bem, na qual seja necessária a utilização de conhecimentos técnicos específicos envolvendo a participação de profissionais habilitados conforme o disposto na Lei Federal nº 5.194/66.
Para efeito desta Orientação Técnica, conceitua-se:
3.1 Ampliar: produzir aumento na área construída de uma edificação ou de quaisquer dimensões de uma obra que já exista.
3.2 Construir: consiste no ato de executar ou edificar uma obra nova.
3.3 Fabricar: produzir ou transformar bens de consumo ou de produção através de processos industriais ou de manufatura.

---

[68] Disponível em: <http://www.tce.rs.gov.br>.

3.4 Recuperar: tem o sentido de restaurar, de fazer com que a obra retome suas características anteriores abrangendo um conjunto de serviços.

3.5 Reformar: consiste em alterar as características de partes de uma obra ou de seu todo, desde que mantendo as características de volume ou área sem acréscimos e a função de sua utilização atual.

4. DEFINIÇÃO DE SERVIÇO DE ENGENHARIA

Serviço de Engenharia é toda a atividade que necessite da participação e acompanhamento de profissional habilitado conforme o disposto na Lei Federal nº 5.194/66, tais como: consertar, instalar, montar, operar, conservar, reparar, adaptar, manter, transportar, ou ainda, demolir. Incluem-se nesta definição as atividades profissionais referentes aos serviços técnicos profissionais especializados de projetos e planejamentos, estudos técnicos, pareceres, perícias, avaliações, assessorias, consultorias, auditorias, fiscalização, supervisão ou gerenciamento.

Para efeito desta Orientação Técnica, conceitua-se:

4.1 – Adaptar: transformar instalação, equipamento ou dispositivo para uso diferente daquele originalmente proposto. Quando se tratar de alterar visando adaptar obras, este conceito será designado de reforma.

4.2. – Consertar: colocar em bom estado de uso ou funcionamento o objeto danificado; corrigir defeito ou falha.

4.3 Conservar: conjunto de operações visando preservar ou manter em bom estado, fazer durar, guardar adequadamente, permanecer ou continuar nas condições de conforto e segurança previsto no projeto.

4.4 Demolir: ato de por abaixo, desmanchar, destruir ou desfazer obra ou suas partes.

4.5 Instalar: atividade de colocar ou dispor convenientemente peças, equipamentos, acessórios ou sistemas, em determinada obra ou serviço.

4.6 Manter: preservar aparelhos, máquinas, equipamentos e obras em bom estado de operação, assegurando sua plena funcionalidade.

4.7 Montar: arranjar ou dispor ordenadamente peças ou mecanismos, de modo a compor um todo a funcionar. Se a montagem for do todo, deve ser considerada fabricação.

4.8 Operar: fazer funcionar obras, equipamentos ou mecanismos para produzir certos efeitos ou produtos.

4.9 Reparar: fazer que a peça, ou parte dela, retome suas características anteriores. Nas edificações define-se como um serviço em partes da mesma, diferenciando-se de recuperar.

4.10 Transportar: conduzir de um ponto a outro cargas cujas condições de manuseio ou segurança obriguem a adoção de técnicas ou conhecimentos de engenharia.

5. LISTA EXEMPLIFICATIVA DE OBRAS DE ENGENHARIA

As atividades relacionadas a seguir atendem à definição estabelecida no item 3 desta Orientação Técnica, sendo que aquelas não incluídas na listagem deverão ser estudadas em particular:

5.1. Construção, reforma, fabricação, recuperação ou ampliação de: Edificações; Vias Públicas; Rodovias; Ferrovias; Aeroportos; Portos; Hidrovia; Canais; Usinas hidrelétricas, termoelétricas, eólicas e nucleares; Barragens; Açudes; Gasodutos e oleodutos; Pontes e Viadutos; Túneis; Galerias; Adutoras, Estações de tratamento e redes de distribuição de água; Obras de saneamento, drenagem e irrigação; Linhas de transmissão, redes de distribuição e subestações de energia elétrica; Muros de arrimo e obras de contenção; Refinarias, plataformas de prospecção e exploração de petróleo; Recuperação ou ampliação, por meio de dragagem, de canal de aproximação em Portos; Sistemas de tratamento de resíduos sólidos, incluindo aterros sanitários e usinas de compostagem.

6. LISTA EXEMPLIFICATIVA DE SERVIÇOS DE ENGENHARIA

As atividades relacionadas a seguir atendem à definição estabelecida no item 4 desta Orientação Técnica, sendo que aquelas não incluídas na listagem deverão ser estudadas em particular.

6.1. Conservação, reparação ou manutenção de: Edificações; Vias Públicas; Rodovias; Ferrovias; Aeroportos; Portos; Hidrovias; Canais; Usinas hidrelétricas, termoelétricas, eólicas e nucleares; Barragens; Açudes; Gasodutos e oleodutos; Pontes e Viadutos; Túneis; Galerias; Adutoras, estações de tratamento e redes de distribuição de água; Redes e sistemas de tratamento de esgoto; Redes de drenagem e irrigação; Linhas de transmissão, redes de distribuição e subestações de energia elétrica; Muros de arrimo e obras de contenção; Refinarias, plataformas de prospecção e exploração de petróleo;

6.2. Conserto, instalação, montagem, operação, conservação, reparo, adaptação, manutenção nas atividades desenvolvidas em: sistemas de alarmes em edificações; sistemas de combate à incêndio; sistemas de ventilação e exaustão; sistemas de climatização e ar condicionado; elevadores e escadas rolantes; sistemas de telefonia e comunicação de dados; sistemas de supervisão e automação predial; instalações elétricas, de iluminação, hidrossanitárias, de águas pluviais, de sonorização ambiente, de comunicação e dados; sistemas de controle de acesso ou circuito fechado de televisão; sistemas de proteção contra descargas atmosféricas; Demolições e implosões; Sinalização horizontal e vertical de vias públicas, rodovias, ferrovias e aeroportos; Paisagismo; Sistemas de tratamento de resíduos sólidos, incluindo aterros sanitários e usinas de compostagem

6.3. As atividades relacionadas a seguir também enquadram-se como Serviços de Engenharia:

Estudos de Viabilidade técnica e econômica; Elaboração de Anteprojeto, Projeto Básico, Projeto Executivo; Estudos técnicos; Pareceres; Perícias e avaliações; Assessorias ou consultorias técnicas; Auditorias de Obras e Serviços de Engenharia; Fiscalização, supervisão ou gerenciamento de obras ou serviços;

Estudos de Impacto Ambiental; Ensaios tecnológicos; Levantamentos topográficos, batimétricos e geodésicos; Levantamentos aerofotogramétricos; Sondagens ou outros procedimentos de investigação geotécnica;

Talvez o mais objetivo e prático traço distintivo entre serviços de engenharia e os demais serviços é o de considerar os primeiros como aqueles que, de forma exclusiva e pessoal, devam ser prestados ou assinados por profissionais engenheiros.

Existindo dúvida a respeito da natureza do objeto, ou seja, se configura obra ou serviço de engenharia, cabe à autoridade competente solicitar parecer técnico ao profissional habilitado (engenheiro). A assessoria jurídica não possui conhecimento nem qualificação específica para responder à autoridade, sendo certo que, ao receber pedido de parecer a respeito, deverá encaminhá-lo ao agente ou setor de engenharia qualificado para esse fim. Não existindo o referido profissional, o encaminhamento será à autoridade competente com a recomendação para que esta realize a sua contratação, inclusive por inexigibilidade de licitação, com base no art. 25, II, c/c art. 13, I ou II, ambos da Lei nº 8.666/93.

6 Formas de execução de obras e de prestação de serviços de engenharia na administração pública

O art. 10 da Lei nº 8.666/93 preceitua que obras e serviços podem ser realizados mediante execução direta ou indireta. Na execução direta, a administração concretiza a realização de tais objetos com os recursos (humanos, materiais e organizacionais) existentes em sua própria estrutura, ainda que haja de adquirir bens para aplicá-los na execução. Na execução indireta, a administração pública, por não dispor dos recursos necessários e suficientes para a realização do objeto ou por considerar que os recursos de que disponha não estariam adequadamente habilitados – vale dizer, por falta de meios próprios ou por opção estratégica –, contrata a execução a terceiro, pessoa física ou jurídica, que comprove aptidão compatível com a natureza do objeto por realizar.[69]

O regime de execução indireta remonta ao Decreto-Lei nº 200, de 25 de fevereiro de 1967, segundo o qual a administração, "para melhor desincumbir-se das tarefas de planejamento, coordenação, supervisão e controle, e com o objetivo de impedir o crescimento desmesurado da máquina administrativa, procurará desobrigar-se da realização material de tarefas executivas, recorrendo, sempre que possível, à execução indireta, mediante contrato, desde que existente, na área, iniciativa privada suficientemente desenvolvida e capacitada a desempenhar os encargos da execução".

A parte final do art. 10, §7º, do decreto-lei, transcrito, guarda correlação com o devido processo legal licitatório para a execução de obras, a prestação de serviços ou o fornecimento de bens em proveito da administração pública, ressalvados os casos especificados na legislação como de dispensa ou inexigibilidade, processo esse que somente admitirá, reitere-se, as "exigências de qualificação técnica e econômica indispensáveis à garantia do cumprimento das obrigações" (CF/88, art. 37, XXI, *in fine*).

As normas constitucionais e infraconstitucionais, ao exigirem que os interessados em participar de licitação, ou de contratar diretamente com a administração, comprovem a qualificação correspondente às características e ao vulto do objeto, estão a garantir padrão mínimo de qualidade da execução e de desempenho adequado, que legitimamente se espera do bem, da obra ou do serviço contratado, traduzindo-se no satisfatório atendimento do interesse público.

7 Regimes de execução indireta

A execução indireta pode ocorrer segundo um dos regimes previstos na Lei nº 8.666/93, independentemente da modalidade licitatória utilizada. Esses regimes se distinguem segundo o método da execução e a remuneração da contratada.

Os regimes de execução indireta previstos na lei são:

(a) empreitada por preço global (*execução da obra ou serviço em etapas*) – caracteriza-se pela execução da obra ou do serviço por preço certo e total. Na medida em que forem executadas as etapas definidas no cronograma físico, efetivam-se os pagamentos estipulados pelo cronograma financeiro. Ilustre-se com a construção de um edifício, sob o regime de empreitada por preço global: na medida em que cada etapa do objeto (a obra) seja executada, desde que atenda às especificações constantes do projeto básico, será efetivado o pagamento à contratada; assim, o cronograma físico especificará cada

---

[69] O art. 966 do vigente Código Civil considera *"empresário quem exerce profissionalmente atividade econômica organizada para a produção ou a circulação de bens ou de serviços"*. Não se considera empresário quem exerce profissão intelectual, de natureza científica, literária ou artística, ainda com o concurso de auxiliares ou colaboradores, salvo se o exercício da profissão constituir elemento de empresa. De acordo com o art. 967, é obrigatória a inscrição do empresário no Registro Público de Empresas Mercantis da respectiva sede, antes do início de sua atividade.

etapa da obra e o seu respectivo prazo da execução (fundações, estruturas, instalações, revestimentos, etc.); ao final de cada etapa e mediante atestação de seu respectivo cumprimento, haverá a contraprestação financeira; logo, não é verdadeira a síntese de que, nesse regime de execução, são irrelevantes os valores orçados para cada etapa, importando apenas o valor global final; isto porque a cada etapa deve corresponder valor condizente com o seu respectivo custo, tal como previsto nas planilhas que integram o projeto básico; de acordo com o Tribunal de Contas da União, nesse regime é necessária a disponibilização, por parte da instituição contratante, de cronograma físico-financeiro detalhado, no qual estejam definidas as etapas/fases da obra a executar e os serviços/atividades que as compõem (Acórdão nº 1.948/2011 – Plenário, Rel. Min. Marcos Bemquerer Costa, Processo nº 005.929/2011-3. *Informativo de Licitações e Contratos* nº 73, de 2011). O art. 47 da Lei nº 8.666/93 exige que, nas contratações por preço global, a administração disponibilize, junto com o edital, todos os elementos e informações necessários para que os licitantes possam elaborar suas propostas de preços com total e completo conhecimento do objeto licitado, ou seja, deve haver projeto básico com alto grau de detalhamento, com o objetivo de minimizar os riscos a serem absorvidos pelo contratado durante a execução contratual, o que resulta, por conseguinte, em menores preços ofertados pelos licitantes. O contratado poderá arcar com eventuais erros ou omissões na quantificação dos serviços, situação na qual, em regra, não teria direito a aditivos contratuais em casos de quantitativos subestimados por erro que pudesse haver sido identificado durante o processo licitatório;

(b) empreitada por preço unitário (*execução da obra ou serviço medida em unidades*) – a execução da obra ou do serviço se dá por preço certo de unidades determinadas. Na medida em que forem executadas as unidades estabelecidas no cronograma físico, e desde que atendam às especificações exigidas no projeto básico, conferida por membro ou equipe de fiscalização do contrato, será efetivado o pagamento indicado pelo cronograma financeiro. É utilizada sempre que os quantitativos a serem executados não puderem ser definidos com grande precisão. Em que pese não ser necessário um grau de detalhamento de projeto no mesmo nível das empreitadas por preço global, o conceito de projeto básico definido no art. 6º da Lei nº 8.666/93 deve ser respeitado com rigor. De acordo com o Tribunal de Contas da União, não se deve pressupor que a existência de maior imprecisão nos quantitativos dos serviços implique, por si só, deficiência do projeto básico (Acórdão nº 1.977/2013 – Plenário, Rel. Min. Valmir Campelo, Processo nº 044.312/2012-1). Mesmo em projetos bem elaborados, há serviços cujos quantitativos estão intrinsecamente sujeitos a um maior nível de imprecisão, como é o caso de serviços de movimentação de terra em rodovias e barragens. Por isso, recomenda-se que essas tipologias de obras sejam contratadas no regime de empreitada por preço unitário. O regime de empreitada por preço unitário é indicado nas contratações de serviços de gerenciamento e supervisão de obras, em obras executadas abaixo da terra ou que apresentam incertezas intrínsecas nas estimativas de quantitativos, a exemplo de execução de fundações, serviços de terraplanagem, desmontes de rocha, implantação, pavimentação, duplicação e restauração de rodovias, canais, barragens, adutoras, perímetros de irrigação, obras de saneamento, infraestrutura urbana, obras portuárias, dragagem e derrocamento, reforma de edificações e poços artesianos;

(c) empreitada integral (*execução de todas as etapas da obra ou serviço e sua entrega em operação*) – a execução compreende todas as etapas das obras, serviços e instalações necessárias, sob inteira responsabilidade da contratada até a sua entrega ao contratante em condições de funcionar, atendidos os requisitos técnicos e legais para a sua utilização com segurança estrutural e operacional, adequada às finalidades para que foi contratada. Não basta concluir a obra. O escopo do contrato somente é atingido com o funcionamento do que se construiu, sob a responsabilidade ainda da contratada. Segundo o Tribunal de Contas da União, o regime de empreitada integral deve ser considerado na condução de projetos de vulto e complexos, em que a perfeita integração entre obras, equipamentos e instalações se mostre essencial para o pleno funcionamento do empreendimento, a exemplo de obras em hidrelétricas. A adoção desse regime em obra pública fora dessas circunstâncias pode ferir o princípio do parcelamento, ao incluir no escopo a ser executado por empresa de construção civil itens que poderiam ser objeto de contratação à parte, como equipamentos e mobiliário (Acórdão nº 711/2016 – Plenário, Rel. Min. Ana Arraes, Processo nº 016.438/2015-9); e

(d) tarefa – é o regime adotado quando se ajusta mão de obra para pequenos trabalhos por preço certo, com ou sem fornecimento de materiais. O objeto da licitação é a obra ou o serviço coincidente com a tarefa (levantamento de um muro, por exemplo). Dada a simplicidade da execução, é comum que a administração forneça ao executante o material que este empregará na tarefa.

8 Parcelamento da execução

Na edificação de um prédio pode ser adotado qualquer dos regimes de execução indireta de maior porte: empreitada por preço global, unitário ou integral. O gestor público, na fase de anteprojeto, considerará a possibilidade de parcelamento da execução, com vistas ao melhor aproveitamento dos recursos disponíveis no mercado e à ampliação da competitividade, sem perda da economia de escala, nos termos do art. 23, §1º, da Lei nº 8.666/93:

> As obras, serviços e compras efetuadas pela administração serão divididas em tantas parcelas quantas se comprovarem técnica e economicamente viáveis, procedendo-se à licitação com vistas ao melhor aproveitamento dos recursos disponíveis no mercado e à ampliação da competitividade, sem perda da economia de escala.

Avaliada a possibilidade de parcelamento da execução da obra ou da prestação de serviços, em etapas ou conjunto de etapas, o regime poderá ser o de empreitada por preço global ou o de preço unitário, dependendo do caso concreto.

A cada etapa ou conjunto de etapas, segundo avaliação[70] da administração, poderão corresponder licitações distintas, procedidas em processos distintos ou, como

---

[70] "54. Como ficou demonstrado na análise realizada pela 5ª Secex, o art. 23, §§1º e 2º, da Lei nº 8.666/93 traz permissão para a adoção de ambas as alternativas suscitadas (realização de uma única licitação com adjudicação por itens ou realização de licitações distintas), deixando à discricionariedade do gestor escolher a opção mais conveniente. Não obstante esse aspecto foi observado pela unidade técnica que a realização de seis licitações distintas traria vantagens à Administração, uma vez que os problemas ocorridos em um certame, como a paralisação em face da interposição de recursos, não afetariam os demais e, conseqüentemente, evitar-se-ia que o Ministério corresse o risco de ver obstaculizada a prestação da totalidade dos serviços" (Acórdão nº 667/05, Plenário, Relator Min. Augusto Sherman Cavalcanti, Processo TC nº 001.605.2005-5, *DOU*, 03.06.2005).

medida de economia, uma licitação por itens, num só processo, preservada a modalidade pertinente para a execução do todo.

Em síntese, quando existir parcela de natureza específica que possa ser executada por entidades empresariais com especialidades próprias e diversas, sendo viável técnica e economicamente, bem assim vantajoso para a administração, impõe-se o parcelamento em itens.

A realização de licitações distintas deve merecer especial atenção do administrador público em função: (a) de análise do custo-benefício que a medida oferece à administração; dependendo das características da obra ou do serviço, quanto maior for a quantidade licitada, menor poderá ser o seu custo unitário, a inviabilizar o parcelamento; (b) da possibilidade de subcontratação de partes do objeto, que pode ser fator de ampliação da competitividade, tanto ao estimular a participação de maior número de entidades do ramo, quanto ao preservar a especialização correlata à natureza do objeto.

O parcelamento da execução da obra ou do serviço, a possibilitar a realização de distintas licitações, deve observar, ademais, o emprego da modalidade licitatória de acordo com o valor estimado para a totalidade do objeto.

O verbete 247, da súmula do Tribunal de Contas da União, fixou o entendimento da Corte sobre a regra do parcelamento, *verbis*:

> É obrigatória a admissão da adjudicação por item e não por preço global, nos editais das licitações para a contratação de obras, serviços, compras e alienações, cujo objeto seja divisível, desde que não haja prejuízo para o conjunto ou complexo ou perda de economia de escala, tendo em vista o objetivo de propiciar a ampla participação de licitantes que, embora não dispondo de capacidade para a execução, fornecimento ou aquisição da totalidade do objeto, possam fazê-lo com relação a itens ou unidades autônomas, devendo as exigências de habilitação adequar-se a essa divisibilidade.

9 Planejamento e parcelamento

O planejamento, como segmento inicial do ciclo completo da gestão técnica (planejamento, execução, controle e avaliação), é inseparável de toda a atividade administrativa. Deve reunir elementos sobre as necessidades da administração, a seleção de alternativas de solução, a análise da relação custo/benefício, a adoção dos pertinentes indicadores qualitativos e quantitativos. Cabe-lhe descortinar a visão global do objeto antes de ser inserido entre as prioridades da gestão, tanto quanto se desincumbir de prever etapas do projeto, de sua execução, acompanhamento e avaliação final, de modo a reduzir riscos e incertezas, direcionar recursos adequados e propiciar condições para obtenção de resultados positivos e eficazes para o interesse público.

O planejamento tem o *status* de princípio fundamental da administração pública desde o Decreto-Lei nº 200/67 (art. 6º, I). Também na seara das licitações e contratações públicas deve ser assim considerado, dada a necessidade de os administradores programarem as suas demandas, definirem as prioridades a atender, os recursos orçamentários, materiais e humanos disponíveis, as dificuldades operacionais existentes, as curvas de ressuprimento, as estimativas de custos, entre outros elementos.

A etapa de planejamento de obras e serviços encontra previsão no art. 8º da Lei nº 8.666/93 ao dispor que a execução desses objetos deve programar-se, sempre, em sua totalidade, previstos seus custos atual e final e considerados os prazos de sua execução.

No tocante ao planejamento de compras, há previsão no art. 15 da Lei, do qual se extrai que a administração pública deve: (a) atender ao princípio da padronização, que imponha compatibilidade de especificações técnicas e de desempenho, observadas, quando for o caso, as condições de manutenção, assistência técnica e garantia oferecidas (inc. I); (b) subdividi-las em tantas parcelas quantas necessárias para aproveitar as peculiaridades do mercado, visando economicidade (inc. IV); (c) realizar a especificação completa do bem a ser adquirido sem indicação de marca (§7º, inc. I); (d) definir as unidades e as quantidades a serem adquiridas em função do consumo e utilização prováveis, cuja estimativa será obtida, sempre que possível, mediante adequadas técnicas quantitativas de estimação (§7º, inc. II); e (e) observar as condições de guarda e armazenamento que não permitam a deterioração do material.

Nas licitações de obras e serviços de engenharia, ainda na fase de anteprojeto, é possível planejar e desenvolver ações que estabeleçam a viabilidade técnica e econômica do parcelamento da obra ou do serviço em etapas, com vistas ao melhor aproveitamento dos recursos disponíveis no mercado e à ampliação da competitividade, sem perda da economia de escala, conforme preceitua o §1º do art. 23 da Lei nº 8.666/93.

A decisão sobre parcelar, ou não, a execução de obra ou serviço há de ser motivada, à vista da finalidade de interesse público a atingir, das razões de fato e de direito que sustentam a opção, guardadas a razoabilidade e a proporcionalidade, que se traduzem na atribuição de poder jurídico ao administrador para escolher a solução correta e adequada em face das circunstâncias e dos meios disponíveis ou mobilizáveis.

O planejamento obrigatório tem sido enfatizado na jurisprudência do Tribunal de Contas da União, *v.g.*:

O planejamento é instrumento essencial e indispensável para a correta e adequada alocação dos recursos públicos, evitando desperdícios e o mau uso dos valores da coletividade. (Acórdão nº 2.183/2008- Plenário, Rel. Min. André Luís de Carvalho, Processo nº 020.520/2007-5);

11. A falta de planejamento também resta evidente quando se verifica que houve a realização de até duas licitações em determinado mês para a aquisição do mesmo objeto, quando não havia óbices em realizar somente um certame com entregas parceladas. Essa falta de planejamento, acarretando a realização de certames licitatórios desnecessários, pode ter contribuído para o verificado desabastecimento nas escolas, em razão de eventuais atrasos nos processos de compras. (Acórdão nº 82/05, Plenário, Relator Min. Augusto Sherman Cavalcanti, Processo TC nº 015.968.2002-9, *DOU* de 25.02.2005)

9.1.4. o gestor deve promover estudos técnicos demonstrando a viabilidade técnica e econômica de se realizar uma licitação independente para a aquisição de equipamentos/ materiais que correspondam a um percentual expressivo das obras, com o objetivo de proceder ao parcelamento do objeto previsto no art. 23, §1º, da Lei nº 8.666/1993; caso seja comprovada a sua inviabilidade, que aplique um LDI reduzido em relação ao percentual adotado para o empreendimento, pois não é adequada a utilização do mesmo LDI de obras civis para a compra daqueles bens; (Acórdão nº 325/07, Plenário, Relator Min. Valmir Campelo, Processo TC nº 003.478.2006.8, *DOU* de 16.03.2007)

1.1 (...) em atenção ao princípio constitucional da eficiência e às disposições contidas no Decreto-lei nº 200/1967, art. 6º, I, implante e mantenha um processo de planejamento estratégico institucional que organize as estratégias, as ações, os prazos, os recursos financeiros, humanos e materiais, a fim de minimizar a possibilidade de desperdício de recursos públicos e de prejuízo ao cumprimento dos objetivos institucionais da empresa. (Acórdão nº 2/08, Plenário, Relator Min. Benjamin Zymler, Processo TC nº 025.978/2007-0, *DOU* de 25.01.2008)

10 Fracionamento de despesas

Extrema-se do parcelamento e ocorre quando se divide a despesa para dispensar-se a licitação ou para utilizar-se modalidade de licitação inferior à recomendada pela legislação para o total da despesa.

A vedação ao fracionamento de despesas está prevista nos arts. 23, §5º, e 24, I e II, da Lei nº 8.666/93. Tais disposições impedem a dispensa de licitação, ou a utilização da modalidade convite, para parcelas de uma mesma compra, obra ou serviço, ou ainda para obras, serviços ou compras de idêntica natureza e no mesmo local, que possam ser realizadas conjunta e concomitantemente de uma só vez, sempre que o somatório de seus valores caracterize o caso de tomada de preços ou concorrência. Da mesma forma, a lei veda à administração a utilização de várias tomadas de preços visando a abster-se de realizar concorrência.

A utilização da modalidade concorrência para todas as parcelas de uma mesma obra ou serviço, ou a utilização da tomada de preços para todas elas quando o limite de valor para o conjunto da obra ou do serviço não ultrapassa o valor estipulado pelo art. 23, inc. I, alínea "b", da Lei nº 8.666/93, afasta a ocorrência do indevido fracionamento.

O manual intitulado *Licitações e contratos administrativos: perguntas e respostas*, da ex-Controladoria-Geral da União, atual Ministério da Transparência, Fiscalização e Controladoria-Geral da União (<http://www.cgu.gov.br/Publicacoes/auditoria-e-fiscalizacao/arquivos/licitacoescontratos.pdf>), também distingue parcelamento do objeto e fracionamento de despesa. Assim:

> 12. O parcelamento do objeto da licitação é o mesmo que fracionamento da despesa?
> Não. Enquanto o fracionamento da despesa é uma ilegalidade, o parcelamento do objeto a ser licitado, quando houver viabilidade técnica e/ou econômica, é determinado pela lei. De acordo com a Lei nº 8.666/1993, é obrigatório que seja feito parcelamento quando o objeto da contratação tiver natureza divisível, desde que não haja prejuízo para o conjunto a ser licitado. Cada etapa a ser licitada deverá corresponder a uma licitação distinta, respeitada a modalidade aplicável à integralidade do objeto. O parcelamento possibilita a participação de empresas de menor porte nas licitações, amplia a competitividade e contribui para a obtenção de menor preço para a Administração Pública.

Seguem-se deliberações do Tribunal de Contas da União acerca do tema:

> 9.1.3. realize o planejamento prévio de seus gastos anuais, de modo a evitar o fracionamento de despesas de mesma natureza, a fim de não extrapolar os limites estabelecidos nos artigos 23, §2º, e 24, inciso II, da Lei nº 8.666/93, observando que o valor limite para as modalidades licitatórias é cumulativo ao longo do exercício financeiro; [...]
> 9.2. determinar ao [...] que, em futuras licitações, adote a modalidade adequada de acordo com os arts. 23 e 24 da Lei nº 8.666/93, c/c o art. 57, inciso II, da Lei nº 8.666/93, de modo a evitar que eventual prorrogação do contrato administrativo dela decorrente resulte em valor total superior ao permitido para a modalidade utilizada, tendo em vista a jurisprudência do Tribunal (Acórdãos nº 842/2002 e nº 1.725/2003 – 1ª Câmara e Acórdãos nº 260/2002, nº 1.521/2003, nº 1.808/2004 e nº 1.878/2004 – Plenário). (Acórdão nº 1.084/2007-Plenário, Rel. Min. Marcos Vinicios Vilaça, Processo nº 016.973/2004-0);
> e. 6) evite a prática do fracionamento de licitações, mantendo-se a modalidade pertinente ao valor global do objeto licitado, em consonância com o art. 23, §5º, da retro citada Lei; (Acórdão nº 76/02, Segunda Câmara, Relator Min. Ubiratan Aguiar, Processo TC nº 007.914.2000.7, *DOU* de 26.03.2002)

9.3.7. planejar adequadamente as aquisições e/ou contratações a fim de evitar o fracionamento da despesa, em observância ao art. 23, §5º, da Lei nº 8.666/93; (Acórdão nº 740/04, Plenário, Relator Min. Ubiratan Aguiar, Processo TC nº 013.661.2003-0, *DOU* de 25.06.2004)

9. Acontece que a realização de vários procedimentos em um exercício não caracteriza, por si só, o fracionamento indevido da despesa, o qual somente ocorre quando não se preserva a modalidade pertinente para o total de aquisições do exercício (§2º do art. 23 da Lei nº 8.666/93). O parcelamento de despesas, por sua vez, é a regra geral (§1º do art. 23 da Lei nº 8.666/93) e reflete a vontade do legislador em ampliar a competitividade e o universo de possíveis interessados (...). (Acórdão nº 82/05, Plenário, Relator Min. Augusto Sherman Cavalcanti, Processo TC nº 015.968.2002-9, *DOU* de 25.02.2005)

No âmbito do decisório do Superior Tribunal de Justiça, há imputação de responsabilidade na hipótese de fracionamento indevido de despesa:

ADMINISTRATIVO E PROCESSUAL CIVIL. AGRAVO REGIMENTAL NO RECURSO ESPECIAL. VIOLAÇÃO AO ART. 535 DO CPC. INEXISTÊNCIA. IMPROBIDADE ADMINISTRATIVA. FRACIONAMENTO INDEVIDO DO OBJETO DA LICITAÇÃO. ART. 11 DA LEI Nº 8.429/92. ACÓRDÃO DO TRIBUNAL DE ORIGEM QUE, À LUZ DAS PROVAS DOS AUTOS, CONCLUIU PELA CARACTERIZAÇÃO DO ATO DE IMPROBIDADE ADMINISTRATIVA E DO ELEMENTO SUBJETIVO, BEM COMO PELA OBSERVÂNCIA DOS PRINCÍPIOS DA RAZOABILIDADE E DA PROPORCIONALIDADE NA APLICAÇÃO DAS SANÇÕES PREVISTAS NA LEI Nº 8.429/92. REEXAME DE MATÉRIA FÁTICO-PROBATÓRIA. SÚMULA 7/STJ. AGRAVO REGIMENTAL IMPROVIDO.

I. Não há falar, na hipótese, em violação ao art. 535 do CPC, porquanto a prestação jurisdicional foi dada na medida da pretensão deduzida, de vez que os votos condutores do acórdão recorrido e do acórdão dos Embargos Declaratórios apreciaram fundamentadamente, de modo coerente e completo, as questões necessárias à solução da controvérsia, dando-lhes, contudo, solução jurídica diversa da pretendida.

II. Segundo o acórdão recorrido, à luz das provas dos autos, "na hipótese, a divisão do objeto, a fim de possibilitar que a licitação ocorresse na modalidade convite, não encontra no conjunto probatório qualquer razão que lhe justifique: (i) a verba para pagamento foi decorrente de um só convênio; (ii) o serviço poderia ter sido prestado conjuntamente por qualquer uma das empresas que restaram vencedoras; (iii) não havia distinção entre a natureza das prestações, o ramo de atuação, a especialidade das empresas ou o local de prestação que fosse capaz de respaldar o fracionamento. Registre-se, inclusive, que para duas das três licitações realizadas, foram convidadas exatamente as mesmas três empresas, o que mais uma vez reforça o argumento de que todos os serviços poderiam ter sido prestados por apenas uma das licitantes". Ainda, segundo o Tribunal de origem, "nenhum dos argumentos trazidos na apelação foi capaz de demonstrar situação que justificasse a maneira como as licitações foram realizadas. A opção pelo fracionamento e escolha da modalidade convite resultaram numa menor amplitude, publicidade e formalismo do procedimento, limitando a competição e restringindo a eficiência e economicidade do certame, tão caras à Administração Pública". Assim, a alteração do entendimento do Tribunal de origem ensejaria, inevitavelmente, o reexame fático-probatório dos autos, procedimento vedado, pela Súmula 7 desta Corte.

III. Quando às sanções aplicadas, o Tribunal de origem concluiu pela manutenção das penalidades impostas (multa civil, suspensão dos direitos políticos e proibição de contratar com o Poder Público), em atenção ao princípio da proporcionalidade e observados os limites do art. 12, III, da Lei nº 8.429/92. No ponto, também não há como alterar tal entendimento, diante do óbice da Súmula 7 desta Corte. Precedentes do STJ.

IV. Agravo Regimental improvido. (AgRg no REsp 1535282/RN, Rel. Min. Assusete Magalhães, DJe 14.03.2016);

DIREITO ADMINISTRATIVO. PREJUÍZO AO ERÁRIO *IN RE IPSA* NA HIPÓTESE DO ART. 10, VIII, DA LEI DE IMPROBIDADE ADMINISTRATIVA.
É cabível a aplicação da pena de ressarcimento ao erário nos casos de ato de improbidade administrativa consistente na dispensa ilegal de procedimento licitatório (art. 10, VIII, da Lei nº 8.429/1992), mediante fracionamento indevido do objeto licitado. De fato, conforme entendimento jurisprudencial do STJ, a existência de prejuízo ao erário é condição para determinar o ressarcimento ao erário, nos moldes do art. 21, I, da Lei nº 8.429/1992 (REsp nº 1.214.605-SP, Segunda Turma, DJe nº 13.06.2013; e REsp nº 1.038.777-SP, Primeira Turma, Informativo de Jurisprudência, DJe 16.03.2011). No caso, não há como concluir pela inexistência do dano, pois o prejuízo ao erário é inerente (*in re ipsa*) à conduta ímproba, na medida em que o Poder Público deixa de contratar a melhor proposta, por condutas de administradores. Precedentes citados: REsp nº 1.280.321-MG, Segunda Turma, DJe 09.03.2012; e REsp nº 817.921-SP, Segunda Turma, DJe 06.12.2012 (REsp nº 1.376.524-RJ, Rel. Min. Humberto Martins, julgado em 02.09.2014).

11 Estudo preliminar/anteprojeto, projeto básico e projeto executivo

Os projetos para execução de obras e serviços de engenharia cumprem, idealmente, três etapas sucessivas: estudo preliminar/anteprojeto, projeto básico e projeto executivo, desenvolvidos de forma a guardarem sintonia entre si.

11.1 Estudo preliminar

Radica na Lei nº 8.666/93.

Art. 6º Para os fins desta Lei, considera-se:
(...)
IX – Projeto Básico – conjunto de elementos necessários e suficientes, com nível de precisão adequado, para caracterizar a obra ou serviço, ou complexo de obras ou serviços objeto da licitação, *elaborado com base nas indicações dos estudos técnicos preliminares*, que assegurem a viabilidade técnica e o adequado tratamento do impacto ambiental do empreendimento, e que possibilite a avaliação do custo da obra e a definição dos métodos e do prazo de execução, devendo conter os seguintes elementos (...).

Durante o estudo preliminar, avaliam-se questões que possibilitarão a elaboração de anteprojeto em conformidade com as necessidades administrativas e as características do objeto a licitar, ou a contratar de forma direta. Tal estudo leva em conta aspectos como:
   a) adequação técnica;
   b) funcionalidade;
   c) requisitos ambientais;
   d) adequação às normas vigentes (requisitos de limites e áreas de ocupação, normas de urbanização, leis de proteção ambiental, etc.);
   e) possível movimento de terra decorrente da implantação, necessidade de estabilizar taludes, construir muros de arrimo ou fundações especiais;
   f) processo construtivo a ser empregado;

g) possibilidade de racionalização do processo construtivo;
h) existência de fornecedores que deem respostas às soluções sob consideração;
i) estimativa preliminar de custo e viabilidade econômico-financeira do objeto.

11.2 Anteprojeto

Nesta fase, avaliam-se questões relativas à viabilidade da execução da obra ou da prestação do serviço, sob a ótica da racionalização das atividades desde os seus primeiros estágios de desenvolvimento.

Em geral, a elaboração de anteprojeto compreende as especificações e técnicas[71] que serão empregadas, a definição das frentes de serviço, a sequência das atividades, o uso e as características dos equipamentos necessários.

O anteprojeto considerará as atividades associadas à execução, com o fim de evitar possíveis interferências externas.

O detalhamento[72] dessas questões depende das peculiaridades do empreendimento e dos processos executivos a serem adotados. O planejamento e a programação do projeto devem ser realistas e orientados quanto aos condicionamentos técnicos e de execução das tarefas.

11.3 Projeto básico

Na Lei nº 8.666/93,

> Art. 7º As licitações para a execução de obras e para a prestação de serviços obedecerão ao disposto neste artigo e, em particular, à seguinte seqüência:
> I – projeto básico; (...) §9º O disposto neste artigo aplica-se também, no que couber, aos casos de dispensa e de inexigibilidade de licitação.

A Lei Geral não faculta à administração pública a prévia elaboração do projeto básico nas licitações para a execução de obras e para a prestação de serviços. O projeto básico é condição para a licitação desses objetos, constituindo vício insanável, que acarreta nulidade, sua ausência dos autos do processo. Apesar de a elaboração prévia

---

[71] "c) a Lei nº 4.150/62 determina que nas obras e serviços executados, dirigidos ou fiscalizados por quaisquer repartições federais ou órgãos paraestatais, em todas as compras de materiais por eles feitas, bem como nos respectivos editais de concorrência, contratos, ajustes e pedidos de preços, será obrigatória a exigência e aplicação dos requisitos mínimos de qualidade, utilidade, resistência e segurança usualmente chamados 'normas técnicas', elaboradas pela Associação Brasileira de Normas Técnicas;
d) a Lei nº 8.666/93, em reforço, impõe o 'atendimento de requisitos previstos em Lei especial' como critério de habilitação técnica, recepcionando, assim, o disposto na Lei nº 4.150/62;
e) em conseqüência, a utilização das normas técnicas da ABNT é obrigatória, não podendo, assim, ser tratada como mera faculdade que lhe permite ser substituída por norma estrangeira (EN-1047-2 ou equivalente), dado se tratar de hipótese de poder vinculado, e não de exercício da discricionariedade" (Acórdão nº 2.392/06, Plenário, Relator Min. Benjamin Zymler, Processo TC nº 017.812.2006-0, *DOU*, 13.12.2006).

[72] "9.3.6. explicite nos editais a metodologia de mensuração de serviços adotada para cada modalidade de serviços e a quantificação da demanda máxima de serviço, que deve ser definida segundo a metodologia adotada e as características pertinentes ao modelo de contratação escolhido (i. e. locação de mão-de-obra ou prestação de serviços mensurados pelos resultados), fundamentando, no respectivo processo, as previsões estabelecidas" (Acórdão nº 667/05, Plenário, Relator Min. Augusto Sherman Cavalcanti, Processo TC nº 001.665.2005-5, *DOU*, 03.06.2005).

do projeto básico ser imposta pela lei, é desconfortavelmente comum a instauração de licitações ou a celebração de contratações diretas de obras e serviços com base apenas em anteprojeto, esboço ou até mesmo croquis.

O roteiro de ilegalidades é extenso: obras e serviços executados em desacordo com as normas técnicas aplicáveis; modificações dos projetos, ao longo da execução, que desnaturam o objeto; obras e serviços inacabados; valores contratuais superfaturados; aditivos com valores elevados, resultantes do "jogo de planilhas".

A lei não distingue entre serviços exigentes de prévia elaboração de projeto básico e serviços que, por hipótese, a dispensariam. O projeto básico é requisito prévio para a licitação ou a contratação direta de qualquer espécie de serviço. A diferença que a Lei Geral faz, quanto a serviços, concerne a valores diferenciados para serviços não considerados de engenharia e à possibilidade de prorrogação do prazo de vigência contratual, permitindo que ultrapasse o exercício financeiro quando determinados pela essencialidade, ou seja, pelo caráter contínuo da prestação, e quando se refiram a projetos cujos produtos estejam contemplados em metas estabelecidas em plano plurianual.

Daí o Tribunal de Contas da União[73] enunciar que "*O projeto básico é o elemento mais importante* para a execução de uma obra pública".

A importância reconhecida pelo Órgão de Contas ao projeto básico para licitação ou contratação direta de obras deve ser estendida às licitações e contratações de serviços, de engenharia ou outros, que tampouco prescindem do necessário detalhamento do objeto, de suas características básicas, especificações, métodos de execução, níveis de desempenho técnico, custos unitários, prazos de execução, entre outros elementos.

Sobre a necessidade de detalhamento e atualização do objeto no projeto básico, as súmulas nº 177 e nº 261, do Tribunal de Contas da União, firmaram as seguintes diretrizes, respectivamente:

> A definição precisa e suficiente do objeto licitado constitui regra indispensável da competição, até mesmo como pressuposto do postulado de igualdade entre os licitantes, do qual é subsidiário o princípio da publicidade, que envolve o conhecimento, pelos concorrentes potenciais, das condições básicas da licitação. Na hipótese particular da licitação para compra, a quantidade demandada é essencial à definição do objeto do pregão.
> Em licitações de obras e serviços de engenharia, é necessária a elaboração de projeto básico adequado e atualizado, assim considerado aquele aprovado com todos os elementos descritos no art. 6º, inciso IX, da Lei nº 8.666, de 21 de junho de 1993, constituindo prática ilegal a revisão de projeto básico ou a elaboração de projeto executivo que transfigurem o objeto originalmente contratado em outro de natureza e propósito diversos.

Um projeto básico que alcance nível de precisão satisfatório, tanto para obras como para serviços, é a garantia de que o resultado de sua execução corresponderá ao fim de interesse público que motivou a contratação, a par de balizar a definição dos recursos orçamentários suficientes à cobertura das despesas contratuais, a formulação de propostas pelos licitantes e as futuras ações de controle e avaliação.

O administrador público que pautar a sua gestão segundo os princípios da legalidade, da economicidade e da eficiência terá no projeto básico o instrumento legal e

---

[73] BRASIL. Tribunal de Contas da União – TCU. *Obras públicas*: recomendações básicas para a contratação e fiscalização de obras públicas. 4. ed. Brasília: TCU, 2014. p. 13.

técnico indispensável à elaboração do edital ou do convite, certo que as disposições desses atos convocatórios devem ser congruentes e espelhar as diretrizes daquele.

O detalhamento adequado – nem superficial, que necessite de posteriores suplementos ou emendas, nem excessivo quanto a pormenores irrelevantes, que poderão direcionar o resultado da competição e comprometer a sua idoneidade – refletir-se-á em contrato obediente às regras do art. 54, §§1º e 2º, da Lei nº 8.666/93 – "Os contratos devem estabelecer com clareza e precisão as condições para sua execução, expressas em cláusulas que definam os direitos, obrigações e responsabilidades das partes, em conformidade com os termos da licitação e da proposta a que se vinculam"; "Os contratos decorrentes de dispensa ou de inexigibilidade de licitação devem atender aos termos do ato que os autorizou e da respectiva proposta".

Tal contrato não dará azo a pagamentos de serviços sem cobertura, nem a pagamentos por serviços que, embora previstos, não foram executados. Desde que, é evidente, haja instante fiscalização da execução. Recorde-se decisão do Tribunal de Contas da União:

> 9.2.3. identifique e chame em audiência os responsáveis (...) pelos pagamentos de serviços sem cobertura contratual, bem assim pela não-realização de serviços previstos contratualmente, conforme descrito no parágrafo 15 do relatório de inspeção, especificando os casos ocorridos, que indicam violação aos arts. 54, §1º; 55, inciso I; 60, parágrafo único; 62, *caput*; 66 e 76 da Lei nº 8.666/93; (Acórdão nº 1.571/2005, Plenário, Relator Min. Marcos Vinicios Vilaça, Processo TC nº 017.194.2004-0, *DOU* de 14.10.2005)

11.4 Características do projeto básico, segundo a Lei nº 8.666/93, na interpretação do TCU

A definição de projeto básico dada pela Lei nº 8.666/93 tem a finalidade de balizar a aplicação desta. Por conseguinte, outras definições de projeto básico podem existir – e efetivamente existem –, enunciadas em outras fontes normativas ou técnicas, sem necessária repercussão sobre a aplicação da Lei Geral. Note-se, nesse sentido, a redação da cabeça do art. 6º.

> Art. 6º Para os fins desta Lei, considera-se:
> (...)
> IX – Projeto Básico – conjunto de elementos necessários e suficientes, com nível de precisão adequado, para caracterizar a obra ou serviço, ou complexo de obras ou serviços objeto da licitação, elaborado com base nas indicações dos estudos técnicos preliminares, que assegurem a viabilidade técnica e o adequado tratamento do impacto ambiental do empreendimento, e que possibilite a avaliação do custo da obra e a definição dos métodos e do prazo de execução, devendo conter os seguintes elementos:
> a) desenvolvimento da solução escolhida de forma a fornecer visão global da obra e identificar todos os seus elementos constitutivos com clareza;
> b) soluções técnicas globais e localizadas, suficientemente detalhadas, de forma a minimizar a necessidade de reformulação ou de variantes durante as fases de elaboração do projeto executivo e de realização das obras e montagem;
> c) identificação dos tipos de serviços a executar e de materiais e equipamentos a incorporar à obra, bem como suas especificações que assegurem os melhores resultados para o empreendimento, sem frustrar o caráter competitivo para a sua execução;

d) informações que possibilitem o estudo e a dedução de métodos construtivos, instalações provisórias e condições organizacionais para a obra, sem frustrar o caráter competitivo para a sua execução;

e) subsídios para montagem do plano de licitação e gestão da obra, compreendendo a sua programação, a estratégia de suprimentos, as normas de fiscalização e outros dados necessários em cada caso;

f) orçamento detalhado do custo global da obra, fundamentado em quantitativos de serviços e fornecimentos propriamente avaliados;

Outro dispositivo da Lei nº 8.666/93 alude aos requisitos que, de ordinário, devem constar em projetos básicos de obras de engenharia:

Art. 12. Nos projetos básicos e projetos executivos de obras e serviços serão considerados principalmente os seguintes requisitos:
I – segurança;
II – funcionalidade e adequação ao interesse público;
III – economia na execução, conservação e operação;
IV – possibilidade de emprego de mão-de-obra, materiais, tecnologia e matérias-primas existentes no local para execução, conservação e operação;
V – facilidade na execução, conservação e operação, sem prejuízo da durabilidade da obra ou do serviço;
VI – adoção das normas técnicas, de saúde e de segurança do trabalho adequadas;
VII – impacto ambiental.

Orienta o Tribunal de Contas da União:[74]

A legislação determina que o projeto básico, relativamente a obras, deve conter os seguintes elementos:
- desenvolvimento da solução escolhida;
- soluções técnicas globais e localizadas;
- identificação dos tipos de serviços a executar e de materiais e equipamentos a incorporar à obra;
- informações que possibilitem o estudo e a dedução de métodos construtivos;
- subsídios para montagem do plano de licitação e gestão da obra;
- orçamento detalhado do custo global da obra, fundamentado em quantitativos de serviços e fornecimentos propriamente avaliados.

O mesmo Órgão de Contas,[75] ao estabelecer recomendações básicas para a contratação de obras de edificações públicas, relaciona algumas peculiaridades do projeto básico:

---

[74] BRASIL. Tribunal de Contas da União – TCU. *Licitações e contratos*: orientações e jurisprudência. 4. ed. Brasília: TCU, 2010. p. 167.
[75] BRASIL. Tribunal de Contas da União – TCU. *Obras públicas*: recomendações básicas para a contratação e fiscalização de obras de edificações públicas. 4. ed. Brasília: TCU, 2014. p. 13.

O projeto básico deve ser elaborado anteriormente à licitação e receber a aprovação formal da autoridade competente. Ele deve abranger toda a obra e possuir os requisitos estabelecidos pela Lei das Licitações:
- possuir os elementos necessários e suficientes para definir e caracterizar o objeto a ser contratado;
- ter nível de precisão adequado;
- ser elaborado com base nos estudos técnicos preliminares que assegurem a viabilidade técnica e o adequado tratamento do impacto ambiental do empreendimento;
- possibilitar a avaliação do custo da obra e a definição dos métodos executivos e do prazo de execução.

Com relação ao nível de precisão adequado, pode-se tomar por base as informações da tabela a seguir:

Tipo	Precisão	Margem de Erro	Projeto	Elementos Necessários
Avaliação	Baixa	30%	Anteprojeto	Área construída Padrão de acabamento Custo unitário básico
Orçamento sintético	Média	10 a 15%	Projeto básico	Plantas principais Especificações básicas Preços de referência
Orçamento Analítico	Alta	5%	Projeto executivo	Plantas detalhadas Especificações completas Preços negociados

Destaques para os verbetes 177 e 261, das súmulas do Tribunal de Contas da União, que firmam as seguintes diretrizes, respectivamente, sobre a necessidade de detalhamento e atualização do objeto no projeto básico:

> A definição precisa e suficiente do objeto licitado constitui regra indispensável da competição, até mesmo como pressuposto do postulado de igualdade entre os licitantes, do qual é subsidiário o princípio da publicidade, que envolve o conhecimento, pelos concorrentes potenciais, das condições básicas da licitação. Na hipótese particular da licitação para compra, a quantidade demandada é essencial à definição do objeto do pregão.
> Em licitações de obras e serviços de engenharia, é necessária a elaboração de projeto básico adequado e atualizado, assim considerado aquele aprovado com todos os elementos descritos no art. 6º, inciso IX, da Lei nº 8.666, de 21 de junho de 1993, constituindo prática ilegal a revisão de projeto básico ou a elaboração de projeto executivo que transfigurem o objeto originalmente contratado em outro de natureza e propósito diversos.

11.5 Informações essenciais no projeto básico

O projeto básico guardará sintonia com os estudos preliminares e com o anteprojeto previamente desenvolvidos pela administração, discriminará todos os elementos capazes de caracterizar, de forma precisa e clara, o objeto da licitação e de propiciar a avaliação de seus custos, e servirá como supedâneo à elaboração do edital ou do convite.

Incongruências entre o projeto básico e o ato convocatório podem dar causa à anulação do procedimento licitatório, se identificadas após a publicação do aviso de edital ou da expedição do convite, e se não for possível saná-las. Se flagradas durante a execução do contrato, poderão ensejar a invalidação deste e do correspondente procedimento licitatório (Lei nº 8.666, arts. 49, §2º, e 59, *caput*). Num caso ou noutro, a autoridade competente para anular será aquela que aprovou o procedimento (art. 49, *caput*), em geral o ordenador de despesa, original ou secundário. Porque o procedimento, em razão da publicidade de seu ato convocatório, já se tornou público, tendo sido instaurada a sua fase externa, a administração haverá de garantir o prévio exercício da defesa e do contraditório aos que já dele estavam a participar (art. 49, §3º).

A ocorrência de vício (de competência, forma, objeto, motivo ou finalidade) durante a fase interna do procedimento (entre a abertura do processo e antes da publicidade do ato convocatório), logo, sem a participação de terceiros à administração, enseja que os responsáveis pela elaboração, respectivamente, do projeto básico ou do ato convocatório (princípio da segregação de funções), corrijam as inconsistências detectadas e os refaçam. Daí a importância de atenta revisão da instrução do processo antes da publicação do aviso de edital ou da expedição do convite, de sorte a evitar ou a reduzir eventuais arguições de nulidade de atos administrativos.

Incumbe à assessoria jurídica do órgão ou entidade, quando da análise dos documentos que instruem o processo (art. 38, inc. VI, e parágrafo único, da Lei nº 8.666/93), apontar inconsistências ou irregularidades e propor soluções/orientações técnico-jurídicas aptas a saná-las. Mas não apenas. Os agentes públicos participantes do processo, bem como a autoridade competente para aprovar o projeto básico, homologar o procedimento ou ratificar a contratação direta, também ostentam legitimidade para apontar a existência de vícios, sugerir alternativas e/ou decidir sobre as providências necessárias a emendá-los.

Dada publicidade ao edital ou à carta-convite, qualquer cidadão poderá impugná-los por irregularidade na aplicação da Lei nº 8.666/93, desde que o faça até cinco dias úteis antes da data fixada para a abertura do certame.

Os Tribunais de Contas e os órgãos integrantes do sistema de controle interno podem solicitar para exame, assim que publicado e até o dia útil imediatamente anterior à data de recebimento das propostas, cópia de edital ou convite de licitação, obrigando-se os órgãos ou entidades da administração a adotarem as medidas corretivas que, em função desse exame, lhes forem determinadas pela Corte (art. 113, §2º).

Seguem-se os requisitos essenciais que devem constar do projeto básico para execução de obras, de acordo com: (a) roteiro acolhido pelo Tribunal de Contas da União;[76] (b) normas expedidas pelo CONFEA; (c) *Manual de obras públicas – edificações (Projeto, Construção e Manutenção)*, editado pelo Ministério do Planejamento, Orçamento e Gestão; (d) normas do Decreto nº 92.100, de 10 de dezembro de 1985; e (e) Orientação Técnica IBR 01/2006. Tais requisitos não são exaustivos, dadas as peculiaridades que envolvem cada segmento da administração, bem assim as características de cada contratação e de seus respectivos objetos.

---

[76] BRASIL. Tribunal de Contas da União – TCU. *Obras públicas*: recomendações básicas para a contratação e fiscalização de obras de edificações públicas. 4. ed. Brasília: TCU, 2014. p. 13-14.

11.5.1 De acordo com o Tribunal de Contas da União

O projeto básico deve:
- ser elaborado anteriormente à licitação;
- possuir os elementos necessários e suficientes para definir e caracterizar o objeto a ser contratado;
- ter nível de precisão adequado;
- ser elaborado com base nos estudos técnicos preliminares que assegurem a viabilidade técnica e o adequado tratamento do impacto ambiental do empreendimento;
- possibilitar a avaliação do custo da obra e a definição dos métodos executivos e do prazo de execução; e
- receber a aprovação formal da autoridade competente.

11.5.2 De acordo com o CONFEA

A Resolução CONFEA nº 361, de 10 de dezembro de 1991, ao conceituar projeto básico em consultoria de engenharia, arquitetura e agronomia, enuncia que o nível de detalhamento dos elementos construtivos de cada tipo de projeto básico, tais como desenhos, memórias descritivas, normas de medições e pagamento, cronograma físico, financeiro, planilhas de quantidades e orçamentos, plano gerencial e, quando cabível, especificações técnicas de equipamentos a serem incorporados à obra, deve ser tal que informe e descreva, com clareza, precisão e concisão, o conjunto da obra e cada uma de suas partes.

A resolução arrola as principais características que devem integrar o projeto básico, a saber:

a) desenvolvimento da alternativa escolhida como sendo viável, técnica, econômica e ambientalmente, e que atenda aos critérios de conveniência de seu proprietário e da sociedade;

b) fornecimento de uma visão global da obra e identificação de seus elementos constituintes de forma precisa;

c) especificação do desempenho esperado da obra;

d) adoção de soluções técnicas, quer para o conjunto, quer para suas partes, devendo ser suportadas por memórias de cálculo e de acordo com critérios de projeto preestabelecidos de modo a evitar e/ou minimizar reformulações e/ou ajustes acentuados, durante sua fase de execução;

e) identificação e especificações, sem omissões, dos tipos de serviços a executar, os materiais e equipamentos a incorporar à obra;

f) definição das quantidades e dos custos de serviços e fornecimentos com precisão compatível com o tipo e porte da obra, de forma a ensejar a determinação do custo global da obra com precisão de mais ou menos 15% (quinze por cento);

g) fornecimento de subsídios suficientes para a montagem do plano de gestão da obra;

h) avaliações, para uma boa execução, dos métodos construtivos compatíveis e adequados ao porte da obra;

i) detalhamento dos programas ambientais, compativelmente com o porte da obra, de modo a assegurar sua implantação de forma harmônica com os interesses regionais.

11.5.3 De acordo com o Ministério do Planejamento, Orçamento e Gestão

O Ministério do Planejamento, Orçamento e Gestão editou o *Manual de obras públicas – edificações (Projeto, Construção e Manutenção),*[77] sede de diretrizes para a elaboração de projetos de construção, complementação, reforma ou ampliação de uma edificação ou conjunto de edificações. São especificações em destaque para a formulação do projeto básico, segundo o *Manual*:

a) observância das normas do Inmetro, de modo a abranger todos os materiais, equipamentos e serviços previstos no projeto;

b) se a referência de marca ou modelo for indispensável para a perfeita caracterização do componente da edificação, a especificação deverá indicar, no mínimo, três alternativas de aplicação e conterá obrigatoriamente a expressão "ou equivalente", definindo com clareza e precisão as características e desempenho técnico requerido pelo projeto, de modo a permitir a verificação e comprovação da equivalência com outros modelos e fabricantes;

c) as especificações técnicas deverão considerar as condições locais em relação ao clima e técnicas construtivas a serem utilizadas;

d) as especificações de componentes conectados a redes de utilidade pública deverão adotar, rigorosamente, os padrões das concessionárias;

e) as especificações serão elaboradas visando equilibrar economia e desempenho técnico, considerando custos de fornecimento e de manutenção, porém sem prejuízo da vida útil do componente da edificação.

11.5.4 De acordo com o Decreto nº 92.100/85

Esse ato administrativo normativo estabelece, sob a denominação de PRÁTICAS DASP, as exigências mínimas de aceitabilidade na construção, conservação e demolição de edifícios públicos, a cargo dos órgãos e entidades integrantes do Sistema de Serviços Gerais (SISG).

11.5.5 Orientações Técnicas IBR 001/2006 e IBR 004/2012

A OT IBR 001/2006 visa uniformizar o entendimento quanto à definição de projeto básico constante na Lei nº 8.666/93. Já a OT IBR 004/2012 estabelece parâmetros sobre a precisão do orçamento de obras públicas. Ambas as orientações técnicas foram editadas pelo Instituto Brasileiro de Obras Públicas (Ibraop) e estão disponíveis no endereço eletrônico: <www.ibraop.org.br>.

11.5.6 Elementos relacionados à Lei nº 8.666/93

O projeto básico, de acordo com a Lei Geral, contemplará:
a) visita ou vistoria, definindo-se o seu procedimento;

---

[77] Disponível em: <http://www.comprasgovernamentais.gov.br/arquivos/manuais/manual_projeto.pdf>.

b) condições para o recebimento da obra ou do serviço, prazo de entrega, recebimento provisório e definitivo;

c) critério de aceitação do objeto e prazo para as substituições, quando em desacordo com as especificações exigidas;

d) obrigações da contratada e da contratante;

e) procedimentos de fiscalização e gerenciamento do contrato;

f) data de início das etapas de execução, conclusão e entrega do objeto.

11.5.7 Elementos complementares

O projeto básico pode incluir elementos complementares, tais como:

a) catálogo de projetos que devem ser elaborados pela contratada, durante a execução da obra ou do serviço, retratando a forma exata como foi cumprido o objeto contratado, conhecido como *as built* (como construído);

b) a indicação de leis, decretos, regulamentos, portarias e demais atos normativos federais, estaduais, distritais e municipais, bem como normas técnicas, aplicáveis ao objeto.

O Tribunal de Contas da União analisou a importância do detalhamento do projeto básico, em nível compatível com a complexidade da obra:

> l. A Lei nº 8.666/1993, em seu artigo 6º, inciso IX, dispõe que o projeto básico é documento que compreende um conjunto de elementos necessários e suficientes, com nível de precisão adequado, para caracterizar a obra ou serviço, elaborado com base nas indicações dos estudos técnicos preliminares, que assegurem a viabilidade técnica e o adequado tratamento do impacto ambiental do empreendimento, e que possibilite a avaliação do custo da obra e a definição dos métodos e do prazo de execução, devendo conter diversos elementos contemplados naquela lei.
>
> 2. O dispositivo estabelece de forma clara as características esperadas de um projeto básico, sendo exigência imprescindível para realização de qualquer obra pública, porquanto a sua utilização correta visa a resguardar a Administração Pública de atrasos em licitações, superfaturamentos, aditamentos contratuais desnecessários, modificações no projeto original, entre outras ocorrências indesejáveis que geram consequências e entraves à execução das obras. A realização de licitação, assinatura de contrato e início de obras com adoção de projeto básico deficiente, sem os elementos exigidos em lei, por si só, caracteriza irregularidade grave passível de aplicação de multa aos responsáveis, uma vez que constitui distanciamento indevido do parâmetro de legalidade estabelecido no regime das licitações (Acórdão nº 725/2016 – Plenário, Rel. Min. Marcos Bemquerer Costa, Processo nº 000.338/2010-9);
>
> 15. (...) a natureza das obras de manutenção e conservação rodoviária tem um quanto de diferenciação em relação a outras obras civis, como edificações, barragens, adutoras etc., onde o planejamento bem realizado se traduz, via de regra, em uma melhor aplicação dos recursos públicos disponibilizados para o empreendimento. A manutenção rodoviária constitui-se, em grande parte, de serviços de pequena monta, para os quais a mobilização a que se obriga a empresa contratada, os custos operacionais em que incorre e os encargos fiscais e trabalhistas a que se submete, todos somados, são bastante superiores aos custos do material empregado no reparo de defeitos na pista.
>
> 16. Dessa forma, não vejo como exigir da Administração que apresente um detalhamento com precisão infalível acerca dos serviços a serem executados, porquanto essa tarefa (...) implicaria, mesmo, medida antieconômica para o órgão contratante. Além disso, o longo

tempo que seria consumido na elaboração de um projeto com tal precisão poderia vir, até mesmo, a inviabilizar a obtenção de um resultado final satisfatório, dado que as condições do pavimento podem sofrer alterações significativas durante o período de sua confecção.

17. Não quero, com esse entendimento, dizer que o projeto básico é elemento prescindível nesses casos, mas, sim, esclarecer que os seus elementos constitutivos são mais simples, compatíveis com as obras que pretende detalhar. Assim, a estimativa e o detalhamento dos tipos de serviços a serem executados, desde que acompanhados de fundamentação técnica e compatível com o trecho em questão, podem e devem servir para atender o disposto no art. 7º da Lei nº 8.666/1993.

18. Isso não autoriza o órgão contratante, no caso em exame, a acrescentar serviços ao contrato original de forma indiscriminada. Há mecanismos legais que vedam a prática de abuso deste jaez por parte dos gestores, insculpidos na própria Lei de Licitações e Contratos, em seu art. 65, §1º, que estabelece limites para a alteração do valor do contrato celebrado.

19. Desse modo, julgo que a ocorrência atinente à utilização do Plano Anual de Trabalho e Orçamento como elemento constitutivo do projeto básico, para obras de natureza de manutenção rodoviária, está em conformidade com o que exigem os aludidos dispositivos legais. (Acórdão nº 820/2006 – Plenário, Relator Min. Augusto Nardes, Processo TC nº 001.986.2006-8, *DOU* de 02.06.2006)

Deficiências graves no projeto básico, impeditivas do correto dimensionamento dos quantitativos da obra ou do serviço, implicam a nulidade do certame licitatório e, por consequência, do contrato dele resultante, como assentado pelo Tribunal de Contas da União:

A inexistência de projeto básico completo e com nível de precisão adequado, capaz de permitir a perfeita delimitação e quantificação do objeto a ser contratado, enseja a anulação do certame licitatório (Acórdão nº 212/2013 – Plenário, Rel. Min. José Jorge, Processo nº 041.331/2012-5. Informativo de Licitações e Contratos nº 140, de 2013);

5. [...] Além disso, é bom lembrar que, nos exatos termos do art. 7º, §6º, da Lei nº 8.666/1993, são nulos de pleno direito os atos e contratos derivados de licitações baseadas em projeto incompleto, defeituoso ou obsoleto, devendo tal fato ensejar não a alteração do contrato visando à correção das imperfeições, mas sua anulação para realização de nova licitação, bem como a responsabilização do gestor faltoso. (Acórdão nº 353/2007- Plenário, Rel. Min. Augusto Nardes, Processo nº 004.527/2005-0).

11.6 O projeto básico é o parâmetro principal da fiscalização da execução do contrato

Anteprojetos, croquis ou projeto executivo não substituem o projeto básico na instrução necessária da fase interna do procedimento licitatório ou da contratação direta. Sua ausência ou insuficiência, a par de desatender a expresso requisito legal, cria um déficit de clareza, objetividade e avaliação de custos, fatores que determinam não só os recursos suficientes para a cobertura das despesas e a correta formulação das propostas, mas a harmonia da atuação administrativa com os princípios da legalidade, da economicidade e da eficiência.

A verificação de que a execução da obra ou a prestação do serviço não se desenvolve de acordo com as condições estipuladas no projeto básico poderá motivar sua paralisação, tanto pela fiscalização do contrato como pelas ações de controle. Tal o foco do Acórdão nº 307/06, Plenário, do Tribunal de Contas da União:

> 14. O Tribunal sempre se preocupou em priorizar a análise de processos de fiscalização de obras públicas, mormente aqueles em que se registram indícios de irregularidades graves com possibilidade de paralisação. Tal tratamento prioritário deve-se ao elevado custo financeiro desses projetos, à sua relevância social e ao importante reflexo econômico regional e nacional da maioria deles. (Relator Min. Marcos Vinicios Vilaça, Processo TC nº 019.638.2005-6, *DOU* de 20.03.2006)

11.7 Aprovação do projeto básico

A Lei Geral, no art. 7º, §2º, I, vincula a instauração de licitação de obra ou serviço à prévia existência de projeto básico aprovado pela autoridade competente.

O ato de aprovação do projeto básico constitui-se num juízo de adequação do projeto no momento em que a autoridade competente decide promover a contratação da obra ou serviço. Na hipótese de a autoridade não dispor de qualificação para esse fim, importante que colha a opinião da área técnica por meio de parecer ou laudo que endosse o projeto, o qual deve observar as diretrizes do arts. 6º, IX, e 12 da Lei nº 8.666/93.

A autoridade competente para aprovar projeto básico é aquela incumbida, regimentalmente, desse e de outros cometimentos. Omisso o regimento, a competência recairá na autoridade de maior hierarquia que decide acerca de assuntos afetos às contratações da administração.

Ao analisar o projeto básico, tal autoridade poderá: (a) emitir juízo favorável acerca do objeto e de suas condições, valendo-se de laudos ou pareceres técnicos; (b) devolver o projeto aos responsáveis por sua elaboração, para que corrijam, substituam ou justifiquem algum ponto, bem assim acrescentem elementos ou cumpram diligências que determinar; ou (c) recusá-lo.

Não se cuida de decisão burocrática de somenos. Qualquer que seja, dela decorrem consequências para a satisfação, ou não, do interesse público, e a autoridade competente deverá motivar o ato, apresentando as razões de fato e de direito que a justifiquem, podendo reportar-se às considerações de ordem técnica ou jurídica apostas em laudo ou parecer entranhado nos autos.

A propósito, orienta o Tribunal de Contas da União:

> A aprovação de projeto básico que não atenda ao disposto no art. 6º, inciso IX, e no art. 12 da Lei nº 8.666/93 pode ensejar a responsabilização dos pareceristas da área técnica que endossaram o projeto (Acórdão nº 1.067/2016 – Plenário, Rel. Min. Benjamin Zymler, Processo nº 005.689/2011-2)
>
> 9.2.1. atente que as licitações para contratação de serviços devem ser precedidas de aprovação de projeto básico pela autoridade competente, devendo conter orçamento detalhado em planilhas que expressem a composição de todos os seus custos unitários, conforme determina o §2º do art. 7º da Lei nº 8.666/93; (Acórdão nº 486/2006, Plenário, Relator Min. Ubiratan Aguiar, Processo TC nº 015.977.2005-2, *DOU* de 07.04.2006)
>
> 9.3.12. somente licitar obras e serviços se houver projeto básico aprovado pela autoridade competente, nos termos do art. 7º, §2º, I, da Lei nº 8.666/93; (Acórdão nº 740/2004, Plenário, Relator Min. Ubiratan Aguiar, Processo TC nº 013.661.2003-0, *DOU* de 25.06.2004)

Ainda de acordo com a Corte de Contas federal, a aprovação de projeto básico inadequado, com grandes implicações nos custos e prazos de execução do empreendimento, reveste-se de gravidade suficiente para justificar a apenação pecuniária do gestor responsável e a sua inabilitação para o exercício de cargo em comissão ou função de confiança no âmbito da administração pública federal (Acórdão nº 915/2015 – Plenário, Rel. Min. Augusto Sherman Cavalcanti, Processo nº 012.612/2012-0).

11.8 Licença ambiental

A realização de certame licitatório destinado à execução de obra de engenharia, com base em projeto básico elaborado sem licença ambiental prévia, configura afronta aos comandos contidos nos seguintes diplomas:

Lei nº 8.666/93:

Art. 6º [...]
IX – Projeto Básico – conjunto de elementos necessários e suficientes, com nível de precisão adequado, para caracterizar a obra ou serviço, ou complexo de obras ou serviços objeto da licitação, elaborado com base nas indicações dos estudos técnicos preliminares, que assegurem a viabilidade técnica e o *adequado tratamento do impacto ambiental do empreendimento*, e que possibilite a avaliação do custo da obra e a definição dos métodos e do prazo de execução, devendo conter os seguintes elementos:
[...]
Art. 12. Nos projetos básicos e projetos executivos de obras e serviços serão considerados principalmente os seguintes requisitos: [...]
VII – *impacto ambiental*.

Resolução/Conama nº 237, de 1997 (dispõe sobre a revisão e complementação dos procedimentos e critérios utilizados para o licenciamento ambiental):

Art. 8º O Poder Público, no exercício de sua competência de controle, expedirá as seguintes licenças:
I – Licença Prévia (LP) – concedida na fase preliminar do planejamento do empreendimento ou atividade aprovando sua localização e concepção, atestando a viabilidade ambiental e estabelecendo os requisitos básicos e condicionantes a serem atendidos nas próximas fases de sua implementação;

Lei nº 6.938/81 (dispõe sobre a Política Nacional do Meio Ambiente, seus fins e mecanismos de formulação e aplicação):

Art. 10. A construção, instalação, ampliação e funcionamento de estabelecimentos e atividades utilizadores de recursos ambientais, efetiva ou potencialmente poluidores ou capazes, sob qualquer forma, de causar degradação ambiental dependerão de prévio licenciamento ambiental.

Verificada, em face do objeto e suas características, a necessidade de licença ambiental para a execução da obra ou a prestação do serviço, proceder-se-á à elaboração do estudo e do relatório de impacto ambiental, como parte integrante do projeto básico, conforme determina a Resolução Conama nº 001, de 23 de janeiro de 1986, que dispõe sobre critérios básicos e diretrizes gerais para a avaliação de impacto ambiental, *verbis*:

> Artigo 2º Dependerá de elaboração de estudo de impacto ambiental e respectivo relatório de impacto ambiental – RIMA, a serem submetidos à aprovação do órgão estadual competente, e do IBAMA em caráter supletivo, o licenciamento de atividades modificadoras do meio ambiente, tais como:
> I – Estradas de rodagem com duas ou mais faixas de rolamento;
> II – Ferrovias;
> III – Portos e terminais de minério, petróleo e produtos químicos;
> IV – Aeroportos, conforme definidos pelo inciso 1, artigo 48, do Decreto-Lei nº 32, de 18.11.66;
> V – Oleodutos, gasodutos, minerodutos, troncos coletores e emissários de esgotos sanitários;
> VI – Linhas de transmissão de energia elétrica, acima de 230KV;
> VII – Obras hidráulicas para exploração de recursos hídricos, tais como barragem para fins hidrelétricos, acima de 10MW, de saneamento ou de irrigação, abertura de canais para navegação, drenagem e irrigação, retificação de cursos d'água, abertura de barras e embocaduras, transposição de bacias, diques;
> VIII – Extração de combustível fóssil (petróleo, xisto, carvão);
> IX – Extração de minério, inclusive os da classe II, definidas no Código de Mineração;
> X – Aterros sanitários, processamento e destino final de resíduos tóxicos ou perigosos;
> XI – Usinas de geração de eletricidade, qualquer que seja a fonte de energia primária, acima de 10MW;
> XII – Complexo e unidades industriais e agro-industriais (petroquímicos, siderúrgicos, cloroquímicos, destilarias de álcool, hulha, extração e cultivo de recursos hídricos);
> XIII – Distritos industriais e zonas estritamente industriais – ZEI;
> XIV – Exploração econômica de madeira ou de lenha, em áreas acima de 100 hectares ou menores, quando atingir áreas significativas em termos percentuais ou de importância do ponto de vista ambiental;
> XV – Projetos urbanísticos, acima de 100 ha ou em áreas consideradas de relevante interesse ambiental a critério da SEMA e dos órgãos municipais e estaduais competentes estaduais ou municipais;
> XVI – Qualquer atividade que utilizar carvão vegetal, derivados ou produtos similares, em quantidade superior a dez toneladas por dia.
> XVII – Projetos Agropecuários que contemplem áreas acima de 1.000 ha. ou menores, neste caso, quando se tratar de áreas significativas em termos percentuais ou de importância do ponto de vista ambiental, inclusive nas áreas de proteção ambiental.
> XVIII – Empreendimentos potencialmente lesivos ao patrimônio espeleológico nacional.

Negligenciar a obtenção da licença ambiental configura irregularidade atraente da responsabilização da autoridade administrativa, ao que tem decidido o Tribunal de Contas da União:

> 16. Ora, da leitura dos dispositivos legais citados acima, vê-se que, enquanto a Licença Prévia é concedida na fase preliminar do planejamento do empreendimento ou atividade, ou seja, durante a fase de elaboração do projeto básico, a Licença de Instalação pressupõe a aprovação, pelo órgão ambiental, desse projeto, bem como dos estudos ambientais

relacionados ao empreendimento, atestando a sua adequação às medidas de repercussão ambiental propostas, antes de qualquer providência.

17. Consoante colocado pela unidade técnica, as medidas de controle ambiental estabelecidas pelo órgão ambiental, com vistas a garantir que a fase de implantação do empreendimento obedecerá aos padrões de qualidade estabelecidos legalmente, podem ensejar a alteração das especificações técnicas do projeto básico licitado.

18. Assim, considerando que, de acordo com os arts. 6º, inciso IX, 7º, §2º, da Lei nº 8.666/1993, as obras só poderão ser licitadas "quando houver projeto básico aprovado pela autoridade competente e disponível para exame dos interessados em participar do processo licitatório", o qual, por sua vez, deve conter "o adequado tratamento do impacto ambiental do empreendimento", e tendo em vista que a Concorrência nº 7/2005 foi iniciada sem que houvesse sido concluído o licenciamento ambiental prévio do empreendimento e, por conseguinte, aprovado definitivamente o projeto básico pelo órgão ambiental, entendo que os esclarecimentos apresentados pelo gestor não foram suficientes para ilidir essa irregularidade. (Acórdão nº 224/2006, Plenário, Relator Min. Augusto Nardes, Processo TC nº 020.209.2005-5, *DOU* de 01.03.2006)

Ainda segundo a Corte de Contas federal (Acórdão nº 727/2016 – Plenário, Rel. Min. André de Carvalho, Processo nº 018.153/2010-0), constituem irregularidades graves a contratação de obras com base em projeto básico elaborado sem a licença prévia, o início de obras sem a devida licença de instalação e o início das operações do empreendimento sem a licença de operação (art. 7º, §2º, inciso I, e art. 12 da Lei nº 8.666/1993 c/c art. 8º, incisos I, II e III, da Resolução Conama 237/1997).

12 Subcontratação

Dispõe a Lei nº 8.666/93, em seu art. 72, que a contratada, na execução do contrato, sem prejuízo das responsabilidades contratuais e legais, poderá subcontratar partes da obra, serviço ou fornecimento, até o limite admitido, em cada caso, pela administração.

A subcontratação total configura burla à regra da licitação, sendo vedada. A subcontratação parcial do objeto contratado é admitida e não necessita ter expressa previsão no edital ou no contrato, ou seja, a omissão nesses instrumentos não obsta a subcontratação de partes da obra, serviço ou fornecimento, quando fato superveniente e excepcional a demandar. Diante do universo de situações que podem surgir durante a execução contratual, entre elas a demanda por um serviço de natureza peculiar que a subcontratação pode solucionar com maior presteza e/ou qualidade, admite-se o repasse de parte de sua execução a um terceiro qualificado para esse fim, mesmo que inexistente previsão no edital ou contrato. A vedação decorrente da ausência de previsão poderia engessar a execução do objeto, acarretando dificuldades para a sua continuidade e/ou perfeição. A vedação expressa no edital ou contrato, contudo, por aplicação do princípio da vinculação ao edital, não admite a subcontratação.

Precedentes do Tribunal de Contas da União assim esclareceram:

> A subcontratação parcial de serviços, ao contrário da subcontratação total, é legalmente admitida (art. 72 da Lei nº 8.666/93), razão pela qual não requer expressa previsão no edital ou no contrato, bastando que estes instrumentos não a vedem. (Acórdão nº 2198/2015 – Plenário, Rel. Min. Marcos Bemquerer Costa, Processo nº 012.611/2006-9. Boletim de Jurisprudência nº 98, de 2015)

A subcontratação, mais do que possível, é desejável, na medida em que o projeto básico demonstrou-lhe a necessidade, de acordo com a complexidade de partes do objeto, cuja execução carece de especialização encontrável na subcontratada. Por isto que a administração autorizará e dimensionará a subcontratação mediante ato motivado, a comprovar que atende às recomendações do projeto básico e convém à consecução das finalidades do contrato.

Tão grave é o ato de subcontratar que a Lei Geral destina-lhe duas restrições.

A primeira considera como motivo para rescisão unilateral de contrato a subcontratação não admitida no edital e no contrato, ou a transferência total ou parcial das respectivas obrigações a terceiro (art. 78, VI). Assim é, e deve ser, por constituir burla ao procedimento licitatório e ao caráter *intuito personae* (em função da qualidade da pessoa) do contrato administrativo. Do certame competitivo resultou a escolha da proposta mais vantajosa para a administração pública, cujo autor cumpriu, ademais, os requisitos de habilitação (regularidade fiscal, trabalhista e jurídica, qualificação técnica e/ou econômico-financeira) exigidos, não podendo, depois, transferir as responsabilidades da execução a quem não participou do crivo seletivo.

A segunda tipifica como crime, punido com detenção de dois a quatro anos e multa, admitir, possibilitar ou dar causa a qualquer modificação – aqui, a subcontratação que transfira para terceiro a execução do objeto licitado – em favor da contratada, durante a execução do contrato, sem autorização em lei, no ato convocatório da licitação ou nos respectivos instrumentos contratuais, incorrendo nas mesmas penas a contratada que, tendo comprovadamente concorrido para a consumação da ilegalidade, obtém vantagem indevida ou se beneficia, injustamente, das modificações (art. 92).

Confiram-se alguns julgados do Tribunal de Contas da União referentes à subcontratação:

> A subcontratação deve ser tratada como exceção. Só é admitida a subcontratação parcial e, ainda assim, desde que demonstrada a inviabilidade técnico-econômica da execução integral do objeto por parte da contratada, e que haja autorização formal do contratante. (Acórdão nº 834/2014 – Plenário, Rel. Min. André Luís de Carvalho, Processo nº 033.061/2010-6. Informativo de Licitações e Contratos nº 191, de 2014);
>
> 9.1.3.5. fundamente adequadamente os atos de aceitação ou rejeição das empresas subcontratadas, em conformidade com os limites e condições que devem ser estabelecidos previamente nos editais de licitação, em consonância com o disposto no art. 72 da Lei nº 8.666/1993, mormente quando as subcontratações referirem-se a partes da obra para as quais forem exigidas, no instrumento convocatório, qualificação técnica da empresa licitante; (Acórdão nº 1.941/2006, Plenário, Relator Min. Marcos Bemquerer Costa, Processo nº 013.474/2006-2)
>
> 9.2.2.3. inclua cláusula estabelecendo que as empresas subcontratadas também devem comprovar, perante a Autarquia, que estão em situação regular fiscal e previdenciária e que entre seus diretores, responsáveis técnicos ou sócios não constam funcionários, empregados ou ocupante de cargo comissionado no Dnit; (Acórdão nº 1.529/2006, Plenário, Relator Min. Augusto Nardes, Processo nº 002.492/2006-2)
>
> 9.3.1. em relação ao contrato nº 41/2008, decorrente da Concorrência 50/2007, apenas excepcionalmente admita a subcontratação, observando, quanto a sua permissão, se esta for do interesse público devidamente justificado, que a subcontratada preencha os mesmos requisitos de qualificação técnica exigidos no edital do certame. (Acórdão nº 1.229/2008, Plenário, Relator Min. Guilherme Palmeira, Processo nº 003.443/2008-9)

12.1 A subcontratação na Lei Complementar nº 123, de 14 de dezembro de 2006, e no Decreto nº 8.538, de 06 de outubro de 2015

A Lei Complementar nº 123/06 e o Decreto nº 8.538/15, que a regulamenta, dispõem sobre o tratamento favorecido, diferenciado e simplificado para as microempresas e empresas de pequeno porte nas contratações de bens, serviços e obras, no âmbito da administração pública federal. Entre os instrumentos desse tratamento figura o direito à subcontratação dessas empresas, que os órgãos e entidades contratantes poderão instituir, nos instrumentos convocatórios, como obrigação das contratadas, sob pena de desclassificação.

A subcontratação da Lei nº 8.666/93 não necessita ter expressa previsão no edital ou no contrato, ou seja, a omissão nesses instrumentos não obsta a subcontratação. Já a subcontratação do Decreto nº 8.538/15 depende de prévia estipulação no instrumento convocatório. Os respectivos regimes são distintos. Na Lei Geral, a iniciativa de subcontratar é da contratada, no curso da execução do contrato, nenhuma restrição havendo ao objeto a ser subcontratado, desde que autorizado pela administração. Na legislação diferenciada, a iniciativa é da própria administração, que a impõe às licitantes no edital – antes, destarte, de haver contrato –, em relação a serviços acessórios, tanto que se a proposta de um concorrente de maior porte recusar o dever de subcontratar microempresa ou empresa de pequeno porte – estendido às cooperativas[78] –, previsto no edital, a consequência será a desclassificação da proposta.

Caberá ao projeto básico, conforme se trate de obra ou serviço, distinguir quais serão os "serviços acessórios" objeto da subcontratação compulsória, nas licitações cujos editais assim estabelecerem.

12.2 Sub-rogação

Subcontratação e sub-rogação são conceitos jurídicos distintos. Na primeira, a administração autoriza o contratado, em vista deste não dispor de técnica especializada para a execução do todo, a repassar a um terceiro a execução da parte do objeto do contrato que demanda tal especialização. A segunda expressa cessão ou transferência, não só da execução total ou parcial do objeto, mas também das responsabilidades contratuais: o contratado, na condição de sub-rogante, cede sua posição a terceiro que assume todos os seus direitos e deveres consignados no termo contratual original (TCU, Decisão nº 420/2002 – Plenário, Rel. Min. Augusto Sherman Cavalcanti, Processo nº 004.440/2001-4).

Segundo o Tribunal de Contas da União, o entendimento firmado pela Decisão nº 420/2002 – Plenário, no sentido de que a sub-rogação também se inclui no rol de causas de rescisão previsto no art. 78, inciso VI, da Lei nº 8.666/93, não implica a convalidação de contratos sub-rogados em data anterior àquela deliberação (Acórdão nº 1.864/2016 – Plenário, Rel. Min. José Múcio Monteiro, Processo nº 026.925/2006-2).

A sub-rogação substitui o juízo da administração – formado durante e por meio do procedimento licitatório – pelo juízo do licitante vencedor, o qual, por ato próprio,

---

[78] Lei nº 11.488, de 15 de junho de 2007.

escolhe terceiro para executar o objeto a ele adjudicado e responder pelas obrigações e direitos previstos no contrato, passando a assumir a posição de contratado.

Esse ato unilateral de pessoa alheia à administração pública – única constitucionalmente autorizada a formular juízos nessa área – representa ato atentatório à eficácia e à própria validade do preceito constitucional insculpido no art. 37, XXI, da Constituição Federal. A anuência da administração à sub-rogação não substitui, nem supre, o juízo anteriormente formulado na escolha do contratado em procedimento licitatório ou na contratação direta.

13 Projeto executivo

Aludem ao projeto executivo na Lei nº 8.666/93 as seguintes disposições:

Art. 6º Para os fins desta Lei, considera-se:
(...)
X – Projeto Executivo – o conjunto dos elementos necessários e suficientes à execução completa da obra, de acordo com as normas pertinentes da Associação Brasileira de Normas Técnicas – ABNT;
(...)
Art. 7º As licitações para a execução de obras e para a prestação de serviços obedecerão ao disposto neste artigo e, em particular, à seguinte seqüência:
(...)
II – projeto executivo;
(...)
§1º A execução de cada etapa será obrigatoriamente precedida da conclusão e aprovação, pela autoridade competente, dos trabalhos relativos às etapas anteriores, à exceção do projeto executivo, o qual poderá ser desenvolvido concomitantemente com a execução das obras e serviços, desde que também autorizado pela Administração.
(...)
§9º O disposto neste artigo aplica-se também, no que couber, aos casos de dispensa e de inexigibilidade de licitação.
(...)
Art. 9º Não poderá participar, direta ou indiretamente, da licitação ou da execução de obra ou serviço e do fornecimento de bens a eles necessários:
I – o autor do projeto, básico ou executivo, pessoa física ou jurídica;
II – empresa, isoladamente ou em consórcio, responsável pela elaboração do projeto básico ou executivo ou da qual o autor do projeto seja dirigente, gerente, acionista ou detentor de mais de 5% (cinco por cento) do capital com direito a voto ou controlador, responsável técnico ou subcontratado;
III – servidor ou dirigente de órgão ou entidade contratante ou responsável pela licitação.
§1º É permitida a participação do autor do projeto ou da empresa a que se refere o inciso II deste artigo, na licitação de obra ou serviço, ou na execução, como consultor ou técnico, nas funções de fiscalização, supervisão ou gerenciamento, exclusivamente a serviço da Administração interessada.
§2º O disposto neste artigo não impede a licitação ou contratação de obra ou serviço que inclua a elaboração de projeto executivo como encargo do contratado ou pelo preço previamente fixado pela Administração.
(...)

Art. 40. O edital conterá no preâmbulo o número de ordem em série anual, o nome da repartição interessada e de seu setor, a modalidade, o regime de execução e o tipo da licitação, a menção de que será regida por esta Lei, o local, dia e hora para recebimento da documentação e proposta, bem como para início da abertura dos envelopes, e indicará, obrigatoriamente, o seguinte:
(...)
V – se há projeto executivo disponível na data da publicação do edital de licitação e o local onde possa ser examinado e adquirido;

Deduz-se que a Lei nº 8.666/93 não atribui ao projeto executivo a mesma obrigatoriedade com que trata o projeto básico, tanto que admite possa ser deixada a sua elaboração a cargo da contratada, no curso da execução do contrato. Vale dizer que a administração está obrigada a elaborar o projeto básico para instaurar a licitação ou para contratar diretamente obra ou serviço, mas não está obrigada a elaborar o respectivo projeto executivo. O que não significa que a Lei Geral a este tenha por prescindível. Tanto não o é, que a administração contratante, se não desenvolveu o projeto executivo antes da licitação, disto incumbirá à contratada no curso do contrato.

No edital ou no convite deverá ser informado se há projeto executivo disponível, bem como o local onde possa ser examinado e adquirido.[79] Não havendo, cumprirá à administração estabelecer, no ato convocatório, que tal encargo será da adjudicatária. Infere-se, notadamente dos arts. 7º, §1º; 9º, §2º; e 40, inc. V, retrotranscritos, que para a realização do procedimento licitatório não há a obrigatoriedade da existência prévia de projeto executivo, uma vez que este poderá ser desenvolvido concomitantemente com a execução das obras ou a prestação dos serviços, desde que autorizado pela administração.

Sendo assim, também o preço de elaboração do projeto executivo deverá estar previsto pela administração, em correspondência às soluções técnicas adotadas no projeto básico, que, igualmente por essa razão, devem ser suficientemente detalhadas, de forma a reduzir, quando não evitar, a necessidade de serem reformuladas durante a execução.

A possibilidade legal de elaboração de projeto executivo no curso do contrato não deve ser utilizada como pretexto para elaboração aligeirada do projeto básico, como, infelizmente, tem sido. Tal atitude dá azo a que, no lugar de projetos executivos – idealmente, elaborados antes da execução –, sejam elaborados projetos do tipo *as built* (como construído), ou seja, projetos que visam a justificar impropriedades que, por falta de projetos prévios, claros e precisos, se perpetraram na execução e se incorporaram ao objeto realizado, sem planejamento, especificações e custos adequados.

Eis a origem de o Tribunal de Contas da União[80] recomendar que a administração elabore o projeto executivo ou, sendo-lhe inviável, contrate terceiro para desenvolvê-lo, antes da licitação da obra e com o detalhamento técnico pertinente, com o fim de prevenir futuras alterações ou, ao menos, reduzi-las a dimensões aceitáveis. Assim, *v.g.*:

---

[79] O valor da aquisição deve ser limitado ao custo efetivo de reprodução gráfica do projeto executivo, conforme preceitua o art. 32, §5º, da Lei nº 8.666/93.
[80] BRASIL. Tribunal de Contas da União – TCU. *Obras públicas*: recomendações básicas para a contratação e fiscalização de obras de edificações públicas. 4. ed. Brasília: TCU, 2014. p. 24-25.

10. Não se alegue que não houve alteração do projeto básico, mas apenas o seu detalhamento no projeto executivo, pois, apesar de reconhecer que este possa fazer algumas correções naquele, não pode alterá-lo de modo a se constituir objeto completamente distinto do inicialmente licitado. Alterações significativas, antes de iniciada a obra, exigem a realização de novo procedimento licitatório e não assinatura de termo aditivo. (Acórdão nº 1.428/2003, Plenário, Relator Min. Ubiratan Aguiar, Processo TC nº 013.791.2001-7, *DOU* de 03.10.2003)

14 Peculiaridades do projeto básico e do projeto executivo

14.1 Requisitos adicionais

O Tribunal de Contas da União[81] orienta que a elaboração de *projeto básico* e de *projeto executivo*, além de observar as características e condições do local de execução dos serviços ou obras, bem como de seu impacto ambiental, se houver, deve considerar os seguintes requisitos:

a) segurança;
b) funcionalidade e adequação ao interesse público;
c) possibilidade de emprego de mão de obra, materiais, tecnologia e matérias-primas existentes no local para execução, de modo a diminuir os custos de transporte;
d) facilidade e economia na execução, conservação e operação, sem prejuízo da durabilidade da obra ou do serviço;
e) adoção das normas técnicas de saúde e de segurança do trabalho adequadas;
f) infraestrutura de acesso;
g) aspectos relativos à insolação, iluminação e ventilação.

14.1.1 Critérios de sustentabilidade

De acordo com o art. 12 da Lei nº 8.666/93, nos projetos básicos e projetos executivos de obras e serviços serão considerados principalmente os seguintes requisitos: (a) segurança; (b) funcionalidade e adequação ao interesse público; (c) economia na execução, conservação e operação; (d) possibilidade de emprego de mão de obra, materiais, tecnologia e matérias-primas existentes no local para execução, conservação e operação; (e) facilidade na execução, conservação e operação, sem prejuízo da durabilidade da obra ou do serviço; (f) adoção das normas técnicas, de saúde e de segurança do trabalho adequadas; (g) impacto ambiental.

O Ministério do Planejamento, Orçamento e Gestão, cumprindo o estatuído no art. 115 da Lei nº 8.666/93, editou a Instrução Normativa nº 01, de 19 de janeiro de 2010, a qual dispõe sobre os critérios de sustentabilidade ambiental na aquisição de bens, contratação de serviços ou obras pela administração pública federal direta, autárquica e fundacional.

O art. 4º da Instrução Normativa estabelece que as especificações e demais exigências do projeto básico ou executivo, para contratação de obras e serviços de engenharia, devem ser elaborados visando à economia da manutenção e operacionalização

---

[81] BRASIL. Tribunal de Contas da União – TCU. *Obras públicas*: recomendações básicas para a contratação e fiscalização de obras de edificações públicas. 4. ed. Brasília: TCU, 2014. p. 17.

da edificação, a redução do consumo de energia e água, bem como a utilização de tecnologias e materiais que reduzam o impacto ambiental, tais como:

(a) uso de equipamentos de climatização mecânica, ou de novas tecnologias de resfriamento do ar, que utilizem energia elétrica, apenas nos ambientes onde for indispensável;

(b) automação da iluminação do prédio, projeto de iluminação, interruptores, iluminação ambiental, iluminação tarefa, uso de sensores de presença;

(c) uso exclusivo de lâmpadas fluorescentes compactas ou tubulares de alto rendimento e de luminárias eficientes;

(d) energia solar, ou outra energia limpa para aquecimento de água;

(e) sistema de medição individualizado de consumo de água e energia;

(f) sistema de recusa de água e de tratamento de efluentes gerados;

(g) aproveitamento da água da chuva, agregando ao sistema hidráulico elementos que possibilitem a captação, transporte, armazenamento e seu aproveitamento;

(h) utilização de materiais que sejam reciclados, reutilizados e biodegradáveis, e que reduzam a necessidade de manutenção; e

(i) comprovação da origem da madeira a ser utilizada na execução da obra ou serviço.

Ainda de acordo com a referida norma:

(a) deve ser priorizado o emprego de mão de obra, materiais, tecnologias e matérias-primas de origem local para execução, conservação e operação das obras públicas;

(b) o Projeto de Gerenciamento de Resíduo de Construção Civil (PGRCC), nas condições determinadas pelo Conselho Nacional do Meio Ambiente (Conama), através da Resolução nº 307, de 05 de julho de 2002, deverá ser estruturado em conformidade com o modelo especificado pelos órgãos competentes;

(c) os instrumentos convocatórios e contratos de obras e serviços de engenharia deverão exigir o uso obrigatório de agregados reciclados nas obras contratadas, sempre que existir a oferta de agregados reciclados, capacidade de suprimento e custo inferior em relação aos agregados naturais, bem como o fiel cumprimento do PGRCC, sob pena de multa, estabelecendo, para efeitos de fiscalização, que todos os resíduos removidos deverão estar acompanhados de Controle de Transporte de Resíduos, em conformidade com as normas da Agência Brasileira de Normas Técnicas (ABNT), ABNT NBR nº 15.112, nº 15.113, nº 15.114, nº 15.115 e nº 15.116, de 2004, disponibilizando campo específico na planilha de composição dos custos;

(d) no projeto básico ou executivo para contratação de obras e serviços de engenharia, devem ser observadas as normas do Instituto Nacional de Metrologia, Normalização e Qualidade Industrial (Inmetro) e as normas ISO nº 14.000 da Organização Internacional para a Padronização (*International Organization for Standardization*);

(e) quando a contratação envolver a utilização de bens e a empresa for detentora da norma ISO 14.000, o instrumento convocatório, além de estabelecer diretrizes sobre a área de gestão ambiental dentro de empresas de bens, deverá exigir a comprovação de que o licitante adota práticas de desfazimento sustentável ou reciclagem dos bens que forem inservíveis para o processo de reutilização.

14.2 Autoria

A elaboração dos instrumentos desses projetos caberá:

1. à própria administração, por meio de responsável técnico pertencente a seus quadros, inscrito no órgão de fiscalização da atividade (CREA); de acordo com o art. 7º, da Resolução CONFEA nº 361/91, os autores de projeto básico, sejam eles contratados ou pertencentes ao quadro técnico do órgão contratante, deverão providenciar a Anotação de Responsabilidade Técnica (ART) referente aos projetos (Lei nº 6.496, de 07 dezembro de 1977);

2. a profissional (pessoa física ou jurídica) especializado, habilitado pelo CREA, contratado pela administração mediante licitação ou diretamente, cujos trabalhos serão baseados em anteprojeto desenvolvido pela administração.

Consoante estabelece o verbete nº 260, da súmula do Tribunal de Contas da União, é dever do gestor público exigir apresentação de Anotação de Responsabilidade Técnica (ART) referente a projeto, execução, supervisão e fiscalização de obras e serviços de engenharia, com indicação do responsável pela elaboração de plantas, orçamento-base, especificações técnicas, composições de custos unitários, cronograma físico-financeiro e outras peças técnicas.

Segundo a Resolução CONFEA nº 361/91, o responsável técnico pelo órgão ou entidade pública contratante da obra ou serviço definirá, obedecendo às conceituações nela contidas, os tipos de projeto básico compatíveis com o empreendimento a ser licitado ou contratado diretamente.

14.3 Impedimento legal do autor de projeto básico ou executivo

O art. 9º da Lei nº 8.666/93 veda ao autor de projeto básico e/ou executivo, pessoa física ou jurídica, empresa responsável por sua elaboração, de forma isolada ou em consórcio, ou da qual seja dirigente, gerente, acionista ou detentor de mais de 5% do capital com direito a voto ou controlador, responsável técnico ou subcontratado, participar, de forma direta ou indireta, da execução da obra, da prestação do serviço ou do fornecimento de bens necessários à execução da obra ou do serviço.

Tal impedimento consulta os princípios da impessoalidade e da moralidade, daí o seu descumprimento induzir responsabilização por ato de improbidade administrativa (Lei nº 8.429/92, arts. 4º e 11). Tanto poderá configurar-se em execução direta (pela própria administração) quanto indireta (contratação de terceiro): o impedido não poderá participar de licitação ou de contratação/subcontratação cujo objeto seja obra ou serviço cujo projeto básico e/ou executivo for de sua autoria. O que não obsta, ressalva o §2º do mesmo art. 9º, a administração de licitar ou contratar obra ou serviço que inclua a elaboração de projeto executivo como encargo da contratada, hipótese em que o autor de projeto básico estará impedido de desenvolver o projeto executivo.

Poderão fazer parte do objeto da licitação ou da contratação direta as etapas de fiscalização, supervisão ou gerenciamento da execução da obra ou do serviço, conforme preceitua o art. 9º, §1º, da Lei nº 8.666/93. O verbete 185, da súmula do Tribunal de Contas da União, orienta que:

A Lei nº 5.194, de 24.12.66 e, em especial, o seu art. 22, não atribuem ao autor do projeto o direito subjetivo de ser contratado para os serviços de supervisão da obra respectiva, nem dispensam a licitação para a adjudicação de tais serviços, sendo admissível, sempre que haja recursos suficientes, que se proceda aos trabalhos de supervisão, diretamente ou por delegação a outro órgão público, ou, ainda, fora dessa hipótese, que se inclua, a juízo da Administração e no seu interesse, no objeto das licitações a serem processadas para a elaboração de projetos de obras e serviços de engenharia, com expressa previsão no ato convocatório, a prestação de serviços de supervisão ou acompanhamento da execução, mediante remuneração adicional, aceita como compatível com o porte e a utilidade dos serviços.

14.4 Licitação ou contratação direta com vistas à elaboração de projeto básico e/ou executivo

Seja porque não disponha de quadros ou meios para a elaboração de projetos, seja porque lhe convenha dispor de vários projetos entre os quais identificar o que superiormente atenda ao interesse público, a administração poderá defrontar-se com a necessidade de escolher a modalidade adequada para licitar a contratação a terceiro da elaboração de projeto básico e/ou executivo.

Em princípio, deverá ser o concurso (art. 23, §4º), que se caracteriza pela instituição de prêmio ou remuneração ao vencedor da competição. Não sendo possível a utilização dessa modalidade licitatória, segundo critérios técnicos definidos, remanescem as demais modalidades convencionais da Lei nº 8.666/93 (concorrência, tomada de preços ou convite). A imprescindibilidade de avaliação técnica dos projetos apresentados ao prélio seletivo inviabiliza o uso do pregão para a contratação desse serviço técnico-profissional especializado. A modalidade se definirá, então, com observância dos limites divisórios traçados no art. 23, I, da Lei Geral, e adotado o tipo de "melhor técnica" ou de "técnica e preço", na esteira do verbete 157, da súmula do TCU:

> A elaboração de projeto de engenharia e arquitetura está sujeita, em princípio, ao concurso ou ao procedimento licitatório adequado e obediente a critério seletivo de melhor qualidade ou de melhor técnica, que é o escopo do julgamento, independentemente da consideração de preço, que há de vir balizado no Edital.

Também será possível a contratação direta, com fulcro no art. 25, II, em combinação com o art. 13, inc. I, da Lei nº 8.666/93, desde que se demonstre a inviabilidade da competição e se comprove que o preço oferecido traduz compatibilidade com o de mercado, processando-se a contratação nos termos do art. 26, parágrafo único, da Lei Geral, como já enquadrado em julgado do Tribunal de Contas da União:

> (...) o Administrador deve, na situação do inciso II do art. 25, escolher o mais adequado à satisfação do objeto. O legislador admitiu, no caso, a existência de outros menos adequados, e colocou, portanto, sob o poder discricionário do Administrador a escolha do contratado, sob a devida e indispensável motivação, inclusive quanto ao preço, ao prazo e, principalmente, o aspecto do interesse público, que deverá estar acima de qualquer outra razão. (Acórdão nº 204/2005, Plenário, Relator Min. Valmir Campelo, Processo TC nº 425.065.1995-2, *DOU* de 17.03.2005)

14.5 Terceirização do projeto básico e atribuição para a realização de pesquisa de preços de todos os custos unitários e global de obra ou serviço de engenharia

De acordo com o art. 6º, IX, da Lei nº 8.666/93 o projeto básico constitui-se no conjunto de elementos necessários e suficientes, com nível de precisão adequado, para caracterizar a obra ou serviço, ou complexo de obras ou serviços objeto da licitação, elaborado com base nas indicações dos estudos técnicos preliminares, que assegurem a viabilidade técnica e o adequado tratamento do impacto ambiental do empreendimento, e que possibilite a avaliação do custo da obra e a definição dos métodos e do prazo de execução, devendo conter, entre outros elementos, o *"orçamento detalhado do custo global da obra, fundamentado em quantitativos de serviços e fornecimentos propriamente avaliados"* (art. 6º, IX, "f").

Mostra-se apropriada, pois, àquele que elabora o projeto básico, mesmo sendo um terceiro contratado (pessoa física ou jurídica), a tarefa de pesquisar os preços de todos os custos unitários e global referentes ao objeto, em conformidade com as condições estabelecidas pela administração contratante. Sendo o contratado o responsável pela caracterização do objeto e, portanto, detentor do conhecimento de todo o seu detalhamento, adequado que realize também a pesquisa de preços de seus custos. À autoridade competente pela aprovação do projeto básico competirá, sempre, aquilatar a conformidade do orçamento apresentado pelo terceiro contratado, por meio de parecer expedido por agente ou setor especializado pela realização de pesquisas de preços, valendo-se de tabelas oficiais (SINAPI ou SICRO), de outros contratos administrativos similares, inclusive no âmbito de outros órgãos ou entidades, públicas e privadas, e, ainda, de pesquisas de balcão.

Uma vez elaborado, o projeto básico aprovado pela autoridade competente passa a integrar o instrumento convocatório como anexo, o que, por evidente, induz responsabilidade de quem o elaborou e de quem o aprovou.

15 Anotação de Responsabilidade Técnica (ART)

Nos termos da Lei nº 5.194/66,

> Art. 7º As atividades e atribuições profissionais do engenheiro, do arquiteto e do engenheiro-agrônomo consistem em:
> a) desempenho de cargos, funções e comissões em entidades estatais, paraestatais, autárquicas, de economia mista e privada;
> b) planejamento ou projeto, em geral, de regiões, zonas, cidades, obras, estruturas, transportes, explorações de recursos naturais e desenvolvimento da produção industrial e agropecuária;
> c) estudos, projetos, análises, avaliações, vistorias, perícias, pareceres e divulgação técnica;
> d) ensino, pesquisas, experimentação e ensaios;
> e) fiscalização de obras e serviços técnicos;
> f) direção de obras e serviços técnicos;
> g) execução de obras e serviços técnicos;
> h) produção técnica especializada, industrial ou agropecuária.

Na Lei nº 6.496/77,

Art. 1º Todo contrato, escrito ou verbal, para a execução de obras ou prestação de quaisquer serviços profissionais referentes à Engenharia, à Arquitetura e à Agronomia fica sujeito à "Anotação de Responsabilidade Técnica" (ART).
Art. 2º A ART define para os efeitos legais os responsáveis técnicos pelo empreendimento de engenharia, arquitetura e agronomia.

Resolução nº 1.025, do CONFEA, de 30 de outubro de 2009,

Art. 2º A ART é o instrumento que define, para os efeitos legais, os responsáveis técnicos pela execução de obras ou prestação de serviços relativos às profissões abrangidas pelo Sistema Confea/Crea.
Art. 3º Todo contrato escrito ou verbal para execução de obras ou prestação de serviços relativos às profissões abrangidas pelo Sistema Confea/Crea fica sujeito ao registro da ART no Crea em cuja circunscrição for exercida a respectiva atividade.
Parágrafo único. O disposto no *caput* deste artigo também se aplica ao vínculo de profissional, tanto a pessoa jurídica de direito público quanto de direito privado, para o desempenho de cargo ou função técnica que envolva atividades para as quais sejam necessários habilitação legal e conhecimentos técnicos nas profissões abrangidas pelo Sistema Confea/Crea.

A ART é o registro que se faz no CREA local, previamente à execução de quaisquer serviços de engenharia, tais como projetos, perícias, avaliações, consultorias, sondagens e a execução da obra propriamente dita. É o documento que vincula o engenheiro, na qualidade de responsável-técnico, ao trabalho executado, por cuja solidez e adequação passa a responder. Uma das vias da ART permanece, obrigatoriamente, no local da construção, à disposição da fiscalização do CREA, e deve conter o nome e o número de registro de todos os responsáveis pelas etapas individuais da obra.

Consoante dispõe o art. 7º da Resolução CONFEA nº 361/91, os autores do projeto básico, sejam eles contratados ou pertencentes ao quadro técnico do órgão contratante, deverão providenciar a Anotação de Responsabilidade Técnica (ART).

A Resolução nº 1.025, do CONFEA, de 30.10.2009, fixa os procedimentos necessários para registro, retificação, baixa, cancelamento e anulação da Anotação de Responsabilidade Técnica (ART), e reforça que o vínculo para o desempenho de cargo ou função técnica, seja por nomeação, ocupação ou contrato de trabalho, tanto em pessoa jurídica de direito público quanto de direito privado, obriga à anotação de responsabilidade técnica no CREA em cuja circunscrição for exercida a atividade.

Quanto à apresentação da ART, sumulou o Tribunal de Contas da União:

É dever do gestor exigir apresentação de Anotação de Responsabilidade Técnica – ART referente a projeto, execução, supervisão e fiscalização de obras e serviços de engenharia, com indicação do responsável pela elaboração de plantas, orçamento-base, especificações técnicas, composições de custos unitários, cronograma físico-financeiro e outras peças técnicas (Súmula nº 260)

15.1 Registro de Responsabilidade Técnica (RRT)

As atribuições do arquiteto e do urbanista encontram-se definidas na Lei nº 12.378/10, que dispõe sobre o registro dos respectivos profissionais no Conselho de Arquitetura e Urbanismo (CAU). A Resolução CAU/BR Nº 21, de 05.04.2012, prevê as atividades e atribuições profissionais do arquiteto e urbanista. Conforme o art. 45 daquele diploma (Lei nº 12.378/10), toda realização de trabalho de competência privativa desses profissionais ou de atuação compartilhada com outras profissões regulamentadas será objeto de Registro de Responsabilidade Técnica (RRT). O RRT define os responsáveis técnicos pelo empreendimento de arquitetura e urbanismo, a partir da definição da autoria e da coautoria dos serviços.

16 Cronograma físico-financeiro

A Lei nº 8.666/93 menciona esse relevante instrumento de controle de execução e de pagamentos em obras e serviços de engenharia em mais de uma de suas disposições, a saber:

> Art. 7º As licitações para a execução de obras e para a prestação de serviços obedecerão ao disposto neste artigo e, em particular, à seguinte seqüência:
> (...)
> §2º As obras e os serviços somente poderão ser licitados quando:
> (...)
> III – houver previsão de recursos orçamentários que assegurem o pagamento das obrigações decorrentes de obras ou serviços a serem executadas no exercício financeiro em curso, de acordo com o respectivo cronograma;
> (...)
> Art. 40. O edital conterá no preâmbulo o número de ordem em série anual, o nome da repartição interessada e de seu setor, a modalidade, o regime de execução e o tipo da licitação, a menção de que será regida por esta Lei, o local, dia e hora para recebimento da documentação e proposta, bem como para início da abertura dos envelopes, e indicará, obrigatoriamente, o seguinte:
> (...)
> XIV – condições de pagamento, prevendo:
> (...)
> b) cronograma de desembolso máximo por período, em conformidade com a disponibilidade de recursos financeiros;
> (...)
> Art. 65. Os contratos regidos por esta Lei poderão ser alterados, com as devidas justificativas, nos seguintes casos:
> (...)
> II – por acordo das partes:
> (...)
> c) quando necessária a modificação da forma de pagamento, por imposição de circunstâncias supervenientes, mantido o valor inicial atualizado, vedada a antecipação do pagamento, com relação ao cronograma financeiro fixado, sem a correspondente contraprestação de fornecimento de bens ou execução de obra ou serviço;

Também no Decreto nº 3.555/00:

> Art. 8º A fase preparatória do pregão observará as seguintes regras:
> V – constarão dos autos a motivação de cada um dos atos especificados no inciso anterior e os indispensáveis elementos técnicos sobre os quais estiverem apoiados, bem como o orçamento estimativo e o cronograma físico-financeiro de desembolso, se for o caso, elaborados pela Administração;

Ainda sobre a elaboração do cronograma físico-financeiro, o Decreto nº 5.450/05, que regulamenta o pregão no formato eletrônico no âmbito dos órgãos da administração pública federal direta, os fundos especiais, as autarquias, as fundações públicas, as empresas públicas, as sociedades de economia mista e as demais entidades controladas direta ou indiretamente pela União, dispõe que:

> Art. 9º Na fase preparatória do pregão, na forma eletrônica, será observado o seguinte: [...]
> §1º A autoridade competente motivará os atos especificados nos incisos II e III, indicando os elementos técnicos fundamentais que o apóiam, bem como quanto aos elementos contidos no orçamento estimativo e no **cronograma físico-financeiro de desembolso**, se for o caso, elaborados pela administração. (grifamos)
> §2º O termo de referência é o documento que deverá conter elementos capazes de propiciar avaliação do custo pela administração diante de orçamento detalhado, definição dos métodos, estratégia de suprimento, valor estimado em planilhas de acordo com o preço de mercado, **cronograma físico-financeiro**, se for o caso, critério de aceitação do objeto, deveres do contratado e do contratante, procedimentos de fiscalização e gerenciamento do contrato, prazo de execução e sanções, de forma clara, concisa e objetiva. (grifamos)

De acordo com o art. 12 do Decreto federal nº 7.983/13, que estabelece regras e critérios para elaboração do orçamento de referência de obras e serviços de engenharia, contratados e executados com recursos dos orçamentos da União, a minuta de contrato deverá conter cronograma físico-financeiro com a especificação física completa das etapas necessárias à medição, ao monitoramento e ao controle das obras.

O cronograma físico-financeiro integra, obrigatoriamente, o edital, como item ou anexo deste. Ou seja, a elaboração do cronograma físico-financeiro é da competência da administração pública. Seu objetivo é o de prever desembolsos no decorrer do tempo de execução proposto pelo projeto básico. O pagamento corresponderá à efetiva contraprestação de fornecimento dos bens, de execução de obra ou de prestação de serviço, em conformidade com as etapas fixadas no cronograma físico e de acordo com a disponibilidade de recursos financeiros, vedada a antecipação de pagamento à contratada.

Interprete-se corretamente a norma que veda a antecipação dos pagamentos previstos no cronograma físico-financeiro. A regra geral de liquidação da despesa pública é a de somente autorizar pagamentos e efetuá-los em face de execução atestada e processada (Lei nº 4.320/64, art. 63). Não viola a regra a possibilidade, prevista no art. 40, IV, alínea "d", da Lei Geral das Licitações, de proceder-se a pagamento antecipado, articuladamente com desconto concedido no preço contratado. É que, então, a execução de determinado item da obra ou do serviço teve a sua execução entregue antes da data marcada no cronograma físico, a justificar que o respectivo pagamento também se faça antes da data prevista no cronograma financeiro, mediante desconto, desde que tal composição conste expressamente do edital.

Não se trata, portanto, de antecipar pagamento, mas de pagar em data correspondente à execução: se esta ocorreu antes da data prevista no cronograma, possível se torna o pagamento em data igualmente anterior à designada no cronograma financeiro. Sempre que tal solução é contemplada no edital, há ganhos para ambos os contraentes no ritmo de execução da obra e no seu custo final. Mais uma razão para que a administração se esmere na elaboração do projeto básico, de modo a viabilizar a composição de cronograma físico-financeiro que preveja e comporte a estimulante alternativa, que se deve inserir no ato convocatório.

A Lei nº 8.666/93 define dois prazos de pagamento: valores até o limite do art. 24, II, devem ser satisfeitos em cinco dias úteis (art. 5º, §3º); valores superiores a esse limite devem sê-lo em até 30 dias (art. 40, inc. XIV, alínea "a").

O cronograma físico-financeiro do contrato é passível de alteração para o efeito de antecipar o recebimento de materiais em casos excepcionais, em que fiquem demonstrados inequívocos benefícios à administração pública, tais como: (a) a necessidade de receber os materiais para consolidar a contratação; (b) a existência de risco de desabastecimento desses materiais; e (c) a possibilidade de obtenção de ganhos financeiros e de eficiência expressivos o suficiente para suplantar a incidência de custos de estocagem, deterioração e perda de garantia.

Nesse sentido, os prazos do cronograma físico-financeiro podem sofrer alterações no decorrer do contrato, formalizados mediante termos aditivos, sem vinculação necessária ao exercício financeiro. Sob o aspecto meramente financeiro, as alterações de prazos podem acarretar transtornos, mas o fato é que as prorrogações previstas no art. 57, §1º, da Lei Geral não sofrem restrições, podendo ocorrer além do exercício.

O Tribunal de Contas da União acentua a obrigatoriedade das datas-limite para prorrogações de contratos, uma vez que a celebração de aditivos com efeitos retroativos, depois de expirada a vigência, configura recontratação sem licitação. Assim:

> 9.3.3.6 observe, em futuros aditamentos de contratos firmados entre a empresa e fornecedores, as datas-limite para celebração de prorrogações, uma vez que celebração de termos aditivos em contratos com vigência já expirada, com efeitos retroativos, configura recontratação sem licitação, infringindo os arts. 2º e 3º da Lei nº 8.666/93; (Acórdão nº 216/2007, Plenário, Relator Min. Guilherme Palmeira, Processo TC nº 012.714.2005-8, *DOU* de 02.03.2007)

Modificação de contrato e, por consequência, de cronograma físico-financeiro a ele atrelado, fora das hipóteses legais, é considerada crime, conforme preceitua o art. 92 da Lei nº 8.666/93, *verbis*:

> Art. 92. Admitir, possibilitar ou dar causa a qualquer modificação ou vantagem, inclusive prorrogação contratual, em favor do adjudicatário, durante a execução dos contratos celebrados com o Poder Público, sem autorização em lei, no ato convocatório da licitação ou nos respectivos instrumentos contratuais, ou, ainda, pagar fatura com preterição da ordem cronológica de sua exigibilidade, observado o disposto no art. 121 desta Lei:
> Pena – detenção, de dois a quatro anos, e multa.

Parágrafo único. Incide na mesma pena o contratado que, tendo comprovadamente concorrido para a consumação da ilegalidade, obtém vantagem indevida ou se beneficia, injustamente, das modificações ou prorrogações contratuais.

17 Vistoria prévia no local onde será executada a obra ou prestado o serviço

A exigência de visita técnica ou vistoria constitui requisito de habilitação, notadamente de qualificação técnica, com previsão no art. 30, III, da Lei nº 8.666/93, *verbis:*

> Art. 30. A documentação relativa à qualificação técnica limitar-se-á a:
> [...]
> III – comprovação, fornecida pelo órgão licitante, de que recebeu os documentos, e, quando exigido, de que tomou conhecimento de todas as informações e das condições locais para o cumprimento das obrigações objeto da licitação;

Será demandada do licitante quando for imprescindível ao cumprimento adequado das obrigações contratuais e não represente restrição injustificada à competitividade, devidamente motivado pela administração nos autos do processo licitatório.

Dependendo da natureza do objeto da licitação e das condições para sua execução, é salutar que o licitante conheça as condições locais para cumprimento das obrigações, de forma a identificar eventual necessidade de adaptações que se fizerem necessárias para a prestação dos serviços ou execução da obra, acaso venha a surtir vencedor do certame, o que também poderá impactar a elaboração da proposta com que disputará o contrato. Por outro lado, reconhecendo algum vício ou a incongruência entre disposições do projeto básico ou termo de referência e as condições do local de execução, poderá impugnar o edital. A exigência de visita técnica é também uma forma de a administração resguardar-se de eventuais futuras alegações do contratado quanto à existência de impedimentos para a perfeita execução do objeto, por desconhecimento das instalações e condições onde deve cumprir as obrigações que contratou.

O edital de licitação pode estabelecer a visita técnica ou vistoria em caráter facultativo. Neste caso, a visita ao local de execução do objeto constitui direito subjetivo da empresa licitante, e, não, obrigação imposta pela administração, motivo pelo qual deve ser tratada mesmo como uma faculdade reconhecida pela administração aos participantes do certame. As características do objeto no caso concreto guiarão a melhor solução a ser adotada pelo edital, sobre exigir ou facultar a visita técnica, sempre evitando restrição à competitividade.

Tanto a obrigatoriedade como a faculdade da visita técnica devem ser justificadas e demonstradas no processo de licitação. Sendo facultativa, deve o edital prever a possibilidade de substituição do atestado de visita técnica por declaração do responsável, de que possui pleno conhecimento do objeto. Mas, com o fim de prevenir que o caráter facultativo da visita seja usado como argumento para pleitos de alterações no objeto por parte do contratado, é fundamental que o edital estabeleça a responsabilidade do contratado pela ocorrência de eventuais prejuízos em virtude de sua omissão na verificação das condições locais para a execução do objeto.

Confiram-se os precedentes do TCU a respeito:

1.6.1. dar ciência, com amparo no art. 7º da Resolução – TCU 265/2014, ao [...], para que sejam adotadas medidas internas com vistas à prevenção de ocorrência semelhante, de que: [...] 1.6.1.2. não foi devidamente justificada a vistoria obrigatória exigida pelo edital de abertura, de modo a demonstrar que tal exigência era imprescindível para a execução contratual, em dissonância com a jurisprudência do Tribunal que entende que a vistoria deve ser uma faculdade e não uma obrigação imposta ao licitante, incluindo, no caso de visita técnica facultativa, cláusula no edital que estabeleça ser de responsabilidade do contratado a ocorrência de eventuais prejuízos em vista de sua omissão na verificação dos locais de prestação, a fim de proteger o interesse da Administração (Acórdãos nº 983/2008, nº 2.395/2010, nº 2.990/2010, nº 1.842/2013, nº 2.913/2014, nº 234/2015, nº 372/2015, nº 1447/2015 e nº 3.472/2012, todos do Plenário); (Acórdão nº 5/2016 – Plenário, Rel. Min. Walton Alencar Rodrigues, Processo nº 024.279/2015-3);

9.3. dar ciência à [...] de que a visita técnica prevista no art. 30, inciso III, da Lei nº 8.666/1993 deve ser exigida somente quando justificável e pode ser substituída por declaração formal assinada pela empresa proponente, sob as penalidades da lei, de que tem pleno conhecimento das condições e peculiaridades inerentes à natureza e ao local dos trabalhos, e de que não alegará desconhecimento para quaisquer questionamentos futuros que ensejem desavenças técnicas ou financeiras com o contratante (Acórdão nº 5.665/2015 – Segunda Câmara, Rel. Min. Ana Arraes, Processo nº 011.985/2015-1);

9.2. dar ciência ao [...] de que:
[...]
9.2.2. deve evitar, salvo em situações excepcionais devidamente justificadas, exigir visita técnica pelos interessados nas licitações, eis que sua substituição por declaração formal assinada pela empresa, sob as penalidades da lei, de que tem pleno conhecimento das condições locais e peculiaridades inerentes à natureza dos trabalhos e não alegará desconhecimento para quaisquer questionamentos futuros de caráter técnico ou financeiro, atende o art. 30, inciso III, da Lei nº 8.666/1993 sem comprometer a competitividade do certame (Acórdão nº 1.564/2015 – Segunda Câmara, Rel. Min. Ana Arraes, Processo nº 011.069/2014-7);

A estipulação de que a visita técnica ocorra num único dia é restritiva da competição, dado não conferir aos licitantes tempo suficiente para a finalização de suas propostas. O prazo estabelecido no edital para tanto deve ser suficiente para que estes tomem conhecimento das peculiaridades que possam influenciar no fornecimento do objeto licitado e na formulação das propostas, possibilitando, ainda, a maior número de interessados, conhecer as condições locais para a execução do objeto.

Assegura-se ampliação da competição respeitando-se o prazo mínimo entre a publicação do aviso de edital e o recebimento das propostas ou apresentação destas, conforme se tratar de uma das modalidades licitatórias convencionais (concorrência, tomada de preços ou convite) ou de pregão.

O Tribunal de Contas da União ressalta que deve ser evitada a fixação de data única para a realização da vistoria técnica, conforme excerto de julgado a seguir reproduzido:

9.3. determinar à [...] e ao [...] que, em futuros certames que envolvam recursos federais, abstenham-se de exigir visita técnica em único dia e horário como requisito de qualificação técnica de licitantes, reservando-a apenas para os casos justificadamente excepcionais; (Acórdão nº 341/2015 – Plenário, Rel. Min. Raimundo Carreiro, Processo nº 006.675/2009-5);

A exigência contida no edital de tomada de preços para construção de unidade de saúde de que visita técnica de licitante ao local da obra ocorra em dia e hora únicos e previamente especificados configura restrição indevida ao caráter competitivo do certame. (Acórdão nº 110/2012 – Plenário, Rel. Min. Raimundo Carreiro, Processo nº 032.651/2011-2. Informativo de Licitações e Contratos nº 91, de 2012);

No que diz respeito à designação de data única para a realização de vistoria no local das obras, o relator assinalou ser uma prática que deve ser evitada, dada a possibilidade de acarretar prejuízo à formulação das propostas por parte dos interessados (Decisão monocrática no TC-021.115/2010-9, Rel. Min. Benjamin Zymler, 18.08.2010)

18 Estimativa de custos nas licitações para obras e serviços de engenharia

O processo licitatório desdobra-se em duas fases: interna e externa. A interna visa a promover o levantamento das informações necessárias a moldar a solução contratual cabível, entre as quais o detalhadamente do objeto e a estimativa de seu custo. Cumpridas todas as exigências dessa etapa, a administração poderá concluir pela necessidade de licitar, definindo a correspondente modalidade, ou pelo cabimento de contratação direta. A externa, que se inicia com a publicação do edital ou a expedição do convite, é aquela que expõe as condições e exigências do ato convocatório e inaugura o relacionamento entre a administração e os que se interessam em apresentar propostas.

A estimativa dos custos de execução do objeto se traduz mediante orçamento detalhado, exigível seja na licitação ou na contratação direta de obras e serviços. Orçamento que deve considerar, concretamente, todos os fatores de formação dos custos unitários e globais do objeto. São os custos diretos (materiais, mão de obra, equipamentos) e indiretos (BDI), de acordo com os preços praticados pelo mercado. Tal orçamento permite: (a) avaliar a aceitabilidade dos custos unitários e globais lançados nas propostas ofertadas; (b) se e quando for o caso, recompor o valor de item ou itens que tenham sido afetados por eventual desequilíbrio econômico-financeiro, no curso do contrato; (c) evitar aditamento contratual baseado no famigerado "jogo de planilhas".

O Tribunal de Contas da União,[82] ao editar manual com recomendações básicas para a contratação e fiscalização de obras públicas, adverte que na elaboração do orçamento detalhado é necessária a demonstração das composições de serviços, a discriminação dos respectivos preços unitários, de quantidades e preços totais.

O *Manual de obras públicas – edificações (Projeto)*,[83] do Ministério do Planejamento, Orçamento e Gestão, alinha pormenorizadas orientações acerca da elaboração do orçamento, que se reproduzem a seguir:

---

[82] BRASIL. Tribunal de Contas da União – TCU. *Obras públicas*: recomendações básicas para a contratação e fiscalização de obras de edificações públicas. 4. ed. Brasília: TCU, 2014. p. 18.

[83] Disponível em: <https://www.comprasgovernamentais.gov.br/gestor-de-compras/publicacoes/manuais>.

ANEXO 4
ORÇAMENTO SUMÁRIO
1. Objetivo
2. Terminologia
3. Condições Gerais

Apensos
• Apenso 1 – Discriminação Orçamentária
• Apenso 2 – Regulamentação de Preços e Medição de Serviços
• Apenso 3 – Modelo de Planilha de Preço Unitário
• Apenso 4 – Modelo de Planilha de Orçamento

1. OBJETIVO
Estabelecer as diretrizes gerais para a elaboração de orçamentos de serviços de construção, complementação, reforma ou ampliação de uma edificação ou conjunto de edificações.

2. TERMINOLOGIA
Para os estritos efeitos desta Prática, são adotadas as seguintes definições:

2.1 Estimativa de Custo
Avaliação de custo obtida através de estimativa de áreas e quantidades de componentes, pesquisa de preços médios e aplicação de coeficientes de correlação, usualmente realizada na etapa de estudo preliminar.

2.2 Orçamento Preliminar (Orçamento Sintético)
Avaliação de custo obtida através de levantamento e estimativa de quantidades de materiais, equipamentos e serviços e pesquisa de preços médios, usualmente realizado na etapa de projeto básico.

2.3 Orçamento Final (Orçamento Analítico)
Avaliação de custo obtida através de levantamento de quantidades de materiais, equipamentos e serviços e composição de preços unitários, usualmente realizado na etapa de projeto básico e/ou de projeto executivo.

2.4 Discriminação Orçamentária
Relação de materiais, equipamentos e serviços de construção, demolição ou conservação de edificações e respectivas unidades de medição, estabelecida para disciplinar a elaboração de orçamentos.

2.5 Coleta de Preço
Pesquisa e levantamento no mercado de preços de materiais, equipamentos e serviços a serem utilizados na construção, demolição ou conservação de edificações.

2.6 Custo Horário de Equipamento
Custo horário de utilização de equipamento na execução dos serviços, compreendendo as despesas de operação e manutenção, inclusive mão-de-obra, depreciação e juros do capital imobilizado.

2.7 Composição de Preço Unitário
Composição de preço unitário de serviço, realizada através de coleta de preços no mercado, pesquisa de índices ou coeficientes de aplicação de materiais, equipamentos e mão-de-obra, avaliação de custos horários de equipamentos e taxas de LS e BDI.

2.8 Taxa de Benefícios e Despesas Indiretas (BDI)
Taxa correspondente a despesas indiretas e remuneração ou lucro para execução dos serviços, geralmente expressa em %, incidente sobre a soma dos custos de materiais, mão-de-obra e equipamentos.

2.9 Encargos Sociais
Despesas com encargos sociais e trabalhistas, conforme legislação em vigor, geralmente expressa em %, incidente sobre o custo de mão-de-obra.

2.10 Índice de Aplicação (Coeficiente)
Quantidade de material ou mão-de-obra aplicada na execução de determinado serviço de construção, demolição ou conservação de edificações.

2.11 Coeficiente de Correlação
Coeficiente entre o custo de uma parte ou componente de edificação e a soma dos custos de duas ou mais partes ou componentes da mesma edificação.

3. CONDIÇÕES GERAIS
Deverão ser observadas as seguintes condições gerais:

3.1 Obter os desenhos e demais documentos gráficos relativos aos serviços ou obras a serem executadas, como:
• plantas, elevações, cortes e detalhes;
• memoriais descritivos;
• lista de quantidades e especificações de materiais e serviços;
• relatórios;
• outros.
3.2 Conhecer as características do local de execução dos serviços ou obras, abrangendo:
• condições locais e regionais;
• materiais e equipamentos;
• mão-de-obra;
• infra-estrutura de acesso
• outras.

3.3 Considerar as principais características e condições de execução dos serviços ou obras, incluindo:
• métodos executivos previstos;
• volume ou porte dos serviços;
• prazos de execução
• outras.

3.4 Elaborar os orçamentos ou as estimativas de custo obedecendo à discriminação orçamentária apensa a este Anexo ou à indicada pelo Contratante.

3.5 A elaboração da estimativa de custo deverá basear-se em:
• pesquisa de preços médios vigentes no mercado local ou região de execução dos serviços;
• estimativa de áreas e quantidades de componentes, fundamentada em dimensões e índices médios de consumo ou aplicação referentes a edificações similares;
• utilização de coeficientes de correlação referentes a edificações similares.

3.6 A elaboração do orçamento sintético deverá basear-se em:
• pesquisa de preços médios vigentes no mercado local ou região de execução dos serviços;
• estimativa de quantidade de materiais e serviços, fundamentada em índices de consumo referentes a edificações similares.

3.7 A elaboração do orçamento analítico deverá basear-se em:
• coleta de preços realizada no mercado local ou região de execução dos serviços;
• avaliação dos custos horários de equipamentos, considerando as condições locais de operação e a taxa legal de juros;
• avaliação da Taxa de Leis Sociais (LS) em função das características do local de execução dos serviços; • avaliação da Taxa de Benefícios e Despesas Indiretas (BDI) em função do volume ou porte dos serviços e do local de execução;
• pesquisa dos índices de aplicação de materiais e mão-de-obra, considerando as condições locais ou regionais de execução.

3.8 As planilhas de orçamento e de composição de preços unitários deverão obedecer ao modelo apenso a este Anexo.

3.9 Os orçamentos sintéticos e analíticos deverão conter um resumo apresentando os valores por grupos e subgrupos de itens orçamentários, indicando o percentual de participação no valor total e as índices de custo por unidade de área, em m^2.

3.10 Os orçamentos e estimativas de custos deverão ser encaminhados ao Contratante para exame e aprovação, acompanhados de memória justificativa, contendo a relação de desenhos e demais documentos gráficos pertinentes aos serviços e obras a serem executados, as fontes dos coeficientes de correlação, os preços médios, a pesquisa de preços básicos realizada no mercado local e os demonstrativos das taxas de LS e de BDI utilizadas nas composições de preço, de conformidade com o grau de avaliação dos custos dos serviços e obras.

A OT IBR 004/2012, editada pelo Instituto Brasileiro de Obras Públicas (Ibraop), estabelece parâmetros sobre a precisão do orçamento de obras públicas. Encontra-se disponível no endereço eletrônico <www.ibraop.org.br>.

19 Orçamento de obras públicas e BDI (Benefícios ou Bonificações e Despesas Indiretas)

De acordo com o verbete 258, da súmula do Tribunal de Contas da União, as composições de custos unitários e o detalhamento de encargos sociais e do BDI (Benefícios ou Bonificações e Despesas Indiretas) integram o orçamento que compõe o projeto básico da obra ou serviço de engenharia e devem constar dos anexos do edital de licitação e das propostas das licitantes, não podendo ser indicados mediante uso da expressão 'verba' ou de unidades genéricas.

Os custos unitários ou diretos são determinados pelas especificações dos materiais e das normas de execução dos serviços constantes nos projetos, nos memoriais descritivos e no caderno de encargos. Em síntese, compreendem os custos com mão de obra, materiais e equipamentos.

O BDI retrata as despesas indiretas, representado por um valor percentual que incide sobre o custo global de referência para realização da obra ou serviço de engenharia.

Consoante estabelece o Decreto federal nº 7.983/13, que dispõe sobre regras e critérios para elaboração do orçamento de referência de obras e serviços de engenharia, contratados e executados com recursos dos orçamentos da União, o preço global de referência da obra ou do serviço de engenharia corresponde ao valor do custo global de referência (valor resultante do somatório dos custos totais de referência de todos os serviços necessários à plena execução da obra ou serviço de engenharia) acrescido do percentual correspondente ao BDI.

De acordo com a Corte de Contas,[84] o BDI é taxa correspondente não só às despesas indiretas, mas também ao lucro, que, aplicada ao custo direto de um empreendimento, traduz o seu valor final.

19.1 Despesas indiretas

Persistem divergências e dificuldades em se estabelecer quais despesas podem ser definidas como indiretas e quais valores de cada componente do BDI são considerados aceitáveis.

A planilha orçamentária representa todos os custos da obra, compreendendo a prestação de diversos serviços, como fundações, alvenaria e revestimentos; despesas com materiais, como cimento, esquadrias e ferro; compra ou aluguel de equipamentos especificamente para a execução do objeto; despesas com mão de obra, fretes. São os custos do processo de execução da obra ou da prestação dos serviços.

Os custos indiretos são os gastos não relacionados, exclusivamente, com suas realizações. É frequente a falta de critério técnico adequado na definição dos gastos que devam compor o BDI. Na prática, computam-se os mais diversos itens do orçamento, indevidamente, como despesas indiretas.

Para os formuladores de planilha de orçamento de custos (administração) e de cálculo da proposta de preços (licitante), o ideal é que as despesas ou custos indiretos refiram-se àqueles que não possam, de alguma forma, ser incluídos na planilha orçamentária.

De acordo com o Tribunal de Contas da União, a taxa de BDI deve ser formada pelos componentes: administração central, valores referentes à cobertura de riscos eventuais ou imprevisíveis, seguros, garantias, despesas financeiras, remuneração do particular e tributos incidentes sobre a receita auferida pela execução da obra. Custos

---

[84] BRASIL. Tribunal de Contas da União. Acórdão nº 62/07, Plenário, Relator Min. Marcos Bemquerer Costa, Processo TC nº 020.516.2005-4, *DOU*, 02.02 2007.

diretamente relacionados com o objeto da obra, passíveis de identificação, quantificação e mensuração na planilha de custos diretos (administração local, canteiro de obras, mobilização e desmobilização, dentre outros), não devem integrar a taxa de BDI (Acórdão nº 2.622/2013 – Plenário, Rel. Min. Marcos Bemquerer Costa, Processo nº 036.076/2011-2).

Todos os fatores de risco entendidos como pertinentes pelo contratado devem estar previstos no BDI (no subelemento *margem de incerteza*), que é o item orçamentário destinado a cobrir todas as despesas classificadas como custo indireto, que são aquelas não diretamente relacionadas com os insumos necessários à produção dos produtos em si. Os custos classificados como diretos referem-se aos elementos diretamente relacionados à execução do objeto contratado (mão de obras, equipamentos, etc.), dos quais não fazem parte os eventos imprevisíveis. É pacífico o entendimento da Corte de Contas federal de que as despesas relativas a fatos imprevisíveis devem estar contidas no BDI e não no campo para custos diretos (Acórdão nº 1.733/2014 – Plenário, Rel. Min. José Jorge, Processo nº 013.874/2010-1).

Averbe-se o entendimento sumulado do Tribunal de Contas da União acerca do BDI – "Comprovada a inviabilidade técnico-econômica de parcelamento do objeto da licitação, nos termos da legislação em vigor, os itens de fornecimento de materiais e equipamentos de natureza específica que possam ser fornecidos por empresas com especialidades próprias e diversas e que representem percentual significativo do preço global da obra devem apresentar incidência de taxa de Bonificação e Despesas Indiretas (BDI) reduzida em relação à taxa aplicável aos demais itens" (verbete 253).

O Decreto federal nº 7.983/13, que estabelece regras e critérios para elaboração do orçamento de referência de obras e serviços de engenharia, contratados e executados com recursos dos orçamentos da União, elenca os itens que compõem o BDI:

> Art. 9º O preço global de referência será o resultante do custo global de referência acrescido do valor correspondente ao BDI, que deverá evidenciar em sua composição, no mínimo:
> I – taxa de rateio da administração central;
> II – percentuais de tributos incidentes sobre o preço do serviço, excluídos aqueles de natureza direta e personalística que oneram o contratado;
> III – taxa de risco, seguro e garantia do empreendimento; e
> IV – taxa de lucro.
> §1º Comprovada a inviabilidade técnico-econômica de parcelamento do objeto da licitação, nos termos da legislação em vigor, os itens de fornecimento de materiais e equipamentos de natureza específica que possam ser fornecidos por empresas com especialidades próprias e diversas e que representem percentual significativo do preço global da obra devem apresentar incidência de taxa de BDI reduzida em relação à taxa aplicável aos demais itens.
> §2º No caso do fornecimento de equipamentos, sistemas e materiais em que o contratado não atue como intermediário entre o fabricante e a administração pública ou que tenham projetos, fabricação e logísticas não padronizados e não enquadrados como itens de fabricação regular e contínua nos mercados nacional ou internacional, o BDI poderá ser calculado e justificado com base na complexidade da aquisição, com exceção à regra prevista no §1º.

Não se deve generalizar a utilização de percentuais para BDI, vez que não se trata de uma fórmula justa e cabal. O BDI varia de acordo com uma série de fatores que estão presentes nas diversas espécies de obras, tendo em vista sua singularidade e riscos.

Segundo o Tribunal de Contas da União, o licitante pode apresentar a taxa de BDI que melhor lhe convier, desde que o preço proposto para cada item da planilha e, por consequência, o preço global não estejam em limites superiores aos preços de referência (Acórdão nº 2.738/2015 – Plenário, Rel. Min. Vital do Rêgo, Processo nº 011.586/2015-0).

Confiram-se, ainda, as determinações emitidas pela Corte de Contas federal ao Ministério do Planejamento, Orçamento e Gestão, visando a orientar os órgãos e entidades da administração pública federal sobre a composição do BDI:

9.3.2. oriente os órgãos e entidades da Administração Pública Federal a:

9.3.2.1. discriminar os custos de administração local, canteiro de obras e mobilização e desmobilização na planilha orçamentária de custos diretos, por serem passíveis de identificação, mensuração e discriminação, bem como sujeitos a controle, medição e pagamento individualizado por parte da Administração Pública, em atendimento ao princípio constitucional da transparência dos gastos públicos, à jurisprudência do TCU e com fundamento no art. 30, §6º, e no art. 40, inciso XIII, da Lei nº 8.666/1993 e no art. 17 do Decreto nº 7.983/2013;

9.3.2.2. estabelecer, nos editais de licitação, critério objetivo de medição para a administração local, estipulando pagamentos proporcionais à execução financeira da obra, abstendo-se de utilizar critério de pagamento para esse item como um valor mensal fixo, evitando-se, assim, desembolsos indevidos de administração local em virtude de atrasos ou de prorrogações injustificadas do prazo de execução contratual, com fundamento no art. 37, inciso XXI, da Constituição Federal e no arts. 55, inciso III, e 92, da Lei nº 8.666/1993;

9.3.2.3. adotar, na composição do BDI, percentual de ISS compatível com a legislação tributária do(s) município(s) onde serão prestados os serviços previstos da obra, observando a forma de definição da base de cálculo do tributo prevista na legislação municipal e, sobre esta, a respectiva alíquota do ISS, que será um percentual proporcional entre o limite máximo de 5% estabelecido no art. 8º, inciso II, da LC nº 116/2003 e o limite mínimo de 2% fixado pelo art. 88 do Ato das Disposições Constitucionais Transitórias;

9.3.2.4. estabelecer, nos editais de licitação, que as empresas sujeitas ao regime de tributação de incidência não cumulativa de PIS e COFINS apresentem demonstrativo de apuração de contribuições sociais comprovando que os percentuais dos referidos tributos adotados na taxa de BDI correspondem à média dos percentuais efetivos recolhidos em virtude do direito de compensação dos créditos previstos no art. 3º das Leis nº 10.637/2002 e nº 10.833/2003, de forma a garantir que os preços contratados pela Administração Pública reflitam os benefícios tributários concedidos pela legislação tributária;

9.3.2.5. prever, nos editais de licitação, a exigência para que as empresas licitantes optantes pelo Simples Nacional apresentem os percentuais de ISS, PIS e COFINS discriminados na composição do BDI que sejam compatíveis com as alíquotas a que a empresa está obrigada a recolher, previstas no Anexo IV da Lei Complementar nº 123/2006, bem como que a composição de encargos sociais não inclua os gastos relativos às contribuições que essas empresas estão dispensadas de recolhimento (Sesi, Senai, Sebrae etc.), conforme dispões o art. 13, §3º, da referida Lei Complementar;

9.3.2.6. exigir, nos editais de licitação, a incidência da taxa de BDI especificada no orçamento-base da licitação para os serviços novos incluídos por meio de aditivos contratuais, sempre que a taxa de BDI adotada pela contratada for injustificadamente elevada, com vistas a garantir o equilíbrio econômico-financeiro do contrato e a manutenção do percentual de desconto ofertado pelo contratado, em atendimento ao art. 37, inciso XXI, da Constituição Federal e ao art. 14 do Decreto nº 7.983/2013; (Acórdão nº 2.622/2013 – Plenário, Rel. Min. Marcos Bemquerer Costa, Processo nº 036.076/2011-2)

19.2 IRPJ e CSLL

Valores recolhidos a título de Imposto de Renda Pessoa Jurídica (IRPJ) e Contribuição Social sobre o Lucro Líquido (CSLL) são custos relacionados com o desempenho financeiro da entidade empresarial e não com a execução da obra ou do serviço que está sendo orçado. O Tribunal de Contas da União, por meio da súmula nº 254, assentou o entendimento de que os tributos IRPJ e CSLL não devem integrar o cálculo do BDI, tampouco a planilha de custos indiretos, por constituírem tributos de natureza direta e personalíssima, que oneram pessoalmente a contratada, não devendo ser repassados à administração contratante. Assim:

> O IRPJ – Imposto de Renda Pessoa Jurídica – e a CSLL – Contribuição Social sobre o Lucro Líquido – não se consubstanciam em despesa indireta passível de inclusão na taxa de Bonificações e Despesas Indiretas – BDI do orçamento-base da licitação, haja vista a natureza direta e personalística desses tributos, que oneram pessoalmente o contratado.

Acórdão da Corte de Contas federal assentou que a inclusão, na composição do BDI constante das propostas das licitantes, do IRPJ e da CSLL não é vedada nem acarreta, por si só, prejuízos ao erário, pois é legítimo que empresas considerem esses tributos quando do cálculo da equação econômico-financeira de suas propostas, desde que os preços praticados estejam de acordo com os paradigmas de mercado. O que é vedado é a inclusão do IRPJ e da CSLL no orçamento estimativo da licitação (Acórdão nº 648/2016 – Plenário, Rel. Min. Benjamin Zymler, Processo nº 009.421/2013-0).

19.3 Lucro

Em artigo publicado na *Revista do Tribunal de Contas da União* (n. 88, abr./jun. 2001), intitulado "Um aspecto polêmico dos orçamentos de obras públicas: benefícios e despesas indiretas", os autores[85] entendem que no BDI representa-se o lucro como sendo uma taxa incidente sobre o total geral dos custos e despesas, excluídas as despesas físicas. Informam que, com base nos estudos divulgados no artigo, é possível considerar-se que uma margem de lucro entre 7% e 8,5% é adequada aos valores atualmente praticados no mercado da construção civil.

19.4 BDI nos aditivos contratuais para adição de novos serviços ao objeto

Quando houver a celebração de aditivos contratuais para a inclusão de novos serviços, tanto nos regimes baseados em preço global quanto nos regimes de empreitada por preço unitário e tarefa, o preço desses serviços deve ser calculado considerando as referências de custo e taxa de BDI especificadas no orçamento-base da licitação, subtraindo desse preço de referência a diferença percentual entre o valor do orçamento-base e o valor global obtido na licitação, com vistas a garantir o equilíbrio econômico-financeiro do contrato e a manutenção do percentual de desconto oferecido pelo

---

[85] André Luiz Mendes e Patrícia Reis Leitão Bastos.

contratado, em cumprimento ao disposto no art. 37, XXI, da Constituição Federal e dos arts. 14 e 15 do Decreto federal nº 7.983/13, *verbis*:

> Art. 14. A diferença percentual entre o valor global do contrato e o preço global de referência não poderá ser reduzida em favor do contratado em decorrência de aditamentos que modifiquem a planilha orçamentária.
>
> Parágrafo único. Em caso de adoção dos regimes de empreitada por preço unitário e tarefa, a diferença a que se refere o *caput* poderá ser reduzida para a preservação do equilíbrio econômico-financeiro do contrato em casos excepcionais e justificados, desde que os custos unitários dos aditivos contratuais não excedam os custos unitários do sistema de referência utilizado na forma deste Decreto, assegurada a manutenção da vantagem da proposta vencedora ante a da segunda colocada na licitação.
>
> Art. 15. A formação do preço dos aditivos contratuais contará com orçamento específico detalhado em planilhas elaboradas pelo órgão ou entidade responsável pela licitação, na forma prevista no Capítulo II, observado o disposto no art. 14 e mantidos os limites do previsto no §1º do art. 65 da Lei nº 8.666, de 1993.

19.4.1 Detalhamento do BDI nas propostas

O edital da licitação deve conter disposição prevendo a necessidade de detalhamento pelas empresas licitantes em suas propostas comerciais, de forma explícita e sob pena de desclassificação, do percentual de BDI, bem como a descrição de todos os seus componentes (composição analítica), de forma a garantir maior transparência na execução das despesas e evitar sobrepreço no orçamento pela inclusão indevida de parcelas.

Do verbete 258, da súmula do Tribunal de Contas da União, extrai-se que:

> As composições de custos unitários e o detalhamento de encargos sociais e do BDI integram o orçamento que compõe o projeto básico da obra ou serviço de engenharia, devem constar dos anexos do edital de licitação e das propostas das licitantes e não podem ser indicados mediante uso da expressão 'verba' ou de unidades genéricas.

19.5 Base de cálculo do ISS

Os agentes responsáveis pela fiscalização do contrato, quando da análise das faturas/notas fiscais apresentadas pela contratada, deverão atentar, na dedução da base de cálculo do ISS, para o percentual a título de materiais empregados na obra pelo prestador dos serviços. A recomendação tem como base o disposto na Lei Complementar nº 116/03, *verbis*:

> Art. 7º A base de cálculo do imposto é o preço do serviço.
> (...)
> §2º Não se incluem na base de cálculo do Imposto Sobre Serviços de Qualquer Natureza:
> I – o valor dos materiais fornecidos pelo prestador dos serviços previstos nos itens 7.02 e 7.05 da lista de serviços anexa a esta Lei Complementar;

Lista de serviços anexa à Lei Complementar nº 116, de 31 de julho de 2003.

7.02 – Execução, por administração, empreitada ou subempreitada, de obras de construção civil, hidráulica ou elétrica e de outras obras semelhantes, inclusive sondagem, perfuração de poços, escavação, drenagem e irrigação, terraplanagem, pavimentação, concretagem e a instalação e montagem de produtos, peças e equipamentos (exceto o fornecimento de mercadorias produzidas pelo prestador de serviços fora do local da prestação dos serviços, que fica sujeito ao ICMS).
(...)
7.05 – Reparação, conservação e reforma de edifícios, estradas, pontes, portos e congêneres (exceto o fornecimento de mercadorias produzidas pelo prestador dos serviços, fora do local da prestação dos serviços, que fica sujeito ao ICMS).

O Tribunal de Contas da União, por meio do Acórdão nº 1.451/06, Plenário,[86] enfatiza a atenção que se deve dar à dedução do valor dos materiais empregados na base de cálculo do ISS, do que decorre significativa economia para o erário.

19.6 Variação percentual do BDI

Na definição do Tribunal de Contas da União,[87] os Benefícios e Despesas Indiretas (BDI) constituem índice que, aplicado sobre o custo da obra, conduz ao preço final dos serviços. O seu valor deve ser avaliado em função das especificações de cada caso, dado que os seus componentes variam em razão do local, do tipo de obra e de sua própria composição. O percentual tanto pode ser inserido na composição dos custos unitários, como pode ser aplicado diretamente no final do orçamento, sobre o custo total. O preço total de execução do empreendimento é, pois, igual ao custo da obra mais a taxa de BDI. Segundo o Órgão de Contas, os índices variam entre 20% e 40%.

19.7 Composição do BDI na proposta orçamentária

Para que a taxa de BDI, em dado orçamento, possa ser efetivamente analisada, importa que a administração exija, no edital ou no convite, a discriminação de sua composição na proposta. Além disso, a apresentação dos custos que compõem o BDI permite que a administração verifique se os valores (percentuais) estão sobrelevados ou fora dos parâmetros de mercado.

André Luiz Mendes e Patrícia Reis Leitão Bastos[88] deduzem os mesmos fundamentos:

> Há que se considerar também que, para análise de orçamento da construção civil, é melhor que a maior parte possível dos itens de despesas esteja relacionada na planilha orçamentária, e não incluída no BDI.
> Isso por dois motivos: o primeiro é que poucos são os órgãos que exigem, nos editais de licitação, que os proponentes apresentem a composição analítica do BDI, o que dificulta

---

[86] BRASIL. Tribunal de Contas da União. Relator Min. Augusto Nardes. Processo TC nº 010.824.2006-9, *DOU*, 18.08.2006.
[87] BRASIL. Tribunal de Contas da União – TCU. *Obras públicas*: recomendações básicas para a contratação e fiscalização de obras de edificações públicas. 4. ed. Brasília: TCU, 2014. p. 21.
[88] *Revista do Tribunal de Contas da União*, n. 88, abr./jun. 2001.

sua análise; segundo, porque a inserção de determinada despesa no BDI pode gerar distorções de preços de eventuais aditivos contratuais.

Tome-se o exemplo de uma obra em execução, na qual o item "administração local" foi incluído no BDI. Suponha-se que, por uma mudança na especificação de algum material, o custo dessa obra seja acrescido em 12%, e que tal alteração não tenha gerado qualquer dificuldade na execução (supervisão técnica diferenciada ou dilatação do prazo da obra). Ora, se o BDI contempla, por exemplo, 10% a título de "administração da obra", esse percentual irá incidir sobre o custo adicional (12%) sem que tenha havido o correspondente incremento de despesa para a construtora, ou seja, a obra irá custar, imotivadamente, 1,2% mais caro para a contratante.

Diante dos vários julgados exigentes do detalhamento dos custos que compõem o BDI, sumulou o Tribunal de Contas da União que:

> Comprovada a inviabilidade técnico-econômica de parcelamento do objeto da licitação, nos termos da legislação em vigor, os itens de fornecimento de materiais e equipamentos de natureza específica que possam ser fornecidos por empresas com especialidades próprias e diversas e que representem percentual significativo do preço global da obra devem apresentar incidência de taxa de Bonificação e Despesas Indiretas – BDI reduzida em relação à taxa aplicável aos demais itens; (Súmula nº 253)

> O IRPJ – Imposto de Renda Pessoa Jurídica – e a CSLL – Contribuição Social sobre o Lucro Líquido – não se consubstanciam em despesa indireta passível de inclusão na taxa de Bonificações e Despesas Indiretas – BDI do orçamento-base da licitação, haja vista a natureza direta e personalística desses tributos, que oneram pessoalmente o contratado; (Súmula nº 254)

> As composições de custos unitários e o detalhamento de encargos sociais e do BDI integram o orçamento que compõe o projeto básico da obra ou serviço de engenharia, devem constar dos anexos do edital de licitação e das propostas das licitantes e não podem ser indicados mediante uso da expressão 'verba' ou de unidades genéricas; (Súmula nº 258)

20 Pesquisa de preços de mercado

Repassando-se decisões do Tribunal de Contas da União desde a publicação da Lei Geral de Licitações (1993), percebe-se, em número significativo de julgados, que os administradores públicos descuidam da regular instrução do processo administrativo licitatório e de contratação direta. São frequentes os apontamentos e as glosas do Órgão de Contas, evidenciando irregularidades na fase interna do procedimento licitatório e naquela que antecede a contratação direta, com notável reiteração em torno dos mesmos pontos. Entre eles,[89] a aquisição do objeto da contratação (obras, serviços ou compras) por preços elevados ou superfaturados, que não condizem com os praticados no mercado, em decorrência da *ausência* de pesquisa de preços por parte do setor competente do

---

[89] Outras irregularidades que rotineiramente fazem parte das decisões do TCU: ausência de processo administrativo autuado e numerado, ausência ou inobservância do parecer prévio da assessoria jurídica, falhas na publicidade dos certames, descumprimento de princípios básicos da licitação, fracionamento indevido de despesas.

órgão promotor da licitação ou da contratação direta. Ou da incapacidade da pesquisa de preços realizada para determinar o custo real do objeto a ser contratado.

A pesquisa dos preços praticados no mercado é ferramenta fundamental para estimar o custo do objeto a ser adquirido, definir os recursos orçamentários suficientes para a cobertura das despesas contratuais, estabelecer a modalidade licitatória aplicável e balizar[90] a análise dos preços ofertados por licitantes ou por empresas interessadas na contratação direta, ou seja, o chamado juízo de aceitabilidade de proposta.

A pesquisa de preços é requisito de validade do procedimento licitatório ou de contratação direta. Sua ausência ou deficiência pode acarretar a nulidade de atos administrativos e vicia a obrigatoriedade de o agente demonstrar a regularidade dos preços contratados (art. 113 da Lei nº 8.666/93).

A Lei Geral tem por essencial a apuração do valor por que é comercializado no mercado o objeto a ser contratado. Refere tal valor em diversos dispositivos e o inclui entre os pontos sujeitos à impugnação por qualquer cidadão que constate a sua incompatibilidade com os preços vigentes no mercado. Tanto que torna obrigatória sua publicidade para aqueles que queiram certificar-se dos respectivos preços praticados para a obra executada e, por extensão, também para o serviço prestado e para os bens fornecidos. Releiam-se esses cogentes preceptivos:

> Art. 7º (...)
> §2º As obras e os serviços somente poderão ser licitados quando:
> II – existir *orçamento detalhado* em planilhas que expressem a composição de todos os seus custos unitários;
> (...)
> §8º Qualquer cidadão poderá requerer à Administração Pública os quantitativos das obras e *preços unitários* de determinada obra executada.
> §9º – O disposto neste artigo aplica-se também, no que couber, aos casos de dispensa e inexigibilidade de licitação.
> Art. 15. As compras, sempre que possível, deverão:
> III – submeter-se às *condições* de aquisição e pagamento *semelhantes às do setor privado*;
> (...)
> V – balizar-se pelos preços praticados no âmbito dos órgãos e entidades da Administração Pública.
> (...)
> §6º Qualquer cidadão é parte legítima para impugnar preço constante do quadro geral em razão de incompatibilidade desse com *o preço vigente no mercado*.
> (...)
> Art. 25 (...)

---

[90] "9.3.1 quando da elaboração do orçamento prévio para fins de licitação, em qualquer modalidade, nos termos do artigo 7º, inciso II, da Lei nº 8.666/93, do artigo 3º, inciso III, da Lei nº 10.520/2002, e do artigo 8º, inciso IV, do Decreto nº 3.555/2000, o faça detalhado em planilhas que expressem a composição de todos os custos unitários das obras/serviços a serem contratados, de forma realista e fidedigna em relação aos valores praticados pelo mercado;
9.3.2 ao promover procedimentos licitatórios, inclusive na modalidade de Pregão, observe as informações e valores constantes do orçamento prévio mencionado no item anterior, utilizando-os como parâmetro para avaliação das propostas apresentadas" (Acórdão nº 64/04, Segunda Câmara, Min. Relator Ubiratan Aguiar, Processo TC nº 010.433.2001-5, *DOU*, 05.02.2004).

§2º Na hipótese deste artigo e em qualquer dos casos de dispensa, se comprovado superfaturamento, respondem solidariamente pelo dano causado à Fazenda Pública o fornecedor ou o prestador de serviços e o agente público responsável, sem prejuízo de outras sanções legais cabíveis.
(...)
Art. 43. A licitação será processada e julgada com observância dos seguintes requisitos procedimentais: (...)
IV – verificação da conformidade de cada proposta com os requisitos do edital e, conforme o caso, com os *preços correntes no mercado* ou fixados por órgão oficial competente, ou ainda com os constantes do sistema de registro de preços, os quais deverão ser devidamente registrados na ata de julgamento, promovendo a desclassificação das propostas desconformes ou incompatíveis;
(...)
Art. 113. O controle das despesas decorrentes dos contratos e demais instrumentos regidos por esta Lei será feito pelo Tribunal de Contas competente, na forma da legislação pertinente, ficando os órgãos interessados da Administração responsáveis pela demonstração da *legalidade e regularidade da despesa* e execução, nos termos da Constituição e sem prejuízo do sistema de controle interno nela previsto.

Não só a Lei nº 8.666/93 conferiu relevância à prévia pesquisa de preços praticados no mercado para o objeto da futura licitação ou contratação direta; outros diplomas também aludem à sua obrigatoriedade.
Na Lei nº 10.520/02:

Art. 3º – A fase preparatória do pregão observará o seguinte:
(...)
III – dos autos do procedimento constarão a justificativa das definições referidas no inciso I deste artigo e os indispensáveis elementos técnicos sobre os quais estiverem apoiados, bem como o *orçamento*, elaborado pelo órgão ou entidade promotora da licitação, dos bens ou serviços a serem licitados;

No Decreto nº 3.555/00:

Art. 8º A fase preparatória do pregão observará as seguintes regras:
(...)
II – o termo de referência é o documento que deverá conter elementos capazes de propiciar a avaliação do custo pela Administração, *diante de orçamento detalhado, considerando os preços praticados no mercado*, a definição dos métodos, a estratégia de suprimento e o prazo de execução do contrato;
III – a autoridade competente ou, por delegação de competência, o ordenador de despesa ou, ainda, o agente encarregado da compra no âmbito da Administração, deverá:
a) definir o objeto do certame e o *seu valor estimado em planilhas*, de forma clara, concisa e objetiva, de acordo com termo de referência elaborado pelo requisitante, em conjunto com a área de compras, obedecidas as especificações praticadas no mercado;
(...)
V – constarão dos autos a motivação de cada um dos atos especificados no inciso anterior e os indispensáveis elementos técnicos sobre os quais estiverem apoiados, bem como o *orçamento estimativo* e o cronograma físico-financeiro de desembolso, se for o caso, elaborado pela Administração;

(...)
Art. 21. Os atos essenciais do pregão, inclusive os decorrentes de meios eletrônicos, serão documentados ou juntados no respectivo processo, cada qual oportunamente, compreendendo, sem prejuízo de outros, o seguinte:
(...)
III – *planilhas de custo*;

No Decreto nº 5.450/05:

Art. 9º (...)
§1º A autoridade competente motivará os atos especificados nos incisos II e III, indicando os elementos técnicos fundamentais que o apóiam, bem como quanto aos elementos contidos no *orçamento estimativo* e no cronograma físico-financeiro de desembolso, se for o caso, elaborados pela administração;
§2º O termo de referência é o documento que deverá conter elementos capazes de propiciar avaliação do custo pela administração diante de orçamento detalhado, definição dos métodos, estratégia de suprimento, *valor estimado em planilhas de acordo com o preço de mercado*, cronograma físico-financeiro, se for o caso, critério de aceitação do objeto, deveres do contratado e do contratante, procedimentos de fiscalização e gerenciamento do contrato, prazo de execução e sanções, de forma clara, concisa e objetiva.

No Decreto nº 7.892/13:

Art. 5º Caberá ao órgão gerenciador a prática de todos os atos de controle e administração do Sistema de Registro de Preços, e ainda o seguinte: [...]
IV – realizar *pesquisa de mercado* para identificação do valor estimado da licitação e, consolidar os dados das pesquisas de mercado realizadas pelos órgãos e entidades participantes, inclusive nas hipóteses previstas nos §§2º e 3º do art. 6º deste Decreto; [...]
Art. 6º [...]
§2º No caso de compra nacional, o órgão gerenciador promoverá a divulgação da ação, a *pesquisa de mercado* e a consolidação da demanda dos órgãos e entidades da administração direta e indireta da União, dos Estados, do Distrito Federal e dos Municípios. [...]
§5º Caso o órgão gerenciador aceite a inclusão de novos itens, o órgão participante demandante elaborará sua especificação ou termo de referência ou projeto básico, conforme o caso, e a *pesquisa de mercado*, observado o disposto no art. 6º.
§6º Caso o órgão gerenciador aceite a inclusão de novas localidades para entrega do bem ou execução do serviço, o órgão participante responsável pela demanda elaborará, ressalvada a hipótese prevista no §2º, *pesquisa de mercado* que contemple a variação de custos locais ou regionais. [...]
Art. 7º A licitação para registro de preços será realizada na modalidade de concorrência, do tipo menor preço, nos termos da Lei nº 8.666, de 1993, ou na modalidade de pregão, nos termos da Lei nº 10.520, de 2002, e será precedida de *ampla pesquisa de mercado*.

20.1 Fontes de pesquisa de preços

A administração deve avaliar a situação concreta da futura contratação de obras e serviços de engenharia, mas descumprirá tal dever se formular estimativas unilateralmente, sem recorrer, efetivamente, à pesquisa de preços praticados no mercado.

A coleta de preços tem por referência o mercado local, a região de execução da obra ou da prestação dos serviços, de acordo com os valores praticados por outros órgãos e entidades públicos e com supedâneo em publicações ou sistemas técnicos, tais como o Sistema de Custos Rodoviários (SICRO), o Sistema Nacional de Pesquisa de Custos e Índices da Construção Civil (SINAPI)[91] ou a Tabela de Composições de Preços para Orçamentos (TCPO), da editora PINI, para o mesmo objeto ou em condições semelhantes.

O Decreto nº 7.983/13, que estabelece regras e critérios para elaboração do orçamento de referência de obras e serviços de engenharia, contratados e executados com recursos dos orçamentos da União, dispõe sobre a formação de preços desses objetos por meio de tabelas produzidas pelo SINAPI e pelo SICRO.

Confira-se:

Art. 3º O custo global de referência de obras e serviços de engenharia, exceto os serviços e obras de infraestrutura de transporte, será obtido a partir das composições dos custos unitários previstas no projeto que integra o edital de licitação, menores ou iguais à mediana de seus correspondentes nos custos unitários de referência do Sistema Nacional de Pesquisa de Custos e Índices da Construção Civil – Sinapi, excetuados os itens caracterizados como montagem industrial ou que não possam ser considerados como de construção civil.

Parágrafo único. O Sinapi deverá ser mantido pela Caixa Econômica Federal – CEF, segundo definições técnicas de engenharia da CEF e de pesquisa de preço realizada pelo Instituto Brasileiro de Geografia e Estatística – IBGE.

Art. 4º O custo global de referência dos serviços e obras de infraestrutura de transportes será obtido a partir das composições dos custos unitários previstas no projeto que integra o edital de licitação, menores ou iguais aos seus correspondentes nos custos unitários de referência do Sistema de Custos Referenciais de Obras – Sicro, cuja manutenção e divulgação caberá ao Departamento Nacional de Infraestrutura de Transportes – DNIT, excetuados os itens caracterizados como montagem industrial ou que não possam ser considerados como de infraestrutura de transportes.

A tabela oficial produzida pelo SINAPI, aplicável à apuração do custo global de referência de obras e serviços de engenharia, e a tabela oficial produzida pelo SICRO, à apuração do custo global de referência de serviços e obras de infraestrutura de transportes, constituem parâmetros oficiais de verificação de custos pela administração pública quando da elaboração de orçamentos estimados em planilhas de formação de preços, nas correspondentes obras ou serviços de engenharia. Contudo, não são referenciais absolutos de preços. É permitido à administração adotar valores distintos dos constantes nas referidas tabelas, em decisão fundamentada que aponte elementos técnicos adequados e objetivos, a demonstrar as particularidades da obra ou do serviço e a incompatibilidade com os valores oficiais de referência.

Assentou o Tribunal de Contas da União que eventuais peculiaridades de uma obra, que possam requerer preços superiores aos normais de mercado ou aos referenciais,

---

[91] Produz custos e índices da construção civil a partir do levantamento de preços de materiais e salários pagos na construção civil, para o setor de habitação. A partir de 1997, ocorreu a ampliação do Sistema, que passou a abranger o setor de saneamento e infraestrutura. Tem como unidade de coleta os fornecedores de materiais de construção e as empresas construtoras do setor. O Sistema opera em convênio com a Caixa Econômica Federal.

devem ser justificadas com minúcias no momento próprio, isto é, na orçamentação, observados os critérios de aceitabilidade legais (art. 40, inciso X, da Lei nº 8.666/93), e, não, somente depois da contratação (Acórdão nº 896/2015 – Plenário, Rel. Min. Marcos Bemquerer Costa, Processo nº 003.807/2011-8).

A verificação de que o valor estimado para a licitação ou contratação direta observa os preços praticados no mercado para a execução de obra ou a prestação de serviços de engenharia com as mesmas características e especificações configura garantia da legalidade e da regularidade da despesa, exigidas pelo art. 113 da Lei nº 8.666/93.

Visitem-se os seguintes julgados do Tribunal de Contas da União sobre a pesquisa de preços:

> O Sistema de Custos Rodoviários (Sicro) é referencial de preços adequado para obras ferroviárias, tanto em relação aos valores de BDI quanto às composições de custo de serviços de terraplenagem, drenagem, obras de arte correntes e especiais, sinalização vertical, obras complementares, proteção vegetal e demais serviços de infraestrutura ferroviária. (Acórdão nº 1.884/2014 – Plenário, Rel. Min. Augusto Sherman Cavalcanti, Processo nº 010.531/2010-6. Informativo de Licitações e Contratos nº 206, de 2014);

> A adoção do Sinapi e do Sicro como parâmetro de verificação pelo TCU se afigura dentro dos contornos de legalidade e de aferição da economicidade da contratação, autorizados pelo art. 70, *caput*, da Constituição Federal, devendo a adoção de valores divergentes ser fundamentada mediante justificativas técnicas adequadas. (Acórdão nº 454/2014 – Plenário, Rel. Min. Augusto Sherman Cavalcanti, Processo nº 010.305/2009-0. Informativo de Licitações e Contratos nº 187, de 2014);

> 9.4. determinar à [...] que: [...]
> 9.4.4. na elaboração de orçamentos de serviços e equipamentos [...], para os quais não exista referência de preços nos sistemas usualmente adotados (SICRO e SINAPI), ou para os quais não seja possível ajustar as composições de preços dos sistemas usualmente adotados às peculiaridades das obras [...], que sejam guardados registros das cotações de preços de insumos efetuadas e justificadas as composições adotadas, com elementos suficientes que permitam o controle da motivação dos atos que fundamentaram os preços unitários dos insumos e dos serviços que integram o orçamento, devendo, ainda, o orçamento identificar os responsáveis por sua elaboração e aprovação. (Acórdão nº 644/2007, Plenário, Relator Min. Raimundo Carreiro, Processo nº 012.577/2006-5)

20.2 Elementos básicos da pesquisa de preços

A estimativa de preços da obra ou do serviço de engenharia, em planilhas que expressem a composição de todos os seus custos unitários, levará em conta os seguintes elementos básicos:

a) as peculiaridades do objeto;

b) os custos diretos (materiais, equipamentos, mão de obra);

c) o percentual referente ao BDI (custos indiretos e lucro); esse índice depende de uma gama de variáveis, entre as quais tipo de obra, valor do contrato, prazo de execução, volume de faturamento da empresa, local de execução da obra;

d) a necessidade de mão de obra especializada;

e) as condições físicas do local;
f) o prazo de início e o de entrega da obra ou do serviço;
g) a oferta de bens e serviços no local da execução do objeto.

A OT IBR 004/2012, editada pelo Instituto Brasileiro de Obras Públicas (Ibraop), estabelece parâmetros sobre a precisão do orçamento de obras públicas (<www.ibraop.org.br>).

20.3 A avaliação do custo da obra e da prestação de serviços

A avaliação das quantidades e dos custos unitários do objeto, com base em ampla pesquisa de mercado, permite à administração pública:

a) conhecer, em nível adequado, a obra ou o serviço a ser realizado;
b) obter o custo real do empreendimento com o máximo de precisão possível;
c) avaliar os custos unitários e global ofertados nas propostas, em contraste com aqueles fixados na planilha de formação de custos elaborada pela administração com base no projeto básico;
d) evitar o mais possível aditamentos decorrentes de estimativas incompletas, impertinentes ou viciadas;
e) recompor o valor contratual em relação a cada um dos preços unitários afetados por eventual desequilíbrio econômico-financeiro;
f) efetivar profícua fiscalização do contrato e viabilizar as ações de controle.

Sobre a necessária avaliação do custo de obra ou de serviços de engenharia, recorde-se deliberação do TCU:

> 9.5.4. elabore – previamente à realização de licitações, em qualquer modalidade, ou de contratações diretas, mediante inexigibilidade ou dispensa de licitação – orçamento detalhado em planilhas que expressem a composição de todos os custos unitários dos serviços pretendidos, sob pena de nulidade dos atos e contratos realizados, conforme determina a Lei nº 8.666/93, em seu art. 7º, §2º, inciso II, c/c §§6º e 9º;
>
> 9.5.5. faça constar como anexo de seus instrumentos convocatórios de licitação, em qualquer modalidade, orçamento estimado em planilhas de quantitativos e preços unitários, conforme determina o art. 40, §2º, inciso II, da Lei nº 8.666/93; (Acórdão nº 1.656/2003, Plenário, Relator Min. Walton Alencar Rodrigues, Processo TC nº 008.551.2003-8, *DOU* de 13.11.2003);
>
> Eventuais peculiaridades de uma obra, que possam requerer preços superiores aos normais de mercado ou aos referenciais, devem ser justificadas com minúcias no momento próprio, isto é, na orçamentação, observados os critérios de aceitabilidade legais (art. 40, inciso X, da Lei nº 8.666/93), e, não, somente depois da contratação (Acórdão nº 896/2015 – Plenário, Rel. Min. Marcos Bemquerer Costa, Processo nº 003.807/2011-8);
>
> O argumento de que o valor do melhor lance encontra-se abaixo do orçamento estimativo e que, portanto, estaria atendido o princípio da seleção da proposta mais vantajosa para a administração, somente merece guarida quando evidenciado que a pesquisa de preços da licitação foi feita de acordo com a melhor técnica possível para cada caso, a exemplo dos parâmetros definidos na IN-SLTI/MPOG nº 5/14 (Acórdão nº 2.829/2015 – Plenário, Rel. Min. Ministro Bruno Dantas, Processo nº 019.804/2014-8).

20.4 Deliberações do TCU acerca da pesquisa de preços

O Tribunal de Contas da União tem reiteradamente sublinhado o dever legal de a administração instruir os processos de licitações e de contratação direta com eficiente e eficaz pesquisa de preços de mercado. Assim:

> 9.5.5. faça constar como anexo de seus instrumentos convocatórios de licitação, em qualquer modalidade, orçamento estimado em planilhas de quantitativos e preços unitários, conforme determina o art. 40, §2º, inciso II, da Lei nº 8.666/93; (Acórdão nº 1.656/2003, Plenário, Relator Min. Walton Alencar Rodrigues, Processo TC nº 008.551.2003-8, *DOU* de 13.11.2003)
>
> 9.5.6 proceda, quando da realização de licitação, dispensa ou inexigibilidade, à consulta de preços correntes no mercado, ou fixados por órgão oficial competente ou, ainda, constantes do sistema de registro de preços, em cumprimento ao disposto no art. 26, parágrafo único, inciso III, e art. 43, inciso IV, da Lei nº 8.666/1993, os quais devem ser anexados ao procedimento licitatório (...); (Acórdão nº 1.705/2003, Plenário, Relator Min. Marcos Bemquerer Costa, Processo TC nº 004.225.2002-5, *DOU* de 21.11.2003)
>
> 9.1.2. observe o comando expresso no art. 40, §2º, inciso II, da Lei nº 8.666/93, fazendo constar dos editais de licitação, ou de seus anexos, demonstrativo do orçamento estimado em planilhas de quantitativos e custos unitários; (Acórdão nº 1.060/2003, Plenário, Relator Min. Walton Alencar Rodrigues, Processo TC nº 005.053.2003-1, *DOU* de 18.08.2003)
>
> 9.3.1 quando da elaboração do orçamento prévio para fins de licitação, em qualquer modalidade, nos termos do artigo 7º, inciso II, da Lei nº 8.666/93, do artigo 3º, inciso III, da Lei nº 10.520/2002 e do artigo 8º, inciso IV, do Decreto nº 3.555/2000, o faça detalhado em planilhas que expressem a composição de todos os custos unitários das obras/serviços a serem contratados, de forma realista e fidedigna em relação aos valores praticados pelo mercado; (Acórdão nº 64/2004, Segunda Câmara, Relator Min. Ubiratan Aguiar, Processo TC nº 010.433.2001-5, *DOU* de 05.02.2004)
>
> 9.3.2. efetue pesquisa de preços ou outro procedimento que permita verificar a conformidade das propostas com os preços correntes no mercado ou fixados por órgão oficial competente, fazendo constar dos respectivos processos licitatórios o procedimento utilizado (Lei nº 8.666/93, art. 43, IV)
>
> 9.3.3. atente para que não sejam homologados itens cujos preços estejam superiores aos preços correntes no mercado, apurados por meio de pesquisa de preços, de modo a observar os instrumentos convocatórios, evitando o ocorrido em diversos procedimentos licitatórios, no ano de 2001 (Lei nº 8.666/93, arts. 3º, 41, 43, IV, 44, 45 e 48, I, II); (Acórdão nº 100/2004, Segunda Câmara, Relator Min. Benjamin Zymler, Processo TC nº 014.018.2002-3, *DOU* de 11.02.2004)
>
> Proceda ao levantamento prévio dos custos para a aquisição de materiais, evitando, desta forma, a realização de despesas em valores superiores aos praticados no mercado. (Acórdão nº 90/2004, Segunda Câmara, Relator Min. Adylson Motta, Processo TC nº 011.265.2003-9, *DOU* de 11.02.2004)
>
> 4.5.17.1. institua e mantenha bases atualizadas de preços relativos a obras e serviços que normalmente fazem parte do conjunto de ações desenvolvidas pela Companhia junto a entes da federação, mediante convênios, de forma a garantir o repasse de recursos em valores condizentes com os preços de mercado para cada região de atuação da empresa; (Acórdão nº 463/2004, Plenário, Relator Min. Humberto Guimarães Souto, Processo TC nº 009.371.2003-4, *DOU* de 12.05.2004)
>
> 8. De qualquer forma, estimou-se um custo médio de construção com base nos dados do Depen e nos coletados em auditorias anteriores do TCU, mas sem se verificar sua compatibilidade com os preços de mercado, pois, devido às características específicas de

cada obra, a compatibilidade deve ser verificada em relação aos principais preços unitários que compõem esse tipo de obra, e não em relação ao custo por metro quadrado, como bem entendeu a equipe de fiscalização. (Acórdão nº 496/2004, Segunda Câmara (voto relator), Min. Lincoln Magalhães da Rocha, Processo TC nº 016.786.2003-9, *DOU* de 15.04.2004)

9.2.9. providencie, nas licitações na modalidade pregão, orçamento atualizado e detalhado que possa subsidiar o preço de referência e assegurar, desta forma, o princípio da economicidade, nos termos do art. 8º, inciso II, do Decreto nº 3.555/2000; (Acórdão nº 845/2005, Segunda Câmara, Relator Min. Lincoln Magalhães da Rocha, Processo TC nº 008.453.2003-7, *DOU* de 01.06.2005

9.5.2. realize pesquisa de preços como forma de cumprir a determinação contida no art. 43, inciso IV, da Lei de Licitações, fazendo constar formalmente dos documentos dos certames a informação sobre a equivalência dos preços; (Acórdão nº 301/2005, Plenário, Relator Min. Marcos Bemquerer Costa, Processo TC nº 928.598.1998-5, *DOU* de 01.04.2005)

9.3. determinar à Prefeitura Municipal de [...], com base no art. 43 da Lei nº 8.443/92 e no art. 250 do Regimento Interno, que, quando realizar licitação para contratação de obras ou serviços custeados com recursos federais, atente para a elaboração de orçamento estimado em planilhas de quantitativos e preços unitários, em obediência ao estabelecido nos arts. 7º, §2º, inciso II e 40, §2º, da Lei nº 8.666/93; (Acórdão nº 2.188/2005, Primeira Câmara, Relator Min. Valmir Campelo, Processo TC nº 008.895.2005-5, *DOU* de 28.09.2005)

9.4 determinar à [...] que observe a necessidade de fazer constar, dos autos dos processos licitatórios relativos a licitações na modalidade pregão, o orçamento estimado, exigido no art. 3º, inciso III, da Lei nº 10.520/2002, bem como da pesquisa de mercado em que deverá assentar-se, consoante o disposto no art. 40, §2º, inciso II, c/c art. 43, inciso IV, da Lei nº 8.666/1993; (Acórdão nº 2.349/2007, Plenário, Relator Min. Raimundo Carreiro, Processo TC nº 001.509.2006-7, *DOU* de 09.11.2007)

9.4.48. ao realizar certame licitatório, proceda à devida pesquisa de preços de mercado, em observância ao estatuído no art. 43, IV, da Lei nº 8.666/93; (Acórdão nº 46/2008, Segunda Câmara, Relator Min. Benjamin Zymler, Processo TC nº 009.160.2004-8, *DOU* de 31.01.2008)

7.5.3.6. Realize ampla pesquisa de preços no mercado e consulta a sistema de registro de preços, a fim de (a) estimar o custo do objeto a ser adquirido em planilhas de quantitativos e preços unitários, (b) definir os recursos orçamentários suficientes para a cobertura das despesas contratuais e (c) servir de balizamento para a análise das propostas dos licitantes, em harmonia com os arts. 7º, §2º, 15, 40, §2º, 43, incisos IV e V, todos da Lei nº 8.666/1993 e a jurisprudência do TCU (Decisões nº 431/1993, nº 288/1996, nº 386/1997 – TCU Plenário, Acórdão nº 195/2003, nº 1060/2003, nº 463/2004, nº 1182/2004 Plenário, Acórdão nº 64/2004, nº 254/2004, nº 828/2004, nº 861/2004 Segunda Câmara) (Acórdão nº 428/2010 Segunda Câmara, Relator Min. Aroldo Cedraz, Processo nº 009.667/2004-6)

Na elaboração de orçamentos destinados às licitações, deve a administração desconsiderar, para fins de elaboração do mapa de cotações, as informações relativas a empresas cujos preços revelem-se evidentemente fora da média de mercado, de modo a evitar distorções no custo médio apurado e, consequentemente, no valor máximo a ser aceito para cada item licitado. (Acórdão nº 2.943/2013 – Plenário, Rel. Min. Benjamin Zymler, Processo nº 023.919/2012-4. Informativo de Licitações e Contratos nº 175, de 2013)

A pesquisa de preços que antecede a elaboração do orçamento de licitação demanda avaliação crítica dos valores obtidos, a fim de que sejam descartados aqueles que apresentem grande variação em relação aos demais e, por isso, comprometam a estimativa do preço de referência. (Acórdão nº 403/2013 – Primeira Câmara, Rel. Min. Walton Alencar Rodrigues, Processo nº 013.319/2011-6. Informativo de Licitações e Contratos nº 139, de 2013)

1.9. Dar ciência ao [...] sobre as seguintes impropriedades:

[...] 1.9.4. ausência de avaliação crítica de valores obtidos em pesquisa de preço que apresentam grande disparidade em relação aos demais, comprometendo a estimativa do preço de referência, ocorrência identificada no processo 08200.006593/2011-34, o que afronta o princípio da eficiência e o disposto no voto condutor do Acórdão TCU 403/2013-1ª Câmara; (Acórdão nº 3.408/2014 – Segunda Câmara, Rel. Min. Raimundo Carreiro, Processo nº 046.639/2012-8)

20.5 Pesquisa baseada na média dos preços coletados

Ao apreciar relatório de auditoria realizada nas obras de construção de edifício-sede de órgão do Poder Judiciário, cujo escopo abrangeu o exame de contratos e processos licitatórios, o Tribunal de Contas da União, por meio do Acórdão nº 896/10, Plenário, formulou determinações àquele órgão.

Contra o aludido Acórdão foi interposto pedido de reexame. Um dos questionamentos apresentados pelos responsáveis do órgão fiscalizado referia-se à determinação para que fosse alterada "a planilha orçamentária de forma a utilizar os menores preços, e não os preços medianos para os diversos insumos cotados no mercado". Tais insumos não teriam cotação no Sistema Nacional de Pesquisa de Custos e Índices da Construção Civil (SINAPI), mantido e divulgado, na internet, pela Caixa Econômica Federal, razão pela qual os gestores utilizaram como referência os preços medianos, quando havia pelo menos três propostas, e o menor preço nos demais casos.

As unidades técnicas do Tribunal de Contas da União responsáveis pela instrução concluíram pela adequabilidade da determinação anterior, sugerindo, então, que se mantivesse a utilização da menor cotação dos preços na orçamentação da obra, em detrimento da mediana utilizada pelo órgão do Poder Judiciário.

O relator, Ministro Benjamin Zymler, porém, divergiu da proposta apresentada. Em seu voto, enfatizou que a Lei nº 8.666/93 *"não prescreve como deve ser realizado este orçamento"*. Já a Lei de Diretrizes Orçamentárias (LDO) *"não prevê a forma pela qual será realizada a cotação de preços quando ausente o insumo no SINAPI e inexistente a tabela de referência formalmente aprovada por órgão ou entidade da administração pública federal"*. Assim, para o Relator, não seria razoável *"a exigência de que a orçamentação, nestes casos, deva sempre considerar o menor preço cotado no mercado"*. Desse modo, entendeu que *"a utilização de preços médios ou da mediana, além de bem refletir os preços praticados no mercado, não implica ofensa à Lei de Licitações, à LDO/2009 ou aos princípios gerais da Administração Pública"*.

Concluiu o Relator que *"o preço de mercado é mais bem representado pela média ou mediana uma vez que constituem medidas de tendência central e, dessa forma, representam de uma forma mais robusta os preços praticados no mercado"*. O Plenário acolheu o voto do relator (Acórdão nº 3.068/10, Plenário, Processo nº 024.376/2008-6).

20.6 Publicidade da pesquisa de preços

O princípio da publicidade permeia todos os atos e procedimentos das licitações e contratações da administração pública (Lei nº 8.666/93, art. 3º, §3º). Sendo o interesse público indisponível, como é, todas as relações jurídicas estabelecidas no âmbito das licitações e contratações hão de ser descortináveis pelos administrados. A transparência na atividade administrativa serve ao legítimo interesse que os cidadãos têm de acompanhar as despesas de custeio e as de capital, estas traduzindo investimentos, que a administração atende com os recursos decorrentes das mais variadas receitas públicas, inclusive a tributária.

A pesquisa de preços (planilhas de custos unitários) insere-se nesse cenário, posto que almeja assegurar que aqueles recursos estarão sendo despendidos segundo os preços correntes no mercado, a demonstrar o zelo dos agentes públicos na gestão dos contratos. A ausência ou a deficiência dessa pesquisa, na medida em que não se apuram os preços de mercado, pode induzir nulidade do ato administrativo que homologa o procedimento licitatório ou adjudica o objeto sem licitação, aceitando preço excessivo ou manifestamente inexequível. A declaração da nulidade produz efeitos retroativos (*ex tunc*), de sorte a determinar que o procedimento se refaça a partir da coleta de preços, trazendo aos autos do processo novos orçamentos e indicadores que venham a refletir, verdadeiramente, aqueles praticados pelo mercado.

Daí o art. 40, §2º, II, da Lei Geral determinar que o orçamento estimado em planilhas de quantitativos e preços unitários integre o edital, como anexo, tratando-se das modalidades convencionais de licitação. E o art. 3º, III, da Lei nº 10.520/02 quer que dito orçamento conste, ao menos, dos autos do procedimento, cuidando-se da modalidade do pregão.

Extrai-se, pois, que, na modalidade pregão, não há a obrigação de divulgação do orçamento (preço de referência) no edital, contudo, tal orçamento deve figurar nos autos do processo licitatório.

Pondere-se que o orçamento (preço de referência) da licitação, independentemente da modalidade, exige divulgação. A publicidade das licitações e contratações da administração pública, inclusive quanto ao preço, constitui ferramenta útil de controle pelos licitantes e pela sociedade. O interesse público é indisponível, vale dizer, deve ser alcançado mediante atos praticados na conformidade com os princípios, normas e regras estabelecidos para disciplinar a atuação dos poderes públicos.

Por isso, os atos administrativos emitidos no âmbito das licitações e contratações hão de ser exibidos ao público, inclusive no tocante ao orçamento. O princípio da publicidade impõe a transparência da atividade administrativa exatamente para que os licitantes e a sociedade possam conferir se está sendo bem conduzida ou não.

Perceba-se que se viabiliza impugnação ao orçamento que não traduza os preços de mercado somente se houver a divulgação daquele no edital. Trata-se de dever de transparência da administração pública em prol não apenas dos disputantes, mas do erário e de qualquer cidadão.

A Corte de Contas federal assentou o entendimento de ser obrigatória a divulgação do preço de referência em editais de licitação, na modalidade pregão, quando for utilizado como critério de aceitabilidade das propostas (Acórdão nº 10.051/2015, Segunda Câmara, Rel. Min. André de Carvalho, Processo nº 008.959/2015-3). Tal medida possibilita que os licitantes formulem suas propostas utilizando como parâmetro o preço de referência divulgado pela administração, o qual, a seu turno, deve decorrer de ampla e séria pesquisa sobre os preços praticados pelo mercado.

Ainda segundo a Corte de Contas federal:

> 1.7.2. a vedação de acesso aos valores estimados da licitação, identificada no item 10.6 do Edital do PE.CSB.A.00004.2016, está em desacordo com o art. 3º, inciso I, da Lei º 12.527, de 18.11.2011 e os arts. 3º, §3º; 6º, inciso IX, alínea "f"; 7º, §2º, inciso II; e 40, inciso X e §2º, inciso II, todos da Lei nº 8.666/1993; bem como com o Acórdão nº 2.547/2015 – Plenário, que marcou mudança jurisprudencial deste Tribunal em relação a este assunto, sendo admitida, apenas, em casos excepcionais, devidamente motivados. (Acórdão nº 520/2016 – Plenário, Rel. Min. José Múcio Monteiro, Processo nº 001.637/2016-9).

21 Jogo de planilhas

O Tribunal de Contas da União cunhou o rótulo "jogo de planilhas" para designar a formação distorcida dos custos de obras e serviços de engenharia. Consuma-se mediante aditamentos ao contrato de itens com preços elevados, ou seja, a contratação de proposta de menor preço global, compatível com a estimativa da administração, mas com grandes disparidades nos preços unitários, alguns abaixo dos preços de mercado – justamente os de maiores quantitativos no projeto básico – e outros muito acima dos preços de mercado, de pouca importância no projeto básico, negociando-se aditamento que aumenta quantitativos dos itens de preços unitários elevados e diminui os quantitativos dos itens de preços inferiores. A conferir uma aparência de regularidade, os aditivos respeitam o limite legal de 25% para acréscimos contratuais, para obras e serviços, e o de 50%, na hipótese de reforma de edifício ou de equipamento (art. 65, §1º, da Lei nº 8.666/93).

O resultado dessa equação, tem verificado a Corte de Contas, são obras e serviços de engenharia interrompidos antes de seu término, na medida em que, teoricamente, não mais podem ser aditados, incapazes de proporcionar o esperado retorno à sociedade, e executados a preços superfaturados, tudo sob o manto de licitação formalmente correta, supostamente competitiva, tendo sido adjudicada à concorrente autora da melhor proposta e executada com aparente respeito à legislação.

Da administração que almeja eficiência e eficácia de cada licitação e contratação de obra ou serviço de engenharia espera-se que:

> a) se cerque de profissional(is) capacitado(s) para a elaboração de projeto básico e de projeto executivo, com formação nas áreas técnicas específicas do objeto a ser licitado, ou a ser contratado de forma direta, e habilitado(s) no respectivo órgão fiscalizador (CREA); não dispondo de tais profissionais em seus próprios quadros, a Administração valer-se-á de particular (pessoa física ou jurídica) que os desenvolva segundo adequado planejamento; o projeto básico e o projeto executivo devem ser elaborados com base em estudos técnicos preliminares, capazes de definir, com nível de detalhamento adequado, a obra e os serviços que compõem o empreendimento, possibilitando a avaliação dos custos unitários, a definição do regime, dos métodos e dos prazos de execução;
>
> b) levante os custos da obra ou do serviço de engenharia com base nos valores praticados pelo mercado, para cada um dos itens formadores do preço global, quer dizer, não é o preço global estimado pela Administração, exclusivamente, que deva ser coerente com os preços praticados pelo mercado, mas, precipuamente, todos os preços unitários que o integram; tal o entendimento do TCU ("9.3.1 quando da elaboração do orçamento prévio para fins de licitação, em qualquer modalidade, nos termos do artigo 7º, inciso II, da Lei nº 8.666/93, do artigo 3º, inciso III, da Lei nº 10.520/2002, e do artigo 8º, inciso IV, do Decreto nº 3.555/2000, o faça detalhado em planilhas que expressem a composição de todos os custos unitários das obras/serviços a serem contratados, de forma realista e fidedigna em relação aos valores praticados pelo mercado" (Acórdão nº 64/2004, Segunda Câmara, Relator Min. Ubiratan Aguiar, Processo TC nº 010.433.2001-5, *DOU* de 05.02.2004)
>
> c) defina critérios de aceitabilidade de preços unitários e globais, sob pena de desclassificação das propostas, como adiante se explicitará.

Agir diversamente poderá conduzir aos desvios verberados pelo Tribunal de Contas da União, acerca do jogo de planilhas e de aditamentos contratuais de itens com preços elevados, *verbis*:

13. Assim, a existência de sobrepreço em apenas alguns itens da proposta não caracteriza, por si só, dano ao erário. O dano só surgirá no caso de eventuais aditivos contratuais que, se relativos a itens com preços unitários elevados, irão aumentar o preço total da obra, com prejuízo para a Administração.

14. Entretanto, o raciocínio – de que só haverá sobrepreço se for celebrado aditivo contratual em itens com preços unitários excessivos – somente é válido se partirmos da premissa de que o preço global ofertado, que no presente caso está compatível com o orçamento (...), está de acordo com os preços de mercado. Realizada a obra em seus quantitativos originais, sem a celebração de aditivo, o preço total pago pela Administração estará de acordo com os parâmetros de mercado, apesar da ocorrência de distorções nos preços de determinados itens, alguns para cima e outros para baixo.

(...)

Acórdão

(...)

9.5.1 caso se faça necessária a celebração de termo aditivo versando sobre inclusão de novos itens ou acréscimos de quantitativos de itens da obra em questão, observe os preços praticados no mercado, podendo, na aferição dos preços unitários a serem contratados, ser utilizada a tabela de referência do Sicro; (Acórdão nº 424/2003, Plenário, Relator Min. Marcos Vinicios Vilaça, Processo TC nº 003.736.2002-1, *DOU* de 09.05.2003)

(...) Descrição/Fundamentação: A análise da planilha orçamentária da empresa vencedora da licitação redunda em constatação de nítida disposição de "sobrepreços" em serviços iniciais, balanceando-se com "subpreços" nos serviços finais, conformando o preço final ao orçamento-base do [...]. Tal configuração, se confirmada a superveniência de aditivos que acrescentam quantitativos aos itens de serviço originalmente com sobrepreços, acompanhados, ou não, de supressão dos serviços com subpreços, redundará em situação de afronta ao princípio da economicidade (art. 70, CF), amoldando-se à situação já decidida pelo TCU em caso semelhante. (TC 007.828/2002-3 – Acórdão nº 583/2003 – Plenário)

Esclarecimentos Adicionais:

Conforme se observa da planilha de preços da empresa contratada (fls. 84/109), o orçamento geral é inferior ao orçamento do [...] (que é feito com base no SICRO), entretanto, a empresa "carrega" nos preços iniciais de terraplenagem e pavimentação (estão acima do SICRO) e reduz bastante nos preços finais (o item iluminação pública está pela metade do preço – cerca de 2 milhões de reais a menos).

(...)

Acórdão

(...)

9.1.2. sob pena de responsabilização dos agentes envolvidos, mantenha estrita observância ao equilíbrio dos preços fixados no Contrato nº 22 UNIT/01/2002-00 em relação à vantagem originalmente ofertada pela empresa vencedora, de forma a evitar que, por meio de termos aditivos futuros, o acréscimo de itens com preços supervalorizados ou eventualmente a supressão ou a modificação de itens com preços depreciados viole princípios administrativos; (Acórdão nº 1.245/2004, Plenário, Relator Min. Adylson Motta, Processo TC nº 006. 094.2004.7, *DOU* de 03.09.2004)**Voto do Ministro Relator**

(...)

4. Com base nessa linha investigativa, foi feita a inspeção, que dirimiu a dúvida por mim suscitada anteriormente, confirmando fortes indícios de superfaturamento nos aditivos do Contrato A.JUR 12/2000, os quais visaram ajustar os termos negociais às revisões do projeto.

5. Segundo a análise apresentada pela Secex/PA, o superfaturamento foi constituído, sobretudo, do elevado acréscimo de quantidades do item de escavação, carga e transporte de material com a utilização de motoscraper, contratados com preço acima do Sicro, em combinação com a retirada de bueiros, apreçados bem abaixo pela construtora.

6. Para impedir que isto acontecesse, a [...], que assumiu a gestão da obra por intermédio da celebração de convênio com a União, *deveria ter se valido do estabelecimento de critérios de aceitabilidade de preços unitários* (grifamos), ao processar a licitação, consoante prescrito no inciso X do art. 40 da Lei nº 8.666/93. Todavia, assim não procedeu, admitindo que itens com preços individuais bastante superiores ou inferiores ao de mercado pudessem ser contratados. (Acórdão nº 1.571/2005, Plenário, Relator Min. Marcos Vinicios Vilaça, Processo TC nº 017.194.2004-0, *DOU* de 14.10.2005)

Ainda segundo a Corte de Contas federal:

9.5. por ocasião da contratação de obras e serviços, como forma de evitar o chamado "jogo de planilhas":
9.5.1. evite efetuar o controle da execução financeira do contrato apenas com base no acompanhamento do saldo residual do valor contratado, em especial nas contratações que, de forma justificada, envolvam previsão de quantitativos estimativos de itens e execução indireta por empreitada;
9.5.2. passe a fixar critérios de aceitabilidade de preços unitários e global, permitida a fixação de preços máximos e vedada a estipulação de preços mínimos, ou de critérios estatísticos ou faixas de variação em relação a preços de referência, exceto, nesses casos, daqueles próprios ao acompanhamento de preços de mercado; (Acórdão nº 87/2008, Plenário, Relator Min. Aroldo Cedraz, Processo TC nº 010.324.2006-1, *DOU* de 01.02.2008)

A existência de referenciais de preços oficiais (*v.g* tabelas SINAPI e SICRO, tabela de referência formalmente aprovada por órgãos ou entidades da administração pública ou, ainda, publicações técnicas especializadas) a formar os custos do objeto e a fixação de critério de aceitabilidade baseado em preços máximos, unitários e global, possibilita à administração efetivar a contratação segundo os preços praticados pelo mercado. Nessas condições e, ainda, admitida a oferta de descontos lineares sobre todos os itens da planilha, dificulta-se a prática do chamado "jogo de planilhas", tendo em vista que até os itens com grande demanda terão que ser comercializados a preço mais baixo do que o orçado.

22 Critérios de aceitabilidade dos preços propostos

A administração poderá definir o critério de aceitabilidade da proposta com base na compatibilidade entre os preços unitários e global ofertados pelos licitantes e os preços unitários e global estimados pela administração, ou com base em preços máximos fixados. Mas não deve deixar de enunciar o critério adotado, qualquer que seja. Sobre a necessária fixação de critério de aceitabilidade de preços, volta e meia omitido nos atos convocatórios, recorde-se o Acórdão nº 1.054/01, Plenário, do TCU:

8.2. determinar à (...), com base no art. 43, inciso I, da Lei nº 8.443/92, que, nas licitações com a utilização de recursos federais:
8.2.1. observe o disposto no art. 40, inciso X, c/c o art. 43, inciso IV, da Lei nº 8.666/93, no sentido de fixar em edital critérios de aceitabilidade dos preços unitários e globais; (Relator Min. Augusto Sherman Cavalcanti, Processo TC nº 004.742.2001-5, *DOU* de 03.04.2002)

E ainda:

9.2.3. estabeleça, no edital das licitações vindouras para a execução de obras, critérios de aceitabilidade dos preços unitários, ou controles que evitem a proposição de preços unitários inexeqüíveis ou excessivamente distanciados do padrão de mercado, devendo tais critérios e controles incidir sobre planilha de quantitativos de serviços única constante do edital, a ser obrigatoriamente preenchida na proposta comercial com os preços propostos pelos licitantes; (Acórdão nº 354/2008, Plenário, Relator Min. Augusto Nardes, Processo TC nº 027.687.2007-1, *DOU* de 07.03.2008)

O critério de aceitabilidade da proposta é requisito obrigatório a constar no edital da licitação, conforme estabelece a Lei nº 8.666/93, *verbis*:

Art. 40. O edital conterá no preâmbulo o número de ordem em série anual, o nome da repartição interessada e de seu setor, a modalidade, o regime de execução e o tipo da licitação, a menção de que será regida por esta Lei, o local, dia e hora para recebimento da documentação e proposta, bem como para início da abertura dos envelopes, e indicará, obrigatoriamente, o seguinte: (...) X – o critério de aceitabilidade dos preços unitário e global, conforme o caso, permitida a fixação de preços máximos e vedados a fixação de preços mínimos, critérios estatísticos ou faixas de variação em relação a preços de referência, ressalvado o disposto nos parágrafos 1º e 2º do art. 48;

22.1 Critério da compatibilidade entre preços unitários e global ofertados pelos licitantes e os preços unitários e global estimados pela administração

O Tribunal de Contas da União, por meio do Acórdão nº 64/04, Segunda Câmara,[92] assentou o entendimento de que os preços estimados e o critério de aceitabilidade de preços são fundamentais para o futuro julgamento das propostas, e que contratar com valores superiores ao orçado, sem justificativa ou comprovação, é falta grave, atraente de sanção.

Admite-se, uma vez fixado o valor estimado para a contratação, decorrente de ampla pesquisa de mercado, o exame de compatibilidade entre o preço estimado e o proposto, devidamente justificado pela administração. Preço estimado, segundo o Tribunal de Contas da União, é o parâmetro de que dispõe a administração para julgar licitações e efetivar contratações, desde que reflita o preço de mercado.

Admite-se, uma vez fixado o valor estimado para a contratação, decorrente de ampla e séria pesquisa de mercado, o exame de compatibilidade entre o preço estimado e o proposto, devidamente justificado pela administração. Preço estimado é o parâmetro de que dispõe a administração para julgar licitações e efetivar contratações, desde que reflita o preço de mercado.

O art. 43, inc. IV, da Lei nº 8.666/93 estabelece que a licitação seja processada e julgada mediante a verificação da conformidade de cada proposta com os requisitos

---

[92] BRASIL. Tribunal de Contas da União, Relator Min. Ubiratan Aguiar, Processo TC nº 010.433.2001-5, *DOU*, 05.02.2004.

do edital e, conforme o caso, com os preços correntes no mercado ou fixados por órgão oficial competente, ou, ainda, com os constantes de sistema de registro de preços, os quais deverão ser lançados na ata de julgamento, promovendo-se a desclassificação das propostas desconformes ou incompatíveis.

Importa que, quando o critério de aceitabilidade for baseado na compatibilidade entre preços estimados e propostos, e não for cotado valor equivalente ao indicado como sendo o preço de mercado, o agente público justifique a aceitação desse valor, nos termos do art. 113 da Lei nº 8.666/93.

Não há parâmetro legal definido sobre a margem de variação de preços que pode ser tolerada como critério de aceitabilidade de proposta.

O Decreto nº 30/91, que regulamentava disposições do Decreto-Lei nº 2.300/86, estabelecia, em seu art. 7º, que, nas licitações de preço-base, os valores cotados poderiam variar até 15%, em relação ao valor inicial fixado. O índice do revogado decreto poderia inspirar a margem de aceitabilidade, porém, nenhum critério substitui o exame das circunstâncias do caso concreto, posto que variáveis ao infinito, a reclamarem a explicitação dos motivos de aceitar-se, ou não, determinado preço.

Jessé Torres Pereira Junior preleciona que:

> [...] por manifestamente superior não se deve entender apenas o preço acima do que se acha, em média, no mercado; é necessário que a margem de superação seja tal que não possa ser considerada como oscilação em torno de média aceitável, por razões conjunturais ou sazonais (influência inopinada de fatores climáticos adversos, dificuldades no recrutamento de mão-de-obra especializada, desaparecimento súbito de matéria-prima essencial à industrialização, entre outras). (PEREIRA JUNIOR, Jessé Torres. *Comentários à lei das licitações e contratações da administração pública*. 7. ed. Rio de Janeiro: Renovar, p. 304)

A jurisprudência predominante do Tribunal de Contas da União assinala que não há margem de tolerância de sobrepreço e que situações excepcionais devem ser analisadas à luz de suas respectivas particularidades (Acórdãos nº 1894/2011, nº 1155/2012, nº 3095/2014, nº 2132/2015 e nº 3021/2015, todos do Plenário, dentre outros). O fato de a Corte haver excepcionalmente admitido, ao analisar casos concretos, que valores pouco acima dos preços referenciais podem ser considerados variações normais de mercado, não significa dizer que exista alguma faixa de tolerância que possa ser entendida como normal ou aplicável generalizadamente (Acórdão nº 1.894/2016 – Plenário, Rel. Min. Raimundo Carreiro, Processo nº 021.409/2003-4).

Fundamental é que a administração pública instrua o processo de contratação com a obrigatória e ampla pesquisa de preços do objeto que pretende adquirir, demonstrativa dos preços praticados pelo mercado, com eficaz repercussão na margem de variação admitida para aceitação de propostas.

Sumariem-se decisões do Tribunal de Contas da União acerca da relevante questão.

> Voto do Ministro Relator
> (...)
> 10. Há de se distinguir os graus de discrepância existentes entre os custos unitários ofertados pelos licitantes e os custos unitários cotados pela Administração. Em uma

licitação onde o objeto é composto pela execução de vários serviços – como é o caso das adutoras do Alto Sertão e Sertaneja –, é evidente que alguns deles apresentarão preços unitários acima dos fixados pela Administração. O ponto, então, é saber a magnitude dessa diferença, e, ainda, os seus reflexos sobre a execução. Nos casos em que a discrepância é razoável, normal, não há de se falar em desclassificação de propostas. Não fosse assim, quer dizer, se qualquer sobrepreço em custos unitários autorizasse a desclassificação das propostas, seria difícil para a Administração contratar obras de grande porte, formadas pela execução de numerosos serviços. É tendo por base esses casos, os de discrepância razoável em custos unitários, que a Lei nº 8.666/93, por meio dos artigos que citei, não estabelece a obrigatoriedade de desclassificação em virtude de custos unitários. É neste contexto, inclusive, que o administrativista Marçal Justen Filho (JUSTEN FILHO, Marçal. *Comentários à Lei de Licitações*, 8. ed. p. 403), ao comentar os artigos 43, inciso IV, e 48, diz o seguinte: "É óbvio que preenche os requisitos legais uma proposta cujo valor global não é excessivo, ainda quando o preço unitário de um dos insumos possa ultrapassar valores de mercado ou registros de preços (e, mesmo, tabelamento de preços)". (Acórdão nº 159/2003, Plenário, Relator Min. Benjamin Zymler, Processo TC nº 006.821.2002-8, *DOU* de 17.03.2003)

19. A pregoeira afirma, em suas razões de justificativa, que "a tentativa deve ser sempre de salvar o certame preservando os interesses da administração" (fl. 212, v. 1). Nem sempre "salvar o certame" implica proteger os interesses da administração. Certamente, é interesse da administração ter o serviço contratado, mas com a observância da legalidade, impessoalidade, economicidade. Havia muitos elementos indicando que a contratação não deveria ter sido realizada nos moldes em que foi feita: erros grosseiros nas propostas, falta de competitividade e valor apresentado muito acima do que foi orçado. (Acórdão nº 64/2004, Segunda Câmara, Relator Min. Ubiratan Aguiar, Processo TC nº 010.433.2001-5, *DOU* de 05.02.2004)

22.2 Critério de aceitabilidade com base na fixação de preços máximos

A administração, tendo em vista as características do objeto, poderá optar pela fixação de preços máximos como critério de aceitabilidade das propostas. O art. 40, inc. X, da Lei nº 8.666/93, quer que a administração enuncie o critério de aceitabilidade dos preços unitários e global, conforme o caso, permitida a fixação de preços máximos e vedados a fixação de preços mínimos, critérios estatísticos ou faixas de variação em relação a preços de referência.

Marçal Justen Filho, em seu festejado *Comentários à Lei de Licitações e Contratos Administrativos* (11. ed. Dialética. p. 393), leciona:

17.3) Faculdade de fixação de preços máximos
O tema foi ventilado inúmeras vezes, em casos concretos. A idéia de fixação de preço máximo é perfeitamente adequada. Se a Administração apenas pode realizar a licitação se houver previsão de recursos orçamentários, é inevitável a fixação de preços máximos. É o único meio de evitar o risco de contratações destituídas de cobertura orçamentária.
Ressalta-se que o preço máximo fixado pode ser objeto de questionamento por parte dos licitantes, na medida em que se caracterize como inexeqüível. Fixar preço máximo não é via para a Administração inviabilizar contratação por preço justo. Quando a Administração apurar certo valor como sendo o máximo admissível e produzir redução que tornar inviável a execução, caracterizar-se-á desvio de poder.

No decisório do Tribunal de Contas da União encontra-se, *verbis*:

[...] 3. "Orçamento" ou "valor orçado" ou "valor de referência" ou simplesmente "valor estimado" não se confunde com "preço máximo". O "valor orçado", a depender de previsão editalícia, pode eventualmente ser definido como o "preço máximo" a ser praticado em determinada licitação, mas não necessariamente. (Acórdão nº 392/2011 – Plenário, Rel. Min. José Jorge, Processo nº 033.876/2010-0);

48. Sabe-se que, na elaboração de um edital de licitação, impõe o art. 40 da Lei nº 8.666/93 que se indique, entre outras particularidades, "o critério de aceitabilidade dos preços unitário e global, conforme o caso, permitida a fixação de preços máximos (...)". *Portanto, é incontestável a faculdade do administrador para limitar preços, caso tenha razões para tanto* (grifamos). 49. Mas será essa liberdade deixada unicamente ao alvedrio daquele gestor? Entende-se que não. Ao discorrer sobre os encargos daqueles que gerem bens e interesses da comunidade, no tema intitulado "poderes e deveres do administrador público", ensina o mestre Hely Lopes Meirelles (MEIRELLES, Hely Lopes. *Direito Administrativo Brasileiro*. 16. ed. São Paulo: Revista dos Tribunais, 1991. p. 84-87): "Os poderes e deveres do administrador público são os expressos em lei, os impostos pela moral administrativa e os exigidos pelo interesse da coletividade. (...) Cada agente administrativo é investido da necessária parcela de poder público para o desempenho de suas atribuições. (...) O poder administrativo, portanto, é atribuído à autoridade para remover os interesses particulares que se opõem ao interesse público. Nestas condições, o poder de agir se converte em dever de agir. Assim, se no direito privado o poder de agir é uma faculdade, no direito público é uma imposição, um dever para o agente que o detém, pois não se admite a omissão da autoridade diante de situações que exigem a sua atuação". 50. Em seguida, para reforçar a tese, o mesmo autor escreve: "A propósito, já proclamou o Colendo Tribunal Federal de Recursos que 'o vocábulo poder significa dever quando se trata de atribuições de autoridades administrativas'". (TRF-RDA 28/187) 51. *Conclui-se, portanto, com base nos ensinamentos acima expostos, que a aparente faculdade contida na expressão "permitida a fixação de preços máximos" (art. 40, X, da Lei nº 8.666/93) transforma-se em obrigação para o gestor que, dispondo de meios para conhecer os preços praticados no mercado, deve empenhar-se em coibir práticas de preços superfaturados e atos antieconômicos* (grifamos). 52. Ademais, há ainda que mencionar o dever de eficiência administrativa, princípio recentemente incorporado ao *caput* do art. 37 da Carta Magna. Para atender a este princípio, é fundamental que o administrador, no seu campo de atuação, proceda de forma a obter, qualitativa e quantitativamente, o melhor resultado para a comunidade. Logo, é imperativo que seus atos desenvolvam-se buscando sempre otimizar os aspectos administrativo, econômico e técnico. (Decisão nº 60/1999, Primeira Câmara, Relator Min. Humberto Guimarães Souto, Processo TC nº 926.037.1998-6, *DOU* de 05.04.1999)

Infere-se que nas licitações e contratações diretas de obras ou serviços de engenharia, o projeto básico deve ministrar elementos seguros sobre o critério de aceitabilidade de preços unitários e global a adotar-se, de sorte a refletir os preços praticados no mercado, segundo apurado mediante ampla pesquisa realizada pelos agentes responsáveis. A verificação de que o preço ofertado antagoniza com o de mercado, mais do que autoriza, impõe a desclassificação da proposta, tal o imperativo do tempo e modo verbal utilizado no art. 48, II, da Lei Geral – "Serão desclassificadas: (...) II – propostas com valor global superior ao limite estabelecido ou com preços manifestamente inexeqüíveis".

O Tribunal de Contas da União, baseando-se em precedentes jurisprudenciais,[93] pacificou entendimento de que a fixação de preços máximos para custos unitários e global de serviços e obras pode, com maior eficácia, criar obstáculo para a manipulação de preços nos aditamentos contratuais ("jogo de planilhas"). Assim, foi editada a súmula nº 259, com o seguinte conteúdo: "Nas contratações de obras e serviços de engenharia, a definição do critério de aceitabilidade dos preços unitários e global, com fixação de preços máximos para ambos, é obrigação e não faculdade do gestor".

Minimiza-se o risco da ocorrência de jogo de planilhas quando o instrumento convocatório apresenta as quantidades de fornecimento do objeto da licitação (art. 7º, §4º, da Lei nº 8.666/93) e estipula o critério de aceitabilidade dos preços unitários e global, com fixação de preços máximos para ambos, apurados em sistemas de referência existentes ou ampla pesquisa de mercado.

22.3 Inexequibilidade do valor proposto

É lugar-comum dizer-se que, quando a Lei nº 8.666/93 faz referência, no art. 48, II, a que a classificação/desclassificação de propostas decorre da demonstração de que os custos dos insumos são coerentes com os de mercado e que os coeficientes de produtividade são compatíveis com a execução do objeto do contrato, está a assegurar a cada licitante o direito subjetivo de comprovar que sua proposta é exequível.

Nessa afirmação há verdade parcial, todavia. É que a mesma norma também alude a que a proposta que se deve desclassificar, por vício de preço inferior ao de mercado, é aquela que cota preços "manifestamente inexequíveis". Logo, o ônus da prova de que o preço é exequível é do concorrente que o propõe, mas a prova de que é inexequível "manifestamente" é da administração. Esta não terá motivo – elemento integrante da estrutura morfológica de todo ato administrativo, como o é o ato de desclassificação de proposta – para desclassificar uma proposta só porque cotou preço inferior ao de mercado. É necessário que tal preço, além de inferior, seja "manifestamente inexequível", isto é, insuficiente para garantir a execução de objeto com as características descritas no ato convocatório, que é vinculante da proposta (art. 54, §§1º e 2º).

Diante de preço com a aparência de inexequibilidade, a administração (comissão de licitação ou pregoeiro) deve diligenciar, garantindo ao proponente a oportunidade de comprovar a exequibilidade. Se este não logra convencer a administração da exequibilidade, então cabe a esta a prova da inexequibilidade, mediante o aprofundando das diligências que se mostrarem úteis a tal propósito (art. 43, §3º), sob pena de pronunciar ato de desclassificação sem motivo comprovado, ou seja, ato abusivo e eventualmente antieconômico. Não se olvide de que a desclassificação de uma proposta produzirá o efeito de alterar a ordem de classificação das demais. Assim, se a proposta desclassificada houvesse sido a primeira nessa ordem, a segunda passará à primeira colocação

---

[93] São os precedentes jurisprudenciais: Acórdão nº 469/08, Primeira Câmara, Processo nº 014.429/2007-0, *DOU* de 07.03.2008; Acórdão nº 2.985/08, Segunda Câmara, Processo nº 005.489/2008-7, *DOU* de 21.08.2008; Acórdão nº 5.468/08, Segunda Câmara, Processo nº 004.631/2005-9, *DOU*; Acórdão nº 593/03, Plenário, Processo nº 007.828/2002-3, *DOU* de 10.06.2003; Acórdão nº 1.755/04, Plenário, Processo nº 005.528/2003-6, *DOU* de 23.11.2004; Acórdão nº 1.090/04, Plenário, Processo nº 008.219/2006-9, *DOU* de 11.06.2007; Acórdão nº 2.014/07, Plenário, Processo nº 007.498/2007-7, *DOU* de 28.09.2007; Acórdão nº 087/08, Plenário, Processo nº 010.324/2006-1, *DOU* de 01.02.2009; Acórdão nº 2.381/08, Plenário, Processo nº 011.321/2007-2, *DOU* de 31.10.2008; e Acórdão nº 168/09, Plenário, Processo nº 030.638/2008-7, *DOU* de 16.02.2009.

e a ela será adjudicado o objeto. A administração deve estar segura de que não se lhe poderá questionar que desclassificou a primeira com o fim de beneficiar a segunda, ilegitimamente.

O Tribunal de Contas da União, por meio do Acórdão nº 1.125/05, Plenário, deliberou que:

> 9.9.3.4. nos casos de cancelamento de licitação por preço excessivo, seja oferecido prazo para que as licitantes forneçam novas propostas, ou por preço inexequível, apresentem às licitantes, sempre que solicitado, a estimativa que embasou a desclassificação de sua proposta, permitindo-lhes o pleno exercício do direito de recorrer da decisão; (Relator Min. Guilherme Palmeira, Processo TC nº 005-609/2005-2, *DOU* de 22.08.2005)

Ainda segundo a Corte de Contas federal:

> 3. Em instrução inicial dos autos, a 6ª Secex indicou farta jurisprudência desta Corte no sentido de que cabe à administração facultar às licitantes a oportunidade de comprovar a viabilidade dos preços cotados, para, só então, desclassificar as propostas inexequíveis (Acórdãos nº 697/2006, nº 363/2007, nº 2.646/2007, nº 141/2008, nº 1.616/2008 e nº 294/2008, todos do Plenário). (Acórdão nº 4.411/2010 – Segunda Câmara, Rel. Min. Augusto Sherman Cavalcanti, Processo nº 013.365/2010-0).

A Lei Geral concebeu fórmula para o fim de verificar a inexequibilidade de preços propostos em licitações do tipo menor preço, cujo objeto seja obra ou serviço de engenharia (art. 48, §1º). A fórmula não tem aplicação nas licitações de compras ou de prestação de serviços de outra natureza.

Consideram-se manifestamente inexequíveis os preços inferiores a 70% do menor dos seguintes valores: (a) média aritmética dos valores das propostas superiores a 50% do valor orçado pela administração, ou (b) valor orçado pela administração.

Tome-se como exemplo uma licitação cujo valor estimado pela administração haja sido de R$1.800,000,00, em cujo procedimento resultaram habilitadas quatro entidades empresariais, que propuseram, respectivamente, os seguintes preços:

EMPRESA A – R$2.000.000,00
EMPRESA B – R$1.000.000,00
EMPRESA C – R$3.000.000,00
EMPRESA D – R$600.000,00

Para cálculo da média aritmética, desconsidera-se a proposta da empresa D, inferior a 50% do valor estimado pela administração.

Média aritmética dos valores das demais propostas = (2.000.000 + 1.000.000 + 3.000.000)/3 = R$2.000,000,00;

Preço manifestamente inexequível: X = 0,70 x R$2.000,000,00 = R$1.400.000,00
Valor estimado pela administração = R$1.800,000,00;
Preço manifestamente inexequível: X = 0,70 x R$1.800,000,00 = R$1.260,000,00.

Assim, todos os valores abaixo de R$1.260,000,00 são tidos por inexequíveis por presunção legal. Segue-se que haveriam de ser desclassificadas as propostas das empresas B e D, classificando-se apenas as propostas das empresas A e C.

Sublinhe-se a distinção entre a inexequibilidade que se comprova manifesta por diligências da administração e a inexequibilidade decorrente de presunção legal.

Na primeira hipótese, o motivo da desclassificação é a inexequibilidade apurada pela administração e não desconstituída por prova franqueada ao proponente. Na segunda hipótese, o motivo é a inexequibilidade afirmada diretamente pela lei, dispensada a administração de diligenciar nesse sentido.

A questão jurídica que se formula é se tal presunção legal é absoluta ou relativa. A solução que superiormente atende aos princípios da eficiência e da economicidade é a de que se trata de presunção relativa (*juris tantum*), que, portanto, admite prova em contrário, a cargo do proponente. A estrutura de custos varia de uma empresa a outra, não sendo descabido imaginar que o preço inexequível para uma empresa não o será para outra, dependendo de fatores internos e de mercado que à própria empresa interessada caberá demonstrar. Assim, se, aplicada a fórmula do art. 48, §1º, ocorrer a desclassificação por preço inexequível, deve a administração admitir que a desclassificada, em recurso próprio, produza as provas que tiver, na tentativa de desconstituir a presunção.

No ano de 2010, o Tribunal de Contas da União editou a súmula nº 262 – "O critério definido no art. 48, inciso II, §1º, alíneas 'a' e 'b', da Lei nº 8.666/93 conduz a uma presunção relativa de inexequibilidade de preços, devendo a Administração dar à licitante a oportunidade de demonstrar a exequibilidade da sua proposta".

22.4 Apresentação de novas propostas

Na hipótese de todas as propostas serem desclassificadas, o art. 48, §3º, da Lei Geral faculta à administração fixar o prazo de oito dias úteis para a apresentação de novas propostas, reduzido o prazo para três dias úteis na modalidade do convite.

A faculdade se estende à hipótese de desclassificação de propostas que cotaram preços unitários ou globais excessivos? E, mais, com o rompimento do sigilo das propostas, ou seja, tendo os licitantes conhecimento dos valores apresentados por seus concorrentes, seria legítimo permitir que formulassem *novas* propostas de preços, ou apenas poderiam corrigir erros formais?

A alternativa se aplica qualquer que haja sido o motivo da desclassificação. Importa, para ensejar-lhe a aplicação, que todas as propostas hajam sido desclassificadas, porque: (a) a norma autoriza a apresentação de novas propostas escoimadas das causas referidas no próprio dispositivo, entre as quais, expressamente, a apresentação de propostas com valor global superior ao limite estabelecido; (b) o sigilo das propostas, nesta segunda fase, também é garantido a todos os concorrentes; (c) a formulação de novas propostas continua fiel ao objetivo de buscar-se a proposta mais vantajosa para a administração, assegurada a igualdade de condições; (d) o fato de as licitantes conhecerem os valores anteriormente apresentados não torna previsíveis os valores que poderão ser ofertados nas novas propostas.

Na hipótese inversa, isto é, a desclassificação decorreu de as propostas haverem cotado preços inexequíveis, também seria juridicamente aceitável nova oportunidade para a formulação de outras? Posto que, então, as novas propostas, sob pena de segunda desclassificação, haveriam de ofertar preços superiores aos anteriores.

Cogita-se de que tal possibilidade esbarraria, reflexamente, na regra constante do inc. X do art. 40 da Lei nº 8.666/93, que veda a fixação de preços mínimos nas licitações. Assim não é, porém. À administração é defeso fixar preços mínimos. Na hipótese configurada hipoteticamente, os licitantes é que cotaram valores inaceitáveis. Desde que a administração não trace piso algum para as segundas propostas, nada obsta que sejam formuladas e julgadas segundo os critérios de aceitabilidade previstos no ato convocatório.

Tampouco se percebe ofensa ao princípio da busca da proposta mais vantajosa, que inspira o art. 3º da Lei Geral e continuará presidindo a apresentação e o julgamento das segundas propostas.

22.5 Aplicação da regra do art. 48, §3º, da Lei nº 8.666/93 na modalidade do pregão, no formato presencial

A possibilidade de licitação de obras e serviços de engenharia por meio da modalidade do pregão ensejaria a aplicação da regra do §3º, do art. 48, da Lei Geral, quando todas as propostas fossem desclassificadas? Sim, tendo em vista que a Lei nº 10.520/02, em seu art. 9º, estabelece que se aplicam, subsidiariamente, as normas da Lei nº 8.666/93 no pregão. Mas a admissão dessa solução procedimental na modalidade do pregão, na forma presencial, apresenta outros contornos, a saber:

Situação I: procedida a verificação inicial das propostas segundo as exigências fixadas no edital, a etapa seguinte é a da análise dos preços ofertados e a sua classificação em ordem crescente; imagine-se que, então, o pregoeiro, por decisão fundamentada, desclassifique todas as propostas porque cotaram preços excessivos; para o exercício da faculdade do art. 48, §3º, da Lei nº 8.666/93 seriam convocadas todas as licitantes que se credenciaram na licitação?

A resposta é negativa. O exame das propostas inicia-se pela análise das especificações do objeto a que se referem, confrontadas com as exigências fixadas no edital (art. 48, incs. I e II, da Lei nº 8.666/93 e art. 4º, incs. X e XI, da Lei nº 10.520/02). Já nesse passo ocorre uma primeira etapa de classificação/desclassificação de propostas: aquelas que não cumprirem os requisitos exigidos resultam desclassificadas desde logo, remanescendo as demais, que terão o preço analisado a seguir. Portanto, somente os concorrentes que ultrapassaram essa primeira rodada eliminatória é que serão convocados para a formulação de novas propostas, caso todas venham a ser desclassificadas por vício de preço.

Situação II: procedida a verificação inicial das propostas segundo as exigências fixadas no edital, segue-se a classificação em ordem crescente de preços; tendo em vista tratar-se de licitação de obra ou serviço de engenharia, analisa-se a exequibilidade dos preços ofertados, prevista no art. 48, §1º, da Lei nº 8.666/93; desclassificadas as propostas inexequíveis, prossegue-se na forma dos incs. VIII e IX do art. 4º da Lei nº 10.520/02, até a etapa de lances verbais; vencida esta, o pregoeiro desclassifica todas as propostas finais de preço por haverem cotado, esgotados os lances, preços excessivos.

Serão convocadas, para formularem novas propostas de preços, todas as licitantes que se credenciaram na licitação? Ou somente aquelas cujas propostas de preços resultaram classificadas após o exame da exequibilidade? Ou todas as licitantes cujas propostas de preços foram classificadas provisoriamente, antes do exame da exequibilidade?

Pelos mesmos fundamentos esposados na Situação I, não se faz legítima a convocação de todas as licitantes que se credenciaram na licitação.

A questão é polêmica porque, em ambas as situações, as licitantes, na formulação de novas propostas, certamente majorariam seus preços, dando margem a que administração estabelecesse preço mínimo,[94] o que é vedado pela Lei Geral.

A solução parece ser a convocação das licitantes cujas propostas de preços resultaram classificadas após o exame de exequibilidade do art. 48, §1º, da Lei nº 8.666/93. E para formularem novas propostas, escoimadas das causas que originaram a desclassificação (preços excessivos). A solução adotada prestigia os princípios da economicidade, da competitividade e da busca da proposta mais vantajosa para a administração, sem ferir o princípio da igualdade entre os concorrentes classificados.

22.6 Aplicação da regra do art. 48, §3º, da Lei nº 8.666/93 na modalidade do pregão, no formato eletrônico

No âmbito da administração federal direta, fundos especiais, autarquias, fundações, empresas públicas, sociedades de economia mista e demais entidades controladas direta ou indiretamente pela União, o pregão eletrônico é regulamentado pelo Decreto nº 5.450/05, cuja operacionalização é disciplinada pelo Sistema Integrado de Administração de Serviços Gerais (SIASG). Esse sistema omite-se acerca da possibilidade de formulação de novas propostas, na forma do disposto no art. 48, §3º, da Lei Geral, quando todas as propostas forem desclassificadas.

Encerrados os lances – seguindo-se o transcurso do tempo de iminência e o encerramento do tempo aleatório –, o pregoeiro passa à fase de aceitação das propostas. O SIASG é taxativo: na fase de aceitação de proposta, não é permitido voltar para a fase de lances. Concluída a fase de aceitação, segundo o SIASG, passa-se à habilitação da licitante, pela própria tela de aceitação. Vê-se, pois, que o sistema não disponibiliza fase de formulação de novas propostas, prevista no §3º, do art. 48, da Lei nº 8.666/93, caso todas tenham sido desclassificadas. Poder-se-ia aplicar a norma por meio da utilização do *chat* pelo qual ocorre a transmissão de mensagens entre o pregoeiro e as licitantes. Seria prática introduzida pelo pregoeiro, não prevista pelo sistema, de cuja operacionalidade e eficácia não se tem notícia, nem indicadores de avaliação.

23 Recomposição de preços

A Lei nº 8.666/93 prevê que o valor contratual comporta alterações de três espécies: reajuste (art. 40, inc. XI), compensação financeira em decorrência de atraso no pagamento (art. 40, inc. XIV, alínea "c") e reequilíbrio econômico-financeiro ou revisão (art. 65, inc. II, alínea "d" e §8º). Qualquer dessas espécies de recomposição de preços é aplicável a contratos de obras ou de serviços de engenharia, guardadas as peculiaridades distintivas de cada qual.

---

[94] "9.2.4. doravante, ao fixar critérios de aceitabilidade de preços, abstenha-se de fixar limite mínimo para as propostas de preços, ressalvados apenas os preços manifestamente inexeqüíveis, observand itatório, os mesmos princípios são aplicáveis às hipóteses de contratação direta."

23.1 Reajuste

O reajuste, tal como previsto no art. 40, inc. XI, da Lei nº 8.666/93, retrata adequação de preços de acordo com índice predefinido no ato convocatório e desde que se demonstre a "variação efetiva do custo de produção" do objeto contratado. Mais um motivo para que, na elaboração do orçamento da obra ou do serviço, se decomponham todos os custos, com a discriminação dos respectivos preços totais e unitários, bem assim de quantidades, a fim de que a aplicação do índice de reajuste, oportunamente, possa referir-se a cada um desses custos previamente levantados.

Por meio do site <www.fgvdados.fgv.br>, da Fundação Getulio Vargas, podem ser encontrados dados referentes aos custos da construção, como o INCC, assim como os índices de custos da construção civil (ICC) por capitais, para materiais, serviços e mão de obra, apurados em periodicidade mensal. Outros índices calculados pela FGV, referentes a obras e serviços de engenharia, são os de Obras Rodoviárias e Obras Hidrelétricas.

Acerca da periodicidade do reajuste, dispõe o art. 3º, §1º, da Lei nº 10.192/01:

> Art. 3º Os contratos em que seja parte órgão ou entidade da Administração Pública direta ou indireta da União, dos Estados, do Distrito Federal e dos Municípios, serão reajustados ou corrigidos monetariamente de acordo com as disposições desta Lei, e, no que com ela não conflitarem, da Lei nº 8.666, de 21 de junho de 1993.
> §1º A periodicidade anual nos contratos de que trata o *caput* deste artigo será contada a partir da data limite para apresentação da proposta ou do orçamento a que essa se referir.

Segundo a regra do §1º, do art. 2º, da mesma Lei nº 10.192/01, a periodicidade do reajuste não poderá ser inferior a um ano.

O Tribunal de Contas da União, por meio do Acórdão nº 474/05, Plenário, assim respondeu a consulta acerca da possibilidade de reajuste de preço de propostas apresentadas em licitações, quando decorrido prazo superior a um ano entre a data de sua apresentação e a da assinatura do respectivo contrato:

> 9.1.1. a interpretação sistemática do inciso XXI do art. 37 da Constituição Federal, do art. 3º, §1º, da Lei nº 10.192 e do art. 40, inciso XI, da Lei nº 8.666/93 indica que o marco inicial, a partir do qual se computa o período de um ano para a aplicação de índices de reajustamento previstos em edital, é a data da apresentação da proposta ou a do orçamento a que a proposta se referir, de acordo com o previsto no edital.
> 9.1.2. na hipótese de vir a ocorrer o decurso de prazo superior a um ano entre a data de apresentação da proposta vencedora da licitação e a assinatura do respectivo instrumento contratual, o procedimento de reajustamento aplicável, em face do disposto no art. 28, §1º, da Lei nº 9.069/95 c/c os arts. 2º e 3º da Lei nº 10.192/2001, consiste em firmar o contrato com os valores originais da proposta e, antes do início da execução contratual, celebrar termo aditivo reajustando os preços de acordo com a variação do índice previsto no edital, relativa ao período de somente um ano, contado a partir da data da apresentação das propostas ou da data do orçamento a que ela se referir, devendo os demais reajustes ser efetuados quando se completarem períodos múltiplos de um ano, contados sempre desse marco inicial, sendo necessário que estejam devidamente caracterizados tanto o interesse público na contratação quanto a presença de condições legais para a contratação, em especial: haver autorização orçamentária (incisos II, III e IV do §2º do art. 7º da Lei nº 8.666/93); tratar-se da proposta mais vantajosa para a Administração (art. 3º da Lei nº 8.666/93); preços ofertados compatíveis com os de mercado (art. 43, IV, da Lei nº 8.666/93);

manutenção das condições exigidas para habilitação (art. 55, XIII, da Lei nº 8.666/93); interesse do licitante vencedor, manifestado formalmente, em continuar vinculado à proposta (art. 64, §3º, da Lei nº 8.666/93); (Relator Min. Augusto Sherman Cavalcanti, Processo TC nº 003.671.2005-0, *DOU* de 09.05.2005)

O mesmo Órgão de Contas federal[95] orienta que, no caso de alteração de valor decorrente de correção monetária prevista no contrato, não há necessidade de termo aditivo, bastando o registro do fato nos autos do processo de licitação (apostilamento, com base no art. 65, §8º, da Lei nº 8.666/93).[96]

23.2 Compensação financeira

A compensação financeira é admitida nos casos de eventuais atrasos de pagamento pela Administração, desde que a contratada não tenha concorrido de alguma forma para o atraso. É devida desde a data limite fixada no contrato para o pagamento até a data correspondente ao efetivo pagamento da parcela em atraso.

No exercício do controle externo, o Tribunal de Contas da União utiliza o Índice de Preços ao Consumidor Ampliado (IPCA), da Fundação Getulio Vargas, para atualização dos débitos e multas aplicadas.

23.3 Revisão

O reequilíbrio econômico-financeiro ou revisão consubstancia-se no restabelecimento do valor contratual inicialmente pactuado pelas partes, desde que esse valor tenha sido afetado por álea extraordinária superveniente. O direito ao equilíbrio econômico-financeiro no contrato administrativo tem sede na Constituição da República, cujo art. 37, XXI, alude à manutenção das "condições efetivas da proposta". É princípio geral de direito, que harmoniza a alteração das obrigações em benefício do interesse público, mediante o reconhecimento do direito à justa remuneração da empresa contratada. É também previsto no art. 65 da Lei nº 8.666/93, com o fim de acudir a uma das situações referidas em seu inc. II, alínea "d", e §5º.

A revisão é resposta jurídica a fenômeno externo e superior à vontade das partes, imprevisível e não desejado por elas, que as colhe no curso da execução do contrato e inviabiliza o cumprimento das respectivas obrigações. Por isso que, diversamente do que se dá com o reajuste, a revisão não pode aguardar o prazo de um ano para atender à força maior, ao caso fortuito, ao acaso extraordinário e violento, enfim, que desestruturou o equilíbrio da equação econômico-financeira do contrato, aperfeiçoada

---

[95] BRASIL. Tribunal de Contas da União – TCU. *Obras públicas*: recomendações básicas para a contratação e fiscalização de obras de edificações públicas. 4. ed. Brasília: TCU, 2014. p. 39.
[96] "Apostila é a anotação ou registro administrativo que pode ser: 1) feita no contrato ou nos demais instrumentos hábeis que o substituem, normalmente no verso da última página do contrato; 2) juntada por meio de outro documento ao contrato ou aos demais instrumentos hábeis. A apostila pode ser utilizada nos seguintes casos: 1) variação do valor contratual decorrente de reajuste previsto no contrato; 2) atualizações, compensações ou penalizações financeiras decorrentes das condições de pagamento; 3) empenho de dotações orçamentárias suplementares até o limite do seu valor corrigido" (BRASIL. Tribunal de Contas da União – TCU. *Licitações e contratos*: orientações e jurisprudência. p. 660).

quando administração e particular se puseram de acordo quanto ao preço ofertado para a execução do objeto especificado.

O reajuste esgota-se na alteração da cláusula financeira ou monetária do contrato, relativamente a itens certos e determinados, segundo índices prefixados. Na revisão, tal alteração não basta para resgatar ou cicatrizar o rompimento do equilíbrio contratual. Não raro, a revisão, para cumprir a sua função salvadora do contrato, acarretará alterações em várias de suas cláusulas, inclusive redimensionando-se o próprio objeto do contrato, de modo a compatibilizá-lo com as novas condições decorrentes da álea extraordinária que o deformou.

A planilha de formação de custos que serviu de base para a apresentação da proposta vencedora é o documento que contém todos os elementos formadores do valor do contrato. Na modalidade licitatória do pregão, a planilha de custos deverá ajustar-se ao lance vencedor. Nela é que a administração encontrará os elementos delimitadores do equilíbrio original da equação econômico-financeira do contrato, com o fim de verificar se foram efetivamente subvertidos pela álea extraordinária superveniente, a ponto de desequilibrar a equação. O desequilíbrio há de resultar demonstrado em face dessa planilha original. Por isso que qualquer outro custo não previsto na planilha de formação de preços não poderá ser objeto de avaliação, sob pena de vir a caracterizar-se, em tese, o tipo previsto no art. 92[97] da Lei nº 8.666, de 1993.

Eis a orientação do Tribunal de Contas da União:

> 9.1.1 observe o disposto na Lei nº 8.666/1993, evitando o aditamento de contratos com base em evento não previsto na referida Lei (art. 65), lembrando que as alterações contratuais podem ocorrer, dentre outros motivos, para restabelecer o equilíbrio econômico-financeiro inicial do contrato, na hipótese de sobrevirem fatos imprevisíveis, ou previsíveis, porém de conseqüências incalculáveis, retardadores ou impeditivos da execução do ajustado, e que qualquer superveniência de fatos, tributários e/ou legais, de comprovada repercussão nos preços contratados, poderá implicar na revisão dos contratos, para mais ou para menos, consoante inciso II, alínea "d", c/c §5º, do art. 65 da mencionada Lei. (Acórdão nº 297/2005, Plenário, Relator Min. Walton Alencar Rodrigues, Processo TC nº 008.567.2004-6, *DOU* de 01.04.2005)

Fica claro que o reequilíbrio econômico-financeiro ou revisão não depende de previsão contratual, nem de lapso temporal. Sobrevindo fatos imprevisíveis, ou previsíveis, porém de consequências incalculáveis, retardadores ou impeditivos da execução do ajustado, em caso de força maior, caso fortuito ou fato do príncipe, configurando álea econômica extraordinária e extracontratual, exsurgirá o direito da contratada ao restabelecimento da relação pactuada com a administração.

24 Repactuação de preços

A repactuação de preços, conforme definida no art. 5º do Decreto nº 2.271, de 07 de julho de 1997, e no art. 37 da Instrução Normativa nº 02, de 30 de abril de 2008,

---

[97] "Art. 92. Admitir, possibilitar ou dar causa a qualquer modificação ou vantagem, inclusive prorrogação contratual, em favor do adjudicatário, durante a execução dos contratos celebrados com o Poder Público, sem autorização em lei, no ato convocatório da licitação ou nos respectivos instrumentos contratuais, ou, ainda, pagar fatura com preterição da ordem cronológica de sua exigibilidade, observado o disposto no art. 121 desta Lei."

do MPOG, visa adequar os preços dos contratos administrativos aos novos preços de mercado, diante de efetivos aumentos de custos da atividade contratada. Aplica-se aos casos previstos no decreto e na instrução normativa anteriormente mencionados, segundo requisitos ali previstos, tendo como objetivo manter o contrato alinhado às condições do mercado, de acordo com índices que se venham a apurar no curso do contrato.

São requisitos para o seu deferimento:

(a) contratos com duração igual ou superior a doze meses e naqueles de execução continuada (art. 57, inc. II, da Lei nº 8.666/93); o fundamento legal dessa exigência reside na Lei nº 10.192/01, a qual estabelece como nula de pleno direito qualquer estipulação de reajuste ou correção monetária de periodicidade inferior a um ano;

(b) previsão da repactuação no edital ou no contrato; tratando-se de uma subespécie (ou espécie segundo a IN SLTI/MPOG nº 02, de 2008) de reajuste, cuja previsão no instrumento convocatório a Lei nº 8.666/93 tornou obrigatória (art. 40, inc. XI), deduz-se, como condição essencial para sua concessão, prévia regulamentação nesse instrumento ou no contrato anexo (art. 40, §2º, inc. III, e art. 62, §1º, da Lei nº 8.666/93);

(c) interregno mínimo de doze meses, a contar da data da proposta ou do orçamento a que a proposta se referir ou, ainda, dos efeitos financeiros da última repactuação, conforme preceitua o art. 55, inc. III, da Lei nº 8.666/93, e, ainda, o art. 3º, §1º, da Lei nº 10.192/01;

(d) demonstração analítica, pelo contratado, da efetiva repercussão dos eventos majoradores dos custos unitários, por meio de planilha de custos e de formação de preços atualizada, que será confrontada com a planilha que instruiu a proposta vencedora, quando da licitação ou da contratação direta;

(e) verificação, pela administração, quanto à inexistência de custos não previstos originariamente na proposta, ressalvando-se o disposto no art. 40, §1º, da IN SLTI/MPOG nº 02, de 2008, o qual prevê a possibilidade de incluírem-se no cálculo da repactuação benefícios não previstos na proposta vencedora, desde que decorram de lei, sentença normativa, acordo ou convenção coletiva;

(f) laudo técnico ou instrumento equivalente, expedido pelo setor competente da administração, por meio do qual é certificado se ocorreu ou não a efetiva repercussão dos eventos majoradores dos custos do contrato, na forma postulada pela empresa contratada;

(g) previsão de recursos orçamentários que assegurem o pagamento das despesas decorrentes da repactuação; e

(h) formalização por meio de apostila ou termo aditivo (art. 40, §4º, da IN SLTI/MPOG nº 02, de 2008).

Embora a previsão contratual e o interregno temporal mínimo sejam os requisitos também presentes no reajuste (art. 55, III, da Lei nº 8.666/93 e art. 3º, §1º, da Lei nº 10.192/01), veja-se que no reajuste há índice prefixado, logo, vinculante, ao passo que na repactuação é pós-fixado e aplicável somente nos contratos de prestação de serviços contínuos com dedicação exclusiva de mão de obra.

Adverte o Tribunal de Contas da União:

> O instituto da repactuação de preços aplica-se apenas a contratos de serviços continuados prestados com dedicação exclusiva da mão de obra (Acórdão nº 1.488/2016 – Plenário, Rel. Min. Vital do Rêgo, Processo nº 030.028/2015-9)

9.1.4. atente para o entendimento firmado na jurisprudência do Tribunal de Contas da União (v.g., AC-1.563/2004 – Plenário, AC-55/2000 – Plenário, etc.), no sentido de que somente os contratos que tenham por objeto a prestação de serviços de natureza contínua podem ser repactuados e a repactuação que vise aumento de despesa não é permitida antes de decorrido, pelo menos, um ano de vigência do contrato, observando, ainda, que:
9.1.4.1. é necessária a existência de cláusula no contrato admitindo a repactuação, que pode ser para aumentar ou para diminuir o valor do contrato;
9.1.4.2. a repactuação não está vinculada a qualquer índice; e
9.1.4.3. para a repactuação de preços deve ser apresentada demonstração analítica da variação dos componentes dos custos do contrato, devidamente justificada; (Acórdão nº 297/2005, Plenário. Relator Min. Walton Alencar Rodrigues, Processo TC nº 008.567.2004-6, *DOU* de 01.04.2005)

Configura ato lesivo à administração pública, segundo a Lei nº 12.846/13, a qual dispõe sobre a responsabilização administrativa e civil de pessoas jurídicas pela prática de atos contra a administração pública, nacional ou estrangeira, manipular ou fraudar o equilíbrio econômico-financeiro dos contratos celebrados com a administração pública. Assim:

> Art. 5º Constituem atos lesivos à administração pública, nacional ou estrangeira, para os fins desta Lei, todos aqueles praticados pelas pessoas jurídicas mencionadas no parágrafo único do art. 1º, que atentem contra o patrimônio público nacional ou estrangeiro, contra princípios da administração pública ou contra os compromissos internacionais assumidos pelo Brasil, assim definidos: [...]
> IV – no tocante a licitações e contratos:
> g) manipular ou fraudar o equilíbrio econômico-financeiro dos contratos celebrados com a administração pública;

25 Vigência contratual e exercício financeiro

A Lei Geral de Licitações estabelece que o contrato tenha sua vigência limitada aos respectivos créditos orçamentários, em observância ao princípio da anualidade do orçamento. Assim, como regra, o contrato deve ter seu prazo de duração fixado até 31 de dezembro do exercício financeiro em que foi formalizado, independentemente de seu início. O art. 57, incs. I, II, IV e V, arrola, de forma exauriente, as exceções à regra da limitação do prazo de vigência dos contratos aos respectivos créditos orçamentários. São elas: (a) projetos cujos produtos estejam contemplados nas metas estabelecidas em Plano Plurianual, que podem ser prorrogados, se houver interesse da administração e previsão no ato convocatório; (b) serviços a serem executados de forma contínua, que poderão ter a sua duração prorrogada por até 60 meses; (c) aluguel de equipamentos e utilização de programas de informática, prorrogáveis por até 48 meses; e (d) as hipóteses previstas nos incs. IX, XIX, XXVIII e XXXI do art. 24, cujos contratos poderão ter vigência por até 120 (cento e vinte) meses, caso haja interesse da administração.

Os contratos cujos produtos estejam contemplados nas metas estabelecidas em Plano Plurianual, a autorizar prazo de duração além do exercício financeiro, tanto são possíveis para a prestação de serviços de engenharia como para a execução de obra. Veja-se o julgado do TCU:

8.2 – determinar ao [...] que:

8.2.1 – ao contratar serviços de supervisão, fiscalização e gerenciamento de obras rodoviárias incluídas nas metas do Plano Plurianual, segundo o artigo 57, inciso I, da Lei nº 8.666/93, ajuste a duração desses contratos ao tempo previsto para a construção das respectivas rodovias, a não ser que outra opção, no sentido da descompatibilização de prazos, mostre-se comprovadamente mais vantajosa para a entidade;

8.2.2 – abstenha-se de prorrogar os contratos de supervisão, fiscalização e gerenciamento de obras rodoviárias, salvo, eventualmente, se as condições do artigo 57, inciso I e §2º, da Lei nº 8.666/93 forem rigorosamente cumpridas, e se justificada a vantagem da prorrogação em contraste com a possibilidade de uma nova contratação, conforme parecer referendado pela autoridade máxima da entidade; (Decisão nº 90/2001, Primeira Câmara, Relator Min. Marcos Vinicios Rodrigues Vilaça, Processo TC nº 007.987/1999-4, *DOU* de 17.05.2001)

O legislador não impôs limite à duração de contratos referentes a projetos previstos no Plano Plurianual, visto que a necessidade pública pode demandar diferentes prazos. Nessa hipótese, não haverá risco de assunção de despesas sem cobertura orçamentária. A própria Constituição Federal estabelece que a Lei Orçamentária Anual deva ser compatível com o PPA (art. 165, §7º, da CF/88). Há, portanto, presunção constitucional de que os projetos contemplados no PPA dispõem de suficiente cobertura orçamentária. Os serviços de fiscalização de obras acomodam-se nessa situação, visto que, por sua natureza, geram despesa de capital, devendo, portanto, estar contemplados no PPA (art. 165, §1º, da CF/88).

26 Celebração de aditivo ao contrato

Quando necessária a prorrogação do prazo de contrato cuja vigência possa ultrapassar o exercício financeiro, é de rigor que a lavratura do respectivo termo aditivo ocorra antes da expiração do prazo, de modo a evitar a execução de obras ou a prestação de serviços sem cobertura contratual, o que, em princípio, é vedado pela Lei nº 8.666/93, na interpretação do TCU:

9.5.3. se abstenha de firmar termos aditivos a contratos após o término de sua vigência, observando que, nos casos em que os termos contratuais são substituídos por notas de empenho da despesa, a vigência contratual encerra-se na data em que se extinguem as obrigações das partes; (Acórdão nº 1.656/2003, Plenário, Relator Min. Walton Alencar Rodrigues, Processo TC nº 008.551.2003-8, *DOU* de 13.11.2003)

9.3.14. celebrar o correspondente termo aditivo previamente à expiração do prazo contratual, de modo a evitar a execução de serviços sem cobertura contratual, nos termos do art. 60 da Lei nº 8.666/93; (Acórdão nº 740/2004, Plenário, Relator Min. Ubiratan Aguiar, Processo TC nº 013.661.2003-0, *DOU* de 25.06.2004)

(...) cumpra fielmente os prazos de vigência dos acordos, promovendo sua alteração dentro dos respectivos períodos, nos termos do art. 66 da Lei de Licitações (Acórdão nº 301/2005, Plenário, Relator Min. Marcos Bemquerer Costa, Processo TC nº 928.598.1998-5, *DOU* de 01.04.2005)

9.1. determinar à [...] que nas prorrogações contratuais promova a assinatura dos respectivos termos de aditamento até o término da vigência contratual, uma vez que, transposta a data final de sua vigência, o contrato é considerado extinto, não sendo juridicamente cabível a prorrogação ou a continuidade da execução do mesmo; (Acórdão nº 1.727/2004, Plenário, Relator Min. Augusto Sherman Cavalcanti, Processo TC nº 008.348.2004-0, *DOU* de 17.11.2004)

No âmbito do Supremo Tribunal Federal:

> MANDADO DE SEGURANÇA. ACÓRDÃO DO TRIBUNAL DE CONTAS DA UNIÃO, QUE DETERMINOU A NÃO PRORROGAÇÃO DE CONTRATO ADMINISTRATIVO. INEXISTÊNCIA DE DIREITO LÍQUIDO E CERTO. VIOLAÇÃO DAS GARANTIAS DO CONTRADITÓRIO E DA AMPLA DEFESA NÃO CONFIGURADA. 1. Não há direito líquido e certo à prorrogação de contrato celebrado com o Poder Público. Existência de mera expectativa de direito, dado que a decisão sobre a prorrogação do ajuste se inscreve no âmbito da discricionariedade da Administração Pública. 2. Sendo a relação jurídica travada entre o Tribunal de Contas e a Administração Pública, não há que se falar em desrespeito às garantias constitucionais do contraditório e da ampla defesa. 3. Segurança denegada (MS 26250/DF, Rel. Min. Ayres Britto, *DJe*: 12.03.2010).

> EMENTA: MANDADO DE SEGURANÇA. ACÓRDÃO DO TRIBUNAL DE CONTAS DA UNIÃO QUE DETERMINOU A NÃO-PRORROGAÇÃO DE CONTRATO ADMINISTRATIVO. INEXISTÊNCIA DE DIREITO LÍQUIDO E CERTO. 1. Não há direito líquido e certo à prorrogação de contrato celebrado com o Poder Público. Existência de mera expectativa de direito, dado que a decisão sobre a prorrogação do ajuste se insere no âmbito da discricionariedade da Administração Pública, quando embasada em lei. 2. A representação ao Tribunal de Contas da União contra irregularidades em processo licitatório não está limitada pelo prazo do §2º do art. 41 da Lei nº 8.666/93. 3. Segurança denegada. (MS 27008/AM, Rel. Min. Ayres Britto, *DJe*: 12.03.2010)

26.1 Requisitos à celebração de aditivo ao contrato

São requisitos à celebração de aditivo visando prorrogar o prazo de vigência contratual: (a) contrato em plena vigência; (b) interesse da administração contratante e do contratado; (c) motivação expressa do gestor do contrato; (d) verificação, em pesquisa de mercado, de que os preços contratados permanecem vantajosos; (e) existência de prévia autorização pelo gestor do contrato; (f) comprovação de que o contratado mantém as condições iniciais de habilitação; (g) verificação de que inexistem impedimentos em contratar com o Poder Público, cujos efeitos alcancem a administração contratante; (h) previsão de recursos orçamentários que assegurem o pagamento das despesas; (i) formalização por meio de termo aditivo; e (j) análise e aprovação da minuta de termo aditivo pela assessoria jurídica.

Cumpridos esses requisitos e assinado o aditivo, publica-se sua versão resumida por meio da imprensa oficial (art. 61, parágrafo único, da Lei nº 8.666/93).

26.2 Duas mitigações da regra geral

A primeira é a de que os aditamentos contratuais com base no §1º do art. 65 e no §1º do art. 57 não necessitam de prévia estipulação no instrumento contratual, bastando a superveniência, no curso da execução, de uma das hipóteses previstas em lei, devidamente justificada (elementos de fato e de direito que fundamentam a necessidade de alteração contratual), autorizada pela autoridade competente e desde que os aditamentos sejam assinados dentro do prazo de vigência do contrato. A administração contratante poderá fixar o prazo de vigência dentro do exercício financeiro, admitida a prorrogação até o seu encerramento (31 de dezembro), quando o objeto da contratação não seja uma das situações indicadas nos incs. I, II, IV e V do indigitado art. 57.

A segunda é a que leva em conta a classificação dos contratos de acordo com a natureza de seu prazo de duração – contratos a termo e contratos por escopo. Nos contratos da primeira categoria, o termo final do prazo e o fim da obrigação coincidem; nos contratos da segunda categoria, nem sempre, de vez que pode findar o prazo estimado e o escopo (obra, por exemplo) não estar concluído, daí não se correlacionar o fim do prazo à extinção da obrigação.

Em outras palavras: se se trata de contrato a termo (compras e serviços em geral), a menção ao prazo no contrato ou em instrumento equivalente (*v.g.*, nota de empenho) é indispensável para advertir que, implementado o prazo, extinta estará a obrigação e se torna inviável qualquer aditamento. Caso se cuide de contrato por escopo (obras e serviços de engenharia), a menção ao prazo é de utilidade relativa do ponto de vista da extinção da obrigação, porque, mesmo findo o prazo fixado, a obrigação poderá não resultar extinta se o escopo ainda não houver sido concluído, caso em que o prazo terá índole apenas moratória, não extintiva da obrigação.

Essa é a inteligência de julgado do TCU: "9.5.3 se abstenha de firmar termos aditivos a contratos após o término de sua vigência, observando que, nos casos em que os termos contratuais são substituídos por notas de empenho da despesa, a vigência contratual encerra-se na data em que se extinguem as obrigações das partes" (Acórdão nº 1.656/03, Plenário, Relator Min. Walton Alencar Rodrigues, Processo TC nº 008.551.2003-8, *DOU*, 13.11.2003).

Nos contratos por escopo, diferentemente do contrato a termo, o que se tem em vista é a obtenção de seu objeto concluído, operando o prazo como limite de tempo para sua conclusão. Inexistindo motivos para sua rescisão ou anulação, a extinção do ajuste somente se opera com a conclusão do objeto e o seu recebimento pela administração, diferentemente dos ajustes por tempo determinado, nos quais o prazo constitui elemento essencial e imprescindível para a consecução ou a eficácia do objeto avençado. Assim:

> Tomada de Contas Especial originada da conversão de autos de Representação apurou dano ao erário na retomada das obras de construção de rodovia vicinal no município de [...], de responsabilidade do Departamento [...]. Segundo o relator, "a irregularidade principal foi o reinício das obras em 21.08.2007 (paralisadas em 23.04.2002), com a utilização do projeto original de 2001, apesar de se ter conhecimento das significativas alterações ocorridas na região em virtude da construção de um açude e de uma agrovila. Essa inadequação gerou o rompimento de bueiros e outras passagens de água da rodovia". Realizado o contraditório, o relator consignou que tanto a unidade instrutiva quanto o Ministério Público junto ao TCU acreditavam ser possível a retomada da avença "por se tratar de contrato por escopo, cuja extinção ocorreria apenas com a conclusão do objeto". Nessa linha reproduziu o relator excertos de duas deliberações do Plenário, dentre as quais o Acórdão nº 5466/2011-Segunda Câmara, no qual é reproduzido trechos do voto condutor da Decisão 732/1999-Plenário, com o seguinte teor: "No entanto, ao meu ver, inexistindo motivos para sua rescisão ou anulação, a extinção de contrato pelo término de seu prazo somente se opera nos ajustes celebrados por tempo determinado, nos quais o prazo constitui elemento essencial e imprescindível para a consecução ou eficácia do objeto avençado, o que não é o caso do contrato firmado pelo [...], no qual a execução prévia é o seu objetivo principal. Dessa forma, não havendo motivos para a cessação prévia do ajuste, a extinção do contrato firmado com o [...] operar-se-ia apenas com a conclusão de

seu objeto e recebimento pela Administração, o que ainda não ocorreu". Constatando a inexistência nos autos de notícias sobre a rescisão do ajuste, concluiu o relator que, para o caso em exame, "a reativação do contrato pode ser aceita como legítima, com o consequente acolhimento das alegações de defesa dos responsáveis, tendo em vista a natureza do seu objeto e o fato de que, conforme as informações disponíveis, a suspensão da execução não foi causada pela contratada". Considerou, contudo, "indevida a utilização do projeto original, ignorando as alterações físicas consideráveis ocorridas na região antes da retomada das obras". Nesses termos, considerando a ausência de elementos suficientes para a quantificação do dano, o Plenário, acompanhando o voto do relator, julgou irregulares as contas dos responsáveis, aplicando-lhes a multa capitulada no art. 58, inciso III, da Lei nº 8.443/92 (Acórdão nº 1674/2014 – Plenário, Rel. Min. José Múcio Monteiro, Processo nº 033.123/2010-1. Informativo de Licitações e Contratos nº 203, de 2014).

27 Alterações contratuais unilaterais

O art. 65, §1º, da Lei Geral estatui que a contratada fica obrigada a aceitar, nas mesmas condições contratuais, os acréscimos ou supressões que se fizerem nas obras ou serviços, até 25% do valor inicial atualizado do contrato, e, no caso particular de reforma de edifício ou de equipamento, até o limite de 50% para os seus acréscimos. Nesta última hipótese, o limite de 50% há de ser observado apenas no caso de acréscimo; na hipótese de supressão de parte do objeto da reforma, o limite a ser observado é de 25%.

É frequente a dúvida acerca da aplicação desses limites de 25 e 50%: também se referem às hipóteses em que houver modificação do projeto ou das especificações do objeto (alterações qualitativas), ou somente quando necessária a modificação do valor contratual em decorrência de acréscimo ou diminuição quantitativa do objeto?

O Tribunal de Contas da União, por meio da Decisão nº 215/99, citada no Acórdão nº 1.428/03, Plenário, dirimiu que tanto nas alterações contratuais quantitativas quanto nas alterações qualitativas deve ser observado o limite legal estabelecido nos §§1º e 2º do art. 65 da Lei nº 8.666/93. Arremata o aresto:

> 9.3.2 proceda a rigoroso acompanhamento das obras do Projeto de Irrigação Várzea de Sousa/PB (Convênio nº 071/98 – SIAFI 353321), e observe, na hipótese de vir a ser solicitada nova alteração no projeto aprovado, o contido na Decisão nº 215/1999 – Plenário – TCU, que firmou o entendimento de que tanto nas alterações contratuais quantitativas quanto nas alterações qualitativas deve ser observado o limite legal estabelecido nos §§1º e 2º do art. 65 da Lei nº 8.666/93, só se admitindo a extrapolação desse limite em casos excepcionalíssimos, desde que satisfeitos os pressupostos fixados na referida decisão. (Acórdão nº 1.428/2003, Plenário, Relator Min. Ubiratan Aguiar, Processo TC nº 013.791.2001-7, DOU de 03.10.2003)

Eis as situações de excepcionalidade, definidas na Decisão plenária nº 215/99, que pôs fim a extensa discussão doutrinária e jurisprudencial:

> a) tanto as alterações contratuais quantitativas – que modificam a dimensão do objeto – quanto as unilaterais qualitativas – que mantém intangível o objeto, em natureza e em dimensão, estão sujeitas aos limites preestabelecidos nos §§1º e 2º do art. 65 da Lei nº 8.666/93, em face do respeito aos direitos do contratado, prescrito no art. 58, I, da mesma Lei, do princípio da proporcionalidade e da necessidade de esses limites serem obrigatoriamente fixados em lei;

b) nas hipóteses de alterações contratuais consensuais, qualitativas e excepcionalíssimas de contratos de obras e serviços, é facultado à Administração ultrapassar os limites aludidos no item anterior, observados os princípios da finalidade, da razoabilidade e da proporcionalidade, além dos direitos patrimoniais do contratante privado, desde que satisfeitos cumulativamente os seguintes pressupostos:

I – não acarretar para a Administração encargos contratuais superiores aos oriundos de uma eventual rescisão contratual por razões de interesse público, acrescidos aos custos da elaboração de um novo procedimento licitatório;

II – não possibilitar a inexecução contratual, à vista do nível de capacidade técnica e econômico-financeira do contratado;

III – decorrer de fatos supervenientes que impliquem em dificuldades não previstas ou imprevisíveis por ocasião da contratação inicial;

IV – não ocasionar a transfiguração do objeto originalmente contratado em outro de natureza e propósito diversos;

V – ser necessárias à completa execução do objeto original do contrato, à otimização do cronograma de execução e à antecipação dos benefícios sociais e econômicos decorrentes;

VI – demonstrar-se – na motivação do ato que autorizar o aditamento contratual que extrapole os limites legais mencionados na alínea "a", supra – que as conseqüências da outra alternativa (a rescisão contratual, seguida de nova licitação e contratação) importam sacrifício insuportável ao interesse público primário (interesse coletivo) a ser atendido pela obra ou serviço, ou sejam gravosíssimas a esse interesse; inclusive quanto à sua urgência e emergência; (Relator Min. José Antonio Barreto de Macedo, Processo TC nº 930.039.1998-0, *DOU* de 21.05.1999)

Seguiram-se os Acórdãos nº 749/2010 – Plenário, Rel. Min. Augusto Nardes, Processo nº 022.689/2006-5 e nº 1676/2011 – Plenário, Rel. Min. Raimundo Carreiro, Processo nº 008.847/2011-8, os quais mantiveram o entendimento consagrado na Decisão 215/1999 – Plenário.

No Acórdão nº 89/2013 – Plenário, a Corte de Contas deliberou que, para fins de enquadramento na hipótese de excepcionalidade prevista na Decisão nº 215/1999 – Plenário (acréscimos contratuais acima dos limites estabelecidos pela Lei nº 8.666/93), as alterações qualitativas havidas não podem decorrer de culpa da administração contratante, nem do contratado.

Eis a deliberação, extraída de seu *Informativo de Licitações e Contratos* de nº 138:

Embargos de declaração interpostos pela [...] contra o Acórdão nº 3.364/2012-Plenário alegaram omissão no item da deliberação que alertou aquela empresa acerca do significativo percentual aditivado (16,95%) até então, próximo ao limite legal (art. 65, inciso II, da Lei nº 8.666/93), no contrato para implantação do terminal marítimo de passageiros no porto de Natal/RN. Argumentou a recorrente ser a maior parte desse montante decorrente de alteração qualitativa na obra, que atenderia às condicionantes de excepcionalidade estabelecidos pelo Tribunal na Decisão nº 215/1999-Plenário. Alegou ter havido necessidade de se alterar a especificação das estacas previstas em projeto, em razão da impossibilidade de o fornecedor atender a demanda em prazo compatível com o cronograma contratual. Em decorrência disso, a utilização de estacas diversas das projetadas ocasionou o redimensionamento das fundações, onerando o preço da obra. O relator considerou não haver elementos de convicção suficientes para a caracterização de caso fortuito, de situação imprevisível à época da contratação, de que a alteração de especificação não decorreu de culpa do contratado, com a demora em encomendar as estacas, ou do contratante, por falhas no projeto. Destacou ser a ausência de culpa condição essencial para o Tribunal aceitar aditivos que ultrapassem os limites legalmente estabelecidos. Nessa esteira, a Corte, ao acolher proposta do relator, deu nova redação à deliberação recorrida e expediu notificação a [...] da qual constou também as seguintes orientações: a) para que a alteração em tela venha a ser aceita como situação de exceção prevista pelo TCU na Decisão nº 215/1999-Plenário, deve ficar demonstrado que as estacas não poderiam ter sido obtidas de outro fornecedor e que não houve mora da contratada na encomenda desses elementos; b) também com a finalidade de enquadramento nessa hipótese excepcional, as novas alterações nas tecnologias construtivas não podem decorrer de projeto básico insuficiente (Acórdão nº 89/2013 – Plenário, Relator Min. Valmir Campelo, Processo nº 036.898/2012-0).

A execução de itens do objeto do contrato, em quantidade ou qualidade diversa da prevista no orçamento da licitação, deve ser precedida de:

(a) justificativa apta a demonstrar a superveniência do fato ensejador da alteração contratual;[98]

(b) justificativa que assegure a pertinência entre os serviços originalmente contratados e os aditados;

(c) elaboração de projeto básico;[99] tendo em vista que as alterações propõem-se a modificar o projeto ou as especificações inicialmente estabelecidas, qualitativa ou quantitativamente, também elas, as alterações, devem ser precedidas de projeto básico;

(d) elaboração de orçamento detalhado em planilhas que expressem a composição de todos os custos unitários da alteração, por aplicação do disposto no art. 7º, §1º, II, da Lei nº 8.666/93;

(e) se no contrato não houverem sido contemplados preços unitários para obras ou serviços, esses serão fixados mediante acordo entre as partes, respeitados os limites estabelecidos no §1º do art. 65 da Lei nº 8.666/93, conforme preceitua o §3º do mesmo dispositivo;

(f) observância do disposto no art. 7º, §4º, da Lei nº 8.666/93, que veda a inclusão de fornecimento de materiais e serviços sem previsão de quantidades ou cujos quantitativos não correspondam às previsões reais do projeto básico desenvolvido para a alteração;

(g) observância dos limites previstos no art. 65, §1º, da Lei nº 8.666/93;

(h) justificativa de que inexiste sobrepreço do objeto que se pretende acrescer;[100]

(i) verificação de que os preços contratados permanecem compatíveis com os de mercado e vantajosos para a Administração; orienta o Tribunal de Contas da União em

---

[98] Precedente do TCU: "9.3.10. observe o princípio de que a execução de itens do objeto do contrato em quantidade superior à prevista no orçamento da licitação deve ser previamente autorizada por meio de termo aditivo contratual, o qual deverá atender aos requisitos a seguir: 9.3.10.1. ser antecedido de procedimento administrativo no qual fique adequadamente consignada a motivação das alterações tidas por necessárias, que devem ser embasadas em pareceres e estudos técnicos pertinentes, bem assim caracterizar a natureza superveniente, em relação ao momento da licitação, dos fatos ensejadores das alterações" (Acórdão nº 554/05, Plenário, TCU, Processo nº 007.441/2001-5, Relator Min. Guilherme Palmeira).

[99] Precedente do TCU: "9.3.13. elaborar projeto básico previamente à realização de aditamentos contratuais, em especial, quando implicar acréscimos quantitativos do objeto, nos termos do art. 7º, §2º, I, da Lei nº 8.666/93 c/c art. 65, I, b, do mesmo diploma legal" (Acórdão nº 740/04, Plenário, Relator Min. Ubiratan Aguiar, Processo TC nº 013.661.2003-0, DOU, 25.06.2004).

[100] Precedente do TCU: "9.5.1 caso se faça necessária a celebração de termo aditivo versando sobre inclusão de novos itens ou acréscimos de quantitativos de itens da obra em questão, observe os preços praticados no mercado, podendo, na aferição dos preços unitários a serem contratados, ser utilizada a tabela de referência do Sicro" (Acórdão nº 424/03 Plenário, Processo nº 003.736/2002-1, Relator Min. Marcos Vinicios Vilaça)

seu manual intitulado *Licitações & Contratos. Orientações e Jurisprudência*. 4. ed. p. 804: *"Na hipótese de acréscimo, é necessário que o gestor verifique se os preços contratados continuam compatíveis com os de mercado e vantajosos para a Administração"*;

(j) existência de recursos orçamentários, na hipótese de acréscimo do objeto;

(k) autorização pela autoridade competente;

(l) minuta de termo aditivo;

(m) encaminhamento para assessoria jurídica para exame e aprovação da minuta, como estatuído pelo art. 38, parágrafo único, da Lei nº 8.666/93; e

(n) conteúdo resumido do aditamento publicado nos termos do art. 61, parágrafo único, da Lei nº 8.666/93.

V., sobre os requisitos necessários às alterações com base no art. 65, §1º, da Lei Geral de Licitações, a obra *Da responsabilidade de agentes públicos e privados em processos administrativos de licitação e contratação* (PEREIRA JUNIOR, Jessé Torres; DOTTI, Marinês Restelatto. *Da responsabilidade de agentes públicos e privados em processos administrativos de licitação e contratação*. 2. ed. São Paulo: NDJ, 2014).

27.1 Vedação à compensação de acréscimos e decréscimos contratuais

O Tribunal de Contas da União analisou consulta formulada pelo Ministério da Integração Nacional acerca da aplicação de dispositivos legais sobre a compensação de acréscimos e decréscimos contratuais. Tem por pacífico o entendimento de que, na elaboração do cálculo de limite de alteração contratual previsto na Lei Geral de Licitações, a administração não pode realizar compensação entre acréscimos e decréscimos. As alterações de quantitativos devem, assim, ser calculadas sobre o valor original do contrato, aplicando-se a cada uma, sem compensação com as demais, os limites da lei.

Consoante o Acórdão nº 1.536/2016 – Plenário, em decisões anteriores a Corte havia admitido a compensação em aditivos de contratos celebrados previamente à pacificação do entendimento, a exemplo do Projeto de Integração do Rio São Francisco (PISF). A consulta atual feita pelo Ministério foi no sentido de ser possível a extensão desse entendimento a outros contratos de obras de infraestrutura hídrica, firmados em decorrência de termos de compromisso.

Em resposta à solicitação de esclarecimento, o Tribunal reafirmou que o cálculo dos limites de alterações contratuais deve ser feito de forma isolada, sobre o valor original do contrato, vedada a compensação entre acréscimos ou supressões. No caso de outros contratos de obra de infraestrutura hídrica, não poderá ser realizada, de forma genérica, a compensação que foi admitida nos contratos do Pisf. Essa admissão não pode ser generalizada, necessário que haja a análise prévia das circunstâncias de cada caso concreto.

No caso de empreendimentos de infraestrutura hídrica de grande magnitude, cujos contratos tenham sido celebrados antes da data de publicação do Acórdão nº 2.059/2013 – Plenário, o Tribunal considerou viável a compensação. Será admitida para a realização das alterações necessárias à conclusão do objeto e que não impliquem seu desvirtuamento, sempre observada a supremacia do interesse público e demais princípios que regem a administração pública. Segundo o relator do processo, Ministro Bruno Dantas, "atos decisórios, em especial os paradigmáticos, como é o caso atual, assumem uma capacidade de generalização e irradiação, sinalizando padrões de conduta para situações similares e fornecendo aos indivíduos segurança de orientação".

Reproduz-se o Acórdão nº 1.536/2016 – Plenário, no sentido de que os acréscimos ou supressões nos montantes dos ajustes firmados pela administração pública devem ser considerados de forma isolada, sendo calculados sobre o valor original do contrato, vedada a compensação entre seus valores:

> 9.1. conhecer da consulta para, no mérito, com base nas razões de decidir que fundamentaram os entendimentos firmados nos Acórdãos nº 2.819/2011, nº 2.681/2013, nº 3.105/2013 e nº 1.160/2014, todos do Plenário, responder ao consulente que:
> 9.1.1. a jurisprudência deste Tribunal é pacífica no sentido de entender, como regra geral, para atendimento dos limites definidos no art. 65, §§1º e 2º, da Lei nº 8.666/1993, que os acréscimos ou supressões nos montantes dos ajustes firmados pelos órgãos e pelas entidades da Administração Pública devem ser considerados de forma isolada, sendo calculados sobre o valor original do contrato, vedada a compensação entre seus valores;
> 9.1.2. a modulação admitida no Acórdão nº 2.681/2013-TCU-Plenário não pode ser generalizada a fim de se estender a todo e qualquer contrato de obra de infraestrutura hídrica firmado em decorrência de Termo de Compromisso assinado com o Ministério da Integração Nacional, eis que nem todos os contratos apresentam as mesmas peculiaridades que conduziram o Tribunal naquela decisão;
> 9.1.3. é juridicamente viável a compensação entre o conjunto de acréscimos e de supressões no caso de empreendimentos de grande relevância socioeconômica do setor de infraestrutura hídrica que integrem Termo de Compromisso pactuado com o Ministério da Integração Nacional, desde que o contrato tenha sido firmado antes da data de publicação do Acórdão nº 2.059/2013-TCU-Plenário e as alterações sejam necessárias para a conclusão do objeto, sem que impliquem seu desvirtuamento, observada a supremacia do interesse público e demais princípios que regem a Administração Pública;
> 9.1.4. as circunstâncias que comprovem o enquadramento de cada caso à solução temporária indicada no subitem anterior deverão constar dos processos administrativos relativos aos aditivos, que também devem apresentar as justificativas quanto à pertinência da alteração, os elementos técnicos que demonstrem não estar sendo desvirtuadas as características fundamentais estabelecidas no projeto básico do empreendimento e o atendimento ao disposto nos arts. 14 e 15 do Decreto nº 7.983/2013; (Rel. Min. Bruno Dantas, Processo nº 015.542/2016-5).

28 Fiscalização da execução do contrato

Dispõe a Lei nº 8.666/93:

> Art. 67. A execução do contrato deverá ser acompanhada e fiscalizada por um representante da Administração especialmente designado, permitida a contratação de terceiros para assisti-lo e subsidiá-lo de informações pertinentes a essa atribuição.
> §1º O representante da Administração anotará em registro próprio todas as ocorrências relacionadas com a execução do contrato, determinando o que for necessário à regularização das faltas ou defeitos observados.
> §2º As decisões e providências que ultrapassarem a competência do representante deverão ser solicitadas a seus superiores em tempo hábil para a adoção das medidas convenientes.

A administração tem o poder-dever de fiscalizar a execução dos contratos avençados. Trata-se de prerrogativa conferida no art. 58, III, da Lei Geral. Como tal, configura encargo obrigatório, não mera faculdade, por isto que de cumprimento imperativo pelos agentes públicos. Faz-se ainda mais necessária nos contratos de obra ou de serviços de engenharia, cuja verificação é ordinariamente mais técnica e complexa, com etapas cuja qualidade há de ser aferida durante a respectiva execução, como os serviços de fundação, por exemplo, de difícil ou inviável verificação uma vez concluída a obra.

Embora revogado, o Decreto[101] nº 73.140, de 09 de novembro de 1973, em seu art. 89, parágrafo único, inc. II, enunciava modelar roteiro a ser cumprido pela fiscalização da execução de contratos de obras ou de serviços de engenharia.

Na Lei nº 8.666/93, o art. 67 determina que o agente público designado para o encargo tome as medidas necessárias à regularização de eventuais defeitos e faltas, ordenando-lhes a emenda ou o suprimento, o que deve bastar à contratada para o correspondente cumprimento. Tanto que, quando a matéria ultrapassar a competência do fiscal, a norma determina que este a submeta à autoridade superior em tempo hábil. O fato é que a lei já assina ao fiscal poderes suficientes para exigir e impõe à contratada sujeição bastante para acatar as correções que se fizerem necessárias durante a execução.

À contratada caberá reparar, corrigir, remover, reconstruir ou substituir, às suas expensas, no total ou em parte, o objeto do contrato em que a fiscalização verificar vícios, defeitos ou incorreções resultantes da execução ou de materiais empregados.

A anotação de fatos relevantes ocorridos na obra, de considerações acerca de fatos externos que venham a prejudicar a execução da obra e o registro das circunstâncias geradoras das dificuldades enfrentadas na execução, podendo isentar ou agravar a responsabilidade da contratada, subsidiarão o gestor do contrato no processo de liquidação das despesas e do recebimento da obra. Daí esperar-se que o fiscal tenha presença contínua no local de execução da obra ou do serviço. Não se faz fiscalização a distância.

É importante que o projeto básico, além do detalhamento adequado do objeto, modele plano de trabalho para a atuação fiscalizatória. O fiscal atuará com base nesse plano, acompanhando o contrato passo a passo, atentando, em especial, para o cumprimento de prazos e eventual necessidade de prorrogações, eventuais falhas técnicas na execução do objeto, necessidade de alterações contratuais, subcontratações (desde que não vedadas no instrumento convocatório), medições, instrução de procedimentos apuratórios de irregularidades na execução, com vistas à possível aplicação de penalidades administrativas.

---

[101] "Art. 89. Caberá ao contratado o fornecimento e manutenção de um 'Diário de Ocorrências', permanentemente disponível para lançamentos no local da obra ou serviço. Parágrafo único. Serão obrigatoriamente registrados no 'Diário de Ocorrências': (...) II – pela fiscalização: a) atestação da veracidade dos registros previstos nas alíneas a e b do nº I deste artigo; b) juízo formado sobre o andamento da obra ou serviço, tendo em vista os projetos, especificações, prazos e cronogramas; c) observações cabíveis a propósito dos lançamentos do contratado no 'Diário de Ocorrências'; d) soluções às consultas lançadas ou formuladas pelo contratado, com correspondência simultânea para a autoridade superior; e) restrições que lhe pareçam cabíveis a respeito do andamento dos trabalhos ou do desempenho do contratado, seus prepostos e sua equipe; f) determinação de providências para o cumprimento do projeto e especificações; g) outros fatos ou observações cujo registro se torne conveniente ao trabalho de fiscalização."

Igualmente ao fiscal caberá atestar faturas, recebimentos[102] provisórios e definitivos de etapas, conforme estipulado no art. 73 da Lei nº 8.666/93, dentro dos prazos previstos no cronograma físico-financeiro, no instrumento convocatório e no contrato.

Por tais e tantas razões, a fiscalização deve ser sistemática e documentada, com anotação das ocorrências em registro próprio e formalização das determinações necessárias à regularização dos vícios, defeitos ou incorreções identificados.

São deliberações do Tribunal de Contas da União acerca da atuação fiscalizatória:

9.1.2. designe fiscais considerando a formação acadêmica ou técnica do servidor/funcionário, a segregação entre as funções de gestão e de fiscalização do contrato, bem como o comprometimento concomitante com outros serviços ou contratos, de forma a evitar que o fiscal responsável fique sobrecarregado devido a muitos contratos sob sua responsabilidade;

9.1.3. realize sistematicamente o acompanhamento dos trabalhos realizados pelos fiscais (Acórdão nº 1.094/2013 – Plenário, Rel. Min. José Jorge, Processo nº 009.224/2012-2);

643. Considerando a complexidade das obras em questão, aliado à sua importância para a região, juntamente com a carência de pessoal para a realização da fiscalização direta da obra, entende-se que era fundamental a contratação de uma empresa para subsidiar e assistir a Administração de informações pertinentes à fiscalização, nos termos do art. 67 da Lei nº 8.666/1993. Esse entendimento é compartilhado com o próprio Dnit, tanto que a contratação dessa empresa foi realizada, porém, bastante tempo depois do início das obras de construção.

644. Nesse caso, a despeito da argumentação trazida pelo Sr. [...], de que a contratação da empresa supervisora era uma faculdade da Administração, entende-se que essa faculdade é relativa, haja vista o comando esculpido pelo art. 67 da Lei nº 8.666/1993: "A execução do contrato deverá ser acompanhada e fiscalizada por um representante da Administração especialmente designado, permitida a contratação de terceiros para assisti-lo e subsidiá-lo de informações pertinentes a essa atribuição". Sendo assim, o ato de acompanhar e fiscalizar não se limita ao aspecto formal, de designar um servidor responsável pela fiscalização, mas sim, se estende ao aspecto finalístico, de garantir o fiel cumprimento do contrato.

645. Nesse sentido, de forma a tornar efetivo o comando da Lei nº 8.666/1993, além de designar servidor para fiscalizar o contrato, é de obrigação de quem faz essa designação dar condições para que a fiscalização seja realizada. Assim, considerando a impossibilidade de um único servidor fiscalizar o referido contrato, sem os instrumentos necessários, considerando as demais responsabilidades que o cercavam, restava evidenciada a necessidade de contratação de uma empresa supervisora para auxiliar o representante da Administração. (Acórdão nº 1.989/2013 – Plenário, Rel. Min. Aroldo Cedraz, Processo nº 011.517/2010-7);

---

[102] O Tribunal de Contas da União recomendou ao órgão público que avaliasse a conveniência e a oportunidade de adotar os seguintes procedimentos, com vistas à melhoria do sistema de controle interno da organização: "[...] 9.1.22.3. previsão, no modelo de gestão do contrato, quando se tratar de contratação de serviços, da segregação das atividades de recebimento de serviços de forma que: 9.1.22.3.1. o recebimento provisório, a cargo do fiscal que acompanha a execução do contrato, baseie-se no que foi observado ao longo do acompanhamento e fiscalização (art. 73, inciso I, alínea "a", da Lei nº 8.666/93); 9.1.22.3.2. o recebimento definitivo, a cargo de outro servidor ou comissão responsável pelo recebimento definitivo, deve basear-se na verificação do trabalho feito pelo fiscal e na verificação de todos os outros aspectos do contrato que não a execução do objeto propriamente dita (art. 73, inciso I, alínea "b", da Lei nº 8.666/93);" (Acórdão nº 2.743/2015-Plenário, Rel. Min. Augusto Sherman Cavalcanti, Processo nº 017.635/2014-4).

9.3.5. estabeleça um documento específico (como "ordem de serviço" ou "solicitação de serviço") destinado ao controle dos serviços prestados para fins de pagamento à empresa contratada, contendo, entre outros aspectos que também possam vir a ser considerados necessários pelo órgão: a definição e a especificação dos serviços a serem realizados; as métricas utilizadas para avaliar o volume de serviços solicitados e realizados; a indicação do valor máximo de horas aceitável e a metodologia utilizada para quantificação desse valor, nos casos em que a única opção viável for a remuneração de serviços por horas trabalhadas; o cronograma de realização do serviço, incluídas todas as tarefas significativas e seus respectivos prazos; os custos em que incorrerá o Ministério para consecução do serviço solicitado; e a indicação clara do servidor responsável pela atestação dos serviços; (Acórdão nº 667/2005, Plenário, Relator Min. Augusto Sherman Cavalcanti, Processo TC nº 001.665.2005-5, *DOU* de 03.06.2005)

d) adote providências com vistas ao rigoroso acompanhamento dos contratos em execução, por intermédio do representante designado para tal, nos termos do art. 67 da Lei nº 8.666/93, adotando tempestivamente as providências cabíveis, de forma a evitar a realização de pagamentos sem cobertura contratual, por contrariar o art. 60, parágrafo único, da Lei nº 8.666/93. (Acórdão nº 313/2008, Segunda Câmara, Relator Min. Ubiratan Aguiar, Processo TC nº 019.141.2006-2, *DOU* de 26.02.2008)

8.2.2. evite prever no edital a possibilidade de apresentação de propostas com qualquer tipo de ressalvas, uma vez que cláusulas dessa natureza não encontram amparo legal e retiram do certame a transparência necessária, dificultando, inclusive, as atividades de controle e fiscalização; (Decisão nº 197/2000, Plenário, Relator Min. Guilherme Palmeira, Processo TC nº 010.866.1999-0, *DOU* de 07.04.2000)

9.5.22. fiscalize adequadamente a execução das avenças, aplicando, em caso de inadimplência da contratada, as sanções previstas no edital e/ou nos termos de contratos; (Acórdão nº 301/2005, Plenário, Relator Min. Marcos Bemquerer, Processo TC nº 928.598.1998-5, *DOU* de 01.04.2005)

9.10.5. adote rotina de designação formal de um representante da Administração para acompanhar e fiscalizar a execução dos contratos firmados pela Autarquia, atentando para a necessidade de realizar registro próprio de todas as ocorrências relacionadas com a execução do contrato, nos termos do art. 67, *caput* e §1º, da Lei nº 8.666/93; (Acórdão nº 555/2005, Plenário, Relator Min. Valmir Campelo, Processo TC nº 009.878.2003-2, *DOU* de 20.05.2005)

9.3.16.17. junte aos processos pertinentes o ato de designação do representante da Administração encarregado de acompanhar e fiscalizar a execução dos contratos celebrados pelo Órgão, conforme estabelece o *caput* do art. 67 da Lei nº 8.666/93; (Acórdão nº 1.105/2004, Segunda Câmara, Relator Min. Lincoln Magalhães da Rocha, Processo TC nº 825.167.1997-3, *DOU* de 05.07.2004)

Nada obstante o equívoco apresentado no art. 6º da Portaria nº 409, de 21 de dezembro de 2016, do Ministro de Estado do Planejamento, Desenvolvimento e Gestão[103], segundo o qual o gestor do contrato será responsável pelo seu acompanhamento e fiscalização, é fundamental diferenciar as atribuições e competências do gestor e do

---

[103] Art. 6º A contratante designará, formalmente, servidor ou empregado de seu quadro próprio para atuar como gestor do contrato de prestação de serviços, o qual, tendo como parâmetro o objeto e os resultados previstos no contrato: I - será responsável pelo seu acompanhamento e fiscalização; e II - registrará as ocorrências e adotará providências para o seu regular cumprimento. Parágrafo único. O gestor do contrato poderá, a qualquer tempo, solicitar informações ou documentos para averiguar o cumprimento das obrigações legais por parte da contratada, podendo ser auxiliado por fiscais designados para esse fim, bem como ser assistido por terceiro ou empresa, desde que justifique a necessidade de assistência especializada.

fiscal do contrato. O primeiro (gestor) gerencia o contrato celebrado e decide sobre as possíveis intercorrências apontadas pelo responsável pela fiscalização; o segundo (fiscal) é o representante designado pelo gestor para acompanhar e fiscalizar a execução do objeto pelo contratado, em conformidade com as condições e obrigações estipuladas no edital e no contrato.

28.1 Contratação de terceiro (pessoa física ou jurídica) para auxiliar a fiscalização

Nos termos da Lei nº 8.666/93 (*caput* do art. 67 e seu §1º), a tarefa de fiscalizar é da competência de um representante (agente público) designado pela administração contratante, o qual poderá ser auxiliado por um terceiro contratado (pessoa física ou jurídica), para assisti-lo e subsidiá-lo de informações pertinentes a essa atribuição.

Extrai-se da obra *Da responsabilidade de agentes públicos e privados nos processos administrativos de licitação e contratação* que:

> O §1º do art. 67 da Lei nº 8.666/93 determina que o representante da Administração, designado para acompanhar todas as ocorrências relacionadas com a execução do contrato, tome as medidas necessárias à regularização de eventuais defeitos ocorridos, transmitindo-as à autoridade superior, quando for o caso. E o *caput* do art. 67 estabelece que a execução do contrato deve ser acompanhada e fiscalizada por um representante da Administração especialmente designado, permitida a contratação de terceiros para assisti-lo e subsidiá-lo de informações pertinentes a essa atribuição.
>
> Infere-se que a tarefa de fiscalizar a execução do contrato cabe, exclusivamente, a um agente público designado pela Administração, que poderá ser assistido por terceiro contratado. Em outras palavras, a Administração somente pode designar para fiscalizar a execução de contrato servidor titular de cargo público. Ao terceiro contratado cumpre, tão só, assisti-lo no desempenho da fiscalização, se e quando necessário. Veja-se a orientação do Tribunal de Contas da União:
>
> (a) O art. 67 da Lei nº 8.666/1993 exige a designação, pela Administração, de representante para acompanhar e fiscalizar a execução, facultando-se a contratação de empresa supervisora para assisti-lo. Assim, parece-me claro que o contrato de supervisão tem natureza eminentemente assistencial ou subsidiária, no sentido de que a responsabilidade última pela fiscalização da execução não se altera com sua presença, permanecendo com a Administração Pública. Apesar disso, em certos casos, esta Corte tem exigido a contratação de supervisora quando a fiscalização reconhecidamente não dispuser de condições para, com seus próprios meios, desincumbir-se adequadamente de suas tarefas, seja pelo porte ou complexidade do empreendimento, seja pelo quadro de carência de recursos humanos e materiais que, não raro, prevalece no setor público" (Acórdão nº 1.930/2006 – Plenário, rel. Min. Augusto Nardes, Processo nº 012.469/2003-3). (PEREIRA JUNIOR, Jessé Torres; DOTTI, Marinês Restelatto. *Da responsabilidade de agentes públicos e privados nos processos administrativos de licitação e contratação*. 2. ed. São Paulo: NDJ, 2014. p. 303-304).

O licitante que vencer a disputa ou aquele que for contratado, sem licitação, para cumprir o objeto do contrato não pode exercer a função de fiscalização, supervisão ou gerenciamento de sua execução. Tais funções não podem ser cometidas ao mesmo contratado, haja vista a colidência de interesses. A execução do contrato deverá ser acompanhada e fiscalizada por um representante da administração especialmente designado, permitida a contratação de terceiros tão só para assisti-lo e subsidiá-lo de informações pertinentes a essa atribuição.

A Lei nº 8.666/93, em seu art. 67, estabeleceu a segregação das funções de execução do objeto e de seu acompanhamento e fiscalização. A primeira, a cargo do vencedor da disputa ou do contratado; a segunda, a cargo de um representante da administração especialmente designado para esse fim.

29 Seguro

Dispõe a Lei nº 8.666/93 sobre a exigência de seguro:

Art. 6º Para os fins desta Lei, considera-se:
(...)
VI – Seguro-Garantia – o seguro que garante o fiel cumprimento das obrigações assumidas por empresas em licitações e contratos;
(...)
Art. 40. O edital conterá no preâmbulo o número de ordem em série anual, o nome da repartição interessada e de seu setor, a modalidade, o regime de execução e o tipo da licitação, a menção de que será regida por esta Lei, o local, dia e hora para recebimento da documentação e proposta, bem como para início da abertura dos envelopes, e indicará, obrigatoriamente, o seguinte:
(...)
e) exigência de seguros, quando for o caso;

A exigência de seguro que garanta o fiel cumprimento das obrigações assumidas pelo contratado encontra previsão na Lei Geral de Licitações. Definida a exigência pela administração, na fase interna da licitação, deve figurar expressamente no edital e ser comprovada pelo licitante vencedor da disputa, como obrigação contratual, evitando-se, assim, restringir a competição, isso porque, é vedado à administração exigir requisito cujo atendimento o licitante tenha de incorrer em custo que não seja necessário anteriormente à celebração do contrato.

Importante que o seguro cubra o valor total do contrato, garantindo-se que, no caso de eventual falência da empresa contratada ou de sua incapacidade para a execução do objeto, a administração pública acione a entidade seguradora, competindo a esta terceirizar a contratação para o efeito de concluir o objeto em conformidade com os termos contratuais originais, arcando com eventuais custos excedentes, decorrentes da rescisão contratual.

30 Peroração

A inserção do tema das licitações e contratações na Constituição da República, a partir de 1988, significa que se tornou instrumento de implementação das numerosas políticas públicas traçadas pela sociedade para o estado brasileiro.

Segue, assim, tendência que se observa no direito público contemporâneo, no sentido de que "en la contratación administrativa cristaliza una equivalencia o equilibrio económico financiero en sentido objetivo o material, por oposición a la equivalencia subjetiva de la contratación civil. Equivalencia objetiva es aquella que resulta de la asignación de valores que cada parte otorga a las prestaciones contractuales, valoración que se expresa en el contrato y que puede o no encerrar una real equivalencia entre ellas. La necesidad de respetar y mantener esa equivalencia no deriva del principio de respeto a la autonomía de la voluntad, sino de principios propios de la contratación administrativa que imponen la preeminencia del fin primario del contrato (que la prestación se ejecute como condición necesaria para que el contrato satisfaga la concreta necesidad pública que llevó al Estado a contratar), sobre los concretos intereses pecuniarios de las partes" (OCAMPO, Granillo. *Distribución de los riesgos en la contratación administrativa*. p. 11).

Seja esse o caminho em que cada vez mais adense a atividade contratual da administração pública brasileira, especialmente quando o objeto for obra ou serviço de engenharia, por meio do qual se realizarão projetos e objetivos de prioritário interesse dos cidadãos destinatários dos resultados que a obra ou o serviço pretende garantir, independentemente do valor pecuniário do contrato.

CAPÍTULO VII

O DEVIDO PROCESSO LEGAL DA CONTRATAÇÃO DIRETA – DAS NORMAS GERAIS ÀS REGRAS DA COTAÇÃO ELETRÔNICA E DO CARTÃO CORPORATIVO

1 Introdução

O art. 37, *caput*, da Constituição da República define a estrutura organizacional da administração pública brasileira. Decompõe-na em administração direta (os entes públicos personalizados que integram a Federação e os seus órgãos respectivamente subordinados) e indireta (as entidades vinculadas àqueles órgãos, todavia dotadas de personalidade própria e distinta, nomeadamente as autarquias, fundações públicas, empresas públicas e sociedades de economia mista), situadas em qualquer dos Poderes da União, dos estados, do Distrito Federal e dos municípios. Todo esse conjunto de entes, órgãos e entidades deve gerir suas atividades obedecendo aos princípios ali enunciados (legalidade, impessoalidade, publicidade, moralidade e eficiência) e também às normas gerais traçadas nos 22 incisos e 12 parágrafos que integram o artigo.

Um desses incisos, o de número XXI, estabelece que "*ressalvados os casos especificados na legislação*, as obras, serviços, compras e alienações serão contratados mediante processo de licitação pública que assegure igualdade de condições a todos os concorrentes, com cláusulas que estabeleçam obrigações de pagamento, mantidas as condições efetivas da proposta, nos termos da lei, a qual somente permitirá as exigências de qualificação técnica e econômica, indispensáveis à garantia do cumprimento das obrigações". Em outras palavras: todos os entes, órgãos e entidades que integram a administração pública brasileira devem exercer a atividade contratual mediante licitação, admitidas tão somente as exceções previstas em lei.

Deduz-se que a Constituição Federal adotou, como regra, a presunção de que prévia licitação produz melhor contratação, entendida esta como a que descerra para a administração pública a maior vantagem que se possa obter no mercado, em termos de contratação de compras, obras, serviços ou alienações. Significa também que a presunção não é absoluta, daí a própria Constituição facultar a contratação direta, isto é, sem licitação, desde que nas hipóteses descritas em lei.

À Carta Fundamental cabe, nas repúblicas federativas, distribuir competências entre os entes que integram a Federação, obviando conflitos que sobreviriam à falta dessa prévia distribuição, já que, do ponto de vista político-institucional, não há hierarquia entre esses entes, todos autônomos (CF/88, art. 18), devendo cada qual atuar nos limites de suas respectivas competências, que os demais não podem usurpar.

Assim fez a CF/88, ao atribuir à União competência privativa para legislar sobre determinadas matérias. Vale dizer que, nessas matérias, estados, Distrito Federal e municípios não podem legislar, sob pena de usurparem competência privativa da União. Do mesmo modo que esta não pode legislar sobre matérias que a Constituição cometeu às competências próprias, diretas ou residuais, de estados, Distrito Federal e municípios.

Entre as competências legislativas privativas da União encontra-se a da edição de "normas gerais de licitação e contratação, em todas as modalidades" (art. 22, XXVII). A Lei Federal nº 8.666, de 21 de junho de 1993, resulta do exercício dessa competência privativa pela União, daí ser chamada de Lei Geral de Licitações e Contratos Administrativos, cumprindo-lhe tanto estabelecer as regras de contratação mediante licitação, como as regras de contratação direta, nas hipóteses que identifica.

Por isto que tanto o procedimento licitatório – regra geral – quanto o de contratação direta – exceção – caracterizam-se como ato jurídico-administrativo formal (art. 4º, parágrafo único, da Lei nº 8.666/93), a exigir que a instrução processual, seus atos e documentos obedeçam aos preceitos da ordem jurídica, sob pena de responsabilidade administrativa, civil e penal dos agentes públicos que os descumpram (Lei nº 8.666/93, art. 82).

Nada obstante, tem-se notícia, com inquietante frequência, de órgãos ou entidades da administração pública brasileira que mais contratam diretamente que mediante licitação, evidente e equivocada inversão entre a regra geral e a sua exceção. Como também ainda se acha quem imagine que a contratação direta prescinde de processo administrativo para formalizar-se, já que se faz sem licitação.

O devido processo legal da contratação direta é o tema central deste estudo, que almeja desenhar, com todos os seus fundamentos e pormenores relevantes, o fluxo das medidas que antecedem a adjudicação direta do objeto àquele que, sem licitação, apresentar a proposta mais vantajosa para a administração, notadamente:

a) a indicação dos atos e documentos que devem instruir o processo;

b) a abordagem das características, implicações e soluções que envolvem cada uma de suas etapas;

c) o papel dos agentes públicos responsáveis pela condução do processo; e

d) a jurisprudência dominante do Tribunal de Contas da União acerca das irregularidades que mais amiúde viciam as contratações diretas.

Serão destacadas, por suas implicações no presente e no futuro descortinável, duas modalidades de contratação direta, previstas no âmbito da administração pública federal: a que se realiza por meio de cotação eletrônica e a que se faz com suprimento de fundos, por meio do uso de Cartão de Pagamento do Governo Federal, o notório "cartão corporativo".

Pretende-se compendiar, em síntese esquemática, os principais pontos de dúvida, com os respectivos esclarecimentos e orientações do TCU sobre a contratação direta, com o fim de oferecer aos operadores dessa atividade contratual na administração púbica elementos úteis para a solução das questões do cotidiano e a prevenção de irregularidades.

2 Princípios cardeais

A Constituição republicana vigente elevou o respeito ao devido processo legal a direito subjetivo individual e a garantia fundamental também em sede administrativa (art. 5º, LIV e LV). Tal *status* alinha o devido processo legal aos princípios balizadores da ordem inaugurada em 1988 e, por isto mesmo, o tratamento do tema há de correlacioná-lo aos princípios explícitos e implícitos da Constituição, cuja observância será exigida dos agentes públicos comprometidos com gestão eficiente e eficaz dos recursos estatais e paraestatais.

O art. 37, XXI, da CF/88 refere-se à licitação e à contratação como um processo, o que significa que todo contrato administrativo, com ou sem licitação, é o resultado final de um processo, cujos passos haverão de obedecer aos princípios cardeais das contratações, "cardeais" no sentido de que se trata de princípios comuns à contratação mediante licitação e à contratação direta, a saber:

1. princípio da legalidade – um dos pilares da doutrina administrativista, reside no dever de o agente público agir segundo as previsões da lei, ou seja, não pode fazer o que quer, mas o que a lei determina;

2. princípio da igualdade – implica o dever não apenas de tratar isonomicamente todos os que tenham interesse em estabelecer relação contratual com a administração, mas, também, o de ensejar oportunidade a quaisquer interessados que comprovem atendimento aos requisitos para contratar com a administração;

3. princípio da impessoalidade – veda discriminações impertinentes, sublinhando o dever de que todos os interessados em contratar com a administração sejam tratados com isenção e a partir das mesmas premissas;

4. princípio da publicidade – impõe que os atos e termos da contratação sejam expostos ao conhecimento de quantos possam ter interesse no contrato, isto é, não apenas nas obrigações nele previstas, mas também em seus resultados para a satisfação do interesse público; traduz o dever de transparência, em prol dos que se dispõem a contratar com a administração e de qualquer cidadão;

5. princípio da moralidade – o procedimento da contratação haverá de conformar-se a padrões éticos que imponham à administração e aos licitantes comportamento escorreito, liso e honesto, o que inclui lealdade e boa-fé;

6. princípio da motivação – a legalidade (conformação à lei e ao direito) e a legitimidade (conformação ao interesse público) da atuação administrativa só poderão ser aferidas se cada ato explicitar os motivos de fato e de direito que fundamentam a ação escolhida pela autoridade competente, não bastando o mero enunciado da norma legal que a embasaria (v. itens 4.1.3.1 e 4.1.3.2.2 deste estudo, acerca do dever de motivar);

7. princípio da eficiência – exige que o agente público se atenha a parâmetros de presteza, perfeição e rendimento, comprometidos com o alcance de finalidades públicas, respeitados paradigmas socialmente aceitáveis, mediante procedimentos transparentes e acessíveis ao público em geral; ao agente público não bastará atuar dentro da legalidade, devendo, ademais, visar a resultados positivos e a atender às necessidades coletivas de modo satisfatório, tempestivo e eficaz;

8. princípio da razoabilidade – o fato de a lei conferir ao administrador certa margem de discrição significa que lhe deferiu o encargo de adotar, ante a diversidade de situações a serem enfrentadas, a providência mais adequada; não significa que lhe haja outorgado o poder de agir ao sabor exclusivo de seus humores ou critérios

personalíssimos, muito menos que liberou a administração para manipular a regra da lei de maneira a sacar dela efeitos não pretendidos pelo direito; a outorga de discrição administrativa visa à obtenção da medida ideal, ou seja, medida que, em cada situação, atenda à finalidade de interesse público, segundo os recursos disponíveis, consideradas as peculiaridades das circunstâncias em que se houver de agir, objetivamente demonstradas;

9. princípio da competitividade – mesmo na contratação direta, há duplo objetivo a ser alcançado, qual seja, o da realização do negócio mais vantajoso, assegurado o acesso a quantos pretendam oferecê-lo à administração; a competitividade correlaciona-se com os princípios da legalidade, da igualdade e da impessoalidade porque o cumprimento das normas que regem o procedimento para a contratação direta e a não exigência de condições que restrinjam ou estabeleçam tratamento diferenciado possibilitam a ampliação do número de interessados em contratar com a administração, traduzindo-se em maiores e, possivelmente, melhores ofertas;

10. princípio da proporcionalidade – desdobra-se da razoabilidade, a partir da mesma matriz constitucional, qual seja, a da submissão da administração ao cânone da legalidade; apresenta tanto maior relevância quanto maior for a liberdade do intérprete-aplicador do direito; a liberdade na atividade de aplicação do direito há de ser manejada de modo a escolherem-se os meios mais condizentes (proporcionais) com os fins a alcançar, em face das circunstâncias do caso concreto e os recursos disponíveis ou mobilizáveis.

3 Dispensa e inexigibilidade de licitação

Há uma diversidade de hipóteses em que é cabível a adjudicação direta, isto é, a escolha da contraparte independentemente de licitação, a que se convencionou chamar de contratação direta, seja por dispensa ou inexigibilidade.

Há distinção entre essas categorias de exceção. Em tese, a dispensa contempla hipóteses em que a licitação seria possível, entretanto deixa-se de efetuá-la em homenagem a outros bens jurídicos e interesses públicos que devem prevalecer nas peculiares circunstâncias do caso concreto (*v.g.*, cooperação entre entes públicos, estados de calamidade pública ou de emergência, entre outros). Subdivide-se entre licitação dispensada (art. 17) e dispensável (art. 24).

A *inexigibilidade de licitação* (art. 25) justifica-se nas hipóteses em que não há viabilidade de competição, classificada esta como a premissa factual do procedimento licitatório. O Tribunal de Contas da União, por meio do Acórdão nº 2.054/06, Plenário, decidiu que a regra da inviabilidade de competição, prevista no *caput* do art. 25, estende-se à alienação de bens. Extrai-se do voto condutor:

> (...) caso a administração, considerando as especificidades do desfazimento de ativos militares com capacidade operacional e todas as implicações dessas alienações nas relações internacionais do País, demonstre inequivocamente ser determinado comprador o único qualificado para o bem que se pretende alienar, inexigível será a licitação, nos termos do *caput* do art. 25 da Lei nº 8.666/1993. Aliás, esse artigo assegura a inexigibilidade de licitação, quando houver inviabilidade de competição, em toda e qualquer situação, independentemente do objeto.
> (...)

Acórdão

(...)

9.2. responder ao consulente que:

9.2.1. a alienação de ativos bélicos inservíveis dependerá de licitação prévia que tenha sido precedida da avaliação dos bens e da demonstração do interesse público em sua consecução;

9.2.2. a alienação poderá ser realizada diretamente nos seguintes casos:

9.2.2.1. quando não acudirem interessados na licitação inicial e esta não puder ser repetida sem prejuízo para a Administração, desde que mantidas as condições do certame frustrado, consoante inciso V do art. 24 da Lei nº 8.666/1993;

9.2.2.2. se a licitação trouxer risco para a segurança nacional, estiver prevista anteriormente em decreto presidencial, editado após audiência do Conselho de Defesa Nacional, na forma do inciso IX do art. 24 da Lei nº 8.666/1993;

9.2.2.3. se for demonstrada a inviabilidade da competição, nos termos do *caput* do art. 25 da Lei nº 8.666/1993; (Relator Min. Ubiratan Aguiar, Processo TC nº 007.883.2006-8, *DOU* de 13.11.2006)

Os casos qualificados pela lei como de licitação *dispensável* estão arrolados, exaustivamente, nos incs. do art. 24 da Lei Geral de Licitações e Contratações. A eles haver-se-ão de aditar as hipóteses previstas no art. 17, em que a lei declara *dispensada* a licitação. Segundo o Tribunal de Contas da União,[104] são também *numerus clausus* as hipóteses de licitação dispensada contidas na Lei nº 8.666/93. Mas as situações que tornam *inexigível* o certame licitatório estão contempladas no art. 25 de forma meramente exemplificativa.

O art. 7º, §5º, da Lei nº 8.666/93 alude a uma licitação vedada, hipótese que ocorre se o objeto a contratar incluir bens e serviços "sem similaridade ou de marcas, características e especificações exclusivas, salvo nos casos em que for tecnicamente justificável". Se as características e especificações do objeto forem exclusivas, ou seja, somente essas se mostrem aptas para atender às necessidades da administração (correlação essa – exclusividade-necessidade – tecnicamente demonstrada), ou bem se configura situação de dispensabilidade ou de inexigibilidade. Dispensabilidade, se houver outros bens ou serviços no mercado, com características e especificações assemelhadas, o que ensejaria competição, que, todavia, se afasta porque nenhuma delas atenderia às necessidades da administração. Inexigibilidade, se tais características e especificações forem únicas no mercado, a inviabilizar a competição. Resulta que, a rigor, aquela que poderia ser um terceiro gênero de exceção ao dever de licitar – licitação proibida –, na verdade encaixa-se, de acordo com as circunstâncias do caso concreto, em uma das demais categorias.

4 Diretrizes para a formalização e instrução dos processos de contratação direta

Os atos que antecedem a contratação direta não diferem daqueles que compõem a fase interna do processo de contratação mediante licitação. A atuação administrativa, em ambos os procedimentos, deve obediência aos postulados básicos que regem as

---

[104] Acórdão nº 831/03, Plenário, Relator Min. Benjamin Zymler, Processo TC nº 009.764.2003-1, *DOU*, 23.07.2003.

licitações e contratações públicas, sendo adequado que cada órgão ou entidade da administração pública estabeleça, por ato próprio, as rotinas que dão ordem e forma aos atos que conduzem ao contrato.

Tais rotinas devem obedecer, rigorosamente, às formalidades previstas na Lei nº 8.666/93, sob pena de o agente público responder pelo tipo penal previsto em seu art. 89:

> Art. 89. Dispensar ou inexigir licitação fora das hipóteses previstas em lei, ou deixar de observar as formalidades pertinentes à dispensa ou à inexigibilidade:
> Pena – detenção, de 3 (três) a 5 (cinco) anos, e multa.
> Parágrafo único. Na mesma pena incorre aquele que, tendo comprovadamente concorrido para a consumação da ilegalidade, beneficiou-se da dispensa ou inexigibilidade ilegal, para celebrar contrato com o Poder Público.

Dispensar, indevidamente, o processo licitatório também constitui ato de improbidade administrativa, consoante estabelece o art. 10, VIII, da Lei nº 8.429/92 (Lei de Improbidade Administrativa).

Quer se trate de processo para contratar mediante licitação, ou de processo para contratar sem licitação, há uma fase preliminar instrutória comum, em que os agentes da administração devem entranhar nos autos, em síntese, peças e documentos que especifiquem o objeto a ser contratado, estimem-lhe o valor de mercado, compromissem esse valor em correspondência às disponibilidades orçamentárias, e colham a autorização da autoridade competente. Os itens 4.1 e 4.2, adiante, indicam as etapas necessárias à formalização e instrução do processo de contratação direta, seguindo-se instruções e ponderações aplicáveis a cada qual.

4.1 O processo administrativo de contratação direta, com base no art. 17, nos incs. III e seguintes do art. 24, e no art. 25 da Lei nº 8.666/93

Eis a sequência necessária e insuscetível de alteração ou supressão, que deve ser observada na montagem e condução de cada processo de contratação direta:

1. processo administrativo devidamente autuado, protocolado e numerado (art. 26, parágrafo único);

2. documento da administração contendo a solicitação da alienação, da compra, do serviço ou da obra;

3. justificativa da necessidade da contratação, caracterizando-se:

3.1. a situação de dispensa ou de inexigibilidade de licitação, com os elementos necessários à sua configuração;

3.2. a situação emergencial ou calamitosa do art. 24, IV, da Lei nº 8.666/93;

4. parecer técnico apto a justificar e/ou configurar a hipótese legal de contratação direta, se for o caso (art. 38, VI);

5. na compra de bens, documento contendo:

5.1 a especificação completa do bem a ser adquirido, observadas as normas da Associação Brasileira de Normas Técnicas (ABNT) (Lei nº 4.150/62), os critérios de sustentabilidade ambiental e considerados os processos de extração, fabricação, utilização e descarte (IN SLTI/MPOG nº 01, de 2010) aplicáveis;

5.2 a definição das unidades e das quantidades a serem adquiridas em função do consumo e utilização prováveis, cuja estimativa será obtida, sempre que possível, mediante adequadas técnicas quantitativas de estimação; e

5.3 as condições de guarda e armazenamento que não permitam a deterioração do material (art. 15, §7º);

6. projeto básico, no caso de obras e serviços (artigos 6º, IX, 7º, §2º, I, e §9º), e aprovação motivada pela autoridade competente (art. 7º, §2º, I);

7. projeto executivo (artigos 6º, X, e 7º, II e §9º) ou autorização para que seja desenvolvido concomitantemente com a execução do objeto (artigos 7º, §§1º e 9º), na contratação de obras ou serviços;

8. orçamento detalhado em planilha que expresse a composição de todos os seus custos unitários, baseado em pesquisa de preços praticados no mercado do ramo do objeto da contratação (art. 7º, §2º, II, da Lei nº 8.666/93 e art. 15, XII, "a", da IN/SLTI nº 02/2008), assim como a respectiva pesquisa de preços efetivada, nas contratações de obras e serviços;

9. pesquisa de preços praticados no mercado, para objetos com as características definidas pela administração (art. 15, III);

10. juntada dos orçamentos coletados e indicação de outros preços obtidos de fontes diversas, se houver, elaborando-se mapa comparativo;

11. justificativa da aceitação do preço ofertado;

12. razões da escolha do adquirente do bem, do executante da obra, do prestador do serviço ou do fornecedor do bem;

13. declaração de exclusividade expedida pela entidade competente, no caso de inexigibilidade;

14. comprovações referentes à regularidade jurídica, à regularidade com a Fazenda Pública (art. 193 da Lei nº 5.172/66), com a Seguridade Social (art. 195, §3º, CF/88), com o Fundo de Garantia por Tempo de Serviço (art. 2º da Lei nº 9.012/95), trabalhista (Lei nº 12.440/11) e declaração da Lei nº 9.854/99, de que a pessoa física ou jurídica não contrata menores em condições inadmitidas;

15. verificação da existência de eventual proibição para contratar com a administração; no âmbito federal, a consulta realiza-se nos seguintes sistemas de registros:

(a) Cadastro Nacional de Empresas Inidôneas e Suspensas (CEIS) (<http://www.portaltransparencia.gov.br>);

(b) Licitantes Inidôneas do Tribunal de Contas da União (<http://portal2.tcu.gov.br>);

(c) Sistema de Cadastro Unificado de Fornecedores (SICAF);

(d) Conselho Nacional de Justiça (CNJ) (<http://www.cnj.jus.br>); e

(e) Cadastro Nacional de Empresas Punidas (CNEP), que constitui banco de informações mantido pela ex-Controladoria-Geral da União (CGU), atual Ministério da Transparência, Fiscalização e Controladoria-Geral da União, com o objetivo de compilar a relação das empresas que sofreram qualquer das punições previstas na Lei nº 12.846/13 (Lei Anticorrupção);

16. previsão de recursos para a cobertura da despesa do futuro contrato;

17. no caso de criação, expansão ou aperfeiçoamento de ação governamental que acarrete aumento da despesa, atendimento aos requisitos expressos no art. 16, I e II, da Lei Complementar nº 101/00 (Lei de Responsabilidade Fiscal);

18. minuta de termo de contrato, se for o caso (art. 64);
19. inclusão de quaisquer outros documentos relativos à contratação direta;
20. pareceres jurídicos que se mostrem necessários para justificar e/ou configurar a hipótese legal de contratação direta aplicável ao caso;
21. autorização motivada da autoridade competente;
22. comunicação à autoridade superior, no prazo de três dias, do ato que autoriza a dispensa ou reconhece a situação de inexigibilidade, para ratificação e publicação na imprensa oficial, no prazo de cinco dias (art. 26); e
23. publicidade.

4.1.1 Processo administrativo devidamente autuado, protocolado e numerado

Todos os passos dados pela administração objetivando contratação direta, ou seja, sem licitação, devem estar documentados nos autos de um processo administrativo bem instruído e articulado, formando consistente conjunto apto a demonstrar a regularidade da contratação.

Infundada, em face das exigências legais, a tese de que a existência de processo administrativo para contratação direta constituiria "excessivo formalismo" porque (a) se trata de aquisição simplificada; (b) as formalidades anteriores à adjudicação destinam-se somente ao procedimento licitatório; e (c) o *caput* do art. 38 da Lei nº 8.666/93 não alude às contratações diretas.

O princípio do devido processo legal rege tanto o procedimento licitatório quanto o da contratação direta. Significa, ao mesmo tempo, garantia em favor da certeza, da segurança e da transparência da administração na gestão e condução de seus atos e de sua organização, e em prol dos administrados, na medida em que viabiliza o exercício do direito de acesso e de controle[105] das funções administrativas estatais.

Se a regra geral da licitação exige que seus atos administrativos sejam formalizados, na mesma medida impõe-se a formalização das situações que tipificam a exceção à regra. Tanto que, embora a cabeça do art. 38 não mencione a contratação direta, o seu inc. VI o faz expressamente. O art. 26, parágrafo único, trata, inequivocamente, do processo de dispensa e de inexigibilidade de licitação.

Insista-se em que todo e qualquer contrato administrativo, precedido ou não de licitação, é o resultado final de um processo, cujas fases e ritos, previstos na legislação, pretendem assegurar à sociedade que os agentes públicos procederam de modo a superiormente atender ao interesse público, o que se quedaria sem comprovação idônea à falta de processo.

Equivocada a percepção de que tal exigência parta da premissa de que todo administrador público tende a desviar-se de seus deveres funcionais. Trata-se de cumprir a Constituição, a seu turno consagradora de longa e histórica maturação – que começa na Magna Carta que impunha limites aos poderes do rei, na Inglaterra do século XIII,

---

[105] Constituição Republicana de 1988, art. 5º, inc. XXXIV: "são a todos assegurados, independentemente do pagamento de taxas: a) o direito de petição aos Poderes Públicos em defesa de direitos ou contra ilegalidade ou abuso de poder; b) a obtenção de certidões em repartições públicas, para defesa de direitos e esclarecimento de situações de interesse pessoal".

eis a origem do *due process of law* –, no sentido de que todas as manifestações de poder estatal devem obediência a princípios, entre os quais o do devido processo legal, como direito e garantia fundamentais prometidos aos cidadãos.

De vez que para cada contrato deve existir um processo que lhe corresponda, é indispensável individualizar cada processo, o que se obtém mediante a atribuição de número sequencial que o singularize e distinga de todos os demais, a viabilizar: (a) o ingresso de peças e documentos que devam constar de seus autos, e dos quais só poderão ser desentranhados por ordem da autoridade competente, disto lavrando-se certidão nos mesmos autos; (b) sua tramitação entre os órgãos e serviços participantes de sua instrução, bem como das decisões que nos autos deverão ser tomadas; (c) a localização do processo pela administração, no seu próprio interesse ou no de terceiros legitimados, ainda que já arquivados os autos.

O cumprimento do devido processo legal não se altera pelo emprego de meios eletrônicos. Se o processo for virtual, ainda assim o seu conteúdo deverá estar digitalizado e preservado em meio hábil à preservação da etiologia de todos os atos e decisões, recuperável a qualquer tempo.

4.1.1.1 Gestão documental e proteção a documentos e arquivos

A Lei nº 8.159, de 08 de janeiro de 1991, que dispõe sobre a política nacional de arquivos públicos e privados, estabelece, em seu art. 1º, como dever do poder público, a gestão documental e a proteção especial a documentos de arquivos, como instrumento de apoio à administração e como elemento de prova e informação. Em seu art. 7º, a mesma lei define arquivos públicos como conjuntos de documentos produzidos e recebidos por órgãos públicos de âmbito federal, estadual, distrital e municipal, em decorrência de suas funções administrativas, legislativas e judiciárias, sendo público, ainda, o conjunto de documentos produzidos e recebidos por instituições de caráter público e por entidades privadas encarregadas da gestão de serviços públicos no exercício de suas atividades.

O devido processo legal da contratação direta destina-se a comprovar documentalmente o desenrolar de toda a atividade administrativa direcionada à aquisição de bens, serviços, obras e alienações sem licitação, no qual devem estar contidos todos os elementos informativos necessários à demonstração de regular e vantajosa contratação para a satisfação do interesse público.

Segue-se o dever de formalizar, arquivar e proteger todos os documentos e atos administrativos que instrumentalizam a administração para aquela finalidade, em resguardo dos próprios agentes públicos atuantes no processo e para assegurar ação de controle efetiva e eficaz.

Ilustra-se a asserção com deliberações do Tribunal de Contas da União a respeito da formalização e da instrução do processo administrativo de contratação direta: (a) "8.2.19. observe sempre a necessidade de formalização de procedimento, mesmo nos casos de dispensa ou inexigibilidade de licitação, conforme preceituam os arts. 2º e 26, parágrafo único, da Lei nº 8.666/93" (Decisão nº 955/02, Plenário, Relator Min. Benjamin Zymler, Processo nº 012.795.2001-3, *DOU*, 13.08.2002); (b) "9.2.3 proceda à devida formalização e instrução dos processos de contratação mediante inexigibilidade de licitação, nos termos do art. 26 da Lei nº 8.666/1993" (Acórdão nº 1.089/03, Plenário, Relator Min. Augusto Sherman Cavalcanti, Processo nº 009.578.2000-1, *DOU*, 18.08.2003).

4.1.1.2 Autuação

O processo administrativo de contratação direta principia com sua devida autuação. Autuar é dar existência material a um processo ou procedimento, atribuindo-se-lhe numeração própria e única, pela qual será identificado de modo permanente. A Lei nº 9.784, de 29 de janeiro de 1999,[106] que regula o processo administrativo no âmbito da administração pública federal, dispõe que nos processos administrativos serão observados, entre outros, os critérios de autuação conforme a lei e o direito.

4.1.1.3 Protocolização

Protocolizar um processo administrativo significa inscrevê-lo em protocolo. A administração deve dispor de livro, outro instrumento hábil ou meio eletrônico no qual serão registrados: o respectivo número de ordem do processo, data, setor interessado, objeto, entre outros dados necessários à sua identificação. O registro em protocolo é o testemunho formal de constituição do processo, ou seja, de sua existência regular.

4.1.1.4 Numeração

A Numeração Única de Processo (NUP) é o identificador do processo administrativo, exclusivo, inconfundível com qualquer outro, e fundamental para a organização administrativa do órgão, em decorrência de suas funções administrativas.

A título exemplificativo, cite-se a Portaria Normativa nº 1.068/MD, de 08 de setembro de 2005, do Ministério da Defesa, que dispõe sobre a utilização de número único de processo (NUP) no âmbito dos Comandos da Marinha, do Exército e da Aeronáutica, estabelecendo que os processos ostensivos e/ou sigilosos, autuados pelo Ministério da Defesa e pelos Comandos Militares, deverão adotar a sistemática de numeração única de processo, visando à integridade do número atribuído ao processo, na unidade protocolizadora de origem.

Acerca da numeração dos processos administrativos de dispensa e inexigibilidade, conheça-se o seguinte julgado do Tribunal de Contas da União:

> 9.3.4.6 proceda à numeração dos processos de dispensa e inexigibilidade de licitação, em atendimento ao disposto no *caput* do art. 38 da Lei de Licitações, bem como do §4º do art. 22 da Lei nº 9.784/99, no intuito de conferir confiabilidade e fidedignidade às informações, evitar a ocorrência de extravio de documentos e informações, e possibilitar aos órgãos de controle o pleno exercício de suas competências; (Acórdão nº 216/2007, Plenário, rel. Min. Guilherme Palmeira, Processo TC nº 012.714.2005-8, *DOU* de 02.03.2007)

4.1.1.5 Páginas numeradas, assinatura, firma ou rubrica

A orientação está positivada em normas legais e regulamentares. Assim:
a) na Lei nº 9.784/99, art. 22: "Os atos do processo administrativo não dependem de forma determinada senão quando a lei expressamente a exigir. (...) §4º O processo deverá ter suas páginas numeradas seqüencialmente e rubricadas";

---

[106] Art. 2º, parágrafo único, inc. I.

b) no Decreto nº 93.872, de 23 de dezembro de 1986, que dispõe sobre a unificação dos recursos de caixa do Tesouro Nacional, atualiza e consolida a legislação pertinente e dá outras providências, art. 40: "A assinatura, firma ou rubrica em documentos e processos deverá ser seguida da repetição completa do nome do signatário e indicação da respectiva função ou cargo, por meio de carimbo, do qual constará, precedendo espaço destinado à data, a sigla da unidade na qual o servidor esteja exercendo suas funções ou cargo".

Ficará a cargo da comissão designada[107] pela autoridade competente, responsável pelas contratações diretas, receber e examinar todos os documentos que integrarão o processo, cujas folhas serão sequencialmente numeradas, obedecendo à ordem cronológica do mais antigo para o mais recente, isto é, os mais antigos serão os primeiros do conjunto, folhas estas rubricadas pelo agente público responsável, além da aposição de assinatura por membro da comissão ou pela autoridade competente, nos atos de sua competência.

São precedentes do Tribunal de Contas da União a respeito da correta numeração das folhas de autos processuais:

> 9.1. dar ciência às [...] sobre as seguintes impropriedades: 9.1.1. ausência de numeração e rubrica nas páginas que compõem o processo referente ao Contrato 338/2007 e seus aditivos e os processos de pagamentos das ações publicitárias decorrentes de sua execução, contrariando o disposto no art. 22, §4º, da Lei nº 9784/1999;" (Acórdão nº 2.223/2015, Plenário, Relator Min. Raimundo Carreiro, Processo nº 033.905/2012-6).

> 9.6.4 observe o correto seqüenciamento das peças dos autos de processos e a devida numeração seqüencial das folhas (arts. 4º, parágrafo único, art. 38, *caput* e seus incisos e art. 60, *caput*, da Lei nº 8.666, de 1993)" (Acórdão nº 1.257/2004, Plenário, Relator Min. Ubiratan Aguiar, Processo nº 009.051.2003-5)

> 9.5.10. proceda à correta formalização dos processos de licitação, de contratação direta e de execução contratual, observando a necessidade de numeração seqüencial das folhas do processo, bem como de arquivamento dos documentos na ordem cronológica dos acontecimentos, nos termos do art. 38 da Lei nº 8.666/93" (Acórdão nº 1.656/03, Plenário, Relator Min. Walton Alencar Rodrigues, Processo nº 008.551.2003-8)

> (...) 2. De fato, não se pode admitir como simples falha formal a falta de numeração das folhas dos processos, mais ainda quando se observa que esta Corte já havia determinado à Unidade (alínea "l", item 8.2, da Decisão nº 197/97-Plenário) que adotasse esse procedimento, uma vez que violava o art. 38, da Lei nº 8.666/93. Além do mais, verificou-se que não se trata de uma falha ocorrida em um ou outro processo, mas em todos os processos examinados pela Equipe de Auditoria. Por oportuno, como bem salientou o Sr. Diretor de Divisão, falhas dessa natureza propiciam fraudes no processo, mediante a inclusão ou exclusão de folhas. (Acórdão nº 595/2001, Segunda Câmara, Relator Min. Ubiratan Aguiar, Processo nº 005.557/2000-3)

---

[107] Não haveria, em rigor, impedimento a que a comissão de licitação cumulasse atribuições relacionadas às contratações diretas, desde que ato de designação de autoridade competente assim estipulasse. Pondere-se, porém, que a Lei nº 8.666/93 define comissão de licitação, permanente ou especial, como aquela "criada pela Administração com a função de receber, examinar e julgar todos os documentos e procedimentos relativos às licitações e ao cadastramento de licitantes" (art. 6º, XVI). Vale dizer que a lei não cogitou de atribuir a tais comissões tarefas desvinculadas das licitações e da inscrição em cadastros, o que parece superiormente atender aos princípios da especialização e da segregação de funções, de sorte a evitar a concentração de poderes no mesmo órgão.

Em referência ao processo legal licitatório e com aplicação extensiva ao de contratação direta, considere-se o seguinte julgado da mesma Corte de Contas: "8.2.1. observe o fiel cumprimento do art. 38, *caput* e seus incisos, e art. 40, §1º, da Lei nº 8.666/93, relativos à regular autuação e constituição dos processos licitatórios, em especial quanto à numeração das folhas e aposição de rubrica imediatamente após a juntada dos documentos da licitação ao processo; à juntada de documentos originais ou autenticados, evitando folhas de fac-símile, cópias duplicadas do mesmo expediente, rascunhos e rasuras; à aposição de data e assinatura, com identificação do signatário, em todos os documentos elaborados pela empresa, a exemplo dos editais, convites e justificativas técnicas e à juntada dos comprovantes de entrega dos convites" (Decisão nº 955/02, Plenário, Relator Min. Benjamin Zymler, Processo nº 012.795.2001-3, *DOU*, 13.08.2002).

4.1.2 Documento da administração contendo a solicitação da alienação, da compra, do serviço ou da obra

A peça inaugural do processo administrativo de contratação direta é a solicitação da alienação, da compra, do serviço ou da obra, emitida pelo setor responsável ou pelo próprio setor requisitante. A partir de levantamento procedido pela administração, ou quando emergir a necessidade do objeto, em situação que se configure como de emergência ou de calamidade, por exemplo, será formulado o pedido, que independe de forma,[108] devendo conter, além da descrição do objeto, clara e objetiva: suas especificações;[109] a quantidade estimada, no caso de bens; o prazo útil de validade, quando for o caso; o local em que será realizada a obra ou prestados os serviços, com ou sem o fornecimento de materiais; a situação atual do objeto pretendido, se existente; data e assinatura do agente responsável, etc.

O detalhamento do que a administração objetiva alienar ou adquirir responde pela idoneidade da contratação, capaz de elidir eventuais restrições dos órgãos de controle, no sentido de que o objeto não estaria direcionado ao regular desempenho das atribuições do contratante, de que não atenderia qualitativa e quantitativamente às reais necessidades, ou de que seria supérfluo.

Todas as informações referentes ao objeto a ser alienado ou adquirido, formalizadas por meio da solicitação, devem constar no processo administrativo de contratação direta. Visite-se o decisório do Tribunal de Contas da União: "9.8.15 anexe as solicitações de bens e serviços aos respectivos processos, bem como a pesquisa de mercado necessária à elaboração de orçamentos" (Acórdão nº 254/04, Segunda Câmara, Relator Min. Adylson Motta, Processo nº 011.869.2002-2, *DOU*, 09.03.2004).

---

[108] Lei nº 9.784/99, art. 22: "Os atos do processo administrativo não dependem de forma determinada senão quando a lei expressamente a exigir".

[109] De acordo com o art. 1º da Lei nº 4.150/62, nos serviços públicos concedidos pelo governo federal, assim como nos de natureza estadual e municipal por ele subvencionados ou executados em regime de convênio, nas obras e serviços executados, dirigidos ou fiscalizados por quaisquer repartições federais ou órgãos paraestatais, em todas as compras de materiais por eles feitas, bem como nos respectivos editais de concorrência, contratos ajustes e pedidos de preços será obrigatória a exigência e aplicação dos requisitos mínimos de qualidade, utilidade, resistência e segurança usualmente chamados "normas técnicas" e elaboradas pela Associação Brasileira de Normas Técnicas – ABNT.

A respeito da segregação de funções na administração pública, assentou a Corte de Contas federal que: "9.3.4. observar o princípio da segregação das funções nos setores responsáveis pela administração dos contratos, impedindo que o pedido e respectivo recebimento do objeto contratado sejam feitos pelo mesmo funcionário" (Acórdão nº 935/06, Segunda Câmara, Relator Min. Lincoln Magalhães da Rocha, Processo nº 006.875.2000-2, *DOU*, 26.04.2006).

4.1.3 Justificativa da necessidade da contratação direta

A justificativa da necessidade da contratação direta cumpre o princípio da motivação, expresso na legislação. Assim: (a) na Lei nº 8.666/93, art. 26: "As dispensas previstas nos §§2º e 4º do art. 17 e no inciso III e seguintes do art. 24, as situações de inexigibilidade referidas no art. 25, *necessariamente justificadas*, e o retardamento previsto no final do parágrafo único do art. 8º desta Lei deverão ser comunicados, dentro de 3 (três) dias, à autoridade superior, para ratificação e publicação na imprensa oficial, no prazo de 5 (cinco) dias, como condição para a eficácia dos atos"; (b) na Lei nº 9.784/99, art. 2º: "A Administração Pública obedecerá, dentre outros, aos princípios da legalidade, finalidade, *motivação*, razoabilidade, proporcionalidade, moralidade, ampla defesa, contraditório, segurança jurídica, interesse público e eficiência. Parágrafo único. Nos processos administrativos serão observados, entre outros, os critérios de: (...) VII – indicação dos *pressupostos de fato e de direito* que determinarem a decisão".

Justificar e motivar são expressões que se complementam, na medida em que justificar significa expor, racionalmente, os motivos que amparam determinada decisão, que se demonstra superior a qualquer outra que pudesse ser tomada nas mesmas circunstâncias. Recorde-se que motivo é um dos elementos integrantes da estrutura morfológica de todo ato administrativo, por isto que a Lei da Ação Popular (nº 4.717/65) arrola o vício de motivo entre os que acarretam a invalidação do ato administrativo, daí assim defini-lo, em seu art. 2º, parágrafo único, alínea "d": "a inexistência dos motivos se verifica quando a matéria de fato ou de direito, em que se fundamenta o ato, é materialmente inexistente ou juridicamente inadequada ao resultado obtido".

4.1.3.1 Justificativa das situações de dispensa ou de inexigibilidade de licitação, com os elementos necessários à sua configuração

O princípio da motivação necessária exige que o agente público apresente as razões que o levaram a tomar a decisão, ou seja, cumpre-lhe explicitar as razões de fato e de direito que justificam a contratação direta e o dispositivo da lei a ela aplicável. A ausência de explicitação dos motivos dificulta os agentes de controle, interno e externo, a sindicar, sopesar e aferir a correção do decidido pelo agente gestor ou executor, daí ser essencial que se comprovem os fatos, as inferências técnicas deduzidas a partir deles e os fundamentos jurídicos da decisão.

Ainda é sensível o despreparo dos agentes da administração pública no que tange à instrução dos processos de licitação e de contratação direta, bem como na edição de atos administrativos, notadamente quanto aos motivos e às finalidades que lhes integram a estrutura morfológica. O trato com licitações e contratações exige a compreensão das responsabilidades consequentes. A motivação dos atos permite ao administrado e aos órgãos de controle verificar a correspondência dos motivos alegados com a realidade, bem como os propósitos dos agentes e a efetiva vinculação a finalidades públicas, dentre outras evidências de validade e legitimação das decisões administrativas, no estado democrático de direito.

Tão importante é a perfeita configuração do cabimento da contratação direta que a Lei nº 8.666/93, em seu art. 89, tipificou a contratação direta por dispensa ou inexigibilidade de licitação, fora das hipóteses previstas em lei, como infração penal, sujeita a detenção e multa, incorrendo nas mesmas penas aquele que, comprovadamente, tenha concorrido para a consumação da ilegalidade, beneficiando-se da dispensa ou da inexigibilidade ilegalmente proclamada.

Dispensar indevidamente o processo licitatório também constitui ato de improbidade administrativa, na medida em que pode dar causa a prejuízo ao erário (art. 10, inc. VIII, da Lei nº 8.429, de 02 de junho de 1992, a chamada Lei de Improbidade Administrativa).

Frisem-se, pois, a relevância e as repercussões de ter-se, nos autos do processo, a clara caracterização das situações de dispensa ou de inexigibilidade, presentes os elementos necessários à sua configuração, com o fim de que possa ser aferida a correção da contratação direta autorizada, na medida em que esta, recorde-se, retrata exceção em face da regra geral do dever de licitar.

Sobre o dever de motivar, manifestou-se o seguinte julgado do Tribunal de Contas da União:

> 9.5.7. instrua os processos de contratação direta de acordo com o procedimento estabelecido pelo art. 26, parágrafo único, da Lei nº 8.666/93, de modo a formalizar os elementos requeridos pelos incisos I a IV desse dispositivo, por meio de expedientes específicos e devidamente destacados no processo, caracterizando a motivação do Administrador para a prática dos atos; (Acórdão nº 1.656/2003, Plenário, rel. Min. Walton Alencar Rodrigues, Processo TC nº 008.551.2003-8, *DOU* de 13.11.2003)

4.1.3.2 Caracterização da situação emergencial ou calamitosa que justifique a dispensa, segundo o art. 24, inc. IV, da Lei nº 8.666/93

Nos termos do art. 24, "É dispensável a licitação: (...) IV – nos casos de emergência ou de calamidade pública, quando caracterizada urgência de atendimento de situação que possa ocasionar prejuízo ou comprometer a segurança de pessoas, obras, serviços, equipamentos e outros bens, públicos ou particulares, e somente para os bens necessários ao atendimento da situação emergencial ou calamitosa e para as parcelas de obras e serviços que possam ser concluídas no prazo máximo de 180 (cento e oitenta) dias consecutivos e ininterruptos, contados da ocorrência da emergência ou calamidade, vedada a prorrogação dos respectivos contratos".

A supremacia do interesse público fundamenta a exigência, como regra geral, de licitação prévia para contratações da administração pública. Existem hipóteses em que a licitação formal seria impossível ou frustraria a própria consecução daquela supremacia, ou seja, o procedimento licitatório conduziria ao sacrifício do interesse público e não asseguraria a contratação mais vantajosa.

Mostra-se impróprio licitar na presença de todos os requisitos que tipificam a emergência no inc. IV do art. 24 da Lei nº 8.666/93. Há emergência quando determinado caso concreto reclama solução inadiável, de tal modo que a realização da licitação, com os prazos e formalidades que a lei exige, lesionaria o interesse público, fosse pelo comprometimento da segurança de pessoas, obras, serviços ou bens, ou pelo prejuízo que acarretaria à regular execução das atividades específicas do órgão ou da entidade. Sob esse prisma, a contratação imediata corresponde à medida acautelatória de interesse público sob ameaça de dano grave e iminente, que surpreende a administração, que não deu causa a tal ameaça.

A urgência de atendimento a essa situação de emergência ou calamidade visa a afastar o risco de danos a bens, ou à saúde, ou à vida de pessoas. O risco, além de concreto e efetivamente provável, deve ser iminente e especialmente gravoso, a exigir a imediata efetivação, por meio da contratação de terceiro, de determinadas obras, serviços ou compras, segundo especificações e quantitativos tecnicamente apurados e aptos para conter ou afastar o risco iminente identificado, e na estrita medida dessa contenção ou afastamento.

Emergência, para o fim de contratação direta, significa necessidade de atendimento imediato a certos interesses de ordem pública. Demora em realizar a prestação produziria risco de sacrifício de valores tutelados pelo ordenamento jurídico. Como a licitação pressupõe certa demora para seu trâmite, submeter a contratação ao processo licitatório imporia o sacrifício desses valores. A simples descontinuidade na prestação dos serviços não justifica, em tese, a realização de contrato emergencial. Compõem a situação de emergência alta dose de imprevisibilidade da situação e a existência de risco em potencial a pessoas ou coisas, a demandarem urgência de atendimento.

Ainda assim, não é dado ao administrador público valer-se de uma situação de emergência ou de calamidade para dispensar a licitação em aquisições que transcendam o objeto do contrato, dimensionado para acudir, estritamente, à emergência ou à calamidade, no limite do indispensável ao afastamento ou à contenção do risco. A correlação entre o objeto do futuro contrato e o risco, limitado, cuja ocorrência se pretenda evitar, deve ser íntima, sob pena de incidir o administrador em ilícita dispensa de licitação. À administração é defeso aproveitar-se de contratação emergencial para realizar objetivos que vão além do atendimento à situação de urgência.

4.1.3.2.1 Desídia administrativa

Desídia significa, no vernáculo, inércia, negligência, desleixo, descaso ou incúria. No âmbito das licitações e contratações administrativas, desídia é sinônimo de falta de planejamento ou de ausência de previsão para necessidades previsíveis. Ilustra situação que configura desídia administrativa a morosidade na abertura de procedimento licitatório e o encerramento da vigência do contrato de mesmo objeto.

De acordo com o Tribunal de Contas da União, não se há que distinguir entre a emergência resultante de fato imprevisível e a decorrente de incúria ou desídia administrativa, desde que devidamente caracterizada a urgência de atendimento à situação que possa ocasionar prejuízo ou comprometer a segurança de pessoas, obras, serviços, equipamentos e outros bens, públicos ou particulares (Acórdão nº 1.138/2011 – Plenário, Rel. Min. Ubiratan Aguiar, Processo nº 006.399/2008-2). O que autoriza a dispensa de licitação é a situação emergencial, não a causa da emergência. Não dispensar a licitação quando a culpa for da administração perpetra dupla lesão: permanece a falta de planejamento ou desídia administrativa e advém a descontinuidade da prestação de um serviço público. Assim, se estiverem presentes todos os requisitos previstos no art. 24, IV, da Lei nº 8.666/93, cabe a dispensa de licitação, independentemente de desídia pela não realização do procedimento em época oportuna. O reconhecimento da situação de emergência não implica convalidar ou dar respaldo jurídico à conduta omissiva do administrador, a quem cabe a responsabilidade pela não realização da licitação em momento oportuno. Por isto que a contratação emergencial será válida, porém haver-se-á de apurar responsabilidades pela desídia.

Recomenda-se a leitura do artigo intitulado "Contratação emergencial e desídia administrativa", de Marinês Restelatto Dotti, disponível em <http://www.marinesdotti.com.br/artigos.html>.

4.1.3.2.2 Prorrogação de prazo nos contratos emergenciais

O dispositivo que trata da contratação direta com base em situação emergencial ou calamitosa é categórico ao afirmar que o prazo máximo de 180 (cento e oitenta) dias consecutivos e ininterruptos, contados da ocorrência da emergência ou calamidade, para a execução da obra, a prestação do serviço ou o fornecimento de bens, não convive com a prorrogação dos respectivos contratos.

Todavia, diante de situações excepcionais e estranhas à vontade das partes, o Tribunal de Contas da União admite a prorrogação de prazos de início e de conclusão da execução de obra, da prestação de serviços ou do fornecimento de bens em situação de urgência, conforme se extrai do seguinte julgado:

> (a) 5. As premissas que fundamentam a consulta são as seguintes. Foi decretado estado de calamidade pública em um ente municipal. O município não tem recursos financeiros suficientes para arcar com as despesas decorrentes desse estado calamitoso. Diante disso, encaminhou projetos a órgãos do governo federal solicitando os recursos. Após aprovação, os recursos foram repassados 60 (sessenta) dias após a ocorrência da calamidade e inclusive do respectivo Decreto. Por sua vez, o município só vai poder iniciar as obras, serviços e aquisição de bens, oriundos dos projetos aprovados, após a efetivação dos créditos, posto que só poderá empenhar à vista de tais créditos. Na suposição de que as obras, serviços e aquisições foram realizados de forma a atender ao prazo contido no inciso IV do art. 24 da Lei nº 8.443/92, qual seja, 180 (cento e oitenta) dias após o evento calamitoso, decorrendo daí as contratações emergenciais, tais obras, serviços e aquisições só findarão 240 (duzentos e quarenta) dias consecutivos e ininterruptos após a ocorrência do evento.
> (...)
> 21. Consoante registrado anteriormente, a Lei determina que, ocorrendo situação calamitosa ou emergencial, as obras e serviços deverão ser concluídos no prazo máximo de 180 (cento e oitenta) dias, vedada a prorrogação dos respectivos contratos.
> 22. No entanto, a superveniência de fato excepcional ou imprevisível, estranho à vontade das partes, que altere as condições do respectivo contrato, é razão suficiente para alteração do contrato, a teor do disposto no art. 57, §1º, item II, da Lei nº 8.666/93.
> 23. Nesse sentido, compartilho com o entendimento proferido pelo Prof. Marçal Justen, que assim prescreve:

"a prorrogação é indesejável, mas não pode ser proibida. Nesse ponto, a lei deve ser interpretada em termos. A prorrogação poderá ocorrer, dependendo das circunstâncias supervenientes. Embora improvável, poderiam suceder-se duas calamidades em uma mesma região, de modo que a segunda impedisse a regular execução do contrato firmado para atender situação emergencial criada pelo evento anterior" (*op. cit.*, p. 137)

24. Com respeito à Teoria da Imprevisão, a doutrina é pacífica no sentido de sua aplicação em contratos administrativos.

25. Referida Teoria constitui nova roupagem da cláusula *rebus sic stantibus* e foi definitivamente reconhecida no Brasil. De forma abrangente, ela está contemplada nas disposições contidas no art. 37, inciso XXI, da Carta Magna, nos seguintes termos:

(...)

31. Diante do exposto, entendo, conclusivamente, que os contratos, firmados com dispensa de licitação, com base no disposto no inciso IV, art. 24, da Lei nº 8.666/93, embora tenham prazo máximo de 180 (cento e oitenta) dias para a conclusão das obras e serviços, podem ser prorrogados, desde que ocorra, posteriormente, fato excepcional ou imprevisível, estranho à vontade das partes, que altere fundamentalmente as condições de execução do contrato.

(...)

Tribunal Pleno, diante das razões expostas pelo Relator, DECIDE:

(...)

2. responder ao interessado que é possível, quando da dispensa de licitação nos casos de emergência ou calamidade, consoante o disposto no inciso IV do art. 24 da Lei nº 8.666/93, o retardamento do início e da devolução da contagem do prazo de 180 (cento e oitenta) dias, desde que as ações tomadas pela Administração tenham sido prejudicadas pela superveniência de fato excepcional ou imprevisível, estranho à vontade das partes, que altere fundamentalmente as condições de execução do contrato, a teor do disposto no art. 57, §1º, da mencionada Lei, devendo ser adequadamente fundamentado, levando em conta, inclusive, as determinações contidas na Decisão nº 347/94 – TCU – Plenário (*DOU* de 21.06.1994); (Decisão nº 820/1996, Plenário, Relator Min. Bento José Bugarin, Processo 500.296.1996-0, *DOU* de 26.12.1996)

(b) 31. Entretanto, a regra é a vedação da prorrogação dos contratos que terão prazo de vigência delimitado pela norma em 180 dias. A superação deste prazo somente se justifica em hipóteses restritas e que se estendam por lapso de tempo razoável e suficiente para enfrentar a situação emergencial que se apresenta ao administrador. A existência de contratos sucessivos, totalizando prazo superior a cinco anos, celebrados sem o prévio procedimento licitatório sob o argumento de emergência é indício razoável de que se está procurando burlar a regra constitucional e legal da licitação. Por conseguinte, a resposta, em tese, à pergunta formulada é negativa. Não está autorizado o Banco do Brasil, a princípio, a celebrar ajustes sucessivos por cerca de seis anos, com dispensa de licitação, com fundamento no inciso IV do art. 24 da Lei nº 8.666/93. (Decisão nº 645/2002 Plenário, Relator Min. Benjamin Zymler, Processo nº 016.520/1999-8)

(c) É possível, em casos excepcionais, firmar termo aditivo para prorrogar contrato oriundo da dispensa de licitação prevista no art. 24, inciso IV, da Lei nº 8.666/1993, por período adicional estritamente necessário à conclusão da obra ou serviço, além do prazo máximo fixado nesse dispositivo legal, desde que essa medida esteja fundamentada na ocorrência de fato excepcional ou imprevisível, estranho à vontade das partes, que impossibilite a execução contratual no tempo inicialmente previsto. (Acórdão nº 1941/2007 Plenário, Relator Min. Ubiratan Aguiar, Processo nº 015.057/2007-7)

(d) 1.5. Alertar a [...] que, na excepcionalidade de se extrapolar o prazo de 180 (cento e oitenta) dias para a vigência dos contratos emergenciais, previsto no art. 24, inciso IV, da Lei nº 8.666/1993, apresente justificativas prévias no respectivo processo de contratação (Acórdão nº 7.745/2010 – Primeira Câmara, Rel. Min. José Múcio Monteiro, Processo nº 020.171/2010-2)

(e) As contratações diretas amparadas no art. 24, IV, da Lei nº 8.666/93 podem, excepcionalmente e desde que atendidas determinadas condições, ultrapassar 180 dias (Acórdão nº 3.238/2010 – Plenário, Rel. Min. Benjamin Zymler, Processo nº 019.362/2010-2).

4.1.3.2.3 Dever de motivar

A menção ao fato de que a contratação direta é a via adequada e efetiva para elidir o risco de dano ao interesse público não é suficiente para legitimar a atuação do administrador público. Deverá ser comprovada e documentada a presença dos requisitos legais que autorizam a contratação direta. A Lei Geral de Licitações prevê para a hipótese do inc. IV, do art. 24, também, a comprovação da caracterização da situação emergencial ou calamitosa que justifique a dispensa.

De ordinário, as hipóteses de licitação dispensada, previstas no art. 17, as dispensas de licitação dos incs. III e seguintes do art. 24, e as inexigibilidades do art. 25 serão necessariamente justificadas. A exigência nada mais é que o cumprimento do princípio da motivação, consubstanciado no dever de o agente público justificar seus atos, apontando-lhes os fundamentos de fato e de direito, assim como a correlação lógica entre os eventos e situações que deu por existentes e a providência tomada.

Seguem-se deliberações do Tribunal de Contas da União acerca do dever de motivar, *v.g.*:

> 9.1.2. nas dispensas ou inexigibilidades de licitação, faça constar nos autos as necessárias justificativas da despesa, atendendo a exigência constante no artigo 26, *caput*, da Lei nº 8.666/1993; (Acórdão nº 819/2005, Plenário, Relator Min. Marcos Bemquerer Costa, Processo TC nº 019.378.2003-9, *DOU* de 30.06.2005)
>
> 16. Verifica-se, então, do entendimento desse texto que o Administrador deve, na situação do inciso II do art. 25, escolher o mais adequado à satisfação do objeto. O legislador admitiu, no caso, a existência de outros menos adequados, e colocou, portanto, sob o poder discricionário do Administrador a escolha do contratado, *sob a devida e indispensável motivação*, inclusive quanto ao preço, ao prazo e, principalmente, o aspecto do interesse público, que deverá estar acima de qualquer outra razão. (Acórdão nº 204/2005, Plenário, Relator Min. Valmir Campelo, Processo 425.065.1995-2, *DOU* de 17.03.2005)
>
> 9.4.2. atente, no caso de dispensa ou inexigibilidade de licitação, para que a situação seja circunstanciadamente justificada inclusive quanto ao preço e ratificada pela autoridade competente, consoante o art. 11º do Regulamento de Licitação e Contratos do Sesc; (Acórdão nº 150/2005, Primeira Câmara, Relator Min. Marcos Bemquerer Costa, Processo 007.048.1999-8, *DOU* de 23.02.2005)

4.1.3.2.4 Observância das formalidades e tipificação penal

Os atos que antecedem qualquer hipótese de contratação direta não recebem um tratamento diferenciado, nem simplificado, daqueles que precedem a contratação mediante o procedimento licitatório. O administrador está obrigado a seguir um procedimento administrativo destinado a assegurar a prevalência dos princípios jurídicos fundamentais aplicáveis a toda contratação pública. Permanece o dever de buscar e concretizar a melhor contratação possível, com tratamento igualitário a todos os possíveis contraentes.

A contratação direta não significa eliminação de dois postulados consagrados a propósito da licitação: o primeiro é a existência de um procedimento administrativo e o segundo é a prevalência dos princípios da supremacia e indisponibilidade do interesse público. O art. 113 da Lei Geral de Licitações deixa claro que os agentes públicos têm o dever de demonstrar a regularidade e a legalidade dos atos que praticam. Também, por evidente, nas contratações diretas.

A inobservância das formalidades legais da contratação direta foi criminalizada pela Lei Geral das Licitações, cujo art. 89 define, *verbis*: "Dispensar ou inexigir licitação fora das hipóteses previstas em lei, ou deixar de observar as formalidades pertinentes à dispensa ou à inexigibilidade: Pena – detenção, de 3 (três) a 5 (cinco) anos, e multa".

Extrai-se da norma penal que o agente público tanto se expõe à punição quando contrata diretamente sem amparo na lei, como, igualmente, quando deixa de observar as formalidades pertinentes à dispensa ou à inexigibilidade. Visite-se a jurisprudência do Tribunal de Contas da União:

> 9.1.12 adote medidas adequadas e suficientes para evitar a contratação por dispensa de licitação ou inexigibilidade, quando o procedimento licitatório deva ser utilizado, observando que os agentes administrativos que praticarem atos em desacordo com os preceitos legais ou visando frustrar os objetivos da licitação, sujeitam-se às sanções previstas em Lei e nos regulamentos próprios, sem prejuízo das responsabilidades civil e criminal que seu ato ensejar, conforme estabelecido no art. 82 da Lei nº 8.666/1993; (Acórdão nº 1613/2004, Segunda Câmara, Relator Min. Lincoln Magalhães da Rocha, *DOU* de 13.09.2004)

E ainda:

> Entidades privadas sem fins lucrativos que recebam recursos ou bens repassados voluntariamente da União por meio de convênio ou outros instrumentos congêneres, inclusive as Organizações Sociais e as Organizações da Sociedade Civil de Interesse Público, devem observar, nas situações de dispensa ou inexigibilidade de licitação, o disposto no art. 26 da Lei nº 8.666/1993, devendo a ratificação ser procedida pela instância máxima de deliberação, sob pena de nulidade.[110]

O crime do art. 89 da Lei nº 8.666/93 não é de mera conduta[111] A contratação indevida por meio de dispensa ou inexigibilidade de licitação, fora das hipóteses previstas em lei ou sem a observância das formalidades aplicáveis a essas contratações, exige a comprovação do dolo específico do agente de causar dano à administração pública, bem como o efetivo prejuízo ao erário.

Assim ficou assentado no âmbito da jurisprudência do Superior Tribunal de Justiça:

---

[110] BRASIL. Tribunal de Contas da União – TCU. *Licitações e contratos*: orientações e jurisprudência. 4. ed. rev. atual. e ampl. Brasília: TCU, 2010. p. 579.

[111] De acordo com o STF, a Lei de Licitações prevê normas próprias sobre o procedimento para apuração de crimes, motivo pelo qual incabível a incidência do procedimento comum ordinário, visto que há regras específicas para o exercício do direito de defesa no âmbito da lei de regência, obstando consequentemente a combinação de leis processuais, por força do art. 394, §2º do CPP (HC nº 132.807/PE, Rel. Min. Nefi Cordeiro, *DJe*: 29.10.2015).

PENAL E PROCESSO PENAL. RECURSO EM HABEAS CORPUS. 1. CRIME DA LEI DE LICITAÇÕES. ART. 89, PARÁGRAFO ÚNICO, DA LEI Nº 8.666/1993. DOLO ESPECÍFICO E EFETIVO PREJUÍZO. ELEMENTOS NÃO TRAZIDOS NA INICIAL ACUSATÓRIA. PREJUÍZO À AMPLA DEFESA. DENÚNCIA INEPTA. TRANCAMENTO DA AÇÃO PENAL. 2. RECURSO PROVIDO, PARA TRANCAR A AÇÃO PENAL.

1. No julgamento da Ação Penal n. 480/MG, consignou-se ser necessário, no que diz respeito ao crime descrito no art. 89, parágrafo único, da Lei nº 8.666/1993, que órgão acusador demonstre, desde logo, o dolo específico de causar dano ao erário, bem como efetivo prejuízo causado com a conduta. Não tendo o Ministério Público se desincumbido de demonstrar referidos elementos, verifica-se que a inicial acusatória se mostra inepta, impossibilitando, assim, o exercício do contraditório e da ampla defesa.

2. Recurso provido, para trancar a Ação Penal n. 0015773-58.2011.8.19.0014, em trâmite perante a 3ª Vara Criminal da Comarca de Campos dos Goyatacazes, apenas com relação ao recorrente JOSÉ GERALDO GOMES MANHÃES, por inépcia da denúncia, sem prejuízo de que nova inicial seja apresentada. (RHC 65254 / RJ, Rel. Min. Reynaldo Soares da Fonseca, *DJe* 10.02.2016)

Da jurisprudência do STF também se extrai o seguinte julgado:

EMENTA Ação penal. Dispensa de licitação (art. 89, *caput* e parágrafo único, da Lei nº 8.666/93). Tomada de preço. Contratos de locação de veículos. Termos aditivos. Prorrogação do prazo de vigência. Alegada violação do art. 57 da Lei nº 8.666/93. Ausência de dolo. Fato atípico. Ordenação de despesas não autorizadas (art. 359-D do Código Penal). Acusado que, à época dos fatos, não mais detinha qualquer poder para ordenar as despesas em questão. Ação penal improcedente.

1. O tipo penal do art. 89 da Lei nº 8.666/93 pressupõe, além do necessário dolo simples (vontade consciente e livre de contratar independentemente da realização de prévio procedimento licitatório), a intenção de produzir um prejuízo aos cofres públicos por meio do afastamento indevido da licitação. [...] (AP 700/MA, Rel. Dias Toffoli, *DJe* 26.04.2016)

4.1.4 Parecer técnico

Do art. 38, inc. VI, da Lei nº 8.666/93 extrai-se que nos autos do processo administrativo das contratações públicas serão entranhados, oportunamente, entre outros atos administrativos e documentos, os pareceres técnicos ou jurídicos emitidos sobre a licitação, dispensa ou inexigibilidade.

Não obstante a norma referir-se a "pareceres técnicos ou jurídicos", em redação que faz uso de conjunção alternativa, a juntada de parecer técnico não significa dizer que o parecer jurídico seja ocioso, ou vice-versa. Não são pareceres reciprocamente excludentes. Ao contrário, verifica-se, não raro, a necessidade de ambos, com o fim de o jurídico verificar se exigências ou restrições de ordem técnica – que se apresentam como básicas na caracterização/especificação do objeto, ou na indicação de métodos ou tecnologias de execução – não poderiam ser interpretadas como direcionadoras da contratação, com violação a princípios (isonomia, impessoalidade, competitividade, moralidade, etc.).

Pareceres técnicos tanto podem ser elaborados por servidores dos quadros da administração, portadores de qualificação pertinente, ou por terceiros, isto é, estranhos aos quadros do serviço público. Por isso que a Lei nº 8.666/93 consente a contratação de profissional especializado e habilitado à produção de parecer técnico, caso inexista tal profissional na estrutura de cargos do órgão ou entidade pública licitante ou contratante.

De acordo com o §1º do art. 13 da Lei, ressalvados os casos de inexigibilidade de licitação, os contratos para a prestação de serviços técnicos profissionais especializados deverão, preferencialmente, ser celebrados mediante a realização de concurso, com estipulação prévia de prêmio ou remuneração. O art. 25 da Lei Geral elenca, de forma exemplificativa, as hipóteses em que a administração pública está autorizada a contratar diretamente, por inexigibilidade de licitação, a prestação de serviços técnicos especializados.

Assim:

> Art. 25. É inexigível a licitação quando houver inviabilidade de competição, em especial: [...]
> II – para a contratação de serviços técnicos enumerados no art. 13 desta Lei, de natureza singular, com profissionais ou empresas de notória especialização, vedada a inexigibilidade para serviços de publicidade e divulgação;

O citado art. 13, em seu inc. II, considera serviços técnicos profissionais especializados, dentre outros, os trabalhos relativos a estudos técnicos, planejamentos, projetos básicos ou executivos, pareceres, perícias e avaliações em geral, assessorias ou consultorias técnicas e auditorias financeiras ou tributárias.

Embora elaborados por especialistas habilitados, os pareceres técnicos não são vinculantes para o agente público, que deles poderá discordar, desde que motivadamente, ou seja, a motivação exige a apresentação dos pressupostos de fato e de direito que sustentam a opinião contrária ao parecer exarado.

Assim estabelece a Lei nº 9.784/99:

> Art. 50. Os atos administrativos deverão ser motivados, com indicação dos fatos e dos fundamentos jurídicos, quando: [...] VII – deixem de aplicar jurisprudência firmada sobre a questão ou discrepem de pareceres, laudos, propostas e relatórios oficiais;

4.1.5 Documento contendo as especificações, unidades e quantidades (compras)

De acordo com o art. 7º, §2º, II, e §9º, da Lei nº 8.666/93, o projeto básico instrui os processos administrativos pertinentes à contratação direta de obras e serviços. Não há, na Lei Geral, referência à utilização desse projeto nas contratações diretas de bens (compras). Nada obstante a omissão, esses processos devem ser instruídos com documento que contemple, minimamente, os requisitos exigidos no art. 15, §7º, da Lei, independentemente do rótulo que o designe.

Tal documento deve atender, de ordinário, aos seguintes requisitos: (a) especificação completa do bem a ser adquirido, observadas as normas da Associação Brasileira de Normas Técnicas (ABNT) (Lei nº 4.150/62), os critérios de sustentabilidade ambiental e considerados os processos de extração, fabricação, utilização e descarte (IN SLTI/MPOG nº 01, de 2010) aplicáveis; (b) a definição das unidades e das quantidades a serem adquiridas em função do consumo e utilização prováveis, cuja estimativa será obtida, sempre que possível, mediante adequadas técnicas quantitativas de estimação; (c) as condições de guarda e armazenamento que não permitam a deterioração do material; e (d) vedação à indicação de marca, salvo se justificado tecnicamente, inclusive para o efeito de padronização.

4.1.6 Elaboração de projetos básico e executivo

Se a contratação direta tiver por objeto obra ou serviço, a administração haverá de cogitar da elaboração de projetos básico e executivo. Recorde-se o tratamento da Lei nº 8.666/93:

> Art. 7º. As licitações para a execução de obras e para a prestação de serviços obedecerão ao disposto neste artigo e, em particular, à seguinte seqüência:
> I – projeto básico;
> II – projeto executivo;
> (...)
> §9º O disposto neste artigo aplica-se também, no que couber, aos casos de dispensa e de inexigibilidade de licitação.
> (...)

As licitações para a execução de obras e para a prestação de serviços obedecerão à seguinte ordem: elaboração do projeto básico, do projeto executivo e execução das obras e serviços pelo contratado. De acordo com o art. 7º, §9º, da Lei nº 8.666/93, a ordem alcança também as contratações diretas.

O projeto executivo é instrumento obrigatório e complementar ao projeto básico, a instruir o processo administrativo da contratação de obras e serviços de engenharia, ou seja, constitui-se no detalhamento do projeto básico e da forma minuciosa sob as quais haverá de ser cumprido. Poderá, segundo a Lei Geral, ser desenvolvido concomitantemente com a execução das obras e serviços, desde que autorizado pela administração (art. 7º, §1º) e, ainda, ficar a cargo do contratado, nos termos do disposto no art. 9, §2º, da Lei nº 8.666/93, consoante preço previamente fixado pela administração.

4.1.6.1 Obrigatoriedade do projeto básico

Os órgãos e entidades públicos estão obrigados à descrição do objeto pretendido, com seus respectivos atributos, incluindo as características necessárias à qualidade, que bastem à satisfação das necessidades da contratação. O projeto básico é o exigido, nas modalidades[112] de concorrência, tomada de preços e convite, para licitar-se a contratação de obras e serviços. A Lei Geral de Licitações enuncia que, nas hipóteses de contratação direta, a administração poderá utilizá-lo, no que couber (art. 7º, §9º). "No que couber" significa, no caso, sempre que compatível com as circunstâncias da dispensa ou da inexigibilidade. Mesmo quando se trate de contratação emergencial,[113]

---

[112] Na modalidade licitatória do pregão, tanto na forma eletrônica como na presencial, o instrumento que traz todas as características do objeto que se quer licitar e as condições para sua execução denomina-se "termo de referência".

[113] Segundo o Tribunal de Contas da União, é admissível a celebração de contratos com suporte em projeto básico que não contenha todos os elementos relacionados art. 6º, IX, da Lei nº 8.666/93, em casos excepcionais,

deve a administração ao menos esboçar a obra ou o serviço que pretende contratar sem licitação, de modo suficiente para o fim de atender às exigências de justificar a escolha do contratado e o preço que aceitou pagar (art. 26, parágrafo único). A análise justificadora da escolha do contratado e da aceitabilidade do preço que cotou depende de um paradigma contrastável. Esse paradigma é o projeto básico, ou descrição técnica que dele se aproxime o mais possível.

Há substancial diferença entre projeto básico[114] e pedido ou requisição do objeto. Este, emitido pelo setor competente, cumpre a finalidade de informar as características e especificações do objeto pretendido. O projeto básico, além da adequada caracterização do objeto e sua especificação completa, deve apresentar todas as condições para a sua execução, prazos, recebimento provisório e definitivo, garantias ou validade, dependendo do caso, apresentação de amostra, se for o caso, vistoria, justificativa para exigência de marca, se houver, procedimento para fiscalização, obrigações, sanções, etc.

Ao projeto básico cabe indicar todas as características e condições do objeto cuja contratação se almeja, de maneira a fornecer os dados necessários àqueles que tenham interesse em contratar com a administração a execução de obra ou serviço. Por isto mesmo, é o instrumento que vincula a administração a exigir e a cumprir o que nele resultou estabelecido, sobretudo nas hipóteses em que, dispensado o termo para a formalização do contrato, o instrumento equivalente não seja capaz de trazer todas as informações referentes ao objeto e à sua execução (v. item 4.1.6.2).

Em obras e serviços, a adequada caracterização do objeto, com sua especificação completa, é garantia de qualidade para a administração, e a aprovação do projeto básico pela autoridade competente confirma todos os termos nele apresentados.

Em respeito a sua finalidade e características, traçadas com nível de precisão adequado (art. 6º, IX), o projeto básico deve ser elaborado por agente ou equipe que disponha de conhecimentos técnicos pertinentes e suficientes ao que se quer contratar. A adequada caracterização do objeto, correlata a um orçamento detalhado de seus custos, desenhada por quem entenda do assunto, serve, além de garantir um padrão mínimo de qualidade, para definir os recursos orçamentários que bastem à cobertura das despesas contratuais, fator que favorece a eficiente gestão de recursos públicos e a efetividade no controle de despesas. Vejam-se deliberações do Tribunal de Contas da União nesse sentido:

> 8.3.1. nos procedimentos licitatórios que realizar, faça constar do processo correspondente, os seguintes elementos exigidos na Lei nº 8.666/93, com alterações posteriores: (...) c) projeto básico e/ou projeto executivo do serviço contratado, mesmo nos casos de dispensa ou inexigibilidade de licitação, quando couber (art. 7º, §9º); (Decisão nº 302/1998, Primeira Câmara, Relator Min. Humberto Guimarães Souto, Processo 002.690.1998-5)

---

com o intuito de afastar risco iminente de dano a pessoas ou a patrimônio público ou particular. Assim: "[...] determinar ao DNIT que, mesmo em obras emergenciais, providencie projeto básico com todos os elementos do art. 6º, inciso IX, da Lei nº 8.666/93, em obediência ao art. 7º, §2º, inciso II, e 9º, da Lei nº 8.666/1993, sob pena de anulação dos contratos com base no §6º do mesmo artigo, ressalvando, para o caso de obras emergenciais de baixa complexidade executiva, em caráter excepcional, a possibilidade de substituição do projeto básico por planilha estimativa, desde que esta se encontre devidamente fundamentada em relatório técnico" (Acórdão nº 614/2010 – Plenário, Rel. Min. Valmir Campelo, Processo nº 007.965/2008-1).

[114] Segundo o Tribunal de Contas da União, o projeto básico deve ser elaborado com base nas indicações de estudos técnicos preliminares. BRASIL. Tribunal de Contas da União – TCU. *Licitações e contratos*: orientações e jurisprudência. p. 166.

5. A respeito do indício de irregularidade relativo à elaboração de projeto básico inadequado, o Tribunal tem entendido que esse instrumento pode ser traduzido em planilha estimativa, devidamente fundamentada em relatório técnico, sempre que tais serviços forem de característica emergencial e de baixa complexidade executiva. É preciso assinalar que esse entendimento não se figura no sentido de dizer que o projeto básico é elemento prescindível nas obras desse tipo, mas esclarecer que os seus elementos constitutivos são mais simples, compatíveis com as obras que pretende detalhar. Desse modo, a estimativa e o detalhamento dos tipos de serviços a serem executados, desde que acompanhados de fundamentação técnica e compatível com o trecho em questão, podem servir para atender ao disposto no art. 7º da Lei nº 8.666/1993. (Acórdão nº 53/2007, Plenário, Relator Min. Augusto Nardes, Processo TC nº 002.083/2006-1, *DOU* de 02.02.2007)

O verbete 261, da súmula do Tribunal de Contas da União, orienta sobre a necessária atualização do projeto básico:

> Em licitações de obras e serviços de engenharia, é necessária a elaboração de projeto básico adequado e atualizado, assim considerado aquele aprovado com todos os elementos descritos no art. 6º, inciso IX, da Lei nº 8.666, de 21 de junho de 1993, constituindo prática ilegal a revisão de projeto básico ou a elaboração de projeto executivo que transfigurem o objeto originalmente contratado em outro de natureza e propósito diversos.

4.1.6.2 Informações essenciais no projeto básico

Em suma, portanto, o projeto básico contemplará os elementos capazes de propiciar, de forma clara, concisa e objetiva, a compreensão sobre o objeto que se quer contratar, em especial:

1. a indicação de suas características e especificações – a administração pode adquirir o objeto com nível de qualidade desejável não só mediante sua especificação completa, mas estabelecendo testes laboratoriais por conta da futura contratada, conforme dispõe o art. 75 da Lei nº 8.666/93, ou exigindo que apresente amostras ou protótipos, garantindo àquela o direito à contraprova, quando rejeitados;[115]

2. definição das unidades e quantidades – deve o órgão licitador definir as unidades e as quantidades a serem adquiridas em função do consumo e utilização prováveis, obtidas mediante adequadas técnicas de estimação; assim deliberou o Tribunal de Contas da União a respeito: "9.3.8. efetuar estimativas mediante técnicas quantitativas adequadas, tendo por base o consumo e a utilização prováveis, nos termos do art. 7º, §4º, da Lei nº 8.666/93 c/c o art. 15, §7º, II, do mesmo diploma legal" (Acórdão nº 740/2004, Plenário, Relator Min. Ubiratan Aguiar, Processo TC nº 013.661.2003-0, *DOU*, 25.06.2004);

3. demonstrativo de resultados a serem alcançados em termos de economicidade e de melhor aproveitamento dos recursos humanos, materiais ou financeiros disponíveis;

4. relação entre a necessidade e a quantidade a ser contratada; nesse ponto, o Tribunal de Contas da União pacificou o entendimento acerca da indispensável definição,

---

[115] O Tribunal de Contas da União, na Decisão nº 485/1998, Plenário (Relator Min. José Antonio Barreto de Macedo – Processo nº 350.333.1997-1), ao tratar do tema, firmou entendimento no sentido de que deva ser respeitado o direito dos licitantes à contraprova, tendo em vista as garantias inerentes à ampla defesa e ao contraditório, previstas no inc. LV do art. 5º da Constituição Federal de 1988. Não obstante a deliberação seja direcionada ao procedimento licitatório, os mesmos princípios são aplicáveis às hipóteses de contratação direta.

precisa e suficiente, do objeto para fins de licitação, impondo-se a mesma conduta jurídico-administrativa à contratação direta, cuja fase interna, anterior à adjudicação, obedece às mesmas normas e princípios aplicáveis àquele procedimento; (verbete 177, da súmula do Tribunal de Contas da União: "A definição precisa e suficiente do objeto licitado constitui regra indispensável da competição, até mesmo como pressuposto do postulado de igualdade entre os licitantes, do qual é subsidiário o princípio da publicidade, que envolve o conhecimento, pelos concorrentes potenciais, das condições básicas da licitação. Na hipótese particular da licitação para compra, a quantidade demandada é essencial à definição do objeto do pregão").

5. justificativa da necessidade do objeto que se quer licitar; sobre o dever de motivar, vejam-se as considerações lançadas nos itens 4.1.3.1 e 4.1.3.2.3, retro;

6. condições para os recebimentos provisório e definitivo e vistoria, se necessária;

7. prazo de garantia ou de validade, conforme o caso;

8. critério de aceitação do objeto e prazo para as substituições quando em desacordo com as especificações exigidas;

9. obrigações da contratada e da contratante;

10. procedimentos de fiscalização e gerenciamento do contrato;

11. local de entrega ou da execução da obra ou prestação dos serviços;

12. data de início das etapas de execução, conclusão e entrega do objeto, em conformidade com o disposto no art. 8º da Lei nº 8.666/93: *"A execução das obras e dos serviços deve programar-se, sempre, em sua totalidade, previstos seus custos atual e final e considerados os prazos de sua execução"*;

13. prazo e condições para a assinatura do termo de contrato ou aceite/retirada do instrumento equivalente, quando for o caso;

14. sanções, de forma clara, concisa e objetiva;

15. se for o caso, na execução de serviços ou obras, a obrigação da contratada em fornecer peças ou materiais e suas condições, como, por exemplo: peças/materiais originais ou compatíveis com o equipamento; apresentação de, no mínimo, três orçamentos de preços, com valores de mercado, e adquirindo-se pelo menor valor após averiguação e aprovação pelo agente fiscal responsável, ou, ainda, a fixação de percentual de desconto sobre o valor das peças/materiais, segundo tabela existente.

Sobre a apresentação de, no mínimo, três orçamentos prévios, decidiu o Tribunal de Contas da União:

> 9.1.1 faça incluir no contrato a ser celebrado cláusula contratual que implique o compromisso do contratado apresentar no mínimo três orçamentos prévios ao Órgão, quando da execução de despesas sob a rubrica "Despesas Eventuais", de forma a assegurar a contratação da proposta mais vantajosa para a Administração; (Acórdão nº 222/2005, Plenário, Relator Min. Augusto Sherman Cavalcanti, Processo 018.787.2004-3, *DOU* de 17.03.2005)

Segundo o Tribunal de Contas da União,[116]

(...) um projeto básico bem elaborado para contratação de serviços de manutenção preventiva e corretiva, por exemplo, deve fornecer, dentre outras informações essenciais:

---

[116] BRASIL. Tribunal de Contas da União – TCU. *Licitações e contratos*: orientações e jurisprudência. p. 167.

- detalhamento do objeto;
- periodicidade das visitas; se diária, semanal, quinzenal, mensal etc.
- horário das visitas de manutenção;
- prazo para atendimento às chamadas;
- equipe mínima/composição da equipe técnica, com registro na entidade profissional competente;
- existência de plantonistas, quando for o caso;
- relação do material/peças que deverão ficar a cargo do contratante;
- relação do material de reposição que deverá estar coberto pelo futuro contrato;
- material mínimo necessário para estoque no local dos serviços;
- local de conserto dos equipamentos, quando não puder ser feito no próprio prédio;
- exigência de oficina, quando for o caso.

O art. 12 da Lei nº 8.666/93 elenca outros requisitos que devem constar nos projetos básicos e projetos executivos de obras e serviços.

4.1.6.3 Amostras ou protótipos

Não há na Lei nº 8.666/93 ou na Lei nº 10.520/02 norma que cuide da solicitação de amostras, contudo, tal medida pode garantir boa contratação. Por meio da apresentação de amostra (ou protótipo), a administração pública pode aferir se o objeto cotado pelo licitante em sua proposta conforma-se, efetivamente, às exigências estabelecidas no edital. A depender da natureza do produto, é salutar que a administração confira características peculiares, tais como especificações técnicas, qualidade, funcionalidade, desempenho e durabilidade.

O suporte jurídico para a exigência de amostras no edital da licitação e na contratação direta encontra-se no art. 43, inc. IV, da Lei nº 8.666/93, que incumbe a comissão de licitação – por extensão, também a comissão ou o agente responsável pela contratação direta – de verificar a conformidade do objeto apresentado com os requisitos preestabelecidos no ato convocatório (daí a utilidade de ter-se adequada especificação também nas hipóteses de fornecimento de bens, conferindo praticidade ao disposto nos arts. 14 e 15, §7º, da Lei nº 8.666/93) e também no art. 54, §2º, que vincula os contratos decorrentes de dispensa ou de inexigibilidade "aos termos do ato que os autorizou e da respectiva proposta".

Antes de confrontar as propostas de preço, a administração deve verificar se o produto ofertado atende às especificações exigidas, por meio da apresentação de amostras. O referido instrumento fixará os critérios de aferição, conferindo objetividade tanto em prol da futura contratada como do(s) agente(s) responsável(is) pela contratação.

Inexistindo equipe ou servidor técnico especializado para a análise de amostra, à vista da peculiar natureza do objeto, pode a administração, em lugar de exigi-la, estabelecer a apresentação de certificações, laudos técnicos, ensaios ou resultados de testes previamente realizados, como preceitua o art. 75 da Lei nº 8.666/93.

Ainda, a administração poderá contratar particular para a realização de estudos, pareceres e avaliações técnicas que se mostrem necessários à aferição de amostra exigente de especialização, com fundamento na inexigibilidade de licitação (arts. 13, I e II, e 25, II, da Lei nº 8.666/93), desde que atendidos os respectivos requisitos.

Atestada a conformidade do objeto da proposta com a amostra exibida e as especificações constantes na requisição do material (compras) ou no projeto básico (serviços), seguir-se-á com a análise da aceitabilidade do preço ofertado. Tal sequência é insuscetível de inversão, posto que o preço será aceitável, ou não, na medida em que corresponda às características do objeto a que se refere. Por óbvio que se o preço não abranger todas as características constantes da especificação, não se estará referindo ao objeto desejado, mas a outro, que não atenderá às necessidades da administração. Logo, tal compatibilidade haverá de ser aferida antes de declarar-se o preço aceitável ou não.

4.1.6.4 Indicação de marca

A regra da Lei nº 8.666/93 é a de vedar a realização de licitação cujo objeto inclua bens e serviços sem similaridade ou de marcas, características e especificações exclusivas. A proibição de preferência por marca está prevista em seus arts. 7º, §5º; 15, §7º, inc. I; e 25, inc. I. Em caráter excepcional, o mesmo art. 7º, §5º, admite a indicação, desde que amparada por motivos de ordem técnica, determinados por fatores impessoais, devidamente justificados. Nessa hipótese, a administração poderá valer-se de laudo pericial que conclua pela indicação de marca, fazendo parte integrante do processo administrativo da contratação direta, tornando transparente a motivação do ato e reforçando os fundamentos da decisão.

Independentemente das necessárias razões de ordem técnica que justifiquem a indicação da marca, a administração deve demonstrar nos autos sua vantagem para o interesse público, que não se pode basear em predileções ou aversões pessoais do administrador. O laudo técnico deve demonstrar, fundamentada e circunstanciadamente, as características que lastreiam a designação da marca, em evidenciada correlação com as necessidades administrativas, que não seriam atendidas se o objeto não portasse aquelas características. Não se trata, propriamente, de preferência por marca, mas pelas características indispensáveis ao atendimento das necessidades administrativas, somente encontradas na marca indicada ou similar. Confira-se a orientação do Tribunal de Contas da União:

> 9.4.1 não efetue aquisições e contratações por inexigibilidade de licitação quando houver viabilidade de competição, e também nos casos em que houver apenas exclusividade de marca e não exclusividade do produto de interesse da empresa; (Acórdão nº 125/2005, Plenário, Relator Min. Ubiratan Aguiar, Processo 010.978.2002-2, *DOU* de 03.03.2005)

4.1.6.5 Exclusão de marcas

É possível a hipótese oposta, qual seja, a da exclusão de marcas pela administração? A garantia de qualidade do objeto e os princípios da eficiência e da economicidade amparam resposta afirmativa à indagação. A hipótese se aperfeiçoa quando determinada marca, adquirida anteriormente por meio de procedimento licitatório ou contratação direta, se revela de má qualidade, embora, em tese, atendesse às estipulações editalícias e contratuais. Exemplo corriqueiro é o da aquisição de canetas que não escrevem. Depois de circunstanciado no processo que o objeto não atende às necessidades da administração, inclusive com a juntada de laudo técnico e termos de reclamação dos usuários, com a devolução do objeto, é sustentável a exclusão daquela marca de licitações e contratações futuras.

Tal como a decisão que indica marca exige justificativa técnica, a de sua exclusão também impõe ao agente público o dever de justificar a adoção da medida. O princípio da impessoalidade encarece a proscrição de quaisquer favoritismos ou discriminações impertinentes, tanto na contratação que surte de licitação como na contratação direta, posto conjugar-se com o princípio da igualdade (art. 3º, §1º, incs. I e II, da Lei nº 8.666/93, e arts. 5º, *caput*, e 37, *caput*, da Constituição da República).

4.1.6.6 Padronização

A Lei nº 8.666/93 determina que as compras, sempre que possível, atenderão ao princípio da padronização. Esta deve refletir os princípios da prevalência do interesse público, da eficiência, da economicidade e da impessoalidade, sendo possível tanto para a aquisição de novos bens quanto para dar continuidade ao que já foi implantado.

A padronização pressupõe compatibilidade de especificações técnicas e de desempenho. Significa dizer que determinado produto a ser adquirido deva atender a características técnicas uniformes estabelecidas pela administração e, quando for o caso, às condições de manutenção, assistência técnica e garantia.

Em regra, a padronização é aplicável para a compra, como, por exemplo, de veículos, máquinas e equipamentos. Reduz custos pelo ganho que representa na economia de escala; facilidade de manutenção, substituição e operação de bens; aproveitamento de servidores já treinados para o manuseio de determinados equipamentos ou serviços; existência de produto, projeto ou tecnologia já integrante do patrimônio público e/ou de futuras contratações; eficaz adaptação pelos usuários dos bens já adquiridos e contribuição, para a relação custo/benefício,[117] de especificações técnicas e de desempenho já existentes.

A padronização cabe sempre que houver necessidade e conveniência de estabelecerem-se critérios uniformes para as contratações realizadas pela administração. Deve moldar-se segundo critérios objetivos e técnicos, fundamentados em estudos, laudos, perícias e/ou pareceres que demonstrem as vantagens econômicas e o superior atendimento técnico às necessidades da administração em face do interesse público.

O Tribunal de Contas da União, por meio do verbete 270 de sua súmula, consolidou o entendimento de que, em licitações referentes a compras, inclusive de softwares, é possível a indicação de marca, desde que seja estritamente necessária para atender exigências de padronização e que haja prévia justificação. Ou seja, quando se tratar de objeto com características e especificações exclusivas, a justificativa para a indicação de marca, para fins de padronização, deve estar fundamentada em razões de ordem técnica, as quais devem, necessariamente, constar do processo da contratação, aplicando-se, sempre que possível, a faculdade prevista no art. 75 da Lei nº 8.666/93.

A padronização, de ordinário, não afasta a realização de procedimento licitatório, já que pode haver no mercado mais de um fornecedor do produto padronizado, a

---

[117] O Tribunal de Contas da União entende que a padronização de produtos de informática pode repousar na compatibilidade com produtos já escolhidos (Decisão nº 392/96, Plenário, Relator Min. Humberto Guimarães Souto, Processo 014.843/93-5, *DOU*, 23.07.1996).

exemplo dos casos em que a comercialização não é feita diretamente por fabricante ou representante exclusivo. Recordem-se deliberações do TCU nesse sentido:

> 9.3.24. efetuar, nas contratações que considere inexigível o procedimento licitatório por padronização, estudos técnicos que justifiquem tal situação, atentando para a existência prévia de objeto a ser padronizado e da necessidade futura de permanência de utilização do mesmo; (Acórdão nº 740/2004, Plenário, Relator Min. Ubiratan Aguiar, Processo 013.661.2003-0, *DOU* de 25.06.2004)
>
> 5. ainda que fosse admitida a preferência de marca, para fins de padronização, como permitido pela norma regedora da matéria (art. 15, I, da Lei nº 8.666, de 1993), afastando, no caso, a contratação de veículos de outra marca, se houver a possibilidade de os bens serem fornecidos por várias empresas, seria justificada e obrigatória a licitação. (Decisão nº 686/1997, Plenário, Relator Min. Bento José Bugarin, Processo 005.807.1996-4, *DOU* de 27.10.1997)

4.1.6.7 Vedação imposta ao autor do projeto básico ou executivo

O art. 9º da Lei nº 8.666/93 veda ao autor de projeto básico ou executivo, seja pessoa física ou jurídica, empresa responsável por sua elaboração, de forma isolada ou em consórcio, ou da qual o autor dos respectivos projetos seja dirigente, gerente, acionista ou detentor de mais de 5% do capital com direito a voto ou controlador, responsável técnico ou subcontratado, participar, de forma direta ou indireta (vale dizer, na qualidade de subcontratado), da execução da obra, da prestação do serviço ou do fornecimento dos bens, incluindo-se aqueles indispensáveis à execução da obra ou do serviço. O §2º estabelece que a vedação, de natureza pessoal, não impede a licitação ou a contratação de obra ou serviço que inclua a elaboração de projeto executivo como encargo do contratado ou pelo preço previamente fixado pela administração.

4.1.6.8 Aprovação do projeto básico

> Art. 7º(...)
> §2º As obras e os serviços somente poderão ser licitados quando:
> I – houver projeto básico aprovado pela autoridade competente e disponível para exame dos interessados em participar do processo licitatório;
> (...)
> §9º O disposto neste artigo aplica-se também, no que couber, aos casos de dispensa e de inexigibilidade de licitação.

A aprovação do projeto básico, pela autoridade competente, condiciona-se à análise e ao juízo favorável acerca das condições e características traçadas para o objeto. A autoridade competente poderá valer-se de laudos ou pareceres técnicos para justificar a decisão. A declaração lançada no ato não deve limitar-se aos termos "aprovo o projeto básico". Deve incluir os motivos da aprovação, vale dizer, as razões de fato e de direito que a justificam. Ditas razões podem reportar-se às considerações de ordem técnica apostas em laudo ou parecer entranhados nos autos do respectivo processo.

A autoridade competente para aprovar o projeto básico é aquela incumbida, regimentalmente, para essa e outras finalidades. Na hipótese de omitir-se o regimento do órgão ou da entidade, preferindo remeter à autoridade de maior hierarquia, genericamente, as decisões acerca de assuntos afetos às licitações e contratações, entender-se-á que a competência para aprovar o projeto básico será também dessa autoridade.

O exercício de competências, em direito público, significa a assunção de responsabilidades, daí a relevância de cada órgão e entidade da administração pública distribuir, com absoluta clareza, no âmbito interno de seus serviços, as competências para decidir em matéria de licitações e contratações, bem como para opinar nos autos dos respectivos processos.

O ordenador de despesa principal do órgão ou entidade pode expedir atos de delegação de competências para ordenadores secundários, de acordo com faixas de valor. É prática comum na administração e tem supedâneo legal desde, pelo menos, o Decreto-Lei nº 200/67, que incluiu a delegação de competência entre os "princípios fundamentais" da reforma administrativa federal que então disciplinou (art. 6º, IV), a merecer encômios da doutrina administrativista da época, e que, nesse ponto, permanece atual, *verbis*:

> (...) na prática de bem descentralizar está o segredo de toda eficiente Administração. A tendência não assenta só num pressuposto jurídico, mas em pressupostos que não naturais e da natureza das coisas. O problema, antes de mais nada, é técnico e científico. Obedece à lei da racional divisão do trabalho e no caso à lei orgânica do trabalho administrativo. Todo o excesso de centralização leva ao estrangulamento das instituições (...) A verdadeira sabedoria, num governo representativo de situações econômico-sociais, reside em saber distribuir funções, competências e responsabilidades. Inclusive delegar. (FRANCO SOBRINHO, Manoel de Oliveira. *Comentários à reforma administrativa federal*. São Paulo: Saraiva, 1983. p. 73)

4.1.6.9 Projeto executivo

Dispõe o art. 7º, §1º, da Lei nº 8.666/93:

> Art. 7º
> (...)
> §1º A execução de cada etapa será obrigatoriamente precedida da conclusão e aprovação, pela autoridade competente, dos trabalhos relativos às etapas anteriores, à exceção do projeto executivo, o qual poderá ser desenvolvido concomitantemente com a execução das obras e serviços, desde que também autorizado pela Administração.

O art. 6º, inc. X, da Lei nº 8.666/93 define projeto executivo como sendo o conjunto dos elementos necessários e suficientes à execução completa da obra, de acordo com as normas pertinentes da Associação Brasileira de Normas Técnicas (ABNT).

O projeto executivo é instrumento complementar do projeto básico, cumprindo-lhe desdobrar o máximo de detalhamento possível para o desenvolvimento de todas as etapas de execução da obra ou do serviço. Não obstante a lei fazer referência a sua aplicação na execução de obra, doutrina e jurisprudência ponderam que sua utilidade deva ser estendida a serviços, notadamente os de engenharia e aqueles de complexa execução.

Obrigatoriedade não impõe a lei para a existência prévia de projeto executivo, tanto que autoriza a administração a prever o seu desenvolvimento concomitantemente com a execução do contrato, ao que se extrai do disposto no mencionado art. 7º, §1º, bem assim do art. 40, V, e §2º, I.

À vista do disposto no art. 6º, inc. IX, alínea "b", da Lei Geral de Licitações, orienta o Tribunal de Contas da União[118] que as soluções técnicas adotadas no projeto básico deverão estar suficientemente pormenorizadas, de sorte a minimizar a necessidade de serem reformuladas durante a fase de elaboração do projeto executivo.

A legalidade e a regularidade da despesa e da execução contratual, de cuja demonstração o art. 113 da Lei nº 8.666/93 incumbe o agente público, convivem com alterações e correções do projeto básico, mas o projeto executivo não poderá alterá-lo[119] de molde a desnaturar o objeto original do contrato. Fundamental que o(s) agente(s) designado(s) para acompanhar(em) a execução da obra ou do serviço e de fiscalizá-lo(s) observe(m) a elaboração do projeto executivo e seus termos, assegurando que se mantenha fiel ao escopo do projeto básico. Eis a diretriz do Órgão de Contas Federal:

> 9.3. alertar o (...) para a necessidade, na hipótese de a obra do (...) ser beneficiada com recursos federais, de avaliar a adequação do projeto básico aprovado e do projeto executivo, se houver, às exigências legais e ao interesse público, e, caso o projeto executivo esteja sendo desenvolvido concomitantemente com a execução das obras, acompanhe a elaboração do referido projeto, (...) com vistas a assegurar o cumprimento das exigências legais e o atendimento do interesse público; (Acórdão nº 685/2005, Plenário, Relator Min. Ubiratan Aguiar, Processo 003.473.2005-3, *DOU* de 10.06.2005)

Embora, na contratação direta, o projeto básico possa ser e usualmente é, com arrimo legal, objeto de considerável redução – e nem se cogite de projeto executivo –, especialmente nos casos de obra ou serviço de urgência, cabe a advertência para o fato de que "a maioria dos contratos de obras e serviços de engenharia celebrados pela Administração Púbica brasileira sofre, no curso da execução de seu respectivo objeto, reiterados aditamentos, com o fim de introduzir modificações quantitativas e qualitativas em seus itens e especificações, decorrentes de omissões e precariedades do projeto básico. Raramente se executa o exato projeto que se licitou e contratou; e, em geral, as alterações elevam substancialmente os custos, não sendo incomum que se ultrapasse o limite de 25% sobre o valor inicial atualizado do contrato, estabelecido no art. 65, §1º, da Lei nº 8.666/93. Ultrapassagem que, além de ilegal, seria de todo desnecessária se o projeto básico houvesse sido elaborado com o nível de aprofundamento que preconiza a Resolução nº 361/91, do CONFEA, segundo a qual o índice de erro aceitável, sob condições ideais, não superaria 15%" (PEREIRA JUNIOR, Jessé Torres. Prefácio à

---

[118] BRASIL. Tribunal de Contas da União – TCU. *Licitações e contratos*: orientações e jurisprudência. 4. ed. rev. atual. e ampl. Brasília: TCU, 2010. p. 180.

[119] Lei nº 8.666/93, art. 92: "Admitir, possibilitar ou dar causa a qualquer modificação ou vantagem, inclusive prorrogação contratual, em favor do adjudicatário, durante a execução dos contratos celebrados com o poder público, sem autorização em lei, no ato convocatório da licitação ou nos respectivos instrumentos contratuais, ou, ainda, pagar fatura com preterição da ordem cronológica de sua exigibilidade, observado o disposto no art. 121 desta Lei. Pena – detenção, de dois a quatro anos, e multa. Parágrafo único. Incide na mesma pena o contratado que, tendo comprovadamente concorrido para a consumação da ilegalidade, obtém vantagem indevida ou se beneficia, injustamente, das modificações ou prorrogações contratuais".

monografia: SANTA MARIA, Paulo Ernesto Pfeifer. *Preço global em obras pública*: licitações e projeto básico. Belo Horizonte: Fórum, 2007).

4.1.7 Planilha de composição de custos

Nas contratações de obras ou serviços, exige a Lei nº 8.666/93 que a administração elabore orçamento detalhado em planilha que expresse a composição de todos os seus custos unitários (art. 7º, §2º, II, da Lei nº 8.666/93). O art. 15, XII, "a", da IN/SLTI nº 02/2008 dispõe que nas contratações de serviços contínuos e não contínuos, o valor máximo global e mensal estabelecido em decorrência da identificação dos elementos que o compõem, deve ser definido por meio do preenchimento da planilha de custos e formação de preços, podendo ser motivadamente dispensada naquelas contratações em que a natureza do seu objeto torne inviável ou desnecessário o detalhamento dos custos para aferição da exequibilidade dos preços praticados.

O orçamento detalhado em planilha que expresse a composição de todos os custos unitários da obra ou do serviço a ser contratado constitui instrumento indispensável para a avaliação do preço proposto pelo futuro contratado, instrutória da justificativa exigida pelo art. 26, III, da Lei nº 8.666/93 e, ainda, para a recomposição do valor contratual no curso da execução do objeto. Confira-se precedente do Tribunal de Contas da União:

> 9.7. dar ciência ao Município de [...] das seguintes irregularidades identificadas nestes autos, concernentes a procedimentos licitatórios que envolveram a aplicação de recursos federais: [...] 9.7.4. não observância do disposto nos arts. 26, parágrafo único, incisos II e III, e 43, inciso IV, da Lei nº 8.666/1993, que definem que a elaboração de orçamento detalhado em planilhas que expressem a composição de todos os seus custos unitários, precedida da realização de pesquisa de preços de mercado, é uma exigência legal para todos os processos licitatórios, inclusive para os casos de dispensa e inexigibilidade (Acórdão nº 618/2015 – Plenário, Rel. Min. Vital do Rêgo, Processo nº 030.744/2011-3).

4.1.8 Pesquisa de preços praticados no mercado

Repasse-se a regência normativa do tema na Lei nº 8.666/93:

> Art. 7º (...)
> §2º As obras e os serviços somente poderão ser licitados quando:
> (...)
> II – existir orçamento detalhado em planilhas que expressem a composição de todos os seus custos unitários;
> (...)
> §9º O disposto neste artigo aplica-se também, no que couber, aos casos dispensa e inexigibilidade de licitação.
> (...)
> Art. 15. As compras, sempre que possível, deverão:
> (...)
> III – submeter-se às condições de aquisição e pagamento semelhantes às do setor privado;
> (...)

V – balizar-se pelos preços praticados no âmbito dos órgãos e entidades da Administração Pública. (...)
§6º Qualquer cidadão é parte legítima para impugnar preço constante do quadro geral em razão de incompatibilidade desse com o preço vigente no mercado. (...)
Art. 26 (...)
Parágrafo único. O processo de dispensa, de inexigibilidade ou de retardamento, previsto neste artigo, será instruído, no que couber, com os seguintes elementos:
(...)
III – justificativa do preço.

Concluída a especificação do objeto cuja contratação pretende a administração (mediante requisição de material e especificação de sua qualidade e quantidade em instrumento próprio, em compras; ou projeto básico, tratando-se de obra ou serviço), inclusive com padronização, se imprescindível ao atendimento do interesse público por comprovado motivo de ordem técnica, terá início o levantamento de preços praticados pelo mercado, realizado por setor competente do órgão ou entidade contratante. Quer se trate, reitere-se, de contratação mediante licitação ou direta, e independentemente do valor.

A pesquisa de preços poderá basear-se em dados lançados na requisição do objeto, quando esta contenha as informações completas e necessárias, qualitativas e quantitativas. Uma vez que – antes ou depois da elaboração do instrumento especificador – a administração disponha de todos os dados referentes ao objeto, deve pesquisar preços e estimar o valor que corresponda àquelas especificações no mercado.

Ampla pesquisa de preços é requisito de validade do processo de contratação, incluindo a direta. Sua ausência dá causa à invalidação dos atos administrativos que o constituem ou a obrigatoriedade de o agente demonstrar a regularidade dos preços contratados (art. 113 da Lei nº 8.666/93). A primeira consequência (invalidação do processo) é inafastável quando não houver sido realizada a pesquisa; a segunda (dever de demonstrar a regularidade do preço aceito), quando esta foi realizada, mas resultou deficiente e incapaz de apurar o valor real de mercado do objeto.

A administração não deve estimar os custos necessários à satisfação de suas necessidades fundada em aparências. A referência, na lei, a orçamento detalhado (arts. 7º, §2º, II; e 40, §2º, II) indica o dever jurídico-administrativo de considerar concretamente todos os fatores de formação dos custos, incluindo os preços praticados no âmbito da administração, em correlação aos praticados no mercado (art. 15, III e V).

Em cumprimento ao princípio da segregação de funções, a elaboração do orçamento resultará da atividade de determinado setor ou da conjugação de diversos setores especializados, cujas pesquisas deverão ser direcionadas ao ramo empresarial correspondente ao objeto a ser contratado.

A administração infringirá diretrizes legais se formular estimativas apenas internas, sem efetivamente pesquisar os preços praticados pelo mercado, que devem guiar o trabalho técnico de estimação[120] por meio de consulta a:

---

[120] Preço médio é o elaborado com base em pesquisa onde será realizada a contratação e deve refletir o preço de mercado. Preço estimado é o parâmetro de que dispõe a Administração para julgar licitações e efetivar contratações, desde que reflita o preço de mercado. Preço de mercado é o corrente na praça pesquisada. Preço praticado é o que a administração contratante paga ao contratado. Preço registrado é o constante do Sistema

(a) contratações assemelhadas recentes;

(b) preços praticados em outros contratos da administração pública e também por entidades privadas, desde que em condições semelhantes;

(c) preços fixados por órgão oficial competente ou constante do sistema de registro de preços;

(d) publicações especializadas, se for o caso; e

(e) preços praticados no balcão de empresas do ramo do objeto, apurados por meio telefônico ou eletrônico, precatando-se, o agente responsável, de registrar a razão social da empresa consultada, a data, nome de quem prestou a informação, entre outros dados individualizadores da identificação.

O Ministério do Planejamento, Orçamento e Gestão editou a Instrução Normativa nº 5, de 27 de junho de 2014, disciplinadora dos procedimentos básicos de pesquisa de preços para a aquisição de bens e contratação de serviços em geral. Confiram-se-lhe as diretrizes a respeito da pesquisa de preços:

> Art. 1º Esta Instrução Normativa dispõe sobre o procedimento administrativo para a realização de pesquisa de preços para a aquisição de bens e contratação de serviços em geral.
>
> Parágrafo único. Subordinam-se ao disposto nesta Instrução Normativa os órgãos e entidades integrantes do Sistema de Serviços Gerais (SISG).
>
> Art. 2º A pesquisa de preços será realizada mediante a utilização de um dos seguintes parâmetros:
>
> I – Portal de Compras Governamentais – www.comprasgovernamentais.gov.br;
>
> II – pesquisa publicada em mídia especializada, sítios eletrônicos especializados ou de domínio amplo, desde que contenha data e hora de acesso;
>
> III – contratações similares de outros entes públicos, em execução ou concluídos nos 180 (cento e oitenta) dias anteriores à data da pesquisa de preços; ou
>
> IV – pesquisa com os fornecedores.
>
> §1º No caso do inciso I será admitida a pesquisa de um único preço.
>
> §2º No âmbito de cada parâmetro, o resultado da pesquisa de preços será a média ou o menor dos preços obtidos.
>
> §3º A utilização de outro método para a obtenção do resultado da pesquisa de preços, que não o disposto no §2º, deverá ser devidamente justificada pela autoridade competente.
>
> §4º No caso do inciso IV, somente serão admitidos os preços cujas datas não se diferenciem em mais de 180 (cento e oitenta) dias.
>
> §5º Excepcionalmente, mediante justificativa da autoridade competente, será admitida a pesquisa com menos de três preços ou fornecedores.
>
> §6º Para a obtenção do resultado da pesquisa de preços, não poderão ser considerados os preços inexequíveis ou os excessivamente elevados, conforme critérios fundamentados e descritos no processo administrativo.
>
> Art. 3º Quando a pesquisa de preços for realizada com os fornecedores, estes deverão receber solicitação formal para apresentação de cotação.

---

de Registro de Preços, ofertado em licitações realizadas para o SRP. Preço unitário é o correspondente a cada item contratado. Preço global é o correspondente a um só item ou ao somatório dos itens contratados (BRASIL. Tribunal de Contas da União – TCU. *Licitações e contratos*: orientações e jurisprudência. 4. ed. rev. atual. e ampl. Brasília: TCU, 2010. p. 87).

Parágrafo único. Deverá ser conferido aos fornecedores prazo de resposta compatível com a complexidade do objeto a ser licitado, o qual não será inferior a cinco dias úteis.
Art. 4º Não serão admitidas estimativas de preços obtidas em sítios de leilão ou de intermediação de vendas.

Segundo o Tribunal de Contas da União, a definição do valor estimado da contratação com base tão somente em consulta a fornecedores, situação agravada pelo vínculo entre as empresas, contraria a jurisprudência do órgão de controle externo, no sentido de que, na elaboração de orçamento na fase de planejamento da contratação de bens e serviços, devem ser priorizados os parâmetros previstos nos incisos I e III do art. 2º da IN SLTI/MPOG 5/2014, quais sejam, "Portal de Compras Governamentais" e "contratações similares de outros entes públicos", em detrimento dos parâmetros contidos nos incisos II e IV daquele mesmo art. 2º, isto é, "pesquisa publicada em mídia especializada, sítios eletrônicos especializados ou de domínio amplo" e "pesquisa com os fornecedores", cuja adoção deve ser vista como prática subsidiária, suplementar (Acórdão nº 1.542/2016 – Plenário, Rel. Min. Augusto Sherman Cavalcanti, Processo nº 002.710/2012-9).

Ainda segundo a Corte de Contas federal, os sistemas oficiais de referência da administração pública refletem, em boa medida, os preços de mercado e, por gozarem de presunção de veracidade, devem ter precedência em relação à utilização de cotações feitas diretamente com empresas do mercado (Acórdão nº 1.923/2016 – Plenário, Rel. Min. Bruno Dantas, Processo nº 019.151/2015-2).

Na elaboração de pesquisa de preços, deve a administração desconsiderar, para fins de elaboração do mapa de cotações, orçamentos situados fora da média de mercado, de modo a evitar distorções no custo apurado e, consequentemente, no valor a ser aceito quando da formulação do juízo de admissibilidade das propostas pelo órgão contratante.

A verificação, pelo agente público, de que o valor estimado para a contratação, apurado no processo de contratação direta, observa os preços praticados pelo mercado para objeto correspondente ao especificado, constitui garantia da legalidade e da regularidade da despesa. Tanto que o art. 25, §2º, da Lei nº 8.666/93 enuncia que a comprovação de superfaturamento, nos casos de dispensa e de inexigibilidade, torna o fornecedor ou o prestador de serviços e o agente público responsáveis, solidariamente, pelos danos causados à Fazenda Pública, sem prejuízo de outras sanções legais cabíveis.

Ainda, a realização de ampla e séria pesquisa de preços, devidamente documentada nos autos do processo, afasta a aplicação do disposto no art. 10, V, da Lei nº 8.429/92 (Lei de Improbidade Administrativa) o qual prevê sanções ao agente público pela prática de qualquer ação ou omissão, dolosa ou culposa, que permita ou facilite a aquisição de bem por preço superior ao de mercado, com prejuízo ao erário.

4.1.8.1 Pesquisa de preços (obras e serviços de engenharia)

Obras e serviços de engenharia, comumente, revestem-se de especificidades próprias, daí a dificuldade de apurar-se, com regular nível de precisão, o valor desses objetos baseado em outras contratações realizadas. Contudo, tal critério de aferição de preços (baseado em itens de contratações do mesmo gênero) não pode ser descartado.

Será útil quando o item consultado não constar de tabelas oficias de preços de obras e serviços de engenharia, adotadas pela administração pública.

O Decreto nº 7.983/13, que estabelece regras e critérios para elaboração do orçamento de referência de obras e serviços de engenharia, contratados e executados com recursos dos orçamentos da União, dispõe sobre a formação de preços desses objetos por meio de tabelas produzidas pelo Sistema Nacional de Pesquisa de Custos e Índices da Construção Civil (Sinapi) e pelo Sistema de Custos Referenciais de Obras (Sicro).

Confira-se:

> Art. 3º O custo global de referência de obras e serviços de engenharia, exceto os serviços e obras de infraestrutura de transporte, será obtido a partir das composições dos custos unitários previstas no projeto que integra o edital de licitação, menores ou iguais à mediana de seus correspondentes nos custos unitários de referência do Sistema Nacional de Pesquisa de Custos e Índices da Construção Civil – Sinapi, excetuados os itens caracterizados como montagem industrial ou que não possam ser considerados como de construção civil.
>
> Parágrafo único. O Sinapi deverá ser mantido pela Caixa Econômica Federal – CEF, segundo definições técnicas de engenharia da CEF e de pesquisa de preço realizada pelo Instituto Brasileiro de Geografia e Estatística – IBGE.
>
> Art. 4º O custo global de referência dos serviços e obras de infraestrutura de transportes será obtido a partir das composições dos custos unitários previstas no projeto que integra o edital de licitação, menores ou iguais aos seus correspondentes nos custos unitários de referência do Sistema de Custos Referenciais de Obras – Sicro, cuja manutenção e divulgação caberá ao Departamento Nacional de Infraestrutura de Transportes – DNIT, excetuados os itens caracterizados como montagem industrial ou que não possam ser considerados como de infraestrutura de transportes.

De acordo com o decreto, tais tabelas oficiais devem ser utilizadas para a formação de preços de obras e serviços de engenharia, nos casos que especifica, observadas as respectivas bases territoriais, o que não impede que os órgãos e entidades da administração pública federal desenvolvam novos sistemas de referência de custos, desde que demonstrem sua necessidade por meio de justificativa técnica e os submetam à aprovação do Ministério do Planejamento, Orçamento e Gestão. Os novos sistemas de referência de custos somente serão aplicáveis no caso de incompatibilidade de adoção dos sistemas referidos nos artigos 3º e 4º do referido diploma, incorporando-se às suas composições de custo unitário os custos de insumos constantes do Sinapi e Sicro (art. 5º).

Em caso de inviabilidade da definição dos custos, conforme o disposto nos artigos 3º, 4º e 5º do decreto, a estimativa de custo global poderá ser apurada por meio da utilização de dados contidos em tabela de referência formalmente aprovada por órgãos ou entidades da administração pública federal em publicações técnicas especializadas, em sistema específico instituído para o setor ou em pesquisa de mercado; leia-se, neste último caso, a consulta a outras contratações realizadas e a fornecedores.

Precedentes do Tribunal de Contas da União:

> A adoção do Sinapi e do Sicro como parâmetro de verificação pelo TCU se afigura dentro dos contornos de legalidade e de aferição da economicidade da contratação, autorizados pelo art. 70, *caput*, da Constituição Federal, devendo a adoção de valores divergentes ser fundamentada mediante justificativas técnicas adequadas. (Acórdão nº 454/2014 – Plenário, Rel. Min. Augusto Sherman Cavalcanti, Processo nº 010.305/2009-0. Informativo de Licitações e Contratos nº 187, de 2014)

Eventuais peculiaridades de uma obra, que possam requerer preços superiores aos normais de mercado ou aos referenciais, devem ser justificadas com minúcias no momento próprio, isto é, na orçamentação, observados os critérios de aceitabilidade legais (art. 40, inciso X, da Lei nº 8.666/93), e, não, somente depois da contratação (Acórdão nº 896/2015 – Plenário, Rel. Min. Marcos Bemquerer Costa, Processo nº 003.807/2011-8).

4.1.8.2 Preço de mercado

A pesquisa de mercado é instrumento fundamental para estimar o custo do objeto a ser adquirido, definir os recursos orçamentários suficientes para a cobertura das despesas contratuais e, ainda, balizar a análise da aceitabilidade dos preços propostos pelas empresas interessadas em contratar com a administração (Lei nº 8.666/93, art. 26, parágrafo único, III). Assim, o preço de mercado deve levar em conta:

(a) a qualidade do produto pretendido;
(b) a existência de similares capazes de atender às necessidades do órgão ou entidade;
(c) a variação decorrente da qualidade do produto;
(d) o volume da demanda (quantidade);
(e) o local de prestação do serviço, da execução da obra ou da entrega do produto; e
(f) eventuais acréscimos de parcela referente ao frete;
(g) a incidência de tributos; e
(h) outros que atendam a peculiaridades especificadas.

4.1.8.3 A pesquisa de preços e o controle das despesas públicas

A pesquisa de preços é um confortador parâmetro para os agentes públicos que agem com os olhos postos nos princípios da eficiência e da economicidade.

O art. 113 da Lei nº 8.666/93 submete toda a atividade estatal que realiza despesa pública à fiscalização e ao controle dos Tribunais de Contas, sem prejuízo do sistema de controle interno. Incumbe aos agentes públicos demonstrarem a regularidade dos atos que praticam. Como a pesquisa será o balizador de preços, é indispensável documentar os dados obtidos e a respectiva fonte nos autos do processo de contratação direta.

Nos termos do art. 50, §3º, da Lei Complementar nº 101, de 04 de maio de 2000, a chamada Lei de Responsabilidade Fiscal, a administração pública manterá sistema de custos que permita a avaliação e o acompanhamento da gestão orçamentária, financeira e patrimonial. Significa que, compete ao órgão ou entidade contratante manter registros informativos acerca das características do objeto contratado, quantidades usuais, os preços obtidos por meio da pesquisa e os preços e quantidades contratados.

4.1.8.4 Contratação segundo o valor estimado para o objeto

O órgão ou entidade contratante deve demonstrar a origem dos valores estimados para o objeto que pretende adquirir. A contratação direta efetiva-se, via de regra, segundo o menor orçamento proposto pelas empresas consultadas e interessadas em contratar com o poder público, utilizando como parâmetro para sua aceitação os valores obtidos por meio da pesquisa.

É comum indagar-se sobre a margem de variação de preços que pode ser tolerada como critério de aceitabilidade da proposta de menor valor. Não há parâmetro legal definido.

> (...) por manifestamente superior não se deve entender apenas o preço acima do que se acha, em média, no mercado; é necessário que a margem de superação seja tal que não possa ser considerada como oscilação em torno de média aceitável, por razões conjunturais ou sazonais (influência inopinada de fatores climáticos adversos, dificuldades no recrutamento de mão-de-obra especializada, desaparecimento súbito de matéria-prima essencial à industrialização, entre outras). (PEREIRA JUNIOR, Jessé Torres. *Comentários à lei das licitações e contratações da administração pública*. 7. ed. Rio de Janeiro: Renovar, p. 304)

O Decreto nº 30, de 07 de fevereiro de 1991, que regulamentava disposições do Decreto-Lei nº 2.300, de 21 de novembro de 1986, estabelecia em seu art. 7º que, nas licitações de preço-base, os valores cotados poderiam variar até 15%, em relação ao valor inicial fixado. O índice do revogado decreto poderia inspirar a margem de aceitabilidade, porém, nenhum critério substitui o exame das circunstâncias do caso concreto, posto que variáveis ao infinito, a reclamarem a explicitação dos motivos de aceitar-se, ou não, determinado preço.

Fundamental, insista-se, é que a administração instrua o processo de contratação com a obrigatória pesquisa de preços do objeto que pretende adquirir, demonstrativa dos preços praticados pelo mercado, com eficaz repercussão na margem de variação admitida para aceitação de propostas.

4.1.8.5 Pesquisa de preços nas inexigibilidades

Diversamente do que apregoam alguns, nas hipóteses em que resulta caracterizada a inviabilidade de competição (inexigibilidade) também é imprescindível a demonstração de que o preço oferecido à administração para a contratação direta compatibiliza-se com o de mercado. Para essa tarefa, o agente responsável pelo levantamento de preços deverá proceder, ao menos, a consultas a outras contratações realizadas por órgãos e entidades públicos e privados, para o mesmo objeto, com o fim de apurar os preços praticados.

De acordo com o Tribunal de Contas da União, o fato de a administração não ter cumprido seu dever de verificar a economicidade dos preços ofertados em processo de dispensa ou inexigibilidade de licitação não isenta de responsabilidade a empresa contratada por eventual sobrepreço constatado no contrato, uma vez que a obrigação de seguir os preços praticados no mercado se aplica tanto à administração pública quanto aos colaboradores privados, pois ambos são destinatários do regime jurídico-administrativo relativo às contratações públicas (Acórdão nº 1.392/2016 – Plenário, Rel. Min. Benjamin Zymler, Processo nº 005.857/2011-2. Boletim de Jurisprudência nº 129, de 2016).

4.1.8.6 Recomendações do TCU sobre pesquisa de preços

O Tribunal de Contas da União volta e meia expede recomendações ao decidir sobre o tema da pesquisa de preços nas contratações diretas, *v.g.*:

1.9. Dar ciência ao [...] sobre as seguintes impropriedades:
[...] 1.9.4. ausência de avaliação crítica de valores obtidos em pesquisa de preço que apresentam grande disparidade em relação aos demais, comprometendo a estimativa do preço de referência, ocorrência identificada no processo 08200.006593/2011-34, o que afronta o princípio da eficiência e o disposto no voto condutor do Acórdão TCU nº 403/2013-1ª Câmara; (Acórdão nº 3.408/2014 – Segunda Câmara, Rel. Min. Raimundo Carreiro, Processo nº 046.639/2012-8);

9.5.6 proceda, quando da realização de licitação, dispensa ou inexigibilidade, à consulta de preços correntes no mercado, ou fixados por órgão oficial competente ou, ainda, constantes do sistema de registro de preços, em cumprimento ao disposto no art. 26, parágrafo único, inciso III, e art. 43, inciso IV, da Lei nº 8.666/1993, os quais devem ser anexados ao procedimento licitatório (...); (Acórdão nº 1.705/2003, Plenário, Relator Min. Marcos Bemquerer Costa, Processo TC nº 004.225.2002-5, *DOU* de 21.11.2003)

Adotar, como regra, a realização de coleta de preços nas contratações de serviços e compras dispensadas de licitação com fundamento no art. 24, inciso II, da Lei nº 8.666/93; (Decisão nº 678/1995, Plenário, Relator Min. Lincoln Magalhães da Rocha, Processo TC nº 625.140.1995-8, *DOU* de 28.12.1995)

9.1.11. faça constar dos processos de dispensa de licitação, especialmente nas hipóteses de contratação emergencial, a justificativa de preços a que se refere o inciso III do art. 26 da Lei nº 8.666/1993, mesmo nas hipóteses em que somente um fornecedor possa prestar os serviços necessários à Administração, mediante a verificação da conformidade do orçamento com os preços correntes no mercado ou fixados por órgão oficial competente ou, ainda, com os constantes do sistema de registro de preços, os quais devem ser registrados nos autos, conforme Decisão TCU nº 627/1999 – Plenário; (Acórdão nº 819/2005, Plenário, Relator Min. Marcos Bemquerer Costa, Processo TC nº 019.378.2003-9, *DOU* de 30.06.2005)

(...) a orientação firmada na Decisão 538/99 – Plenário não afasta a necessidade de certificar-se de que os preços oferecidos pela Radiobrás estão compatíveis com os de mercado, considerando o volume dos serviços a serem contratados, devendo o administrador, em caso negativo, realizar certame licitatório, sob pena de, dando prosseguimento à contratação direta com preços superfaturados, responder pelo dano causado ao Erário ou aos cofres da entidade sob sua direção, solidariamente com o prestador do serviço, sem prejuízo de outras sanções legais cabíveis, na forma do §2º do art. 25 da Lei nº 8.666/1993. (Acórdão nº 540/2003, Plenário, Relator Min. Walton Alencar Rodrigues, Processo TC nº 001.785.1998-2, *DOU* de 02.06.2003)

9) Diferença nos preços de aquisição de materiais semelhantes, por dispensa de licitação (fls. 151/152):
- proceder ao levantamento prévio dos custos para a aquisição de materiais, evitando, desta forma, a realização de despesas em valores superiores aos praticados no mercado; (Acórdão nº 90/2004, Segunda Câmara, Relator Min. Adylson Motta, Processo TC nº 011.265.2003-9, *DOU* de 11.02.2004)

1.1.10 Promova pesquisa preliminar de preços que permita estimar a despesa a ser realizada, nos processos de dispensa de licitação e nos convites, observando o que determina o art. 15 c/c o art. 43, IV, da Lei nº 8.666/1993; (Acórdão nº 1.006/2004, Primeira Câmara, Relator Min. Walton Alencar Rodrigues, *DOU* de 14.05.2004)

9.2.10 nas licitações para a contratação de obras e serviços, inclusive nos casos de dispensa e inexigibilidade, elabore o orçamento detalhado de que trata o inciso II do §2º do art. 7º da Lei nº 8.666/1993, com valores estimados considerando os preços de mercado, tendo em vista que os dados nele constantes deverão ser utilizados para a definição da modalidade licitatória, verificação da suficiência dos recursos orçamentários e avaliação da adequabilidade dos preços propostos, evitando a ocorrência de casos semelhantes ao constatado no processo de contratação da empresa (...). (Acórdão nº 642/2004, Plenário, Relator Min. Ubiratan Aguiar, Processo TC nº 017.481.2002-2, *DOU* de 09.06.2004)

4.1.9 Juntada das propostas de preços coletadas e indicação de outros preços obtidos de fontes diversas, se houver, elaborando-se mapa comparativo

Devem ser entranhados nos autos do processo de contratação direta os orçamentos (contratos anteriores, contratos de outros órgãos e entidades, consulta a sistemas de preços de referência, tabelas e pesquisas de balcão) colhidos pelo agente ou setor responsável pela realização da pesquisa, cumprindo as finalidades de:

(a) demonstrar que a administração procedeu à ampla consulta de preços;

(b) cotejar a estimativa de preço do objeto com a menor proposta ofertada (quando o critério for o do menor preço); e

(c) subsidiar a justificativa de que a contratação efetiva-se segundo os preços praticados pelo mercado, ainda quando a proposta mais vantajosa para a administração não for a de menor preço.

O mapa comparativo sintetiza e agrupa, em instrumento único, todo o levantamento que efetuou o agente ou setor responsável pela coleta das propostas de preços, racionalizando o trabalho dos demais agentes públicos envolvidos no processo de contratação.

4.1.10 Justificativa do preço

Conta com expressa exigência da Lei nº 8.666/93:

> Art. 26.
> (...)
> Parágrafo único. O processo de dispensa, de inexigibilidade ou de retardamento, previsto neste artigo, será instruído, no que couber, com os seguintes elementos:
> (...)
> III – justificativa do preço;

Insista-se no dever de motivar, como princípio de direito administrativo consagrado no art. 2º, parágrafo único, inc. VII, da Lei nº 9.784/99, também quando se trata de justificar o preço da contratação. Não cumpre o dever de motivar a simples indicação da norma legal em que se estriba a decisão adotada. Motivar, como exigência do estado democrático de direito, traduz o direito dos administrados a uma decisão que explicita os motivos de fato e de direito que subsidiam e legitimam a decisão tomada, consoante já desenvolvido em itens anteriores.

Ilustra a justificativa de preços o seguinte julgado do Tribunal de Contas da União:

> 9.3.4.7 faça constar dos processos de dispensa e inexigibilidade de licitação as devidas justificativas de preços, em atendimento ao art. 26, III, da Lei nº 8.666/93; (Acórdão nº 216/2007, Plenário, Relator Min. Guilherme Palmeira, Processo TC nº 012.714.2005-8, *DOU* de 02.03.2007)

4.1.10.1 Fator preço

A obrigatoriedade de a administração justificar o preço aceito nas hipóteses de contratação direta tem fundamento jurídico: em princípio, a proposta de menor preço é a que superiormente atende às conveniências do erário. Daí o menor preço constituir um tipo de licitação, previsto no art. 45, §1º, inc. I, da Lei nº 8.666/93. A esse tipo corresponde um procedimento competitivo em que, após a verificação da compatibilidade entre as características/especificações do objeto a que se refere a proposta ofertada e aquelas definidas pela administração, se hierarquizam as propostas segundo os preços que respectivamente cotaram.

O fato de, na contratação direta, não ocorrer o procedimento competitivo formal não exonera a administração pública de apresentar as razões de haver escolhido tal ou qual fornecedor e de aceitar-lhe a proposta de preço, sobretudo quando existir mais de uma entidade empresarial em condições de contratar nos termos desejados pela administração. Nessas circunstâncias, a justificativa do preço poderá consistir na:

a) demonstração de que o menor preço ofertado é condizente com aquele praticado pelo mercado, segundo prévia e ampla pesquisa realizada pelo setor competente do órgão ou entidade contratante e entranhada nos autos;

b) exposição dos motivos que admitem certa margem de variação entre o preço ofertado e aquele praticado pelo mercado, levando-se em conta critérios de formação de custos, tais como local para entrega, fatores cíclicos ou sazonais, incidência de tributos, existência de estoques etc.;

c) demonstração de que o preço proposto por fornecedor exclusivo é igual ou similar a outra contratação do mesmo objeto, anteriormente realizada por outro órgão ou entidade pública (hipótese de inexigibilidade de licitação).

4.1.10.2 Contratação mais vantajosa

A contratação direta almeja encontrar a proposta mais vantajosa para a administração sem licitação. De ordinário, efetiva-se segundo o menor preço dentre aqueles coletados, sob condições de igualdade entre os ofertantes.

Nem sempre a oferta de menor preço significa a contratação mais vantajosa para a administração. Outros fatores podem e devem ser levados em conta, como: prazo de entrega, prazo de garantia ou de validade, manutenção com fornecimento de peças pela contratada, existência de pessoal técnico habilitado e habituado a operar determinado equipamento ou sistema, ampla rede de assistência técnica, entre outros.

A escolha da proposta mais vantajosa, quando diversa da de menor preço, exige, por isto mesmo, fundamentação robusta, acompanhada de todos os elementos aptos a demonstrar que a avaliação da administração respaldou-se na melhor forma de atender ao interesse público. Sublinha-se, mais uma vez, o disposto no art. 113 da Lei Geral de Licitações, que deixa claro que os agentes públicos têm o dever de demonstrar a regularidade e a legalidade dos atos que praticam.

São deliberações do Tribunal de Contas da União acerca da necessária justificativa de preços:

> 9.1.3. quando contratar a realização de cursos, palestras, apresentações, shows, espetáculos ou eventos similares, demonstre, a título de justificativa de preços, que o fornecedor cobra

igual ou similar preço de outros com quem contrata para evento de mesmo porte, ou apresente as devidas justificativas, de forma a atender ao inc. III do parágrafo único do art. 26 da Lei nº 8.666/1993; (Acórdão nº 819/2005, Plenário, Relator Min. Marcos Bemquerer Costa, Processo TC nº 019.378.2003-9, *DOU* de 30.06.2005)

(...) Em situações de contratação direta, a justificativa do preço destina-se a demonstrar a razoabilidade do preço pago ante a ausência de competição que poderia levar à elevação anormal do valor a ser pago pela Administração por determinado bem ou serviço.

(...)

d) observe, nos processos de aquisição e contratação de bens e serviços de informática, o art. 26, parágrafo único, inciso III, da Lei nº 8.666/1993 e instrua os processos de dispensa e inexigibilidade de licitação com justificativa de preço que evidencie a razoabilidade dos preços contratados (Acórdão nº 838/2004, Plenário, Relator Min. Ubiratan Aguiar, Processo TC nº 008.818.2003-0, *DOU* de 08.07.2004)

4.1.11 Razões da escolha do executante da obra, do prestador do serviço ou do fornecedor do bem

Os fundamentos para justificar a escolha do executante da obra, do prestador do serviço, ou do fornecedor do bem não se restringem ao preço, mormente se a opção for a de contratar por preço que não seja o menor. Deverão ser lançados nos autos do processo os elementos demonstrativos de que a proposta escolhida o foi porque condizente com as necessidades de interesse público a atender, levando-se em conta fatores que sejam relevantes para a execução do contrato, tais como, dentre outros: melhor aproveitamento em termos de ocupação do espaço físico disponível, rentabilidade ou recursos materiais existentes e condicionantes da execução, prazo de entrega compatível com os objetivos a alcançar, método ou técnica de execução que atenda superiormente à natureza do objeto, necessidade de garantias ou validade específicas, além, é claro, da perfeita caracterização, no caso concreto, da hipótese de dispensa ou de inexigibilidade que autoriza a contratação direta.

Averbe-se a reiterada orientação do TCU:

(...) nos casos em que for aplicável a aquisição por inexigibilidade ou por dispensa de licitação, que seja feita a devida justificativa da escolha do fornecedor e do preço do produto adquirido ou do serviço contratado, nos termos do artigo 26, parágrafo único, incisos II e III, da Lei nº 8.666/1993. (Acórdão nº 125/2005, Plenário, Relator Min. Ubiratan Aguiar, Processo TC nº 010.978.2002-2, *DOU* de 03.03.2005)

(...) nas contratações por inexigibilidade, deve constar nos processos a razão da escolha do fornecedor ou executante, em cumprimento ao disposto no art. 26, parágrafo único, inciso II, da Lei de Licitações, atentando para o fato de que a simples declaração de que há inviabilidade de competição, sem indicar as razões dessa situação, é insuficiente para amparar tais contratações; (Decisão nº 745/2002, Plenário, Relator Min. Marcos Bemquerer Costa, Processo TC nº 006.954.2002-4, *DOU* de 16.07.2002)

9.2.6 abstenha-se de contratar serviços jurídicos por inexigibilidade de licitação, com fundamento no art. 25 da Lei nº 8.666/1993, se não restarem comprovados os requisitos da inviabilidade de competição previstos no citado dispositivo legal, especialmente quanto à singularidade do objeto e à notória especialização; (Acórdão nº 717/2005, Plenário, Relator Min. Ubiratan Aguiar, Processo TC nº 010.435.2003-6, *DOU* de 20.06.2005)

4.1.12 Declaração de exclusividade, no caso de inexigibilidade

O art. 25 da Lei nº 8.666/93 enuncia rol exemplificativo de eventos que caracterizam a impossibilidade ou a desnecessidade de competição.

A impossibilidade resulta da inviabilidade de realizar-se o procedimento licitatório e se caracteriza por haver apenas um determinado objeto ou pessoa física ou jurídica que atenda às necessidades da administração contratante. Mas a licitação também pode ser considerada inexigível quando se comprovar a sua desnecessidade, como no caso do credenciamento de professores, leiloeiros, médicos ou hospitais.

As hipóteses do art. 25 autorizam o administrador público, uma vez comprovada a inviabilidade ou a desnecessidade de licitar, a contratar diretamente o fornecimento do produto, a execução da obra ou a prestação dos serviços.

O inc. I do art. 25 estabelece que, para a aquisição de materiais, equipamentos ou gêneros, que só possam ser fornecidos por produtor, empresa ou representante comercial exclusivo, será necessária a comprovação de exclusividade por meio de atestado fornecido pelo órgão de registro do comércio do local em que se realizaria a licitação, caso fosse viável, ou a obra ou o serviço, pelo Sindicato, Federação ou Confederação Patronal, ou, ainda, por entidades equivalentes.

Tal declaração de exclusividade deverá constar do processo, providenciada pela administração. Espera-se do administrador redobrada cautela ao contratar por inexigibilidade de licitação. Primeiro, porque a lei lhe exige a explicitação dos motivos de fato e de direito que justificam que determinado bem, serviço ou obra caracteriza-se como essencial ao interesse público. Segundo, porque lhe incumbe comprovar que a contratação do objeto não pode conduzir-se pela regra geral do procedimento licitatório. Terceiro, porque em todas as hipóteses de contratação direta com base no art. 25 (as genéricas de seu *caput* e as específicas de seus incisos), a impossibilidade ou a desnecessidade da licitação dependerá de comprovação mediante documentos cuja legitimidade poderá demandar diligências, se dúvidas surgirem quanto à sua idoneidade. Quarto, porque a exclusividade do fornecedor, do prestador ou do executor não dispensa a administração de demonstrar que o preço por ele ofertado condiz com o de outras contratações praticadas para o mesmo ou similar objeto.

Acrescente-se um quinto elemento, de caráter repressivo: o agente público está sujeito a responder no âmbito administrativo, penal e da lei improbidade administrativa na hipótese de contratação fora das hipóteses de exceção previstas em lei ou sem a observância das formalidades legais.

Assim, respectivamente:
Lei nº 8.666/93:

> Art. 82. Os agentes administrativos que praticarem atos em desacordo com os preceitos desta Lei ou visando a frustrar os objetivos da licitação sujeitam-se às sanções previstas nesta Lei e nos regulamentos próprios, sem prejuízo das responsabilidades civil e criminal que seu ato ensejar.
> [...]
> Art. 89. Dispensar ou inexigir licitação fora das hipóteses previstas em lei, ou deixar de observar as formalidades pertinentes à dispensa ou à inexigibilidade:
> Pena – detenção, de 3 (três) a 5 (cinco) anos, e multa.

Parágrafo único. Na mesma pena incorre aquele que, tendo comprovadamente concorrido para a consumação da ilegalidade, beneficiou-se da dispensa ou inexigibilidade ilegal, para celebrar contrato com o Poder Público.

Lei nº 8.429/92:

Art. 10. Constitui ato de improbidade administrativa que causa lesão ao erário qualquer ação ou omissão, dolosa ou culposa, que enseje perda patrimonial, desvio, apropriação, malbaratamento ou dilapidação dos bens ou haveres das entidades referidas no art. 1º desta lei, e notadamente: [...]
VIII – frustrar a licitude de processo licitatório ou de processo seletivo para celebração de parcerias com entidades sem fins lucrativos, ou dispensá-los indevidamente;

A declaração de exclusividade deve ser expedida pelas entidades enunciadas no art. 25, inciso I, a que não se afeiçoa, porque unilateral em causa própria, declaração emitida por fornecedores sediados no país ou no exterior, prestadores de serviços, fabricantes de produtos ou representantes comerciais.

A administração pública deve certificar-se da autenticidade da carta de exclusividade fornecida por tais entidades, muitas vezes encaminhada à administração pela própria empresa a ser contratada, diligenciando a respeito junto à entidade que a emitiu, com justificativa a respeito da aferição realizada e do resultado obtido.

A propósito, a Orientação Normativa nº 16, de 1º de abril de 2009, da Advocacia-Geral da União prescreve: *"Compete à administração averiguar a veracidade do atestado de exclusividade apresentado nos termos do art. 25, inc. I, da Lei nº 8.666, de 1993".*

Ainda, o verbete 255, da súmula do Tribunal de Contas da União:

Nas contratações em que o objeto só possa ser fornecido por produtor, empresa ou representante comercial exclusivo, é dever do agente público responsável pela contratação a adoção das providências necessárias para confirmar a veracidade da documentação comprobatória da condição de exclusividade.

Seguem-se deliberações do TCU acerca da declaração de exclusividade:

1.7.1.2 a contratação de bens ou serviços oferecidos por fornecedor exclusivo deve estar devidamente demonstrada no processo relativo à operação, não sendo suficiente que o fornecedor se autodeclare portador dessa condição, assim, deve o contratante adotar medidas acautelatórias com vistas a assegurar a veracidade das declarações prestadas pelo emitente, conforme vasta jurisprudência do TCU, a exemplo do Acórdão nº 1802/2014-TCU-Plenário; (Acórdão nº 1.253/2016 – Segunda Câmara, Rel. Min. Augusto Sherman Cavalcanti, Processo nº 027.865/2014-2)

9.9.1 considere válidos apenas os certificados de exclusividade emitidos pelos entes enumerados no art. 25, I, da Lei nº 8.666/1993, para fins de evidenciar a exclusividade de produtor, empresa ou representante comercial nas aquisições de que trata este dispositivo; (Acórdão nº 723/2005, Plenário, Relator Min. Ubiratan Aguiar, Processo TC nº 010.122.2003-1, *DOU* de 20.06.2005)
9.3. determinar (...) que, quando do fornecimento de atestados de exclusividade de materiais, equipamentos ou gêneros (art. 25, inciso I, da Lei nº 8.666/93), adote

procedimentos criteriosos visando a comprovar a autenticidade das informações que constarão dos certificados; (Acórdão nº 223/2005, Plenário, Relator Min. Marcos Bemquerer Costa, Processo TC nº 015.824.2001-0, *DOU* de 17.03.2005)

proceda às verificações pertinentes de modo a certificar-se da efetiva exclusividade de fornecedores e prestadores de serviço, quando forem apresentados tão-somente atestados emitidos por juntas comerciais e sindicatos como meio de comprovação dessa exclusividade; (Acórdão nº 838/2004, Plenário, Relator Min. Ubiratan Aguiar, Processo TC nº 008.818.2003-0, *DOU* de 08.07.2004)

9.8.17 exija dos fornecedores, quando for o caso, que a declaração de exclusividade seja emitida conforme estabelecido em lei; (Acórdão nº 254/2004, Segunda Câmara, Relator Min. Adylson Motta, Processo TC nº 011.869.2002-2, *DOU* de 09.03.2004)

(...) uma empresa privada, por não ter as características de entidade patronal, não pode atestar, para fins legais, a exclusividade de qualquer produto ou serviço. (Acórdão nº 1.180/2003, Segunda Câmara, Relator Min. Adylson Motta, Processo TC nº 007.418.2002-5, *DOU* de 06.08.2003)

15. Ora, é evidente que a intenção do inciso I do art. 25 da Lei nº 8.666/93 não é a de que as entidades ali referidas – Sindicato, Federação e Confederação Patronal – limitem-se a, passivamente, reproduzir informações prestadas por representantes comerciais ou fabricantes. Fosse assim, a lei teria, no citado inciso I, estabelecido que a comprovação de exclusividade seria realizada por meio de atestado fornecido pelos fabricantes e representantes. (Acórdão nº 200/2003, Segunda Câmara, Relator Min. Benjamin Zymler, Processo TC nº 750.056.1998-3, *DOU* de 17.03.2003)

8.2.1 quando do recebimento de atestados de exclusividade de fornecimento de materiais, equipamentos ou gêneros (art. 25, inciso I, da Lei nº 8.666/1993), deverá ser adotado, com fulcro nos princípios da igualdade e da proposta mais vantajosa, medidas cautelares visando a assegurar a veracidade das declarações prestadas pelos órgãos e entidades emitentes, como, por exemplo, consulta ao fabricante; (Decisão nº 578/2002, Plenário, Relator Min. Benjamin Zymler, Processo TC nº 015.822.2001-6, *DOU* de 11.06.2002)

9.2.2 inclua nos processos de inexigibilidade de licitação a declaração de exclusividade ou, na impossibilidade, documento que comprove ser o contratado o único fornecedor das respectivas áreas e/ou serviços; (Acórdão nº 822/2005, Plenário, Relator Min. Guilherme Palmeira, Processo TC nº 007.507.2005-1, *DOU* de 30.06.2005)

4.1.13 Habilitação jurídica, regularidades fiscal e trabalhista, e declaração prevista pela Lei nº 9.854/99

São documentos obrigatórios nas contratações diretas aqueles destinados às comprovações da habilitação jurídica e regularidades fiscal e trabalhista do futuro contratado e, ainda, a declaração de que este não contrata menores de idade em condições inadmitidas.

Justifica-se.

4.1.13.1 Regularidade jurídica

A documentação que comprova a regularidade jurídica tem previsão no art. 28 da Lei nº 8.666/93, *verbis*:

> Art. 28. A documentação relativa à habilitação jurídica, conforme o caso, consistirá em:
> I – cédula de identidade;

II – registro comercial, no caso de empresa individual;

III – ato constitutivo, estatuto ou contrato social em vigor, devidamente registrado, em se tratando de sociedades comerciais, e, no caso de sociedades por ações, acompanhado de documentos de eleição de seus administradores;

IV – inscrição do ato constitutivo, no caso de sociedades civis, acompanhada de prova de diretoria em exercício;

V – decreto de autorização, em se tratando de empresa ou sociedade estrangeira em funcionamento no País, e ato de registro ou autorização para funcionamento expedido pelo órgão competente, quando a atividade assim o exigir.

A regularidade jurídica não pode ser dispensada nas contratações diretas por ser meio hábil de aferir-se a regular constituição da entidade e sua capacidade para contrair obrigações.

4.1.13.2 Regularidade fiscal

Aponta a documentação que comprova a regularidade fiscal o art. 29 da Lei nº 8.666/93, *verbis:*

Art. 29. A documentação relativa à regularidade fiscal e trabalhista, conforme o caso, consistirá em:

I – prova de inscrição no Cadastro de Pessoas Físicas (CPF) ou no Cadastro Geral de Contribuintes (CGC);

II – prova de inscrição no cadastro de contribuintes estadual ou municipal, se houver, relativo ao domicílio ou sede do licitante, pertinente ao seu ramo de atividade e compatível com o objeto contratual;

III – prova de regularidade para com a Fazenda Federal, Estadual e Municipal do domicílio ou sede do licitante, ou outra equivalente, na forma da lei;

IV – prova de regularidade relativa à Seguridade Social e ao Fundo de Garantia por Tempo de Serviço (FGTS), demonstrando situação regular no cumprimento dos encargos sociais instituídos por lei.

A comprovação da regularidade com a Fazenda Pública interessada encontra previsão no Código Tributário Nacional:

Lei nº 5.172/66:

Art. 193. Salvo quando expressamente autorizado por lei, nenhum departamento da administração pública da União, dos Estados, do Distrito Federal, ou dos Municípios, ou sua autarquia, celebrará contrato ou aceitará proposta em concorrência pública sem que o contratante ou proponente faça prova da quitação de todos os tributos devidos à Fazenda Pública interessada, relativos à atividade em cujo exercício contrata ou concorre.

A Portaria nº 358, de 5 de setembro de 2014, do Ministro de Estado da Fazenda, dispõe sobre a prova de regularidade fiscal perante a Fazenda Nacional:

Art. 1º A prova de regularidade fiscal perante a Fazenda Nacional será efetuada mediante apresentação de certidão expedida conjuntamente pela Secretaria da Receita Federal do

Brasil – RFB e pela Procuradoria-Geral da Fazenda Nacional – PGFN, referente a todos os tributos federais e à Dívida Ativa da União – DAU por elas administrados.

Parágrafo único: A certidão a que se refere o *caput* não obsta a emissão de certidão com finalidade determinada, quando exigida por lei, relativa aos tributos federais e à Dívida Ativa da União.

Art. 2º As certidões emitidas na forma desta Portaria terão prazo de validade de 180 (cento e oitenta) dias, contado de sua emissão.

Art. 3º A RFB e a PGFN poderão regulamentar a expedição das certidões a que se refere esta Portaria.

Art. 4º A validade das certidões emitidas pela RFB e PGFN depende de verificação de autenticidade pelo órgão responsável pela exigência da regularidade fiscal.

Art. 5º As certidões de prova de regularidade fiscal emitidas nos termos do **Decreto nº 6.106, de 30 de abril de 2007**, e desta Portaria têm eficácia durante o prazo de validade nelas constante. (grifamos)

Art. 6º Esta Portaria entra em vigor em 20 de outubro de 2014.

Registre-se que o Decreto nº 8.302/14 revogou o Decreto nº 6.106/07.

A exigência de comprovação da regularidade fiscal com o INSS e FGTS encontra previsão:

- na Constituição Federal:

Art. 195 [...]
§3º – A pessoa jurídica em débito com o sistema da seguridade social, como estabelecido em lei, não poderá contratar com o Poder Público nem dele receber benefícios ou incentivos fiscais ou creditícios.

- na Lei nº 8.212/91 (dispõe sobre a organização da Seguridade Social):

Art. 47. É exigida Certidão Negativa de Débito-CND, fornecida pelo órgão competente, nos seguintes casos:
I – da empresa:
a) na contratação com o Poder Público e no recebimento de benefícios ou incentivo fiscal ou creditício concedido por ele;
[...]
Art. 95 [...]
§2º A empresa que transgredir as normas desta Lei, além das outras sanções previstas, sujeitar-se-á, nas condições em que dispuser o regulamento: [...]
c) à inabilitação para licitar e contratar com qualquer órgão ou entidade da administração pública direta ou indireta federal, estadual, do Distrito Federal ou municipal;

- na Lei nº 8.036/90 (dispõe sobre o Fundo de Garantia do Tempo de Serviço):

Art. 27. A apresentação do Certificado de Regularidade do FGTS, fornecido pela Caixa Econômica Federal, é obrigatória nas seguintes situações:
a) habilitação e licitação promovida por órgão da Administração Federal, Estadual e Municipal, direta, indireta ou fundacional ou por entidade controlada direta ou indiretamente pela União, Estado e Município;

- na Lei nº 9.012/95 (proíbe as instituições oficiais de crédito de conceder empréstimos, financiamentos e outros benefícios a pessoas jurídicas em débito com o FGTS):

> Art. 2º As pessoas jurídicas em débito com o FGTS não poderão celebrar contratos de prestação de serviços ou realizar transação comercial de compra e venda com qualquer órgão da administração direta, indireta, autárquica e fundacional, bem como participar de concorrência pública.

A comprovação da regularidade com o INSS e o FGTS impõe-se em todas as contratações diretas, por força de norma constitucional (art. 195, §3º).

A Lei nº 5.172/66 (Código Tributário Nacional) estabelece a comprovação da regularidade com a Fazenda Pública. Assim:

> Art. 193. Salvo quando expressamente autorizado por lei, nenhum departamento da administração pública da União, dos Estados, do Distrito Federal, ou dos Municípios, ou sua autarquia, celebrará contrato ou aceitará proposta em concorrência pública sem que o contratante ou proponente faça prova da quitação de todos os tributos devidos à Fazenda Pública interessada, relativos à atividade em cujo exercício contrata ou concorre.

No tocante à regularidade com a Fazenda Pública, a expressão *"conforme o caso"*, adotada no *caput* do art. 29 da Lei nº 8.666/93, em vista da autonomia existente entre os entes federais (CR/88, art. 18), remete a administração pública à comprovação da regularidade perante a Fazenda correspondente ao ente federativo contratante ou promotor da licitação. Marçal Justen Filho faz ver que:

> Para as contratações diretas realizadas no âmbito da União, Estados, Distrito Federal ou Municípios, cuja regra aplicável para a comprovação da regularidade fiscal é a da Lei nº 8.666/93, razoável é entender-se que deva ser verificada nos limites do interesse do ente federativo contratante. Infere-se que seja essa a intenção da lei ao estabelecer a exigência de documentação relativa à regularidade fiscal, "conforme o caso" requerer. A comprovação da regularidade fiscal com o INSS e o FGTS, contudo, deve sempre ser exigida por todos os órgãos e entidades que promovam licitações e contratações diretas, no âmbito de todos os entes federativos, posto traduzir exigência constitucional da maior amplitude e que independe do interesse específico do contratante ou do ramo de atividade do contratado. (Pregão: comentários à legislação do pregão comum e eletrônico. 4ª ed. São Paulo: Dialética, 2005. p. 93-94).

Da jurisprudência do Tribunal de Contas da União extrai-se que:

> A exigência de comprovação, em todas as contratações, inclusive naquelas mediante dispensa ou inexigibilidade de licitação, de regularidade fiscal e de seguridade social do contratado visa tratar de maneira isonômica os interessados em fornecer bens e serviços para a administração pública. Considerando que os tributos compõem os preços a serem oferecidos, a empresa que deixa de pagá-los assume posição privilegiada perante aquelas que os recolhem em dia. Mesmo nas hipóteses de contratação direta, o gestor não está livre para contratar em quaisquer condições, uma vez que a escolha do fornecedor e o preço, que deverá refletir os valores praticados no mercado, deverão ser justificados. 9. Ademais, a contratação, pelo Poder Público, de empresa em situação de irregularidade fiscal representa violação ao princípio da moralidade administrativa, pois haverá a concessão de benefício

àquele que descumpre preceitos legais. Em última instância, haverá também estímulo ao descumprimento das obrigações fiscais (Acórdão nº 2.097/2010 – Segunda Câmara, Rel. Min. Benjamin Zymler, Processo nº 019.722/2008-6).

No âmbito da administração pública federal, a comprovação da regularidade com a Fazenda Federal, de pessoas jurídicas e físicas, é obrigatória nas contratações diretas, ao que se extrai da Instrução Normativa SLTI/MPOG nº 2, de 2010 – Art. 4º A. Nos casos de dispensa estabelecidos no art. 24, incisos I e II, da Lei nº 8.666, de 1993, deverá ser comprovada pelas pessoas jurídicas a regularidade com o INSS, FGTS e Fazenda Federal e, pelas pessoas físicas, a quitação com a Fazenda Federal.

4.1.13.2.1 Regularidade fiscal e quitação

Há diferença entre regularidade fiscal, requerida pela Lei Geral de Licitações, e quitação (art. 193 do Código Tributário Nacional). A primeira, ao contrário da segunda, pode configurar-se mesmo no caso de o contribuinte, cuja futura contratação pretenda a administração, estar em débito com o fisco, contanto que em situação admitida como de adimplência pela legislação, como nas hipóteses de parcelamento do pagamento do débito, suspensão da exigibilidade do crédito tributário, moratória, depósito do valor integral do débito sob discussão, reclamações e recursos em processo tributário administrativo, ou sob a proteção de medida liminar concedida em mandado de segurança.

De acordo com o verbete 283, da súmula do Tribunal de Contas da União, *"Para fim de habilitação, a Administração Pública não deve exigir dos licitantes a apresentação de certidão de quitação de obrigações fiscais, e sim prova de sua regularidade"*.

A comprovação da regularidade fiscal se faz pela apresentação dos pertinentes documentos (certidões, sobretudo), seja no original ou em cópia autenticada[121] (conferida com o original), impresso de sítios oficiais do órgão emissor ou expedido por sistema cadastral informatizado, que no âmbito da União é o SICAF.

Segue-se a visão do TCU acerca do tópico:

---

[121] Precedentes do TCU: "[...] c) dar ciência ao município de [...] de que a não aceitação de documentos autenticados digitalmente por cartórios competentes, encaminhados por licitantes, contraria o disposto art. 32 da Lei nº 8.666/93, com redação dada pela Lei nº 8.883/94;" (Acórdão nº 1.784/2016 – Primeira Câmara, Rel. Min. Augusto Sherman Cavalcanti, Processo nº 013.375/2015-6);
"9.3. determinar ao [...], que, no prazo de quinze dias a contar do prosseguimento do certame ou da eventual adoção de nova licitação, comprove a este Tribunal: 9.3.1. a correção das seguintes falhas no edital da Concorrência 1/2016, ou no instrumento que a vier substituir, levando-se em conta o exposto nas peças que acompanham a presente deliberação: 9.3.1.1. exigência de autenticação de documentos previamente à abertura do certame, em dissonância ao disposto no art. 32 da Lei 8.666/1993, que não estabelece nenhuma restrição temporal (alínea 'b' do item 4.1 do edital);' (Acórdão nº 6.223/2016 – Primeira Câmara, Rel. Min. Augusto Sherman Cavalcanti, Processo nº 021.405/2016-6);
"A imposição de restrição temporal para autenticação dos documentos de habilitação dos licitantes afronta o art. 32 da Lei nº 8.666/93. A comissão de licitação pode realizar a autenticação dos documentos apresentados por meio de cópia na própria sessão de entrega e abertura das propostas, em atenção aos princípios do formalismo moderado e da seleção da proposta mais vantajosa para a Administração, e em consonância com o art. 43, §3º, da Lei nº 8.666/93" (Acórdão nº 1.574/2015 – Plenário, Rel. Min. Benjamin Zymler, Processo nº 033.286/2014-0. Informativo de Licitações e Contratos nº 248, de 2015).

O Tribunal de Contas da União firmou entendimento no sentido de que é obrigatória a exigência da documentação relativa à regularidade para com a Seguridade Social (CND) e com o Fundo de Garantia por Tempo de Serviço (FGTS): nas licitações públicas, de qualquer modalidade, inclusive dispensa e inexigibilidade, para contratar obras, serviços ou fornecimento, ainda que para pronta entrega; na assinatura dos contratos; a cada pagamento efetivado pela administração contratante, inclusive nos contratos de execução continuada ou parcelada. (Decisão nº 705/1994, Plenário, Relator Min. Paulo Affonso Martins de Oliveira, Processo TC nº 020.032.1993-5, *DOU* de 06.12.1994)

9.2.4 abstenha-se de contratar ou efetuar pagamentos a contribuintes em débito com o Erário, em observância ao art. 29 da Lei nº 8.666/1993; (Acórdão nº 295/2004, Segunda Câmara, Relator Min. Ubiratan Aguiar, Processo TC nº 009.075.2002-9, *DOU* de 22.03.2004)

9.5.3 – observe o art. 195, §3º, da Constituição Federal, que exige comprovante de regularidade com o INSS e o FGTS de todos aqueles que contratam com o poder público, inclusive nas contratações realizadas mediante convite, dispensa ou inexigibilidade de licitação, mesmo quando se tratar de compras para pronta entrega, conforme entendimento firmado pelo TCU na Decisão Plenária nº 705/1994 – Ata 54/1994; (Acórdão nº 1467/2003, Plenário, Relator Min. Benjamin Zymler, Processo TC nº 016.143.2001-2, *DOU* de 13.10.2003)

9.5.4 faça constar dos processos os comprovantes de Regularidade com a Previdência Social e com o FGTS, nos termos do art. 195, §3º, da Constituição Federal e art. 27, alínea "a", da Lei nº 8.036/90. (Acórdão nº 251/2005, Plenário, Relator Min. Marcos Vinicios Vilaça, Processo TC nº 015.213.2004-9, *DOU* de 24.03.2005)

4.1.13.2.2 Comprovação da regularidade com as Fazendas Federal, Estadual e Municipal

A Lei nº 8.666/93 estatui, em seu art. 29, inc. III, que a documentação relativa à regularidade fiscal, conforme o caso, consistirá na prova de regularidade para com a Fazenda Federal, Estadual e Municipal do domicílio ou sede do licitante, ou outra equivalente, na forma da lei.

Indaga-se: em qual ou em quais entes federativos devem ser averiguadas a regularidade fiscal enunciada pelo dispositivo: apenas no âmbito da Fazenda do ente federativo que promove a licitação ou a contratação direta? No âmbito das Fazendas Federal, Estadual e Municipal, conjuntamente? Ou, ainda, exigir-se-á apenas a comprovação da regularidade com os tributos que incidam sobre a atividade ou o tipo de objeto que será contratado, como, por exemplo: além da comprovação da regularidade perante a Fazenda Federal, por ser federal o órgão/entidade contratante, exigir-se-á comprovação de regularidade com a Fazenda Estadual em contratação de compra de bens, dada a necessária incidência do ICMS, tributo estadual?

Marçal Justen Filho,[122] em estudo acerca da regra introduzida pelo inc. XIII, do art. 4º, da Lei nº 10.520/02, que determina que a habilitação na modalidade do pregão, na forma presencial, far-se-á com a verificação de que o licitante está em situação regular perante a Fazenda Nacional, a Seguridade Social e o Fundo de Garantia do Tempo de Serviço (FGTS), e as Fazendas Estaduais e Municipais, quando for o caso, propõe que:

---

[122] *Pregão*: comentários à legislação do pregão comum e eletrônico. 4. ed. São Paulo: Dialética, 2005. p. 93-94.

A disciplina da regularidade fiscal apresenta uma positiva evolução do tratamento da matéria, merecendo aplauso. Encontrou-se uma solução para o impasse gerado pela redação despropositada do art. 29, inc. III, da Lei nº 8.666. Esse dispositivo gerava dificuldades interpretativas insuperáveis, a propósito do âmbito em que se averiguaria a dita "regularidade fiscal". Mas, lamentavelmente, a redação do inc. XIII do art. 4º da Lei nº 10.520 dá margem a outra controvérsia.

(...)

surge um disparate. Qual o fundamento jurídico para exigir que contratação perante Estado, Município ou Distrito Federal dependa da regularidade perante a Fazenda Nacional? Não existe possibilidade constitucional de adotar a solução incorporada na Lei nº 10.520, tendo em vista o princípio da federação e a isonomia entre os entes federais. Tal como previsto no art. 19, inciso III, da CF/88, é vedado a todos os entes federais criar preferência entre si.

(...)

Pelos mesmos motivos pelos quais a União pode contratar um particular sem indagar sua situação perante os Fiscos dos outros entes federais, idêntico tratamento tem de ser adotado em face dos demais participantes da Federação.

Em face desses pressupostos, tem de adotar-se interpretação que reconhece que a regularidade fiscal se restringe aos limites do interesse do ente que promove a licitação. Portanto, a interpretação conforme a Constituição conduz a reputar-se que "quando for o caso" impõe a obrigatoriedade da verificação da regularidade, em todos os casos, perante INSS e FGTS. Já a regularidade perante a Fazenda Nacional, Estadual, Municipal ou Distrital se imporá de modo correspondente à identidade do ente federativo que promover a licitação.

Para as contratações diretas realizadas no âmbito da União, estados, Distrito Federal ou municípios, cuja regra aplicável para a comprovação da regularidade fiscal é a da Lei nº 8.666/93, razoável é entender-se que deva ser verificada nos limites do interesse do ente federativo contratante. Infere-se que seja essa a intenção da lei ao estabelecer a exigência de documentação relativa à regularidade fiscal, "conforme o caso" requerer. A comprovação da regularidade fiscal com o INSS e o FGTS, contudo, deve sempre ser exigida por todos os órgãos e entidades que promovam licitações e contratações diretas, no âmbito de todos os entes federativos, posto traduzir exigência constitucional da maior amplitude e que independe do interesse específico do contratante ou do ramo de atividade do contratado.

4.1.13.2.3 Comprovação da regularidade fiscal exigida para efeito de contratação, durante a vigência do prazo contratual

Também nas contratações diretas, cabe à administração exigir a comprovação de que a futura contratada está em situação fiscal regular, o que fará antes da assinatura do termo contratual ou do aceite do instrumento equivalente. E durante a vigência do ajuste, cabe-lhe igualmente averiguar a permanência dos mesmos pressupostos exigidos antes da contratação. A regra do art. 55, inc. XIII, da Lei nº 8.666/93 quer que a contratada mantenha, durante toda a execução do contrato, em compatibilidade com as obrigações por ela assumidas, todas as condições de habilitação e qualificação exigidas na licitação, o que se deve estender à contratação direta, por afinidade de fundamento.

Confira-se a orientação do TCU:

> 9.2.1. oriente suas unidades regionais quanto à necessidade de exigência, a cada pagamento referente a contrato de execução continuada ou parcelada, da comprovação da regularidade fiscal para com a Seguridade Social, em observância à Constituição Federal (art. 195, §3º), à Lei nº 8.666/93 (arts. 29, incisos III e IV, e 55, inciso XIII), nos termos da Decisão 705/94 – Plenário – TCU (Ata 54/94); (Acórdão nº 2.684/2004, Primeira Câmara, Relator Min. Walton Alencar Rodrigues, Processo TC nº 010.954.2003-9, *DOU* de 05.11.2004)
> Inclua, em futuros editais e contratos de execução continuada ou parcelada, cláusula que estabeleça a possibilidade de subordinação do pagamento à comprovação, por parte da contratada, da manutenção de todas as condições de habilitação, aí incluídas a regularidade fiscal para com o FGTS e a Fazenda Federal, com o objetivo de assegurar o cumprimento da Lei nº 9.012/1995 (art. 2º) e da Lei nº 8.666/1993 (arts. 29, incisos III e IV, e 55, inciso XIII). (Acórdão nº 2.684/2004, Primeira Câmara, Relator Min. Walton Alencar Rodrigues, Processo TC nº 010.954.2003-9, *DOU* de 05.11.2004)
> 9.4.2.3. o art. 195, §3º, da Constituição Federal c/c o art. 47, inc. I, alínea "a", da Lei nº 8.212/91 e com o art. 27, alínea "a", da Lei nº 8.036/90, no que tange à obrigatoriedade de exigir-se das pessoas jurídicas a serem contratadas, assim como durante a manutenção do contrato, a comprovação de sua regularidade com a seguridade social (INSS e FGTS); (Acórdão nº 524/2005, Primeira Câmara, Relator Min. Augusto Sherman Cavalcanti, Processo TC nº 009.973.2000-7, *DOU* de 07.04.2005)

4.1.13.3 Regularidade trabalhista

A inexistência de débitos inadimplidos perante a Justiça do Trabalho, que se comprova mediante a expedição de certidão negativa de débitos trabalhistas ou certidão positiva de débitos trabalhistas com efeito de certidão negativa, passou a constituir, nos termos da Lei nº 12.440/11, mais um requisito de habilitação nas licitações e contratações administrativas, na medida em que ao art. 27 da Lei nº 8.666/93 foi acrescida, no inciso IV, a exigência de comprovação da regularidade trabalhista da pessoa física ou jurídica interessada em contratar com a administração pública, passando o art. 29, inciso V, da mesma lei geral a ter a seguinte redação:

> Art. 29. A documentação relativa à regularidade fiscal e trabalhista, conforme o caso, consistirá em:
> [...]
> V – prova de inexistência de débitos inadimplidos perante a Justiça do Trabalho, mediante a apresentação de certidão negativa, nos termos do Título VII-A da Consolidação das Leis do Trabalho, aprovada pelo Decreto-Lei nº 5.452, de 1º de maio de 1943.

A função da certidão é a de comprovar a inexistência de débitos decorrentes da relação de trabalho, em correspondência ao direito social fundamental expresso nos artigos 6º e 7º da Constituição da República.

4.1.13.4 Declaração da Lei nº 9.854/99 (proteção ao trabalho de menores)

A Lei nº 9.854/99 acrescentou o inc. V ao art. 27 da Lei nº 8.666/93, para exigir dos licitantes, como requisito de habilitação, a apresentação de documento referente ao cumprimento do inc. XXXIII, do art. 7º, da Constituição da República, inserido pela Emenda Constitucional nº 20/98.

Cumpre-se a nova exigência pela apresentação de declaração, assinada pelo licitante, ou por representante com poderes específicos, no sentido de que não utiliza mão de obra direta ou indireta de menores de 18 (dezoito) anos em trabalho noturno, perigoso ou insalubre, e de menores de 16 (dezesseis) anos em trabalho de qualquer natureza, salvo na qualidade de aprendiz, a partir de 14 (quatorze) anos.

Tal declaração também deve ser apresentada nas contratações diretas? A resposta é afirmativa, por cinco fundamentos: desestimula o empregador de infringir a proibição; incentiva-o a abandonar tal conduta, ou a regularizá-la, se nela incidisse; vincula o declarante a seus termos, repercutindo na esfera do direito penal, caso apurada a sua falsidade; o caráter proibitivo da norma constitucional impõe-se em qualquer relação empregatícia; não pode haver distinção entre contratação resultante de licitação e contratação direta. Por isso que dita declaração deve ser exigida, apresentada e entranhada nos autos do processo, antes de firmar-se o termo de contrato ou de retirar-se o instrumento equivalente, qualquer que seja o valor do contrato.

A falta dessa declaração é motivo de inabilitação, havendo licitação, e constitui óbice à contratação direta. Se, no curso do contrato, a administração comprovar a violação dessa norma de proteção ao trabalho de menores, motivo haverá para rescisão contratual (art. 78, inc. XVIII, da Lei nº 8.666/93), a ser imposta unilateralmente pela administração em processo regular, isto é, observadas as garantias da ampla defesa e do contraditório, sem prejuízo de outras sanções (arts. 78, parágrafo único; 79, inc. I, e 80, *caput*).

4.1.13.5 Comprovação da qualificação técnica da futura contratada

Indaga-se, com frequência, acerca da possibilidade jurídica de exigir-se, nas contratações diretas, a comprovação da qualificação técnica da futura contratada.

A exigência é medida necessária e eficaz, mormente quando almeja aferir a condição de a futura contratada executar determinado objeto, se já o desempenhou satisfatoriamente no passado, ou se está autorizada a executá-lo, como no caso da comprovação de inscrição no CREA, requisito para a realização de obra ou a prestação de serviço de engenharia (Lei nº 5.194/66), ou na hipótese de fornecimento de medicamentos, cujo comércio somente pode ser exercido por estabelecimentos licenciados pelo órgão sanitário competente (Decreto nº 74.170/74, regulamentando a Lei nº 5.991/73, que dispõe sobre o controle sanitário do comércio de drogas, medicamentos, insumos farmacêuticos e correlatos).

Assim, nada impede e tudo recomenda que, sob determinadas circunstâncias e nos limites do art. 30 da Lei nº 8.666/93, a administração estabeleça requisitos de qualificação técnica a serem comprovados na fase instrutória do processo de contratação direta, desde que necessários à garantia da execução contratual, à segurança e perfeição da obra ou serviço, à regularidade do fornecimento ou ao atendimento de qualquer outro interesse público (Lei nº 8.666/93, arts. 3º, §1º, I, e 26, parágrafo único, II).

4.1.14 Impedimentos de contratar com o poder público

A contratação direta deve ser precedida, ainda, da verificação da existência de impedimento ao estabelecimento de vínculo contratual com o órgão ou entidade da administração pública, ao que resulta do Decreto nº 3.722,[123] de 09 de janeiro de 2001:

> Art. 1º
> (...)
> I – como condição necessária para emissão de nota de empenho, cada administração deverá realizar prévia consulta ao SICAF, para identificar possível proibição de contratar com o Poder Público;

O impedimento de participar de licitação ou de contratar com o poder público restringe direitos constitucionais, sobretudo os relativos à igualdade e à liberdade ao trabalho e ao pleno exercício de atividade econômica.

A Constituição Federal assegura que todos são iguais perante a lei. Entenda-se em seus devidos termos a norma principiológica: obriga-se igual tratamento aos que têm as mesmas qualidades, ou, na vetusta formulação, a isonomia consiste em tratar igualmente os iguais e desigualmente os desiguais, na medida em que se desigualam. A limitação da igualdade, em estado democrático de direito, depende da lei por ser esta a expressão da vontade geral, daí decorrendo que simples regulamento não pode ampliar ou restringir direitos.

Em sede constitucional, as proibições e impedimentos em contratar com a administração pública abrangem senadores, deputados e vereadores (CF/88, art. 54, inc. I, alínea "a", combinado com o inc. IX do art. 29), *verbis*:

> Art. 54. Os Deputados e Senadores não poderão:
> I – desde a expedição do diploma:
> a) firmar ou manter contrato com pessoa jurídica de direito público, autarquia, empresa pública, sociedade de economia mista ou empresa concessionária de serviço público, salvo quando o contrato obedecer a cláusulas uniformes;
>
> (...)
> Art. 29
> (...)
> IX – proibições e incompatibilidades, no exercício da vereança, similares, no que couber, ao disposto nesta Constituição para os membros do Congresso Nacional e na Constituição do respectivo Estado para os membros da Assembléia Legislativa;

A Constituição Federal também estabelece que a pessoa jurídica irregular com a Seguridade Social, leia-se FGTS e INSS, não pode contratar com o Poder Público, conforme dispõe o art. 195, §3º.

Pessoas jurídicas irregulares com o Fundo de Garantia por Tempo de Serviço estão proibidas de contratar com o Poder Público, consoante preceitua a Lei nº 9.012/95, *verbis*:

---

[123] Parcialmente alterado pelo Decreto nº 4.485, de 25 de novembro de 2002.

Art. 2º As pessoas jurídicas em débito com o FGTS não poderão celebrar contratos de prestação de serviços ou realizar transação comercial de compra e venda com qualquer órgão da administração direta, indireta, autárquica e fundacional, bem como participar de concorrência pública.

A Lei nº 8.036/90 prevê a comprovação de regularidade com o FGTS:

Art. 27. A apresentação do Certificado de Regularidade do FGTS, fornecido pela Caixa Econômica Federal, é obrigatória nas seguintes situações:
a) habilitação e licitação promovida por órgão da Administração Federal, Estadual e Municipal, direta, indireta ou fundacional ou por entidade controlada direta ou indiretamente pela União, Estado e Município;

De acordo com a Lei nº 8.212/91, a pessoa jurídica irregular com o INSS não pode contratar com o Poder Público.
Assim:

Art. 47. É exigida Certidão Negativa de Débito-CND, fornecida pelo órgão competente, nos seguintes casos:
I – da empresa:
a) na contratação com o Poder Público e no recebimento de benefícios ou incentivo fiscal ou creditício concedido por ele;
[...]
Art. 95 [...]
§2º A empresa que transgredir as normas desta Lei, além das outras sanções previstas, sujeitar-se-á, nas condições em que dispuser o regulamento: [...]
c) à inabilitação para licitar e contratar com qualquer órgão ou entidade da administração pública direta ou indireta federal, estadual, do Distrito Federal ou municipal;

A irregularidade com a Fazenda Pública obsta a que a pessoa física ou jurídica contrate com a administração, de acordo como o art. 193 da Lei nº 5.172/66 (Código Tributário Nacional). O art. 29 da Lei nº 8.666/93 aponta a documentação a ser exigida para a verificação da *"regularidade fiscal"* do licitante. O art. 193 do CTN prevê a comprovação *"de quitação"* com a Fazenda Pública. A prova exigível é a da regularidade com o fisco, que pode abranger a existência de débito consentido e sob o controle do credor, e, não, a da quitação, que é a ausência de débito.

De acordo com o verbete 283, da súmula do Tribunal de Contas da União, *"Para fim de habilitação, a Administração Pública não deve exigir dos licitantes a apresentação de certidão de quitação de obrigações fiscais, e sim prova de sua regularidade"*.

A Lei nº 8.666/93 estabelece vedações de duas naturezas, para licitar ou contratar com o poder público: (a) em razão da condição da pessoa; e (b) em razão de sanção aplicada ao licitante ou ao contratado.

No primeiro caso, o impedimento decorre dos princípios da impessoalidade e da moralidade.

Em razão do princípio da impessoalidade, na medida em que o impedido detenha informações privilegiadas, tanto que a vedação atinge: (a) o autor de projeto básico ou executivo, pessoa física ou jurídica; (b) empresa, isoladamente ou em consórcio, responsável pela elaboração de projeto básico ou executivo, ou da qual o autor do projeto seja dirigente, gerente, acionista ou detentor de mais de 5% do capital com direito a voto ou controlador, responsável técnico ou subcontratado.

Em razão do princípio da moralidade estão impedidos de participar: (a) servidor ou dirigente, mesmo que sem remuneração, de órgão ou entidade contratante ou responsável pela licitação, inclusive no caso dos estados, Distrito Federal e municípios, os Governadores e Prefeitos; (b) membros de comissão de licitação, extensivo aos pregoeiros e integrantes de sua equipe de apoio.

A restrição por efeito de sanção aplicada a licitante ou contratado encontra previsão na Lei nº 8.666/93:

> Art. 87. Pela inexecução total ou parcial do contrato a Administração poderá, garantida a prévia defesa, aplicar ao contratado as seguintes sanções:
> (...)
> III – suspensão temporária de participação em licitação e impedimento de contratar com a Administração, por prazo não superior a 2 (dois) anos;
> IV – declaração de inidoneidade para licitar ou contratar com a Administração Pública enquanto perdurarem os motivos determinantes da punição ou até que seja promovida a reabilitação perante a própria autoridade que aplicou a penalidade, que será concedida sempre que o contratado ressarcir a Administração pelos prejuízos resultantes e após decorrido o prazo da sanção aplicada com base no inciso anterior;
> Art. 88. As sanções previstas nos incisos III e IV do artigo anterior poderão também ser aplicadas às empresas ou aos profissionais que, em razão dos contratos regidos por esta Lei:
> I – tenham sofrido condenação definitiva por praticarem, por meios dolosos, fraude fiscal no recolhimento de quaisquer tributos;
> II – tenham praticado atos ilícitos visando a frustrar os objetivos da licitação;
> III – demonstrem não possuir idoneidade para contratar com a Administração em virtude de atos ilícitos praticados.

E na Lei nº 10.520/02:

> Art. 7º Quem, convocado dentro do prazo de validade da sua proposta, não celebrar o contrato, deixar de entregar ou apresentar documentação falsa exigida para o certame, ensejar o retardamento da execução de seu objeto, não mantiver a proposta, falhar ou fraudar na execução do contrato, comportar-se de modo inidôneo ou cometer fraude fiscal, ficará impedido de licitar e contratar com a União, Estados, Distrito Federal ou Municípios e, será descredenciado no SICAF, ou nos sistemas de cadastramento de fornecedores a que se refere o inciso XIV do art. 4º desta Lei, pelo prazo de até 5 (cinco) anos, sem prejuízo das multas previstas em edital e no contrato e das demais cominações legais.

A aplicação de qualquer das penalidades referidas nos dispositivos acima citados, observado o devido processo legal, torna a pessoa física ou jurídica impedida de participar de certame licitatório ou de contratação promovida no âmbito do órgão ou da entidade pública que impôs a penalidade, no caso de suspensão (art. 87, inc. III, c/c art. 6º, XII, da Lei nº 8.666/93), ou, no caso de declaração de idoneidade, perante toda a administração pública, assim entendida a administração direta e indireta da União, dos estados, do Distrito Federal e dos municípios, abrangendo as entidades com personalidade jurídica de direito privado sob controle do poder público e das fundações por ele instituídas ou mantidas (art. 87, inc. IV, c/c art. 6º, XI, da Lei nº 8.666/93), ou, tratando-se de infração cometida no âmbito de pregão, perante os respectivos entes federativos – União, estado, Distrito Federal ou município (art. 7º da Lei nº 10.520/02).

A Instrução Normativa nº 02, de 2010, do Ministério do Planejamento, Orçamento e Gestão, especifica o alcance dos efeitos das sanções previstas nos incisos III e IV do art. 87 da Lei nº 8.666/93 e no art. 7º da Lei nº 10.520/02, *verbis*:

> Art. 40. São sanções passíveis de registro no SICAF, além de outras que a lei possa prever:
> I – advertência por escrito, conforme o inciso I do art. 87 da Lei nº 8.666, de 1993;
> II – multa, na forma prevista no instrumento convocatório ou no contrato, conforme o inciso II do art. 87 da Lei nº 8.666, de 1993;
> III – suspensão temporária, conforme o inciso III do art. 87 da Lei nº 8.666, de 1993;
> IV – declaração de inidoneidade, conforme o inciso IV do artigo 87 da Lei nº 8.666, de 1993; e
> V – impedimento de licitar e contratar com a União, Estados, Distrito Federal ou Municípios, conforme o art. 7º da Lei nº 10.520, de 2002.
> §1º A aplicação da sanção prevista no inciso III deste artigo impossibilitará o fornecedor ou interessado de participar de licitações e formalizar contratos, no âmbito do órgão ou entidade responsável pela aplicação da sanção.
> §2º A aplicação da sanção prevista no inciso IV deste artigo impossibilitará o fornecedor ou interessado de participar de licitações e formalizar contratos com todos os órgãos e entidades da Administração Pública direta e indireta da União, dos Estados, do Distrito Federal e dos Municípios.
> §3º A aplicação da sanção prevista no inciso V deste artigo impossibilitará o fornecedor ou interessado de participar de licitações e formalizar contratos no âmbito interno do ente federativo que aplicar a sanção:
> I – da União, caso a sanção seja aplicada por órgão ou entidade da União;
> II – do Estado ou do Distrito Federal, caso a sanção seja aplicada por órgão ou entidade do Estado ou do Distrito Federal; ou
> III – do Município, caso a sanção seja aplicada por órgão ou entidade do Município.
> §4º O disposto nos parágrafos anteriores não impedirá a atualização cadastral do sancionado.

O art. 97 da Lei nº 8.666/93 tipifica como crime a admissão à licitação ou a celebração de contrato com empresa ou profissional declarado inidôneo, cominando a pena de detenção de seis meses a dois anos e multa para o agente público que assim proceder, incidindo na mesma pena aquele que, declarado inidôneo, venha a licitar ou a contratar com a administração. Crime que comporta a modalidade dolosa tão somente, isto é, para que se configure o crime é indispensável que se comprove o deliberado propósito de o agente assim proceder, sabendo que estava a autorizar a participação em licitação ou a contratação, inclusive direta, de quem estava a cumprir a penalidade de inidoneidade. Se o agente ignorava a existência da penalidade, crime não haverá, e cogitar-se-á, apenas, de ilícito administrativo, se caracterizada conduta negligente do agente.

Outras legislações, a seguir elencadas, contemplam sanções que tornam defeso a pessoa física ou jurídica sancionada contratar com a administração, a saber:

Lei nº 12.462/11 (Regime Diferenciado de Contratações – RDC):

Art. 47. Ficará impedido de licitar e contratar com a União, Estados, Distrito Federal ou Municípios, pelo prazo de até 5 (cinco) anos, sem prejuízo das multas previstas no instrumento convocatório e no contrato, bem como das demais cominações legais, o licitante que: I – convocado dentro do prazo de validade da sua proposta não celebrar o contrato, inclusive nas hipóteses previstas no parágrafo único do art. 40 e no art. 41 desta Lei; II – deixar de entregar a documentação exigida para o certame ou apresentar documento falso; III – ensejar o retardamento da execução ou da entrega do objeto da licitação sem motivo justificado; IV – não mantiver a proposta, salvo se em decorrência de fato superveniente, devidamente justificado; V – fraudar a licitação ou praticar atos fraudulentos na execução do contrato; VI – comportar-se de modo inidôneo ou cometer fraude fiscal; ou VII – der causa à inexecução total ou parcial do contrato. §1º A aplicação da sanção de que trata o *caput* deste artigo implicará ainda o descredenciamento do licitante, pelo prazo estabelecido no *caput* deste artigo, dos sistemas de cadastramento dos entes federativos que compõem a Autoridade Pública Olímpica.

Lei nº 8.443/92 (Lei Orgânica do Tribunal de Contas da União):

Art. 46. Verificada a ocorrência de fraude comprovada à licitação, o Tribunal declarará a inidoneidade do licitante fraudador para participar, por até cinco anos, de licitação na Administração Pública Federal.

Lei nº 12.529/11 (estrutura o Sistema Brasileiro de Defesa da Concorrência e dispõe sobre a prevenção e repressão às infrações contra a ordem econômica):

Art. 38. Sem prejuízo das penas cominadas no art. 37 desta Lei, quando assim exigir a gravidade dos fatos ou o interesse público geral, poderão ser impostas as seguintes penas, isolada ou cumulativamente: [...] II – a proibição de contratar com instituições financeiras oficiais e participar de licitação tendo por objeto aquisições, alienações, realização de obras e serviços, concessão de serviços públicos, na administração pública federal, estadual, municipal e do Distrito Federal, bem como em entidades da administração indireta, por prazo não inferior a 5 (cinco) anos;

Lei nº 10.683/03, que define a competência da ex-Controladoria-Geral da União, atual Ministério da Transparência, Fiscalização e Controladoria-Geral da União:[124]

Art. 17. À Controladoria-Geral da União compete assistir direta e imediatamente ao Presidente da República no desempenho de suas atribuições quanto aos assuntos e providências que, no âmbito do Poder Executivo, sejam atinentes à defesa do patrimônio

---

[124] Jurisprudência do Superior Tribunal de Justiça: "PROCESSO ADMINISTRATIVO. CORRUPÇÃO DE SERVIDORES PÚBLICOS IMPUTADA A EMPREITEIRA DE OBRAS PÚBLICAS. DECLARAÇÃO DE INIDONEIDADE PARA CONTRATAR COM O PODER PÚBLICO. 1. *Competência concorrente para a prática do ato.* O Ministro de Estado Chefe da Controladoria-Geral da União tem competência concorrente para instaurar processo administrativo relacionado à defesa do patrimônio público e ao combate à corrupção. 2. *Declaração de inidoneidade.* A declaração de inidoneidade imputada à impetrante resulta de condutas difusas de corrupção praticadas ao longo de três anos (*presentes a servidores públicos: passagens aéreas, estadas em hotéis, refeições a servidores públicos*). 3. *Razoabilidade e proporcionalidade da punição.* A promiscuidade de servidores públicos com empresas cujas obras devem fiscalizar constitui um método sórdido de cooptação, de difícil apuração. Sempre que esta for constatada, deve ser severamente punida porque a lealdade que deve haver entre os servidores e a Administração Pública é substituída pela lealdade dos servidores para com a empresa que lhes dá vantagens. Ordem denegada, insubsistência da medida liminar, prejudicado o agravo regimental" (MS nº 19269/DF. Ministro Ari Pargendler. *DJe* 05.12.2014).

público, ao controle interno, à auditoria pública, à correição, à prevenção e ao combate à corrupção, às atividades de ouvidoria e ao incremento da transparência da gestão no âmbito da administração pública federal.

Lei nº 8.429/92 (Lei de Improbidade Administrativa):

Art. 12. Independentemente das sanções penais, civis e administrativas previstas na legislação específica, está o responsável pelo ato de improbidade sujeito às seguintes cominações, que podem ser aplicadas isolada ou cumulativamente, de acordo com a gravidade do fato:
I – na hipótese do art. 9º, perda dos bens ou valores acrescidos ilicitamente ao patrimônio, ressarcimento integral do dano, quando houver, perda da função pública, suspensão dos direitos políticos de oito a dez anos, pagamento de multa civil de até três vezes o valor do acréscimo patrimonial e proibição de contratar com o Poder Público ou receber benefícios ou incentivos fiscais ou creditícios, direta ou indiretamente, ainda que por intermédio de pessoa jurídica da qual seja sócio majoritário, pelo prazo de dez anos;
II – na hipótese do art. 10, ressarcimento integral do dano, perda dos bens ou valores acrescidos ilicitamente ao patrimônio, se concorrer esta circunstância, perda da função pública, suspensão dos direitos políticos de cinco a oito anos, pagamento de multa civil de até duas vezes o valor do dano e proibição de contratar com o Poder Público ou receber benefícios ou incentivos fiscais ou creditícios, direta ou indiretamente, ainda que por intermédio de pessoa jurídica da qual seja sócio majoritário, pelo prazo de cinco anos;
III – na hipótese do art. 11, ressarcimento integral do dano, se houver, perda da função pública, suspensão dos direitos políticos de três a cinco anos, pagamento de multa civil de até cem vezes o valor da remuneração percebida pelo agente e proibição de contratar com o Poder Público ou receber benefícios ou incentivos fiscais ou creditícios, direta ou indiretamente, ainda que por intermédio de pessoa jurídica da qual seja sócio majoritário, pelo prazo de três anos.

Lei nº 9.605/98, que dispõe sobre as sanções penais e administrativas derivadas de condutas e atividades lesivas ao meio ambiente:

Art. 72. As infrações administrativas são punidas com as seguintes sanções, observado o disposto no art. 6º: [...]
XI – restritiva de direitos. [...]
§8º As sanções restritivas de direito são: [...]
V – proibição de contratar com a Administração Pública, pelo período de até três anos.

Lei nº 12.527/11 (Lei de acesso à informação):

Art. 33. A pessoa física ou entidade privada que detiver informações em virtude de vínculo de qualquer natureza com o poder público e deixar de observar o disposto nesta Lei estará sujeita às seguintes sanções: [...]
IV – suspensão temporária de participar em licitação e impedimento de contratar com a administração pública por prazo não superior a 2 (dois) anos; e
V – declaração de inidoneidade para licitar ou contratar com a administração pública, até que seja promovida a reabilitação perante a própria autoridade que aplicou a penalidade.
[...]

§2º A reabilitação referida no inciso V será autorizada somente quando o interessado efetivar o ressarcimento ao órgão ou entidade dos prejuízos resultantes e após decorrido o prazo da sanção aplicada com base no inciso IV.

§3º A aplicação da sanção prevista no inciso V é de competência exclusiva da autoridade máxima do órgão ou entidade pública, facultada a defesa do interessado, no respectivo processo, no prazo de 10 (dez) dias da abertura de vista.

A Lei nº 4.737/65, que instituiu o Código Eleitoral, prevê que sem a prova de que votou na última eleição, pagou a respectiva multa ou de que se justificou devidamente, não poderá o eleitor participar de concorrência pública ou administrativa da União, dos estados, do Distrito Federal ou dos municípios, ou das respectivas autarquias. Assim:

Art. 7º O eleitor que deixar de votar e não se justificar perante o juiz eleitoral até 30 (trinta) dias após a realização da eleição, incorrerá na multa de 3 (três) a 10 (dez) por cento sobre o salário-mínimo da região, imposta pelo juiz eleitoral e cobrada na forma prevista no art. 367. §1º Sem a prova de que votou na última eleição, pagou a respectiva multa ou de que se justificou devidamente, não poderá o eleitor: [....] III – participar de concorrência pública ou administrativa da União, dos Estados, dos Territórios, do Distrito Federal ou dos Municípios, ou das respectivas autarquias;

Registre-se que a Lei nº 12.846/13, a qual dispõe sobre a responsabilização administrativa e civil de pessoas jurídicas pela prática de atos contra a administração pública, nacional ou estrangeira, prevê, de forma reflexa, a proibição para contratar com a administração pública em razão de sanção de suspensão ou interdição parcial de suas atividades.

Reza o art. 19 do citado diploma:

Art. 19. Em razão da prática de atos previstos no art. 5º desta Lei, a União, os Estados, o Distrito Federal e os Municípios, por meio das respectivas Advocacias Públicas ou órgãos de representação judicial, ou equivalentes, e o Ministério Público, poderão ajuizar ação com vistas à aplicação das seguintes sanções às pessoas jurídicas infratoras:
I – perdimento dos bens, direitos ou valores que representem vantagem ou proveito direta ou indiretamente obtidos da infração, ressalvado o direito do lesado ou de terceiro de boa-fé;
II – suspensão ou interdição parcial de suas atividades; (grifamos)
III – dissolução compulsória da pessoa jurídica;
IV – proibição de receber incentivos, subsídios, subvenções, doações ou empréstimos de órgãos ou entidades públicas e de instituições financeiras públicas ou controladas pelo poder público, pelo prazo mínimo de 1 (um) e máximo de 5 (cinco) anos.

O Código de Processo Penal, em seu art. 319, inc. VI, prevê que:

Art. 319. São medidas cautelares diversas da prisão: [...] VI – suspensão do exercício de função pública ou de atividade de natureza econômica ou financeira quando houver justo receio de sua utilização para a prática de infrações penais;

A medida cautelar de suspensão do exercício de atividade de natureza econômica prevista no Código de Processo Penal, assim como a sanção de suspensão ou interdição parcial de atividades aplicadas pela Lei nº 12.846/13 (Lei Anticorrupção) traduzem-se em condição que impede a entidade de desenvolver suas atividades econômicas e, por conseguinte, de executar o objeto do contrato administrativo.

4.1.14.1 Consulta a sistemas de registros cadastrais

Diante das vedações decorrentes de sanções aplicadas, é fundamental que o agente ou setor competente do órgão ou entidade pública consulte os sistemas de registros cadastrais existentes, com o propósito de aquilatar a existência de eventuais sanções aplicadas ao licitante ou ao futuro contratado, cujos efeitos podem torná-lo proibido de contratar com o Poder Público, a alcançar o órgão ou entidade contratante.

São sistemas cadastrais existentes, no âmbito federal, aptos a demonstrar o registro de eventuais sanções aplicadas:

(a) Cadastro Nacional de Empresas Inidôneas e Suspensas (CEIS) (<http://www.portaltransparencia.gov.br>);

(b) Licitantes Inidôneas do Tribunal de Contas da União (<http://portal2.tcu.gov.br>);

(c) Sistema de Cadastro Unificado de Fornecedores (SICAF);

(d) Conselho Nacional de Justiça (CNJ) (<http://www.cnj.jus.br>); e

(e) Cadastro Nacional das Empresas Punidas (CNEP), o qual registra as sanções aplicadas com base na Lei nº 12.846/13 (Lei Anticorrupção).

4.1.14.2 Dos impedimentos e seus efeitos

As penalidades de suspensão (art. 87, III), de declaração de inidoneidade (art. 87, IV) e de impedimento (art. 7º da Lei nº 10.520/02) impostas à contratada, observadas as garantias constitucionais da ampla defesa e do contraditório (CF/88, art. 5º, LV), devem ser aplicadas com efeitos *ex nunc* (para o futuro), sem alcançar os contratos firmados anteriormente. Quer isso dizer que as penalidades não produzem efeitos pretéritos. A partir da decisão preclusa (contra a qual não se opôs recurso algum) ou transitada em julgado (depois de esgotados todos os recursos administrativos interpostos), é que se operam os efeitos das penalidades, autorizando a rescisão contratual pelos entes, órgãos e entidades públicos alcançados pelo impedimento, e a vedação a que a contratada participe de certames licitatórios ou venha a contratar com o poder público.

O Superior Tribunal de Justiça, em diversos julgados, posicionou-se no sentido de que a declaração de inidoneidade só produz efeitos para o futuro (*"ex nunc"*), assentando, inclusive, que a simples rescisão imediata de todos os contratos firmados entre o sancionado e a administração pública poderia representar prejuízo maior ao erário e ao interesse público.

São os julgados:

> (a) Processual Civil. Embargos de declaração. Omissão. 1. Devem ser providos os presentes embargos para fazer constar da ementa do acórdão do recurso especial, conforme está no voto condutor, que a declaração de inidoneidade reconhecida como legítima só produz efeitos ex nunc. 2. Inexistência de omissão sobre a presença de provas concretas a ensejar a declaração de inidoneidade. 3. Acórdão que está fundamentado no reconhecimento

de validade das provas concretas analisadas pela administração pública, inclusive as constantes do Inquérito 544/STJ, para que, com base nelas, a declaração de inidoneidade fosse decretada. 4. Embargos de declaração parcialmente providos para suprir a omissão constatada, sem emprestar-lhes efeitos modificativos. (EDcl no MS nº 13041/DF. Relator Ministro José Delgado, *DJe*, 16.06.08)

(b) Administrativo – Licitação – Inidoneidade decretada pela Controladoria Geral da União – Ato impugnado via mandado de segurança. 1. Empresa que, em processo administrativo regular, teve decretada a sua inidoneidade para licitar e contratar com o Poder Público, com base em fatos concretos. 2. Constitucionalidade da sanção aplicada com respaldo na Lei de Licitações, Lei nº 8.666/93 (arts. 87 e 88). 3. Legalidade do ato administrativo sancionador que observou o devido processo legal, o contraditório e o princípio da proporcionalidade. 4. Inidoneidade que, como sanção, só produz efeito para o futuro (efeito ex nunc), sem interferir nos contratos já existentes e em andamento. 5. Segurança denegada. (MS nº 13101/DF. Relatora Ministra Eliana Calmon, *DJe*, 09.12.08)

(c) Processual Civil – Mandado de Segurança – Embargos de Declaração – Omissão inexistente – Teoria da encampação – Declaração de inidoneidade – Efeitos. 1. O aresto embargado (após intenso debate na Primeira Seção) examinou de forma devida o ato impugnado, adotando o entendimento de que a sanção de inidoneidade deve ser aplicada com efeitos "ex nunc". 2. Aplica-se a Teoria da Encampação quando a autoridade hierarquicamente superior apontada coatora, ao prestar informações, defende o mérito do ato impugnado. 3. A rescisão imediata de todos os contratos firmados entre a embargada e a Administração Pública, em razão de declaração de inidoneidade, pode representar prejuízo maior ao erário e ao interesse público, já que se abrirá o risco de incidir sobre contrato que esteja sendo devidamente cumprido, contrariando, assim, o princípio da proporcionalidade, da eficiência e obrigando gasto de verba pública com realização de novo procedimento licitatório. Interpretação sistemática dos arts. 55, XIII e 78, I, da Lei nº 8.666/93. 4. Embargos de declaração acolhidos, sem efeitos modificativos, apenas para prestar esclarecimentos. (MS nº 13101, Primeira Seção. Relatora Ministra Eliana Calmon, *DJe*, 25.05.09)

(d) Administrativo. Declaração de inidoneidade para licitar e contratar com a Administração Pública. Efeitos ex nunc da inidoneidade: significado. Precedente da 1ª Seção. (MS 13.964/DF, DJe de 25.05.2009) 1. Segundo precedentes da 1ª Seção, a declaração de inidoneidade "só produz efeito para o futuro (efeito ex nunc), sem interferir nos contratos já existentes e em andamento". (MS 13.101/DF, Min. Eliana Calmon, DJe de 09.12.2008) Afirma-se, com isso, que o efeito da sanção inibe a empresa de "licitar ou contratar com a Administração Pública" (Lei nº 8.666/93, art. 87), sem, no entanto, acarretar, automaticamente, a rescisão de contratos administrativos já aperfeiçoados juridicamente e em curso de execução, notadamente os celebrados perante outros órgãos administrativos não vinculados à autoridade impetrada ou integrantes de outros entes da Federação (Estados, Distrito Federal e Municípios). Todavia, a ausência do efeito rescisório automático não compromete nem restringe a faculdade que têm as entidades da Administração Pública de, no âmbito da sua esfera autônoma de atuação, promover medidas administrativas específicas para rescindir os contratos, nos casos autorizados e observadas as formalidades estabelecidas nos artigos 77 a 80 da Lei nº 8.666/93. 2. No caso, está reconhecido que o ato atacado não operou automaticamente a rescisão dos contratos em curso, firmados pelas impetrantes. 3. Mandado de segurança denegado, prejudicado o agravo regimental. (MS nº 2008/0267371-4. Relator Ministro Teori Albino Zavascki, *DJe*, 06.11.09)

(e) Administrativo. Declaração de inidoneidade para licitar e contratar com a administração pública. Vícios formais do processo administrativo. Inexistência. Efeitos ex nunc da declaração de inidoneidade: significado. 1. Ainda que reconhecida a ilegitimidade da utilização, em processo administrativo, de conversações telefônicas interceptadas para fins de instrução criminal (única finalidade autorizada pela Constituição – art. 5º, XII), não há nulidade na sanção administrativa aplicada, já que fundada em outros elementos de prova, colhidas em processo administrativo regular, com a participação da empresa interessada. 2. Segundo precedentes da 1ª Seção, a declaração de inidoneidade "só produz efeito para o futuro (efeito ex nunc), sem interferir nos contratos já existentes e em andamento". (MS 13.101/DF, Min. Eliana Calmon, DJe de 09.12.2008) Afirma-se, com isso, que o efeito da sanção inibe a empresa de "licitar ou contratar com a Administração Pública" (Lei nº 8.666/93, art. 87), sem, no entanto, acarretar, automaticamente, a rescisão de contratos administrativos já aperfeiçoados juridicamente e em curso de execução, notadamente os celebrados perante outros órgãos administrativos não vinculados à autoridade impetrada ou integrantes de outros entes da Federação (Estados, Distrito Federal e Municípios). Todavia, a ausência do efeito rescisório automático não compromete nem restringe a faculdade que têm as entidades da Administração Pública de, no âmbito da sua esfera autônoma de atuação, promover medidas administrativas específicas para rescindir os contratos, nos casos autorizados e observadas as formalidades estabelecidas nos artigos 77 a 80 da Lei nº 8.666/93. 3. No caso, está reconhecido que o ato atacado não operou automaticamente a rescisão dos contratos em curso, firmados pela impetrante. 4. Mandado de segurança denegado, prejudicado o agravo regimental. (MS nº 13964. Relator Ministro Teori Albino Zavascki, *DJe*, 25.05.09)

(f) Declaração de inidoneidade. Efeitos *ex nunc*. A declaração de inidoneidade só produz efeitos para o futuro (*ex nunc*). Ela não interfere nos contratos preexistentes e em andamento. Dessa forma, esse efeito da sanção inibe a sociedade empresarial de licitar ou contratar com a Administração Pública (art. 87 da Lei nº 8.666/93), sem, contudo, acarretar, automaticamente, a rescisão de contratos administrativos já aperfeiçoados juridicamente e em curso de execução, notadamente os celebrados diante de órgãos administrativos não vinculados à autoridade coatora ou de outros entes da Federação. Contudo, a falta de efeito rescisório automático não inibe a Administração de promover medidas administrativas específicas tendentes a rescindir os contratos nos casos autorizados, observadas as formalidades contidas nos artigos 77 a 80 da referida lei. (MS nº 14.002-DF, Relator Ministro Teori Albino Zavascki, *DJe*, 28.10.09)

4.1.14.3 Participação de parentes do servidor ou dirigente do órgão ou entidade pública contratante e do responsável pela contratação direta

No art. 9º da Lei nº 8.666/93 (Lei Geral de Licitações) não há vedação expressa a que parente do servidor ou dirigente do órgão ou entidade pública contratante (também licitante) ou do responsável pela contratação direta (e pela licitação) dela participe.

Segundo o art. 3º, §3º, do Decreto federal nº 7.203/10, o qual dispõe sobre a vedação do nepotismo no âmbito da administração pública federal, é vedada a contratação direta, sem licitação, por órgão ou entidade da administração pública federal, de pessoa jurídica na qual haja administrador ou sócio com poder de direção, familiar de detentor de cargo em comissão ou função de confiança que atue na área responsável pela demanda ou contratação, bem como de autoridade a ele hierarquicamente superior no âmbito de cada órgão e de cada entidade.

Para os fins desse decreto, considera-se familiar: o cônjuge, o companheiro ou o parente em linha reta ou colateral, por consanguinidade ou afinidade, até o terceiro grau.

A Portaria nº 409, de 21 de dezembro de 2016, do Ministro de Estado do Planejamento, Desenvolvimento e Gestão, que dispõe sobre as garantias contratuais ao trabalhador na execução indireta de serviços e os limites à terceirização de atividades, no âmbito da administração pública federal direta, autárquica e fundacional e das empresas estatais federais controladas pela União, estabelece que:

> Art. 10. É vedada a contratação, por órgão ou entidade de que trata o art. 1º, de pessoa jurídica na qual haja administrador ou sócio com poder de direção, familiar de: I - detentor de cargo em comissão ou função de confiança que atue na área responsável pela demanda ou contratação; ou II - de autoridade hierarquicamente superior no âmbito de cada órgão e de cada entidade.

A Lei nº 12.462/11, que instituiu o regime diferenciado de contratações públicas (RDC), em seu art. 37, veda a contratação direta, sem licitação, de pessoa jurídica na qual haja administrador ou sócio com poder de direção que mantenha relação de parentesco, inclusive por afinidade, até o terceiro grau civil, com: (a) detentor de cargo em comissão ou função de confiança que atue na área responsável pela demanda ou contratação; (b) autoridade hierarquicamente superior no âmbito de cada órgão ou entidade da administração pública.

Parentes também podem ser capazes e competentes e, assim, executar a contento o objeto contratual, todavia, a contratação, nesse caso, é imoral em si mesma e encerra uma tal probabilidade de resultar em privilégios e favorecimentos que se justifica rejeitá-la pura e simplesmente, mesmo inexistindo expressa vedação nas leis que estabelecem diretrizes acerca de licitações e contratações administrativas. Se permitida, importaria em ato sobre o qual penderia sempre a suspeita de possível influência sobre a conduta futura do licitante ou de motivação espúria, independentemente da aptidão e capacidade do parente.

A contratação de parentes do servidor ou dirigente do órgão ou entidade pública que promove a licitação ou do responsável pela licitação ou contratação direta viola o princípio da moralidade além do flagrante potencial de violação aos princípios da isonomia e da impessoalidade.

A validade desse raciocínio foi chancelada pelo Supremo Tribunal Federal. No julgamento do RE nº 579.951-4, a Corte decidiu vedar a prática do chamado nepotismo nos três Poderes da República, conquanto só houvesse norma nesse sentido aplicável ao Poder Judiciário. Ao justificar esse posicionamento, declarou expressamente que não era necessária a edição de lei formal para coibir a prática do nepotismo, já que tal medida decorria diretamente dos princípios inscritos no art. 37 da Constituição Federal.

O seguinte excerto do voto do Relator deixa clara essa compreensão:

> De fato, embora existam diversos atos normativos no plano federal que vedam o nepotismo, inclusive no âmbito desta Corte, tal não significa que apenas leis em sentido formal ou outros diplomas regulamentares sejam aptos a coibir a nefasta e anti-republicana prática do nepotismo. É que os princípios constitucionais, longe de configurarem meras recomendações de caráter moral ou ético, consubstanciam regras jurídicas de caráter prescritivo, hierarquicamente superiores às demais e "positivamente vinculantes", como ensina Gomes Canotilho.
> A sua inobservância, ao contrário do que muitos pregavam até recentemente, atribuindo-lhes uma natureza apenas programática, deflagra sempre uma conseqüência jurídica, de maneira compatível com a carga de normatividade que encerram. Independentemente da preeminência que ostentam no âmbito do sistema ou da abrangência de seu impacto sobre

a ordem legal, os princípios constitucionais, como se reconhece atualmente, são sempre dotados de eficácia, cuja materialização pode ser cobrada judicialmente se necessário.

Por oportuna, relembro aqui a conhecida e sempre atual lição de Celso Antônio Bandeira de Mello, segundo a qual "(...) violar um princípio é muito mais grave que transgredir uma norma qualquer. A desatenção ao princípio implica ofensa não apenas a um específico mandamento obrigatório mas a todo sistema de comandos. É ainda a mais grave forma de ilegalidade ou inconstitucionalidade, conforme o escalão do princípio atingido, porque representa insurgência contra todo o sistema, subversão de seus valores fundamentais, contumélia irremissível a seu arcabouço lógico e corrosão de sua estrutura mestra. Isto porque, com ofendê-lo, abatem-se as vigas que o sustêm e alui-se toda estrutura nelas esforçada".

Ora, tendo em conta a expressiva densidade axiológica e a elevada carga normativa que encerram os princípios abrigados no *caput* do art. 37 da Constituição, não há como deixar de concluir que a proibição do nepotismo independe de norma secundária que obste formalmente essa reprovável conduta. Para o expurgo de tal prática, que lamentavelmente resiste incólume em alguns "bolsões" de atraso institucional que ainda existem no País, basta contrastar as circunstâncias de cada caso concreto com o que se contém no referido dispositivo constitucional.

No mesmo sentido, é a decisão do STJ proferida no âmbito do REsp nº 615.432/MG, cuja ementa dispõe:

ADMINISTRATIVO. LICITAÇÃO. RELACIONAMENTO AFETIVO ENTRE SÓCIA DA EMPRESA CONTRATADA E O PREFEITO DO MUNICÍPIO LICITANTE. OFENSA AOS PRINCÍPIOS NORTEADORES DO PROCEDIMENTO LICITATÓRIO. INOBSERVÂNCIA DO PRAZO MÍNIMO PARA CONVOCAÇÃO DOS LICITANTES. VIOLAÇÃO DO ART. 21, §2º, DA LEI Nº 8.666/93.
1. Procedimento licitatório (tomada de preços) realizado pelo Município de Resende Costa-MG, visando à contratação de empresa para a prestação de serviços com a finalidade de implantar programa de saúde familiar.
2. A principiologia do novel art. 37 da Constituição Federal, impõe a todos quantos integram os Poderes da República nas esferas compreendidas na Federação, obediência aos princípios da moralidade, legalidade, impessoalidade, eficiência e publicidade.
3. O princípio da impessoalidade obsta que critérios subjetivos ou anti-isonômicos influam na escolha dos candidatos exercentes da prestação de serviços públicos, e assume grande relevância no processo licitatório, consoante o disposto no art. 37, XXI, da CF.
4. A ratio legis indicia que: "A lei configura uma espécie de impedimento, em acepção similar à do direito processual, à participação de determinadas pessoas na licitação. Considera um risco a existência de relações pessoais entre os sujeitos que definem o destino da licitação e o particular que licitará. (...) O vínculo do autor do projeto pode, inclusive, configurar-se de modo 'indireto', tal como previsto no §3º. A regra legal é ampla e deve reputar-se como meramente exemplificativa. O texto chega a ser repetitivo, demonstrando a intenção de abarcar todas as hipóteses possíveis. Deve-se nortear a interpretação do dispositivo por um princípio fundamental; existindo vínculos entre o autor do projeto e uma empresa, que reduzam a independência daquele ou permitam uma situação privilegiada para essa, verifica-se o impedimento. Por isso, a vedação se aplicará mesmo quando se configurar outra hipótese não expressamente prevista". (Marçal Justen Filho. *Comentários à Lei de Licitações e Contratos Administrativos*. São Paulo, Dialética, 2004, p. 124-126)
5. Consectariamente, a comprovação na instância ordinária do relacionamento afetivo público e notório entre a principal sócia da empresa contratada e o prefeito do município

licitante, ao menos em tese, indica quebra da impessoalidade, ocasionando também a violação dos princípios da isonomia e da moralidade administrativa, e ao disposto nos arts. 3º e 9º da Lei de Licitações. Deveras, no campo da probidade administrativa no trato da coisa pública o princípio norteador é o do *in dubio pro populo*.

Em sede de representação formulada ao Tribunal de Contas da União contra possíveis irregularidades em licitação conduzida por órgão da Administração Pública Federal, foi prolatado o Acórdão nº 2.105/2008, por meio do qual o Plenário decidiu fixar prazo ao órgão para anular o certame, e, em consequência, o contrato dele decorrente, bem como realizar a audiência do ex-dirigente, em razão de *"participar indiretamente da licitação referente ao edital da Concorrência nº 350/2006, por meio de seu enteado,* [...] *sócio da sociedade empresária* [...]*, integrante do consórcio vencedor da licitação, em descumprimento ao disposto no art. 9º, inciso III, §3º, da Lei nº 8.666/1993"* [...]

A linha de defesa do responsável pautou-se, sobretudo, nos seguintes argumentos: a) não se aplicam as hipóteses exaustivas de proibição de celebração de contratos administrativos, previstas no art. 9º da Lei nº 8.666/93, à contratação de parente de servidor de entidade contratante; e b) não há lacuna no rol de proibições do art. 9º, inc. III, da Lei nº 8.666/93 e do art. 18, inc. II, da Lei nº 9.784/99, que possa ser preenchida pela aplicação dos princípios gerais do direito e da analogia, conforme Lei de Introdução ao Código Civil, sob pena de usurpar a vontade do legislador ordinário.

Em seu voto, o Relator rejeitou as razões de justificativa apresentadas pelo responsável, assentando que:

A interpretação sistemática e analógica do art. 9º, inciso III e §§3º e 4º da Lei nº 8.666/1993 legitima elastecer a hipótese de vedação da participação indireta de servidor ou dirigente de órgão e entidade com o prestador dos serviços, sem que tal exegese desvirtue a finalidade da norma legal, a saber: a preservação dos princípios da moralidade administrativa, da impessoalidade e da isonomia. Senão vejamos.

Assim discorre o art. 9º, *caput*, inciso III, e §§3º e 4º, do Estatuto Federal de Licitações e Contratos: [...]

Art. 9º Não poderá participar, direta ou indiretamente, da licitação ou da execução de obra ou serviço e do fornecimento de bens a eles necessários:

I – o autor do projeto, básico ou executivo, pessoa física ou jurídica;

II – empresa, isoladamente ou em consórcio, responsável pela elaboração do projeto básico ou executivo ou da qual o autor do projeto seja dirigente, gerente, acionista ou detentor de mais de 5% (cinco por cento) do capital com direito a voto ou controlador, responsável técnico ou subcontratado;

III – servidor ou dirigente de órgão ou entidade contratante ou responsável pela licitação.

(...)

§3º Considera-se participação indireta, para fins do disposto neste artigo, a existência de qualquer vínculo de natureza técnica, comercial, econômica, financeira ou trabalhista entre o autor do projeto, pessoa física ou jurídica, e o licitante ou responsável pelos serviços, fornecimentos e obras, incluindo-se os fornecimentos de bens e serviços a estes necessários.

§4º O disposto no parágrafo anterior aplica-se aos membros da comissão de licitação.

Ora, o comando inscrito no *caput* do art. 9º, c/c o inciso III, do referido diploma legal proíbe expressamente a participação indireta de servidor ou dirigente de órgão ou entidade contratante ou responsável pela licitação.

O ponto de discussão reside na interpretação que se dá aos §§3º e 4º do aludido dispositivo legal. O fato de a lei considerar participação indireta a existência de qualquer vínculo de natureza técnica, comercial, econômica, financeira ou trabalhista entre o autor do projeto, pessoa física ou jurídica, e o licitante ou responsável pelos serviços, fornecimentos de obras e bens, incluindo-se, nessa proibição, os membros da comissão de licitação, não exclui a possibilidade de referida vedação ser estendida, por aplicação analógica, ao dirigente que autoriza e homologa o certame licitatório.

É impossível que o legislador ordinário preveja, em normas abstratas e genéricas, todas as situações específicas que podem comprometer a lisura de uma licitação pública. Ao contrário do que defende o justificante, é legítimo e imperativo ao magistrado preencher lacuna da lei, de forma a também ser vedada participação indireta do dirigente da entidade contratante que tenha vínculo de parentesco com sócio da empresa prestadora dos serviços licitados.

No caso em análise, não é lícito ao juiz deixar de aplicar o direito sob o argumento do non liquet – inexistência de norma legal expressa e específica. A própria Lei de Introdução ao Código Civil autoriza-lhe integrar a norma legal, de maneira a dar-lhe completude e a fim de solucionar a lide. Portanto, a aplicação da interpretação analógica do art. 9º da Lei nº 8.666/1993 e dos princípios gerais da Administração Pública ao caso vertente não configura usurpação de competência do legislador ordinário.

Ao contrário, a mens legis implícita na norma legal veda qualquer conduta que, direta ou indiretamente, comprometa a isonomia, a moralidade administrativa e a impessoalidade, princípios esses que devem presidir as licitações públicas.

A propósito, como poderia ao operador jurídico tornar exequível a finalidade ou a teleologia do comando insculpido no *caput* do art. 9º, c/c o respectivo inciso III, da Lei nº 8.666/1993, se fosse permitido ao dirigente do órgão e entidade e contratante homologar a contratação de consórcio integrado por empresa, cujo sócio é seu parente por afinidade em 1º grau?

Em outras palavras, só porque a referida lei, em seu art. 9º, §§3º e 4º, alude à proibição de vínculos entre a empresa autora do projeto básico e a empresa executora da obra, extensível a membros da comissão de licitação, pergunto novamente, é lícito ao dirigente da entidade contratante homologar resultado de licitação pública, mesmo ciente da existência de impedimentos? A resposta é, obviamente, negativa, porquanto a finalidade da norma legal, baseada em princípios básicos da licitação, continuaria a ser vilipendiados.

Tal qual asserem os ilustres doutrinadores Marçal Justen Filho (Comentários à Lei de Licitações e Contratos Administrativos, 13ª ed., São Paulo: Dialética, 2009, p. 158.) e Carlos Ari Sundfeld (Licitação e Contrato Administrativo. 2ª ed., São Paulo: Malheiros, 1995, p. 120 apud Marçal Justen Filho, op. cit.), mencionados no parecer do Secretário de Controle Externo, a caracterização de participação indireta contida no §3º aplica-se igualmente aos servidores e dirigentes do órgão, compreendendo toda a linha hierárquica que vai do órgão licitador ao dirigente máximo da entidade.

Como bem salientou o Eminente Relator, Ministro Benjamin Zymler, no voto condutor do Acórdão nº 1.170/2010-Plenário:

"os §§3º e 4º transcritos conferem ao *caput* do art. 9º amplitude hermenêutica capaz de englobar inúmeras situações de impedimento decorrentes da relação entre autor do projeto e licitante ou entre aquele e executor do contrato. Nesse sentido, a norma, ao coibir a participação de licitante ou executor do contrato que possua 'qualquer vínculo' de natureza técnica, comercial, econômica, financeira ou trabalhista com o autor do projeto, elasteceu as hipóteses de impedimento, uma vez que não se faz necessária a existência de vinculo jurídico formal, mas, tão somente, uma relação de influência entre licitante ou executor do contrato e autor do projeto".

14. Corroborando essa tese, Marçal Justen Filho ensina que o citado dispositivo legal é amplo e deve reputar-se como meramente exemplificativo (Comentários à Lei de Licitações e Contratos Administrativos, 11ª ed. São Paulo: Dialética, 2005, p. 123):

(...) "Deve-se nortear a interpretação do dispositivo por um princípio fundamental: existindo vínculos entre o autor do projeto e uma empresa, que reduzam a independência daquele ou permitam uma situação privilegiada para essa, verifica-se o impedimento. Por isso, a vedação aplicar-se-á mesmo quando se configurar outra hipótese não expressamente prevista. Isso se dará em todas as hipóteses em que a empresa estiver subordinada à influência do autor do projeto. Assim se poderá configurar, por exemplo, quando o cônjuge do autor do projeto detiver controle de sociedade interessada em participar da licitação.

Em suma, sempre que houver possibilidade de influência sobre a conduta futura da licitante, estará presente uma espécie de 'suspeição', provocando a incidência da vedação contida no dispositivo. A questão será enfrentada segundo o princípio da moralidade. É desnecessário um elenco exaustivo por parte da Lei. O risco de comprometimento da moralidade será suficiente para aplicação da regra".

No caso em análise, o então dirigente da [...], além de ser o padrasto de sócio de empresa [...], que integrou o consórcio vencedor da Concorrência nº 350/2006 [...], também tinha ciência ou, pelo menos, deveria ter, no ato de homologação do resultado do confronto licitatório, do fato de o autor do projeto básico ou Termo de Referência do certame, Consórcio [...], ter como coordenador técnico, o Sr. [...], o qual também foi sócio da [...], até 26.10.2006, e é pai dos sócios da empresa [...].

A situação do justificante é agravada pela ausência de cautela em averiguar que o Sr. [...] era sócio tanto da empresa [...], empresa integrante do consórcio responsável pelo projeto básico, quanto da [...], integrante do consórcio contratado para prestação dos serviços licitados. Desta forma, restam, assim, caracterizados, além do parentesco entre sócios, os vínculos técnico, econômico e comercial a que se refere o §3º do art. 9º da Lei nº 8.666/93.

Dessa forma, não há como negar a possibilidade de influência do Consórcio [...] e do Sr. [...], ao estabelecerem as diretrizes do objeto contratado, no resultado da licitação, capazes de produzir distorções incompatíveis com os princípios da isonomia e da moralidade.

A desobediência às vedações albergadas no art. 9º da Lei nº 8.666/1993 têm natureza eminentemente de ilícito formal, vale dizer, independe da concretização de dano de direcionamento ou de favorecimento indevido à contratada, ao contrário do que pretende fazer crer o então dirigente do [...]. Aliás, a possibilidade da ocorrência de tal desvirtuamento não foi cabalmente afastada pela Unidade Técnica, podendo, inclusive, ter havido. [...]

Ao contrário do que alega o então dirigente da [...], Sr. [...], cujo enteado é um dos sócios da empresa [...], aquele agente público também participou diretamente do procedimento licitatório, ao avaliar o recurso interposto pela licitante [...] contra os critérios de avaliação das propostas técnicas, concluindo pela não pertinência de aceitação do pedido recursal e propondo tal conclusão à Coordenação Geral de Cadastro e Licitações, conforme Memorando n. 13/2007 – DIF, de 24.01.2007. (fls. 78/82, anexo 1)

Também constam dos autos documentos assinados pelo Sr. [...], em que registra o resultado da análise dos documentos de habilitação das concorrentes e o relato de homologação/adjudicação do resultado do certame sem, no entanto, fazer qualquer registro ou menção de fatos impeditivos, pois, nos termos do art. 18, inciso I, da Lei nº 9.784/1999, havia interesse indireto do gestor público na matéria. (fls. 51/58 e 90/92, todas do anexo 1)

As deliberações dos Tribunais de Contas trazidas pelo justificante, sobretudo a Decisão 603/1997 – TCU – Plenário apenas vedam a proibição generalizada da participação de parentes do servidor do órgão licitante, o que poderia causar prejuízos à Administração e demais interessados. De fato, seria desproporcional proibir a participação de empresa de parente de servidor da entidade contratante, desde que o agente público em questão não tivesse influência no processo de escolha da contratada.

No entanto, diversa é a situação do Sr. [...], pois, na condição de diretor da [...], tinha o poder de influir em questões técnicas que pudessem favorecer o consórcio do qual participava

a empresa do seu enteado, e também de interferir na própria condução e fiscalização do contrato resultante da licitação, o que já seria suficiente para caracterizar seu impedimento. Ademais, era obrigatória a intervenção do então dirigente da [...] diante da existência de vínculos societários e de parentesco entre empregado e sócios do consórcio responsável pela elaboração de projeto básico e sócios do consórcio contratado para execução os serviços de supervisão das obras de implantação do contorno ferroviário de [...].
Por esses motivos, rejeito as razões de justificativa apresentadas pelo Sr. [...] e lhe aplico multa prevista no art. 58, inciso II, da Lei nº 8.443/1992, cujo valor arbitro em R$5.000,00 (cinco mil reais). (Acórdão nº 1893/2010, Plenário, Relator Min. Walton Alencar Rodrigues, Processo nº 020.787/2007-5)

Confiram-se outros precedentes do Tribunal de Contas da União a respeito:

10. No que se refere à Sra. [...], restou comprovado que, descumprindo a orientação vigente e as disposições contratuais, procedia ao recebimento, na unidade de Curitiba/PR, dos laudos referentes a serviços prestados no Estado de São Paulo, de forma a agilizar a devolução da 2ª via, que era imprescindível para a empresa receber pelos serviços prestados. Assim, não há como se afastar o fato de que a "agilização" promovida pela empregada beneficiava a empresa de propriedade de seus familiares, colocando-a em vantagem em relação às demais prestadoras, que tinham que seguir os trâmites normais da CAIXA. 11. Embora os atos praticados pela empregada não tenham resultado em prejuízo à CAIXA, nem haja indícios de que a [...] tenha recebido valores indevidos, restou evidente que foram promovidos no interesse da referida empresa, à qual a Sra. [...] se encontrava vinculada, infringindo os princípios da moralidade e da impessoalidade. 12. Assim, por infringir o disposto no art. 9º, inciso III, da Lei nº 8.666/93, uma vez que era empregada da Caixa Econômica Federal e ao mesmo tempo esposa do sócio-administrador e representante legal dos seus próprios filhos no quadro societário da empresa [...], contratada pela estatal em abril de 2006 por intermédio dos processos de credenciamento 7141.0108/2005 e 7127.0125/2005, no âmbito da GIDUR/SP e GIDUR/CT, respectivamente, manifesto-me de acordo com as propostas uniformes da unidade técnica e do Ministério Público junto ao Tribunal no sentido de serem rejeitadas as justificativas apresentadas pela Sra. [...], e aplicada à responsável a multa prevista no art. 58, inciso II, da Lei nº 8.443/1992. (Acórdão nº 2736/2012 – Plenário, Rel. Min. Valmir Campelo, Processo nº 032.669/2011-9)
A contratação para fornecimento de bens ou serviços com empresas cujos sócios ou proprietários detenham relação de parentesco com dirigentes da entidade ou outro funcionário capaz de interferir no resultado do processo, seja mediante regular processo licitatório ou dispensa/inexigibilidade deste, constitui grave desrespeito aos princípios da moralidade e impessoalidade, devendo os mesmos serem observados quando da realização desses procedimentos; (Acórdão nº 1.253/2016 – Segunda Câmara, Rel. Min. Augusto Sherman Cavalcanti, Processo nº 027.865/2014-2)

4.1.14.4 Entidade empresarial regularmente constituída

Verifica-se, até aqui, a exigência de um conjunto de condições jurídico-administrativas para que se considere pessoa empresária apta a estabelecer vínculo contratual com a administração. Mas há uma condição preliminar a todas as demais, que é a de o empresário – de produção ou circulação de bens e serviços – estar como tal regularmente constituído no registro público competente.

É o que decorre da Lei nº 10.406/02, o vigente Código Civil, *verbis*:

> Art. 966. Considera-se empresário quem exerce profissionalmente atividade econômica organizada para a produção ou a circulação de bens ou de serviços.
> Parágrafo único. Não se considera empresário quem exerce profissão intelectual, de natureza científica, literária ou artística, ainda com o concurso de auxiliares ou colaboradores, salvo se o exercício da profissão constituir elemento de empresa.
> Art. 967. É obrigatória a inscrição do empresário no Registro Público de Empresas Mercantis da respectiva sede, antes do início de sua atividade.

O empresário, pessoa física ou jurídica, habilita-se ao exercício da atividade empresária mediante a prévia inscrição no respectivo registro. Não é admitido à administração manter relações contratuais com a economia informal, proporcionando a contratação de serviços, obras ou bens a quem se põe à margem da legislação. Aquele que não se constitui regularmente em entidade empresarial não se submete aos encargos de natureza tributária e trabalhista, seguindo-se que não reúne condições de comprovar as regularidades fiscal e jurídica que habilitam a contratar com o Estado – (...) "os países da América Latina prevalece, desde os tempos coloniais, forte tendência à personalização das relações comerciais entre os indivíduos. Persiste a informalidade nos negócios. Trata-se de uma questão cultural que dificulta até hoje a construção de um conjunto institucional baseado na objetividade capitalista. No século XXI, os países da América latina ainda encorajam um modelo de trocas pessoais enterrado há muito tempo nos Estados Unidos e na Europa" (NORTH, Douglass. Prêmio Nobel de economia em 1993. *Veja*, 26 nov. 2003).

Retome-se a incidência do princípio da igualdade, que confere a todos os interessados a oportunidade de celebrar contrato com o poder público, desde que preencham as indispensáveis condições como entidades empresariais regularmente constituídas. Afrontaria a isonomia que entidade empresarial regularmente constituída e uma "entidade" informal pudessem participar de licitação ou celebrar contrato com o poder público em igualdade de condições. Por isto que a regularidade perante a Fazenda Nacional pressupõe a inscrição no cadastro de contribuintes (Lei nº 8.666/93, art. 29, I).

É permitido ao empresário o registro na categoria de Microempreendedor Individual (MEI), assim considerado aquele que tenha auferido receita bruta, no ano-calendário anterior, até o limite estipulado em lei, optante pelo Simples Nacional, e que não esteja impedido de optar pela sistemática prevista no art. 18 da Lei Complementar nº 123/06.

No tocante à inexistência de qualquer estrutura ou aspecto empresarial aparente para atuação na atividade contratada, pode configurar indício de irregular contratação, dependente de comprovação, pela administração pública, de alguns fatores, tais como: atuação em ramos diversos e, muitas vezes, incompatíveis entre si, inexistência de estrutura apta para a execução do objeto, endereço de fachada, etc. Vejam-se as cautelas recomendadas pelo Tribunal de Contas da União para evitar a contratação de empresa de fachada:

> 9.2. com fundamento no art. 250, inciso III, do Regimento Interno, recomendar à Petróleo Brasileiro S/A (Petrobras) que, quando não for possível aferir a fidedignidade ou quando houver indícios de irregularidades nas informações prestadas pela empresa prestadora

de serviços de mão de obra a ser contratada pela estatal, proceda à avaliação presencial da localização da futura contratada antes da celebração do contrato, ou, em substituição à avaliação presencial, exija declaração firmada pelos signatários do contrato do endereço sede da empresa e de que ela funciona no local informado; (Acórdão nº 1.363/2015 – Plenário, Rel. Min. Raimundo Carreiro, Processo nº 008.752/2011-7).

4.1.15 Previsão de recursos para a cobertura da despesa

Esse tópico conta com numerosas normas de regência, a saber:
Lei nº 8.666/93:

Art. 7º (...)
§2º As obras e os serviços somente poderão ser licitados quando:
(...)
III – houver previsão de recursos orçamentários que assegurem o pagamento das obrigações decorrentes de obras ou serviços a serem executadas no exercício financeiro em curso, de acordo com o respectivo cronograma;
(...)
§9º O disposto neste artigo aplica-se também, no que couber, aos casos dispensa e inexigibilidade de licitação.
(...)
Art. 14 Nenhuma compra será feita sem a adequada caracterização de seu objeto e indicação dos recursos orçamentários para seu pagamento, sob pena de nulidade do ato e responsabilidade de quem lhe tiver dado causa.

Lei nº 4.320/64:

Art. 60. É vedada a realização de despesa sem prévio empenho.
§1º Em casos especiais previstos na legislação específica será dispensada a emissão da nota de empenho.
§2º Será feito por estimativa o empenho da despesa cujo montante não se possa determinar.
§3º É permitido o empenho global de despesas contratuais e outras, sujeitas a parcelamento.

Decreto nº 93.872/86:

Art. 30. Quando os recursos financeiros indicados em cláusula de contrato, convênio, acordo ou ajuste, para execução de seu objeto, forem de natureza orçamentária, deverá constar, da própria cláusula, a classificação programática e econômica da despesa, com a declaração de haver sido esta empenhada à conta do mesmo crédito, mencionando-se o número e data da Nota de Empenho (Lei nº 4.320/64, Art. 60, e Decreto-Lei nº 2.300/86, art. 45, V)

Apurada a estimativa do valor do objeto por meio de ampla pesquisa de mercado, segue-se a verificação da previsão de recursos orçamentários para a futura despesa. A autoridade competente deve previamente verificar a disponibilidade financeira e orçamentária sempre que a atividade importe dispêndio de recursos públicos. Por isso que tal não será necessário quando a administração não assumir obrigação financeira de custeio da atividade, como na hipótese de licitação dispensada do art. 17, §2º, I, da Lei nº 8.666/93.

A regra do art. 60 da Lei nº 4.320/64 impede compra de bens, execução de obra ou prestação de serviço sem o prévio empenho ou provisão orçamentária. Como o empenho é uma dedução do orçamento vigente, a cada empenho tem-se um bloqueio formal da parcela envolvida, que reduz o saldo até então disponível. Infringir essa determinação legal desorienta o controle orçamentário, sujeitando a administração pública e seus usuários a riscos e incertezas sobre o futuro pagamento.

Sobre a nota de empenho, ensina o Tribunal de Contas da União:[125]

> Empenho é ato formal, emanado de autoridade competente, que cria para o Estado obrigação de pagamento pendente ou não de implemento de condição. É privativo do ordenador de despesa que determina deduzir de dotação orçamentária própria o valor de despesa a ser executada. [...]
> Para cada empenho será extraído um documento denominado "nota de empenho", que indicará o nome do credor, a especificação do bem ou serviço, os prazos, a importância da despesa etc., bem assim dedução do seu valor do saldo da dotação própria.
> Na elaboração de nota de empenho, de modo a deixar claro o objeto, devem estar claramente pormenorizados: especificação/descrição do bem ou serviço, preço unitário, valor do empenho e vinculação ao procedimento licitatório e/ou ao contrato respectivo.

E delibera:

> 9.7.15 abstenha-se de realizar despesa sem prévio empenho e de efetuar contratações verbais, consoante as disposições do parágrafo único do art. 60 da Lei nº 8.666/1993 e art. 60 da Lei nº 4.320/64; (Acórdão nº 195/2005, Plenário, Relator Min. Benjamin Zymler, Processo TC nº 006.662.2000-3, *DOU* de 10.03.2005)
> 9.8.5 observe, antes de contrair obrigações junto a fornecedores, a existência de recursos financeiros;
> (...)
> 9.8.12 abstenha-se de empenhar despesas a serem executadas em outros exercícios financeiros, em consonância com o disposto no art. 27 do Decreto nº 93.872/86; (Acórdão nº 254/2004, Segunda Câmara, Relator Min. Adylson Motta, Processo TC nº 011.869.2002-2, *DOU* de 09.03.2004)
> 9.5.30 observe o princípio da segregação de funções, impedindo que haja liquidação de despesa pelo gestor financeiro ou pelo ordenador de despesas (...); (Acórdão nº 628/2005, Segunda Câmara, Relator Min. Lincoln Magalhães da Rocha, Processo TC nº 625.138.1996-1, *DOU* de 05.05.2005)

4.1.15.1 Lei Complementar nº 101/00 (Lei de Responsabilidade Fiscal)

A regra de responsabilidade fiscal não se contenta em exigir a compatibilidade com o orçamento, mas exige que a despesa seja autorizada pela Lei de Diretrizes Orçamentárias e, quando ultrapassar o exercício, pelo Plano Plurianual. Essa é a regra do art.

---

[125] BRASIL. Tribunal de Contas da União – TCU. *Licitações e contratos*: orientações e jurisprudência. 4. ed. rev. atual. e ampl. Brasília: TCU, 2010. p. 685-686.

16 da Lei de Responsabilidade Fiscal para a contratação de obras, serviços ou compras que se correlacionem à criação, expansão ou aperfeiçoamento de ações governamentais.

> Art. 15. Serão considerados não autorizadas, irregulares e lesivas ao patrimônio público a geração de despesa ou assunção de obrigação que não atendam o disposto nos arts. 16 e 17.
> Art. 16. A criação, expansão ou aperfeiçoamento de ação governamental que acarrete aumento da despesa será acompanhado de:
> I – estimativa do impacto orçamentário-financeiro no exercício em que deva entrar em vigor e nos dois subseqüentes;
> II – declaração do ordenador da despesa de que o aumento tem adequação orçamentária e financeira com a lei orçamentária anual e compatibilidade com o plano plurianual e com a lei de diretrizes orçamentárias.
> (...)
> §4º As normas do *caput* constituem condição prévia para:
> I – empenho e licitação de serviços, fornecimento de bens ou execução de obras;
> (...)
> Art. 37. Equiparam-se a operações de crédito e estão vedados:
> (...)
> IV – assunção de obrigação, sem autorização orçamentária, com fornecedores para pagamento a posteriori de bens e serviços.

Às despesas ordinárias e rotineiras, desde que previstas no orçamento, destinadas à manutenção de ações governamentais preexistentes, não se aplicam os incisos I e II, do art. 16, da Lei Complementar nº 101/00[126].

4.1.16 Termo de contrato ou instrumento contratual equivalente

De acordo com o art. 62 da Lei nº 8.666/93, o instrumento de contrato é obrigatório nos casos de concorrência e de tomada de preços, bem como nas dispensas e inexigibilidades cujos preços estejam compreendidos nos limites dessas duas modalidades de licitação, e facultativo nos casos em que a administração puder substituí-lo por outros instrumentos equivalentes.

A redação é defeituosa porque embaralha o conceito de contrato – acordo de vontades, escrito ou verbal – com o de seu instrumento formalizador, quando escrito. Deduz-se do disposto no art. 2º, parágrafo único, combinado com a cabeça do art. 62, que este associa a expressão "instrumento de contrato" ao próprio contrato, na acepção de todo e qualquer ajuste entre órgãos ou entidades da administração pública e particulares, em que haja um acordo de vontades para a formação de vínculo e a estipulação de obrigações recíprocas, seja qual for a denominação utilizada.

Assim, o art. 62 quis dizer que todo contrato administrativo há de ser escrito, daí ser obrigatório o instrumento. Mas não apenas, porque instrumentos há vários. Além de ser veiculado por meio de um instrumento escrito, esse instrumento deve ser um

---

[126] Orientação Normativa nº 52, de 25 de abril de 2014, da Advocacia-Geral da União: "AS DESPESAS ORDINÁRIAS E ROTINEIRAS DA ADMINISTRAÇÃO, JÁ PREVISTAS NO ORÇAMENTO E DESTINADAS À MANUTENÇÃO DAS AÇÕES GOVERNAMENTAIS PREEXISTENTES, DISPENSAM AS EXIGÊNCIAS PREVISTAS NOS INCISOS I E II DO ART. 16 DA LEI COMPLEMENTAR Nº 101, DE 2000".

termo (instrumento que se caracteriza pelo enunciado de direitos e obrigações das partes mediante cláusulas, em documento único firmado pelos contraentes e que passa a reger por inteiro a relação contratual), nos casos de concorrência e de tomada de preços, bem como nas dispensas e inexigibilidades cujos preços estejam compreendidos nos limites destas duas modalidades de licitação. Para os demais casos, poderão ser utilizados outros instrumentos, tais como os elencados, exemplificativamente, na parte final do art. 62.

Na prática, o legislador conferiu à administração pública a possibilidade de dispensar o "termo de contrato" quando o valor da contratação não ultrapassar o limite de R$150.000,00 (cento e cinquenta mil reais) para obras e serviços de engenharia, ou o valor de R$80.000,00 (oitenta mil reais) para compras e outros serviços, podendo substituí-lo por outro instrumento contratual, sempre escrito. Trata-se de uma faculdade conferida ao administrador público que, nesses limites de valores, poderá optar entre formalizar o contrato mediante termo ou outro instrumento. Certo é que sempre deverá existir documento expresso a estabelecer a relação contratual entre as partes, tais como: nota de empenho, carta-contrato, autorização de compra, ordem de execução de serviços ou outros instrumentos hábeis, aplicando-se-lhes, no que couber, o disposto no art. 55 da lei.

O art. 60, parágrafo único, admite a forma verbal, em caráter excepcional, nas pequenas compras de pronto pagamento, assim entendidas aquelas de valor não superior a 5% (cinco por cento) do limite estabelecido no art. 23, inc. II, alínea "a" da Lei nº 8.666/93.

Na contratação de compra com entrega imediata e integral dos bens adquiridos, e da qual não resultem obrigações futuras, inclusive assistência técnica, independentemente de seu valor, é também dispensável o termo e facultada a substituição por outro instrumento (art. 62, §4º).

Sublinhe-se que a hipótese prevista na parte final do parágrafo único do art. 60 e aquelas que autorizam a utilização de instrumento substitutivo do termo não liberam o fornecedor do dever de responder por defeitos que o produto, serviço ou obra venha a apresentar, nem da garantia oferecida pelo fabricante. Por isto que a lei se refere a "instrumento hábil", ou seja, aquele documento escrito que seja suficiente para conter os direitos e obrigações que a administração considere essenciais na relação contratual que estabelecerá com o particular.

O Tribunal de Contas da União orienta:

> Nas hipóteses a seguir, deve a contratação ser formalizada obrigatoriamente por meio de termo de contrato:
> Licitações realizadas nas modalidades concorrência, tomada de preços e pregão;
> **Dispensa ou inexigibilidade de licitação, cujo valor esteja compreendido nos limites das modalidades concorrência e tomada de preços;**
> **Contratações de qualquer valor das quais resultem obrigações futuras. Exemplo: entrega futura ou parcelada do objeto e assistência técnica.**
> **Nos demais casos, o termo de contrato é facultativo, podendo ser substituído pelos instrumentos hábeis a seguir:**
> carta-contrato;
> nota de empenho de despesa;
> autorização de compra;
> ordem de execução de serviço.

Pode a Administração dispensar o termo de contrato nas compras com entrega imediata e integral dos bens adquiridos, das quais não resultem obrigações futuras, inclusive assistência técnica, independentemente do valor e da modalidade realizada (grifamos) (Licitações & Contratos. Orientações e Jurisprudência. 4ª ed., Tribunal de Contas da União, p. 652).

Assim, se o contrato puder ser formalizado por outro instrumento que não o termo, nem sempre será possível substituí-lo apenas pela nota de empenho, cujo conteúdo é padronizado e não oferece espaço para inclusão de cláusulas específicas, como as de garantia, por exemplo. Se tais cláusulas forem indispensáveis em determinado contrato, certamente que a nota de empenho, isoladamente, não será o instrumento hábil para formalizá-lo. Nesse caso, ou se formalizará o contrato mediante termo, ainda que dispensável, ou se exigirá que o adjudicatário faça constar da proposta que assina e entrega à administração todas as condições que esta tenha por imprescindíveis, e a nota de empenho fará expressa referência à proposta, vinculando-se os documentos.

No instrumento contratual, devem estar estabelecidos com clareza e precisão os direitos, obrigações e responsabilidades da administração e do particular. Essas disposições se devem harmonizar com os elementos da proposta do contratado e do ato que autorizou a contratação sem licitação – dispensa ou inexigibilidade –, que, a seu turno, terão decorrido da prévia e necessária especificação do objeto pela administração, nos autos do respectivo processo (Lei nº 8.666/93, art. 54, §2º).

Eis algumas decisões orientadoras do Tribunal de Contas da União:

9.3.6 formalize adequadamente os contratos administrativos, estabelecendo com clareza e precisão as condições para a sua execução, conforme disposto no art. 54, §1º, da Lei nº 8.666/1993, incluindo as cláusulas exigidas pelo art. 55, especialmente em seus incisos I, II e IV, que tratam, respectivamente, da definição do objeto, do regime de execução, do fornecimento e prazos de início de etapas de execução, conclusão e entrega do objeto; (Acórdão nº 1.988/2005, Primeira Câmara, Relator Min. Marcos Bemquerer Costa, Processo TC nº 009.221.2003-7, *DOU* de 08.09.2005)

9.2.3. abstenha-se de firmar contrato com objeto amplo e indefinido, do tipo "guarda-chuva", em observância aos termos do art. 54, §1º, da Lei nº 8.666/1993; (Acórdão nº 717/2005, Plenário, Relator Min. Ubiratan Aguiar, Processo TC nº 010.435.2003-6, *DOU* de 20.06.2005)

1.3.14. se abstenha de celebrar contratos com efeitos retroativos, evitando o risco de simulação de cumprimento anterior de formalidades, em desrespeito ao disposto nos artigos 60 e 61 da Lei nº 8.666/93; (Acórdão nº 1.077/2004, Segunda Câmara, Relator Min. Lincoln Magalhães da Rocha, Processo TC nº 006.584/2003-0, *DOU* de 05.07.2004)

1.1.7.5 junte o termo de contrato ao processo que lhe der origem, conforme o art. 60 da Lei nº 8.666/1993; (Acórdão nº 1.544/2004, Segunda Câmara, Relator Min. Lincoln Magalhães da Rocha, Processo TC nº 006.003/2001-8, *DOU* de 06.09.2004)

9.5.9. atente para o correto preenchimento das notas de empenho emitidas via Siafi, especialmente às relativas aos campos "observação/finalidade", "amparo", "modalidade de licitação", "inciso", "processo" e aos referentes à descrição, quantidade e valor unitário dos itens empenhados, conforme Manual do Siafi, aprovado pela IN/STN 5/1996; (Acórdão nº 1.656/2003, Plenário, Relator Min. Walton Alencar Rodrigues, Processo TC nº 008.551.2003-8, *DOU* de 13.11.2003)

4.1.16.1 A importância de estabelecerem-se previamente as especificações do objeto e as condições de sua execução

Dependendo da complexidade e dos requisitos específicos que envolvam o negócio jurídico objeto do contrato, torna-se imprescindível que o seu instrumento formalizador, no caso de ser dispensável o termo, contemple as condições necessárias à execução adequada do objeto. Em princípio, tais condições são aquelas previstas no art. 55 da Lei nº 8.666/93, a saber: o objeto e seus elementos característicos, o preço e as condições de pagamento, a periodicidade do reajustamento[127] e o índice (quando for o caso), os prazos de início de execução, de conclusão, de entrega, de substituição, de observação e de recebimento definitivo, prorrogações, obrigações da contratada, prazo e condições para assinatura, aceite ou retirada do instrumento (art. 40, inc. II, c/c o art. 60, *caput*, ambos da Lei nº 8.666/93), e as penalidades cabíveis, aqui definindo-se o percentual e a base de cálculo referentes à multa, entre outras aplicáveis.

Como se destacou no item anterior, o instrumento contratual passível de substituir o termo de contrato, como regra, não comporta ou não possibilita incluir todo o elenco de condições referentes ao objeto contratado e à sua execução, arrolados no art. 55 da Lei Geral de Licitações. Ante tal dificuldade de ordem técnico-administrativa, como deve proceder a administração contratante?

Além de exigir que a proposta seja clara e precisa em relação à aceitação de todas essas condições, a administração haverá de ter desenvolvido, nos autos do respectivo processo, na fase de sua instrução, o pertinente projeto ou termo de especificação do bem, independentemente do valor contratual e do objeto a ser contratado (obras, serviços ou compras), projeto ou termo esse que expresse ditas condições e às quais aderirá a proposta do contratado. No instrumento contratual que receberá o aceite deste, será indicado que as condições da execução da obra, da prestação dos serviços ou do fornecimento de bens estão previstas no projeto ou termo, vinculando as partes contratantes.

Extrai-se desse problema de ordem técnico-administrativa que à administração cabe resolver, preventivamente, a importância da elaboração do projeto ou termo de especificação do bem, que será o básico definido no art. 7º da Lei nº 8.666/93, quando o objeto for obra ou serviço de qualquer natureza, ou retratará a "adequada caracterização" do objeto, a que se referem os arts. 14 e 15, §7º, I, no caso de compra. Perceba-se que, em qualquer hipótese – obra, serviço ou compra –, a lei exige a completa especificação do objeto, sob pena de responsabilização pelos danos decorrentes do desatendimento dessa elementar providência por parte dos agentes públicos.

4.1.16.2 Prazo de vigência contratual

A fixação do prazo de vigência é relevante quer o contrato se formalize mediante termo ou por meio de instrumentos equivalentes, independentemente do objeto e do

---

[127] O art. 2º, §1º, da Lei nº 10.192/01, preceitua que é nula de pleno direito qualquer estipulação de reajuste ou correção monetária de periodicidade igual ou inferior a um ano, contado da data prevista para apresentação da proposta, ou do orçamento a que essa proposta se referir (art. 40, XI, da Lei nº 8.666/93).

valor. Dispõe o *caput* do art. 57 da Lei nº 8.666/93 que a duração dos contratos deve ficar adstrita à vigência dos respectivos créditos orçamentários, sendo imprescindível, pois, que a administração estabeleça prazo de duração do contrato e não efetive seu aditamento depois de encerrado o respectivo prazo.

Ilustre-se o conjunto de condições com as seguintes deliberações:

(...) cumpra fielmente os prazos de vigência dos acordos, promovendo sua alteração dentro dos respectivos períodos, nos termos do art. 66 da Lei de Licitações. (Acórdão nº 301/2005, Plenário, Relator Min. Marcos Bemquerer Costa, Processo TC nº 928.598.1998-5, *DOU* de 01.04.2005)

9.1. determinar à Agência Nacional de Telecomunicações – Anatel que nas prorrogações contratuais promova a assinatura dos respectivos termos de aditamento até o término da vigência contratual, uma vez que, transposta a data final de sua vigência, o contrato é considerado extinto, não sendo juridicamente cabível a prorrogação ou a continuidade da execução do mesmo; (Acórdão nº 1.727/2004, Plenário, Relator Min. Augusto Sherman Cavalcanti, Processo TC nº 008.348.2004-0, *DOU* de 17.11.2004)

(...) restrinja a duração dos contratos à vigência dos respectivos créditos orçamentários, em conformidade com o art. 57, *caput*, da Lei nº 8.666/1993. (Acórdão nº 740/2004, Plenário, Relator Min. Ubiratan Aguiar, Processo TC nº 013.661.2003-0, *DOU* de 25.06.2004)

Há duas mitigações às regras da duração dos contratos administrativos prevista no *caput* do art. 57 da Lei nº 8.666/93 e da vedação a que sejam aditados após o seu encerramento:

- A primeira é a de que os aditamentos contratuais, com base no §1º do art. 65 e no §1º do art. 57, não necessitam de prévia estipulação no instrumento contratual, bastando a superveniência, no curso da execução, de uma das hipóteses previstas em lei, devidamente justificada (elementos de fato e de direito que fundamentam a necessidade de alteração contratual), autorizada pela autoridade competente e desde que os aditamentos sejam assinados dentro do prazo de vigência do contrato. A administração contratante poderá fixar o prazo de vigência dentro do exercício financeiro, admitida a prorrogação até o seu encerramento (31 de dezembro), quando o objeto da contratação não seja uma das situações indicadas nos incs. I, II, IV e V do indigitado art. 57.

- A segunda é a que leva em conta a classificação dos contratos de acordo com a natureza de seu prazo de duração – contratos a termo e contratos por escopo. Nos contratos da primeira categoria, o termo final do prazo e o fim da obrigação coincidem; nos contratos da segunda categoria, nem sempre, de vez que pode findar o prazo estimado e o escopo (obra, por exemplo) não estar concluído, daí não se correlacionar o fim do prazo à extinção da obrigação.

Em outras palavras: se se trata de contrato a termo (compras e serviços em geral), a menção ao prazo no contrato ou em instrumento equivalente (*v.g.*, nota de empenho) é indispensável para advertir que, implementado o prazo, extinta estará a obrigação e se torna inviável qualquer aditamento. Caso se cuide de contrato por escopo (obras e serviços de engenharia), a menção ao prazo é de utilidade relativa do ponto de vista da extinção da obrigação, porque, mesmo findo o prazo fixado, a obrigação poderá não resultar extinta se o escopo ainda não houver sido concluído, caso em que o prazo terá índole apenas moratória, não extintiva da obrigação.

Essa é a inteligência de julgado do TCU: "9.5.3 se abstenha de firmar termos aditivos a contratos após o término de sua vigência, observando que, nos casos em que os termos contratuais são substituídos por notas de empenho da despesa, a vigência contratual encerra-se na data em que se extinguem as obrigações das partes" (Acórdão nº 1.656/2003, Plenário, Relator Min. Walton Alencar Rodrigues, Processo TC nº 008.551.2003-8, *DOU*, 13.11.2003).

4.1.16.3 Requisitos aplicáveis às prorrogações de contratos

São requisitos que, de ordinário, devem instruir as prorrogações de contratos:

a) a prorrogação deve efetivar-se antes que se esgote o prazo de vigência contratual;[128]

b) haja interesse na prorrogação tanto da administração contratante quanto do contratado;

c) justificativa de que a prorrogação proporcionará vantagem de preço e/ou de outras condições para a administração;

d) realização, em regra, de pesquisa de mercado, a demonstrar que os preços contratados permanecem vantajosos para a administração; o TCU dispensa a pesquisa de preços quando:

> 9.1.17.1. houver previsão contratual de que os reajustes dos itens envolvendo a folha de salários serão efetuados com base em convenção, acordo coletivo de trabalho ou em decorrência da lei;
>
> 9.1.17.2. houver previsão contratual de que os reajustes dos itens envolvendo insumos (exceto quanto a obrigações decorrentes de acordo ou convenção coletiva de trabalho e de lei) e materiais serão efetuados com base em índices oficiais, previamente definidos no contrato, que guardem a maior correlação possível com o segmento econômico em que estejam inseridos tais insumos ou materiais;
>
> 9.1.17.3. no caso de serviços continuados de limpeza, conservação, higienização e de vigilância, os valores de contratação ao longo do tempo e a cada prorrogação forem inferiores aos limites estabelecidos em ato normativo da Secretaria de Logística e Tecnologia da Informação do Ministério do Planejamento, Orçamento e Gestão – SLTI/MP. Se os valores forem superiores aos fixados pela SLTI/MP, caberá negociação objetivando a redução dos preços de modo a viabilizar economicamente as prorrogações de contrato (Acórdão nº 1.214/2013 – Plenário, Rel. Min. Aroldo Cedraz, Processo nº 006.156/2011-8);

e) autorização da autoridade competente;

---

[128] Precedentes do TCU: "(a) 9.5.3. se abstenha de firmar termos aditivos a contratos após o término de sua vigência, observando que, nos casos em que os termos contratuais são substituídos por notas de empenho da despesa, a vigência contratual encerra-se na data em que se extinguem as obrigações das partes; (Acórdão nº 1.656/2003 – Plenário, Rel. Min. Walton Alencar Rodrigues, Processo nº 008.551.2003-8); (b) 9.3.14. celebrar o correspondente termo aditivo previamente à expiração do prazo contratual, de modo a evitar a execução de serviços sem cobertura contratual, nos termos do art. 60 da Lei nº 8.666/93; (Acórdão nº 740/2004 – Plenário, Rel. Min. Ubiratan Aguiar, Processo nº 013.661.2003-0); (c) (...) cumpra fielmente os prazos de vigência dos acordos, promovendo sua alteração dentro dos respectivos períodos, nos termos do art. 66 da Lei de Licitações (Acórdão nº 301/2005 – Plenário, Rel. Min. Marcos Bemquerer Costa, Processo nº 928.598.1998-5); e (d) 9.1. determinar à [...] que nas prorrogações contratuais promova a assinatura dos respectivos termos de aditamento até o término da vigência contratual, uma vez que, transposta a data final de sua vigência, o contrato é considerado extinto, não sendo juridicamente cabível a prorrogação ou a continuidade da execução do mesmo;" (Acórdão nº 1.727/2004 – Plenário, Rel. Min. Augusto Sherman Cavalcanti, Processo nº 008.348.2004-0).

f) comprovação de que o contratado mantém as condições de habilitação inicialmente exigidas;

g) certificação de que inexiste impedimento do contratado de manter vínculo contratual com o Poder Público, por meio de consulta a sistemas de registros cadastrais existentes, nos quais podem estar consignadas sanções àquele aplicadas, com efeitos que o proíbem de contratar com o Poder Público, alcançando o órgão ou entidade contratante;

h) previsão de recursos orçamentários que assegurem o pagamento das despesas;

i) formalização por meio de termo aditivo;

j) envio da minuta de termo aditivo para análise e aprovação por assessoria jurídica[129] (Lei nº 8.666/1993, art. 38, parágrafo único); e

k) publicação do aditamento na imprensa oficial.

São condições à prorrogação de contratos de serviços de natureza continuada, segundo a Instrução Normativa SLTI/MPOG nº 2, de 2008:

> Art. 30-A Nas contratações de serviço continuado, o contratado não tem direito subjetivo à prorrogação contratual, que objetiva a obtenção de preços e condições mais vantajosas para a Administração, conforme estabelece o art. 57, inciso II da Lei nº 8.666, de 1993.
>
> §1º Os contratos de serviços de natureza continuada poderão ser prorrogados, a cada 12 (doze) meses, até o limite de 60 (sessenta) meses, quando comprovadamente vantajosos para a Administração, desde que haja autorização formal da autoridade competente e observados os seguintes requisitos:
>
> I – os serviços tenham sido prestados regularmente;
>
> II – a Administração mantenha interesse na realização do serviço;
>
> III – o valor do contrato permaneça economicamente vantajoso para a Administração; e
>
> IV – a contratada manifeste expressamente interesse na prorrogação.

4.1.16.4 Data para assinatura do termo de contrato ou aceite do instrumento equivalente

A regra prevista no art. 81 da Lei nº 8.666/93 fortalece a importância de a administração estabelecer previamente prazo para assinatura, aceite ou retirada do instrumento formalizador do contrato (termo ou equivalente), bem como as sanções aplicáveis, de forma objetiva, no caso de descumprimento desse prazo. A autoridade competente não poderá avaliar, segundo um juízo de oportunidade e conveniência, se aplica ou não a penalidade. Ela se impõe, desde que caracterizado o descumprimento injustificado.

A ultrapassagem do prazo é condição objetiva para instaurar-se procedimento apuratório de aplicação de penalidade, necessário para ensejar ao adjudicatário a oportunidade, que se insere nas garantias constitucionais do direito à ampla defesa e ao contraditório no processo administrativo, de demonstrar se teria, ou não, motivo que lhe justificasse a recusa e o escusasse do descumprimento do prazo.

---

[129] Precedente do TCU: "48. A jurisprudência desta Corte de Contas há muito consolidou esse entendimento e, conforme se depreende de alguns julgados, também deve ser considerado obrigatório o parecer emitido previamente a celebração de termos aditivos, como segue: [...]" (Acórdão nº 1.939/2016 – Primeira Câmara, Rel. Min. José Múcio Monteiro, Processo nº 033.977/2011-9).

Quando da assinatura do termo de contrato ou do aceite ou retirada do instrumento equivalente, deverão ser verificadas, novamente, as condições de habilitação exigidas da futura contratada – entre a data do exame dos documentos de habilitação e a data da formalização do contrato pode ocorrer a expiração do prazo de validade de alguma certidão, por exemplo – e a superveniência de fato que a impedisse de contratar – por exemplo, a imposição, em outra esfera da administração, de penalidade de declaração de inidoneidade, com o efeito de obstar a participação em licitações e de contratar com a administração pública, ou a alteração das finalidades societárias da empresa, que não mais poderia atuar no ramo específico do objeto da contratação.

4.1.17 Inclusão de outros documentos relativos à contratação direta

Viu-se que o processo administrativo da contratação direta conhece fase instrutória inicial assemelhada à do processo da contratação mediante licitação, isto é, aos autos de um e de outro devem vir a especificação do objeto, a estimativa de seu valor de mercado, a verificação de saldo orçamentário suficiente para fazer face à despesa e a autorização da autoridade competente, distinguindo-se o processo da contratação direta, nesse ponto, porque a tal autorização deve seguir-se a ratificação da dispensa ou da inexigibilidade. Assim é com o fim de atender-se ao disposto no art. 26, parágrafo único, da Lei nº 8.666/93, exigente de que se explicitem nos autos a razão da escolha do fornecedor ou executante e a justificativa do preço, para o que é indispensável que a administração conte com os paradigmas prévios da especificação do objeto e de seu valor de mercado.

Arrematada tal instrução inicial, o processo da contratação direta necessita de complementar a instrução mediante a juntada de documentos que demonstrem, além de qualquer dúvida razoável, a presença de todos os elementos que configurem, no caso concreto, hipótese que a lei defina como sendo de dispensa, a facultar a contratação sem licitação, ou de inexigibilidade, que a torna inviável.

Como toda norma que modela situações de exceção, as dos arts. 17, 24 e 25 da Lei nº 8.666/93 demandam interpretação estrita, vedadas extensão e analogia. Tomando-se como exemplo a hipótese de dispensa do inc. X do art. 24, descabe estender a bens móveis a possibilidade de contratar-lhes venda ou locação sem licitação, uma vez que o inc. X alude tão somente a imóvel. Do mesmo modo, dado que o inc. X quer que o preço da compra ou da locação do imóvel seja compatível com o valor de mercado, segundo avaliação prévia, será imprescindível que a administração traga aos autos laudo técnico demonstrativo de que o valor que o vendedor ou locador está a propor à administração é compatível com o valor de mercado.

Aliás, o valor de mercado, que na compra ou locação de imóvel é requisito específico de configuração da dispensa, é também requisito genérico de toda contratação direta e deve ser objeto de atenta consideração pela administração, na medida em que o superfaturamento é causa de responsabilização de contratante e contratado em qualquer hipótese de contratação direta (art. 25, §2º).

Daí a importância de virem aos autos, além de documentos, relatórios e pareceres que caracterizem a situação de dispensa ou de inexigibilidade:

a) notas fiscais e/ou faturas que forem liquidadas, conforme disposto no art. 63 da Lei nº 4.320/64;
b) termos de aditamento e/ou apostilamento;[130]
c) justificativas.

4.1.18 Parecer jurídico

A contratação direta carece de prévia manifestação de órgão jurídico porque: (a) sendo a licitação, como é, a regra, e a dispensa ou inexigibilidade, a exceção, o parecer jurídico é relevante para atestar o cabimento da exceção, a necessariamente afastar a regra; (b) o processo administrativo de contratação direta não prescinde da observância de todos os atos que tornam a contratação regular, especialmente quanto ao perfeito amoldamento do caso concreto à hipótese legal de exceção que se pretende invocar; (c) o embasamento ministrado pela assessoria jurídica integra, ao lado das razões de índole técnica, se houver, a própria motivação da decisão que autoriza a contratação direta; (d) o processo administrativo há de estar integralmente instruído antes de a autoridade autorizar a contratação sem licitação, incumbindo ao órgão de assessoramento jurídico certificar que assim se apresenta, inclusive quanto à minuta do instrumento de formalização do contrato.

4.1.18.1 Parecer jurídico e aprovação de minutas de instrumento contratual

O parágrafo único do art. 38, da Lei nº 8.666/93 determina que as minutas de contratos, ajustes ou acordos devam ser previamente examinadas e aprovadas por assessoria jurídica da administração.

Do art. 2º, parágrafo único, da mesma lei advém o sentido de *instrumento de contrato* ou *contrato* – todo e qualquer ajuste entre órgãos ou entidades da administração pública e particulares, em que haja um acordo de vontades para a formação de vínculo e a estipulação de obrigações recíprocas.

Esse acordo de vontades pode ser formalizado mediante variados instrumentos: termo de contrato, nota de empenho, autorização de compra, ordem de execução de serviços, carta-contrato ou outros equivalentes, dependendo do valor ou de outras peculiaridades expressas na Lei nº 8.666/93, art. 62.

O art. 55 da Lei nº 8.666/93 alinha as cláusulas mínimas que o contrato administrativo deve conter.

---

[130] De acordo com a Corte de Contas federal: "Apostila é a anotação ou registro administrativo de modificações contratuais que não alteram a essência da avença ou que não modifiquem as bases contratuais. Segundo a Lei nº 8.666/1993, a apostila pode ser utilizada nos seguintes casos: variação do valor contratual decorrente de reajuste previsto no contrato; atualizações, compensações ou penalizações financeiras decorrentes das condições de pagamento; empenho de dotações orçamentárias suplementares até o limite do valor corrigido. Na prática, a apostila pode ser: feita no termo de contrato ou nos demais instrumentos hábeis que o substituem, normalmente no verso da última página; juntada por meio de outro documento ao termo de contrato ou aos demais instrumentos hábeis" (BRASIL. Tribunal de Contas da União – TCU. *Licitações e contratos*: orientações e jurisprudência. 4. ed. rev. atual. e ampl. Brasília: TCU, 2010. p. 660).

Seja para verificar qual o instrumento de formalização adequado do contrato, seja para estruturar-lhe as cláusulas em conformidade com as exigências legais, o parecer jurídico é peça imprescindível à regularidade do processo da contratação direta. Tanto que a lei incumbe a assessoria jurídica da administração – não de entidade externa à administração – de "examinar e aprovar" a minuta do contrato. Vale dizer que, sem tal aprovação, não se pode ter a minuta por regular, nem apta a transformar-se no instrumento contratual a ser expedido e assinado pela administração. Contrato firmado pela administração sem a prévia aprovação de sua assessoria jurídica é peça a que falta o sinete da regularidade em face da lei, a atrair a responsabilidade daquele que o celebrou.

Voltar-se-á ao tema adiante.

4.1.18.2 Competência para a emissão de parecer jurídico

Por mais qualificado e experiente que possa ser determinado agente ou setor administrativo na área de licitações e contratações públicas, é competência exclusiva da assessoria jurídica, composta por agentes técnico-jurídicos habilitados ao respectivo exercício, a análise dos atos pelos quais se reconhecerá a inexigibilidade ou se decidirá acerca da dispensa de licitação, bem como o exame e a aprovação das minutas de editais, contratos, acordos, convênios ou ajustes (art. 38, parágrafo único, da Lei nº 8.666/93), nos autos do processo.

Quer se considere a competência como elemento integrante da estrutura morfológica do ato administrativo, ao lado da forma, do objeto, do motivo e da finalidade, quer se tenha a competência como pressuposto externo do ato administrativo, o fato é que este padece de vício passível de nulidade quando emitido por quem não detenha poderes para praticá-lo. Há de analisar-se a competência em três níveis: em primeiro lugar, em relação à pessoa jurídica, para se saber se a competência é da União, do estado, do Distrito Federal ou do município; após, em relação ao órgão administrativo que deve atuar, considerando-se que, na administração direta, todas as unidades que a integram são despersonalizadas, cada qual devendo agir de acordo com a distribuição de competências estabelecida pela lei em cada estrutura organizacional; por fim, em relação ao agente público a que a lei confira a atribuição de agir em nome do órgão.

Ilustre-se, a título de exemplo, com o que ocorre no âmbito do Poder Executivo federal, em face da Lei Complementar nº 73, de 10.02.1993, que instituiu a Lei Orgânica da Advocacia-Geral da União.[131] Dispõe que compete às consultorias jurídicas examinar, prévia e conclusivamente, os textos de editais de licitação, dos respectivos contratos ou instrumentos congêneres, a serem publicados e celebrados, bem como os atos pelos quais se vá reconhecer a inexigibilidade ou decidir a dispensa de licitação. A Advocacia-Geral da União, por força do disposto no art. 131 da Constituição Federal, é a instituição a que compete as atividades de consultoria e assessoramento jurídico do Poder Executivo federal, sendo que o ingresso nas carreiras da instituição ocorre por meio de aprovação em concurso público.

---

[131] O exercício das atividades de consultoria e assessoramento jurídico dos órgãos do poder Executivo compete exclusivamente aos membros das carreiras da Advocacia-Geral da União (Acórdão nº 1.270/2015 – Plenário, Rel. Min. Ana Arraes, Processo nº 023.966/2013-0).

Recordem-se deliberações do Tribunal de Contas da União acerca do parecer jurídico nas contratações diretas:

> A edição de atos de dispensa e inexigibilidade de licitação, sem prévia apreciação pelo órgão jurídico competente, afronta o art. 38, inciso VI, da Lei nº 8.666/1993, excetuando-se dessa regra apenas casos extremamente simples, como os de dispensa baseados nas hipóteses dos incisos I e II, do art. 24, da Lei nº 8.666/1993 (Acórdão nº 5.820/2014 – Primeira Câmara, Rel. Min. José Múcio Monteiro, Processo nº 044.906/2012-9)
>
> 9.5.23 ao proceder à contratação de serviços profissionais por meio de inexigibilidade, financiados com recursos públicos federais, cumpra a determinação contida no art. 38, inciso VI e parágrafo único, da Lei de Licitações; (Acórdão nº 301/2005, Plenário, Relator Min. Marcos Bemquerer Costa, Processo TC nº 928.598.1998-5, *DOU* de 01.04.2005)

4.1.19 Autorização motivada da autoridade competente

O processo administrativo de contratação direta deve ser o testemunho documental de todos os passos dados pela administração rumo à contratação daquele que lhe oferece a proposta mais vantajosa para o interesse público. Todos os atos praticados em seus autos estarão comprometidos com essa finalidade.

Instruído o processo com os documentos e atos administrativos necessários à regular contratação, exsurge o dever de a autoridade competente do órgão ou entidade contratante proceder à análise e conferência de todos eles, aprovando-os e, em decorrência, autorizando a contratação com fundamento em um dos artigos da Lei nº 8.666/93 que tornam a licitação dispensada, dispensável ou inexigível. A mesma autoridade poderá solicitar diligências para suprir insuficiências, contradições, impropriedades ou omissões, assinando prazo para que o agente público responsável tome as providências necessárias para saná-las.

O ato administrativo que autoriza a contratação direta não se compadece com a singeleza de enunciados tais como "Analisados os autos, autorizo a contratação com base no art... da Lei nº 8.666/93" ou "Autorizo a contratação". Impõe-se o dever de justificar a decisão que autoriza a contratação direta mediante a explicitação dos motivos (razões de fato e de direito) que a sustentam. Cumpre-se, assim, o princípio administrativo da motivação necessária e confere-se segurança ao negócio jurídico que se formalizará, sobretudo em relação à norma do art. 113 da Lei nº 8.666/93, que incumbe os órgãos e entidades públicos de demonstrarem a legalidade e a regularidade da despesa e da execução, clara inversão do ônus probatório que afeta a presunção de legalidade e legitimidade atribuída aos atos administrativos em geral. A explicitação dos motivos pode cumprir-se mediante a referência, no despacho da autoridade, aos pareceres e documentos que, nos autos, bastem para justificar a contratação e o atendimento aos requisitos do art. 26, parágrafo único, da Lei nº 8.666/93, ociosa a sua reedição no despacho.

Autoridade competente para autorizar a contratação direta é aquela que recebeu poderes, implícitos ou explícitos, da norma regulamentar que haja definido os ordenadores da despesa. Os regimentos que estruturam os órgãos e entidades públicos indicam, como regra, o ordenador principal, ao qual conferem poderes para delegação a autoridades hierarquicamente subordinadas. Na hipótese de o regimento omitir-se dessa indicação específica, decerto que, ao menos, designará a autoridade de maior hierarquia do órgão ou da entidade para decidir acerca de assuntos afetos às contratações, entendendo-se, então, que a competência para autorizar a contratação direta seja dessa autoridade.

4.1.20 Comunicação à autoridade superior do ato administrativo que autoriza a dispensa ou declara a inexigibilidade de licitação, visando à ratificação e à publicação na imprensa oficial

O ato administrativo que autoriza a contratação direta, seja por dispensa de licitação (art. 17 ou incs. III e seguintes do art. 24), ou em face da inexigibilidade desta (art. 25), deverá ser comunicado dentro de três dias à autoridade superior, a partir da data de sua emissão, para ratificação.

Ratificação é também ato administrativo, emanado da autoridade superior àquela que, motivadamente, autorizou a contratação direta, e consiste na confirmação dos seus termos.

A autoridade de nível hierárquico superior será aquela que as normas regulamentares da organização administrativa indicarem – de ordinário, o ordenador da despesa. Poderá defrontar-se com uma de várias situações negativas, tais como: a hipótese de dispensa ou de inexigibilidade cogitada não encontra respaldo na lei; a necessidade da contratação não se acha justificada a contento; o objeto da contratação não atende ao interesse público; o processo de contratação direta não está plenamente instruído; razões de conveniência e oportunidade não recomendam a emissão do ato administrativo de ratificação. Em qualquer dessas situações, a autoridade deve devolver o processo ao órgão de origem para que seja emendado o vício ou, ainda, mediante decisão fundamentada, decidir pela não ratificação, determinando o arquivamento do processo.

A ratificação da contratação direta pressupõe que todos esses aspectos negativos, acaso existentes, foram examinados e retificados, seguindo-se que a autoridade superior, ao ratificar a contratação direta, solidariza-se com aquela que a autorizou e ambas responderão por irregularidades ou ilicitudes que venham a ser identificadas posteriormente, por efeito do disposto nos arts. 82 e 89 da Lei nº 8.666/93.

O dever de motivar é universal, por isto que também abrange as decisões da autoridade superior, como consectário da regra inserta no art. 2º, parágrafo único, inc. VII, da Lei nº 9.784/99, segundo a qual se devem observar, nos processos administrativos, os critérios, dentre outros, de indicação dos pressupostos de fato e de direito determinantes de cada decisão administrativa.

4.1.20.1 Ato de autorização proferido pela autoridade da mais alta hierarquia do órgão/entidade

A quem caberá a emissão do ato administrativo de ratificação quando a competência para autorizar a contratação direta for da autoridade de mais alta hierarquia no órgão ou entidade contratante? Marçal Justen Filho responde:

(...) não há cabimento de uma "ratificação" quando a contratação é produzida pela própria autoridade de mais alta hierarquia. A finalidade da ratificação já se produziu quando a autoridade de hierarquia mais elevada praticou, ela própria, o ato de contratação direta. Portanto, não há necessidade de novos atos formais, sem conteúdo ou utilidade autônomos. (JUSTEN FILHO, Marçal. *Comentários à lei de licitações e contratos administrativos*. 11. ed. São Paulo: Dialética, 2005. p. 296)

4.1.21 Publicidade do ato que autoriza a contratação direta

O art. 26, *caput*, da Lei nº 8.666/93 determina que as hipóteses de licitação dispensada (art. 17), de licitação dispensável (incs. III e seguintes do art. 24) e as situações de inexigibilidade (art. 25) geram atos que devem ser publicados na imprensa oficial, em cinco dias, como condição para a respectiva eficácia.

A publicidade das licitações e contratações da administração pública obedece a princípio constitucional (art. 37, *caput*). Bastaria tal correlação para justificá-la. Mas também constitui ferramenta útil aos órgãos de controle interno e externo. A leitura do art. 113, §2º, da Lei nº 8.666/93 conduz a essa conclusão.

Sendo os interesses públicos, como são, indisponíveis, porque concernem a toda a coletividade, os atos administrativos praticados no âmbito das licitações e contratações hão de ser expostos à ciência pública. O princípio da publicidade impõe a transparência na atividade administrativa exatamente para que os administrados possam acompanhá-la, se o desejarem, e conferir se está sendo conduzida de modo compatível com os interesses da coletividade, sem desvios que a estes comprometam.

O veículo promotor da publicidade é a imprensa oficial – o diário oficial da União, do estado ou do município, onde houver. A publicação dos atos nesse veículo é condição para a sua eficácia, na acepção jurídica de que somente a partir da publicação a dispensa ou a inexigibilidade estará apta a produzir direitos e obrigações reciprocamente exigíveis entre as partes contraentes.

Tal efeito jurídico é o mesmo previsto no art. 61, acerca da eficácia da publicação do resumo do instrumento contratual na imprensa oficial:

> A conseqüência para a falta de publicação é a ineficácia do contrato, isto é, o pacto existe, nada se lhe aponta de inválido, porém não estará apto a produzir efeitos. A norma considera tal contrato de eficácia contida porque impede que os direitos e obrigações nele previstos sejam exigíveis reciprocamente enquanto não ocorrer a publicação do respectivo extrato. (PEREIRA JUNIOR, Jessé Torres. *Comentários à lei das licitações e contratações da administração pública*. 7. ed. Renovar. 2007. p. 685-686)

Distinga-se bem: eficácia é a aptidão para produzir efeitos, não induzindo invalidade. Esta decorre da presença de vício comprometedor da integridade do ato porque contamina a higidez de sua estrutura morfológica (ato praticado por autoridade incompetente, ou sob forma não prevista ou vedada, ou cujo objeto não seja de interesse público, ou enunciando motivos falsos ou ineptos para produzir os resultados pretendidos, ou alheios às finalidades de interesse público que se extraem direta ou reflexamente da norma regente do ato).

O ato pode ser válido e ineficaz, na expectativa de cumprir-se a publicidade para tornar-se eficaz. Emenda-se a ineficácia pela só publicação do que ainda não se publicou.

A correção de um vício de invalidade nem sempre é possível; quando não o for, o ato haverá de ser declarado nulo ou ser anulado, por ato da própria administração ou por decisão judicial.

A administração pública não poderá promover a publicidade por meio de outros veículos de comunicação que não a imprensa oficial, por mais prestimosos e eficientes que possam ser. Nem se pode dispensar de atender à publicidade, no entendimento de que o objeto da contratação é singelo ou de pouco valor, salvo, quanto a esse ponto – o valor –, nas hipóteses enquadráveis nos incs. I e II do art. 24 da Lei nº 8.666/93, em que se prescinde da publicação por definição da própria lei.

O prazo de cinco dias, dentro do qual a autoridade superior deve ratificar e encaminhar ao setor responsável pela publicação – princípio da segregação de funções –, é contado do recebimento dos autos do processo. O Tribunal de Contas da União[132] exemplifica o procedimento:

> Diretor da Divisão de Material de determinado órgão tem prazo de três dias para comunicar ao Secretário-Geral autorização para realizar determinada despesa. O Secretário-Geral, por sua vez, terá cinco dias para ratificar a autorização e promover a publicação na imprensa oficial:
> - data da autorização do Diretor: 8 de fevereiro de 2010;
> - data limite para comunicação ao Secretário-Geral (até três dias após a autorização do diretor): 11 de fevereiro de 2010;
> - data limite para o Secretário-Geral promover a ratificação e publicação da despesa (até cinco dias apos o Secretário-Geral receber o processo): 16 de fevereiro de 2010.

O Tribunal de Contas da União orienta que:[133]

> Em observância ao principio da economicidade, é obrigatória a publicação dos atos de dispensa e de inexigibilidade relativos aos casos previstos no art. 24, incisos III a XXIV [XXXI], e art. 25 da Lei nº 8.666/1993, somente quando os valores contratados forem superiores aos limites fixados nos incisos I e II do art. 24 da lei citada.

4.1.21.1 Publicidade do resumo do contrato

O art. 61, parágrafo único, da Lei nº 8.666/93 obriga a publicação do resumo do contrato na imprensa oficial, ressalvadas as hipóteses previstas no art. 26. Da ressalva resulta que, na contratação direta, o ato administrativo que a autoriza deve ser publicado, desnecessária, por exclusão estabelecida pela norma, segunda publicação relativa ao resumo do contrato, que é obrigatória apenas nos contratos decorrentes de licitação. Mas tal ressalva não alcança a publicação de termos de aditamento ao contrato, se houver, mesmo que se trate de contratação direta em sua origem.

---

[132] BRASIL. Tribunal de Contas da União – TCU. *Licitações e contratos*: orientações e jurisprudência. 4. ed. rev. atual. e ampl. Brasília: TCU, 2010. p. 578.
[133] BRASIL. Tribunal de Contas da União – TCU. *Licitações e contratos*: orientações e jurisprudência. 4. ed. rev. atual. e ampl. Brasília: TCU, 2010. p. 578.

No âmbito da Advocacia-Geral da União há orientação consolidada a respeito:

> O ato administrativo que autoriza a contratação direta (art. 17, §§2º e 4º, art. 24, inc. III e seguintes, e art. 25 da Lei nº 8.666, de 1993) deve ser publicado na imprensa oficial, sendo desnecessária a publicação do extrato contratual (Orientação Normativa nº 33, de 13 de dezembro de 2011).

Havendo possibilidade de duplo enquadramento, relativamente às hipóteses de dispensa do art. 24, inciso III e seguintes, ou inexigibilidade, cujos valores não ultrapassem os limites fixados nos incisos I e II do art. 24 da Lei nº 8.666/93, o administrador está autorizado a dispensar a publicação do ato autorizador da contratação direta na imprensa oficial, com amparo no princípio da economicidade, o qual deve prevalecer diante de controles cujo custo seja superior ao do ato controlado, conforme preceitua o art. 14 do Decreto-Lei nº 200/67, *verbis:*

> Art. 14 – O trabalho administrativo será racionalizado mediante simplificação de processos e supressão de controles que se evidenciarem como puramente formais ou cujo custo seja evidentemente superior ao risco.

A intenção do art. 26 da Lei nº 8.666/93, quando excluiu os incisos I e II do art. 24 da publicidade obrigatória, é a de homenagear o princípio da economicidade. O mesmo entendimento, por aplicação do mesmo princípio, é extensivo às contratações amparadas no art. 24, inciso III e seguintes, e na inexigibilidade, quando seus respectivos valores enquadrarem-se nos limites estabelecidos para as contratações diretas, com base no pequeno valor (art. 24, I e II).

Sumariou o Tribunal de Contas da União que:

> As aquisições caracterizadas por dispensa ou inexigibilidade de licitação, previstas nos arts. 24, incisos III e seguintes, e 25, da Lei nº 8.666/93, podem ser fundamentadas em dispensa de licitação, alicerçadas no art. 24, incisos I e II, da referida Lei, quando os valores se enquadrarem nos limites estabelecidos neste dispositivo (Acórdão nº 1.336/2006 – Plenário, Rel. Min. Ubiratan Aguiar, Processo nº 019.967/2005-4).

A dispensa de publicação do ato autorizador da contratação direta na imprensa oficial, na hipótese de duplo enquadramento, não exclui a obrigação de o administrador publicar o contrato decorrente, por aplicação do disposto no art. 61, parágrafo único, da Lei nº 8.666/93, *verbis*:

> A publicação resumida do instrumento de contrato ou de seus aditamentos na imprensa oficial, que é condição indispensável para sua eficácia, será providenciada pela Administração até o quinto dia útil do mês seguinte ao de sua assinatura, para ocorrer no prazo de vinte dias daquela data, **qualquer que seja o seu valor**, ainda que sem ônus, ressalvado o disposto no art. 26 desta Lei. (grifamos)

Apesar de a ausência de publicação dificultar a identificação de indevido fracionamento de despesa, uma vez que este resulte apurado estará o administrador público sujeito a responder pela ilicitude do fracionamento.

4.2 A instrução simplificada do processo administrativo de dispensa de licitação com base no art. 24, incs. I e II, da Lei nº 8.666/93

4.2.1 Considerações introdutórias

Os incs. I e II do art. 24 da Lei nº 8.666/93 dispensam a licitação porque o valor da contratação não compensa os custos da administração com o procedimento licitatório. Essa dispensa por valor não pode ultrapassar 10% (dez por cento) do limite previsto para a modalidade convite, nos casos de:

a) obras e serviços de engenharia, desde que não se refiram a parcelas de uma mesma obra ou serviço ou ainda de natureza idêntica e no mesmo local, que possam ser realizadas conjunta e concomitantemente;

b) compras e outros serviços, desde que não se refiram a parcelas de um mesmo serviço, compra ou alienação de maior vulto, que possa ser realizada de uma só vez.

O índice referido nesses incs. I e II será de 20% (vinte por cento) para compras, obras e serviços quando contratados por consórcios públicos, sociedade de economia mista, empresa pública e por autarquia ou fundação qualificadas, na forma da lei, como agências executivas.

Para evitar sucessivas contratações pelo valor, dentro do exercício financeiro, caracterizando-se indevido fracionamento de despesa, sugerem-se os seguintes procedimentos: (a) efetuar estimativa do consumo anual, mediante levantamento dos quantitativos adquiridos para o mesmo objeto nos últimos doze meses; (b) as obras, serviços e fornecimentos devem ser programados na sua totalidade, com previsão de custos atual e final, bem assim dos respectivos prazos de execução; (c) calcular o valor previsto para a quantidade encontrada no levantamento, com base em ampla pesquisa de preço de mercado,

Sobre o fracionamento de despesas, decidiu o TCU:

> 9.6.4. evite a fragmentação de despesas, caracterizada por aquisições freqüentes dos mesmos produtos ou realização sistemática de serviços da mesma natureza em processos distintos, cujos valores globais excedam o limite previsto para dispensa de licitação a que se referem os inciso I e II do art. 24 da Lei nº 8.666/93; (Acórdão nº 1.386/2005, Plenário, Relator Min. Walton Alencar Rodrigues, Processo TC nº 001.722.2003-5, *DOU* de 19.09.2005)

A Portaria nº 306, de 31 de dezembro de 2001, do Ministério do Planejamento, Orçamento e Gestão, que dispõe acerca da contratação de bens e serviços nas hipóteses e nos limites de valor previstos no inc. II do art. 24 da Lei nº 8.666/93, por meio de sistema de cotação eletrônica, estabelece que, no caso de o valor estimado encontrado para a estimativa anual superar o valor estabelecido para dispensa de licitação por limite de valor (art. 24, II), a aquisição, por cotação eletrônica, somente poderá ser efetuada em caso de insuficiência de recursos para a aquisição do todo, devidamente justificado no processo.

O art. 49, IV, da LC nº 123/06 estabelece que, nas dispensas tratadas pelos incisos I e II do art. 24 da Lei nº 8.666/93, a compra deverá ser feita preferencialmente de microempresas e empresas de pequeno porte, aplicando-se o disposto no inciso I do art. 48 da LC nº 123/06. Advirta-se que "preferencialmente" não significa "exclusivamente".

E perceba-se que, ao aludir ao inciso I do art. 48 da LC nº 123/06, a norma complementar confere preferência por item de contratação, atendendo, assim, à regra do parcelamento do objeto, inscrita na lei geral.

4.2.2 Formalização do processo de contratação direta com base no art. 24, incs. I e II, da Lei nº 8.666/93

A dispensa de licitação em razão do pequeno valor do objeto induz a simplificação do processo de contratação, por expressa autorização legal, observados os seguintes passos:

1. processo administrativo devidamente autuado, protocolado e numerado;
2. documento contendo a solicitação do material, serviço ou obra;
3. elaboração de projeto básico e executivo, no que couber, no caso de obra ou serviço, ou documento contendo a especificação, quantidade e condições para a entrega no caso de bens;
4. elaboração de planilha de formação de custos, no caso de obra e serviço, se aplicável;
5. pesquisa de preços praticados no mercado;
6. juntada dos orçamentos colhidos e elaboração de mapa comparativo;
7. justificativa do preço;
8. razões da escolha do executante da obra, ou do prestador do serviço, ou do fornecedor do bem;
9. previsão de recursos para a cobertura da despesa;
10. comprovações da habilitação jurídica, da regularidade fiscal e trabalhista, declaração da Lei nº 9.854/99 e comprovação de inexistência de impedimento para contratar;
11. verificação de eventual impedimento da futura contratada;
12. autorização da autoridade competente;
13. termo de contrato ou instrumento contratual equivalente;
14. parecer técnico e/ou jurídico;
15. inclusão de quaisquer outros documentos relativos à contratação direta.

Duas peculiaridades atinentes à contratação direta com base no pequeno valor: a primeira, refere-se à aplicação do art. 49, IV, da LC nº 123/06, segundo o qual nas dispensas tratadas pelos incisos I e II do art. 24 da Lei nº 8.666/93 a compra deverá ser feita preferencialmente de microempresas e empresas de pequeno porte, aplicando-se o disposto no inciso I do art. 48 LC nº 123/06; a segunda, sendo o órgão contratante integrante da administração pública federal direta, fundos especiais, autarquias, fundações públicas, empresas públicas, sociedades de economia mista e demais entidades controladas direta ou indiretamente pela União, deverão adotar, preferencialmente, o sistema de cotação eletrônica, conforme disposto na legislação vigente, por aplicação do art. 4º, §2º, do Decreto nº 5.450/05.

4.2.2.1 Processo administrativo devidamente autuado, protocolado e numerado

Aplicação integral das considerações expostas no item 4.1.1.

4.2.2.2 Documento contendo a solicitação do material, serviço ou obra

Aplicação integral das considerações expostas no item 4.1.2.

4.2.2.3 Elaboração de projeto básico e executivo, no que couber, no caso de obra ou serviço, ou documento contendo as especificações, quantidades e condições para a entrega nas aquisições de bens

As contratações relativas a obras e serviços, enquadradas nas hipóteses do art. 24, incs. I e II, não desobrigam à administração contratante de elaborar o projeto básico. Trata-se de importante instrumento para o fim de estabelecerem-se as condições mínimas e essenciais a que devem atender o objeto e sua execução, ainda que os elementos constitutivos desse projeto se devam compatibilizar com a singeleza do objeto que se pretende pormenorizar.

Inserem-se entre essas condições: a descrição do objeto com suas especificações, prazo de validade ou garantia, conforme o caso, prazo e local de entrega, data de início das etapas de execução, conclusão e entrega do objeto, prazo e condições para substituição quando em desacordo com as especificações exigidas, prazo e condições para o recebimento provisório e definitivo, sanções (fixação do percentual e base de cálculo referentes à aplicação de multa), vigência e possibilidade de prorrogação, observada a regra imposta pelo art. 57 da Lei nº 8.666/93, prazo e condições para assinatura do termo de contrato ou aceite e retirada de instrumentos equivalentes, etc.

Sobre a elaboração dos projetos básico e executivo, quando a opção for por sua inclusão no processo, vejam-se as considerações expostas nos itens 4.1.5 e 4.1.6.

4.2.2.4 Planilha de formação de custos, no caso de obra e serviço

Aplicação integral das considerações expostas no item 4.1.7.

4.2.2.5 Pesquisa de preços praticados no mercado

Aplicação integral das considerações expostas no item 4.1.8.

4.2.2.6 Juntada dos orçamentos colhidos e elaboração de mapa comparativo

Aplicação integral das considerações expostas no item 4.1.9.

4.2.2.7 Justificativa do preço

Aplicação integral das considerações expostas no item 4.1.10.

4.2.2.8 Razões da escolha do executante da obra, do prestador do serviço, ou do fornecedor do bem

Aplicação integral das considerações expostas no item 4.1.11.

4.2.2.9 Previsão de recursos para a cobertura da despesa

Ver considerações acerca da obrigatória previsão de recursos para a cobertura da despesa com a contratação, constantes do item 4.1.15.

A Lei de Responsabilidade Fiscal ressalvou a incidência das determinações constantes no art. 16 apenas às despesas consideradas irrelevantes, definidas pela Lei nº 13.242, de 30 de dezembro de 2015, que dispõe sobre as diretrizes para a elaboração e a execução da Lei de Diretrizes Orçamentária de 2016 (LDO). Para os efeitos da LRF, em consonância com o art. 141, II, da LDO de 2016, são consideradas despesas irrelevantes aquelas cujo valor não ultrapasse os limites dos incs. I e II do art. 24 da Lei Geral de Licitações, ou seja, respectivamente, até R$15.000,00 (quinze mil reais) para obras e serviços de engenharia e R$8.000,00 (oito mil reais) para compras e outros serviços.

4.2.2.10 Comprovações da habilitação jurídica, da regularidade fiscal e trabalhista, declaração da Lei nº 9.854/99 e comprovação de inexistência de impedimento para contratar

Aplicação integral das considerações expostas no item 4.1.13. Aos que consideram a apresentação da declaração da Lei nº 9.854/99 como exigência exacerbada nas contratações diretas, mormente nas dispensas decorrentes do reduzido valor, pondere-se que o documento seria, em tese, de emissão ainda mais singela nesses casos, dada a dimensão do objeto e de seu fornecedor ou executante, o que não elide a prudente necessidade de desencorajar a pretensão, a serem contratadas pela administração, de empresas, qualquer que seja o porte, violadoras das normas de proteção ao trabalho de menores, alvo de política pública constitucional que, por isto mesmo, cumpre respeitar com prioridade e inteireza.

4.2.2.11 Verificação de eventual impedimento da futura contratada

Aplicação integral das considerações expostas no item 4.1.14.

4.2.2.12 Autorização da autoridade competente

Aplicação integral das considerações expostas no item 4.1.19.

4.2.2.13 Termo de contrato ou instrumento contratual equivalente

Aplicação integral das considerações expostas no item 4.1.16.

4.2.2.14 Parecer técnico e/ou jurídico

Aplicação integral das considerações expostas sobre o parecer técnico no item 4.1.4.

Nada obstante haja determinação legal acerca da análise jurídica formal na generalidade das hipóteses de dispensa de licitação (art. 38, VI, da Lei nº 8.666/93), a dispensa de análise jurídica nos processos de contratação direta, em razão do pequeno valor, gera ganhos de celeridade, economicidade e eficiência para a administração pública.

É que esses processos são habitualmente instruídos com atos e documentos puramente administrativos. Remetê-los à análise da assessoria jurídica acrescentaria passo em desfavor da racionalização das atividades administrativas, preconizada no art. 14 do Decreto-lei nº 200/67 (*O trabalho administrativo será racionalizado mediante simplificação de processos e supressão de controles que se evidenciarem como puramente formais ou cujo custo seja evidentemente superior ao risco*).

Não significa que esses processos jamais devam ser encaminhados ao órgão de assessoramento jurídico. Existindo questão jurídica duvidosa relacionada à contratação direta, ainda que de objeto de pequeno valor, prudente que a assessoria jurídica a analise e se pronuncie.

Existindo minuta de termo de contrato nesses processos, a remessa ao órgão jurídico é impositiva por expressa exigência legal quanto à sua aprovação (art. 38, parágrafo único, da Lei).

Na experiência do Tribunal de Contas da União, a realização de atos de dispensa e de inexigibilidade de licitação, sem a respectiva apreciação do órgão jurídico competente, afronta o art. 38, inciso VI, da Lei nº 8.666/1993, excetuando-se dessa regra apenas casos extremamente simples, como os de dispensa baseados nas hipóteses dos incisos I e II, do art. 24 da Lei nº 8.666/1993 (Acórdão nº 5.820/2014 – Primeira Câmara, Rel. Min. José Múcio Monteiro, Processo nº 044.906/2012-9).

Sobre a dispensa de análise jurídica nas contratações diretas de pequeno valor, assentou a Advocacia-Geral da União, por meio de sua Orientação Normativa nº 46, de 26 de fevereiro de 2014:

> Somente é obrigatória a manifestação jurídica nas contratações de pequeno valor com fundamento no art. 24, I ou II, da lei nº 8.666, de 21 de junho de 1993, quando houver minuta de contrato não padronizada ou haja o administrador suscitado dúvida jurídica sobre tal contratação. Aplica-se o mesmo entendimento às contratações fundadas no art. 25 da Lei nº 8.666, de 1993, desde que seus valores subsumem-se aos limites previstos nos incisos I e II do art. 24 da Lei nº 8.666, de 1993.

4.2.2.15 Inclusão de outros documentos relativos à contratação direta

Ver a relação exemplificativa exposta no item 4.1.17.

4.2.3 Hipóteses de dispensa do art. 24, incs. III e seguintes, e situações de inexigibilidade do art. 25 da Lei nº 8.666/93, cuja contratação pode efetivar-se, em termos, nos moldes dos incs. I e II do art. 24

Tal pode ocorrer quando o valor do objeto, cuja estimativa levará em conta todo o período de vigência do contrato a ser firmado, consideradas ainda todas as prorrogações previstas e permitidas por lei, não ultrapassar os limites dos incs. I e II do art. 24 da Lei nº 8.666/93, ou seja, respectivamente, até R$15.000,00 (quinze mil reais) para obras e serviços de engenharia e R$8.000,00 (oito mil reais) para compras e outros serviços. Para os consórcios públicos, sociedade de economia mista, empresa pública, autarquia ou fundação, qualificadas estas, na forma da lei, como Agência Executiva, os valores para dispensa serão, para os mesmos contratos, de R$30.000,00 (trinta mil reais) e R$16.000,00 (dezesseis mil reais), respectivamente.

A administração pública, tanto ao licitar como ao contratar diretamente com o fornecedor de bens, serviços ou obras, deve buscar soluções que simplifiquem e racionalizem procedimentos, sem afastar-se das formalidades exigidas por lei, na busca da proposta mais vantajosa ou das melhores condições para contratar.

Amparada nos princípios da economicidade e da celeridade, este alçado a direito fundamental pela EC nº 45/04, que o acresceu, como inc. LXXVIII, ao rol do art. 5º da CF/88, a administração pode eleger a contratação direta pelo valor (art. 24, I e II) – desde que a escolha não implique fracionamento da despesa, por óbvio, posto que este desnatura o próprio cabimento dos incisos – nas hipóteses de dispensa do art. 24, incs. III e seguintes, bem como nas situações de inexigibilidade do art. 25, quando o valor estimado não ultrapassar os limites estabelecidos pelos dois incisos citados, o que torna desnecessária a publicação do ato que autoriza a contratação, gerando economia de custos e celeridade processual.

Todas as etapas integrantes do processo da contratação direta, arroladas no item 4.2.1, à exceção da publicação no *DOU*, devem ser fielmente observadas na hipótese em que for possível eleger a contratação direta com base no art. 24, incs. I e II, sem que os agentes responsáveis se descurem da indispensável caracterização da dispensa ou inexigibilidade, conjugada à vantajosidade de proceder-se à contratação sob o aspecto da economicidade e da celeridade, com apresentação dos motivos de fato e de direito que fundamentam a decisão, encaminhando-se o processo à ratificação pela autoridade superior.

O Tribunal de Contas da União já decidiu que:

> (...) deva restar claro que, nas hipóteses de dispensa (incisos III a XXIV do art. 24) e de inexigibilidade (art. 25) de baixo valor, embora a eficácia do ato, em face do princípio da economicidade, não fique vinculada à publicação dele na imprensa oficial, os demais requisitos do art. 26 e de seu parágrafo único (como a apresentação de justificativas e o encaminhamento do ato à autoridade superior no prazo indicado para ratificação), bem como os requisitos específicos que caracterizam as aludidas espécies de dispensa e a inexigibilidade, devem ser mantidos e criteriosamente observados.
> (...)
> 9.2. determinar à Secretaria de Controle Interno do TCU que reformule o "SECOI Comunica nº 06/2005", dando-lhe a seguinte redação: "a eficácia dos atos de dispensa e inexigibilidade de licitação a que se refere o art. 26 da Lei nº 8.666/93 (art. 24, incisos III a XXIV, e art. 25 da Lei nº 8.666/93), está condicionada à sua publicação na imprensa oficial, salvo

se, em observância ao princípio da economicidade, os valores contratados estiverem dentro dos limites fixados nos arts. 24, I e II, da Lei nº 8.666/93". (Acórdão nº 1.336/2006, Plenário, Relator Min. Ubiratan Aguiar, Processo TC nº 019.967.2005-4, *DOU* de 07.08.2006)

Confira-se, ainda, a orientação que segue:[134]

Em observância ao princípio da economicidade, é obrigatória a publicação dos atos de dispensa e de inexigibilidade relativos aos casos previstos no art. 24, incisos III a XXIV [XXXI], e art. 25 da Lei nº 8.666/1993, somente quando os valores contratados forem superiores aos limites fixados nos incisos I e II do art. 24 da lei citada.
Significa dizer que, na hipótese de determinada contratação direta caber tanto em hipótese de inexigibilidade (art. 25) quanto na de dispensa em razão do reduzido valor (art. 24, I ou II), o fundamento deve ser o do art. 25, dado que a situação de inviabilidade de competição precede a de dispensa de licitação, mas estará a Administração desobrigada de remeter o ato à publicação na imprensa oficial em homenagem ao princípio da economicidade.

No âmbito da Advocacia-Geral da União se tem ponderado que:

AS HIPÓTESES DE INEXIGIBILIDADE (ART. 25) E DISPENSA DE LICITAÇÃO (INCISOS III E SEGUINTES DO ART. 24) DA LEI Nº 8.666, DE 1993, CUJOS VALORES NÃO ULTRAPASSEM AQUELES FIXADOS NOS INCISOS I E II DO ART. 24 DA MESMA LEI, DISPENSAM A PUBLICAÇÃO NA IMPRENSA OFICIAL DO ATO QUE AUTORIZA A CONTRATAÇÃO DIRETA, EM VIRTUDE DOS PRINCÍPIOS DA ECONOMICIDADE E EFICIÊNCIA, SEM PREJUÍZO DA UTILIZAÇÃO DE MEIOS ELETRÔNICOS DE PUBLICIDADE DOS ATOS E DA OBSERVÂNCIA DOS DEMAIS REQUISITOS DO ART. 26 E DE SEU PARÁGRAFO ÚNICO, RESPEITANDO-SE O FUNDAMENTO JURÍDICO QUE AMPAROU A DISPENSA E A INEXIGIBILIDADE. (Orientação Normativa nº 34, de 13 de dezembro de 2011)

5 Sistema de cotação eletrônica

Dispõe o Decreto nº 5.450, de 31 de maio de 2005, que regulamenta o pregão, no formato eletrônico, no âmbito da União:

Art. 4º
(...)
§2º Na hipótese de aquisições por dispensa de licitação, fundamentadas no *inciso II do art. 24 da Lei nº 8.666, de 21 de junho de 1993*, as unidades gestoras integrantes do SISG deverão adotar, preferencialmente, o sistema de cotação eletrônica, conforme disposto na legislação vigente.

O regulamento federal determina a utilização preferencial do sistema de cotação eletrônica para as aquisições de bens e serviços, de valor até R$8.000,00 (oito mil reais), incluindo-se os bens passíveis de aquisição por suprimento de fundos. Sendo preferencial, tal sistema não será obrigatório sempre, mas a sua preterição pela contratação

---

[134] BRASIL. Tribunal de Contas da União – TCU. *Licitações e contratos*: orientações e jurisprudência. 4. ed. rev. atual. e ampl. Brasília: TCU, 2010. p. 578.

direta ordinária, nos termos da Lei Geral de Licitações, haverá de ser justificada, com a explicitação dos motivos de fato e de direito que demonstrem ser vantajosa para a administração, no caso concreto.

Antes da publicação do Decreto nº 5.450/05, o sistema de cotação eletrônica já havia sido implantado por meio da Portaria nº 306, de 31 de dezembro de 2001, do Ministério do Planejamento, Orçamento e Gestão, disciplinadora da contratação de bens e serviços exclusivamente nas hipóteses e no limite de valor previstos no inc. II do art. 24 da Lei nº 8.666/93, desde que não se referissem a parcelas de uma mesma compra ou serviço de maior vulto que pudesse ser realizada de uma só vez.

O sistema de aquisição por meio de cotação eletrônica objetiva reduzir os custos usualmente despendidos na contratação direta usual e estimular o aumento da competitividade propiciado pelos recursos da tecnologia de informação, do teor de racionalidade nos procedimentos, de maior agilidade e transparência dos processos cujo objeto seja a aquisição de bens e serviços de pequeno valor, excluídos obras e serviços de engenharia.

A Portaria nº 306/01 veda a participação de consórcios no sistema de cotação eletrônica.

5.1 Perfil do sistema

A cotação eletrônica se colhe em sessão pública virtual, por meio de sistema eletrônico que promova a comunicação pela internet, de sorte a viabilizar o encaminhamento eletrônico de propostas de preços e a apresentação de lances sucessivos em data e horário previamente fixados e delimitados, vedada a identificação do lançador. Os Pedidos de Cotação Eletrônica de Preços incluídos no sistema permanecerão disponíveis para recepção de propostas e lances por período nunca inferior a quatro horas (art. 2º, §4º, da Portaria nº 306/01). A apresentação de lances sucessivos observará valor inferior ao do último preço registrado, diferentemente do que ocorre com a oferta de lances no pregão eletrônico, no qual o licitante somente poderá oferecer lance de valor inferior ao último por ele mesmo ofertado e registrado pelo sistema (art. 24, §3º, do Decreto nº 5.450/05).

Como requisito para a participação em cotação eletrônica, o fornecedor deverá digitar seu CNPJ, senha de acesso ao sistema e assinalar, em campo próprio: (a) a inexistência de fato impeditivo para licitar e/ou contratar com a administração (órgão promotor da cotação eletrônica) ou com a administração pública em geral (direta e indireta em qualquer dos Poderes da União, dos estados, do Distrito Federal e dos municípios); e (b) pleno conhecimento e aceitação das regras e das condições gerais da contratação, constantes do Anexo II da Portaria nº 306/01, bem assim do veiculado no pedido de cotação eletrônica de preços.

O pedido de cotação eletrônica faz as vezes, a um só tempo, de projeto básico e de edital, contendo: a especificação do objeto a ser adquirido, a quantidade, as condições da contratação, o endereço e o prazo para a entrega (contado da notificação de adjudicação, informando a emissão da respectiva nota de empenho), o endereço eletrônico onde ocorrerá a cotação eletrônica, a data e o horário de sua realização, e outros, sendo divulgado no site <www.comprasgovernamentais.gov.br/> e remetido, eletronicamente, a quantitativo de fornecedores que garanta competitividade, escolhidos estes de forma aleatória, pelo próprio sistema eletrônico, entre aqueles registrados no correspondente ramo de fornecimento e que tenham assegurado a possibilidade de entrega do objeto no município onde esteja localizado o órgão promotor da cotação.

5.2 Credenciamento

Serão previamente credenciados perante o provedor do sistema a autoridade competente para a homologação da contratação e os servidores designados para a condução do procedimento relativo às cotações eletrônicas, com atribuição de chave de identificação e de senha, pessoal e intransferível, para acesso ao sistema. Caberá ao fornecedor credenciar-se previamente junto ao sistema, indicando os municípios e as linhas de fornecimento que pretende atender, para obtenção da senha de acesso.

5.3 Art. 65, §1º, da Lei nº 8.666/93

A Portaria nº 306/01 omite-se quanto à aplicação do disposto no §1º do art. 65, da Lei nº 8.666/93, aos contratos decorrentes do sistema de cotação eletrônica. Razoável entender-se que, na qualidade de norma geral, dito preceito da Lei Geral incide sobre todas as modalidades de contratação direta realizadas pelo poder público, razão pela qual, também naquela resultante de cotação eletrônica pode ser acrescido ou suprimido o objeto, desde que respeitado o limite de 25% do valor contratual inicial atualizado e que o acréscimo não supere o limite de valor estabelecido no inc. II do art. 24.

5.4 A instrução do processo de contratação direta, pelo sistema de cotação eletrônica

Caracteriza-se pela simplificação do procedimento e observará os passos seguintes.

5.4.1 Processo administrativo devidamente autuado, protocolado e numerado

Aplicação integral das considerações expostas no item 4.1.1 deste estudo, com o acréscimo do disposto na Portaria nº 306/01, *verbis*:

> Art. 4º Cabe ao Órgão Promotor da Cotação:
> (...)
> IV – providenciar *a abertura de processo para o arquivamento dos documentos relativos às cotações eletrônicas* realizadas sob sua responsabilidade, organizados em série anual, incluindo, para cada cotação eletrônica efetuada (...)

5.4.2 Documento contendo a solicitação do material ou do serviço

Aplicação integral das considerações expostas no item 4.1.2, incluindo-se o disposto na Portaria nº 306/01, *verbis*:

Art. 4º Cabe ao Órgão Promotor da Cotação:
(...)
IV – providenciar a abertura de processo para o arquivamento dos documentos relativos às cotações eletrônicas realizadas sob sua responsabilidade, organizados em série anual, incluindo, para cada cotação eletrônica efetuada:
a) as *requisições de material* que deram origem à quantidade constante da cotação eletrônica;

5.4.3 Pesquisa de preços praticados no mercado

Aplicação integral das considerações expostas no item 4.1.8.

5.4.4 Previsão de recursos para a cobertura da despesa

Aplicação integral das considerações expostas no item 4.1.15, acrescentando-se o disposto na Portaria nº 306/01, *verbis*:

Art. 4º Cabe ao Órgão Promotor da Cotação:
II – providenciar a *alocação de recursos orçamentários* para o pagamento das obrigações decorrentes da cotação eletrônica;

5.4.5 Pedido de cotação eletrônica de preços

As condições que devem ser estabelecidas no projeto básico constarão de documento denominado "pedido de cotação eletrônica de preços", que deverá ser registrado no SIASG, para posterior divulgação. Nos termos da Portaria nº 306/01, em cada pedido de cotação eletrônica de preços figurarão os bens pertencentes a apenas uma linha de fornecimento, ou seja, um conjunto de materiais pertencentes a uma mesma classe do catálogo de materiais do SIASG. A apresentação de amostras também é possível nessa modalidade de aquisição eletrônica, a garantir a qualidade do objeto e o atendimento do interesse público, desde que previamente estabelecidas as condições, inclusive de seu julgamento, no pedido de cotação eletrônica de preços.

5.4.6 Autorização pela autoridade competente

Aplicação integral das considerações expostas no item 4.1.19, acrescendo-se o disposto na Portaria nº 306/01, *verbis*:

Art. 1º
(...)
§2º Quando do enquadramento de compras, como dispensa de licitação por limite de valor, as *autoridades responsáveis por sua autorização* e pela homologação da contratação devem observar o contido no art. 89 da Lei nº 8.666/1993.
3º Os bens passíveis de aquisição pelo sistema de suprimento de fundos poderão ser adquiridos mediante cotação eletrônica, sempre que essa medida se comprovar mais vantajosa, a critério da *autoridade competente para a autorização da aquisição*.

5.4.7 Relatório de classificação dos fornecedores participantes da cotação

Como se verificou, o pedido de cotação eletrônica de preços será remetido por correspondência eletrônica, para um quantitativo de fornecedores que garanta competitividade, escolhidos estes de forma aleatória pelo sistema eletrônico. Os interessados enviarão suas propostas de preços por meio do sistema, seguindo-se a fase de lances. Imediatamente após o encerramento da cotação eletrônica, o sistema divulgará a classificação, indicando as propostas ou lances de menor valor, até o máximo de cinco.

5.4.8 Razões da escolha do prestador do serviço ou do fornecedor do bem e justificativa do preço

Aplicação integral das considerações expostas no item 4.1.11 deste estudo. No sistema de cotação eletrônica, o critério para a escolha da proposta mais vantajosa será, exclusivamente, o do menor preço, desde que o objeto atenda às características especificadas pela administração, tal como se extrai da definição do tipo menor preço, posta no art. 45, §1º, I, da Lei nº 8.666/93. Se o objeto da proposta desatender às especificações, ou se a proposta cotar preço inaceitável, a consequência há de ser a desclassificação da proposta, como também resulta do art. 48, I e II, da Lei Geral.

Recorde-se que todo ato administrativo tem uma estrutura morfológica integrada pelos elementos competência, forma, objeto, motivo e finalidade. A ausência de quaisquer deles significa que o ato ainda está em gestação. Mas o defeito em quaisquer deles significa que o ato, embora nascido e aperfeiçoado (no sentido de existir plenamente), porta um vício que poderá induzir a sua invalidação – vício de competência, de forma, de objeto, de motivo ou de finalidade.

A desclassificação de uma proposta cujo proponente aspira a ser contratado pela administração é um ato jurídico da administração, ou ato administrativo. Como tal, deve apresentar estrutura morfológica perfeita (ato nascido completo) e íntegra (sem vícios em seus elementos constitutivos), vale dizer, a desclassificação deve ser decidida pelo agente competente, veiculada pela forma prevista em lei (por escrito, lançada em ata, nos autos do processo administrativo pertinente), tendo por objeto o interesse público (compra, obra, serviço ou alienação necessários à administração), por motivo a causa legal eficiente para a recusa da proposta (desatender às especificações traçadas pela administração ou cotar preço excessivo ou manifestamente inexequível), e por finalidade o resultado previsto na lei de regência da atividade, de modo explícito ou implícito.

A desclassificação de proposta só pode ter um de dois motivos legais: desatendimento às especificações do objeto, previamente estabelecidas pela administração, ou preço que confronte o de mercado, também previamente apurado pela administração. Se nenhum desses defeitos a contaminar, a proposta não poderá ser desclassificada, sob pena de a administração incidir em abuso de poder ou desvio de finalidade, por haver desclassificado uma proposta sem motivo idôneo, comprometendo a validade do ato de desclassificação.

5.4.9 Comprovações da habilitação jurídica, regularidade fiscal e trabalhista, declaração da Lei nº 9.854/99 e comprovação da inexistência de impedimento para contratar

Aplicação integral das considerações expostas no item 4.2.2.10. A Portaria nº 306/01 exige, como requisito para a participação em cotação eletrônica, que o fornecedor assinale, em campo próprio do sistema, a inexistência de fato impeditivo para licitar e/ou contratar com o órgão promotor da cotação eletrônica ou com a administração pública, cuja veracidade, em caso de dúvida, poderá ser aferida por meio de diligências. A dúvida, aduza-se, há de ser fundada em elemento ou indício objetivo, não bastando mera alegação de outro concorrente.

Seria útil que o sistema de cotação eletrônica possibilitasse o fornecimento da declaração da Lei nº 9.854/99 em campo próprio, no mesmo *modus operandi* introduzido pela Portaria nº 306/01 para a declaração de inexistência de fato impeditivo.

5.4.10 Despacho de adjudicação e homologação

O ato administrativo da adjudicação vincula o objeto especificado pela administração ao autor da proposta mais vantajosa para a sua execução ou o seu fornecimento, proponente este que adquire expectativa de direito à futura contratação. Em outras palavras, a haver contrato, haverá de ser com o adjudicatário.

A homologação consiste na aprovação, pela autoridade administrativa competente, dos procedimentos observados no processo de contratação, a fim de que produza os efeitos jurídicos que lhe são próprios. Em outras palavras, atesta o cumprimento do devido processo legal da contratação administrativa.

A autoridade superior responsável pela homologação é aquela incumbida, regimentalmente, dessa e de outras finalidades, sendo condição, para esse fim, seu prévio credenciamento perante o provedor do sistema.

O art. 1º, §2º, da Portaria nº 306/01 remete para a norma penal do art. 89 da Lei nº 8.666/93, que incide igualmente na hipótese em que a contratação direta se efetive por meio do sistema de cotação eletrônica, *verbis*:

> Quando do enquadramento de compras, como dispensa de licitação por limite de valor, as autoridades responsáveis por sua autorização e pela homologação da contratação devem observar o contido no art. 89 da Lei nº 8.666/1993.

A remissão é ociosa porque não cabe a ato administrativo algum, mormente de inferior hierarquia, definir situações atraentes da incidência de norma penal, objeto de reserva legal constitucional (CF/88, art. 22, I). Vale apenas como advertência aos agentes públicos, no sentido de que o fato de derivar a contratação direta de cotação eletrônica não a livra da incidência do tipo definido no art. 89 da Lei Geral.

A Portaria nº 306/01 seguiu a sequência prevista no art. 38, VII, da Lei nº 8.666/93, referindo-se expressamente à adjudicação como ato administrativo que antecede a homologação. A isso se opõe a redação do art. 43, VI, da mesma lei, ao dispor que, no processo licitatório, a autoridade competente homologa o procedimento e a seguir adjudica o objeto da licitação ao vencedor do certame. Já a Lei nº 10.520/02, que dispõe sobre a modalidade do pregão, adota a sequência de primeiro adjudicar-se o objeto ao vencedor e depois homologar-se o procedimento.

A polêmica sobre a sequência mais adequada é interminável, havendo respeitáveis argumentos em favor de ambas as soluções. De um lado, argumenta-se que caberia, antes, homologar-se o procedimento e somente depois adjudicar-se o objeto, com o fim de evitar-se o risco de, uma vez adjudicado o objeto, concluir-se que houve irregularidade no processo. De outro turno, pondera-se que o ato de adjudicação é restrito à classificação das propostas, visando definir a mais vantajosa e, por isso, apta à contratação, ao passo que a homologação é ato de maior amplitude porque verifica se também a adjudicação foi escorreitamente estabelecida, daí a propriedade de ser a homologação o último ato do processo. No cotidiano das licitações e contratações da administração pública, a ordem desses atos, seja essa ou aquela, não tem despertado maior apreensão por parte dos tribunais de controle. Importa que ambos sejam praticados pelas autoridades respectivamente competentes, em arremate do processo e anteriormente ao contrato.

5.4.11 Cópia da nota de empenho emitida

Segundo a Portaria nº 306/01, as contratações oriundas das cotações eletrônicas serão formalizadas pela emissão de nota de empenho e esta comunicada ao adjudicatário. As obrigações recíprocas entre a contratada e o órgão contratante correspondem ao estabelecido nas Condições Gerais da Contratação, previstas no Anexo II e no pedido de cotação eletrônica de preços.

5.4.12 Cópia da nota fiscal e/ou fatura contendo a formalização do recebimento do objeto

A formalização do recebimento do objeto da contratação deverá observar as condições estipuladas no pedido de cotação eletrônica de preços. Aplicam-se as disposições do art. 73 da Lei nº 8.666/93, acerca do recebimento do objeto. A juntada das notas fiscais e/ou faturas que forem liquidadas tem previsão legal no art. 63 da Lei nº 4.320/64, que dispõe:

> Art. 63. A liquidação da despesa consiste na verificação do direito adquirido pelo credor tendo por base os títulos e documentos comprobatórios do respectivo crédito.
> §1º Essa verificação tem por fim apurar:
> I – a origem e o objeto do que se deve pagar;
> II – a importância exata a pagar;
> III – a quem se deve pagar a importância, para extinguir a obrigação.
> §2º A liquidação da despesa por fornecimentos feitos ou serviços prestados terá por base:
> I – o contrato, ajuste ou acordo respectivo;
> II – a nota de empenho;
> III – os comprovantes da entrega de material ou da prestação efetiva do serviço.

5.4.13 Pagamento

Será efetuado no prazo de até 5 (cinco) dias úteis, contados da apresentação da fatura, vinculada ao recebimento do objeto. Reedita-se, pois, o disposto no art. 5º, §3º, da Lei Geral, o que significa que o atraso no pagamento sujeita o valor do débito à atualização financeira, cujo pagamento será feito junto com o principal, à conta das mesmas dotações orçamentárias, como previsto no mencionado art. 5º, §2º.

5.4.14 Inclusão de outros documentos relativos à contratação direta

Remete-se à justificativa do art. 1º, §4º, alínea "c", da Portaria nº 306/01.

6 Pagamento de despesas por meio de suprimento de fundos e utilização de cartão de pagamento do governo federal (cartão corporativo)

No âmbito da administração pública federal, direta, autárquica e fundacional, o uso do cartão de pagamento, leia-se cartão corporativo, foi implementado por meio do Decreto nº 5.355, de 25 de janeiro de 2005, alterado, parcial e apressadamente, pelo Decreto nº 6.370, de 1º de fevereiro de 2008, que tratou de restringir a sua utilização, em resposta a escândalos veiculados pela imprensa, quanto a gastos irregulares por seus detentores.

O uso do cartão destina-se ao pagamento de despesas de pequeno vulto, enquadradas no regime de suprimento de fundos, cuja relação jurídica contratual subjacente dá-se de forma direta, ou seja, sem licitação.

A apreensão do mecanismo de aplicação do polêmico cartão de pagamento depende de entenderem-se aspectos relacionados à figura do suprimento de fundos.

6.1 Suprimento de fundos

Incontroverso, embora de rara implementação na administração pública brasileira, que a função de planejar responde, em grande medida, pelo teor de eficiência e eficácia da gestão de recursos públicos. Reconheça-se, porém, que nem sempre se logra prever e planejar todas as possíveis demandas por bens e serviços. Eventualidades (excepcionalidades) poderão desafiar atendimento pronto, sob pena de sobrevirem danos à administração. Tal atendimento advém de um procedimento denominado, na administração federal, de concessão de suprimento de fundos; na administração estadual e municipal, o mesmo sistema é conhecido como de adiantamento de fundos. Trata-se de procedimento quase cinquentenário na administração pública brasileira e cuja finalidade é a de atender a despesas com a aquisição de bens e prestação de serviços que, aleatórios e excepcionais, não possam aguardar a demora na realização do procedimento licitatório, e se caracterizam pelo reduzido valor do objeto a contratar.

6.2 Normas regentes do suprimento de fundos

A Lei nº 4.320/64, que estatui normas gerais de direito financeiro para elaboração e controle dos orçamentos e balanços da União, dos estados, dos municípios e do Distrito Federal, estatui:

> Art. 68. O regime de adiantamento é aplicável aos casos de despesas expressamente definidos em lei e consiste na entrega de numerário a servidor, sempre precedida de empenho na dotação própria para o fim de realizar despesas, que não possam subordinar-se ao processo normal de aplicação.
> Art. 69. Não se fará adiantamento a servidor em alcance nem a responsável por dois adiantamentos.

O Decreto-Lei nº 200, de 25 de fevereiro de 1967, autoriza o pagamento de despesas por meio de suprimento de fundos, no âmbito da administração pública federal, a saber:

> Art. 74. Na realização da receita e da despesa pública será utilizada a via bancária, de acordo com as normas estabelecidas em regulamento.
> (...)
> §3º Em casos excepcionais, quando houver despesa não atendível pela via bancária, as autoridades ordenadoras poderão autorizar suprimentos de fundos, de preferência a agentes afiançados, fazendo-se os lançamentos contábeis necessários e fixando-se prazo para comprovação dos gastos.

O Decreto nº 93.872/86, ao dispor sobre a unificação dos recursos de caixa do Tesouro Nacional, prevê:

> Art. 45. Excepcionalmente, a critério do ordenador de despesa e sob sua inteira responsabilidade, poderá ser concedido suprimento de fundos a servidor, sempre precedido do empenho na dotação própria às despesas a realizar, e que não possam subordinar-se ao processo normal de aplicação, nos seguintes casos (Lei nº 4.320/64, art. 68 e Decreto-lei nº 200/67, §3º do art. 74):
> I – para atender despesas eventuais, inclusive em viagens e com serviços especiais, que exijam pronto pagamento;
> II – quando a despesa deva ser feita em caráter sigiloso, conforme se classificar em regulamento; e
> III – para atender despesas de pequeno vulto, assim entendidas aquelas cujo valor, em cada caso, não ultrapassar limite estabelecido em Portaria do Ministro da Fazenda.
> §1º O suprimento de fundos será contabilizado e incluído nas contas do ordenador como despesa realizada; as restituições, por falta de aplicação, parcial ou total, ou aplicação indevida, constituirão anulação de despesa, ou receita orçamentária, se recolhidas após o encerramento do exercício.
> §2º O servidor que receber suprimento de fundos, na forma deste artigo, é obrigado a prestar contas de sua aplicação, procedendo-se, automaticamente, à tomada de contas se não o fizer no prazo assinalado pelo ordenador da despesa, sem prejuízo das providências administrativas para a apuração das responsabilidades e imposição, das penalidades cabíveis (Decreto-lei nº 200/67, parágrafo único do art. 81 e §3º do art. 80).
> §3º Não se concederá suprimento de fundos:

a) a responsável por dois suprimentos;

b) a servidor que tenha a seu cargo e guarda ou a utilização do material a adquirir, salvo quando não houver na repartição outro servidor;

c) a responsável por suprimento de fundos que, esgotado o prazo, não tenha prestado contas de sua aplicação; e

d) a servidor declarado em alcance.

§4º Os valores limites para concessão de suprimento de fundos, bem como o limite máximo para despesas de pequeno vulto de que trata este artigo, serão fixados em portaria do Ministro de Estado da Fazenda.

§5º As despesas com suprimento de fundos serão efetivadas por meio do Cartão de Pagamento do Governo Federal – CPGF.

§6º É vedada a utilização do CPGF na modalidade de saque, exceto no tocante às despesas:

I – de que trata o art. 47; e

II – decorrentes de situações específicas do órgão ou entidade, nos termos do autorizado em portaria pelo Ministro de Estado competente e nunca superior a trinta por cento do total da despesa anual do órgão ou entidade efetuada com suprimento de fundos.

III – decorrentes de situações específicas da Agência Reguladora, nos termos do autorizado em portaria pelo seu dirigente máximo e nunca superior a trinta por cento do total da despesa anual da Agência efetuada com suprimento de fundos.

Art. 45-A. É vedada a abertura de conta bancária destinada à movimentação de suprimentos de fundos.

Art. 46. Cabe aos detentores de suprimentos de fundos fornecer indicação precisa dos saldos em seu poder em 31 de dezembro, para efeito de contabilização e reinscrição da respectiva responsabilidade pela sua aplicação em data posterior, observados os prazos assinalados pelo ordenador da despesa (Decreto-lei nº 200/67, art. 83).

Parágrafo único. A importância aplicada até 31 de dezembro será comprovada até 15 de janeiro seguinte.

Art. 47. A concessão e aplicação de suprimento de fundos, ou adiantamentos, para atender a peculiaridades dos órgãos essenciais da Presidência da República, da Vice-Presidência da República, do Ministério da Fazenda, do Ministério da Saúde, do Ministério da Agricultura, Pecuária e Abastecimento, do Departamento de Polícia Federal do Ministério da Justiça, do Ministério das Relações Exteriores, bem assim de militares e de inteligência, obedecerão ao Regime Especial de Execução estabelecido em instruções aprovadas pelos respectivos Ministros de Estado, vedada a delegação de competência.

Parágrafo único. A concessão e aplicação de suprimento de fundos de que trata o *caput* restringe-se:

I – com relação ao Ministério da Saúde: a atender às especificidades decorrentes da assistência à saúde indígena;

II – com relação ao Ministério da Agricultura, Pecuária e Abastecimento: a atender às especificidades dos adidos agrícolas em missões diplomáticas no exterior; e

III – com relação ao Ministério das Relações Exteriores: a atender às especificidades das repartições do Ministério das Relações Exteriores no exterior.

Portaria nº 95, de 19 de abril de 2002:

O MINISTRO DE ESTADO DA FAZENDA, INTERINO, no uso de suas atribuições, e tendo em vista o disposto no inciso III do art. 45 do Decreto nº 93.872, de 23 de dezembro de 1986, resolve:

Art. 1º A concessão de Suprimento de Fundos, que somente ocorrerá para realização de despesas de caráter excepcional, conforme disciplinado pelos art. nº 45 e nº 47 do Decreto nº 93.872/86, fica limitada a:

I – 5% (cinco por cento) do valor estabelecido na alínea "a" do inciso "I" do art. 23, da Lei nº 8.666/93, para execução de obras e serviços de engenharia;

II – 5% (cinco por cento) do valor estabelecido na alínea "a" do inciso "II" do art. 23, da Lei acima citada, para outros serviços e compras em geral.

§1º Quando a movimentação do suprimento de fundos for realizada por meio do Cartão de Crédito Corporativo do Governo Federal, os percentuais estabelecidos nos incisos I e II deste artigo ficam alterados para 10% (dez por cento).

§2º O ato legal de concessão de suprimento de fundos deverá indicar o uso da sistemática de pagamento, quando este for movimentado por meio do Cartão de Crédito Corporativo do Governo Federal.

§3º Excepcionalmente, a critério da autoridade de nível ministerial, desde que caracterizada a necessidade em despacho fundamentado, poderão ser concedidos suprimentos de fundos em valores superiores aos fixados neste artigo.

Art. 2º Fica estabelecido o percentual de 0,25% do valor constante na alínea "a" do inciso II do art. 23 da Lei nº 8.666/93 como limite máximo de despesa de pequeno vulto, no caso de compras e outros serviços, e de 0,25% do valor constante na alínea "a" do inciso I do art. 23 da Lei supra mencionada, no caso de execução de obras e serviços de engenharia.

§1º Os percentuais estabelecidos no *caput* deste artigo ficam alterados para 1% (um por cento), quando utilizada a sistemática de pagamento por meio do Cartão de Crédito Corporativo do Governo Federal.

§2º Os limites a que se referem este artigo são o de cada despesa, vedado o fracionamento de despesa ou do documento comprobatório, para adequação a esse valor.

Art. 3º Os valores referidos nesta Portaria serão atualizados na forma do parágrafo único do art. 120 da Lei nº 8.666/93, desprezadas as frações.

Art. 4º Esta Portaria entra em vigor na data de sua publicação, revogada a de nº 492, de 31 de agosto de 1993.

A Portaria Interministerial nº 441, de 20.11.2014, dos Ministérios da Fazenda e do Planejamento, Orçamento e Gestão, autoriza a utilização do Cartão de Pagamento do Governo Federal (CPGF) como forma de pagamento, pela administração pública federal, das despesas pertinentes à aquisição de passagens aéreas, nas hipóteses de licitação ou procedimento de contratação direta pela Central de Compras e Contratações do Ministério do Planejamento, Orçamento e Gestão. Anote-se, por fim, que a ex-Controladoria-Geral da União (atual Ministério da Transparência, Fiscalização e Controladoria-Geral da União) editou manual de orientações para o uso de Cartão de Pagamento do Governo Federal (CPGF), disponível na página do órgão (<www.cgu.gov.br.>).

6.3 Concessão de suprimento de fundos

Vê-se que, na dicção do Decreto nº 93.872/86, o pagamento de despesas mediante suprimento de fundos deve ser excepcional, tanto que, a critério do ordenador de despesas e sob sua responsabilidade, o suprimento/adiantamento poderá ser concedido a servidor, sempre precedido de empenho na dotação própria às despesas a realizar, e que não se possam subordinar ao processo normal de aplicação.

A concessão do suprimento/adiantamento pode ocorrer nos seguintes casos:

a) para atender a despesas eventuais, inclusive em viagens e com serviços especiais, que exijam pronto pagamento;

b) quando a despesa deva ser feita em caráter sigiloso, conforme se classificar em regulamento; e

c) para atender a despesas de pequeno vulto, assim entendidas aquelas cujo valor, em cada caso, não ultrapassar limite estabelecido em Portaria do Ministro da Fazenda (Portaria nº 95, de 19 de abril de 2002).

De acordo com o manual de orientações para o uso de Cartão de Pagamento do Governo Federal, da Controladoria-Geral da União (atual Ministério da Transparência, Fiscalização e Controladoria-Geral da União), as contratações de suprimento de fundos, por aplicação do princípio da transparência, devem ser feitas preferencialmente por meio desse cartão. Mas há situações que demandam pagamento em espécie, a saber:

a) serviços de pequena monta, contratados com pessoas físicas;

b) despesas em viagens a serviço ao interior do país, onde pode ser mais escassa a rede credenciada à bandeira do CPGF, principalmente serviços referentes à manutenção de veículos, reprografia, pedágios e transporte fluvial.

No caso de abastecimento de veículos oficiais em viagens a serviço, é aconselhável o levantamento prévio dos postos de gasolina credenciados ao longo do itinerário da viagem, de modo a reduzir ao mínimo possível o pagamento em espécie.

Sobre a concessão do suprimento de fundos, manifestou-se o Tribunal de Contas da União:

> 9.3.12. nas próximas concessões de suprimento de fundos, sejam observados os princípios processuais básicos de datar e emitir documentos sem transpor fases obrigatórias de execução de despesa, tais como: proposta/pedido de concessão devidamente fundamentado, autorização do Ordenador de Despesas, emissão da Nota de Empenho, pagamento ao suprido; indicação na Proposta de Concessão do período de aplicação dos recursos e a data de comprovação;
>
> 9.3.13. também nas futuras concessões de suprimento de fundos, observe o limite de 0,25% do valor estabelecido no art. 23, II, a, da Lei nº 8.666/93, e art. 1º da Portaria/MF nº 492/93, para as despesas de pequeno vulto; (Acórdão nº 1.105/2004, Segunda Câmara, Relator Min. Lincoln Magalhães da Rocha, Processo TC nº 825.167.1997-3, *DOU* de 05.07.2004)
>
> 9.3.5. utilização indevida de suprimento de fundos para aquisição de insumos de informática, em afronta ao art. 45 do Decreto nº 93.872/1986, ocorrência identificada nos Processos 08008.001368/2008-92 e 08008.004554/2008-83;
>
> 9.3.6. utilização de Cartão de Pagamento do Governo Federal (CPGF) em valor superior ao legalmente previsto, em afronta à Portaria/MF 95/2002, ocorrência identificada no Processo 08008.004554/2008-83;
>
> 9.3.7. uso irregular de cartões corporativos, em especial quanto à utilização de modalidade saque em todas as compras realizadas por um mesmo servidor, em afronta o art. 45, §6º, do Decreto nº 93.872/1986, c/c o art. 1º da Portaria MJ nº 1.633/2008, ocorrência identificada no Processo 08001.006859/2008-90; (Acórdão nº 2.091/2014 – Segunda Câmara, Rel. Min. Aroldo Cedraz, Processo nº 015.818/2009-9)

6.4 Limites para concessão de suprimento de fundos

Os limites de valor para a concessão de suprimento de fundos, bem como o teto de despesas de pequeno vulto, foram fixados por meio da Portaria nº 95/02, do Ministro de Estado da Fazenda, vinculados à Lei nº 8.666/93, nos seguintes índices:[135]

a) 5% do valor estabelecido na alínea "a" do inc. "I" do art. 23, para execução de obras e serviços de engenharia;

b) 5% do valor estabelecido na alínea "a" do inc. "II" do art. 23, para outros serviços e compras em geral.

Prevê a citada Portaria que, em caráter excepcional, a critério da autoridade de nível ministerial e desde que caracterizada a necessidade em despacho fundamentado, poderão ser concedidos suprimentos de fundos em valores superiores àqueles limites.

6.4.1 Limites alterados quando o pagamento efetiva-se por meio do cartão de pagamento

A movimentação do suprimento de fundos realizada por meio do Cartão de Crédito Corporativo do Governo Federal elevou o índice estabelecido na alínea "a" do inc. I e na alínea "a" do inc. II do art. 23 da Lei nº 8.666/93 para 10%.

6.4.2 Limite de despesa de pequeno vulto

A Portaria estabeleceu o percentual de 0,25% do valor constante na alínea "a" do inciso II do art. 23 da Lei nº 8.666/93, como limite máximo de despesa de pequeno vulto, no caso de compras e outros serviços, e de 0,25% do valor constante na alínea "a" do inciso I do art. 23 da Lei supramencionada, no caso de execução de obras e serviços de engenharia.

6.4.3 Limites alterados quando da utilização dos cartões de pagamento

Fixou a Portaria nº 95/02, do Ministro de Estado da Fazenda, o índice de 1% sobre os valores estipulados nos incisos indicados (item 6.4.2), aplicável como limite de despesa de pequeno vulto para execução de obras, serviços de engenharia, compras e outros serviços, quando utilizada a sistemática de pagamento por meio do Cartão de Crédito Corporativo do Governo Federal.

6.5 Vedações

É vedada a abertura de conta bancária destinada a movimentação de suprimento de fundos, e o servidor que o receber é obrigado a prestar contas de sua aplicação.

---

[135] O percentual fixado teve como base o disposto no parágrafo único, do art. 60, da Lei nº 8.666/93, que estabelece: "É nulo e de nenhum efeito o contrato verbal com a Administração, salvo o de pequenas compras de pronto pagamento, assim entendidas aquelas de valor não superior a 5% (cinco por cento) do limite estabelecido no art. 23, inciso II, alínea 'a' desta Lei, feitas em regime de adiantamento".

Para essa finalidade proceder-se-á à tomada de contas no prazo que for assinado pelo ordenador da despesa, sem prejuízo das providências administrativas tendentes à apuração de responsabilidades e à imposição de penalidades, quando for o caso.

Não se concederá suprimento de fundos:

a) a responsável por dois suprimentos;

b) a servidor que tenha a seu cargo a guarda ou a utilização do material a adquirir, salvo quando não houver na repartição outro servidor (princípio da segregação de funções);

c) a responsável por suprimento de fundos que, esgotado o prazo, não tenha prestado contas de sua aplicação; e

d) a servidor declarado em alcance.

Julgado do Tribunal de Contas da União:

Utilize suprimento de fundos somente para despesas que não possam subordinar-se ao processo normal de aplicação, nos termos do art. 68 da Lei nº 4.320/64 e art. 45 do Decreto nº 93.872/86; (Acórdão nº 740/2004, Plenário, Relator Min. Ubiratan Aguiar, Processo TC nº 013.661.2003-0, *DOU* de 25.06.2004)

6.6 O uso do Cartão de Pagamento do Governo Federal (CPGF)

O Decreto nº 93.872/86 (art. 45, §5º) autoriza o pagamento de despesas com suprimento de fundos por meio do Cartão de Pagamento do Governo Federal (CPGF). Pela leitura do Decreto nº 5.355/05, parcialmente alterado pelo Decreto nº 6.370/08, verifica-se que o pagamento de despesas com suprimento de fundos não se fará exclusivamente por meio desse instrumento. O art. 2º desse último regulamento menciona que sua utilização poderá efetivar-se sem prejuízo da utilização dos demais instrumentos de pagamento previstos na legislação.

O Decreto nº 5.355/05 define o CPGF como um instrumento de pagamento, emitido em nome da unidade gestora e operacionalizado por instituição financeira autorizada, utilizado exclusivamente pelo portador nele identificado, nos casos indicados em ato próprio da autoridade competente, como, por exemplo, no atendimento a despesas eventuais, inclusive em viagens e com serviços especiais, que exijam pronto pagamento.

O Decreto nº 6.370/08 alterou dispositivos do Decreto nº 93.872/86, no sentido de vedar a utilização do CPGF na modalidade de saque, excepcionando-se as despesas de que trata o art. 47[136] deste último regulamento e aquelas decorrentes de situações específicas do órgão ou entidade, nos termos do autorizado em portaria pelo Ministro

---

[136] "Art. 47. A concessão e aplicação de suprimento de fundos, ou adiantamentos, para atender a peculiaridades dos órgãos essenciais da Presidência da República, da Vice-Presidência da República, do Ministério da Fazenda, do Ministério da Saúde, do Ministério da Agricultura, Pecuária e Abastecimento, do Departamento de Polícia Federal do Ministério da Justiça, do Ministério das Relações Exteriores, bem assim de militares e de inteligência, obedecerão ao Regime Especial de Execução estabelecido em instruções aprovadas pelos respectivos Ministros de Estado, vedada a delegação de competência. Parágrafo único. A concessão e aplicação de suprimento de fundos de que trata o *caput* restringe-se: I – com relação ao Ministério da Saúde: a atender às especificidades decorrentes da assistência à saúde indígena; II – com relação ao Ministério da Agricultura, Pecuária e Abastecimento: a atender às especificidades dos adidos agrícolas em missões diplomáticas no exterior; e III – com relação ao Ministério das Relações Exteriores: a atender às especificidades das repartições do Ministério das Relações Exteriores no exterior."

de Estado competente e nunca superior a 30% do total da despesa anual do órgão ou entidade, efetuada com suprimento de fundos.

6.7 Utilização de recursos públicos e princípio da probidade

A praticidade do cartão corporativo deve ser reconhecida. Realiza despesas de pequeno vulto, para pronto pagamento, afastando a burocracia inerente ao procedimento licitatório, garantindo celeridade no atendimento do interesse público e economicidade nos custos da contratação.

Todavia, as despesas a que se refere devem guardar vinculação ao regular desempenho das atividades próprias do órgão ou da entidade pública, bem como ao exercício da função, não para atender a despesas particulares ou diversas daquelas previstas em ato normativo. O uso do cartão corporativo é personalíssimo, quer dizer, se faz, exclusivamente, pelo portador nele identificado, sendo este o responsável por sua guarda e uso, vedada delegação de competência (art. 3º, parágrafo único, do Decreto nº 5.355/05).

No direito público, a probidade constitui princípio autônomo da administração, nomeado no art. 37 da Constituição Federal, a que se subordinam todos os agentes públicos. Traduz-se em postura sempre exigível no trato do que é público: conduta honesta, transparente e direcionada a salvaguardar o interesse público. A primeira obriga o agente público a abster-se de comportamentos que possam falsear o objetivo da norma, a agir com lisura, ser íntegro; a segunda o obriga a informar, dar publicidade de todos os aspectos a ela atinentes; e a terceira intenta por recato o interesse qualificado como próprio da coletividade, que é indisponível e inapropriável, sob pena de configurar-se desvio de finalidade.

É o comportamento que se espera dos inúmeros titulares de cartões corporativos, detentores de um instrumento de pagamento simples e ágil no trato das relações comerciais com particulares.

6.8 Uso indevido e penalidades

O uso indevido do instrumento de crédito ou o pagamento indevido de despesas, observado o devido processo legal, deverá resultar no ressarcimento dos valores ao erário, na aplicação de penalidades disciplinares ao agente, sem prejuízo de responsabilidades administrativa, civil e penal.

De acordo com o Decreto-Lei nº 200/67:

> Art. 84. Quando se verificar que determinada conta não foi prestada, ou que ocorreu desfalque, desvio de bens ou outra irregularidade de que resulte prejuízo para a Fazenda Pública, as autoridades administrativas, sob pena de co-responsabilidade e sem embargo dos procedimentos disciplinares, deverão tomar imediatas providências para assegurar o respectivo ressarcimento e instaurar a tomada de contas, fazendo-se as comunicações a respeito ao Tribunal de Contas.

O uso indevido do instrumento de crédito ou o pagamento indevido de despesas também pode configurar ato de improbidade administrativa que importe prejuízo ao erário, consoante dispõe a Lei nº 8.429/92, *verbis*:

Art. 10. Constitui ato de improbidade administrativa que causa lesão ao erário qualquer ação ou omissão, dolosa ou culposa, que enseje perda patrimonial, desvio, apropriação, malbaratamento ou dilapidação dos bens ou haveres das entidades referidas no art. 1º desta lei, e notadamente: [...]
IX – ordenar ou permitir a realização de despesas não autorizadas em lei ou regulamento;

6.9 Transparência pública e controle social

A administração pública é indispensável à promoção do bem comum e à preservação da paz social. É fundamental que seu desempenho se apresente transparente, por meio de canais institucionalizados e em permanente interação com os destinatários dos serviços públicos, com o fito de viabilizar a verificação de sua atuação conforme os ditames éticos e os parâmetros jurídicos preestabelecidos. A sociedade deve estar ciente das ações administrativas estatais, legítimas na medida em que conformes ao interesse público. Por isso que devem ser divulgadas e examinadas pelo cidadão, em processo cada vez mais amplo e arejado de democratização da informação.

A ampla publicidade no aparelho estatal é princípio básico e essencial do estado democrático de direito, que favorece o indispensável controle, seja em favor de direito individual, seja para a tutela dos interesses públicos. Excepciona-se a publicação dos gastos mediante o Cartão de Pagamento do Governo Federal (CPGF) nas específicas hipóteses em que o sigilo das despesas seja imprescindível à segurança da sociedade e do estado, como ressalva o art. 5º, XXXIII, da Constituição Federal.

Segundo precedente do Superior Tribunal de Justiça, o não fornecimento pela União do extrato completo, incluindo tipo, data, valor das transações efetuadas e CNPJ dos fornecedores do cartão de pagamentos (cartão corporativo) do governo federal utilizado por chefe de escritório da Presidência da República, viola o direito de acesso à informação de interesse coletivo, quando não há evidência de que a publicidade desses elementos atentaria contra a segurança do Presidente ou do Vice-Presidente da República, ou de suas respectivas famílias. Confira-se:

> No caso, o não fornecimento de documentos e informações constitui ilegal violação ao direito de acesso à informação de interesse coletivo, sendo importante a sua divulgação, regida pelos princípios da publicidade e da transparência consagrados na CF e na Lei nº 12.527/2011 (Lei de Acesso à Informação). De igual forma, não há evidência de que a publicidade de tais elementos atentaria contra a segurança do Presidente e Vice-Presidente da República ou de suas famílias. Ressalte-se que o fornecimento apenas de planilha, em que os gastos aparecem de forma genérica, impede a elaboração de análise minimamente conclusiva. Deve-se, ainda, assinalar que a transparência dos gastos e das condutas governamentais não deve ser apenas um flatus vocis, mas sim um comportamento constante e uniforme. Além disso, a divulgação dessas informações seguramente contribui para evitar episódios lesivos e prejudicantes (MS nº 20.895-DF, Rel. Min. Napoleão Nunes Maia Filho, julgado em 12.11.2014).

O *Portal da Transparência*[137] constitui-se num louvável exemplo de acesso público às informações sobre o uso do dinheiro público pelo Governo Federal, notadamente

---

[137] Disponível em: <http://www.portaltransparencia.gov.br/>.

gastos diretos com a contratação de obras e compras governamentais, incluindo-se o uso dos cartões corporativos, e repasses de recursos públicos federais para estados, municípios, Distrito Federal e organizações não governamentais. É o meio mais eficiente de precatar-se o uso indevido de recursos e de instrumentos de sua gestão e aplicação, tais como os cartões corporativos.

CAPÍTULO VIII

PRESENÇA DA ADMINISTRAÇÃO CONSENSUAL NO DIREITO POSITIVO BRASILEIRO

I

Súmula conceitual

O presente capítulo reúne excertos de obras de variados autores, a seu turno consolidados em monografia com a qual a autora, Mirela Halfim Semeles, obteve aprovação no curso de pós-graduação em direito do estado, *lato sensu*, da Universidade do Estado do Rio de Janeiro, e cujo resumo foi publicado na *Revista Síntese IOB de Gestão Pública*, maio/junho de 2011, p. 50 e seguintes. Transcritos da aludida monografia, estruturam o sumário da conferência.

1 Introdução
1.1 A supremacia da Constituição e a efetividade dos princípios

Exsurge o estado pós-moderno, gerencial, mediador e garantidor, assumindo novas funções e tarefas. Um estado que prima pela concretização dos direitos fundamentais, entre os quais o direito à boa administração.

Conforme Gustavo Binenbojm,

> a *Constituição, e não mais a lei, passa a situar-se no cerne da vinculação administrativa à Juridicidade; a definição do que é interesse público passa a depender de juízos de ponderação proporcional entre os direitos fundamentais e outros valores constitucionalmente consagrados; a discricionariedade administrativa deixa de ser um espaço de livre escolha do administrador,* abandonando-se a tradicional dicotomia entre ato vinculado e ato discricionário, passando-se a um sistema de graus de vinculação de juridicidade; e, por fim, *surge um conjunto de autoridades administrativas independentes,* que não mais pertencem à tradicional linha hierárquica entre Estado e Sociedade.

1.2 Os direitos fundamentais como estratégia de limitação ao poder estatal

O papel do estado se modifica, de titular de um poder de império ao *estado mediador e garantidor*. A função de garantia reflete a necessidade de se concretizar a efetivação de uma vasta gama de direitos fundamentais, em especial o *direito fundamental a uma boa administração*. Evidencia-se uma nova relação, menos hierarquizada, entre estado e sociedade, onde a participação e a consensualidade ganham força na arena jurídica. A busca de novos paradigmas para o exercício da função administrativa visa compatibilizar a de gestão pública com o compromisso assumido pela Administração junto à sociedade. Almeja-se uma Administração Pública de resultado, eficiente e transparente. Nessa gestão de resultados é necessária a existência de alguns balizadores jurídicos, dentre os quais: a *supremacia da Constituição*, a *efetividade dos princípios*, a *motivação necessária* dos atos administrativos, o *controle da discricionariedade*, a *processualização* da atividade administrativa e a *consensualidade*.

De acordo com a supremacia da Constituição, a Carta Magna, como paradigma jurídico e político, ocupa o incontestável fundamento maior da ordem jurídica. Por força dessa supremacia, sustenta Luis Roberto Barroso, *nenhuma lei ou ato normativo – na verdade, nenhum ato jurídico – poderá subsistir validamente se estiver em desconformidade com a Constituição*.[138]

A Constituição da República, norteadora do sistema, define em seu texto princípios e regras cogentes, além de políticas públicas a serem implementadas pelo poder público. Nas palavras de Jessé Torres Pereira Junior e Marinês Restelatto Dotti,

> a supremacia da Constituição significa que *nenhum dignitário estatal, no sistema jurídico por ele fundado, poderá colocar-se acima dos princípios e normas que a Constituição estabelece*, tanto que a Corte Suprema, que a interpreta com a máxima e final autoridade, assim o faz na qualidade de sua guardiã (CR/88, art. 102, *caput*), daí o caráter cogente das políticas públicas que o texto constitucional consagra e de cuja implementação incumbe os entes e poderes constituídos, sob pena de inadimplência de deveres constituídos inarredáveis, desafiando, se, quando e na medida da necessidade, a intervenção tutelar do Judiciário, com o fim de fazer prevalecer a Constituição.[139]

O direito administrativo haure da Constituição a sua base principiológica e normativa expressa, a teor dos artigos 37 e seguintes. O *caput* do artigo 37 explicita cinco princípios que funcionam como norma jurídica de aplicação imediata e o seu descumprimento justifica um poder sancionatório por parte do estado. Dito de outro modo, os princípios previstos na Constituição, tanto os explícitos quanto os implícitos, são considerados "normas jurídicas de eficácia imediata e providas de sanção, [...] e não, apenas, proposições gerais, impessoais e abstratas, a serem perseguidas em prazo indeterminado.[140] Assim, conclui-se pela *efetividade dos princípios*; descumprir

---

[138] BARROSO, Luis Roberto. *O controle de constitucionalidade no direito brasileiro*. São Paulo: Saraiva, 2009. p. 1.

[139] PEREIRA JUNIOR, Jessé Torres; DOTTI, Marinês Restelatto. *Políticas públicas nas licitações e contratações administrativas*. Belo Horizonte: Fórum, 2009. p. 25.

[140] PEREIRA JUNIOR, Jessé Torres. *Temas de direito administrativo sob tutela judicial no estado democrático eficiente*. Rio de Janeiro: Renovar, 2010. p. 2.

um princípio significa o mesmo que descumprir uma norma e, portanto, deve gerar as mesmas consequências e responsabilidades jurídicas.

1.3 O direito fundamental à boa administração

CARTA DOS DIREITOS FUNDAMENTAIS DA UNIÃO EUROPEIA, artigo 41. "Direito a uma boa administração. 1. Todas as pessoas têm o direito a que seus assuntos sejam tratados pelas instituições e órgãos da União de forma imparcial, equitativa e num prazo razoável. 2. Este direito compreende nomeadamente: o direito de qualquer pessoa a ser ouvida, antes de a seu respeito ser tomada qualquer medida individual que a afete desfavoravelmente; o direito de qualquer pessoa a ter acesso aos processos que se lhe refiram, nos respeitos dos legítimos interesses da confidencialidade e do segredo profissional e comercial; a obrigação, por parte da administração, de fundamentar as suas decisões. 3. Todas as pessoas têm direito à reparação, por parte da Comunidade, dos danos causados pelas suas instituições ou pelos seus agentes no exercício das respectivas funções, de acordo com os princípios gerais comuns às legislações dos Estados-Membros. 4. Todas as pessoas têm a possibilidade de se dirigir às instituições da União numa das línguas oficiais dos Tratados, devendo obter uma resposta na mesma língua".

1.4 Da administração pública monológica à administração dialógica

O estado pós-moderno apresenta, ainda, a *mediação* como uma de suas características principais. O estado mediador consiste no emprego, em larga escala, de métodos e técnicas consensuais e negociais pelo poder público. A função estatal de mediação busca o alargamento das bases de legitimação do exercício do poder estatal, mercê da inclusão dos cidadãos no processo de definição e densificação do interesse público.

A aplicação da antiga premissa absoluta de supremacia do interesse público sobre o interesse particular é questionada, assim como o monopólio do estado na sua identificação. O que muda, no estado pós-moderno, em relação ao interesse público, não é propriamente a mitigação da supremacia deste, mas, sim, que o interesse público não resulta da interpretação monopolista do estado, como se os interesses do estado esgotassem a ideia de interesse público. As prerrogativas estatais cedem espaço a novas sujeições constitucionais, a que o estado, assim como a sociedade, deve obediência.

O estado deixa de ser imperial e passa a mediador e garantidor. A função de garantia resulta do exercício de concretizar uma gama extensa de direitos fundamentais postos na Constituição. Estes, além de ser limites impostos à ação do estado, constituem o lastro para a sua atuação. É nesse sentido que se fala em *funcionalização da atividade administrativa*, voltada à concretização dos direitos fundamentais e à realização efetiva dos direitos das pessoas.[141]

À administração pública impõe-se o dever de proceder a escolhas legítimas, que só o serão na medida em que materializem o *direito fundamental de todos a uma boa administração*. Como define Juarez Freitas,

---

[141] MOREIRA NETO, Diogo de Figueiredo. *Mutações de direito administrativo*. Rio de Janeiro: Renovar, 2007. p. 158.

trata-se do direito fundamental à Administração Pública eficiente e eficaz, proporcional, cumpridora de seus deveres, com transparência, motivação, imparcialidade e respeito à moralidade, à participação social e à plena responsabilidade por suas condutas omissivas e comissivas. A tal direito corresponde o dever de a Administração Pública observar, nas relações administrativas, a cogência da totalidade dos princípios constitucionais que a regem.[142]

A garantia constitucional vem sendo reconhecida nas decisões das Cortes Judiciais. O Superior Tribunal de Justiça (STJ), no Mandado de Segurança nº 10.792-DF, assim se pronunciou: "(...) a atividade administrativa, dessa forma, deve desenvolver-se no sentido de dar pleno atendimento ou satisfação às necessidades a que visa suprir, em momento oportuno e de forma adequada. Impõe-se aos agentes administrativos, em outras palavras, o *cumprimento estrito do dever de boa administração*"

2 A consensualidade como instrumento de gestão pública

O consenso, definido como *princípio da concertação* nas relações de poder entre sociedade e estado, é engrenagem essencial ao estado democrático de direito. A chamada *concertação administrativa* designa uma forma de administrar com base no consenso. A administração busca realizar acordos com os particulares destinatários da ação, abdicando, assim, da forma impositiva e unilateral com que o estado tradicionalmente fazia uso de seus poderes. Observa Alexandre Santos de Aragão que, através da concertação, "a Administração não deixa de atuar unilateralmente por completo, mas procura, antes de emitir o seu ato unilateral, obter o assentimento do maior número possível de sujeitos envolvidos".[143] Na concertação, as decisões são apuradas mediante negociação, consubstanciada em debates entre os diversos grupos sociais e o poder público, a atrair a participação ativa dos cidadãos nas tomadas de decisões políticas.

O consenso é íntimo do princípio da participação administrativa. A participação por meio da consensualidade está relacionada à expansão da consciência social e ao anseio por influir nas decisões de poder, nas quais a sociedade se vê envolvida. A prática jurídica tem demonstrado que "inúmeros são os instrumentos de participação administrativa com vistas a legitimar as tomadas de decisões, a propiciar mais freios contra abusos, a proporcionar a decisão mais sábia e prudente, a aprimorar a governabilidade e a desenvolver a responsabilidade nas pessoas, tornando as normas mais aceitáveis e facilmente cumpridas".[144]

No manejo desses instrumentos, a consensualidade surge como "técnica de coordenação de ações e de interesses, prestigiando, simultaneamente, a autonomia da vontade e a parceria que potencia a ação do estado e da sociedade."[145] O número de parcerias cresce, pois a administração pública cria, permanentemente, atrativos para que os agentes da sociedade civil tenham interesse em investir, expandindo cada vez mais a gama de acordos e contratações administrativas.

---

[142] FREITAS, Juarez. *Discricionariedade administrativa e o direito fundamental à boa administração pública*. 2. ed. São Paulo: Malheiros, 2009. p. 22.
[143] ARAGÃO, Alexandre Santos de. *Agências reguladoras e a evolução do direito administrativo econômico*. Rio de Janeiro: Forense, 2009. p. 111.
[144] MOREIRA NETO, Diogo de Figueiredo. *Mutações de direito administrativo*. Rio de Janeiro: Renovar, 2007. p. 27.
[145] MOREIRA NETO, Diogo de Figueiredo. *Mutações de direito administrativo*. Rio de Janeiro: Renovar, 2007. p. 26.

O ato administrativo, como veículo principal de atuação da administração pública, divide seu espaço com o incremento da atividade contratual. A *contratualização administrativa* retrata relações administrativas baseadas na negociação e no diálogo, tendo o contrato como instrumento de sua atuação. Preconiza-se a ideia de parceria entre a sociedade e o estado, na qual a categoria jurídica do contrato, instrumento de direito privado por excelência, adquire novo e relevante emprego em âmbito público.

A vasta gama de celebração de acordos, substituindo os tradicionais atos unilaterais, não significa a disponibilidade do interesse público pelo estado. Ao revés, esses atos são, em regra, mais eficientes e menos sujeitos a transgressões, além de valorizarem igualmente a proteção do interesse público e a concretização dos direitos fundamentais.

2.1 Querer, poder e saber

O exercício do poder político porta desafios seculares permanentes, inclusive de sistematização conceitual. Uma das maneiras de racionalizá-los é a de compreender aquele exercício como um triângulo (MATUS, Carlos. *Planejamento estratégico situacional*. Chile, 1998): no vértice, situa-se o projeto estratégico de governo, passível de traduzir-se pelo verbo "querer" (**vontade política**); no primeiro ângulo da base do triângulo, estarão as competências distribuídas para agir e a organização dos meios para efetivá-las, compondo a **governabilidade**, que se encarna no verbo "poder" (atos de autoridade legitimada); no último ângulo dessa figura geométrica, colocam-se o conhecimento e os instrumentos de sua operação e disseminação, configurando a **governança**, a que corresponde o verbo "saber" (*know how* científico e tecnológico, ponderado axiologicamente a partir da dignidade da pessoa humana). O governo eficiente e eficaz deve querer, poder e saber identificar o interesse público e produzir resultados que o atendam.

Sob a perspectiva da participação, duas são as versões de governança: a primeira enfatiza o incremento da eficiência e da eficácia das ações governamentais, com foco na qualidade de vida das populações, cuja participação é instrumental e subordinada; a segunda incentiva o potencial emancipatório de ações em parceria entre os setores públicos e privados, com foco na inclusão de segmentos alijados do processo político ou por ele discriminados, por isto que eficiência e eficácia, sempre relevantes, passam a constituir objetivo subordinado, conferindo-se prioridade ao protagonismo dos cidadãos.

A vigente Constituição Federal e suas quase 100 emendas vêm desenhando um formato de governança que combina eficiência/eficácia com participação emancipatória, no processo político de gestão do estado. Gera ambiguidades, que ora levam à paralisia pela perplexidade, ora à inconsequência de resultados por gestão inepta. Ainda não se encontrou o ponto ótimo de articulação (se é que existe) entre gestão de resultados (eficiência/eficácia) e gestão emancipatória (parcerias).

A concepção e o uso de instrumento de administração consensual é uma das respostas possíveis a tais ambiguidades.

2.2 Pontos de tensão com os princípios da legalidade, da impessoalidade e da indisponibilidade

Questão relevante sobre a consensualidade é a sua *vinculação* à legalidade. O artigo 37 da Constituição Federal, ao elencar os princípios regentes da administração pública, explicita a legalidade, bem como a impessoalidade, a moralidade, a publicidade e a eficiência. Havendo a previsão expressa da legalidade e a ausência de previsão da consensualidade no texto constitucional, a doutrina jurídica se questiona quanto ao grau de vinculação da administração pública à lei nos casos em que, diante dos fatos, opte por solução de base consensual.

Perfilha-se, aqui, a tese de ser a consensualidade o caminho sem volta para alcançar-se uma administração de resultado eficiente, tendo como ponto de partida que a legalidade estrita cede lugar à legitimidade das políticas públicas advindas da consensualidade.

Os contratos e demais atos bilaterais entre o poder público e a coletividade, assim como qualquer ato administrativo *stricto sensu*, haurem seu fundamento de validade da lei. Vale, portanto, para toda forma de acordo entre os setores público e privado, a mesma noção de primazia legal que se confere aos atos da administração pública em geral. Mas não só.

Há limites à utilização de mecanismos consensuais nas práticas jurídicas, o que demonstra que nem toda decisão pode ser tomada com base apenas no consenso. Há casos, com respaldo legal, em que caberá ao estado intervir de forma imperativa e cogente, não sendo permitida a consensualidade sob qualquer de suas formas. Alguns exemplos serão abordados adiante. Por ora, o que se pretende enfatizar é que a limitação da adoção de mecanismos consensuais relaciona-se diretamente à concepção de legalidade que se acolhe.[146]

Tradicionalmente, adotava-se a concepção de legalidade como a vinculação positiva da atuação administrativa à lei formal, expressa na síntese de que a administração poderia fazer *apenas* o que estivesse previsto na letra da lei. Diante da legalidade formal, a consensualidade na atividade administrativa seria inconcebível, pela ausência de previsão expressa, tampouco no texto da Constituição.

Perspectiva atualizada sustenta que a legalidade não se prende exclusivamente à lei formal, mas atende a um conjunto de leis constitucionais, ordinárias, regulamentos, tratados, usos e costumes, jurisprudência e princípios gerais do direito. Segundo Binenbojm, "a atuação administrativa só será válida, legítima e justificável quando condizente, muito além da simples legalidade, com o sistema de princípios e regras delineado na Constituição, de maneira geral, e com os direitos fundamentais, em particular."[147]

A relação entre consensualidade e legalidade se encerra no *bloco de legalidade*, ou seja, no ordenamento jurídico como um todo sistêmico. O conceito moderno de legalidade se aproxima da ideia de *juridicidade*, ou seja, os atos da administração pública se devem não só coadunar com as leis formais, mas também com os princípios e práticas que plasmam o ordenamento jurídico em geral. De acordo com essa visão do direito, a ausência de lei formal, a expressamente permitir a celebração de contratos entre o estado e a coletividade, não é fator impeditivo, haja vista a aplicação de outros princípios, como os da eficiência, do devido processo legal e da proporcionalidade.

---

[146] SCHIRATO, Vitor Rhein; PALMA, Juliana Bonacorsi. Consenso e legalidade: vinculação da atividade administrativa consensual ao Direito. *Biblioteca Digital Revista Brasileira de Direito Público – RBDP*, ano 7, n. 27, 2009. Disponível em: <http://www.editoraforum.com.br/bid/bidConteudoShow.aspx?idConteudo=64611> Acesso em: 21 maio 2010.

[147] BINENBOJM, Gustavo. *Uma teoria do direito administrativo*: direitos fundamentais, democracia e constitucionalização. Rio de Janeiro: Renovar, 2006. p. 133.

A consensualidade já se encontra *positivada* em leis infraconstitucionais, através do uso de algumas de suas formas de expressão. Outras leis vedam expressamente toda e qualquer forma de acordo entre poder público e indivíduos. Além, é claro, de leis que nada mencionam sobre o tema. Destacam-se, aqui, duas normas que ilustram a relação entre consenso e legalidade: a Lei de Ação Civil Pública e a Lei de Improbidade Administrativa.

A Lei federal nº 7.347, de 24 de julho de 1985, a denominada Lei da Ação Civil Pública, alberga, em seu artigo 5º, §6º, o *compromisso de ajustamento de conduta*. Trata-se de previsão legal expressa de uma *solução consensual*, como alternativa à propositura de uma ação judicial.[148] Assim, respeitada a legitimidade para agir conferida ao Ministério Público, é a ele permitido optar por um compromisso de ajustamento de conduta nas situações cabíveis, ou seja, se pode o titular da ação optar por solução mais célere e menos desgastante, não há motivo para aforar-se a ação civil pública.

A Lei federal nº 8.429, de 02 de Junho de 1992, conhecida como Lei de Improbidade Administrativa, *veda expressamente a transação, acordo ou conciliação* nas ações de que trata o *caput* do seu artigo 17.[149] Neste caso, ao revés, a vedação de práticas consensuais é expressa e inafastável, a impedir as práticas consensuais.

Diante desses exemplos, vislumbra-se a relação entre consenso e legalidade nas práticas da administração pública. Há que se convir em que, quando houver previsão legal positivada, é mais fácil aceitar-se a decisão por consenso, sob qualquer de suas formas. Mas se deve ir além: somente nos casos em que haja previsão expressa em sentido contrário, o poder público estará impedido de celebrar acordos para o exercício da função administrativa, como no caso supramencionado da Lei de Improbidade Administrativa.

Propõe-se, então, que não se há de cogitar de vinculação absoluta entre consensualidade e legalidade. Havendo vedação legal para práticas consensuais, deve ser respeitada. No entanto, a ausência de lei formal não justifica a impossibilidade de se decidir por consenso, tendo em vista o hodierno conceito de *legalidade – legitimidade e juridicidade*. Não há como o legislador prever exaustivamente as hipóteses nas quais caberá a busca do consenso, devendo ser decidido casuisticamente por sua possibilidade.

Não se trata, nesse caso, de discricionariedade administrativa ancorada no formalismo abstrato ou na liberdade irrestrita do decisionismo irracional, mas na competência administrativa (não mera faculdade) de avaliar e de escolher, no plano concreto, as melhores soluções, mediante justificativas válidas, coerentes de conveniência ou oportunidade, respeitados os requisitos da efetividade do direito fundamental à boa administração pública. Como sustenta Juarez Freitas, o direito público, notadamente o direito administrativo, *"precisa ser convertido no direito da motivação consistente e do controle principialista e fundamentado das decisões estatais.* Sublinha-se que a decisão administrativa precisa estar acompanhada de motivação consistente e coerente, sob pena de *vício nulificador* e o controle principialista demanda uma reestruturação das estratégias de

---

[148] Lei nº 7.347/85, art. 5, §6º. *"Os órgãos públicos legitimados poderão tomar dos interessados compromisso de ajustamento de conduta às exigências legais, mediante cominações, que terá eficácia de titulo executivo extrajudicial".*

[149] Lei nº 8.429/92, "art. 17. A ação principal, que terá rito ordinário, será proposta pelo Ministério Público ou pela pessoa jurídica interessada, dentro de 30 (trinta) dias da efetivação da medida cautelar. §1º. É vedada a transação, acordo ou conciliação nas ações de que trata o *caput*".

governança, fazendo-as mais criativas, transparentes e concatenadas. Há, portanto, o *dever de escolher bem*.[150]

O Supremo Tribunal Federal já se manifestou a respeito da relação legalidade-consensualidade. No Recurso Extraordinário nº 253.885-0/MG, analisou duas questões basilares: a necessidade de previsão legal expressa autorizativa para a celebração de acordos administrativos e se a celebração de tais acordos afrontaria o princípio da indisponibilidade do interesse público.

Cuidava-se de recurso interposto pelo Município de Santa Rita do Sapucaí contra acórdão do Tribunal de Justiça estadual, que manteve sentença homologatória de transação celebrada entre a municipalidade e seus servidores. Segundo a relatora, Ministra Ellen Gracie, o aresto deveria ser mantido porque a transação atendeu de forma mais rápida e efetiva ao interesse público, afastada qualquer ofensa aos princípios alinhados no artigo 37 da Constituição Federal.

A Corte Suprema entendeu que a previsão autorizativa expressa será *imprescindível apenas* nos casos em que a transação importar em renúncia a direitos, alienação de bens ou assunção de obrigações extraordinárias pela administração. Quanto à questionada indisponibilidade do interesse público, nas palavras da relatora, "há casos em que o princípio da indisponibilidade do interesse público deve ser atenuado, mormente quando se tem em vista que a solução adotada pela Administração é a que melhor atenderá à ultimação deste interesse".[151]

Deve-se, portanto, acolher a consensualidade como princípio norteador e atentar para as suas diversas formas de expressão no ordenamento pátrio. E sua aplicação deverá ser pautada não apenas pelo conceito de legalidade estrita, mas inserida no conceito amplo de juridicidade.

3 A positivação da consensualidade na ordem jurídica brasileira

A consensualidade se apresenta sob diferentes aspectos, sendo adotada na tomada de decisão administrativa, na execução administrativa, ou, ainda, na prevenção e composição de conflitos.[152]

Assim, por exemplo, a aplicação do consenso nas tomadas de decisões públicas se apresenta através do plebiscito, do referendo, da coleta de opinião, do debate público, da consulta pública e da audiência pública. Na chamada execução administrativa, práticas consensuais se materializam nos inúmeros contratos de parceria e acordos administrativos entre os setores público e privado. Por fim, a consensualidade na composição de conflitos se apresenta por meio dos institutos jurídicos da arbitragem, da transação, da conciliação, da mediação, dos ajustes de condutas e similares.

Diversos são os instrumentos jurídicos da denominada administração consensual, todos voltados para o *fomento público* e a construção de um *estado de justiça* – plebiscito,

---

[150] FREITAS, Juarez. *Discricionariedade administrativa e o direito fundamental à boa administração*. 2. ed. São Paulo: Malheiros, 2009. p. 15
[151] BRASIL. Supremo Tribunal Federal. RE 253.885-0 / MG. Primeira Turma. Relatora Min. Ellen Gracie. Julgado em 04.06.2002.
[152] MOREIRA NETO, Diogo de Figueiredo. Novos institutos consensuais da ação administrativa. *Revista de Direito Administrativo*, v. 231, p. 150, 2003.

referendo, coleta de opinião, debate público, consulta pública, audiência pública, ou, ainda, materializando-se via contratos de parceria e acordos administrativos, as práticas consensuais ocupam relevância na arena jurídica a partir da segunda metade do século XX. Sem contar as diferentes modalidades em que a consensualidade se manifesta na composição de conflitos, através da arbitragem, da transação, da conciliação, da mediação, dos ajustes de condutas e similares.

A arbitragem já se faz presente como forma de composição de conflitos em âmbito administrativo, inclusive com respaldo legal, ao que anota Dinorá Grotti:

> importa ainda ter-se presente que se, em certos casos, o princípio da indisponibilidade do interesse público afasta o compromisso arbitral, *há um campo de interesses patrimoniais disponíveis dentro do qual a arbitragem é recomendável como alternativa ao litígio judicial, por expressa admissão legal*. Nesse sentido já caminha parte da doutrina brasileira, ao *reconhecer a aplicabilidade do juízo arbitral em matéria administrativa*.[153]

Assim, a Lei nº 8.987/95, que regula o regime de concessão e permissão de serviços públicos, permite, em seu artigo 23-A, o emprego de mecanismos privados de solução de conflitos, inclusive a *arbitragem*, em caso de divergências contratuais.[154] Traz, ainda, em seu artigo 23, inciso XV, o *modo amigável* de solução das divergências contratuais como sendo cláusula essencial do contrato de concessão.

A Lei nº 9.478/97, conhecida como a Lei da ANP, admite a *arbitragem* e a *conciliação* em âmbito administrativo, nos artigos 20, 27, §único, e 43, inciso X.[155] Este último dispositivo determina que serão cláusulas essenciais do contrato de concessão as regras sobre solução de controvérsias, relacionadas com o contrato e sua execução, *inclusive a conciliação e a arbitragem*.[156]

Decisões do Tribunal de Contas da União (TCU) já admitem a arbitragem em sede pública. Tradicionalmente, o TCU opunha-se à aplicação do instituto nos contratos administrativos, conforme a seguinte ementa:

> REPRESENTAÇÃO. PEDIDO DE REEXAME. INCLUSÃO DE CLÁUSULAS ILEGAIS EM CONTRATO ADMINISTRATIVO. NEGADO PROVIMENTO. *É ilegal a previsão, em contrato administrativo, da adoção de juízo arbitral para a solução de conflitos*, bem como a estipulação de cláusula de confidencialidade, por afronta ao princípio da publicidade.[157]

---

[153] MUSETTI GROTTI, Dinorá Adelaide. A participação popular e a consensualidade na Administração Pública. *Revista de Direito Constitucional e Internacional*, São Paulo, ano 10, n. 39, p. 144, 2002.

[154] Lei nº 8.987/95, art. 23-A. "O contrato de concessão poderá prever o emprego de mecanismos privados, para solução de disputas decorrentes ou relacionadas ao contrato, inclusive a arbitragem, a ser realizada no Brasil e em língua portuguesa, nos termos da Lei nº 9.307, de 1996".

[155] Lei nº 9.478/97, art. 20. "O regimento interno da ANP disporá sobre os procedimentos a serem adotados para a solução de conflitos entre agentes econômicos e entre estes e usuários e consumidores, com ênfase na conciliação e no arbitramento". Artigo 27, §único. "Não chegando as partes a acordo, em prazo máximo fixado pela ANP, caberá a esta determinar com base em laudo arbitral como serão equitativamente apropriados os direitos e obrigações sobre os blocos, com base nos princípios gerais do direito aplicáveis".

[156] Além dos supracitados dispositivos, a Lei nº 8.666/93, em seu art. 54, determina a *aplicação supletiva dos princípios da teoria geral dos contratos e das disposições do direito privado aos contratos administrativos*, o que pode representar, em última análise, o reconhecimento do uso possível dos meios consensuais de solução de conflitos nos contratos administrativos.

[157] BRASIL. Tribunal de Contas da União. Acórdão nº 537/2006, julgado pela Segunda Câmara, publicado no *DOU* em 17.03.2006.

A Corte de Controle Externo da União modificou o seu posicionamento recentemente, no Acórdão nº 2094/2009:

> Tratavam os autos de Relatório de Levantamento de Auditoria realizado no âmbito do Fiscobras 2009, relativo às obras de construção de Unidades Estacionárias de Produção no exterior. O objeto do trabalho foi avaliar em que medida os recursos estavam sendo aplicados de acordo com a legislação pertinente. *Alegavam a presença de cláusulas contratuais em desacordo com os preceitos da Lei nº 8.666/93*. A situação encontrada era que *nos contratos em tela, havia cláusula compromissória de resolução de conflitos por meio da utilização do instituto da arbitragem.*
>
> (...) Deve-se ter em mente que, em face dos princípios que regem o direito administrativo e da falta de disposição legal permissiva, *é vedada a aplicação de juízo arbitral em contratos sob o regime jurídico-administrativo, conforme jurisprudência consolidada do TCU.*
>
> (...) Em razão da natureza jurídica dos contratos celebrados por sociedades de economia mista, as contratações podem versar sobre direitos disponíveis ou indisponíveis. Entende-se que serão disponíveis somente aqueles relativos à área-fim da Petrobras ou suas subsidiárias, de cunho estritamente comercial, as quais a Constituição coloca em posição de igualdade com o regime jurídico das empresas privadas, nos termos do art. 173.
>
> **(...) Não se pode olvidar que,** *em contratações internacionais que sociedades de economia mista, por meio de suas subsidiárias estrangeiras, celebrem contratos com empresas também estrangeiras, a possibilidade de aplicação do juízo arbitral revela-se necessária por garantir imparcialidade e neutralidade no direito internacional, tratando com isonomia ambos os lados.* **Nesse sentido, a aplicação da legislação brasileira deve ser mitigada pelo princípio da** *razoabilidade e da economicidade,* **mormente nesse caso, dado seu caráter privado, econômico e competitivo num mundo globalizado. Entretanto, não se pode atribuir todo e qualquer litígio no âmbito do contrato exclusivamente ao juízo arbitral.**
>
> (...) A construção de plataformas encontra-se inserida no contexto de área-meio da Petrobras, pois o negócio da Estatal não é a construção naval em si. No entanto, *revela-se razoável permitir a utilização de juízo arbitral na resolução de questões ou disputas técnicas tendo em vista tratar-se de assunto especializado.*
>
> (...) Apesar de ser considerada irregularidade grave, no caso concreto, a situação encontrada não irá ensejar audiência dos responsáveis, devendo ser consignada como espécie de outras irregularidades, visto que, *pelo princípio da segurança jurídica, os contratos encontram-se firmados e em plena execução,* bem como pelo fato de não ter ocorrido ainda na prática hipótese em que tenha sido demandado o juízo arbitral.
>
> (...) Por constatar, nos contratos de construção das plataformas P55 e P57, cláusula compromissória de solução de conflitos por meio da utilização do instituto da arbitragem, em desencontro ao sedimentado na jurisprudência desta Corte (Decisão n.º 286/93-Plenário, Decisão n.º 188/95-Plenário, Acórdão n.º 906/03-Plenário e Acórdão n.º 537/06-2ª Câmara), *coube proposta de determinação de medida saneadora à Petrobras e às suas subsidiárias para que, nos contratos doravante firmados em que seja incluída cláusula compromissória de juízo arbitral, restrinja a resolução dos eventuais litígios a assuntos relacionados à sua área-fim e disputas eminentemente técnicas oriundas da execução dos aludidos contratos.*[158]

---

[158] BRASIL. Tribunal de Contas da União. Acórdão nº 2094/2009, julgado pelo Plenário, publicado no *DOU* em 11.09.2009.

Pertinente, em face de todo o exposto, considerar-se a existência do que Gustavo Justino de Oliveira chama de *módulo consensual da Administração Pública*.[159] O conceito abrange o conjunto de ajustes negociais e pré-negociais, formais e informais, vinculantes ou não, tais como os protocolos de intenção, protocolos administrativos, os acordos administrativos, os contratos administrativos, os convênios, os consórcios, os contratos de gestão, as parcerias público-privadas, entre outros instrumentos consensuais cada vez mais empregados pela administração pública.

4 Conclusão

A pluralidade e o dinamismo das sociedades contemporâneas exigem respostas rápidas e, principalmente, eficientes, avessas ao superado modelo centralizador de gestão pública. Como define José dos Santos Carvalho Filho, "as antigas fórmulas vêm indicando que o Estado, com perfil que vinha adotando, envelheceu".[160]

O estado, enquanto estrutura organizacional qualificada, não se mostra apto a atender às necessidades da coletividade isoladamente. Reconhece que deve agir *em parceria* com a sociedade. Eis o cerne da idéia da administração pública consensual.

A consensualidade toma conta da prática administrativa, sob formas diversas e em variados segmentos: na tomada de decisão administrativa, na execução administrativa, na prevenção e composição de conflitos. Institutos consensuais passam a ser aplicados em âmbito administrativo, refletindo mudanças na relação estado-sociedade. As práticas consensuais valorizam o *diálogo* entre o estado e a coletividade, na premissa de que entre eles deve haver objetivos convergentes em prol do atendimento do interesse público. Essa aproximação decerto que produz escolhas legítimas, superiormente aptas a atendê-lo com maior presteza e idoneidade. Averba Diogo de Figueiredo Moreira Neto que "escolha legitimatória, no Estado Democrático de Direito, já não se cinge apenas à escolha dos governantes, mas amplia-se ao como queremos ser governados".[161]

A organização político-administrativa se transforma e com ela muda, também, o papel que o próprio estado vinha exercendo. De um estado social prestador, assume a função de mediador, gerenciador, fomentador e garantidor da concretização efetiva dos direitos fundamentais.

Fica, pois, demonstrada a tendência juspolítica, que o direito público, em especial o direito administrativo, vem tentando acompanhar, com vistas à geração de uma administração pública *consensual*, desburocratizada, eficiente e acordada com os anseios da sociedade. Espaços de atuação da administração pública se encontram ainda em aberto, especialmente com a introdução de novos institutos nas práticas consensuais, e que, por sua vez, carecem de um enquadramento jurídico para que se possa estabelecer limite à sua expansão e coesão à sua aplicação.

---

[159] OLIVEIRA, Gustavo Justino; SCHWANKA, Cristiane. *A administração consensual como a nova face da Administração Pública no século XXI*: fundamentos dogmáticos, formas de expressão e instrumentos de ação. Disponível em: <http://www.conpendi.org/anais_salvador.html>. Acesso em: 29 jul. 2010. p. 141.

[160] CARVALHO FILHO, José dos Santos. *Manual de direito administrativo*. Rio de Janeiro: Lumen Juris, 2003. p. 276.

[161] MOREIRA NETO, Diogo de Figueiredo. *Mutações de direito administrativo*. Rio de Janeiro: Renovar, 2007. p. 140.

II

Quadro síntese da presença da administração consensual no direito positivo brasileiro

DIREITO POSITIVO	EMENTA	NORMA
Decreto-Lei nº 3.365/41	Dispõe sobre desapropriações por utilidade pública.	art. 10 – "A desapropriação deverá efetivar-se mediante acordo ou intentar-se judicialmente dentro de cinco anos, (...)"
Lei nº 7.347/85	Disciplina a ação civil pública	art. 5º, §6º – "Os órgãos públicos legitimados poderão tomar dos interessados compromisso de ajustamento de conduta às exigências legais, mediante cominações, que terá eficácia de título executivo extrajudicial".
CR/88	Constituição da República Federativa do Brasil	art. 30, §3º – "As contas dos municípios ficarão, durante 60 dias, anualmente, à disposição de qualquer contribuinte, para exame e apreciação (...)"; art. 37, §3º – "A Lei disciplinará as formas de participação do usuário na administração pública direta e indireta (...)"; art. 49, XV – "autorizar referendo e convocar plebiscito"; art. 58, §2º, II – "realizar audiências públicas com entidades da sociedade civil"; art. 61, §2º – "A iniciativa popular pode ser exercida pela apresentação à Câmara dos deputados de projeto de Lei subscrito por, no mínimo, um por cento do eleitorado nacional (...)"; art. 84, VI, a – Compete privativamente ao Presidente dispor mediante decreto sobre "organização e funcionamento da administração federal, quando não implicar aumento de despesa nem criação ou extinção de órgãos públicos"; art. 98, I – "A União, no DF e nos Territórios, e os Estados criarão: Juizados especiais, providos por juízes togados e leigos, competentes para a conciliação, o julgamento e a execução de causas cíveis de menor complexidade e infrações penais de menor potencial ofensivo (...)"; art. 241 – "A União, os Estados, o DF e os Municípios disciplinarão por meio de lei os consórcios públicos e os convênios de cooperação entre os entes federados, autorizando a gestão associada de serviços públicos, bem como a transferência total ou parcial de encargos, serviços. Pessoal e bens essenciais à continuidade dos serviços transferidos".
Lei nº 8.666/93	Institui normas para licitação e contratos da Administração Pública	art. 39 – "sempre que o valor estimado para uma licitação (...) for superior a cem vezes o limite previsto no art. 23, I, c, desta Lei, o processo licitatório será iniciado, obrigatoriamente, com uma audiência pública (...)"
LC nº 73/93	Institui a Lei Orgânica da AGU	art. 4º, VI – "desistir, transigir, acordar e firmar compromisso nas ações de interesse da União (...)".
Lei nº 8.987/95	Dispõe sobre o regime de concessão e permissão das prestação de serviços públicos	art. 23-A – "O contrato de concessão poderá prever o emprego de mecanismos privados, para solução de disputas decorrentes ou relacionadas ao contrato, inclusive a arbitragem, (...)".

DIREITO POSITIVO	EMENTA	NORMA
Lei nº 9.469/97	Regulamenta o disposto no art. 4, VI, da LC 73/93	art. 4º –A – "O termo de ajustamento de conduta, para prevenir ou terminar litígios, nas hipóteses que envolvam interesse público da União, suas autarquias e fundações, firmado pela Advocacia-Geral da União".
Lei nº 9.478/97	Institui a Agência Nacional do Petróleo	art. 20 – "O regimento interno da ANP disporá sobre os procedimentos a serem adotados para a solução de conflitos entre agentes econômicos e entre estes e usuários e consumidores, com ênfase na conciliação e no arbitramento".
Lei nº 9.637/98	Dispõe sobre as Organizações Sociais	art. 5º – "Para efeitos desta Lei, entende-se por *contrato de gestão* o instrumento firmado entre o Poder Público e a entidade qualificada como organização social, (...)".
Lei nº 9.784/99	Regula o processo administrativo no âmbito da Administração Pública Federal.	art. 31, §1º – "A abertura da consulta pública será objeto de divulgação pelos meios oficiais, a fim de que pessoas físicas ou jurídicas possam examinar os autos, (...)".
Lei nº 9.790/99	Dispõe sobre as Organizações da Sociedade Civil de Interesse Público	art. 9º – "Fica instituído o Termo de Parceria, assim considerado o instrumento passível de ser firmado entre o Poder Público e as entidades qualificadas como Organizações da Sociedade Civil de Interesse Público (...)".
Lei nº 10.233/01	Dispõe sobre a Agência Nacional de Transportes Terrestres	art. 35, XVI – "regras sobre solução de controvérsias relacionadas com o contrato e sua execução, inclusive a conciliação e a arbitragem".
Lei nº 11.079/04	Institui normas gerais para licitação e contratação de parceria público-privada	art. 11, III – "o emprego de mecanismos privados de resolução de disputas, inclusive a arbitragem, (...)".
Lei nº 11.107/05	Dispõe sobre a contratação de consórcios públicos	art. 2º, §1º, I – "Firmar convênios, contratos, acordos de qualquer natureza, receber auxílios, contribuições sociais ou econômicas de outras entidades ou órgãos do governo".
Portaria nº 1.281/07	Dispõe sobre o deslinde, em sede administrativa, de controvérsias entre órgãos da Administração Federal	art. 2º – "Estabelecida controvérsia entre órgãos da Administração Federal, poderá ser solicitado seu deslinde por meio de conciliação a ser realizada: I – pela Câmara de Conciliação e Arbitragem da Administração Federal – CCAF
Portaria nº 1.099/08	Dispõe sobre a conciliação no âmbito da AGU de controvérsias entre a Administração Federal e Administração dos Estados e do DF	art. 1º – "O deslinde, em sede administrativa, de controvérsias entre a Administração Federal e a Administração dos Estados e do Distrito Federal, por meio de conciliação, far-se-á nos termos desta portaria".
Lei estadual nº 5.427/09	Dispõe sobre atos e processos administrativos no âmbito do Estado do Rio de Janeiro	art. 46 – "No exercício de sua função decisória, poderá a Administração firmar acordos com os interessados, a fim de estabelecer o conteúdo discricionário do ato terminativo do processo, (...), desde que a opção pela solução consensual, devidamente motivada, seja compatível com o interesse público".

DIREITO POSITIVO	EMENTA	NORMA
Lei nº 13.242/15	Lei de Diretrizes Orçamentárias 2016	art. 121. "A Comissão Mista a que se refere o §1º do art. 166 da Constituição Federal poderá realizar audiências públicas com vistas a subsidiar as deliberações acerca do bloqueio ou desbloqueio de contratos, convênios, etapas, parcelas ou subtrechos relativos a subtítulos nos quais forem identificados indícios de irregularidades graves.
Lei nº 12.348/10	Dispõe sobre o limite de endividamento de Municípios em operações de crédito destinadas ao financiamento de infra-estrutura para a realização da Copa do Mundo Fifa 2014 e dos Jogos Olímpicos e Paraolímpicos de 2016	art. 8º, §1º – "A União fica autorizada a celebrar acordos, renunciar valores, principais e acessórios, nas ações de que trata o *caput*, até a quitação total dos precatórios, (...)".
STF. RE nº 253.885-0/MG. rel. Min. Ellen Gracie. 04.06.02	O RE analisou a necessidade de previsão legal expressa autorizativa para a celebração de acordos administrativos e se essa celebração afronta o princípio da indisponibilidade do interesse público	"Há casos em que o princípio da indisponibilidade do interesse público deve ser atenuado, mormente quando se tem em vista que a solução adotada pela Administração é a que melhor atenderá à ultimação deste".
STJ. MS nº 10.792-DF. rel. Min. Hamilton Carvalhido. 10.05.06	O MS reconheceu o direito fundamental a boa administração no exercício da função administrativa.	"(...) a atividade administrativa deve desenvolver-se no sentido de dar pleno atendimento ou satisfação às necessidades a que visa suprir, em momento oportuno e de forma adequada. Impõe-se aos agentes administrativos, em outras palavras, o cumprimento do dever de boa administração".
TCU. Ac. nº 2.094/09. rel. Min. José Jorge. 11.09.09	Tratavam os autos de Relatório de levantamento de auditoria realizado no âmbito do Fiscobrás 2009, relativo às obras de construção de unidades estacionárias de produção no exterior. Discutia-se a presença de cláusula compromissória de resolução de conflitos por meio da utilização do instituto da arbitragem nesses contratos e se essas estavam de acordo com os preceitos da Lei nº 8.666/93.	(...) "Por constar nos contratos de construção das plataformas P55 e P57, cláusula compromissória de solução de conflitos por meio da arbitragem (...), coube proposta de determinação de medida saneadora à Petrobrás e suas subsidiárias para que, nos contratos firmados em que seja incluída cláusula arbitral, restrinja a resolução dos eventuais litígios a assuntos relativos à sua área-fim e a disputas eminentemente técnicas oriundas da execução dos aludidos contratos".

III

Notas explicativas ao quadro síntese

1. O quadro mostra que a Constituição de 1988 é o marco delimitador da consensualidade no direito público brasileiro: antes dela, presença rarefeita, quase imperceptível, posto que tampouco a doutrina dela cogitava; depois da CR/88, ganha densidade crescente, até ser objeto ostensivo de normas específicas.

Na segunda metade do século passado, apenas duas normas legais referiam alternativas que poderiam ser consideradas precursoras do que hoje se conhece por consensualidade: (a) a do art. 10 da chamada Lei Geral das Desapropriações, por necessidade ou utilidade pública (Decreto-lei nº 3.365/41), a admitir que a desapropriação se efetivasse mediante acordo; (b) a do art. 5º, §6º, do diploma disciplinador da ação civil pública (Lei nº 7.347/85), que autoriza os órgãos legitimados a "tomar dos interessados compromisso de ajustamento de conduta às exigências legais, mediante cominações, que terá eficácia de título executivo extrajudicial".

Ainda assim, a possibilidade de acordo, em sede administrativa, quanto ao valor da indenização a ser paga pelo bem expropriado, era antes manejada como uma alternativa assegurada ao poder expropriante de impor ao expropriado o valor que entendesse compatível com suas disponibilidades orçamentárias, coagindo-o a aceitá-lo sob pena de ver postergado, por largo tempo, o pagamento, até que se ultimasse a ação de desapropriação e fosse cumprido o sistema de precatórios, sabidamente demorado. Daí o pequeno número de desapropriações resolvidas por meio de acordo administrativo, tão insatisfatório é o valor oferecido pelo expropriante nessa sede. Em outras palavras: a possibilidade legal de acordo nada mais era – e ainda tende a ser – do que artifício a ser esgrimido unilateralmente pelo poder expropriante, desde que resignado o expropriado a receber de indenização valor aquém daquele que a Constituição da República quer que seja justo, prévio e em dinheiro.

Mais de quarenta anos se passaram até que a lei da ação civil pública engendrou o compromisso de ajustamento de conduta, que se veio a transformar em um dos mais efetivos instrumentos de consensualidade, na medida em que o Ministério Público passou a fazer uso habitual do inquérito civil para apurar responsabilidades em número cada vez maior de situações diversas, sujeitas à ação coletiva, por isto que preferível lavrar-se o termo de ajustamento de conduta com o fim de evitar a demanda e suas consequências. Ainda assim, a maior desenvoltura do *Parquet* no uso da ação civil pública deveu-se aos estímulos advindos das novas missões institucionais que lhe assinou a CR/88, às quais se devem submeter tanto pessoas privadas quanto públicas.

2. A Constituição de 1988, ao distribuir por seu texto várias referências à participação da sociedade, direta ou reflexamente, na gestão pública, semeia a ideia da consensualidade no atuar do estado brasileiro, com dois objetivos que se foram tornando nítidos: (a) limitar o poder do estado em face da sociedade; (b) estimular o amadurecimento da sociedade na gestão das instituições, seja definindo suas escolhas, traçando políticas públicas e cobrando-lhes a respectiva execução, ou sendo, afinal, senhora de seu próprio destino, de acordo com suas identificadas vocações.

Ingressam, no cotidiano da administração pública, os direitos do usuário de serviços públicos, o dever jurídico de proceder a audiências públicas e de prestar informações, a iniciativa popular das leis, os consórcios e convênios de cooperação, a gestão associada de serviços públicos, que darão fundamento e inspiração à legislação infraconstitucional para a criação de instrumentos e condições de parcerias público-privadas.

Mais recentemente, emenda constitucional autorizou o uso de ato administrativo (decreto) para dispor sobre "organização e funcionamento da administração, quando não implicar aumento de despesa nem criação ou extinção de órgãos públicos" (art. 84, VI, "a"), o que viabilizou a concepção de vias resolutórias ou preventivas de conflitos mediante consenso, no seio da própria administração pública, como se verá.

3. A partir de 1993, sucedem-se, a intervalos temporais cada vez menores – a demonstrar o caráter de processo histórico-cultural irreversível –, leis e atos normativos estabelecendo instrumentos e procedimentos que, progressivamente, vão dando corpo, identidade e densidade à consensualidade como conceito jurídico. Jurídico no sentido de fenômeno gerador de direitos e obrigações que afetam o ato administrativo no seu plano de validade, com aptidão, destarte, para atrair a incidência de controles legitimados a declarar a invalidade dos atos praticados sem a sua observância, passíveis, por isso, de nulidade ou anulação. Ou, ainda, como vias alternativas para compor conflitos sem a intervenção da tutela jurisdicional.

Assim:

- na Lei Geral das Licitações e Contratações da Administração Pública (nº 8.666/93), se exige audiência pública obrigatória para a instauração de processo licitatório quando o objeto em disputa for de valor superior a determinado piso (art. 39);

- na Lei Orgânica da Advocacia Geral da União (AGU) (nº 73/93), ao órgão se outorgam poderes para, entre outros, acordar e firmar compromisso (art. 4º, VI);

- na Lei regente das concessões e permissões da prestação de serviços públicos (nº 8.987/95), se admite o emprego da arbitragem par solucionar disputas decorrentes ou relacionadas ao contrato de concessão (art. 23-A);

- na Lei regulamentadora do funcionamento da AGU (nº 9.469/97), consagra-se o termo de ajustamento de conduta para prevenir ou terminar litígios, inclusive entre órgãos e entidades integrantes da administração pública federal (art. 4º-A);

- na Lei instituidora da Agência Nacional do Petróleo (nº 9.478/97), enfatiza-se a conciliação e o arbitramento como procedimentos a serem adotados para a solução de conflitos entre agentes econômicos e entre estes e usuários e consumidores (art. 20);

- na Lei definidora das Organizações Sociais (OS) (nº 9.637/98), cria-se o contrato de gestão entre o poder público e a OS (art. 5º);

- na Lei reguladora do processo administrativo federal (nº 9.784/99), alude-se à abertura de consulta pública, com o fim de garantir a pessoas físicas ou jurídicas o exame dos autos (art. 31, §1º);

- na Lei definidora das Organizações da Sociedade Civil de Interesse Público (nº 9.790/99), institui-se o termo de parceria entre o poder público e a OSCIP (art. 9º);

- na Lei instituidora da Agência Nacional de Transportes Terrestres (nº 10.233/01), admitem-se a conciliação e a arbitragem como vias de solução de controvérsias relacionadas com o contrato e sua execução (fls. 35, XVI);

- na Lei criadora das parcerias público-privadas (PPP) (nº 11.079/04), inclui-se a arbitragem entre os mecanismos de resolução de disputas (art. 11, III).

4. Destaque-se que, na esfera das administrações estaduais, a Lei nº 5.427/09, que dispõe sobre atos e processos administrativos no âmbito do Estado do Rio de Janeiro, autorizou a administração a "firmar acordos com os interessados, a fim de estabelecer o conteúdo discricionário do ato terminativo do processo [...], desde que a opção pela solução consensual, devidamente motivada, seja compatível com o interesse público" (art. 46).

Notável a evolução sobretudo quanto à discricionariedade, antes bastião inexpugnável da autoridade pública unilateral, a ponto de ser considerada insindicável por instituições de controle externo, sequer o Judiciário, agora podendo, por expressa disposição legal, ter até mesmo o seu conteúdo terminativo do processo definido por solução consensual.

5. Ainda de realçar-se a contribuição extraordinária da consensualidade, adotada como procedimento para resolver conflitos entre órgãos e entidades da administração pública federal, a partir da Lei nº 9.469/97, com base na qual foram editadas as Portarias de nº 1.281/07 e nº 1.099/08, que disciplinam o deslinde, em sede administrativa, de controvérsias entre aqueles órgãos e entidades perante a Câmara de Conciliação e Arbitragem da Administração Federal (CCAF), formada pela Advocacia Geral da União.

Nos últimos cinco anos, mais de duzentos conflitos de interesses e divergências de entendimentos foram compostos por essa Câmara, com admiráveis resultados. Matérias pendentes foram esquadrinhadas e resolvidas com economia de tempo, de recursos e de credibilidade de agentes públicos, até então envolvidos em querelas cuja permanência desserve ao interesse público, inclusive por efeito paralisante do exercício de competências e da aplicação de recursos financeiros.

6. A mais recente ilustração das possíveis usos da consensualidade – como se vê, expandindo o seu campo de aplicação – foi veiculada pela Lei de Diretrizes Orçamentárias que balizou a elaboração do orçamento geral da União para o exercício de 2011. A LDO nº 12.309/10 facultou a Comissão Mista do Orçamento do Congresso Nacional a realizar "audiências públicas com vistas a subsidiar as deliberações acerca dos bloqueios e desbloqueios dos subtítulos relativos a obras e serviços irregulares" (art. 98).

O Tribunal de Contas da União valeu-se do permissivo e solicitou à CMO audiência pública com os gestores de obras federais cujos editais de licitação ou contratos em curso fossem portadores de irregularidades que a Corte de Controle Externo reputava graves, a ponto de justificar a suspensão do certame ou da execução do contrato enquanto não fossem sanadas. Em sua maioria, tais irregularidades consistiam em preços superfaturados. Eram em número superior a trinta. Mercê das audiências, os respectivos gestores comprometeram-se a corrigir os defeitos apontados e as obras prosseguiram. Em apenas seis não se chegou a consenso na audiência, por isso que o TCU veio, posteriormente, a propor a suspensão.

7. Não se mostra exagerada a conclusão, à vista da evolução histórica e dos resultados obtidos onde quer que foi aplicada, que a consensualidade é, hoje, e o será, de futuro, uma das principais aliadas do princípio constitucional da eficiência, seja em sua acepção estrita de relação custo-benefício em cada agir estatal, ou na acepção de eficácia para a consecução de finalidades legitimadas pelo interesse público, identificado não apenas pelos agentes estatais, mas por estes em consenso com a sociedade.

CAPÍTULO IX

OS IMPEDIMENTOS NOS CONTRATOS ADMINISTRATIVOS ACAUTELAM A GESTÃO PÚBLICA?

> *...faculdades e universidades não são mais viveiros para aqueles pesquisadores que Francis Bacon, no século XVI, chamou de "mercadores da luz". Ensinamos a nós mesmos a perguntar "quanto isso vai custar?" e "quanto tempo isso vai levar?", em vez de "por quê?".*
>
> (MANGUEL, Alberto. *Uma história natural da curiosidade.* Tradução Paulo Geiger. São Paulo: Companhia das Letras, 2016. p. 15).

1 Introdução

A ordem jurídico-administrativa brasileira impõe dois deveres de cautela ao administrador público que pretenda valer-se da execução de obras, serviços e compras por terceiros privados.

O primeiro dever é o de verificar se o candidato a contraente com o poder público preenche todos os requisitos legais para vir a ser titular de direitos e obrigações dispostos em cláusulas contratuais, ou seja, em outras palavras, se está habilitado a contratar quanto à regularidade da constituição de sua personificação jurídica, quanto à regularidade de suas relações com o fisco e com a segurança social e trabalhista, quanto à sua qualificação técnica e quanto à sua qualificação econômico-financeira para assumir e bem desempenhar os encargos contratuais; são os requisitos de habilitação a que se referem os artigos 27 a 31 da Lei Geral das Licitações e Contratações Administrativas (Lei nº 8.666/93 e suas alterações posteriores), com fundamento no art. 37, XXI, da Constituição da República.

O segundo dever é o de verificar se o candidato a contraente com o poder público não incide em qualquer dos impedimentos expressos na legislação ou decorrentes dos princípios regentes da atividade administrativa pública, que lhe obstem vir a ser contratado, à vista do art. 37, *caput*, da Carta Fundamental.

O cumprimento do primeiro dever jurídico resultará da estrita aplicação de normas tal como enunciadas na legislação, e que devem constar nos editais de licitação ou na instrução dos processos de contratação direta (sem licitação). Por isso que é objeto de farta análise doutrinária e jurisprudencial, bem como no cotidiano da práxis administrativa pública.

O cumprimento do segundo dever jurídico resultará não apenas da aplicação de regras expressas, mas, também, da submissão da gestão pública a princípios. Provoca análises de outra natureza, menos atreladas ao positivismo estrito e, por isso mesmo, menos versada do que seria o necessário para bem cuidar-se da moralidade administrativa, vítima de tantos assédios.

Tal é a proposta que justifica as breves reflexões do presente texto.

2 Impedimento decorrente de sanção administrativa

A equidistância de agentes qualificados do poder público é questão universal. As leis materiais e processuais discriminam, por toda parte, as hipóteses em que esses agentes se devem dar por impedidos ou suspeitos para atuar e, por conseguinte, se devem afastar do exercício das funções enquanto perdurar o motivo do impedimento ou da suspeição. E são sempre numerosas essas hipóteses, a denotar empenho da ordem jurídica por prevenir o maior número possível de situações aptas a ameaçar a isenção e a probidade do agente para conduzir-se de acordo com o interesse público. Basta ilustrar, exemplificativamente, com o extenso rol de motivos que impõem ao magistrado o dever de afastar-se de determinado julgamento (CPC/2015, artigos 144-145).

Assim também ocorre na atividade contratual do poder público, que movimenta negócios cujos valores, somados em todas as esferas da federação brasileira, situam-se entre 13% e 16% do Produto Interno Bruto.

O órgão subordinado ou a entidade vinculada da administração pública que decida contratar compras, obras ou serviços a particulares do mercado (pessoa física ou jurídica) deve verificar, em procedimento próprio, se estes atendem aos requisitos de habilitação previstos em lei e exigidos em edital de licitação ou na fase instrutória de processo de contratação direta. Mas, além do atendimento a tais requisitos, cumpre ao órgão ou à entidade sindicar se existe impedimento individualizado que obste a contratação.

A vigência de sanção administrativa, com o efeito de proibir a participação em licitação e a contratação com o poder público, não se encontra entre os requisitos de habilitação previstos no taxativo elenco de documentos dos artigos 27 a 31 da Lei nº 8.666/93; por conseguinte, não pode ser motivo de inabilitação, mas a aplicação dessa sanção, cuja vigência se apura mediante consulta a sistemas oficiais de registro de penalidades, acarreta a impossibilidade de participar de licitação e de ser contratado, fato gerador de questões a serem dirimidas em seus respectivos contextos.

Pessoas físicas e jurídicas podem ser sancionadas em razão do não cumprimento de obrigações contratuais ou por ilícitos cometidos no curso do procedimento licitatório. Assim estipulam: (a) a Lei nº 8.666/93 (artigos 87, III e IV, e 88); (b) a Lei nº 10.520/02 (art. 7º); (c) a Lei nº 12.462/11 (art. 47); (d) a Lei nº 8.443/92 (art. 46); (e) a Lei nº 12.529/11 (art. 38, II); (f) a Lei nº 10.683/03 (artigos 17 e 18); (g) a Lei nº 8.429/92 (art. 12, I, II e III); (h) a Lei nº 9.605/98 (art. 72, XI, §8º, V); e (i) a Lei nº 12.527/11 (art. 33, IV, V, §§2º e 3º).

A Lei nº 4.737/65, que instituiu o Código Eleitoral, prevê que, sem a prova de que votou na última eleição, pagou a respectiva multa ou de que se justificou devidamente, não poderá o eleitor participar de concorrência pública ou administrativa da União, dos estados, do Distrito Federal ou dos municípios, ou das respectivas autarquias. Assim:

Art. 7º O eleitor que deixar de votar e não se justificar perante o juiz eleitoral até 30 (trinta) dias após a realização da eleição, incorrerá na multa de 3 (três) a 10 (dez) por cento sobre o salário-mínimo da região, imposta pelo juiz eleitoral e cobrada na forma prevista no art. 367. §1º Sem a prova de que votou na última eleição, pagou a respectiva multa ou de que se justificou devidamente, não poderá o eleitor: [...] III – participar de concorrência pública ou administrativa da União, dos Estados, dos Territórios, do Distrito Federal ou dos Municípios, ou das respectivas autarquias;

A Lei nº 12.846/13, que dispõe sobre a responsabilização administrativa e civil de pessoas jurídicas pela prática de atos contra a administração pública, nacional ou estrangeira, prevê, de forma reflexa, a proibição para contratar com a administração pública em razão de sanção de suspensão ou interdição parcial de suas atividades:

Art. 19. Em razão da prática de atos previstos no art. 5º desta Lei, a União, os Estados, o Distrito Federal e os Municípios, por meio das respectivas Advocacias Públicas ou órgãos de representação judicial, ou equivalentes, e o Ministério Público, poderão ajuizar ação com vistas à aplicação das seguintes sanções às pessoas jurídicas infratoras:
I – perdimento dos bens, direitos ou valores que representem vantagem ou proveito direta ou indiretamente obtidos da infração, ressalvado o direito do lesado ou de terceiro de boa-fé;
II – suspensão ou interdição parcial de suas atividades; (grifamos)
III – dissolução compulsória da pessoa jurídica;
IV – proibição de receber incentivos, subsídios, subvenções, doações ou empréstimos de órgãos ou entidades públicas e de instituições financeiras públicas ou controladas pelo poder público, pelo prazo mínimo de 1 (um) e máximo de 5 (cinco) anos.

O Código de Processo Penal, em seu art. 319, VI, prevê que:

Art. 319. São medidas cautelares diversas da prisão: [...] VI – suspensão do exercício de função pública ou de atividade de natureza econômica ou financeira quando houver justo receio de sua utilização para a prática de infrações penais;

A medida cautelar de suspensão do exercício de atividade de natureza econômica ou financeira prevista no CPP e a sanção de suspensão ou interdição parcial de atividades, aplicada com base na Lei nº 12.846/13 (Lei Anticorrupção), veiculam condições que impedem a entidade de desenvolver suas atividades regulares e, por conseguinte, de executar o objeto do contrato administrativo, daí ser excluída do certame.

À comissão de licitação ou ao pregoeiro – que representam a administração no curso do procedimento licitatório – incumbe, como dever funcional, certificar-se da existência de eventual proibição ou impedimento de pessoa para participar de licitação e contratar com o poder público. A consulta a registros de sanções administrativas aplicadas se dá por meio dos seguintes sistemas:

(a) Cadastro Nacional de Empresas Inidôneas e Suspensas – CEIS (<www.portal transparencia.gov.br/ceis>);
(b) Licitantes Inidôneas do Tribunal de Contas da União (<http://portal2.tcu.gov.br>);
(c) Sistema de Cadastro Unificado de Fornecedores (SICAF);
(d) Conselho Nacional de Justiça (CNJ) (<http://www.cnj.jus.br>); e

(e) Cadastro Nacional de Empresas Punidas (CNEP), que constitui banco de informações mantido pela ex-Controladoria-Geral da União (CGU), atual Ministério da Transparência, Fiscalização e Controladoria-Geral da União, com o objetivo de compilar a relação das empresas que sofreram qualquer das punições previstas na Lei nº 12.846/13 (Lei Anticorrupção).

Da multiplicação de cadastros de registro de penalidades aplicadas se deduz: (i) ser impositiva a consulta a esses cadastros, instituídos com o fim de prevenir – como próprio de toda medida cautelar – a possibilidade de a administração pública admitir, em licitações ou em contratações diretas, pessoas que demonstraram conduta ou desempenho inaceitável em suas relações passadas com a administração pública; (ii) que tal participação ou contratação, admitida por haver a administração pública negligenciado na consulta aos cadastros, induz a responsabilização dos agentes competentes, ainda que, na nova licitação ou contratação, a pessoa penalizada não reproduza a conduta pela qual foi sancionada no passado; (iii) que a administração pública haverá de distinguir a penalidade já cumprida, esgotada a sua eficácia, da penalidade ainda vigente em seus efeitos, certo que, nessa segunda hipótese, o impedimento é incontornável, ao passo que, na primeira hipótese, o impedimento não se sobrepõe ao mandamento constitucional que recusa caráter perpétuo ao poder punitivo estatal (Constituição Federal, art. 5º, inciso XLVII, "b").

3 Participação de entidade empresarial com objeto social similar e sócio em comum com entidade empresarial proibida de participar de licitações e contratar com o poder público

Em face de impedimento resultante de sanção, seria possível admitir a participação, em licitação ou contratação direta, de entidade empresarial que possua objeto social similar e sócio em comum com entidade empresarial proibida de participar de licitações ou contratar com o poder público?

O Sistema de Cadastramento Unificado de Fornecedores (SICAF) informa a ocorrência impeditiva indireta em nome de fornecedores consultados, na hipótese de um dos sócios da empresa consultada ou o seu cônjuge integrar também o quadro societário de outra pessoa jurídica proibida ou impedida de participar de licitações ou contratar com o poder público.

A funcionalidade implementada pelo referido sistema visa a evitar que entidades empresariais sancionadas com a proibição de participar de licitações e de contratar com o poder público, para o efeito de contornar a proibição, participem de licitações por meio de outras pessoas jurídicas pertencentes aos mesmos sócios.

A funcionalidade do SICAF baseou-se em precedentes do Tribunal de Contas da União, a saber:

[...] 2. Incumbe a cada órgão da Administração impedir a participação de sociedade empresária que comparece a certame licitatório no intuito de esquivar-se de sanção aplicada por ente diverso da Administração. 3. Presume-se fraude quando a sociedade que procura participar de certame licitatório possui objeto social similar e, cumulativamente, ao menos um sócio-controlador e/ou sócio-gerente em comum com a entidade apenada com as sanções de suspensão temporária ou declaração de inidoneidade, previstas no inciso III e IV do art. 87 da Lei 8.666/93. (Acórdão nº 2.218/2011 – Primeira Câmara, Rel. Min. José Múcio Monteiro, Processo nº 025.430/2009-5)

A presente denúncia informa acerca de possível tentativa de burla à penalidade de inidoneidade para licitar com a Administração, aplicada à Adler Assessoramento Empresarial e Representações Ltda. pelo Governo do Distrito Federal (GDF), por meio da utilização de outra sociedade empresarial, pertencente aos mesmos sócios e que atua na mesma área.

2. De fato, a R.E. Engenharia Ltda. – ME possui a mesma composição societária que a Adler, como se verifica a partir das pesquisas feitas no CNPJ, autuadas sob as peças 5 e 6. Apesar de essa empresa ter sido criada em 2006, antes, portanto, da sanção de inidoneidade, efetivada em 11/08/2011 (peça 4), ela incorporou a Adler em 09/12/2011 (peça 9, p. 13), absorvendo todo seu acervo técnico, além de sucedê-la nos contratos em curso.

3. Obviamente, tal manobra teve a intenção de contornar o impedimento legal aplicado à Adler, devendo ser tolhida por esta Corte de Contas. A fraude, aqui, configura-se a partir da assunção do acervo técnico e humano e dos contratos da Adler pela R. E. Engenharia. A transferência de toda a capacidade operacional de uma entidade para outra evidencia o propósito de dar continuidade às atividades da empresa inidônea sob nova denominação.

4. O Tribunal, ao examinar, em ocasião anterior, matéria análoga, já havia se pronunciado sobre a irregularidade de tal tipo de operação, registrando na ementa do Acórdão 2.218/2011 – 1ª Câmara o seguinte entendimento:

"3. Presume-se fraude quando a sociedade que procura participar de certame licitatório possui objeto social similar e, cumulativamente, ao menos um sócio-controlador e/ou sócio-gerente em comum com a entidade apenada com as sanções de suspensão temporária ou declaração de inidoneidade, previstas nos incisos III e IV do art. 87 da Lei 8.666/1993."

5. A situação verificada nos presentes autos possui muito mais elementos de convicção acerca da existência de tentativa de burla ao disposto na Lei 8.666/1993 do que a hipótese delineada no acórdão mencionado.

6. Em meu modo de ver, três características fundamentais permitem configurar a ocorrência de abuso da personalidade jurídica neste caso:

a) a completa identidade dos sócios-proprietários;

b) a atuação no mesmo ramo de atividades;

c) a transferência integral do acervo técnico e humano. (grifamos)

7. Apesar de nossa legislação civil garantir às pessoas jurídicas existência distinta da de seus donos, tal proteção não abrange os casos de abuso, a exemplo de simulações que operam à margem da lei, como a aqui examinada. Sobre o tema, Marçal Justen Filho assim se pronunciou (Comentários à Lei de Licitações e Contratos Administrativos, 13ª ed., pág. 799):

"Não se trata de ignorar a distinção ente a pessoa da sociedade e a de seus sócios, que era formalmente consagrada pelo art. 20 do Código Civil/1916. Quando a pessoa jurídica for a via para realização da fraude, admite-se a possibilidade de superar-se sua existência. Essa questão é delicada mas está sendo enfrentada em todos os ramos do Direito. Nada impede sua aplicação no âmbito do Direito Administrativo, desde que adotadas as cautelas cabíveis e adequadas."

8. Examinados, os argumentos apresentados pela R.E. Engenharia e por seu proprietários foram incapazes de afastar, após avaliadas as circunstâncias e os fatos concretos que orientaram os atos praticados, os indícios de que a incorporação foi realizada exclusivamente com o intuito de possibilitar a supressão da pena administrativa anteriormente aplicada. Assim, os efeitos da sanção de inidoneidade imposta à Adler devem ser estendidos à empresa que a incorporou, a R.E. Engenharia.

9. Registro, ainda, que, se como alegado pelos interessados, a penalidade já estiver prescrita, ou, se for providenciada a reabilitação da empresa, haverá extinção da pena original que

se irradiará também em relação a esta decisão. Mas tal efeito só se concretizará quando realmente cessar a eficácia da sanção anteriormente aplicada, hipótese estranha ao objeto dos presentes autos. (Acórdão nº 1.831/2014 – Plenário, Rel. Min. José Múcio Monteiro Processo nº 022.685/2013-8)

Não há, no regime tradicional de licitações e contratações públicas da Lei nº 8.666/93, nem na Lei nº 10.520/02, que instituiu a modalidade do pregão, nem no regime diferenciado de contratações públicas da Lei nº 12.462/11, vedação a respeito da participação na licitação ou a contratação direta de entidade empresarial que possua em seu quadro societário sócio de outra entidade empresarial proibida ou impedida de participar de licitações ou contratar com o poder público.

Tratamento diverso veio dar a Lei nº 13.303/16, que veicula o estatuto jurídico da empresa pública, da sociedade de economia mista e de suas subsidiárias. De acordo com o art. 38 desse diploma, está impedida de participar de licitações e de ser contratada pela empresa pública ou sociedade de economia mista a empresa: (a) constituída por sócio de empresa que estiver suspensa, impedida ou declarada inidônea; (b) cujo administrador seja sócio de empresa suspensa, impedida ou declarada inidônea; (c) constituída por sócio que tenha sido sócio ou administrador de empresa suspensa, impedida ou declarada inidônea, no período dos fatos que deram ensejo à sanção; (d) cujo administrador tenha sido sócio ou administrador de empresa suspensa, impedida ou declarada inidônea, no período dos fatos que deram ensejo à sanção; e (e) que tiver, nos seus quadros de diretoria, pessoa que participou, em razão de vínculo de mesma natureza, de empresa declarada inidônea.

A inexistência de vedação expressa na Lei nº 8.666/93, na Lei nº 10.520/02 e na Lei nº 12.462/11 impede que a comissão de licitação e o pregoeiro excluam a entidade empresarial do certame pelo só fato de possuir sócio que também integre o quadro societário de empresa proibida ou impedida de participar de licitações ou contratar com o órgão ou entidade pública. Nem se poderia estender, por analogia, a vedação prevista na Lei nº 13.303/16 aos referidos regimes de licitação, por aplicação do princípio da legalidade estrita.

A exclusão da entidade empresarial do certame, no entanto, será juridicamente possível se aplicada a teoria da desconsideração da personalidade jurídica, como se demonstra a seguir.

4 A desconsideração da personalidade jurídica na atividade contratual da administração pública

A personalidade jurídica de empresa contratada pela administração pública poderá ser desconsiderada sempre que utilizada, com abuso do direito, para facilitar, encobrir ou dissimular a prática de atos ilícitos, para provocar confusão patrimonial ou for constituída em fraude à lei e com abuso de forma.

No âmbito das licitações e contratações administrativas, aplica-se a *disregard doctrine* para desconsiderar a personalidade jurídica de sociedade empresarial,[162] para

---

[162] Sobre a aplicação da *disregard doctrine,* trazem-se à colação dois julgados do Superior Tribunal de Justiça e um do Supremo Tribunal Federal, respectivamente:

o efeito de estender-lhe a penalidade aplicada a outra, tendo sido aquela constituída ulteriormente a esta, com sócio comum ou sócios comuns e com o mesmo objeto social, no evidente intuito de ladear o impedimento decorrente de sanção aplicada e viabilizar a participação da nova sociedade em licitações e contratações com a administração pública.

Constitui instrumento eficaz de combate à fraude e homenageia os princípios que, na Constituição Federal, tutelam a atividade administrativa do estado, sem embargo de serem assegurados ao contratado o contraditório e a ampla defesa em processo administrativo regular.

No processo administrativo que aplique a *disregard doctrine*, é necessário aquilatar, dentre outros elementos, a data de constituição das empresas, a identidade dos sócios,

---

"ADMINISTRATIVO. RECURSO ORDINÁRIO EM MANDADO DE SEGURANÇA. LICITAÇÃO. SANÇÃO DE INIDONEIDADE PARA LICITAR. EXTENSÃO DE EFEITOS À SOCIEDADE COM O MESMO OBJETO SOCIAL, MESMOS SÓCIOS E MESMO ENDEREÇO. FRAUDE À LEI E ABUSO DE FORMA. DESCONSIDERAÇÃO DA PERSONALIDADE JURÍDICA NA ESFERA ADMINISTRATIVA. POSSIBILIDADE. PRINCÍPIO DA MORALIDADE ADMINISTRATIVA E DA INDISPONIBILIDADE DOS INTERESSES PÚBLICOS. A constituição de nova sociedade, com o mesmo objeto social, com os mesmos sócios e com o mesmo endereço, em substituição a outra declarada inidônea para licitar com a Administração Pública Estadual, com o objetivo de burlar à aplicação da sanção administrativa, constitui abuso de forma e fraude à Lei de Licitações Lei n.º 8.666/93, de modo a possibilitar a aplicação da teoria da desconsideração da personalidade jurídica para estenderem-se os efeitos da sanção administrativa à nova sociedade constituída. A Administração Pública pode, em observância ao princípio da moralidade administrativa e da indisponibilidade dos interesses públicos tutelados, desconsiderar a personalidade jurídica de sociedade constituída com abuso de forma e fraude à lei, desde que facultado ao administrado o contraditório e a ampla defesa em processo administrativo regular. Recurso a que se nega provimento" (RMS nº 15.166/BA, Rel. Min. Castro Meira, 2ª Turma, DJ de 08.09.03);
"PROCESSUAL CIVIL E ADMINISTRATIVO. RECURSO ORDINÁRIO EM MANDADO DE SEGURANÇA. LICITAÇÃO PARA COMPRA DE MEDICAMENTOS. SÓCIA MAJORITÁRIA DE EMPRESA VENCEDORA DO CERTAME. IMPEDIMENTO DE LICITAR E CONTRATAR COM A ADMINISTRAÇÃO PÚBLICA. EXTENSÃO DOS EFEITOS DA PENALIDADE. DESCABIMENTO. 1. [...] 2. A penalidade de impedimento de licitar e contratar com a Administração Pública, prevista no art. 7º da Lei n. 10.520/2002, imposta a pessoa jurídica sócia majoritária de empresa vencedora de certame licitatório pode recair sobre a licitante se patente o intuito de burlar aquela sanção administrativa. 3. A doutrina de Marçal Justen Filho admite "a extensão do sancionamento à pessoa física ou a terceiros na medida em que se evidencie a utilização fraudulenta e abusiva da pessoa jurídica". 4. Hipótese em que não ficou identificado, nas instâncias ordinárias, dolo ou má-fé por parte da licitante vencedora, constituída desde 22.09.1981, mas sim vultosa diferença (mais de 6 milhões de reais) entre a sua proposta e aquela ofertada pela recorrente, conclusão cujo afastamento "exige ampla dilação probatória, providência, contudo, incompatível com o rito do mandado de segurança" (MS 14.856/DF, Rel. Ministro MARCO AURÉLIO BELLIZZE, TERCEIRA SEÇÃO, julgado em 12.09.2012, DJe 25.09.2012). 5. A alteração contratual que conferiu a condição de cotista majoritária à empresa punida antecede o início do cumprimento da sanção aplicada, o que mitiga a tese desclassificatória defendida no mandamus. 6. Recurso desprovido" (RMS nº 39701/SC, Rel. Min. Gurgel de Faria, DJe 08.08.2016);
"EMENTA: PROCEDIMENTO ADMINISTRATIVO E DESCONSIDERAÇÃO EXPANSIVA DA PERSONALIDADE JURÍDICA. "DISREGARD DOCTRINE" E RESERVA DE JURISDIÇÃO: EXAME DA POSSIBILIDADE DE A ADMINISTRAÇÃO PÚBLICA, MEDIANTE ATO PRÓPRIO, AGINDO "PRO DOMO SUA", DESCONSIDERAR A PERSONALIDADE CIVIL DA EMPRESA, EM ORDEM A COIBIR SITUAÇÕES CONFIGURADORAS DE ABUSO DE DIREITO OU DE FRAUDE. A COMPETÊNCIA INSTITUCIONAL DO TRIBUNAL DE CONTAS DA UNIÃO E A DOUTRINA DOS PODERES IMPLÍCITOS. INDISPENSABILIDADE, OU NÃO, DE LEI QUE VIABILIZE A INCIDÊNCIA DA TÉCNICA DA DESCONSIDERAÇÃO DA PERSONALIDADE JURÍDICA EM SEDE ADMINISTRATIVA. A ADMINISTRAÇÃO PÚBLICA E O PRINCÍPIO DA LEGALIDADE: SUPERAÇÃO DE PARADIGMA TEÓRICO FUNDADO NA DOUTRINA TRADICIONAL? O PRINCÍPIO DA MORALIDADE ADMINISTRATIVA: VALOR CONSTITUCIONAL REVESTIDO DE CARÁTER ÉTICO-JURÍDICO, CONDICIONANTE DA LEGITIMIDADE E DA VALIDADE DOS ATOS ESTATAIS. O ADVENTO DA LEI Nº 12.846/2013 (ART. 5º, IV, "e", E ART. 14), AINDA EM PERÍODO DE "VACATIO LEGIS". DESCONSIDERAÇÃO DA PERSONALIDADE JURÍDICA E O POSTULADO DA INTRANSCENDÊNCIA DAS SANÇÕES ADMINISTRATIVAS E DAS MEDIDAS RESTRITIVAS DE DIREITOS. MAGISTÉRIO DA DOUTRINA. JURISPRUDÊNCIA. PLAUSIBILIDADE JURÍDICA DA PRETENSÃO CAUTELAR E CONFIGURAÇÃO DO "PERICULUM IN MORA". MEDIDA LIMINAR DEFERIDA" (MS nº 32494 MC/DF, Rel. Min. Celso de Mello, DJe de 13.11.13).

o ramo de atividade, eventual transferência de acervo técnico, humano e/ou operacional, não sendo suficiente a simples identidade societária, tomada de forma isolada, para concluir que os sócios praticaram tentativa de fraude ou abuso de forma.

A Lei nº 12.846/13, que dispõe sobre a responsabilização administrativa e civil de pessoas jurídicas pela prática de atos contra a administração pública, nacional ou estrangeira, prevê a aplicação da *disregard doctrine* no âmbito da administração pública processante:

> Art. 5º Constituem atos lesivos à administração pública, nacional ou estrangeira, para os fins desta Lei, todos aqueles praticados pelas pessoas jurídicas mencionadas no parágrafo único do art. 1º, que atentem contra o patrimônio público nacional ou estrangeiro, contra princípios da administração pública ou contra os compromissos internacionais assumidos pelo Brasil, assim definidos: [...]
> III – comprovadamente, utilizar-se de interposta pessoa física ou jurídica para ocultar ou dissimular seus reais interesses ou a identidade dos beneficiários dos atos praticados;
> IV – no tocante a licitações e contratos: [...]
> e) criar, de modo fraudulento ou irregular, pessoa jurídica para participar de licitação pública ou celebrar contrato administrativo;
> [...]
> Art. 14. A personalidade jurídica poderá ser desconsiderada sempre que utilizada com abuso do direito para facilitar, encobrir ou dissimular a prática dos atos ilícitos previstos nesta Lei ou para provocar confusão patrimonial, sendo estendidos todos os efeitos das sanções aplicadas à pessoa jurídica aos seus administradores e sócios com poderes de administração, observados o contraditório e a ampla defesa.
> Art. 15. A comissão designada para apuração da responsabilidade de pessoa jurídica, após a conclusão do procedimento administrativo, dará conhecimento ao Ministério Público de sua existência, para apuração de eventuais delitos.

No âmbito do contencioso judicial, a Lei nº 13.105/15 (Código de Processo Civil), artigos 133 a 137, prevê o incidente de desconsideração da personalidade jurídica, que poderá ser instaurado a pedido da parte ou do Ministério Público, quando lhe couber intervir no processo.

Sobre a aplicação da teoria da desconsideração da personalidade jurídica, remete-se à leitura do capítulo intitulado "A desconsideração da personalidade jurídica em face de impedimentos para participar de licitações e contratar com a administração pública – Limites jurisprudenciais", em *Políticas públicas nas licitações e contratações administrativa*. 2. ed. Belo Horizonte: Fórum, 2012.

5 Hipóteses de improbidade administrativa

No âmbito da Lei nº 8.429/92 (Lei de Improbidade Administrativa), uma das sanções aplicáveis ao agente público e ao agente privado[163] que, comprovadamente,

---

[163] A Lei de Improbidade Administrativa não alcança apenas o agente público, em seu sentido *lato*, ou seja, todo aquele que presta qualquer atividade pública ao Estado, no sentido mais amplo possível dessa expressão, mas também, o particular que, comprovadamente, tenha induzido ou concorrido para a prática do ato de improbidade ou dele se beneficiado sob qualquer forma direta ou indireta. Sublinhe-se, contudo, que não havendo participação de agente público, deve ser afastada a incidência da LIA, estando o particular sujeito a sanções previstas em outras disposições legais aplicáveis.

induza ou concorra para a prática do ato de improbidade ou dele se beneficie sob qualquer forma, direta ou indireta, consiste na proibição de contratar com o poder público, ainda que por intermédio de pessoa jurídica da qual seja sócio majoritário. Assim:

> Art. 12. Independentemente das sanções penais, civis e administrativas previstas na legislação específica, está o responsável pelo ato de improbidade sujeito às seguintes cominações, que podem ser aplicadas isolada ou cumulativamente, de acordo com a gravidade do fato:
> I – na hipótese do art. 9º, perda dos bens ou valores acrescidos ilicitamente ao patrimônio, ressarcimento integral do dano, quando houver, perda da função pública, suspensão dos direitos políticos de oito a dez anos, pagamento de multa civil de até três vezes o valor do acréscimo patrimonial e **proibição de contratar com o Poder Público ou receber benefícios ou incentivos fiscais ou creditícios, direta ou indiretamente, ainda que por intermédio de pessoa jurídica da qual seja sócio majoritário, pelo prazo de dez anos;**
> II – na hipótese do art. 10, ressarcimento integral do dano, perda dos bens ou valores acrescidos ilicitamente ao patrimônio, se concorrer esta circunstância, perda da função pública, suspensão dos direitos políticos de cinco a oito anos, pagamento de multa civil de até duas vezes o valor do dano e **proibição de contratar com o Poder Público ou receber benefícios ou incentivos fiscais ou creditícios, direta ou indiretamente, ainda que por intermédio de pessoa jurídica da qual seja sócio majoritário, pelo prazo de cinco anos;**
> III – na hipótese do art. 11, ressarcimento integral do dano, se houver, perda da função pública, suspensão dos direitos políticos de três a cinco anos, pagamento de multa civil de até cem vezes o valor da remuneração percebida pelo agente e **proibição de contratar com o Poder Público ou receber benefícios ou incentivos fiscais ou creditícios, direta ou indiretamente, ainda que por intermédio de pessoa jurídica da qual seja sócio majoritário, pelo prazo de três anos.** (grifamos)

Resulta vedada, pois, a participação, em licitação ou contratação direta, de entidade empresarial que possua sócio majoritário sancionado com base na Lei de Improbidade Administrativa, pelo prazo fixado em sentença condenatória.

6 Participação de duas filiais de dada empresa, de empresa matriz e sua filial, de empresas coligadas, de empresas com sócios em comum ou de empresas cujos sócios tenham relação de parentesco

Não há vedação expressa na Lei nº 8.666/93, na Lei nº 10.520/02 e na Lei nº 12.462/11 a que empresas coligadas (empresa matriz e sua filial ou, ainda, empresas filiais), com sócios em comum ou cujos sócios possuam relação de parentesco, participem de licitação. Essas condições não são, por si só, suficientes para frustrar o caráter competitivo ou a quebra do sigilo das propostas. Justificável a vedação na modalidade convite, em que os licitantes são escolhidos e convidados pelo órgão promotor da licitação, podendo a escolha recair sobre grupo econômico constituído por sócios comuns ou grupo familiar, facilitando, pois, o acerto de preços entre os licitantes. Conforme precedente do Tribunal de Contas da União, *"Em licitações na modalidade convite, é irregular a participação de empresas com sócios em comum, pois tal situação afasta o caráter competitivo do certame e configura fraude à licitação"* (Acórdão nº 3.108/2016 – Primeira Câmara, Rel. Min. Bruno Dantas, Processo nº 030.284/2013-9).

Ainda de acordo com a Corte de Contas federal, a participação simultânea de duas filiais de dada empresa, de empresa matriz e sua filial, de empresas coligadas, de empresas com sócios em comum ou de empresas cujos sócios tenham relação de parentesco, em licitação, não afronta a legislação vigente e somente merece ser considerada irregular quando puder alijar do certame outros potenciais participantes, como nos casos de: a) convite; b) contratação por dispensa de licitação; c) existência de relação entre as licitantes e a empresa responsável pela elaboração do projeto executivo; d) contratação de uma das empresas para fiscalizar serviço prestado por outra.

Por não existir previsão em lei, não deve o edital da licitação estabelecer vedação a que empresas coligadas, empresas com sócios em comum ou cujos sócios tenham relação de parentesco participem de licitação. Havendo indício de conluio para fraudar o certame, impõe-se sua suspensão para apuração e aplicação de eventuais sanções às empresas licitantes.

No âmbito do Tribunal de Contas da União, há precedentes admitindo a participação em licitação de duas filiais de dada empresa, de empresas coligadas, de empresas com sócios em comum e de empresas cujos sócios tenham relação de parentesco. Também há precedente no sentido de que a participação de empresas com sócios em comum e que disputam um mesmo item prejudica a isonomia e a competitividade do certame. Confiram-se:

(a) não há vedação legal à participação, em uma mesma licitação (pregão), de empresas cujos sócios tenham relações de parentesco entre si, mas que essas relações podem e devem ser levadas em conta sempre que houver indícios consistentes de conluio (Acórdão nº 721/2016 – Plenário, Rel. Min. Vital do Rêgo, *Boletim de Jurisprudência* nº 120, de 2016 e o Acórdão nº 1.448/2013 – Plenário, Rel. Min. Walton Alencar Rodrigues, Processo nº 013.658/2009-4);

(b) participação simultânea de empresas coligadas em licitação afronta a legislação quando evidenciado que a empresa de maior porte – não enquadrada como microempresa ou empresa de pequeno porte – busca usufruir indiretamente dos benefícios da Lei Complementar nº 123/06 por meio da sociedade de pequeno porte (Acórdão nº 2.978/2013 – Plenário, Rel. Min. Benjamin Zymler, Processo nº 036.959/2011-1);

(c) a participação simultânea de empresas com sócios comuns em licitação não afronta a legislação vigente e somente merece ser considerada irregular quando puder alijar do certame outros potenciais participantes, como nos casos de: (i) convite; (ii) contratação por dispensa de licitação; (iii) existência de relação entre as licitantes e a empresa responsável pela elaboração do projeto executivo; (iv) contratação de uma das empresas para fiscalizar serviço prestado por outra (Acórdão nº 526/2013 – Plenário, Rel. Min. Marcos Bemquerer Costa, Processo nº 028.129/2012-1);

(d) a participação de duas filiais de dada empresa em pregão eletrônico não configura, por si só, ilegalidade, especialmente quando as circunstâncias inerentes ao certame apontam no sentido de não ter havido intenção de frustrar-lhe o caráter competitivo (Acórdão nº 972/2012 – Plenário, Rel. Min. Raimundo Carreiro, Processo nº 001.081/2012-8);

(e) a só participação de empresas cujos sócios possuem relação de parentesco não caracteriza fraude à licitação segundo Acórdão nº 2725/2010 – Plenário, Rel. Min. Valmir Campelo, Processo nº 009.422/2010-2;

(f) o convite formulado a sociedades que possuem os mesmos sócios configura fraude à licitação que enseja declaração de inidoneidade (Acórdão nº 140/2010 – Plenário, Rel. Min. Marcos Bemquerer Costa, Processo nº 005.059/2009-4);

(g) a participação de empresas com sócios em comum, disputando um mesmo item na licitação, prejudica a isonomia e a competitividade (Acórdão nº 1.793/2011 – Plenário, Rel. Min. Valmir Campelo, Processo nº 011.643/2010-2);

(h) ainda que não haja vedação legal para a participação em concorrências de empresas com sócios em comum, a fraude à licitação, decorrente da frustração ao caráter competitivo e da quebra do sigilo das propostas, enseja a declaração de inidoneidade das empresas pertencentes a uma mesma pessoa (Acórdão nº 2.528/2011 – Plenário, Rel. Min. José Jorge, Processo nº 010.428/2009-0).

7 Contratação direta de pessoa jurídica na qual haja administrador ou sócio com poder de direção que mantenha relação de parentesco com o dirigente do órgão ou entidade pública contratante, ou com o responsável pela contratação

Segundo o art. 3º, §3º, do Decreto federal nº 7.203/10, o qual dispõe sobre a vedação do nepotismo no âmbito da administração pública federal, é vedada a contratação direta, sem licitação, por órgão ou entidade da administração pública federal, de pessoa jurídica na qual haja administrador ou sócio com poder de direção, familiar de detentor de cargo em comissão ou função de confiança que atue na área responsável pela demanda ou contratação, bem como de autoridade a ele hierarquicamente superior no âmbito de cada órgão e de cada entidade.

Para os fins desse Decreto, considera-se familiar: o cônjuge, o companheiro ou o parente em linha reta ou colateral, por consanguinidade ou afinidade, até o terceiro grau.

A Lei nº 12.462/11, que instituiu o regime diferenciado de contratações públicas (RDC), em seu art. 37, veda a contratação direta, sem licitação, de pessoa jurídica na qual haja administrador ou sócio com poder de direção que mantenha relação de parentesco, inclusive por afinidade, até o terceiro grau civil, com: (a) detentor de cargo em comissão ou função de confiança que atue na área responsável pela demanda ou contratação; (b) autoridade hierarquicamente superior no âmbito de cada órgão ou entidade da administração pública.

Nos termos do art. 38, parágrafo único, II, da Lei nº 13.303/16 (estatuto jurídico da empresa pública, da sociedade de economia mista e de suas subsidiárias), é impedido de participar de licitações e de ser contratado pelas referidas entidades quem tenha relação de parentesco, até o terceiro grau civil, com: i) dirigente de empresa pública ou sociedade de economia mista; ii) empregado de empresa pública ou sociedade de economia mista cujas atribuições envolvam a atuação na área responsável pela licitação ou contratação; e iii) autoridade do ente público a que a empresa pública ou sociedade de economia mista esteja vinculada.

A contratação direta de pessoa jurídica cujo administrador ou sócio com poder de direção mantenha relação de parentesco com o dirigente do órgão ou entidade pública contratante, ou com o responsável pela contratação, encerra uma carga de possíveis privilégios e favorecimentos, atentando contra os princípios da moralidade, igualdade e impessoalidade, daí a sua proibição.

8 Participação de pessoa jurídica em cujos quadros houver administrador ou sócio com poder de direção que mantenha relação de parentesco com dirigente do órgão ou entidade pública licitante, ou com o responsável pela licitação

Não há vedação expressa na Lei nº 8.666/93, nem na Lei nº 12.462/11 (RDC), quanto à participação de pessoa jurídica na qual haja administrador ou sócio com poder de direção que mantenha relação de parentesco com o dirigente do órgão ou entidade pública licitante ou com o responsável pela licitação.

Nos termos do art. 38, parágrafo único, II, da Lei nº 13.303/16 (estatuto jurídico da empresa pública, da sociedade de economia mista e de suas subsidiárias), é impedido de participar de licitações e de ser contratado pelas referidas entidades quem tenha relação de parentesco, até o terceiro grau civil, com: i) dirigente de empresa pública ou sociedade de economia mista; ii) empregado de empresa pública ou sociedade de economia mista cujas atribuições envolvam a atuação na área responsável pela licitação ou contratação; e iii) autoridade do ente público a que a empresa pública ou sociedade de economia mista esteja vinculada.

Parentes também podem ser capazes e competentes e, assim, executarem a contento o objeto contratual. Todavia, a contratação nessa hipótese seria imoral em si mesma porque portadora da probabilidade de resultar em privilégio e favorecimento, por isto que cumpre rejeitá-la, mesmo inexistindo expressa vedação em lei, com base nos princípios constitucionais da igualdade e da impessoalidade.

Por aplicação analógica ao disposto no art. 3º, §3º, do Decreto federal nº 7.203/10, a vedação alcança o cônjuge, o companheiro ou o parente em linha reta ou colateral, por consanguinidade ou afinidade, até o terceiro grau.

No julgamento do RE nº 579.951-4/RN, o Supremo Tribunal Federal decidiu vedar a prática do chamado nepotismo nos três Poderes da República, conquanto só houvesse norma nesse sentido aplicável ao Poder Judiciário. Ao justificar esse posicionamento, declarou, expressamente, que não era necessária a edição de lei formal para coibir a prática do nepotismo, já que tal medida decorria diretamente dos princípios inscritos no art. 37 da Constituição Federal. Recorde-se excerto do voto do Relator:

> De fato, embora existam diversos atos normativos no plano federal que vedam o nepotismo, inclusive no âmbito desta Corte, tal não significa que apenas leis em sentido formal ou outros diplomas regulamentares sejam aptos a coibir a nefasta e anti-republicana prática do nepotismo. É que os princípios constitucionais, longe de configurarem meras recomendações de caráter moral ou ético, consubstanciam regras jurídicas de caráter prescritivo, hierarquicamente superiores às demais e "positivamente vinculantes", como ensina Gomes Canotilho.
> A sua inobservância, ao contrário do que muitos pregavam até recentemente, atribuindo-lhes uma natureza apenas programática, deflagra sempre uma consequência jurídica, de maneira compatível com a carga de normatividade que encerram. Independentemente da preeminência que ostentam no âmbito do sistema ou da abrangência de seu impacto sobre a ordem legal, os princípios constitucionais, como se reconhece atualmente, são sempre dotados de eficácia, cuja materialização pode ser cobrada judicialmente se necessário.
> Por oportuna, relembro aqui a conhecida e sempre atual lição de Celso Antônio Bandeira de Mello, segundo a qual "(...) violar um princípio é muito mais grave que transgredir uma norma qualquer. A desatenção ao princípio implica ofensa não apenas a um específico

mandamento obrigatório, mas a todo sistema de comandos. É ainda a mais grave forma de ilegalidade ou inconstitucionalidade, conforme o escalão do princípio atingido, porque representa insurgência contra todo o sistema, subversão de seus valores fundamentais, contumélia irremissível a seu arcabouço lógico e corrosão de sua estrutura mestra. Isto porque, com ofendê-lo, abatem-se as vigas que o sustêm e alui-se toda estrutura nelas esforçada."

Ora, tendo em conta a expressiva densidade axiológica e a elevada carga normativa que encerram os princípios abrigados no *caput* do art. 37 da Constituição, não há como deixar de concluir que a proibição do nepotismo independe de norma secundária que obste formalmente essa reprovável conduta. Para o expurgo de tal prática, que lamentavelmente resiste incólume em alguns "bolsões" de atraso institucional que ainda existem no País, basta contrastar as circunstâncias de cada caso concreto com o que se contém no referido dispositivo constitucional (Rel. Min. Ricardo Lewandowski, DJe 24.10.2008).

No mesmo sentido rumou a decisão do Superior Tribunal de Justiça proferida no REsp nº 615.432/MG, assim ementada:

ADMINISTRATIVO. LICITAÇÃO. RELACIONAMENTO AFETIVO ENTRE SÓCIA DA EMPRESA CONTRATADA E O PREFEITO DO MUNICÍPIO LICITANTE. OFENSA AOS PRINCÍPIOS NORTEADORES DO PROCEDIMENTO LICITATÓRIO. INOBSERVÂNCIA DO PRAZO MÍNIMO PARA CONVOCAÇÃO DOS LICITANTES. VIOLAÇÃO DO ART. 21, 2º, DA LEI 8.666/93.
1. Procedimento licitatório (tomada de preços) realizado pelo Município de Resende Costa-MG, visando à contratação de empresa para a prestação de serviços com a finalidade de implantar programa de saúde familiar.
2. A principiologia do novel art. 37 da Constituição Federal impõe a todos quantos integram os Poderes da República, nas esferas compreendidas na Federação, obediência aos princípios da moralidade, legalidade, impessoalidade, eficiência e publicidade.
3. O princípio da impessoalidade obsta que critérios subjetivos ou anti-isonômicos influam na escolha dos candidatos exercentes da prestação de serviços públicos, e assume grande relevância no processo licitatório, consoante o disposto no art. 37, XXI, da CF.
4. A *ratio legis* indicia que: "A lei configura uma espécie de impedimento, em acepção similar à do direito processual, à participação de determinadas pessoas na licitação. Considera um risco a existência de relações pessoais entre os sujeitos que definem o destino da licitação e o particular que licitará. (...) O vínculo do autor do projeto pode, inclusive, configurar-se de modo "indireto", tal como previsto no 3º. A regra legal é ampla e deve reputar-se como meramente exemplificativa. O texto chega a ser repetitivo, demonstrando a intenção de abarcar todas as hipóteses possíveis. Deve-se nortear a interpretação do dispositivo por um princípio fundamental; existindo vínculos entre o autor do projeto e uma empresa, que reduzam a independência daquele ou permitam uma situação privilegiada para essa, verifica-se o impedimento. Por isso, a vedação se aplicará mesmo quando se configurar outra hipótese não expressamente prevista (Marçal Justen Filho. *Comentários à Lei de Licitações e Contratos Administrativos*. São Paulo, Dialética, 2004, p. 124/126).
5. Consectariamente, a comprovação na instância ordinária do relacionamento afetivo público e notório entre a principal sócia da empresa contratada e o prefeito do município licitante, ao menos em tese, indica quebra da impessoalidade, ocasionando também a violação dos princípios da isonomia e da moralidade administrativa, e ao disposto nos arts. 3º e 9º da Lei de Licitações. Deveras, no campo da probidade administrativa no trata da coisa pública, o princípio norteador é o do *in dubio pro populo*.
[...] 9. Recurso especial parcialmente conhecido e, nessa parte, provido (Rel. Min. Luiz Fux, DJ 27/06/2005).

Segundo o Tribunal de Contas da União, a contratação pela administração de empresas pertencentes a parentes de gestor público envolvido no processo caracteriza, diante do manifesto conflito de interesses, violação aos princípios constitucionais da moralidade e da impessoalidade,

> Denúncia relativa a contratações conduzidas pela Prefeitura Municipal de [...] apontara, dentre outras irregularidades, a contratação do pai do prefeito municipal na condição de empresário individual, decorrente de pregões presenciais para o fornecimento de gêneros alimentícios e material de higiene e limpeza. Realizado o contraditório, o gestor permaneceu silente no tocante à contratação do pai, configurando, dessa forma, a revelia. Sobre o assunto, consignou o relator que "a despeito de não haver, na Lei nº 8.666/1993, vedação expressa de contratação, pela Administração, de empresas pertencentes a parentes de gestores públicos envolvidos no processo, a jurisprudência desta Corte tem se firmado no sentido de considerar que há um evidente e indesejado conflito de interesses e que há violação dos princípios constitucionais da moralidade e da impessoalidade". Exemplificou transcrevendo trecho do voto condutor do Acórdão 1.511/2013-Plenário, no qual é enfatizada a afronta aos princípios constitucionais, mormente nos casos em que o servidor/gestor público atua na condição de autoridade homologadora do certame. Em conclusão, diante da gravidade do fato, formulou minuta de acórdão, acolhida pelo Plenário, julgando parcialmente procedente a denúncia e sancionando o gestor com a multa capitulada no art. 58, inciso II, da Lei 8.443/92 (Acórdão nº 1.941/2013 – Plenário, Rel. Min. José Múcio Monteiro, Processo nº 025.582/2011-9).

9 Participação de empresa cujo sócio seja associado ao autor do projeto básico em outra sociedade empresarial

Dispõe o art. 9º, inciso I e §3º, da Lei nº 8.666/93, que:

> Art. 9º Não poderá participar, direta ou indiretamente, da licitação ou da execução de obra ou serviço e do fornecimento de bens a eles necessários:
> I – o autor do projeto, básico ou executivo, pessoa física ou jurídica; [...]
> §3º Considera-se participação indireta, para fins do disposto neste artigo, a existência de qualquer vínculo de natureza técnica, comercial, econômica, financeira ou trabalhista entre o autor do projeto, pessoa física ou jurídica, e o licitante ou responsável pelos serviços, fornecimentos e obras, incluindo-se os fornecimentos de bens e serviços a estes necessários.

É o projeto básico o instrumento que delineia os contornos da obra ou do serviço que será licitado. Seu autor,[164] seja pessoa física ou jurídica, ao elaborá-lo, tem condições de afastar concorrentes por meio da configuração de projeto que imponha características apenas executáveis por determinadas empresas ou, ainda, de visualizar os concorrentes aptos a executá-lo.

A participação na licitação de empresa da qual o autor do projeto básico não é sócio, mas cujos sócios são associados ao autor do projeto em outra empresa, constitui ardil para burlar a vedação prevista no art. 9º, inciso I e §3º, da Lei nº 8.666/93. A ligação comercial entre o autor do projeto básico e os sócios da empresa licitante é suficiente para

---

[164] Não se aplica a vedação prevista no inciso I do *caput* do art. 9º da Lei nº 8.666/93, na contratação direta com base no inciso XXI do art. 24 da mesma Lei (art. 24, §4º).

direcionar a licitação ou, ainda, conceder vantagens indevidas, ferindo os princípios da isonomia e da impessoalidade, essenciais aos procedimentos licitatórios. Tal conduta irregular tem potencial ainda maior de afrontar o princípio da isonomia no âmbito da modalidade convite, dado o universo restrito dos concorrentes e a discricionariedade concedida ao promotor do certame na escolha dos licitantes a convidar.

Por isso que, em homenagem aos indigitados princípios, não se pode admitir a participação em licitação de empresa cujo sócio seja associado ao autor do projeto básico em outra sociedade empresarial. Assim assentou o Tribunal de Contas da União no Acórdão nº 1.924/2013 – Plenário, Rel. Min. Augusto Sherman Cavalcanti, Processo nº 029.266/2011-4.

Ainda, o Tribunal de Contas da União assentou entendimento de que é vedada a participação em licitação de empresa que tenha vínculo com o autor do projeto, não descaracterizando a ilicitude o desligamento deste do quadro societário da licitante poucos dias antes do lançamento do instrumento convocatório (Acórdão nº 9.917/2016 – Segunda Câmara, Rel. Min. Augusto Nardes, Processo nº 009.211/2015-2).

A disposição expressamente inscrita na Lei nº 8.666/93, em seu art. 9º, §3º, não deixa dúvida de que o impedimento de participar de licitação, relativamente à empresa que tenha vínculo com o autor do projeto básico, não abrange escopo meramente formal. Ou seja, a lei não oferece margem de dúvida à interpretação de que qualquer vínculo existente entre a empresa licitante e o autor do projeto, tanto os diretos como os indiretos, já configura situação de impedimento a sua participação em certame licitatório público. Se o autor do projeto básico deixa de compor o quadro societário da empresa vencedora do certame pouco antes de iniciados os procedimentos licitatórios, tal ato não significa o fim do vínculo direto entre ambos, permanecendo os vínculos indiretos a inviabilizar a participação da empresa na licitação.

10 Relação de parentesco entre sócio de empresa licitante e autor de projeto básico caracteriza ilegal participação indireta deste na licitação

De acordo com o art. 9º, I e II, da Lei nº 8.666/93, não podem participar, direta ou indiretamente, da licitação ou da execução de obra ou serviço e do fornecimento de bens a eles necessários, o autor do projeto, básico ou executivo, pessoa física ou jurídica, e, ainda, a empresa, isoladamente ou em consórcio, responsável pela elaboração do projeto básico ou executivo ou da qual o autor do projeto seja dirigente, gerente, acionista ou detentor de mais de 5% (cinco por cento) do capital com direito a voto ou controlador, responsável técnico ou subcontratado.

Consoante o §3º do art. 9º, considera-se participação indireta, para fins do disposto neste artigo, a existência de qualquer vínculo de natureza técnica, comercial, econômica, financeira ou trabalhista entre o autor do projeto, pessoa física ou jurídica, e o licitante ou responsável pelos serviços, fornecimentos e obras, incluindo-se os fornecimentos de bens e serviços a estes necessários.

O parentesco existente entre o autor do projeto básico e o sócio da empresa licitante não configura, propriamente, vínculo de natureza técnica, comercial, econômica, financeira ou trabalhista. Todavia, admitir a contratação nessa condição ofende os princípios da moralidade, da igualdade e da probidade administrativa. É que a contratação, nesse caso, encerra uma tal probabilidade de privilégios e favorecimentos que se justifica rejeitá-la, mesmo inexistindo expressa vedação na Lei nº 8.666/93.

A propósito, o Tribunal de Contas da União entende que a relação de parentesco entre o sócio da empresa vencedora do certame e o autor do projeto configura participação indireta deste na licitação, afrontando o disposto no art. 9º, §3º, da Lei nº 8.666/93 (Acórdão nº 2.079/2013 – Plenário, Rel. Min. José Múcio Monteiro, Processo nº 030.223/2007-4).

Ainda segundo a Corte de Contas federal, não descaracteriza a proibição a exclusão de parente do autor do projeto básico do quadro social da empresa participante da licitação, às vésperas do certame (Acórdão nº 2.264/2011 – Plenário, Rel. Min. José Múcio Monteiro, Processo nº 009.792/2011-5).

11 Participação de empresa cujo sócio seja agente do órgão licitante ou contratante

É vedada a participação de empresa cujo sócio-administrador é também agente público do órgão licitante ou contratante, por aplicação do disposto no art. 9º, III, da Lei nº 8.666/93.

> Art. 9º Não poderá participar, direta ou indiretamente, da licitação ou da execução de obra ou serviço e do fornecimento de bens a eles necessários: [...] III – servidor ou dirigente de órgão ou entidade contratante ou responsável pela licitação.

Nada obstante a vedação aludir a servidor ou dirigente, pessoa física, considera-se participação indireta, para efeito de aplicação do disposto no inciso III do art. 9º, a existência de qualquer vínculo de natureza técnica, comercial, econômica, financeira ou trabalhista entre o agente público e a empresa licitante ou a que será contratada de forma direta, sem licitação (art. 9º, §3º, da Lei nº 8.666/93).

São julgados do Tribunal de Contas da União a respeito: Acórdão nº 1.171/2010 – Plenário, Rel. Min. Benjamin Zymler, Processo nº 025.698/2008-4 e Acórdão nº 2.411/2010 – Segunda Câmara, Rel. Min. Aroldo Cedraz, Processo nº 022.559/2008-7).

De acordo com o art. 38 da Lei nº 13.303/16 (estatuto jurídico da empresa pública, da sociedade de economia mista e de suas subsidiárias), por aplicação dos princípios da impessoalidade e da moralidade, estará impedida de participar de licitações e de ser contratada a empresa cujo administrador ou sócio, detentor de mais de 5% (cinco por cento) do capital social, seja diretor ou empregado da empresa pública ou sociedade de economia mista contratante ou cujo proprietário, mesmo na condição de sócio, tenha terminado seu prazo de gestão ou rompido seu vínculo com a respectiva empresa pública ou sociedade de economia mista promotora da licitação ou contratante há menos de 6 (seis) meses. Mais: é vedada a contratação do próprio empregado ou dirigente, como pessoa física, bem como a participação dele em procedimentos licitatórios, na condição de licitante.

12 Vedação constante no art. 9º, III, da Lei nº 8.666/93

Dispõe o art. 9º, inciso III, da Lei nº 8.666/93, que:

> Art. 9º Não poderá participar, direta ou indiretamente, da licitação ou da execução de obra ou serviço e do fornecimento de bens a eles necessários: [...]
> III – servidor ou dirigente de órgão ou entidade contratante ou responsável pela licitação.

O dispositivo veda a participação na licitação ou na execução do objeto de servidor ou dirigente do órgão ou entidade contratante ou responsável pela licitação, não alcançando empresas que possuam em seus quadros agentes com vínculos com outros entes públicos.

Precedente do Tribunal de Contas da União:

> 1.7.1. dar ciência à Prefeitura Municipal de [...] das impropriedades identificadas no Edital 72/2013, Concorrência 1/2013, a fim de que não se repitam quando da realização de futuros certames licitatórios realizados com a participação de recursos federais:
> 1.7.1.1. a vedação à participação no certame de empresas que possuam em seus quadros agentes com quaisquer vínculos com a União, o Estado ou a Prefeitura, afronta o artigo 9º, inciso III, da Lei 8.666/93, que limita a proibição ao órgão ou entidade contratante ou promotor da licitação; (Acórdão nº 3.196/2013 – Plenário, Rel. Min. Augusto Sherman Cavalcanti, Processo nº 025.034/2013-8).

Por aplicação dos princípios da moralidade, da impessoalidade e da isonomia, não deve ser admitida a participação de empresa cujo sócio tenha relação de parentesco, inclusive por afinidade, com servidor ou dirigente de órgão ou entidade contratante ou responsável pela licitação. A relação de parentesco entre o sócio da empresa e esses agentes públicos caracteriza a participação indireta destes na licitação.

Também deve ser obstada a participação de empresa cujo sócio mantenha relacionamento afetivo com servidor ou dirigente de órgão ou entidade contratante ou responsável pela licitação. Nessa linha o julgado pelo Superior Tribunal de Justiça no REsp nº 615.432/MG:

> ADMINISTRATIVO. LICITAÇÃO. RELACIONAMENTO AFETIVO ENTRE SÓCIA DA EMPRESA CONTRATADA E O PREFEITO DO MUNICÍPIO LICITANTE. OFENSA AOS PRINCÍPIOS NORTEADORES DO PROCEDIMENTO LICITATÓRIO. INOBSERVÂNCIA DO PRAZO MÍNIMO PARA CONVOCAÇÃO DOS LICITANTES. VIOLAÇÃO DO ART. 21, 2º, DA LEI 8.666/93.
> 1. Procedimento licitatório (tomada de preços) realizado pelo Município de [...], visando à contratação de empresa para a prestação de serviços com a finalidade de implantar programa de saúde familiar.
> 2. A principiologia do novel art. 37 da Constituição Federal impõe a todos quantos integram os Poderes da República, nas esferas compreendidas na Federação, obediência aos princípios da moralidade, legalidade, impessoalidade, eficiência e publicidade.
> 3. O princípio da impessoalidade obsta que critérios subjetivos ou anti-isonômicos influam na escolha dos candidatos exercentes da prestação de serviços públicos, e assume grande relevância no processo licitatório, consoante o disposto no art. 37, XXI, da CF.
> 4. A *ratio legis* indicia que: "A lei configura uma espécie de impedimento, em acepção similar à do direito processual, à participação de determinadas pessoas na licitação. Considera um

risco a existência de relações pessoais entre os sujeitos que definem o destino da licitação e o particular que licitará. (...) O vínculo do autor do projeto pode, inclusive, configurar-se de modo "indireto", tal como previsto no 3º. A regra legal é ampla e deve reputar-se como meramente exemplificativa. O texto chega a ser repetitivo, demonstrando a intenção de abarcar todas as hipóteses possíveis. Deve-se nortear a interpretação do dispositivo por um princípio fundamental; existindo vínculos entre o autor do projeto e uma empresa, que reduzam a independência daquele ou permitam uma situação privilegiada para essa, verifica-se o impedimento. Por isso, a vedação se aplicará mesmo quando se configurar outra hipótese não expressamente prevista (Marçal Justen Filho. *Comentários à Lei de Licitações e Contratos Administrativos*. São Paulo, Dialética, 2004, p. 124/126).

5. Consectariamente, a comprovação na instância ordinária do relacionamento afetivo público e notório entre a principal sócia da empresa contratada e o prefeito do município licitante, ao menos em tese, indica quebra da impessoalidade, ocasionando também a violação dos princípios da isonomia e da moralidade administrativa, e ao disposto nos arts. 3º e 9º da Lei de Licitações. Deveras, no campo da probidade administrativa no trata da coisa pública, o princípio norteador é o do *in dubio pro populo*.

[...] 9. Recurso especial parcialmente conhecido e, nessa parte, provido (Rel. Min. Luiz Fux, DJ 27/06/2005).

13 Aplicação do art. 9º, III, da Lei nº 8.666/93 na fase externa da licitação, na hipótese de não mais existir vínculo do servidor alcançado pela vedação

Dispõe o art. 9º, inciso III, da Lei nº 8.666/93, que:

Art. 9º Não poderá participar, direta ou indiretamente, da licitação ou da execução de obra ou serviço e do fornecimento de bens a eles necessários: [...] III – servidor ou dirigente de órgão ou entidade contratante ou responsável pela licitação.

A vedação de que o servidor ou dirigente do órgão ou entidade responsável pela licitação dela participe incide ainda que na fase externa da licitação, que tem início com a publicação do edital ou a expedição do convite, não haja mais vínculo do agente alcançado pelo impedimento com o órgão ou entidade. É que o desligamento do servidor ou dirigente, mesmo antes de iniciada a fase externa da licitação, não apaga as informações privilegiadas relacionadas ao objeto e sua execução, muitas vezes desenvolvidas em regime de colaboração com os setores responsáveis pelo projeto básico ou termo de referência.

De acordo com o Tribunal de Contas da União, nessa situação, embora perdendo a capacidade de influir no resultado da licitação, remanesce a vantagem do maior conhecimento acerca do objeto licitado em relação aos potenciais concorrentes (Acórdão nº 1.448/2011 – Plenário, Rel. Min. Augusto Nardes, Processo nº 008.298/2009-7).

No decisório do Superior Tribunal de Justiça colhe-se que:

ADMINISTRATIVO E PROCESSUAL CIVIL. AGRAVO REGIMENTAL NO AGRAVO EM RECURSO ESPECIAL. IMPROBIDADE ADMINISTRATIVA. FRAUDE EM LICITAÇÃO. CONTRATAÇÃO DE EMPRESA CUJO SÓCIO FORA O RESPONSÁVEL PELA ELABORAÇÃO DO PROJETO E FISCALIZAÇÃO DA OBRA. SUPERFATURAMENTO DA OBRA. INEXECUÇÃO DE PARTE DO CONTRATO. DISSÍDIO JURISPRUDENCIAL

NÃO DEMONSTRADO. ACÓRDÃO QUE CONCLUIU, À LUZ DA PROVA DOS AUTOS, PELA COMPROVAÇÃO DA PRÁTICA DE ATO DE IMPROBIDADE. PROPORCIONALIDADE DAS SANÇÕES APLICADAS. INCIDÊNCIA DA SÚMULA 7/STJ. AGRAVO REGIMENTAL IMPROVIDO. I. Agravo Regimental interposto em 27/10/2014, contra decisão publicada em 22/10/2014. II. No acórdão objeto do Recurso Especial, o Tribunal de origem negou provimento à Apelação, interposta pelos ora agravantes, contra sentença que, por sua vez, julgara procedente o pedido, em Ação Civil Pública na qual o Ministério Público do Estado de São Paulo postulou a condenação dos agravantes e do ex-Prefeito do Município de Sales/SP pela prática de atos de improbidade administrativa, consubstanciados em irregularidades na licitação e no superfaturamento de obra de construção de um refeitório, em escola municipal. III. O alegado dissídio jurisprudencial não foi devidamente comprovado, pois ausente a necessária similitude fática entre os julgados confrontados. Com efeito, no caso, o Tribunal de origem reconheceu a prática de ato de improbidade administrativa, por ter sido constatado (a) o superfaturamento da obra; (b) a inexecução de parte da obra contratada, com prejuízo ao Erário; (c) a contratação de empresa da qual eram sócios o engenheiro da Prefeitura (o agravante Néder) e sua irmã (a agravante Nely); (d) que o agravante Néder foi o responsável pela elaboração do projeto, pelo memorial descritivo e pela fiscalização da obra; (e) que, embora o agravante Néder tenha-se retirado formalmente da empresa contratada, permaneceu à frente dos negócios, tendo os valores, pagos pelo serviço, sido depositados em sua conta bancária; (f) que restou demonstrado "o comprometimento da moralidade administrativa, inclusive para os fins de burla ao disposto pelo art. 9º, da legislação de licitação". Já o acórdão, indicado como paradigma, apreciou situação diversa, na qual não teria sido comprovado o prejuízo ao Erário, nem o dolo ou má-fé dos agentes públicos, entendendo-se que não seria suficiente, para fins de configuração de improbidade administrativa, apenas o fato de a empresa contratada, naquele caso, ter, como sócia, filha do Prefeito do Município contratante. IV. Ainda que fosse superado tal óbice, nos termos em que decidida a causa, infirmar os fundamentos do acórdão recorrido, para acolher a pretensão dos agravantes e afastar sua condenação pela prática de ato de improbidade administrativa, demandaria o reexame de matéria fática, o que é igualmente vedado, em Recurso Especial, nos termos da Súmula 7/STJ. Nesse sentido: STJ, AgRg no AREsp 510.520/RS, Rel. Ministro HUMBERTO MARTINS, SEGUNDA TURMA, DJe de 15/12/2014; EDcl no REsp 1.333.226/RS, Rel. Ministro BENEDITO GONÇALVES, PRIMEIRA TURMA, DJe de 28/08/2015; AgRg no REsp 1.443.217/PE, Rel. Ministro MAURO CAMPBELL MARQUES, SEGUNDA TURMA, DJe de 30/09/2014. V. No caso, o exame da irresignação dos agravantes, quanto à alegada desproporcionalidade das sanções aplicadas na origem, demandaria o reexame de matéria fática, o que é igualmente vedado em Recurso Especial, a teor da Súmula 7/STJ. Precedentes do STJ (AgRg no AREsp 533.862/MS, Rel. Ministro HUMBERTO MARTINS, SEGUNDA TURMA, DJe de 04/12/2014; REsp 1.203.149/RS, Rel. Ministra ELIANA CALMON, SEGUNDA TURMA, DJe de 07/02/2014). VI. Agravo Regimental improvido. (AgRg no AREsp 394091/SP, Rel. Min. Assusete Magalhães, DJe 21/06/2016).

14 Deputados e senadores em relações contratuais com órgãos e entidades da administração pública

Extrai-se da Constituição Federal de 1988:

Art. 54. Os Deputados e Senadores não poderão: I – desde a expedição do diploma: a) firmar ou manter contrato com pessoa jurídica de direito público, autarquia, empresa pública, sociedade de economia mista ou empresa concessionária de serviço público, salvo quando o contrato obedecer a cláusulas uniformes; [...] II – desde a posse: a) ser proprietários, controladores ou diretores de empresa que goze de favor decorrente de contrato com pessoa jurídica de direito público, ou nela exercer função remunerada;

A Carta Magna veda a parlamentares firmarem ou manterem contratos com a administração pública a partir da expedição do diploma, conforme se depreende do dispositivo reproduzido, salvo quando o contrato obedecer a cláusulas uniformes.

O preceito visa impedir que parlamentares contratem sob condições que os beneficiem, diferentes das celebradas com outras pessoas físicas que não tenham o mesmo *status*, isentando-os de dever ou abrandando qualquer tipo de obrigação. É permitida, apenas, a celebração de contratos de cláusulas uniformes, iguais àquelas que, geralmente, existem para qualquer particular, os quais podem ser denominados contratos de adesão, tais como de seguro, água, luz e telefonia.

Os contratos administrativos decorrentes de licitação ou celebrados de forma direta não configuram contratos de cláusulas uniformes. De acordo com o Tribunal de Contas da União (Acórdão nº 1.793/2011 – Plenário, Rel. Min. Valmir Campelo, Processo nº 011.643/2010-2), na formação do contrato administrativo, suas cláusulas advêm, parcialmente, da oferta ao público consubstanciadas em edital, que já contêm estipulações prévias e unilateralmente fixadas, a que há de aderir o licitante para concorrer, mas, de outro lado, também daquelas resultantes da proposta do concorrente vitorioso, relativa aos pontos objeto da disputa, que, de sua vez, o poder público aceita ao adjudicar-lhe o contrato.

No contrato decorrente de licitação, segundo a Corte de Contas federal, não há jamais o traço distintivo do contrato de adesão: provir a totalidade do seu conteúdo normativo da oferta unilateral de uma das partes, a que simplesmente adere globalmente o aceitante; ao contrário, o momento culminante do aperfeiçoamento do contrato administrativo formado mediante licitação não é o da adesão do licitante às cláusulas pré-fixadas no edital, mas, sim, o da aceitação pela administração pública de proposta selecionada como a melhor sobre as cláusulas abertas ao concurso de ofertas.

Em arremate, o art. 54, inciso I, alínea "a", da Constituição Federal decorre das competências exclusivas do Congresso Nacional, previstas no art. 48, inciso X, da Constituição, de *"fiscalizar e controlar, diretamente, ou por qualquer de suas Casas, os atos do Poder Executivo, incluídos os da administração indireta"*. Sendo uma das incumbências institucionais do parlamento a da fiscalização de atos do poder executivo, é incompatível a função fiscalizadora do congressista com a condição de parte em contratos com a administração pública. A proibição almeja, portanto, evitar que os parlamentares fiquem a mercê de chefes do poder Executivo ou de órgãos e entidades públicas, perdendo, assim, a independência necessária ao pleno exercício do mandato.

O art. 54, inciso II, alínea "a", da Constituição Federal determina que os congressistas, desde a posse, estão impedidos de ser proprietários, controladores ou diretores de empresa que goze de favor decorrente de contrato com pessoa jurídica de direito público, ou nela exercer função remunerada. A vedação visa impedir que parlamentares prevaleçam-se da função eletiva para obter benefícios para suas empresas.

O mencionado dispositivo pressupõe a existência de contrato firmado com a administração pública por empresas de propriedade, controladas ou dirigidas pelos parlamentares, ou nas quais os mesmos exerçam função remunerada, que gozem de favor ensejado por tais contratos.

O termo *"favor"* tem sido incluído nos textos constitucionais desde 1891 (art. 24). Deve ser entendido em sentido largo. Subvenção, garantias de juros e concessões especiais são favores. Favor não é só liberalidade; é o que se faz a um, sem se ser obrigado a fazer a todos.

As proibições do art. 54, I, "a", e II, "a", da Constituição Federal de 1988, alcançam os vereadores por aplicação do disposto no art. 29, IX:

> Art. 29. O Município reger-se-á por lei orgânica, votada em dois turnos, com o interstício mínimo de dez dias, e aprovada por dois terços dos membros da Câmara Municipal, que a promulgará, atendidos os princípios estabelecidos nesta Constituição, na Constituição do respectivo Estado e os seguintes preceitos: [...] IX – proibições e incompatibilidades, no exercício da vereança, similares, no que couber, ao disposto nesta Constituição para os membros do Congresso Nacional e na Constituição do respectivo Estado para os membros da Assembleia Legislativa;

Sobre a vedação a que deputados e senadores mantenham relações contratuais com órgãos e entidades da administração pública, confira-se o Acórdão nº 1.793/2011 – Plenário, Rel. Min. Valmir Campelo, Processo nº 011.643/2010-2, do Tribunal de Contas da União.

15 Inscrição no cadastro informativo de créditos não quitados (Cadin)

Estabelece a Lei nº 10.522/02:

> Art. 2º O Cadin conterá relação das pessoas físicas e jurídicas que:
> I – sejam responsáveis por obrigações pecuniárias vencidas e não pagas, para com órgãos e entidades da Administração Pública Federal, direta e indireta;
> II – estejam com a inscrição nos cadastros indicados, do Ministério da Fazenda, em uma das seguintes situações:
> a) cancelada no Cadastro de Pessoas Físicas – CPF;
> b) declarada inapta perante o Cadastro Geral de Contribuintes – CGC.

De acordo com o art. 6º da mesma Lei, é obrigatória a consulta prévia ao Cadin, pelos órgãos e entidades da administração pública federal, direta e indireta, para a: (a) realização de operações de crédito que envolvam a utilização de recursos públicos; (b) concessão de incentivos fiscais e financeiros; e (c) celebração de convênios, acordos, ajustes ou contratos que envolvam desembolso, a qualquer título, de recursos públicos, e respectivos aditamentos.

A inscrição no Cadin não constitui óbice a que a administração pública federal celebre contratos administrativos ou promova seus aditamentos com entidades nele inscritas, conforme assentado pelo Supremo Tribunal Federal:

> AÇÃO DIRETA DE INCONSTITUCIONALIDADE. MEDIDA PROVISÓRIA 1.442, DE 10.05.1996, E SUAS SUCESSIVAS REEDIÇÕES. CRIAÇÃO DO CADASTRO INFORMATIVO DE CRÉDITOS NÃO QUITADOS DO SETOR PÚBLICO FEDERAL – CADIN. ARTIGOS 6º E 7º. CONSTITUCIONALIDADE DO ART. 6º RECONHECIDA, POR MAIORIA, NA SESSÃO PLENÁRIA DE 15.06.2000. MODIFICAÇÃO SUBSTANCIAL DO

ART. 7º A PARTIR DA REEDIÇÃO DO ATO IMPUGNADO SOB O NÚMERO 1.863-52, DE 26.08.1999, MANTIDA NO ATO DE CONVERSÃO NA LEI 10.522, DE 19.07.2002. DECLARAÇÃO DE PREJUDICIALIDADE DA AÇÃO, QUANTO AO ART. 7º, NA SESSÃO PLENÁRIA DE 20.06.2007.

1. A criação de cadastro no âmbito da Administração Pública Federal e a simples obrigatoriedade de sua prévia consulta por parte dos órgãos e entidades que a integram não representam, por si só, impedimento à celebração dos atos previstos no art. 6º do ato normativo impugnado.

2. A alteração substancial do art. 7º promovida quando da edição da Medida Provisória 1.863-52, de 26.08.1999, depois confirmada na sua conversão na Lei 10.522, de 19.07.2002, tornou a presente ação direta prejudicada, nessa parte, por perda superveniente de objeto.

3. Ação direta parcialmente prejudicada cujo pedido, no que persiste, se julga improcedente. (ADI nº 1.454/DF, Rel. Min. Ellen Gracie, DJe: 03/08/2007)

São precedentes do Tribunal de Contas da União acerca da possibilidade de contratar com quem esteja inscrito no Cadin: Acórdão nº 7.832/2010 – Primeira Câmara, Rel. Min. Valmir Campelo, Processo nº 015.130/2006-0; Acórdão nº 6.246/2010 – Segunda Câmara, Rel. Min. Raimundo Carreiro, Processo nº 009.487/2004-8; Acórdão nº 1.427/2010 – Plenário, Rel. Min. Aroldo Cedraz, Processo nº 010.733/2005-4. Informativo de Licitações e Contratos nº 22, de 2010.

16 Conclusão

Retome-se, como inspiração para arrematar-se o tema, o texto do qual se extrai o pensamento posto em epígrafe no presente artigo, *verbis*:

"Por quê?" (em suas muitas variações) é uma pergunta muito mais importante por ser feita do que pela expectativa de uma resposta. O simples fato de pronunciá-la abre um sem-número de possibilidades, pode acabar com concepções prévias, suscitar inúmeras e frutíferas dúvidas. Pode trazer, em sua esteira, algumas tentativas de respostas, mas, se a pergunta é poderosa o bastante, nenhuma dessas respostas se comprovará autossuficiente. "Por quê?", como a intuição infantil, é uma pergunta que, implicitamente, sempre situa nosso objetivo além do horizonte... O número de perguntas possíveis pode parecer grande demais para se considera-las individualmente em profundidade, e elas são variadas demais para serem agrupadas de acordo com variados critérios. Por exemplo, uma lista de dez perguntas que "a ciência precisa responder"... foi concebida por cientistas e filósofos convidados pelos editores do jornal The Guardian, de Londres, em 2010. As perguntas foram: "O que é consciência?", "O que aconteceu antes do Big Bang?", "A ciência e a engenharia vão nos devolver nossa individualidade?", "Como vamos lidar com a crescente população mundial?", "Existe um padrão para os números primos?", "Podemos criar um modo científico de pensar totalmente dominante?", "Como podemos assegurar que a humanidade sobreviva e floresça?", "Alguém pode explicar adequadamente o significado do espaço infinito?", "Serei capaz de gravar meu cérebro como posso gravar um programa de televisão?", "A humanidade pode chegar às estrelas?". Não há nessas perguntas uma progressão evidente, nenhuma hierarquia lógica, nem uma evidência clara de que possam ser respondidas. Elas procedem de uma ramificação de nosso desejo de saber, filtrando-se criativamente em nosso conhecimento adquirido. Ainda assim, pode-se vislumbrar certo formato em seus meandros. Percorrendo um caminho necessariamente eclético através de algumas das perguntas despertadas por nossa curiosidade, algo como uma cartografia paralela de nossa imaginação talvez se torne aparente. O que queremos saber e o que podemos imaginar são dois lados de uma mesma página mágica". (*op. cit.*, p. 15-16)

A pergunta que impulsionou este breve ensaio terá sido "Impedimentos normativos – fundados em princípios ou regras legais – bastam para proteger a administração pública de desvios na aplicação de seus recursos, ao contratar a terceiros a execução de compras, obras e serviços?

O senso comum sugeriria não como resposta, mas a seca negativa, nada obstante alimentada pela crônica de fatos reiterados, seria uma síntese imperfeita, contrária ao inesgotável leque de possibilidades que o engenho humano é capaz de tecer, para o bem ou para o mal. A resposta deve alinhar complementos igualmente calcados na busca permanente da ética e da moralidade na gestão do que é de todos: há impedimentos cautelares na atividade contratual do poder público que devem ser expressos e outros que devem ser inferidos, e ambas as categorias constituem deveres jurídicos cuja implementação dependerá do saber e do compromisso dos agentes públicos, adequadamente selecionados, continuamente treinados e postos em transparente interação com os destinatários de suas ações, em todas as esferas de quaisquer dos poderes constituídos e suas instituições de controle, tal como indica o art. 37, *caput*, da Constituição da República. Ou os próprios impedimentos poderão ser objeto de manobras e ardis que os desnaturem. Em resumo: tudo dependerá dos valores predominantes no ambiente cultural em que convivam servidores públicos e cidadãos, no estado democrático de direito. O que provoca outra visceral indagação: "Compreender em toda a sua extensão e querer esse ambiente cultural democrático de direito é consenso na sociedade brasileira?"

CAPÍTULO X

A DESCONSIDERAÇÃO DA PERSONALIDADE JURÍDICA EM FACE DE IMPEDIMENTOS PARA PARTICIPAR DE LICITAÇÕES E CONTRATAR COM A ADMINISTRAÇÃO PÚBLICA – LIMITES JURISPRUDENCIAIS

1 Introdução

A experiência da gestão pública conhece o expediente de constituir-se uma sociedade empresarial nova, com o propósito de contornar a incidência de normas definidoras de hipóteses que proíbem a participação de pessoas físicas ou jurídicas em licitações e contratações com a administração pública, seja em razão de vínculos indutores de impedimentos legais ou por efeito de penalidades aplicadas a sociedades anteriores.

A só previsão legal do impedimento ou do efeito da penalidade não tem bastado para dissuadir os impedidos ou os punidos de, mediante tal expediente da constituição de sociedade diversa, intentar, não raro logrando êxito, participar de licitações ou de contratar obras, serviços ou compras com a administração pública. Ao contrário, a existência do impedimento ou da penalidade parece estimular a fraude.

Decerto que à base desse expediente – ora tosco, ora refinado, em seus métodos de execução – está o princípio geral de direito segundo o qual a capacidade jurídica que se reconhece às sociedades empresárias regularmente constituídas, para assumir direitos e obrigações, decorre de personalidade própria, que não se confunde com a da pessoa física de seus sócios, seguindo-se que o patrimônio daquelas não responde por obrigações destes e vice-versa. Resulta que o impedimento ou o efeito da penalidade não alcançaria o impedido ou o punido se este passasse a participar de licitações ou contratações por meio de sociedade diversa daquela sujeita ao impedimento ou ao efeito da penalidade.

No direito privado, o abuso, perpetrado pela pessoa física dos sócios, consistente em empunhar como escudo a personalidade jurídica da sociedade, com o fim de livrarem-se de obrigações, gerou a chamada teoria da desconsideração da personalidade jurídica, que, em princípio em sede doutrinária e jurisprudencial, depois incorporada ao direito legislado, admite que o patrimônio de todos responda pelos encargos descumpridos. Assim é no direito brasileiro desde a década de 1970, quando foram dados os primeiros passos para a sua aplicação em casos concretos, sobretudo em relações de índole comercial. Daí a cogitação de importar-se para as relações de direito público a teoria da desconsideração da personalidade jurídica.

A passagem da tese à prática encontrou inúmeros obstáculos, na evolução quase cinquentenária da aplicação da teoria no direito privado. A mesma tendência se observa na importação desta para a seara do direito público, que se vem intensificando nos últimos dez anos. Por isto que os tribunais, judiciais e de contas, vêm construindo, em suas decisões, as regras e condições sob as quais cabe desconsiderar a personalidade jurídica de sociedades empresárias que, nada obstante impedidas, participam de licitações e contratam com a administração, dando azo a situações que, se não claramente ilegais, contravêm aos princípios da isonomia, da moralidade e da impessoalidade, que tutelam a administração direta e indireta de todos os poderes de qualquer das esferas da federação, a teor do disposto no art. 37, *caput*, da Constituição da República.

O presente estudo almeja descortinar esse processo evolutivo da aplicação da teoria da desconsideração da personalidade jurídica nas licitações e contratações da administração pública, destacando os limites com que a jurisprudência dos tribunais judiciais e de contas a vem balizando. Em seu atual estágio, admite-se a desconsideração, desde que preenchidos certos requisitos, que os gestores devem conhecer e respeitar, sob pena de, visando coibir a fraude, darem ensejo a excessos também prejudiciais ao interesse público.

2 Hipóteses de impedimentos de participar de licitações e de contratar com o Estado

A Lei nº 8.666, de 21 de julho de 1993, que regulamenta o art. 37, inc. XXI, da Constituição Republicana de 1988, e institui normas gerais sobre licitações e contratos no âmbito dos órgãos da administração direta, fundos especiais, autarquias, fundações públicas, empresas públicas, sociedades de economia mista e demais entidades controladas direta ou indiretamente pela União, estados, Distrito Federal e municípios, estabelece proibições a que pessoas físicas ou jurídicas participem de licitações ou contratem com o estado.

Considerando-se que todo certame seletivo público traduz opção (política pública traçada pela CF/88, art. 37, incs. II e XXI) que democratiza o acesso aos cargos e empregos públicos (concurso) ou aos contratos administrativos (licitação), na medida em que todos os candidatos ou concorrentes são admitidos à disputa, vencendo-a aqueles que, à vista de exigências editalícias isonômicas, comprovarem maior aptidão ou melhor proposta, todas as proibições à participação constituem exceções que hão de ser implementadas na conformidade dos princípios e normas que as definam.

Mas a antiga tese de que ditas exceções não comportam interpretações analógicas ou extensivas, como próprio de todo impedimento ou suspeição que incompatibiliza o agente público com o exercício de função exigente de isenção ou imparcialidade (cf. THEODORO JÚNIOR, Humberto. *Curso de direito processual civil*. 12. ed. Rio de Janeiro: Forense, 1993. v. 1, p. 202), vem cedendo à compreensão de que, além das normas positivadas, também os princípios ministram os parâmetros necessários à configuração de hipóteses de impedimento. Ou seja, este permanece sendo, ontologicamente, exceção à regra geral da ampla participação em competições seletivas públicas (concursos e licitações) e na celebração de contratos administrativos, porém a configuração do impedimento à participação e à contratação pode emergir tanto da incidência de norma vedativa específica quanto de princípios reitores da função administrativa estatal, flexibilizando-se, destarte e em termos, o recurso hermenêutico à analogia e à extensão.

É que o instituto jurídico do impedimento tem por núcleo conceitual a isenção ou imparcialidade do sujeito, seja este agente público ou pessoa física ou jurídica que pretenda servir à administração pública mediante vínculo contratual. Se o sujeito tem comprometida a sua imparcialidade para bem desempenhar a função, deve ser impedido de fazê-lo. E o conceito de imparcialidade vem sendo depurado, em busca de maior sintonia com os princípios da isonomia, da moralidade e da impessoalidade, notas dominantes do estado democrático de direito.

No campo do direito processual, em que se consolidaram vetustas hipóteses legais de impedimento ou suspeição do juiz e de outros auxiliares da prestação jurisdicional (Código de Processo Civil, arts. 144-148), já se verifica a evolução do conceito de imparcialidade, como faz ver Alexandre Freitas Câmara, *verbis*: "A imparcialidade que se espera do juiz é a que resulta da ausência de qualquer interesse pessoal do juiz na solução da demanda a ele apresentada. Não se pode admitir que um processo seja submetido a um juiz ligado a alguma das partes por laços de parentesco ou amizade (ou mesmo de inimizade), ou que tenha interesse, econômico, jurídico ou de outra ordem, na vitória de qualquer das partes. O juiz deve ser alguém estranho às partes, sob pena de se desobedecer ao princípio do juiz natural, que exige não só um órgão com competência constitucional preestabelecida, mas também um juiz imparcial, sob pena de se violar a garantia do processo justo" (CÂMARA, Alexandre Freitas. *Lições de direito processual civil*. 20. ed. Rio de Janeiro: Lumen Juris, 2010. v. 1, p. 49).

Basta, no texto supratranscrito, que se leia "agente público" onde se lê "juiz" para que se alcance o teor de imparcialidade que deve nortear a condução dos procedimentos licitatórios e contratuais da administração pública, bem como as decisões que serão tomadas no curso de seus respectivos processos. De certo modo, as autoridades que presidem esses processos são os "juízes" administrativos – mais uma decorrência do princípio do "*julgamento* objetivo", regente de todos os certames seletivos públicos (Lei nº 8.666/93, arts. 3º, *caput*; 40, VII; e 45) – da aplicação de recursos públicos e da consecução dos interesses públicos que deve deles resultar, daí não se admitir que tenham qualquer interesse que não seja o público, a exigir-lhes isenção e imparcialidade em relação aos participantes, que, por evidente, são titulares de interesses privados.

Para os fins deste estudo, importa conhecer-se, previamente, o casuísmo legal na definição das hipóteses que, ao se materializarem em situação concreta, produzem o efeito jurídico legítimo de impedir pessoa física ou jurídica de participar de licitação ou de contratar com a administração pública.

Importa porque, como se verá, a possibilidade de desconsiderar-se a personalidade jurídica pressupõe, sempre, o seu uso abusivo, que se consumará, ou não, conforme se comprove que o sujeito sabia encontrar-se em situação de impedimento e ainda assim a desafiou, por meio do escuso expediente de manipular a personalidade de pessoa jurídica diversa, ou tergiversando sobre o sentido da norma ou dos princípios que o censuram.

2.1 Impedimento decorrente de conflito de interesses

A primeira categoria de hipóteses de impedimento de participar de licitações e de contratar com o estado tem sede no art. 9º da Lei nº 8.666/93, *verbis*:

> Art. 9º Não poderá participar, direta ou indiretamente, da licitação ou da execução de obra ou serviço e do fornecimento de bens a eles necessários:
> I – o autor do projeto, básico ou executivo, pessoa física ou jurídica;
> II – empresa, isoladamente ou em consórcio, responsável pela elaboração do projeto básico ou executivo ou da qual o autor do projeto seja dirigente, gerente, acionista ou detentor de mais de 5% (cinco por cento) do capital com direito a voto ou controlador, responsável técnico ou subcontratado;
> III – servidor ou dirigente de órgão ou entidade contratante ou responsável pela licitação.
> §1º É permitida a participação do autor do projeto ou da empresa a que se refere o inciso II deste artigo, na licitação de obra ou serviço, ou na execução, como consultor ou técnico, nas funções de fiscalização, supervisão ou gerenciamento, exclusivamente a serviço da Administração interessada.
> §2º O disposto neste artigo não impede a licitação ou contratação de obra ou serviço que inclua a elaboração de projeto executivo como encargo do contratado ou pelo preço previamente fixado pela Administração.
> §3º Considera-se participação indireta, para fins do disposto neste artigo, a existência de qualquer vínculo de natureza técnica, comercial, econômica, financeira ou trabalhista entre o autor do projeto, pessoa física ou jurídica, e o licitante ou responsável pelos serviços, fornecimentos e obras, incluindo-se os fornecimentos de bens e serviços a estes necessários.
> §4º O disposto no parágrafo anterior aplica-se aos membros da comissão de licitação.

Em tese, poder-se-ia anuir em que o autor do projeto guardaria isenção em sua elaboração, de modo a não lograr qualquer vantagem caso viesse a participar do procedimento licitatório a seguir instaurado para contratar a execução do projeto elaborado. Também o servidor ou dirigente de órgão ou entidade contratante ou responsável pela licitação, que detivesse informações privilegiadas sobre o seu regulamento, poderia resistir a fazer uso dessas informações com o fim de beneficiar-se. No entanto, é tão indissociável da natureza humana prevalecer-se dessa situação que a Lei nº 8.666/93 houve por bem de evitar a mera possibilidade de que isso ocorresse. O conflito de interesses é evidente: o da administração está em manter sob reserva aquelas informações, rente ao disposto no art. 3º, §3º, da Lei nº 8.666/93 ("A licitação não será sigilosa, sendo públicos e acessíveis ao público os atos de seu procedimento, *salvo quanto ao conteúdo das propostas, até a respectiva abertura*" – o grifo não consta do original); o do autor do projeto ou o do servidor ciente do regulamento antes de sua publicidade oficial estaria em tirar o maior proveito pessoal de seu conhecimento. É a possibilidade do conflito entre o público e o privado que alicerça o impedimento.

2.1.1 Parente de servidor ou dirigente do órgão ou entidade contratante ou do responsável pela licitação

O art. 9º da Lei nº 8.666/93 não estendeu a proibição a parente do servidor ou dirigente do órgão ou entidade pública ou do responsável pela licitação. Parente também pode ser tecnicamente habilitado ao desempenho, a contento, da função pública ou da execução do objeto contratual. Todavia, a contratação de parente confronta com os princípios constitucionais da impessoalidade e da isonomia, contendo elevada probabilidade de resultar em privilégios e favorecimentos, o que justifica vedá-la. Se permitida, importaria em ato sobre o qual penderia sempre a suspeita de motivação espúria, independentemente da aptidão e idoneidade do parente. Por isso que a contratação de parente do servidor ou dirigente do órgão ou entidade pública que promove a licitação ou efetiva a contratação direta, ou de parente do responsável por esses dois procedimentos, viola os princípios da isonomia e da impessoalidade.

Assim decidiu o Supremo Tribunal Federal no julgamento do RE nº 579.951-4, rel. Min. Ayres Britto. A Corte Constitucional vedou a prática do chamado nepotismo nos três Poderes da República, expressando que não era necessária a edição de lei formal para coibir a prática do nepotismo, já que tal medida ampara-se diretamente nos princípios inscritos no art. 37 da Constituição Republicana de 1988.

Colhe-se do respectivo aresto:

> De fato, embora existam diversos atos normativos no plano federal que vedam o nepotismo, inclusive no âmbito desta Corte, tal não significa que apenas leis em sentido formal ou outros diplomas regulamentares sejam aptos a coibir a nefasta e anti-republicana prática do nepotismo. É que os princípios constitucionais, longe de configurarem meras recomendações de caráter moral ou ético, consubstanciam regras jurídicas de caráter prescritivo, hierarquicamente superiores às demais e "positivamente vinculantes", como ensina Gomes Canotilho.
> A sua inobservância, ao contrário do que muitos pregavam até recentemente, atribuindo-lhes uma natureza apenas programática, deflagra sempre uma consequência jurídica, de maneira compatível com a carga de normatividade que encerram. Independentemente da preeminência que ostentam no âmbito do sistema ou da abrangência de seu impacto sobre a ordem legal, os princípios constitucionais, como se reconhece atualmente, são sempre dotados de eficácia, cuja materialização pode ser cobrada judicialmente se necessário.
> Por oportuna, relembro aqui a conhecida e sempre atual lição de Celso Antônio Bandeira de Mello, segundo a qual (...) "violar um princípio é muito mais grave que transgredir uma norma qualquer. A desatenção ao princípio implica ofensa não apenas a um específico mandamento obrigatório, mas a todo o sistema de comandos. É ainda a mais grave forma de ilegalidade ou inconstitucionalidade, conforme o escalão do princípio atingido, porque representa insurgência contra todo o sistema, subversão de seus valores fundamentais, contumélia irremissível a seu arcabouço lógico e corrosão de sua estrutura mestra. Isto porque, com ofendê-lo, abatem-se as vigas que o sustêm e alui-se toda estrutura nelas esforçada".
> Ora, tendo em conta a expressiva densidade axiológica e a elevada carga normativa que encerram os princípios abrigados no *caput* do art. 37 da Constituição, não há como deixar de concluir que a proibição do nepotismo independe de norma secundária que obste formalmente essa reprovável conduta. Para o expurgo de tal prática, que lamentavelmente resiste incólume em alguns "bolsões" de atraso institucional que ainda existem no País, basta contrastar as circunstâncias de cada caso concreto com o que se contém no referido dispositivo constitucional.

A súmula vinculante 13, do Supremo Tribunal Federal, preceitua que:

> A nomeação de cônjuge, companheiro ou parente em linha reta, colateral ou por afinidade, até o terceiro grau, inclusive, da autoridade nomeante ou de servidor da mesma pessoa

jurídica, investido em cargo de direção, chefia ou assessoramento, para o exercício de cargo em comissão ou de confiança, ou, ainda, de função gratificada na administração pública direta e indireta, em qualquer dos poderes da União, dos Estados, do Distrito Federal e dos Municípios, compreendido o ajuste mediante designações recíprocas, viola a Constituição Federal.

As hipóteses elencadas na súmula vinculante são exemplificativas. O nepotismo,[165] que busca favorecer terceirizado com relação de parentesco com o servidor ou dirigente do órgão, configura prática ilegítima. Envolve escolha pessoal em detrimento dos princípios constitucionais da impessoalidade e da moralidade, assim como da garantia fundamental da igualdade de oportunidades.

A Resolução nº 07, de 2005, do Conselho Nacional de Justiça (CNJ), disciplina o exercício de cargos, empregos e funções por parentes, cônjuges e companheiros de magistrados e de servidores investidos em cargos de direção e assessoramento, no âmbito dos órgãos do Poder Judiciário. O CNJ alterou a Resolução nº 7/2005, por meio da Resolução nº 229, de 22 de junho de 1916, para abarcar outras situações passíveis de nepotismo no Poder Judiciário. Com a mudança, a prática passa a ser reconhecida na contratação, independentemente da modalidade de licitação, de empresas que tenham em seu quadro societário cônjuge, companheiro ou parente em linha reta, colateral ou por afinidade até o terceiro grau de juízes e servidores ocupantes de cargos de direção, chefia e assessoramento vinculados à área de licitação do tribunal. Até então, a previsão valia somente para os casos de dispensa ou inexigibilidade de licitação.

Confira-se o novo texto da Resolução nº 07, de 2005:

Art. 2º Constituem práticas de nepotismo, dentre outras: [...]
V – a contratação, em casos excepcionais de dispensa ou inexigibilidade de licitação, de pessoa jurídica da qual sejam sócios cônjuge, companheiro ou parente em linha reta, colateral ou por afinidade, até o terceiro grau, inclusive, dos respectivos membros ou juízes vinculados, ou servidor investido em cargo de direção e de assessoramento;
VI – a contratação, independentemente da modalidade de licitação, de pessoa jurídica que tenha em seu quadro societário cônjuge, companheiro ou parente em linha reta, colateral ou por afinidade até o terceiro grau, inclusive, dos magistrados ocupantes de cargos de direção ou no exercício de funções administrativas, assim como de servidores ocupantes de cargos de direção, chefia e assessoramento vinculados direta ou indiretamente às unidades situadas na linha hierárquica da área encarregada da licitação. [...]
§3º A vedação constante do inciso VI deste artigo se estende às contratações cujo procedimento licitatório tenha sido deflagrado quando os magistrados e servidores geradores de incompatibilidade estavam no exercício dos respectivos cargos e funções, assim como às licitações iniciadas até 6 (seis) meses após a desincompatibilização.

---

[165] Precedente do STF sobre a vedação ao nepotismo: "RECURSO EXTRAORDINÁRIO. REPERCUSSÃO GERAL. LEI PROIBITIVA DE NEPOTISMO. VÍCIO FORMAL DE INICIATIVA LEGISLATIVA: INEXISTÊNCIA. NORMA COERENTE COM OS PRINCÍPIOS DO ART. 37, *CAPUT*, DA CONSTITUIÇÃO DA REPÚBLICA. RECURSO EXTRAORDINÁRIO PROVIDO. [...] 2. Não é privativa do Chefe do Poder Executivo a competência para a iniciativa legislativa de lei sobre nepotismo na Administração Pública: leis com esse conteúdo normativo dão concretude aos princípios da moralidade e da impessoalidade do art. 37, *caput*, da Constituição da República, que, ademais, têm aplicabilidade imediata, ou seja, independente de lei. Precedentes. Súmula Vinculante n. 13. [...]" (RE nº 570.392/RS, Rel. Min. Carmem Lúcia. *DJe* de 19.02.2015).

§4º A contratação de empresa pertencente a parente de magistrado ou servidor não abrangido pelas hipóteses expressas de nepotismo poderá ser vedada pelo tribunal, quando, no caso concreto, identificar risco potencial de contaminação do processo licitatório.

O Decreto nº 7.203/10, que dispõe sobre a vedação do nepotismo no âmbito da administração pública federal, estatui que:

Art. 7º Os editais de licitação para a contratação de empresa prestadora de serviço terceirizado, assim como os convênios e instrumentos equivalentes para contratação de entidade que desenvolva projeto no âmbito de órgão ou entidade da administração pública federal, deverão estabelecer vedação de que familiar de agente público preste serviços no órgão ou entidade em que este exerça cargo em comissão ou função de confiança.

A Secretaria de Gestão do Ministério do Planejamento, Orçamento e Gestão (SEGES/MP) orienta os gestores das áreas responsáveis pela condução dos processos licitatórios e das áreas responsáveis pela gestão dos contratos, inclusive os dos órgãos sob seu controle de atuação administrativa e financeira, nos termos do Decreto nº 7.203/10 (Disponível em: <http://www.comprasgovernamentais.gov.br>) a:

a) verificar se os contratos vigentes celebrados com empresas prestadoras de serviços terceirizados têm cláusula antinepotismo;
b) em caso negativo, promover o aditamento dos contratos para sua inclusão; e
c) inserir em todos os novos editais de licitação, assim como nos referentes a convênios e instrumentos equivalentes, a cláusula antinepotismo, nos termos do art. 7º do Decreto nº 7.203, de 2010.

A Instrução Normativa SLTI/MPOG nº 2, de 2008, prevendo possíveis indicações baseadas não só em relações de parentesco, mas também de amizade ou partidárias, convencionou vedar a contratação de pessoas, fundada nesses vínculos, por empresa prestadora de serviços terceirizados à administração do órgão ou entidade da administração. Assim:

Art. 10. É vedado à Administração ou aos seus servidores praticar atos de ingerência na administração da contratada, tais como:
[...]
II – direcionar a contratação de pessoas para trabalhar nas empresas contratadas;

Também o Tribunal de Contas da União já decidiu:

1.7. Dar ciência à [...] de que os editais de licitação para a contratação de empresas prestadoras de serviço terceirizado, a exemplo do Pregão Eletrônico nº 3/2015, devem estabelecer vedação de que familiar de agente público preste serviços na entidade em que este exerça cargo em comissão ou função de confiança, em observância ao que dispõe o art. 7º do Decreto nº 7.203/2010, cabendo a adoção de providências preventivas para que não volte a ocorrer esse tipo de falha (Acórdão nº 1.190/2015 – Plenário, Rel. Min. José Múcio Monteiro, Processo nº 009.863/2015-0);

9.10. dar ciência à [...] de que foram detectadas as impropriedades e irregularidades a seguir listadas, a fim de que promova o seu completo saneamento, se ainda não o fez: [...] 9.10.8. nas contratações e renovações contratuais dos serviços de terceirização: inclusão e manutenção de parentes consanguíneos ou afins dos servidores nos quadros das prestadoras; falta de motivação para renovação dos quadros da contratada ou para manutenção do quadro de uma contratada na contratação subsequente, indiciando direcionamento; atribuição aos terceirizados de atividades fim e típicas dos servidores do Órgão ou que importem posição de chefia sobre os servidores e vice-versa; práticas essas que atentam contra o disposto nos inc. I e III ("a" e "d") do art. 9º, e nos inc. I e II do art. 10 da IN-SLTI-MPOG 2/2008, então vigente, e na jurisprudência desta Corte (itens 9.2.1 e 9.2.2 do Acórdão nº 864/05-P, item 9.2.3 do Acórdão nº 2632/07-P, etc.); (Acórdão nº 1.093/2015 – Plenário, Rel. Min. Raimundo Carreiro, Processo nº 014.497/2009-6).

Responderá por irregularidade o agente público que pratica o nepotismo nas terceirizações, inclusive o nepotismo cruzado, por afronta aos princípios constitucionais da impessoalidade e da moralidade, a par de constituir ato de improbidade administrativa, que atenta contra os princípios da administração pública, qualquer ação ou omissão que viole os deveres de honestidade, imparcialidade, legalidade e lealdade às instituições (art. 11 da Lei nº 8.429/92).

2.1.2 Enteado de dirigente competente para a autorização e homologação da licitação

No julgamento de representação contra possíveis irregularidades em licitação conduzida por órgão da administração pública federal, o Plenário do Tribunal de Contas da União, por meio do Acórdão nº 2.105/08, assinou prazo ao órgão para anular o certame, e, em consequência, o contrato dele decorrente, bem como realizar a audiência do ex-dirigente, em razão de "participar indiretamente da licitação referente ao edital da Concorrência nº 350/2006, por meio de seu enteado, [...] sócio da sociedade empresária [...], integrante do consórcio vencedor da licitação, em descumprimento ao disposto no art. 9º, inciso III, §3º, da Lei nº 8.666/1993" [...]

A linha de defesa do responsável objetou: (a) "não se aplicam as hipóteses exaustivas de proibição de celebração de contratos administrativos, previstas no art. 9º da Lei nº 8.666/1993, à contratação de parente de servidor de entidade contratante"; (b) "não há lacuna no rol de proibições do art. 9º, inciso III, da Lei nº 8.666/1993 e do art. 18, inciso II, da Lei nº 9.784/1999, que possa ser preenchida pela aplicação dos princípios gerais do direito e da analogia, conforme Lei de Introdução ao Código Civil, sob pena de usurpar a vontade do legislador ordinário".

O voto do relator redarguiu que a interpretação sistemática e analógica do art. 9º, III, §§3º e 4º, da Lei nº 8.666/93 legitima elastecer-se a hipótese de vedação da participação indireta de servidor ou dirigente de órgão e entidade com o prestador dos serviços, sem que tal exegese desvirtue a finalidade da norma legal, qual seja, a da preservação dos princípios da moralidade administrativa, da impessoalidade e da isonomia.

Para o relator, o fato de a lei considerar participação indireta a existência de qualquer vínculo de natureza técnica, comercial, econômica, financeira ou trabalhista entre o autor do projeto, pessoa física ou jurídica, e o licitante ou responsável pelos serviços, fornecimentos de obras e bens, incluindo-se, nessa proibição, os membros da comissão de licitação – e do pregoeiro, na modalidade licitatória do pregão, por evidente simetria –, "não exclui a possibilidade de referida vedação ser estendida, por aplicação analógica, ao dirigente que autoriza e homologa o certame licitatório". De acordo com o relator, "não é lícito ao juiz deixar de aplicar o direito sob o argumento do *non liquet* – inexistência de norma legal expressa e específica", isso porque a própria Lei de Introdução ao Código Civil o autoriza a integrar a norma legal, de maneira a dar-lhe completude e solucionar a lide.

Ainda conforme o relator, a desobediência às vedações albergadas no art. 9º da Lei nº 8.666/93 "tem natureza eminentemente de ilícito formal, vale dizer, independe da concretização de dano de direcionamento ou de favorecimento indevido à contratada, ao contrário do que pretende fazer crer o então dirigente do" [...]

Entendeu a Corte de Contas da União que a autoridade responsável pela autorização e homologação da licitação, no caso concreto, tinha o poder de influir em questões técnicas que pudessem favorecer o consórcio do qual participava a empresa do seu enteado, e também de interferir na condução e fiscalização do contrato resultante da licitação, vale dizer, faltava-lhe a indispensável isenção, "o que já seria suficiente para caracterizar seu impedimento". O Plenário, nos termos do voto do relator, decidiu rejeitar as razões de justificativa da referida autoridade, para ao final aplicar-lhe multa (Acórdão nº 1.893/2010, Plenário, Relator Min. Walton Alencar Rodrigues, Processo nº 020.787/2007-5).

2.2 Impedimento por efeito de sanção administrativa

O impedimento[166] de participar de licitação e contratar com o estado, por efeito de sanção aplicada, encontra previsão na legislação que se arrola a seguir. Tratando-se de efeito de penalidade administrativa – somente imponível ao cabo de processo regular, vale dizer, com as garantias da ampla defesa e do contraditório –, o impedimento, aqui considerado, é que dá efetividade à sanção. Sem o efeito do impedimento, a só imposição da penalidade constituiria censura moral, sem repercussão material relevante. De efeito, de nada valeria declarar-se alguém inidôneo sem o consequente impedimento de, por isto mesmo, continuar a participar de licitações e de contratar com a administração.

O impedimento por efeito de penalidade administrativa conta com expressa previsão nos seguintes diplomas.

Na Lei nº 8.666/93, que institui normas gerais sobre licitações e contratos administrativos:

> Art. 87. Pela inexecução total ou parcial do contrato a Administração poderá, garantida a prévia defesa, aplicar ao contratado as seguintes sanções:

---

[166] Projeto de lei (PLS nº 80/09) almeja incluir na Lei nº 8.666/93 norma proibitiva à participação em licitação e contratação com o Poder Público, de entidades empresariais condenadas judicialmente por assédio moral contra empregados. De acordo com o projeto de lei, para participar de licitações e contratar com o Poder Público, a entidade empresarial deve comprovar que não foi condenada por prática de coação moral contra seus empregados nos últimos cinco anos. O autor da proposta também sugere a criação do Cadastro Nacional de Proteção contra a Coação Moral no Emprego, a ser gerido por órgão do Poder Executivo. O cadastro seria referência para os gestores públicos que buscam informações qualificadas sobre a atuação dos licitantes no cumprimento de obrigações.

(...)

III – suspensão temporária de participação em licitação e impedimento de contratar com a Administração, por prazo não superior a 2 (dois) anos;

IV – declaração de inidoneidade[167] para licitar ou contratar com a Administração Pública enquanto perdurarem os motivos determinantes da punição ou até que seja promovida a reabilitação perante a própria autoridade que aplicou a penalidade, que será concedida sempre que o contratado ressarcir a Administração pelos prejuízos resultantes e após decorrido o prazo da sanção aplicada com base no inciso anterior.

Art. 88. As sanções previstas nos incisos III e IV do artigo anterior poderão também ser aplicadas às empresas ou aos profissionais que, em razão dos contratos regidos por esta Lei:

I – tenham sofrido condenação definitiva por praticarem, por meios dolosos, fraude fiscal no recolhimento de quaisquer tributos;

II – tenham praticado atos ilícitos visando a frustrar os objetivos da licitação;

III – demonstrem não possuir idoneidade para contratar com a Administração em virtude de atos ilícitos praticados.

Na Lei nº 10.520/02, que instituiu, no âmbito da União, estados, Distrito Federal e municípios, a modalidade licitatória do pregão, para aquisição de bens e serviços comuns:

Art. 7º Quem, convocado dentro do prazo de validade da sua proposta, não celebrar o contrato, deixar de entregar ou apresentar documentação falsa exigida para o certame, ensejar o retardamento da execução de seu objeto, não mantiver a proposta, falhar ou fraudar na execução do contrato, comportar-se de modo inidôneo ou cometer fraude fiscal, ficará impedido de licitar e contratar com a União, Estados, Distrito Federal ou Municípios e, será descredenciado no SICAF, ou nos sistemas de cadastramento de fornecedores a que se refere o inciso XIV do art. 4º desta Lei, pelo prazo de até 5 (cinco) anos, sem prejuízo das multas previstas em edital e no contrato e das demais cominações legais.

Na Lei nº 8.443/92 (Lei Orgânica do Tribunal de Contas da União):[168]

---

[167] O art. 97 da Lei nº 8.666/93 tipifica como crime a admissão à licitação ou a celebração de contrato com empresa ou profissional declarado inidôneo, cominando a pena de detenção de seis meses a dois anos e multa para o agente público que assim proceder, incidindo na mesma pena aquele que, declarado inidôneo, venha a licitar ou a contratar com a Administração.

[168] Visite-se excerto do Acórdão nº 428/10, Plenário, que trata da aplicação de penalidade de declaração de inidoneidade para contratar com a Administração Pública Federal: "9.1.1. a oitiva das empresas [...], para que, na pessoa dos seus representantes, apresentem defesa acerca dos fatos relatados nestes autos, que indicam participação de forma fraudulenta no âmbito de licitações realizadas pelo [...], alertando-as de que a rejeição das defesas apresentadas poderá ensejar a declaração de sua inidoneidade para contratar com a Administração Pública Federal, nos termos previstos no art. 46, da Lei nº 8.443, de 1992".
Compulse-se, também, a Pet nº 3.606/DF (STF), que decidiu conflito de atribuições entre órgão da Administração Pública federal e o TCU, no que tange à declaração de inidoneidade por fraude à licitação: "Conflito de atribuição inexistente: Ministro de Estado dos Transportes e Tribunal de Contas da União: áreas de atuação diversas e inconfundíveis. 1. A atuação do Tribunal de Contas da União no exercício da fiscalização contábil, financeira, orçamentária, operacional e patrimonial das entidades administrativas não se confunde com aquela atividade fiscalizatória realizada pelo próprio órgão administrativo, uma vez que esta atribuição decorre da de controle interno ínsito a cada Poder e aquela, do controle externo a cargo do Congresso Nacional (CF, art. 70). 2. O poder outorgado pelo legislador ao TCU, de declarar, verificada a ocorrência de fraude comprovada à licitação, a inidoneidade do licitante fraudador para participar, por até cinco anos, de licitação na Administração Pública Federal (art. 46 da Lei nº 8.443/92), não se confunde com o dispositivo da Lei das Licitações (art. 87), que – dirigido apenas aos altos cargos do Poder Executivo dos entes federativos (§3º) – é restrito ao controle interno da Administração Pública e de aplicação mais abrangente. 3. Não se exime, sob essa perspectiva, a

Art. 46. Verificada a ocorrência de fraude comprovada à licitação, o Tribunal declarará a inidoneidade do licitante fraudador para participar, por até cinco anos, de licitação na Administração Pública Federal.

Na Lei nº 12.529/11 (estrutura o Sistema Brasileiro de Defesa da Concorrência e dispõe sobre a prevenção e repressão às infrações contra a ordem econômica):

Art. 38. Sem prejuízo das penas cominadas no art. 37 desta Lei, quando assim exigir a gravidade dos fatos ou o interesse público geral, poderão ser impostas as seguintes penas, isolada ou cumulativamente: [...] II – a proibição de contratar com instituições financeiras oficiais e participar de licitação tendo por objeto aquisições, alienações, realização de obras e serviços, concessão de serviços públicos, na administração pública federal, estadual, municipal e do Distrito Federal, bem como em entidades da administração indireta, por prazo não inferior a 5 (cinco) anos;

Na Lei nº 10.683/03, que define a competência da ex-Controladoria-Geral da União, atual Ministério da Transparência, Fiscalização e Controladoria-Geral da União:

Art. 17. À Controladoria-Geral da União compete assistir direta e imediatamente ao Presidente da República no desempenho de suas atribuições quanto aos assuntos e providências que, no âmbito do Poder Executivo, sejam atinentes à defesa do patrimônio público, ao controle interno, à auditoria pública, à correição, à prevenção e ao combate à corrupção, às atividades de ouvidoria e ao incremento da transparência da gestão no âmbito da administração pública federal.

Na Lei nº 8.429/92 (Lei de Improbidade Administrativa):

Art. 12. Independentemente das sanções penais, civis e administrativas previstas na legislação específica, está o responsável pelo ato de improbidade sujeito às seguintes cominações, que podem ser aplicadas isolada ou cumulativamente, de acordo com a gravidade do fato:
I – na hipótese do art. 9º, perda dos bens ou valores acrescidos ilicitamente ao patrimônio, ressarcimento integral do dano, quando houver, perda da função pública, suspensão dos direitos políticos de oito a dez anos, pagamento de multa civil de até três vezes o valor do acréscimo patrimonial e proibição de contratar com o Poder Público ou receber benefícios ou incentivos fiscais ou creditícios, direta ou indiretamente, ainda que por intermédio de pessoa jurídica da qual seja sócio majoritário, pelo prazo de dez anos;
II – na hipótese do art. 10, ressarcimento integral do dano, perda dos bens ou valores acrescidos ilicitamente ao patrimônio, se concorrer esta circunstância, perda da função pública, suspensão dos direitos políticos de cinco a oito anos, pagamento de multa civil de até duas vezes o valor do dano e proibição de contratar com o Poder Público ou receber benefícios ou incentivos fiscais ou creditícios, direta ou indiretamente, ainda que por intermédio de pessoa jurídica da qual seja sócio majoritário, pelo prazo de cinco anos;
III – na hipótese do art. 11, ressarcimento integral do dano, se houver, perda da função

---

autoridade administrativa sujeita ao controle externo de cumprir as determinações do Tribunal de Contas, sob pena de submeter-se às sanções cabíveis. 4. Indiferente para a solução do caso a discussão sobre a possibilidade de aplicação de sanção – genericamente considerada – pelo Tribunal de Contas, no exercício do seu poder de fiscalização, é passível de questionamento por outros meios processuais".

pública, suspensão dos direitos políticos de três a cinco anos, pagamento de multa civil de até cem vezes o valor da remuneração percebida pelo agente e proibição de contratar com o Poder Público ou receber benefícios ou incentivos fiscais ou creditícios, direta ou indiretamente, ainda que por intermédio de pessoa jurídica da qual seja sócio majoritário, pelo prazo de três anos.

Na Lei nº 9.605/98, que dispõe sobre as sanções penais e administrativas derivadas de condutas e atividades lesivas ao meio ambiente:

Art. 72. As infrações administrativas são punidas com as seguintes sanções, observado o disposto no art. 6º: [...]
XI – restritiva de direitos. [...]
§8º As sanções restritivas de direito são: [...]
V – proibição de contratar com a Administração Pública, pelo período de até três anos.

Na Lei nº 12.527/11 (Lei de Acesso à Informação):

Art. 33. A pessoa física ou entidade privada que detiver informações em virtude de vínculo de qualquer natureza com o poder público e deixar de observar o disposto nesta Lei estará sujeita às seguintes sanções: [...]
IV – suspensão temporária de participar em licitação e impedimento de contratar com a administração pública por prazo não superior a 2 (dois) anos; e
V – declaração de inidoneidade para licitar ou contratar com a administração pública, até que seja promovida a reabilitação perante a própria autoridade que aplicou a penalidade.
[...]
§2º A reabilitação referida no inciso V será autorizada somente quando o interessado efetivar o ressarcimento ao órgão ou entidade dos prejuízos resultantes e após decorrido o prazo da sanção aplicada com base no inciso IV.
§3º A aplicação da sanção prevista no inciso V é de competência exclusiva da autoridade máxima do órgão ou entidade pública, facultada a defesa do interessado, no respectivo processo, no prazo de 10 (dez) dias da abertura de vista.

Na Lei nº 12.462/11 (Regime Diferenciado de Contratações Públicas – RDC)

Art. 47. Ficará impedido de licitar e contratar com a União, Estados, Distrito Federal ou Municípios, pelo prazo de até 5 (cinco) anos, sem prejuízo das multas previstas no instrumento convocatório e no contrato, bem como das demais cominações legais, o licitante que:
I – convocado dentro do prazo de validade da sua proposta não celebrar o contrato, inclusive nas hipóteses previstas no parágrafo único do art. 40 e no art. 41 desta Lei;
II – deixar de entregar a documentação exigida para o certame ou apresentar documento falso;
III – ensejar o retardamento da execução ou da entrega do objeto da licitação sem motivo justificado;
IV – não mantiver a proposta, salvo se em decorrência de fato superveniente, devidamente justificado;
V – fraudar a licitação ou praticar atos fraudulentos na execução do contrato;
VI – comportar-se de modo inidôneo ou cometer fraude fiscal; ou
VII – der causa à inexecução total ou parcial do contrato.

§1º A aplicação da sanção de que trata o *caput* deste artigo implicará ainda o descredenciamento do licitante, pelo prazo estabelecido no *caput* deste artigo, dos sistemas de cadastramento dos entes federativos que compõem a Autoridade Pública Olímpica.

A Lei nº 4.737/65 (Código Eleitoral) prevê que sem a prova de que votou na última eleição, pagou a respectiva multa ou de que se justificou devidamente, não poderá o eleitor participar de concorrência pública ou administrativa da União, dos estados, do Distrito Federal ou dos municípios, ou das respectivas autarquias. Assim:

> Art. 7º O eleitor que deixar de votar e não se justificar perante o juiz eleitoral até 30 (trinta) dias após a realização da eleição, incorrerá na multa de 3 (três) a 10 (dez) por cento sobre o salário-mínimo da região, imposta pelo juiz eleitoral e cobrada na forma prevista no art. 367. §1º Sem a prova de que votou na última eleição, pagou a respectiva multa ou de que se justificou devidamente, não poderá o eleitor: [...] III – participar de concorrência pública ou administrativa da União, dos Estados, dos Territórios, do Distrito Federal ou dos Municípios, ou das respectivas autarquias;

Registre-se que a Lei nº 12.846/13, a qual dispõe sobre a responsabilização administrativa e civil de pessoas jurídicas pela prática de atos contra a administração pública, nacional ou estrangeira, prevê, de forma reflexa, a proibição para contratar com a administração pública em razão de sanção de suspensão ou interdição parcial de suas atividades.

Reza o art. 19 do citado diploma:

> Art. 19. Em razão da prática de atos previstos no art. 5º desta Lei, a União, os Estados, o Distrito Federal e os Municípios, por meio das respectivas Advocacias Públicas ou órgãos de representação judicial, ou equivalentes, e o Ministério Público, poderão ajuizar ação com vistas à aplicação das seguintes sanções às pessoas jurídicas infratoras:
> I – perdimento dos bens, direitos ou valores que representem vantagem ou proveito direta ou indiretamente obtidos da infração, ressalvado o direito do lesado ou de terceiro de boa-fé;
> **II – suspensão ou interdição parcial de suas atividades;** (grifamos)
> III – dissolução compulsória da pessoa jurídica;
> IV – proibição de receber incentivos, subsídios, subvenções, doações ou empréstimos de órgãos ou entidades públicas e de instituições financeiras públicas ou controladas pelo poder público, pelo prazo mínimo de 1 (um) e máximo de 5 (cinco) anos.

O Código de Processo Penal, em seu art. 319, VI, prevê que:

> Art. 319. São medidas cautelares diversas da prisão: [...] VI – suspensão do exercício de função pública ou de atividade de natureza econômica ou financeira quando houver justo receio de sua utilização para a prática de infrações penais;

A medida cautelar de suspensão do exercício de atividade de natureza econômica prevista no CPP, assim como ocorre com a sanção de suspensão ou interdição parcial de atividades, aplicada com base na Lei nº 12.846/13 (Lei Anticorrupção), traduz condição que impede a entidade de desenvolver suas atividades econômicas regulares e, por conseguinte, de executar o objeto do contrato administrativo.

2.3 Cadastro único de fornecedores proibidos de participar de licitação e de celebrar contratos administrativos

A implantação de um cadastro único de fornecedores proibidos de licitar e contratar com o estado é importante ferramenta a ser posta à disposição do gestor público, com o fim de viabilizar o intercâmbio de informações entre os distintos cadastros existentes no âmbito dos diversos órgãos e entidades da administração pública.

O Tribunal de Contas da União realizou auditoria na Secretaria de Logística e Tecnologia da Informação (SLTI), do Ministério do Planejamento, Orçamento e Gestão, com o objetivo de conhecer o conjunto de sistemas informatizados que compõem ou subsidiam o portal <www.comprasnet.gov.br>, no qual são realizados os pregões eletrônicos dos órgãos e entidades integrantes do Sistema de Serviços Gerais (SISG). Um dos seus módulos é o Sistema de Cadastramento Unificado de Fornecedores (SICAF). Ao apreciar o relatório produzido pela equipe de auditoria, o voto do Relator destacou que o SICAF "não contempla o registro de ocorrências, a exemplo das impeditivas de contratar, de órgãos ou entidades não integrantes do Sisg e que optaram por ter cadastro próprio, nos termos da Lei nº 8.666/93, art. 34, §2º. O fato possibilita a contratação de pessoa impedida de licitar e contratar com a administração pública, a exemplo das sanções previstas no art. 7º da Lei nº 10.520/2002 e no inciso IV do art. 87 da Lei nº 8.666/93". Em razão disso, o relator propôs e o Plenário determinou à Secretaria auditada que:

> 9.2.9. de forma a possibilitar o intercâmbio de informações de ocorrências de licitantes entre os distintos cadastros de fornecedores, notadamente as impeditivas de licitar e contratar, implemente procedimentos de envio remoto, por exemplo, utilizando *web services*;
> 9.3. recomendar à Casa Civil da Presidência da República que promova ações com vistas a propor projeto legislativo com o objetivo de tornar efetivas as sanções suspensivas e de declaração de inidoneidade a fornecedores previstas na legislação, tendo em vista a falta de obrigatoriedade de alimentação de um cadastro único de sancionados pelos diversos órgãos e entidades das esferas administrativas;
> 9.4. comunicar à Comissão Mista de Planos, Orçamentos Públicos e Fiscalização do Congresso Nacional que as sanções a fornecedores definidas na Lei nº 8.666/93, art. 84, inciso IV, e na Lei nº 10.520/2002, art. 7º, podem não ser efetivas, devido à ausência da obrigatoriedade de alimentação de cadastro único de ocorrências de fornecedores pelos diversos órgãos e entidades das esferas administrativas; (Acórdão nº 1.647/2010, Plenário, Processo TC-012.538/2009-1, rel. Min. Benjamin Zymler)

Fácil perceber a utilidade que teria tal cadastro único de fornecedores penalizados e, por conseguinte, impedidos de participar de licitações e de contratar com a administração. Não apenas para garantir a efetividade da medida, como, também, para subsidiar o exame da pertinência da desconsideração da personalidade jurídica em casos concretos, como a seguir se verá.

Também daria passo inicial para distinguir, por contraste indiciário, os quadros societários em que estariam os mesmos sócios de pessoas jurídicas anteriormente impedidas de licitar e de contratar com a administração pública, daqueles em que figurariam terceiros, a encobrir os antigos sócios impedidos, ou seja, o que o jargão popular batizou de "laranjas" (pessoas que aparecem como sócias de direito, sem o serem de fato, nem terem ciência dessa situação, muito menos formação e meios para assumirem os respectivos encargos).

3 A desconsideração da personalidade jurídica *Disregard doctrine*

3.1 Origem

Suzy Elizabeth Cavalcante Koury[169] leciona sobre a origem da *Disregard Doctrine*:

> A partir do século XX foi-se tornando cada vez maior a preocupação da doutrina e da jurisprudência com a utilização da pessoa jurídica para fins diversos daqueles tipicamente considerados pelos legisladores, razão pela qual passaram a buscar meios idôneos para reprimi-la.
>
> Dentre esses meios, Verrucoli recorda a chamada teoria da soberania, elaborada pelo alemão Hausmann e desenvolvida na Itália por Mossa, que, segundo ele, constitui um precedente da *Disregard Doctrine*.
>
> De fato, a teoria da soberania, da mesma forma que a *Disregard*, não se baseava em nenhuma norma expressa nos ordenamentos em que foi criada e desenvolvida, consistindo, na verdade, em uma afirmação de princípios considerados de maior importância histórica.
>
> Essa teoria visava a imputar ao controlador de uma sociedade de capitais as obrigações assumidas pela sociedade controlada e por ela não satisfeitas, relevando-se, assim, a substância das relações em detrimento da sua estrutura formal. Em que pese o grande avanço por ela representado, tal teoria não alcançou grande repercussão no plano prático.
>
> Mas foi no âmbito da *common law*, principalmente a norte americana, que se desenvolveu, inicialmente na jurisprudência, a desconsideração da personalidade jurídica.
>
> Com efeito, no ano de 1809, no caso *Bank of United States v. Deveaux*, o juiz Marshall, com a intenção de preservar a jurisdição das cortes federais sobre as corporations, já que a Constituição Federal americana, no seu art. 3º, seção 2ª, limita tal jurisdição às controvérsias entre cidadãos de diferentes estados, conheceu da causa.
>
> Como bem assinala Wormser, não cabe aqui discutir a decisão em si, a qual foi, na verdade, repudiada por toda a doutrina, e sim ressalvar o fato de que já em 1809 "...as cortes levantaram o véu e consideraram as características dos sócios individuais".
>
> Aproveitamos a referência a essa decisão, a mais antiga por nós conhecida, para desfazer duas inverdades acerca do famoso caso inglês *Salomon v. Salomon & Co*.
>
> A primeira delas diz respeito à sua qualificação como o verdadeiro e próprio *leading case* da *Disregard Doctrine* por vários autores. Na realidade, o caso em questão foi julgado em 1897, portanto, oitenta e oito anos após a primeira manifestação da jurisprudência americana, só sendo possível, assim, considerá-lo como *leading case* no Direito inglês.
>
> Além disso, apesar de o juiz de 1º grau e da Corte de Apelação terem desconsiderado a personalidade jurídica da companhia criada por Salomon, juntamente com 6 (seis) pessoas da sua família, reputando-a como uma extensão da atividade pessoal dele, uma verdadeira *agent* ou *trustee* de Salomon, que continuava sendo o verdadeiro proprietário do estabelecimento que falsamente transferira à sociedade, a decisão foi reformada pela *House of Lords*, sob a alegação de que a companhia havia sido validamente constituída e que Salomon era seu credor privilegiado por ter-lhe vendido o estabelecimento e recebido, por isso, obrigações garantidas por hipoteca.
>
> Verrucoli destaca que a relevância atribuída a esse precedente teve, na verdade, uma influência bastante negativa sobre a possibilidade de desenvolvimento da *Disregard Doctrine* no Direito inglês, a ponto de o princípio da separação de subjetividades jurídicas e de responsabilidade patrimonial nele consagrado vir sendo rigorosamente aplicado desde então, salvo algumas exceções.

---

[169] *A desconsideração da personalidade jurídica* (disregard doctrine) *e os grupos de empresas*. 2. ed. Rio de Janeiro: Forense, 2000. p. 63-64.

Portanto, a teoria da desconsideração da personalidade jurídica vem-se desenvolvendo a partir do século XIX, havendo várias obras a seu respeito, ressaltando-se as de Serick e Verrucoli, aqui constantemente citadas, algumas leis que a tomam por base e inúmeras decisões judiciais que a aplicam na prática.

Essa disseminação no seu uso faz com que ela seja conhecida por diferentes expressões. Assim é que, fala-se em *piercing the corporate veil, lifting the corporate veil, cracking open the corporate shell*, nos Direitos inglês e americano; *superamento della personalitá giuridica*, no Direito italiano; *Durchgriff der juristichen Person*, no Direito Alemão; *teoria de la penetración ou desestimación de la personalidad*, no Direito argentino; *miseá l'écart de la personnalité morale*, no Direito francês.

3.2 Aplicabilidade

Tal como hoje consagrada, a desconsideração da personalidade jurídica é aplicável nos casos em que se desvia a pessoa jurídica de sua legítima finalidade, o que caracteriza abuso de direito, com o fim de lesar terceiros ou violar a lei, a configurar fraude. Abuso e fraude são, portanto, os requisitos da aplicação. À falta de qualquer deles, não se admite a desconsideração.

A legislação pátria afinal acolheu a teoria, tendo-a por acenável em hipóteses tais como as de falência, insolvência ou encerramento das atividades da sociedade empresária, se e quando de qualquer forma a personalidade jurídica desta for manejada como obstáculo ao ressarcimento de credores ou instrumento para a prática de ilicitude.

Tornou-se norma legal expressa a de que a personalidade jurídica de uma entidade empresarial, embora inconfundível com a pessoa de seus sócios, não pode ser por estes invocada com o fim de esquivarem-se de responsabilidades por ato praticado com abuso de poder, por meio de fraude ou para prejudicar terceiros em nome da sociedade.

Nos casos mais comuns, a desconsideração da personalidade jurídica é aplicada para afastar a autonomia patrimonial da pessoa jurídica e envolver o patrimônio particular dos sócios, de modo a que tal patrimônio particular responda pelas obrigações da sociedade. A desconsideração torna os sócios responsáveis, de forma solidária e ilimitada, desde que hajam praticado ato ilícito (civil ou penal), em abuso e fraude contra direito de terceiros, e usando a pessoa jurídica como barreira ou imunidade.

A jurisprudência das cortes judiciais[170] vem evoluindo no sentido de admitir, também, a chamada desconsideração inversa, que é a que imputa à sociedade responsabilidade por obrigações não cumpridas pelos sócios.

Seja na desconsideração propriamente dita ou na invertida, os tribunais tendem a dispensar ação autônoma para a aplicação da medida excepcional, mas assentam que somente nos casos de abuso de direito, desvio de finalidade ou confusão patrimonial é que será ela legítima e conforme ao direito.

3.3 Positivação no ordenamento jurídico

Prescindiria de positivação (inscrição no direito legislado mediante norma escrita) a aplicação da teoria da desconsideração, uma vez que ao Estado-Juiz compete verificar

---

[170] V. Superior Tribunal de Justiça, Recuso Especial nº 1.098.712-RS, *DJ*, 04.08.2010.

se o direito está sendo adequadamente realizado e aplicá-lo no caso concreto – direito subjetivo individual fundamental garantido pela CF/88, art. 5º, XXXV ("A lei não excluirá da apreciação do Poder Judiciário lesão ou ameaça a direito"). Nada obstante, o legislador houve por bem de albergar a teoria da desconsideração no ordenamento normativo brasileiro.

A iniciativa pioneira coube ao Código de Defesa do Consumidor, cujas regras foram copiadas e estendidas a relações outras que não as de consumo.

Eis o rol de leis cujas normas preveem a desconsideração da personalidade jurídica, no atual direito positivo brasileiro:

Lei nº 8.078/90 (Código de Defesa do Consumidor):

> Art. 28. O juiz poderá desconsiderar a personalidade jurídica da sociedade quando, em detrimento do consumidor, houver abuso de direito, excesso de poder, infração da lei, fato ou ato ilícito ou violação dos estatutos ou contrato social. A desconsideração também será efetivada quando houver falência, estado de insolvência, encerramento ou inatividade da pessoa jurídica provocados por má administração. [...]
> §5º Também poderá ser desconsiderada a pessoa jurídica sempre que sua personalidade for, de alguma forma, obstáculo ao ressarcimento de prejuízos causados aos consumidores.

Lei nº 8.884/94 (denominada Lei Antitruste),[171] que tratava da prevenção e repressão às infrações contra a ordem econômica, estabelecia que:

> Art. 18 A personalidade jurídica do responsável por infração da ordem econômica poderá ser desconsiderada quando houver da parte deste abuso de direito, excesso de poder, infração da lei, fato ou ato ilícito ou violação dos estatutos ou contrato social. A desconsideração também será efetivada quando houver falência, estado de insolvência, encerramento ou inatividade da pessoa jurídica provocados por má administração.

Lei nº 9.605/98 (dispõe sobre as sanções penais e administrativas derivadas de condutas e atividades lesivas ao meio ambiente):

> Art. 4º Poderá ser desconsiderada a pessoa jurídica sempre que sua personalidade for obstáculo ao ressarcimento de prejuízos causados à qualidade do meio ambiente.

Lei nº 10.406/02 (Código Civil Brasileiro):

> Art. 50. Em caso de abuso da personalidade jurídica, caracterizado pelo desvio de finalidade, ou pela confusão patrimonial, pode o juiz decidir, a requerimento da parte, ou do Ministério Público quando lhe couber intervir no processo, que os efeitos de certas e determinadas relações de obrigações sejam estendidos aos bens particulares dos administradores ou sócios da pessoa jurídica.

---

[171] A Lei nº 8.884/94 foi revogada pela Lei nº 12.529/11, cujo art. 34 dispõe: A personalidade jurídica do responsável por infração da ordem econômica poderá ser desconsiderada quando houver da parte deste abuso de direito, excesso de poder, infração da lei, fato ou ato ilícito ou violação dos estatutos ou contrato social.

A Lei nº 12.846/13, que dispõe sobre a responsabilização administrativa e civil de pessoas jurídicas pela prática de atos contra a administração pública, nacional ou estrangeira, prevê a aplicação da *disregard doctrine:*

> Art. 5º Constituem atos lesivos à administração pública, nacional ou estrangeira, para os fins desta Lei, todos aqueles praticados pelas pessoas jurídicas mencionadas no parágrafo único do art. 1º, que atentem contra o patrimônio público nacional ou estrangeiro, contra princípios da administração pública ou contra os compromissos internacionais assumidos pelo Brasil, assim definidos: [...]
> III – comprovadamente, utilizar-se de interposta pessoa física ou jurídica para ocultar ou dissimular seus reais interesses ou a identidade dos beneficiários dos atos praticados;
> IV – no tocante a licitações e contratos: [...]
> e) criar, de modo fraudulento ou irregular, pessoa jurídica para participar de licitação pública ou celebrar contrato administrativo;
> [...]
> Art. 14. A personalidade jurídica poderá ser desconsiderada sempre que utilizada com abuso do direito para facilitar, encobrir ou dissimular a prática dos atos ilícitos previstos nesta Lei ou para provocar confusão patrimonial, sendo estendidos todos os efeitos das sanções aplicadas à pessoa jurídica aos seus administradores e sócios com poderes de administração, observados o contraditório e a ampla defesa.

No âmbito do contencioso judicial, a Lei nº 13.105/15 (novo Código de Processo Civil), nos arts. 133 a 137, prevê o incidente de desconsideração da personalidade jurídica, que poderá ser instaurado a pedido da parte ou do Ministério Público, quando lhe couber intervir no processo.

A Lei nº 13.303/16, que dispõe sobre o estatuto jurídico da empresa pública, da sociedade de economia mista e de suas subsidiárias, no âmbito da União, dos estados, do Distrito Federal e dos municípios, alinha situações impeditivas da participação de empresas em licitações e contratações promovidas por tais entidades, cujos sócios ou administradores tenham sido sócios ou administradores de empresas suspensas, impedidas ou declaradas inidôneas. Assim:

> Art. 38. Estará impedida de participar de licitações e de ser contratada pela empresa pública ou sociedade de economia mista a empresa: [...]
> IV – constituída por sócio de empresa que estiver suspensa, impedida ou declarada inidônea;
> V – cujo administrador seja sócio de empresa suspensa, impedida ou declarada inidônea;
> VI – constituída por sócio que tenha sido sócio ou administrador de empresa suspensa, impedida ou declarada inidônea, no período dos fatos que deram ensejo à sanção;
> VII – cujo administrador tenha sido sócio ou administrador de empresa suspensa, impedida ou declarada inidônea, no período dos fatos que deram ensejo à sanção;
> VIII – que tiver, nos seus quadros de diretoria, pessoa que participou, em razão de vínculo de mesma natureza, de empresa declarada inidônea. [...]

3.3.1 Desconsideração da personalidade jurídica no âmbito do Código Tributário Nacional

A desconsideração da personalidade jurídica não encontra previsão expressa na Lei nº 5.172/66 (CTN). É inegável, no entanto, a simetria de efeitos produzidos pela desconsideração com a responsabilização solidária dos sócios por atos em que intervieram ou por omissões de que foram responsáveis, no caso de liquidação de sociedade de pessoas, em face da impossibilidade de exigir-se do contribuinte o cumprimento da obrigação tributária principal.

Recorde-se o teor do art. 134 do CTN: "Nos casos de impossibilidade de exigência do cumprimento da obrigação principal pelo contribuinte, respondem solidariamente com este nos atos em que intervierem ou pelas omissões de que forem responsáveis: [...] VII – os sócios, no caso de liquidação de sociedade de pessoas".

A Lei Complementar nº 104, de 10 de janeiro de 2001, acrescentou parágrafo único ao art. 116 do CTN, ensejando que a administração fiscal exercite a chamada interpretação econômica do fato gerador, para desconsiderar a forma jurídica de atos ou negócios praticados com fraude à lei e nítido intuito de sonegação fiscal.

Eis a vigente redação do art. 116, parágrafo único, do CTN: "A autoridade administrativa poderá desconsiderar atos ou negócios jurídicos praticados com a finalidade de dissimular a ocorrência do fato gerador do tributo ou a natureza dos elementos constitutivos da obrigação tributária, observados os procedimentos a serem estabelecidos em lei ordinária".

Assim, se o contribuinte simula doação para fugir à incidência de alíquota superior do imposto de renda, de competência federal, permitindo, com tal simulação, a incidência do imposto estadual sobre doações, de alíquota reduzida, poderá a Receita Federal desconsiderar o negócio simulado, passando a tributar a situação com base em sua realidade econômica. Nessa situação, a administração desconsidera uma forma jurídica (o contrato de doação) e passa a tributar o negócio jurídico simulado com base na realidade econômica subjacente (aquisição de renda), garantindo-se, por esse meio, a preservação do interesse público a que corresponde a correta incidência da exação tributária.

À administração fazendária sempre foi facultada, antes mesmo da vigência do parágrafo único do art. 116 do CTN, a possibilidade de desconsiderar atos ou negócios jurídicos praticados pelo contribuinte ou responsável tributário com o intuito de dissimular a ocorrência do fato gerador. O estado sempre dispôs de mecanismo eficaz de combate à evasão fiscal, na medida em que ao fisco, assegurado ao contribuinte ou responsável o exercício do contraditório e da ampla defesa em processo administrativo, se reconhecia o poder-dever de desconsiderar a forma jurídica de ato ou negócio praticado sob disfarce, na busca de sua realidade econômica. O art. 116, parágrafo único, do CTN veio tão só positivar antigo instrumento de administração tributária.

3.3.2 Desconsideração da personalidade jurídica no âmbito da Consolidação das Leis Trabalhistas

Dispõe o art. 2º, §2º, da CLT:

> Sempre que uma ou mais empresas, tendo, embora, cada uma delas, personalidade jurídica própria, estiverem sob a direção, controle ou administração de outra, constituindo grupo industrial, comercial ou de qualquer outra atividade econômica, serão, para os efeitos da relação de emprego, solidariamente responsáveis a empresa principal e cada uma das subordinadas.

O Superior Tribunal de Justiça, no julgamento de recurso especial,[172] obtemperou que "A teoria da desconsideração da personalidade jurídica – *disregard doctrine* –, conquanto encontre amparo no direito positivo brasileiro (art. 2º da Consolidação das Leis Trabalhistas, art. 28 do Código de Defesa do Consumidor, art. 4º da Lei nº 9.605/98, art. 50 do CC/02, dentre outros), deve ser aplicada com cautela, diante da previsão de autonomia e existência de patrimônios distintos entre as pessoas físicas e jurídicas".

O mencionado dispositivo da CLT não veicula, em verdade, hipótese de desconsideração da personalidade jurídica. Apenas excepciona a autonomia resultante da formação de grupos empresariais, determinando a solidariedade das várias empresas integrantes do grupo, sem cogitar de abuso ou fraude.

Segue-se não se cuidar, propriamente, de desconsideração da personalidade, que pressupõe abuso e fraude, mas de simples solidariedade: a uma, porque não se verifica a ocorrência de hipótese alguma que justifique sua aplicação; a duas, porque reconhece e afirma a existência de personalidades distintas; a três, porque se trata de responsabilidade civil com responsabilização solidária das sociedades pertencentes ao mesmo grupo.

Tal norma trabalhista não se ocupa do uso da pessoa jurídica, almejando, apenas, como da índole desse sistema normativo especial, proteger o empregado, impondo, como garantia de seus direitos, a responsabilidade solidária dos diversos integrantes do grupo empresarial, independentemente de fraude ou abuso. Não se suprime, sequer momentaneamente, a personalidade jurídica, sendo apenas ampliados e compartilhados os riscos da atividade econômica.

3.4 Desconsideração da personalidade jurídica em julgados do Supremo Tribunal Federal

Os julgados do STF têm reconhecido a possibilidade jurídica da intercomunicação dos patrimônios das pessoas jurídicas e das pessoas físicas de seus sócios, destacando que a responsabilidade destes (sócios) passa a ser ilimitada nas hipóteses de conduta dolosa ou culposa, da violação de lei ou do contrato social, situações que possibilitam a desconsideração da personalidade jurídica.

Trazem-se à colação excertos dos seguintes julgados:

EMENTA: PROCEDIMENTO ADMINISTRATIVO E DESCONSIDERAÇÃO EXPANSIVA DA PERSONALIDADE JURÍDICA. "DISREGARD DOCTRINE" E RESERVA DE JURISDIÇÃO: EXAME DA POSSIBILIDADE DE A ADMINISTRAÇÃO PÚBLICA, MEDIANTE ATO PRÓPRIO, AGINDO "PRO DOMO SUA", DESCONSIDERAR A PERSONALIDADE CIVIL DA EMPRESA, EM ORDEM A COIBIR SITUAÇÕES CONFIGURADORAS DE ABUSO DE DIREITO OU DE FRAUDE. A COMPETÊNCIA INSTITUCIONAL DO TRIBUNAL DE CONTAS DA UNIÃO E A *DOUTRINA* DOS PODERES IMPLÍCITOS. INDISPENSABILIDADE, OU NÃO, DE LEI QUE VIABILIZE A INCIDÊNCIA DA TÉCNICA DA DESCONSIDERAÇÃO DA PERSONALIDADE JURÍDICA EM SEDE ADMINISTRATIVA. A ADMINISTRAÇÃO PÚBLICA E O PRINCÍPIO DA LEGALIDADE: SUPERAÇÃO DE PARADIGMA TEÓRICO FUNDADO NA *DOUT*RINA TRADICIONAL? O PRINCÍPIO DA MORALIDADE ADMINISTRATIVA:

---

[172] Resp nº 1.098.712-RS, *DJ*, 04.08.2010.

VALOR CONSTITUCIONAL REVESTIDO DE CARÁTER ÉTICO-JURÍDICO, CONDICIONANTE DA LEGITIMIDADE E DA VALIDADE DOS ATOS ESTATAIS. O ADVENTO DA LEI Nº 12.846/2013 (ART. 5º, IV, "e", E ART. 14), AINDA EM PERÍODO DE "VACATIO LEGIS". DESCONSIDERAÇÃO DA PERSONALIDADE JURÍDICA E O POSTULADO DA INTRANSCENDÊNCIA DAS SANÇÕES ADMINISTRATIVAS E DAS MEDIDAS RESTRITIVAS DE DIREITOS. MAGISTÉRIO DA *DOU*TRINA. JURISPRUDÊNCIA. PLAUSIBILIDADE JURÍDICA DA PRETENSÃO CAUTELAR E CONFIGURAÇÃO DO "PERICULUM IN MORA". MEDIDA LIMINAR DEFERIDA. (MS nº 32494 MC/DF, Rel. Min. Celso de Mello, DJe de 13.11.13)

Recurso extraordinário. Execução fiscal. Penhora de bens de socio. Embargos de terceiro. Reputa-se licita a sociedade entre conjuges, maxime após o Estatuto da mulher casada. O socio não responde, em se tratando de sociedade por quotas de responsabilidade limitada, pelas obrigações fiscais da sociedade, quando não se lhe impute conduta dolosa ou culposa, com violação da lei ou do contrato. Hipótese em que não há prova reconhecida nas decisões das instancias ordinarias de a sociedade haver sido criada objetivando causar prejuizo a Fazenda, nem tampouco restou demonstrado que as obrigações tributarias resultaram de atos praticados com excesso de poderes ou infração de lei, contrato social ou dos estatutos, por qualquer dos socios. Embargos de terceiro procedentes. Súmula 279. Recurso extraordinário não conhecido. (RE nº 108.728/SP, Rel. Min. Néri da Silveira, DJ 14.11.91)

Como anotado no despacho inicial, a desconsideração da personalidade jurídica para extensão dos efeitos da falência não depende de ação autônoma e, uma vez lançada, abre a possibilidade de defesa.

No caso concreto, há elementos de convicção que apontam para a confusão patrimonial, independentemente dos diferentes objetivos sociais, como demonstrou a síndica. Ficou provado que a agravante foi constituída como sociedade anônima e dois meses depois adquiriu imóvel da empresa agora falida, por valor muito superior, nominalmente, ao de seu capital social, sem prova da origem ou da destinação. Não há dúvida de que Filtros Logan foi "esvaziada" para prejudicar seus credores, passando imóveis para a Abesa e a industrialização e comércio de acessórios e serviços correlatos para a empresa PNP, todas se confundindo patrimonialmente entre si. (v. fls. 107-121, 128-131, 163-167 e 169-242)

Bem ponderou, a propósito, o procurador de justiça que o objetivo social da agravante não é simplesmente civil e que se mostram presentes os requisitos da desconsideração das personalidades jurídicas e de extensão dos efeitos da falência. (AI-AgR nº 475.564, Rel. Min. Nelson Jobim, DJ 19.03.04)

3.5 Desconsideração da personalidade jurídica em julgados do Tribunal de Contas da União

O TCU imputou, com supedâneo na desconsideração da personalidade jurídica, responsabilidade e aplicou penalidade de multa a ex-sócios de entidade empresarial por usufruírem pessoalmente de recursos públicos ilicitamente auferidos de órgão municipal contratante (superfaturamento de preços). Veja-se excerto do Acórdão nº 189/01, Plenário:

> Dos fatos:
> a) a empresa [...], em 1994, emitiu notas fiscais relativas a um suposto fornecimento de mercadorias para merenda escolar, verificando-se, depois, que as mesmas eram do tipo "calçadas" (fls. 15-18)

b) a empresa [...] tem como único negócio o comércio de frangos, inclusive como fazem prova inventários de mercadorias de 1993 e 1994 (fls. 24-25) e os registros de entradas (fls. 33-45), portanto o que torna provável o não recebimento dos bens que constam nas notas fiscais citadas acima, fato que, nos autos, não foi abordado

c) como se percebe, o dinheiro do pagamento foi sacado na própria agência, em linguagem mais corriqueira "na boca do caixa" (fls. 59-60), pelos favorecidos que assinam no verso; [...]

d) feito um comparativo de preços (fls. 93-94), demonstrou-se que o superfaturamento chegava a 280% em cruzeiros e 193,9%, se calculados em URV, lembrando que pesa, além disso, a provável hipótese de não entrega dos bens. Estando este em indícios e aquele provado, deu-se, a partir daqui, preferência pela irregularidade do sobrepreço (fls. 85)

e) interessante notar que a reunião da Comissão de Licitação foi realizada às 10h do dia 28.02.94 (fls. 122), sagrando vencedora a empresa [...] (não se verificando nem opinando pela paridade do preço com os de mercado). No mesmo dia foi homologado o certame pelo então prefeito (fls. 123). No mesmo dia 28.02.94 foi emitido empenho (fls. 51). No mesmo dia, 28.02.94, foram emitidas as notas fiscais pela [...] (fls. 15 e 17). No mesmo dia os insumos foram recebidos (?) na municipalidade (fls. 15 e 17 – vide atestes). No mesmo dia foi feita a ordem de pagamento (fls. 50). Apenas o cheque foi sacado, mesmo assim no dia seguinte (01.03.94), fls. 59/6;

f) outro fato de nota: a grafia que data o ateste da nota fiscal (fls. 52) parece ser a mesma que data a homologação do certame (fls. 123);

g) mais um elemento digno de nota: a única concorrente na Tomada de Preços nº 01/94 foi uma empresa de frutos do mar (fls. 128);

h) através da Decisão 68/98 – Plenário (fls. 153), foi determinada a conversão do processo em TCE e a citação, solidária, de [...] (ex-prefeito) e [...] (então presidente da Comissão de Licitação);

i) o Exmo. Sr. Ministro-Relator Guilherme Palmeira, em despacho saneador (fls. 171), faz incluir no rol de solidários os demais membros da Comissão de Licitação [...] e a Firma [...], na pessoa de seu representante legal;

j) citada a empresa [...], fatos novos aparecem aos autos com sua resposta (fls. 224-236), em resumo: que os recursos oriundos do pagamento feito à empresa jamais ingressaram em sua contabilidade e, portanto, em seu patrimônio; que em 1996 entrou na sociedade [...]; em maio de 1997, o novo sócio assumiu o controle total da empresa (fls. 225); que o antigo sócio deixou dívidas, ocultas quando da transação, bancárias, fiscais etc; que a empresa [...] encontra-se em sérias dificuldades financeiras.

Do Direito:

Como se observa, os antigos proprietários da empresa [...] agiram com as mais diversas modalidades de fraude: superfaturamento, venda de bens que nunca existiram legalmente, emissão de notas fiscais "calçadas". Ademais, retiraram o dinheiro referente ao pagamento diretamente no caixa do banco, não o fazendo ingressar em proveito da empresa. Está provado, portanto, que as ações foram em benefício próprio.

Por outro lado, observa-se que a empresa [...] encontra-se em dificuldades financeiras. Sabe-se que quando se parcelam dívidas bancárias ou débitos fiscais, há que se dar como garantia bens em hipoteca ou outra forma de gravame que altere a plenitude do direito de propriedade, principalmente o da disposição. Tais dificuldades estão sendo objeto de diligências para confirmação (primeiramente junto ao cartório de imóveis para verificar hipotecas ou outros ônus reais, mais tarde, junto à Receita Federal para verificar a existência de parcelamento de débito, o que por si só demonstrará garantias necessárias).

Sabe-se que, quando da execução forçada, o credor deve pedir a intimação dos credores pignoratício, hipotecário, anticrético ou usufrutuário (art. 615 do CPC). Como ensina Greco Filho, "tem por finalidade cientificá-los para que exerçam os seus direitos, porque, se não se fizer a intimação, a alienação do bem onerado ou gravado será ineficaz em relação ao credor privilegiado". Ora, penhora de bem gravado, dados os efeitos da sequela, tornarão sua alienação em hasta pública extremamente dificultosa (quem gostaria de adquirir um imóvel hipotecado a um banco?), e mais, há que se verificar a preferência dos créditos fiscais sobre os advindos das condenações do TCU, caso chamados.

Intimados na execução os credores e ante a situação econômica da empresa, é de se esperar que alguns peçam a insolvência da mesma, gerando a classificação dos créditos em ordem de preferência, não se atraindo, no entanto, as execuções fiscais em curso, por expressa disposição legal. (art. 187 do CTN e Lei nº 6.830/80)

É notório, ainda, que a relação da qual participaram a empresa [...] e a Prefeitura de [...] (com recursos federais) é de consumo, aplicando-se, ao caso, os mandamentos do Código de Defesa do Consumidor, em especial:

Art. 28 O juiz poderá desconsiderar a personalidade jurídica da sociedade quando, em detrimento do consumidor, houver abuso de direito, excesso de poder, infração da lei, fato ou ato ilícito ou violação dos estatutos ou contrato social. A desconsideração também será efetivada quando houver falência, estado de insolvência, encerramento ou inatividade da pessoa jurídica provocados por má administração.

....

§5º Também poderá ser desconsiderada a pessoa jurídica sempre que sua personalidade for, de alguma forma, obstáculo ao ressarcimento de prejuízos causados aos consumidores.

Entretanto, o CDC não está sozinho nessa luta. A Lei nº 8.884, de 11.06.94, que dispõe sobre a prevenção e a repressão às infrações contra a ordem econômica (Lei Anti-truste), também trata do assunto, podendo aqui ser utilizada em combinação, através da análise sistemática do direito:

Art. 18 A personalidade jurídica do responsável por infração da ordem econômica poderá ser desconsiderada quando houver da parte deste abuso de direito, excesso de poder, infração da lei, fato ou ato ilícito ou violação dos estatutos ou contrato social. A desconsideração também será efetivada quando houver falência, estado de insolvência, encerramento ou inatividade da pessoa jurídica provocados por má administração.

É exatamente nesta concepção moderna do direito que queríamos chegar para defender a aplicação ao caso da teoria da Desconsideração da Pessoa Jurídica, visto que no caso ocorreram fraude, ilícitos diversos, superfaturamento, benefício pessoal do fruto da ilicitude, troca de proprietários na empresa, dificuldades financeiras etc.

A tese tem sido debatida doutrinariamente por sua utilidade no atendimento ao princípio da Justiça, que, no dizer de Paulo de Barros Carvalho (in Curso de Direito Tributário), "é uma diretriz suprema", é um sobreprincípio, nenhum outro o sobrepuja, "ainda porque para ele trabalham".

Nos Estados Unidos, a desconsideração da personalidade jurídica é aplicada nos casos em que a pessoa jurídica é mero instrumento para cometer fraude, provada através de atos e fatos incompatíveis com um propósito honrado, que sirvam, desta forma, para derrotar a conveniência pública, justificar mal ou defender crime. É a doutrina da *disregard of legal entity* (desconsideração da entidade legal).

No dizer de Rubens Requião: "pretende a doutrina penetrar no âmago da sociedade, superando ou desconsiderando a personalidade jurídica, para atingir e vincular a responsabilidade do sócio".

Os Tribunais brasileiros vêm acolhendo a referida tese, senão vejamos:

ILEGITIMIDADE DE PARTE PASSIVA "AD CAUSAM". SÓCIOS. TEORIA DA "DESCONSIDERAÇÃO DA PERSONALIDADE JURÍDICA". DANOS MATERIAIS. PENSIONAMENTO DECORRENTE DO FALECIMENTO DE MENOR QUE NÃO TRABALHAVA.

2. Acolhimento da teoria da "desconsideração da personalidade jurídica". O Juiz pode julgar ineficaz a personificação societária, sempre que for usada com abuso de direito, para fraudar a lei ou prejudicar terceiros.
(STJ – RIP: 878.864 Decisão: 22.09.1998 – RESP Nº 158.051/RJ, ANO 1998, TURMA:4)

....

Concluindo, não é de justiça e conforme o direito contemporâneo esquecer os fatos insertos nos autos para não aplicar ao verdadeiro culpado as penalidades cabíveis, principalmente porque, se não aplicada a regra da desconsideração da personalidade jurídica, poder-se-á estar inviabilizando a execução, não punindo o verdadeiro infrator, impossibilitando a aplicação de sanções outras que não o débito (multa, por exemplo) àqueles que praticaram os ilícitos, usufruíram pessoalmente das verbas ilicitamente auferidas (já que não contabilizaram na empresa e sacaram diretamente no banco), e que não figurarão nos autos, dificultando a apuração da responsabilidade dos mesmos e consequente encaminhamento dos fatos ao Ministério Público Federal para as ações de direito, enfim, uma série de consequências jurídicas capazes de tornar este processo inefetivo e injusto.
Assim sendo, propomos a citação pessoal de [...], para que respondam pelo superfaturamento de preços, ou recolham, no prazo de 15 dias, aos cofres do FNDE a importância de CR$12.390.573,86, a contar de 28.02.94, com os acréscimos legais até a data do efetivo pagamento, tendo como acessórios os fatos da emissão de notas calçadas e da demonstração contábil de que os bens, supostamente fornecidos à Prefeitura Municipal de [...], jamais ingressaram ou saíram dos estoques da Empresa [...], impossibilitando, portanto, sua entrega, aliado ao fato de que os produtos comercializados jamais fizeram parte de seu objetivo social. Esclarecer, ainda, aos citados, o caráter solidário da citação, bem como informando-se da aplicação, aos mesmos, do instituto da desconsideração da personalidade jurídica, fulcrado no art. 28, *caput* e §5º, do Código de Defesa do Consumidor, c/c o art. 18 da Lei nº 8.884/94.
[...]
- as citações doutrinárias e os precedentes jurisprudenciais colacionados pelos responsáveis "não têm qualquer referência com a questão da competência para a aplicação da desconsideração da personalidade jurídica";
- "a *disregard doctrine* foi acolhida pela legislação pátria de forma abrangente", sendo admitidas "várias hipóteses para a aplicação da desconsideração: a falência, a insolvência, o encerramento de atividades, quando de qualquer forma a personalidade jurídica for obstáculo ao ressarcimento, e, de forma simples, a utilização da sociedade para a prática de atos ilícitos";
- no presente caso, além das práticas ilícitas perpetradas pelos ex-proprietários [...], a situação atual da empresa apresenta obstáculos ao ressarcimento (sua sede está hipotecada junto ao Banco do Nordeste do Brasil e há indícios da existência de débitos previdenciários – fls. 265 e 269-270). [...]
Acórdão [...]
Considerando a pertinência da medida de desconsideração da personalidade jurídica da empresa fornecedora dos produtos, haja vista os diversos ilícitos comprovadamente praticados por seus administradores à época; [...]
ACORDAM os Ministros do Tribunal de Contas da União, reunidos em Sessão Plenária, ante as razões expostas pelo Relator, com fundamento nos arts. 1º, inciso I, 16, inciso III, alínea "c", 19 e 23, inciso III, da Lei nº 8.443/92, em:
a) julgar irregulares as presentes contas e condenar os [...], solidariamente, ao pagamento da quantia de CR$12.370.573,86 (doze milhões, trezentos e setenta mil, quinhentos e setenta e três cruzeiros reais e oitenta e seis centavos), fixando o prazo de 15 (quinze) dias, a contar das notificações, para que os responsáveis comprovem, perante o TCU (art. 165, inciso III, alínea "a", do Regimento Interno), o recolhimento da dívida aos

cofres do Fundo Nacional de Desenvolvimento da Educação – FNDE, entidade sucessora da extinta FAE, corrigida monetariamente e acrescida dos encargos legais pertinentes, calculados a partir de 28/02/94 até a data do efetivo recolhimento, na forma prevista na legislação em vigor; (Relator Min. Guilherme Palmeira, Processo nº 675.295/1994-7)

Aditam-se outros julgados do TCU referentes à desconsideração da personalidade jurídica:

6. O recorrente argumenta que a citação deveria ter sido dirigida à pessoa jurídica da [...], e não a ele, pessoa física. Indica, em reforço a sua argumentação, o Acórdão nº 322/97 TCU – 2ª Câmara.

6.1 Aduz, em seguida, não estar demonstrada a presença dos requisitos que autorizariam a desconsideração da personalidade jurídica, pois a [...] não teria sido utilizada como escudo para o cometimento de fraude, tendo havido, no máximo, descumprimento contratual justificável.

6.2 Assim, requer o recorrente o reconhecimento da nulidade da citação do Sr. [...] e de todos os atos processuais a ela posteriores, inclusive do Acórdão recorrido.

Análise

7. Para deslinde da questão é oportuno trazer à baila o percuciente parecer exarado pelo Ministério Público junto ao TCU em sede do processo nº TC 400.146/1995-9 (Acórdão nº 145/2000 – Plenário):

A responsabilidade do sócio-quotista, neste caso, pode ser ilimitada porque se excedeu no exercício da titularidade da empresa, praticando atos ilícitos.

Nesse sentido, o art. 10 do Decreto nº 3.708, de 1919, dispõe que "os sócios-gerentes ou que derem nome à firma não respondem pessoalmente pelas obrigações contraídas em nome da sociedade, mas respondem para com esta e para com terceiro solidária e ilimitadamente pelo excesso de mandato e pelos atos praticados com violação do contrato ou da lei".

Ainda o art. 16 do mesmo Decreto: "As deliberações dos sócios, quando infringentes do contrato social ou da lei, dão responsabilidade ilimitada àqueles que expressamente hajam ajustado tais deliberações contra os preceitos contratuais ou legais".

Rubens Requião, com habitual proficiência, (REQUIÃO, Rubens. *Curso de Direito Comercial*. 21. ed. São Paulo: Malheiros, 1993. v. 2, p. 360), asseverou: "(...) é necessário insistir na explicação de que a limitação da responsabilidade do sócio não equivale à declaração de sua irresponsabilidade em face dos negócios sociais e de terceiros. Deve ele ater-se, naturalmente, ao estado de direito que as normas legais traçam, na disciplina do determinado tipo de sociedade de que se trate. Ultrapassando os preceitos de legalidade, praticando atos, como sócio, contrários à lei ou ao contrato, tornam-se pessoal e ilimitadamente responsáveis pelas consequências de tais atos".

De mesmo entendimento, Eloy Paulo Schwelm (SCHWELM, Eloy Paulo. *Sociedade por cotas de responsabilidade limitada*. São Pulo: Editora Universitária de Direito, 1994. p. 9), *ex literis*: "Salientamos que tanto as sociedades por quotas de responsabilidade limitada como as sociedades por ações, têm a característica de não confundirem o seu patrimônio com o de seus sócios, de vez que só em casos especialíssimos é que o patrimônio dos seus membros pode ser comprometido, como no caso do excesso de mandato, violação de contrato ou de qualquer texto legal".

Enfatize-se, ainda, que a desconsideração da personalidade jurídica está prevista nos art. 134, inciso VII, do Código Tributário Nacional, no art. 28, *caput* e parágrafo 5º do Código de Defesa do Consumidor, bem como nas Leis nº 4.595/64 (Lei do Sistema Financeiro) e nº 6.404/76 (Lei das Sociedades por Ações).

A jurisprudência tem ratificado e confirmado a disposição legal e doutrinária:

"Nenhuma responsabilidade pessoal assume o diretor pelas obrigações que contrair em nome da sociedade, em virtude do ato regular da gestão, e de evidência que não pode responder com os seus bens por qualquer prejuízo que a sociedade venha a causar a terceiro. Para que o administrador seja responsável civilmente é necessário que o ato por ele cometido seja considerado ilícito pelo Direito". (2º TACJVSP, Apelação nº 46.705, 2ª Câmara, publicado em ADCOAS, Boletim n. 5º, ano X, p. 789)

Na sociedade por quotas de responsabilidade limitada, a responsabilidade pessoal do sócio, portanto, é limitada, desde que decorrente de atos lícitos e compatível com o seu objeto; fora disso, pode sofrer elastecimento, com a adoção da Teoria da Despersonalização da Pessoa Jurídica.

Sobre o assunto, trazemos excerto do esclarecedor Voto do Exmo Ministro-Substituto José Antônio Barreto de Macedo, Relator do TC 349.013/1995-0, prolatado na Sessão de 06.11.1997, Decisão nº 290/97 – 2ª Câmara:

"2. Sobre a responsabilidade dos sócios-gerentes nas sociedades por cotas, ensina Rubens Requião que para os atos que praticar violando a lei e os estatutos, de nada serve ao sócio-gerente o anteparo da pessoa jurídica da sociedade. Sua responsabilidade pessoal e ilimitada emerge dos fatos, quando resultarem de sua violação ou do contrato, causando sua imputabilidade civil e penal". (REQUIÃO, Rubens. *Curso de Direito Comercial*. 22. ed. São Paulo: Saraiva, 1995. p. 358)

3. Tal importância merece a matéria, que no Direito Comercial foi criada, inicialmente nos Estados Unidos da América e na Inglaterra, a doutrina da Desconsideração da Personalidade Jurídica da sociedade mercantil Disregard of Legal Entity, sobre a qual discorre o Professor Fran Martins (MARTINS, Fran. *Curso de Direito Comercial*. 22. ed. Rio de Janeiro: Forense, p. 216): "Constatado o fato de que a personalidade jurídica das sociedades servia a pessoas inescrupulosas que praticassem em benefício próprio abuso de direito ou atos fraudulentos por intermédio das pessoas jurídicas, que revestiam as sociedades, os tribunais começaram a desconhecer a pessoa jurídica para responsabilizar os praticantes de tais atos".

Esse procedimento chegou ao Brasil, tendo a jurisprudência várias decisões a respeito, como se vê do estudo do Prof. Rubens Requião (o primeiro jurista a tratar do assunto no Brasil), inserto no seu livro Aspectos Modernos do Direito Comercial (Ed. Saraiva, 1977, p. 67 e segs.):

4. Diversas decisões há nos tribunais brasileiros sobre a matéria. (vg., Acórdão de 13.03.1990, da 3ª Turma do Superior Tribunal de Justiça, Resp nº 0001695, DJ de 02.04.1990).

7.1 Convém frisar que, no caso em comento, o Sr. [...] foi apontado como o responsável por desvio e distribuição irregular de livros didáticos integrantes do PNLD/91 (subitem 2.2 retro). O recorrente ultrapassou, portanto, os preceitos de legalidade, praticando atos contrários à lei e ao contrato, tornando-se, com isso, pessoal e ilimitadamente responsável pelas consequências de tais atos. Assim, embora se possa cogitar que a melhor linha de atuação do Tribunal, para a obtenção de maiores garantias à recomposição do prejuízo causado aos cofres públicos, seja, sempre, em casos como os que agora se discute, optar pela citação solidária da pessoa jurídica com as pessoas físicas de seus sócios, entendemos não ser o caso de se negar validade à citação de f. 282/283, tendo em vista que o sócio majoritário foi chamado a responder pelos atos por ele praticados que redundaram em prejuízo ao erário.

7.2 Cabe registrar, ainda, que o Acórdão nº 322/1997 TCU – 2ª Câmara, citado pelo recorrente, não se aplica ao presente caso, uma vez que trata de concessão fraudulenta de empréstimo bancário, que beneficiou determinada empresa privada e não a pessoa física inicialmente chamada aos autos para se defender. Nesse caso, obviamente, a pessoa jurídica, beneficiária direta do empréstimo, não poderia deixar de ser citada.

7.3 Pelo exposto, temos por improcedente a pretensão do recorrente de tornar nula a citação de f. 282/283. (Acórdão nº 381/2002, Segunda Câmara, Relator Min. Augusto Sherman Cavalcanti, Processo nº 724.013/1993-8)

Ainda:

Sumário. REPRESENTAÇÃO FORMULADA COM FULCRO NO ART. 113, §1º, DA LEI DE LICITAÇÕES. EMPRESA CONSTITUÍDA COM O INTUITO DE BURLAR A LEI. FRAUDE EM LICITAÇÃO. AUDIÊNCIA. REJEIÇÃO DAS RAZÕES DE JUSTIFICATIVA. DECLARAÇÃO DE INIDONEIDADE DE LICITANTE. NULIDADE DO CERTAME E DA CONTRATAÇÃO.
1. Confirmado que a empresa licitante foi constituída com o nítido intuito de fraudar a lei, cabe desconsiderar a sua personalidade jurídica de forma a preservar os interesses tutelados pelo ordenamento jurídico.
2. Deve ser declarada a nulidade de licitação cujo vencedor utilizou-se de meios fraudulentos (Acórdão nº 928/2008, Plenário, Relator Min. Benjamin Zymler, Processo nº 003.533/2006-1)
O abuso da personalidade jurídica evidenciado a partir de fatos como (i) a completa identidade dos sócios-proprietários de empresa sucedida e sucessora, (ii) a atuação no mesmo ramo de atividades e (iii) a transferência integral do acervo técnico e humano de empresa sucedida para a sucessora permitem a desconsideração da personalidade jurídica desta última para estender a ela os efeitos da declaração de inidoneidade aplicada à primeira, já que evidenciado o propósito de dar continuidade às atividades da empresa inidônea, sob nova denominação (Acórdão nº 1.831/2014 – Plenário, Rel. Min. José Múcio Monteiro, Processo nº 022.685/2013-8)

3.6 Requisitos que autorizam a desconsideração da personalidade jurídica

Nada obstante a sua clara e reiterada admissão, a teoria da desconsideração da personalidade jurídica ainda suscita dúvidas em sua aplicação. Em julgamento da Quarta Turma do Superior Tribunal de Justiça (Resp. nº 1.098.712-RS), o relator, Min. Aldir Passarinho Junior, sublinhou a necessidade de cautela. A turma deu provimento a recurso especial interposto pelos sócios de uma sociedade empresária e reformou acórdão de Tribunal de Justiça estadual. Em síntese, a recorrida (a sociedade empresária) dirigiu ação monitória aos recorrentes, pela emissão de cheques não pagos (houve falência e arrecadação de bens particulares de sócios-diretores da empresa). Os sócios argumentaram que, embora possível a execução, a sentença de primeira instância, que acolhera a pretensão da credora, deveria haver considerado se se caracterizara, ou não, desvio de finalidade ou confusão patrimonial (entre o patrimônio da empresa e o dos sócios), conforme estabelece o art. 50 do Código Civil, o que não aconteceu. De acordo com o relator do recurso, a Justiça estadual não identificou motivos objetivos que autorizassem a desconsideração da personalidade jurídica, razão pela qual deu provimento ao recurso. Extrai-se do voto do relator:

Tenho que razão assiste aos recorrentes.
Embora desnecessária ação autônoma para a desconsideração da personalidade jurídica, seus efeitos violentos e extensivos aos bens de seus sócios exigem, para o deferimento, a

constatação de desvio da finalidade empresarial ou confusão patrimonial entre a sociedade e seus sócios, como já se decidiu. A saber:

FALÊNCIA. ARRECADAÇÃO DE BENS PARTICULARES DE SÓCIOS-DIRETORES DE EMPRESA CONTROLADA PELA FALIDA. DESCONSIDERAÇÃO DA PERSONALIDADE JURÍDICA (*DISREGARD DOCTRINE*). TEORIA MAIOR. NECESSIDADE DE FUNDAMENTAÇÃO ANCORADA EM FRAUDE, ABUSO DE DIREITO OU CONFUSÃO PATRIMONIAL. RECURSO PROVIDO.

1. A teoria da desconsideração da personalidade jurídica – disregard doctrine –, conquanto encontre amparo no direito positivo brasileiro (art. 2º da Consolidação das Leis Trabalhistas, art. 28 do Código de Defesa do Consumidor, art. 4º da Lei nº 9.605/98, art. 50 do CC/02, dentre outros), deve ser aplicada com cautela, diante da previsão de autonomia e existência de patrimônios distintos entre as pessoas físicas e jurídicas.

2. A jurisprudência da Corte, em regra, dispensa ação autônoma para se levantar o véu da pessoa jurídica, mas somente em casos de abuso de direito – cujo delineamento conceitual encontra-se no art. 187 do CC/02 –, desvio de finalidade ou confusão patrimonial, é que se permite tal providência. Adota-se, assim, a "teoria maior" acerca da desconsideração da personalidade jurídica, a qual exige a configuração objetiva de tais requisitos para sua configuração.

3. No caso dos autos, houve a arrecadação de bens dos diretores de sociedade que sequer é a falida, mas apenas empresa controlada por esta, quando não se cogitava de sócios solidários, e mantida a arrecadação pelo Tribunal a quo por "possibilidade de ocorrência de desvirtuamento da empresa controlada", o que, à toda evidência, não é suficiente para a superação da personalidade jurídica. Não há notícia de qualquer indício de fraude, abuso de direito ou confusão patrimonial, circunstância que afasta a possibilidade de superação da pessoa jurídica para atingir os bens particulares dos sócios.

4. Recurso especial conhecido e provido.

4 Desconsideração da personalidade jurídica no âmbito das licitações e contratações administrativas

Em vista da inexistência de norma legal expressa nesse campo do direito positivo brasileiro, é legítima a aplicação da teoria da desconsideração da personalidade jurídica no âmbito das licitações e contratações administrativas?

Alinhando-se a outros autores de nomeada, Ricardo Watanabe[173] entende que sim, *verbis*:

A atuação administrativa deve se pautar pela observância dos princípios constitucionais, explícitos ou implícitos, deles não podendo afastar-se sob pena de nulidade do ato administrativo praticado. O art. 37 da Constituição Federal prevê expressamente que "a administração pública direta e indireta de qualquer dos Poderes da União, dos Estados, do Distrito Federal e dos Municípios obedecerá aos princípios de legalidade, impessoalidade, moralidade, publicidade e eficiência".

Daí a indagação: com base no princípio da legalidade, aplica-se a teoria da desconsideração da personalidade jurídica na esfera administrativa, apesar de não haver norma específica prevendo tal conduta da Administração Pública?

---

[173] Disponível em: <http://www.direitonet.com.br/artigos/exibir/2746/Desconsideracao-da-personalidade-juridica-no-ambito-das-licitacoes>.

Em primeiro lugar, é importante ressaltar que o princípio da legalidade obriga a administração pública a somente agir, no exercício de sua atividade funcional, conforme expressa previsão na lei. A Administração Pública não possui vontade pessoal.

No entanto, além do princípio da legalidade, existem outros aplicáveis especificamente às licitações, quais sejam: isonomia; publicidade; impessoalidade; moralidade; probidade administrativa; vinculação ao instrumento convocatório e adjudicação compulsória (Lei nº 8.666/93).

No caso de fraude no procedimento licitatório, há evidente ofensa ao princípio da moralidade. Uma empresa constituída com desvio de finalidade, com abuso de forma e em nítida fraude à lei, que venha a participar de processos licitatórios, abrindo-se a possibilidade de que a mesma tome parte em um contrato firmado com o Poder Público, afronta os princípios de direito administrativo.

No particular, se, num lado, há o princípio da legalidade como controle da atuação administrativa, noutro, existem princípios (como o da moralidade administrativa e o da indisponibilidade do interesse público) que também hão de ser respeitados pela Administração Pública.

Diante de tal conflito, no intuito de se extrair a maior eficácia da atuação do Poder Público no caso concreto, deve-se proceder à ponderação, de modo que se atinja a melhor solução, harmonizando os referidos dogmas, sem que a aplicação de um deles acarrete o sacrifício de outro.

Não por outra razão, o princípio da legalidade tem sido tratado numa concepção moderna, que não exige tão somente a literalidade formal, mas a análise sistemática do ordenamento jurídico vigente.

Destarte, o simples fato de não haver norma específica autorizando a desconsideração da personalidade jurídica não pode impor à Administração que permita atos que afrontem a moralidade administrativa e os interesses públicos envolvidos. Embora não haja regra legal específica, deve-se empregar a analogia e os princípios gerais de direito (Lei de Introdução ao Código Civil, art. 7º). Daí porque aplica-se, com uma maior flexibilidade, a teoria da desconsideração da personalidade jurídica na esfera administrativa.

Ora, até com base no próprio princípio da legalidade, não parece razoável permitir o abuso de direitos e a validade de ato praticado com manifesto intuito de fraudar a lei.

Vale o escólio de Lamartine Correia de Oliveira:

"(...) o desconhecimento da forma da pessoa jurídica em casos de fraude à lei não passa de aplicação específica do princípio geral segundo o qual o abuso de um instituto jurídico não pode jamais ser tutelado pelo ordenamento jurídico. (...)

Provado o intuito de fraude à norma legal, será perfeitamente defensável decisão que desconheça a pessoa jurídica. (RT 06/52)

(...)"

Com efeito, no caso das licitações, havendo inequívoca intenção de fraudar a lei, parece perfeitamente plausível a desconsideração da personalidade jurídica da empresa licitante para que também sejam estendidas as sanções aos sócios, de modo que respondam solidariamente pela lesão patrimonial e sejam punidos conforme prevê a lei.

Ora, se os bens da empresa forem insuficientes ao ressarcimento dos danos causados ao patrimônio público, os quais, vale dizer, foram causados pelos sócios daquela, cabível é a responsabilização destes. Não se justifica favorecê-los com a intangibilidade de seu patrimônio pessoal, como se houvessem de ser beneficiados apesar de terem afrontado o ordenamento jurídico.

4.1 Extensão, por ato administrativo, do impedimento de participar de licitação e de contratar com o poder público à sociedade constituída com o propósito de fraudá-lo

É juridicamente possível à administração pública, enfim, desconsiderar a personalidade jurídica de sociedade empresarial, para o efeito de estender-lhe a penalidade aplicada a outra, tendo sido aquela constituída ulteriormente a esta, pelos mesmos sócios e com o mesmo objeto social, no evidente intuito de ladear o impedimento decorrente da sanção e viabilizar a participação da nova sociedade em licitações e contratações com o Estado?

A resposta é afirmativa. Como forma de garantir à administração pública instrumento eficaz de combate à fraude, é de admitir-se, em homenagem aos princípios que, na Constituição da República, tutelam a atividade administrativa do Estado, a desconsideração da personalidade jurídica da sociedade constituída em fraude à lei e com abuso de forma, mesmo diante do fato de inexistir previsão legal específica, para o que há expressivo apoio doutrinário e se contam inúmeros precedentes na jurisprudência recente dos tribunais judiciais e de contas.

A indagação imediatamente seguinte é a de se saber se a desconsideração dispensaria a intervenção do Poder Judiciário, uma vez que, em tese, implica restrição de direito garantido pela Constituição com a maior amplitude, qual seja o do acesso isonômico a licitações e contratos administrativos. A resposta é também afirmativa, graças à chamada autoexecutoriedade dos atos administrativos e desde que previamente assegurada à sociedade acusada a ampla defesa em processo administrativo regular.

De efeito.

O ato administrativo nasce com qualidades decorrentes da presença do interesse público na função estatal. São os atributos da presunção de veracidade e legitimidade, de exigibilidade e de autoexecutoriedade.

A autoexecutoriedade é a qualidade do ato administrativo que autoriza a administração a executá-lo direta e imediatamente, independentemente de provimento judicial. Sua última *ratio* é a de evitar o dano social por meio de providências de natureza administrativa, insertas na competência da autoridade estatal.

Por isto os atos providos de autoexecutoriedade acham-se, com frequência, nas medidas que visam, sobretudo, à prevenção de dano social, que sobreviria sem a medida preventiva, tais como: requisição de bens para acudir a perigo público iminente (CF/88, art. 5º, XXV); preservação da finalidade que resulta da afetação de bens públicos, quando indevidamente utilizados por terceiros, de modo a desviar o bem do uso comum do povo ou de sua destinação especial (remoções de favelas em logradouros públicos ou áreas de proteção ambiental); atos de polícia administrativa em geral (*v.g.*, destruição de alimentos impróprios para o consumo público, deferimento ou indeferimento de licenças, seja para edificar, para localizar e funcionar atividade profissional, ou para circular com veículos automotores pela via pública).

No direito público, a autoexecutoriedade é a regra, mesmo quando não expressamente prevista em lei. No direito privado, é exceção, somente admissível diante de expressa previsão legal (*v.g.*, desde o Código Civil de 1916, art. 160 – atos praticados em legítima defesa ou no regular exercício de um direito, destruição de coisa alheia para remover perigo iminente; 502 – desforço possessório; 558 – direito de vizinhança, corte de galhos e raízes pelo proprietário do terreno por eles invadido, todos reproduzidos em disposições equivalentes no Código Civil de 2002).

Os atos administrativos desprovidos de autoexecutoriedade referem-se aos direitos e garantias fundamentais que circulam na ordem constitucional e, por isto, somente se sujeitam à ordem administrativa em situações excepcionais. De ordinário, a autoexecutoriedade, porque qualidade do que é administrativo, não ultrapassa o limite traçado pelos direitos fundamentais garantidos pela ordem constitucional, o principal dos quais é o direito de propriedade.

As principais exceções à autoexecutoriedade decorrem do confronto com o direito de propriedade, em que a vontade do proprietário pode validamente opor-se à execução do ato administrativo pela própria administração, daí ser imperiosa a mediação da tutela jurisdicional, tais como:

(a) na desapropriação (a natureza do decreto declaratório da utilidade ou necessidade pública, ou interesse social, para fins de desapropriação; ato meramente declaratório, que implementa condição para que se venha a desapropriar; a fase executória da desapropriação somente se esgota na esfera administrativa se houver acordo com o proprietário quanto ao valor do preço indenizatório; caso contrário, a fase de execução terá por sede ação especial, cujo processo judicial tem índole executória, objetivando a apuração daquele valor);

(b) na interdição de obra em curso, nos lindes da propriedade, em violação do projeto licenciado ou sem licença (CPC, art. 934, III – ação de nunciação de obra nova); a administração, por seu órgão de polícia edilícia, pode impor embargo administrativo e multa, mas se, ainda assim, o proprietário prossegue na obra ilegal, o município terá de propor a ação nunciatória, vedado que autoexecute o ato de impedi-lo *manu militari*;

(c) o mesmo raciocínio cabe no desfazimento de obra concluída, em que à resistência do proprietário responderá o ente público com o ajuizamento de ação demolitória, defeso que invada a propriedade e ponha abaixo a edificação que entenda clandestina ou ilegal;

(d) a cobrança da dívida ativa, constituída em processo administrativo, terá de ocorrer por meio do aforamento de executivo fiscal, incabível que a Fazenda credora autoexecute a dívida.

Emerge que tais exceções se justificam porque a autoexecução administrativa acarretaria, nesses atos, a postergação, acompanhada de desapossamento imediato, de atributos inerentes ao direito de propriedade garantido na Constituição, o que só se tolera sob o pálio da jurisdição, observado o devido processo legal (CF/88, art. 5º, incs. XXII, XXIV, LIV e LV).

Do ato administrativo de desconsideração da personalidade jurídica de sociedade empresária, que age com comprovado abuso de direito e pratica fraude contra a administração, não surte supressão de direito algum, porém, ao revés, restauração de direito que o abuso e a fraude pretenderiam eliminar. Pondere-se que a sociedade fraudadora estava impedida de participar de licitação e de contratar, cabendo à administração, no exercício regular de seus poderes-deveres de atender à ordem jurídica, fazer prevalecer o impedimento nesta previsto. A cautela que se impõe à administração estará em comprovar o abuso e a fraude, em processo administrativo no qual garanta a ampla defesa e o contraditório. Não comprovados o abuso e a fraude, impedimento não haverá à participação e à contratação, ainda que a conduta da sociedade pudesse parecer equivocada.

O Superior Tribunal de Justiça referendou a extensão dos efeitos da penalidade administrativa de proibição à empresa constituída ulteriormente com o propósito de fraudar a lei, conforme se depreende da ementa do julgamento proferido no RMS nº 15.166-BA, *verbis*:

> ADMINISTRATIVO. RECURSO ORDINÁRIO EM MANDADO DE SEGURANÇA. LICITAÇÃO. SANÇÃO DE INIDONEIDADE PARA LICITAR. EXTENSÃO DE EFEITOS À SOCIEDADE COM O MESMO OBJETO SOCIAL, MESMOS SÓCIOS E MESMO ENDEREÇO. FRAUDE À LEI E ABUSO DE FORMA. DESCONSIDERAÇÃO DA PERSONALIDADE JURÍDICA NA ESFERA ADMINISTRATIVA. POSSIBILIDADE. PRINCÍPIO DA MORALIDADE ADMINISTRATIVA E DA INDISPONIBILIDADE DOS INTERESSES PÚBLICOS.
> - A constituição de nova sociedade, com o mesmo objeto social, com os mesmos sócios e com o mesmo endereço, em substituição a outra declarada inidônea para licitar com a Administração Pública Estadual, com o objetivo de burlar a aplicação da sanção administrativa, constitui abuso de forma e fraude à Lei de Licitações, nº 8.666/93, de modo a possibilitar a aplicação da teoria da desconsideração da personalidade jurídica para estenderem-se os efeitos da sanção administrativa à nova sociedade constituída.
> - A Administração Pública pode, em observância ao princípio da moralidade administrativa e da indisponibilidade dos interesses públicos tutelados, desconsiderar a personalidade jurídica de sociedade constituída com abuso de forma e fraude à lei, desde que facultado ao administrado o contraditório e a ampla defesa em processo administrativo regular.

Anotem-se as considerações do Relator, Min. Castro Meira:

> A discussão travada nos autos gira em torno da possibilidade de estender a uma sociedade empresária, na esfera administrativa e com base na teoria da desconsideração da personalidade jurídica, os efeitos de uma sanção aplicada pela Administração Pública a outra sociedade formada pelos mesmos sócios e com mesmo objeto social.
> A Recorrente alega ausência de previsão legal que autorize o Estado da Bahia a aplicar, em situação fática como a presente, a teoria da desconsideração da personalidade jurídica. Aduz, também, que somente o Judiciário, nas situações envolvendo relação de consumo, e com base no art. 28 do CDC, poderia desconsiderar a personalidade jurídica de uma sociedade para atingir a figura de seus sócios.
> A solução da presente controvérsia demanda, em primeiro plano, a análise do processo de constituição da sociedade recorrente, para que então seja possível afirmar-se, com razoável margem de certeza, se agiu ou não em fraude à lei. Em segundo plano, torna-se não menos importante a análise sobre a possibilidade de aplicação, na esfera administrativa, da teoria da desconsideração da personalidade jurídica, à margem de previsão legal específica e sem pronunciamento judicial neste sentido.
> Quanto à primeira questão, as informações contidas nos autos dão conta de que a Recorrente é uma empresa de "fachada", constituída com o único objetivo de fraudar a aplicação de sanção administrativa imposta à sociedade COMBAIL LTDA, que foi declarada inidônea para licitar com a Administração Pública Estadual, por ter apresentado documento falso em processo licitatório. Assim, a ora Recorrente apresenta o mesmo quadro societário, o mesmo objeto social e o mesmo endereço da empresa COMBAIL LTDA., o que, de certa forma, é dado mais que suficiente para caracterizar fraude à lei e permitir a aplicação da teoria da desconsideração da personalidade jurídica.
> O Estado da Bahia, no Parecer de fls. 25/31, traz aos autos alguns dados complementares que corroboram a atuação fraudulenta da Recorrente, como, *v.g.*, a *continuidade de passivos*

a descoberto de natureza tributária ou trabalhista da sociedade anteriormente punida, continuidade dela sem baixa na JUCEB, ou com sua baixa seguida da constituição da nova sociedade, uso do mesmo acervo de equipamentos, móveis e utensílios, com ou sem sua aquisição à sociedade punida, identidade ou predominância dos mesmos empregados, sobretudo a nível gerencial ou administrativo.

Assim, não há como negar que as informações carreadas aos autos pelo Estado da Bahia militam, inegavelmente, em desfavor da sociedade Recorrente. Uma empresa constituída com o mesmo objeto social, com os mesmos sócios e com sede no mesmo endereço, dificilmente conseguirá provar que não agiu em fraude à lei, para furtar-se dos efeitos danosos de uma sanção administrativa. Parece claro, no presente caso, que a Recorrente valeu-se do "véu da pessoa jurídica" – para usar de metáfora já consagrada –, com o evidente intuito de fraudar a lei e descumprir uma punição administrativa que lhe havia sido imposta.

Firmado o entendimento de que a Recorrente foi constituída em nítida fraude à lei e com abuso de forma, resta a questão relativa à possibilidade de desconsideração da personalidade jurídica, na esfera administrativa, sem que exista um dispositivo legal específico a autorizar a adoção dessa teoria pela Administração Pública.

A atuação administrativa deve pautar-se pela observância dos princípios constitucionais, explícitos ou implícitos, deles não podendo afastar-se sob pena de nulidade do ato administrativo praticado. E esses princípios, quando em conflito, devem ser interpretados de maneira a extrair-se a maior eficácia, sem permitir-se a interpretação que sacrifique por completo qualquer deles.

Se, por um lado, existe o dogma da legalidade, como garantia do administrado no controle da atuação administrativa, por outro, existem Princípios como o da Moralidade Administrativa, o da Supremacia do Interesse Público e o da Indisponibilidade dos Interesses Tutelados pelo Poder Público, que também precisam ser preservados pela Administração. Se qualquer deles estiver em conflito, exige-se do hermeneuta e do aplicador do direito a solução que melhor resultado traga à harmonia do sistema normativo.

A ausência de norma específica não pode impor à Administração um atuar em desconformidade com o Princípio da Moralidade Administrativa, muito menos exigir-lhe o sacrifício dos interesses públicos que estão sob sua guarda. Em obediência ao Princípio da Legalidade, não pode o aplicador do direito negar eficácia aos muitos princípios que devem modelar a atuação do Poder Público.

Assim, permitir-se que uma empresa constituída com desvio de finalidade, com abuso de forma e em nítida fraude à lei, venha a participar de processos licitatórios, abrindo-se a possibilidade de que a mesma tome parte em um contrato firmado com o Poder Público, afronta aos mais comezinhos princípios de direito administrativo, em especial, ao da Moralidade Administrativa e ao da Indisponibilidade dos Interesses Tutelados pelo Poder Público.

A concepção moderna do Princípio da Legalidade não está a exigir, tão-somente, a literalidade formal, mas a intelecção do ordenamento jurídico enquanto sistema. Assim, como forma de conciliar o aparente conflito entre o dogma da legalidade e o Princípio da Moralidade Administrativa é de se conferir uma maior flexibilidade à teoria da desconsideração da personalidade jurídica, de modo a permitir o seu manejo pela Administração Pública, mesmo à margem de previsão normativa específica.

Convém registrar, por oportuno, que a aplicação desta teoria deve estar precedida de processo administrativo, em que se assegure ao interessado o contraditório e a mais ampla defesa, exatamente como realizado no caso dos autos. Ao prejudicado restará sempre aberta a porta do Judiciário, para que então possa provar, perante um órgão imparcial, a ausência de fraude à lei ou de abuso de forma, afastando, por conseguinte, a aplicação da teoria da desconsideração da personalidade jurídica. No presente caso, a Recorrente não se desincumbiu desse ônus probatório.

Ademais, como bem lançado no Parecer Ministerial acostado às fls. 173/179, o abuso de um instituto de direito não pode jamais ser tutelado pelo ordenamento jurídico. Seria uma grande incongruência admitir-se a validade jurídica de um ato praticado com fraude à lei, assim como seria desarrazoado permitir-se, com base no Princípio da Legalidade, como é o caso dos autos, a sobrevida de um ato praticado à margem da legalidade e com ofensa ao ordenamento jurídico. Não pode o direito, à guisa de proteção ao Princípio da Legalidade, atribuir validade a atos que ofendem a seus princípios e institutos.

Neste diapasão, acompanhe-se o escólio do Ilustre Professor Lamartine Correia de Oliveira (*RT* nº 06, pág. 052):

(...) "o desconhecimento da forma da pessoa jurídica em casos de fraude à lei não passa de aplicação específica do princípio geral segundo o qual o abuso de um instituto jurídico não pode jamais ser tutelado pelo ordenamento jurídico.

(...)

Provado o intuito de fraude à norma legal, será perfeitamente defensável decisão que desconheça a pessoa jurídica".

Pode a administração, pois, em observância aos princípios da moralidade administrativa e da indisponibilidade dos interesses públicos tutelados, desconsiderar a personalidade jurídica de sociedade constituída com abuso de forma e fraude à lei, desde que facultado ao administrado o contraditório e a ampla defesa em processo administrativo regular.

Sobre a aplicação da *disregard doctrine,* no âmbito administrativo, reproduz-se a seguinte decisão do Superior Tribunal de Justiça:

ADMINISTRATIVO. RECURSO ORDINÁRIO EM MANDADO DE SEGURANÇA. LICITAÇÃO. SANÇÃO DE INIDONEIDADE PARA LICITAR. EXTENSÃO DE EFEITOS À SOCIEDADE COM O MESMO OBJETO SOCIAL, MESMOS SÓCIOS E MESMO ENDEREÇO. FRAUDE À LEI E ABUSO DE FORMA. DESCONSIDERAÇÃO DA PERSONALIDADE JURÍDICA NA ESFERA ADMINISTRATIVA. POSSIBILIDADE. PRINCÍPIO DA MORALIDADE ADMINISTRATIVA E DA INDISPONIBILIDADE DOS INTERESSES PÚBLICOS. A constituição de nova sociedade, com o mesmo objeto social, com os mesmos sócios e com o mesmo endereço, em substituição a outra declarada inidônea para licitar com a Administração Pública Estadual, com o objetivo de burlar à aplicação da sanção administrativa, constitui abuso de forma e fraude à Lei de Licitações Lei nº 8.666/93, de modo a possibilitar a aplicação da teoria da desconsideração da personalidade jurídica para estenderem-se os efeitos da sanção administrativa à nova sociedade constituída. A Administração Pública pode, em observância ao princípio da moralidade administrativa e da indisponibilidade dos interesses públicos tutelados, desconsiderar a personalidade jurídica de sociedade constituída com abuso de forma e fraude à lei, desde que facultado ao administrado o contraditório e a ampla defesa em processo administrativo regular. Recurso a que se nega provimento. (RMS nº 15.166/BA, Rel. Min. Castro Meira, 2ª Turma, DJ de 08.09.03)

Ainda:

PROCESSUAL CIVIL E ADMINISTRATIVO. RECURSO ORDINÁRIO EM MANDADO DE SEGURANÇA. LICITAÇÃO PARA COMPRA DE MEDICAMENTOS. SÓCIA MAJORITÁRIA DE EMPRESA VENCEDORA DO CERTAME. IMPEDIMENTO DE LICITAR E CONTRATAR COM A ADMINISTRAÇÃO PÚBLICA. EXTENSÃO DOS EFEITOS DA PENALIDADE. DESCABIMENTO. 1. [...] 2. A penalidade de impedimento de licitar e contratar com a Administração Pública, prevista no art. 7º da Lei nº 10.520/2002, imposta a pessoa jurídica sócia majoritária de empresa vencedora de certame licitatório pode recair sobre a licitante se patente o intuito de burlar aquela sanção administrativa. 3. A doutrina de Marçal Justen Filho admite "a extensão do sancionamento à pessoa física ou a terceiros na medida em que se evidencie a utilização fraudulenta e abusiva da pessoa jurídica". 4. Hipótese em que não ficou identificado, nas instâncias ordinárias, dolo ou má-fé por parte da licitante vencedora, constituída desde 22.09.1981, mas sim vultosa diferença (mais de 6 milhões de reais) entre a sua proposta e aquela ofertada pela recorrente, conclusão cujo afastamento "exige ampla dilação probatória, providência, contudo, incompatível com o rito do mandado de segurança" (MS 14.856/DF, Rel. Ministro MARCO AURÉLIO BELLIZZE, TERCEIRA SEÇÃO, julgado em 12.09.2012, DJe 25.09.2012). 5. A alteração contratual que conferiu a condição de cotista majoritária à empresa punida antecede o início do cumprimento da sanção aplicada, o que mitiga a tese desclassificatória defendida no mandamus. 6. Recurso desprovido. (RMS nº 39701/SC, Rel. Min. Gurgel de Faria, DJe 08.08.2016)

Na atuação do Tribunal de Contas da União, colhe-se que:

Também por imposição dos princípios da moralidade administrativa e da indisponibilidade dos interesses públicos, a Administração Pública pode desconsiderar a personalidade jurídica de sociedades constituídas com abuso de forma e fraude à lei, para a elas estender os efeitos da sanção administrativa, em vista de suas peculiares circunstâncias e relações com a empresa suspensa de licitar e contratar com a Administração. (Acórdão nº 2.593/2013 – Plenário, Rel. Min. Walton Alencar Rodrigues, Processo nº 000.723/2013-4)

A Lei nº 12.846/13, que dispõe sobre a responsabilização administrativa e civil de pessoas jurídicas pela prática de atos contra a administração pública, nacional ou estrangeira, prevê a aplicação da *disregard doctrine* no âmbito da administração pública processante:

Art. 5º Constituem atos lesivos à administração pública, nacional ou estrangeira, para os fins desta Lei, todos aqueles praticados pelas pessoas jurídicas mencionadas no parágrafo único do art. 1º, que atentem contra o patrimônio público nacional ou estrangeiro, contra princípios da administração pública ou contra os compromissos internacionais assumidos pelo Brasil, assim definidos: [...]
III – comprovadamente, utilizar-se de interposta pessoa física ou jurídica para ocultar ou dissimular seus reais interesses ou a identidade dos beneficiários dos atos praticados;
IV – no tocante a licitações e contratos: [...]
e) criar, de modo fraudulento ou irregular, pessoa jurídica para participar de licitação pública ou celebrar contrato administrativo;
[...]
Art. 14. A personalidade jurídica poderá ser desconsiderada sempre que utilizada com abuso do direito para facilitar, encobrir ou dissimular a prática dos atos ilícitos previstos nesta Lei ou para provocar confusão patrimonial, sendo estendidos todos os efeitos das sanções aplicadas à pessoa jurídica aos seus administradores e sócios com poderes de administração, observados o contraditório e a ampla defesa.
Art. 15. A comissão designada para apuração da responsabilidade de pessoa jurídica, após a conclusão do procedimento administrativo, dará conhecimento ao Ministério Público de sua existência, para apuração de eventuais delitos.

O Tribunal de Contas da União decidiu que em caso de fraude comprovada é possível a responsabilização não só da empresa, mas também dos sócios, de fato ou de direito, a partir da desconsideração da personalidade jurídica da instituição empresarial. Confira-se:

> A responsabilidade da empresa Construtora [...], do seu sócio e administrador, foi fixada com fundamento no §2º do art. 16 da Lei nº 8.443/1992 e no Acórdão nº 1.891/2010 – Plenário, em cujo voto se defendeu que "os efeitos da desconsideração da personalidade jurídica não se impõem apenas aos sócios de direito da empresa; alcançam, também, eventuais "sócios ocultos" (STJ, AgRg no REsp 152.033/RS)". (Acórdão nº 1327/2012 – Plenário, Relator Min. Walton Alencar Rodrigues, Processo nº 008.267/2010-3).

Em outro precedente, o TCU assentou o entendimento de que a desconsideração da personalidade jurídica somente pode incidir sobre os administradores e sócios com poderes de administração e, ainda assim, quando comprovada conduta faltosa (teoria maior da desconsideração da personalidade jurídica), não alcançando, portanto, mero sócio cotista.

Assim:

> A desconsideração da personalidade jurídica somente pode incidir sobre os administradores e sócios com poderes de administração e, ainda assim, quando comprovada conduta faltosa (teoria maior da desconsideração da personalidade jurídica), não alcançando, portanto, mero sócio cotista. O instituto jurídico não pode ser utilizado como instrumento para aumentar a possibilidade de se recompor os cofres públicos. (Acórdão nº 8.603/2016 – Segunda Câmara, Rel. Min. Vital do Rêgo, Processo nº 005.547/2011-3)

Por fim, a Corte de Contas federal expediu recomendação à Secretaria de Logística e Tecnologia da Informação, do Ministério do Planejamento, Orçamento e Gestão, para que esta:

> 9.5.2. desenvolva mecanismo, no âmbito do Sicaf, que permita o cruzamento de dados de sócios e/ou de administradores de empresas que tenham sido declaradas inidôneas e de empresas fundadas pelas mesmas pessoas, ou por parentes, até o terceiro grau, que demonstrem a intenção a participar de futuras licitações;
> 9.5.3. oriente todos os órgãos/entidades do Governo Federal, caso nova sociedade empresária tenha sido constituída com o mesmo objeto e por qualquer um dos sócios e/ou administradores de empresas declaradas inidôneas, após a aplicação dessa sanção e no prazo de sua vigência, nos termos do o art. 46 da Lei nº 8.443/92, a adotar as providências necessárias à inibição de sua participação em licitações, em processo administrativo específico, assegurado o contraditório e a ampla defesa a todos os interessados. (Acórdão nº 495/2013 – Plenário, Relator Min. Raimundo Carreiro, Processo nº 015.452/2011-5).

5 Conclusão

A definição genérica da teoria da desconsideração, posta no art. 50 do vigente Código Civil, estabeleceu a regra geral de conduta para todas as relações jurídicas, possibilitando a emenda de simulações, fraudes e outras situações em que o respeito à forma societária produziria soluções contrárias à sua função inerente e aos princípios consagrados pelo ordenamento jurídico.

Deixar de aplicá-la nas licitações e contratações administrativas, a pretexto de inexistência de específica previsão legal, ampararia e estimularia a fraude, ao invés de coibi-la.

A possibilidade de desconsiderar a personalidade jurídica de sociedade ulteriormente constituída, para o fim de a ela estender os efeitos de penalidade aplicada à empresa anterior, respeita o princípio da moralidade, consagrado no *caput* do art. 37 da Constituição Republicana de 1988 como pressuposto de validade de todo ato da administração pública, sendo, portanto, imoral a contratação de sociedade empresária criada no deliberado propósito de abusar do direito e de praticar a fraude. Desse modo, uma vez comprovados, em processo regular, o abuso e a fraude na constituição e na gestão da nova sociedade, deve ser esta alijada do cenário das licitações e contratações administrativas.

Tal conclusão tem sido prestigiada pelo decisório dos tribunais, inclusive com a preocupação didática de decompor os elementos estruturais da definição adotada pelo art. 50 do Código Civil, ao que dimana do voto condutor do julgamento proferido no Recurso Especial nº 948.117-MS, rel. Min. Nancy Andrighi, no STJ, aos 22.06.2010, *verbis*: "...este Superior Tribunal sedimentou o entendimento de ser possível a desconstituição da personalidade jurídica dentro do processo de execução ou falimentar, independentemente de ação própria. Por outro lado, expõe que, da análise do art. 50 do CC/2002, depreende-se que o ordenamento jurídico pátrio adotou a chamada teoria maior da desconsideração, segundo a qual se exige, além da prova de insolvência, a demonstração ou de desvio de finalidade (teoria subjetiva da desconsideração) ou de confusão patrimonial (teoria objetiva da desconsideração). Também explica que a interpretação literal do referido artigo, de que esse preceito de lei somente serviria para atingir bens dos sócios em razão de dívidas da sociedade e não o inverso, não deve prevalecer... a desconsideração inversa da personalidade jurídica caracteriza-se pelo afastamento da autonomia patrimonial da sociedade, para, contrariamente ao que ocorre na desconsideração da personalidade propriamente dita, atingir, então, o ente coletivo e seu patrimônio social, de modo a responsabilizar a pessoa jurídica por obrigações de seus sócios ou administradores. Assim, observa que o citado dispositivo, sob a ótica de uma interpretação teleológica, legitima a inferência de ser possível a teoria da desconsideração da personalidade jurídica em sua modalidade inversa, que encontra justificativa nos princípios éticos e jurídicos intrínsecos à própria *disregard doctrine*, que vedam o abuso de direito e a fraude contra credores. Dessa forma, a finalidade maior da *disregard doctrine* contida no preceito legal em comento é combater a utilização indevida do ente societário por seus sócios..."

Nenhum sentido haveria, destarte, em excluir a administração pública do emprego legítimo, observados os requisitos consagrados na jurisprudência dos tribunais, ao interpretar princípios e normas constitucionais e infraconstitucionais, da teoria da desconsideração da personalidade jurídica, às portas desta assumir as galas de instituto jurídico aplicável em todos os segmentos, públicos e privados, de sistema jurídico do estado democrático de direito, comprometido com resultados de interesse público, tal como surte da Constituição da República de 1988 e recomenda o princípio, que permeia todo o constitucionalismo pós-moderno, da supremacia da Constituição.

CAPÍTULO XI

DESENVOLVIMENTO SUSTENTÁVEL – A NOVA CLÁUSULA GERAL DAS CONTRATAÇÕES PÚBLICAS BRASILEIRAS

1 Contextualização do tema

A Lei nº 12.349, de 15 de dezembro de 2010, introduziu na Lei nº 8.666/93, a chamada Lei Geral das Licitações e Contratações Administrativas, modificações que abrem um novo ciclo para a gestão dos contratos públicos, qual seja o da incorporação, como cláusula geral obrigatória, do desenvolvimento nacional sustentável.

As repercussões dessa cláusula sobre as várias fases do processo administrativo das contratações de compras, obras e serviços se prenunciam intensas, em extensão e profundidade. Serão por ela alcançadas a especificação de materiais e produtos, a elaboração de projetos básicos de obras e serviços, a estimativa dos preços de mercado, a definição dos critérios de julgamento de propostas, o exercício do juízo de aceitabilidade de preços, a análise de impugnações a atos convocatórios de licitações, o julgamento de recursos administrativos, a adjudicação do objeto e a homologação do procedimento competitivo.

Em rigor, nada escapará à necessidade de revisão e de ajustamento em todos os segmentos que configuram o devido processo legal da contratação, a que se deverão adaptar órgãos, entidades e agentes, na administração direta e na indireta, de qualquer dos poderes de todos os entes federativos, bem como fornecedores, prestadores de serviços e executores de obras que pretenderem participar dos certames licitatórios ou contratar com a administração.

Além de estabelecer o compromisso jurídico-administrativo com o desenvolvimento sustentável – opção de política pública com berço na Constituição da República –, a Lei nº 12.349/10 inseriu importantes alterações no direito de preferência em favor de bens e serviços produzidos no território nacional, o que também refletirá na sustentabilidade, de modo a estimular a atividade empresarial a nela buscar, mediante pesquisa e tecnologia, a agregação de características que lhe darão valor diferenciado, em comparação com bens e serviços que não a levem em conta.

Uma primeira interpretação dessas inovações é o objeto deste estudo, de teor antes prospectivo do que retrospectivo, à vista da incipiente experiência da gestão pública brasileira no manejo da sustentabilidade, salvo pontuais iniciativas em alguns entes da federação (os governos estaduais de São Paulo e Minas Gerais já editaram manuais, guias e cartilhas de licitações sustentáveis; a Advocacia-Geral da União vem de uniformizar minutas padronizadas de editais e contratos, de acordo com os requisitos da sustentabilidade, ao que se extrai dos respectivos sítios eletrônicos, além de editar o *Guia prático de licitações sustentáveis*).

Embora o tema conste da CF/88 há 28 anos, raros segmentos da administração pública brasileira se animaram a descerrar-lhe o sentido e a promover-lhe efetiva aplicação em sua atividade contratual, nessas décadas. A Lei nº 12.349/10 terá transformado em dever jurídico o que antes dela não passava de apelo politicamente correto, dever esse que cobrará a responsabilidade dos administradores públicos, por isto que impende conhecê-lo e bem praticá-lo.

2 A cláusula geral do desenvolvimento

A nova série de alterações começa pela introdução, na cabeça do art. 3º da Lei nº 8.666/93, da expressão que se destaca em negrito:

> Art. 3º – A licitação destina-se a garantir a observância do princípio constitucional da isonomia, a seleção da proposta mais vantajosa para a administração **e a promoção do desenvolvimento nacional sustentável**, e será processada e julgada em estrita conformidade com os princípios básicos da legalidade, da impessoalidade, da moralidade, da igualdade, da publicidade, da probidade administrativa, da vinculação ao instrumento convocatório, do julgamento objetivo e dos que lhes são correlatos.

A Lei nº 12.349/10 faz uso múltiplo da vetusta técnica de vincular a aplicação de determinado regime jurídico a cláusulas gerais, que são aquelas que exprimem valores universais a serem reconhecidos e atendidos quando da aplicação da lei por elas balizada. As diretrizes estabelecidas em cláusulas gerais fixam o compromisso de aplicar-se a lei em harmonia com esses valores, que lhe dão significado ontológico permanente.

Daí afirmar-se que ditas cláusulas asseguram a mobilidade do sistema jurídico (v. COSTA, Judith Martins. As cláusulas gerais como fatores de mobilidade do sistema jurídico. *Revista dos Tribunais*, v. 680, p. 50), na medida em que permitem "que o aplicador o ajuste às contingências históricas e socioeconômicas que o tempo e a cultura vão moldando e transformando... Há leis que prodigalizam o emprego de cláusulas gerais no propósito de assegurar maior longevidade e atualidade aos respectivos sistemas normativos, a despeito das mutações da cultura, que tenderiam a torná-los obsoletos...". No Código Civil brasileiro de 2002, por exemplo, identificam-se como cláusulas gerais, entre outras, a da função social do contrato como limite à autonomia privada; a do atendimento aos fins sociais e econômicos de todo negócio jurídico; a da função social da propriedade e da empresa; a do dever de indenizar objetivamente, isto é, independentemente de dolo ou culpa, quando a atividade causadora do dano criar riscos para o direito de outrem.

Há vagueza e generalidade nas cláusulas gerais e caberá ao aplicador da lei criar a solução que as homenageará a cada caso concreto, o que poderá legitimar soluções distintas para situações aparentemente idênticas. A função da cláusula geral é integrativa, no sentido de que o sistema espera que o aplicador encontre a solução adequada, desde que concordante com as diretrizes estabelecidas em suas cláusulas gerais. Estas conferem ao aplicador discrição que deve exercitar em busca de soluções que submetam o caso concreto às diretrizes estabelecidas em tese. Resulta que os agentes da administração devem instruir os processos de contratação de modo a demonstrar que os direitos e obrigações previstos no contrato sejam aptos a cumprir as diretrizes das cláusulas gerais fixadas nas normas de regência.

A cláusula geral introduzida na Lei nº 8.666/93 pela Lei nº 12.349/10 é a da "promoção do desenvolvimento nacional sustentável". Em outras palavras, e à conta da configuração jurídica da cláusula geral, toda contratação de obra, serviço ou compra pela administração pública deve ser capaz, doravante, de contribuir para promover o desenvolvimento sustentável. Descumprirá essa cláusula geral e padecerá de vício de ilegalidade o contrato inepto para promover desenvolvimento sustentável, ou, pior, que, além de não o promover, o comprometa, a demandar a invalidação da avença e a responsabilização de quem lhe haja dado causa.

Assim, os processos administrativos da contratação, com ou sem licitação, passam a zelar, necessariamente, nos termos da nova redação do art. 3º, *caput*, da Lei nº 8.666/93, pela observância de três valores inarredáveis e cumulados: isonomia entre os concorrentes no mercado; proposta mais vantajosa para o interesse público, dentre as obteníveis no mercado; promoção do desenvolvimento sustentável.

O texto inovador associa o desenvolvimento sustentável ao âmbito nacional. Nada obstante, nenhuma razão há para excluir-se da cláusula geral o desenvolvimento sustentável regional ou o desenvolvimento sustentável local. Isto porque o art. 3º da Lei nº 8.666/93 veicula norma de caráter geral, o que significa que porta abrangência nacional, em face do art. 22, inc. XXVII, da CF/88, por isto que de observância obrigatória pelas administrações da União, dos estados, do Distrito Federal e dos municípios. Obras, serviços ou compras contratados por esses entes federativos devem, sem exceção, igualmente cumprir a nova cláusula geral, mas, em sua maioria, as contratações estaduais, distritais ou municipais importam ao desenvolvimento sustentável em âmbito regional, estadual ou local, não, necessariamente, nacional.

A adotar-se interpretação restritiva – no sentido de que a nova cláusula importa, exclusivamente, ao desenvolvimento sustentável nacional –, estar-se-ia a exonerar os poderes públicos estaduais, distritais e municipais de sua observância na maioria de suas contratações, somente devendo incidir naquelas cujos objetos e resultados repercutissem em âmbito nacional. Tal interpretação não se compadece com o caráter geral da norma do art. 3º da Lei nº 8.666/93 e com a índole universal da cláusula geral nela introduzida pela Lei nº 12.349/10.

A função da qualificadora "nacional" na expressão "desenvolvimento sustentável" está em compatibilizá-la com as políticas públicas constitucionais, que, conquanto se refiram ao desenvolvimento econômico nacional, por evidente que não arredam o exercício das competências estaduais, distritais e municipais do dever de promover o desenvolvimento do país, com o fim de elevar a qualidade de vida de sua população, onde quer que se encontre no território nacional. O fundamento último desse desenvolvimento e dessa qualidade reside na dignidade da pessoa humana, com o compromisso da promoção do bem de todos, sem preconceito de qualquer índole (CF/88, arts. 1º, III; e 3º, IV).

Nem se justificaria que a nova cláusula geral desprezasse a contribuição do poder de compra dos poderes públicos das várias esferas federativas, todas autônomas entre si (CF/88, art. 18), como instrumento de fomento do mercado interno, em qualquer de seus âmbitos. É o que se deduz do item 6 da exposição de motivos interministerial que encaminhou a Medida Provisória nº 495, de 19.07.2010, que veio a converter-se na Lei nº 12.349/10, *verbis*:

> A modificação do *caput* do art. 3º visa agregar às finalidades das licitações públicas o desenvolvimento econômico nacional. Com efeito, a medida consigna em lei a relevância do poder de compra governamental como instrumento de promoção do mercado interno, considerando-se o potencial de demanda de bens e serviços domésticos do setor público, o correlato efeito multiplicador sobre o nível de atividade, a geração de emprego e renda e, por conseguinte, o desenvolvimento do país... a proposição fundamenta-se nos seguintes dispositivos da Constituição Federal de 1988: (i) inciso II do art. 3º, que inclui o desenvolvimento nacional como um dos objetivos fundamentais da República Federativa do Brasil; (ii) incisos I e VIII do art. 170, atinentes à organização da ordem econômica nacional, que deve observar, entre outros princípios, a soberania nacional e a busca do pleno emprego; (iii) art. 174, que dispõe sobre as funções a serem exercidas pelo Estado, como agente normativo e regulador da atividade econômica; e (iv) art. 219, que trata de incentivos ao mercado interno, de forma a viabilizar o desenvolvimento cultural e sócio-econômico, o bem-estar da população e a autonomia tecnológica do país.

O exame da exposição de motivos de todo novo diploma legislativo sempre foi importante para conhecer-se a *ratio* de suas disposições. Tornou-se ainda mais relevante no estado democrático de direito, cuja construção é o repto lançado pela CF/88, que passa a exigir a explicitação dos motivos (conjunto das razões de fato e de direito que legitimam toda manifestação da autoridade pública, seja legislativa, administrativa ou judiciária), de sorte a habilitar o controle – social e pelas instituições a tanto legitimadas – da idoneidade desses motivos para a consecução das finalidades de interesse público que intentariam promover (CF/88, arts. 5º, LIV e LV; 74; e 93, IX e X, se bem entendidos tais preceptivos em todo o seu potencial vinculante do exercício do poder estatal, quer se trate de ato judicial, legislativo ou administrativo).

Sendo assim, as razões anunciadas na exposição de motivos da MP nº 495/10 deixam claro que o novo regime legal das licitações e contratações pretende aproveitar o poder de compra do estado para estimular a sustentabilidade em suas múltiplas relações com o "desenvolvimento cultural e sócio-econômico, o bem-estar da população e a autonomia tecnológica do país". Cria-se, portanto, vinculação entre tais motivos e as definições, direitos e obrigações a serem estabelecidos em projetos, editais e contratos de compras, obras e serviços da administração pública. Vinculação que, no jargão do direito público, traduz dever jurídico. Em outras palavras, a cláusula geral do desenvolvimento nacional é de presença e cumprimento obrigatórios nas contratações administrativas, tanto como mola propulsora da ação quanto como finalidade a ser por ela alcançada.

3 O vínculo da sustentabilidade

Ao "desenvolvimento nacional", fórmula adotada pela Medida Provisória nº 495/10, a Lei nº 12.349/10 aditou "sustentável". O motivo parece evidente: comprometer as licitações e contratações com os princípios e normas de proteção ambiental, igualmente guindados a *status* de política pública constitucional, com realce, tratando-se de obras, serviços e compras governamentais, para o disposto no art. 225, §1º, inc. V, da CF/88 ("Para assegurar a efetividade desse direito [meio ambiente ecologicamente equilibrado, bem de uso comum do povo e essencial à sadia qualidade de vida], incumbe ao Poder Público: V – controlar a produção, a comercialização e o emprego de técnicas, métodos e substâncias que comportem risco para a vida, a qualidade de vida e o meio ambiente").

Técnicas, produtos e substâncias há que degradam o meio ambiente, direta ou reflexamente, a curto, médio ou longo prazo, e que, nada obstante, integram projetos e especificações objeto de licitações e contratações administrativas, a violar, rombudamente, o dever jurídico de controle de que aquele preceptivo da Constituição incumbe aos poderes públicos.

Em verdade, a Lei nº 12.349/10 veio pôr cobro na omissão do regime legal geral das licitações e contratações, que não explicitava, mediante norma interna de seu próprio sistema, o que já decorria da Constituição da República e vinha sendo alvo de regras em leis setoriais e normas infralegais específicas. Com efeito, legislações estaduais pioneiras (São Paulo e Minais Gerais à frente, mas não apenas) cuidaram de inserir normas que tornassem suas licitações e contratações comprometidas com a proteção ambiental – as chamadas licitações e contratações sustentáveis – desde fins da década de 1990, ao passo que se calava a Lei Geral das Licitações e Contratações da administração pública brasileira.

Ilustra-se a preocupação de administrações estaduais, escoteiras na adoção de normas de proteção ambiental na contratação de bens e serviços, com excerto de parecer oferecido na Procuradoria do Estado de São Paulo acerca da constitucionalidade da Lei Estadual nº 11.878/05, que adotou o "selo verde oficial do Estado" para identificar produtos que integram o Cadastro de Materiais do Estado de São Paulo segundo critérios ambientais, *verbis*:

> ...a Constituição impõe ao Poder Público a adoção não apenas de ações de cunho repressivo, visando à recuperação do dano ambiental, mas contempla, principalmente e de forma muito mais eficaz, ações de caráter preventivo, como o incentivo a tecnologias menos gravosas ambientalmente e o tratamento diferenciado em razão do impacto ambiental dos produtos e serviços e seus processos de elaboração e prestação, atribuindo ao Poder Público o dever de ... "V – controlar a produção, a comercialização e o emprego de técnicas, métodos e substâncias que comportem risco para a vida, a qualidade de vida e o meio ambiente; VI – promover a educação ambiental em todos os níveis de ensino e a conscientização pública para a preservação do meio ambiente; VII – proteger a fauna e a flora, vedadas, na forma da Lei, as práticas que coloquem em risco sua função ecológica, provoquem a extinção de espécies ou submetam os animais a crueldade..."
>
> A ação da Administração Pública na qualidade de consumidor, ao contratar a aquisição de bens, a prestação de serviços diversos e a execução de obras, encontra-se necessariamente subordinada aos comandos de natureza preventiva determinados pela Constituição, que levam, obrigatoriamente, à implantação de políticas públicas voltadas ao consumo sustentável. Ao Poder Público cabe desempenhar o papel de indutor de políticas ambientalmente sustentáveis.

Nesse sentido, há que se destacar a atuação do Brasil na "Conferência da Terra", quando se reuniu a "Conferência das Nações Unidas sobre Meio Ambiente e Desenvolvimento", conhecida como Eco/92, que adotou na Agenda 21 o desenvolvimento sustentável como meta a ser alcançada pelos países, mediante o estabelecimento de programas voltados ao exame dos padrões insustentáveis de produção e consumo, e de políticas estratégicas nacionais de estímulo a mudança no padrão de consumo insustentável. No mesmo sentido a Declaração do Rio 92 contempla, no Princípio 8, que os Estados devem reduzir e eliminar padrões insustentáveis de produção e consumo.

Vê-se, portanto, que os referidos documentos de natureza programática demonstram a clara preocupação mundial com o denominado consumo sustentável, no qual não apenas a iniciativa privada mas principalmente o Poder Público possuem papel da mais alta relevância. O consumo sustentável pressupõe o desenvolvimento econômico de forma viável, com competitividade e lucro, aliado às questões ambientais e sociais.

...o que se quer evidenciar é que, com a elevação do significado da Constituição e com o consenso, quase universal, não só de sua superioridade formal, como também de sua ascendência axiológica sobre todo o ordenamento jurídico, há uma importantíssima modificação no direito administrativo: a lei é substituída pela Constituição como a principal fonte desta disciplina jurídica. A reserva vertical da lei foi substituída por uma reserva vertical da Constituição. A Constituição passa a figurar como norma diretamente habilitadora da atuação administrativa, havendo uma verdadeira osmose entre a Constituição e a lei... Com efeito, a Constituição se presta (i) não só como norma direta e imediatamente habilitadora de competências administrativas, como também (ii) serve de critério imediato de decisão administrativa... Com efeito, a vinculação da atividade administrativa ao direito não obedece a um esquema único, nem se reduz a um tipo específico de norma jurídica – lei formal. Essa vinculação, ao revés, dá-se em relação ao ordenamento jurídico, uma unidade (Constituição, leis, regulamentos gerais, regulamentos setoriais), expressando-se em diferentes graus e distintos tipos de normas, conforme a disciplina estabelecida na matriz constitucional. A vinculação da Administração não se circunscreve, portanto, à lei formal, mas a esse bloco de legalidade (o ordenamento jurídico como um todo sistêmico), a que aludia Hariou, que encontra melhor enunciado, para os dias de hoje, no que Merkl chamou de princípio da juridicidade administrativa... (Procuradora Sílvia Helena Nogueira Nascimento, no processo SMA nº 10.409/2005)

O quadro de anomia legal na administração federal veio a ser mitigado pela Instrução Normativa nº 1, de 19 de janeiro de 2010, da Secretaria de Logística e Tecnologia da Informação, do Ministério do Planejamento, Orçamento e Gestão, editada para dispor "sobre os critérios de sustentabilidade ambiental na aquisição de bens, contratação de serviços ou obras pela Administração Pública Federal direta, autárquica e fundacional". E que haure diretamente da Constituição a legitimação de suas disposições regulamentadoras da atuação estatal na contratação de compras, obras e serviços sustentáveis.

Em síntese, tal regulamentação administrativa tornou obrigatório, sem prejuízo de outras práticas de sustentabilidade ambiental, tecnicamente justificadas em cada contratação (vinculação a motivos explicitados), que:

(a) as especificações de bens, serviços e obras contenham "critérios de sustentabilidade ambiental, considerando os processos de extração ou fabricação, utilização e descarte dos produtos e matérias-primas";

(b) os instrumentos convocatórios das licitações (editais e cartas-convite) formulem "exigências de natureza ambiental de forma a não frustrar a competitividade";

(c) os editais das licitações dos tipos melhor técnica e técnica e preço estabeleçam "critérios objetivos de sustentabilidade ambiental para a avaliação e classificação das propostas";

(d) a elaboração de projetos básicos ou executivos, para a contratação de obras e serviços de engenharia, visem "à economia da manutenção e operacionalização da edificação, a redução do consumo de energia e água, bem como a utilização de tecnologias e materiais que reduzam o impacto ambiental", arrolando uma série de usos e procedimentos tendentes ao cumprimento dessa finalidade;

(e) nas obras e serviços de engenharia, se exija o uso de agregados reciclados, observando-se as normas do Projeto de Gerenciamento de Resíduo de Construção Civil (PGRCC), consoante estabelecidas pelo Conselho Nacional do Meio Ambiente, devendo os resíduos removidos estar acompanhados de Controle de Transporte de Resíduos, de acordo com as normas pertinentes da ABNT;

(f) no projeto básico ou executivo para contratação de obras e serviços de engenharia sejam observadas as normas do Instituto Nacional de Metrologia, Normalização e Qualidade Industrial (Inmetro), bem como as normas da Organização Internacional para a Padronização – ISO – nº 14000, tanto que "o instrumento convocatório, além de estabelecer diretrizes sobre a área de gestão ambiental dentro de empresas de bens, deverá exigir a comprovação de que o licitante adota práticas de desfazimento sustentável ou reciclagem dos bens que forem inservíveis para o processo de reutilização";

(g) tratando-se de compra, serão exigíveis critérios de sustentabilidade ambiental, tais como os de que "os bens sejam constituídos, no todo ou em parte, por material reciclado, atóxico, biodegradável", sejam observados os requisitos ambientais para a obtenção de "certificação do Inmetro como produtos sustentáveis ou de menor impacto ambiental em relação aos seus similares", "os bens sejam preferencialmente acondicionados em embalagem individual adequada, com o menor volume possível, que utilize materiais recicláveis", os bens não contenham substâncias perigosas em concentração acima da recomendada na norma europeia conhecida como RoHS (*Restriction of Certain Hazardous Substances* – Restrição de Certas Substâncias Perigosas), tais como mercúrio, chumbo, cromo hexavalente, cádmio, bifenil-polibromados e éteres difenil-polibromados, comprovado mediante certificação emitida por instituição pública oficial ou instituição credenciada;

(h) caso inexista tal certificação, o edital poderá prever que a entidade pública contratante diligencie "para verificar a adequação do produto às exigências do ato convocatório, correndo as despesas por conta da licitante selecionada" (o que se compadece com a regra do art. 75 da Lei nº 8.666/93), e desclassificando-se a proposta caso não se confirme a adequação do produto;

(i) cuidando-se de contratação de serviços, as empresas contratadas devem adotar práticas de sustentabilidade em sua execução, tais como o uso de produtos de limpeza e conservação que obedeçam às classificações e especificações determinadas pela ANVISA, medidas tendentes a evitar o desperdício de água tratada, a observância de normas técnicas quanto aos equipamentos de limpeza que gerem ruído no seu funcionamento, o fornecimento aos empregados dos equipamentos de segurança pertinentes;

(j) a empresa contratada treine os seus empregados para a redução de consumo de energia elétrica, de água e a redução da produção de resíduos sólidos;

(k) a empresa contratada separe os resíduos recicláveis na fonte geradora, destinando-os a associações e cooperativas de catadores de materiais recicláveis;

(l) sejam respeitadas as normas da ABNT sobre resíduos sólidos;

(m) preveja-se a destinação ambiental adequada de pilhas e baterias usadas ou inservíveis, segundo o disposto em resolução do Conama;

(n) todos os órgãos e entidades da administração pública federal direta, autárquica e fundacional disponibilizem os bens considerados ociosos, e que não tenham previsão de utilização ou alienação, para doação a outros órgãos e entidades públicas de qualquer esfera da federação, devendo, ademais, antes de iniciar o processo de contratação, verificar a disponibilidade e a vantagem de reutilização de bens, por meio de consulta ao fórum eletrônico de materiais ociosos;

(o) o portal eletrônico de contratações públicas do governo federal (COMPRASNET) passe a divulgar listas dos bens, serviços e obras contratados com base em requisitos de sustentabilidade ambiental, bolsa de produtos inservíveis, banco de editais sustentáveis, boas práticas de sustentabilidade ambiental, dados sobre planos e práticas de sustentabilidade ambiental na administração pública federal.

Associado ao desenvolvimento nacional, "o desafio ambiental e climático não é um modismo, um nicho, uma nota. É o pano de fundo de qualquer proposta verdadeiramente desenvolvimentista. O verde de anos atrás defendia espécies ameaçadas. Elas continuam precisando de proteção, mas o verde hoje tem urgências mais amplas. Mudou de patamar. Nenhum planejamento estratégico em empresas, organizações, países pode ignorar essa questão. É uma nova lógica à qual todos os outros projetos – da logística à reforma tributária, da educação ao planejamento urbano, da energia ao financiamento público – têm que se adaptar. É isso ou não ter futuro. Simples assim" (LEITÃO, Miriam. *O Globo*, p. 34, 05 out. 2010).

4 O parâmetro do preço de mercado

A introdução do desenvolvimento nacional sustentável entre as cláusulas gerais da Lei nº 8.666/93 não altera o parâmetro básico de comparação entre propostas quanto ao preço, para o fim de fixar-se a preferência da administração, qual seja, o do valor de mercado do bem, obra ou serviço objeto da licitação ou da contratação direta, desde que se comparem preços de objetos igualmente comprometidos com a sustentabilidade.

Na legislação específica há, pelo menos, vinte e duas possíveis acepções qualificadas de preço (preço estimado, preço oferecido, preço aceitável, preço contratado, preço reajustado, preço revisto, preço corrigido, preço atualizado, preço máximo, preço mínimo, preço simbólico, preço irrisório, preço excessivo, menor preço, melhor preço, técnica e preço, registro de preços, preço de mercado, preço baseado nas ofertas dos demais licitantes, preço global, preço unitário, tomada de preços). Em todas subjaz a ideia de preço de mercado.

Quando cogita de estimar o preço, na fase interna instrutória inerente a todo procedimento licitatório (Lei Geral, art. 23, *caput*, e Lei do Pregão, art. 3º, I), a legislação almeja: (i) definir a modalidade cabível de licitação, se em função do valor estimado (concorrência, tomada de preços e convite), não se aplicando nas modalidades que se distinguem em função da natureza do objeto, qualquer que seja o seu valor (leilão, concurso e pregão); (ii) vincular a aquisição à disponibilidade orçamentária – Lei Geral, arts. 7º, §2º, III; e 14; (iii) ministrar elementos, à comissão de licitação ou ao pregoeiro, para a formulação do juízo de aceitabilidade das propostas de preço e sua classificação/desclassificação – Lei Geral, arts. 7º, §2º, II, e §7º; 14; 40, X e §2º, II; e Lei do Pregão, art. 4º, XI.

A legislação não indica critérios de estimação, porém há referências balizadoras, em face das quais a jurisprudência das cortes de controle externo examina os casos concretos, a saber:

(i) na Lei Geral, arts. 7º, §2º, II (*planilhas* que expressem a composição de todos os custos unitários, no caso de obra ou serviço); 15, V e §6º (preços praticados no âmbito da AP e incompatibilidade com preço *vigente no mercado*); 23, §1º (recursos *disponíveis no mercado* e economia de escala); 26, parágrafo único, III (justificativa do preço na contratação direta); 40, X (permitido preço máximo, vedados preço mínimo e preços de referência); 43, IV (compatibilidade com *preços correntes no mercado*, ou fixados por órgão oficial competente, ou constantes do sistema de registro de preços); 45, §1º, I (preço em correspondência com as especificações); 48, II (custos *coerentes com os de mercado*);

(ii) na Lei do Pregão, arts. 1º, parágrafo único (especificações *usuais no mercado*); 3º, I (critérios de aceitação estabelecidos na fase preparatória);

(iii) a pesquisa para estimar-se o preço há de ser ampla, envolvendo várias fontes (resultados de licitações anteriores sobre o mesmo objeto ou assemelhado; preços obtidos por outros órgãos ou entidades da administração pública na contratação de objetos assemelhados; preços registrados ou constantes de cadastros administrativos, tipo Comprasgovernamentais, para o mesmo objeto ou assemelhado; coleta de preços junto ao mercado), lançados os elementos e os resultados da pesquisa nos autos do processo (Lei do Pregão, art. 3º, III).

No estado democrático de direito, prevalece a exegese do órgão competente, no exercício regular de sua competência. Insere-se na competência dos órgãos de controle interno e externo, como agasalhada na CF/88: fiscalização de legalidade, legitimidade e economicidade (art. 70, *caput*); julgar contas daqueles que derem causa a perda, extravio ou outra irregularidade de que resulte prejuízo ao erário (art. 71, II); aplicar sanções a responsáveis por ilegalidade de despesas ou irregularidade de contas, incluindo multa proporcional ao dano causado ao erário (art. 71, VIII); responsabilidade solidária do controle interno por irregularidades verificadas e não informadas (art. 74, §1º).

À vista dessas competências, é de rigor que a administração observe a orientação dominante do Tribunal de Contas da União acerca do valor estimado, que a insta a buscar conhecer o preço de mercado mediante ampla pesquisa na fase preparatória, o que conduz à apuração da mediana [Decreto federal nº 7.983/13, art. 3º – "O custo global de referência de obras e serviços de engenharia, exceto os serviços e obras de infraestrutura de transporte, será obtido a partir das composições dos custos unitários previstas no projeto que integra o edital de licitação, menores ou iguais à mediana de seus correspondentes nos custos unitários de referência do Sistema Nacional de Pesquisa de Custos e Índices da Construção Civil (Sinapi), excetuados os itens caracterizados como montagem industrial ou que não possam ser considerados como de construção civil. Art. 4º O custo global de referência dos serviços e obras de infraestrutura de transportes será obtido a partir das composições dos custos unitários previstas no projeto que integra o edital de licitação, menores ou iguais aos seus correspondentes nos custos unitários de referência do Sistema de Custos Referenciais de Obras (Sicro), cuja manutenção e divulgação caberá ao Departamento Nacional de Infraestrutura de Transportes (DNIT), excetuados os itens caracterizados como montagem industrial ou que não possam ser considerados como de infraestrutura de transportes. (...) Art. 6º

Em caso de inviabilidade da definição dos custos conforme o disposto nos arts. 3º, 4º e 5º a estimativa de custo global poderá ser apurada por meio da utilização de dados contidos em tabela de referência formalmente aprovada por órgãos ou entidades da administração pública federal em publicações técnicas especializadas, em sistema específico instituído para o setor ou em pesquisa de mercado."].

Mais:

- Ac. nº 2.986/2006, 1ª Câmara, rel. Min. Augusto Nardes – "Os processos de dispensa de licitação devem conter documentos que indiquem a prévia *pesquisa de preços de mercado*, em relação ao objeto a ser contratado/adquirido, e a habilitação do respectivo fornecedor/ prestador de serviços";
- Ac. nº 1.024/2007, Plenário, rel. Min. Aroldo Cedraz – "Possibilidade de estabelecimento de patamares de remuneração mínima a ser paga aos profissionais empregados de eventual vencedora de licitação... não se mostra irregular regra editalícia desta natureza, que vise a obstar a competição danosa entre as licitantes e a garantir a qualidade e a eficiência dos serviços contratados. Insta frisar, contudo, que, por óbvio, deve ser observado o princípio da razoabilidade no estabelecimento desses *valores, os quais devem ser consentâneos com as funções a serem executadas e com os preços praticados no mercado*...";
- Decisão nº 528/1998, Plenário, rel. Min. Lincoln Magalhães da Rocha – "há irregularidade em procedimento licitatório em que não foi realizada a avaliação da compatibilidade dos preços constantes das propostas com os *preços praticados no mercado*...";
- Ac. nº 904/2006, Plenário, rel. Min. Ubiratan Aguiar – "Na licitação do tipo menor preço deve ser escolhido o melhor preço para a administração, aí entendido *preço consentâneo com o praticado no mercado*, assegurada a prestação do serviço ou a entrega do bem a contento, não havendo impedimento a que se determinem requisitos de qualidade técnica mínima";
- Ac. nº 1.461/2003, Plenário, rel. Min. Augusto Sherman Cavalcanti – "...exija de cada licitante de obras públicas, nos instrumentos convocatórios, a documentação que comprove a *compatibilidade dos custos dos insumos com os de mercado*..., tais como composição unitária de preços; curva de insumos e serviços; tabelas de preços consagradas, como SINAPI, PINI, DNIT etc.; e demonstrativo de cálculo dos encargos sociais e do BDI utilizados na composição dos preços".

Na mesma linha o entendimento da jurisprudência judicial, que se ilustra com o julgado pelo Superior Tribunal de Justiça no ROMS nº 15.051/RS-2002, rel. Min. Eliana Calmon – "A licitação da modalidade menor preço compatibiliza-se com a exigência de preços unitários em sintonia com o valor global Previsão legal de segurança para a Administração quanto à especificação dos *preços unitários, que devem ser exequíveis com os valores de mercado*, tendo como limite o valor global".

Não sem relevantes razões, portanto, a exposição de motivos da MP nº 495/10 advertiu, em seu item 12, que

...são preservadas disposições precedentes da Lei nº 8.666, de 1993, que devem balizar as licitações, sobretudo no que concerne à manutenção de decisões de compra baseadas, eminentemente, nos atributos de preço e qualidade. A medida restringe, portanto, incentivos à constituição de monopólios e eventual conluio entre os licitantes, o que ensejaria a prática de preços mais elevados e maior ônus às compras públicas, vis-à-vis outras fontes de suprimento disponíveis.

Cabe, aqui, a advertência para o parâmetro do preço de mercado porque tem sido frequente a ponderação de que os requisitos da sustentabilidade repercutem sobre os preços, chegando alguns a afirmar que os majorariam em cerca de 30%. Não se tem notícia de estudo que analise a questão no mercado brasileiro, porém se pode prenunciar ser infundada a arguição, ou, ao menos, tende a sê-lo na medida em que as empresas incorporem ao seu processo produtivo práticas de sustentabilidade, que, ao contrário, geram redução de custos.

Em setembro de 2010, o Instituto de Logística e Supply Chain (ILOS) comunicou ao Fórum Global de Sustentabilidade, realizado no Rio de Janeiro, o resultado de pesquisa que efetuou com mais de cem empresas brasileiras, sublinhando os seguintes achados:

> 60% acham que as mudanças climáticas já têm impacto hoje em seus negócios, 6% dizem que terão impacto a curto prazo, 20% afirmam que apenas no longo prazo e apenas 14% acham que não serão afetadas. Clientes, fornecedores e governo são as fontes de pressão para essa mudança de atitude, mas apesar de as empresas relatarem que 69% dos clientes já exigem soluções ecologicamente corretas e 19% exigirão no curto prazo, *apenas um em cada quatro clientes aceita pagar mais por isso*. No setor onde há mais disposição de pagar esse preço é o de material de construção: chega a 50%... Há novas atitudes nas empresas, mesmo que o consumidor não queira pagar por essa mudança... Apenas uma em cada cinco empresas ouvidas pela pesquisa não pensa em ter áreas dedicadas à sustentabilidade. O tema até recentemente estava restrito ao *marketing*, mas hoje está entrando no cotidiano das empresas: 82% das que têm ações de sustentabilidade afirmaram que elas estão na área de compras, 77%, na de produção, 76%, no setor de logística... *Quase metade delas reporta que essas ações produzem também uma bem-vinda redução de custos, como a racionalização de transporte e armazenagem, diminuição do consumo de energia e combustíveis, corte em desperdício no consumo de água.* A Ambev fez uma gestão de sua frota, monitorando as emissões de gases de 35 veículos a diesel e fez uma manutenção dos caminhões que estavam fora das especificações. Aumentou o percentual de veículos que usam biodiesel. Reduziu o consumo de água, substituindo a lavagem tradicional da frota por lavagem a seco. Livrou-se dos veículos velhos. Hoje, a idade média da frota é de três anos e meio. A empresa trocou também o GLP pelo gás natural, como combustível das empilhadeiras. As empresas buscam outras que tenham necessidade de transporte complementar. O caminhão, que antes voltava vazio, agora volta carregado com produtos de uma outra empresa que queira fazer o caminho inverso. Na Natura, no transporte para países da região ou áreas mais distantes do país, está sendo utilizada, sempre que possível, a via marítima, em vez da rodoviária, para reduzir as emissões... A Copercusar fez acordo de longo prazo para aumentar a participação das ferrovias em seus transportes e construir uma malha de dutos. A rede Walmart criou o primeiro centro de distribuição ecoeficiente: o telhado deixa passar a luz solar, economizando energia; a água da chuva é coletada e reutilizada; as caixas são de plástico reciclado e recicláveis. O Pão de Açúcar fez um centro de distribuição com as mesmas características: telhas translúcidas, energia solar, uso de água da chuva, reutilização da madeira e painéis termoisolantes nas câmaras frias. Magazine Luíza está montando em Louveira, São Paulo, um centro de distribuição com a mesma lógica... A Coca-Cola já inaugurou no Paraná a primeira "fábrica verde" do grupo na América Latina com esses mesmos cuidados de redução do uso de água... A Unilever se prepara para lançar o Comfort concentrado, que vai reduzir em 79% o consumo de água no produto, o que equivale a 30 piscinas olímpicas ao ano e economia de 58% de plástico nas embalagens... (*O Globo*, edição de 12 set. 2010, p. 34)

Vê-se que o mercado se apetrecha para a sustentabilidade como estratégia de redução de custos, não de elevação de preços. Cabe ao poder de compra do poder público incentivá-lo, incluindo em seus editais de licitação e termos de contratos as exigências que conformam produtos, materiais, serviços e obras aos requisitos da sustentabilidade.

5 Direito de preferência e sustentabilidade

A Lei nº 12.349/10 introduziu modificações no inc. I do §1º do art. 3º da Lei nº 8.666/93, de modo a fazer do direito de preferência, que já ali estava inscrito, instrumento de política econômica, em forte interação com a sustentabilidade.

Ditas modificações vinculam o direito de preferência a bens e serviços produzidos no país, produzidos ou prestados por empresas brasileiras, produzidos ou prestados por empresas que invistam em pesquisa e no desenvolvimento de tecnologia no País, bem como produzidos ou prestados por empresas que comprovem cumprimento de reserva de cargos prevista em lei para pessoa com deficiência ou para reabilitado da Previdência Social e que atendam às regras de acessibilidade previstas na legislação. Mas não apenas. A nova lei também colheu a oportunidade para inserir outra ressalva, esta com o fim de esclarecer que as sociedades cooperativas não podem contar, pelo fato de serem cooperativas, com privilégios que comprometam, restrinjam ou frustrem o caráter competitivo inerente a todo certame licitatório.

Ao fazê-lo, absorveu a solução que se consagrou em sede doutrinária e jurisprudencial, e da qual se deduz ser legítimo – agora também com expresso apoio na Lei Geral de Licitações e Contratações – que: (a) editais proíbam a participação de cooperativas em licitações de objeto cuja execução, por exigir subordinação de mão de obra, não se compatibilize com a natureza dessas sociedades de profissionais autônomos; (b) acaso autorizadas a participar, delas se exija o atendimento a todos os requisitos de habilitação e de validade de propostas dirigidos aos demais licitantes, sob pena, respectivamente, de inabilitação da cooperativa ou de desclassificação de sua proposta. Vale dizer que igualmente as cooperativas estarão atreladas, quando participem de licitações, aos requisitos da sustentabilidade, como qualquer outro concorrente.

Quanto aos destinatários da preferência, a Lei nº 12.349/10 ajustou a redação da Lei nº 8.666/93 aos termos da Emenda Constitucional nº 6/95, que revogou o art. 171 da CF/88. São destinatários do direito de preferência os bens e serviços produzidos no País, os produzidos ou prestados por empresas brasileiras e os produzidos ou prestados por empresas, brasileiras ou não, que invistam em pesquisa e no desenvolvimento de tecnologia no País.

A inteligência dessa preleção foi destacada na exposição de motivos interministerial que encaminhou a Medida Provisória nº 495/10:

> ...observa-se que a orientação do poder de compra do Estado para estimular a produção doméstica de bens e serviços constitui importante diretriz de política pública. São ilustrativas, nesse sentido, as diretrizes adotadas nos Estados Unidos, consubstanciadas no "Buy American Act", em vigor desde 1933, que estabeleceram preferência a produtos manufaturados no país, desde que aliados a qualidade satisfatória, provisão em quantidade suficiente e disponibilidade comercial em bases razoáveis. No período recente, merecem registro as ações contidas no denominado "American Recovery and Reinvestment Act", implementado em 2009. A China contempla norma similar, conforme disposições da Lei

nº 68, de 29 de junho de 2002, que estipula orientações para a concessão de preferência a bens e serviços chineses em compras governamentais, ressalvada a hipótese de indisponibilidade no país. Na América Latina, cabe registrar a política adotada pela Colômbia, que instituiu, nos termos da Lei nº 816, de 2003, uma margem de preferência entre 10% e 20% para bens ou serviços nacionais, com vistas a apoiar a indústria nacional por meio da contratação pública. A Argentina também outorgou, por meio da Lei nº 25.551, de 28 de novembro de 2001, preferência aos provedores de bens e serviços de origem nacional, sempre que os preços forem iguais ou inferiores aos estrangeiros, acrescidos de 7% em ofertas realizadas por micro e pequenas empresas e de 5% para outras empresas.

Registre-se que a Lei nº 13.146/15 acrescentou o inciso V ao §2º do art. 3º da Lei nº 8.666/93, para estabelecer a preferência na contratação de bens e serviços produzidos ou prestados por empresas que comprovem cumprimento de reserva de cargos prevista em lei para pessoa com deficiência ou para reabilitado da Previdência Social e que atendam às regras de acessibilidade previstas na legislação.

Infere-se que o foco do direito de preferência estabelecido pela Lei nº 12.349/10 concentra-se na competição com bens e serviços produzidos no exterior. A nova lei veio habilitar a Lei Geral das Licitações e Contratações a ser manejada pelo estado brasileiro como instrumento dessa competição, como se fosse necessário o governo brasileiro dispor de norma legal federal, com abrangência nacional, para brandi-la diante de concorrentes estrangeiros na disputa pelo mercado de bens e serviços no território nacional.

Tanto que a exposição de motivos sintetizou resenha de leis que, em outros países – não por acaso, notórios competidores com os bens e serviços brasileiros –, assim também estatuíram. Trata-se de subproduto de política externa que se extrai da preferência legal para bens e serviços produzidos no País, como a dizer aos centros produtores estrangeiros que os seus bens e serviços também serão preteridos em favor dos bens e serviços aqui produzidos, se houver competição entre eles.

O sucesso, ou a irrelevância, dessa política econômica – de raiz constitucional – depende, salvo engano, do tamanho do mercado interno de cada país, bastando notar que a maioria dos países cuja legislação é mencionada pela exposição de motivos dispõe de mercado interno tão ou mais extenso do que o brasileiro. Pareceria, efetivamente, de acanhada visão estratégica não levar em conta tal fator como elemento importante de estímulo à produção de bens e serviços no território nacional. Tanto assim é que, grife-se, a preferência é antes do bem ou serviço do que da empresa que o produz ou presta: dá-se a preferência em favor de bens e produtos produzidos no país, não, necessariamente, por empresa brasileira.

Mais adiante, a exposição de motivos descerra seus propósitos estratégicos:

> ...a orientação da demanda do setor público preferencialmente a produtos e serviços domésticos reúne condições para que a atuação normativa e reguladora do Estado efetive-se com maior eficiência e qualidade do gasto público e, concomitantemente, possa engendrar poderoso efeito multiplicador na economia mediante: (i) aumento da demanda agregada; (ii) estímulo à atividade econômica e à geração de emprego e renda; (iii) incentivo à competição entre empresas domésticas, particularmente no que tange a setores e atividades de pesquisa e desenvolvimento tecnológico; (iv) mitigação de disparidades regionais; e (v) incentivo à geração de emprego em segmentos marginais da força de trabalho.

A alteração introduzida no §2º define a hierarquia do critério de desempate, ao asserir que "Em igualdade de condições, como critério de desempate, será assegurada preferência, sucessivamente, aos bens e serviços: I – revogado; II – produzidos no País; III – produzidos ou prestados por empresas brasileiras; IV – produzidos ou prestados por empresas que invistam em pesquisa e no desenvolvimento de tecnologia no País; V – bens e serviços produzidos ou prestados por empresas que comprovem cumprimento de reserva de cargos prevista em lei para pessoa com deficiência ou para reabilitado da Previdência Social e que atendam às regras de acessibilidade previstas na legislação".

A Lei nº 12.349/10 revogou, por expressa disposição de seu art. 7º, o inc. I do §2º do art. 3º da Lei nº 8.666/93, que elegia, como o primeiro dos critérios sucessivos de desempate, o de os bens serem produzidos ou os serviços serem prestados por empresas brasileiras de capital nacional, o que não se compadecia com a redação que a Emenda Constitucional nº 6/95 veio dar ao inc. IX do art. 170 da CF/88. O regime constitucional emendado deslocou da nacionalidade da pessoa empresarial (brasileira) para a naturalidade do bem ou serviço (produzido ou prestado no País) os critérios de preferência.

Assim, a ordem sucessiva desses critérios passou a ser: em primeiro lugar, o fato de os bens ou serviços serem produzidos no País, independentemente da nacionalidade de quem os produza ou preste, desde que o faça em território brasileiro; em segundo lugar, o fato de serem os bens produzidos ou os serviços prestados por empresa brasileira, se, portanto, houver empresa estrangeira que também os produza ou preste em território brasileiro; em terceiro lugar, o fato de os bens serem produzidos ou os serviços serem prestados por empresa, qualquer que seja a sua nacionalidade, que invista em pesquisa e no desenvolvimento de tecnologia no País; em quarto lugar, por acréscimo da Lei nº 13.146/15, o fato de serem produzidos ou prestados por empresas que comprovem o cumprimento de reserva de cargos prevista em lei para pessoa com deficiência ou para reabilitado da Previdência Social e que atendam às regras de acessibilidade previstas na legislação.

O fator determinante dos dois primeiros critérios é o de a produção do bem ou a prestação do serviço ocorrer no País, somente havendo precedência da empresa brasileira sobre a estrangeira quando ambas produzirem o bem ou prestarem o serviço no território brasileiro. Tal precedência permanece quando se tratar de empresa que invista em pesquisa e no desenvolvimento de tecnologia no País, se houver empresas brasileira e estrangeira que igualmente invistam em pesquisa e desenvolvimento de tecnologia no País. Mas se afasta a precedência se somente empresa estrangeira investir em pesquisa e no desenvolvimento de tecnologia no território brasileiro, ficando claro que, nessa terceira hipótese, o valor protegido pela lei nova é o investimento, no País, em pesquisa ou desenvolvimento de tecnologia.

Conclui-se que os critérios legais de preferência pressupõem o incentivo ao mercado interno e à autonomia tecnológica do País. Esse incentivo constituirá, por conseguinte e obrigatoriamente, a premissa do planejamento de toda contratação de compra, obra ou serviço, com ou sem licitação, que envolva a participação de empresas brasileiras e estrangeiras. O critério distintivo fundamental será o de produção ou prestação no território brasileiro.

Uma vez que a cabeça do art. 3º alinha três cláusulas gerais compulsórias para toda e qualquer contratação – tratamento isonômico, busca da proposta mais vantajosa e compromisso com o desenvolvimento nacional sustentável –, resulta que, mesmo quando incida o direito de preferência, este se positivará em função da produção ou prestação no território brasileiro, sem embargo de exigir-se o compromisso com a sustentabilidade, seja da empresa brasileira ou da estrangeira que for a beneficiária da preferência. Esta não exonera a administração de exigir do preferido a observância dos requisitos da sustentabilidade, podendo ocorrer a perda da preferência se a empresa não tiver condições de atender a esses requisitos, posto que, então, estará a produzir o bem ou a prestar o serviço sem compromisso com a sustentabilidade, ainda que o faça no território brasileiro, a tornar ainda mais grave a desconsideração, a par de tratar desigualmente as empresas que observam a sustentabilidade e as que a desprezam, em detrimento daquelas e a favor destas.

6 Margens de preferência

A Lei nº 12.349/10, a Lei nº 13.146/15 e a Lei Complementar nº 147/14 acrescentaram parágrafos ao art. 3º da Lei nº 8.666/93, a saber:

> Art. 3º (...)
> §5º Nos processos de licitação, poderá ser estabelecida margem de preferência para:
> I – produtos manufaturados e para serviços nacionais que atendam a normas técnicas brasileiras; e
> II – bens e serviços produzidos ou prestados por empresas que comprovem cumprimento de reserva de cargos prevista em lei para pessoa com deficiência ou para reabilitado da Previdência Social e que atendam às regras de acessibilidade previstas na legislação.
> §6º A margem de preferência de que trata o § 5º será estabelecida com base em estudos revistos periodicamente, em prazo não superior a 5 (cinco) anos, que levem em consideração:
> I – geração de emprego e renda;
> II – efeito na arrecadação de tributos federais, estaduais e municipais;
> III – desenvolvimento e inovação tecnológica realizados no País;
> IV – custo adicional dos produtos e serviços; e
> V – em suas revisões, análise retrospectiva de resultados.
> §7º Para os produtos manufaturados e serviços nacionais resultantes de desenvolvimento e inovação tecnológica realizados no País, poderá ser estabelecida margem de preferência adicional àquela prevista no §5º.
> §8º As margens de preferência por produto, serviço, grupo de produtos ou grupo de serviços, a que se referem os §§5º e 7º, serão definidas pelo Poder Executivo federal, não podendo a soma delas ultrapassar o montante de 25% (vinte e cinco por cento) sobre o preço dos produtos manufaturados e serviços estrangeiros.
> §9º As disposições contidas nos §§5º e 7º deste artigo não se aplicam aos bens e aos serviços cuja capacidade de produção ou prestação no País seja inferior:
> I – à quantidade a ser adquirida ou contratada; ou
> II – ao quantitativo fixado com fundamento no §7º do art. 23 desta Lei, quando for o caso.
> §10. A margem de preferência a que se refere o §5º poderá ser estendida, total ou parcialmente, aos bens e serviços originários dos Estados Partes do Mercado Comum do Sul – Mercosul;
> §11. Os editais de licitação para a contratação de bens, serviços e obras poderão, mediante prévia justificativa da autoridade competente, exigir que o contratado promova, em favor

de órgão ou entidade integrante da administração pública ou daqueles por ela indicados a partir de processo isonômico, medidas de compensação comercial, industrial, tecnológica ou acesso a condições vantajosas de financiamento, cumulativamente ou não, na forma estabelecida pelo Poder Executivo federal.

§12. Nas contratações destinadas à implantação, manutenção e ao aperfeiçoamento dos sistemas de tecnologia de informação e comunicação, considerados estratégicos em ato do Poder Executivo federal, a licitação poderá ser restrita a bens e serviços com tecnologia desenvolvida no País e produzidos de acordo com o processo produtivo básico de que trata a Lei nº 10.176, de 11 de janeiro de 2001.

§13. Será divulgada na internet, a cada exercício financeiro, a relação de empresas favorecidas em decorrência do disposto nos §§5º, 7º, 10, 11 e 12 deste artigo, com indicação do volume de recursos destinados a cada uma delas.

§14. As preferências definidas neste artigo e nas demais normas de licitação e contratos devem privilegiar o tratamento diferenciado e favorecido às microempresas e empresas de pequeno porte na forma da lei.

§15. As preferências dispostas neste artigo prevalecem sobre as demais preferências previstas na legislação quando estas forem aplicadas sobre produtos ou serviços estrangeiros.

Esse bloco de normas porta iniludível caráter geral (CF/88, art. 22, XXVII). Ao fixar os critérios que serão observados no exercício da preferência em favor de bens produzidos ou serviços prestados no País, o novel regime não admite variação consoante legislação estadual, distrital ou municipal, sob pena de ruptura de política pública que há de ser nacional. Não se trata, aqui, de norma procedimental que pudesse conhecer critérios diferenciados segundo interesses autônomos. Traçou-se orientação vinculante para todos os órgãos e entidades da administração pública brasileira, direta e indireta, em qualquer dos poderes das esferas federativas, em face de compromisso a ser cumprido tanto no território nacional quanto em relações de comércio exterior.

Nada obstante o seu caráter geral, o bloco normativo inovador incumbiu o Poder Executivo federal[174] de estabelecer as margens de preferência dentro das quais a

---

[174] São os decretos federais que disciplinam a aplicação de margem de preferência em licitações para a contratação de bens e serviços: Decreto nº 7.546, de 02 de agosto de 2011 – Regulamenta o disposto nos §§5º a 12 do art. 3º da Lei nº 8.666, de 21 de junho de 1993, e institui a Comissão Interministerial de Compras Públicas; Decreto nº 7.601, de 07 de novembro de 2011 – Estabelece a aplicação de margem de preferência nas licitações realizadas no âmbito da administração pública federal para aquisição de produtos de confecções, calçados e artefatos, para fins do disposto no art. 3º da Lei nº 8.666, de 21 de junho de 1993; Decreto nº 7.709, de 03 de abril de 2012 – Estabelece a aplicação de margem de preferência nas licitações realizadas no âmbito da administração pública Federal para aquisição de retroescavadeiras e motoniveladoras descritas no Anexo I, para fins do disposto no art. 3º da Lei nº 8.666, de 21 de junho de 1993; Decreto nº 7.713, de 3 de abril de 2012 – Estabelece a aplicação de margem de preferência nas licitações realizadas no âmbito da administração pública Federal para aquisição de fármacos e medicamentos descritos no Anexo I, para fins do disposto no art. 3º da Lei nº 8.666, de 21 de junho de 1993; Decreto nº 7.746, de 5 de junho de 2012 – Regulamenta o art. 3º da Lei nº 8.666, de 21 de junho de 1993, para estabelecer critérios, práticas e diretrizes para a promoção do desenvolvimento nacional sustentável nas contratações realizadas pela administração pública federal, e institui a Comissão Interministerial de Sustentabilidade na Administração Pública – CISAP; Decreto nº 7.756, de 14 de junho de 2012 – Estabelece a aplicação de margem de preferência em licitações realizadas no âmbito da administração pública federal para aquisição de produtos de confecções, calçados e artefatos, para fins do disposto no art. 3º da Lei nº 8.666, de 21 de junho de 1993; Decreto nº 7.767, de 27 de junho de 2012 – Estabelece a aplicação de margem de preferência em licitações realizadas no âmbito da administração pública federal para aquisição de produtos médicos para fins do disposto no art. 3º da Lei nº 8.666, de 21 de junho de 1993; Decreto nº 7.810, de 20 de setembro de 2012 – Estabelece a aplicação de margem de preferência em licitações realizadas no âmbito da administração pública federal para aquisição de papel-moeda, para fins do disposto no art. 3º da Lei nº 8.666, de 21 de junho de 1993;

preleção será manejada, desde que não ultrapassem 25% dos preços dos bens e produtos estrangeiros equivalentes (§8º). Vale dizer que padecerá de vício de competência (iniciativa) insanável a norma que, editada por esfera ou instância administrativa diversa do Poder Executivo federal, fixar, alterar ou suprimir tais margens. Trata-se de competência exclusiva do Poder Executivo federal, isto é, competência que exclui qualquer outra.

Tal competência centralizadora não ofende a autonomia que caracteriza o federalismo definido no art. 18 da CF/88. Ao contrário, denota preocupação em preservar a cooperação que deve presidir a relação entre os entes federativos (CF/88, art. 241, com a redação da EC nº 19/98), e que também traduz valor protegido pelo texto constitucional (CF/88, art. 4º, IX). Não parece difícil de imaginar o espaço de conflitos que adviria de a nova lei admitir que cada um desses entes pudesse estabelecer margens de preferência que supostamente atendessem a interesses localizados, a inviabilizar a existência de uma política pública nacional uniforme, questão que não passou despercebida na CF/88, cujo art. 21, IX, incumbe a União de "elaborar e executar planos nacionais e regionais de ordenação do território e desenvolvimento econômico e social".

Os pressupostos e a extensão dessas margens de preferência justificam a exclusividade outorgada ao Poder Executivo federal para traçá-las, a saber:

(a) os produtos e serviços nacionais alcançados pela preferência, dentro das margens estabelecidas, devem atender às "normas técnicas brasileiras" (§5º), isto é, normas válidas para esses produtos e serviços em qualquer ponto do território nacional (*v.g.*, ABNT, ISO, Inmetro, etc.);

Decreto nº 7.812, de 20 de setembro de 2012 – Estabelece a aplicação de margem de preferência em licitações realizadas no âmbito da administração pública federal para aquisição de veículos para vias férreas, para fins do disposto no art. 3º da Lei nº 8.666, de 21 de junho de 1993; Decreto nº 7.816, de 28 de setembro de 2012 – Estabelece a aplicação de margem de preferência em licitações realizadas no âmbito da administração pública federal para aquisição de caminhões, furgões e implementos rodoviários, para fins do disposto no art. 3º da Lei nº 8.666, de 21 de junho de 1993; Decreto nº 7.840, de 12 de novembro de 2012 – Estabelece a aplicação de margem de preferência em licitações realizadas no âmbito da administração pública federal para aquisição de perfuratrizes e patrulhas mecanizadas, para fins do disposto no art. 3º da Lei nº 8.666, de 21 de junho de 1993; Decreto nº 7.843, de 12 de novembro de 2012 – Estabelece a aplicação de margem de preferência em licitações realizadas no âmbito da administração pública federal para aquisição de disco para moeda, para fins do disposto no art. 3º da Lei nº 8.666, de 21 de junho de 1993; Decreto nº 7.903, de 04 de fevereiro de 2013 – Estabelece a aplicação de margem de preferência em licitações realizadas no âmbito da administração pública federal para aquisição de equipamentos de tecnologia da informação e comunicação, para fins do disposto no art. 3º da Lei nº 8.666, de 21 de junho de 1993; Decreto nº 8.184, de 17 de janeiro de 2014 – Estabelece a aplicação de margem de preferência em licitações realizadas no âmbito da administração pública federal para aquisição de equipamentos de tecnologia da informação e comunicação, para fins do disposto no art. 3º da Lei nº 8.666, de 21 de junho de 1993; Decreto nº 8.185, de 17 de janeiro de 2014 – Estabelece a aplicação de margem de preferência em licitações realizadas no âmbito da administração pública federal para aquisição de aeronaves executivas, para fins do disposto no art. 3º da Lei nº 8.666, de 21 de junho de 1993; Decreto nº 8.186, de 17 de janeiro de 2014 – Estabelece a aplicação de margem de preferência em licitações realizadas no âmbito da administração pública federal para aquisição de licenciamento de uso de programas de computador e serviços correlatos, para fins do disposto no art. 3º da Lei nº 8.666, de 21 de junho de 1993; Decreto nº 8.194, de 12 de fevereiro de 2014 – Estabelece a aplicação de margem de preferência em licitações realizadas no âmbito da administração pública federal para aquisição de equipamentos de tecnologia da informação e comunicação, para fins do disposto no art. 3º da Lei nº 8.666, de 21 de junho de 1993; Decreto nº 8.223, de 03 de abril de 2014 – Estabelece a aplicação de margem de preferência em licitações realizadas no âmbito da administração pública federal para aquisição de brinquedos, para fins do disposto no art. 3º da Lei nº 8.666, de 21 de junho de 1993; Decreto nº 8.224, de 03 de abril de 2014 – Estabelece a aplicação de margem de preferência em licitações realizadas no âmbito da administração pública federal para aquisição de máquinas e equipamentos, para fins do disposto no art. 3º da Lei nº 8.666, de 21 de junho de 1993; e Decreto nº 8.626, de 30, de dezembro de 2015 – Altera os Decretos que especifica, para prorrogar o prazo de vigência das margens de preferência.

(b) as margens de preferência estarão sujeitas a revisões periódicas, em prazo máximo quinquenal, e que levarão em conta geração de emprego e renda; efeito na arrecadação de tributos federais, estaduais e municipais; desenvolvimento e inovação tecnológica realizados no País; custo adicional dos produtos e serviços; e análise retrospectiva de resultados (§6º) – todos fatores que, podendo variar regionalmente, devem ser submetidos a tratamento afastado de disputas regionais e que faça uso de fórmulas e indicadores aptos a encontrar médias que compatibilizem as diversidades regionais, sem desconsiderá-las, cautela certamente inspiradora do regime estabelecido no art. 43 da CF/88, quanto à competência da União para articular ações que visem à redução das desigualdades regionais;

(c) se os produtos e serviços objeto da preferência forem resultantes de desenvolvimento e inovação tecnológica realizados no País, caberá margem de preferência adicional (§7º) – regra que evidencia a prioridade que a nova lei defere a mecanismos de estímulo ao desenvolvimento e inovação tecnológicos (em ambos, desenvolvimento e inovação, a sustentabilidade ocupa lugar de destaque), estímulo dependente, porém, de compor-se política pública que há de ser congruente e integrativa das várias vocações regionais de País de dimensões continentais, a fortemente sugerir articulação por autoridade equidistante e que precate disputas locais;

(d) não haverá margem de preferência para bens e serviços cuja capacidade de produção ou prestação no País seja inferior à quantidade a ser adquirida ou contratada, ou ao quantitativo fixado no art. 23, §7º, da Lei nº 8.666/93 (§9º) – a avaliação dessa capacidade, exatamente porque pode redundar na proibição de qualquer preferência para o produto ou serviço, estaria comprometida se exposta a interesses regionais ou locais, o que também recomenda equidistância ao agente avaliador;

(e) bens ou serviços originários dos Estados que integram o Mercosul podem ser beneficiados pelas margens de preferência (§10), decisão que, envolvente das relações internacionais entre Estados, somente pode ser tomada por autoridade da União (CF/88, arts. 4º, parágrafo único; e 21, I).

O que se extrai dos pressupostos retroalinhados é que são de duas ordens: 1. *objetiva*, consistente nos requisitos materiais que darão fundamento à definição das margens de preferência (vinculação dos bens e serviços às normas técnicas brasileiras; revisões no máximo quinquenais, com base em fatores econométricos e tributários; índice de preferência não superior a 25% sobre o preço dos produtos manufaturados e serviços estrangeiros); 2. *subjetiva*, traduzida na equidistância a exigir-se do Poder Executivo federal na fixação e no exercício das margens de preferência, observados os requisitos objetivos.

Daí a importância dos motivos e das finalidades que o Executivo federal deverá explicitar (princípio da motivação obrigatória, constante do art. 2º, *caput* e incs. II, VI e VII, da Lei do Processo Administrativo Federal – Lei nº 9.784/99) a cada ato de definição das margens de preferência e de sua aplicação a casos concretos. Em face dos motivos e das finalidades é que se poderão exercer os controles interno e externo sobre a legalidade e a legitimidade de tais atos. Pode-se prever a ocorrência de disparidades e conflitos de interpretação a serem dirimidos em sede administrativa ou judicial, e para os quais pouca ou nenhuma utilidade terá, aqui, a exposição de motivos da MP nº 495/10, que se limitou, em relação aos §§5º a 9º, que aditou ao art. 3º da Lei nº 8.666/93, a meramente repetir, em outras palavras, a dicção das respectivas normas, como que a reconhecer a ociosidade de tentar antecipar soluções para problemas cujo teor e extensão somente a prática da lei revelará.

Repasse-se, apenas, a ressalva que o item 16 da exposição de motivos endereçou ao §10:

> ...visa assegurar estrita observância às disposições acordadas pelo Brasil no âmbito do Protocolo de Contratações Públicas do MERCOSUL... o aludido Protocolo ainda não foi ratificado pelo Senado Federal, razão pela qual a redação proposta subordina a aplicabilidade da margem de preferência... à efetiva internalização do Protocolo, nos limites do território nacional... a medida coaduna-se ao disposto no Parágrafo único do art. 4º da Constituição Federal, que preceitua a implementação de ações voltadas à integração econômica, política, social e cultural dos povos da América Latina, visando à formação de uma comunidade latino-americana de nações. Em adição, o dispositivo prevê a possibilidade de extensão da margem de preferência ora autorizada, em caráter total ou parcial, aos bens e serviços originários de países com os quais o Brasil venha a assinar acordos sobre compras governamentais, o que elide eventuais óbices à celebração de tratados e acordos internacionais pertinentes à matéria.

7 Direito à compensação

A Lei nº 12.349/10 aditou três outros parágrafos ao art. 3º, aludindo a uma compensação cuja natureza jurídica é intrigante:

> §11 Os editais de licitação para a contratação de bens, serviços e obras poderão, mediante prévia justificativa da autoridade competente, exigir que o contratado promova, em favor de órgão ou entidade integrante da administração pública ou daqueles por ela indicados a partir de processo isonômico, medidas de compensação comercial, industrial, tecnológica ou acesso a condições vantajosas de financiamento, cumulativamente ou não, na forma estabelecida pelo Poder Executivo federal.
>
> §12 Nas contratações destinadas à implantação, manutenção e ao aperfeiçoamento dos sistemas de tecnologia de informação e comunicação, considerados estratégicos em ato do Poder Executivo federal, a licitação poderá ser restrita a bens ou serviços com tecnologia desenvolvida no País e produzidos de acordo com o processo produtivo básico de que trata a Lei nº 10.176, de 11 de janeiro de 2001.
>
> §13 Será divulgada na internet, a cada exercício financeiro, a relação de empresas favorecidas em decorrência do disposto nos §§5º, 7º, 10, 11 e 12 deste artigo, com indicação do volume de recursos destinados a cada uma delas.

A exposição de motivos que encaminhou a MP nº 495/10 desfila, no pertinente a esse bloco de inovações, considerações instigantes de reflexão:

> A compensação de que trata o §11 ...consiste na faculdade de que os editais de licitação para contratação de bens, serviços e obras exijam que o contratado promova, em favor da Administração Pública, ou daquelas por ela indicadas, medidas de compensação comercial, industrial, tecnológicas, ou de acesso a condições vantajosas de financiamento, cumulativamente ou não, na forma estabelecida pelo Poder Executivo federal. Esse sistema, já adotado por diversos países, objetiva: (i) a ampliação do investimento direto estrangeiro; (ii) o aumento da competitividade e da produtividade da indústria nacional; (iii) o acesso a novas tecnologias e a ampliação do domínio do conhecimento tecnológico;

(iv) a abertura de novos mercados; (v) o desenvolvimento da indústria nacional; (vi) o aumento da participação de bens e serviços nacionais no mercado externo; (vii) a promoção do equilíbrio ou superávit da balança comercial.

A inclusão do §12 ...objetiva possibilitar que contratações de sistemas de tecnologia da informação e comunicações – TIC considerados estratégicos sejam, por questões de segurança, restritas a bens e serviços com tecnologia desenvolvida no País e produzidos de acordo com o processo produtivo básico. A proposta busca salvaguardar sistemas importantes do Estado brasileiro e mitigar a dependência de bens de serviços sobre os quais se tenha baixa gestão do conhecimento. Esses sistemas se materializam por meio de serviços continuados, necessários à Administração para o desempenho de suas atribuições constitucionais e cuja interrupção pode comprometer seriamente a continuidade de suas atividades. Dessa forma, o domínio pelo País dessas tecnologias é fundamental para garantir a soberania e a segurança nacionais. Adicionalmente, a iniciativa ajuda no adensamento da cadeia produtiva de TICs, com impacto relevante e positivo para a geração de empregos e fortalecimento desse importante setor da economia, fato que está alinhado com o interesse estratégico do Governo em desenvolver os segmentos de tais tecnologias no Brasil.

Instigantes de reflexão tais considerações porque, se as compensações e restrições admitidas nesses novos parágrafos são importantes para a indústria nacional e o estado brasileiro, como assinalado e não se põe em dúvida, o interesse estratégico que suscitam não é, propriamente, do governo, mas da sociedade brasileira. Tratar dessas compensações e restrições como se fossem matéria exclusivamente afeta à administração denuncia posição descuidada dos postulados do estado democrático de direito, que cumpre verberar. Reflete a censurável premissa de supor-se o interesse da administração sempre coincidente com o interesse público primário, quando se sabe que nem sempre o primeiro corresponde ao segundo, sendo certo que não raro divergem e este deve preponderar sobre aquele.

O Poder Executivo federal, novamente nomeado titular exclusivo do dever de agir nas matérias de que se ocupam os §§11 e 12, haverá, ao exercitá-lo, de desvendar o interesse público, não, apenas, o interesse da administração. E, se convencido, em face de dados objetivos, da presença do interesse público, não terá apenas a faculdade de agir, mas, sim, o dever de agir.

Felizmente, ao converter-se a MP nº 495/10 na Lei nº 12.349/10, introduziram-se duas alterações na redação original do §11: (a) a compensação a inserir-se no edital se dará "mediante prévia justificativa da autoridade competente"; (b) a indicação de terceiros como destinatários da compensação se fará "a partir de processo isonômico".

Com efeito, exigir compensações do contratado em favor da administração contratante ou de terceiro por ela indicado põe em xeque princípios essenciais de todo certame seletivo público, quais sejam a igualdade e a competitividade. Não tem a autoridade administrativa a faculdade de exigir, ou não exigir, a seu talante, tais compensações. Em princípio, e como regra, lhe é defeso exigi-las. Somente a presença do interesse público, devidamente demonstrado em expressa justificativa, provida de sólida fundamentação, afastaria a vedação, que se assenta nos princípios explicitados no art. 37, *caput* e inc. XXI, da CF/88. Presente o interesse público, a autoridade passa a ter o dever de exigir compensações, nos termos estritamente necessários para atendê-lo. Nem mais, nem menos, sob pena de configurar-se desvio de finalidade, falseamento de motivos ou abuso de poder, a contaminar o respectivo ato com vício atraente de invalidação.

A identificação do sentido e da extensão do interesse público se mostrará ainda mais essencial quando se tratar de compensações em favor de terceiro. Será indispensável comprovar-se que o benefício a este transferível encontra na satisfação ao interesse público sua única e exclusiva razão de ser, pelo evidente motivo de que o terceiro tem, em linha de princípio, o seu próprio interesse, que somente em circunstâncias especiais e excepcionais coincidirá com o público. Essas circunstâncias carecerão de ampla, profunda e irretorquível demonstração, sob pena de caracterizar-se privilégio inaceitável, posto que às custas de contrato administrativo e, pois, de recursos públicos, vinculados a finalidades igualmente públicas.

Por óbvio que essa demonstração se fará nos autos de processo administrativo, mediante levantamentos, estudos, relatórios e pareceres, necessariamente entranhados e aprovados pelas autoridades respectivamente competentes (Lei nº 8.666/93, art. 38, VI). Não bastará que se esgrime com a expressão interesse público em tese. Haverá a autoridade de indicar e mensurar os resultados objetivos e concretos que se almejam. E demonstrar que tais resultados trarão efetivos benefícios para as populações e comunidades por eles alcançadas, com ponderada relação de seus custos. Aplicação, enfim, do princípio da eficiência, em adequada sinergia com os demais princípios enunciados na cabeça do art. 37 da CF/88, a conferir legitimidade e juridicidade às escolhas administrativas estatais.

8 Definições de eficácia contida

Arrematam o conjunto de alterações da Lei nº 12.349/10, influentes sobre o desenvolvimento nacional sustentável, as novas definições operacionais que aditou ao elenco do art. 6º da Lei nº 8.666/93:

> XVII – produtos manufaturados nacionais – produtos manufaturados, produzidos no território nacional de acordo com o processo produtivo básico ou com as regras de origem estabelecidas pelo Poder Executivo federal;
> XVIII – serviços nacionais – serviços prestados no País, nas condições estabelecidas pelo Poder Executivo federal;
> XIX – sistemas de tecnologia de informação e comunicação estratégicos – bens e serviços de tecnologia da informação e comunicação cuja descontinuidade provoque dano significativo à administração pública e que envolvam pelo menos um dos seguintes requisitos relacionados às informações críticas: disponibilidade, confiabilidade, segurança e confidencialidade.

A Lei nº 8.666/93 emprega, como cediço, a técnica de que se vale a elaboração legislativa de normas que dispõem sobre matéria não jurídica. Há objetos cuja definição, do domínio embora de outros ramos do conhecimento, é estranha ao direito e ao seu jargão, daí a necessidade de o legislador importar, para o âmbito da norma jurídica, definição técnica que supra tal lacuna, sob pena de deixar o intérprete e o aplicador da lei sem parâmetros minimamente objetivos de compreensão sobre o sentido da norma. Tal é a função das definições postas nos incisos do art. 6º, que estabelecem o que se deva entender sobre termos e expressões que, utilizados ao longo do texto legal, provocarão a incidência das normas regentes das licitações e contratações públicas, com um significado próprio e peculiar para essas licitações e contratações.

Quando a Lei nº 12.349/10 introduziu na Lei nº 8.666/93 o regime de margens de preferência para bens produzidos e serviços prestados no País, viu-se na contingência de fazer uso de figuras ajurídicas, que, no entanto, gerarão aplicação jurídica, isto é, darão origem a direitos, obrigações e responsabilidades. Especialmente nos §§5º, 6º, 11 e 12, acrescidos ao art. 3º, surgem expressões de conteúdo aberto, tais como aquelas que passam a constituir os incs. XVII, XVIII e XIX, acrescidos ao art. 6º da Lei Geral. Consta do item 19 da exposição de motivos interministerial, que encaminhou a MP nº 495/10, que a inclusão desses incisos no art. 6º "confere adequado rigor às alterações efetuadas..., mediante a inclusão de definições para 'produtos manufaturados nacionais', 'serviços nacionais' e 'sistemas de tecnologia de informações e comunicações estratégicos', que devem observar as regras e condições estabelecidas em regulamento do Poder executivo".

Mais não disse, o que esmaece o "adequado rigor" a que alude a exposição de motivos.

Nem lhe seria possível dizer, dado que a Lei nº 12.349/10 adotou, nas definições enunciadas, outra figura conhecida da técnica de elaboração legislativa, que é a da norma de eficácia contida, ou seja, aquela cuja aplicação depende da edição de outra, regulamentadora, que lhe sobrevenha. Enquanto esta não se apresenta, a norma que dela dependa tem sobrestada a sua aptidão para produzir efeitos, ou seja, queda-se sem aplicação.

A norma a ser regulamentada nenhum vício porta nos planos de sua existência e validade. A norma existe e se mostra hígida, porém sua eficácia carece de elemento reservado ao regulamento que disciplinará a sua aplicação, daí dizer-se que é norma de eficácia contida. Contida até a edição da norma regulamentadora, que viabilizará a sua aplicação.

Veja-se que, no inc. XVII, define-se como produto manufaturado nacional aquele que se produz no território nacional "de acordo com o processo produtivo básico ou com as regras de origem estabelecidas pelo Poder Executivo federal". E no inc. XVIII, define-se serviço nacional como aquele prestado no País, "nas condições estabelecidas pelo Poder Executivo federal". Logo, enquanto tais regras e condições não forem positivadas pelo Poder Executivo federal, não se terá como aplicar a definição, o que, por extensão, inviabilizará a aplicação das margens de preferência destinadas a privilegiar os produtos manufaturados nacionais e os serviços nacionais, pela singela razão de não se saber, ainda, os traços distintivos típicos desses produtos e serviços, pendentes de discriminação pelo Poder Executivo federal. O que, ademais, obsta que qualquer outro Poder ou esfera da federação se antecipe na definição.

Por ora, entrevê-se isolada possibilidade de aplicação da definição para produto manufaturado nacional, na medida em que se o associe ao Processo Produtivo Básico. A expressão "Processo Produtivo Básico" surge no art. 7º, §8º, do Decreto-Lei nº 1.435/75, que veio a ter sua redação alterada pela Lei nº 8.248/91. Significa o conjunto de operações indicativo de que o produto – bens de informática – foi industrializado na Zona Franca de Manaus. A Lei nº 11.077/04 passou a restringir a empresas certificadas nesse processo a participação em licitações para a contratação de bens e serviços de informática e automação.

O Tribunal de Contas da União[175] decidiu que deve ser franqueado a todos os interessados, independentemente de cumprirem ou não o PPB, o acesso à licitação para a aquisição de bens e serviços de informática e automação. Tal requisito, mesmo quando legítima a sua aplicação, deve ser aferido no exame das propostas, por ser intrínseco ao produto, e, não, como exigência de habilitação, que visa a aferir a comprovação jurídica, a regularidade fiscal e trabalhista e a qualificação técnica e/ou econômico-financeira da empresa.

O fundamento para elidir o cumprimento do PPB está em que grande parte dos produtos de informática e automação ainda não dispõe de fabricação no País. A produção nacional – desejável do ponto de vista estratégico – resultará da gradual implementação de política pública de incentivo ao progresso tecnológico brasileiro. Enquanto não consolidada a diversificação do parque produtivo nacional de bens comuns de informática e automação, não consulta a razoabilidade, sob pena de ofensa aos princípios da eficiência e da economicidade, impor-se à administração pública procedimento mais gravoso para aquisição de produtos não fabricados em escala doméstica.

No mesmo julgado (Acórdão nº 2.138/2005 – Plenário) o TCU considerou que a prelação estabelecida pela redação atualizada do art. 3º da Lei nº 8.248/91 permanece imperativa, mas incidirá apenas quando a administração, diante de duas propostas economicamente vantajosas e equivalentes, houver de optar pela que cumpra simultaneamente os seguintes requisitos: (a) bens e serviços com tecnologia desenvolvida no País, conforme determina o art. 3º, I, da Lei nº 8.248/91; (b) bens e serviços fornecidos por empresas que cumpram o Processo Produtivo Básico definido pela Lei nº 8.387/91, conforme prescreve o art. 3º, §3º, da Lei nº 8.248/91. A persistir o empate entre as melhores ofertas, nada impede – assenta a Corte de Contas federal – que a administração proceda a sorteio, observado o disposto no art. 45, §2º, da Lei nº 8.666/93, aplicável subsidiariamente ao pregão por força do art. 9º da Lei nº 10.520/02.

Em acórdão que se seguiu ao Acórdão nº 2.138/2005, Plenário, o TCU ratificou que:

> [...] a Consulta efetuada apresenta semelhança com aquela tratada no TC 012.986/2004-0 (Acórdão nº 1.707/2005 – Plenário), cujo consulente foi o então Exmo. Sr. Presidente da Câmara dos Deputados. Naquele processo, ao apreciar embargos de declaração opostos pelo signatário da presente consulta, este Tribunal proferiu o Acórdão nº 2.138/2005 – Plenário esclarecendo ao Consulente "que é juridicamente possível a aquisição de bens e serviços comuns de informática e automação nas contratações realizadas por intermédio da modalidade Pregão, mesmo nas hipóteses em que não seja tecnicamente viável a aplicação da regra da preferência a que alude o art. 3º da Lei nº 8.248/1991, com redação alterada pelas Leis nº 10.176/2001 e nº 11.077/2004, vale dizer, nas situações em que não haja licitantes que possam fornecer produto ou serviço com tecnologia desenvolvida no País ou não cumpram o processo produtivo básico, assim definido pela Lei nº 8.387/1991".
>
> 4. O Plenário, naquele acórdão, foi além e estabeleceu os procedimentos a serem adotados pela Administração Pública Federal nos processos licitatórios sob a modalidade pregão que se destinem ao fornecimento de bens e serviços comuns de informática e automação, quais sejam:
>
> "9.3.1. verificado empate entre propostas comerciais, adotar as providências a seguir:

---

[175] Acórdão nº 2.138/2005 – Plenário, Relator Min. Walton Alencar Rodrigues, Processo nº 012.986/2004-0.

9.3.1.1. primeiro, analisar se algum dos licitantes está ofertando bem ou serviço que preencha simultaneamente às seguintes condições, hipótese em que deverá ser aplicado o direito de preferência estabelecido no art. 3º da Lei nº 8.248/91, alterado pelas Leis nº 10.176/2001 e nº 11.077/2004:
a) bens e serviços com tecnologia desenvolvida no Brasil, a ser devidamente comprovada pelo interessado, conforme dispõe o art. 9º da Lei nº 10.520/2002, c/c o art. 45, §2º, da Lei nº 8.666/93;
b) bens e serviços produzidos de acordo com processo produtivo básico, na forma definida pelo Poder Executivo (Lei nº 8.387/1991);
9.3.1.2. persistindo o empate entre as melhores propostas licitantes, ou comprovada a inviabilidade da aplicação da regra de preferência estabelecida pela redação atualizada do art. 3º da Lei nº 8.248/1991, proceder ao sorteio da oferta que atenderá ao interesse público, observado o disposto no art. 45, §2º, da Lei nº 8.666/93, aplicável subsidiariamente ao Pregão por força do art. 9º da Lei nº 10.520/2002;".
5. Dessa forma, o Plenário deixou cristalino que a regra de preferência somente se aplica como critério de desempate entre duas propostas, independentemente da modalidade de licitação aplicada. (Acórdão nº 208/2006 – Plenário, Rel. Min. Lincoln Magalhães da Rocha, Processo nº 020.658/2005-1).

O Decreto federal nº 7.174/10, que regulamenta a contratação de bens e serviços de informática e automação pela administração pública federal, direta ou indireta, pelas fundações instituídas ou mantidas pelo Poder Público e pelas demais organizações sob o controle direto ou indireto da União, estabelece a ordem de preferência a que alude o art. 3º da Lei nº 8.248/91:

Art. 5º Será assegurada preferência na contratação, nos termos do disposto no art. 3º da Lei nº 8.248, de 1991, para fornecedores de bens e serviços, observada a seguinte ordem: I – bens e serviços com tecnologia desenvolvida no País e produzidos de acordo com o Processo Produtivo Básico (PPB), na forma definida pelo Poder Executivo Federal; II – bens e serviços com tecnologia desenvolvida no País; e III – bens e serviços produzidos de acordo com o PPB, na forma definida pelo Poder Executivo Federal. Parágrafo único. As microempresas e empresas de pequeno porte que atendam ao disposto nos incisos do *caput* terão prioridade no exercício do direito de preferência em relação às médias e grandes empresas enquadradas no mesmo inciso.

No inc. XIX, a Lei nº 12.349/10 trabalha com outra figura de que a norma jurídica se vale com frequência, qual seja a do conceito jurídico indeterminado, e que também vincula a aplicação da norma à interpretação de termos vagos. Ao definir "sistemas de tecnologia de informação e comunicação estratégicos", pressupõe duas condições cumuladas. São estratégicos os bens e serviços de tecnologia da informação: (i) que envolvam pelo menos um dos requisitos de disponibilidade, confiabilidade, segurança e confidencialidade; e (ii) cuja descontinuidade operacional provoque dano significativo à administração pública.

Em outras palavras, somente serão tidos como estratégicos os sistemas de tecnologia de informação e comunicação que se distingam por essas duas características – portem um daqueles requisitos de informações críticas e provoquem danos significativos caso sejam interrompidos.

Ainda que se possa ter como objetivamente identificáveis, tecnicamente, os requisitos de disponibilidade, confiabilidade, segurança e confidencialidade, induvidoso que constitui conceito jurídico indeterminado o "dano significativo à administração pública", pela só e evidente razão de que será necessário medir, a cada caso, o teor de significância do dano, posto que somente o "dano significativo" – para cuja configuração a norma não ministra critérios – é considerado pela lei como identificador de um "sistema de tecnologia de informação e comunicação estratégico".

Como se trata de condições cumuladas – os requisitos de informações críticas e o dano significativo –, não bastará a presença de apenas uma delas para se qualificar o sistema como estratégico, do que decorrem repercussões juridicamente relevantes.

Recorde-se o ensinamento de José Carlos Barbosa Moreira acerca do conceito jurídico indeterminado:

> Nem sempre convém, e às vezes é impossível, que a lei delimite com traço de absoluta nitidez o campo de incidência de uma regra jurídica, isto é, descreva, em termos pormenorizados e exaustivos, todas as situações fáticas a que há de ligar-se este ou aquele efeito no mundo jurídico. Recorre então o legislador ao expediente de fornecer simples indicações de ordem genérica, dizendo o bastante para tornar claro o que lhe parece essencial, e deixando ao aplicador da norma, no momento da subsunção – quer dizer, quando lhe caiba determinar se o fato singular e concreto com que se defronta corresponde ou não ao modelo abstrato –, o cuidado de preencher os claros, de cobrir os espaços em branco. A doutrina costuma falar, ao propósito, em conceitos jurídicos indeterminados... abre-se ao aplicador da norma, como é intuitivo, certa margem de liberdade. Algo de subjetivo quase sempre haverá nessa operação concretizadora, sobretudo quando ela envolve, conforme ocorre com frequência, a formulação de juízos de valor... não se deve confundir esse fenômeno com o da discricionariedade. Às vezes, a lei atribui a quem tenha de aplicá-la o poder de, em face de determinada situação, atuar ou abster-se, ou, no primeiro caso, o poder de escolher, dentro de certos limites, a providência que adotará, mediante a consideração da oportunidade e da conveniência. É o que se denomina poder discricionário... O que um e outro fenômeno têm em comum é o fato de que, em ambos, é particularmente importante o papel confiado à prudência do aplicador da norma, a quem não se impõem padrões rígidos de atuação. Há, no entanto, uma diferença fundamental, bastante fácil de perceber se se tiver presente a distinção entre os dois elementos essenciais da estrutura da norma, a saber, o fato e o efeito jurídico atribuído à sua concreta ocorrência. Os conceitos indeterminados integram a descrição do fato, ao passo que a discricionariedade se situa toda no campo dos efeitos. Daí resulta que, no tratamento daqueles, a liberdade do aplicador se exaure na fixação da premissa: uma vez estabelecida, *in concreto*, a coincidência ou a não coincidência entre o acontecimento real e o modelo normativo, a solução estará, por assim dizer, pré-determinada. Sucede o inverso quando a própria escolha da consequência é que fica entregue à decisão do aplicador. (MOREIRA, José Carlos Barbosa. Regras de experiência e conceitos jurídicos indeterminados. In: MOREIRA, José Carlos Barbosa. *Temas de direito processual*: segunda série. São Paulo: Saraiva, 1988. p. 64-66)

Projetando-se a lição aos novos incisos do art. 6º da Lei nº 8.666/93 – e sempre que outros conceitos jurídicos indeterminados forem empregados no texto legal –, deduz-se que as expressões "produtos manufaturados nacionais", "serviços nacionais" e "sistemas de tecnologia de informação e comunicação estratégicos" deverão ser interpretadas pelo aplicador da norma, diante de situações concretas, de acordo com as definições que a essas expressões deram os incs. XVII, XVIII, XIX, não lhe assistindo discricionariedade para defini-las de modo diverso. Entretanto, essas definições também se socorrem de outros conceitos indeterminados, tais como, no inc. XVIII, "Processo Produtivo Básico", e, no inc. XIX, "dano significativo à administração pública", com os efeitos jurídico-administrativos supraindicados.

Registre-se para o que dispõe o art. 7º do Decreto federal nº 7.174/10, acerca do Processo Produtivo Básico (PPB):

> Art. 7º A comprovação do atendimento ao PPB dos bens de informática e automação ofertados será feita mediante apresentação do documento comprobatório da habilitação à fruição dos incentivos fiscais regulamentados pelo Decreto nº 5.906, de 26 de setembro de 2006, ou pelo Decreto nº 6.008, de 29 de dezembro de 2006.
> Parágrafo único. A comprovação prevista no *caput* será feita:
> I – eletronicamente, por meio de consulta ao sítio eletrônico oficial do Ministério da Ciência e Tecnologia ou da Superintendência da Zona Franca de Manaus – SUFRAMA; ou
> II – por documento expedido para esta finalidade pelo Ministério da Ciência e Tecnologia ou pela SUFRAMA, mediante solicitação do licitante.

A utilidade das definições surgirá, sobretudo, quando o aplicador da norma confrontar-se com a necessidade de decidir se o objeto da licitação corresponde ao bem ou ao serviço a que o §7º do art. 3º da Lei nº 8.666/93, com a redação da Lei nº 12.349/10, concede margem de preferência adicional. Se o bem ou o serviço enquadrar-se na definição, a subsunção do fato à norma se dará, e o efeito será, imperativamente, o de conceder-se a margem adicional. Ou seja, determinado, em dada licitação, que o bem ou o serviço em disputa enquadra-se no conceito – que passou, portanto, de indeterminado em tese para determinado no caso concreto –, o aplicador não disporá de discricionariedade para deixar de conceder a preferência adicional; estará vinculado ao dever jurídico de assegurá-la. Caso contrário, o dever jurídico será o de negá-la.

A eficácia contida nessas definições em nada obsta a eficácia imediata das demais normas concernentes ao desenvolvimento nacional sustentável, posto como cláusula geral obrigatória em todas as contratações administrativas brasileiras a partir da Lei nº 12.349/10, certo que os requisitos da sustentabilidade se apresentam como prontamente exigíveis e verificáveis em inúmeros outros objetos de contratos no cotidiano da administração pública, que não os sujeitos a margens de preferência e os dos "sistemas de tecnologia de informação e comunicação estratégicos".

9 A regulamentação dos §§5º a 12 do art. 3º

O Decreto nº 7.546, de 02.08.2011, veio regulamentar os §§5º a 12 que a Lei nº 12.349/10 acrescentou ao art. 3º da Lei nº 8.666/93. Fê-lo de modo inusitado, porque remeteu para atos de órgãos do Executivo federal, que nomeou ou criou, um segundo patamar de regulamentação, do que se infere o reconhecimento de que haveria dois planos de normas regulamentadoras, quais sejam o das definições em tese e o das regras gerenciais e operacionais, a serem estabelecidas de acordo com a evolução da matéria no cotidiano administrativo.

Como ocorre com toda norma regulamentadora, é necessário distinguir, desde logo, o seu raio de alcance. O art. 3º, §1º, do Decreto nº 7.546/11 define o seu destinatário: a administração pública federal, compreendendo o conjunto "dos órgãos da administração direta, os fundos especiais, as autarquias, as fundações públicas, as empresas públicas, as sociedades de economia mista e as demais entidades controladas direta ou indiretamente pela União". Frisou, portanto, que as empresas públicas e sociedades de economia mista, em princípio sujeitas a regime jurídico privado, também devem manejar os instrumentos instituídos pelo decreto, com os conceitos e objetivos nele explicitados.

O §2º do mesmo art. 3º propõe curiosa inversão, *verbis*: "Os estados, o Distrito Federal, os municípios e os demais poderes da União poderão adotar as margens de preferência estabelecidas pelo Poder Executivo federal..." Curiosa porque, em rigor, aos demais entes federativos é que incumbe decidir, mercê da autonomia política e administrativa que lhes outorga o art. 18 da CF/88, se desejarão adotar tais margens de preferência. Estaria o §2º a dizer, nas entrelinhas, que, se o desejarem, a tanto não se oporia a União. Pergunta-se: poderia opor-se a União a que estados, Distrito Federal e municípios adotassem as regras administrativas federais? A resposta seria negativa. Logo, só se pode deduzir que a aparente autorização da União sugere, em verdade, que pretende estimular os demais entes públicos a que assim procedam, embora a tanto não os possa obrigar.

O propósito do Decreto nº 7.546/11 é o de definir a margem de preferência dentro da qual produtos manufaturados e serviços nacionais podem preterir produtos e serviços estrangeiros, tal como veio autorizar a alteração introduzida na Lei nº 8.666/93 pela Lei nº 12.349/10. O art. 2º do decreto deixa claro que, quer se trate de "margem de preferência normal" ou "adicional" (incs. I e II), dita margem significa diferencial de preço entre o produto/serviço nacional e o produto/serviço estrangeiro, dentro da qual será assegurada preferência à contratação do produto/serviço nacional. O §3º do art. 3º complementa a ideia de diferencial de preço ao estipular que a margem de preferência "será calculada em termos percentuais em relação à proposta melhor classificada para produtos manufaturados estrangeiros ou serviços estrangeiros". Em outras palavras, o índice da preferência será aplicado sobre o valor cotado pela proposta estrangeira melhor classificada.

Mais não diz o Decreto nº 7.546/11 para identificar as margens de preferência em concreto, tanto que, em seu art. 5º, as remete para outro decreto, que as estabelecerá, "discriminará a abrangência de sua aplicação e poderá fixar o universo de normas técnicas brasileiras aplicáveis por produto, serviço, grupo de produtos e grupo de serviços". Apenas indicou que as normas técnicas brasileiras são aquelas "produzidas e divulgadas pelos órgãos oficiais competentes, entre eles a Associação Brasileiro de Normas Técnicas (ABNT) e outras entidades designadas pelo Conselho Nacional de Metrologia, Normalização e Qualidade Industrial (CONMETRO)" (art. 2º, VII). Vale dizer que também as normas técnicas brasileiras tanto poderão ser as da ABNT quanto de outras entidades que venham a ser designadas pelo CONMETRO.

O Decreto nº 7.546/11 gera outra esfera de regulamentação futura, no que respeita à disciplina dessas margens de preferência, ao instituir a Comissão Interministerial de Compras Públicas (CI-CP), à qual incumbe, a despeito de afirmar-lhe caráter temporário, de, entre outras atribuições, "elaborar proposições normativas referentes a margens de preferência normais e margens de preferência adicionais máximas [...], analisar estudos setoriais para subsidiar a definição e a implementação das margens de preferência por produto, serviço, grupo de produtos ou grupo de serviços [...], promover avaliações de impacto econômico, para examinar os efeitos da política de margem de preferência e de medidas de compensação nas compras públicas sobre o desenvolvimento nacional [...], acompanhar e avaliar a evolução e a efetiva implantação das margens de preferência e medidas de compensação no processo de compras públicas" (art. 8º, incs. I, II, III e IV).

Fica-se, destarte, na expectativa da instalação e do funcionamento da Comissão Interministerial para se saber, afinal, como operará o sistema decorrente dessa política de margens de preferência em favor de produtos/serviços nacionais, quando em competição com produtos/serviços estrangeiros. A julgar pela composição do colegiado (cinco Ministros de Estado, que indicarão seus suplentes e contarão com um "Grupo de Apoio Técnico") e à vista da possibilidade de convidar outros ministérios, especialistas, pesquisadores e representantes de outros órgãos e entidades públicas ou privadas, bem assim de criar comitês e subcomitês (art. 9º), é inevitável prever-se a formação de um organismo tentacular, com inúmeros desdobramentos e pesada estrutura burocrática, para gerar normas e procedimentos em que o mercado exige agilidade, flexibilidade e permanente atualização. Não pode ser grande a esperança de que venha a ser eficiente e eficaz no desempenho da missão que lhe desenha o Decreto nº 7.546/11.

CAPÍTULO XII

SUSTENTABILIDADE E PLANEJAMENTO: VALORES CONSTITUCIONAIS REITORES DAS CONTRATAÇÕES ADMINISTRATIVAS, NO ESTADO DEMOCRÁTICO DE DIREITO

Conselhos de uma árvore: fique em pé e tenha orgulho de si. Lembre-se de suas raízes. Valorize sua beleza natural. Aprecie sempre a vista. (Ilan Shamir)

1 Contextualização do tema

A busca pela confirmação empírica da tese acadêmica retrata a reciprocidade típica das questões atinentes à sustentabilidade e ao planejamento, valores expressos na Constituição da República e, nada obstante, negligenciados tanto no cotidiano da atividade contratual do estado, quanto no das sociedades empresárias que com ele contratam o fornecimento de bens, a prestação de serviços e a execução de obras. A correlação entre esses dois valores vem sendo evidenciada, porém, no curso da experiência da gestão, seja pública ou privada, nos últimos cinquenta anos, no Brasil e no exterior, sendo o objeto das reflexões deste texto.

1.1 A sustentabilidade nas organizações empresariais

Na empresa privada, há o testemunho, entre muitos outros, de Ray Anderson, empresário há mais de meio século. Sua indústria de carpetes conta com onze fábricas, emprega quatro mil pessoas e está presente em 110 países. Sua saga está reproduzida em *Conversas com líderes sustentáveis* (VOLTOLINI, Ricardo. *Conversas com líderes sustentáveis*. São Paulo: Senac, 2011. p. 40-45).

Desde 1994, após 21 anos de haver fundado a empresa, "resolveu mudar a história da companhia após ouvir de seus clientes perguntas do tipo 'O que a sua empresa está fazendo para preservar o meio ambiente?' ou 'Qual o tamanho do estrago que ela causa ao planeta?'... Impactado pela demanda dos clientes... decidiu que, a partir daquele momento, só 'tomaria da Terra o que fosse natural e rapidamente renovável'... nasceu o projeto chamado Missão Zero, que prevê eliminar os impactos ambientais da companhia até 2020...Hoje se traduz no uso altamente eficaz do petróleo (energia e matéria-prima) para a fabricação do carpete, com redução de 88%, em toneladas absolutas, nas emissões de gases de efeito estufa e de 80% no uso de água em relação a 1996. Fizemos tudo isso num contexto de aumento de dois terços nas vendas e 100% no faturamento... Apenas a iniciativa de eliminar resíduos proporcionou à empresa uma economia de custos da ordem de 372 milhões de dólares em treze anos".

Anderson sistematiza a escalada para a conversão de seus métodos empresariais à sustentabilidade: "O primeiro passo consiste em eliminar o lixo dos processos industriais, cortando o desperdício de recursos. O segundo implica envolver os fornecedores em um esforço de redução de emissões de carbono. O terceiro, a busca de eficiência energética, substituindo a matriz de combustível fóssil por fontes renováveis. O quarto abriga as atividades de redesenhar processos, reciclar e reutilizar. O quinto está relacionado com o 'esverdeamento' da cadeia de transporte. O sexto tem que ver com a mudança da cultura interna da empresa para um novo modelo de produção, ambientalmente responsável. E o sétimo compreende a reinvenção da atividade comercial e do próprio mercado, com base em regras que possibilitem a convivência mais harmoniosa entre a biosfera e a tecnosfera... o resultado mais espetacular é que essa iniciativa produziu um modelo de negócios melhor, um jeito melhor e mais legítimo de lucrar. Trata-se de um modelo empresarial que desconcerta os concorrentes de mercado, sem jogar a conta pesada para a Terra e as gerações futuras".

1.2 A sustentabilidade no serviço público

No setor público, sintetizo o que tenho testemunhado no Tribunal de Justiça do Estado do Rio de Janeiro, nos últimos quatro, dos trinta e um anos em que integro a sua magistratura de carreira.

A estrutura organizacional do Judiciário fluminense compreende, em números redondos, 800 órgãos jurisdicionais (de primeiro e segundo graus) e 700 unidades administrativas (as que cuidam das atividades de apoio logístico e financeiro em geral), distribuídos pelas 82 Comarcas do estado, ocupando 150 imóveis com área total de 640 mil metros quadrados, nos quais circulam, diariamente, em caráter permanente, 900 magistrados, 16 mil servidores, cinco mil empregados de empresas terceirizadas, além de um contingente flutuante de membros do Ministério Público, advogados, procuradores estatais, defensores públicos e demais protagonistas dos processos judiciais (partes, testemunhas, peritos, entre outros auxiliares da justiça). Trata-se do segundo maior tribunal de justiça do país, em termos de estrutura organizacional e volume de processos (dois milhões de ações novas distribuídas e um milhão e 200 mil julgadas, a cada ano, do que resulta um acervo de processos em curso no total, por ora, de nove milhões).

Por evidente que esse largo complexo de pessoas, edificações, instalações e serviços demanda consumo diário de energia elétrica, água, produtos e insumos os mais variados, gerando toneladas de resíduos, recicláveis ou não, a exigir gestão sustentável nos três segmentos de sua integrada e interdisciplinar abrangência – social, econômica e ambiental.

Tal o cenário organizacional que levou a administração judiciária estadual, em 2010, a aderir a convênio – renovado até 2018 – proposto pelo Ministério do Meio

Ambiente, que, com fundamento no modelo de cooperação estimulado pelo art. 241 da Constituição da República, com a redação da Emenda Constitucional nº 19/98, instituiu a chamada Agenda Ambiental da Administração Pública brasileira, entrelaçando os três Poderes constituídos, em todos os entes integrantes da federação, daí a sigla A3P, cuja apresentação enfatiza que "A sobrevivência das organizações públicas ou privadas estará assentada na nossa capacidade de atualizar o seu modelo de gestão, adequando-o ao contexto da sustentabilidade".

2 O planejamento na Constituição de 1988

Ao traçar o norte da ordem econômica e financeira, a Constituição da República aponta três vertentes de atuação do estado: fiscalização, incentivo e planejamento. Ao tratar deste, o art. 174 e seu §1º classificam-no como "determinante para o setor público e indicativo para o setor privado", remetendo para a lei a definição das "diretrizes e bases do planejamento do desenvolvimento nacional equilibrado, o qual incorporará a compatibilizará os planos nacionais e regionais de desenvolvimento".

Vladimir da Rocha França faz ver, com razão, que "no contexto do art. 174, *caput*, da Lei Maior, o planejamento compreende a definição de objetivos e estratégias de ação administrativa, destinadas a atender a metas e prioridades que compõem as políticas públicas de ordenação da atividade econômica no mercado nacional. Para que o seu produto, o plano, tenha validade e eficácia jurídicas, é imprescindível a sua veiculação por meio de ato normativo do órgão ou entidade competente" (BONAVIDES, Paulo; MIRANDA, Jorge; AGRA, Walber de Moura (Coord.). *Comentários à Constituição Federal de 1988*. Rio de Janeiro: Forense, 2009. p. 1999). E Eros Roberto Grau, ao distinguir os efeitos de o planejamento ser "determinante para o setor público e indicativo para o setor privado", acentua que o conteúdo dos planos deve ser compulsoriamente seguido pelo setor público da economia, abrangentes dos serviços públicos e dos monopólios estatais (GRAU, Eros. *A ordem econômica na Constituição de 1988*: interpretação e crítica. 7. ed. São Paulo: Malheiros, 2002. p. 145-146).

O planejamento a que se refere o preceptivo constitucional desdobra-se tanto para o macrossistema das políticas públicas, que a Constituição também traça em suas linhas gerais, como é endereçado às microatividades do dia a dia da gestão pública, de sorte que em ambos os níveis de atuação – macro e micro – o estado, dado o seu perfil regulador, estará vinculado ao dever jurídico de elaborar planos comprometidos com o desenvolvimento. E este, para necessariamente harmonizar-se com a norma geral do art. 225 da Carta Fundamental (Todos têm direito ao meio ambiente ecologicamente equilibrado, bem de uso comum do povo e essencial à sadia qualidade de vida, impondo-se ao Poder Público e à coletividade o dever de defendê-lo e preservá-lo para as presentes e futuras gerações), há de ser o desenvolvimento que se qualifique como sustentável.

Rocha França não alude à sustentabilidade, mas esta estará implícita na consideração de que "os objetivos fundamentais, consubstanciados no art. 3º da Lei Maior, devem ser onipresentes nas políticas públicas empreendidas pelo Estado. Há, portanto, o desenvolvimento nacional equilibrado quando essas diretrizes constitucionais são materializadas na sociedade brasileira" (*op. cit.*, p. 2000).

A cogência do planejamento na ordem jurídica administrativa do estado brasileiro ganhou impulso conceitual com a chamada Lei de Responsabilidade Fiscal

(Lei Complementar nº 101, de 04.05.2000), que, segundo Evandro Martins Guerra, "possui quatro grandes estruturações, quais sejam: o planejamento, a transparência, o controle e a responsabilização. O planejamento, constituído pelas três normas orçamentárias (plano plurianual – PPA, lei de diretrizes orçamentárias – LDO, e lei orçamentária anual – LOA) é a base de todo o processo de gestão fiscal, uma vez que, mediante tais instrumentos, será programada a execução orçamentária e poder-se-á conferir o cumprimento dos objetivos propostos e a adequação das ações governamentais ao que foi anteriormente planejado. Assim, o planejamento é um instrumento complexo, devendo prever metas, limites e condições para a renúncia de receita, a geração de despesas, inclusive as de pessoal, operações de crédito, concessões de garantias, dentre outras" (GUERRA, Evandro Martins *Os controles externo e interno da administração pública e os tribunais de contas*. Belo Horizonte: Fórum, 2003. p. 90-91).

Élida Graziane Pinto dá um passo adiante e pondera que "falar em controle das contas públicas é tratar – pela interface da previsão orçamentária e da efetiva alocação de recursos financeiros – do custeio de políticas públicas... cumpre não perder de vista que o orçamento é, além de instrumento de controle, uma peça imprescindível de planejamento e definição das prioridades do Estado. As políticas públicas integram o núcleo normativo definidor das atividades-fim do Estado. São, em última instância, a representação – organizada em diretrizes gerais e dentro de projetos e atividades – das funções constitucionalmente atribuídas à administração pública. Exemplo disso são os deveres de segurança pública, de saúde, de educação, de proteção ao meio ambiente, de tutela à criança e ao adolescente, de garantia da estabilidade da moeda e das relações econômicas, etc. Certo é que o Estado se desincumbe de tais deveres por meio de estruturados planos de ação governamental, aos quais podemos individualmente chamar, grosso modo, de política pública. Se se considerar que o regime de orçamentação adotado no Brasil é o de orçamento-programa (de acordo com o art. 22, IV, da Lei nº 4.320/1964), tem-se que o conceito de política pública envolve o desempenho de programas de trabalho nas mais diversas funções sob incumbência do Estado (como são a função de acesso à justiça, a legislativa, a e de educação, a de saúde, etc.). Os programas de trabalho, por seu turno, pressupõem a interação dinâmica de meios de que o Estado dispõe (no que se incluem pessoal, bens, verbas, prerrogativas e processos) para o cumprimento de determinadas finalidades públicas. Não se trata apenas de planejar a ação estatal, mas de assegurar a sua consecução, dentro das metas físicas e financeiras inscritas na lei de orçamento" (PINTO, Élida Graziane. *Financiamento de direitos fundamentais*. Belo Horizonte: O Lutador, 2010. p. 83-84).

Os desequilíbrios da gestão estatal – prioridades indefinidas ou maldefinidas, decisões açodadas, desconsideração dos riscos inerentes à atividade, comprometimentos de recursos para finalidades pouco ou nada estruturadas, ensejando desvios e malversações –, lesivos àquela consecução dos planos orçados, são o autorretrato da sociedade brasileira, que, ao encaminhar cidadãos a cargos e funções públicos, deles não exige preparo para bem planejar antes de decidir, nem para identificar as causas antes de contentar-se em atacar os efeitos. Produzem respostas paliativas e inconsistentes, que se esmaecem no curto ou médio prazo, tornando crônicos os problemas e insuficientes ou desbaratados os meios orçamentários disponíveis ou mobilizáveis.

Essa postura descompromissada não poderia deixar de repercutir na atividade contratual do estado – o contrato é o meio jurídico de obter no mercado os bens e serviços necessários à implementação de todos os segmentos de políticas públicas – e concentrar o foco da função de seu controle, que se vê na contingência de mais reprimir do que prevenir, mais responsabilizar do que estimular, desnaturando o que poderia ser o fluxo de um processo permanente de educação para o exercício pleno e saudável da cidadania.

Assim o demonstra a jurisprudência formada no Tribunal de Contas da União, pródiga em admoestar agentes públicos sobre comezinhos deveres da gestão e a puni-los por desvios que se repetem, como se inúteis fossem orientações tantas vezes reiteradas, desde a promulgação da Constituição de 1988, sobre os males da falta de planejamento ou do planejamento meramente formal, nas múltiplas áreas de atuação dos entes públicos. Assim,

> Aquisição de produtos hospitalares: as compras, sempre que possível, devem ser planejadas com base nos registros de consumo dos materiais (Acórdão nº 1.380/2011-Plenário, Rel. Min. José Múcio, Processo nº 026.011/2008-4);
> A execução de serviços de recuperação de pistas e acostamentos de aeroporto pressupõe, em avaliação inicial, a realização de estudos prévios que demonstrem a pertinência técnica e econômica da solução adotada (Comunicação ao Plenário, Processo nº 013.710/2011-7, Rel. Ministro Aroldo Cedraz);
> A aquisição de sistema informatizado de gestão de material e patrimônio pressupõe a realização de estudos técnicos preliminares, de plano de trabalho e de projeto básico que levem em conta as reais necessidades do contratante e que estejam calcados em estimativa consistente de preço (Acórdão nº 54/2012-Plenário, Rel. Min. Ana Arraes, Processo nº 032.821/2008-0);
> Licitação para aquisição de produtos de merenda escolar: argumentos como a limitação de espaço para estocagem de alimentos ou o prazo de validade dos produtos perecíveis não impedem que seja utilizada a correta modalidade de licitação, desde que seja realizada a elaboração de cronograma de fornecimento, o qual deve integrar o instrumento convocatório do certame (Acórdão nº 2.109/2011-Plenário, Rel. Min. André Luís de Carvalho, Processo nº 011.886/2010-2);
> Aditivos contratuais firmados em prazo exíguo constituem indício de falta de planejamento (precedentes: Acórdãos nº 838/2004, nº 2094/2004, nº 117/2006, nº 304/2006 e nº 2640/2007, Plenário) (Acórdão nº 1.793/2011-Plenário, Rel. Min. Valmir Campelo, Processo nº 011.643/2010-2);
> O planejamento inadequado por parte da administração afasta a possibilidade de contratação emergencial, com fundamento no art. 24, inc. IV, da Lei nº 8.666/93. Mediante pedido de reexame, o responsável, reitor da Universidade Federal do Tocantins – UFT, manifestou seu inconformismo diante do Acórdão nº 3.489/2009 – 2ª Câmara, proferido em sede de processo de representação, no qual fora apenado com a multa prevista no art. 58, II, da Lei nº 8.443/92, por conta da realização indevida de contratação emergencial, por dispensa de licitação (art. 24, inc. IV, da Lei nº 8.666/93), de serviços de vigilância armada e desarmada, tendo entendido o Tribunal que a emergência, essencialmente, ocorrera da ausência de planejamento adequado. Após descrever todo o iter pela qual passou a contratação, enfatizando a morosidade havida, o relator, no voto, destacou que "os gestores deflagraram um processo licitatório sem ao menos definir as necessidades da Administração, o que mais uma vez contribuiu para o atraso verificado na condução do certame". Além disso, quanto a uma alegada carência de pessoal, observou "se tratar de fato previsível a ser contornado com um adequado planejamento, o que não ocorreu". Por tudo, concluiu que "restou devidamente evidenciado que a contratação emergencial decorreu da ausência de planejamento adequado por parte da administração da entidade". Assim,

por considerar, ainda, que a penalidade aplicada anteriormente seria compatível com o grau de reprovabilidade verificado na conduta inquinada, votou pelo não provimento do recurso, no que foi acompanhado pelos demais ministros da 2ª Câmara (Acórdão nº 7.557/2010-Segunda Câmara, Rel. Min. Benjamin Zymler, Processo nº 030.657/2008-2);

Licitação de obra rodoviária: ausência de estudos de viabilidade técnica e econômico-financeira do empreendimento. Em levantamento de auditoria relacionado à Concorrência Pública – Edital nº 0142/2010-17, cujo objeto é a contratação de empresa para execução de serviços de atualização do projeto executivo de engenharia para implantação e pavimentação da Rodovia BR-484/ES, subtrecho Serra Pelada-Itarana, com extensão de 34,2 Km, o relator, em sede cautelar, determinou ao Departamento Nacional de Infraestrutura de Transportes (DNIT) a imediata suspensão do processo licitatório em curso, em razão de potenciais irregularidades detectadas. Uma dessas irregularidades seria a "realização de procedimento licitatório para contratação dos referidos serviços de atualização de projeto executivo sem a prévia realização de estudos de viabilidade técnica e econômico-financeira do empreendimento, com afronta aos comandos contidos no inciso IX do art. 6º e art. 12 da Lei nº 8.666/1993 e no §4º do art. 10 da Lei nº 11.653/2008". A unidade técnica, ao examinar o assunto, registrou informação prestada pela Superintendência Regional do DNIT, de que "a obra não necessitaria de estudos de viabilidade técnica e econômico-financeira, haja vista tratar-se de obra remanescente do Convênio PG-105/98-DNER/DER". Destacou a unidade técnica, ainda, que praticamente toda a rodovia, objeto da licitação examinada, cortará terrenos particulares, atravessando "uma região extremamente acidentada e montanhosa, com altitudes acima dos 1.000 m". De sua parte, o relator observou que as circunstâncias materiais, ressaltadas pela equipe de auditoria, evidenciaram que os estudos de viabilidade técnica e econômico-financeira seriam especialmente importantes, uma vez que "praticamente toda extensão da rodovia BR-484/ES está situada em áreas particulares, o que demanda a implementação de desapropriações", e, além disso, "a rodovia atravessa região muito acidentada, o que impacta severamente o custo da obra". Ainda para o relator, "É possível que tais estudos apontem para solução distinta da que foi delineada originalmente". Todavia, divergiu o relator quanto à classificação da irregularidade, pois, para ele, "... a falta de estudos de viabilidade técnica e econômica merece ser classificada como irregularidade grave com proposta de paralisação (IG-P). E não como outras irregularidades (OI). Isso porque se enquadra na hipótese do art. 94, §1º, inciso IV, da Lei nº 12.017/2009". O Plenário referendou a cautelar (Decisão monocrática no TC-015.254/2010-0, Rel. Min. Benjamin Zymler);

Planejamento de contratações na área de tecnologia da informação. Ao apreciar relatório de auditoria na área de informática da Caixa Econômica Federal (CEF), realizada com o objetivo de analisar a qualidade dos controles, normas e procedimentos relativos às contratações efetuadas, destacou o relator que a lista de achados era extensa e revelava "as diversas falhas que rotineiramente chegam ao descortino deste Tribunal, em diversos graus de relevância material". Constatou, ainda, que elas "têm como raiz a insuficiência de um planejamento estratégico de longo prazo, que, caso fosse bem elaborado, evitaria irregularidades como a descrição insuficiente do que se quer adquirir (seja bem ou serviço) e a generalidade da definição dos requisitos técnicos do futuro fornecedor". Outro exemplo de consequência de falta de planejamento, enfatizou em seu voto, "são as estimativas de preço falhas que, se fossem feitas da maneira correta, diminuiriam bastante as chances de haver contratações ou reajustes contratuais com valores distorcidos, sem contar com a contenção de verdadeiras avalanches de impugnações e representações que entravam as licitações e acabam encarecendo bens e produtos e chegando aos tribunais". Ao final, deliberou no sentido de que fossem formuladas várias determinações à CEF, algumas diretamente associadas à necessidade de planejamento das contratações, e que contaram com a anuência do Plenário: 1)"elabore plano de trabalho que preceda os processos licitatórios relativos a TI, demonstrando aderência da aquisição com o planejamento estratégico da instituição e com o plano diretor de informática e apresentando justificativa detalhada da necessidade da contratação, contendo a relação entre a demanda prevista e a quantidade a ser licitada, bem como o demonstrativo de resultados a serem alcançados em termos de economicidade e de melhor aproveitamento dos recursos humanos, materiais e financeiros disponíveis, de acordo com o previsto no art. 2º, incisos II e III, do Decreto nº 2.271/97, e nos arts. 6º, inciso I, e 10º, §7º, do Decreto-Lei nº 200/67"; 2)"realize um adequado planejamento das contratações, de forma a prever na minuta contratual um nível mínimo de serviço exigido (NMSE), a fim de resguardar-se quanto ao não cumprimento de padrões mínimos de qualidade, especificando os níveis pretendidos para o tempo de entrega do serviço, disponibilidade, performance e incidência de erros, entre outros, bem como estabelecendo graus de prioridades e penalidades, à luz dos arts. 3º, §1º, inciso I, e 6º, inciso IX, alínea 'd', da Lei nº 8.666/93 e do art. 8º, inciso I, do Decreto nº 3.555/2000"; 3)"confeccione o projeto básico dos processos licitatórios relativos à TI com base em estudo técnico preliminar, o qual deve levar em consideração, dentre outros pontos, o levantamento das soluções disponíveis no mercado e a justificativa pela solução escolhida, de acordo com o previsto nos arts. 6º, inciso IX, e 46 da Lei nº 8.666/93"; 4)"nos casos de processos licitatórios relativos à TI cujo objeto demonstre-se técnica e economicamente divisível, proceda a licitação e a contratação separada dos serviços, utilizando-se do parcelamento, da adjudicação por itens ou de outros mecanismos (permissão de consórcios ou subcontratações) como a forma de obter o melhor preço entre os licitantes, de acordo com o previsto nos arts. 15, inciso IV, e 23, §§1º e 2º, da Lei nº 8.666/93, apresentando justificativas pormenorizadas, caso julgue inviável efetuar a contratação em separado dos objetos distintos da licitação"; 5)"disponha adequadamente sobre a possibilidade de subcontratação no edital e no contrato, definindo claramente seus parâmetros quando desejável, ou vedando sua ocorrência quando indesejável, nos termos dos arts. 72 e 78, inciso VI, da Lei nº 8.666/93"; 6)"abstenha-se de contratar por postos de trabalho, evitando a mera alocação de mão de obra e o pagamento por hora trabalhada ou por posto de serviço, dando preferência ao modelo de contratação de execução indireta de serviço, baseado na prestação e na remuneração de serviços mensuradas por resultados, sempre que a prestação do serviço puder ser avaliada por determinada unidade quantitativa de serviço prestado ou por nível de serviço alcançado, em obediência ao Decreto nº 2.271/97, art. 3º, §1º"; 7)"proceda a mensuração dos serviços prestados por intermédio de parâmetros claros de aferição de resultados, fazendo constar os critérios e a metodologia de avaliação da qualidade dos serviços no edital e no contrato, conforme disposto no art. 6º, inciso IX, alínea 'e', da Lei nº 8.666/93, no art. 3º, §1º, do Decreto nº 2.271/97"; 8)"quando da contratação de serviços relacionados à TI, faça constar do projeto básico os subsídios para a gestão dos serviços, compreendendo inclusive os instrumentos que serão utilizados na fiscalização, tais como uma lista de verificação para checar a manutenção dos requisitos de habilitação e técnicos exigidos na licitação e os procedimentos para tratamento das anormalidades, atendendo ao comando do art. 6º, inciso IX, alínea 'e', da Lei nº 8.666/93"; 9)"descreva objetiva e exaustivamente, em cláusula da minuta contratual, os motivos que ensejarão a aplicação de cada um dos tipos de penalidade administrativa previsto, evitando-se descrições genéricas (e.g., descumprimento parcial de obrigação contratual), em atenção ao disposto no art. 55, incisos VII e IX, da Lei nº 8.666/93, e aos princípios da proporcionalidade e da razoabilidade"; 10)"descreva objetivamente, em cláusula da minuta contratual, os motivos que ensejarão a rescisão do contrato, de forma a evitar descrições genéricas (e.g., descumprimento parcial das obrigações e responsabilidades), em atenção ao disposto no art. 55, incisos VIII e IX, da Lei nº 8.666/93, e aos princípios da prudência, proporcionalidade e razoabilidade"; 11)"estabeleça fórmulas para calcular a eventual aplicação de descontos, de forma a efetivamente inibir a ocorrência de atrasos na entrega dos serviços por parte da empresa contratada, evitando que tais descontos correspondam a valores irrisórios, em atenção ao disposto no art. 55, incisos VII, VIII e

IX, da Lei nº 8.666/93, e aos princípios da prudência, proporcionalidade e razoabilidade"; 12)"realize uma detalhada estimativa de preços, com base em pesquisa fundamentada em informações de diversas fontes propriamente avaliadas, como, por exemplo, cotações específicas com fornecedores, contratos anteriores do próprio órgão, contratos de outros órgãos e, em especial, os valores registrados no Sistema de Preços Praticados do SIASG e nas atas de registro de preços da Administração Pública Federal, de forma a possibilitar a estimativa mais real possível, em conformidade com os arts. 6º, inciso IX, alínea 'f', e 43, inciso IV, da Lei nº 8.666/97"; 13)" instrua seus processos licitatórios com orçamento detalhado em planilhas que expressem a composição de todos os custos unitários do objeto a ser contratado, fazendo constar do edital, sempre que couber, um modelo demonstrativo de formação de preços que possibilite demonstrar, em sua completude, todos os elementos que compõem o custo da aquisição, à luz dos arts. 7º, §2º, inciso II, e 40, §2º, inciso II, da Lei nº 8.666/93" (Acórdão nº 265/2010-Plenário, Rel. Min. Raimundo Carreiro, Processo nº 024.267/2008-1);

Determinação à CEPISA para que atente para os prazos finais dos contratos, que são fatais, realizando tempestivamente as licitações necessárias, evitando-se pagamento sem cobertura contratual, que não possui amparo legal, ou a contratação baseada no inc. IV do art. 24 da Lei nº 8.666/1993, em decorrência de ausência de planejamento e controle (Acórdão nº 2.629/2010-Segunda Câmara, Rel. Min. José Jorge, Processo nº 011.213/2003-2);

Na fase de planejamento da licitação, a definição precisa e suficiente do objeto licitado deve abranger a estimativa das quantidades demandadas e dos preços unitários máximos admitidos, com base nas reais necessidades do licitante e em consistente pesquisa de mercado, em consonância com a Súmula/TCU nº 177 (Acórdão nº 722/2014-Segunda Câmara, Rel. Min. Ana Arraes, Processo nº 024.785/2013-0);

Nas contratações de execução de obras, inclua no planejamento dessas obras as etapas a seu cargo, a exemplo da obtenção das licenças ambientais e o cumprimento de suas condicionantes, processos de desapropriação e recuperação de sítios arqueológicos, de forma a evitar que essas etapas impactem o cronograma do contrato de execução da obra (Acórdão nº 563/2014 – Plenário, Rel. Min. Augusto Sherman, Processo nº 014.393/2011-5);

[...] recomendação à UTFPR no sentido de que efetue o planejamento prévio dos processos de aquisição de equipamentos, incluindo o necessário para instalá-los e operá-los, de forma que a utilização desses bens ocorra no menor espaço de tempo possível a partir do seu recebimento (Acórdão nº 812/2014-Plenário, Rel. Min. Benjamin Zymler, Processo nº 027.895/2011-4);

[...] determinação ao LANAGRO/SP para que implemente melhorias nos sistemas de controles internos, sobretudo em relação à área de contratação; para minimizar a ocorrência de contratações diretas, planejar, antes do término de cada exercício, as necessidades de bens e serviços para o ano seguinte, com base em controle de estoques e na demanda dos exercícios passados, considerando também as demandas informadas pelas divisões e a média histórica de uso da Unidade (Acórdão nº 6.761/2014-Primeira Câmara, Rel. Min. Walton Alencar Rodrigues, Processo nº 019.545/2014-2);

[...] o processo de trabalho que antecede a tomada de decisão do Subsecretário de Planejamento, Orçamento e Administração, a respeito de contratações diretas, não contempla controles internos suficientes para mitigarem o risco de que tais processos exsurjam eivados de falhas, conforme restou identificado no processo que levou à assinatura do Contrato 43/2010, celebrado entre o Ministério do Esporte e a Fundação Getúlio Vargas, no qual constatou-se a ausência de parâmetros para o dimensionamento da equipe de consultores e estabelecimento da quantidade de horas de consultoria necessárias à execução do objeto, aliado à ausência de ampla pesquisa de preços no mercado para o serviço contratado, contrariando o disposto no art. 3º, "*caput*", art. 26, parágrafo único, III, e art. 43, IV, todos da Lei nº 8.666/1993 (Acórdão nº 7.831/2014-Primeira Câmara, Rel. Min. Bruno Dantas, Processo nº 032.067/2011-9);

[...] recomendação ao DNIT para que, na implantação de obras ferroviárias, antes de descentralizar as obras para governos estaduais e municipais, avalie a capacidade de execução desses entes e os riscos envolvidos na descentralização (Acórdão nº 3.424/2014-Plenário, Rel. Min. Walton Alencar Rodrigues, Processo nº 031.519/2013-0);

Antes de realizar licitação cujo objeto pode ser alcançado por meio de soluções tecnológicas distintas, a Administração deve promover estudo de viabilidade, contemplando análise das possíveis soluções técnicas, comparando as respectivas variáveis de custo de implementação e de manutenção, de eficiência, de obsolescência, entre outras, com vistas a definir de forma clara e inequívoca a solução desejada (Acórdão nº 1.741/2015-Primeira Câmara, Rel. Min. Walton Alencar Rodrigues).

3 Administração responsiva e de resultados no estado democrático de direito

Outro ângulo sob o qual se deve entender o planejamento "determinante para o setor público" é o de sua utilidade para o manejo da administração responsiva e de resultados, no estado democrático de direito. Traduzindo este, como traduz, a contemporânea versão do estado servidor e regulador, é de exigir-se que todos os seus poderes, órgãos e agentes estejam persuadidos de que devem respostas e satisfações à sociedade civil. Ou seja, esta é a titular do poder político de decidir sobre os seus próprios destinos, incumbindo àqueles realizá-los na conformidade das opções da sociedade, na medida em que harmonizadas com a ordem jurídica constitucional e os direitos fundamentais que prescreve.

Em outras palavras, os planos de ação governamental não são concebidos, como outrora, para atender aos desígnios das autoridades estatais. Estas devem colher os reclamos legítimos da sociedade e atendê-los. Daí a visceral importância de elos permanentes e hábeis de comunicação entre a sociedade e o estado, de sorte a que este absorva os comandos daquela e os implemente no que consensuais. O estado democrático de direito é o garante da efetivação dos direitos consagrados na Constituição, sejam os individuais, os econômicos, os políticos ou os sociais. Ser-lhe fiel é o dever jurídico indeclinável do estado.

Essa fidelidade há de estar presente em todos os níveis do planejamento. Cada plano de ação governamental deve ser uma resposta à efetivação dos direitos fundamentais e do respeito à dignidade humana que os inspira. Se assim não for, não haverá estado democrático de direito, nem a administração responsiva e de resultados que lhe deve corresponder.

Nada obstante, há uma condição cultural, em seu sentido sociológico, para que assim ocorra: a sociedade há de emancipar-se da polarizada relação entre tutores e tutelados, que caracteriza a cultura brasileira desde o seu berço colonial. Entendendo-se por tutor todo aquele que ocupe posição de prestígio e poder na hierarquia social – seja qual for a natureza dessa hierarquia – e por tutelado todo aquele que se sirva do tutor para obter vantagem ou proteção de qualquer sorte.

Não seria necessária maior digressão para perceber-se como essa relação compromete a emancipação da sociedade brasileira; basta lembrar os critérios segundo os quais grande número de candidatos se elege, por prometer vantagens e ganhos pessoais a seus eleitores (material de construção, empréstimos, empregos, cargos, apadrinhamentos, atendimentos pelos serviços públicos, etc.). O socialmente patológico dessa relação está em que o tutor compraz-se em ser tutor e o tutelado anseia por encontrar o seu tutor e permanecer como tutelado. Em outras palavras: não há espaço para o mérito nessa relação, só para o interesse egoístico. Logo, tampouco há real preocupação em controlar e avaliar resultados, com o fim de dar-se início a novo ciclo virtuoso de gestão mediante a correção de erros acaso cometidos no planejamento da ação anterior, na medida em que esses erros refletem aqueles interesses personalistas e partidários.

O planejamento deve apresentar-se como o primeiro passo do ciclo da gestão, em sua acepção técnico-administrativa de gerir meios para a consecução de resultados do interesse da organização, seja esta uma sociedade empresarial privada (movida pelo lucro que a mantenha) ou uma entidade pública (impulsionada pelo interesse público que lhe cumpre atender). Lançando olhar prospectivo sobre o conceito, o saudoso Peter Drucker vaticinava que "O centro de uma sociedade, economia e comunidade modernas não é a tecnologia, nem a informação, tampouco a produtividade. É a instituição gerenciada como órgão da sociedade para produzir resultados. E a gerência é a ferramenta específica, a função específica, o instrumento específico para tornar as instituições capazes de produzir resultados. Isto, porém, requer um novo paradigma gerencial final: a preocupação da gerência e sua responsabilidade é tudo o que afeta o desempenho da instituição e seus resultados, dentro ou fora, sob o controle da instituição ou totalmente além dele" (DRUCKER, Peter. *Desafios gerenciais para o século XXI*. Tradução Nivaldo Montingelli Jr. São Paulo: Pioneira Thomson Learning, 2001. p. 41).

Transplantado o conceito para a seara jurídica comprometida com a sustentabilidade como direito fundamental universal – tal como o coloca o art. 225 da vigente Constituição da República –, caberia como luva a lição deixada pelo não menos saudoso García de Enterría, em livre tradução, acerca do controle da discricionariedade administrativa no estado democrático de direito:

> O essencial da discricionariedade é o que, com elogiável precisão, diz a exposição de motivos da Lei da Jurisdição do Contencioso Administrativo espanhol, de 1956: a discricionariedade "surge quando o ordenamento jurídico atribui a algum órgão competência para apreciar, em uma dada hipótese, o que seja o interesse público". Assim, todo poder discricionário deve haver sido previamente atribuído pelo ordenamento. Não há, por conseguinte, discricionariedade na ausência ou à margem da Lei.
> Tampouco, em caso algum, a discricionariedade pode equiparar-se à Lei ou pretender substituí-la. Essa é a razão pelo qual nunca se pode intentar aplicar à discricionariedade a irresistibilidade (hoje já relativa) própria da Lei, ou o valor desta como expressão da "vontade geral". Por ampla que seja, qualquer discricionariedade sempre será um *quid alliud* em face da Lei, como qualquer outro produto administrativo, e estará por isto submetida plenamente à Lei e ao Direito.
> O controle judicial da discricionariedade é sempre um controle dos elementos regrados conferidos pela potestade correspondente. Esses elementos podem ser muitos, mas alguns devem estar presentes necessariamente: a existência da potestade, a sua concreta extensão e a realidade dos fatos que legitimam a sua aplicação ou em razão dos quais se põe em marcha a competência, o procedimento, a finalidade, o fundo parcialmente regrado.
> Acerca da finalidade, convém assinalar de modo especial que nossa Constituição é provavelmente a única que elevou ao nível constitucional o princípio do controle preceptivo e geral da finalidade pelo juiz, em seu art. 106.1 ("Os Tribunais controlam a potestade regulamentadora e a legalidade da atuação administrativa, bem como a submissão desta aos fins que a justificam").

Por isto que não me parece censurável o anseio de tornar precisos e matizados esses controles, anseio que se encontra generalizado por toda parte, e não creio que se possa supor que implique um desdém das necessidades da política. Ocorre que os juristas se ocupam do direito e não da política (embora não deixe de haver, e não é mal por si só que assim ocorra, juristas que fazem política e políticos que intentam intervir no direito, com certa frequência), e a relação entre essas duas realidades formidáveis é a que estabelece a Constituição, por si mesma uma norma jurídica e política.

Especial atenção deve prestar-se ao controle através dos princípios gerais de direito, dentre os quais o da interdição da arbitrariedade dos poderes públicos, que, nada obstante conte com explícita referência constitucional (art. 9.3), suscita algumas reservas em razão de sua suposta imprecisão.

A técnica dos princípios gerais de direito, ao lado de seu inerente valor em todo o âmbito jurídico como técnica de superação do positivismo legalista, que pretende reduzir todo o direito a uma simples exegese das leis escritas, tem conhecido um desenvolvimento espetacular no direito público.

No direito constitucional resulta óbvio do espetacular desenvolvimento da justiça constitucional e da concreção definitiva desta nos problemas da constitucionalidade material, e não meramente formal, das leis, contrastadas com valores constitucionais de fundo, atuando como verdadeiros princípios gerais..., ao que se extrai da contribuição dos princípios gerais do direito na jurisprudência do Tribunal de Justiça da Comunidade Europeia... No direito administrativo, a generalidade da doutrina e da jurisprudência os utiliza... Não seria demasiado destacar a doutrina italiana, que, embora pressionada por forte influxo positivista, nunca excluiu a utilização dos princípios (basta citar a casuística sobre os vícios dos atos discricionários em torno do conceito de excesso de poder – *eccesso di potere*), que evoluiu da década de 1950 para a de 1990 com um renovado entusiasmo principiológico, do que é exemplo o valioso livro de F. Manganaro, Princípio di buona fede e attività dele amministrazioni pubbliche, 1995.

Essa peculiar fonte do direito se generaliza e se expande na jurisprudência do Conselho de Estado francês, a partir do segundo pós-guerra, como técnica de controle da Administração e de sua atuação discricionária (Jeanneau, 1954, e Rivero, 1951, sistematizaram a então grande novidade, que desde então não cessa de desenvolver-se e afirmar-se definitivamente).

O Conselho de Estado manteve essa posição na Constituição da V República, de 1958, aplicando-a em questões essenciais: na validade dos regulamentos autônomos diretamente ordenados pela Constituição, e nos quais não seria possível reprovar contravenção à Lei, mas, sim, aos princípios gerais do direito. E, mais espetacularmente ainda, na hipótese do art. 16 dessa Constituição, na assunção, pelo Presidente da República, de todos os poderes em situações de emergência, afirmando que tal situação excepcional (similar à do famoso art. 48 da Constituição de Weimar, que consagrava a "ditadura constitucional" do Presidente, na famosa caracterização de Carl Schmitt, e que foi o artigo sobre o qual Hitler fundou o seu poder) não exime o Presidente da observância dos princípios gerais do direito, posição com base na qual o Conselho de Estado não hesitou em anular uma condenação de morte – já transitado em julgado e pendente de execução – por um tribunal de exceção criado por norma ditada pelo General de Gaulle no uso desses poderes, por entender o Conselho de Estado, em 1962, que tal norma (ordonnance) violava aqueles princípios gerais.

A Lei espanhola da jurisdição do contencioso-administrativo acolheu resolutamente essa corrente ao substituir a expressão "infração do ordenamento jurídico" pela tradicional expressão "infração da lei", esclarecendo, na Exposição de Motivos, que "o jurídico não se encerra e se circunscreve às disposições escritas, mas estende-se aos princípios e à normatividade imanente da natureza das instituições".

A Constituição de 1978 instala uma jurisprudência de valores, entre os quais qualifica de superiores todos os direitos fundamentais – a liberdade, a igualdade (art. 1.1) –, além da justiça em si. Há um mandato outorgado a todos os poderes públicos, e, portanto, ao juiz, para tornar esses valores "reais e efetivos", e de "remover os obstáculos que impeçam ou dificultem a sua plenitude" (art. 9.2). Por outro lado, a Constituição formula expressamente princípios, assim chamados (art. 9.3) os que reúne em enumeração própria ou os dispersos pelo texto constitucional, aos quais atribui pleno valor normativo, como o Tribunal Constitucional cuidou de estabelecer desde a sua primeira declaração de inconstitucionalidade, de 2 de fevereiro de 1982 ("valor aplicativo e não meramente programático").

O princípio de interdição da arbitrariedade dos poderes públicos é um desses princípios constitucionais do art. 9.3 e se dirige diretamente ao núcleo central dos poderes discricionários. Assim foi formulado pela Constituição e como tal vem sendo aplicado pela jurisprudência e interpretado pela doutrina. Mas jurisprudência e doutrina nunca fizeram desse princípio um princípio aberto, informal ou puramente estimativo em sua aplicação, de modo que por sua só invocação o juiz pudesse decidir sobre a sua incidência no caso concreto; pelo contrário, o reduziram sempre, como ocorre com todo conceito jurídico, a técnicas precisas, que se concretizam em uma série de princípios gerais de direito, perfeitamente caracterizados e delineados: desvio formal de poder, falta de motivo ou fundamento suficiente, proporcionalidade, apreciação inexata dos elementos de fato de que parte a análise do caso, boa fé, manipulação dos meios elementares de vida como instrumento coercitivo etc.

Ultimamente, se pretende reduzir todas as formas de arbitrariedade ao *standard* da razoabilidade. Em qualquer caso, importa notar que a sentença que sindica uma arbitrariedade deverá utilizar princípios auxiliares para chegar a um *topos* jurídico identificável, como é comum, por sinal, a todos os princípios gerais de direito, que de nenhum modo são a expressão ou o instrumento do *iudex rex*, mas, bem ao contrário, constituem uma via estreita para articular cada caso no complexo do sistema jurídico (por isto são princípios gerais, e não a suposta justiça do caso concreto; por isto são do direito, isto é, princípios técnicos e não morais). É, portanto, completamente inexato que o uso da técnica dos princípios gerais do direito conduza diretamente ao decisionismo judicial desnudo; a proposição correta é a oposta.

Quando o juiz reprova a arbitrariedade da Administração não o faz de modo estimativo e por simples convicção subjetiva, de maneira a limitar-se a uma censura abstrata, sem contornos precisos; isto seria ativismo judicial. Ao contrário, está aplicando a lei e o direito, e nesse caso nada menos do que a Constituição, e o faz precisamente usando uma técnica objetivada para os juristas, a técnica dos princípios gerais do direito, que o obriga a uma vinculação imediata aos fatos do caso e a uma fundamentação que se decompõe em valores jurídicos identificáveis, de modo algum a enunciados puramente retóricos.

No mundo anglo-saxão se tem percebido que é justamente o desenvolvimento das técnicas de controle jurídico da discricionariedade (não unicamente da discricionariedade administrativa, também e talvez especialmente a do legislador em face da justiça constitucional) aquela que tem levado ao desenvolvimento uma concepção mais extensa e aberta do direito, compreendendo princípios tanto como normas, citando-se nesse sentido o importante exemplo de Ronald Dworkin e de Nonet e Selznick. Esse desenvolvimento implica uma completa revisão da ideologia e da metodologia jurídica. Assim tem ocorrido também em França, com o Conselho de Estado, muito menos legalista ou positivista do que a do Tribunal de Cassação, e de fato, em alguma medida, tem transmitido a este uma visão aberta do direito.

Em definitivo, o controle judicial da discricionariedade, em particular o controle que abre – e obriga – o princípio constitucional da interdição da arbitrariedade, não significa abrir a possibilidade de uma livre estimação pelos juízes, alternativa às estimações discricionárias que à Administração incumbe com apoio legítimo na lei, nem pressupõe que se ignore a função política que, nos limites do conjunto constitucional de poderes, corresponde a esta. O controle judicial da discricionariedade deve efetivar a norma, não menos constitucional, da vinculação da Administração à lei e ao direito – conceito que por si só remete aos princípios gerais –, assim como o controle fundado na interdição da arbitrariedade dos poderes públicos. Somente como princípios gerais de direito, em sentido rigorosamente técnico, é que podem atuar e ser impostos pelos tribunais de justiça. Não suplanta, portanto, esse controle a função própria dos órgãos políticos e administrativos; cabe ao controle judicial fazer com esses órgãos atuem e se movam dentro do espaço preciso em que a Constituição os situa, que é o espaço delimitado pela lei e pelo direito como essência mesmo do estado de direito.

Os juízes não incorrem, através do manejo desse controle, em qualquer excesso no exercício de sua função. Ao dele fazer uso atuam no mais rigoroso *officium iudicis*, de acordo com o papel que a esse ofício assina a Constituição e de acordo também com o sentido atual, mais depurado, da aplicação do direito e da função judicial.

Carece de sentido ver-se nesse controle, praticado por todas as jurisdições europeias, um atentado à independência e às responsabilidades próprias dos órgãos políticos e administrativos. Do mesmo modo, não se mostra acolhível como argumento o da origem democrática dos agentes públicos. A democracia impõe por si só a exigência de uma objetividade absoluta nas decisões administrativas, que só pelo direito, e não no interesse de qualquer partido, nem de agente algum, pode justificar-se em face do público e sustentar a confiança deste, confiança que é justamente a democracia em ação, como de sua essência mesmo. (ENTERRIA, Eduardo García de. *Democracia, jueces y control de la administración*. 5. ed. Madri: Civitas, 2000. p. 143-153)

Em outras palavras: a própria discricionariedade administrativa, agora também sujeita a controles – sobretudo pela via da veracidade e da idoneidade dos motivos declaradamente justificadores das decisões administrativas, a ensejar a verificação da razoabilidade e da proporcionalidade de sua conveniência e oportunidade (mérito, ou apreciação subjetiva dos motivos) –, dependerá, para afirmar-se válida (conforme à ordem jurídica) e legítima (harmônica com o interesse público), de planos consistentes e sustentáveis, a amparar as decisões que implementam ou traçam as políticas públicas.

4 A sustentabilidade como princípio regente das contratações públicas

Embora inserida na Constituição desde o seu texto original – passados menos de trinta anos, alterado por emendas que se aproximam da centena –, o ideário da sustentabilidade posto no seu art. 225 somente aos poucos vai assumindo posição de observância obrigatória nos processos formais por meio dos quais a atividade administrativa do estado colhe os elementos necessários à tomada de decisões. A atividade contratual da administração pública assim e bem o ilustra: por força da Lei nº 12.349, de 15.12.10, é que ingressou, no art. 3º da Lei Geral das Contratações do Estado (Lei nº 8.666/93), o desenvolvimento nacional sustentável na condição de cláusula geral vinculante de todas as licitações administrativas para a contratação de compras, obras, serviços e alienações, a significar que todos os processos de contratação, com ou sem licitação, devem levar em conta requisitos de sustentabilidade que distingam os produtos, obras e serviços que a administração pretenda contratar.

O fato, conquanto tardio, é auspicioso, porque, no direito administrativo coevo, o processo formal de que resulta a decisão administrativa é tão importante quanto a própria decisão, como bem evidenciado em sede doutrinária:

> O que deve ser pensado é a legalidade como princípio da constitucionalidade, princípio de juridicidade, de agir conforme à Constituição, para produzir resultados desejados pelo ordenamento jurídico. Muitas vezes, o administrador vai agir, até mesmo, diante da omissão do legislador, quando a atividade administrativa é reclamada pela sociedade ao Estado e o legislador nem sempre tem o tempo, a oportunidade, o conhecimento ou o manejo político necessários para lidar com a situação. Nesse passo, em sendo indispensável a ação para a concretização de valores e princípios socialmente reconhecidos, aí se fará presente a legitimidade (sempre sindicável) da ação administrativa.
>
> É nesse contexto que vão sendo modificados alguns alicerces do Direito Administrativo. Em torno do princípio da legalidade tem-se, na era da democratização, a importante missão de revisitar o Direito Público. As bases até então conhecidas e estudadas são repensadas em razão dessa abertura democrática. Dá-se o reconhecimento de que o Direito Administrativo deve ser focado não na autoridade e nas suas prerrogativas, mas no cidadão, que deve ter voz ativa para fazer com que as decisões de Estado e da Administração Pública sejam efetivamente voltadas para o atendimento desses interesses.
>
> Surgem, assim, cada vez mais, canais de manifestação da sociedade. É aí que entra a participação e a ideia de se estabelecer uma metodologia para que ela se efetive e se aprimore. Com isso, cabe falar na processualização das decisões administrativas, como método para que se alcance uma manifestação de vontade da Administração Pública que coincida com o interesse da sociedade, que é legitimadora dessa manifestação de vontade e dela destinatária. O processo – e não a decisão materializada no ato administrativo – assume a primazia do Direito Administrativo.
>
> A processualização das decisões passa a ser uma rotina no Direito Administrativo, com o reconhecimento do direito à participação e do dever de a Administração Pública viabilizar essa participação para, exatamente, atender o princípio democrático e o princípio da legitimidade das ações da Administração Pública. (SOUTO, Marcos Juruena Villela. *Direito administrativo em debate*. 2ª série. Rio de Janeiro: Lumen Juris, 2007. p. 28-29)

Das proposições da A3P (referida no item 1.2, supra), a que, fundadas no art. 225 da Constituição Federal, se somam normas legislativas, bem como diretrizes e orientações expedidas por entidades especializadas, notadamente, no âmbito judiciário, o Conselho Nacional de Justiça, é possível extraírem-se os eixos temáticos que balizam a concepção de políticas, objetivos e metas de sustentabilidade, tal como adotados pelo Judiciário fluminense, por inspiração de seu órgão formulador (Comissão de Políticas Institucionais para a Promoção da Sustentabilidade) e sob a gestão de duas unidades operacionais, vinculadas à Presidência do Tribunal (Departamento de Promoção à Sustentabilidade e Divisão de Gestão Ambiental).

Esse conjunto de princípios, normas, regras e recomendações induz a classificação das ações de sustentabilidade em seis eixos temáticos, que aglutinam órgãos, unidades e agentes, com atribuições e competências afins, para a realização de tarefas integradas em todos os níveis e escalões dos órgãos jurisdicionais e unidades administrativas, a saber: (i) uso racional dos recursos naturais e bens públicos: (ii) gerenciamento de resíduos; (iii) educação e sensibilização ambientais; (iv) qualidade de vida no ambiente laboral; (v) licitações sustentáveis; (vi) construções sustentáveis.

As sessões mensais daquela Comissão desenvolvem-se segundo esses eixos temáticos, cujos agentes responsáveis mantêm o colegiado atualizado sobre as ações e os resultados obtidos, dele colhendo, em resposta, análises decorrentes de debates interdisciplinares, lançadas em atas que constituem documentos tanto orientadores do prosseguimento dos trabalhos quanto indutores da formação progressiva de uma cultura gerencial comprometida com o planejamento da sustentabilidade.

No **eixo do uso racional dos recursos naturais e bens públicos** situam-se os projetos de reforma ou de edificação de prédios do Judiciário fluminense, que destacam preocupações objetivas com eficiência energética, utilização de materiais de mínimo impacto ambiental e processos construtivos redutores desses impactos. Isso porque as edificações respondem por 42% de toda a energia elétrica consumida no País, distribuídas entre os setores residencial (23%), comercial (11%) e público (8%). No caso dos prédios públicos ou comerciais, sistemas de condicionamento de ar arcam com 48% do consumo e os de iluminação, com 24%, segundo levantamentos do Ministério do Meio Ambiente.

Daí o Inmetro e a Eletrobras haverem lançado, em 2010, a Etiqueta de Eficiência Energética de Edificações, que avalia e classifica as edificações de acordo com o seu consumo de energia. Segundo o consumo induzido por fachada e entorno dos prédios, pelos sistemas de iluminação e de ar condicionado, o nível de eficiência energética da edificação é classificado de (A) a (E), sendo que somente os prédios que recebem a classificação (A) ganham o selo Procel Edifica.

O Poder Judiciário fluminense conveniou com a Eletrobras, aos 07 de dezembro de 2012, projeto destinado a promover, com base no Plano Nacional de Eficiência Energética (PNEf), o processo de etiquetagem PROCEL EDIFICA-Inmetro, tendo como edificação piloto o prédio do fórum novo de Niterói, a irradiar, oportunamente, o mesmo processo aos demais prédios em obras ou a construir.

Desde então, os projetos básicos de edificação de novos fóruns e de reforma dos prédios existentes passaram a incluir, como itens obrigatórios de critérios técnicos, os de eficiência energética (cobertura verde, vidros especiais, ar condicionado central com distribuição setorizada, elevadores inteligentes, instalações e equipamentos adequados à racionalização do uso das águas, aquecimento solar, equipamentos de alto desempenho, valorização da iluminação natural, uso de tintas à base de água e de materiais de acabamento com baixa volatilidade, uso de madeira certificada e de pisos permeáveis, etc.), canteiros de obras com baixo impacto ambiental, controle adequado de resíduos e bicicletário, entre outras soluções de sustentabilidade.

Ditos critérios nortearam os projetos de reformas e edificação dos prédios dos fóruns de Alcântara, Itaboraí, Mesquita, Nilópolis, Rio Bonito, Teresópolis, Rio das Ostras e Lâmina III do Fórum Central, nos quais foram instalados teto verde e área para segregação de resíduos, no biênio 2013-2014.

Ainda como medida pertinente ao eixo de racionalização dos recursos naturais e ao uso de bens públicos, a Presidência do Tribunal editou, acolhendo proposta da Comissão, o Ato nº 12/2014, que estabeleceu a padronização de impressão mediante o uso preferencial da Fonte Ecológica Spranq (ECOFONT), que enseja até 25% de economia de tinta na impressão de documentos que, dada a sua natureza, não possam ser exclusivamente virtuais.

O **eixo do gerenciamento de resíduos** é balizado pela Lei nº 12.305, de 02 de agosto de 2010, a chamada Lei da Política de Resíduos Sólidos, regulamentada, na administração da União, pelo Decreto federal nº 7.404/2010. Instituiu a separação obrigatória dos resíduos recicláveis daqueles não recicláveis. Considerada a índole essencialmente técnica da matéria, o Judiciário fluminense conveniou com a Universidade do Estado do Rio de Janeiro (UERJ), aos 21 de novembro de 2013, parceria de cooperação técnica e científica para a elaboração do Plano de Gerenciamento de Resíduos Sólidos do TJERJ. Elaborada pelo Instituto de Química daquela Universidade, após visitas às instalações e fontes geradoras das toneladas de resíduos decorrentes das atividades judiciárias, a versão preliminar do plano foi acolhida aos 05 de junho de 2014 e aprovada a sua versão final, após avaliação dos setores de campo, em novembro de 2014, consagrando as soluções gerenciais que serão implementadas para todo o ciclo da gestão dos resíduos sólidos, incluindo coleta, separação, transporte e destinação.

O **eixo da educação e sensibilização ambientais** parte da premissa de que a maioria das pessoas ainda não tem consciência dos impactos socioambientais que elas próprias produzem. Assim também ocorre com os servidores públicos, daí a importância de formar-se uma nova cultura institucional, nas atividades meio e fim do setor público, mediante ações educativas.

Palestras, cursos, exibição de filmes comentados e outras iniciativas do gênero podem vir a sensibilizar os servidores, com o objetivo de despertar a responsabilidade socioambiental individual e coletiva, bem como de capacitá-los para práticas administrativas sustentáveis.

Nos três últimos anos, ações desse teor foram deflagradas: o sistema interno de som do complexo do fórum central da Capital veiculou mensagens ambientais que orientam, por meio de ilustrações práticas, como economizar água e energia elétrica; alcançaram as vinte mil pessoas que, diariamente, aguardam, nos corredores daquele fórum, as audiências ou circulam pelo prédio, bem assim os serventuários e auxiliares que ali trabalham; também o sítio eletrônico do Tribunal dissemina mensagens ambientais periódicas; realizaram-se cursos de formação de agentes e monitores ambientais, bem como de capacitação para o preparo e condução de procedimentos licitatórios com observância de requisitos de sustentabilidade; sessões de cinema exibiram filmes acerca de saneamento, resíduos, consumo, gestão e mudanças climáticas; os novos servidores do Judiciário, aprovados em concursos públicos, são recepcionados pelo programa de integração funcional, em cujo temário se insere matéria ambiental nas matrizes de competência; o sítio eletrônico do Tribunal permite acesso ao *clipping* produzido pelo Ministério do Meio Ambiente, onde se sintetiza o noticiário ambiental divulgado na mídia nacional, e se dá acesso à legislação ambiental através do Banco do conhecimento ambiental.

A Escola da Magistratura mantém, há quinze anos, um fórum permanente de direito ambiental, promotor de eventos e palestras de especialistas e autoridades. Ela e a Escola de Administração Judiciária oferecem, a primeira, um módulo de direito ambiental no programa do curso de pós-graduação em direito administrativo, e, a segunda, um curso de pós-graduação em direito ambiental, cada curso com 360 horas-aula de duração e credenciamento pelo Conselho Estadual de Educação (CED).

Servidores treinados vêm impulsionando a execução dos convênios de cooperação ambiental: (a) com a Eletrobras, referente ao processo de etiquetagem (ENCE) PROCEL

EDIFICA-Inmetro; (b) com a UERJ, almejando a elaboração do Plano de Gerenciamento de Resíduos Sólidos; (c) com a SEPLAG (Secretaria de Planejamento e Gestão do Estado), facultando o acesso ao Sistema de Gestão de Gastos, do Governo do Estado do Rio de Janeiro; (d) com a AMPLA, para o estabelecimento de condições técnicas e financeiras de implementação de eficiência energética em unidades consumidoras situadas nas regiões servidas pela concessionária; (e) com a Secretaria de Estado do Ambiente, objetivando promover a integração institucional na execução de atividades de cooperação e assessoria técnica em gestão ambiental. E se prepara, em 2015, a formação de uma rede de sustentabilidade com a participação de representantes de órgãos e unidades da administração federal, estadual e municipal sediados no Rio de Janeiro, no propósito de compartilhar conhecimentos, experiências e apoios.

Ao **eixo da qualidade de vida no ambiente laboral** importa a melhoria da qualidade do ambiente de trabalho, em que o servidor exerce suas atividades e passa a maior parte de sua vida profissional ativa, por isso que o conceito abarca aspectos físicos, ambientais e psicológicos.

Em agosto e setembro de 2012, realizou-se o primeiro curso de noções de ergonomia, com a participação de serventuários de diversos setores e do qual resultou a criação, em outubro daquele ano, do Grupo de Trabalho em Ergonomia, que realiza reuniões mensais, com elaboração de *folder* e cartilha virtual com noções de ergonomia para os serventuários.

Seguiram-se visitas a serventias judiciárias, para análise e diagnóstico dos riscos ergonômicos, tendo em vista a implantação do processo judicial eletrônico, entre 2012 e 2013; produziu-se um vídeo para exibição nas serventias, mostrando a correção de posturas corporais em relação ao mobiliário e aos equipamentos de informática. Em 2015, dar-se-á prioridade aos cuidados ergonômicos pertinentes à virtualização de todos os processos judiciais, com a consequência de submeterem-se os serventuários a jornadas diárias prolongadas no manejo de computadores, com conhecidos efeitos sobre a acuidade visual e patologias físicas decorrentes de esforço repetitivo, responsáveis pela maioria das causas de licenças de afastamentos para tratamento de saúde.

O **eixo das contratações e licitações administrativas** estruturou-se a partir da Lei nº 12.349, de 15 de dezembro de 2010, introdutora, na Lei nº 8.666/93, a chamada Lei Geral das Licitações e Contratações Administrativas, de modificações que abrem um novo ciclo para a gestão dos contratos públicos, qual seja, o da incorporação, como cláusula geral obrigatória, do desenvolvimento nacional sustentável.

Intensas, em extensão e profundidade, são as repercussões dessa cláusula sobre as várias fases do processo administrativo das contratações de compras, obras e serviços. Alcançam a especificação de materiais e produtos, a elaboração de projetos básicos de obras e serviços, a estimativa dos preços de mercado, a definição dos critérios de julgamento de propostas, o exercício do juízo de aceitabilidade de preços, a análise de impugnações a atos convocatórios de licitações, o julgamento de recursos administrativos, a adjudicação do objeto e a homologação do procedimento competitivo.

Em rigor, nada escapa à necessidade de revisão e de ajustamento em todos os segmentos que configuram o devido processo legal da contratação, a que se devem adaptar órgãos, entidades e agentes, na administração direta e na indireta de qualquer dos poderes de todos os entes federativos, bem como fornecedores, prestadores de serviços e executores de obras que pretenderem participar dos certames licitatórios ou contratar com a administração estatal, no desempenho do compromisso jurídico-administrativo com o desenvolvimento sustentável.

A Lei nº 12.349/10 converteu em dever jurídico o que antes não passava de apelo politicamente correto, dever esse que cobrará a responsabilidade dos administradores públicos, por isso que impende conhecê-lo e bem praticá-lo. As mais recentes inovações legislativas, desdobrando as incumbências que o art. 225, §1º, da Carta Fundamental assina aos poderes públicos, deixam claro que a estes cabe papel essencial no cumprimento desses compromissos, na medida em que é o estado um dos maiores, senão o maior, contratantes permanentes de produtos, serviços e obras, tanto que se estima em 16% do PIB a participação de todos os contratos celebrados por órgãos e entidades estatais e paraestatais na economia do país.

O Ato nº 6, de 2014, da Presidência do Tribunal, aprovou minutas padronizadas de editais e de contratos, incluindo requisitos de sustentabilidade, e instituindo o chamado Guia Verde, onde são indicadas, de acordo com normas técnicas de entidades normalizadoras credenciadas (*v.g.*, ABNT e Inmetro), as especificações que devem preencher os bens e serviços mais comumente licitados, sob pena de desclassificação da proposta que descumpra aqueles requisitos e essas especificações. E Ato de setembro de 2014 aprovou, após ano e meio de discussões entre os gestores judiciários estaduais, até que se aportou a consenso, incluindo os requisitos da sustentabilidade, o manual dirigente do ciclo de contratação e suas respectivas rotinas operacionais, a serem observados por todos os agentes administrativos.

A questão ambiental insere-se, cada vez mais, nas atividades relativas ao sistema produtivo e à administração das organizações, indissociáveis as variáveis ambientais de suas decisões estratégicas. Pontos de tensão são inevitáveis na aplicação e interpretação de princípios e normas, dos quais decorram requisitos de sustentabilidade a serem observados na atuação de órgãos e entidades integrantes da administração pública, bem assim das sociedades empresárias.

Esses pontos de tensão geram conflitos que vêm sendo judicializados em progressão geométrica, sobretudo mediante ações civis públicas propostas pelo Ministério Público. Basta referir que demandas versando sobre danos e direitos ambientais, distribuídas aos Juízos e instâncias do Judiciário fluminense, apresentam a seguinte evolução: na década de 1970, foram aforadas três ações; na de 1980, seis ações; na de 1990, 74 ações; na primeira década do novo século, 2.759 ações. Daí a relevância de se conhecer o desenvolvimento dos princípios e normas de sustentabilidade e suas implicações, inclusive no plano das responsabilidades civil, administrativa e penal, seja para evitá-las, reduzi-las ou administrar os seus efeitos e consequências.

A sustentabilidade é necessariamente sistêmica, inter e multidisciplinar, examinando aspectos que pareceriam alheios uns dos outros, mas que se defrontam, reciprocamente influentes, nas confluências, superposições, interseções e tangências da sustentabilidade, a exigir gestão eficiente e eficaz em todas as etapas de seu ciclo virtuoso – planejamento, execução, controle e avaliação, desde a gestão da infraestrutura até a de serviços prestadores dos direitos sociais fundamentais (CR/88, art. 6º) e suas políticas públicas de efetivação em prol de todos os cidadãos, sem exclusão.

O tema já apresenta bibliografia denotativa do interesse e da responsabilidade com que dele se ocupam autores e editores.

Luciana Maria Junqueira Terra, Luciana Pires Csipai e Mara Tieko Uchida destacam que, nas licitações sustentáveis,

> quando da definição das características técnicas do objeto, a Administração deve adotar nível de detalhamento compatível com o atendimento a suas necessidades, inserindo os critérios ambientais pertinentes, aos quais as propostas de todos os licitantes deverão necessariamente atender, sob pena de desclassificação. Todavia, deve ter a cautela de limitar as exigências aos estritos termos necessários para o cumprimento da finalidade ambiental pretendida, sem imposições que potencialmente restrinjam a competividade do certame ou favoreçam dado fornecedor.
> A medida essencial a ser tomada em tal momento é, sem dúvida, a formalização de justificativa técnica no processo, a cargo de profissional da área, elencando as razões que levaram à opção por aquela exata configuração do objeto da licitação. Em outras palavras, a definição deverá basear-se em fundamentos objetivos, que assegurem a proteção ao meio ambiente ao mesmo tempo em que satisfaçam adequadamente a necessidade concreta da Administração.
> As especificações vedadas pelo ordenamento jurídico são aquelas que representem preferências ou distinções impertinentes ou irrelevantes (art. 3º, I, Lei nº 8.666/93). Ao contrário, quando há justificativa técnica robusta que demonstra a pertinência e relevância de determinada exigência ambiental, é plenamente possível optar pelo objeto ambientalmente favorável, ainda que potencialmente reduza de forma sensível a competitividade entre os fornecedores do setor afetado.
> Aliás, mediante tal justificativa técnica, também é possível superar o entrave do menor preço, sempre presente quando se fala em licitação sustentável, vez que muitos dos objetos ambientalmente amigáveis costumam ser mais caros que os produtos dos demais concorrentes, que não apresentam as mesmas qualidades.
> Normalmente, apesar do eventual preço superior no momento do julgamento da licitação, o objeto ambiental atenderá ao requisito da economicidade a longo prazo, no âmbito da própria execução contratual, no decorrer de seu uso, manutenção e descarte.
> Por exemplo, quando a Administração adquire o chamado "computador verde", cujos componentes contêm menor nível de substâncias tóxicas, ainda que pague preço maior, estará economizando recursos na fase de desfazimento do bem, pois não precisará adotar medidas especiais para evitar riscos de contaminação (Formas práticas de implementação das licitações sustentáveis: três passos para a inserção de critérios socioambientais nas contratações públicas, (SANTOS, Murillo Giordan; BARKI, Teresa Villac Pinheiro. Licitações e contratações públicas sustentáveis. Belo Horizonte: Fórum, 2011. p. 229-230).

Sérgio Augustin e Letícia Gonçalves Dias Lima ponderam que

> a Justiça brasileira, de um modo geral, é acometida por dificuldades em atender de forma rápida e eficaz às contendas a ela submetidas. Por óbvio, na seara ambiental o problema se agrava e a rápida solução dos conflitos é imperativa, sob pena de se configurar uma situação de irreversibilidade. Em sendo o Brasil um dos países mais avançados em legislação ambiental, em que pese seus problemas de estrutura judicial, é no mínimo inquietante a situação atual dos ordenamentos jurídicos que ainda não alcançaram tão organizado aparato legal. Isto é, se o ordenamento pátrio encontra dificuldades, apensar de todo o arcabouço legislativo a seu dispor, o que dizer daquelas nações que ainda sequer distinguiram mecanismos básicos de ordem jurisdicional em favor da defesa do ambiente? A questão merece discussão em nível global, a partir do olhar holístico do direito, em razão da natureza social das demandas ambientais... O grande desafio da sociedade globalizada é educar-se para a formação de uma nova cultura social, alcançada por meio

de novos horizontes científicos, de práticas radicais, aptas a incutir nos indivíduos valores de ecocidadania" (Meios alternativos para o desenvolvimento de uma nova cultura social ambiental. (FLORES, Nilton Cesar Flores (Org.). *A sustentabilidade ambiental em suas múltiplas faces*. São Paulo: Millennium, 2012. p. 66).

Pérsio Arida responde à pergunta recorrente dos incrédulos – "quanto de produto a sociedade global está disposta a sacrificar hoje para não ter que enfrentar uma catástrofe climática no futuro?":

> Se a taxa intertemporal de desconto for alta, a resposta tende a ser muito pouco. Se for baixa, a propensão ao sacrifício fica maior. Mas não sabemos, com certeza, muito sobre a catástrofe em si, se vai ocorrer no curto prazo de cinquenta anos ou em um século, se o estoque acumulado de gás carbônico aumenta a temperatura de forma linear ou se o processo tem um *turning point* a partir do qual se torna irreversível, ou mesmo se há algum mecanismo de autoequilíbrio do planeta que detenha os processos em curso. Não temos resposta exata para nenhuma dessas questões. Vale a pena sacrificar o produto hoje mesmo assim? Minha resposta é sim. Vamos supor que a catástrofe climática seja um evento com baixa probabilidade. O fato de ter baixa probabilidade não quer dizer que possa ser ignorada, por assim dizer, porque teria consequências dramáticas para o mundo, caso viesse a acontecer. Se há uma probabilidade, ainda que baixa, de uma catástrofe global, devemos reduzir a taxa de crescimento para tentar equacionar o problema... Muitas vezes escuto a pergunta: mas se há tanta incerteza, no plano científico, sobre a inevitabilidade da catástrofe climática, por que deveríamos sacrificar o padrão de vida hoje? A resposta mais adequada é contraintuitiva: justamente porque não conseguimos atribuir uma probabilidade exata da catástrofe, justamente porque não podemos prever pontos de irreversibilidade, devemos ser mais prudentes, e não menos! (ARNT, Ricardo. *O que os economistas pensam sobre sustentabilidade*. 2. ed. São Paulo: Editora 34, 2011. p. 237)

5 Conclusão

Quatro advertências parecem inarredáveis: 1ª, a pergunta inteligente não é a que indaga qual o custo da sustentabilidade, mas, sim, qual o custo de ser a sustentabilidade ignorada pelo planejamento das ações governamentais, nesta geração e nas vindouras; 2ª, a de que, ao contrário do que imaginavam os economistas clássicos, não é a oferta que produz a demanda, porém esta é que condiciona aquela; 3ª, a de que intervenções arbitrárias e açodadas do poder público – especialmente na concessão dos serviços públicos essenciais – produzirão insegurança jurídica e a certeza técnica de que qualquer avaliação de riscos deverá considerar o custo da interferência do governo no quadro regulatório; 4ª, a de que a sustentabilidade há de gerar um novo paradigma para identificar-se, nas contratações de compras, obras e serviços pela administração pública, a proposta mais vantajosa, que deverá ser a de menor preço dentre as que cumprirem os requisitos da sustentabilidade, destinando-se à desclassificação as de preço inferior, mas que os desatendam, consoante prévia e consistentemente constar do planejamento do órgão licitador.

Quanto maiores a dimensão e a complexidade da organização, maior o desafio de estruturarem-se, com racionalidade, eficiência, eficácia e transparência, ações comprometidas com a sustentabilidade – daí o imperativo do planejamento, ponto crucial do tema: as contratações administrativas hão de ser precedidas de planejamento que enuncie justificativas, defina prioridades, estabeleça critérios objetivos, fixe metas, estime custos e riscos, sob pena de as contratações não se mostrarem aptas e produzir resultados conformes à sustentabilidade, ou a supor que o fazem sem, todavia, evidenciada pertinência, cuja transparência e objetividade ganham especial relevo no estado democrático de direito.

O estado democrático de direito pretende virar pelo avesso o mais tenebroso caráter do poder, como explica Bobbio e basta, à guisa de conclusão sobre a realidade dos fatos postos à vista da sociedade brasileira:

> A tendência do poder para imitar a potência de Deus sempre existiu. Pense no que é a democracia em relação à autocracia. A democracia é a tentativa de tornar o poder visível a todos; é, ou deveria ser, poder em público, ou seja, aquela forma de governo em que a esfera do poder invisível está reduzida ao mínimo. Como poderiam ser eleitas pessoas que não se deixam ver? A autocracia não pode dispensar o gabinete secreto, que é exatamente o lugar no qual o poder é o menos visível possível. As decisões devem ser tomadas em segredo porque o povo não deve conhecer, não deve saber... As decisões de poder devem ser secretas, ainda que o poder, para ser poder, deva de algum modo manifestar-se. Pense nas grandes festas, nos arcos do triunfo, na pompa ostentada, na carruagem real que passa em meio às duas alas da multidão. O poder se esconde e ao mesmo tempo se manifesta para tentar atrair a atenção, para seduzir o povo com a pompa e o fausto. É invisível, mas tem necessidade de se fazer ver. Com o segredo, o poder busca inculcar temor; com a pompa e o fausto, o poder tenta seduzir. Temor e respeito estão estreitamente ligados à questão do segredo do poder. O poder quer ser temido e respeitado. O temor e o respeito estão atados... Tanto o temor quanto a veneração são dois comportamentos de submissão: o primeiro com o terror, o segundo com a admiração... na triste ocorrência da corrupção, maior a arbitrariedade dos funcionários e dos políticos, maior o seu poder de tomar decisões arbitrárias, tanto mais fácil corrompê-los. Com frequência as propinas são cobradas por indivíduos que ocupam cargos públicos a partir dos quais exercem um certo poder discricionário. A discricionariedade deve ser entendida em sentido amplo. Até os contínuos podem ter o poder de apagar a seu bel-prazer o processo de transferência de documentos de uma repartição para outra. Em contrapartida, quanto mais o desempenho dos políticos e dos funcionários está sujeito a regras e verificações, menor é a possibilidade de corromper. A transparência é de um elemento fundamental para o funcionamento da democracia: ela permite o controle por parte dos cidadãos sobre as atividades dos governantes, que funda e legitima a democracia representativa. A delegação de poder por parte dos cidadãos aos seus representantes pressupõe de fato a possibilidade de conhecer, avaliar e eventualmente sancionar o seu desempenho. Isto vale tanto para os representantes eleitos, que têm a tarefa de tomar as decisões políticas, quanto para os administradores de carreira, que devem implementar aquelas decisões (BOBBIO, Norberto. *Diálogo em torno da República*. Tradução Daniela Beccaccia Versiani. Rio de Janeiro: Campus, 2002. p. 106-111).

CAPÍTULO XIII

ROTEIRO ANOTADO DE PROCEDIMENTOS LICITATÓRIOS MEDIANTE PREGÃO (PRESENCIAL E ELETRÔNICO) E PARA A FORMAÇÃO DE SISTEMA DE REGISTRO DE PREÇOS

PARTE I – LICITAR MEDIANTE PREGÃO

1 Devido processo legal

1.1 Introdução

A modalidade do pregão foi instituída com o fim de imprimir celeridade ao processo de licitação para a contratação de compras ou serviços cujo objeto seja encontrado no mercado com as mesmas características e especificações que interessam à administração, por isto que a lei chama esse objeto de "comum". Não sendo comum, isto é, se o objeto houver de contar com especificações ou características diferenciadas, não cabe licitar a sua contratação mediante pregão.

O procedimento do pregão tende a ampliar a competição e a estimular a redução de preços, sem impedir a administração de desclassificar propostas viciadas por preço excessivo ou inexequível.

Cinco são os principais pontos de distinção entre o pregão, de que cuida a Lei nº 10.520/02, e as demais modalidades licitatórias, previstas na Lei nº 8.666/93 (concorrência, tomada de preços e convite):

1º cabimento qualquer que seja o valor estimado do objeto a licitar-se, desde que seja comum;

2º inversão das etapas de habilitação e de julgamento de propostas de preço, passando estas a ocorrer antes daquelas;

3º exame dos documentos de habilitação apenas do licitante cuja proposta foi classificada em primeiro lugar;

4º disputa de preços através de lances sucessivos, em forma verbal (pregão presencial) ou por via eletrônica;

5º interposição de recurso administrativo somente ao final de todo o procedimento.

1.2 Fases interna e externa

O processo administrativo do pregão, à semelhança dos demais processos licitatórios, qualquer que seja a modalidade, desenvolve-se por meio de fases: uma interna (preparatória) e outra externa.

A fase interna transcorre no âmbito restrito da administração – daí o rótulo "interna" – e visa ao levantamento das informações necessárias à fixação das normas que disciplinarão a competição e à modelagem da solução contratual compatível com as características e especificações que deve ter o objeto, com o fim de atender aos interesses da administração.

Nessa etapa, a administração pública poderá concluir pela necessidade de uma licitação, definindo-lhe a modalidade aplicável, ou pelo cabimento de uma contratação direta, se dispensável ou inexigível for a licitação, de acordo com as hipóteses previstas em lei.

Na fase externa, desenvolve-se a competição propriamente dita, com início a partir da publicação do edital, que abre o certame ao conhecimento e à participação dos interessados, daí o rótulo "externa".

As fases devem observar sequência certa e ordenada de atos, tal como estabelecida na Lei nº 10.520/02, específica para o pregão, que será conjugada com as regras da Lei Geral de Licitações (Lei nº 8.666/93), de aplicação subsidiária.

1.3 Normas que disciplinam a fase interna

Os atos que constituem o procedimento do pregão (presencial ou eletrônico) estão previstos em várias sedes normativas: Lei nº 10.520/02; Decreto nº 3.555/00; Decreto nº 5.450/05; Lei Complementar nº 123/06; Decreto nº 8.538/15; aplicação subsidiária da Lei nº 8.666/93; Instrução Normativa nº 02, de 30 de abril de 2008, do Ministério do Planejamento, Orçamento e Gestão, que fixa diretrizes para a contratação de serviços, continuados ou não; Orientação Normativa[176] SEGES/MPOG nº 02, de 06 de junho

---

[176] A Orientação Normativa estabelece os procedimentos das fases interna e externa que deverão ser adotados por pregoeiros e equipes de apoio nos processos de aquisição de materiais e serviços, visando o aperfeiçoamento dos procedimentos realizados nos pregões eletrônicos, também utilizados em pregões presenciais, naquilo que for compatível.
É reproduzida a seguir, a ordem de atos e documentos desenvolvida pela SEGES/MPOG, aplicável à fase interna da licitação na modalidade pregão, no formato eletrônico, e, ainda, à fase interna do pregão, no formato presencial, no que for compatível:
ANEXO I
1. O procedimento licitatório foi iniciado com a abertura de processo administrativo devidamente autuado e numerado, quando processo físico, ou registrado quando processo eletrônico?
2. Consta a solicitação/requisição do objeto, elaborada pelo agente ou setor competente?
3. Encontra-se prevista a exigência de amostra ou prova de conceito para algum item?
3.1 A exigência está clara, precisa e acompanhada de metodologia de análise?
3.2 A exigência está prevista na fase de aceitação, após a etapa de lances, e apenas para o vencedor?

de 2016, que estabelece os procedimentos da fase interna (e externa) que deverão ser adotados por pregoeiros e equipes de apoio nos processos de aquisição de materiais e serviços, visando ao aperfeiçoamento dos procedimentos realizados nos pregões eletrônicos, também utilizados em pregões presenciais, naquilo que for compatível. Aplicam-se, ainda, as deliberações do Tribunal de Contas da União com força vinculante, isto é, de cumprimento obrigatório pela administração que aplica recursos federais.

4. A autoridade competente da unidade demandante justificou a necessidade da contratação e aprovou o Termo de Referência?
4.1 No caso de contratação por registro de preços, a autoridade competente justificou a utilização do SRP com base em alguma das hipóteses previstas no artigo 3º do Decreto nº 7.892 de 23 de janeiro de 2013?
5. A autoridade competente da unidade demandante definiu o objeto do certame de forma precisa, suficiente e clara?
6. Há autorização da autoridade competente permitindo o início do procedimento licitatório?
7. A autoridade competente designou o pregoeiro e a respectiva equipe de apoio?
7.1 A equipe de apoio é formada, na sua maioria, por servidores ocupantes de cargo efetivo ou emprego público, preferencialmente, na entidade promotora da licitação?
8. No caso de licitação para registro de preços a Administração realizou o procedimento de Intenção de Registro de Preços – IRP, visando o registro e a divulgação dos itens a serem licitados?
8.1 No caso de dispensa da divulgação da Intenção de Registro de Preços – IRP, há justificativa do órgão gerenciador?
8.2 No caso de existir órgãos ou entidades participantes, a Administração consolidou as informações relativas à estimativa individual e total de consumo, promovendo a adequação dos respectivos termos de referência encaminhados para atender aos requisitos de padronização e racionalização?
8.3 A Administração confirmou junto aos órgãos ou entidades participantes a sua concordância com o objeto a ser licitado, inclusive quanto aos quantitativos, preços estimados e termo de referência?
9. Foi realizada ampla pesquisa de preços do objeto da licitação baseada em critérios aceitáveis na forma prevista na IN SLTI/MP nº 5, de 27 de junho de 2014?
9.1 Tratando-se de serviço, existe orçamento detalhado em planilhas que expresse a composição de todos os seus custos unitários baseado em pesquisa de preços praticados no mercado do ramo do objeto da contratação?
9.2 Para fins de orçamentação e análise de vantajosidade nas licitações de bens e serviços, foram priorizados os parâmetros previstos nos incisos I (Portal de Compras Governamentais) e III (contratações similares de outros entes públicos) do art. 2º da IN SLTI/MP n º 5, de 2014?
10. O procedimento licitatório possui a indicação do recurso próprio para a despesa, caso não seja SRP?
11. Há minuta de edital e anexos?
11.1 termo de referência;
11.2 contrato ou documento assemelhado;
11.3 ata de registro de preços, se for o caso; e
11.4 planilha de quantitativos e custos unitários, se for o caso (serviço).
12. No caso de realizada a licitação por pregão presencial, consta a justificativa válida quanto à inviabilidade de utilizar-se o formato eletrônico?
13. O edital prevê a forma de apresentação da proposta comercial, com a indicação precisa de como o valor deve ser ofertado (total ou por item), incluindo, caso necessário, a apresentação da planilha de custos?
14. O Edital estabelece prazo razoável de validade das propostas comerciais compatível com a duração do certame e dentro dos prazos previsto na legislação vigente?
15. O edital fixa o prazo de envio de documentos complementares à habilitação de acordo com a IN nº 1, de 26 de março de 2014 (mínimo 120 minutos), pela ferramenta de convocação de anexo?
16. Foram consultados os decretos que dispõem sobre margem de preferência?
17. Foi prevista a aplicação dos benefícios dispostos nos arts. 42 a 49 da Lei Complementar nº 123, de 14 de dezembro de 2006, e seu regulamento, o Decreto nº 8.538, de 6 de outubro de 2015?
18. Os autos foram instruídos com parecer jurídico?
18.1 Houve alteração sugerida pela assessoria jurídica, bem como o retorno dos autos para parecer conclusivo, caso aquela tenha requerido?
18.2 Houve algum ponto em que não foi aceita a recomendação da assessoria jurídica com a devida justificativa para tanto?
19. O prazo definido para publicação é adequado ao objeto da licitação, considerando a complexidade do objeto, em respeito aos princípios da publicidade e da transparência?
19.1 Quanto ao âmbito de publicação houve obediência ao disposto no art. 17 do Decreto nº 5.450, de 31 de maio de 2005 e IV, §1º, art. 8º da Lei nº 12.527, de 18 de novembro de 2011?

A ordem de requisitos apresentada no roteiro é a que segue:
1 Devido processo legal
1.1 Introdução
1.2 Fases interna e externa
1.3 Normas que disciplinam a fase interna
1.3.1 Abertura de processo administrativo, devidamente autuado, protocolado e numerado
1.3.1.1 Processo administrativo obrigatório
1.3.1.2 Gestão documental e proteção a documentos e arquivos
1.3.1.3 Autuação
1.3.1.4 Protocolo
1.3.1.5 Numeração
1.3.1.6 Páginas numeradas, assinatura, firma ou rubrica
1.3.2 Solicitação do objeto
1.3.3 Justificativa/motivação da contratação
1.3.4 Autorização para a instauração da licitação
1.3.4.1 Bens e serviços de natureza comum
1.3.4.2 Bens e serviços de tecnologia da informação
1.3.4.3 Justificativa para não utilização do pregão, na forma eletrônica
1.3.5 Elaboração do termo de referência
1.3.5.1 Conteúdo básico do termo de referência
1.3.5.1.1 Proibição de especificações que limitem ou frustrem o caráter competitivo do certame
1.3.5.1.2 Definição de unidades e quantidades
1.3.5.1.3 Relação entre necessidade da contratação e quantidade do objeto
1.3.5.1.4 Licitação por lotes (grupos)
1.3.5.1.5 Licitação por itens
1.3.5.1.6 Demonstrativo de resultados a serem alcançados
1.3.5.1.7 Padronização (compras)
1.3.5.1.8 Indicação de marca (compras)
1.3.5.1.8.1 Exclusão de marca
1.3.5.1.9 Amostras ou protótipos (compras)
1.3.5.1.10 Margem de preferência (compras e serviços)
1.3.5.1.11 Condições relacionadas à subcontratação (compras e serviços)
1.3.5.1.12 Vistoria ou visita (serviços)
1.3.5.1.13 Fornecimento de peças ou materiais (serviços)
1.3.5.1.14 Transição contratual (serviços)
1.3.5.1.15 Direitos da administração contratante segundo a IN nº 02, de 30.04.2008, do MPOG (serviços)
1.3.5.1.16 Critério de mensuração dos serviços
1.3.5.1.17 Critérios de aceitação das propostas (compras e serviços)
1.3.5.1.17.1 Compatibilidade com o preço estimado
1.3.5.1.17.2 Fixação de preços máximos
1.3.5.1.17.3 Maior percentual de desconto sobre tabela de preço praticada no mercado
1.3.5.1.17.4 Menor taxa de administração

1.3.5.1.18 Prazo para início e conclusão do objeto, periodicidade da prestação dos serviços ou prazo de entrega dos bens (compras e serviços)
1.3.5.1.19 Critério de aceitação do objeto e prazo para substituições (compras e serviços)
1.3.5.1.20 Fixação de prazos para os recebimentos provisório e definitivo (compras e serviços)
1.3.5.1.21 Prazo de validade ou de garantia (compras e serviços)
1.3.5.1.22 Obrigações do contratado e contratante
1.3.5.1.23 Procedimentos de fiscalização, atestação e gerenciamento do contrato
1.3.5.1.24 Local de entrega dos bens ou da prestação dos serviços
1.3.5.1.25 Prazo para assinatura do termo de contrato ou aceite/retirada do instrumento equivalente
1.3.5.1.26 Sanções
1.3.5.1.26.1 Inserção das sanções no edital ou em seus anexos
1.3.5.1.27 Fusão, cisão e incorporação do licitante/contratado
1.4 Pesquisa de preços praticados pelo mercado/orçamento
1.4.1 Publicidade da pesquisa de preços/orçamento
1.5 Custos da prestação do serviço, com a respectiva metodologia (orçamento detalhado em planilhas de composição de custos)
1.6 Aprovação motivada do termo de referência
1.7 Indicação dos recursos orçamentários
1.8 Designação do pregoeiro e da equipe de apoio
1.9 Elaboração do edital
1.9.1 Anexos do edital
1.9.1.1 Termo de referência
1.9.1.2 Planilha de formação de custos, se aplicável (serviços)
1.9.1.3 Modelo de declaração (vedação à contratação de menor)
1.9.1.4 Modelo de declaração de que o licitante cumpre plenamente os requisitos de habilitação
1.9.1.5 Modelo de declaração de que o licitante não ultrapassou o limite de faturamento e que cumpre os requisitos estabelecidos no art. 3º da Lei Complementar nº 123/06, estando apto a usufruir do tratamento favorecido estabelecido nos arts. 42 ao 49 da referida Lei Complementar
1.9.1.6 Termo de contrato, se for o caso
1.10 Análise pela assessoria jurídica
1.10.1 Análise jurídica e minuta padrão
1.10.2 Discordância do parecer jurídico
1.11 Publicação do edital

Vários dos itens que integram a fase instrutória da contratação direta (capítulo intitulado "O devido processo legal da contratação direta – Das normas gerais às regras da cotação eletrônica e do cartão corporativo"), a exemplo da autuação, numeração e protocolo do processo, justificativa/motivação da contratação, definição das unidades e quantidades e pesquisa de preços, também compõem a fase interna do procedimento licitatório na modalidade do pregão, a justificar as repetições neste capítulo.

A seguir, a ordem de requisitos que, de ordinário, deve instruir a fase interna da modalidade do pregão, nos formatos presencial e eletrônico:

1.3.1 Abertura de processo administrativo, devidamente autuado, protocolado e numerado

Lei nº 10.520/02

Art. 3º A fase preparatória do pregão observará o seguinte: (...) III – dos *autos do procedimento* constarão a justificativa das definições referidas no inciso I deste artigo e os indispensáveis elementos técnicos sobre os quais estiverem apoiados, bem como o orçamento, elaborado pelo órgão ou entidade promotora da licitação, dos bens ou serviços a serem licitados;

Decreto nº 3.555/00

Art. 21. Os atos essenciais do pregão, inclusive os decorrentes de meios eletrônicos, *serão documentados ou juntados no respectivo processo*, cada qual oportunamente, compreendendo, sem prejuízo de outros, o seguinte: (...)

Lei nº 8.666/93

Art. 38 O procedimento da licitação será iniciado com a abertura de processo administrativo, devidamente *autuado, protocolado e numerado*, contendo a autorização respectiva, a indicação sucinta de seu objeto e do recurso próprio para a despesa, e ao qual serão juntados oportunamente: (...)

1.3.1.1 Processo administrativo obrigatório

De acordo com o art. 37, inc. XXI, da Constituição Federal, obras, serviços, compras e alienações serão, inclusive as exceções previstas na legislação, contratados pela administração mediante processo, que assegure igualdade de condições a todos os concorrentes.

A ordem constitucional não admite que o contrato celebrado entre a administração pública e terceiro, com ou sem licitação, resulte de fonte diversa do processo, que é a sede formal para o registro completo de todos os passos dados pela administração. Em seus autos devem ser lançados, como peças obrigatórias, os atos e documentos essenciais à sua instrução, que nada mais almeja do que assegurar que a administração tenha comprovadamente escolhido a proposta mais vantajosa.

1.3.1.2 Gestão documental e proteção a documentos e arquivos

A Lei nº 8.159/91, que dispõe sobre a política nacional de arquivos públicos e privados, impõe ao poder público o dever de proteger documentos e arquivos, como instrumento de apoio à administração e como elemento de prova e informação. Seu art. 7º define arquivos públicos como conjuntos de documentos produzidos e recebidos, no exercício de suas atividades, por órgãos públicos de âmbito federal, estadual, distrital e municipal, em decorrência de suas funções administrativas, legislativas e judiciárias.

Público é, também, o conjunto de documentos produzidos e recebidos por instituições de caráter público, bem como por entidades privadas encarregadas da gestão de serviços públicos no exercício de suas atividades.

O devido processo licitatório destina-se a comprovar documentalmente o desenrolar de toda a atividade administrativa atinente à aquisição de bens, serviços, obras e alienações. Nos autos devem estar todos os elementos necessários à demonstração de regular – porque de acordo com as normas de regência – e vantajosa – porque condizente com as melhores condições de mercado – contratação.

Eis o fundamento do dever de formalizar, arquivar e proteger todos os documentos e atos que conduzem ao contrato administrativo, em prol de salvaguardar a responsabilidade dos agentes públicos atuantes no processo e da efetividade das ações de controle.

1.3.1.3 Autuação

Lei nº 9.784/99

Art. 2º (...) Parágrafo Único: Nos processos administrativos serão observados, entre outros, os critérios de: I – autuação conforme a lei e o direito;

O processo licitatório será autuado, recebendo numeração própria e única. Autuar é dar existência material a um processo ou procedimento.

A autuação confere confiabilidade e fidedignidade às informações, evita a ocorrência de extravio de documentos e informações e possibilita aos órgãos de controle o pleno exercício de suas competências.

1.3.1.4 Protocolo

Protocolizar um processo administrativo significa registrá-lo em protocolo. A administração deve dispor de livro ou outro instrumento hábil, ou mesmo por meio eletrônico, no qual serão registrados: o número de ordem de cada processo, data, setor interessado, objeto, entre outros dados necessários à sua identificação. O registro em protocolo é o testemunho formal da existência do processo.

1.3.1.5 Numeração

A Numeração Única de Processo (NUP) é o identificador do processo administrativo, exclusivo, inconfundível com qualquer outro e fundamental para a organização administrativa do órgão, em decorrência de suas funções administrativas.

1.3.1.6 Páginas numeradas, assinatura, firma ou rubrica

Lei nº 9.784/99

Art. 22. Os atos do processo administrativo não dependem de forma determinada senão quando a lei expressamente a exigir. (...) §4º O processo deverá ter suas páginas numeradas seqüencialmente e rubricadas.

Decreto nº 93.872, de 23.12.1986, que dispõe sobre a unificação dos recursos de caixa do Tesouro Nacional, atualiza e consolida a legislação pertinente e dá outras providências:

Art. 40. A assinatura, firma ou rubrica em documentos e processos deverá ser seguida da repetição completa do nome do signatário e indicação da respectiva função ou cargo, por meio de carimbo, do qual constará, precedendo espaço destinado à data, e sigla da unidade na qual o servidor esteja exercendo suas funções ou cargo.

No procedimento do pregão, caberá à equipe de apoio receber e examinar, formalmente – sem nada decidir sobre o respectivo conteúdo, posto que o responsável pelas decisões é, exclusivamente, o pregoeiro –, todos os documentos que integrarão o processo, cujas folhas serão sequencialmente numeradas, obedecendo à ordem cronológica do mais antigo para o mais recente, isto é, os mais antigos serão os primeiros do conjunto.

As folhas serão rubricadas por agente público e os documentos recebidos serão rubricados por membro da equipe, pelo pregoeiro ou por autoridade superior, conforme a distribuição das respectivas competências.

Seguem-se julgados do Tribunal de Contas da União acerca do tema:

9.1. dar ciência às [...] sobre as seguintes impropriedades: 9.1.1. ausência de numeração e rubrica nas páginas que compõem o processo referente ao Contrato 338/2007 e seus aditivos e os processos de pagamentos das ações publicitárias decorrentes de sua execução, contrariando o disposto no art. 22, §4º, da Lei nº 9784/1999; (Acórdão nº 2.223/2015 – Plenário, Relator Min. Raimundo Carreiro, Processo nº 033.905/2012-6)

9.6.4 observe o correto seqüenciamento das peças dos autos de processos e a devida numeração seqüencial das folhas (arts. 4º, parágrafo único, art. 38, *caput* e seus incisos e art. 60, *caput*, da Lei nº 8.666/1993); (Acórdão nº 1.257/2004, Plenário, Relator Min. Ubiratan Aguiar, Processo TC nº 009.051.2003-5, *DOU* de 03.09.2004)

9.5.10. proceda à correta formalização dos processos de licitação, de contratação direta e de execução contratual, observando a necessidade de numeração seqüencial das folhas do processo, bem como de arquivamento dos documentos na ordem cronológica dos acontecimentos, nos termos do art. 38 da Lei nº 8.666/93; (Acórdão nº 1.656/2003, Plenário, Relator Min. Walton Alencar Rodrigues, Processo TC nº 008.551.2003-8, *DOU* de 13.11.2003)

8.2.1. observe o fiel cumprimento do art. 38, *caput* e seus incisos, e art. 40, §1º, da Lei nº 8.666/93, relativos à regular autuação e constituição dos processos licitatórios, em especial quanto à numeração das folhas e aposição de rubrica imediatamente após a juntada dos documentos da licitação ao processo; à juntada de documentos originais ou autenticados, evitando folhas de fac-símile, cópias duplicadas do mesmo expediente, rascunhos e rasuras; à aposição de data e assinatura, com identificação do signatário, em todos os documentos elaborados pela empresa, a exemplo dos editais, convites e justificativas técnicas e à juntada dos comprovantes de entrega dos convites; (Decisão nº 955/2002, Plenário, Relator Min. Benjamin Zymler, Processo TC nº 012.795.2001-3, *DOU* de 13.08.2002)

(...) 2. De fato, não se pode admitir como simples falha formal a falta de numeração das folhas dos processos, mais ainda quando se observa que esta Corte já havia determinado à Unidade (alínea "l", item 8.2, da Decisão nº 197/97-Plenário) que adotasse esse procedimento, uma vez que violava o art. 38, da Lei nº 8.666/93. Além do mais, verificou-se que não se trata de uma falha ocorrida em um ou outro processo, mas em todos os processos examinados pela Equipe de Auditoria. Por oportuno, como bem salientou o

Sr. Diretor de Divisão, falhas dessa natureza propiciam fraudes no processo, mediante a inclusão ou exclusão de folhas. (Acórdão nº 595/2001, Segunda Câmara, Relator Min. Ubiratan Aguiar, Processo TC nº 005.557/2000-3, *DOU* de 30.10.2001)

1.3.2 Solicitação do objeto

O pedido ou requisição, efetuado pelo setor responsável da administração, independe de forma,[177] devendo conter, além da descrição clara do objeto, todas as características que lhe são peculiares e que o identifiquem, para que os demais setores envolvidos no processo possam desincumbir-se de suas respectivas tarefas, como as de elaboração do termo de referência, realização de pesquisa de preços para o mesmo objeto ou similar, e elaboração do edital e seus anexos.

Todas as informações referentes ao objeto, formalizadas na solicitação do órgão interessado na aquisição, permanecerão nos autos do processo licitatório, à disposição dos órgãos de controle e de qualquer interessado.

O Tribunal de Contas da União deliberou nesse sentido:

> 9.8.15 anexe as solicitações de bens e serviços aos respectivos processos, bem como a pesquisa de mercado necessária à elaboração de orçamentos; (Acórdão nº 254/2004, Segunda Câmara, Relator Min. Adylson Motta, Processo TC nº 011.869.2002-2, *DOU* de 09.03.2004)

A respeito da segregação de funções na administração pública:

> 9.3.4. observar o princípio da segregação das funções nos setores responsáveis pela administração dos contratos, impedindo que o pedido e respectivo recebimento do objeto contratado sejam feitos pelo mesmo funcionário; (Acórdão nº 935/2006, Segunda Câmara, Relator Min. Lincoln Magalhães da Rocha, Processo TC nº 006.875.2000-2, *DOU* de 26.04.2006)

1.3.3 Justificativa/motivação da contratação

Lei nº 10.520/02

Art. 3º A fase preparatória do pregão observará o seguinte:
I – *a autoridade competente justificará a necessidade de contratação* e definirá o objeto do certame, as exigências de habilitação, os critérios de aceitação das propostas, as sanções por inadimplemento e as cláusulas do contrato, inclusive com fixação dos prazos para fornecimento.

Decreto nº 3.555/00

Art. 8º A fase preparatória do pregão observará as seguintes regras: (...) III – a autoridade competente ou, por delegação de competência, o ordenador de despesa ou, ainda, o agente encarregado da compra no âmbito da Administração, deverá:

---

[177] Lei nº 9.784/99, art. 22: "Os atos do processo administrativo não dependem de forma determinada senão quando a lei expressamente a exigir".

(...)
b) *justificar a necessidade da aquisição*;
IV – constarão dos autos *a motivação* de cada um dos atos especificados no inciso anterior e os indispensáveis elementos técnicos sobre os quais estiverem apoiados, bem como o orçamento estimativo e o cronograma físico-financeiro de desembolso, se for o caso, elaborados pela Administração;
(...)
Art. 21. Os atos essenciais do pregão, inclusive os decorrentes de meios eletrônicos, serão documentados ou juntados no respectivo processo, cada qual oportunamente, compreendendo, sem prejuízo de outros, o seguinte: I – *justificativa da contratação*;

Decreto nº 5.450/05

Art. 9º Na fase preparatória do pregão, na forma eletrônica, será observado o seguinte: (...)
III – *apresentação de justificativa da necessidade da contratação*;
§1º *A autoridade competente motivará* os atos especificados nos incisos II e III, indicando os elementos técnicos fundamentais que o apoiam, bem como quanto aos elementos contidos no orçamento estimativo e no cronograma físico-financeiro de desembolso, se for o caso, elaborados pela administração;
(...)
Art. 30 O processo licitatório será instruído com os seguintes documentos: I – *justificativa da contratação*;

O Decreto nº 3.555/00, enquanto regulamentou a Medida Provisória nº 2.026-3, de 28.07.2000, estabeleceu, alternativamente, atribuição para a autoridade competente ou, por delegação, para o ordenador de despesa, ou, ainda, para o agente encarregado da compra no âmbito da administração, de justificar a necessidade da aquisição. Posteriormente, a Lei nº 10.520/02, seguida pelo Decreto nº 5.450/05 remeteram a mesma atribuição à autoridade competente do órgão ou entidade licitante.

As disposições do Decreto nº 3.555/00, que regulamentavam a medida provisória e que são compatíveis com a Lei nº 10.520/02, podem ser utilizadas no processo de interpretação desta, suprindo-lhe as lacunas. No caso de justificar a necessidade da contratação, prevalece a disposição da Lei nº 10.520/02, que a destinou, com o dever de motivar, à autoridade competente do órgão ou entidade licitante.

Não será suficiente a mera informação de que o objeto é necessário ao órgão ou à entidade. O princípio da motivação exige que o agente público apresente as razões que o levaram a tomar a decisão, ou seja, cumpre-lhe explicitar as razões de fato e de direito que justificam a necessidade da contratação. A falta dessa explicitação dificulta sindicar, sopesar ou aferir a correção do decidido, daí ser essencial que se apontem os fatos, as inferências deles extraídas e os fundamentos da decisão.

1.3.4 Autorização para a instauração da licitação

Decreto nº 3.555/00

Art. 7º À autoridade competente, designada de acordo com as atribuições previstas no regimento ou estatuto do órgão ou da entidade, cabe:

I – *determinar a abertura de licitação;*
(...)
Art. 21. Os atos essenciais do pregão, inclusive os decorrentes de meios eletrônicos, serão documentados ou juntados no respectivo processo, cada qual oportunamente, compreendendo, sem prejuízo de outros, o seguinte: (...)
V – *autorização de abertura da licitação;*

Decreto nº 5.450/05

Art. 30 O processo licitatório será instruído com os seguintes documentos:
(...) V – *autorização de abertura da licitação;*

Lei nº 8.666/93

Art. 38 O procedimento da licitação será iniciado com a abertura de processo administrativo, devidamente autuado, protocolado e numerado, contendo a *autorização* respectiva, a indicação sucinta de seu objeto e do recurso próprio para a despesa, e ao qual serão juntados oportunamente: (...)

A autoridade competente para autorizar a abertura da licitação é a mesma a quem a norma assina poderes para designar o pregoeiro e a equipe de apoio, decidir recursos, homologar o resultado da licitação.

Os regimentos internos que estruturam os órgãos e entidades públicas ordinariamente indicam se tais poderes são reservados a certa autoridade. Mas impedimento não há que esta os delegue para escalões subordinados, desde que por ato específico, que defina os limites da delegação.

Na hipótese de o regimento omitir-se ou adotar fórmula genérica, para que a autoridade de maior hierarquia decida acerca de assuntos afetos às contratações administrativas, entender-se-á que a competência para autorizar a abertura do procedimento licitatório é da autoridade competente para contratar.

1.3.4.1 Bens e serviços de natureza comum

Dispõe a Lei nº 10.520/02 que:

Art. 1º Para aquisição de bens e serviços comuns, poderá ser adotada a licitação na modalidade de pregão, que será regida por esta Lei.
Parágrafo único. Consideram-se bens e serviços comuns, para os fins e efeitos deste artigo, aqueles cujos padrões de desempenho e qualidade possam ser objetivamente definidos pelo edital, por meio de especificações usuais no mercado.

Configura a natureza comum de um bem ou serviço, para o efeito da utilização da modalidade pregão, a conjugação dos seguintes elementos: a existência de padrões, soluções e técnicas que possam ser objetivamente estabelecidos no termo de referência, a especificação dos eventuais materiais que serão empregados em sua execução e a existência de um mercado fornecedor, mesmo que restrito. A complexidade de execução, por si só, não afasta a utilização do pregão, quando todos aqueles elementos puderem ser identificados pela administração.

Não é o grau de complexidade do objeto, ou a área do conhecimento necessário para produzi-lo, que define se um bem ou serviço pode ou não ser considerado comum. É comum o objeto que, uma vez descrito, seja encontrado no mercado com as características desejadas pela administração.

Benjamim Zymler, Ministro do Tribunal de Contas da União, ensina que: "O administrador público, ao analisar se o objeto do pregão enquadra-se no conceito de bem ou serviço comum, deverá considerar dois fatores: os padrões de desempenho e qualidade podem ser objetivamente definidos no edital? As especificações estabelecidas são usuais no mercado? Se esses dois requisitos forem atendidos o bem ou serviço poderá ser licitado na modalidade pregão. A verificação do nível de especificidade do objeto constitui um ótimo recurso a ser utilizado pelo administrador público na identificação de um bem de natureza comum. Isso não significa que somente os bens pouco sofisticados poderão ser objeto do pregão, ao contrário, objetos complexos podem também ser enquadrados como comuns. O que se pretende com essa afirmação é orientar o gestor público a observar se, durante a realização do procedimento licitatório, devido às características do objeto, haverá a necessidade de análises mais aprofundadas quanto aos elementos técnicos, exigindo-se para tal a execução de testes que comprovem a adequação do objeto ofertado às especificações constantes do edital. Se identificada a necessidade de realização de testes ainda na realização do certame, fica evidente que esse objeto não pode ser definido como comum, sendo, portanto, impossível a sua aquisição via pregão" (Acórdão nº 313/04 – Plenário, Processo nº 012.678/2002-5).

O fato de um objeto integrar projeto inédito ou com eventuais complexidades tampouco repercute, necessariamente, no nível de dificuldade intrínseca de sua execução ou disposição no mercado, sendo possível o seu enquadramento na condição de comum desde que suas condições sejam objetivamente identificáveis entre o que ordinariamente se encontra no mercado.

Serviços não padronizáveis, ou seja, sujeitos a intensa atividade intelectual com razoável grau de subjetivismo, que precisam atender a demandas específicas da administração, cujos prestadores, para a satisfatória consecução do objeto, devam ser identificados pelo melhor desempenho técnico, afasta o conceito de especificações usuais do mercado, previsto no art. 1º da Lei nº 10.520/02.

Confrontem-se os precedentes:

> A predominância do caráter intelectual e criativo afasta o enquadramento dos serviços de comunicação digital, que são assemelhados aos de publicidade e propaganda, na definição de serviços comuns estabelecida na Lei nº 10.520/2002 (Lei do Pregão), e possibilita a adoção de licitação do tipo melhor técnica (Acórdão nº 6.227/2016 – Segunda Câmara, Rel. Min. André de Carvalho, Processo nº 033.681/2015-5. Boletim de Jurisprudência nº 128, de 2016)

> 1.7.2. à SecexEducação que: [...] 1.7.2.3. dê ciência à [...] de que no exercício de 2013: [...] 1.7.2.3.2. houve utilização indevida de pregão eletrônico, na contratação de serviços de Empresa de Engenharia Elétrica para fornecimento e instalação de subestação de média tensão para execução dos Serviços de Instalações Elétrica de média, baixa tensão e sistema de energia auxiliar autônoma (grupo gerador), os quais não estão inseridos no conceito de serviços comuns, contrariando o art. 2º, §1º, do Decreto nº 5.450, de 31.05.2005, bem

como o entendimento dessa Corte de Contas; (Acórdão nº 11.211/2015 – Segunda Câmara, Rel. Min. Andre de Carvalho, Processo nº 019.524/2014-5)

Em Prestação de Contas da [...], fora efetuada a audiência dos responsáveis em face, dentre outros aspectos, do uso indevido da modalidade pregão eletrônico para contratação de bens e serviços destinados à execução das obras de implantação da linha de transmissão 230 KV Desterro – Palhoça – Biguaçu, que não se enquadrariam na condição de bens e serviços comuns: fretamento de helicóptero; aquisição de estruturas metálicas e postes de concreto; serviços de escala, embalagem, carga, transporte e descarga de estruturas metálicas; fornecimento de escadas de manutenção para postes de concreto; e serviços de movimentação, transporte e descarregamento de três bobinas de cabo submarino. Ao analisar a ocorrência, registrou o relator que "a utilização do pregão vem beneficiando a administração pública com descontos maiores que os anteriormente vistos em concorrências", além de eliminar "conflitos demorados sobre a habilitação dos participantes. Apesar disso, volta e meia deparamo-nos com questionamentos acerca da pertinência do enquadramento do objeto licitado na condição de bens e serviços comuns". Sobre o caso concreto, ressaltou que os pareceres que concluíram pela inviabilidade do pregão eletrônico "fundam-se não em uma avaliação criteriosa da complexidade dos objetos licitados, mas das obras como um todo". Nesse sentido, destacou que "o fato de o fretamento de helicóptero servir a projeto inédito e com eventuais complexidades logísticas não repercute necessariamente no nível de dificuldade intrínseca do serviço", relembrando o Acórdão nº 798/2005 – 2ª Câmara, por meio do qual o Tribunal, no exame de licitação promovida pela [...], defendera a viabilidade da contratação desse item mediante pregão. Ademais, "o serviço complexo para determinada empresa pode não sê-lo para outra a ele acostumado". Nessa linha, concluiu o relator, não seria "incomum ao mercado e, em especial, a empresas da área de atuação da [...] a aquisição de estruturas metálicas e postes de concreto, serviços de manipulação dessas estruturas, escadas de manutenção e serviços de movimentação e transporte de bobinas de cabos". Considerando que os responsáveis comprovaram a competitividade dos pregões eletrônicos, o Plenário, acompanhando o relator, acolheu no ponto as justificativas apresentadas e, dentre outras decisões, julgou regulares com ressalvas as contas dos responsáveis (Acórdão nº 166/2015 – Plenário, Rel. Min. José Múcio Monteiro, Processo nº 028.277/2010-4. Informativo de Licitações e Contratos nº 229, de 2015)

Os serviços de auditoria independente, em regra, podem ser considerados serviços comuns, nos termos definidos no art. 1º, parágrafo único, da Lei nº 10.520/2002, sendo obrigatório o emprego da modalidade pregão, preferencialmente na sua forma eletrônica, para as licitações que os tenham por objeto (Acórdão nº 1.046/2014 – Plenário, Rel. Min. Benjamin Zymler, Processo nº 018.828/2013-2. Informativo de Licitações e Contratos nº 194, de 2014)

A utilização da modalidade pregão para a contratação de serviços de assessoria de comunicação é aceitável, desde que haja a precisa definição do objeto e de suas especificações, de modo a se atender aos requisitos estabelecidos na Lei nº 10.520/2002 e no Decreto nº 5.450/2005 (Acórdão nº 395/2013 – Plenário, Rel. Min. José Múcio Monteiro, Processo nº 044.347/2012-0. Informativo de Licitações e Contratos nº 142, de 2013)

É inviável o uso do pregão para contratação de serviços nos quais predomine a intelectualidade, assim considerados aqueles que podem apresentar diferentes metodologias, tecnologias e níveis de desempenho e qualidade, sendo necessário avaliar as vantagens e desvantagens de cada solução (Acórdão nº 601/2011 – Plenário, Rel. Min. José Jorge, Processo nº 033.958/2010-6. Informativo de Licitações e Contratos nº 54, de 2011)

Serviços de limpeza e conservação predial são comuns. (Acórdão nº 2.990/2010 – Plenário, Rel. Min. Raimundo Carreiro, Processo nº 027.991/2010-5. Informativo de Licitações e Contratos nº 41, de 2010).

A Lei nº 10.191/01, que dispõe sobre a aquisição de produtos para a implementação de ações de saúde no âmbito do Ministério da Saúde, dispõe que:

> Art. 2-A. A União, os Estados, o Distrito Federal e os Municípios poderão adotar, nas licitações de registro de preços destinadas à aquisição de bens e serviços comuns da área da saúde, a modalidade do pregão, inclusive por meio eletrônico, observando-se o seguinte: I – são considerados **bens e serviços comuns da área da saúde**, aqueles necessários ao atendimento dos órgãos que integram o Sistema Único de Saúde, cujos padrões de desempenho e qualidade possam ser objetivamente definidos no edital, por meio de especificações usuais do mercado. (grifamos)

1.3.4.2 Bens e serviços de tecnologia da informação

Nos termos da Lei nº 8.248/91, que dispõe sobre a capacitação e competitividade do setor de informática e automação,

> Art. 3º [...]
> §3º A aquisição de bens e serviços de informática e automação, considerados como bens e serviços comuns nos termos do parágrafo único do art. 1º da Lei nº 10.520, de 17 de julho de 2002, poderá ser realizada na modalidade pregão, restrita às empresas que cumpram o Processo Produtivo Básico nos termos desta Lei e da Lei nº 8.387, de 30 de dezembro de 1991.

Devido à padronização existente no mercado, os bens e serviços de tecnologia da informação geralmente atendem a protocolos, métodos e técnicas pré-estabelecidos e conhecidos e a padrões de desempenho e qualidade que podem ser objetivamente definidos por meio de especificações usuais no mercado. São os chamados produtos de prateleira e podem ser considerados comuns.

De acordo com o Tribunal de Contas da União, nem a complexidade dos bens ou serviços de tecnologia da informação, nem o fato de eles serem críticos para a consecução das atividades dos entes da administração, descaracterizam a padronização com que tais objetos são usualmente comercializados no mercado (Acórdão nº 297/2011 – Plenário, Rel. Min. José Jorge, Processo nº 032.055/2010-2).

Importante que a área técnica especializada na área de tecnologia da informação emita parecer sobre a natureza dos bens e serviços a serem licitados, para efeito de aplicação, ou não, da lei do pregão.

1.3.4.3 Justificativa para não utilização do pregão, na forma eletrônica

Decreto nº 5.450/05

> Art. 4º Nas licitações para aquisição de bens e serviços comuns será obrigatória a modalidade pregão, sendo preferencial a utilização da sua forma eletrônica.

§1º O pregão deve ser utilizado na forma eletrônica, salvo nos casos de *comprovada inviabilidade, a ser justificada pela autoridade competente.*

A Lei nº 10.520/02 conferiu à administração pública, em todas as esferas da Federação, a faculdade de utilizar a modalidade licitatória do pregão para a aquisição de bens e prestação de serviços comuns.

Posteriormente, no âmbito dos órgãos da administração federal direta, fundos especiais, autarquias, fundações, empresas públicas, sociedades de economia mista e demais entidades controladas direta ou indiretamente pela União, a utilização do pregão tornou-se obrigatória, sendo o formato eletrônico preferencial. Assim, no âmbito dos órgãos e entidades citados, a justificativa para a utilização da forma eletrônica não se faz necessária no processo, pois se trata de regra já estabelecida. Por isto mesmo a adoção da forma presencial exige justificativa e só será admitida quando inviável a utilização da forma eletrônica.

O Decreto nº 5.504/05 estabeleceu que nas licitações realizadas com a utilização de recursos repassados pela União, para aquisição de bens e serviços comuns, será obrigatório o emprego da modalidade pregão, preferencialmente o eletrônico. Logo, a preterição do pregão ou de sua forma eletrônica também demandará justificativa motivada.

A forma eletrônica do pregão proporciona a realização do procedimento licitatório a distância, em sessão pública, por meio de sistema que promove a comunicação entre a entidade promotora da licitação e os participantes da competição, por meio da rede mundial de computadores. Reduz o custo de participação dos fornecedores, que podem competir a distância, o que viabiliza, inclusive, a participação de entidades de menor porte. A ampliação do número de interessados gera competitividade e, por conseguinte, propostas economicamente mais vantajosas.

Torna o certame ágil porque enseja realização e aferição das fases do procedimento licitatório por meio eletrônico, o que significa que o licitante não necessitará deslocar-se até a sede da entidade, ou de encaminhar suas manifestações (propostas, recursos administrativos) por via postal, arcando com os respectivos custos. Eventuais impugnações ao edital, que podem ser oferecidas por qualquer cidadão ou pelo próprio licitante, não dependem do encaminhamento de documentos ao órgão ou à entidade.

A prática do pregão eletrônico regulamentada pelo Decreto federal nº 5.450/05 tem atestado a viabilidade de simplificação de procedimentos sem riscos à segurança jurídica da contratação e à razoável certeza da fiel execução do que se contratou. As avaliações demonstram que o percentual de obrigações inadimplidas, nos contratos decorrentes de pregão, presencial ou eletrônico, em nada difere daquele que se observa nos contratos advindos de outras modalidades. A simplificação do procedimento não repercute sobre a exação no cumprimento das obrigações contratadas, mas certamente é relevante para a celeridade e a economicidade.

A forma eletrônica proporciona, pois, resultados positivos para a otimização dos gastos públicos, elevando o teor de controle dos atos administrativos pelos participantes do certame e pela sociedade em geral, reduzindo, por conseguinte, a incidência de fraudes nos procedimentos licitatórios. A utilização do formato eletrônico não exime o gestor público do dever funcional de observância dos princípios que regem a atividade administrativa estatal, o fiel cumprimento do devido processo legal e a garantia da ampla defesa e do contraditório, também princípios constitucionais (CF/88, art. 5º, LIV e LV).

O Tribunal de Contas da União, nos julgados abaixo reproduzidos, posicionou-se pela utilização obrigatória do pregão, preferencialmente na forma eletrônica, quando o objeto da licitação seja a aquisição de bens e serviços comuns.

Assim:

9.3. determinar à [...] que: 9.3.1. faça cumprir o disposto na Lei nº 10.520/2002 (art. 1º, *caput*) e no Decreto nº 5.450/2005 (art. 1º, *caput*, e art. 2º, §1º), providenciando a realização de pregão eletrônico para a contratação de serviços comuns de engenharia, ou seja, aqueles serviços cujos padrões de desempenho e qualidade possam ser objetivamente definidos pelo edital, por meio de especificações usuais no mercado, como já debatido por este Tribunal em diversas oportunidades (Acórdãos nº. 817/2005 e nº 1.329/2006, ambos do Plenário, e Acórdão n. 286/2007 – 1ª Câmara, entre outros); (Acórdão nº 2.664/2007, Plenário, Relator Min. Marcos Bemquerer Costa, Processo nº 027.522/2007-1)

1.5.1.1. utilize obrigatoriamente, nas licitações destinadas ao fornecimento de bens ou serviços comuns, a modalidade pregão eletrônico, que só poderá ser preterida quando comprovada e justificadamente for inviável, conforme determina o parágrafo primeiro do Decreto nº 5.450/2005, segundo o entendimento do TCU no AC-1700-35/07-P; (Acórdão nº 2.807/2009, Segunda Câmara, Relator Min. André Luís de Carvalho, Processo nº TC-026.368/2008-3)

9.2.12. em atenção ao art. 1º, parágrafo único, da Lei nº 10.520/2002 e ao art. 4º do Decreto nº 5.450/2005, quando se tratar de serviços comuns (com os da Concorrência 001/2006), cujos padrões de desempenho e qualidade possam ser objetivamente definidos por meio de especificações usuais no mercado, realize obrigatoriamente licitação na modalidade de pregão, preferencialmente na forma eletrônica, observando o disposto nos itens 9.2.1 e 9.2.2 do Acórdão nº 2.471/2008-TCU – Plenário (achado II.9); (Acórdão nº 1.597/2010, Plenário, Relator Min. Augusto Sherman Cavalcanti, Processo nº 010.290/2009-6)

9.1. recomendar à Secretaria de Logística e Tecnologia de Informação do Ministério do Planejamento, Orçamento e Gestão (SLTI/MP) que:

9.1.1. reforce a divulgação, entre os órgãos e entidades da Administração Pública Federal sob sua jurisdição, dos entendimentos contidos nos itens 9.2.1, 9.2.2 e 9.2.4 do Acórdão nº 2.471/2008-TCU-Plenário, que tratam da obrigatoriedade de utilização do pregão para contratações de bens e serviços comuns de informática, diferenciando objetos comuns de objetos complexos; [...]

9.2. recomendar ao Conselho Nacional de Justiça que:

9.2.1. divulgue, no âmbito do Poder Judiciário, a necessidade de se motivar a escolha do pregão presencial na contratação de bens e serviços comuns de TI, sob pena de se configurar possível ato de gestão antieconômico; (Acórdão nº 1.515/2011, Plenário, Relator Min. Raimundo Carreiro, Processo nº 017.907/2009-0)

É recomendável que as entidades do Sistema S adotem, sempre que possível, a forma eletrônica do pregão. A adoção da forma presencial deve ser justificada, pois pode caracterizar ato de gestão antieconômico (Acórdão nº 1.584/2016, Plenário, Relator Min. Walton Alencar Rodrigues, Processo nº 010.871/2015-2).

1.3.5 Elaboração do termo de referência

Decreto nº 3.555/00

Art. 8º A fase preparatória do pregão observará as seguintes regras:
II – *o termo de referência é o documento que deverá conter elementos capazes de propiciar a avaliação do custo pela Administração, diante de orçamento detalhado, considerando os preços praticados no mercado, a definição dos métodos, a estratégia de suprimento e o prazo de execução do contrato;*

(...)
Art. 21. Os atos essenciais do pregão, inclusive os decorrentes de meios eletrônicos, serão documentados ou juntados no respectivo processo, cada qual oportunamente, compreendendo, sem prejuízo de outros, o seguinte:
(...)
II – termo de referência, contendo descrição detalhada do objeto, orçamento estimativo de custos e cronograma físico-financeiro de desembolso, se for o caso;

Decreto nº 5.450/05

Art. 9º Na fase preparatória do pregão, na forma eletrônica, será observado o seguinte:
I – *elaboração de termo de referência* pelo órgão requisitante, com indicação do objeto de forma precisa, suficiente e clara, vedadas especificações que, por excessivas, irrelevantes ou desnecessárias, limitem ou frustrem a competição ou sua realização;
(...)
§2º O termo de referência é o documento que deverá conter elementos capazes de propiciar avaliação do custo pela administração diante de orçamento detalhado, definição dos métodos, estratégia de suprimento, valor estimado em planilhas de acordo com o preço de mercado, cronograma físico-financeiro, se for o caso, critério de aceitação do objeto, deveres do contratado e do contratante, procedimentos de fiscalização e gerenciamento do contrato, prazo de execução e sanções, de forma clara, concisa e objetiva.

A Instrução Normativa nº 02, de 30.04.2008, do MPOG, que dispõe sobre a contratação de serviços continuados ou não, por órgãos ou entidades integrantes do Sistema de Serviços Gerais (SISG), enuncia os elementos que devem integrar o termo de referência:

Art. 15 O Projeto Básico ou Termo de Referência deverá conter:
I – a justificativa da necessidade da contratação, dispondo, dentre outros, sobre:
a) motivação da contratação;
b) benefícios diretos e indiretos que resultarão da contratação;
c) conexão entre a contratação e o planejamento existente, sempre que possível;
d) agrupamento de itens em lotes, quando houver;
e) critérios ambientais adotados, se houver;
f) natureza do serviço, se continuado ou não;
g) inexigibilidade ou dispensa de licitação, se for o caso; e
h) referências a estudos preliminares, se houver.
II – o objetivo, identificando o que se pretende alcançar com a contratação;
III – o objeto da contratação, com os produtos e os resultados esperados com a execução do serviço;
IV – a descrição detalhada dos serviços a serem executados, e das metodologias de trabalho, nomeadamente a necessidade, a localidade, o horário de funcionamento e a disponibilidade orçamentária e financeira do órgão ou entidade, nos termos do art. 12 da Lei nº 8.666, de 1993, com a definição da rotina de execução, evidenciando;
a) freqüência e periodicidade;
b) ordem de execução, quando couber;
c) procedimentos, metodologias e tecnologias a serem empregadas, quando for o caso;
d) deveres e disciplina exigidos; e
e) demais especificações que se fizerem necessárias.

V – a justificativa da relação entre a demanda e a quantidade de serviço a ser contratada, acompanhada , no que couber, dos critérios de medição utilizados, documentos comprobatórios, fotografias e outros meios probatórios que se fizerem necessários;

VI – o modelo de ordem de serviço, sempre que houver a previsão de que as demandas contratadas ocorrerão durante a execução contratual, e que deverá conter os seguintes campos:

a) a definição e especificação dos serviços a serem realizados;

b) o volume de serviços solicitados e realizados, segundo as métricas definidas;

c) os resultados ou produtos solicitados e realizados;

d) prévia estimativa da quantidade de horas demandadas na realização da atividade designada, com a respectiva metodologia utilizada para a sua quantificação, nos casos em que a única opção viável for a remuneração de serviços por horas trabalhadas;

e) o cronograma de realização dos serviços, incluídas todas as tarefas significativas e seus respectivos prazos;

f) custos da prestação do serviço, com a respectiva metodologia utilizada para a quantificação desse valor;

g) a avaliação da qualidade dos serviços realizados e as justificativas do avaliador; e

h) a identificação dos responsáveis pela solicitação, pela avaliação da qualidade e pela ateste dos serviços realizados, os quais não podem ter nenhum vínculo com a empresa contratada.

VII – a metodologia de avaliação da qualidade e aceite dos serviços executados;

VIII – a necessidade, quando for o caso, devidamente justificada, dos locais de execução dos serviços serem vistoriados previamente pelos licitantes, devendo tal exigência, sempre que possível, ser substituída pela divulgação de fotografias, plantas, desenhos técnicos e congêneres;

IX – o enquadramento ou não do serviço contratado como serviço comum para fins do disposto no art. 4º do Decreto nº 5.450, de 31 de maio de 2005;

X – a unidade de medida utilizada para o tipo de serviço a ser contratado, incluindo as métricas, metas e formas de mensuração adotadas, dispostas, sempre que possível, na forma de Acordo de Níveis de Serviços, conforme estabelece o inciso XVII deste artigo;

XI – o quantitativo da contratação;

XII – o custo estimado da contratação, o valor máximo global e mensal estabelecido em decorrência da identificação dos elementos que compõem o preço dos serviços, definido da seguinte forma:

a) por meio do preenchimento da planilha de custos e formação de preços, observados os custos dos itens referentes ao serviço, podendo ser motivadamente dispensada naquelas contratações em que a natureza do seu objeto torne inviável ou desnecessário o detalhamento dos custos para aferição da exeqüibilidade dos preços praticados; e

b) por meio de fundamentada pesquisa dos preços praticados no mercado em contratações similares; ou ainda por meio da adoção de valores constantes de indicadores setoriais, tabelas de fabricantes, valores oficiais de referência, tarifas públicas ou outros equivalentes, se for o caso.

XIII – a quantidade estimada de deslocamentos e a necessidade de hospedagem dos empregados, com as respectivas estimativas de despesa, nos casos em que a execução de serviços eventualmente venha a ocorrer em localidades distintas da sede habitual da prestação do serviço;

XIV – a produtividade de referência, quando cabível, ou seja, aquela considerada aceitável para a execução do serviço, sendo expressa pelo quantitativo físico do serviço na unidade de medida adotada, levando-se em consideração, entre outras, as seguintes informações:

a) rotinas de execução dos serviços;

b) quantidade e qualificação da mão-de-obra estimada para execução dos serviços;

c) relação do material adequado para a execução dos serviços com a respectiva especificação, admitindo-se, excepcionalmente, desde que devidamente justificado, a indicação da marca nos casos em que essa exigência for imprescindível ou a padronização for necessária, recomendando-se que a indicação seja acompanhada da expressão "ou similar", sempre que possível;

d) relação de máquinas, equipamentos e utensílios a serem utilizados; e

e) condições do local onde o serviço será realizado.

XV – condições que possam ajudar na identificação do quantitativo de pessoal e insumos necessários à execução contratual, tais como:

a) quantitativo de usuários;

b) horário de funcionamento do órgão e horário em que deverão ser prestados os serviços;

c) restrições de área, identificando questões de segurança institucional, privacidade, segurança, medicina do trabalho, dentre outras;

d) disposições normativas internas; e

e) instalações, especificando-se a disposição de mobiliário e equipamentos, arquitetura, decoração, dentre outras.

XVI – deveres da contratada e da contratante;

XVII – o Acordo de Níveis de Serviços, sempre que possível, conforme modelo previsto no anexo II, deverá conter:

a) os procedimentos de fiscalização e de gestão da qualidade do serviço, especificando-se os indicadores e instrumentos de medição que serão adotados pelo órgão ou entidade contratante;

b) os registros, controles e informações que deverão ser prestados pela contratada; e

c) as respectivas adequações de pagamento pelo não atendimento das metas estabelecidas.

XVIII – critérios técnicos de julgamento das propostas, nas licitações do tipo técnica e preço, conforme estabelecido pelo artigo 46 da Lei nº 8.666, de 21 de junho de 1993.

A Lei nº 8.666/93 alude aos requisitos que, de ordinário, devem constar em projetos básicos de serviços, de aplicação subsidiária ao termo de referência. São eles:

Art. 6º [...]

IX – Projeto Básico – conjunto de elementos necessários e suficientes, com nível de precisão adequado, para caracterizar a obra ou serviço, ou complexo de obras ou serviços objeto da licitação, elaborado com base nas indicações dos estudos técnicos preliminares, que assegurem a viabilidade técnica e o adequado tratamento do impacto ambiental do empreendimento, e que possibilite a avaliação do custo da obra e a definição dos métodos e do prazo de execução, devendo conter os seguintes elementos:

a) desenvolvimento da solução escolhida de forma a fornecer visão global da obra e identificar todos os seus elementos constitutivos com clareza;

b) soluções técnicas globais e localizadas, suficientemente detalhadas, de forma a minimizar a necessidade de reformulação ou de variantes durante as fases de elaboração do projeto executivo e de realização das obras e montagem;

c) identificação dos tipos de serviços a executar e de materiais e equipamentos a incorporar à obra, bem como suas especificações que assegurem os melhores resultados para o empreendimento, sem frustrar o caráter competitivo para a sua execução;

d) informações que possibilitem o estudo e a dedução de métodos construtivos, instalações provisórias e condições organizacionais para a obra, sem frustrar o caráter competitivo para a sua execução;

e) subsídios para montagem do plano de licitação e gestão da obra, compreendendo a sua programação, a estratégia de suprimentos, as normas de fiscalização e outros dados necessários em cada caso;

f) orçamento detalhado do custo global da obra, fundamentado em quantitativos de serviços e fornecimentos propriamente avaliados;

[...]

Art. 12. Nos projetos básicos e projetos executivos de obras e serviços serão considerados principalmente os seguintes requisitos:

I – segurança;

II – funcionalidade e adequação ao interesse público;

III – economia na execução, conservação e operação;

IV – possibilidade de emprego de mão-de-obra, materiais, tecnologia e matérias-primas existentes no local para execução, conservação e operação;

V – facilidade na execução, conservação e operação, sem prejuízo da durabilidade da obra ou do serviço;

VI – adoção das normas técnicas, de saúde e de segurança do trabalho adequadas;

VII – impacto ambiental.

Sendo o objeto do pregão a aquisição de bens (compras), extraem-se do art. 15 da Lei nº 8.666/93, de aplicação subsidiária, as diretrizes básicas para a elaboração do termo de referência:

Art. 15. As compras, sempre que possível, deverão:

I – atender ao princípio da padronização, que imponha compatibilidade de especificações técnicas e de desempenho, observadas, quando for o caso, as condições de manutenção, assistência técnica e garantia oferecidas; [...]

IV – ser subdivididas em tantas parcelas quantas necessárias para aproveitar as peculiaridades do mercado, visando economicidade;

V – balizar-se pelos preços praticados no âmbito dos órgãos e entidades da Administração Pública. [...]

§7º Nas compras deverão ser observadas, ainda:

I – a especificação completa do bem a ser adquirido sem indicação de marca;

II – a definição das unidades e das quantidades a serem adquiridas em função do consumo e utilização prováveis, cuja estimativa será obtida, sempre que possível, mediante adequadas técnicas quantitativas de estimação;

III – as condições de guarda e armazenamento que não permitam a deterioração do material.

Confira-se o que sumariou o Tribunal de Contas da União no Acórdão nº 112/2007, Plenário:

REPRESENTAÇÃO. LICITAÇÃO. TERMO DE REFERÊNCIA. DESCRIÇÃO DO OBJETO. EXIGÊNCIAS DE HABILITAÇÃO. PREVISÃO DE SERVIÇOS DE TERCEIROS. PRINCÍPIOS DE BÁSICOS. RESTRIÇÃO À COMPETITIVIDADE. CONTRATO. FISCALIZAÇÃO DA EXECUÇÃO. PROCEDÊNCIA PARCIAL. DETERMINAÇÕES.

1. O termo de referência, do pregão, deverá conter elementos capazes de propiciar a avaliação do custo pela administração, diante de orçamento detalhado.

2. É vedada a inclusão, no objeto da licitação, de fornecimento de serviços sem previsão de quantidades.

3. As exigências de habilitação devem ser indispensáveis à garantia do cumprimento das obrigações.
4. Quando a prestação de serviços depender de terceiros alheios à contratada, o edital deve esclarecer que tais serviços dependerão de sua efetiva disponibilidade e autorização pelos terceiros envolvidos.
5. A licitação deverá ser processada e julgada em estrita conformidade com os princípios básicos.
6. Devem ser evitadas exigências que comprometam o caráter competitivo da licitação.
7. A execução dos contratos deve ser devidamente fiscalizada. (Relator Min. Ubiratan Aguiar, Processo nº 027.446/2006-0)

1.3.5.1 Conteúdo básico do termo de referência

Sobretudo porque deve identificar o objeto com nível de precisão adequado, o termo de referência há de ser elaborado por agente ou equipe que disponha de conhecimentos técnicos relacionados a esse objeto.

A regra básica é a de que o termo de referência contenha todos os elementos capazes de propiciar, de forma clara, concisa e objetiva, perfeito entendimento sobre o objeto da licitação. Outras regras são igualmente importantes, a saber:

1.3.5.1.1 Proibição de especificações que limitem ou frustrem o caráter competitivo do certame

O estabelecimento de condições que restrinjam a competição pode levar ao direcionamento do resultado da licitação a um procedimento deserto (nenhum concorrente se apresenta) ou fracassado (os concorrentes ofertam propostas inaceitáveis).

A adequada caracterização do objeto, com sua especificação completa, porém escoimada de pormenores irrelevantes ou desnecessários, é garantia de qualidade e de julgamento objetivo.

A especificação incompleta impede o licitante de apresentar proposta adequada. Os licitantes necessitam, para bem elaborar suas propostas, de especificações claras e precisas, que definam o padrão de qualidade e o desempenho do produto ou serviço desejado pela administração.

De acordo com o art. 1º da Lei nº 4.150/62,[178] nos serviços públicos concedidos pelo governo federal, assim como nos de natureza estadual e municipal por ele subvencionados ou executados em regime de convênio, nas obras e serviços executados,

---

[178] Precedente do TCU: "[...] c) a Lei nº 4.150/62 determina que nas obras e serviços executados, dirigidos ou fiscalizados por quaisquer repartições federais ou órgãos paraestatais, em todas as compras de materiais por eles feitas, bem como nos respectivos editais de concorrência, contratos, ajustes e pedidos de preços, será obrigatória a exigência e aplicação dos requisitos mínimos de qualidade, utilidade, resistência e segurança usualmente chamados 'normas técnicas', elaboradas pela Associação Brasileira de Normas Técnicas; d) a Lei nº 8.666/93, em reforço, impõe o 'atendimento de requisitos previstos em Lei especial' como critério de habilitação técnica, recepcionando, assim, o disposto na Lei nº 4.150/62; e) em consequência, a utilização das normas técnicas da ABNT é obrigatória, não podendo, assim, ser tratada como mera faculdade que lhe permite ser substituída por norma estrangeira (EN-1047-2 ou equivalente), dado se tratar de hipótese de poder vinculado, e não de exercício da discricionariedade" (Acórdão nº 2.392/2006 – Plenário, Rel. Min. Benjamin Zymler, Processo nº 017.812.2006-0).

dirigidos ou fiscalizados por quaisquer repartições federais ou órgãos paraestatais, em todas as compras de materiais por eles feitas, bem como nos respectivos editais de concorrência, contratos ajustes e pedidos de preços será obrigatória a exigência e aplicação dos requisitos mínimos de qualidade, utilidade, resistência e segurança usualmente chamados "normas técnicas" e elaboradas pela ABNT.

Também fundamental, quando for o caso, a definição dos critérios de sustentabilidade ambiental, considerados os processos de extração, fabricação, utilização e descarte (IN SLTI/MPOG nº 01, de 2010).

A adequada caracterização do objeto, correlata a orçamento detalhado de seus custos – para determinadas espécies de serviços –, elaborada por setor habilitado, serve também para definir os recursos suficientes para a cobertura das despesas contratuais, fator que favorece a gestão e o controle.

O verbete 117, da súmula do Tribunal de Contas da União, dita o que se deva considerar como "definição precisa do objeto":

> A definição precisa e suficiente do objeto licitado constitui regra indispensável da competição, até mesmo como pressuposto do postulado de igualdade entre os licitantes, do qual é subsidiário o princípio da publicidade, que envolve o conhecimento, pelos concorrentes potenciais, das condições básicas da licitação. Na hipótese particular da licitação para compra, a quantidade demandada é essencial à definição do objeto do pregão.

Se necessário, a administração pode, em busca da qualidade, valer-se de testes laboratoriais por conta do licitante vencedor, conforme autoriza o art. 75 da Lei nº 8.666/93, ou exigir a apresentação de amostras ou protótipos.

1.3.5.1.2 Definição de unidades e quantidades

Deve o órgão ou entidade licitante definir as unidades e as quantidades a serem adquiridas em função do consumo e utilização prováveis, obtidas mediante adequadas técnicas de estimação.

A Lei nº 8.666/93 enfatiza a estimação realista dos quantitativos de bens e serviços a serem licitados, tanto que veda a contratação do fornecimento de materiais e serviços sem a devida previsão de quantidades ou cujos quantitativos não correspondam às previsões reais.

A definição da totalidade a ser contratada é obrigatória, com reflexos na economia de escala e no valor da proposta que será ofertada. Encontra previsão na Lei nº 8.666/93, *verbis*:

> Art. 8º A execução das obras e dos serviços deve programar-se, sempre, em sua totalidade, previstos seus custos atual e final e considerados os prazos de sua execução.
> [...]
> Art. 15 [...] §7º Nas compras deverão ser observadas, ainda: [...] II – a definição das unidades e das quantidades a serem adquiridas em função do consumo e utilização prováveis, cuja estimativa será obtida, sempre que possível, mediante adequadas técnicas quantitativas de estimação;

Na dicção do verbete 177, da Súmula do Tribunal de Contas da União, "A definição precisa e suficiente do objeto licitado constitui regra indispensável da competição, até mesmo como pressuposto do postulado de igualdade entre os licitantes, do qual é subsidiário o princípio da publicidade, que envolve o conhecimento, pelos concorrentes potenciais, das condições básicas da licitação, constituindo, **na hipótese particular da licitação para compra, a quantidade demandada em uma das especificações mínimas e essenciais à definição do objeto do pregão**". (grifamos)

Também deliberou o Tribunal de Contas da União:

> 9.3.8. efetuar estimativas mediante técnicas quantitativas adequadas, tendo por base o consumo e a utilização prováveis, nos termos do art. 7º, §4º, da Lei nº 8.666/93 c/c o art. 15, §7º, II, do mesmo diploma legal; (Acórdão nº 740/2004, Plenário, Relator Min. Ubiratan Aguiar, Processo TC nº 013.661.2003-0, *DOU* de 25.06.2004)

1.3.5.1.3 Relação entre necessidade da contratação e quantidade do objeto

Trata-se de equalizar a demanda e a quantidade do objeto, aproximando-se o máximo possível da real necessidade da administração.

A contratação em quantidade inferior à necessária enseja a realização de outras licitações, o que gera custos para a administração.

A realização de vários pregões para o mesmo objeto, dentro do mesmo exercício financeiro, não afasta por completo o indevido fracionamento de despesas, porque a compra de pequenas quantidades tende a obter preços maiores do que a aquisição de maiores quantidades, segundo o princípio da economia de escala.

A contratação em quantidade superior à demanda também gera custos de estocagem, vigilância e outras despesas indiretas, além de comprometer a validade ou garantia do objeto.

Para a Instrução Normativa nº 02, de 30.04.2008, do MPOG, o termo de referência deve conter a justificativa da relação entre a demanda e a quantidade de serviço a ser contratado, acompanhada dos critérios de medição utilizados, documentos comprobatórios, fotografias e outros meios probatórios que se mostrarem pertinentes.

1.3.5.1.4 Licitação por lotes (grupos)

A regra do parcelamento concilia-se com a realização de um único procedimento licitatório, deste advindo várias contratações, bastando que o objeto, sob o aspecto técnico e econômico, seja passível de divisão. Nesse sentido, a divisão da licitação em lotes (ou grupos) possibilita a adjudicação a licitantes diversos e dentro de suas respectivas especialidades, além de atender ao princípio da economicidade em razão da redução de recursos financeiros, materiais e humanos que a publicação de um único edital proporciona.

Os itens agrupados num lote (ou grupo) devem possuir a mesma natureza, guardar relação entre si e ser executados por quem possua especialidade para o todo. Exige, ainda, justificativa do gestor acerca de sua vantajosidade.

O Tribunal de Contas da União, no seu manual intitulado *Licitações & contratos. Orientações e jurisprudência*, 4. ed., p. 478, apresenta um quadro ilustrativo da formação do item e do lote/grupo:

> O ato convocatório da licitação deve disciplinar a forma de apresentação dos preços que podem ser assim discriminados:
> • por item / unidade – valor unitário. Exemplo: uma caneta = R$2,00;
> • pelo total do item – correspondente à multiplicação do preço unitário pela quantidade de objetos. Exemplo: 10 canetas X R$2,00 = R$20,00;
> • pelo preço global – valor total da proposta, incluindo o somatório de todos os itens. Exemplo: R$35,00, que corresponde:
> • 10 canetas = R$20,00;
> • 10 lápis = R$10,00;
> • 10 borrachas = R$5,00;
> • por lote ou grupo – valor total do lote ou grupo (discriminado por componentes). Exemplo: R$5.400,00, que corresponde:
> • um sofá de 1 lugar = R$1.600,00;
> • um sofá de 2 lugares = R$1.800,00;
> • um sofá de 3 lugares = R$2.000,00;
> • preço do lote ou grupo (conjunto de sofás) = R$5.400,00.

Na licitação por lote (grupo), a vantagem para a administração concretiza-se com a aquisição integral do lote (grupo), em vista de o menor preço resultar da multiplicação de preços de diversos itens pelas quantidades estimadas. Vencerá a disputa a proposta que ofertar o menor preço global para o lote (grupo).

A licitação por itens proporciona a obtenção de propostas mais vantajosas individualmente, ou seja, para cada item que integra o edital da licitação busca-se a proposta mais vantajosa, enquanto que na licitação por lote (grupo), tendo-se como critério de julgamento o menor preço global, alguns itens podem ser ofertados pelo vencedor do lote (grupo) a preços superiores aos propostos por outros competidores ou, ainda, com sobrepreço. Se permitida a aquisição de itens individualizados que compõem o lote (grupo) e o interesse recair em itens com valores acima dos de outros competidores, a contratação torna-se antieconômica para a administração. Por isso que a licitação por lote (grupo) deve ser afastada quando o interesse da administração não for a aquisição integral de seus itens.

Segundo precedente do Tribunal de Contas da União (Acórdão nº 2.695/2013 – Plenário, Rel. Min. Marcos Bemquerer Costa, Processo nº 009.970/2013-4, Informativo de licitações e contratos nº 171, de 2013), a adoção de critério de adjudicação pelo menor preço global por lote é, em regra, incompatível com a aquisição futura por itens, tendo em vista que alguns itens podem ser ofertados pelo vencedor do lote a preços superiores aos propostos por outros competidores.

1.3.5.1.5 Licitação por itens

A administração, já no planejamento que precede a realização do certame, poderá visualizar a possibilidade de realizar licitação por itens, com vistas ao melhor aproveitamento dos recursos disponíveis no mercado e à ampliação da competitividade, sem perda da economia de escala.

Quando existir parcela de natureza específica que possa ser executada por entidades empresariais com especialidades próprias e diversas, ou quando for viável técnica e economicamente, o parcelamento em itens poderá ser vantajoso para a administração.

A licitação por itens deve considerar: (a) a análise do custo/benefício que a medida pode oferecer à administração; significa dizer que, dependendo da singularidade do objeto, quanto maior for a quantidade licitada, menor poderá ser o seu custo unitário, daí resultar inviável o parcelamento; (b) na licitação de quantitativos maiores, a possibilidade de subcontratação de partes do objeto, que pode ser fator de ampliação da competitividade.

O art. 3º da Instrução Normativa nº 2, de 2008, do Ministério do Planejamento, Orçamento e Gestão, que disciplina a contratação de serviços contínuos ou não por órgãos ou entidades integrantes do Sistema de Serviços Gerais (SISG), em vista da regra do parcelamento do objeto aplicável às licitações, estabelece que serviços distintos sejam licitados e contratados separadamente, ainda que o prestador seja vencedor de mais de um item ou certame.

Veja-se o dispositivo: *"Art. 3º Serviços distintos devem ser licitados e contratados separadamente, ainda que o prestador seja vencedor de mais de um item ou certame"*.

Significa que, existindo diversas especialidades de serviços e em razão da inviabilidade técnica da execução do todo por um único prestador, processa-se a contratação de cada um deles separadamente, de modo a atrair competidores que não detenham qualificação técnica para a execução do todo, mas, sim, para determinados serviços.

A contratação de serviços cuja viabilidade é eficazmente assegurada pelo seu parcelamento pode efetivar-se por meio de licitações distintas (art. 23, §2º, da Lei nº 8.666/93) ou, ainda, por meio de uma única licitação dividida em itens ou lotes/grupos, cada um deles com julgamento e adjudicação próprios. Essa última hipótese privilegia o princípio da economicidade, aplicável às licitações e contratações, em razão da economia de recursos financeiros que propicia, além de racionalizar as atividades administrativas.

O §2º do art. 3º da citada Instrução Normativa estabelece, ainda, que o órgão licitante não poderá contratar o mesmo prestador para realizar serviços de execução e fiscalização relativos ao mesmo objeto, assegurando-se a necessária segregação de funções. A vedação encontra respaldo na Lei nº 8.666/93, cujo art. 67 estatui que a execução do contrato deverá ser acompanhada e fiscalizada por um representante da administração contratante, especialmente designado, permitida a contratação de terceiros para assisti-lo e subsidiá-lo de informações pertinentes a essa atribuição. O terceiro a que alude o art. 67, por evidente, não é o prestador dos serviços vencedor da licitação, mas alguém contratado para a só finalidade de subsidiar a fiscalização, de que a lei incumbe agente da administração.

Precedente do Tribunal de Contas da União:

> Os serviços de vigilância ostensiva e os de central de monitoramento não devem ser contratados junto à mesma empresa, diante do princípio da segregação de funções. A Administração deve impedir, por meio dos seus editais de licitação, que empresa por ela contratada para um desses serviços participe de licitação cujo objeto seja o outro serviço em questão (Acórdão nº 589/2016 – Plenário, Rel. Min. Walton Alencar Rodrigues, Processo nº 025.512/2015-3).

1.3.5.1.6 Demonstrativo de resultados a serem alcançados

O art. 3º da Lei nº 8.666/93 enuncia os princípios que devem balizar o procedimento licitatório. Não há alusão ao da economicidade, mas é induvidoso que este integra o conceito de licitação, ao que resulta dos artigos 70, *caput*, e 74, II, da Constituição da República.

A administração pública licita em busca da proposta mais vantajosa ou das melhores condições para contratar, vale dizer, almeja a relação custo/benefício que seja ótima. Tanto que, sendo inviável a competição, declara-se inexigível a licitação (Lei nº 8.666/93, art. 25, *caput*), a deixar claro que a competição integra a essência da licitação e mercê dela se espera identificar a proposta mais vantajosa. Por isto que o art. 3º, §1º, I, veda aos agentes públicos "admitir, prever, incluir ou tolerar, nos atos de convocação, cláusulas ou condições que comprometam, restrinjam ou frustrem o seu caráter competitivo" (...).

Toda licitação mira duplo objetivo: proporcionar às entidades governamentais possibilidades de realizarem negócios mais vantajosos (pois a instauração de competição entre ofertantes preordena-se a isto) e assegurar a democratização do acesso às contratações administrativas.

A economicidade é dos mais prestigiosos cânones desde o Decreto-Lei nº 200, de 25 de fevereiro de 1967, ao que se extrai de seu art. 14:

> O trabalho administrativo será racionalizado mediante simplificação de processos e supressão de controles que se evidenciarem como puramente formais ou cujo custo seja evidentemente superior ao risco.

1.3.5.1.7 Padronização (compras)

A padronização reflete os princípios da prevalência do interesse público, da eficiência, da economicidade e da impessoalidade, sendo aplicável tanto para a aquisição de novos bens quanto para dar continuidade ao que já foi implantado.

A padronização pressupõe compatibilidade de especificações técnicas e de desempenho, o que significa dizer que determinado produto ao ser adquirido deve atender a características técnicas uniformes, estabelecidas pela administração, e, quando for o caso, às condições de manutenção, assistência técnica e garantia oferecidas (Lei nº 8.666/93, art. 15, I).

A padronização, normalmente, é aplicável para a compra como, por exemplo, de veículos, máquinas e equipamentos. De ordinário, reduz custos nas aquisições pelo ganho que representa na economia de escala, facilidade na manutenção, substituição e operação de bens, aproveitamento de servidores já treinados para o manuseio de determinados equipamentos ou serviços, a existência de produto, projeto ou tecnologia já integrante do patrimônio público e/ou de futuras contratações, a eficaz adaptação pelos usuários às características operacionais dos bens já adquiridos, a compatibilidade[179] de especificações técnicas e de desempenho já existentes e a relação custo/benefício.

---

[179] O Tribunal de Contas da União entende que a padronização de produtos de informática pode repousar na compatibilidade com produtos já escolhidos – Decisão nº 392/96, Plenário, Relator Min. Humberto Guimarães Souto. Processo nº TC-014.843/93-5, *DOU*, 23.07.1996.

A opção pela padronização deve amparar-se em critérios objetivos e técnicos, que estudos, laudos, perícias e pareceres demonstrem propiciar vantagens econômicas e funcionais, devendo integrar o termo de referência.

A padronização não afasta, necessariamente, a realização de procedimento licitatório, já que pode haver no mercado mais de um fornecedor do produto padronizado, a exemplo dos casos em que a comercialização não é feita diretamente pelo fabricante ou representante exclusivo. Assim:

> 5. ainda que fosse admitida a preferência de marca, para fins de padronização, como permitido pela norma regedora da matéria (art. 15, I, da Lei nº 8.666, de 1993), afastando, no caso, a contratação de veículos de outra marca, se houver a possibilidade de os bens serem fornecidos por várias empresas, seria justificada e obrigatória a licitação. (Decisão nº 686/1997, Plenário, Relator Min. Bento José Bugarin, Processo TC nº 005.807.1996-4, *DOU* de 27.10.1997)

1.3.5.1.8 Indicação de marca (compras)

A vedação à indicação ou preferência por marca está expressa nos arts. 7º, §5º; 15, §7º, inc. I, e 25, inc. I, da Lei nº 8.666/93. Em caráter excepcional, o art. 7º, §5º, admite a indicação, desde que amparada por motivos de ordem técnica, determinados por fatores impessoais, devidamente justificados. Esses motivos serão os deduzidos em laudo que conclua pela necessidade de o produto preencher certas características ou especificações, sob pena de desatender às finalidades do contrato.

Se tais características ou especificações somente forem encontradas em determinada marca, válido será indicá-la e se inviabilizará a competição por existir um único fornecedor, tornando a licitação inexigível (art. 25, *caput*). Se aquelas características ou especificações estiverem presentes em várias marcas, a competição é viável.

Estabelece o verbete 270 da súmula do Tribunal de Contas da União que em licitações referentes a compras, inclusive de softwares, é possível a indicação de marca, desde que seja estritamente necessária para atender exigências de padronização e que haja prévia justificação.

É essencial que o laudo discrimine as características necessárias e demonstre, com fundamentos técnicos, que a ausência de qualquer delas comprometerá a execução do contrato, por isto que devem constar do termo de referência e do edital, se houver licitação, permitindo-se, ainda, a indicação da marca seguida da expressão "ou similar ".

Quando a descrição do objeto a ser licitado puder ser melhor compreendida pela identificação de determinada marca ou modelo apto a servir como referência para a aceitação das propostas, é importante o acréscimo da expressão "ou similar ou de melhor qualidade", de sorte a ampliar a competitividade e a expansão de produtos que possam atender, com a mesma eficiência e eficácia, inclusive superior, às necessidades da administração.

Ilustram o tratamento dispensado ao tema pelo TCU:

> A indicação de marca no edital deve estar amparada em razões de ordem técnica, de forma motivada e documentada, que demonstrem ser aquela marca específica a única capaz de satisfazer o interesse público. Permite-se menção a marca de referência no edital, como forma ou parâmetro de qualidade para facilitar a descrição do objeto, caso em que

se deve necessariamente acrescentar expressões do tipo "ou equivalente", "ou similar", "ou de melhor qualidade", podendo a Administração exigir que a empresa participante do certame demonstre desempenho, qualidade e produtividade compatíveis com a marca de referência mencionada. (Acórdão nº 113/2016 – Plenário, Rel. Min. Bruno Dantas, Processo nº 031.921/2015-9)

1.7.1.4 nas licitações para aquisição de quaisquer objetos é admitida a indicação de marca, desde que seja estritamente necessária para atender a exigências de padronização e que haja prévia justificação (Súmula 270). Nos demais casos, deve-se evitar a indicação de marcas de produtos para configuração do objeto, salvo se seguidas das expressões "ou equivalente" ou "ou similar" (Acórdão 0660/2013-TCU-Plenário); (Acórdão nº 1.253/2016 – Segunda Câmara, Rel. Min. Augusto Sherman Cavalcanti, Processo nº 027.865/2014-2)

A aquisição de insumos e materiais médicos especializados pode ser promovida com indicação de marca, desde que a necessidade da aquisição fique técnica e devidamente justificada nos autos do processo de licitação (Acórdão nº 122/2014 – Plenário, Rel. Min. Benjamin Zymler, Processo nº 031.937/2013-6)

REPRESENTAÇÃO. SUPOSTAS IRREGULARIDADES NA REALIZAÇÃO DE PREGÃO ELETRÔNICO. ESPECIFICAÇÃO DE MARCA. CONHECIMENTO. PROCEDÊNCIA. FIXAÇÃO DE PRAZO PARA PROVIDÊNCIAS NECESSÁRIAS À ANULAÇÃO DO CERTAME. DETERMINAÇÕES. 1. É ilegal a indicação de marcas, nos termos do §7º do art. 15 da Lei nº 8.666/93, salvo quando devidamente justificada por critérios técnicos ou expressamente indicativa da qualidade do material a ser adquirido. 2. Quando necessária a indicação de marca como referência de qualidade ou facilitação da descrição do objeto, deve esta ser seguida das expressões "ou equivalente", "ou similar" e "ou de melhor qualidade", devendo, nesse caso, o produto ser aceito de fato e sem restrições pela Administração. 3. Pode, ainda, a administração inserir em seus editais cláusula prevendo a necessidade de a empresa participante do certame demonstrar, por meio de laudo expedido por laboratório ou instituto idôneo, o desempenho, qualidade e produtividade compatível com o produto similar ou equivalente à marca referência mencionada no edital. (Acórdão nº 2.300/2007, Relator Min. Aroldo Cedraz, Processo nº 015.597/2007-0)

9.6.1. evitar a indicação de marcas de produtos para configuração do objeto, quando da realização de seus certames licitatórios para a aquisição de bens de informática, a não ser quando legalmente possível e estritamente necessária para atendimento das exigências de uniformização e padronização, sempre mediante justificativa prévia, em processo administrativo regular, no qual fiquem comprovados os mencionados requisitos; (Acórdão nº 2.844/2003, Primeira Câmara, Relator Min. Lincoln Magalhães da Rocha, Processo TC nº 07.506/2001-1, *DOU* de 27.11.2003)

9.2.3. a indicação de marca na especificação de produtos de informática pode ser aceita frente ao princípio da padronização previsto no art. 15, I, da Lei nº 8.666/93, desde que a decisão administrativa que venha a identificar o produto pela sua marca seja circunstanciadamente motivada e demonstre ser essa a opção, em termos técnicos e econômicos, mais vantajosa para a administração;

9.2.4. não obstante a indicação de marca, desde que circunstanciadamente motivada, possa ser aceita em observância ao princípio da padronização, este como aquela não devem ser obstáculo aos estudos e à efetiva implantação e utilização de software livre no âmbito da Administração Pública Federal, vez que essa alternativa, como já suscitado, poderá trazer vantagens significativas em termos de economia de recursos, segurança e flexibilidade; (Acórdão nº 1.521/2003, Plenário, Relator Min. Augusto Sherman Cavalcanti. Processo TC nº 003.789/1999-3, *DOU* de 21.10.2003)

9.1.8. observe o disposto no art. 15, §7º, inciso I, da Lei nº 8.666/93, limitando a indicação de marca aos casos em que justificativas técnicas, devidamente embasadas e formalizadas, demonstrem que a alternativa adotada é a mais vantajosa e a única que atende às necessidades da Administração, conforme orientação expedida por esta Corte em caso semelhante (Decisão nº 664/2001-Plenário); (Acórdão nº 1.292/2003, Plenário, Relator Min. Augusto Sherman Cavalcanti, Processo TC nº 009.356/2003-8, *DOU* de 15.09.2003)

8.2. determinar à [...] que, em futuros procedimentos licitatórios para aquisição de toner para impressoras ou outros produtos análogos, evite – em homenagem aos princípios que devem reger as licitações no âmbito da Administração Pública e às disposições do próprio regulamento de contratação da Anatel, aprovado pela Resolução nº 05, de 05.01.1998 – indicar preferência por marcas, ante a falta de amparo legal, salvo na hipótese em que fique demonstrada tecnicamente que só determinada marca atende à necessidade da Administração, situação que deve ficar devidamente demonstrada e justificada no processo; (Decisão nº 1.476/2002, Plenário, Relator Min. Iram Saraiva; Processo TC nº 011.579/2002-2, *DOU* de 11.11.2002)

1.3.5.1.8.1 Exclusão de marca

É possível a exclusão de marca pelo órgão ou entidade licitante no termo de referência.

Tal ocorre quando determinada marca, adquirida anteriormente por meio de procedimento licitatório ou contratação direta, comprove ser de má qualidade.

Exemplo clássico é a aquisição de canetas que não escrevem. Depois de circunstanciado no processo que o objeto não atende às necessidades da administração, inclusive com a juntada de laudo técnico e termo de reclamação dos usuários e devolução do objeto, é sustentável a hipótese de exclusão da marca.

Da mesma maneira que a decisão indicadora de marca exige justificativa, a hipótese de exclusão de marca também impõe ao agente público o dever de justificar. Os princípios da impessoalidade e da igualdade não se compadecem com favorecimento ou discriminação impertinente (arts. 5º, *caput*, e 37, *caput*, da CF/88, e art. 3º, §1º, incs. I e II, da Lei nº 8.666/93).

1.3.5.1.9 Amostras ou protótipos (compras)

Não há expressa previsão normativa na Lei nº 10.520/02 autorizando a apresentação de amostras ou protótipos, contudo, como tal medida pode garantir uma boa contratação para a administração pública, cabe exigi-la no edital. A jurisprudência do Tribunal de Contas da União[180] evoluiu nesse sentido.

---

[180] "8.3.2 limite-se a exigir a apresentação de amostras ou protótipos dos bens a serem adquiridos, na fase de classificação das propostas, apenas ao licitante provisoriamente em primeiro lugar e desde que de forma previamente disciplinada e detalhada, no instrumento convocatório, nos termos dos arts. 45 e 46 da Lei nº 8.666/93, observados os princípios da publicidade dos atos, da transparência, do contraditório e da ampla defesa" (Decisão nº 1.237/02, Plenário, Relator Min. Walton Alencar Rodrigues. Processo TC nº 001.102.2001-0, *DOU*, 27.09.2002).

"8.2.2 Limite-se a exigir a apresentação de amostras ou protótipos dos bens a serem adquiridos na fase de classificação das propostas e desde que devidamente disciplinada, de forma detalhada, no instrumento convocatório" (Decisão nº 85/02, Plenário. Relator Min. Benjamin Zymler. Processo TC nº 002.623.2001-5, *DOU*, 19.03.2002).

O suporte jurídico para a exigência de amostras ou protótipos está no art. 43, inc. IV, da Lei nº 8.666/93, de aplicação subsidiária no pregão, que se ocupa da conformidade do objeto ofertado pela proposta de cada concorrente com as especificações e os requisitos constantes do edital.

O termo de referência estipulará a necessidade de apresentação de amostra e indicará os critérios técnicos de sua avaliação.

O edital, por sua vez, regulamentará a forma como será apresentada a amostra (prazo para apresentação após a convocação do pregoeiro, local, condições, critérios técnicos e etapas de avaliação, possibilidade de acompanhamento pelos licitantes, etc.), sob pena de desclassificação da proposta caso não seja atendida. A certeza quanto à apresentação da amostra no edital confere ao licitante agilidade para providenciar a produção ou aquisição do produto, nas condições exigidas no edital, caso venha a ocupar a primeira colocação no certame. Como assentou o Tribunal de Contas da União, tem ele de estar preparado para entregá-lo, por isso, não é conveniente estabelecer-se no edital de que poderá ser exigida amostra, mas sim, que será exigida, inserindo-se, nesse instrumento, as condições necessárias à apresentação.

Por meio do Acórdão nº 1.598/06, Plenário, Relator Min. Marcos Bemquerer Costa, Processo TC nº 006.984.2006-6, *DOU*, 1º.07. 2006, o TCU decidiu: "9.2.2. que, caso repute indispensável exigir amostras ou protótipos dos produtos a serem licitados, utilize-se das modalidades de licitação previstas na Lei nº 8.666/1993, observando, ainda, o entendimento desta Corte de que tal obrigação somente deve ser imposta ao licitante provisoriamente em primeiro lugar, nos termos dos arts. 45 e 46 da Lei nº 8.666/1993, bem assim do entendimento firmado por meio dos Acórdãos nº 1.237/2002, nº 808/2003, nº 526/2005 e nº 99/2005, todos do Plenário";
"12. De fato, não há que se falar em exigência de amostras de todos os participantes do pregão. Nesse sentido, cabe novamente transcrever trecho do Voto do Ministro Walton Alencar Rodrigues no TC 001.103/2001-0, condutor do Acórdão nº 1.237/2002 – Plenário – TCU, que bem elucidou esta questão:
'A exigência de amostras, na fase de habilitação, ou de classificação, feita a todos os licitantes, além de ilegal, poderia ser pouco razoável, porquanto imporia ônus que, a depender do objeto, seria excessivo, a todos os licitantes, encarecendo o custo de participação na licitação e desestimulando a presença de potenciais licitantes. A solicitação de amostra na fase de classificação apenas ao licitante que se apresenta provisoriamente em primeiro lugar, ao contrário, não onera o licitante, porquanto confirmada a propriedade do objeto, tem ele de estar preparado para entregá-lo, nem restringe a competitividade do certame, além de prevenir a ocorrência de inúmeros problemas para a administração.
Não viola a Lei nº 8.666/1993 a exigência, na fase de classificação, de fornecimento de amostras pelo licitante que estiver provisoriamente em primeiro lugar, a fim de que a Administração possa, antes de adjudicar o objeto e celebrar o contrato, assegurar-se de que o objeto proposto pelo licitante conforma-se de fato às exigências estabelecidas no edital'.
13. Todavia, em se tratando de exigência de apresentação de amostras apenas do licitante vencedor, tal procedimento pode surgir como uma melhor forma de se garantir presteza, perfeição e eficiência ao procedimento do pregão presencial, desde que não comprometa a celeridade de todo o processo e não imponha ônus desnecessários a todos os licitantes.
14. No caso de pregão presencial realizado para aquisição de material de consumo, a análise de amostra apresentada pelo vencedor do certame tem o condão de garantir, ao órgão público que efetua a compra, que o produto adquirido tenha adequada qualidade técnica aliada ao melhor preço, sem, contudo, comprometer a rapidez esperada para a efetivação da contratação.
15. Para materiais de consumo que podem ter sua qualidade aferida, rapidamente, sem necessidade de emissão de pareceres técnicos de especialistas, a exigência de amostra do vencedor do certame consubstancia-se na prevalência do princípio da eficiência, sem restar constatado prejuízo à celeridade.
16. Assim, embora não se conheça de embargos declaratórios intempestivos, ante a constatação de que há aspectos a serem melhor elucidados para ampliar a compreensão do *decisum* embargado, considero ser pertinente informar ao Tribunal de Justiça do Distrito Federal e Territórios que, preservado o princípio da celeridade inerente à modalidade de pregão, e com vistas a garantir a qualidade dos produtos adquiridos pela Administração Pública, é aceitável que se exija apresentação, apenas por parte do licitante vencedor, de amostra do material de consumo a ser adquirido no certame" (Acórdão nº 1.182/07, Plenário, Relator Min. Marcos Bemquerer Costa. Processo TC nº 006.984.2006-6, *DOU*, 22.06.2007).

Veja-se Acórdão do Tribunal de Contas da União a respeito:

> A solicitação de amostra na fase de classificação apenas ao licitante que se apresenta provisoriamente em primeiro lugar, ao contrário, não onera o licitante, porquanto confirmada a propriedade do objeto, tem ele de estar preparado para entregá-lo, nem restringe a competitividade do certame, além de prevenir a ocorrência de inúmeros problemas para a administração. (Acórdão nº 1.182/2007, Plenário, Processo TC006.984.2006-6, Rel. Min. Marcos Bemquerer Costa)

É recomendável que a análise da amostra seja confiada a uma equipe técnica ou servidor com conhecimentos específicos relacionados à natureza do objeto, que pode ser designado para a só finalidade de analisá-la, entranhando-se aos autos do processo licitatório todos os pareceres técnicos emitidos sobre a análise realizada, de forma a demonstrar a sua transparência.

Inexistindo equipe ou servidor técnico especializado na análise da amostra e dependendo da natureza do objeto, pode a administração, em lugar de exigi-la, estabelecer, no edital, a apresentação, pelo licitante classificado em primeiro lugar, de laudos técnicos, ensaios ou resultados de testes realizados, como preceitua o art. 75[181] da Lei nº 8.666/93.

A amostra será apresentada pelo licitante provisoriamente classificado em primeiro lugar. Se for compatível com o previsto no termo de referência, e não havendo recurso, o pregoeiro adjudicará o objeto, confirmando que o seu apresentante é o vencedor da disputa. Se houver desconformidade, o pregoeiro desclassificará a proposta.

O Tribunal de Contas da União, por meio da Decisão nº 485/98, Plenário (Relator Min. José Antonio Barreto de Macedo, Processo TC nº 350.333.1997-1), firmou o entendimento de que deva ser respeitado o direito dos licitantes à contraprova, quando a amostra for rejeitada, tendo em vista as garantias inerentes à ampla defesa e ao contraditório (CF/88, art. 5º, LV).

1.3.5.1.10 Margem de preferência (compras e serviços)

De acordo com o art. 3º, §5º, da Lei nº 8.666/93, nos processos de licitação poderá ser estabelecida margem de preferência para produtos manufaturados e para serviços nacionais que atendam a normas técnicas brasileiras.

Margem de preferência normal constitui-se no diferencial de preços entre os produtos manufaturados nacionais e serviços nacionais e os produtos manufaturados estrangeiros e serviços estrangeiros, que permite assegurar preferência à contratação de produtos manufaturados nacionais e serviços nacionais (art. 2º do Decreto federal nº 7.546/11).

Produtos manufaturados nacionais, conforme definição do art. 6º, XVII da Lei, são os produtos manufaturados produzidos no território nacional de acordo com o processo produtivo básico ou com as regras de origem estabelecidas pelo Poder Executivo federal.

---

[181] "Art. 75. Salvo disposições em contrário constantes do edital, do convite ou de ato normativo, os ensaios, testes e demais provas exigidos por normas técnicas oficiais para a boa execução do objeto do contrato correm por conta do contratado."

De acordo com o Decreto federal nº 7.546/11, o produto manufaturado nacional constitui-se no produto que tenha sido submetido a qualquer operação que modifique a sua natureza, a natureza de seus insumos, a sua finalidade ou o aperfeiçoe para o consumo, produzido no território nacional de acordo com o processo produtivo básico definido na Lei nº 8.387/91 e na Lei nº 8.248/91, ou com as regras de origem estabelecidas pelo Poder Executivo federal, tendo como padrão mínimo as regras de origem do Mercosul.

Serviços nacionais, segundo o disposto no art. 6º, XVIII da Lei, são os serviços prestados no País, nas condições estabelecidas pelo Poder Executivo federal.

A margem de preferência será estabelecida com base em estudos revistos periodicamente, em prazo não superior a 5 (cinco) anos, que levem em consideração: (a) geração de emprego e renda; (b) efeito na arrecadação de tributos federais, estaduais e municipais; (c) desenvolvimento e inovação tecnológica realizados no País; (d) custo adicional dos produtos e serviços; e (e) em suas revisões, análise retrospectiva de resultados.

Para os produtos manufaturados e serviços nacionais resultantes de desenvolvimento e inovação tecnológica realizados no País, poderá ser estabelecido margem de preferência adicional àquela prevista no §5º do art. 3º da Lei nº 8.666/93. Margem de preferência adicional, segundo o art. 2º do Decreto federal nº 7.546/11, constitui-se na margem de preferência cumulativa com a margem de preferência normal, assim entendida como o diferencial de preços entre produtos manufaturados nacionais e serviços nacionais, resultantes de desenvolvimento e inovação tecnológica realizados no País, e produtos manufaturados estrangeiros e serviços estrangeiros, que permite assegurar preferência à contratação de produtos manufaturados nacionais e serviços nacionais.

São os Decretos federais que disciplinam a aplicação de margem de preferência em licitações para aquisições de bens e serviços:

> Decreto nº 7.546, de 2 de agosto de 2011 – Regulamenta o disposto nos §§5º a 12 do art. 3º da Lei nº 8.666, de 21 de junho de 1993, e institui a Comissão Interministerial de Compras Públicas
>
> Decreto nº 7.601, de 07 de novembro de 2011 – Estabelece a aplicação de margem de preferência nas licitações realizadas no âmbito da administração pública federal para aquisição de produtos de confecções, calçados e artefatos, para fins do disposto no art. 3º da Lei nº 8.666, de 21 de junho de 1993
>
> Decreto nº 7.709, de 3 de abril de 2012 – Estabelece a aplicação de margem de preferência nas licitações realizadas no âmbito da administração pública Federal para aquisição de retroescavadeiras e motoniveladoras descritas no Anexo I, para fins do disposto no art. 3º da Lei nº 8.666, de 21 de junho de 1993
>
> Decreto nº 7.713, de 3 de abril de 2012 – Estabelece a aplicação de margem de preferência nas licitações realizadas no âmbito da administração pública Federal para aquisição de fármacos e medicamentos descritos no Anexo I, para fins do disposto no art. 3º da Lei nº 8.666, de 21 de junho de 1993
>
> Decreto nº 7.746, de 5 de junho de 2012 – Regulamenta o art. 3º da Lei nº 8.666, de 21 de junho de 1993, para estabelecer critérios, práticas e diretrizes para a promoção do desenvolvimento nacional sustentável nas contratações realizadas pela administração pública federal, e institui a Comissão Interministerial de Sustentabilidade na Administração Pública – CISAP

Decreto nº 7.756, de 14 de junho de 2012 – Estabelece a aplicação de margem de preferência em licitações realizadas no âmbito da administração pública federal para aquisição de produtos de confecções, calçados e artefatos, para fins do disposto no art. 3º da Lei nº 8.666, de 21 de junho de 1993

Decreto nº 7.767, de 27 de junho de 2012 – Estabelece a aplicação de margem de preferência em licitações realizadas no âmbito da administração pública federal para aquisição de produtos médicos para fins do disposto no art. 3º da Lei nº 8.666, de 21 de junho de 1993

Decreto nº 7.810, de 20 de setembro de 2012 – Estabelece a aplicação de margem de preferência em licitações realizadas no âmbito da administração pública federal para aquisição de papel-moeda, para fins do disposto no art. 3º da Lei nº 8.666, de 21 de junho de 1993

Decreto nº 7.812, de 20 de setembro de 2012 – Estabelece a aplicação de margem de preferência em licitações realizadas no âmbito da administração pública federal para aquisição de veículos para vias férreas, para fins do disposto no art. 3º da Lei nº 8.666, de 21 de junho de 1993

Decreto nº 7.816, de 28 de setembro de 2012 – Estabelece a aplicação de margem de preferência em licitações realizadas no âmbito da administração pública federal para aquisição de caminhões, furgões e implementos rodoviários, para fins do disposto no art. 3º da Lei nº 8.666, de 21 de junho de 1993

Decreto nº 7.840, de 12 de novembro de 2012 – Estabelece a aplicação de margem de preferência em licitações realizadas no âmbito da administração pública federal para aquisição de perfuratrizes e patrulhas mecanizadas, para fins do disposto no art. 3º da Lei nº 8.666, de 21 de junho de 1993

Decreto nº 7.843, de 12 de novembro de 2012 – Estabelece a aplicação de margem de preferência em licitações realizadas no âmbito da administração pública federal para aquisição de disco para moeda, para fins do disposto no art. 3º da Lei nº 8.666, de 21 de junho de 1993

Decreto nº 7.903, de 04 de fevereiro de 2013 – Estabelece a aplicação de margem de preferência em licitações realizadas no âmbito da administração pública federal para aquisição de equipamentos de tecnologia da informação e comunicação, para fins do disposto no art. 3º da Lei nº 8.666, de 21 de junho de 1993

Decreto nº 8.184[182], de 17 de janeiro de 2014 – Estabelece a aplicação de margem de preferência em licitações realizadas no âmbito da administração pública federal para aquisição de equipamentos de tecnologia da informação e comunicação, para fins do disposto no art. 3º da Lei nº 8.666, de 21 de junho de 1993

Decreto nº 8.185, de 17 de janeiro de 2014 – Estabelece a aplicação de margem de preferência em licitações realizadas no âmbito da administração pública federal para aquisição de aeronaves executivas, para fins do disposto no art. 3º da Lei nº 8.666, de 21 de junho de 1993

Decreto nº 8.186, de 17 de janeiro de 2014 – Estabelece a aplicação de margem de preferência em licitações realizadas no âmbito da administração pública federal para aquisição de licenciamento de uso de programas de computador e serviços correlatos, para fins do disposto no art. 3º da Lei nº 8.666, de 21 de junho de 1993

---

[182] O TCU determinou a uma entidade pública, para que adotasse as medidas necessárias ao exato cumprimento da lei, no sentido de anular a aplicação do benefício da margem de preferência previsto no Decreto nº 8.184/14, a uma licitante privada da área de informática, bem como todos os atos posteriores, uma vez que, por força do art. 5º, §1º, do citado Decreto, não é possível utilizar o benefício quando a licitante já é ofertante da menor proposta, o que deve ser observado em todos os certames, inclusive naqueles realizados sob a forma de grupos ou lotes. No mesmo Acórdão o TCU deliberou que a vedação à aplicação da margem de preferência, nos casos em que o preço mais baixo ofertado é de produto manufaturado nacional (art. 5º, §1º, do Decreto nº 8.184/14) deve ser observada, isoladamente, para cada item que compõe o grupo ou lote (Acórdão nº 1.347/2016-Plenário, Rel. Min. Raimundo Carreiro, Processo nº 000.792/2016-0).

Decreto nº 8.194, de 12 de fevereiro de 2014 – Estabelece a aplicação de margem de preferência em licitações realizadas no âmbito da administração pública federal para aquisição de equipamentos de tecnologia da informação e comunicação, para fins do disposto no art. 3º da Lei nº 8.666, de 21 de junho de 1993

Decreto nº 8.223, de 3 de abril de 2014 – Estabelece a aplicação de margem de preferência em licitações realizadas no âmbito da administração pública federal para aquisição de brinquedos, para fins do disposto no art. 3º da Lei nº 8.666, de 21 de junho de 1993

Decreto nº 8.224, de 3 de abril de 2014 – Estabelece a aplicação de margem de preferência em licitações realizadas no âmbito da administração pública federal para aquisição de máquinas e equipamentos, para fins do disposto no art. 3º da Lei nº 8.666, de 21 de junho de 1993

Decreto nº 8.626, de 30, de dezembro de 2015 – Altera os Decretos que especifica, para prorrogar o prazo de vigência das margens de preferência.

A Lei nº 13.146/15, que instituiu a Lei brasileira de inclusão da pessoa com deficiência, acrescentou o inciso II ao §5º do art. 3º da Lei nº 8.666/93, prevendo a concessão de margem de preferência a bens e serviços produzidos ou prestados por empresas que comprovem cumprimento de reserva de cargos prevista em lei para pessoa com deficiência ou para reabilitado da Previdência Social e que atendam às regras de acessibilidade previstas na legislação.

1.3.5.1.11 Condições relacionadas à subcontratação (compras e serviços)

A subcontratação de terceiro pelo contratado encontra previsão no art. 72 da Lei nº 8.666/93 (*O contratado, na execução do contrato, sem prejuízo das responsabilidades contratuais e legais, poderá subcontratar partes da obra, serviço ou fornecimento, até o limite admitido, em cada caso, pela Administração*).

Amplia, em princípio, a competitividade porque possibilita a participação de sociedades empresariais que, embora atuem do ramo do objeto da licitação, não estejam habilitadas à execução de sua integralidade. A execução de parte do objeto é transferida a terceiro, escolhido pelo contratado, desde que não encontre vedação no edital da licitação. Constitui motivo para sua rescisão a existência de dispositivo editalício ou cláusula contratual expressa no sentido de vedá-la.

No regime do art. 72, a iniciativa de subcontratar é do contratado, no curso da execução do contrato, desde que autorizado pela administração. E a responsabilidade por eventuais danos, vícios, falhas, omissões ou prejuízos decorrentes da execução do objeto é integral do contratado perante a administração.

1.3.5.1.12 Vistoria ou visita (serviços)

Em determinadas licitações de serviços (inclusive obras), é importante que o licitante conheça as condições locais para cumprimento das obrigações, de forma a identificar eventual necessidade de adaptações que se fizerem necessárias durante sua execução. A exigência de vistoria ou visita é também uma forma de a administração resguardar-se caso o contratado venha a alegar a existência de impedimentos para a perfeita execução do objeto, amparado no desconhecimento das condições locais e/ou instalações.

O edital de licitação pode estabelecer a visita técnica ou vistoria em caráter facultativo. Nesse caso, a visita ao local de execução do objeto constitui direito subjetivo da empresa licitante, e não, uma obrigação imposta pela administração, motivo pelo qual deve ser tratada mesmo como uma faculdade reconhecida pela administração aos participantes do certame. As características do objeto no caso concreto guiarão a melhor solução a ser adotada pelo edital, sobre exigir ou facultar a visita técnica, sempre evitando restrição à competitividade.

Tanto a obrigatoriedade como a faculdade da visita técnica devem ser justificadas e demonstradas no processo de licitação. Sendo facultativa, deve o edital prever a possibilidade de substituição do atestado de visita técnica por declaração do responsável, de que possui pleno conhecimento do objeto. Mas, com o fim de prevenir que o caráter facultativo da visita seja usado como argumento para pleitos de alterações no objeto por parte do contratado, é fundamental que o edital estabeleça a responsabilidade do contratado pela ocorrência de eventuais prejuízos em virtude de sua omissão na verificação das condições locais para a execução do objeto.

De acordo com o art. 4º, V, da Lei nº 10.520/02, o prazo fixado para a apresentação das propostas, contado a partir da publicação do aviso do edital, não será inferior a 8 (oito) dias úteis. Esse prazo mínimo destina-se a permitir que os interessados avaliem a conveniência de sua participação no certame e obtenham as informações e documentação necessária à elaboração de suas propostas.

Dependendo das peculiaridades do objeto da licitação e no intuito de ampliar a competitividade, é importante que a administração estabeleça prazo razoável entre a publicação do aviso de edital e a apresentação das propostas, que não poderá ser inferior a 8 (oito) dias úteis, para que os interessados realizem a vistoria e para que a administração forneça a documentação necessária à participação na licitação.

São alguns julgados do Tribunal de Contas da União sobre a realização de vistoria:

> 1.6.1. dar ciência, com amparo no art. 7º da Resolução – TCU 265/2014, ao [...], para que sejam adotadas medidas internas com vistas à prevenção de ocorrência semelhante, de que: [...] 1.6.1.2. não foi devidamente justificada a vistoria obrigatória exigida pelo edital de abertura, de modo a demonstrar que tal exigência era imprescindível para a execução contratual, em dissonância com a jurisprudência do Tribunal que entende que a vistoria deve ser uma faculdade e não uma obrigação imposta ao licitante, incluindo, no caso de visita técnica facultativa, cláusula no edital que estabeleça ser de responsabilidade do contratado a ocorrência de eventuais prejuízos em vista de sua omissão na verificação dos locais de prestação, a fim de proteger o interesse da Administração (Acórdãos nº 983/2008, nº 2.395/2010, nº 2.990/2010, nº 1.842/2013, nº 2.913/2014, nº 234/2015, nº 372/2015, nº 1447/2015 e nº 3.472/2012, todos do Plenário); (Acórdão nº 5/2016 – Plenário, Rel. Min. Walton Alencar Rodrigues, Processo nº 024.279/2015-3)

> 9.3. dar ciência à [...] de que a visita técnica prevista no art. 30, inciso III, da Lei nº 8.666/1993 deve ser exigida somente quando justificável e pode ser substituída por declaração formal assinada pela empresa proponente, sob as penalidades da lei, de que tem pleno conhecimento das condições e peculiaridades inerentes à natureza e ao local dos trabalhos, e de que não alegará desconhecimento para quaisquer questionamentos futuros que ensejem desavenças técnicas ou financeiras com o contratante (Acórdão nº 5.665/2015 – Segunda Câmara, Rel. Min. Ana Arraes, Processo nº 011.985/2015-1)

9.2. dar ciência ao [...] de que: [...]
9.2.2. deve evitar, salvo em situações excepcionais devidamente justificadas, exigir visita técnica pelos interessados nas licitações, eis que sua substituição por declaração formal assinada pela empresa, sob as penalidades da lei, de que tem pleno conhecimento das condições locais e peculiaridades inerentes à natureza dos trabalhos e não alegará desconhecimento para quaisquer questionamentos futuros de caráter técnico ou financeiro, atende o art. 30, inciso III, da Lei nº 8.666/1993 sem comprometer a competitividade do certame (Acórdão nº 1.564/2015 – Segunda Câmara, Rel. Min. Ana Arraes, Processo nº 011.069/2014-7)

1.3.5.1.13 Fornecimento de peças ou materiais (serviços)

Se for o caso, na execução de serviços, poderá ser estipulada a obrigação de o contratado fornecer peças ou materiais e suas condições, como, por exemplo: peças originais ou compatíveis com o equipamento.

Reza o art. 8º da Lei nº 8.666/93 que a execução de obras e serviços deve programar-se, sempre, em sua totalidade, previstos seus custos atual e final, e considerados os prazos de sua execução.

É encargo da administração pública não só o planejamento do serviço em sua totalidade, considerando-se custos e prazo para a execução, mas também a especificação dos bens necessários à execução do objeto, a definição das unidades e das quantidades a serem adquiridas em função do consumo e utilização prováveis, cuja estimativa será obtida, sempre que possível, mediante adequadas técnicas de estimação quantitativa (art. 15, §7º, I e II, da Lei nº 8.666/93), o que torna irregular a contratação de serviços com estimativas das peças e materiais, quantidades e preços por conta do contratado. Assim:

1.7.1. dar ciência à [...] do descumprimento dos dispositivos da lei de licitações, especificamente quanto às seguintes falhas detectadas:
1.7.1.1. contratação (Pregão nº. 10/2013, Processo nº. 21052.000191/2013) de serviços de manutenção de impressoras com preços das peças determinados pelo contratado, em desacordo com o art. 8º da Lei nº 8.666/93 (Acórdão nº 2.382/2015 – Primeira Câmara, Rel. Min. Walton Alencar Rodrigues, Processo nº 019.681/2014-3).

1.3.5.1.14 Transição contratual (serviços)

Segundo a Instrução Normativa nº 02, de 30.04.2008, do MPOG, o órgão ou entidade da administração, na contratação de serviços de natureza intelectual ou estratégicos, deverá estabelecer a obrigação de a contratada promover a transição contratual com transferência de tecnologia e técnicas empregadas, sem perda de informações, podendo exigir, inclusive, a capacitação dos técnicos da contratante ou da nova empresa que continuará a execução dos serviços. Sendo esse o caso, deverá o termo de referência estabelecer as condições a respeito.

A Lei nº 8.666/93 contém disposição similar:

Art. 111. A Administração só poderá contratar, pagar, premiar ou receber projeto ou serviço técnico especializado desde que o autor ceda os direitos patrimoniais a ele relativos e a Administração possa utilizá-lo de acordo com o previsto no regulamento de concurso ou no ajuste para sua elaboração.

Parágrafo único. Quando o projeto referir-se a obra imaterial de caráter tecnológico, insuscetível de privilégio, a cessão dos direitos incluirá o fornecimento de todos os dados, documentos e elementos de informação pertinentes à tecnologia de concepção, desenvolvimento, fixação em suporte físico de qualquer natureza e aplicação da obra.

1.3.5.1.15 Direitos da administração contratante segundo a IN nº 02, de 30.04.2008, do MPOG (serviços)

De acordo com a instrução normativa, é possível estabelecer regras que prevejam, nas contratações de serviços não continuados, os seguintes direitos à contratante: (a) o direito de propriedade intelectual dos produtos desenvolvidos, inclusive sobre as eventuais adequações e atualizações que vierem a ser realizadas, logo após o recebimento de cada parcela, de forma permanente, permitindo à contratante distribuir, alterar e utilizar os mesmos sem limitações; e (b) os direitos autorais da solução, do projeto, de suas especificações técnicas, da documentação produzida e congêneres, e de todos os demais produtos gerados na execução do contrato, inclusive aqueles produzidos por terceiros subcontratados, ficando proibida a sua utilização sem que exista autorização expressa da contratante, sob pena de multa, sem prejuízo das sanções civis e penais cabíveis.

1.3.5.1.16 Critério de mensuração dos serviços

A Instrução Normativa nº 02, de 30.04.2008, do MPOG, exige que, na contratação de serviços continuados, deve ser adotada unidade de medida que permita a mensuração dos resultados para o pagamento da contratada e que elimine a possibilidade de remunerar as empresas com base na quantidade de horas de serviço ou por postos de trabalho.

A medida instiga a administração a exigir produtividade da contratada, isto é, resultados aliados a uma eficaz gestão contratual. Determina que as contratações sejam precedidas de planejamento, em harmonia com o planejamento estratégico da instituição, o qual deverá estabelecer os produtos ou resultados a serem obtidos, quantidades e prazos para entrega das parcelas, quando couber.

A Instrução Normativa quer um modelo eficaz de contrato de prestação de serviços continuados por terceiros, cujo pagamento obedecerá a critérios de mensuração dos resultados, excepcionando a remuneração da contratada por postos de trabalho ou quantidade de horas de serviço, quando houver inviabilidade da adoção do critério de mensuração, fato que deverá ser justificado pela administração.

O Tribunal de Contas da União, em acórdão proferido em 2005, já traçava a linha introduzida pela instrução normativa, como se infere do texto a seguir:

> 9.3.3. adote metodologias de mensuração de serviços prestados que privilegiem a remuneração das contratadas mediante a mensuração de resultados e que eliminem a possibilidade de remunerar as empresas com base na quantidade de horas trabalhadas ou nos postos de trabalho;
> 9.3.4. na formulação das metodologias de mensuração de serviços, contemple os seguintes aspectos, entre outros que venham a ser considerados cabíveis pelo órgão: a fixação de critérios de mensuração dos serviços prestados, incluindo as métricas e formas de mensuração adotadas; a fixação de critérios de aferição da adequação do serviço à

especificação e à qualidade esperada com vistas à aceitação e pagamento; a utilização de um documento específico destinado ao controle de serviços prestados (como "ordem de serviço" ou "solicitação de serviço"); a previsão de acompanhamento e fiscalização concomitantes à execução para evitar distorções na aplicação dos critérios;

9.3.5. estabeleça um documento específico (como "ordem de serviço" ou "solicitação de serviço") destinado ao controle dos serviços prestados para fins de pagamento à empresa contratada, contendo, entre outros aspectos que também possam vir a ser considerados necessários pelo órgão: a definição e a especificação dos serviços a serem realizados; as métricas utilizadas para avaliar o volume de serviços solicitados e realizados; a indicação do valor máximo de horas aceitável e a metodologia utilizada para quantificação desse valor, nos casos em que a única opção viável for a remuneração de serviços por horas trabalhadas; o cronograma de realização do serviço, incluídas todas as tarefas significativas e seus respectivos prazos; os custos em que incorrerá o Ministério para consecução do serviço solicitado; e a indicação clara do servidor responsável pela atestação dos serviços;

9.3.6. explicite nos editais a metodologia de mensuração de serviços adotada para cada modalidade de serviços e a quantificação da demanda máxima de serviço, que deve ser definida segundo a metodologia adotada e as características pertinentes ao modelo de contratação escolhido (i. e. locação de mão-de-obra ou prestação de serviços mensurados pelos resultados), fundamentando, no respectivo processo, as previsões estabelecidas; (Acórdão nº 667/2005, Plenário, Relator Min. Augusto Sherman Cavalcanti, Processo TC nº 001.605/2005-5, *DOU* de 03.06.2005)

Nas contratações para a prestação de serviços de tecnologia da informação, a remuneração deve estar vinculada a resultados ou ao atendimento de níveis de serviço, admitindo-se o pagamento por hora trabalhada ou por posto de serviço somente quando as características do objeto não o permitirem, hipótese em que a excepcionalidade deve estar prévia e adequadamente justificada nos respectivos processos administrativos (verbete 269 da Súmula do Tribunal de Contas da União).

A Instrução Normativa nº 4, de 2010, do Ministério do Planejamento, Orçamento e Gestão, que dispõe sobre o processo de contratação de soluções de tecnologia da informação pelos órgãos integrantes do Sistema de Administração dos Recursos de Informação e Informática (SISP) do Poder Executivo Federal, reza que:

Art. 15 [...]
§2º A aferição de esforço por meio da métrica homens-hora apenas poderá ser utilizada mediante justificativa e sempre vinculada à entrega de produtos de acordo com prazos e qualidade previamente definidos.
[...]
§3º É vedado contratar por postos de trabalho alocados, salvo os casos justificados mediante a comprovação obrigatória de resultados compatíveis com o posto previamente definido.

As especificidades que envolvem soluções de tecnologia da informação (conjunto de bens e serviços de tecnologia da informação e automação que se integram para o alcance dos resultados pretendidos com a contratação) são atrativas da mensuração por resultados efetivamente alcançados para a administração pública, segundo parâmetros objetivos previamente definidos no edital, daí a impropriedade de estabelecer-se, nesses objetos, remuneração dos empregados da empresa contratada por horas trabalhadas. Esse modelo (horas trabalhadas ou homem-hora) não assegura a realização do objeto e propicia que a contratada utilize mais tempo na consecução do objeto, auferindo, com isso, maior remuneração. Mas a proibição não é absoluta. Admite-se a remuneração da empresa prestadora de serviços na área de tecnologia da informação, por hora trabalhada ou por posto de serviço, mas somente quando as características do objeto não permitirem a estipulação de resultados, hipótese em que a excepcionalidade deve estar prévia e adequadamente justificada nos respectivos processos administrativos. Assim:

> É lícito o estabelecimento de remuneração por horas de trabalho para serviços de tecnologia da informação, quando não for possível vinculá-la a resultados (Acórdão nº 47/2013 – Plenário, Rel. Min. André Luís de Carvalho, Processo nº 046.269/2012-6. Informativo de Licitações e Contratos nº 137, de 2013).

1.3.5.1.17 Critérios de aceitação das propostas (compras e serviços)

1.3.5.1.17.1 Compatibilidade com o preço estimado

O art. 43, inc. IV, da Lei nº 8.666/93 permite que a licitação seja processada e julgada mediante a verificação da exata correspondência de cada proposta aos requisitos do edital e, conforme o caso, com os preços correntes no mercado ou fixados por órgão oficial competente, ou, ainda, com os constantes do sistema de registro de preços, os quais deverão ser devidamente lançados na ata de julgamento, promovendo-se a desclassificação das propostas desconformes ou incompatíveis.

Dependendo das peculiaridades do objeto da licitação, pode adotar-se como critério de aceitabilidade das propostas o exame da compatibilidade dos valores ofertados com aqueles estimados pela administração na fase interna do procedimento licitatório. Quer isto dizer que propostas superiores aos valores estimados poderão ser classificadas, exigindo-se, neste caso, por parte do pregoeiro, a explicitação dos motivos de aceitar-se, ou não, determinado preço. Não há parâmetro legal definido acerca da margem de variação de preços que pode ser tolerada como critério de aceitabilidade da proposta de menor valor, haja vista a infinidade de circunstâncias a serem consideradas. Imprescindível é a instrução do processo licitatório com a obrigatória pesquisa de preços do objeto que a administração pretende adquirir, demonstrativa dos preços praticados pelo mercado, com eficaz repercussão na margem de variação admitida para aceitação de propostas.

> (...) por manifestamente superior não se deve entender apenas o preço acima do que se acha, em média, no mercado; é necessário que a margem de superação seja tal que não possa ser considerada como oscilação em torno de média aceitável, por razões conjunturais ou sazonais (influência inopinada de fatores climáticos adversos, dificuldades no recrutamento de mão-de-obra especializada, desaparecimento súbito de matéria-prima essencial à industrialização, entre outras). (PEREIRA JUNIOR, Jessé Torres. *Comentários à lei das licitações e contratações da administração pública.* 7. ed. Rio de Janeiro: Renovar, p. 304)

1.3.5.1.17.2 Fixação de preços máximos

A administração pública, tendo em vista as características e condições do objeto de que necessita, poderá optar pela fixação de preços máximos como critério de aceitabilidade das propostas, consoante autorizado pelo art. 40, inc. X, da Lei nº 8.666/93.

Significa que, dispondo a administração de meios para conhecer os preços praticados no mercado e dependendo do objeto da licitação, poderá optar pela limitação de preços, desclassificando propostas que sejam superiores aos preços máximos fixados. A classificação de proposta com preço superior ao limite admitido no edital viola o princípio da vinculação ao instrumento convocatório. Marçal Justen Filho, em seus *Comentários à lei de licitações e contratos administrativos* (11. ed. Dialética. p. 393), leciona: "A idéia de fixação de preço máximo é perfeitamente adequada. Se a Administração apenas pode realizar a licitação se houver previsão de recursos orçamentários, é inevitável a fixação de preços máximos. É o único meio de evitar o risco de contratações destituídas de cobertura orçamentária. Ressalta-se que o preço máximo fixado pode ser objeto de questionamento por parte dos licitantes, na medida em que se caracterize como inexeqüível. Fixar preço máximo não é via para a Administração inviabilizar contratação por preço justo. Quando a Administração apurar certo valor como sendo o máximo admissível e produzir redução que tornar inviável a execução, caracterizar-se-á desvio de poder".

Visite-se a Súmula nº 259 do Tribunal de Contas da União, referente à obrigatoriedade de fixarem-se preços máximos, unitários e global, como critério de aceitabilidade da proposta, em licitação para obras e serviços de engenharia: *"Nas contratações de obras e serviços de engenharia, a definição do critério de aceitabilidade dos preços unitários e global, com fixação de preços máximos para ambos, é obrigação e não faculdade do gestor"*.

Sobre a faculdade de fixação de preços máximos, decidiu o TCU:

4.1 Com as vênias de praxe, entendo que se possa, também, excluir, como fundamento de eventual multa, o fato indicado na alínea "a" supra, pois verifico que o valor aceito foi apenas 2% acima do estimado, o que me leva a considerá-lo irrelevante para subsidiar uma apenação ao pregoeiro (valor de referência: R$680.000,00/mês e valor contrato: R$694.138,27/mês – peça 35/fl. 33 e peça 36/fl. 24).

4.2 Vale lembrar que este Tribunal, por meio da Súmula nº 259/2010 deixou assente que a fixação de preços máximos, unitários e globais, é obrigação do gestor apenas quando se trata de obras e serviços de engenharia. Não se tratando desses objetos, essa fixação é meramente facultativa. Como já registrei em outros processos por mim relatados, "valor de referência" ou simplesmente "valor estimado" não se confunde com "preço máximo". O valor orçado, a depender de previsão editalícia, pode eventualmente ser definido como o preço máximo a ser praticado em determinada licitação, mas não necessariamente. São conceitos distintos, que não se confundem.

4.3 Portanto, para contratações como a que aqui se examina (prestação de serviço médico hospitalar), a fixação de preços máximos não é obrigatória. Nessas condições e considerando a pouca representatividade da diferença entre os valores de referência e o contratado (2%), penso que se possa excluir o fato das razões para apenação do recorrente. (Acórdão nº 6.452/2014 – Segunda Câmara, Rel. Min. José Jorge, Processo nº 015.108/2009-4)

Representação relativa a pregão eletrônico para registro de preços, promovido pelo [...], objetivando a contratação de serviços de criação de leiaute da Carteira de Identidade Profissional, produção, personalização de cartões em policarbonato e outros, apontara, dentre outras irregularidades, a ausência de valor estimado da contratação. Ao examinar o caso, o relator destacou que a jurisprudência do Tribunal é firme no sentido de que *"na licitação na modalidade pregão, o orçamento estimado em planilhas de quantitativos e preços unitários não constitui um dos elementos obrigatórios do edital, mas deve estar inserido obrigatoriamente no bojo do processo relativo ao certame. Todavia, sempre que o preço de referência ou o preço máximo fixado pela Administração for utilizado como critério de aceitabilidade de preços, a sua divulgação em edital torna-se obrigatória"*. Sobre o assunto, relembrou o relator o voto condutor do Acórdão nº 392/2011 – Plenário, segundo o qual, no pregão, *"caberá aos gestores/pregoeiros (...) a avaliação da oportunidade e conveniência de incluir tais orçamentos – e os próprios preços máximos, se a opção foi a sua fixação – no edital, informando nesse caso, no próprio ato convocatório, a sua disponibilidade aos interessados e os meios para obtê-los"*. Ressalvara, contudo, a deliberação que *"na hipótese de o preço de referência ser utilizado como critério de aceitabilidade de preços, a divulgação no edital é obrigatória"*, tendo em vista que *"qualquer regra, critério ou hipótese de desclassificação de licitante deve estar, por óbvio, explicitada no edital, nos termos do art. 40, X, da Lei nº 8.666/1993"*. Considerando que o certame encontrava-se suspenso por iniciativa do CRBM-3ª Região para a correção das impropriedades apontadas, o Tribunal acolheu o voto do relator, julgando parcialmente procedente a Representação, cientificando o órgão de que "na hipótese de o preço de referência ser utilizado como critério de aceitabilidade, a sua divulgação no edital é obrigatória, nos termos do art. 40, X, da Lei nº 8.666/1993" (Acórdão nº 2.166/2014 – Plenário, Rel. Min. Augusto Sherman Cavalcanti, Processo nº 011.468/2014-9. Informativo de licitações e contratos nº 211, de 2014)

[...] 3. "Orçamento" ou "valor orçado" ou "valor de referência" ou simplesmente "valor estimado" não se confunde com "preço máximo". O "valor orçado", a depender de previsão editalícia, pode eventualmente ser definido como o "preço máximo" a ser praticado em determinada licitação, **mas não necessariamente**. (Acórdão nº 392/2011 – Plenário, Rel. Min. José Jorge, Processo nº 033.876/2010-0)

(...) na elaboração de um edital de licitação, impõe o art. 40 da Lei nº 8.666/93 que se indique, entre outras particularidades, "o critério de aceitabilidade dos preços unitário e global, conforme o caso, permitida a fixação de preços máximos" (...). *Portanto, é incontestável a faculdade do administrador para limitar preços, caso tenha razões para tanto* (grifamos). Mas será essa liberdade deixada unicamente ao alvedrio daquele gestor? Entende-se que não. Ao discorrer sobre os encargos daqueles que gerem bens e interesses da comunidade, no tema intitulado "poderes e deveres do administrador público", ensina o mestre Hely Lopes Meirelles o seguinte:

1 MEIRELLES, Hely Lopes. *Direito Administrativo Brasileiro*. 16. ed. São Paulo: Revista dos Tribunais, 1991. p. 84-87

"Os poderes e deveres do administrador público são os expressos em lei, os impostos pela moral administrativa e os exigidos pelo interesse da coletividade. (...) Cada agente administrativo é investido da necessária parcela de poder público para o desempenho de suas atribuições. (...) O poder administrativo, portanto, é atribuído à autoridade para remover os interesses particulares que se opõem ao interesse público. Nestas condições o poder de agir se converte em dever de agir. Assim, se no direito privado o poder de agir é uma faculdade, no direito público é uma imposição, um dever para o agente que o detém, pois não se admite a omissão da autoridade diante de situações que exigem a sua atuação". Em seguida, para reforçar a tese, o mesmo autor escreve: "A propósito, já proclamou o Colendo Tribunal Federal de Recursos que 'o vocábulo poder significa dever quando se trata de atribuições de autoridades administrativas'". (TRF-RDA 28/187) *Conclui-se, portanto, com base nos ensinamentos acima expostos, que a aparente faculdade contida na expressão "permitida a fixação de preços máximos" (art. 40, X, da Lei nº 8.666/93) transforma-se em obrigação para o gestor que, dispondo de meios para conhecer os preços praticados no mercado, deve empenhar-se em coibir práticas de preços superfaturados e atos antieconômicos* (grifamos). Ademais, há ainda que mencionar o dever de eficiência administrativa, princípio recentemente incorporado ao *caput* do art. 37 da Carta Magna. Para atender a este princípio, é fundamental que o administrador, no seu campo de atuação, proceda de forma a obter, qualitativa e quantitativamente, o melhor resultado para a comunidade. Logo, é imperativo que seus atos desenvolvam-se buscando sempre otimizar os aspectos administrativo, econômico e técnico. (Decisão nº 60/1999, Primeira Câmara, Relator Min. Humberto Guimarães Souto, Processo TC nº 926.037.1998-6, *DOU* de 05.04.1999)

1.3.5.1.17.3 Maior percentual de desconto sobre tabela de preço praticada no mercado

O Decreto Federal nº 7.892/13, que regulamenta o sistema de registro de preços no âmbito da administração pública federal, faculta, em seu art. 9º, §1º, a utilização do critério de julgamento baseado no maior o percentual de desconto. Assim: *"O edital poderá admitir, como critério de julgamento, o menor preço aferido pela oferta de desconto sobre tabela de preços praticados no mercado, desde que tecnicamente justificado"*.

Equivale ao critério de julgamento baseado no menor preço, ou seja, quanto maior o percentual de desconto ofertado sobre determinada tabela de preço, menor o valor a ser despendido pela administração na contratação.

O revogado Decreto federal nº 3.931/01 apresentava um elenco de situações atraentes da utilização do critério de julgamento baseado no maior o percentual de desconto, tais como: peças de veículos, medicamentos, passagens aéreas, manutenções e outros similares.

Outras hipóteses, além das indicadas no diploma revogado, podem atrair a utilização desse critério, como, por exemplo, a aquisição de hortifrutigranjeiros, cuja variação de preços sofre forte influência da sazonalidade. Os preços de tais produtos são, por isso, fixados em tabelas, que podem ser usadas como base de cálculo para aplicação do percentual de desconto. São exemplos as tabelas expedidas pela Companhia de Entrepostos e Armazéns Gerais de São Paulo (CEAGESP) e pelas Companhias de Abastecimento (CEASA).

Os contratos decorrentes de procedimentos licitatórios alicerçados no critério de maior percentual de desconto são mais suscetíveis a fraudes. É que há a possibilidade de elevarem-se os valores das tabelas de preços utilizadas como referência no contrato, as quais podem ser alteradas de forma alheia ao controle administrativo.

O fiscal do contrato deve redobrar a cautela habitual quando a despesa observa o maior percentual de desconto, verificando, com muita atenção, se os percentuais aplicados são exatamente aqueles da tabela vigente durante a execução do objeto.

Assentou o Tribunal de Contas da União que:

> Nas contratações para aquisição de livros didáticos ou para bibliotecas, é permitido o uso do modelo de "aquisição por área do conhecimento", em que o objeto não é dividido em itens, mas sim parcelado em grupos temáticos sem a indicação prévia dos livros a serem adquiridos, os quais serão demandados posteriormente. Para tanto, a licitação será do tipo "maior desconto", que deverá incidir sobre o preço dos livros listados nos catálogos oficiais das respectivas editoras. (Acórdão nº 180/2015-Plenário, Rel. Min. Ministro Bruno Dantas, Processo nº 032.610/2013-0. Informativo de Licitações e Contratos nº 229, de 2015)

> 46. Nesse sentido, o critério de julgamento que leva em consideração o "maior desconto" incidente sobre uma base referencial é aceito na contratação de combustíveis, passagens aéreas e, recentemente, na manutenção de veículos. (Acórdão nº 818/2008 – 2ª Câmara, Relator Ministro Aroldo Cedraz)

> 47. Não se pode olvidar, contudo, preocupação já externada pelo Ministro Aroldo Cedraz ao relatar o Acórdão nº 818/2008 – 2ª Câmara, no sentido de que os contratos decorrentes de procedimentos licitatórios calcados no critério de maior desconto aplicável a uma determinada planilha de preços são mais vulneráveis a fraudes e majorações de valores,

se comparados àqueles que têm em suas origens licitações julgadas com base no menor preço, seja global ou contratada.

48. Em vista disso, a despeito de o TCU admitir a adoção desse critério de julgamento, que ao final leva ao mesmo resultado da licitação do tipo menor preço, apenas o faz em situações bem específicas, quando o critério de seleção fundado no maior desconto for o único material e economicamente viável, em vista das circunstâncias fáticas do mercado. Ilustram essas situações as contratações de jornais e revistas, serviços de transporte aéreo e combustíveis. (Acórdão nº 2.731/2009, Plenário, Relator Min. Marcos Bemquerer Costa, Processo nº 032.202/2008-1)

1.3.5.1.17.4 Menor taxa de administração

O critério de aceitabilidade baseado na menor taxa de administração também equivale ao tipo de licitação baseado no menor preço. Quanto menor o percentual da taxa de administração ofertada na proposta de preço, a incidir sobre determinada base de cálculo, menor a despesa para a administração pública. Aplicável, *v.g.*, em objetos que envolvem a operacionalização de vale-refeição, vale-alimentação, vale-combustível ou cartão combustível. Colhe-se do repertório do Tribunal de Contas da União:

Jurisprudência do Tribunal de Contas da União:

> O pagamento de valores a título de "taxa de administração" em contratações públicas intermediadas por outras instituições só se legitima quando demonstrada a inviabilidade da atuação direta do próprio órgão público. Em tomada de contas especial, com julgamento pela irregularidade das contas, com condenação em débito solidário e aplicação de multa, ex-dirigentes do [...] intentaram recursos de reconsideração. Originariamente, a condenação que levou ao inconformismo dos recorrentes, deu-se em razão do pagamento indevido de taxa de administração ao Programa das Nações Unidas para o Desenvolvimento – (PNUD), pela intermediação na contratação de serviços de consultoria junto à empresa [...]. Nesta etapa processual, a unidade instrutiva concluiu não vislumbrar motivo para que o organismo internacional intermediasse a contratação pretendida pelo [...]. Ao concordar com a análise, o relator destacou que "caso a própria entidade tivesse realizado certame licitatório não teria incorrido em gasto com taxa de administração por conta da transação". Além disso, ainda conforme o relator, as alegações do ex-dirigentes do [...] no sentido de que o valor da contratação dos serviços de consultoria, sem a realização de licitação, estaria condizente com os preços praticados no mercado "tangenciam o motivo determinante do débito apurado nesta tomada de contas especial, qual seja, o pagamento de taxa de administração ao Programa das Nações Unidas para o Desenvolvimento – PNUD pela intermediação na contratação da [...]. Embora tal tipo de taxa esteja prevista no aludido projeto, o seu pagamento só será legítimo nos casos em que for demonstrada a inviabilidade da atuação direta do próprio órgão público". Por conseguinte, votou por que se negasse provimento aos recursos impetrados, no que obteve a anuência da 1ª Câmara. (Acórdão nº 674/2011 – Primeira Câmara, Rel. Min. José Múcio, Processo nº 007.361/2004-7. Informativo de Licitações e Contratos nº 50, de 2011)

> (...) é adequado o uso do valor da taxa de administração como critério de julgamento. Não se trata, aliás, de nenhuma inovação, já que tal sistemática tem sido rotineiramente empregada – sem qualquer crítica desta Corte sob este aspecto, friso – em licitações para contratação de serviços de gerenciamento em que o contratado não é o fornecedor direto do bem ou serviço final demandado pela administração.

5. É o caso, por exemplo, dos certames para contratação de serviço de fornecimento de passagens aéreas, em que as agências de viagens, que não são as fornecedoras do serviço de transporte aéreo demandado pelo poder público, são selecionadas com base no valor da taxa de administração que cobram.

6. O mesmo ocorre com o fornecimento de combustíveis ou de vales-refeições, em que idêntico critério de julgamento é empregado e o entregador final do produto demandado não é o distribuidor de combustíveis ou a empresa de vales, mas o posto de gasolina ou o restaurante credenciado em que o abastecimento de cada veículo e consumo de cada refeição é feito. (Acórdão nº 2.731/2009, Plenário, Relator Min. Marcos Bemquerer Costa, Processo nº 032.202/2008-1)

No que tange à taxa de administração negativa, registrem-se os posicionamentos divergentes por parte do Tribunal de Contas da União:
No sentido de sua admissão:

1.7. Informar à [...] sobre a possibilidade de realização de licitações no Sistema Comprasnet com taxa de administração de valor zero ou negativo, conforme esclarecimento prestado pela Secretaria de Logística e Tecnologia do Ministério do Planejamento, Orçamento e Gestão (SLTI-MP), por intermédio do Ofício nº 1919/DLSG/SLTI-MP, de 26/6/2013; (Acórdão nº 5.061/2013 – Segunda Câmara, Rel. Min. José Jorge, Processo nº TC-015.180/2013-1)

A oferta de taxa de administração negativa ou de valor zero, em pregão para prestação de serviços de fornecimento de vale-alimentação, não implica inexequibilidade da respectiva proposta, a qual só pode ser aferida a partir da avaliação dos requisitos objetivos especificados no edital da licitação (Acórdão nº 1.034/2012 – Plenário, Rel. Min. Raimundo Carreiro, Processo nº 010.685/2011-1)

Ainda no que se refere à representação de licitante que relatou possíveis irregularidades no Pregão [...], conduzido pelo [...], com o objetivo de contratar empresa especializada no fornecimento de vales-alimentação e vales-refeição, por meio de cartão magnético, para os colaboradores da entidade, também seria irregular, para a representante, a vedação editalícia de que a taxa de administração fosse negativa, uma vez que a renda obtida pelo particular em decorrência do serviço licitado proviria de diferentes fontes, não se restringindo à taxa de administração. Em seu voto, o relator destacou a providência do [...], de determinar o cancelamento do pregão com o intuito de adequar a licitação à jurisprudência do TCU, que admite a taxa negativa em licitações para a contratação de serviços de fornecimento de vales-alimentação e vales-refeição. O Tribunal, por unanimidade, julgou procedente, em parte, a representação e expediu determinações corretivas ao Sebrae (Acórdão nº 1.757/2010 – Plenário, Rel. Min. Raimundo Carreiro, Processo nº 010. 523/2010-3. Informativo de licitações e contratos nº 26, de 2010)

2 – deixar assente que, no que pertine às licitações destinadas ao fornecimento de vales-refeição/alimentação, a admissão de ofertas de taxas negativas ou de valor zero, por parte da Administração Pública, não implica em violação ao disposto no art. 44, §3º, da Lei nº 8.666/93, por não estar caracterizado, a priori, que essas propostas sejam inexeqüíveis, devendo ser averiguada a compatibilidade da taxa oferecida em cada caso concreto, a partir de critérios objetivos previamente fixados no edital; 3 – determinar à [...] que faça constar de seus próximos editais de licitação menção quanto à possibilidade de serem apresentadas propostas consignando taxas de administração negativas ou de valor igual a zero, remetendo-se-lhe cópia desta Decisão, acompanhada do Relatório e Voto que a

fundamentaram; (Decisão nº 38/1996, Plenário, Relator Min. Adhemar Paladini Ghisi, Processo nº 006.741/95-9)

9.2.1. realize estudos objetivando a aplicação, em licitações que tenham por objeto a contratação de serviços de fornecimento de cesta-alimentação e/ou auxílio-alimentação e refeição, do entendimento firmado na Decisão nº 38/1996 – Plenário, no sentido de que a apresentação de ofertas de taxas de administração negativas ou de valor zero não implica em violação ao disposto no art. 44, §3º, da Lei nº 8.666/93; (Acórdão nº 552/2008, Plenário, Relator Min. Raimundo Carreiro, Processo nº 000.190/2007-0)

No sentido de que não pode ser admitida:

8. Ante o exposto, e considerando o caráter pedagógico de que se revestem as decisões do TCU e a oportunidade de melhoria que este processo pode propiciar aos procedimentos licitatórios no âmbito do [...], propôs (fl. 117): [...]b) recomendar ao [...] que em licitações da espécie abstenha-se de estabelecer cláusula restritiva, exigindo das empresas participantes: [...]
- taxa de administração que não poderá ser negativa; (Acórdão nº 1.757/2010 Plenário, Relator Min. Raimundo Carreiro, Processo nº 010.523/2010-3)

1.3.5.1.18 Prazo para início e conclusão do objeto, periodicidade da prestação dos serviços ou prazo de entrega dos bens (compras e serviços)

A fixação do prazo para início e conclusão do objeto concilia-se com os contratos a termo ou por escopo (como no caso de obras e serviços de engenharia); a estipulação da periodicidade em que os serviços devam ser prestados alinha-se, precipuamente, aos serviços contínuos, ou seja, aqueles cujos prazos de vigência contratual a lei autoriza que ultrapassem o exercício financeiro; e a fixação de prazo de entrega vincula-se aos contratos de fornecimento de bens. Consoante o inciso II do art. 40 da Lei nº 8.666/93, o edital deve, obrigatoriamente, fixar o prazo e condições para a execução do contrato e para entrega do objeto da licitação. De acordo com o art. 55 da mesma lei, são cláusulas necessárias em todo contrato administrativo as que estabeleçam os prazos de início de etapas de execução, de conclusão e de entrega, conforme o objeto exigir. Significa, pois, que é da administração pública a competência para fixar os prazos para o início e conclusão do objeto e não do contratado. Cumpre à administração, na fase interna da licitação, quando da elaboração do termo de referência, estabelecer quais são esses prazos, segundo a natureza e a complexidade do objeto, respaldada em contratações similares e por pareceres técnicos, se necessário.

1.3.5.1.19 Critério de aceitação do objeto e prazo para substituições (compras e serviços)

Trata-se de exigência não raro omitida nos termos de referência e/ou projetos básicos, resultando no recebimento do objeto, pelo agente ou setor responsável, fora dos padrões de qualidade para uso ou estocagem. São exemplos de critérios que devam constar nos respectivos instrumentos citados, conforme o caso: (a) exigência de que o bem seja entregue acondicionado em determinado tipo de embalagem; (b) tratando-se de bens perecíveis, que sejam entregues em determinada temperatura e em embalagem própria para seu acondicionamento; (c) que estejam acompanhados de manual de instrução, de instalação e uso do produto, etc.

Também fundamental é a estipulação de prazo, compatível com a natureza do objeto, para a substituição do bem ou correção do serviço, quando constatado pelo agente ou comissão responsável pela fiscalização do contrato que não atende às especificações exigidas.

A Lei nº 8.666/93 quer que o edital, obrigatoriamente, indique as condições de recebimento do objeto da licitação (art. 40, XVI).

1.3.5.1.20 Fixação de prazos para os recebimentos provisório e definitivo (compras e serviços)

É exigência que deve constar em qualquer termo de referência e/ou projeto básico, independentemente do objeto da licitação (obras, serviços ou compras), imprescindível para que a administração disponha de tempo razoável para avaliar se o executado cumpre as especificações exigidas.

O art. 73 da Lei nº 8.666/93 preceitua que, cuidando-se de obras e serviços, uma vez executado o contrato, o seu objeto será recebido: (a) provisoriamente, pelo responsável por seu acompanhamento e fiscalização, mediante termo circunstanciado, assinado pelas partes, em até 15 (quinze) dias da comunicação escrita do contratado; (b) definitivamente, por servidor ou comissão designada pela autoridade competente, mediante termo circunstanciado, assinado pelas partes, após o decurso do prazo de observação, ou vistoria que comprove a adequação do objeto aos termos contratuais, observado o disposto no art. 69 da lei.

O prazo para o recebimento definitivo de obras e serviços não poderá ser superior a 90 dias, salvo em casos excepcionais, devidamente justificados e previstos no edital.

É essencial que nos contratos de prestação de serviços, execução de obras e fornecimento de bens a administração compute no prazo de vigência contratual os respectivos prazos para: (a) conclusão ou entrega; (b) recebimento provisório; (c) substituição ou correção, quando em desacordo com as especificações exigidas, dependendo da natureza do objeto; (d) recebimento definitivo.

No caso de compras ou de locação de equipamentos, entregue o objeto, será recebido: (a) provisoriamente, para efeito de posterior verificação da conformidade do material com a especificação exigida; (b) definitivamente, após a verificação da qualidade e quantidade do material e consequente aceitação.

A Lei nº 8.666/93 não indicou prazo para essas situações, competindo à administração, de acordo com a natureza do objeto, fixá-lo em período razoável para avaliação. A mesma lei facultou à administração a dispensa do recebimento provisório quando o objeto da licitação disser respeito a: (a) gêneros perecíveis e alimentação preparada; (b) serviços profissionais; (c) obras e serviços de valor até o previsto no art. 23, inc. II, alínea "a", da Lei nº 8.666/93 (R$80.000,00), desde que não se componham de aparelhos, equipamentos e instalações sujeitos à verificação de funcionamento e produtividade. A opção pelo recebimento provisório nestes casos autoriza que seja feito mediante simples recibo.

1.3.5.1.21 Prazo de validade ou de garantia (compras e serviços)

A administração deve exigir prazo de validade ou de garantia, compatível com o período em que o objeto será utilizado, considerando-se o binômio tempo de depósito/utilização provável. Poderá, no termo de referência ou no projeto básico, fixar prazo mínimo de validade ou garantia e exigir, no edital, que o licitante, quando na formulação da proposta, oferte prazo superior àquele, desde que observado o mínimo fixado, sob pena de desclassificação. A exigência insere-se no contexto do art. 40, inc. XVI, da Lei nº 8.666/93, o qual estabelece que o edital indicará, obrigatoriamente, as condições de recebimento do objeto da licitação.

A opção por validade ou garantia depende da natureza do objeto. Usualmente, a demanda por prazo de validade concilia-se com o fornecimento de bens, perecíveis ou não. O prazo de garantia é exigência usual na contratação de serviços, como, por exemplo, instalações e manutenções corretivas, e no fornecimento de determinados bens, como equipamentos e aparelhos. É aconselhável que a administração exija que o termo de validade ou de garantia esclareça, de maneira adequada, em que consiste, bem como a forma e o lugar em que pode ser exercitada.

Em articulação com o art. 31 da Lei nº 8.078, de 11 de setembro de 1990 (Código de Defesa do Consumidor) – que o Tribunal de Contas da União tem admitido como aplicável nas relações contratuais em que a administração pública seja parte –, o termo de referência ou o projeto básico deve exigir que a oferta e a apresentação de produtos ou serviços prestem informações corretas, claras, precisas, ostensivas e em língua portuguesa sobre suas características, qualidades, quantidade, composição, preço, garantia, prazos de validade e origem, entre outros dados, bem como sobre os riscos que apresentam à saúde e à segurança dos consumidores.

O prazo de duração do contrato não abrange o período de validade ou garantia legal ou contratual que perdura mesmo após a extinção do contrato, sendo possível a aplicação de sanção ao contratado em decorrência do descumprimento de alguma de suas condições.

Veja-se, a respeito, a orientação do Tribunal de Contas da União no manual intitulado *Licitações & contratos: orientações e jurisprudência*, 4. ed., p. 763: "*No prazo de vigência contratual não deve estar incluído o prazo de garantia, tendo em vista que esse direito se mantém após a conclusão do objeto contratado*".

O mesmo entendimento na decisão que segue:

> É bem verdade que a garantia declarada no texto legal, consoante preceitua o art. 69, e o §2º, do art. 73, da Lei nº 8.666/93, ou a garantia contratual prevista no art. 50 e seu parágrafo único da Lei nº 8078/90 (Código de Defesa do Consumidor) não necessitava ter seu prazo de vigência inserido no período de duração do contrato, protelando assim a vigência do termo para além do prazo máximo estabelecido na Lei das Licitações. Essa última, segundo o Código de Defesa do Consumidor, deve constituir termo em separado. Vejamos, o que dispõe o CDC: "Art. 50. A garantia contratual é complementar à legal e será conferida mediante termo escrito.
>
> Parágrafo único. O termo de garantia ou equivalente deve ser padronizado e esclarecer, de maneira adequada em que consiste a mesma garantia, bem como a forma, o prazo e o lugar em que pode ser exercitada e os ônus a cargo do consumidor, devendo ser-lhe entregue, devidamente preenchido pelo fornecedor, no ato do fornecimento, acompanhado

de manual de instrução, de instalação e uso do produto em linguagem didática, com ilustrações".

Assim, o período de duração do contrato deve incluir apenas as etapas de consecução de seu objeto, posto que o direito relativo a garantia legal ou contratual subsiste depois de executado o contrato, conforme se depreende das normas contidas no Estatuto das Licitações – art. 69, e o §2º, do art. 73, da Lei nº 8.666/93. Esse direito nasce com a avença, mas perdura além da contratação, pelo prazo acordado entre as partes.

Contudo, nesse momento, não vislumbramos necessidade premente, ou mesmo a nocividade do contrato arguida para justificar a rescisão administrativa por interesse público ou conveniência da Administração. Isso porque a Lei nº 8.666/93, em seu artigo 78, prevê a possibilidade de rescisão contratual por ato unilateral e escrito da Administração, nos casos enumerados no artigo 78, incisos I a XII e XVII. Dentre esses, concordamos com a instrução anterior no sentido de que a modalidade aplicável in casu seria aquela prevista no artigo 78, inciso XII, que exige a seguinte motivação, in verbis: "XII – razões de interesse público, de alta relevância e amplo conhecimento, justificadas e determinadas pela máxima autoridade da esfera administrativa a que está subordinado o contratante e exaradas no processo administrativo a que se refere o contrato".

Considerando que o objeto da contratação já fora totalmente executado, recebido definitivamente, sem pendências, com quitação recíproca, plena e irrevogável, segundo o Termo de Entrega e Recebimento as fls. 130 do Volume I, restando apenas a questão da garantia técnica prevista na Clausula Décima Quinta, que se extinguira em 22 de fevereiro de 2003, pensamos que a providência determinada no item II da Decisão recorrida cumprira apenas uma formalidade legal, que, salvo melhor juízo poderá ser dispensada, excepcionalmente, por este Tribunal, uma vez que não acarreta nenhum dano ou prejuízo ao Órgão. Antes, confirma um direito, conforme já expusemos. (...)

Em face do exposto, levamos a consideração superior, proposição no seguinte sentido: (...) "II – observe, nas contratações futuras, as disposições ínsitas na Lei nº 8.666/93, artigo 57, que dispõe sobre o prazo da duração dos contratos, sem incluir no período de vigência o prazo de garantia, uma vez que esse direito, de acordo com o que preceitua o art. 69, e o §2º, do art. 73, todos da Lei nº 8.666/93, perdura após a execução do objeto do contrato. Complementarmente, poderá ser obtido junto às contratadas o termo de garantia contratual, conforme prescreve o art. 50 e seu parágrafo único da Lei nº 8078/90 (Código de Defesa do Consumidor)". (Decisão nº 202/2002, Primeira Câmara, Relator Min. Walton Alencar Rodrigues, Processo nº 015.972/1999-2)

No âmbito da Advocacia-Geral da União extrai-se que:

A garantia legal ou contratual do objeto tem prazo de vigência próprio e desvinculado daquele fixado no contrato, permitindo eventual aplicação de penalidades em caso de descumprimento de alguma de suas condições, mesmo depois de expirada a vigência contratual. (Orientação Normativa nº 51, de 25 de abril de 2014)

1.3.5.1.22 Obrigações do contratado e contratante

As obrigações do contratado e da contratante não se devem limitar à menção de que compete àquele todas as obrigações decorrentes da execução do objeto, sendo desta a obrigação de pagamento no prazo fixado.

As peculiaridades de cada objeto são determinantes para a indicação das obrigações vinculadas à sua execução, prestação ou fornecimento, como, por exemplo, para o contratado: (a) atendimento a chamados no prazo fixado e cumprimento de prazo para atendimento a chamados de emergência; (b) reposição de peças somente originais ou, dependendo do caso, compatíveis com o bem; (c) apresentação de orçamentos para as peças necessárias à reposição antes de adquiri-las; (d) temperatura ideal para o fornecimento de bens perecíveis, entre outras.

São algumas obrigações da contratante: (a) atestar o fornecimento de bens ou a prestação de serviços; (b) aprovar os orçamentos apresentados pelo contratado; (c) permitir o acesso dos empregados do contratado a áreas restritas do órgão ou entidade, em horários previamente estabelecidos, etc.

As obrigações das partes revestir-se-ão das características intrínsecas de cada objeto, cabendo ao termo de referência prever todas as interferências passíveis de ocorrer durante a execução contratual.

O art. 55, §1º, da Lei nº 8.666/93 expressa que os contratos devam estabelecer com clareza e precisão as condições para sua execução, em cláusulas que definam os direitos, obrigações e responsabilidades das partes, em conformidade com os "termos da licitação e da proposta a que se vinculam".

1.3.5.1.23 Procedimentos de fiscalização, atestação e gerenciamento do contrato

A fiscalização do contrato é um dos poderes-deveres conferidos à administração pública, inserto no art. 58, III, da Lei nº 8.666/93.

O registro da fiscalização não é ato discricionário. É elemento obrigatório e essencial que autoriza as ações subsequentes e informa os procedimentos de liquidação e pagamento dos serviços. É controle fundamental que a administração exerce sobre a atuação do contratado. Propicia aos gestores informações sobre o cumprimento do cronograma do objeto e a conformidade da quantidade e qualidade contratadas e executadas.

A Instrução Normativa nº 02, de 30.04.2008, do MPOG, disciplina o acompanhamento e a fiscalização da execução dos serviços contratados, contínuos ou não, nos seguintes termos:

> Art. 34. A execução dos contratos deverá ser acompanhada e fiscalizada por meio de instrumentos de controle, que compreendam a mensuração dos seguintes aspectos, quando for o caso:
> I – os resultados alcançados em relação ao contratado, com a verificação dos prazos de execução e da qualidade demandada;
> II – os recursos humanos empregados, em função da quantidade e da formação profissional exigidas;
> III – a qualidade e quantidade dos recursos materiais utilizados;
> IV – a adequação dos serviços prestados à rotina de execução estabelecida;
> V – o cumprimento das demais obrigações decorrentes do contrato; e
> VI – a satisfação do público usuário.
> §1º O fiscal ou gestor do contrato ao verificar que houve subdimensionamento da produtividade pactuada, sem perda da qualidade na execução do serviço, deverá comunicar à autoridade responsável para que esta promova a adequação contratual à produtividade efetivamente realizada, respeitando-se os limites de alteração dos valores contratuais previstos no §1º do artigo 65 da Lei nº 8.666, de 1993.

§2º A conformidade do material a ser utilizado na execução dos serviços deverá ser verificada juntamente com o documento da contratada que contenha a relação detalhada dos mesmos, de acordo com o estabelecido no contrato, informando as respectivas quantidades e especificações técnicas, tais como: marca, qualidade e forma de uso.

§3º O representante da Administração deverá promover o registro das ocorrências verificadas, adotando as providências necessárias ao fiel cumprimento das cláusulas contratuais, conforme o disposto nos §§1º e 2º do art. 67 da Lei nº 8.666, de 1993.

§4º O descumprimento total ou parcial das responsabilidades assumidas pela contratada, sobretudo quanto às obrigações e encargos sociais e trabalhistas, ensejará a aplicação de sanções administrativas, previstas no instrumento convocatório e na legislação vigente, podendo culminar em rescisão contratual, conforme disposto nos artigos 77 e 87 da Lei nº 8.666, de 1993.

§5º Na fiscalização do cumprimento das obrigações trabalhistas e sociais nas contratações continuadas com dedicação exclusiva dos trabalhadores da contratada, exigir-se-á, dentre outras, as seguintes comprovações:

I – no caso de empresas regidas pela Consolidação das Leis do Trabalho – CLT:

a) no primeiro mês da prestação dos serviços, a contratada deverá apresentar a seguinte documentação:

1. relação dos empregados, contendo nome completo, cargo ou função, horário do posto de trabalho, números da carteira de identidade (RG) e da inscrição no Cadastro de Pessoas Físicas (CPF), com indicação dos responsáveis técnicos pela execução dos serviços, quando for o caso;

2. Carteira de Trabalho e Previdência Social (CTPS) dos empregados admitidos e dos responsáveis técnicos pela execução dos serviços, quando for o caso, devidamente assinada pela contratada; e

3. exames médicos admissionais dos empregados da contratada que prestarão os serviços;

b) entrega até o dia trinta do mês seguinte ao da prestação dos serviços ao setor responsável pela fiscalização do contrato dos seguintes documentos, quando não for possível a verificação da regularidade dos mesmos no Sistema de Cadastro de Fornecedores – SICAF:

1. prova de regularidade relativa à Seguridade Social;

2. certidão conjunta relativa aos tributos federais e à Dívida Ativa da União;

3. certidões que comprovem a regularidade perante as Fazendas Estadual, Distrital e Municipal do domicílio ou sede do contratado;

4. Certidão de Regularidade do FGTS – CRF; e

5. Certidão Negativa de Débitos Trabalhistas – CNDT;

c) entrega, quando solicitado pela Administração, de quaisquer dos seguintes documentos:

1. extrato da conta do INSS e do FGTS de qualquer empregado, a critério da Administração contratante;

2. cópia da folha de pagamento analítica de qualquer mês da prestação dos serviços, em que conste como tomador o órgão ou entidade contratante;

3. cópia dos contracheques dos empregados relativos a qualquer mês da prestação dos serviços ou, ainda, quando necessário, cópia de recibos de depósitos bancários;

4. comprovantes de entrega de benefícios suplementares (vale-transporte, vale alimentação, entre outros), a que estiver obrigada por força de lei ou de convenção ou acordo coletivo de trabalho, relativos a qualquer mês da prestação dos serviços e de qualquer empregado; e

5. comprovantes de realização de eventuais cursos de treinamento e reciclagem que forem exigidos por lei ou pelo contrato;

d) entrega da documentação abaixo relacionada, quando da extinção ou rescisão do contrato, após o último mês de prestação dos serviços, no prazo definido no contrato:

1. termos de rescisão dos contratos de trabalho dos empregados prestadores de serviço, devidamente homologados, quando exigível pelo sindicato da categoria;
2. guias de recolhimento da contribuição previdenciária e do FGTS, referentes às rescisões contratuais;
3. extratos dos depósitos efetuados nas contas vinculadas individuais do FGTS de cada empregado dispensado; e
4. exames médicos demissionais dos empregados dispensados.

II – No caso de cooperativas:

a) recolhimento da contribuição previdenciária do INSS em relação à parcela de responsabilidade do cooperado;
b) recolhimento da contribuição previdenciária em relação à parcela de responsabilidade da Cooperativa;
c) comprovante de distribuição de sobras e produção;
d) comprovante da aplicação do FATES – Fundo Assistência Técnica Educacional e Social;
e) comprovante da aplicação em Fundo de reserva;
f) comprovação de criação do fundo para pagamento do 13º salário e férias; e
g) eventuais obrigações decorrentes da legislação que rege as sociedades cooperativas.

III – No caso de sociedades diversas, tais como as Organizações Sociais Civis de Interesse Público – OSCIP's e as Organizações Sociais, será exigida a comprovação de atendimento a eventuais obrigações decorrentes da legislação que rege as respectivas organizações.

§6º Sempre que houver admissão de novos empregados pela contratada, os documentos elencados na alínea "a" do inciso I do §5º deverão ser apresentados.

§7º Os documentos necessários à comprovação do cumprimento das obrigações sociais trabalhistas elencados nos incisos I, II e III do §5º poderão ser apresentados em original ou por qualquer processo de cópia autenticada por cartório competente ou por servidor da Administração.

§8º A Administração deverá analisar a documentação solicitada na alínea "d" do inciso I do §5º no prazo de 30 (trinta) dias após o recebimento dos documentos, prorrogáveis por mais 30 (trinta) dias, justificadamente.

§9º Em caso de indício de irregularidade no recolhimento das contribuições previdenciárias, os fiscais ou gestores de contratos de serviços com dedicação exclusiva de mão de obra deverão oficiar ao Ministério da Previdência Social e à Receita Federal do Brasil – RFB.

§10. Em caso de indício de irregularidade no recolhimento da contribuição para o FGTS, os fiscais ou gestores de contratos de serviços com dedicação exclusiva de mão de obra deverão oficiar ao Ministério do Trabalho e Emprego.

Art. 34-A. O descumprimento das obrigações trabalhistas ou a não manutenção das condições de habilitação pelo contratado poderá dar ensejo à rescisão contratual, sem prejuízo das demais sanções.

Parágrafo único. A Administração poderá conceder um prazo para que a contratada regularize suas obrigações trabalhistas ou suas condições de habilitação, sob pena de rescisão contratual, quando não identificar má-fé ou a incapacidade da empresa de corrigir a situação.

1.3.5.1.24 Local de entrega dos bens ou da prestação dos serviços

Nem sempre o local onde é realizada a licitação – via de regra, a sede do órgão ou entidade interessada (art. 20, *caput*, da Lei nº 8.666/93) – é o mesmo onde deva ser prestado o serviço, executada a obra ou entregue o bem, razão pela qual é dever da administração indicá-lo no termo de referência e/ou projeto básico.

1.3.5.1.25 Prazo para assinatura do termo de contrato ou aceite/retirada do instrumento equivalente

Trata-se de item obrigatório do edital, como enunciado no inc. II do art. 40 da Lei nº 8.666/93. Dependendo das características que envolvem o objeto da licitação, de seu valor global estimado ou do valor estimado de cada um dos itens, é essencial que a administração avalie a importância de o adjudicatário comparecer no órgão ou entidade contratante para a assinatura do termo de contrato ou, se para a mesma finalidade, é eficaz o encaminhamento do instrumento por via postal, mediante aviso de recebimento (AR), ou por meio eletrônico.

A complexidade, ou o valor estimado de determinado objeto, atrairá a necessidade de conhecer-se o representante legal da empresa vencedora, daí a imperiosidade de convocá-lo para que compareça na sede da administração para a assinatura do termo de contrato. Por outro lado, objetos de menor complexidade ou de valor reduzido, que demandem custos de deslocamento que possam inviabilizar a celebração do ajuste, permitem que se possa enviar o respectivo instrumento ao adjudicatário por via postal ou meio eletrônico, para assinatura ou aceite, competindo ao agente público responsável certificar-se da legitimidade do documento quando de seu retorno.

Se o licitante vencedor, convocado dentro do prazo de validade da sua proposta, não celebrar o contrato, o pregoeiro examinará as ofertas subsequentes e a qualificação dos licitantes, convocando-os a contratar na respectiva ordem de classificação, até a apuração de proposta que atenda ao edital, sendo este o proponente declarado vencedor (art. 4º, XVI e XXIII, da Lei nº 10.520/02).

1.3.5.1.26 Sanções

O art. 9º, §2º, do Decreto nº 5.450/05 preceitua que o termo de referência é o documento que conterá, de forma clara, concisa e objetiva, além dos elementos capazes de propiciar avaliação do custo pela administração diante de orçamento detalhado, definição dos métodos, estratégia de suprimento, valor estimado em planilhas de acordo com o preço de mercado, cronograma físico-financeiro, se for o caso, critério de aceitação do objeto, deveres do contratado e da contratante, procedimentos de fiscalização e gerenciamento do contrato, prazo de execução e sanções.

Indaga-se: na licitação mediante pregão, no formato presencial ou eletrônico, as sanções aplicáveis que a administração deve definir no termo de referência e no edital são aquelas indicadas no art. 7º da Lei nº 10.520/02, somente, ou se aplicam, também, as sanções do art. 87 da Lei nº 8.666/93?

Da leitura do art. 7º da Lei nº 10.520/02 infere-se que o dispositivo não afastou a incidência de outras cominações, desde que previstas em lei, ou seja, somente lei em sentido formal (proveniente do Poder Legislativo) pode definir infrações e estatuir penalidades administrativas.

A aplicação das sanções do art. 87 da Lei nº 8.666/93, também na modalidade do pregão, torna-se eficaz quando a infração cometida não componha o exaustivo elenco do art. 7º da Lei nº 10.520/02 (princípio da tipicidade),[183] como, por exemplo, na hipótese

---

[183] "O princípio da tipicidade atende aos reclamos de segurança jurídica, comentada na introdução deste trabalho. Bem explica Heraldo Garcia Vitta (2003, p. 89) que a tipicidade é (...) 'corolário obrigatório do princípio da

de o adjudicatário prestar a garantia em valor insuficiente ou, durante a execução do contrato, deixar de atualizá-la (art. 56, §2º, da Lei nº 8.666/93).

Além disso, a inexecução contratual de menor gravidade, se fosse admitida somente a imposição das penalidades do art. 7º, exporia a administração pública federal, na condição de órgão ou entidade licitante ou contratante, a infligir pena que tornaria o licitante ou a contratada impedida de licitar e contratar com ninguém menos que a União, o que quer dizer: impedidos de licitar e contratar com todos os entes públicos personalizados que a integram e os seus órgãos respectivamente subordinados, bem como as entidades vinculadas àqueles órgãos, nomeadamente as autarquias, fundações públicas, empresas públicas e sociedades de economia mista, além do descredenciamento do licitante ou da contratada no SICAF; enquanto a mesma infração, conquanto admitidas as sanções do art. 87 da Lei nº 8.666/93, torna possível a aplicação de pena menos severa, como a de advertência ou suspensão de licitar ou contratar com a administração licitante ou contratante, por prazo de até dois anos.

No âmbito da Instrução Normativa nº 2, de 2010, do Ministério do Planejamento, Orçamento e Gestão, fixou-se o alcance dos efeitos da sanção prevista no art. 7º da Lei nº 10.520/02:

> Art. 40. São sanções passíveis de registro no SICAF, além de outras que a lei possa prever:
> [...]
> V – impedimento de licitar e contratar com a União, Estados, Distrito Federal ou Municípios, conforme o art. 7º da Lei nº 10.520, de 2002.
> [...]
> §3º A aplicação da sanção prevista no inciso V deste artigo impossibilitará o fornecedor ou interessado de participar de licitações e formalizar contratos no âmbito interno do ente federativo que aplicar a sanção:
> I – da União, caso a sanção seja aplicada por órgão ou entidade da União;
> II – do Estado ou do Distrito Federal, caso a sanção seja aplicada por órgão ou entidade do Estado ou do Distrito Federal; ou
> III – do Município, caso a sanção seja aplicada por órgão ou entidade do Município.

O desafio para a autoridade incumbida regimentalmente de aplicar sanções, seguindo o princípio da proporcionalidade, será o de adotar uma das sanções dentre aquelas previstas nas duas leis, sempre cumulável com multa (em percentual e base de cálculo definidos no edital), dosando-a segundo a gravidade da infração.

> Não se encontrarão na lei definições de tipos aos quais deva corresponder tal ou qual sanção. Abre-se para a Administração espaço discricionário para dosar a penalidade apropriada, desde que, em qualquer caso, se cumpra o devido processo legal, nele incluído o direito à defesa. (PEREIRA JUNIOR, Jessé Torres. *Comentários à lei das licitações e contratações da administração pública*. 7. ed. Rio de Janeiro: Renovar. p. 857)

---

legalidade; é garantia quanto à determinação subjetiva ou discricionária dos fatos que configuram um ilícito e forma de prevenção individual e social, pois o conhecimento público e oficial da ação punível desestimula a prática dos fatos reprimidos pela lei'" (MOTTA, Fabrício. Sanções. In: GASPARINI, Diogenes (Coord.). *Pregão presencial e eletrônico*. Belo Horizonte: Fórum, 2006. p. 137-169).

A modalidade pregão confere maior flexibilidade de participação aos licitantes, tanto que se faz *a posteriori* a comprovação do atendimento aos requisitos de habilitação, a elevar o risco de aventureiros lançarem-se em busca da contratação. A fórmula legislativa foi, por isto, em contrapartida, a de estabelecer sanções mais severas para os comportamentos irregulares, na forma consubstanciada no art. 7º da Lei nº 10.520/02.

A aplicação da sanção de impedimento de licitar e contratar com a União, estados, Distrito Federal ou municípios, em face das infrações elencadas nesse dispositivo, não depende da comprovação de dolo ou má-fé. Segundo o Tribunal de Contas da União (Acórdão nº 754/2015 – Plenário, Rel. Min. Ana Arraes, Processo nº 015.239/2012-8), é maior o dever de diligência dos licitantes. Por isso que, para a aplicação das sanções do art. 7º da lei, há que se apurar o elemento subjetivo da conduta do licitante, ou seja, a culpa (negligência, imprudência ou imperícia) presente no ato comissivo ou omissivo praticado.

Marçal Justen Filho preleciona que:

> Aquele que participa do pregão tem o dever jurídico de atentar para todas as exigências. Esse dever objetivo de diligência propicia uma avaliação peculiar acerca da culpabilidade. O sujeito tem o dever de comprovar sua diligência e a infração a tal dever caracteriza conduta reprovável, sujeita a sancionamento.
>
> Quem participa de pregão sem atentar para a ausência de preenchimento dos requisitos necessários conduz-se culposamente. [...]
>
> Em suma, não se trata de uma modalidade de responsabilidade objetiva, conceito incompatível com um Estado Democrático de Direito. A punibilidade da conduta do sujeito dependerá de elemento subjetivo objetivado na conduta externa. A materialidade externa (infração às exigências de participação) fará presumir a existência de um elemento subjetivo reprovável, consistente na ausência de previsão do evento danoso derivado da própria conduta e da omissão da adoção das cautelas imprescindíveis a sua concretização. (JUSTEN FILHO, Marçal. *Pregão*: comentários à legislação do pregão comum e eletrônico. 4. ed. São Paulo: Dialética, 2005. p. 176-177)

As condutas de *"fraudar na execução do contrato"* e de *"cometer fraude fiscal"* constituem exceções. Nesses tipos, a comprovação da fraude é essencial, para o que se faz necessária a constatação de dolo ou má-fé.

1.3.5.1.26.1 Inserção das sanções no edital ou em seus anexos

É constante a indagação: estará a administração autorizada a aplicar sanções se o edital e seus anexos (termo de referência, projeto básico, termo de contrato) sejam omissos a esse respeito?

A ausência das sanções (impedimento em contratar com a União, estado, Distrito Federal ou município, descredenciamento no respectivo sistema de cadastramento, advertência, suspensão de licitar e impedimento de contratar com a administração e declaração de inidoneidade para licitar ou contratar com a administração pública) nos respectivos instrumentos (edital e anexos) não constitui óbice a que a administração possa aplicá-las, quando houver inexecução parcial ou total do contrato ou quando ocorrer uma das infrações previstas no art. 7º da Lei nº 10.520/02.

A previsão em lei basta para que a administração exerça a prerrogativa de aplicar sanções (Lei nº 8.666/93, art. 58, IV), que traduz poder-dever de coerção, desde que apurada a culpa do licitante ou da contratada por meio do devido processo legal, assegurados os princípios constitucionais da ampla defesa e do contraditório. Mas a autorização não é absoluta: no caso de multa, é imprescindível que o edital ou seus anexos delimitem a sua aplicação. Sem tal previsão, ausentes estarão os percentuais de sua incidência, o que poderia ensejar abuso de poder se, por exemplo, a administração entendesse de aplicar multa em valor igual ao do contrato.

Não raro, editais e seus anexos apenas transcrevem o enunciado dos arts. 86 e 87 da Lei nº 8.666/93, os quais preveem multa "na forma prevista no instrumento convocatório ou no contrato". Quer a lei que, com base na previsibilidade dos atos jurídico-administrativos – esteio da segurança jurídica –, tais instrumentos contemplem as hipóteses de cabimento, os percentuais delimitados e outros referenciais de incidência da multa, sem os quais se torna inviável aplicá-la.

Assim no art. 55, VII, da Lei nº 8.666/93, aplicável subsidiariamente à modalidade do pregão, ao aludir à obrigatoriedade de o contrato fixar os "valores das multas".

1.3.5.1.27 Fusão, cisão e incorporação do licitante/contratado

O Tribunal de Contas da União, por meio do Acórdão nº 634/2007, Plenário, reconheceu que as hipóteses de fusão, cisão e incorporação são operações comuns no cenário empresarial e que, se não produzirem prejuízo para a execução do contrato, devem ser admitidas durante a execução do contrato administrativo ou mesmo se ocorrerem entre a licitação e a contratação. Segundo o TCU, somente será vedada essa prática se existir expressa previsão proibitiva no edital e no contrato.

O acórdão dispõe que:

> 9.1.1. se não houver expressa regulamentação no edital ou no termo de contrato dispondo de modo diferente, é possível manter vigentes contratos cujas contratadas tenham passado por processo de cisão, incorporação ou fusão, uma vez feitas as alterações subjetivas pertinentes, bem como celebrar contrato com licitantes que tenham passado pelo mesmo processo, desde que, em qualquer caso, sejam atendidas cumulativamente as seguintes condições:
> 9.1.1.1. observância pela nova empresa dos requisitos de habilitação de que trata o art. 27 da Lei nº 8.666/93, segundo as condições originalmente previstas na licitação;
> 9.1.1.2. manutenção de todas as condições estabelecidas no contrato original;
> 9.1.1.3. inexistência de prejuízo para a execução do objeto pactuado causado pela modificação da estrutura da empresa; e
> 9.1.1.4. anuência expressa da Administração, após a verificação dos requisitos apontados anteriormente, como condição para a continuidade do contrato; (Relator Min. Augusto Nardes, Processo TC nº 009.072.2006-0, *DOU* de 23.04.2007)

1.4 Pesquisa de preços praticados pelo mercado/orçamento

As licitações somente podem ser realizadas após a administração estimar, com o maior nível de precisão possível, o quantitativo do objeto e o seu valor de mercado, cuja pesquisa deverá constar no processo.

A ampla pesquisa de preços é requisito de validade do procedimento licitatório. Sua ausência pode ensejar a nulidade dos atos administrativos que constituem o processo ou a obrigatoriedade de o administrador demonstrar a regularidade dos preços contratados. A primeira consequência é inexorável quando não tiver sido realizada a pesquisa; a segunda, quando essa foi realizada, mas resultou deficiente e incapaz de apurar o custo real do objeto pretendido pela administração.

Disciplinam a matéria:

na Lei nº 10.520/02:

Art. 3º A fase preparatória do pregão observará o seguinte: (...) III – dos autos do procedimento constarão a justificativa das definições referidas no inciso I deste artigo e os indispensáveis elementos técnicos sobre os quais estiverem apoiados, bem como o *orçamento*, elaborado pelo órgão ou entidade promotora da licitação, dos bens ou serviços a serem licitados;

no Decreto nº 3.555/00:

Art. 8º A fase preparatória do pregão observará as seguintes regras:
(...)
II – o termo de referência é o documento que deverá conter elementos capazes de propiciar a avaliação do custo pela Administração, *diante de orçamento detalhado, considerando os preços praticados no mercado*, a definição dos métodos, a estratégia de suprimento e o prazo de execução do contrato;
III – a autoridade competente ou, por delegação de competência, o ordenador de despesa ou, ainda, o agente encarregado da compra no âmbito da Administração, deverá:
a) definir o objeto do certame e o *seu valor estimado em planilhas*, de forma clara, concisa e objetiva, de acordo com termo de referência elaborado pelo requisitante, em conjunto com a área de compras, obedecidas as especificações praticadas no mercado;
(...)
V – constarão dos autos a motivação de cada um dos atos especificados no inciso anterior e os indispensáveis elementos técnicos sobre os quais estiverem apoiados, bem como o *orçamento estimativo* e o cronograma físico-financeiro de desembolso, se for o caso, elaborados pela Administração;

no Decreto nº 5.450/05:

Art. 9º (...)
§1º A autoridade competente motivará os atos especificados nos incisos II e III, indicando os elementos técnicos fundamentais que o apóiam, bem como quanto aos elementos contidos no *orçamento estimativo* e no cronograma físico-financeiro de desembolso, se for o caso, elaborados pela administração;
§2º O termo de referência é o documento que deverá conter elementos capazes de propiciar avaliação do custo pela administração diante de orçamento detalhado, definição dos métodos, estratégia de suprimento, *valor estimado em planilhas de acordo com o preço de mercado*, cronograma físico-financeiro, se for o caso, critério de aceitação do objeto, deveres do contratado e do contratante, procedimentos de fiscalização e gerenciamento do contrato, prazo de execução e sanções, de forma clara, concisa e objetiva.

na Lei nº 8.666/93:

Art. 7º (...)
§2º – As obras e os serviços somente poderão ser licitados quando:
(...)
II – existir *orçamento detalhado* em planilhas que expressem a composição de todos os seus custos unitários;
(...)
§9º – O disposto neste artigo aplica-se também, no que couber, aos casos dispensa e inexigibilidade de licitação.
(...)
Art. 15. As compras, sempre que possível, deverão:
(...)
III – *submeter-se às condições de aquisição e pagamento semelhantes às do setor privado*;
(...)
V – *balizar-se pelos preços praticados no âmbito dos órgãos e entidades da Administração Pública.*
(...)
§6º Qualquer cidadão é parte legítima para impugnar preço constante do quadro geral em razão de incompatibilidade desse com *o preço vigente no mercado*.
(...)
Art. 43 – A licitação será processada e julgada com observância dos seguintes requisitos procedimentais:
(...)
IV – verificação da conformidade de cada proposta com os requisitos do edital e, conforme o caso, com *os preços correntes no mercado* ou fixados por órgão oficial competente, ou ainda com os constantes do sistema de registro de preços, os quais deverão ser devidamente registrados na ata de julgamento, promovendo a desclassificação das propostas desconformes ou incompatíveis;

A consulta de preços deve, prioritariamente, tomar por base os preços constantes em bancos ou sistemas oficiais e, ainda, os pagos pela administração pública em contratações similares anteriores, buscando-se preços de fornecedores e anunciados em mídias especializadas em caráter complementar.

É o que estabelece a diretriz do inciso V do art. 15 da Lei nº 8.666/93, *verbis*: "Art. 15. As compras, sempre que possível, deverão: [...] V – balizar-se pelos preços praticados no âmbito dos órgãos e entidades da Administração Pública".

A pesquisa que se baseia exclusivamente nos preços colhidos de fornecedores é frágil em relação à pesquisa baseada nos preços pagos pela administração pública. Primeiro, porque nem sempre a pesquisa é realizada com a cautela de colherem-se os preços junto a entidades empresariais atuantes no ramo do objeto da licitação ou da contratação e, não raro, são colhidas de um mesmo grupo empresarial com sócios comuns. Segundo, porque o fornecedor consultado, por estratégia comercial, pode prestar informações de preços sem qualquer compromisso com os praticados no balcão, produzindo média final destoante da realidade.

A pesquisa de preços realizada com base nos valores pagos pela administração pública reflete, com maior precisão, o preço de mercado, porque toma por base sistemas oficiais de preços – constituídos de inúmeros registros de contratações realizadas por órgãos e entidades públicas em relação ao mesmo objeto –, contratações celebradas em exercícios anteriores pelo próprio órgão, em atas de registros de preço existentes ou, ainda, em contratações realizadas por órgãos e entidades públicas e entidades privadas, em condições semelhantes.

Inexistindo sistemas oficiais de preços, contratações anteriores do mesmo objeto, atas de registros de preço ou, ainda, contratações realizadas por órgãos públicos e entidades privadas em condições semelhantes, a alternativa para a administração pública será, então, a de proceder à pesquisa junto a fornecedores. Nesse caso, a pesquisa deve ser ampla e não baseada em apenas três orçamentos. Quanto maior o número de orçamentos colhidos de entidades atuantes no ramo do objeto da licitação ou da contratação direta, mais elementos terá a administração a respeito do preço praticado pelo mercado e maior o teor de acerto na identificação deste.

Caso não seja possível obter número considerável de cotações, deve ser elaborada justificativa a ser entranhada nos autos do processo. Também importante avaliar a necessidade e a razoabilidade de evidenciar-se qualquer estimativa preliminar de valor por ocasião das solicitações aos fornecedores, de cotações de preços (pesquisa de mercado) destinadas a subsidiar a definição dos preços admitidos para o lote ou respectivos itens, uma vez que a divulgação da estimativa inicial da administração pode influenciar as propostas formuladas pelos particulares. Confiram-se precedentes do Tribunal de Contas da União:

> 9.8. dar ciência à [...] sobre as seguintes impropriedades relativas a pregões eletrônicos conduzidos pelo Centro Técnico do Audiovisual: 9.8.1. a definição do valor estimado da contratação com base tão somente em consulta a fornecedores, situação agravada pelo vínculo entre as empresas, como ocorreu no Pregão Eletrônico 5/2011, contraria a jurisprudência do TCU, no sentido de que, na elaboração de orçamento na fase de planejamento da contratação de bens e serviços, devem ser priorizados os parâmetros previstos nos incisos I e III do art. 2º da IN SLTI/MPOG 5/2014, quais sejam, "Portal de Compras Governamentais" e "contratações similares de outros entes públicos", em detrimento dos parâmetros contidos nos incisos II e IV daquele mesmo art. 2º, isto é, "pesquisa publicada em mídia especializada, sítios eletrônicos especializados ou de domínio amplo" e "pesquisa com os fornecedores", cuja adoção deve ser vista como prática subsidiária, suplementar; (Acórdão nº 1.542/2016 – Plenário, Rel. Min. Augusto Sherman Cavalcanti, Processo nº 002.710/2012-9)

> 9.8 dar ciência ao [...] a respeito dos seguintes fatos: 9.8.1 realização de pesquisa de preço, para o Pregão Eletrônico 14/2015, em desconformidade com os critérios estabelecidos no art. 15, III, da Lei nº 8.666/1993 e no art. 2º da Instrução Normativa-SLTI/MP 5/2014, notadamente pela falta de consulta a contratações de outros órgãos e entidades da Administração Pública Federal, a portais de fornecedores e sistemas de busca de preços na internet, a bancos de dados da Administração Pública Federal, a exemplo do Comprasnet, e também a contratações semelhantes do setor privado; (Acórdão nº 696/2016 – Plenário, Rel. Min. José Múcio Monteiro, Processo nº 019.152/2015-9)

> Ainda nos moldes do art. 15, inciso V, da Lei nº 8.666/1993, a consulta de preços praticados no âmbito dos órgãos e entidades da Administração Pública é obrigatória quando existirem órgãos ou entidades que tenham efetuado aquisições similares. É dizer, não há discricionariedade do gestor para deixar de utilizar a consulta quando ela puder ser realizada. A não realização da pesquisa deve ser plenamente justificada pelo gestor. (Acórdão nº 125/2016 – Plenário, Rel. Min. Marcos Bemquerer Costa, Processo nº 019.177/2014-3)

No âmbito da administração pública federal, a Instrução Normativa SLTI/MPOG nº 5, de 2014, dispõe sobre os procedimentos básicos de pesquisa de preços para a aquisição de bens e a contratação de serviços em geral.

Assim:

> Art. 2º A pesquisa de preços será realizada mediante a utilização de um dos seguintes parâmetros:
> I – Portal de Compras Governamentais – www.comprasgovernamentais.gov.br;
> II – pesquisa publicada em mídia especializada, sítios eletrônicos especializados ou de domínio amplo, desde que contenha a data e hora de acesso;
> III – contratações similares de outros entes públicos, em execução ou concluídos nos 180 (cento e oitenta) dias anteriores à data da pesquisa de preços; ou
> IV – pesquisa com os fornecedores.
> §1º No caso do inciso I será admitida a pesquisa de um único preço.
> §2º No âmbito de cada parâmetro, o resultado da pesquisa de preços será a média ou o menor dos preços obtidos.
> §3º A utilização de outro método para a obtenção do resultado da pesquisa de preços, que não o disposto no §2º, deverá ser devidamente justificada pela autoridade competente
> §4º No caso do inciso IV, somente serão admitidos os preços cujas datas não se diferenciem em mais de 180 (cento e oitenta) dias.
> §5º Excepcionalmente, mediante justificativa da autoridade competente, será admitida a pesquisa com menos de três preços ou fornecedores.
> §6º Para a obtenção do resultado da pesquisa de preços, não poderão ser considerados os preços inexequíveis ou os excessivamente elevados, conforme critérios fundamentados e descritos no processo administrativo.
> Art. 3º Quando a pesquisa de preços for realizada com os fornecedores, estes deverão receber solicitação formal para apresentação de cotação.
> Parágrafo único. Deverá ser conferido aos fornecedores prazo de resposta compatível com a complexidade do objeto a ser licitado, o qual não será inferior a cinco dias úteis.
> Art. 4º Não serão admitidas estimativas de preços obtidas em sítios de leilão ou de intermediação de vendas.

De acordo com o Tribunal de Contas da União, a definição do valor estimado da contratação com base tão somente em consulta a fornecedores, situação agravada pelo vínculo entre as empresas, contraria a jurisprudência do órgão de controle externo, no sentido de que, na elaboração de orçamento na fase de planejamento da contratação de bens e serviços, devem ser priorizados os parâmetros previstos nos incisos I e III do art. 2º da IN SLTI/MPOG 5/2014, quais sejam, "Portal de Compras Governamentais" e "contratações similares de outros entes públicos", em detrimento dos parâmetros contidos nos incisos II e IV daquele mesmo art. 2º, isto é, "pesquisa publicada em mídia especializada, sítios eletrônicos especializados ou de domínio amplo" e "pesquisa com os fornecedores", cuja adoção deve ser vista como prática subsidiária, suplementar (Acórdão nº 1.542/2016 – Plenário, Rel. Min. Augusto Sherman Cavalcanti, Processo nº 002.710/2012-9).

Anote-se outro precedente da Corte de Contas federal:

> Os sistemas oficiais de referência da administração pública refletem, em boa medida, os preços de mercado e, por gozarem de presunção de veracidade, devem ter precedência em

relação à utilização de cotações feitas diretamente com empresas do mercado (Acórdão nº 1.923/2016 – Plenário, Rel. Min. Bruno Dantas, Processo nº 019.151/2015-2)

A pesquisa de mercado é um instrumento fundamental para a administração estimar o custo do objeto a ser adquirido e definir os recursos orçamentários suficientes para a cobertura das despesas contratuais. A ampla pesquisa de preços, que aproxime o máximo possível o valor do objeto da licitação ao de mercado, serve, ainda, de balizamento seguro para a análise das propostas dos licitantes. Para uma séria pesquisa de preços,[184] a administração deve levar em conta, de ordinário, os seguintes requisitos:

---

[184] O TCU recomendou a um órgão público que adotasse as seguintes rotinas nos processos de licitação, inclusive no tocante à realização de pesquisa de preços, e gestão de serviços de vigilância: I – recomendar com fulcro na Lei nº 8.443/1992, art. 43, inciso I, c/c o Regimento Interno do TCU, art. 250, inciso III, ao Núcleo Estadual do Ministério da Saúde no Ceará – Nems-CE que adote os seguintes procedimentos, com vistas a melhoria da prestação de serviços de vigilância da organização: 1. no seu modelo de processo de aquisições para a contratação de bens e serviços e para a gestão dos contratos decorrentes que vierem a ser elaborados, adote os seguintes controles internos na etapa de elaboração dos estudos técnicos preliminares que servirão de base para a elaboração do termo de referência ou projeto básico, devendo conter, dentre outros aspectos, em obediência à Lei nº 8.666/1993, art. 6º, inc. IX, alínea c, e nos moldes do Acórdão TCU 6.638/2015-1C (item 3.1): a) o levantamento de mercado junto a diferentes fontes possíveis, incluindo as contratações similares feitas por outros órgãos, consultas a sítios na internet (e.g. portal do software público), consultas a publicações especializadas (e.g. comparativos de soluções publicados em revistas especializadas) e pesquisa junto a fornecedores, a fim de avaliar as diferentes soluções que possam atender às necessidades que originaram a forma de prestação de serviços utilizada; b) a identificação dos diferentes tipos de solução possíveis de contratar e que atendam à necessidade de vigilância do Nems-CE, incluindo estudos que evidenciem o levantamento das áreas e acessos a serem protegidos, o quantitativo e relação dos equipamentos a serem utilizados, a análise da produtividade do contrato anterior, a análise de custo/benefício da sua manutenção ou a realização de nova contratação; 2. realize pesquisas de preços mediante a utilização dos parâmetros abaixo elencados baseados no artigo 2º da IN 5, de 27.06.2014, apresentando as devidas justificativas para a impossibilidade de utilização da melhor técnica possível, fazendo constar no processo administrativo para a aquisição de serviços de vigilância os devidos critérios que fundamentem os preços excessivos ou a inexequibilidade dos preços, conforme bem delineado no §6º do artigo 2º da IN 5/2015 – SLTI e no Voto proferido pelo Ministro Bruno Dantas alusivo ao Acórdão nº 2829/2015-Plenário (item 3.2): Fontes de pesquisas: Portal de Compras Governamentais, pesquisa em mídia especializada com a data e hora de acesso, contratações similares de outros entes públicos, em execução ou concluídos nos 180 dias anteriores à data de pesquisa de preços, pesquisa com fornecedores distintos após solicitação formal, excluindo o próprio contratado; 3. realize pesquisa de preços com base em padronização do processo de estimativa, de forma a conferir confiabilidade e representatividade para aferição dos preços correntes de mercado, de modo a permitir a formação de juízo acerca da adequação das propostas pela comissão de licitação, de acordo com o Acórdão nº 1.878/2015-TCU-2ª Câmara), atentando para os seguintes aspectos calcados na jurisprudência do TCU (item 3.2): a) identificação da fonte de informação e do agente responsável pela elaboração da pesquisa (Acórdão nº 2.451/2013-TCU-Plenário). b) identificação do servidor responsável pela cotação (Acórdão nº 909/2007 -TCU -1ª Câmara); c) empresas pesquisadas devem ser do ramo pertinente (Acórdão nº 1.782/2010 – TCU-Plenário); d) empresas pesquisadas não podem ser vinculadas entre si (Acórdão nº 4.561/2010 – TCU-1ª Câmara); e) caracterização completa das fontes consultadas (Acórdão nº 3.889/2009 – TCU-1ª Câmara); f) indicação fundamentada e detalhada das referências utilizadas (Acórdão nº 1.330/2008 – TCU-Plenário); g) metodologia utilizada e conclusões obtidas (Nota Técnica AGU/PGF/UFSC 376/2013); h) data e local de expedição (Acórdão nº 3.889/2009-TCU-1ª Câmara); i) as informações devem constar do processo da pesquisa, em especial, as memórias de cálculo e fontes de consulta pesquisadas (Acórdão nº 1.091/2007-TCU-Plenário); 4. apresente nos processos alusivos à prestação de serviços de vigilância as rotinas de trabalho, listas de verificação e os relatórios de acompanhamento e fiscalização da execução do contrato, no intuito de atestar a verificação da conformidade da prestação dos serviços, de forma a assegurar o perfeito cumprimento do contrato, devendo ser exercido por um ou mais representantes do Nems-CE, especialmente designados na forma dos artigos 67 e 73 da Lei nº 8.666/93 e do artigo 6º do Decreto nº 2.271/1997, de acordo com o princípio do controle preconizado no DL 200/1967 (item 3.3); 5. adote medidas no sentido de incluir nos processos de trabalho alusivos à prestação de serviços de vigilância os critérios e requisitos para a aferição da qualidade dos serviços prestados, dentro das rotinas a serem executadas pelos fiscais dos contratos, e a vinculação dos pagamentos realizados ao nível de qualidade dos resultados obtidos, de acordo com o princípio da eficiência previsto na Constituição Federal, art. 37, *caput* (item 3.4); 6. no seu modelo de processo de aquisições para a contratação de serviços de vigilância e para a gestão dos contratos decorrentes, inclua controle interno na etapa

(a) a definição da qualidade do objeto, com as características necessárias e suficientes ao atendimento das finalidades da administração e para que os licitantes possam identificá-las com clareza quando da elaboração de suas propostas;
(b) a existência de similares;
(c) a variação que pode ocorrer em razão da qualidade do produto;
(d) o volume da demanda, com reflexo nas vantagens da economia de escala;
(e) o local da prestação dos serviços ou entrega do produto;
(f) a possibilidade de aquisição nos comércios ou representantes locais ou a aquisição diretamente de fábrica;
(g) eventuais acréscimos de parcela referente ao frete; e
(h) a incidência de tributos.

No caso de serviços e obras, a pesquisa de preços será detalhada em planilhas que expressem a composição de todos os custos unitários, conforme preceitua o art. 7º, §2º, II, da Lei nº 8.666/93.

A realização de ampla e séria pesquisa de preços, devidamente documentada nos autos do processo, afasta a aplicação do disposto no art. 10, V, da Lei nº 8.429/92 (Lei de improbidade administrativa) o qual prevê sanções ao agente público pela prática de qualquer ação ou omissão, dolosa ou culposa, que permita ou facilite a aquisição de bem por preço superior ao de mercado, com prejuízo ao erário.

V. o capítulo deste livro intitulado "Obras e serviços de engenharia – O que importa à eficiência e à eficácia de sua contratação, qualquer que seja a modalidade licitatória", a respeito da pesquisa de preços em obras e serviços de engenharia.

1.4.1 Publicidade da pesquisa de preços/orçamento

A Lei nº 10.520/02 não obriga a inserção do mesmo orçamento no edital, mas exige que conste nos autos do pertinente processo licitatório:

> Art. 3º A fase preparatória do pregão observará o seguinte: [...] III – dos autos do procedimento constarão a justificativa das definições referidas no inciso I deste artigo e os indispensáveis elementos técnicos sobre os quais estiverem apoiados, bem como o orçamento, elaborado pelo órgão ou entidade promotora da licitação, dos bens ou serviços a serem licitados;

Extrai-se, pois, que, na modalidade pregão, não há a obrigação de divulgação do orçamento (preço de referência) no edital, contudo, tal orçamento deve figurar nos autos do processo licitatório.

Pondere-se que o orçamento (preço de referência) da licitação, independentemente da modalidade, exige divulgação. A publicidade das licitações e contratações da

---

de elaboração do termo de referência ou projeto básico para prever no modelo de gestão do contrato, quando se tratar de contratação de serviços, a segregação das atividades de recebimento de serviços de forma que (item 3.5): a) o recebimento provisório, a cargo do fiscal que acompanha a execução do contrato, baseie-se no que foi observado ao longo do acompanhamento e fiscalização (Lei nº 8.666/1993, art. 73, inciso I, 'a'); b) o recebimento definitivo, a cargo de outro servidor ou comissão responsável pelo recebimento definitivo, deve basear-se na verificação do trabalho feito pelo fiscal e na verificação de todos os outros aspectos do contrato que não a execução do objeto propriamente dita (Lei nº 8.666/1993, art. 73, inciso I, 'b'); (Acórdão nº 805/2016 – Plenário, Rel. Min. Augusto Sherman Cavalcanti, Processo nº 031.986/2015-3).

administração pública, inclusive quanto ao preço, constitui ferramenta útil de controle pelos licitantes e pela sociedade. O interesse público é indisponível, vale dizer, deve ser alcançado mediante atos praticados na conformidade com os princípios, normas e regras estabelecidos para disciplinar a atuação dos poderes públicos.

Por isso, os atos administrativos emitidos no âmbito das licitações e contratações hão de ser exibidos ao público, inclusive no tocante ao orçamento. O princípio da publicidade impõe a transparência da atividade administrativa exatamente para que os licitantes e a sociedade possam conferir se está sendo bem conduzida ou não.

Perceba-se que se viabiliza impugnação ao orçamento que não traduza os preços de mercado somente se houver a divulgação daquele no edital. Trata-se de dever de transparência da administração pública em prol não apenas dos disputantes, mas do erário e de qualquer cidadão.

A Corte de Contas federal assentou o entendimento de ser obrigatória a divulgação do preço de referência em editais de licitação, na modalidade pregão, quando for utilizado como critério de aceitabilidade das propostas (Acórdão nº 10.051/2015, Segunda Câmara, Rel. Min. André de Carvalho, Processo nº 008.959/2015-3). Tal medida possibilita que os licitantes formulem suas propostas utilizando como parâmetro o preço de referência divulgado pela administração, o qual, a seu turno, deve decorrer de ampla e séria pesquisa sobre os preços praticados pelo mercado.

Ainda segundo a Corte de Contas federal:

> 1.7.2. a vedação de acesso aos valores estimados da licitação, identificada no item 10.6 do Edital do PE.CSB.A.00004.2016, está em desacordo com o art. 3º, inciso I, da Lei nº 12.527, de 18.11.2011 e os arts. 3º, §3º; 6º, inciso IX, alínea "f"; 7º, §2º, inciso II; e 40, inciso X e §2º, inciso II, todos da Lei nº 8.666/1993; bem como com o Acórdão nº 2.547/2015 – Plenário, que marcou mudança jurisprudencial deste Tribunal em relação a este assunto, sendo admitida, apenas, em casos excepcionais, devidamente motivados. (Acórdão nº 520/2016 – Plenário, Rel. Min. José Múcio Monteiro, Processo nº 001.637/2016-9).

1.5 Custos da prestação do serviço, com a respectiva metodologia (orçamento detalhado em planilhas de composição de custos)

Vários são os diplomas que estabelecem a exigência de que, na fase interna do procedimento licitatório, deva ser apurado o custo da prestação do serviço, com a metodologia utilizada para a quantificação de seu valor. Exemplo disso é o da prévia estimativa da quantidade de horas demandadas na realização de determinada atividade, com a respectiva metodologia utilizada para a sua quantificação, nos casos em que a remuneração cabível seja por horas trabalhadas.

Os diplomas são:
Decreto nº 3.555/00

> Art. 8º A fase preparatória do pregão observará as seguintes regras:
> (...)
> II – o termo de referência é o documento que deverá conter *elementos capazes de propiciar a avaliação do custo pela Administração, diante de orçamento detalhado*, considerando os preços praticados no mercado, a definição dos métodos, a estratégia de suprimento e o prazo de execução do contrato;

(...)
Art. 21. Os atos essenciais do pregão, inclusive os decorrentes de meios eletrônicos, serão documentados ou juntados no respectivo processo, cada qual oportunamente, compreendendo, sem prejuízo de outros, o seguinte:
(...)
II – termo de referência, contendo descrição detalhada do objeto, *orçamento estimativo de custos* e cronograma físico-financeiro de desembolso, se for o caso;

Decreto nº 5.450/05

§2º O termo de referência é o documento que deverá *conter elementos capazes de propiciar avaliação do custo pela administração diante de orçamento detalhado*, definição dos métodos, estratégia de suprimento, valor estimado em planilhas de acordo com o preço de mercado, cronograma físico-financeiro, se for o caso, critério de aceitação do objeto, deveres do contratado e do contratante, procedimentos de fiscalização e gerenciamento do contrato, prazo de execução e sanções, de forma clara, concisa e objetiva.

Lei nº 8.666/93

Art. 7º (...)
§2º As obras e os serviços somente poderão ser licitados quando: (...)
II – existir orçamento detalhado em planilhas que expressem a composição de todos os seus custos unitários;

De acordo com o art. 15, XII, "a", da Instrução Normativa SLTI/MPOG nº 2, de 2008, que dispõe sobre regras e diretrizes para a contratação de serviços, continuados ou não, o termo de referência deverá conter o custo estimado da contratação, o valor máximo global e mensal estabelecido em decorrência da identificação dos elementos que compõem o preço dos serviços, definido por meio do preenchimento de planilha de custos e formação de preços, observados os custos dos itens referentes ao serviço, podendo ser motivadamente dispensada naquelas contratações em que a natureza do seu objeto torne inviável ou desnecessário o detalhamento dos custos para aferição da exequibilidade dos preços praticados.

O orçamento estimado em planilha de formação de custos, quando aplicável, constitui instrumento indispensável para a formação do preço do objeto, a partir de sistemas de referência existentes ou ampla pesquisa de preços, servindo de balizamento seguro para a formulação das propostas pelos licitantes e para o julgamento destas pelo pregoeiro, possibilitando, assim, a seleção da proposta mais vantajosa. Constitui, ainda, eficaz e eficiente instrumento para a recomposição do valor contratual (reequilíbrio econômico-financeiro).

A título ilustrativo, na contratação de serviços terceirizados, a planilha de formação de preços visa identificar a remuneração, os encargos sociais, tributos e demais insumos incidentes sobre a mão de obra dos prestadores alocados. De acordo com o art. 40, §2º, II, da Lei nº 8.666/93 constitui anexo do edital, dele fazendo parte integrante, o orçamento estimado em planilhas de quantitativos e preços unitários. Na modalidade pregão, sempre que o preço de referência ou o preço máximo fixado pela administração for utilizado como critério de aceitabilidade de preços, a divulgação da planilha de formação de preços, como anexo do edital, é obrigatória.

1.6 Aprovação motivada do termo de referência

Decreto nº 5.450/05

Art. 9º Na fase preparatória do pregão, na forma eletrônica, será observado o seguinte:
(...)
II – *aprovação do termo de referência pela autoridade competente*;
§1º A *autoridade competente motivará* os atos especificados nos incisos II e III, indicando os elementos técnicos fundamentais que o apóiam, bem como quanto aos elementos contidos no orçamento estimativo e no cronograma físico-financeiro de desembolso, se for o caso, elaborados pela administração;

Lei nº 8.666/93

Art. 7º As licitações para a execução de obras e para a prestação de serviços obedecerão ao disposto neste artigo e, em particular, à seguinte seqüência:
(...)
§2º As obras e os serviços somente poderão ser licitados quando:
I – *houver projeto básico aprovado pela autoridade competente* e disponível para exame dos interessados em participar do processo licitatório;

A aprovação do termo de referência, pela autoridade competente, está condicionada à análise e juízo favorável acerca das características, condições e custos apresentados para o objeto. A autoridade competente poderá valer-se de laudos ou pareceres técnicos para justificar a decisão.

A aprovação não se restringirá a expressões como "Aprovo o termo de referência". Impõe-se o dever de a autoridade competente motivar o ato administrativo de aprovação, apresentando os elementos de fato e de direito que justificam a decisão.

As razões apresentadas na motivação poderão reportar-se às considerações de ordem técnica apostas em laudo ou parecer. Não há obstáculos para que assim proceda a autoridade, impondo-se, contudo, a obrigatória juntada do respectivo instrumento no processo.

A autoridade competente para aprovar o termo de referência, em qualquer das formas do pregão, presencial ou eletrônica, é aquela incumbida, regimentalmente, para essa e outras finalidades. Na hipótese de o regimento não contemplar especificamente o assunto, reservando poderes para a autoridade de maior hierarquia decidir acerca de assuntos afetos às contratações da administração, entende-se que a competência para aprovar o termo de referência seja dessa autoridade.

1.7 Indicação dos recursos orçamentários

Decreto nº 3.555/00

Art. 19 Nenhum contrato será celebrado sem a *efetiva disponibilidade de recursos orçamentários* para pagamento dos encargos, dele decorrentes, no exercício financeiro em curso.
(...)

Art. 21 Os atos essenciais do pregão, inclusive os decorrentes de meios eletrônicos, serão documentados ou juntados no respectivo processo, cada qual oportunamente, compreendendo, sem prejuízo de outros, o seguinte:
(...)
IV – *garantia de reserva orçamentária, com a indicação das respectivas rubricas;*

Decreto nº 5.450/05

Art. 30 O processo licitatório será instruído com os seguintes documentos: (...) IV – *previsão de recursos orçamentários, com indicação das respectivas rubricas;*

Lei nº 8.666/93

Art. 7º (...)
§2º As obras e os serviços somente poderão ser licitados quando: (...)
III – *houver previsão de recursos orçamentários* que assegurem o pagamento das obrigações decorrentes de obras ou serviços a serem executadas no exercício financeiro em curso, de acordo com o respectivo cronograma;
(...)
Art. 14 Nenhuma *compra* será feita sem a adequada caracterização de seu objeto e *indicação dos recursos orçamentários* para seu pagamento, sob pena de nulidade do ato e responsabilidade de quem lhe tiver dado causa.
(...)
Art. 38 O procedimento da licitação será iniciado com a abertura de processo administrativo, devidamente autuado, protocolado e numerado, contendo a autorização respectiva, a *indicação* sucinta de seu objeto e do *recurso próprio para a despesa*, e ao qual serão juntados oportunamente:

Tais comandos normativos impõem a previsão de recursos orçamentários para fazer frente às despesas com a execução do objeto licitado a sobrevirem no exercício financeiro corrente.

De acordo com o Superior Tribunal de Justiça, a Lei nº 8.666/93 não exige a disponibilidade financeira para a realização da licitação, mas, somente, a previsão desses recursos na lei orçamentária, *v.g.*:

ADMINISTRATIVO. RECURSO ESPECIAL. LICITAÇÃO. OBRA PÚBLICA. ART. 7º, §2º, INCISO III, DA LEI Nº 8.666/93. EXIGÊNCIA DE PREVISÃO DE RECURSOS ORÇAMENTÁRIOS.
1. Trata-se de discussão acerca da interpretação do disposto no art. 7º, §2º, inciso III, da Lei nº 8.666/93: se há a exigência efetiva da disponibilidade dos recursos nos cofres públicos ou apenas a necessidade da previsão dos recursos orçamentários.
2. Nas razões recursais o recorrente sustenta que o art. 7º, §2º, inciso III, da Lei nº 8.666/93 exige para a legalidade da licitação apenas a previsão de recursos orçamentários, exigência esta que foi plenamente cumprida.
3. O acórdão recorrido, ao se manifestar acerca do ponto ora discutido, decidiu que "inexistindo no erário os recursos para a contratação, violada se acha a regra prevista no art. 7º, §2º, III, da Lei nº 8.666/93" .

4. A Lei nº 8.666/93 exige para a realização da licitação a existência de "previsão de recursos orçamentários que assegurem o pagamento das obrigações decorrentes de obras ou serviços a serem executadas no exercício financeiro em curso, de acordo com o respectivo cronograma", ou seja, a lei não exige a disponibilidade financeira (fato da administração ter o recurso disponível ou liberado), mas, tão somente, que haja previsão destes recursos na lei orçamentária.
5. Recurso especial provido. (REsp nº 1.141.021-SP, Rel. Min. Mauro Campbell Marques, julgado em 21.08.2012)

Dispõe a Lei Complementar nº 101/00 que:

Art. 16. A criação, expansão ou aperfeiçoamento de ação governamental que acarrete aumento da despesa será acompanhado de:
I – estimativa do impacto orçamentário-financeiro no exercício em que deva entrar em vigor e nos dois subseqüentes;
II – *declaração do ordenador da despesa* de que o aumento tem adequação orçamentária e financeira com a lei orçamentária anual e compatibilidade com o plano plurianual e com a lei de diretrizes orçamentárias.
(...)
§4º – As normas do *caput* constituem *condição prévia* para:
I – empenho e *licitação de serviços, fornecimento de bens* ou execução de obras;

Os agentes públicos responsáveis pelo setor financeiro (princípio da segregação das funções) do órgão ou entidade pública têm a obrigação de verificar a disponibilidade financeira e orçamentária em todas as licitações a serem instauradas. É regra de responsabilidade fiscal, que não se contenta em exigir a compatibilidade com o orçamento, mas exige que a despesa seja autorizada pela Lei de Diretrizes Orçamentárias e, quando ultrapassar o exercício, pelo Plano Plurianual. Essa é a regra do art. 16 da Lei de Responsabilidade Fiscal, que excepciona as despesas consideradas irrelevantes, como tal entendidas as de valor inferior aos limites do art. 24, incs. I e II, da Lei nº 8.666/93.

O Tribunal de Contas da União (Acórdão nº 883/2005, Primeira Câmara, Relator Min. Augusto Sherman Cavalcanti, Processo nº 009.451/2003-7) conheceu pedido de reexame formulado pelo Diretor-Geral da Câmara de Deputados, dando-lhe provimento parcial para, no mérito, tornar insubsistente a alínea "b" do item 1.1 do Acórdão nº 1.817/03 – Primeira Câmara, o qual assentou: "1.1. Determinar à [...] que: [...] b) respeite o disposto no art. 16, §1º, I, e 4º, I, Lei Complementar nº 101/00 (Lei de Responsabilidade Fiscal), com vistas a fazer constar dos processos de licitação e contratação o demonstrativo do impacto orçamentário-financeiro decorrente do aumento de gastos".

De acordo com a Corte de Contas Federal, às despesas ordinárias e rotineiras do órgão ou entidade pública, desde que previstas no orçamento, destinadas à manutenção de ações governamentais preexistentes, não é necessário que se proceda como estabelecido pelo inc. I e II do art. 16 da LC nº 101/00.

Também no Manual intitulado *Licitações & contratos. Orientações e jurisprudência*, p. 143, a Corte de Contas assenta que às despesas corriqueiras do órgão ou entidade pública, desde que previstas no orçamento, destinadas à manutenção de ações governamentais preexistentes, dispensam-se as obrigações previstas nos incs. I e II, do art. 16, da LC nº 101/00.

Assim:

Com o advento da Lei de Responsabilidade Fiscal, Lei Complementar nº 101, de 4 de maio de 2001, outras exigências foram impostas ao gestor publico na condução de processos de licitação, em especial quando houver criação, expansão ou aperfeiçoamento de ação governamental que acarrete aumento de despesa. Nesse caso, são condições necessárias para a realização do procedimento licitatório e emissão de nota de empenho, a existência de:
-estimativa do impacto orçamentário-financeiro no exercício em que deva entrar em vigor a despesa e nos dois subsequentes;
-declaração do ordenador de despesa de que o aumento tem adequação orçamentária e financeira com a lei orçamentária anual (LOA), compatibilidade com o plano plurianual (PPA) e com a lei de diretrizes orçamentárias (LDO).
A estimativa da despesa, e do seu impacto orçamentário-financeiro, é peça fundamental dos procedimentos de licitação. Deve estar acompanhada das premissas e da metodologia de cálculo utilizadas para determiná-la.
A estimativa do impacto orçamentário-financeiro e a declaração do ordenador de despesa, tratadas na Lei de Responsabilidade Fiscal (LRF), constituem condição prévia tanto para o empenho da despesa quanto para a licitação destinada ao fornecimento de bens, execução de obras ou prestação de serviços. Manutenção das ações governamentais em seu estado rotineiro e a não elevação dos gastos refogem dessas obrigações.

Idem no âmbito da Advocacia-Geral da União:

AS DESPESAS ORDINÁRIAS E ROTINEIRAS DA ADMINISTRAÇÃO, JÁ PREVISTAS NO ORÇAMENTO E DESTINADAS À MANUTENÇÃO DAS AÇÕES GOVERNAMENTAIS PREEXISTENTES, DISPENSAM AS EXIGÊNCIAS PREVISTAS NOS INCISOS I E II DO ART. 16 DA LEI COMPLEMENTAR Nº 101, DE 2000. (Orientação Normativa nº 52, de 25 de abril de 2014)

1.8 Designação do pregoeiro e da equipe de apoio

Lei nº 10.520/02

Art. 3º A fase preparatória do pregão observará o seguinte:
(...)
IV – a autoridade competente designará, dentre os servidores do órgão ou entidade promotora da licitação, *o pregoeiro e respectiva equipe de apoio*, cuja atribuição inclui, dentre outras, o recebimento das propostas e lances, a análise de sua aceitabilidade e sua classificação, bem como a habilitação e a adjudicação do objeto do certame ao licitante vencedor.
§1º A equipe de apoio deverá ser integrada em sua maioria por servidores ocupantes de cargo efetivo ou emprego da administração, preferencialmente pertencentes ao quadro permanente do órgão ou entidade promotora do evento.
§2º No âmbito do Ministério da Defesa, as funções de pregoeiro e de membro da equipe de apoio poderão ser desempenhadas por militares.

Decreto nº 3.555/00

Art. 7º À autoridade competente, designada de acordo com as atribuições previstas no regimento ou estatuto do órgão ou da entidade, cabe: (...)

Parágrafo único. Somente poderá atuar como pregoeiro o servidor que tenha realizado capacitação específica para exercer a atribuição.
(...)
Art. 8º A fase preparatória do pregão observará as seguintes regras:
(...)
III – a autoridade competente ou, por delegação de competência, o ordenador de despesa ou, ainda, o agente encarregado da compra no âmbito da Administração, deverá:
(...)
d) *designar, dentre os servidores do órgão ou da entidade promotora da licitação, o pregoeiro responsável pelos trabalhos do pregão e a sua equipe de apoio;*
(...)
Art. 21. Os atos essenciais do pregão, inclusive os decorrentes de meios eletrônicos, serão documentados ou juntados no respectivo processo, cada qual oportunamente, compreendendo, sem prejuízo de outros, o seguinte:
(...)
VI – *designação do pregoeiro e equipe de apoio;*

Decreto nº 5.450/05

Art. 9º Na fase preparatória do pregão, na forma eletrônica, será observado o seguinte:
(...)
VI – *designação do pregoeiro e de sua equipe de apoio.*
(...)
Art. 10 As designações do pregoeiro e da equipe de apoio devem recair nos servidores do órgão ou entidade promotora da licitação, ou de órgão ou entidade integrante do SISG.

§1º A equipe de apoio deverá ser integrada, em sua maioria, por servidores ocupantes de cargo efetivo ou emprego da administração pública, pertencentes, preferencialmente, ao quadro permanente do órgão ou entidade promotora da licitação.

§2º No âmbito do Ministério da Defesa, as funções de pregoeiro e de membro da equipe de apoio poderão ser desempenhadas por militares.

§3º A designação do pregoeiro, a critério da autoridade competente, poderá ocorrer para período de um ano, admitindo-se reconduções, ou para licitação específica.

§4º Somente poderá exercer a função de pregoeiro o servidor ou o militar que reúna qualificação profissional e perfil adequados, aferidos pela autoridade competente.

Art. 11. Caberá ao pregoeiro, em especial:

I – coordenar o processo licitatório;

II – receber, examinar e decidir as impugnações e consultas ao edital, apoiado pelo setor responsável pela sua elaboração;

III – conduzir a sessão pública na internet;

IV – verificar a conformidade da proposta com os requisitos estabelecidos no instrumento convocatório;

V – dirigir a etapa de lances;

VI – verificar e julgar as condições de habilitação;

VII – receber, examinar e decidir os recursos, encaminhando à autoridade competente quando mantiver sua decisão;

VIII – indicar o vencedor do certame;

IX – adjudicar o objeto, quando não houver recurso;

X – conduzir os trabalhos da equipe de apoio; e

XI – encaminhar o processo devidamente instruído à autoridade superior e propor a homologação.

Art. 12. Caberá à equipe de apoio, dentre outras atribuições, auxiliar o pregoeiro em todas as fases do processo licitatório.

(...)

Art. 30 O processo licitatório será instruído com os seguintes documentos:

(...)

VI – *designação do pregoeiro e equipe de apoio;*

Deve ser designada como pregoeiro pessoa pertencente ao quadro do órgão ou da entidade promotora do certame, como preconiza o art. 3º, IV, da Lei nº 10.520/02, a menos que não se disponha de servidor qualificado para atuar na função, situação que justifica a excepcional designação de terceiro estranho à administração. Colha-se a orientação do Tribunal de Contas da União:

> Por fim, passo a tratar da proposta de determinação em relação ao fato de o pregoeiro do certame ser terceirizado. Embora considere adequada a análise da unidade técnica, entendo que uma determinação impondo a utilização apenas de pregoeiro pertencente aos quadros das unidades jurisdicionadas pode ter como efeito a inviabilização de realização de pregão por parte dessas unidades, nos casos em que as mesmas não disponham em seus quadros de servidores qualificados para atuar como pregoeiro. Assim, considero mais prudente flexibilizar essa determinação no sentido de se excepcionalizar os casos em que as unidades não tenham capacidade de cumpri-la pela razão acima exposta.
>
> [...]
>
> Acórdão: [...]
>
> 9.3.3. designe como pregoeiro, sempre que disponível, pessoa pertencente ao quadro de servidores do [...], conforme os ditames do art. 3º, inciso IV, da Lei nº 10.520/2002 (Acórdão nº 2.166/2014 – Plenário, Rel. Min. Augusto Sherman Cavalcanti, Processo nº 011.468/2014-9).

A norma do pregão não estabelece quantos agentes devam compor a equipe de apoio. Na praxe administrativa, tem sido observada a designação de três. O número variará em função das peculiaridades do certame.

A equipe de apoio cumpre função meramente administrativa. No caso de ser necessário conhecimento técnico específico, relacionado ao objeto, para análise de proposta, amostra ou protótipo, pode a autoridade competente designar, além da equipe de apoio, equipe técnica encarregada de elaborar laudo sobre a conformidade da proposta, da amostra ou do protótipo com os requisitos do edital.

Da obra intitulada *Da responsabilidade de agentes públicos e privados nos processos administrativos de licitação e contratação* (PEREIRA JUNIOR, Jessé Torres; DOTTI, Marinês Restelatto. *Da responsabilidade de agentes públicos e privados nos processos administrativos de licitação e contratação*. 2. ed. São Paulo: NDJ, 2014. p. 210), extrai-se que:

> Sublinhe-se que o pregoeiro coordena os trabalhos da equipe de apoio, mas decide independentemente dela. À equipe de apoio cabe apenas fornecer subsídios e informações úteis à condução da fase externa do procedimento licitatório pelo pregoeiro, não exercendo ingerência alguma sobre as decisões que este houver de tomar, por isso que lhe incumbe decidir e responder pelo decidido.

Veja-se julgado do Tribunal de Contas da União:
Apesar de ter sido feita audiência dos membros da equipe de apoio da pregoeira, entendo não ser o caso de apená-los, uma vez que eles não têm funções de natureza decisória. Nesse sentido, vale destacar o que diz o Prof. Jessé Torres Pereira Júnior (PEREIRA JÚNIOR, Jessé Torres. *Comentários à lei das licitações e contratações da administração pública*. 5. ed. p. 973): "Não se confunda equipe de apoio, referida no art. 7º, II, do decreto regulamentador, com a comissão de licitação. A diferença fundamental é evidente: no pregão, a responsabilidade de conduzir e julgar é pessoal e exclusiva do pregoeiro; nas demais modalidades de licitação, a responsabilidade de conduzir e julgar é do órgão colegiado (v. art. 51, §3º, da Lei nº 8.666/93). A equipe de apoio ao pregoeiro limitar-se-á a realizar os atos materialmente necessários à prática do procedimento, nenhuma influência tendo, ou podendo ter, sobre as decisões do pregoeiro". (Acórdão nº 64/2004, Segunda Câmara, Relator Min. Ubiratan Aguiar, Processo nº 010.433/2001-5)

1.9 Elaboração do edital

Lei nº 10.520/02

Art. 4º A fase externa do pregão será iniciada com a convocação dos interessados e observará as seguintes regras:
(...)
III – do *edital* constarão todos os elementos definidos na forma do inciso I do art. 3º, as normas que disciplinarem o procedimento e a minuta do contrato, quando for o caso;

Decreto nº 5.450/05

Art. 9º Na fase preparatória do pregão, na forma eletrônica, será observado o seguinte:
(...)
IV – *elaboração do edital, estabelecendo critérios de aceitação das propostas*;
(...)
Art. 30 O processo licitatório será instruído com os seguintes documentos:
(...)
VII – *edital e respectivos anexos*, quando for o caso;

A elaboração do edital não compete ao pregoeiro. Tal entendimento, além de amparado no princípio da segregação de funções, decorre da regra do art. 11 do Decreto nº 5.450/05, que, ao estabelecer as atribuições do pregoeiro, deixa claro, no inc. II, que uma delas é a de "receber, examinar e decidir as impugnações e consultas ao edital, apoiado pelo *setor responsável pela sua elaboração*". Regra semelhante à do art. 18, §1º, que comete ao pregoeiro, auxiliado pelo *"setor responsável pela elaboração do edital"*, decidir sobre a impugnação em até vinte e quatro horas.

O princípio da segregação impõe que as atividades administrativas relacionadas à licitação sejam compartimentadas, o que não significa isolamento: um setor levantará as necessidades do órgão ou entidade e formulará o pedido de contratação do objeto necessário; outro elaborará o termo de referência; outro pesquisará preços (ou o elaborador do termo de referência cumulará essa função); outro minutará o edital, a ser examinado e aprovado por órgão de assessoramento jurídico, outro desempenhará as funções de fiscalizar a execução do contrato e outro de geri-lo.

1.9.1 Anexos do edital

Integram o edital, entre outros, os anexos a seguir enunciados.

1.9.1.1 Termo de referência

Por analogia ao art. 40, §2º, inc. I, da Lei nº 8.666/93, segundo o qual "Constituem anexos do edital, dele fazendo parte integrante: I – o projeto básico e/ou executivo, com todas as suas partes, desenhos, especificações e outros complementos".

1.9.1.2 Planilha de formação de custos

V. item 1.5 deste capítulo.

1.9.1.3 Modelo de declaração (vedação à contratação de menor)

Lei nº 9.854/99

Art. 1º O *art. 27 da Lei nº 8.666, de 21 de junho de 1993*, passa a vigorar com o acréscimo do seguinte inciso: (...) V – cumprimento do disposto no inciso XXXIII do art. 7º da Constituição Federal.

Decreto nº 4.358/02

Art. 1º O cumprimento da exigência de que trata o *inciso V do art. 27 da Lei nº 8.666, de 21 de junho de 1993*, dar-se-á por intermédio de declaração firmada pelo licitante nos termos dos modelos anexos a este Decreto.

Veja-se o modelo de declaração:

ANEXO ....
DECLARAÇÃO

A(O) .... (*razão social*), inscrita(o) no CNPJ/MF sob o nº ...., com endereço na ...., por intermédio de seu representante legal, o(a) Sr.(a) ...., portador(a) da Carteira de Identidade nº .... e do CPF nº ...., **DECLARA**, para os fins do disposto no art. 27, V, da Lei nº 8.666/93, acrescido pela Lei nº 9.854/99 e regulamentado pelo Decreto nº 4.358/2002, que não emprega menor de dezoito anos em trabalho noturno, perigoso ou insalubre, e nem menor de dezesseis anos em qualquer outra espécie de trabalho.

Ressalva (se for o caso): emprega menor, a partir de quatorze anos, na condição de aprendiz (...).

........................, ... de .... de 20...

(*assinatura, nome e número da identidade do declarante*)

1.9.1.4 Modelo de declaração de que o licitante cumpre plenamente os requisitos de habilitação

A obrigação de o licitante apresentar dita declaração consta da Lei nº 10.520/02, que disciplina a modalidade do pregão, tanto na forma presencial como eletrônica. De acordo com seu art. 4º, VII, aberta a sessão, os interessados ou seus representantes apresentarão a declaração de que cumprem plenamente os requisitos de habilitação e entregarão os envelopes contendo a indicação do objeto e do preço oferecidos, procedendo-se à sua imediata abertura e à verificação da conformidade das propostas com os requisitos estabelecidos no instrumento convocatório.

Jessé Torres Pereira Júnior leciona sobre os efeitos da não entrega da declaração prevista no art. 4º, VII, da Lei nº 10.520/02:

> Não se trata de documento destinado a comprovar as categorias que integram a habilitação do licitante (jurídica, fiscal, qualificação técnica, qualificação econômico-financeira). Trata-se de documento que compromete o licitante com as exigências de habilitação postas no edital, antecipando que trouxe, no envelope próprio, os documentos tendentes a comprovar que as satisfaz inteiramente. Tal declaração constitui condição para ser admitido a participar do pregão; sua falta não significa inabilitação, mas obsta o acesso ao certame. O propósito da lei é o de dissuadir aqueles que se aventuram a participar de uma licitação sem estarem em condições de atender às exigências de habilitação, já que, no pregão, essa etapa do procedimento coloca-se ao final, depois de classificadas as propostas de preço. A consequência pretenderia ser severa: o art. 7º comina sanções cumuladas de impedimento para licitar e contratar com todos os entes federados, bem como unilateral descredenciamento dos sistemas cadastrais da Administração Pública, por até cinco anos, sem prejuízo de multas e "demais cominações legais". A norma será de difícil aplicação, posto que prevê cumulação de penalidades para um mesmo fato, desafiando a razoabilidade e a proporcionalidade. De toda sorte, a eventual falta dessa declaração, inclusive por lapso do licitante, tem sido suprida pela singela providência de ter-se à mão um modelo de declaração que o licitante preenche e assina na própria sessão. O edital também pode contribuir para prevenir incidentes, fazendo-se acompanhar como anexo, de modelo dessa declaração, que será o mesmo de que o pregoeiro disporá para atender ao licitante que não a houvesse trazido, pronta. (GASPARINI, Diogenes. *et al. Pregão presencial e eletrônico*. Belo Horizonte: Fórum, 2006, p. 100-101)

1.9.1.5 Modelo de declaração de que o licitante não ultrapassou o limite de faturamento e que cumpre os requisitos estabelecidos no art. 3º da Lei Complementar nº 123/06, estando apto a usufruir do tratamento favorecido estabelecido nos arts. 42 ao 49 da referida Lei Complementar

Encontra previsão nos dispositivos citados e, ainda, no art. 13, §2º, do Decreto nº 8.538/15.

1.9.1.6 Termo de contrato, se for o caso

Na Lei nº 10.520/02 há dispositivos atinentes à formalização do ajuste entre a administração e o adjudicatário os quais aludem à celebração e à assinatura do contrato, depreendendo-se que o instrumento a ser utilizado na modalidade pregão deva ser o termo de contrato, documento escrito e solene que enuncia o nome e a qualificação das partes, as cláusulas relacionadas ao objeto e à sua execução (obrigações, sanções, garantias, prazos, etc.), arrematado por local, data e assinatura dos contraentes.

São os dispositivos da Lei nº 10.520/02 que aludem à celebração e assinatura de contrato:

> Art. 3º A fase preparatória do pregão observará o seguinte:
> I – a autoridade competente justificará a necessidade de contratação e definirá o objeto do certame, as exigências de habilitação, os critérios de aceitação das propostas, as sanções por inadimplemento e **as cláusulas do contrato**, inclusive com fixação dos prazos para fornecimento; [...]
> Art. 4º A fase externa do pregão será iniciada com a convocação dos interessados e observará as seguintes regras: [...]
> III – do edital constarão todos os elementos definidos na forma do inciso I do art. 3º, as normas que disciplinarem o procedimento e a **minuta do contrato, quando for o caso;** [...]
> XXII – homologada a licitação pela autoridade competente, o adjudicatário será convocado para **assinar o contrato** no prazo definido em edital; e
> XXIII – se o licitante vencedor, convocado dentro do prazo de validade da sua proposta, **não celebrar o contrato**, aplicar-se-á o disposto no inciso XVI. [...]
> Art. 7º Quem, convocado dentro do prazo de validade da sua proposta, **não celebrar o contrato,** deixar de entregar ou apresentar documentação falsa exigida para o certame, ensejar o retardamento da execução de seu objeto, não mantiver a proposta, falhar ou fraudar na execução do contrato, comportar-se de modo inidôneo ou cometer fraude fiscal, ficará impedido de licitar e contratar com a União, Estados, Distrito Federal ou Municípios e, será descredenciado no Sicaf, ou nos sistemas de cadastramento de fornecedores a que se refere o inciso XIV do art. 4 º desta Lei, pelo prazo de até 5 (cinco) anos, sem prejuízo das multas previstas em edital e no contrato e das demais cominações legais. (grifamos)

Extrai-se do art. 4º, III, da Lei nº 10.520/02, que a minuta do contrato, leia-se, termo de contrato, integra o processo licitatório, *quando for o caso*. A expressão *quando for o caso* significa que o termo de contrato nem sempre será o instrumento hábil a formalizar o ajuste entre a administração e o adjudicatário na modalidade pregão.

Por aplicação subsidiária do art. 62, §4º, da Lei nº 8.666/93, é dispensável o termo de contrato e facultada a sua substituição, a critério da administração e independentemente de seu valor, nos casos de compras com entrega imediata e integral dos bens adquiridos, dos quais não resultem obrigações futuras, inclusive assistência técnica. Entende-se como compra para entrega imediata, segundo o art. 40, §4º, da Lei nº 8.666/93, aquela com prazo de entrega de até trinta dias da data prevista para apresentação da proposta. Essa é a hipótese que dispensa a formalização do ajuste por meio de termo de contrato, aplicável subsidiariamente à modalidade pregão (art. 9º da Lei nº 10.520/02).

A regra prevista no *caput* do art. 62 da Lei nº 8.666/93 não tem aplicação no pregão, em vista de a utilização dessa modalidade independer do valor estimado do objeto, como ocorre nas modalidades concorrência e tomada de preços.

Assim, na modalidade pregão, em regra, o ajuste entre a administração e o adjudicatário deve ser formalizado por meio de termo de contrato. Tal termo poderá ser dispensado e substituído por instrumentos equivalentes (nota de empenho, autorização de compra, etc.) nas exclusivas hipóteses de compras, independentemente do valor, com entrega imediata e integral dos bens adquiridos, das quais não resultem obrigações futuras, inclusive assistência técnica. Também configuram obrigações futuras, além da assistência técnica, a entrega futura ou parcelada do objeto.

Jessé Torres Pereira Junior[185] leciona que:

> A relação dos demais "instrumentos hábeis" para formalização do contrato é exemplificativa, nada impedindo que outros sejam utilizados pela Administração, desde que deduzidos por escrito e de modo a garantir a seriedade do acordo quanto à coisa, ao preço e ao consentimento, a par de distinguir requisitos que sejam específicos do negócio jurídico a que se referirem, tais como modo de execução, duração ou condições especiais de entrega. Nada obstante esse caráter exemplificativo, os instrumentos relacionados não são indistintamente idôneos para todo e qualquer contrato cuja formalização possa ser diversa do termo. É que haverá contratos em que os dados que integram uma nota de empenho, por exemplo, não bastarão para indicar todas as condições pactuadas no interesse da Administração e do contratado. Sendo este a hipótese, além do empenho (sempre necessário), outro instrumento deverá ser utilizado.

O Tribunal de Contas da União orienta acerca da utilização do termo de contrato, inclusive na modalidade pregão. Assim:

> Nas hipóteses a seguir, **deve a contratação ser formalizada obrigatoriamente por meio de termo de contrato:**
> Licitações realizadas nas modalidades concorrência, tomada de preços e **pregão**;
> Dispensa ou inexigibilidade de licitação, cujo valor esteja compreendido nos limites das modalidades concorrência e tomada de preços;
> Contratações de qualquer valor das quais resultem obrigações futuras. Exemplo: entrega futura ou parcelada do objeto e assistência técnica.
> Nos demais casos, o termo de contrato é facultativo, podendo ser substituído pelos instrumentos hábeis a seguir:
> carta-contrato;
> nota de empenho de despesa;
> autorização de compra;
> ordem de execução de serviço.
> *Pode a Administração dispensar o termo de contrato nas compras com entrega imediata e integral dos bens adquiridos, das quais não resultem obrigações futuras, inclusive assistência técnica, independentemente do valor e da modalidade realizada.* (Licitações & Contratos. Orientações e Jurisprudência. 4ª ed., Tribunal de Contas da União, p. 652). (grifamos)

A Corte de Contas federal advertiu órgão público que constitui falha a ausência de contrato para a execução de serviços, decorrente de pregão:

> 9.3. dar ciência à [...] sobre as falhas identificadas na gestão: [...]
> 9.3.2. ausência de celebração de contrato para execução de serviços, em desacordo com o art. 4º, XXII, da Lei nº 10.520/2002; (Acórdão nº 5.127/2014 – Primeira Câmara, Rel. Min. Weder de Oliveira, Processo nº 018.855/2009-6).

---

[185] *Comentários à lei de licitações da administração pública.* 8. ed. Rio de Janeiro: Renovar, 2009. p. 690.

1.10 Análise pela assessoria jurídica

Dispõe o parágrafo único do art. 38 da Lei nº 8.666/93 que as minutas de editais de licitação, bem como as dos contratos, acordos, convênios ou ajustes, devem ser previamente examinadas e aprovadas por assessoria jurídica da administração. Trata-se de controle preventivo de legalidade.

A administração, nas licitações que realiza, deve buscar a proposta mais vantajosa possível. Para que isso ocorra, torna-se indispensável não só assegurar absoluta igualdade entre os interessados, abolindo condições discriminatórias entre os candidatos, mas, sobretudo, ensejar a participação do maior número de concorrentes habilitados a contratar, segundo critérios objetivos.

O papel da assessoria jurídica é o de assegurar a observância dos princípios e preceitos constitucionais, legais e regulamentares pela administração licitante, prevenindo irregularidades e ilicitudes invalidantes do certame e atraentes de responsabilização.

1.10.1 Análise jurídica e minuta padrão

A padronização de editais – bem como de termos de referência e termos de contrato – visa racionalizar as atividades dos agentes especializados e encarregados de elaborá-los.

A padronização de documentos que se repetem rotineiramente é meio salutar de a administração pública desincumbir-se de tarefas que, numericamente significativas, na essência referem-se sempre aos mesmos atos administrativos. Sua adoção é desejável na medida em que libera recursos humanos e materiais para serem utilizados em ações que demandam conteúdo e forma individualizados. A repetição de procedimentos licitatórios que tenham o mesmo objeto e que guardem proporção em relação às quantidades enquadra-se nessa hipótese.

Com a padronização definem-se os parâmetros necessários, suficientes e aplicáveis a licitações ou contratações passíveis de realização mediante peças modelos, que, por isso mesmo, racionalizam o desempenho de funções administrativas e técnicas.

A padronização é mecanismo eficaz para a celeridade processual, alçada a princípio constitucional por força do disposto no art. 5º, LXXVIII (*"a todos, no âmbito judicial e administrativo, são assegurados a razoável duração do processo e os meios que garantam a celeridade de sua tramitação"*). Proporciona, ainda, o alcance dos princípios constitucionais da economicidade e da eficiência, com razoabilidade e proporcionalidade.

A raiz da padronização encontra-se, no direito público brasileiro positivado, no Decreto-lei nº 200/67, cujo art. 14 estatui que *"O trabalho administrativo será racionalizado mediante simplificação de processos e supressão de controles que se evidenciarem como puramente formais ou cujo custo seja evidentemente superior ao risco"*. A padronização de minutas produz a racionalização e simplificação de rotinas puramente formais, com reflexos não só na economicidade, mas também, no alcance do princípio da eficiência, exigente de que o agente público se atenha a parâmetros de presteza, perfeição e rendimento comprometidos com o alcance de finalidades públicas, mediante a adoção de procedimentos previstos nas normas de regência, aptos à produção de resultados que sejam ótimos e voltados a atender o interesse público de modo satisfatório, tempestivo e eficaz.

O princípio da razoabilidade, incluindo a proporcionalidade entre meios e fins, está implícito no art. 2º, parágrafo único, da Lei nº 9.784/99 (Lei do processo administrativo federal), que impõe à administração pública: adequação entre meios e fins, vedada a imposição de obrigações, restrições e sanções em medida superior àquelas estritamente necessárias ao atendimento do interesse público (inciso VI); observância das formalidades essenciais à garantia dos direitos dos administrados (inciso VIII); adoção de formas simples, suficientes para propiciar adequado grau de certeza, segurança e respeito aos direitos dos administrados (inciso IX).

A padronização de minutas de editais e contratos também alcança as atividades da assessoria jurídica, a quem compete analisá-las e aprová-las. Para o Tribunal de Contas da União é aceitável a utilização de minuta-padrão de edital e/ou contrato previamente aprovada por assessoria jurídica da administração, a dispensar reanálise:

> 9.2.3. submeta à apreciação da Assessoria Jurídica as minutas de todos os contratos a serem celebrados, obedecendo aos ditames do parágrafo único do art. 38 da Lei nº 8.666/93 (correspondente à subcláusula 7.1.2 do Decreto nº 2.745/1998), estando autorizada a utilizar excepcionalmente minuta-padrão, previamente aprovada pela Assessoria Jurídica, quando houver identidade de objeto – e este representar contratação corriqueira – e não restarem dúvidas acerca da possibilidade de adequação das cláusulas exigidas no contrato pretendido às cláusulas previamente estabelecidas na minuta-padrão. (Acórdão nº 873/2011, Plenário, Rel. Min. José Jorge, Processo nº 007.483/2009-0)
>
> 9.2.3. submeta à apreciação da Assessoria Jurídica as minutas de todos os contratos a serem celebrados, obedecendo aos ditames do parágrafo único do art. 38 da Lei nº 8.666/93 (correspondente à subcláusula 7.1.2 do Decreto nº 2.745/1998), estando autorizada a utilizar excepcionalmente minuta-padrão, previamente aprovada pela Assessoria Jurídica, quando houver identidade de objeto – e este representar contratação corriqueira – e não restarem dúvidas acerca da possibilidade de adequação das cláusulas exigidas no contrato pretendido às cláusulas previamente estabelecidas na minuta- padrão. (Acórdão nº 3.014/2010 – Plenário, Rel. Min. Augusto Nardes, Processo nº 005.268/2005-1)
>
> 22. Irregularidade: ausência de análise prévia do edital pela assessoria jurídica do órgão, em desacordo com o estabelecido no parágrafo único do art. 38 da Lei nº 8.666/93. 22.1 Justificativas dos responsáveis (...): foi utilizada minuta de edital padrão aprovada pela Procuradoria Jurídica do DF por meio do Parecer nº 585/2002-PROCAD/PRG. 22.2 Análise da 2ª Secex: acolhe as justificativas, considerando que houve o pronunciamento da Assessoria Jurídica e que este Tribunal considera que a utilização de minutas-padrão não fere o dispositivo legal que impõe prévia manifestação da assessoria jurídica sobre a regularidade das minutas dos editais e dos contratos. (Acórdão nº 1.504/2005-TCU, Plenário) (Acórdão nº 157/2008 – Plenário, Rel. Min. Raimundo Carreiro, Processo TC nº 020.323.2004-1)
>
> (...) A despeito de haver decisões do TCU que determinam a atuação da assessoria jurídica em cada procedimento licitatório, o texto legal – parágrafo único do art. 38 da Lei nº 8.666/93 – não é expresso quanto a essa obrigatoriedade. Assim, a utilização de minutas-padrão, guardadas as necessárias cautelas, em que se limita ao preenchimento das quantidades de bens e serviços, unidades favorecidas, local de entrega dos bens ou prestação dos serviços, sem alterar quaisquer das cláusulas desses instrumentos previamente examinados pela assessoria jurídica, atende aos princípios da legalidade e também da eficiência e da proporcionalidade. (Acórdão nº 392/2006 – Plenário, Rel. Min. Walton Alencar Rodrigues, Processo TC nº 008.107.2005-4)
>
> (...) Houve divergência nos órgãos instrutivos sobre o melhor encaminhamento a ser dado ao pedido de reexame interposto pelo Banco do Brasil S.A. acerca da proibição da utilização de minutas-padrão em procedimentos licitatórios.

O Analista da Secretaria de Recursos acolhe a argumentação do recorrente, que se fundamenta essencialmente nos princípios da eficiência e da economicidade e que estão sintetizados nos seguintes parágrafos, in verbis:

"A melhor gestão de recursos disponíveis é, sem dúvida, a que resulta do planejamento. Nesse sentido, o procedimento normatizado pelo Banco Recorrente, que uniformiza a atuação dos seus administradores em todo o País, resulta em gestão de recursos com respeito ao princípio da economicidade, além de adequar-se ao princípio da moralidade. O atendimento das instruções pelo Administrador vem impedir quaisquer equívocos ou desvios, tornando transparente, célere e diminuindo os custos do procedimento licitatório. Ganha a empresa com a otimização de recursos financeiros, materiais e humanos desde o início da fase interna, até a assinatura e posterior execução do contrato.

Portanto, outra conclusão não há: a adoção por parte do Banco Recorrente da sistemática de utilização de minutas-padrão de editais e de contratos comuns que se repetem periodicamente em todo o País, que já contaram com a análise e a aprovação prévia pelo órgão jurídico, e que são inseridos em suas instruções internas, é procedimento adequado a uma administração eficiente – como deve ser para quem atua em regime de concorrência com as empresas privadas – e termina por concretizar o princípio da eficiência constitucional".

Os dirigentes da Serur e o Ministério Público discordam. Nos termos do parágrafo único do art. 38 da Lei nº 8.666/93, a exigência de manifestação prévia seria para cada procedimento licitatório.

A padronização de procedimentos que se repetem rotineiramente é um meio salutar de a Administração desincumbir-se de tarefas que, numericamente significativas, na essência referem-se sempre aos mesmos atos administrativos. Sua adoção é desejável na medida em que libera recursos humanos e materiais para serem utilizados naquelas ações que impõem atuação individualizada. A repetição de procedimentos licitatórios que tenham o mesmo objeto e que guardem proporção em relação às quantidades enquadram-se nessa hipótese.

Maria Sylvia Zanella Di Pietro, (*Direito administrativo*. 14. ed. São Paulo: Atlas, 2002. p. 81), ao tratar de princípios da administração pública, ensina que:

"O princípio da razoabilidade, sob a feição de proporcionalidade entre meios e fins, está contido implicitamente no artigo 2º, parágrafo único, da Lei nº 9.784/99, que impõe à Administração Pública: adequação entre meios e fins, vedada a imposição de obrigações, restrições e sanções em medida superior àquelas estritamente necessárias ao atendimento do interesse público (inciso VI); observância das formalidades essenciais à garantia dos direitos dos administrados (inciso VIII); adoção de formas simples, suficientes para propiciar adequado grau de certeza, segurança e respeito aos direitos dos administrados (inciso IX)"; (...).

Segundo Hely Lopes Meirelles, (*Direito administrativo brasileiro*. São Paulo. 22. ed. São Paulo: Malheiros, p. 90), o dever de eficiência corresponde ao "dever de boa administração 'e' é o que se impõe a todo agente público de realizar suas atribuições com presteza, perfeição e rendimento funcional. É o mais moderno princípio da função administrativa, que já não se contenta em ser desempenhada apenas com legalidade, exigindo resultados positivos para o serviço público" (...).

Assim, admitindo-se a existência de procedimentos licitatórios idênticos tanto em relação ao objeto quanto em relação às quantidades ou, então, quanto à modalidade licitatória, a utilização de minutas-padrão não fere o dispositivo legal que impõe a prévia manifestação da assessoria jurídica sobre a regularidade das minutas dos editais e dos contratos. Aliás, sobre esse aspecto – responsabilidade da assessoria jurídica –, Marçal Justen Filho – em *Comentários à lei de licitações e contratos administrativos*. 6. ed. São Paulo: Dialética, 1999. p. 370 – afirma, in verbis:

"Ao examinar e aprovar os atos da licitação, a assessoria jurídica assume responsabilidade pessoal solidária pelo que foi praticado. Ou seja, a manifestação acerca da validade do edital e dos instrumentos de contratação associa o emitente do parecer ao autor dos atos. Há dever de ofício de manifestar-se pela invalidade, quando os atos contenham defeitos. Não é possível os integrantes da assessoria jurídica pretenderem escapar aos efeitos da responsabilização pessoal quando tiverem atuado defeituosamente no cumprimento de seus deveres: se havia defeito jurídico, tinham o dever de apontá-lo.

A afirmativa se mantém inclusive em face de questões duvidosas ou controvertidas. Havendo discordância doutrinária ou jurisprudencial acerca de certos temas, a assessoria jurídica tem o dever de consignar essas variações, para possibilitar às autoridades executivas pleno conhecimento dos riscos de determinadas ações".

Dessa forma, ao aprovar minutas-padrão de editais e/ou contratos, a assessoria jurídica mantém sua responsabilidade normativa sobre procedimentos licitatórios em que tenham sido utilizadas. Ao gestor caberá a responsabilidade da verificação da conformidade entre a licitação que pretende realizar e a minuta-padrão previamente examinada e aprovada pela assessoria jurídica. Por prudência, havendo dúvida da perfeita identidade, deve-se requerer a manifestação da assessoria jurídica, em vista das peculiaridades de cada caso concreto.

A despeito de haver decisões do TCU que determinam a atuação da assessoria jurídica em cada procedimento licitatório, o texto legal – parágrafo único do art. 38 da Lei nº 8.666/93 – não é expresso quanto a essa obrigatoriedade. Assim, a utilização de minutas-padrão, guardadas as necessárias cautelas, em que, como assevera o recorrente (fl. 8/9 do anexo 1), limita-se ao preenchimento das quantidades de bens e serviços, unidades favorecidas, local de entrega dos bens ou prestação dos serviços, sem alterar quaisquer das cláusulas desses instrumentos previamente examinados pela assessoria jurídica, atende aos princípios da legalidade e também da eficiência e da proporcionalidade. (Acórdão nº 1.504/2005 – Plenário, Rel. Min. Walton Alencar Rodrigues, Processo TC nº 001.936.2003-1)

No Acórdão nº 392/2006, Plenário, sumariou a Corte de Contas Federal:

PEDIDO DE REEXAME. AUDITORIA. SOCIEDADE DE ECONOMIA MISTA. LICITAÇÃO. UTILIZAÇÃO DE MINUTAS-PADRÃO DE EDITAIS E CONTRATOS. LEGALIDADE. PROVIMENTO. INSUBSISTÊNCIA DE DETERMINAÇÃO. [...] 2 – É legal a utilização de procedimentos licitatórios padronizados, desde que atenda aos princípios da legalidade, da eficiência, da proporcionalidade e que o gestor verifique a conformidade entre a licitação pretendida e a minuta-padrão do edital e do contrato previamente examinados e aprovados pelo órgão jurídico. (Rel. Min. Walton Alencar Rodrigues, Processo nº 008.107/2005-4)

1.10.2 Discordância do parecer jurídico

A manifestação jurídica que analisa contratações diretas e examina prévia e conclusivamente minutas de editais, contratos e outros ajustes é obrigatória, mas não vinculativa para o administrador (art. 38, parágrafo único, da Lei nº 8.666/93). Tem o propósito de evitar convocações e relações contratuais sem adequado apoio na norma de regência, porque equivocadas, tendenciosas aos interesses particulares do administrador, prejudiciais ao interesse público, ou danosas ao erário. Esse controle preventivo, realizado pela assessoria jurídica, visa alertar e orientar sobre eventuais vícios existentes em minutas e nas hipóteses de dispensa e inexigibilidade de licitação. Tais manifestações são obrigatórias, mas não vinculativas para o administrador público. Em caso de discordância, este deve expor as razões de fato e de direito que a fundamentam.

Assim estabelece a Lei nº 9.784/99:

Art. 50. Os atos administrativos deverão ser motivados, com indicação dos fatos e dos fundamentos jurídicos, quando: [...] VII – deixem de aplicar jurisprudência firmada sobre a questão ou discrepem de pareceres, laudos, propostas e relatórios oficiais;

Colhe-se do decisório do Tribunal de Contas da União que:

96. Quanto aos demais argumentos apresentados pelos defendentes, assiste-lhes razão quando alegam que o parecer jurídico tem natureza opinativa e que não vincula a decisão. Entretanto também é verdade que, uma vez acatado pelo gestor, o parecer constitui o fundamento da decisão, passando a integrar a motivação do ato, ou seja, passa a ser a razão da decisão.

97. Sobre a matéria o entendimento do TCU é no sentido de que a natureza opinativa e não vinculante do parecer não exclui, por si só a responsabilidade do parecerista que pugna pela prática de atos de gestão irregulares ou danosos aos cofres públicos, a exemplo do caso em análise.

98. Essa Corte de Contas já enfrentou o tema da responsabilização do parecerista, afirmando:

[...] o fato de o autor do parecer jurídico não exercer função de execução administrativa, não ordenar despesas, não utilizar, gerenciar, arrecadar, guardar ou administrar bens, dinheiro ou valores públicos, não significa que se encontre excluído do rol de agentes sob jurisdição deste Tribunal, nem que seu ato se situe fora do julgamento das contas dos gestores públicos, em caso de grave dano ao erário, cujo principal fundamento foi o parecer jurídico, muitas vezes sem consonância com os autos (Voto – Acórdão nº 462/2003 – TCU – Plenário).

99. Ainda a respeito da matéria, impende aqui destacar o seguinte trecho do mesmo julgado: [...] na esfera da responsabilidade pela regularidade da gestão, é fundamental aquilatar a existência do liame ou nexo de causalidade existente entre os fundamentos de um parecer desarrazoado, omisso ou tendencioso, com implicações no controle das ações dos gestores da despesa pública que tenha concorrido para a possibilidade ou concretização do dano ao Erário. Sempre que o parecer jurídico pugnar para o cometimento de ato danoso ao Erário ou com grave ofensa à ordem jurídica, figurando com relevância causal para a prática do ato, estará o autor do parecer alcançado pela jurisdição do TCU não para fins de fiscalização do exercício profissional, mas para fins de fiscalização da atividade da Administração Pública [...] (Voto – Acórdão nº 462/2003 – TCU – Plenário).

100. Posição análoga é adotada pelo STF nos Acórdãos MS nº 24.631 e nº 24.584, ambos de 2007, ao sustentar que a responsabilidade solidária do parecerista pode ocorrer nas hipóteses em que se configurarem danos decorrentes de erro grave, inescusável, ou de ato ou omissão praticada com culpa latu sensu bem como no caso de pareceres vinculantes.

101. Por outro lado, admite-se a exclusão da responsabilidade do parecerista se restar demonstrada a complexidade jurídica da matéria abordada, para qual se apresentou argumentação devidamente fundamentada para defender tese aceitável pela doutrina e pela jurisprudência. (Acórdão nº 7.249/2016 – Segunda Câmara, Rel. Min. Ana Arraes, Processo nº 026.884/2010-0);

[...] nas situações em que o gestor decidir de forma contrária à consultoria jurídica, faça constar nos autos os motivos que o levaram a se posicionar de forma contrária; (Acórdão nº 6.165/2015 – Primeira Câmara, Rel. Min. Augusto Sherman Cavalcanti, Processo nº 022.495/2013-4);

[...] caso venha discordar dos termos do parecer jurídico, cuja emissão está prevista no inc. VI e no parágrafo único do art. 38 da Lei nº 8.666/1993, deverá apresentar por escrito a motivação dessa discordância antes de prosseguir com os procedimentos relativos à contratação, arcando, nesse caso, integralmente com as consequências de tal ato, na hipótese de se confirmarem, posteriormente, as irregularidades apontadas pelo órgão jurídico. (Acórdão nº 521/2013 – Plenário, Rel. Min. Augusto Sherman Cavalcanti, Processo nº 009.570/2012-8)

A Orientação Normativa SEGES/MPOG nº 02, de 06 de junho de 2016, que estabelece os procedimentos das fases interna e externa que deverão ser adotados por pregoeiros e equipes de apoio nos processos de aquisição de materiais e serviços, visando o aperfeiçoamento dos procedimentos realizados nos pregões eletrônicos, também utilizados em pregões presenciais, no que for compatível, alude à possibilidade de discordância de orientação constante em parecer jurídico, desde que acompanhada de justificativa. Assim:

[...]
18. Os autos foram instruídos com parecer jurídico?
18.1 Houve alteração sugerida pela assessoria jurídica, bem como o retorno dos autos para parecer conclusivo, caso aquela tenha requerido?
18.2 Houve algum ponto em que não foi aceita a recomendação da assessoria jurídica com a devida justificativa para tanto? [...]

Precedente do Superior Tribunal de Justiça assim se posiciona sobre a presunção de vício de conduta do agente público que pratica ato contrário ao recomendado em parecer jurídico:

[...] 3. É razoável presumir vício de conduta do agente público que pratica um ato contrário ao que foi recomendado pelos órgãos técnicos, por pareceres jurídicos ou pelo Tribunal de Contas. Mas não é razoável que se reconheça ou presuma esse vício justamente na conduta oposta: de ter agido segundo aquelas manifestações, ou de não ter promovido a revisão de atos praticados como nelas recomendado, ainda mais se não há dúvida quanto à lisura dos pareceres ou à idoneidade de quem os prolatou. Nesses casos, não tendo havido conduta movida por imprudência, imperícia ou negligência, não há culpa e muito menos improbidade. A ilegitimidade do ato, se houver, estará sujeita a sanção de outra natureza, estranha ao âmbito da ação de improbidade. (REsp nº 827.445–SP, Rel. Min. Humberto Martins, *DJe* de 05.08.2010)

Sobre a não vinculação da orientação jurídica, recomenda-se a obra *Da responsabilidade de agentes públicos e privados nos processos administrativos de licitação e contratação*, especificamente o item 3 do Capítulo V, intitulado "O parecer jurídico é obrigatório, mas não vincula a autoridade gestora" (PEREIRA JUNIOR, Jessé Torres; DOTTI, Marinês Restelatto. *O parecer jurídico é obrigatório, mas não vincula a autoridade gestora*. 2. ed. São Paulo: NDJ, 2014).

1.11 Publicação do edital

Lei nº 10.520/02:

Art. 4º A fase externa do pregão será iniciada com a convocação dos interessados e observará as seguintes regras:
I – a convocação dos interessados será efetuada por meio de publicação de aviso em diário oficial do respectivo ente federado ou, não existindo, em jornal de circulação local, e facultativamente, por meios eletrônicos e conforme o vulto da licitação, em jornal de grande circulação, nos termos do regulamento de que trata o art. 2º;
II – do aviso constarão a definição do objeto da licitação, a indicação do local, dias e horários em que poderá ser lida ou obtida a íntegra do edital;

Decreto nº 5.450/05:

Art. 17. A fase externa do pregão, na forma eletrônica, será iniciada com a convocação dos interessados por meio de publicação de aviso, observados os valores estimados para contratação e os meios de divulgação a seguir indicados:
I – até R$650.000,00 (seiscentos e cinqüenta mil reais):
a) Diário Oficial da União; e
b) meio eletrônico, na internet;
II – acima de R$650.000,00 (seiscentos e cinqüenta mil reais) até R$1.300.000,00 (um milhão e trezentos mil reais):
a) Diário Oficial da União;
b) meio eletrônico, na internet; e
c) jornal de grande circulação local;
III – superiores a R$1.300.000,00 (um milhão e trezentos mil reais):
a) Diário Oficial da União;
b) meio eletrônico, na internet; e
c) jornal de grande circulação regional ou nacional.
§1º Os órgãos ou entidades integrantes do SISG e os que aderirem ao sistema do Governo Federal disponibilizarão a íntegra do edital, em meio eletrônico, no Portal de Compras do Governo Federal – COMPRASNET, sítio *www.comprasnet.gov.br*.
§2º O aviso do edital conterá a definição precisa, suficiente e clara do objeto, a indicação dos locais, dias e horários em que poderá ser lida ou obtida a íntegra do edital, bem como o endereço eletrônico onde ocorrerá a sessão pública, a data e hora de sua realização e a indicação de que o pregão, na forma eletrônica, será realizado por meio da internet.
§3º A publicação referida neste artigo poderá ser feita em sítios oficiais da administração pública, na internet, desde que certificado digitalmente por autoridade certificadora credenciada no âmbito da Infra-Estrutura de Chaves Públicas Brasileira – ICP-Brasil.

A ausência de publicação do instrumento convocatório da licitação não é passível de saneamento. Enseja a nulidade da licitação e do contrato decorrente. A publicidade do instrumento convocatório da licitação, nos veículos de comunicação indicados em lei, visa democratizar o acesso às contratações pelo poder público e atrair o maior número possível de interessados atuantes no ramo do objeto da licitação, ampliando, assim, a competitividade do certame na busca da proposta mais vantajosa para a administração. A não publicação do instrumento convocatório ou, ainda, a ausência de publicação em um dos veículos de divulgação previstos em lei, viola o acesso à licitação, restringe a competição e prejudica a obtenção da proposta mais vantajosa. Nessas circunstâncias, a nulidade do procedimento licitatório e do contrato decorrente é medida que se impõe ao gestor público.

A inversão do princípio da presunção de legitimidade, estabelecida no art. 113 da Lei nº 8.666/93, obriga que conste nos autos do processo licitatório o comprovante das publicações de aviso de edital, cuja falta já implicou multa aos agentes responsáveis.[186]

2 Modelos de editais e seus anexos

2.1 Edital pregão eletrônico (compra)

ÓRGÃO OU ENTIDADE PÚBLICA[1]
PREGÃO ELETRÔNICO Nº ....../20...[2]
(Processo Administrativo nº ....)

1 – PREÂMBULO[3]

1.1 Torna-se público, para conhecimento dos interessados, que o(a) .... (*órgão ou entidade pública licitante*), por meio do(a) .... (*setor responsável pelas licitações*),[4] sediado(a) .... (*endereço*), realizará licitação, na modalidade PREGÃO, na forma ELETRÔNICA, do tipo *menor preço global, menor preço por item ou menor preço por grupo*,[5] nos termos da Lei nº 10.520, de 17 de julho de 2002, do Decreto nº 5.450, de 31 de maio de 2005, da Instrução Normativa SLTI/MPOG nº 2, de 11 de outubro de 2010, da Lei Complementar nº 123, de 14 de dezembro de 2006, da Lei nº 11.488, de 15 de junho de 2007, do Decreto nº 8.538, de 06 de outubro de 2015, *do Decreto nº 7.546, de 02 de agosto de 2011*, aplicando-se, subsidiariamente, a Lei nº 8.666, de 21 de junho de 1993, e as condições estabelecidas neste instrumento convocatório e seus anexos.[6]

1.2 O encaminhamento da proposta de preços terá início com a divulgação do aviso de edital no sítio www.comprasgovernamentais.gov.br, até às .... horas do dia ....../...../20..., hora e data para a abertura da sessão, exclusivamente por meio do sistema eletrônico, sendo os documentos necessários à habilitação encaminhados para análise do pregoeiro no prazo estabelecido neste edital, após solicitação pelo sistema eletrônico.[7]

1.3 Todas as referências de tempo no edital, no aviso e durante a sessão pública, observarão o horário de Brasília – DF.

2 – DO OBJETO

2.1 o objeto da presente licitação é a escolha da proposta mais vantajosa para o fornecimento de ....,[8] conforme condições, quantidades e exigências estabelecidas neste edital e seus anexos.

2.1.1 *A licitação será dividida em itens (ou em grupos), conforme tabela constante do termo de referência, facultando-se ao licitante a participação em quantos itens (ou grupos) forem de seu interesse.*

ou

2.1.1 *As especificações e quantidades que compõem o item (ou grupo) desta licitação constam no termo de referência, anexo ....*

---

[186] BRASIL. Tribunal de Contas da União. Acórdão nº 177/98, Plenário, Relator Min. Marcos Vinícius Vilaça. Processo nº 775.049/1996-4.

3 – DAS CONDIÇÕES PARA PARTICIPAÇÃO

3.1. Poderão participar deste pregão entidades cuja atividade, prevista em seu ato constitutivo, seja compatível com o objeto desta licitação e que estejam com credenciamento regular no Sistema de Cadastramento Unificado de Fornecedores – SICAF, conforme disposto no §3º do artigo 8º da Instrução Normativa SLTI/MPOG nº 2/10.[9] [31]

3.1.1 Não poderão participar desta licitação:

3.1.1.1 entidades proibidas de participar de licitações e celebrar contratos administrativos, na forma da legislação vigente;

3.1.1.2 entidades declaradas suspensas de participar de licitações e impedidas de contratar com .... (*órgão ou a entidade responsável pela licitação*), conforme art. 87, inciso III, da Lei nº 8.666/93;

3.1.1.3 entidades empresariais estrangeiras que não tenham representação legal no Brasil com poderes expressos para receber citação e responder administrativa ou judicialmente;

3.1.1.4 quaisquer interessados que se enquadrem nas vedações previstas no artigo 9º da Lei nº 8.666/93.[12]

Observar que item ou grupo da licitação de valor até R$80.000,00 (oitenta mil reais), em regra, deve ser exclusivo à participação de entidades de menor porte (microempresa, empresa de pequeno porte e sociedade cooperativa).

Dispõe a Lei Complementar nº 123/06 que:

Art. 47. Nas contratações públicas da administração direta e indireta, autárquica e fundacional, federal, estadual e municipal, deverá ser concedido tratamento diferenciado e simplificado para as microempresas e empresas de pequeno porte objetivando a promoção do desenvolvimento econômico e social no âmbito municipal e regional, a ampliação da eficiência das políticas públicas e o incentivo à inovação tecnológica.

Parágrafo único. No que diz respeito às compras públicas, enquanto não sobrevier legislação estadual, municipal ou regulamento específico de cada órgão mais favorável à microempresa e empresa de pequeno porte, aplica-se a legislação federal.

Art. 48. Para o cumprimento do disposto no art. 47 desta Lei Complementar, a administração pública:

I – deverá realizar processo licitatório destinado exclusivamente à participação de microempresas e empresas de pequeno porte nos itens de contratação cujo valor seja de até R$80.000,00 (oitenta mil reais); (grifamos)

Assim, ainda, no âmbito do Decreto federal nº 8.538/15:

Art. 6º Os órgãos e as entidades contratantes deverão realizar processo licitatório destinado exclusivamente à participação de microempresas e empresas de pequeno porte nos itens ou lotes de licitação cujo valor seja de até R$80.000,00 (oitenta mil reais).

[...]

Art. 9º Para aplicação dos benefícios previstos nos arts. 6º a 8º:

I – será considerado, para efeitos dos limites de valor estabelecidos, cada item separadamente ou, nas licitações por preço global, o valor estimado para o grupo ou o lote da licitação que deve ser considerado como um único item;

---

4 – DO CREDENCIAMENTO

4.1 O credenciamento do licitante dar-se-á pela atribuição da chave de identificação e de senha, pessoal e intransferível, para acesso ao sistema eletrônico, site www.comprasgovernamentais.gov.br.

4.2 O credenciamento junto ao provedor do sistema implica a responsabilidade do licitante ou de seu representante legal e a presunção de sua capacidade técnica para realização das transações inerentes a este Pregão.

4.3 O uso da senha de acesso pelo licitante é de sua responsabilidade exclusiva, incluindo qualquer transação efetuada diretamente ou por seu representante, não cabendo ao provedor do sistema ou a este(a) .... (*órgão ou entidade promotor(a) da licitação*), responsabilidade por eventuais danos decorrentes de uso indevido da senha, ainda que por terceiros.

5 – DO ENVIO DA PROPOSTA

5.1 O licitante será responsável por todas as transações que forem efetuadas em seu nome no sistema eletrônico, assumindo como firmes e verdadeiras suas propostas e lances.

5.2 Incumbirá ao licitante acompanhar as operações no sistema eletrônico durante a sessão pública do Pregão, ficando responsável pelo ônus decorrente da perda de negócios, diante da inobservância de quaisquer mensagens emitidas pelo sistema ou de sua desconexão.

5.3 O licitante assinalará "sim" ou "não" em campo próprio do sistema eletrônico, relativo às seguintes declarações:

5.3.1 que não ultrapassou o limite de faturamento e que cumpre os requisitos estabelecidos no art. 3º da Lei Complementar nº 123/06, estando apto a usufruir do tratamento favorecido estabelecido nos arts. 42 ao 49 da referida Lei Complementar;

5.3.1.1 a assinalação do campo "não" apenas produzirá o efeito de o licitante não ter direito ao tratamento favorecido previsto na Lei Complementar nº 123/06, mesmo que microempresa, empresa de pequeno porte ou sociedade cooperativa;

5.3.2 que está ciente e concorda com as condições contidas no edital e seus anexos, bem como de que cumpre plenamente os requisitos de habilitação definidos no edital;

5.3.3 que inexistem fatos impeditivos para sua habilitação no certame, ciente da obrigatoriedade de declarar ocorrências posteriores;

5.3.4 que não emprega menor de 18 anos em trabalho noturno, perigoso ou insalubre e não emprega menor de 16 anos, salvo menor, a partir de 14 anos, na condição de aprendiz, nos termos do artigo 7º, XXXIII, da Constituição;[13]

5.3.5 que a proposta foi elaborada de forma independente, nos termos da Instrução Normativa SLTI/MPOG nº 2, de 16 de setembro de 2009;

5.3.6 que não possui na cadeia produtiva, empregados executando trabalho degradante ou forçado, em observância aos incisos III e IV do art. 1º e ao inciso III do art. 5º da Constituição Federal.

4 Até a abertura da sessão, os licitantes poderão retirar ou substituir as propostas até então apresentadas.

5.5 Nos valores propostos estarão inclusos todos os custos operacionais, encargos previdenciários, trabalhistas, tributários, comerciais e quaisquer outros que incidam direta ou indiretamente no fornecimento dos bens.

5.6 A apresentação da proposta implicará plena aceitação,[14] por parte do proponente, das condições estabelecidas neste edital e seus anexos.

5.7 O prazo de validade da proposta não será inferior a ... (...) *dias*,[15] a contar da data da abertura da sessão.

5.8 Após a divulgação do edital no endereço eletrônico e até a data e horário marcados para a abertura da sessão, os licitantes deverão encaminhar proposta de preços, com a indicação dos seguintes requisitos, exclusivamente por meio eletrônico:

5.8.1 item *(ou grupo)* da licitação. [88]

5.8.2 *número do registro do(s) item(ns)* .... *no* .... (*órgão competente, quando for o caso*).[16]

5.8.3 *período de garantia do(s) item(ns), que não poderá ser inferior a ...., contado(s) da data do recebimento definitivo.*[17]

ou

5.8.3 *prazo de validade do item, que não poderá ser inferior a ...., contado(s) da data do recebimento definitivo.*[17]

5.8.4 *marca (se for o caso).*[18]

5.8.5 *modelo (se for o caso).*[18]

5.8.6 *número de série do(s) item(ns).*[19]

5.8.7 *indicação de que o(s) item(ns) possui(em) prospectos, manuais ou outras informações fornecidas pelo fabricante. (se for o caso)*

5.8.8 *certificado de ..... (se for o caso);*

5.8.9 *a quantidade de unidades para o(s) item(ns) ...., observada a quantidade mínima fixada no termo de referência; (quando for o caso)*[89]

5.8.9.1 *se a proposta do licitante vencedor não atender ao quantitativo total estimado para a contratação, respeitada a ordem de classificação, poderão ser convocados tantos quantos forem necessários para alcançar o total estimado, observado o preço da proposta vencedora;*

ou

5.8.9 *o licitante deverá cotar a quantidade total estabelecida para o(s) item(ns) ....,*[89] *conforme consta no termo de referência.*

5.8.10 *outras exigências, dependendo do objeto licitado.*

5.9 Serão desclassificadas as propostas que não atenderem às exigências deste edital.[20]

6 – DAS PROPOSTAS E FORMULAÇÃO DE LANCES

6.1 A partir da data e do horário estabelecidos no preâmbulo deste edital, terá início a sessão pública do pregão.

6.2 O pregoeiro verificará as propostas apresentadas, desclassificando desde logo aquelas que não estejam em conformidade com os requisitos estabelecidos neste edital e anexos, forem omissas ou apresentarem irregularidades insanáveis.[21]

6.3 A desclassificação será sempre fundamentada e registrada no sistema, com acompanhamento em tempo real por todos os participantes.

6.4 O sistema ordenará, automaticamente, as propostas classificadas, sendo que somente estas participarão da fase de lances.[64]

> *A Instrução Normativa SLTI/MPOG nº 3, de 2011, dispõe sobre os procedimentos de operacionalização do pregão eletrônico, para aquisição de bens e serviços no âmbito dos órgãos e entidades integrantes do Sistema de Serviços Gerais – SISG, bem como os órgãos e entidades que firmaram termo de adesão para utilizar o Sistema Integrado de Administração de Serviços Gerais – SIASG. Segundo o seu art. 1º-A, o instrumento convocatório poderá estabelecer intervalo mínimo de diferença de valores entre os lances, que incidirá tanto em relação aos lances intermediários quanto em relação à proposta que cobrir a melhor oferta. A medida visa a evitar lances com descontos irrisórios, constituindo-se em prática que prejudica a concorrência do certame. Caso o edital da licitação não estabeleça o intervalo mínimo de diferença de valores entre os lances, é vedado ao pregoeiro fixá-lo no procedimento licitatório, em respeito aos princípios da vinculação ao instrumento convocatório e da ampla competitividade.*

6.5 Iniciada a etapa competitiva, os licitantes deverão encaminhar lances exclusivamente por meio de sistema eletrônico, sendo imediatamente informados do seu recebimento e do valor consignado no registro.

6.6 Os licitantes poderão oferecer lances sucessivos, observando o horário fixado para abertura da sessão e as regras estabelecidas no edital.

6.7 O licitante somente poderá oferecer lance inferior ao último por ele ofertado e registrado pelo sistema.

6.8 Não serão aceitos dois ou mais lances de mesmo valor, prevalecendo aquele que for recebido e registrado em primeiro lugar.

6.9 Durante o transcurso da sessão pública, os licitantes serão informados, em tempo real, do valor do menor lance registrado, vedada a identificação do licitante.

6.10 No caso de desconexão com o pregoeiro, no decorrer da etapa competitiva do pregão, o sistema eletrônico poderá permanecer acessível aos licitantes para a recepção dos lances.

6.10.1 Se a desconexão perdurar por tempo superior a 10 (dez) minutos, a sessão será suspensa e terá reinício somente após comunicação expressa do pregoeiro aos participantes. [22]

6.11 A etapa de lances da sessão pública será encerrada por decisão do pregoeiro. O sistema eletrônico encaminhará aviso de fechamento iminente dos lances, após o que transcorrerá período de tempo de até 30 (trinta) minutos, aleatoriamente determinado pelo sistema, findo o qual será automaticamente encerrada a recepção de lances.

6.12 Concluída a fase de lances e classificadas as propostas, será efetivada a verificação automática junto à Receita Federal, do porte da entidade empresarial. O sistema identificará em coluna própria as microempresas, empresas de pequeno porte e cooperativas participantes, procedendo à comparação entre os valores da primeira colocada, caso esta não seja microempresa, empresa de pequeno porte ou cooperativa e das demais participantes.

6.13. Será assegurada às microempresas, empresas de pequeno porte e sociedades cooperativas (que cumprem os requisitos estabelecidos no art. 3º da Lei Complementar nº 123/06, estando aptas a usufruírem do tratamento favorecido estabelecido nos arts. 42 ao 49 da referida Lei Complementar), como critério de desempate, preferência na contratação; [26]

6.13.1 entende-se haver empate quando as ofertas apresentadas pelas microempresas, empresas de pequeno porte e sociedades cooperativas sejam iguais ou até cinco por cento superiores ao menor preço;

6.13.2 o disposto no item anterior somente se aplicará quando a melhor oferta válida não houver sido apresentada por microempresa, empresa de pequeno porte ou sociedade cooperativa;

6.14. A preferência de que trata o item 6.13 será concedida da seguinte forma:

6.14.1 ocorrendo o empate, a microempresa, empresa de pequeno porte ou a sociedade cooperativa melhor classificada poderá apresentar nova proposta no prazo máximo de cinco minutos por item em situação de empate, sob pena de preclusão;

6.14.1.1 para viabilizar tal procedimento, o sistema selecionará os itens com tais características, disponibilizando-os automaticamente nas telas do pregoeiro e do fornecedor, encaminhando mensagem também automática, por meio do chat, convocando a microempresa, empresa de pequeno porte ou sociedade cooperativa para apresentar nova proposta;

6.14.2 não ocorrendo a contratação da microempresa, empresa de pequeno porte ou sociedade cooperativa, na forma do item precedente, serão convocadas as remanescentes que porventura se enquadrem na situação de empate, na ordem classificatória, para o exercício do mesmo direito;

6.14.3 caso não se realizem lances e sejam identificadas propostas idênticas de microempresa, empresa de pequeno porte ou sociedade cooperativa empatadas em segundo lugar, ou seja, na faixa dos 5% (cinco por cento) da primeira colocada, e permanecendo o empate até o encerramento do item, o sistema fará sorteio eletrônico entre tais fornecedores, definindo e convocando automaticamente a vencedora para o encaminhamento de oferta final para desempate;

6.14.3.1 não se aplica o sorteio a que se refere o item anterior na situação em que os lances equivalentes não são considerados iguais, sendo classificados de acordo com a ordem de apresentação pelos licitantes. [27]

6.15 *Caso não se realizem lances, será verificada a compatibilidade entre a proposta de menor preço e o valor estimado para a contratação.*

6.16 *O pregoeiro examinará o lance classificado em primeiro lugar quanto à compatibilidade do preço*[23] *em relação ao estimado para a contratação, devidamente justificado. Será desclassificado o lance vencedor que apresentar preço excessivo ou manifestamente inexequível,*[25] *assim considerado aquele que não venha a ter demonstrada sua viabilidade através de documentação que comprove que os custos são coerentes com os de mercado.*

ou

6.15 *Caso não se realizem lances, será verificada a proposta de menor preço e o valor máximo fixado para o item.*

6.16 *Será desclassificado o lance vencedor com valor superior ao preço máximo*[24] *fixado no termo de referência, ou que apresentar preço manifestamente inexequível,*[25] *assim considerado aquele que não venha a ter demonstrada sua viabilidade através de documentação que comprove que os custos são coerentes com os de mercado.*

> *Pode ser estipulado no edital, como critério de aceitabilidade da proposta, o maior percentual de desconto sobre o preço de tabela do produto.*

> *Eventual aplicação da Orientação Normativa MPOG nº 01/2016, a qual prevê que o pregoeiro deverá suspender a sessão pública do pregão na forma eletrônica quando constatar que a avaliação da conformidade das propostas, de que trata o art. 22, §2º, do Decreto nº 5.450/05, irá perdurar por mais de um dia (Art. 1º O pregoeiro deverá suspender a sessão pública do pregão na forma eletrônica quando constatar que a avaliação da conformidade das propostas, de que trata o art. 22, §2º, do Decreto nº 5.450, de 31 de maio de 2005, irá perdurar por mais de um dia. §1º Após a suspensão da sessão pública, o pregoeiro enviará, via chat, mensagem aos licitantes informando a data prevista para o início da oferta dos lances. §2º Durante a suspensão da sessão pública, as propostas poderão ser visualizadas na opção "visualizar propostas/declarações" no menu do pregoeiro).*

6.17 *Será aplicado o benefício da margem de preferência, conforme disposto no art. 3º, §§5º e 8º, da Lei nº 8.666/93, no art. 3º, §3º, do Decreto nº 7.546/11 e, ainda, no Decreto nº ....*

> *Quando houver propostas beneficiadas com as margens de preferência em relação ao produto estrangeiro, o critério de desempate será aplicado exclusivamente entre as propostas que fizerem jus às margens de preferência, conforme regulamento (art. 5º, §9º, I, do Decreto nº 8.538/15)*
>
> *Na aquisição de bens comuns de informática e automação, definidos no art. 16-A da Lei nº 8.248/91, deverá ser observado o direito de preferência estipulado no art. 3º da mesma Lei, conforme procedimento do Decreto nº 7.174/10, que regulamenta a contratação desse objeto no âmbito da Administração Pública federal, direta ou indireta, pelas fundações instituídas ou mantidas pelo Poder Público e pelas demais organizações sob o controle direto ou indireto da União. Sendo esse o caso, observar o que segue na elaboração do edital: [30]*
>
> *Ultrapassada a etapa referente à concessão do direito de preferência às entidades de menor porte, será observado pelo pregoeiro o seguinte procedimento:*
>
> *Classificação dos licitantes cujas propostas finais estejam situadas até dez por cento acima da melhor proposta válida, conforme o critério de julgamento, para a comprovação e o exercício do direito de preferência;*
>
> *Convocação dos licitantes classificados que detenham certificação de bens ou serviços com tecnologia desenvolvida no País e produzidos de acordo com o Processo Produtivo Básico (PPB), na forma definida pelo Poder Executivo Federal, na ordem de classificação, para que possam oferecer nova proposta ou novo lance para igualar ou superar a melhor proposta válida, caso em que será declarado vencedor do certame;*

> *Caso a preferência não seja exercida na forma do item anterior, por qualquer motivo, serão convocadas as empresas classificadas que detenham certificação de bens e serviços com tecnologia desenvolvida no País, na ordem de classificação, para a comprovação e o exercício do direito de preferência;*
>
> *Caso a preferência não seja exercida na forma do item anterior, por qualquer motivo, serão convocadas as empresas classificadas que detenham certificação de bens e serviços produzidos de acordo com o PPB, na forma definida pelo Poder Executivo Federal.*
>
> *Caso nenhuma empresa classificada venha a exercer o direito de preferência, segue-se com a negociação para obtenção de melhor proposta;*
>
> *As microempresas e empresas de pequeno porte que atendam ao disposto nos incisos do art. 5º do Decreto nº 7.174/10 terão prioridade no exercício do direito de preferência em relação às médias e grandes empresas enquadradas no mesmo inciso;*
>
> *Caso haja empresa licitante de menor porte – ME e EPP – detentora de certificação, a ordem de classificação, para a oferta de nova proposta ou lance que vise igualar ou superar a melhor proposta, é a que segue:*
>
> *Tecnologia no país + processo produtivo básico + ME e EPP*
>
> *Tecnologia no país + processo produtivo básico*
>
> *Tecnologia no país + ME e EPP*
>
> *Tecnologia no país*
>
> *Processo produtivo básico + ME e EPP*
>
> *Processo produtivo básico*

6.18 Eventual empate entre propostas, o critério de desempate será aquele previsto no artigo 3º, §2º, da Lei nº 8.666/93.

6.19 Persistindo o empate, o critério de desempate será o sorteio, em ato público para o qual os licitantes serão convocados, vedado qualquer outro processo.

6.22 Por meio do sistema eletrônico, o pregoeiro encaminhará contraproposta ao licitante que apresentou o menor preço, com o fim de negociar a obtenção de melhor proposta, observado o critério de julgamento fixado no edital e vedado que admita negociar condições diversas daquelas nele previstas.[28]

7 – DA AMOSTRA[29]

7.1 O pregoeiro solicitará do(s) licitante(s) classificado(s) em primeiro lugar amostra(s) do(s) item(ns) ...., que deverá(ão) ser apresentada(as) no prazo de ...., a contar da data da solicitação, junto ao ...., localizado na(o) ...., para conferência do produto com as especificações solicitadas no termo de referência, registrada em termo próprio;

7.1.1 se a(s) amostra(s) apresentada(s) pelo primeiro classificado não for(em) aceitável(eis), o pregoeiro analisará a aceitabilidade da proposta do segundo classificado. Seguir-se-á com a verificação da(s) amostra(s) e, assim, sucessivamente, até a verificação de uma que atenda às especificações constantes no termo de referência;

7.1.2 as condições para a realização da análise técnica da amostra e para o acompanhamento pelos licitantes são as previstas no termo de referência. [54]

8 – DA HABILITAÇÃO

8.1 O pregoeiro consultará o Sistema de Cadastro Unificado de Fornecedores – SICAF, em relação à habilitação jurídica, às regularidades fiscal e trabalhista *e à qualificação econômica financeira*, conforme disposto nos arts. 4º, *caput*, 8º, §3º, 13 a 18 e 43 da Instrução Normativa SLTI/MPOG nº 2/10.[10] [11]

8.2 Também poderão ser consultados os sítios oficiais emissores de certidões, especialmente quando o licitante esteja com alguma documentação vencida junto ao SICAF.

8.3 Caso o pregoeiro não logre êxito em obter a certidão correspondente através do sítio oficial, o licitante será convocado a encaminhar, no prazo de .... (.........) horas, documento válido que comprove o atendimento das exigências deste edital, sob pena de inabilitação, ressalvado o disposto quanto à comprovação da regularidade fiscal das entidades de menor porte, conforme estatui o art. 43, §1º da LC nº 123/06.[34]

> *A Lei Complementar nº 155/16 alterou a Lei Complementar nº 123/06. De acordo com o art. 43 deste último diploma, "as microempresas e as empresas de pequeno porte, por ocasião da participação em certames licitatórios, deverão apresentar toda a documentação exigida para efeito de comprovação de regularidade fiscal e trabalhista, mesmo que esta apresente alguma restrição". O prazo especial para a regularização da situação trabalhista, conforme art. 11 da Lei Complementar nº 155/16, terá início a partir de 1º de janeiro de 2018.*

8.4 Os licitantes que não estiverem cadastrados no Sistema de Cadastro Unificado de Fornecedores – SICAF além do nível de credenciamento exigido pela Instrução Normativa SLTI/MPOG nº 2/10, deverão apresentar a seguinte documentação relativa à habilitação jurídica, às regularidades fiscal e trabalhista *e à qualificação econômico-financeira*, nas condições seguintes:

8.4.1 Habilitação jurídica:

8.4.1.1 no caso de empresário individual, inscrição no Registro Público de Empresas Mercantis;

8.4.1.2 em se tratando de sociedades comerciais, contrato social ou estatuto em vigor, devidamente registrado, e, no caso de sociedades por ações, acompanhado de documentos de eleição de seus administradores;

8.4.1.2.1 inscrição no Registro Público de Empresas Mercantis onde opera, com averbação no Registro onde tem sede a matriz, no caso de ser o participante sucursal, filial ou agência;

8.4.1.3 inscrição do ato constitutivo no Registro Civil das Pessoas Jurídicas, no caso de sociedades simples, acompanhada de prova de diretoria em exercício;

8.4.1.4 no caso de sociedade cooperativa: ata de fundação e estatuto social em vigor, com a ata da assembléia que o aprovou, devidamente arquivado na Junta Comercial ou inscrito no Registro Civil das Pessoas Jurídicas da respectiva sede, bem como o registro de que trata o art. 107 da Lei nº 5.764/71;

8.4.1.5 decreto de autorização, em se tratando de sociedade empresária estrangeira em funcionamento no País;

8.4.1.6 ato de registro ou autorização para funcionamento expedido pelo(a) ...., conforme ...... [50]

> *Adotar a redação quando a atividade assim o exigir, com a indicação do órgão/entidade competente para a expedição do ato de registro ou autorização e, ainda, da norma aplicável.*

8.4.2 Regularidades fiscal e trabalhista:

8.4.2.1 prova de inscrição no Cadastro Nacional de Pessoas Jurídicas;

8.4.2.2 prova de regularidade com a Fazenda Nacional (certidão conjunta, emitida pela Secretaria da Receita Federal do Brasil e Procuradoria-Geral da Fazenda Nacional, quanto aos demais tributos federais e à Dívida Ativa da União, por elas administrados, conforme Decreto nº 8.302/14 e Portaria nº 358, de 05 de setembro de 2014, do Ministro de Estado da Fazenda);

8.4.2.3 prova de regularidade com a Seguridade Social (INSS);

8.4.2.4 prova de regularidade com o Fundo de Garantia do Tempo de Serviço (FGTS);

8.4.2.5 prova de inexistência de débitos inadimplidos perante a justiça do trabalho, mediante a apresentação de certidão negativa ou positiva com efeito de negativa, nos termos do Título VII-A da Consolidação das Leis do Trabalho, aprovada pelo Decreto-Lei nº 5.452, de 1º de maio de 1943.

8.5 caso o licitante detentor do menor preço seja microempresa, empresa de pequeno porte ou sociedade cooperativa enquadrada no artigo 34 da Lei nº 11.488/07, deverá apresentar toda a documentação exigida para efeito de comprovação de regularidade fiscal, mesmo que esta apresente alguma restrição, sob pena de inabilitação.

> *A Lei Complementar nº 155/16 alterou a Lei Complementar nº 123/06. De acordo com o art. 43 deste último diploma, "as microempresas e as empresas de pequeno porte, por ocasião da participação em certames licitatórios, deverão apresentar toda a documentação exigida para efeito de comprovação de regularidade fiscal <u>e trabalhista</u>, mesmo que esta apresente alguma restrição". O prazo especial para a regularização da situação trabalhista, conforme art. 11 da Lei Complementar nº 155/16, terá início a partir de 1º de janeiro de 2018.*

8.6 Qualificação econômico-financeira:[11]

8.6.1 certidão negativa de falência expedida pelo distribuidor da sede da pessoa jurídica;

> *A 2ª Turma do Superior Tribunal de Justiça decidiu que empresas em recuperação judicial têm o direito de participar de licitações (AgRg na MC nº 23.499/RS).*

8.6.2 balanço patrimonial e demonstrações contábeis do último exercício social, já exigíveis e apresentados na forma da lei, que comprovem a boa situação financeira da empresa, vedada a sua substituição por balancetes ou balanços provisórios, podendo ser atualizados por índices oficiais quando encerrado há mais de 3 (três) meses da data de apresentação da proposta;

8.6.2.1 no caso de bens para pronta entrega, não será exigido da entidade de menor porte a apresentação de balanço patrimonial do último exercício financeiro (art. 3º do Decreto nº 8.538/15);

8.6.2.2 no caso de empresa constituída no exercício social vigente, admite-se a apresentação de balanço patrimonial e demonstrações contábeis referentes ao período de existência da sociedade;

8.6.3 comprovação da situação financeira da empresa será constatada mediante obtenção de índices de Liquidez Geral (LG), Solvência Geral (SG) e Liquidez Corrente (LC), resultantes da aplicação das fórmulas:[33]

$$LG = \frac{\text{Ativo Circulante + Realizável a Longo Prazo}}{\text{Passivo Circulante + Passivo Não Circulante}};$$

$$SG = \frac{\text{Ativo Total}}{\text{Passivo Circulante + Passivo Não Circulante}};$$

$$LC = \frac{\text{Ativo Circulante}}{\text{Passivo Circulante}}; e$$

8.6.4 As empresas, cadastradas ou não no SICAF, que apresentarem resultado inferior ou igual a 1 (um) em qualquer dos índices de Liquidez Geral (LG), Solvência Geral (SG) e Liquidez Corrente (LC), deverão comprovar que:

8.6.4.1 patrimônio líquido de .... (......) do valor estimado da contratação; ou[33]

8.6.4.1 garantia de .... (.......) do valor estimado do contrato.

> *Dispõe a Lei nº 8.666/93 que:*
> *Art. 31 [...]*
> *§2º A Administração, nas compras para entrega futura e na execução de obras e serviços, **poderá estabelecer,** no instrumento convocatório da licitação, a exigência de capital mínimo ou de patrimônio líquido mínimo, ou ainda as garantias previstas no §1º do art. 56 desta Lei, como dado objetivo de comprovação da qualificação econômico-financeira dos licitantes e para efeito de garantia ao adimplemento do contrato a ser ulteriormente celebrado. (grifamos)*

> *Depreende-se do dispositivo transcrito que não há a obrigatoriedade de a administração pública estabelecer no edital a possibilidade de as entidades licitantes, que não apresentarem índices contábeis maiores ou iguais ao exigido, demonstrarem, para fins de habilitação, capital mínimo, patrimônio líquido mínimo ou prestação de garantia. Tal previsão constitui ato discricionário da administração, mas dependente de previsão no edital.*

8.7 As empresas, cadastradas ou não no SICAF, deverão comprovar, ainda, a qualificação técnica, por meio de:[32]

8.7.1 Comprovação de aptidão para o fornecimento de bens em características, quantidades e prazos compatíveis com o objeto desta licitação (ou com o item pertinente), por meio da apresentação de atestado fornecido por pessoa jurídica de direito público ou privado.

8.7.2 Prova de atendimento aos requisitos ...., previstos na lei ....(quando for o caso);

8.7.3 Registro ou inscrição do licitante na entidade profissional competente. (quando for o caso);[86]

8.8. Os documentos exigidos para habilitação que não estejam contemplados no SICAF deverão ser apresentados no prazo de ......, após solicitação do pregoeiro, por meio do sistema eletrônico.

8.9 Os documentos quando remetidos por meio do sistema eletrônico, deverão ser apresentados posteriormente em original ou por cópia autenticada, no prazo de .... a contar ....

> *Admite-se o envio de documentos por e-mail ou fac-símile, em caráter excepcional, na hipótese de inviabilidade técnica do sistema eletrônico operacional.*

8.10 Para fins de habilitação, a verificação pelo órgão promotor do certame nos sítios oficiais de órgãos e entidades emissores de certidões constitui meio legal de prova.

8.11 Caso não haja redução a preço inferior à proposta original por nenhuma das microempresas, empresas de pequeno porte ou cooperativas que se encontrem no intervalo do §2º do art. 44 da Lei Complementar nº 123/06, será efetivada a análise da documentação do licitante que originariamente ofereceu a proposta de menor preço.

8.12 Divulgado o resultado da fase de habilitação, o procedimento será este:

8.12.1 quando se tratar de empresa de pequeno porte, microempresa ou cooperativa e constatadas restrições quanto à regularidade fiscal, ser-lhe-á concedido o prazo de cinco dias úteis para a regularização da situação, prorrogável por igual período; a prorrogação do prazo poderá ser concedida, a critério da administração pública, quando requerida pelo licitante, mediante apresentação de justificativa;

8.12.2 não comprovada a regularidade fiscal da empresa de pequeno porte, microempresa ou sociedade cooperativa, no prazo legal, será facultado à administração convocar os licitantes remanescentes, na ordem de classificação, analisando-se a aceitabilidade da proposta *e a amostra (se exigida no edital),* seguindo-se com a análise dos documentos relativos à habilitação;

8.12.3 se, na ordem de classificação, constar empresa de pequeno porte, microempresa ou cooperativa, havendo alguma restrição quanto à regularidade fiscal, ser-lhe-á assegurado o mesmo prazo especial.

> *A Lei Complementar nº 155/16 alterou a Lei Complementar nº 123/06. De acordo com o art. 43 deste último diploma, "as microempresas e as empresas de pequeno porte, por ocasião da participação em certames licitatórios, deverão apresentar toda a documentação exigida para efeito de comprovação de regularidade fiscal <u>e trabalhista</u>, mesmo que esta apresente alguma restrição". O prazo especial para a regularização da situação trabalhista, conforme art. 11 da Lei Complementar nº 155/16, terá início a partir de 1º de janeiro de 2018.*

8.13 Da sessão pública do pregão divulgar-se-á ata no sistema eletrônico.

9 – DA IMPUGNAÇÃO AO EDITAL E DO PEDIDO DE ESCLARECIMENTO

9.1 Até 02 (dois) dias úteis antes da data designada para a abertura da sessão pública, qualquer pessoa poderá impugnar este edital.[35]

9.1.1 Caberá ao pregoeiro decidir sobre a impugnação no prazo de até vinte e quatro horas.

9.1.2 Acolhida a impugnação, será definida e publicada nova data para a realização do certame.

9.1.3 os pedidos de esclarecimentos referentes a este processo licitatório deverão ser enviados ao pregoeiro, até 03 (três) dias úteis anteriores à data designada para abertura da sessão pública, por meio dos seguintes veículos de comunicação: ....

10 – DOS RECURSOS

10.1 O pregoeiro declarará o vencedor e a seguir ensejará a qualquer licitante que manifeste a intenção de recorrer, de forma motivada, isto é, indicando contra qual(is) decisão(ões) pretende recorrer e por quais motivos, e em campo próprio do sistema, no prazo de .... Havendo quem se manifeste, terá, a partir de então, o prazo de três dias para apresentar as razões de recurso, pelo sistema eletrônico, ficando os demais licitantes, desde logo, intimados para, querendo, apresentarem contrarrazões também pelo sistema eletrônico, em outros três dias, que começarão a contar do término do prazo do recorrente, sendo-lhes assegurada vista imediata dos elementos indispensáveis à defesa de seus interesses.[36]

> A Lei nº 10.520/02 e o Decreto nº 5.450/05 não estabelecem prazo mínimo para a manifestação da intenção de recorrer pelo licitante, cabendo ao edital da licitação fixá-lo, observado que a celeridade processual, característica do pregão, não justifica a fixação de prazo exíguo que dificulte a formulação de motivação mínima. O Tribunal de Contas da União orienta que esse prazo deve observar um mínimo de trinta minutos (Acórdão nº 3.409/2014 – Plenário, Rel. Min. Marcos Bemquerer Costa, Processo nº 000.614/2014-9).

10.2 A falta de manifestação motivada do licitante quanto à intenção de recorrer importará a decadência desse direito e a consequente adjudicação do objeto pelo pregoeiro ao licitante vencedor.

10.3 O acolhimento do recurso invalida tão-somente os atos insuscetíveis de aproveitamento.

10.4 Os autos do processo permanecerão com vista franqueada aos interessados, no endereço ....

11 – DO TERMO DE CONTRATO (quando for o caso) [63]

11.1 Será firmado Termo de Contrato, cujo prazo de vigência é de ...., contados do ...., prorrogável na forma do art. 57, §1º, da Lei nº 8.666/93.[37]

11.2 O(s) Termo(s) de Contrato será(ão) assinado(s) pelo(s) licitante(s) vencedor(es) no prazo de ...., a partir de sua(s) convocação(ões) para que compareça(m) no endereço constante neste edital, podendo, alternativamente, ser encaminhado(s) ao(s) licitante(s) vencedor(es) para que seja(m) assinado(s) no prazo de .... a contar da data de sua(s) entrega(s), mediante aviso de recebimento (AR) ou meio eletrônico. Se o(s) licitante(s) vencedor(es), injustificadamente, não comparecer(em) para assiná-lo(s) ou não o(s) devolver no prazo de ...., uma vez escoado o prazo para assinatura(s), poderá(ão) ser convocado(s) outro(s) licitante(s), desde que respeitada a ordem de classificação, para, depois de analisada a amostra (se exigida no edital), comprovados os requisitos habilitatórios e feita a negociação, assinar(em) o(s) referido(s) instrumento(s).[38]

11.3 O prazo estabelecido no subitem anterior para assinatura do(s) Termo(s) de Contrato poderá ser prorrogado uma única vez, por igual período, quando solicitado pelo(s) licitante(s) vencedor(es), durante o seu transcurso, e desde que aceito por este .... (órgão ou entidade pública licitante).

11.4 Juntamente com o(s) Termo(s) de Contrato assinado(s), com indicação e número de documento de identificação, o(s) licitante(s) vencedor(es) apresentará(ão) documento de outorga de poderes ao representante para essa finalidade. O documento poderá ser apresentado em original, por qualquer processo de cópia reprográfica, autenticada por tabelião de notas ou por servidor da administração, mediante apresentação do original.

11.5 O preço consignado *no Termo de Contrato* será irreajustável.[39]

ou

11 – DO CONTRATO [63]

11.1 Será emitida Nota de Empenho/Carta-Contrato/Autorização, cujo prazo de vigência é de .... contados do ...., prorrogável na forma do art. 57, §1º, da Lei nº 8.666/93.[37]

11.2 A(s) Nota(s) de Empenho/Carta(s)-Contrato(s)/Autorização(ões) de Compra será(ão) aceita(s) pelo(s) licitante(s) vencedor(es) no prazo de .... dias, a partir de sua(s) convocação(ões) para que compareça(m) no endereço constante neste edital, ou, alternativamente, será(ão) encaminhada(s) ao(s) licitante(s) vencedor(es) para que seja(m) aceita(s) no prazo de .... dias, a contar de sua(s) entrega(s), por aviso de recebimento (AR) ou meio eletrônico. Se o(s) licitante(s) vencedor(es), injustificadamente, não comparecer(em) para aceitá-la(s) ou não o(s) devolvê-la(s) no prazo de ...., uma vez escoado(s) o(s) prazo(s) para o(s) aceite(s), poderá(ão) ser convocado(s) outro(s) licitante(s), desde que respeitada a ordem de classificação, para, depois de analisada a amostra (se exigida no edital), comprovados os requisitos habilitatórios e feita a negociação, aceitar(em) o(s) referido(s) instrumento(s).[38]

11.3 O prazo estabelecido no subitem anterior para aceite da(s) Nota(s) de Empenho/Carta(s)-Contrato(s)/Autorização(ões) de Compra poderá ser prorrogado uma única vez, por igual período, quando solicitado pelo(s) licitante(s) vencedor(es), durante o seu transcurso, e desde que aceito por este .... (órgão ou entidade pública licitante).

11.4 Juntamente com a(s) Nota(s) de Empenho/Carta(s)-Contrato(s)/Autorização(ões) de Compra aceita(s), com indicação e número de documento de identificação, o(s) licitante(s) vencedor(es) apresentará(ao) documento de outorga de poderes a seu representante para essa finalidade. O documento poderá ser apresentado em original, por qualquer processo de cópia reprográfica, autenticada por tabelião de notas ou por servidor da administração, mediante apresentação do original.

11.5 O preço consignado na(s) Nota(s) de Empenho/Carta(s)-Contrato(s)/Autorização(ões) de Compra será irreajustável.[39]

12 – DA ENTREGA E DO RECEBIMENTO DO OBJETO E DA FISCALIZAÇÃO

12.1 O prazo de entrega dos bens é de .... dias, contados do ...., sem interrupção e prorrogável na forma do art. 57, §1º, da Lei nº 8.666/93, no seguinte endereço .... e da forma que segue .... (entrega parcelada, se for o caso)[40]

ou

12.1 O prazo de entrega única dos bens é de .... dias, contados do ...., sem interrupção e prorrogável na forma do art. 57, §1º, da Lei nº 8.666/93, no seguinte endereço ....[40]

12.2 Os bens serão recebidos provisoriamente, pelo(s) responsável(is) pelo acompanhamento e fiscalização do contrato, para efeito de posterior verificação de sua conformidade com as especificações constantes no termo de referência, no prazo de .... dias.

12.3 Os bens poderão ser rejeitados, no todo ou em parte, quando em desacordo com as especificações constantes no termo de referência, devendo ser substituídos no prazo de ...., a partir do ...., às custas do contratado, sob pena de aplicação das penalidades previstas neste edital em processo regular.

12.4 Os bens serão recebidos definitivamente, no prazo de ...., contados do (a) ...., após a verificação da qualidade e quantidade do material e conseqüente aceitação mediante termo circunstanciado.

12.5 Nos termos do art. 67 Lei nº 8.666/93, será(ão) designado(s) representante(s)/comissão para acompanhar e fiscalizar a entrega dos bens, anotando em registro próprio todas as ocorrências relacionadas com a execução e determinando o que for necessário à regularização de falhas ou defeitos observados.[41]

13 – DO PAGAMENTO

13.1 *O pagamento será efetuado em até .... dias, contados a partir da data final do período de adimplemento a que se referir, mediante a apresentação do documento fiscal competente (nota fiscal/fatura), devidamente atestado pelo órgão de fiscalização e acompanhamento da execução do contrato, por meio de Ordem Bancária de Crédito, em depósito em conta-corrente, na agência e estabelecimento bancário indicado pelo contratado.*[42]

ou, tratando-se de entrega única e integral dos bens:

13.1 *O pagamento será efetuado e até .... dias, contados a partir da data do recebimento definitivo dos bens, mediante a apresentação do documento fiscal competente (nota fiscal/fatura), devidamente atestado pelo órgão de fiscalização e acompanhamento da execução do contrato, em depósito em conta corrente, na agência e estabelecimento bancário indicados pelo contratado.*[42]

13.1.1 Os pagamentos decorrentes de despesas cujos valores não ultrapassem o limite de que trata o inciso II do art. 24 da Lei nº 8.666/93, deverão ser efetuados no prazo de até 5 (cinco) dias úteis, contados da data da apresentação da Nota Fiscal, nos termos do art. 5º, §3º, da mesma Lei.

13.2 Antes do pagamento será verificada a regularidade fiscal do contratado no SICAF.

13.3 Na hipótese de atraso de pagamento, desde que este não decorra de ato ou fato atribuível ao contratado, aplicar-se-á o índice do IPCA *pro rata diem*, a título de compensação financeira, que será o produto resultante do mesmo índice do dia anterior ao pagamento, multiplicado pelo número de dias de atraso do mês correspondente, repetindo-se a operação a cada mês de atraso. A exigibilidade do valor não solvido tem início no dia seguinte ao término do prazo fixado para pagamento.

13.4 Por eventuais atrasos injustificados no pagamento devido ao contratado, este fará jus a juros moratórios de 6% ao ano.

13.5 No caso de incorreção nos documentos apresentados, inclusive na Nota Fiscal/Fatura, estes serão restituídos ao contratado para as retificações necessárias no prazo de .... (.....) dias, devendo ser devolvidos no mesmo prazo, não respondendo a contratante por quaisquer encargos resultantes de atrasos na liquidação dos pagamentos correspondentes.

14 – DAS SANÇÕES ADMINISTRATIVAS

14.1 O não cumprimento das obrigações assumidas em razão deste procedimento e das obrigações contratuais, sujeitará o(s) licitante(s) adjudicatário(s), garantida a prévia defesa, às seguintes sanções:

14.1.1 advertência;

14.1.2 por atraso injustificado na entrega do objeto da licitação, multa de ....% por dia de atraso, incidente sobre o valor da parcela inadimplida da obrigação, limitada a 30 (trinta) dias, a partir dos quais constituirá motivo para rescisão contratual. Contar-se-á o prazo a partir do estipulado no item .... [*item que trata do prazo de entrega dos bens*], deste edital ou findo o prazo concedido às substituições dos bens a que se refere o item .... [*item que trata do prazo para as substituições*], quando o objeto licitado estiver em desacordo com as especificações exigidas;

14.1.3 multa de 10% (dez por cento) sobre o valor da contratação ou da parcela inadimplida, na hipótese de qualquer outra forma de inexecução das obrigações assumidas;

14.1.4 suspensão temporária de participação em licitação e impedimento de contratar com o(a) .... (*órgão ou entidade licitante*), por prazo não superior a 2 (dois) anos, nas hipóteses de execução irregular, atrasos ou inexecução de que resulte prejuízo para o serviço;

14.1.5 declaração de inidoneidade para licitar ou contratar com a administração pública, enquanto perdurarem os motivos determinantes da punição ou até que seja promovida a reabilitação, perante a autoridade que aplicou a penalidade, nas hipóteses em que a execução irregular, os atrasos ou a inexecução associem-se à prática de ilícito penal;

14.1.6 o adjudicatário que, convocado dentro do prazo de validade de sua proposta, não celebrar o contrato, deixar de entregar documentação exigida para o certame ou apresentar documentação falsa, ensejar o retardamento da execução do objeto, não mantiver a proposta, falhar ou fraudar a execução do contrato, comportar-se de modo inidôneo no cumprimento das obrigações contratadas ou cometer fraude fiscal, ficará impedido de licitar e contratar com a União e será descredenciado no SICAF pelo prazo de até 5 (cinco) anos, sem prejuízo das multas previstas neste edital e no contrato, bem como das demais cominações legais;

14.1.7 em decorrência da não regularização da sitação fiscal (e/ou trabalhista) pela entidade de menor porte, no prazo fixado neste edital, será aplicada multa de ..... % (..... por cento) sobre o valor do item da licitação.

> *A Lei Complementar nº 155/16 alterou a Lei Complementar nº 123/06. De acordo com o art. 43 deste último diploma, "as microempresas e as empresas de pequeno porte, por ocasião da participação em certames licitatórios, deverão apresentar toda a documentação exigida para efeito de comprovação de regularidade fiscal e trabalhista, mesmo que esta apresente alguma restrição". O prazo especial para a regularização da situação trabalhista, conforme art. 11 da Lei Complementar nº 155/16, terá início a partir de 1º de janeiro de 2018.*

14.2 As sanções de multas poderão ser aplicadas concomitantemente com as demais, facultada a defesa prévia do interessado no prazo de 5 (cinco) dias úteis, contados a partir da data em que tomar ciência da imputação.

14.3 O valor da multa aplicada será descontado da garantia que houver sido prestada; se for superior ao valor desta, além de sua perda responderá o contratado pela diferença, que será descontada de eventuais créditos que tenha em face da contratante, sem embargo desta rescindir o contrato e/ou cobrá-lo judicialmente. [se houver garantia]

ou

14.3 O valor da multa aplicada será descontado de eventuais créditos que tenha em face da contratante, sem embargo desta rescindir o contrato e/ou cobrá-lo judicialmente.

14.4 As penalidades serão obrigatoriamente registradas no Sistema de Cadastramento de Fornecedores – SICAF.

15 – DA GARANTIA DE EXECUÇÃO (se for o caso)

15.1 Como garantia das obrigações assumidas, conforme disposto no art. 56, da Lei nº 8.666/93, o adjudicatário, no ato da assinatura do Termo de Contrato comprovará a prestação de garantia correspondente a 5% (cinco por cento) do valor do contrato, sendo liberada após o término da sua vigência.

ou

15.1 Como garantia das obrigações assumidas, conforme disposto no art. 56, da Lei nº 8.666/93, o contratado, no prazo de .... da data da assinatura do Termo de Contrato, comprovará a prestação de garantia correspondente a 5% (cinco por cento) do valor do contrato, sendo liberada após o término da sua vigência.

15.2 Se o valor da garantia for utilizado em pagamento de qualquer obrigação, o adjudicatário ou contratado obriga-se a fazer a respectiva reposição no prazo máximo de 5 (cinco) dias úteis contados da data em que for notificado.

15.3 O fato de o adjudicatário ou contratado não prestar a garantia ou prestá-la incorretamente, importará inexecução de obrigação, aplicando-se as penalidades previstas neste edital.

16 – DAS DISPOSIÇÕES GERAIS

16.1 Não havendo expediente ou ocorrendo qualquer fato superveniente que impeça a realização do certame na data marcada, a sessão será automaticamente transferida para o primeiro dia útil subseqüente, no mesmo horário anteriormente estabelecido, desde que não haja comunicação em contrário, pelo pregoeiro.

16.2 No julgamento da habilitação e das propostas, o pregoeiro poderá sanar erros ou falhas que não alterem a substância das propostas, dos documentos e sua validade jurídica, mediante despacho fundamentado, registrado em ata e acessível a todos, atribuindo-lhes validade e eficácia para fins de habilitação e classificação.

16.3 A homologação do resultado desta licitação não implicará direito à contratação.

16.4 As normas disciplinadoras da licitação serão sempre interpretadas em favor da ampliação da disputa entre os interessados, desde que não comprometam o interesse da administração, o princípio da isonomia, a finalidade e a segurança da contratação.

16.5 A autoridade competente para aprovação do procedimento licitatório somente poderá revogá-lo em face de razões de interesse público, por motivo de fato superveniente devidamente comprovado, pertinente e suficiente para justificar tal conduta, devendo anulá-lo por ilegalidade, de ofício ou por provocação de qualquer pessoa, mediante ato escrito e fundamentado. A anulação do procedimento licitatório induz a do contrato. Os licitantes não terão direito à indenização em decorrência da anulação do procedimento licitatório, ressalvado o direito do contratado de boa-fé de ser ressarcido pelos encargos que houver suportado no cumprimento do contrato.

16.6 Quaisquer informações complementares sobre o presente edital e seus anexos, inclusive para examinar e adquirir o termo de referência, poderão ser obtidas no(a) seguinte endereço eletrônico .... ou no endereço ...., pelos e-mails ...., ou pelo fone ....

16.7 Para registro no Sistema de Cadastramento Unificado de Fornecedores – SICAF, o licitante deverá acessar o endereço eletrônico .... Para se credenciar, obter a chave de identificação e senha, o endereço eletrônico do provedor é ....

16.8 Integram este edital, para todos os fins e efeitos, os seguintes anexos:

ANEXO I – termo de referência

ANEXO II – minuta de Termo de Contrato (quando for o caso)

...., ... de .... de 200.....

Assinatura[43]

2.1.1 Termo de contrato (compra) – Anexo

TERMO DE CONTRATO DE COMPRA Nº ..../...., QUE FAZEM ENTRE SI O(A).... .... E A EMPRESA..

O(A) .... *(órgão ou entidade pública contratante)*, com sede no(a) ...., na cidade de .... /Estado ..., inscrito(a) no CNPJ sob o nº ...., neste ato representado(a) pelo(a) .... *(cargo e nome)*, nomeado(a) pela Portaria nº ......, de ..... de .... de 200..., publicada no *DOU* de ..... de .... de ...., inscrito(a) no CPF nº ...., portador(a) da Carteira de Identidade nº ...., doravante denominada CONTRATANTE, e o(a) .... inscrito(a) no CNPJ/MF sob o nº ...., sediado(a) na ...., em .. .. doravante designado CONTRATADO, neste ato representado pelo(a) Sr.(a) ...., portador(a) da Carteira de Identidade nº ...., expedida pela (o) ...., e CPF nº ...., tendo em vista o que consta no Processo nº .... e em observância às disposições da Lei nº 10.520, de 17 de julho de

2002, e da Lei nº 8.666, de 21 de junho de 1993, e suas modificações posteriores, resolvem celebrar o presente Termo de Contrato, decorrente do Pregão nº ..../20...., mediante as cláusulas e condições a seguir enunciadas.

CLÁUSULA PRIMEIRA – OBJETO

O CONTRATADO obriga-se a fornecer .... (bens) indicados(as) no(s) item(ns) .... do termo de referência constante do mencionado Processo Administrativo, na conformidade do edital de licitação nº ..../...., que integram este termo independentemente de transcrição, para todos os modos, fins e efeitos legais.

CLÁUSULA SEGUNDA – OBRIGAÇÕES DA CONTRATANTE

São obrigações da CONTRATANTE:

a) exigir o cumprimento de todos os compromissos assumidos pelo CONTRATADO, de acordo com as condições estabelecidas no termo de referência e os termos de sua proposta;

b) pagar ao CONTRATADO o valor correspondente ao fornecimento dos bens, na forma estabelecida no edital;

c) notificar o CONTRATADO, por escrito, sobre imperfeições, falhas ou irregularidades verificadas nos bens fornecidos, para que sejam substituídos.

CLÁUSULA TERCEIRA – OBRIGAÇÕES DO CONTRATADO

O CONTRATADO assume como exclusivamente seus os riscos e as despesas decorrentes da boa e perfeita execução das obrigações contratadas. Responsabiliza-se, também, pela idoneidade e pelo comportamento de seus empregados, prepostos ou subordinados, e, ainda, por quaisquer prejuízos que sejam causados à CONTRATANTE ou a terceiros.

PARÁGRAFO PRIMEIRO – A CONTRATANTE não responderá por quaisquer ônus, direitos ou obrigações vinculados à legislação tributária, trabalhista, previdenciária ou securitária, e decorrentes da execução do presente contrato, cujo cumprimento e responsabilidade caberão, exclusivamente, ao CONTRATADO.

PARÁGRAFO SEGUNDO – A CONTRATANTE não responderá por quaisquer compromissos assumidos pelo CONTRATADO com terceiros, ainda que vinculados à execução do presente contrato, bem como por qualquer dano causado a terceiros em decorrência de ato do CONTRATADO, de seus empregados, prepostos ou subordinados.

PARÁGRAFO TERCEIRO – O CONTRATADO obriga-se a cumprir os prazos estipulados no edital, a entregar os bens em obediência às especificações e às condições estabelecidas no edital e termo de referência, bem como a substituir, no prazo fixado e às suas expensas, os bens em desacordo com as especificações exigidas.

PARÁGRAFO QUARTO – O CONTRATADO indicará preposto, tão logo assinado este instrumento, para representá-lo durante a execução do contrato.

CLÁUSULA QUARTA – VIGÊNCIA

O prazo de vigência deste Termo de Contrato é o previsto no edital da licitação. [37] [44

PARÁGRAFO PRIMEIRO – A garantia da qualidade (ou prazo de validade) do objeto é de ...., contados da data de seu recebimento definitivo. (em conformidade com o prazo ofertado na proposta – item 5.8.3 do edital)

CLÁUSULA QUINTA – PREÇO

A CONTRATANTE pagará o valor de R$..................................

CLÁUSULA SEXTA – DOTAÇÃO ORÇAMENTÁRIA

As despesas decorrentes desta contratação estão programadas em dotação orçamentária própria, prevista no orçamento da União para o exercício de 20...., na classificação abaixo:

PROGRAMA DE TRABALHO:

NATUREZA DE DESPESA:

NOTA DE EMPENHO: EMITIDA EM:

CLÁUSULA SÉTIMA – GARANTIA DE EXECUÇÃO[45]

As condições atinentes à prestação da garantia são as previstas no edital da licitação.

CLÁUSULA OITAVA – PRAZO DE ENTREGA E RECEBIMENTO[46]
O prazo e as condições para a entrega e recebimento dos bens são os previstos no edital da licitação.

CLÁUSULA NONA – PAGAMENTO[47]
O prazo e as condições para o pagamento são os previstos no edital da licitação.

CLÁUSULA DÉCIMA – REAJUSTE
Em conformidade com o estabelecido no edital.

CLÁUSULA DÉCIMA PRIMEIRA – SANÇÕES ADMINISTRATIVAS
As sanções administrativas aplicáveis na hipótese de inexecução ou execução parcial das obrigações contratuais são as previstas no edital da licitação.

CLÁUSULA DÉCIMA SEGUNDA – RESCISÃO
O presente Termo de Contrato poderá ser rescindido nas hipóteses previstas no art. 78, com as consequências indicadas no art. 80, sem prejuízo das sanções previstas na Lei nº 8.666/93 e neste instrumento.

PARÁGRAFO ÚNICO – Os casos de rescisão contratual serão formalmente motivados nos autos do Processo, assegurado o direito à prévia e ampla defesa.

CLÁUSULA *DÉCIMA TERCEIRA* – *SUBCONTRATAÇÃO*
O presente contrato não poderá ser objeto de subcontratação ou transferência, no todo ou em parte.
ou
As condições aplicáveis à subcontratação são as previstas no termo de referência, anexo do edital.

CLÁUSULA DÉCIMA QUARTA – DIREITOS DA CONTRATANTE EM CASO DE RESCISÃO
O CONTRATADO reconhece os direitos da CONTRATANTE em caso de rescisão administrativa prevista no art. 77 da Lei nº 8.666/93.

CLÁUSULA DÉCIMA QUINTA – CONDIÇÕES DE HABILITAÇÃO E QUALIFICAÇÃO
Obriga-se o CONTRATADO a manter, durante toda a execução do contrato, em compatibilidade com as obrigações assumidas, todas as condições de habilitação e qualificação exigidas no edital.

CLÁUSULA DÉCIMA SEXTA – ALTERAÇÃO
O CONTRATADO fica obrigado a aceitar os acréscimos ou supressões que se fizerem necessários, na forma do estatuído no art. 65, §1º da Lei nº 8.666/93.

CLÁUSULA DÉCIMA SÉTIMA – PUBLICAÇÃO
Incumbirá à CONTRATANTE providenciar a publicação deste instrumento, por extrato, no Diário Oficial da União, no prazo previsto em lei.

CLÁUSULA DÉCIMA OITAVA – FORO
O Foro para solucionar os litígios que decorrerem da execução deste Termo de Contrato será o da Justiça ....[48]

CLÁUSULA DÉCIMA NONA – VALOR DO TERMO DE CONTRATO
O valor do presente Termo de Contrato é de R$..
Para firmeza e validade do pactuado, o presente termo de contrato foi lavrado em três vias de igual teor, que, depois de lido e achado em ordem, vai assinado pelos contraentes.

...., ... de... de 200.....

Assinaturas

2.2 Edital pregão eletrônico (prestação de serviços)

ÓRGÃO OU ENTIDADE PÚBLICA[1]
PREGÃO ELETRÔNICO Nº ....../20.....[2]
(Processo Administrativo nº ....)

1 – **PREÂMBULO**[3]

1.1 Torna-se público, para conhecimento dos interessados, que o(a) .... (*órgão ou entidade pública licitante*), por meio do(a) .... (*setor responsável pelas licitações*),[4] sediado(a) .... (*endereço*) realizará licitação para a contratação de serviços, sob o regime de *execução por empreitada por preço global/empreitada por preço unitário/empreitada integral/tarefa*, na modalidade PREGÃO, na forma ELETRÔNICA, tipo *menor preço global ou menor preço por item*,[5] nos termos da Lei nº 10.520, de 17 de julho de 2002, do Decreto nº 5.450, de 31 de maio de 2005, do Decreto nº 3.722, de 09 de janeiro de 2001, atualizado pelo Decreto nº 4.485, de 25 de novembro de 2002, do Decreto nº 2.271, de 07 de julho de 1997, da Instrução Normativa SLTI/MPOG nº 2, de 30 de abril de 2008, da Instrução Normativa SLTI/MPOG nº 2, de 11 de outubro de 2010, da Lei Complementar nº 123, de 14 de dezembro de 2006, da Lei nº 11.488, de 15 de junho de 2007, do Decreto nº 8.538, de 06 de outubro de 2015 , aplicando-se, subsidiariamente, a Lei nº 8.666, de 21 de junho de 1993, e sob as condições estabelecidas neste instrumento convocatório e seus anexos.[6]

1.2 O encaminhamento da proposta de preços terá início com a divulgação do aviso de edital no sítio www.comprasgovernamentais.gov.br, até às .... horas do dia ....../..../200..., hora e data para a abertura da sessão, exclusivamente por meio do sistema eletrônico, sendo os documentos necessários à habilitação encaminhados para análise do pregoeiro, no prazo estabelecido neste edital, após solicitação pelo sistema eletrônico.[7]

1.3 Todas as referências de tempo no edital, no aviso e durante a sessão pública, observarão o horário de Brasília – DF.

2 – **DO OBJETO**

2.1 o objeto da presente licitação é a escolha da proposta mais vantajosa para a prestação de serviços de ...., conforme condições e exigências estabelecidas neste edital e seus anexos.[80]

3 – **DAS CONDIÇÕES PARA PARTICIPAÇÃO**

3.1. Poderão participar deste pregão entidades cuja atividade, prevista em seu ato constitutivo, seja compatível com o objeto desta licitação e que estejam com credenciamento regular no Sistema de Cadastramento Unificado de Fornecedores – SICAF, conforme disposto no §3º do artigo 8º da Instrução Normativa SLTI/MPOG nº 2/10.[9] [31]

3.1.1 Não poderão participar desta licitação:

3.1.1.1 entidades proibidas de participar de licitações e celebrar contratos administrativos, na forma da legislação vigente;

3.1.1.2 entidades declaradas suspensas de participar de licitações e impedidas de contratar com .... (*órgão ou a entidade responsável pela licitação*), conforme art. 87, inciso III, da Lei nº 8.666/93;

3.1.1.3 entidades empresariais estrangeiras que não tenham representação legal no Brasil com poderes expressos para receber citação e responder administrativa ou judicialmente;

3.1.1.4 quaisquer interessados que se enquadrem nas vedações previstas no artigo 9º da Lei nº 8.666/93.[12]

3.1.2 Sociedades cooperativas poderão participar desta licitação desde que não se enquadrem na vedação contida no Termo de Conciliação Judicial firmado entre o Ministério Público do Trabalho e a União e nas hipóteses previstas no artigo 4º da Instrução Normativa SLTI/MPOG nº 2, de 30 de abril de 2008.[49]

> Observar que item ou grupo da licitação de valor até R$80.000,00 (oitenta mil reais), em regra, deve ser exclusivo à participação de entidades de menor porte (microempresa, empresa de pequeno porte e sociedade cooperativa).
>
> Dispõe a Lei Complementar nº 123/06 que:
>
> Art. 47. Nas contratações públicas da administração direta e indireta, autárquica e fundacional, federal, estadual e municipal, deverá ser concedido tratamento diferenciado e simplificado para as microempresas e empresas de pequeno porte objetivando a promoção do desenvolvimento econômico e social no âmbito municipal e regional, a ampliação da eficiência das políticas públicas e o incentivo à inovação tecnológica.
>
> Parágrafo único. No que diz respeito às compras públicas, enquanto não sobrevier legislação estadual, municipal ou regulamento específico de cada órgão mais favorável à microempresa e empresa de pequeno porte, aplica-se a legislação federal.
>
> Art. 48. Para o cumprimento do disposto no art. 47 desta Lei Complementar, a administração pública:
>
> I – deverá realizar processo licitatório destinado exclusivamente à participação de microempresas e empresas de pequeno porte nos itens de contratação cujo valor seja de até R$80.000,00 (oitenta mil reais); (grifamos)
>
> Assim, ainda, no âmbito do Decreto federal nº 8.538/15:
>
> Art. 6º Os órgãos e as entidades contratantes deverão realizar processo licitatório destinado exclusivamente à participação de microempresas e empresas de pequeno porte nos itens ou lotes de licitação cujo valor seja de até R$80.000,00 (oitenta mil reais).
>
> [...]
>
> Art. 9º Para aplicação dos benefícios previstos nos arts. 6º a 8º:
>
> I – será considerado, para efeitos dos limites de valor estabelecidos, cada item separadamente ou, nas licitações por preço global, o valor estimado para o grupo ou o lote da licitação que deve ser considerado como um único item;

4 – DO CREDENCIAMENTO

4.1 O credenciamento do licitante dar-se-á pela atribuição da chave de identificação e de senha, pessoal e intransferível, para acesso ao sistema eletrônico, site www.comprasgovernamentais.gov.br.

4.2 O credenciamento junto ao provedor do sistema implica responsabilidade legal do licitante ou de seu representante legal, bem como a presunção de sua capacidade técnica para a realização das transações inerentes a este Pregão.

4.3 O uso da senha de acesso pelo licitante é de sua responsabilidade exclusiva, incluindo qualquer transação efetuada diretamente ou por seu representante, não cabendo ao provedor do sistema ou a este(a) .... (órgão ou entidade promotor(a) da licitação) responsabilidade por eventuais danos decorrentes de uso indevido da senha, ainda que por terceiros.

5 – DO ENVIO DA PROPOSTA

5.1 O licitante será responsável por todas as transações que forem efetuadas em seu nome no sistema eletrônico, assumindo como firmes e verdadeiras suas propostas e lances.

5.2 O licitante acompanhará as operações no sistema eletrônico durante a sessão pública do Pregão, ficando responsável pelo ônus decorrente da perda de negócios, diante da inobservância de quaisquer mensagens emitidas pelo sistema ou de sua desconexão.

5.3 O licitante assinalará "sim" ou "não" em campo próprio do sistema eletrônico, relativo às seguintes declarações:

5.3.1 que não ultrapassou o limite de faturamento e que cumpre os requisitos estabelecidos no art. 3º da Lei Complementar nº 123/06, estando apto a usufruir do tratamento favorecido estabelecido nos arts. 42 ao 49 da referida Lei Complementar;

5.3.1.1 a assinalação do campo "não" apenas produzirá o efeito de o licitante não ter direito ao tratamento favorecido previsto na Lei Complementar nº 123/06, mesmo que microempresa, empresa de pequeno porte ou sociedade cooperativa;

5.3.2 que está ciente e concorda com as condições contidas no edital e seus anexos, bem como de que cumpre plenamente os requisitos de habilitação definidos no edital;

5.3.3 que inexistem fatos impeditivos para sua habilitação no certame, ciente da obrigatoriedade de declarar ocorrências posteriores;

5.3.4 que não emprega menor de 18 anos em trabalho noturno, perigoso ou insalubre e não emprega menor de 16 anos, salvo menor, a partir de 14 anos, na condição de aprendiz, nos termos do artigo 7º, XXXIII, da Constituição;[13]

5.3.5 que a proposta foi elaborada de forma independente, nos termos da Instrução Normativa SLTI/MPOG nº 2, de 16 de setembro de 2009;

5.3.6 que não possui na cadeia produtiva, empregados executando trabalho degradante ou forçado, em observância aos incisos III e IV do art. 1º e ao inciso III do art. 5º da Constituição Federal.

5.4 Os licitantes poderão retirar ou substituir propostas até a abertura da sessão.

5.5 Nos valores cotados na proposta estarão abrangidos todos os custos operacionais, encargos previdenciários, trabalhistas, tributários, comerciais e quaisquer outros que incidam direta ou indiretamente no fornecimento dos bens.

5.6 A apresentação de proposta implicará plena aceitação,[14] por parte do proponente, das condições estabelecidas neste edital e seus anexos.

5.7 O prazo de validade da proposta não será inferior a ... (...) dias,[15] a contar da data da abertura da sessão.

5.8 Após a divulgação do edital no endereço eletrônico e até a data e horário marcados para a abertura da sessão, os licitantes deverão encaminhar proposta de preços, com a indicação dos seguintes requisitos, exclusivamente por meio eletrônico:

5.8.1 item *(ou grupo)* da licitação. [88]

5.8.2 valor *unitário, ou valor mensal, ou valor global;*

5.8.3 *quando se tratar de cooperativa de serviço, o licitante preencherá, no campo condições da proposta do sistema eletrônico, o valor correspondente ao percentual de que trata o art. 22, inciso IV, da Lei nº 8.212, de 24.07.91, com a redação da Lei nº 9.876, de 26.11.99, também referido no subitem 12.4 da Instrução Normativa INSS nº 4, de 30/11/99;*[49]

5.8.4 *modelo de gestão operacional da prestação dos serviços (quando for o caso);*[81]

5.8.5 *(quando for o caso)*[82]

5.8.6 *(outras exigências, dependendo do caso concreto).*

5.9 Serão desclassificadas as propostas que não atenderem às exigências contidas neste edital.[20]

6 – DAS PROPOSTAS E DA FORMULAÇÃO DE LANCES

6.1 A partir da data e horário estabelecidos no preâmbulo deste edital, terá início a sessão pública do Pregão.

6.2 O pregoeiro verificará as propostas apresentadas, desclassificando desde logo aquelas que não estejam em conformidade com os requisitos estabelecidos neste edital e anexos, forem omissas ou apresentarem irregularidades insanáveis.[21]

6.3 A desclassificação será sempre fundamentada e registrada no sistema, com acompanhamento em tempo real por todos os participantes.

6.4 O sistema ordenará, automaticamente, as propostas classificadas, sendo que somente estas participarão da fase de lances.[64]

> A Instrução Normativa SLTI/MPOG nº 3, de 2011, dispõe sobre os procedimentos de operacionalização do pregão eletrônico, para aquisição de bens e serviços no âmbito dos órgãos e entidades integrantes do Sistema de Serviços Gerais – SISG, bem como os órgãos e entidades que firmaram termo de adesão para utilizar o Sistema Integrado de Administração de Serviços Gerais – SIASG. Segundo o seu art. 1º-A, o instrumento convocatório poderá estabelecer intervalo mínimo de diferença de valores entre os lances, que incidirá tanto em relação aos lances intermediários quanto em relação à proposta que cobrir a melhor oferta. A medida visa a evitar lances com descontos irrisórios, constituindo-se em prática que prejudica a concorrência do certame. Caso o edital da licitação não estabeleça o intervalo mínimo de diferença de valores entre os lances, é vedado ao pregoeiro fixá-lo no procedimento licitatório, em respeito aos princípios da vinculação ao instrumento convocatório e da ampla competitividade.

6.5 Iniciada a etapa competitiva, os licitantes deverão encaminhar lances exclusivamente por meio de sistema eletrônico, sendo imediatamente informados do seu recebimento e do valor consignado no registro.

6.6 Os licitantes poderão oferecer lances sucessivos, observando o horário fixado para abertura da sessão e as regras estabelecidas no edital.

6.7 O licitante somente poderá oferecer lance inferior ao último por ele ofertado e registrado pelo sistema.

6.8 Não serão aceitos dois ou mais lances de mesmo valor, prevalecendo aquele que for recebido e registrado em primeiro lugar.

6.9 Durante o transcurso da sessão pública, os licitantes serão informadas, em tempo real, do valor do menor lance registrado, vedada a identificação do licitante.

6.10 No caso de desconexão com o pregoeiro, no decorrer da etapa competitiva do Pregão, o sistema eletrônico poderá permanecer acessível aos licitantes para a recepção dos lances.

6.10.1 Quando a desconexão perdurar por tempo superior a 10 (dez) minutos, a sessão do Pregão será suspensa e terá reinício somente após comunicação expressa do pregoeiro aos participantes.[22]

6.11 A etapa de lances da sessão pública será encerrada por decisão do pregoeiro. O sistema eletrônico encaminhará aviso de fechamento iminente dos lances, após o que transcorrerá período de tempo de até 30 (trinta) minutos, aleatoriamente determinado pelo sistema, findo o qual será automaticamente encerrada a recepção de lances.

6.12 Concluída a fase de lances e classificadas as propostas, será efetivada a verificação automática junto à Receita Federal, do porte da entidade empresarial. O sistema identificará em coluna própria as microempresas, empresas de pequeno porte e *cooperativas* participantes, procedendo à comparação entre os valores da primeira colocada, caso esta não seja microempresa, empresa de pequeno porte ou cooperativa e das demais participantes.

6.13. Será assegurada às microempresas, empresas de pequeno porte e sociedades *cooperativas* (que cumprem os requisitos estabelecidos no art. 3º da Lei Complementar nº 123/06, estando aptas a usufruírem do tratamento favorecido estabelecido nos arts. 42 ao 49 da referida Lei Complementar), como critério de desempate, preferência na contratação; [26]

6.13.1 entende-se haver empate quando as ofertas apresentadas pelas microempresas, empresas de pequeno porte e *cooperativas* sejam iguais ou até cinco por cento superiores ao menor preço;

6.13.2 o disposto no item anterior somente se aplicará quando a melhor oferta válida não houver sido apresentada por microempresa, empresa de pequeno porte ou *cooperativa*;

6.14. A preferência de que trata o item 6.13 será concedida da seguinte forma:

6.14.1 ocorrendo o empate, a microempresa, empresa de pequeno porte ou *cooperativa* melhor classificada poderá apresentar nova proposta no prazo máximo de cinco minutos por item em situação de empate, sob pena de preclusão;

6.14.1.1 para viabilizar tal procedimento, o sistema selecionará os itens com tais características, disponibilizando-os automaticamente nas telas do pregoeiro e do fornecedor, encaminhando mensagem também automática, por meio do chat, convocando a microempresa, empresa de pequeno porte ou cooperativa para apresentar nova proposta;

6.14.2 não ocorrendo a contratação da microempresa, empresa de pequeno porte ou cooperativa, na forma do item precedente, serão convocadas as remanescentes que porventura se enquadrem na situação de empate, na ordem classificatória, para o exercício do mesmo direito;

6.14.3 caso não se realizem lances e sejam identificadas propostas idênticas de microempresa, empresa de pequeno porte ou *cooperativa* empatadas em segundo lugar, ou seja, na faixa dos 5% (cinco por cento) da primeira colocada, e permanecendo o empate até o encerramento do item, o sistema fará sorteio eletrônico entre tais fornecedores, definindo e convocando automaticamente a vencedora para o encaminhamento de oferta final para desempate;

6.14.3.1 não se aplica o sorteio a que se refere o item anterior na situação em que os lances equivalentes não são considerados iguais, sendo classificados de acordo com a ordem de apresentação pelos licitantes. [27]

6.15 Caso não se realizem lances, será verificada a compatibilidade entre a proposta de menor preço e o valor estimado para a contratação.

6.16 O pregoeiro examinará o lance classificado em primeiro lugar quanto à compatibilidade do preço[23] *em relação ao estimado para a contratação, devidamente justificado. Será desclassificado o lance vencedor que apresentar preço excessivo ou manifestamente inexequível,*[25] *assim considerado aquele que não venha a ter demonstrada sua viabilidade através de documentação que comprove que os custos são coerentes com os de mercado.*

ou

6.15 Caso não se realizem lances, será verificada a proposta de menor preço e o valor máximo fixado para o item.

6.16 Será desclassificado o lance vencedor com valor superior ao preço máximo[24] *fixado no termo de referência, ou que apresentar preço manifestamente inexequível,*[25] *assim considerado aquele que não venha a ter demonstrada sua viabilidade através de documentação que comprove que os custos são coerentes com os de mercado.*

> Pode ser estipulado no edital, como critério de aceitabilidade da proposta, a menor taxa de administração ou o maior percentual de desconto sobre o preço de tabela do serviço.

> *Eventual aplicação da Orientação Normativa MPOG nº 01/2016, a qual prevê que o pregoeiro deverá suspender a sessão pública do pregão na forma eletrônica quando constatar que a avaliação da conformidade das propostas, de que trata o art. 22, §2º, do Decreto nº 5.450/05, irá perdurar por mais de um dia (Art. 1º O pregoeiro deverá suspender a sessão pública do pregão na forma eletrônica quando constatar que a avaliação da conformidade das propostas, de que trata o art. 22, §2º, do Decreto nº 5.450, de 31 de maio de 2005, irá perdurar por mais de um dia. §1º Após a suspensão da sessão pública, o pregoeiro enviará, via chat, mensagem aos licitantes informando a data prevista para o início da oferta dos lances. §2º Durante a suspensão da sessão pública, as propostas poderão ser visualizadas na opção "visualizar propostas/declarações" no menu do pregoeiro).*

6.17 Eventual empate entre propostas, o critério de desempate será aquele previsto no artigo 3º, §2º, da Lei nº 8.666/93.

6.18 Persistindo o empate, o critério de desempate será o sorteio, em ato público para o qual os licitantes serão convocados, vedado qualquer outro processo.

6.19 *A planilha de composição de preços deverá ser encaminhada no prazo de .... após a solicitação do pregoeiro, por meio eletrônico, com os respectivos valores readequados ao lance vencedor. (se for o caso)*[21]

6.20 Erros no preenchimento da planilha não são motivo suficiente para a desclassificação da proposta, quando esta puder ser ajustada sem a necessidade de majoração do preço ofertado, e desde que se comprove que este é suficiente para arcar com todos os custos da contratação.

6.21 Por meio do sistema eletrônico, o pregoeiro encaminhará contraproposta ao licitante que apresentou o menor preço, com o fim de negociar a obtenção de melhor proposta, observado o critério de julgamento fixado no edital e vedado que admita negociar condições diversas daquelas nele previstas.[28]

7 – DA HABILITAÇÃO

7.1 O pregoeiro consultará o Sistema de Cadastro Unificado de Fornecedores – SICAF, em relação à habilitação jurídica, às regularidades fiscal e trabalhista *e à qualificação econômica financeira,* conforme disposto nos arts. 4º, *caput,* 8º, §3º, 13 a 18 e 43 da Instrução Normativa SLTI/MPOG nº 2/10.[10] [11]

7.2 Também poderão ser consultados os sítios oficiais emissores de certidões, especialmente quando o licitante esteja com alguma documentação vencida junto ao SICAF.

7.3 Caso o pregoeiro não logre êxito em obter a certidão correspondente através do sítio oficial, o licitante será convocado a encaminhar, no prazo de .... (.........) horas, documento válido que comprove o atendimento das exigências deste edital, sob pena de inabilitação, ressalvado o disposto quanto à comprovação da regularidade fiscal das entidades de menor porte, conforme estatui o art. 43, §1º da LC nº 123/06.[34]

> *A Lei Complementar nº 155/16 alterou a Lei Complementar nº 123/06. De acordo com o art. 43 deste último diploma, "as microempresas e as empresas de pequeno porte, por ocasião da participação em certames licitatórios, deverão apresentar toda a documentação exigida para efeito de comprovação de regularidade fiscal e trabalhista, mesmo que esta apresente alguma restrição". O prazo especial para a regularização da situação trabalhista, conforme art. 11 da Lei Complementar nº 155/16, terá início a partir de 1º de janeiro de 2018.*

7.4 Os licitantes que não estiverem cadastrados no Sistema de Cadastro Unificado de Fornecedores – SICAF além do nível de credenciamento exigido pela Instrução Normativa SLTI/MPOG nº 2/10, deverão apresentar a seguinte documentação relativa à habilitação jurídica, regularidades fiscal e trabalhista *e qualificação econômico-financeira,* nas condições seguintes:

7.4.1 Habilitação jurídica:

7.4.1.1 no caso de empresário individual, inscrição no Registro Público de Empresas Mercantis;

7.4.1.2 em se tratando de sociedades comerciais, contrato social ou estatuto em vigor, devidamente registrado, e, no caso de sociedades por ações, acompanhado de documentos de eleição de seus administradores;

7.4.1.2.1 inscrição no Registro Público de Empresas Mercantis onde opera, com averbação no Registro onde tem sede a matriz, no caso de ser o participante sucursal, filial ou agência;

7.4.1.3 inscrição do ato constitutivo no Registro Civil das Pessoas Jurídicas, no caso de sociedades simples, acompanhada de prova de diretoria em exercício;

7.4.1.4 *no caso de sociedade cooperativa: ata de fundação e estatuto social em vigor, com a ata da assembléia que o aprovou, devidamente arquivado na Junta Comercial ou inscrito no Registro Civil das Pessoas Jurídicas da respectiva sede, bem como o registro de que trata o art. 107 da Lei nº 5.764/71;*[49]

7.4.1.5 decreto de autorização, em se tratando de sociedade empresária estrangeira em funcionamento no País;

7.4.1.6 ato de registro ou autorização para funcionamento expedido pelo(a) ...., conforme ...... [50]

> Adotar a redação quando a atividade assim o exigir, com a indicação do órgão/entidade competente para a expedição do ato de registro ou autorização e, ainda, da norma aplicável.

7.4.2 Regularidade fiscal e trabalhista:

7.4.2.1 prova de inscrição no Cadastro Nacional de Pessoas Jurídicas;

7.4.2.2 prova de regularidade com a Fazenda Nacional (certidão conjunta, emitida pela Secretaria da Receita Federal do Brasil e Procuradoria-Geral da Fazenda Nacional, quanto aos demais tributos federais e à Dívida Ativa da União, por elas administrados, conforme Decreto nº 8.302/14 e Portaria nº 358, de 5 de setembro de 2014, do Ministro de Estado da Fazenda);

7.4.2.3 prova de regularidade com a Seguridade Social (INSS);

7.4.2.4 prova de regularidade com o Fundo de Garantia do Tempo de Serviço (FGTS);

7.4.2.5 prova de inexistência de débitos inadimplidos perante a Justiça do Trabalho, mediante a apresentação de certidão negativa, nos termos do Título VII-A da Consolidação das Leis do Trabalho, aprovada pelo Decreto-Lei nº 5.452, de 1º de maio de 1943;

7.4.2.6 caso o licitante detentor do menor preço seja microempresa, empresa de pequeno porte ou *sociedade cooperativa*[49] enquadrada no artigo 34 da Lei nº 11.488/07, deverá apresentar toda a documentação exigida para efeito de comprovação de regularidade fiscal, mesmo que esta apresente alguma restrição, sob pena de inabilitação.

> *A Lei Complementar nº 155/16 alterou a Lei Complementar nº 123/06. De acordo com o art. 43 deste último diploma, "as microempresas e as empresas de pequeno porte, por ocasião da participação em certames licitatórios, deverão apresentar toda a documentação exigida para efeito de comprovação de regularidade fiscal e trabalhista, mesmo que esta apresente alguma restrição". O prazo especial para a regularização da situação trabalhista, conforme art. 11 da Lei Complementar nº 155/16, terá início a partir de 1º de janeiro de 2018.*

7.4.3 Qualificação econômico-financeira:

7.4.3.1 certidão negativa de falência expedida pelo distribuidor da sede da pessoa jurídica;

> *A 2ª Turma do Superior Tribunal de Justiça decidiu que empresas em recuperação judicial têm o direito de participar de licitações (AgRg na MC nº 23.499/RS).*

7.4.3.2 balanço patrimonial e demonstrações contábeis do último exercício social, já exigíveis e apresentados na forma da lei, que comprovem a boa situação financeira da empresa, vedada a sua substituição por balancetes ou balanços provisórios, podendo ser atualizados por índices oficiais quando encerrado há mais de 3 (três) meses da data de apresentação da proposta;

> *No caso de locação de materiais, não será exigido da entidade de menor porte a apresentação de balanço patrimonial do último exercício financeiro (art. 3º do Decreto nº 8.538/15).*

7.4.3.2.1 no caso de empresa constituída no exercício social vigente, admite-se a apresentação de balanço patrimonial e demonstrações contábeis referentes ao período de existência da sociedade;

7.4.3.2.2 comprovação da situação financeira da empresa será constatada mediante obtenção de índices de Liquidez Geral (LG), Solvência Geral (SG) e Liquidez Corrente (LC), resultantes da aplicação das fórmulas:[33]

Ativo Circulante + Realizável a Longo Prazo

$LG =$ ———————————————————————;

Passivo Circulante + Passivo Não Circulante
Ativo Total
$SG =$ ——————————————————————;
Passivo Circulante + Passivo Não Circulante
Ativo Circulante
$LC =$ ————————; e
Passivo Circulante
7.4.3.3 *As empresas, cadastradas ou não no SICAF, que apresentarem resultado inferior ou igual a 1 (um) em qualquer dos índices de Liquidez Geral (LG), Solvência Geral (SG) e Liquidez Corrente (LC), deverão comprovar:*
7.4.3.3.1 *patrimônio líquido de .... (......) do valor estimado da contratação; ou*[33]
7.4.3.3.1 *garantia de .... (.......) do valor estimado do contrato.*

> *Dispõe a Lei nº 8.666/93 que:*
> *Art. 31 [...]*
> *§2º A Administração, nas compras para entrega futura e na execução de obras e serviços, **poderá estabelecer**, no instrumento convocatório da licitação, a exigência de capital mínimo ou de patrimônio líquido mínimo, ou ainda as garantias previstas no §1º do art. 56 desta Lei, como dado objetivo de comprovação da qualificação econômico-financeira dos licitantes e para efeito de garantia ao adimplemento do contrato a ser ulteriormente celebrado. (grifamos)*
> *Depreende-se do dispositivo transcrito que não há a obrigatoriedade de a administração pública estabelecer no edital a possibilidade de as entidades licitantes, que não apresentarem índices contábeis maiores ou iguais ao exigido, demonstrarem, para fins de habilitação, capital mínimo, patrimônio líquido mínimo ou prestação de garantia. Tal previsão constitui ato discricionário da administração, mas dependente de previsão no edital.*

7.4.4 As empresas, cadastradas ou não no SICAF, deverão comprovar, ainda, a qualificação técnica, por meio de:[32]
7.4.4.1 *Registro ou inscrição da empresa licitante na entidade profissional ...., em plena validade; (quando for o caso);*[86]
7.4.4.2 *Comprovação de aptidão para a prestação dos serviços em características, quantidades e prazos compatíveis com o objeto desta licitação,* por meio da apresentação de atestado fornecido por pessoa jurídica de direito público ou privado.
7.4.4.2.1 *O atestado referir-se-á a contrato já concluído ou já decorrido no mínimo um ano do início de sua execução, exceto se houver sido firmado para ser executado em prazo inferior, apenas aceito mediante a apresentação do contrato.*
7.4.4.2.1.1 *O licitante disponibilizará todas as informações necessárias à comprovação da legitimidade do atestado apresentado.*
7.4.4.3 *Atestado de vistoria assinado pelo servidor responsável, nas condições estabelecidas no termo de referência, podendo ser substituído por declaração formal assinada pelo representante da empresa proponente, sob as penalidades da lei, de que tem pleno conhecimento das condições e peculiaridades inerentes à natureza e ao local dos trabalhos, e de que não alegará desconhecimento para quaisquer questionamentos futuros que ensejem desavenças técnicas ou financeiras com a administração contratante, conforme anexo ....*
7.4.4.4 *Prova de atendimento a requisitos previstos em lei especial; (se for o caso)*[
7.4.4.5 *Indicação e qualificação (nome e número de inscrição no órgão de fiscalização competente) de cada membro da equipe técnica que se responsabilizará pela execução do contrato. (se for o caso)*[83]
7.5 Os documentos exigidos para habilitação que não estejam contemplados no SICAF deverão ser apresentados no prazo de ...., após solicitação do pregoeiro, por meio do sistema eletrônico.

7.6 Os documentos quando remetidos por meio do sistema eletrônico, deverão ser apresentados posteriormente em original ou por cópia autenticada, no prazo de .... a contar ....

> Admite-se o envio de documentos por e-mail ou fac-símile, em caráter excepcional, na hipótese de inviabilidade técnica do sistema eletrônico operacional.

7.7 Para fins de habilitação, a verificação pelo órgão promotor do certame nos sítios oficiais de órgãos e entidades emissores de certidões constitui meio legal de prova.

7.8 Caso não haja redução a preço inferior à proposta original por nenhuma das microempresas, empresas de pequeno porte ou *cooperativas* que se encontrem no intervalo do §2º do art. 44 da Lei Complementar nº 123/06, será efetivada a análise da documentação do licitante que originariamente ofereceu a proposta de menor preço.

7.9 Divulgado o resultado da fase de habilitação, o procedimento será este:

7.9.1 quando se tratar de empresa de pequeno porte, microempresa ou *cooperativa* e constatadas restrições quanto à regularidade fiscal, ser-lhe-á concedido o prazo de cinco dias úteis para a regularização da situação, prorrogável por igual período; a prorrogação do prazo poderá ser concedida, a critério da administração pública, quando requerida pelo licitante, mediante apresentação de justificativa;

7.9.2 não comprovada a regularidade fiscal da empresa de pequeno porte, microempresa ou sociedade *cooperativa*, no prazo legal, será facultado à administração convocar os licitantes remanescentes, na ordem de classificação, analisando-se a aceitabilidade da proposta, seguindo-se com a análise dos documentos relativos à habilitação;

7.9.3 se, na ordem de classificação, constar empresa de pequeno porte, microempresa ou *cooperativa*, havendo alguma restrição quanto à regularidade fiscal, ser-lhe-á assegurado o mesmo prazo especial.

> A Lei Complementar nº 155/16 alterou a Lei Complementar nº 123/06. De acordo com o art. 43 deste último diploma, "as microempresas e as empresas de pequeno porte, por ocasião da participação em certames licitatórios, deverão apresentar toda a documentação exigida para efeito de comprovação de regularidade fiscal <u>e trabalhista</u>, mesmo que esta apresente alguma restrição". O prazo especial para a regularização da situação trabalhista, conforme art. 11 da Lei Complementar nº 155/16, terá início a partir de 1º de janeiro de 2018.

7.10 Da sessão pública do pregão divulgar-se-á ata no sistema eletrônico.

8 – DA IMPUGNAÇÃO AO EDITAL E DO PEDIDO DE ESCLARECIMENTOS

8.1 Até 02 (dois) dias úteis antes da data fixada para a abertura da sessão pública, qualquer pessoa poderá impugnar este edital.[35]

8.1.1 O pregoeiro decidirá sobre a impugnação no prazo de até vinte e quatro horas.

8.1.2 Acolhida a impugnação, será definida e publicada nova data para a realização do certame.

8.1.3 Os pedidos de esclarecimentos referentes a este processo licitatório deverão ser enviados ao pregoeiro, até 03 (três) dias úteis anteriores à data fixada para abertura da sessão pública, por meio dos seguintes veículos de comunicação:...

9 – DOS RECURSOS

9.1 O pregoeiro declarará o vencedor e a seguir ensejará a qualquer licitante que manifeste a intenção de recorrer, de forma motivada, isto é, indicando contra qual(is) decisão(ões) pretende recorrer e por quais motivos, e em campo próprio do sistema, no prazo de .... Havendo quem se manifeste, terá, a partir de então, o prazo de três dias para apresentar as razões de recurso, pelo sistema eletrônico, ficando os demais licitantes, desde logo, intimados para, querendo, apresentarem contrarrazões também pelo sistema eletrônico, em outros três dias, que começarão a contar do término do prazo do recorrente, sendo-lhes assegurada vista imediata dos elementos indispensáveis à defesa de seus interesses.[36]

> A Lei nº 10.520/02 e o Decreto nº 5.450/05 não estabelecem prazo mínimo para a manifestação da intenção de recorrer pelo licitante, cabendo ao edital da licitação fixá-lo, observado que a celeridade processual, característica do pregão, não justifica a fixação de prazo exíguo que dificulte a formulação de motivação mínima. O Tribunal de Contas da União orienta que esse prazo deve observar um mínimo de trinta minutos (Acórdão nº 3.409/2014 – Plenário, Rel. Min. Marcos Bemquerer Costa, Processo nº 000.614/2014-9).

9.2 A falta de manifestação motivada do licitante quanto à intenção de recorrer importará a decadência desse direito e a consequente adjudicação do objeto pelo pregoeiro ao licitante vencedor.

9.3 O acolhimento do recurso invalida tão-somente os atos insuscetíveis de aproveitamento.

9.4 Os autos do processo permanecerão com vista franqueada aos interessados, no endereço ....

10 – DO TERMO DE CONTRATO [63]

10.1 *Termo de Contrato será firmado com o licitante vencedor, com vigência de 12 (doze) meses, contados a partir de ...., podendo ser prorrogado se vantajoso para este(a) .... (órgão ou entidade licitante), devidamente justificado nos autos, na forma do art. 57, II, da Lei nº 8.666/93. (aplicável somente quando se tratar de prestação de serviços contínuos, como, por exemplo, vigilância, limpeza, recepção)*[51]

ou

10.1 *Termo de Contrato será firmado com o licitante vencedor, com vigência a partir de ...., até 31 de dezembro do corrente ano, podendo ser prorrogado se vantajoso para este(a) .... (órgão ou entidade licitante), devidamente justificado nos autos, na forma do art. 57, II, da Lei nº 8.666/1993. (também na hipótese de prestação de serviços contínuos)*[51]

ou

10.1 *Termo de Contrato será firmado com o licitante vencedor, com vigência de 12 (doze) meses, contados a partir de ...., podendo ser prorrogado se vantajoso para este(a) .... (órgão ou entidade licitante), devidamente justificado nos autos, na forma do art. 57, IV, da Lei nº 8.666/93.*

ou, ainda:

10.1 *Termo de Contrato será firmado com o licitante vencedor, com vigência a partir de ...., até o final do presente exercício, não podendo ser prorrogado. (quando se tratar de prestação de serviços não contínuos, ou seja, cuja interrupção não comprometa a continuidade das atividades do órgão ou entidade licitante, cuja vigência deva ser limitada ao término do exercício financeiro)*

10.2 O(s) Termo(s) de Contrato será(ão) assinado(s) pelo(s) licitante(s) vencedor(es) no prazo de ...., a partir de sua(s) convocação(ões) para que compareça(m) no endereço constante neste edital, podendo, alternativamente, ser encaminhado(s) ao(s) licitante(s) vencedor(es) para que seja(m) assinado(s) no prazo de .... a contar da data de sua(s) entrega(s), mediante aviso de recebimento (AR) ou meio eletrônico. Se o(s) licitante(s) vencedor(es), injustificadamente, não comparecer(em) para assiná-lo(s) ou não o(s) devolver no prazo de ...., uma vez escoado o prazo para assinatura(s), poderá(ão) ser convocado(s) outro(s) licitante(s), desde que respeitada a ordem de classificação, para, depois de comprovados os requisitos de habilitação e feita a negociação, assinar(em) o(s) referido(s) instrumento(s).

10.2.1 O prazo estabelecido no subitem anterior, para assinatura do(s) Termo(s) de Contrato, poderá ser prorrogado uma única vez, por igual período, quando solicitado pelo(s) licitante(s) vencedor(es) durante o seu transcurso, e desde que aceito por este .... (*órgão ou entidade pública licitante*).

10.2.2 Juntamente com o(s) Termo(s) de Contrato assinado(s), com indicação e número de documento de identificação, o(s) licitante(s) vencedor(es) apresentará(ão) documento que comprove que o seu representante tem poderes para essa finalidade. O documento poderá ser apresentado em original, por qualquer processo de cópia reprográfica, autenticada por tabelião de notas ou por servidor da administração, mediante apresentação do original.

11 – *DA REPACTUAÇÃO*[52]

11.1 Visando à adequação aos novos preços de mercado e desde que observado o interregno mínimo de um ano contado a partir da data limite para a apresentação da proposta, o preço consignado no contrato será repactuado, competindo ao contratado justificar e comprovar a variação dos custos, apresentando memória de cálculo e planilhas apropriadas para análise e posterior aprovação da contratante, na forma do art. 5º do Decreto nº 2.271/97.

11.2 Nas repactuações subseqüentes à primeira, o interregno mínimo de um ano será contado a partir da data dos efeitos financeiros da última repactuação ocorrida.

11.2 Nas repactuações subsequentes, o interregno mínimo de um ano será contado a partir da data dos efeitos financeiros da última repactuação, independentemente da data em que formalizada.

ou

11.1 Visando à adequação aos novos preços de mercado e desde que observado o interregno mínimo de um ano contado a partir da data do orçamento a que a proposta referir-se, o preço consignado no contrato será repactuado, competindo ao contratado justificar e comprovar a variação dos custos, apresentando memória de cálculo e planilhas apropriadas para análise e posterior aprovação da contratante, na forma do art. 5º do Decreto nº 2.271/97.

11.1.1 Será adotada como data do orçamento a que a proposta referir-se, a data do acordo, convenção, dissídio coletivo de trabalho ou equivalente, que estipular o salário vigente à época da apresentação da proposta, vedada a inclusão, por ocasião da repactuação, de antecipações e de benefícios não previstos originariamente. (tratando-se de prestação de serviços contínuos)

11.2 Nas repactuações subsequentes, o interregno mínimo de um ano será contado a partir da data dos efeitos financeiros da última repactuação, independentemente da data em que formalizada.

ou

11 – *DO REAJUSTE*[53]

11.1 O preço consignado no contrato será corrigido anualmente, observado o interregno mínimo de um ano, contado a partir da data limite para a apresentação da proposta, pela variação do IPCA. (como exemplos, locação de máquinas fotocopiadoras, prestação de serviços de transporte de cargas)

11.2 Nos reajustes subsequentes, o interregno mínimo de um ano será contado a partir da data dos efeitos financeiros do último reajuste, independentemente da data em que formalizado.

ou

11 – *DA IRREAJUSTABILIDADE DO VALOR CONTRATUAL*[39]

11.1 O preço consignado no contrato será irreajustável. (tratando-se de serviços de natureza não contínua, cuja vigência seja limitada ao término do exercício financeiro)

12 – *DO PRAZO PARA A EXECUÇÃO, DA FISCALIZAÇÃO DA EXECUÇÃO, E DO RECEBIMENTO DO OBJETO* (*dependerá da forma de execução contratada*)

> 12.1 este item deverá estabelecer local, prazos para início e conclusão dos serviços, como determina o art. 40, inciso II, da Lei nº 8.666/93, em conformidade com o estabelecido no termo de referência.[55]

12.2 Concluída a prestação, o serviço será recebido, provisoriamente, pelo responsável por seu acompanhamento e fiscalização, mediante termo circunstanciado, assinado pelas partes, em ..... (........) dias da ....[56]

12.3 Os serviços prestados poderão ser rejeitados, no todo ou em parte, quando em desacordo com as especificações constantes do termo de referência, devendo ser refeito/corrigido/substituído no prazo de ...., às custas do contratado, sob pena de aplicação das penalidades previstas neste edital.

12.4 *Os serviços serão recebidos, definitivamente, por servidor ou comissão designada, mediante termo circunstanciado, assinado pelas partes, no prazo de .... após o decurso do prazo de ...., destinado à observação ou vistoria que comprove a adequação do objeto executado aos requisitos exigidos no edital.*[57]

12.5 *Este(a) .... (órgão ou entidade pública licitante) designará servidor que será o responsável pelo acompanhamento e fiscalização da execução do contrato, procedendo ao registro das ocorrências e adotando as providências necessárias ao seu fiel cumprimento.*

12.6 *O adjudicatário deverá indicar um preposto para representá-lo perante a administração durante a execução do contrato.*[58]

ou

12 – DO PRAZO PARA A EXECUÇÃO, DA FISCALIZAÇÃO DA EXECUÇÃO, E DO RECEBIMENTO DO OBJETO (*tratando-se de serviços contínuos, como limpeza e conservação, vigilância*)

12.1 *este item deverá estabelecer o local em que serão prestados os serviços, o prazo para início das atividades e a periodicidade da execução (por exemplo, mensal), como determina o art. 40, inciso II, da Lei nº 8.666/93, em conformidade com o estabelecido no termo de referência.*[55]

12.2 *Este(a) .... (órgão ou entidade pública licitante) designará servidor que será o responsável pelo acompanhamento e fiscalização da execução do contrato, procedendo ao registro das ocorrências e adotando as providências necessárias ao seu fiel cumprimento.*

12.3 *O adjudicatário deverá indicar um preposto para representá-lo perante a administração durante a execução do contrato.*[58]

13 – DO PAGAMENTO[59] [60]

13.1 *O pagamento será efetuado no prazo de até ...., mediante a apresentação do documento fiscal competente (nota fiscal/fatura), devidamente aprovado, correspondente ao serviço efetivamente executado, verificado e aceito pela contratante.*

ou

13.1 *O pagamento será efetuado até ...., contados a partir da data final do período de adimplemento de cada parcela, mediante a apresentação do documento fiscal competente (nota fiscal/fatura), devidamente aprovado, correspondente ao serviço efetivamente executado, verificado e aceito pela contratante.*

ou

13.1 *O pagamento será efetuado até o ...... dia do mês* subsequente *à prestação dos serviços, mediante a apresentação do documento fiscal competente (nota fiscal/fatura), devidamente aprovado, correspondente ao serviço efetivamente executado, verificado e aceito pela contratante.*

13.1.1 Os pagamentos decorrentes de despesas cujos valores não ultrapassem o limite de que trata o inciso II do art. 24 da Lei nº 8.666/93, deverão ser efetuados no prazo de até 5 (cinco) dias úteis, contados da data da apresentação da Nota Fiscal, nos termos do art. 5º, §3º, da mesma Lei.

13.2 O pagamento será efetuado por meio de Ordem Bancária de Crédito, mediante depósito em conta corrente, na agência e estabelecimento bancário indicado pelo contratado.

13.3 *Antes de cada pagamento, a contratante exigirá a comprovação do cumprimento regular e integral das obrigações decorrentes da relação de emprego que a contratada mantém com os empregados em exercício no .... (órgão ou entidade contratante).*[61]

13.4 Antes de cada pagamento, a contratante verificará a regularidade fiscal do contratado no SICAF.

13.5 Na hipótese de atraso de pagamento, desde que este não decorra de ato ou fato atribuível ao contratado, aplicar-se-á o índice do IPCA *pro rata diem*, a título de compensação financeira, que será o produto resultante do mesmo índice do dia anterior ao pagamento, multiplicado pelo número de dias de atraso do mês correspondente, repetindo-se a operação a cada mês de atraso. A exigibilidade do valor não solvido tem início no dia seguinte ao término do prazo fixado para pagamento.

13.6 Por eventuais atrasos injustificados no pagamento devido ao contratado, este fará jus a juros moratórios de 6% ao ano.

13.7 Quando de rescisão contratual, a contratante verificará o pagamento, pelo contratado, das verbas rescisórias referentes aos empregados em exercício no .... (órgão ou entidade contratante), ou a comprovação de que os empregados serão realocados em outra atividade de prestação de serviços, sem interrupção do contrato de trabalho.

13.8 No caso de incorreção nos documentos apresentados, inclusive na Nota Fiscal/Fatura, a contratante os restituirá ao contratado para as retificações necessárias, no prazo de .... (.....) dias, devendo ser reapresentados no mesmo prazo, não respondendo a contratante por quaisquer encargos resultantes de atrasos na liquidação dos pagamentos correspondentes a esses documentos.

14 – DAS SANÇÕES ADMINISTRATIVAS

14.1 O não cumprimento das obrigações assumidas em razão deste procedimento e das obrigações contratuais, sujeitará o(s) licitante(s) adjudicatário(s), garantida a prévia defesa, às seguintes sanções:

14.1.1 advertência;

14.1.2 por atraso injustificado na execução do objeto, será aplicada multa de ....% por dia de atraso, incidente sobre o valor da parcela inadimplida da obrigação, limitada a 30 (trinta) dias, a partir dos quais dará motivo a rescisão contratual. Contar-se-á o prazo a partir do estipulado nos itens .... (*que tratam do início do prazo execução dos serviços e prazo para conclusão dos serviços*), deste edital ou findo o prazo concedido ao refazimento/substituições/correções dos serviços, previsto no item .... (*que trata do prazo para refazer, substituir, corrigir os serviços*), quando o objeto estiver em desacordo com as especificações exigidas;

14.1.3 multa de 10% (dez por cento) sobre o valor da parcela inadimplida, na hipótese de qualquer outra forma de inexecução das obrigações assumidas;

14.1.4 suspensão temporária de participação em licitação e impedimento de contratar com o(a) .... (*órgão ou entidade licitante*), por prazo não superior a 2 (dois) anos, nas hipóteses de execução irregular, atrasos ou inexecução de que resulte prejuízo para o serviço;

14.1.5 declaração de inidoneidade para licitar ou contratar com a administração pública, enquanto perdurarem os motivos determinantes da punição ou até que seja promovida a reabilitação, perante a autoridade que aplicou a penalidade, nas hipóteses em que a execução irregular, os atrasos ou a inexecução associem-se à prática de ilícito penal;

14.1.6 o adjudicatário que, convocado dentro do prazo de validade da sua proposta, não celebrar o contrato, deixar de entregar documentação exigida para o certame ou apresentar documentação falsa, ensejar o retardamento da execução do objeto, não mantiver a proposta, falhar ou fraudar na execução do contrato, comportar-se de modo inidôneo no cumprimento das obrigações contratadas ou cometer fraude fiscal, ficará impedido de licitar e contratar com a União e será descredenciado no SICAF pelo prazo de até 5 (cinco) anos, sem prejuízo das multas previstas neste edital e no contrato, bem como das demais cominações legais;

14.1.7 em decorrência da não regularização da sitação fiscal (*e/ou trabalhista*) pela entidade de menor porte, no prazo fixado neste edital, será aplicada multa de ..... % (..... *por cento*) sobre o valor do item da licitação.

> *A Lei Complementar nº 155/16 alterou a Lei Complementar nº 123/06. De acordo com o art. 43 deste último diploma, "as microempresas e as empresas de pequeno porte, por ocasião da participação em certames licitatórios, deverão apresentar toda a documentação exigida para efeito de comprovação de regularidade fiscal e trabalhista, mesmo que esta apresente alguma restrição". O prazo especial para a regularização da situação trabalhista, conforme art. 11 da Lei Complementar nº 155/16, terá início a partir de 1º de janeiro de 2018.*

14.2 As sanções de multas poderão ser aplicadas concomitantemente com as demais, facultada a defesa prévia do interessado no prazo de cinco dias úteis, contados a partir da data em que tomar ciência da imputação.

14.3 *O valor da multa aplicada será descontado da garantia que houver sido prestada; se for superior ao valor desta, além de sua perda responderá o contratado pela diferença, que será descontada de eventuais créditos que tenha em face da contratante, sem embargo desta rescindir o contrato e/ou cobrá-lo judicialmente. [se houver garantia]*

ou

14.3 *O valor da multa aplicada será descontado de eventuais créditos que tenha em face da contratante, sem embargo desta rescindir o contrato e/ou cobrá-lo judicialmente.*

14.4 As penalidades serão obrigatoriamente registradas no Sistema de Cadastramento de Fornecedores – SICAF.

15 – DA GARANTIA DE EXECUÇÃO

15.1 *Como garantia das obrigações assumidas, conforme disposto no art. 56, da Lei nº 8.666/93, o adjudicatário, no ato da assinatura do Termo de Contrato comprovará a prestação de garantia correspondente a 5% (cinco por cento) do valor do contrato, sendo liberada após o término da sua vigência.*

15.2 *Se o valor da garantia for utilizado em pagamento de qualquer obrigação, o adjudicatário obriga-se a fazer a respectiva reposição no prazo máximo de .... (...........) dias úteis contados da data em que for notificado.*

15.3 *O fato de o adjudicatário não prestar a garantia ou prestá-la incorretamente, importará inexecução de obrigação, aplicando-se as penalidades previstas neste edital.*

ou

15.1 *Como garantia das obrigações assumidas, conforme disposto no art. 56, da Lei nº 8.666/93, o contratado, no prazo de .... da data da assinatura do Termo de Contrato, comprovará a prestação de garantia correspondente a 5% (cinco por cento) do valor do contrato, sendo liberada após o término da sua vigência.*

15.2 *A inobservância do prazo fixado para apresentação da garantia acarretará a aplicação de multa de 0,07% (sete centésimos por cento) do valor do contrato por dia de atraso, até o máximo de 2% (dois por cento).*

15.3 *O atraso superior a 25 (vinte e cinco) dias autoriza a administração contratante a promover a rescisão do contrato por descumprimento de obrigação, conforme dispõem os incisos I e II do art. 78 da Lei nº 8.666/93.*

15.4 *A validade da garantia, qualquer que seja a modalidade escolhida, deverá abranger um período de mais 3 (três) meses após o término da vigência contratual.*

15.5 *A garantia assegurará, qualquer que seja a modalidade escolhida, o pagamento de:*

15.5.1 *prejuízos advindos do não cumprimento do objeto do contrato;*

15.5.2 *prejuízos diretos causados à administração decorrentes de culpa ou dolo durante a execução do contrato;*

15.5.3 *multas moratórias e punitivas aplicadas pela administração à contratada; e*

15.5.4 *obrigações trabalhistas e previdenciárias de qualquer natureza, não adimplidas pela contratada, quando couber.*

15.6 A modalidade seguro-garantia somente será aceita se contemplar todos os eventos indicados no item anterior, mencionados no art. 19, XIX, b da IN SLTI/MPOG 02/2008, observada a legislação que rege a matéria.

15.7 A garantia em dinheiro deverá ser efetuada em favor da administração contratante, em conta específica na Caixa Econômica Federal, com correção monetária.

15.8 No caso de alteração do valor do contrato, ou prorrogação de sua vigência, a garantia deverá ser readequada ou renovada nas mesmas condições.

15.9 Se o valor da garantia for utilizado total ou parcialmente em pagamento de qualquer obrigação, a contratada obriga-se a fazer a respectiva reposição no prazo máximo de .... (......) dias úteis, contados da data em que for notificada.

15.10 A administração contratante executará a garantia na forma prevista na legislação que rege a matéria.

15.11 Será considerada extinta a garantia:

15.11.1 com a devolução da apólice, carta fiança ou autorização para o levantamento de importâncias depositadas em dinheiro a título de garantia, acompanhada de declaração da administração contratante, mediante termo circunstanciado, de que a contratada cumpriu todas as cláusulas do contrato;

15.11.2 no prazo de 90 (noventa) após o término da vigência, caso a administração contratante não comunique a ocorrência de sinistros.

16 – DAS DISPOSIÇÕES GERAIS

16.1 Não havendo expediente ou sobrevindo fato que impeça a realização do certame na data marcada, a sessão será automaticamente transferida para o primeiro dia útil subseqüente, no mesmo horário anteriormente estabelecido, desde que não haja comunicação em contrário, pelo pregoeiro.

16.2 No julgamento da habilitação e das propostas, o pregoeiro poderá sanar erros ou falhas que não alterem a substância e a integridade das propostas e dos documentos de habilitação, mediante despacho fundamentado, registrado em ata e acessível a todos, atribuindo-lhes validade e eficácia para fins de habilitação e classificação.

16.3 A homologação do procedimento desta licitação não implicará direito à contratação.

16.4 As normas disciplinadoras da licitação serão sempre interpretadas em favor da ampliação da disputa entre os interessados, desde que não comprometam o interesse da administração, o princípio da isonomia, a finalidade e a segurança da contratação.

16.5 A autoridade competente para aprovação do procedimento licitatório somente poderá revogá-lo em face de razões de interesse público, por motivo de fato superveniente devidamente comprovado, pertinente e suficiente para justificar tal conduta, devendo anulá-lo por ilegalidade, de ofício ou por provocação de qualquer pessoa, mediante ato escrito e fundamentado. A anulação do procedimento licitatório induz a do contrato. Os licitantes não terão direito à indenização em decorrência da anulação do procedimento licitatório, ressalvado o direito do contratado de boa-fé de ser ressarcido pelos encargos que tiver suportado no cumprimento do contrato.

16.6 O contratado poderá subcontratar parte dos serviços, segundo as condições e observados os limites estabelecidos no termo de referência. [79]

ou

16.6 O contratado não poderá subcontratar, transferir ou ceder a terceiro, no todo ou em parte, o objeto do contrato.

16.7 Quaisquer informações complementares sobre o presente edital e seus anexos, inclusive para examinar e adquirir o termo de referência, poderão ser obtidas no(a) endereço eletrônico .... ou no endereço postal ...., pelos e-mails ...., ou pelos telefones ....

16.8 Para registro no Sistema de Cadastramento Unificado de Fornecedores – SICAF, o licitante deverá acessar o endereço eletrônico .... Para credenciar-se, obter a chave de identificação e senha, o endereço eletrônico do provedor é ....

16.9 Integram este edital, para todos os fins e efeitos, os seguintes anexos:

ANEXO I – termo de referência;

ANEXO II – minuta de termo de contrato;

ANEXO III – modelo de planilha de composição de preços.[62]

ANEXO....

...., ... de .... de 200.....

Assinatura[43]

2.2.1 Termo de contrato (prestação de serviços)

TERMO DE CONTRATO DE PRESTAÇÃO DE SERVIÇOS Nº ..../.... QUE FAZEM ENTRE SI O(A) .... E A EMPRESA ....
....

O(A) .... (*órgão ou entidade pública contratante*), com sede no(a) ...., na cidade de .... /UF, inscrito(a) no CNPJ sob o nº ...., neste ato representada pelo .... (*cargo e nome*), nomeado(a) pela Portaria nº ...... de ..... de .... de 200..., publicada no *DOU* de ..... de .... de 20....., inscrito(a) no CPF sob o nº ...., portador(a) da Carteira de Identidade nº ...., doravante denominada CONTRATANTE, e o(a) ...., inscrito(a) no CNPJ/MF sob o nº ...., sediado(a) na ...., em ...., doravante designado CONTRATADO, neste ato representado pelo Sr.(a) ...., portador(a) da Carteira de Identidade nº ...., expedida pela(o) ...., e do CPF nº ...., tendo em vista o que consta no Processo nº ...., e com observância do disposto na Lei nº 10.520, de 17 de julho de 2002, e na Lei nº 8.666, de 21 de junho de 1993, e suas alterações posteriores, resolvem celebrar o presente Termo de Contrato, decorrente do Pregão nº ..../200...., mediante as cláusulas e condições que se enunciam a seguir.

CLÁUSULA PRIMEIRA – OBJETO

O CONTRATADO obriga-se a prestar o(s) serviço(s) de ...., indicados(as) no(s) item(ns) .... do termo de referência constante do mencionado Processo Administrativo, na conformidade do edital de licitação nº ..../...., que integram este termo, independentemente de transcrição, para todos os modos, fins e efeitos legais.

CLÁUSULA SEGUNDA – OBRIGAÇÕES DA CONTRATANTE

São obrigações da CONTRATANTE:

a) exigir o cumprimento de todos os compromissos assumidos pelo CONTRATADO, de acordo com as condições estabelecidas no termo de referência e os termos de sua proposta;

b) pagar ao CONTRATADO o valor resultante da prestação dos serviços, na forma e no prazo estabelecido neste Termo de Contrato;

c) notificar o CONTRATADO, por escrito, sobre imperfeições, falhas ou irregularidades constatadas nos serviços prestados, para que sejam adotadas as medidas corretivas necessárias;

d) permitir o livre acesso dos empregados do CONTRATADO para execução dos serviços;

e) prestar informações e esclarecimentos que venham a ser solicitados pelo preposto do CONTRATADO;

f) colocar à disposição do CONTRATADO local para guarda de uniformes e outros pertences, necessários ao bom desempenho dos serviços;

g) comunicar imediatamente ao CONTRATADO qualquer irregularidade ocorrida quando da prestação dos serviços;

h) promover, por seus representantes, o acompanhamento e a fiscalização dos serviços sob os aspectos quantitativos e qualitativos, anotando em registro próprio as falhas encontradas e comunicando ao CONTRATADO as ocorrências de quaisquer fatos exigentes de medidas corretivas;

i) exigir do CONTRATADO, a qualquer tempo, documentação que comprove o correto e tempestivo pagamento de todos os encargos previdenciários, sociais, trabalhistas e tributários decorrentes da execução deste contrato.

PARÁGRAFO ÚNICO – VEDAÇÕES À CONTRATANTE

É vedado à CONTRATANTE ou aos seus agentes praticar atos de ingerência na administração do CONTRATADO, tais como:

a) exercer poder de mando sobre os empregados do CONTRATADO, devendo reportar-se somente aos prepostos ou responsáveis por ela indicados;

b) direcionar a contratação de pessoas para trabalhar na empresa contratada;

c) promover ou aceitar o desvio de funções dos trabalhadores do CONTRATADO, mediante a utilização destes em atividades distintas daquelas previstas no objeto da contratação e em relação à função específica para a qual o trabalhador foi contratado; e

d) considerar os trabalhadores do CONTRATADO como colaboradores eventuais da CONTRATANTE, especialmente para efeito de concessão de diárias e passagens.

> *A Secretaria de Gestão do Ministério do Planejamento, Orçamento e Gestão (SEGES/MP) orienta os gestores das áreas responsáveis pela condução dos processos licitatórios e das áreas responsáveis pela gestão dos contratos, inclusive os dos órgãos sob seu controle de atuação administrativa e financeira, nos termos do Decreto nº 7.203/10 (disponível em: http://www.comprasgovernamentais.gov.br) a:*
>
> *a) verificar se os contratos vigentes celebrados com empresas prestadoras de serviços terceirizados têm cláusula antinepotismo;*
>
> *b) em caso negativo, promover o aditamento dos contratos para sua inclusão; e*
>
> *c) inserir em todos os novos editais de licitação, assim como nos referentes a convênios e instrumentos equivalentes, a cláusula antinepotismo, nos termos do art. 7º do Decreto nº 7.203, de 2010.*

CLÁUSULA TERCEIRA – OBRIGAÇÕES DO CONTRATADO

São obrigações do CONTRATADO:

a) arcar com a responsabilidade civil por quaisquer danos materiais e pessoais causados por seus empregados, subordinados ou prepostos na execução dos serviços;

b) utilizar profissionais habilitados e com conhecimentos suficientes dos serviços a serem executados, bem como devidamente uniformizados e munidos de equipamentos necessários ao desempenho eficiente dos serviços, de conformidade com as normas em vigor;

c) apresentar ao fiscal da CONTRATANTE, quando do início das atividades, os empregados devidamente identificados, entregando-lhe relação nominal de que constem nome, endereço residencial, telefone, e atentando para a não utilização de mão de obra de menor;

d) responsabilizar-se pelo transporte ou custo de transporte de seus empregados, bem como pela alimentação e outros benefícios previstos na legislação trabalhista;

e) substituir, imediatamente, o empregado em caso de faltas, férias ou a pedido da administração, respondendo por quaisquer ocorrências no decorrer do período em que for constatada a sua ausência, reservando-se à CONTRATANTE o direito de autorizar ou não as eventuais substituições, mediante prévia comunicação ao CONTRATADO, no interesse do serviço;

f) prever a mão de obra necessária para garantir a prestação dos serviços, responsabilizando-se por todas as obrigações trabalhistas, sociais, previdenciárias, tributárias e as demais previstas em legislação específica;

g) manter disponibilidade de efetivo dentro dos padrões desejados, para atender a eventuais acréscimos solicitados pela CONTRATANTE;

h) relatar à CONTRATANTE toda e qualquer irregularidade observada nas instalações onde houver de prestar os serviços;

i) *não subcontratar, transferir ou ceder a terceiro, no todo ou em parte, o objeto do presente contrato; (de acordo com o item 16.6 do edital);*

ou

i) *subcontratar nas condições estabelecidas no termo de referência (de acordo com o item 16.6 do edital);*

j) executar os serviços descritos no edital com estrita observância das normas técnicas pertinentes;

l) comprovar, sempre que solicitado pela CONTRATANTE, a quitação das obrigações trabalhistas, sociais, previdenciária e tributárias relativas à execução deste contrato;

m) responsabilizar-se, integralmente, pelos serviços contratados, nos termos da legislação vigente;

n) manter disciplina nos locais de execução dos serviços, retirando, no prazo máximo de ..... (.........) após a notificação, qualquer empregado cuja conduta for considerada inadequada;

o) manter seu pessoal uniformizado e identificado mediante o uso de crachá individual, com fotografia recente;

p) indicar à CONTRATANTE o nome de seu preposto ou empregado para manter relacionamento com esta;

q) instruir a mão de obra quanto às necessidades de acatar as orientações do preposto, inclusive quanto ao cumprimento das Normas Internas e de Segurança e Medicina do Trabalho, e responsabilizar-se pelo cumprimento;

r) cumprir as normas legais de segurança vigentes, de âmbito federal, estadual ou municipal, bem como as de segurança expedidas pela CONTRATANTE;

s) exercer controle sobre a assiduidade e a pontualidade de seus empregados, substituindo qualquer deles, no caso de falta, ausência ou férias, de maneira a não prejudicar o andamento e a boa execução dos serviços;

t) manter, durante a execução contratual, todas as condições de habilitação e qualificação exigidas e comprovadas quando da licitação.

CLÁUSULA QUARTA – VIGÊNCIA

O prazo de vigência do contrato é o estabelecido no edital da licitação.

CLÁUSULA QUINTA – PREÇO

A CONTRATANTE pagará o valor mensal de R$..........................., perfazendo o montante anual de R$................................., nele incluídas todas as despesas necessárias à sua perfeita execução.

ou

A CONTRATANTE pagará o valor .... de R$........................, perfazendo o montante estimado .... (anual) de R$..., nele incluídas todas as despesas necessárias à sua perfeita execução.

CLÁUSULA SEXTA – DOTAÇÃO ORÇAMENTÁRIA

As despesas decorrentes desta contratação estão programadas em dotação orçamentária própria, prevista no orçamento da União, para o exercício de 20..., na classificação abaixo:
PROGRAMA DE TRABALHO:
NATUREZA DE DESPESA:
NOTA DE EMPENHO: EMITIDA EM:

CLÁUSULA SÉTIMA – *GARANTIA (desde que prevista no edital)*[45]

As condições referentes à prestação da garantia são as previstas no edital da licitação.

CLÁUSULA *OITAVA – PRAZOS (dependerá do regime de execução do objeto)*

Os prazos previstos para o início, conclusão e periodicidade da prestação dos serviços são os estipulados no edital.

CLÁUSULA NONA – PAGAMENTO *(em conformidade com o edital)*

Os prazos e condições referentes ao pagamento são os estabelecidos no edital da licitação.

CLÁUSULA DÉCIMA – *REPACTUAÇÃO (em conformidade com o edital)*

As condições aplicáveis à repactuação do valor contratual são as previstas no edital da licitação.

ou

As condições aplicáveis ao reajuste do valor contratual são as previstas no edital da licitação.

CLÁUSULA DÉCIMA PRIMEIRA – VÍNCULO EMPREGATÍCIO

Os empregados, subordinados e preposto do CONTRATADO não terão qualquer vínculo de natureza empregatícia com a CONTRATANTE.

CLÁUSULA DÉCIMA SEGUNDA – RESPONSABILIDADE CIVIL

O CONTRATADO responderá por quaisquer danos ou prejuízos pessoais ou materiais que seus empregados, subordinados ou preposto, em razão de omissão dolosa ou culposa, venham a causar aos bens da CONTRATANTE em decorrência da prestação dos serviços, incluindo-se, também, os danos materiais ou pessoais a terceiros, a que título for.

CLÁUSULA DÉCIMA TERCEIRA – ÔNUS E ENCARGOS

Todos os ônus ou encargos referentes à execução deste contrato, que se destinem à realização dos serviços, a locomoção de pessoal, seguros de acidentes, impostos, taxas, contribuições previdenciárias, encargos trabalhistas e outros que forem devidos em razão dos serviços, ficarão totalmente a cargo do CONTRATADO.

CLÁUSULA DÉCIMA QUARTA – SANÇÕES ADMINISTRATIVAS

As sanções administrativas aplicáveis em razão da inexecução ou execução parcial das obrigações contratuais são as previstas no edital da licitação.

CLÁUSULA DÉCIMA QUINTA – RESCISÃO

O presente termo de contrato poderá ser rescindido nas hipóteses previstas no art. 78, com as consequências indicadas no art. 80, sem prejuízo das sanções previstas na Lei nº 8.666/93 e neste contrato.

PARÁGRAFO ÚNICO – Os casos de rescisão contratual serão formalmente motivados nos autos do Processo, assegurado o direito à prévia e ampla defesa.

CLÁUSULA DÉCIMA SEXTA – DIREITOS DA CONTRATANTE NO CASO DE RESCISÃO

O CONTRATADO reconhece os direitos da CONTRATANTE em caso de rescisão administrativa prevista no art. 77 da Lei nº 8.666/93.

DÉCIMA SÉTIMA – CONDIÇÕES DE HABILITAÇÃO E QUALIFICAÇÃO

Obriga-se o CONTRATADO a manter, durante toda a execução do contrato, em compatibilidade com as obrigações assumidas, todas as condições de habilitação e qualificação exigidas no edital.

CLÁUSULA DÉCIMA OITAVA – ALTERAÇÃO
O CONTRATADO fica obrigado a aceitar os acréscimos ou supressões que se fizerem necessários, na forma do estatuído no art. 65, §1º, da Lei nº 8.666/93.

CLÁUSULA DÉCIMA NONA – PUBLICAÇÃO
Incumbirá à CONTRATANTE providenciar a publicação deste instrumento, por extrato, no Diário Oficial da União, no prazo previsto em lei.

CLÁUSULA VIGÉSIMA – FORO
O Foro para solucionar os litígios que decorrerem da execução deste Termo de Contrato será o da Justiça ....[48]

CLÁUSULA VIGÉSIMA PRIMEIRA – VALOR DO CONTRATO
O valor do presente Contrato é de R$..
Para firmeza e validade do pactuado, o presente termo de contrato foi lavrado em três vias de igual teor, que, depois de lido e achado em ordem, vai assinado pelos contraentes.

...., ... de.. de 200.....

Assinaturas

2.3 Edital pregão presencial – Compra

ÓRGÃO OU ENTIDADE PÚBLICA
PREGÃO PRESENCIAL Nº ....../20..[2]
(Processo Administrativo nº ....)

1 – PREÂMBULO[3]
1.1 Torna-se público, para conhecimento dos interessados, que o(a) .... (*órgão ou entidade pública licitante*), por meio do(a) .... (*setor responsável pelas licitações*),[4] sediado(a) .... (*endereço*) realizará licitação, na modalidade PREGÃO, na forma PRESENCIAL – tipo *menor preço global, menor preço por item ou menor preço por grupo*, nos termos da Lei nº 10.520, de 17 de julho de 2002, do Decreto nº 3.555, de 8 de agosto de 2000, do Decreto nº 3.722, de 09 de janeiro de 2001, da Instrução Normativa SLTI/MPOG nº 02, de 11 de outubro de 2010, da Lei Complementar nº 123, de 14 de dezembro de 2006, da Lei nº 11.488, de 15 de junho de 2007, do Decreto nº 8.538, de 06 de outubro de 2015, *do Decreto nº 7.546, de 02 de agosto de 2011*, das condições estabelecidas neste instrumento convocatório e seus anexos, com aplicação subsidiária da Lei nº 8.666, de 21 de junho de 1993.

1.2 Às .... horas do dia .... de .... de 20..., no(a) .... (*indicar o local da sessão*), terá início o credenciamento dos licitantes. Às .... horas, na mesma data, ou quando da finalização do credenciamento, será aberta a sessão pública do pregão, com o recebimento da declaração prevista no art. 4º, inciso VII, da Lei nº 10.520/02, anexo ......, e quando se tratar de microempresa, empresa de pequeno porte ou cooperativa, da declaração constante no anexo ...., bem como dos envelopes contendo as propostas e os documentos de habilitação, não sendo admitida a participação de novos licitantes.[70]

2 – DO OBJETO
2.1 o objeto da presente licitação é a escolha da proposta mais vantajosa para o fornecimento de ...., conforme condições, quantidades e exigências estabelecidas no item .... do termo de referência.

3 – DAS CONDIÇÕES PARA PARTICIPAÇÃO

3.1. poderão participar deste Pregão entidades empresariais cuja atividade seja compatível com o objeto desta licitação:[65]

3.1.1 cadastradas no SICAF nos níveis habilitação jurídica e regularidades fiscal e trabalhista ou não cadastradas nesses níveis do sistema desde que apresentem os documentos relacionados neste edital, no prazo estabelecido, por meio do envelope nº 2 (DOCUMENTAÇÃO);

3.2 não poderão participar desta licitação:

3.2.1 entidades proibidas de participar de licitações e celebrar contratos administrativos, na forma da legislação vigente;

3.2.2 entidades declaradas suspensas de participar de licitações e impedidas de contratar com .... (*órgão ou a entidade responsável pela licitação*), conforme art. 87, inciso III, da Lei nº 8.666/93;

3.2.3 entidades empresariais estrangeiras que não tenham representação legal no Brasil com poderes expressos para receber citação e responder administrativa ou judicialmente;

3.2.4 quaisquer interessados que se enquadrem nas vedações previstas no artigo 9º da Lei nº 8.666/93; e[12]

3.2.5 entidades empresariais que estejam em processo de falência ou de dissolução.

> *A Segunda Turma do Superior Tribunal de Justiça decidiu que empresas em recuperação judicial têm o direito de participar de licitações (AgRg na MC nº 23.499/RS, Rel. Min. Humberto Martins, DJe 19.12.2014)*

> *Observar que item ou grupo da licitação de valor até R$80.000,00 (oitenta mil reais), em regra, deve ser exclusivo à participação de entidades de menor porte (microempresa, empresa de pequeno porte e sociedade cooperativa).*
>
> *Dispõe a Lei Complementar nº 123/06 que:*
>
> *Art. 47. Nas contratações públicas da administração direta e indireta, autárquica e fundacional, federal, estadual e municipal, deverá ser concedido tratamento diferenciado e simplificado para as microempresas e empresas de pequeno porte objetivando a promoção do desenvolvimento econômico e social no âmbito municipal e regional, a ampliação da eficiência das políticas públicas e o incentivo à inovação tecnológica.*
>
> *Parágrafo único. No que diz respeito às compras públicas, enquanto não sobrevier legislação estadual, municipal ou regulamento específico de cada órgão mais favorável à microempresa e empresa de pequeno porte, aplica-se a legislação federal.*
>
> *Art. 48. Para o cumprimento do disposto no art. 47 desta Lei Complementar, a administração pública:*
>
> *I – deverá realizar processo licitatório destinado exclusivamente à participação de microempresas e empresas de pequeno porte nos itens de contratação cujo valor seja de até R$80.000,00 (oitenta mil reais); (grifamos)*
>
> *Assim, ainda, no âmbito do Decreto federal nº 8.538/15:*
>
> *Art. 6º Os órgãos e as entidades contratantes deverão realizar processo licitatório destinado exclusivamente à participação de microempresas e empresas de pequeno porte nos itens ou lotes de licitação cujo valor seja de até R$80.000,00 (oitenta mil reais).*
>
> *[...]*
>
> *Art. 9º Para aplicação dos benefícios previstos nos arts. 6º a 8º:*
>
> *I – será considerado, para efeitos dos limites de valor estabelecidos, cada item separadamente ou, nas licitações por preço global, o valor estimado para o grupo ou o lote da licitação que deve ser considerado como um único item;*

4 – DO CREDENCIAMENTO E DA REPRESENTAÇÃO

4.1 Os licitantes que desejarem manifestar-se durante as fases do procedimento licitatório deverão estar devidamente representados por:[66]

4.1.1 titular da entidade licitante, devendo apresentar cédula de identidade, acompanhada do registro comercial, no caso de empresa individual; contrato social em vigor no caso de sociedades comerciais, estatuto, no caso de sociedades por ações, acompanhado de documentos de eleição de seus administradores, inscrição do ato constitutivo, no caso de sociedades civis, acompanhada de prova de diretoria em exercício e ata de fundação e estatuto (com ata de assembleia de aprovação), no caso de cooperativas;[67]

4.1.2 quando se tratar de representante designado pelo licitante, este deverá apresentar instrumento particular de procuração, carta de preposto ou carta de credenciamento (com firma reconhecida de quem detenha poderes para outorgar o credenciamento), com poderes para formulação de propostas em lances verbais, para interposição de recursos, bem como para a prática de todos os demais atos inerentes ao certame, acompanhado do registro comercial, no caso de empresa individual; contrato social em vigor no caso de sociedades comerciais, estatuto, no caso de sociedades por ações, acompanhado de documentos de eleição de seus administradores; inscrição do ato constitutivo, no caso de sociedades civis, acompanhada de prova de diretoria em exercício e ata de fundação e estatuto (com ata de assembleia de aprovação) no caso de cooperativas.[67]

4.2 Serão admitidos os representantes cadastrados como tais no SICAF.

4.3 Somente será aceita a efetiva participação de 1 (um) representante de cada licitante.

4.4 Cada credenciado poderá representar um único licitante.

4.5 O registro comercial, estatuto, contrato social, ata de fundação e estatuto poderão ser apresentados em original, por qualquer processo de cópia reprográfica, autenticada por tabelião de notas ou junta comercial, ou por servidor da administração, após conferência com os originais.

4.6 O licitante pode apresentar os documentos de credenciamento gerados por meio de fac-símile (fax) ou outro meio eletrônico. Nessa hipótese, será colhida declaração do representante, com indicação da sua cédula de identidade, de que o documento é verídico, assumindo o ônus de responder pela falsidade da declaração. No mesmo ato será notificado para que encaminhe os documentos, na forma do item ...., no prazo de ....

5 – DA APRESENTAÇÃO DO ENVELOPE CONTENDO A PROPOSTA DE PREÇO (ENVELOPE Nº 1) E OS DOCUMENTOS DE HABILITAÇÃO (ENVELOPE Nº 2)

5.1 Não serão aceitos documentos de habilitação e proposta remetidos via fac-símile (fax) ou e-mail, admitindo-se o envio de tais documentos via postal, desde que dentro de envelopes devidamente fechados e recebidos até a data e horários estabelecidos neste ato convocatório para abertura da sessão.

5.2 Os envelopes deverão estar devidamente fechados e rubricados no seu fecho, contendo em sua parte externa os seguintes dizeres:

ENVELOPE Nº 1
PROPOSTA DE PREÇO
ÓRGÃO OU ENTIDADE LICITANTE
PREGÃO PRESENCIAL Nº ..../200..
(RAZÃO SOCIAL DO PROPONENTE)
(CNPJ)

ENVELOPE Nº 2
DOCUMENTOS DE HABILITAÇÃO
ÓRGÃO OU ENTIDADE LICITANTE
PREGÃO PRESENCIAL Nº ..../200..
(RAZÃO SOCIAL DO PROPONENTE)
(CNPJ)

5.3 O licitante deverá entregar declaração com ciência de que cumpre plenamente os requisitos de habilitação, conforme formulário modelo do anexo ...... separadamente dos envelopes contendo a proposta de preço e os documentos de habilitação.[68]

5.3.1 microempresas, empresas de pequeno porte e cooperativas participantes deverão apresentar, também, separadamente dos envelopes, declaração de que não ultrapassaram o limite de faturamento e de que cumprem os requisitos estabelecidos no art. 3º da Lei Complementar nº 123/06, estando aptas a usufruírem do tratamento favorecido estabelecido nos arts. 42 ao 49 da referida Lei Complementar, conforme modelo do anexo ....

5.4 Será permitido ao representante credenciado, presente à sessão, o preenchimento das declarações, caso não as entregue juntamente com os envelopes contendo a proposta de preços e os documentos de habilitação, cujos formulários padronizados serão entregues pelo pregoeiro ou equipe de apoio.

5.5 Os licitantes que remeterem os envelopes por via postal, deverão proceder da seguinte forma: dentro de envelope (sobrecarta) com a indicação deste(a) .... (*órgão ou entidade licitante*), endereço completo, modalidade licitatória e número, constarão:

a) a declaração do item 5.3 (anexo ....);

b) sendo microempresas, empresas de pequeno porte e cooperativas, a declaração do item 5.3.1 (anexo .....); e

c) os dois envelopes fechados, o da proposta e o da documentação.

5.5.1 a equipe de apoio ou pregoeiro inicia abrindo a sobrecarta, retirando as declarações e os dois envelopes fechados, exibindo-os aos licitantes presentes à sessão.

5.6 A não entrega da declaração do item 5.3, a entrega de declaração com conteúdo diverso do apresentado no formulário anexo a este edital ou sem assinatura, obstará o acesso ao certame, impossibilitando a abertura dos envelopes.

5.7 A ausência da declaração prevista no item 5.3.1 apenas produzirá o efeito de a microempresa, empresa de pequeno porte ou cooperativa participar da licitação em igualdade de condições com as entidades de maior porte, ou seja, não terá direito ao tratamento favorecido previsto na Lei Complementar nº 123/06, nem poderá invocá-lo.

6 – REQUISITOS DA PROPOSTA DE PREÇO

6.1 Aberta a sessão, conferidas as declarações de que tratam os itens 5.3 e 5.3.1 e recebidos os envelopes, prosseguir-se-á com a abertura dos envelopes contendo as propostas de preços e análise dos requisitos exigidos neste edital.

6.2 A proposta de preço deverá ser apresentada por escrito, datilografada ou digitada, em uma via, contendo a razão social da empresa licitante, número da inscrição no Cadastro Nacional de Pessoas Jurídicas – CNPJ/MF, endereço completo e telefone, sem emendas, rasuras, entrelinhas ou ressalvas, com numeração e rubrica em suas folhas, com data e assinatura de quem tenha poderes para essa finalidade, contendo:

6.2.1 *especificação do item, contendo o preço unitário em Real (R$), em algarismos e por extenso, conforme modelo de proposta constante no anexo ....;*

ou

6.2.1 *especificação dos itens, contendo preços unitários de cada um, em Real (R$), em algarismos e por extenso, conforme modelo de proposta constante no anexo ....;*

6.2.2 *número do registro do(s) item(ns) .... no .... (órgão competente, quando for o caso);*[16]

6.2.3 *período de garantia do(s) item(ns), que não poderá ser inferior a ...., contado da data do recebimento definitivo;*[17]

ou

6.2.3 *prazo de validade do(s) item(ns), que não poderá ser inferior a ...., contado da data do recebimento definitivo;*[17]

6.2.4 *marca (se for o caso);*[18]

6.2.5 *modelo (se for o caso);*[18]

6.2.6 *número de série do(s) item(ns) (se for o caso);*[19]

6.2.7 *apresentação de prospectos, manuais ou outras informações fornecidas pelo fabricante (se for o caso);*

6.2.8 *certificado de ..... (se for o caso);*

6.2.9 *outras exigências, dependendo do objeto licitado.*

6.3 O pregoeiro aceitará que a proposta venha lançada em papel timbrado do licitante, desde que reproduza o conteúdo do formulário do anexo ....

6.4 Serão corrigidos automaticamente pelo pregoeiro quaisquer erros materiais de cálculo;

6.5 É facultada a indicação, na proposta, do banco, agência e número da conta corrente, para efeito de pagamento, podendo ser apresentados até a data da assinatura *do termo de contrato* ou *aceite do instrumento equivalente.*

6.6 Nos valores propostos estarão inclusos todos os custos operacionais, obrigações previdenciárias, trabalhistas, tributárias e quaisquer outros encargos que incidam direta ou indiretamente sobre os bens.

6.7 O prazo de validade da proposta será de .... *dias*, contados da data da sua apresentação.[71]

6.8 Prevalecerá o valor por extenso da proposta quando houver divergência entre este e o valor apresentado em algarismos.

7 – DO JULGAMENTO DAS PROPOSTAS DE PREÇOS

7.1 Serão desclassificadas as propostas que não atendam às exigências contidas neste edital, que sejam omissas ou que apresentem irregularidades ou defeitos capazes de dificultar o julgamento.[69]

7.2 As propostas escritas serão ordenadas em sequência crescente de preços.[64]

7.3 O pregoeiro classificará o autor da proposta de menor preço e aquelas que tenham apresentado propostas em valores sucessivos e superiores em até 10% relativamente à de menor preço.

7.4 Quando não forem verificadas, no mínimo, três propostas escritas de preços nas condições definidas no item anterior, o pregoeiro classificará as melhores propostas subsequentes, até o máximo de 3 (três), para que seus autores participem dos lances verbais, quaisquer que sejam os preços oferecidos nas propostas escritas.

7.5 O pregoeiro convidará individualmente os licitantes classificados, de forma sequencial, a apresentarem lances verbais, a partir do autor da proposta classificada de maior preço e os demais, em ordem decrescente de valor.[72]

7.6 Em caso de empate, proceder-se-á ao sorteio imediato, para a definição da ordem de apresentação de lances verbais.

7.7 *O intervalo mínimo de diferença de valor entre os lances será de ..... .*[73]

> Caso o edital da licitação não estabeleça o intervalo mínimo de diferença de valores entre os lances, é vedado ao pregoeiro fixá-lo no procedimento licitatório, em respeito aos princípios da vinculação ao instrumento convocatório e da ampla competitividade.

7.8 Será permitida a utilização de aparelhos celulares, exclusivamente para consultas, pelo período de .... minutos, após autorização do pregoeiro.[74]

7.9 A desistência em apresentar lance verbal, quando convocado pelo pregoeiro, implicará na exclusão do licitante da etapa de lances e na manutenção do último preço apresentado, para efeito de ordenação das propostas.

7.10 Encerrada a fase de lances por decisão do pregoeiro e classificadas as propostas em ordem crescente de preços, o procedimento será o que segue:

7.10.1 será assegurada às microempresas, empresas de pequeno porte e cooperativas que cumpram os requisitos estabelecidos no art. 3º da Lei Complementar nº 123/06, estando aptas a usufruírem do tratamento favorecido estabelecido nos arts. 42 ao 49 da referida Lei Complementar, como critério de desempate, preferência na contratação.

7.10.1.1 entende-se haver empate quando as ofertas apresentadas pelas microempresas, empresas de pequeno porte e cooperativas sejam iguais ou até cinco por cento superiores ao menor preço.

7.10.1.2 o disposto no item anterior somente se aplicará quando a melhor oferta válida não houver sido apresentada por microempresa, empresa de pequeno porte ou cooperativa.

7.11 A preferência de que trata o item 7.10.1 será concedida da seguinte forma:

7.11.1 ocorrendo o empate, a microempresa, empresa de pequeno porte ou a cooperativa melhor classificada poderá apresentar nova proposta no prazo máximo de cinco minutos por item em situação de empate, sob pena de preclusão.

7.11.2 não ocorrendo a contratação da microempresa, empresa de pequeno porte ou cooperativa, na forma do item precedente, serão convocadas as remanescentes que porventura se enquadrem na situação de empate, na ordem classificatória, para o exercício do mesmo direito.

7.12 No caso de equivalência dos valores apresentados pelas microempresas, empresas de pequeno porte e sociedades cooperativas que se encontrem em situação de empate, será realizado sorteio entre elas para que se identifique aquela que primeiro poderá apresentar melhor oferta.

7.13. Não se aplica o sorteio a que se refere o item anterior na situação em que os lances equivalentes não são considerados iguais, sendo classificados de acordo com a ordem de apresentação pelos licitantes.

7.14 Na hipótese de não se realizar a fase de lances em razão do não comparecimento de nenhuma licitante na sessão, será assegurado o exercício da preferência previsto no item 7.10.1 no prazo de ......, após notificação pelo pregoeiro.

7.15 A não contratação nos termos previstos no item 7.10.1 poderá ensejar a adjudicação do objeto licitado em favor da proposta classificada em primeiro lugar.

7.16 Para julgamento e classificação das propostas será adotado o critério estipulado no preâmbulo deste edital, observados os prazos máximos para o fornecimento do bem, as especificações técnicas e os parâmetros mínimos de desempenho e qualidade definidos no edital.7.17 *Caso não se realizem lances verbais, será verificada a compatibilidade entre a proposta escrita de menor preço e o valor estimado para a contratação.*

7.18 *O pregoeiro examinará o lance classificado em primeiro lugar quanto à compatibilidade do preço*[23] *em relação ao estimado para a contratação, devidamente justificado. Será desclassificado o lance vencedor que apresentar preço excessivo ou manifestamente inexequível,*[25] *assim considerado aquele que não venha a ter demonstrada sua viabilidade através de documentação que comprove que os custos são coerentes com os de mercado.*

ou

7.17 *Caso não se realizem lances verbais, será verificada a proposta escrita de menor preço e o valor máximo fixado para o item.*

7.18 Será desclassificado o lance vencedor com valor superior ao preço máximo[24] fixado no Termo de Referência ou que apresentar preço manifestamente inexequível,[25] assim considerado aquele que não venha a ter demonstrada sua viabilidade através de documentação que comprove que os custos são coerentes com os de mercado.

> Pode ser estipulado no edital, como critério de aceitabilidade da proposta, o maior percentual de desconto sobre o preço de tabela do produto.

7.19 Será aplicado o benefício da margem de preferência, conforme disposto no art. 3º, §§5º e 8º, da Lei nº 8.666/93, no art. 3º, §3º, do Decreto nº 7.546/11 e, ainda, no Decreto nº ....

> Quando houver propostas beneficiadas com as margens de preferência em relação ao produto estrangeiro, o critério de desempate será aplicado exclusivamente entre as propostas que fizerem jus às margens de preferência, conforme regulamento (art. 5º, §9º, I, do Decreto nº 8.538/15)

> Na aquisição de bens comuns de informática e automação, definidos no art. 16-A da Lei nº 8.248/91, deverá ser observado o direito de preferência estipulado no art. 3º da mesma Lei, conforme procedimento do Decreto nº 7.174/10, que regulamenta a contratação desse objeto no âmbito da administração pública federal, direta ou indireta, pelas fundações instituídas ou mantidas pelo Poder Público e pelas demais organizações sob o controle direto ou indireto da União. Sendo esse o caso, observar o que segue na elaboração do edital:[30]
>
> Ultrapassada a etapa referente à concessão do direito de preferência às entidades de menor porte, será observado pelo pregoeiro o seguinte procedimento:
>
> Classificação dos licitantes cujas propostas finais estejam situadas até dez por cento acima da melhor proposta válida, conforme o critério de julgamento, para a comprovação e o exercício do direito de preferência;
>
> Convocação dos licitantes classificados que detenham certificação de bens ou serviços com tecnologia desenvolvida no País e produzidos de acordo com o Processo Produtivo Básico (PPB), na forma definida pelo Poder Executivo Federal, na ordem de classificação, para que possam oferecer nova proposta ou novo lance para igualar ou superar a melhor proposta válida, caso em que será declarado vencedor do certame;
>
> Caso a preferência não seja exercida na forma do item anterior, por qualquer motivo, serão convocadas as empresas classificadas que detenham certificação de bens e serviços com tecnologia desenvolvida no País, na ordem de classificação, para a comprovação e o exercício do direito de preferência;
>
> Caso a preferência não seja exercida na forma do item anterior, por qualquer motivo, serão convocadas as empresas classificadas que detenham certificação de bens e serviços produzidos de acordo com o PPB, na forma definida pelo Poder Executivo Federal.
>
> Caso nenhuma empresa classificada venha a exercer o direito de preferência, segue-se com a negociação para obtenção de melhor proposta;
>
> As microempresas e empresas de pequeno porte que atendam ao disposto nos incisos do art. 5º do Decreto nº 7.174/10 terão prioridade no exercício do direito de preferência em relação às médias e grandes empresas enquadradas no mesmo inciso;
>
> Caso haja empresa licitante de menor porte – ME e EPP – detentora de certificação, a ordem de classificação, para a oferta de nova proposta ou lance que vise igualar ou superar a melhor proposta, é a que segue:
>
> Tecnologia no país + processo produtivo básico + ME e EPP
>
> Tecnologia no país + processo produtivo básico
>
> Tecnologia no país + ME e EPP
>
> Tecnologia no país
>
> Processo produtivo básico + ME e EPP
>
> Processo produtivo básico

7.20 Eventual empate entre propostas, o critério de desempate será aquele previsto no artigo 3º, §2º, da Lei nº 8.666/93.

7.21 Persistindo o empate, o critério de desempate será o sorteio, em ato público para o qual os licitantes serão convocados, vedado qualquer outro processo.

7.22 No caso de desclassificação de todas as propostas, o pregoeiro convocará os licitantes para, no prazo de 8 (oito) dias úteis, apresentarem novas propostas, escoimadas das causas de sua desclassificação.[75]

7.23 Não se considerará qualquer oferta de vantagem não prevista no objeto deste edital e seus anexos.

7.24 O pregoeiro negociará diretamente com o licitante que apresentar a menor proposta, em qualquer das hipóteses previstas neste edital a fim de obter melhor preço.

7.25 (...) *fixação de outra fase de lances para definir o segundo colocado.*[76]

8 – DA AMOSTRA[29]

8.1 *O pregoeiro solicitará do(s) licitante(s) classificado(s) em primeiro lugar amostra(s) do(s) item(ns) ...., que deverá(ão) ser apresentada(as) no prazo de .... a contar da data da solicitação, junto ao .... localizado na(o) ....
.... para conferência do produto com as especificações solicitadas no termo de referência, registrada em termo próprio;*

8.1.1 *se a(s) amostra(s) apresentada(s) pelo primeiro classificado não for aceitável o pregoeiro examinará a proposta do segundo classificado para análise de sua aceitabilidade. Seguir-se-á com a verificação da(s) amostra(s) e, assim, sucessivamente, até a verificação de uma que atenda às especificações do termo de referência.*

8.1.2 *as condições para a realização da análise técnica da amostra e para o acompanhamento pelos licitantes são as previstas no termo de referência.* [54]

9 – DA DOCUMENTAÇÃO DE HABILITAÇÃO

9.1 Encerrada a etapa competitiva e ordenadas as ofertas, o pregoeiro procederá à análise dos requisitos de habilitação do licitante que apresentou a menor proposta, para verificação do atendimento das condições fixadas neste edital.

9.2 A habilitação far-se-á com a verificação de que o licitante está em situação regular perante o SICAF, nos níveis de cadastramento habilitação jurídica e regularidades fiscal e trabalhista,[11] ou com a comprovação de que atende às exigências deste edital quanto aos requisitos de habilitação exigidos nos itens ....[77]

9.2.1 a comprovação da habilitação jurídica e regularidades fiscal e trabalhista por meio de registro no SICAF, das empresas que se encontram cadastradas, será realizada por meio de consulta *on-line*.

9.3 – DOCUMENTOS EXIGIDOS DE TODOS OS LICITANTES

Todos os licitantes, cadastrados no SICAF nos níveis habilitação jurídica e regularidades fiscal e trabalhista, ou não cadastrados, deverão apresentar os documentos que seguem, por meio do ENVELOPE Nº 2:

9.3.1 declaração de que não utiliza mão de obra direta ou indireta de menores, conforme disposições contidas na Lei nº 9.854, de 27 de outubro de 1999, regulamentada pelo Decreto nº 4.358, de 05 de setembro de 2002, de acordo com o modelo do anexo ... deste edital;

9.3.2 *documentos relativos à qualificação técnica:*[32]

9.3.2.1 *registro ou inscrição da empresa licitante na entidade profissional competente; (se for o caso)*[86]

9.3.2.2 *prova de atendimento a requisitos previstos em lei especial; (se for o caso)*

9.4 – DOCUMENTOS EXIGIDOS PARA OS LICITANTES NÃO CADASTRADOS NO SICAF:

Os licitantes não cadastrados no SICAF nos níveis habilitação jurídica e regularidades fiscal e trabalhista deverão apresentar os documentos que seguem por meio do ENVELOPE Nº 2:

9.4.1 documento relativo à comprovação da regularidade jurídica:[31]

9.4.1.1 inscrição no Registro Público de Empresas Mercantis, no caso de empresário pessoa física;

9.4.1.2 contrato social ou estatuto em vigor, devidamente registrado, em se tratando de sociedades comerciais, e, no caso de sociedades por ações, acompanhado de documentos de eleição de seus administradores;

9.4.1.2.1 inscrição no Registro Público de Empresas Mercantis onde opera, com averbação no Registro onde tem sede a matriz, no caso de ser o participante sucursal, filial ou agência;

9.4.1.3 inscrição do ato constitutivo no Registro Civil das Pessoas Jurídicas, no caso de sociedades simples, acompanhada de prova de diretoria em exercício;

9.4.1.4 decreto de autorização, em se tratando de sociedade empresária estrangeira em funcionamento no País;

9.4.1.5 ato de registro ou autorização para funcionamento expedido pelo(a) ...., conforme ......

> *Adotar a redação quando a atividade assim o exigir, com a indicação do órgão/entidade competente para a expedição do ato de registro ou autorização e, ainda, da norma aplicável.*

9.4.1.6 tratando-se de sociedades cooperativas, apresentação dos seguintes documentos:

9.4.1.6.1 ata de fundação;

9.4.1.6.2 estatuto social com ata de assembleia de aprovação devidamente arquivado na Junta Comercial ou inscrito no Registro Civil das Pessoas Jurídicas da respectiva sede, bem como o registro de que trata o art. 107 da Lei nº 5.764/71.

9.4.2 documentação relativa às regularidades fiscal e trabalhista:

9.4.2.1 prova de inscrição no Cadastro Nacional de Pessoas Jurídicas;

9.4.2.2 prova de regularidade com a Fazenda Nacional (certidão conjunta, emitida pela Secretaria da Receita Federal do Brasil e Procuradoria-Geral da Fazenda Nacional, quanto aos demais tributos federais e à Dívida Ativa da União, por elas administrados, conforme Decreto nº 8.302/14 e Portaria nº 358, de 5 de setembro de 2014, do Ministro de Estado da Fazenda);[84] [85]

9.4.2.3 prova de regularidade com a Seguridade Social (INSS);

9.4.2.4 prova de regularidade com o Fundo de Garantia do Tempo de Serviço (FGTS);

9.4.2.5 prova de inexistência de débitos inadimplidos perante a justiça do trabalho, mediante a apresentação de certidão negativa ou positiva com efeito de negativa, nos termos do Título VII-A da Consolidação das Leis do Trabalho, aprovada pelo Decreto-Lei nº 5.452, de 1º de maio de 1943;

9.5 Será admitida a comprovação da regularidade fiscal também por meio de "certidão positiva com efeito de negativa" diante da existência de débito confesso, parcelado e em fase de adimplemento.

9.6 Os documentos necessários à habilitação poderão ser apresentados em original, por qualquer processo de cópia reprográfica, autenticada por tabelião de notas, pela junta comercial ou por servidor da administração, mediante a apresentação do original, ou publicação em órgão da imprensa oficial.

9.7 Será habilitado o licitante com alguma documentação obrigatória vencida junto ao SICAF, desde que apresente o(s) documento(s) atualizado(s) por meio do ENVELOPE Nº 02.[78]

9.8 Divulgado o resultado da fase de habilitação, o procedimento do pregoeiro será este:

9.8.1 quando se tratar de empresa de pequeno porte, microempresa ou cooperativa e constatadas restrições quanto à regularidade fiscal, ser-lhe-á concedido o prazo de cinco dias úteis para a regularização da situação, prorrogável por igual período; a prorrogação do prazo poderá ser concedida, a critério da administração pública, quando requerida pelo licitante, mediante apresentação de justificativa;

9.8.2 comprovada a regularidade fiscal, segue-se com a elaboração da ata, na qual devem estar registrados os nomes dos licitantes que participaram, dos que tiveram suas propostas classificadas ou desclassificadas, os motivos que fundamentaram a classificação e/ou desclassificação, as propostas escritas e os lances verbais ofertados, a identificação dos licitantes inabilitados, se houver, e quaisquer outros atos relativos ao certame que mereçam registro;

9.8.3 não comprovada a regularidade fiscal da empresa de pequeno porte, microempresa ou cooperativa, no prazo legal, será facultado à administração convocar os licitantes remanescentes, na ordem de classificação, analisando-se a aceitabilidade da proposta *e a amostra*, seguindo-se com a análise dos documentos relativos à habilitação;

9.8.4 se, na ordem de classificação, constar empresa de pequeno porte, microempresa ou cooperativa, havendo alguma restrição quanto à regularidade fiscal, ser-lhe-á assegurado o mesmo prazo especial.

> *A Lei Complementar nº 155/16 alterou a Lei Complementar nº 123/06. De acordo com o art. 43 deste último diploma, "as microempresas e as empresas de pequeno porte, por ocasião da participação em certames licitatórios, deverão apresentar toda a documentação exigida para efeito de comprovação de regularidade fiscal e trabalhista, mesmo que esta apresente alguma restrição". O prazo especial para a regularização da situação trabalhista, conforme art. 11 da Lei Complementar nº 155/16, terá início a partir de 1º de janeiro de 2018.*

10 – DA IMPUGNAÇÃO AO EDITAL E DOS PEDIDOS DE ESCLARECIMENTOS OU PROVIDÊNCIAS

10.1 Qualquer pessoa poderá solicitar esclarecimentos, providências ou impugnar este edital, devendo encaminhar as razões por escrito, ao pregoeiro, até 02 (dois) dias úteis antes da data fixada para o recebimento das propostas, com indicação do número do pregão. Os documentos entregues serão protocolados no horário das .... às ...., de segunda a sexta-feira, em dias úteis, na seção ....

10.1.1 os esclarecimentos, providências e impugnações poderão, ainda, ser encaminhados por via eletrônica, pelo e-mail .... ou pelo fax ...., no prazo fixado no item anterior.

10.2 Caberá ao pregoeiro decidir sobre a petição no prazo de 24 (vinte e quatro) horas.

10.3 Acolhida a petição contra este edital, será designada nova data para a realização do certame.

11 – DOS RECURSOS

11.1 Declarado(s) o(s) vencedor(es), qualquer licitante poderá manifestar, no prazo de ......, de forma motivada, a intenção de recorrer, quando lhe será concedido o prazo de 03 (três) dias para apresentação das razões do recurso, ficando os demais licitantes desde logo intimadas para apresentar contrarrazões em igual número de dias, que começarão a correr do término do prazo do recorrente, sendo-lhes assegurada vista imediata dos autos.

11.2 A falta de manifestação no prazo ou motivada do licitante importará a decadência do direito de recurso e a adjudicação do objeto da licitação pelo pregoeiro ao(s) licitante(s) vencedor(es).[36]

11.3 O acolhimento do recurso importará a invalidação apenas dos atos insuscetíveis de aproveitamento.

11.4 Os autos do processo administrativo permanecerão com vista franqueada aos interessados no ...., no horário das .... às ...., de segunda a sexta-feira, em dias úteis.

11.5 As razões e contrarrazões do recurso deverão ser manifestadas por escrito, com indicação do número do pregão e o .... (*órgão ou entidade licitante*), onde serão protocoladas, no horário das .... às ...., de segunda a sexta-feira, podendo, ainda, ser encaminhas pelo correio, observado o prazo final para recebimento.

12 – DO TERMO DE CONTRATO (quando for o caso) [63]

12.1 Para o fiel cumprimento das obrigações assumidas será firmado Termo de Contrato, cujo prazo de vigência é de .... (compreendendo os prazos dos itens 13.1, 13.2, 13.3 e 13.4), contados do ...., prorrogável na forma do art. 57, §1º, da Lei nº 8.666/93.[37]

12.2 O(s) Termo(s) de Contrato será(ão) assinado(s) pelo(s) licitante(s) vencedor(es) no prazo de ...., a partir de sua(s) convocação(ões) para que compareça(m) no endereço constante neste edital, podendo, alternativamente, ser encaminhado(s) ao(s) licitante(s) vencedor(es) para que seja(m) assinado(s) no prazo de ...., a contar da data de sua(s) entrega(s), mediante aviso de recebimento (AR) ou meio eletrônico. Se o(s) licitante(s) vencedor(es), injustificadamente, não comparecer(em) para assiná-lo(s) ou não o(s) devolver(em) no prazo de ... ., uma vez escoado o prazo para assinatura(s), aplicar-se-á o disposto no art. 4º, inciso XVI, da Lei nº 10.520/02.[38]

12.3 O prazo estabelecido no subitem anterior para assinatura do(s) Termo(s) de Contrato poderá ser prorrogado uma única vez, por igual período, quando solicitado pelo(s) licitante(s) vencedor(es), durante o seu transcurso, e desde que aceito por este .... (órgão ou entidade pública licitante).

12.4 Juntamente com o(s) Termo(s) de Contrato assinado(s), com indicação e número de documento de identificação, o(s) licitante(s) vencedor(es) apresentará(ão) documento que comprove que o representante firmatário tem poderes para essa finalidade. O documento poderá ser apresentado em original, por qualquer processo de cópia reprográfica, autenticada por tabelião de notas ou por servidor da administração, mediante apresentação do original.

12.5 O preço consignado no Termo de Contrato será irreajustável.[39]

ou

12 – DO CONTRATO [63]

12.1 Para o fiel cumprimento das obrigações assumidas será emitida Nota de Empenho/Carta-Contrato/Autorização, cujo prazo de vigência é de .... (compreendendo os prazos dos itens 13.1, 13.2, 13.3 e 13.4), contados do ...., prorrogável na forma do art. 57, §1º, da Lei nº 8.666/93.[37]

12.2 A(s) Nota(s) de Empenho/Carta(s)-Contrato(s)/Autorização(ões) de Compra será(ão) aceita(s) pelo(s) licitante(s) vencedor(es) no prazo de ...., a partir de sua(s) convocação(ões) para que compareça(m) no endereço constante neste edital, ou será(ão) encaminhada(s) ao(s) licitante(s) vencedor(es) para que seja(m) aceita(s) no prazo de .... a contar de sua(s) entrega(s), podendo ser mediante aviso de recebimento (AR) ou meio eletrônico. Se o(s) licitante(s) vencedor(es), injustificadamente, não comparecer(em) para aceitá-la(s) ou não devolvê-la(s) no prazo de ...., após escoado(s) o(s) prazo(s) para o(s) aceite(s), aplicar-se-á o disposto no art. 4º, inciso XVI, da Lei nº 10.520/02. [38]

12.3 O prazo estabelecido no subitem anterior para aceite da(s) Nota(s) de Empenho/Carta(s)-Contrato(s)/Autorização(ões) de Compra poderá ser prorrogado uma única vez, por igual período, quando solicitado pelo(s) licitante(s) vencedor(es), durante o seu transcurso, e desde que aceito por este .... (órgão ou entidade pública licitante).

12.4 Juntamente com a(s) Nota(s) de Empenho/Carta(s)-Contrato(s)/Autorização(ões) de Compra aceita(s), com indicação e número de documento de identificação, o(s) licitante(s) vencedor(es) apresentará(ao) documento que comprove que o representante firmatário tem poderes para essa finalidade. O documento poderá ser apresentado em original, por qualquer processo de cópia reprográfica, autenticada por tabelião de notas ou por servidor da administração, mediante apresentação do original.

12.5 O preço consignado na(s) Nota(s) de Empenho/Carta(s)-Contrato(s)/Autorização(ões) de Compra será irreajustável.[39]

13 – DA ENTREGA, DO RECEBIMENTO DO OBJETO E DA FISCALIZAÇÃO

13.1 O prazo de entrega dos bens é de .... dias contados do ...., sem interrupção e prorrogável na forma do art. 57, §1º, da Lei nº 8.666/93, no seguinte endereço .... e da forma que segue .... (entrega parcelada)[40]

ou

13.1 *O prazo de entrega única dos bens é de .... dias contados do .... ,sem interrupção e prorrogável na forma do art. 57, §1º, da Lei nº 8.666/93, no seguinte endereço ....*
.............[40]

13.2 Entregues os bens, os mesmos serão recebidos provisoriamente, pelo(s) responsável(is) pelo seu acompanhamento e fiscalização, para efeito de posterior verificação de sua conformidade com as especificações constantes no termo de referência, no prazo de .... dias;

13.3 Os bens poderão ser rejeitados, no todo ou em parte, quando em desacordo com as especificações constantes no termo de referência, devendo ser substituídos no prazo de ...., a partir do ...., às custas do contratado, sob pena de aplicação das penalidades previstas neste edital.

13.4 Os bens serão recebidos definitivamente, no prazo de .... contados do (a) ....,, após a verificação da qualidade e quantidade do material e conseqüente aceitação, mediante termo circunstanciado.

13.5 Nos termos do art. 67 Lei nº 8.666/93, será designado representante/comissão para acompanhar e fiscalizar a entrega dos bens, anotando em registro próprio todas as ocorrências relacionadas com a execução e determinando o que for necessário à regularização das falhas ou defeitos observados.[41]

14 – DO PAGAMENTO

14.1 *O pagamento será efetuado até .... dias, contados a partir da data final do período de adimplemento a que se referir, mediante a apresentação do documento fiscal competente (nota fiscal/fatura), devidamente atestado pelo órgão de fiscalização e acompanhamento da execução do contrato, por meio de Ordem Bancária de Crédito, em depósito em conta-corrente, na agência e estabelecimento bancário indicado pelo contratado.*[42]

ou, tratando-se de entrega única e integral dos bens:

14.1 *O pagamento será efetuado até .... dias, contados a partir da data do recebimento definitivo dos bens, mediante a apresentação do documento fiscal competente (nota fiscal/fatura), devidamente atestado pelo órgão de fiscalização e acompanhamento da execução do contrato, em depósito em conta-corrente, na agência e estabelecimento bancário indicado pelo contratado.*[42]

14.1.1 Os pagamentos decorrentes de despesas cujos valores não ultrapassem o limite de que trata o inciso II do art. 24 da Lei nº 8.666/93, deverão ser efetuados no prazo de até 5 (cinco) dias úteis, contados da data da apresentação da Nota Fiscal, nos termos do art. 5º, §3º, da mesma Lei.

14.2 Na hipótese de atraso de pagamento, desde que este não decorra de ato ou fato atribuível ao contratado, aplicar-se-á o índice do IPCA *pro rata diem*, a título de compensação financeira, que será o produto resultante do mesmo índice do dia anterior ao pagamento, multiplicado pelo número de dias de atraso do mês correspondente, repetindo-se a operação a cada mês de atraso. A exigibilidade do valor não solvido tem início no dia seguinte ao término do prazo fixado para pagamento.

14.3 Por eventuais atrasos injustificados no pagamento devido ao contratado, este fará jus a juros moratórios de 6% ao ano.

14.4 No caso de incorreção nos documentos apresentados, inclusive na Nota Fiscal/Fatura, estes serão restituídos ao contratado para as correções necessárias no prazo de .... (.....) dias, sendo devolvidos no mesmo prazo, não respondendo a contratante por quaisquer encargos resultantes de atrasos na liquidação dos pagamentos correspondentes.

15 – DAS SANÇÕES ADMINISTRATIVAS

15.1 O não cumprimento das obrigações assumidas em razão deste procedimento e das obrigações contratuais, sujeitará o(s) licitante(s) adjudicatário(s), garantida a prévia defesa, às seguintes sanções:

15.1.1 advertência;

15.1.2 pelo atraso injustificado na entrega do objeto da licitação, será aplicada multa de ....% por dia de atraso, incidente sobre o valor da parcela inadimplida da obrigação, limitada a 30 (trinta) dias, a partir dos quais será causa de rescisão contratual. Contar-se-á o prazo a partir do estipulado no item .... [*item que trata do prazo de entrega dos bens*], deste edital ou findo o prazo concedido às substituições dos bens a que se refere o item .... [*item que trata do prazo para as substituições*], quando o objeto licitado estiver em desacordo com as especificações exigidas;

15.1.3 multa de 10% (dez por cento) sobre *o valor da parcela inadimplida* na hipótese de qualquer outra forma de inexecução das obrigações assumidas;

15.1.4 suspensão temporária de participação em licitação e impedimento de contratar com o(a) .... (*órgão ou entidade pública licitante*), por prazo não superior a 2 (dois) anos, nas hipóteses de execução irregular, atrasos ou inexecução de que resulte prejuízo para o serviço;

15.1.5 declaração de inidoneidade para licitar ou contratar com a administração pública, enquanto perdurarem os motivos determinantes da punição ou até que seja promovida a reabilitação, perante a autoridade que aplicou a penalidade, nas hipóteses em que a execução irregular, os atrasos ou a inexecução associem-se à prática de ilícito penal;

15.1.6 o adjudicatário que, convocado dentro do prazo de validade da sua proposta, não celebrar o contrato, deixar de entregar documentação exigida ou apresentar documentação falsa, ensejar o retardamento da execução do objeto, não mantiver a proposta, falhar ou fraudar na execução do contrato, comportar-se de modo inidôneo ou cometer fraude fiscal, ficará impedido de licitar e contratar com a União e será descredenciado no SICAF pelo prazo de até 5 (cinco) anos, sem prejuízo das multas previstas neste edital e no contrato e das demais cominações legais;

15.1.7 em decorrência da não regularização da situação fiscal (*e/ou trabalhista*) pela entidade de menor porte, no prazo fixado neste edital, será aplicada multa de ..... % (..... *por cento*) sobre o valor do item da licitação.

> *A Lei Complementar nº 155/16 alterou a Lei Complementar nº 123/06. De acordo com o art. 43 deste último diploma, "as microempresas e as empresas de pequeno porte, por ocasião da participação em certames licitatórios, deverão apresentar toda a documentação exigida para efeito de comprovação de regularidade fiscal e trabalhista, mesmo que esta apresente alguma restrição". O prazo especial para a regularização da situação trabalhista, conforme art. 11 da Lei Complementar nº 155/16, terá início a partir de 1º de janeiro de 2018.*

15.2 As sanções de multas poderão ser aplicadas concomitantemente com as demais, facultada a defesa prévia do interessado no prazo de 5 (cinco) dias úteis, contados a partir da data em que tomar ciência da imputação.

15.3 *O valor da multa aplicada será descontado da garantia que houver sido prestada; se for superior ao valor desta, além de sua perda responderá o contratado pela diferença, que será descontada de eventuais créditos que tenha em face da contratante, sem embargo deste rescindir o contrato e/ou cobrá-lo judicialmente.* [*se houver garantia*]

ou

15.3 *O valor da multa aplicada será descontado de eventuais créditos que tenha em face da contratante, sem embargo deste rescindir o contrato e/ou cobrá-lo judicialmente.*

15.4 As penalidades serão obrigatoriamente registradas no Sistema de Cadastramento de Fornecedores – SICAF.

16 – DA PRESTAÇÃO DE GARANTIA

16.1 *Como garantia das obrigações assumidas, conforme disposto no art. 56, da Lei nº 8.666/93, o adjudicatário, no ato da assinatura do Termo de Contrato comprovará a prestação de garantia correspondente a 5% (cinco por cento) do valor do contrato, sendo liberada após o término da sua vigência.* ou

16.1 *Como garantia das obrigações assumidas, conforme disposto no art. 56, da Lei nº 8.666/93, o contratado, no prazo de ....da data da assinatura do Termo de Contrato, comprovará a prestação de garantia correspondente a 5% (cinco por cento) do valor do contrato, sendo liberada após o término da sua vigência.*

16.2 *Se o valor da garantia for utilizado em pagamento de qualquer obrigação, o adjudicatário ou contratado obriga-se a fazer a respectiva reposição no prazo máximo de 5 (cinco) dias úteis contados da data em que for notificado.*

16.3 *O fato de o adjudicatário ou contratado não prestar a garantia ou prestá-la incorretamente, importará inexecução de obrigação, aplicando-se as penalidades previstas neste edital.*

17 – DAS DISPOSIÇÕES GERAIS

17.1 Obriga-se o licitante a declarar, sob as penalidades legais, a superveniência de fato impeditivo da habilitação.

17.2 Não havendo expediente ou ocorrendo qualquer fato superveniente que impeça a realização do certame na data marcada, a sessão será automaticamente transferida para o primeiro dia útil subseqüente, no mesmo horário anteriormente estabelecido, desde que não haja comunicação em contrário, pelo pregoeiro.

17.3 No julgamento da habilitação e das propostas, o pregoeiro poderá sanar erros ou falhas que não alterem a substância das propostas, dos documentos e sua validade jurídica, mediante despacho fundamentado, registrado em ata e acessível a todos, atribuindo-lhes validade e eficácia para fins de habilitação e classificação.

17.4 A homologação do resultado desta licitação não implicará em direito à contratação.

17.5 As normas disciplinadoras da licitação serão sempre interpretadas em favor da ampliação da disputa entre os interessados, desde que não comprometam o interesse da administração, o princípio da isonomia, a finalidade e a segurança da contratação.

17.6 A autoridade competente para aprovação do procedimento licitatório somente poderá revogá-lo em face de razões de interesse público, por motivo de fato superveniente devidamente comprovado, pertinente e suficiente para justificar tal conduta, devendo anulá-lo por ilegalidade, de ofício ou por provocação de qualquer pessoa, mediante ato escrito e fundamentado. A anulação do procedimento licitatório induz à do contrato. Os licitantes não terão direito à indenização em decorrência da anulação do procedimento licitatório, ressalvado o direito do contratado de boa-fé de ser ressarcido pelos encargos que tiver suportado no cumprimento do contrato.

17.7 O contratado fica obrigado a aceitar, nas mesmas condições contratuais, os acréscimos ou supressões que se fizerem necessários, até 25% (vinte e cinco por cento) do valor inicial atualizado do contrato.

17.8 Quaisquer informações complementares sobre o presente edital e seus anexos, inclusive para examinar e adquirir o termo de referência, poderão ser obtidas no(a) seguinte endereço eletrônico .... ou no endereço ...., pelos e-mails................., ou pelo fone ....

17.9 Integram este edital, para todos os fins e efeitos, os seguintes anexos:

ANEXO I – termo de referência;

ANEXO II – *formulário padronizado de proposta de preços;*

ANEXO III – modelo de declaração art. 4º, inciso VII, da Lei nº 10.520/02;

ANEXO IV – modelo de declaração (no caso de microempresa, empresa de pequeno porte ou cooperativa);

ANEXO V – modelo de declaração (Lei nº 9.854/99, regulamentada pelo Decreto nº 4.358/02);

ANEXO VI – *Minuta de Termo de Contrato (quando for o caso). Ver modelo adotado para o pregão, na forma eletrônica, tendo por objeto compra.*

...., ... de .... de 200.....

Assinatura[43]

2.3.1 Anexos
2.3.1.1 Declarações

DECLARAÇÃO

O(A) .... (razão social), inscrita no CNPJ/MF sob o nº ...., por intermédio de seu representante legal o(a) Sr.(a) ...., portador da Carteira de Identidade nº .... e do CPF nº .... **DECLARA**, com base no art. 4º, inciso VII, da Lei nº 10.520/02, que cumpre plenamente os requisitos de habilitação exigidos no processo licitatório nº ....

.........................., ... de .... de 200...

assinatura
(nome e número da identidade do declarante)

DECLARAÇÃO

O(A) .... (razão social), inscrito(a) no CNPJ/MF sob o nº ...., com endereço na ...., por intermédio de seu representante legal, o(a) Sr.(a) ...., portador(a) da Carteira de Identidade nº .... e do CPF nº ...., declara que não ultrapassou o limite de faturamento e que cumpre os requisitos estabelecidos no art. 3º da Lei Complementar nº 123, de 14 de dezembro de 2006, estando apto(a) a usufruir do tratamento favorecido estabelecido nos arts. 42 ao 49 da referida Lei Complementar.

.........................., ... de .... de 200 ..

(nome e número da identidade do declarante)

DECLARAÇÃO

..............................., inscrito no CNPJ nº..................., por intermédio de seu representante legal o(a) Sr(a)....................................., portador(a) da Carteira de Identidade no............................ e do CPF no ...., DECLARA, para fins do disposto no inciso V do art. 27 da Lei nº 8.666, de 21 de junho de 1993, acrescido pela Lei nº 9.854, de 27 de outubro de 1999, que não emprega menor de dezoito anos em trabalho noturno, perigoso ou insalubre e não emprega menor de dezesseis anos.

Ressalva: emprega menor, a partir de quatorze anos, na condição de aprendiz ( ) .

....
(data)
....
(representante legal)
(Observação: em caso afirmativo, assinalar a ressalva acima)

2.3.1.2 Propostas

ÓRGÃO OU ENTIDADE PÚBLICA LICITANTE
PREGÃO PRESENCIAL Nº ....../200..

RAZÃO SOCIAL DO PROPONENTE
CNPJ/MF
ENDEREÇO
TELEFONE

PROPOSTA

1. Cotamos para o(s) item(s) a seguir indicado(s) o(s) seguinte(s) valor(es):

ITEM	R$	VALOR POR EXTENSO

ou

ITEM	Nº REGISTRO NO	VALIDADE	MARCA	R$	VALOR POR EXTENSO

........................, ... de .... de 20......

_____
(nome e assinatura do representante legal)

2.4 Edital pregão presencial – Prestação de serviços

ÓRGÃO OU ENTIDADE PÚBLICA
PREGÃO PRESENCIAL Nº ....../20..[2]
(Processo Administrativo nº ....)

1 – PREÂMBULO[3]
1.1 Torna-se público, para conhecimento dos interessados, que o(a) .... *(órgão ou entidade pública licitante)*, por meio do(a) .... *(setor responsável*

pelas licitações),[4] sediado(a) .... *(endereço)* realizará licitação sob o regime ...., na modalidade PREGÃO, na forma PRESENCIAL – tipo *menor preço global ou menor preço por item*, nos termos da Lei nº 10.520, de 17 de julho de 2002, do Decreto nº 3.555, de 8 de agosto de 2000, do Decreto nº 3.722, de 09 de janeiro de 2001, do Decreto nº 2.271, de 07 de julho de 1997, da Instrução Normativa SLTI/MPOG nº 02, de 11 de outubro de 2010, da Instrução Normativa SLTI/MPOG nº 2, de 30 de abril de 2008, da Lei Complementar nº 123, de 14 de dezembro de 2006, da Lei nº 11.488, de 15 de junho de 2007, do Decreto nº 8.538, de 06 de outubro de 2015, das condições estabelecidas neste instrumento convocatório e seus anexos, com aplicação subsidiária da Lei nº 8.666, de 21 de junho de 1993.

1.2 Às .... horas do dia .... de .... de 20..., no(a) .... *(indicar o local da sessão)*, terá início o credenciamento dos licitantes. Às .... horas, na mesma data, ou quando da finalização do credenciamento, será aberta a sessão pública do pregão, com o recebimento da declaração prevista no art. 4º, inciso VII, da Lei nº 10.520/02, anexo ......, e quando se tratar de microempresa, empresa de pequeno porte ou cooperativa, da declaração constante no anexo ...., bem como dos envelopes contendo as propostas e os documentos de habilitação, não sendo admitida a participação de novos licitantes.[70]

2 – DO OBJETO

2.1 O objeto da presente licitação é a escolha da proposta mais vantajosa para a prestação de serviços de ...., conforme condições e exigências estabelecidas no termo de referência.[80]

3 – DAS CONDIÇÕES PARA PARTICIPAÇÃO

3.1. poderão participar deste Pregão entidades empresariais cuja atividade seja compatível com o objeto desta licitação:[65]

3.1.1 cadastradas no SICAF nos níveis habilitação jurídica, regularidades trabalhista e fiscal e qualificação econômico-financeira ou não cadastradas nesses níveis do sistema desde que apresentem os documentos relacionados neste edital, no prazo estabelecido, por meio do envelope nº 2 (DOCUMENTAÇÃO);

3.2 não poderão participar desta licitação:

3.2.1 entidades proibidas de participar de licitações e celebrar contratos administrativos, na forma da legislação vigente;

3.2.2 entidades declaradas suspensas de participar de licitações e impedidas de contratar com .... *(órgão ou a entidade responsável pela licitação)*, conforme art. 87, inciso III, da Lei nº 8.666/93;

3.2.3 entidades empresariais estrangeiras que não tenham representação legal no Brasil com poderes expressos para receber citação e responder administrativa ou judicialmente;

3.2.4 quaisquer interessados que se enquadrem nas vedações previstas no artigo 9º da Lei nº 8.666/93; e[12]

3.2.5 entidades empresariais que estejam em processo de falência ou de dissolução.

> *A Segunda Turma do Superior Tribunal de Justiça decidiu que empresas em recuperação judicial têm o direito de participar de licitações (AgRg na MC nº 23.499/RS, Rel. Min. Humberto Martins, DJe 19.12.2014)*

3.3 *Sociedades cooperativas poderão participar desta licitação desde que não se enquadrem na vedação contida no Termo de Conciliação Judicial firmado entre o Ministério Público do Trabalho e a União e nas hipóteses previstas no artigo 4º da Instrução Normativa SLTI/MPOG nº 2, de 30 de abril de 2008.*[49]

> *Observar que item ou grupo da licitação de valor até R$80.000,00 (oitenta mil reais), em regra, deve ser exclusivo à participação de entidades de menor porte (microempresa, empresa de pequeno porte e sociedade cooperativa).*
>
> *Dispõe a Lei Complementar nº 123/06 que:*
>
> *Art. 47. Nas contratações públicas da administração direta e indireta, autárquica e fundacional, federal, estadual e municipal, deverá ser concedido tratamento diferenciado e simplificado para as microempresas e empresas de pequeno porte objetivando a promoção do desenvolvimento econômico e social no âmbito municipal e regional, a ampliação da eficiência das políticas públicas e o incentivo à inovação tecnológica.*
>
> *Parágrafo único. No que diz respeito às compras públicas, enquanto não sobrevier legislação estadual, municipal ou regulamento específico de cada órgão mais favorável à microempresa e empresa de pequeno porte, aplica-se a legislação federal.*
>
> *Art. 48. Para o cumprimento do disposto no art. 47 desta Lei Complementar, a administração pública:*
>
> *I – deverá realizar processo licitatório destinado exclusivamente à participação de microempresas e empresas de pequeno porte nos itens de contratação cujo valor seja de até R$80.000,00 (oitenta mil reais); (grifamos)*
>
> *Assim, ainda, no âmbito do Decreto federal nº 8.538/15:*
>
> *Art. 6º Os órgãos e as entidades contratantes deverão realizar processo licitatório destinado exclusivamente à participação de microempresas e empresas de pequeno porte nos itens ou lotes de licitação cujo valor seja de até R$80.000,00 (oitenta mil reais).*
>
> *[...]*
>
> *Art. 9º Para aplicação dos benefícios previstos nos arts. 6º a 8º:*
>
> *I – será considerado, para efeitos dos limites de valor estabelecidos, cada item separadamente ou, nas licitações por preço global, o valor estimado para o grupo ou o lote da licitação que deve ser considerado como um único item;*

4 – DO CREDENCIAMENTO E DA REPRESENTAÇÃO

4.1 Os licitantes que desejarem manifestar-se durante as fases do procedimento licitatório deverão estar devidamente representados por:[66]

4.1.1 titular da entidade licitante, devendo apresentar cédula de identidade, acompanhada do registro comercial, no caso de empresa individual; contrato social em vigor no caso de sociedades comerciais, estatuto, no caso de sociedades por ações, acompanhado de documentos de eleição de seus administradores, inscrição do ato constitutivo, no caso de sociedades civis, acompanhada de prova de diretoria em exercício *e ata de fundação e estatuto (com ata de assembleia de aprovação), no caso de cooperativas*;[49] [67]

4.1.2 quando se tratar de representante designado pelo licitante, este deverá apresentar instrumento particular de procuração, carta de preposto ou carta de credenciamento (com firma reconhecida de quem detenha poderes para outorgar o credenciamento), com poderes para formulação de propostas em lances verbais, para interposição de recursos, bem como para a prática de todos os demais atos inerentes ao certame, acompanhado do registro comercial, no caso de empresa individual; contrato social em vigor no caso de sociedades comerciais, estatuto, no caso de sociedades por ações, acompanhado de documentos de eleição de seus administradores; inscrição do ato constitutivo, no caso de sociedades civis, acompanhada de prova de diretoria em exercício *e ata de fundação e estatuto (com ata de assembleia de aprovação), no caso de cooperativas.*[49] [67]

4.2 Serão admitidos os representantes cadastrados como tais no SICAF.

4.3 Somente será aceita a efetiva participação de 1 (um) representante de cada licitante.

4.4 Cada credenciado poderá representar um único licitante.

4.5 O registro comercial, estatuto, contrato social, *ata de fundação e estatuto no caso de cooperativa*[49] poderão ser apresentados em original, por qualquer processo de cópia reprográfica, autenticada por tabelião de notas ou junta comercial, ou por servidor da administração, após conferência com os originais.

4.6 O licitante pode apresentar os documentos de credenciamento gerados por meio de fac-símile (fax) ou outro meio eletrônico. Nessa hipótese, será colhida declaração do representante, com indicação da sua cédula de identidade, de que o documento é verídico, assumindo o ônus de responder pela falsidade da declaração. No mesmo ato será notificado para que encaminhe os documentos, na forma do item ...., no prazo de ....

5 – DA APRESENTAÇÃO DOS ENVELOPES CONTENDO A PROPOSTA DE PREÇO (ENVELOPE Nº 1) E OS DOCUMENTOS DE HABILITAÇÃO (ENVELOPE Nº 2)

5.1 Não serão aceitos documentos de habilitação e proposta remetidos via fac-símile (fax) ou e-mail, admitindo-se o envio de tais documentos via postal, desde que dentro de envelopes devidamente fechados e recebidos até a data e horários estabelecidos neste ato convocatório para abertura da sessão.

5.2 Os envelopes deverão estar devidamente fechados e rubricados no seu fecho, contendo em sua parte externa os seguintes dizeres:

ENVELOPE Nº 1
PROPOSTA DE PREÇO
ÓRGÃO OU ENTIDADE LICITANTE
PREGÃO PRESENCIAL Nº ..../200..
(RAZÃO SOCIAL DO PROPONENTE)
(CNPJ)

ENVELOPE Nº 2
DOCUMENTOS DE HABILITAÇÃO
ÓRGÃO OU ENTIDADE LICITANTE
PREGÃO PRESENCIAL Nº ..../200..
(RAZÃO SOCIAL DO PROPONENTE)
(CNPJ)

5.3 O licitante deverá entregar declaração com ciência de que cumpre plenamente os requisitos de habilitação, conforme formulário modelo do anexo ...... separadamente dos envelopes contendo a proposta de preço e os documentos de habilitação.[68]

5.3.1 microempresas, empresas de pequeno porte e *cooperativas* participantes deverão apresentar, também, separadamente dos envelopes, declaração de que não ultrapassaram o limite de faturamento e de que cumprem os requisitos estabelecidos no art. 3º da Lei Complementar nº 123/06, estando aptas a usufruírem do tratamento favorecido estabelecido nos arts. 42 ao 49 da referida Lei Complementar, conforme modelo do anexo ....

5.4 Será permitido ao representante credenciado, presente à sessão, o preenchimento das declarações, caso não as entregue juntamente com os envelopes contendo a proposta de preços e os documentos de habilitação, cujos formulários padronizados serão entregues pelo pregoeiro ou equipe de apoio.

5.5 Os licitantes que remeterem os envelopes por via postal, deverão proceder da seguinte forma: dentro de envelope (sobrecarta) com a indicação deste(a) .... (*órgão ou entidade licitante*), endereço completo, modalidade licitatória e número, constarão:

a) a declaração do item 5.3 (anexo ....);

b) sendo microempresas, empresas de pequeno porte e cooperativas, a declaração do item 5.3.1 (anexo .....); e

c) os dois envelopes fechados, o da proposta e o da documentação.

5.5.1 a equipe de apoio ou pregoeiro inicia abrindo a sobrecarta, retirando as declarações e os dois envelopes fechados, exibindo-os aos licitantes presentes à sessão.

5.6 A não entrega da declaração do item 5.3, a entrega de declaração com conteúdo diverso do apresentado no formulário anexo a este edital ou sem assinatura, obstará o acesso ao certame, impossibilitando a abertura dos envelopes.

5.7 A ausência da declaração prevista no item 5.3.1 apenas produzirá o efeito de a microempresa, empresa de pequeno porte ou *cooperativa* participar da licitação em igualdade de condições com as entidades de maior porte, ou seja, não terá direito ao tratamento favorecido previsto na Lei Complementar nº 123/06, nem poderá invocá-lo.

6 – REQUISITOS DA PROPOSTA DE PREÇO

6.1 Aberta a sessão, conferidas as declarações de que tratam os itens 5.3 e 5.3.1 e recebidos os envelopes, prosseguir-se-á com a abertura dos envelopes contendo as propostas de preços e análise dos requisitos exigidos neste edital.

6.2 A proposta de preço deverá ser apresentada por escrito, datilografada ou digitada, em uma via, contendo a razão social da empresa licitante, número da inscrição no Cadastro Nacional de Pessoas Jurídicas – CNPJ/MF, endereço completo e telefone, sem emendas, rasuras, entrelinhas ou ressalvas, com numeração e rubrica em suas folhas, com data e assinatura de quem tenha poderes para essa finalidade, contendo:

6.2.1 especificação do item, contendo o *preço unitário ou global* (*de acordo com o preâmbulo*) em Real (R$), em algarismos e por extenso, conforme modelo de proposta constante no anexo ....;

6.2.2 *planilha de composição de preços, conforme modelo do anexo ....; (se for o caso)*

6.2.3 *quando se tratar de cooperativa de serviço, o licitante preencherá, nas condições da proposta, o valor correspondente ao percentual de que trata o art. 22, inciso IV, da Lei nº 8.212, de 24.07.91, com a redação alterada pela Lei nº 9.876, de 26.11.99, também referido no subitem 12.4 da Instrução Normativa INSS nº 4, de 30/11/99;*[49]

6.2.4 *modelo de gestão operacional da prestação dos serviços;*[81]

6.2.5[82]

6.3 O pregoeiro aceitará que a proposta venha lançada em papel timbrado do licitante, desde que reproduza o conteúdo do formulário do anexo ....

6.4 Serão corrigidos automaticamente pelo pregoeiro quaisquer erros materiais de cálculo.

6.5 É facultada a indicação, na proposta, do banco, agência e número da conta corrente, para efeito de pagamento, podendo ser apresentados até a data da assinatura do termo de contrato.

6.6 Nos valores propostos estarão inclusos todos os custos operacionais, obrigações previdenciárias, trabalhistas e tributárias e quaisquer outros encargos que incidam direta ou indiretamente na prestação dos serviços.

6.7 O prazo de validade da proposta será de .... *dias*, contados da data da sua apresentação.
[71]

6.8 Prevalecerá o valor por extenso da proposta quando houver divergência entre este e o valor apresentado em algarismos.

6.9 *Erros no preenchimento da planilha não são motivo suficiente para a desclassificação da proposta, quando esta puder ser ajustada sem a necessidade de majoração do preço ofertado, e desde que se comprove que este é suficiente para arcar com todos os custos da contratação.*

7 – DO JULGAMENTO DAS PROPOSTAS DE PREÇOS

7.1 Serão desclassificadas as propostas que não atendam às exigências contidas neste edital, que sejam omissas ou que apresentem irregularidades ou defeitos capazes de dificultar o julgamento.[69]

7.2 As propostas escritas serão ordenadas em sequência crescente de preços.[64]

7.3 O pregoeiro classificará o autor da proposta de menor preço e aquelas que tenham apresentado propostas em valores sucessivos e superiores em até 10% relativamente à de menor preço.

7.4 Quando não forem verificadas, no mínimo, três propostas escritas de preços nas condições definidas no item anterior, o pregoeiro classificará as melhores propostas subsequentes, até o máximo de 3 (três), para que seus autores participem dos lances verbais, quaisquer que sejam os preços oferecidos nas propostas escritas.

7.5 O pregoeiro convidará individualmente os licitantes classificados, de forma sequencial, a apresentarem lances verbais, a partir do autor da proposta classificada de maior preço e os demais, em ordem decrescente de valor.[72]

7.6 Em caso de empate, proceder-se-á ao sorteio imediato, para a definição da ordem de apresentação de lances verbais.

7.7 O intervalo mínimo de diferença de valor entre os lances será de ......[73]

> Caso o edital da licitação não estabeleça o intervalo mínimo de diferença de valores entre os lances, é vedado ao pregoeiro fixá-lo no procedimento licitatório, em respeito aos princípios da vinculação ao instrumento convocatório e da ampla competitividade.

7.8 Será permitida a utilização de aparelhos celulares, exclusivamente para consultas, pelo período de .... minutos, após autorização do pregoeiro.[74]

7.9 A desistência em apresentar lance verbal, quando convocado pelo pregoeiro, implicará na exclusão do licitante da etapa de lances e na manutenção do último preço apresentado, para efeito de ordenação das propostas.

7.10 Encerrada a fase de lances por decisão do pregoeiro e classificadas as propostas em ordem crescente de preços, o procedimento será o que segue:

7.10.1 será assegurada às microempresas, empresas de pequeno porte e *cooperativas* que cumpram os requisitos estabelecidos no art. 3º da Lei Complementar nº 123/06, estando aptas a usufruírem do tratamento favorecido estabelecido nos arts. 42 ao 49 da referida Lei Complementar, como critério de desempate, preferência na contratação.

7.10.1.1 entende-se haver empate quando as ofertas apresentadas pelas microempresas, empresas de pequeno porte e *cooperativas* sejam iguais ou até cinco por cento superiores ao menor preço.

7.10.1.2 o disposto no item anterior somente se aplicará quando a melhor oferta válida não houver sido apresentada por microempresa, empresa de pequeno porte ou cooperativa.

7.11 A preferência de que trata o item 7.10.1 será concedida da seguinte forma:

7.11.1 ocorrendo o empate, a microempresa, empresa de pequeno porte ou a *cooperativa* melhor classificada poderá apresentar nova proposta no prazo máximo de cinco minutos por item em situação de empate, sob pena de preclusão.

7.11.2 não ocorrendo a contratação da microempresa, empresa de pequeno porte ou *cooperativa*, na forma do item precedente, serão convocadas as remanescentes que porventura se enquadrem na situação de empate, na ordem classificatória, para o exercício do mesmo direito.

7.12 No caso de equivalência dos valores apresentados pelas microempresas, empresas de pequeno porte e cooperativas que se encontrem em situação de empate, será realizado sorteio entre elas para que se identifique aquela que primeiro poderá apresentar melhor oferta.

7.13. Não se aplica o sorteio a que se refere o item anterior na situação em que os lances equivalentes não são considerados iguais, sendo classificados de acordo com a ordem de apresentação pelos licitantes.

7.14 Na hipótese de não se realizar a fase de lances em razão do não comparecimento de nenhuma licitante na sessão, será assegurado o exercício da preferência previsto no item 7.10.1 no prazo de ......, após notificação pelo pregoeiro.

7.15 A não contratação nos termos previstos no item 7.10.1 poderá ensejar a adjudicação do objeto licitado em favor da proposta classificada em primeiro lugar.

7.16 Para julgamento e classificação das propostas será adotado o critério estipulado no preâmbulo deste edital.

7.17 *Caso não se realizem lances verbais, será verificada a compatibilidade entre a proposta escrita de menor preço e o valor estimado para a contratação.*

7.18 *O pregoeiro examinará o lance classificado em primeiro lugar quanto à compatibilidade do preço*[23] *em relação ao estimado para a contratação, devidamente justificado. Será desclassificado o lance vencedor que apresentar preço excessivo ou manifestamente* inexequível,[25] *assim considerado aquele que não venha a ter demonstrada sua viabilidade através de documentação que comprove que os custos são coerentes com os de mercado.*

ou

7.17 *Caso não se realizem lances verbais, será verificada a proposta escrita de menor preço e o valor máximo fixado para o item.*

7.18 *Será desclassificado o lance vencedor com valor superior ao preço máximo*[24] *fixado no termo de referência ou que apresentar preço manifestamente* inexequível,[25] *assim considerado aquele que não venha a ter demonstrada sua viabilidade através de documentação que comprove que os custos são coerentes com os de mercado.*

> Pode ser estipulado no edital, como critério de aceitabilidade da proposta, a menor taxa de administração, ou, ainda, o maior percentual de desconto sobre o preço de tabela do serviço, conforme o caso.

7.19 Eventual empate entre propostas, o critério de desempate será aquele previsto no artigo 3º, §2º, da Lei nº 8.666/93.

7.20 Persistindo o empate, o critério de desempate será o sorteio, em ato público para o qual os licitantes serão convocados, vedado qualquer outro processo.

7.21 No caso de desclassificação de todas as propostas, o pregoeiro convocará os licitantes para, no prazo de 8 (oito) dias úteis, apresentarem novas propostas, escoimadas das causas de sua desclassificação.[75]

7.22 Não se considerará qualquer oferta de vantagem não prevista no objeto deste edital e seus anexos.

7.23 O pregoeiro negociará diretamente com o licitante que apresentar a menor proposta, em qualquer das hipóteses previstas neste edital a fim de obter melhor preço.

7.24 *A planilha de composição de preços deverá ser encaminhada no prazo de .... contados do(a) ...., com os respectivos valores readequados ao lance vencedor. (se for o caso).*[21]

7.25 *(...) fixação de outra fase de lances para definir o segundo colocado.*[76]

8 – DA DOCUMENTAÇÃO DE HABILITAÇÃO

8.1 Encerrada a etapa competitiva e ordenadas as ofertas, o pregoeiro procederá à análise dos requisitos de habilitação do licitante que apresentou a menor proposta, para verificação do atendimento das condições fixadas no edital.

8.2 A habilitação far-se-á com a verificação de que o licitante está em situação regular perante o SICAF, nos níveis de cadastramento habilitação jurídica, regularidades fiscal e trabalhista e qualificação econômico-financeira,[11] ou com a comprovação de que atende às exigências deste edital quanto aos requisitos de habilitação exigidos nos itens ....[77]

8.2.1 A comprovação da habilitação jurídica, regularidades fiscal e trabalhista e econômico-financeira por meio de registro no SICAF, dos licitantes que se encontram cadastrados nesses níveis, será realizada por meio de consulta *on-line*.

8.3 – DOCUMENTOS EXIGIDOS DE TODOS OS LICITANTES

TODOS os licitantes, independentemente de registro no SICAF, deverão apresentar os documentos que seguem, por meio do ENVELOPE Nº 2:

8.3.1 declaração de que não utiliza mão de obra direta ou indireta de menores, conforme disposições contidas na Lei nº 9.854, de 27 de outubro de 1999, regulamentada pelo Decreto nº 4.358, de 05 de setembro de 2002, de acordo com o modelo do anexo ... deste edital;

8.3.2 Qualificação técnica:

8.3.2.1 *Registro ou inscrição da empresa licitante na entidade profissional ...., em plena validade; (quando for o caso);*[86]

8.3.2.2 *Comprovação de aptidão para a prestação dos serviços em características, quantidades e prazos compatíveis com o objeto desta licitação, por meio da apresentação de atestado fornecido por pessoa jurídica de direito público ou privado.*

8.3.2.2.1 *O atestado referir-se-á a contrato já concluído ou já decorrido no mínimo um ano do início de sua execução, exceto se houver sido firmado para ser executado em prazo inferior, apenas aceito mediante a apresentação do contrato.*

8.3.2.2.1.1 *O licitante disponibilizará todas as informações necessárias à comprovação da legitimidade do atestado apresentado..*

8.3.2.3 *Atestado de vistoria assinado pelo servidor responsável, nas condições estabelecidas no termo de referência, podendo ser substituído por declaração formal assinada pelo representante da empresa proponente, sob as penalidades da lei, de que tem pleno conhecimento das condições e peculiaridades inerentes à natureza e ao local dos trabalhos, e de que não alegará desconhecimento para quaisquer questionamentos futuros que ensejem desavenças técnicas ou financeiras com a administração contratante, conforme anexo ....*

8.3.2.4 *Prova de atendimento a requisitos previstos em lei especial; (se for o caso)*[

8.3.2.5 *Indicação e qualificação (nome e número de inscrição no órgão de fiscalização competente) de cada membro da equipe técnica que se responsabilizará pela execução do contrato. (se for o caso)*[83]

8.3.3 *Qualificação econômico-financeira*

8.3.3.1 *As empresas que apresentarem resultado inferior ou igual a 1 (um) em qualquer dos índices de Liquidez Geral (LG), Solvência Geral (SG) e Liquidez Corrente (LC), deverão comprovar:*

8.3.3.1.1 *patrimônio líquido de .... (......) do valor estimado da contratação; ou*[33]

8.3.3.1.1 *garantia de .... (.......) do valor estimado do contrato;*

> Dispõe a Lei nº 8.666/93 que:
> Art. 31 [...]
> §2º *A Administração, nas compras para entrega futura e na execução de obras e serviços,* **poderá estabelecer,** *no instrumento convocatório da licitação, a exigência de capital mínimo ou de patrimônio líquido mínimo, ou ainda as garantias previstas no §1º do art. 56 desta Lei, como dado objetivo de comprovação da qualificação econômico-financeira dos licitantes e para efeito de garantia ao adimplemento do contrato a ser ulteriormente celebrado. (grifamos)*
> *Depreende-se do dispositivo transcrito que não há a obrigatoriedade de a administração pública estabelecer no edital a possibilidade de as entidades licitantes, que não apresentarem índices contábeis maiores ou iguais ao exigido, demonstrarem, para fins de habilitação, capital mínimo, patrimônio líquido mínimo ou prestação de garantia. Tal previsão constitui ato discricionário da administração, mas dependente de previsão no edital.*

> *No caso de locação de materiais, não será exigido da entidade de menor porte a apresentação de balanço patrimonial do último exercício financeiro (art. 3º do Decreto nº 8.538/15);*

8.4 – DOCUMENTOS EXIGIDOS PARA OS LICITANTES NÃO CADASTRADOS NO SICAF:

Os licitantes não cadastrados no SICAF nos níveis habilitação jurídica, regularidades fiscal e trabalhista e qualificação econômico-financeira deverão apresentar os documentos que seguem por meio do ENVELOPE Nº 2:

8.4.1 documento relativo à comprovação da regularidade jurídica:[31]

8.4.1.1 inscrição no Registro Público de Empresas Mercantis, no caso de empresário pessoa física;

8.4.1.2 contrato social ou estatuto em vigor, devidamente registrado, em se tratando de sociedades comerciais, e, no caso de sociedades por ações, acompanhado de documentos de eleição de seus administradores;

8.4.1.2.1 inscrição no Registro Público de Empresas Mercantis onde opera, com averbação no Registro onde tem sede a matriz, no caso de ser o participante sucursal, filial ou agência;

8.4.1.3 inscrição do ato constitutivo no Registro Civil das Pessoas Jurídicas, no caso de sociedades simples, acompanhada de prova de diretoria em exercício;

8.4.1.4 decreto de autorização, em se tratando de sociedade empresária estrangeira em funcionamento no País;

8.4.1.5 ato de registro ou autorização para funcionamento expedido pelo(a) ...., conforme ......

> *Adotar a redação quando a atividade assim o exigir, com a indicação do órgão/entidade competente para a expedição do ato de registro ou autorização e, ainda, da norma aplicável.*

8.4.1.6 tratando-se de sociedades cooperativas, apresentação dos seguintes documentos:

8.4.1.6.1 ata de fundação;

8.4.1.6.2 estatuto social com ata de assembleia de aprovação devidamente arquivado na Junta Comercial ou inscrito no Registro Civil das Pessoas Jurídicas da respectiva sede, bem como o registro de que trata o art. 107 da Lei nº 5.764/71.

8.4.2 documentação relativa às regularidades fiscal e trabalhista:

8.4.2.1 prova de inscrição no Cadastro Nacional de Pessoas Jurídicas;

8.4.2.2 prova de regularidade com a Fazenda Nacional (certidão conjunta, emitida pela Secretaria da Receita Federal do Brasil e Procuradoria-Geral da Fazenda Nacional, quanto aos demais tributos federais e à Dívida Ativa da União, por elas administrados, conforme Decreto nº 8.302/14 e Portaria nº 358, de 5 de setembro de 2014, do Ministro de Estado da Fazenda);[84] [85]

8.4.2.3 prova de regularidade com a Seguridade Social (INSS);

8.4.2.4 prova de regularidade com o Fundo de Garantia do Tempo de Serviço (FGTS);

8.4.2.5 prova de inexistência de débitos inadimplidos perante a Justiça do Trabalho, mediante a apresentação de certidão negativa, nos termos do Título VII-A da Consolidação das Leis do Trabalho, aprovada pelo Decreto-Lei nº 5.452, de 1º de maio de 1943;

8.4.2.1.1 Será admitida a comprovação da regularidade fiscal também por meio de "certidão positiva com efeito de negativa" diante da existência de débito confesso, parcelado e em fase de adimplemento.

8.4.2.8 caso o licitante detentor do menor preço seja microempresa, empresa de pequeno porte ou *sociedade cooperativa*[49] enquadrada no artigo 34 da Lei nº 11.488/07, deverá apresentar toda a documentação exigida para efeito de comprovação de regularidade fiscal, mesmo que esta apresente alguma restrição, sob pena de inabilitação.

> *A Lei Complementar nº 155/16 alterou a Lei Complementar nº 123/06. De acordo com o art. 43 deste último diploma, "as microempresas e as empresas de pequeno porte, por ocasião da participação em certames licitatórios, deverão apresentar toda a documentação exigida para efeito de comprovação de regularidade fiscal e trabalhista, mesmo que esta apresente alguma restrição". O prazo especial para a regularização da situação trabalhista, conforme art. 11 da Lei Complementar nº 155/16, terá início a partir de 1º de janeiro de 2018.*

8.4.3 Qualificação econômico-financeira:

8.4.3.1 certidão negativa de falência expedida pelo distribuidor da sede da pessoa jurídica;

8.4.3.2 balanço patrimonial e demonstrações contábeis do último exercício social, já exigíveis e apresentados na forma da lei, que comprovem a boa situação financeira da empresa, vedada a sua substituição por balancetes ou balanços provisórios, podendo ser atualizados por índices oficiais quando encerrado há mais de 3 (três) meses da data de apresentação da proposta;

8.4.3.2.1 no caso de empresa constituída no exercício social vigente, admite-se a apresentação de balanço patrimonial e demonstrações contábeis referentes ao período de existência da sociedade;

8.4.3.2.2 comprovação da situação financeira da empresa será constatada mediante obtenção de índices de Liquidez Geral (LG), Solvência Geral (SG) e Liquidez Corrente (LC), resultantes da aplicação das fórmulas:[33]

$$LG = \frac{\text{Ativo Circulante + Realizável a Longo Prazo}}{\text{Passivo Circulante + Passivo Não Circulante}};$$

$$SG = \frac{\text{Ativo Total}}{\text{Passivo Circulante + Passivo Não Circulante}};$$

$$LC = \frac{\text{Ativo Circulante}}{\text{Passivo Circulante}}; \text{ e}$$

8.5 Os documentos necessários à habilitação poderão ser apresentados em original, por qualquer processo de cópia reprográfica, autenticada por tabelião de notas, pela junta comercial ou por servidor da administração, mediante a apresentação do original, ou publicação em órgão da imprensa oficial.

8.6 Será habilitado o licitante com alguma documentação obrigatória vencida junto ao SICAF, desde que apresente o(s) documento(s) atualizado(s) por meio do ENVELOPE Nº 02.[78]

8.7 Divulgado o resultado da fase de habilitação, o procedimento do pregoeiro será este:

8.7.1 quando se tratar de empresa de pequeno porte, microempresa ou *cooperativa* e constatadas restrições quanto à regularidade fiscal, ser-lhe-á concedido o prazo de cinco dias úteis para a regularização da situação, prorrogável por igual período; a prorrogação do prazo poderá ser concedida, a critério da administração pública, quando requerida pelo licitante, mediante apresentação de justificativa;

8.7.2 comprovada a regularidade fiscal, segue-se com a elaboração da ata, na qual devem estar registrados os nomes dos licitantes que participaram, dos que tiveram suas propostas classificadas ou desclassificadas, os motivos que fundamentaram a classificação e/ou desclassificação, as propostas escritas e os lances verbais ofertados, a identificação dos licitantes inabilitados, se houver, e quaisquer outros atos relativos ao certame que mereçam registro;

8.7.3 não comprovada a regularidade fiscal da empresa de pequeno porte, microempresa ou *cooperativa*, no prazo legal, será facultado à administração convocar os licitantes remanescentes, na ordem de classificação, analisando-se a aceitabilidade da proposta, seguindo-se com a análise dos documentos relativos à habilitação;

8.7.4 se, na ordem de classificação, constar empresa de pequeno porte, microempresa ou *cooperativa*, havendo alguma restrição quanto à regularidade fiscal, ser-lhe-á assegurado o mesmo prazo especial.

> *A Lei Complementar nº 155/16 alterou a Lei Complementar nº 123/06. De acordo com o art. 43 deste último diploma, "as microempresas e as empresas de pequeno porte, por ocasião da participação em certames licitatórios, deverão apresentar toda a documentação exigida para efeito de comprovação de regularidade fiscal e trabalhista, mesmo que esta apresente alguma restrição". O prazo especial para a regularização da situação trabalhista, conforme art. 11 da Lei Complementar nº 155/16, terá início a partir de 1º de janeiro de 2018.*

9 – DA IMPUGNAÇÃO AO EDITAL E DO PEDIDO DE ESCLARECIMENTOS E PROVIDÊNCIAS

9.1 Qualquer pessoa poderá solicitar esclarecimentos, providências ou impugnar este edital, devendo encaminhar as razões por escrito, ao pregoeiro, até dois dias úteis antes da data fixada para o recebimento das propostas, com indicação do número do pregão. Os documentos entregues serão protocolados no horário das .... às ...., de segunda a sexta-feira, em dias úteis, na seção ....

9.1.1 os esclarecimentos, providências e impugnações poderão, ainda, ser encaminhados por via eletrônica, pelo e-mail .... ou pelo fax ...., no prazo fixado no item anterior.

9.2 Caberá ao pregoeiro decidir sobre a petição no prazo de vinte e quatro horas.

9.3 Acolhida a petição contra este edital, será designada nova data para a realização do certame.

10 – DOS RECURSOS

10.1 Declarado(s) o(s) vencedor(es), qualquer licitante poderá manifestar, no prazo de ...., de forma motivada, a intenção de recorrer, quando lhe será concedido o prazo de 03 (três) dias para apresentação das razões do recurso, ficando os demais licitantes desde logo intimadas para apresentar contrarrazões em igual número de dias, que começarão a correr do término do prazo do recorrente, sendo-lhes assegurada vista imediata dos autos.

10.2 A falta de manifestação no prazo ou motivada da licitante importará a decadência do direito de recurso e a adjudicação do objeto da licitação pelo pregoeiro ao(s) licitante(s) vencedor(es).[36]

10.3 O acolhimento do recurso importará a invalidação apenas dos atos insuscetíveis de aproveitamento.

10.4 Os autos do processo administrativo permanecerão com vista franqueada aos interessados no ...., no horário das .... às ...., de segunda a sexta-feira, em dias úteis;

10.5 As razões e contrarrazões do recurso deverão ser manifestadas por escrito, com indicação do número do pregão e o .... (*órgão ou entidade licitante*), onde serão protocoladas, no horário das .... às ...., de segunda a sexta-feira, podendo, ainda, ser encaminhas pelo correio, observado o prazo final para recebimento.

11 – DO TERMO DE CONTRATO [63]

11.1 *Para o fiel cumprimento das obrigações assumidas será firmado Termo de Contrato com o licitante vencedor, com vigência de 12 (doze) meses contados a partir ...., podendo ser prorrogado, com vantagens para este(a) .... (órgão ou entidade pública licitante), devidamente justificado nos autos, na forma do inciso II, do art. 57, da Lei nº 8.666/93. (quando se tratar de prestação de serviços contínuos como, por exemplo: vigilância, limpeza, recepção)*[51]

ou

11.1 *Para o fiel cumprimento das obrigações assumidas será firmado Termo de Contrato com o licitante vencedor, com vigência a partir .... até 31 de dezembro do corrente ano, podendo ser prorrogado, com vantagens para este(a) .... (órgão ou entidade pública licitante), devidamente justificado nos autos, conforme o disposto no inciso II do art. 57 da Lei nº 8.666/1993. (também na hipótese de prestação de serviços contínuos)*[51]

ou, ainda:

11.1 *Para o fiel cumprimento das obrigações assumidas será firmado Termo de Contrato com o licitante vencedor, com vigência a partir .... até o final do presente exercício, não podendo ser prorrogado. (quando se tratar de prestação de serviços não contínuos, ou seja, cuja interrupção não comprometa a continuidade das atividades do órgão ou entidade licitante, cuja vigência deva ser limitada ao término do exercício financeiro)*

11.2 O(s) Termo(s) de Contrato será(ão) assinado(s) pelo(s) licitante(s) vencedor(es) no prazo de ...., a partir de sua(s) convocação(ões) para que compareça(m) no endereço constante neste edital, podendo, alternativamente, ser encaminhado(s) ao(s) licitante(s) vencedor(es) para que seja(m) assinado(s) no prazo de .... a contar da data de sua(s) entrega(s), mediante aviso de recebimento (AR) ou meio eletrônico. Se o(s) licitante(s) vencedor(es), injustificadamente, não comparecer(em) para assiná-lo(s) ou não o(s) devolverem no prazo de ...., uma vez escoado o prazo para assinatura(s), poderá(ão) ser convocado(s) outro(s) licitante(s), desde que respeitada a ordem de classificação, para, depois de comprovados os requisitos de habilitação e feita a negociação, assinar(em) o(s) referido(s) instrumento(s).

11.2.1 o prazo estabelecido no subitem anterior para assinatura do(s) Termo(s) de Contrato poderá ser prorrogado uma única vez, por igual período, quando solicitado pelo(s) licitante(s) vencedor(es), durante o seu transcurso, e desde que aceito por este .... (órgão ou entidade pública licitante).

11.2.2 juntamente com o(s) Termo(s) de Contrato assinado(s), com indicação e número de documento de identificação, o(s) licitante(s) vencedor(es) apresentará(ão) documento que comprove que o representante firmatário tem poderes para essa finalidade. O documento poderá ser apresentado em original, por qualquer processo de cópia reprográfica, autenticada por tabelião de notas ou por servidor da administração, mediante apresentação do original.

12 – DA REPACTUAÇÃO[52]

12.1 *Visando à adequação aos novos preços de mercado e desde que observado o interregno mínimo de um ano contado a partir da data limite para a apresentação da proposta, o preço consignado no contrato será repactuado, competindo ao contratado justificar e comprovar a variação dos custos, apresentando memória de cálculo e planilhas apropriadas para análise e posterior aprovação da contratante, na forma do art. 5º, do Decreto nº 2.271/97;*

12.1.1 *nas repactuações subsequentes, o interregno mínimo de um ano será contado a partir dos efeitos financeiros da última repactuação, independentemente da data em que formalizada.*

ou

12.1 *Visando à adequação aos novos preços de mercado e desde que observado o interregno mínimo de um ano contado a partir da data do orçamento a que a proposta referir-se, o preço consignado no contrato será repactuado, competindo ao contratado justificar e comprovar a variação dos custos, apresentando memória de cálculo e planilhas apropriadas para análise e posterior aprovação da contratante, na forma do art. 5º, do Decreto nº 2.271/97.*

12.1.1 *será adotada como data do orçamento a que a proposta referir-se, a data do acordo, convenção, dissídio coletivo de trabalho ou equivalente, que estipular o salário vigente à época da apresentação da proposta, vedada a inclusão, por ocasião da repactuação, de antecipações e de benefícios não previstos originariamente. (tratando-se de prestação de serviços contínuos)*

12.1.2 *nas repactuações subsequentes, o interregno mínimo de um ano será contado a partir dos efeitos financeiros da última repactuação, independentemente da data em que formalizada.*

ou

12 – DO REAJUSTE[53]

12.1 *O preço consignado no contrato será corrigido anualmente, observado o interregno mínimo de um ano contado a partir da data limite para a apresentação da proposta, pela variação do IPCA. (como exemplo a locação de máquinas fotocopiadoras, prestação de serviços de transporte de cargas)*

12.1.1 *nos reajustes subsequentes, o interregno mínimo de um ano será contado a partir dos efeitos financeiros do último reajuste, independentemente da data em que formalizado.*

ou

12 – DA IRREAJUSTABILIDADE DO VALOR CONTRATUAL[39]

12.1 *O preço consignado no contrato será irreajustável. (tratando-se de serviços de natureza não contínua, cuja vigência seja limitada ao término do exercício financeiro)*

13 – DO PRAZO PARA EXECUÇÃO DO OBJETO, DA FISCALIZAÇÃO DO CONTRATO E DO RECEBIMENTO (*dependerá da forma de execução do objeto*)

> 13.1 *Este item deverá estabelecer o local, prazo para início e conclusão dos serviços, como determina o art. 40, inciso II, da Lei nº 8.666/93, em conformidade com o estabelecido no termo de referência.*[55]

13.2 *Prestado o serviço, o mesmo será recebido provisoriamente pelo responsável por seu acompanhamento e fiscalização, mediante termo circunstanciado, assinado pelas partes em ..... (........) dias da ....*[56]

13.3 *Os serviços prestados poderão ser rejeitados, no todo ou em parte, quando em desacordo com as especificações constantes no termo de referência, devendo ser refeito/corrigido/substituído no prazo de .... às custas do contratado, sob pena de aplicação das penalidades previstas neste edital.*

13.4 *Os serviços serão recebidos definitivamente, por servidor ou comissão designada, mediante termo circunstanciado, assinado pelas partes, no prazo de .... após o decurso do prazo de .... para observação ou vistoria que comprove a adequação do objeto aos requisitos exigidos no edital.*[57]

13.5 *Este(a) .... (órgão ou entidade pública licitante) designará um representante que será responsável pelo acompanhamento e fiscalização de sua execução, procedendo ao registro das ocorrências e adotando as providências necessárias ao seu fiel cumprimento.*

13.6 *O licitante vencedor deverá indicar um preposto para representá-lo na execução do contrato.*[58]

ou

13 – DO PRAZO PARA EXECUÇÃO DO OBJETO, DA FISCALIZAÇÃO DO CONTRATO E DO RECEBIMENTO (*serviços continuados como limpeza e conservação, vigilância*)

> 13.1 *Este item deverá estabelecer o local em que serão prestados os serviços, o prazo para início das atividades e periodicidade da execução (por exemplo: mensal), como determina o art. 40, inciso II, da Lei nº 8.666/93, em conformidade com o estabelecido no termo de referência.*[55]

13.2 *Este(a) .... (órgão ou entidade pública licitante) designará um* representante *que será responsável pelo acompanhamento e fiscalização de sua execução, procedendo ao registro das ocorrências e adotando as providências necessárias ao seu fiel cumprimento.*

13.3 *O licitante vencedor deverá indicar um preposto para representá-lo na execução do contrato.*[58]

14 – DO PAGAMENTO[59] [60]

14.1 *O pagamento será efetuado no prazo de até ...., mediante a apresentação do documento fiscal competente (nota fiscal/fatura), devidamente aprovado, correspondente ao serviço efetivamente realizado, verificado e aceito pela contratante,*

ou

14.1 *O pagamento será efetuado até ...., contados a partir da data final do período de adimplemento de cada parcela, mediante a apresentação do documento fiscal competente (nota fiscal/fatura), devidamente aprovado, correspondente ao serviço efetivamente realizado, verificado e aceito pela contratante,*

ou

14.1 *O pagamento será efetuado até o ...... dia do mês subsequente à prestação dos serviços, mediante a apresentação do documento fiscal competente (nota fiscal/fatura), devidamente aprovado, correspondente ao serviço efetivamente realizado, verificado e aceito pela contratante.*

14.1.1 Os pagamentos decorrentes de despesas cujos valores não ultrapassem o limite de que trata o inciso II do art. 24 da Lei nº 8.666/93, deverão ser efetuados no prazo de até 5 (cinco) dias úteis, contados da data da apresentação da Nota Fiscal, nos termos do art. 5º, §3º, da mesma Lei.

14.2 O pagamento será efetuado por meio de Ordem Bancária de Crédito, mediante depósito em conta corrente, na agência e estabelecimento bancário indicado pelo contratado.

14.3 *Antes de cada pagamento, a contratante exigirá a comprovação do cumprimento regular e integral das obrigações decorrentes da relação de emprego que a contratada mantém com os empregados em exercício no .... (órgão ou entidade contratante).*[61]

14.4 A cada pagamento efetivado pela contratante, será procedida prévia verificação da regularidade fiscal do contratado no SICAF.

14.5 Na hipótese de atraso de pagamento, desde que este não decorra de ato ou fato atribuível ao contratado, aplicar-se-á o índice do IPCA *pro rata diem*, a título de compensação financeira, que será o produto resultante do mesmo índice do dia anterior ao pagamento, multiplicado pelo número de dias de atraso do mês correspondente, repetindo-se a operação a cada mês de atraso. A exigibilidade do valor não solvido tem início no dia seguinte ao término do prazo fixado para pagamento.

14.6 Por eventuais atrasos injustificados no pagamento devido ao contratado, este fará jus a juros moratórios de 6% ao ano.

14.7 No caso de incorreção nos documentos apresentados, inclusive na Nota Fiscal/Fatura, estes serão restituídos ao contratado para as correções necessárias no prazo de .... (.....) dias, sendo devolvidos no mesmo prazo, não respondendo a contratante por quaisquer encargos resultantes de atrasos na liquidação dos pagamentos correspondentes.

15 – **DAS SANÇÕES ADMINISTRATIVAS**

15.1 O não cumprimento das obrigações assumidas em razão deste procedimento e das obrigações contratuais, sujeitará o(s) licitante(s) adjudicatário(s), garantida a prévia defesa, às seguintes sanções:

15.1.1 advertência;

15.1.2 pelo atraso injustificado na execução do objeto da licitação, será aplicada multa de ....% por dia de atraso, incidente sobre o valor da parcela inadimplida da obrigação, limitada a 30 (trinta) dias, a partir dos quais será causa de rescisão contratual. Contar-se-á o prazo a partir do estipulado nos itens .... (*que tratam do início do prazo de execução dos serviços e prazo para conclusão dos serviços*), deste edital ou findo o prazo concedido ao refazimento/substituições/correções dos serviços, previsto no item .... (*que trata do prazo para refazer, substituir, corrigir os serviços*), quando o objeto licitado estiver em desacordo com as especificações exigidas;

15.1.3 multa de 10% (dez por cento) sobre o valor da parcela inadimplida na hipótese de qualquer outra forma de inexecução das obrigações assumidas;

15.1.4 suspensão temporária de participação em licitação e impedimento de contratar com o(a) .... (*órgão ou entidade pública licitante*), por prazo não superior a 2 (dois) anos, nas hipóteses de execução irregular, atrasos ou inexecução de que resulte prejuízo para o serviço;

15.1.5 declaração de inidoneidade para licitar ou contratar com a administração pública, enquanto perdurarem os motivos determinantes da punição ou até que seja promovida a reabilitação, perante a autoridade que aplicou a penalidade, nas hipóteses em que a execução irregular, os atrasos ou a inexecução associem-se à prática de ilícito penal;

15.1.6 o adjudicatário que, convocado dentro do prazo de validade da sua proposta, não celebrar o contrato, deixar de entregar documentação exigida ou apresentar documentação falsa, ensejar o retardamento da execução do objeto, não mantiver a proposta, falhar ou fraudar na execução do contrato, comportar-se de modo inidôneo ou cometer fraude fiscal, ficará impedido de licitar e contratar com a União e será descredenciado no SICAF pelo prazo de até cinco anos, sem prejuízo das multas previstas neste edital e no contrato e das demais cominações legais;

15.1.7 em decorrência da não regularização da sitação fiscal (e/ou trabalhista) pela entidade de menor porte, no prazo fixado neste edital, será aplicada multa de ..... % (..... por cento) sobre o valor do item da licitação.

> *A Lei Complementar nº 155/16 alterou a Lei Complementar nº 123/06. De acordo com o art. 43 deste último diploma, "as microempresas e as empresas de pequeno porte, por ocasião da participação em certames licitatórios, deverão apresentar toda a documentação exigida para efeito de comprovação de regularidade fiscal e trabalhista, mesmo que esta apresente alguma restrição". O prazo especial para a regularização da situação trabalhista, conforme art. 11 da Lei Complementar nº 155/16, terá início a partir de 1º de janeiro de 2018.*

15.2 As sanções de multas poderão ser aplicadas concomitantemente com as demais, facultada a defesa prévia do interessado no prazo de 5 (cinco) dias úteis, contados a partir da data em que tomar ciência da imputação.

15.3 *O valor da multa aplicada será descontado da garantia que houver sido prestada; se for superior ao valor desta, além de sua perda responderá o contratado pela diferença, que será descontada de eventuais créditos que tenha em face da contratante, sem embargo desta rescindir o contrato e/ou cobrá-lo judicialmente.* [se houver garantia]

ou

15.3 *O valor da multa aplicada será descontado de eventuais créditos que tenha em face da contratante, sem embargo desta rescindir o contrato e/ou cobrá-lo judicialmente.*

15.4 As penalidades serão obrigatoriamente registradas no Sistema de Cadastramento de Fornecedores – SICAF.

16 – DA PRESTAÇÃO DE GARANTIA

16.1 Como garantia das obrigações assumidas, conforme disposto no art. 56, da Lei nº 8.666/93, o adjudicatário, no ato da assinatura do Termo de Contrato comprovará a prestação de garantia correspondente a 5% (cinco por cento) do valor do contrato, sendo liberada após o término da sua vigência.

16.2 Se o valor da garantia for utilizado em pagamento de qualquer obrigação, o adjudicatário obriga-se a fazer a respectiva reposição no prazo máximo de .... (..........) dias úteis contados da data em que for notificado.

16.3 O fato de o adjudicatário não prestar a garantia ou prestá-la incorretamente, importará inexecução de obrigação, aplicando-se as penalidades previstas neste edital.

ou

16.1 Como garantia das obrigações assumidas, conforme disposto no art. 56, da Lei nº 8.666/93, o contratado, no prazo de .... da data da assinatura do Termo de Contrato, comprovará a prestação de garantia correspondente a 5% (cinco por cento) do valor do contrato, sendo liberada após o término da sua vigência.

16.2 A inobservância do prazo fixado para apresentação da garantia acarretará a aplicação de multa de 0,07% (sete centésimos por cento) do valor do contrato por dia de atraso, até o máximo de 2% (dois por cento).

16.3 O atraso superior a 25 (vinte e cinco) dias autoriza a administração contratante a promover a rescisão do contrato por descumprimento de obrigação, conforme dispõem os incisos I e II do art. 78 da Lei nº 8.666/93.

16.4 A validade da garantia, qualquer que seja a modalidade escolhida, deverá abranger um período de mais 3 (três) meses após o término da vigência contratual.

16.5 A garantia assegurará, qualquer que seja a modalidade escolhida, o pagamento de:

16.5.1 prejuízos advindos do não cumprimento do objeto do contrato;

16.5.2 prejuízos diretos causados à administração decorrentes de culpa ou dolo durante a execução do contrato;

16.5.3 multas moratórias e punitivas aplicadas pela administração à contratada; e

16.5.4 obrigações trabalhistas e previdenciárias de qualquer natureza, não adimplidas pela contratada, quando couber.

16.6 A modalidade seguro-garantia somente será aceita se contemplar todos os eventos indicados no item anterior, mencionados no art. 19, XIX, b da IN SLTI/MPOG 02/2008, observada a legislação que rege a matéria.

16.7 A garantia em dinheiro deverá ser efetuada em favor da administração contratante, em conta específica na Caixa Econômica Federal, com correção monetária.

16.8 No caso de alteração do valor do contrato, ou prorrogação de sua vigência, a garantia deverá ser readequada ou renovada nas mesmas condições.

16.9 Se o valor da garantia for utilizado total ou parcialmente em pagamento de qualquer obrigação, a contratada obriga-se a fazer a respectiva reposição no prazo máximo de .... (......) dias úteis, contados da data em que for notificada.

16.10 A administração contratante executará a garantia na forma prevista na legislação que rege a matéria.

16.11 Será considerada extinta a garantia:

16.11.1 com a devolução da apólice, carta fiança ou autorização para o levantamento de importâncias depositadas em dinheiro a título de garantia, acompanhada de declaração da administração contratante, mediante termo circunstanciado, de que a contratada cumpriu todas as cláusulas do contrato;

16.11.2 no prazo de 90 (noventa) após o término da vigência, caso a administração contratante não comunique a ocorrência de sinistros.

17 – DAS DISPOSIÇÕES GERAIS

17.1 Obriga-se o licitante a declarar, sob as penalidades legais, a superveniência de fato impeditivo da habilitação.

17.2 Não havendo expediente ou ocorrendo qualquer fato superveniente que impeça a realização do certame na data marcada, a sessão será automaticamente transferida para o primeiro dia útil subsequente, no mesmo horário anteriormente estabelecido, desde que não haja comunicação em contrário, pelo pregoeiro.

17.3 No julgamento da habilitação e das propostas, o pregoeiro poderá sanar erros ou falhas que não alterem a substância das propostas, dos documentos e sua validade jurídica, mediante despacho fundamentado, registrado em ata e acessível a todos, atribuindo-lhes validade e eficácia para fins de habilitação e classificação.

17.4 A homologação do resultado desta licitação não implicará em direito à contratação.

17.5 As normas disciplinadoras da licitação serão sempre interpretadas em favor da ampliação da disputa entre os interessados, desde que não comprometam o interesse da administração, o princípio da isonomia, a finalidade e a segurança da contratação.

17.6 A autoridade competente para aprovação do procedimento licitatório somente poderá revogá-lo em face de razões de interesse público, por motivo de fato superveniente devidamente comprovado, pertinente e suficiente para justificar tal conduta, devendo anulá-lo por ilegalidade, de ofício ou por provocação de qualquer pessoa, mediante ato escrito e fundamentado. A anulação do procedimento licitatório induz à do contrato. Os licitantes não terão direito à indenização em decorrência da anulação do procedimento licitatório, ressalvado o direito do contratado de boa-fé de ser ressarcido pelos encargos que tiver suportado no cumprimento do contrato.

17.7 O contratado fica obrigado a aceitar, nas mesmas condições contratuais, os acréscimos ou supressões que se fizerem necessários, conforme limite estipulado no §1º, do art. 65, da Lei nº 8.666/93.

17.8 *O contratado poderá efetivar a subcontratação de parte dos serviços, segundo as condições e limites estabelecidos no termo de referência.* [79]

ou

17.8 *O contratado não poderá subcontratar, transferir ou ceder a terceiro, no todo ou em parte, o objeto do contrato.*

17.9 Quaisquer informações complementares sobre o presente edital e seus anexos, inclusive para examinar e adquirir o termo de referência, poderão ser obtidas no(a) seguinte endereço eletrônico .... ou no endereço ...., pelos e-mails ...., ou pelo fone ....

17.10 Integram este edital, para todos os fins e efeitos, os seguintes anexos:

ANEXO I – termo de referência;

ANEXO II – *formulário padronizado de proposta de preços*;

ANEXO III – *modelo de planilha de formação de preços*;[62]

ANEXO IV – modelo de declaração art. 4º, inciso VII, da Lei nº 10.520/02. (ver modelo apresentado para o pregão presencial, tendo por objeto compra)

ANEXO V – modelo de declaração (no caso de microempresa, empresa de pequeno porte ou cooperativa). (ver modelo apresentado para o pregão presencial, tendo por objeto compra)

ANEXO VI – modelo de declaração (Lei nº 9.854/99, regulamentada pelo Decreto nº 4.358/02). (ver modelo apresentado para o pregão presencial, tendo por objeto compra)

ANEXO VII – *Minuta de Termo de Contrato.* (*ver modelo adotado para o pregão, na forma eletrônica, tendo por objeto prestação de serviços*)

...., ... de .... de 200.....

Assinatura[43]

3 Licitações exclusivas a microempresas, empresas de pequeno porte e sociedades cooperativas

Dispõe a Lei Complementar nº 123/06 que:

Art. 47. Nas contratações públicas da administração direta e indireta, autárquica e fundacional, federal, estadual e municipal, deverá ser concedido tratamento diferenciado e simplificado para as microempresas e empresas de pequeno porte objetivando a promoção do desenvolvimento econômico e social no âmbito municipal e regional, a ampliação da eficiência das políticas públicas e o incentivo à inovação tecnológica.

Parágrafo único. No que diz respeito às compras públicas, enquanto não sobrevier legislação estadual, municipal ou regulamento específico de cada órgão mais favorável à microempresa e empresa de pequeno porte, aplica-se a legislação federal.

Art. 48. Para o cumprimento do disposto no art. 47 desta Lei Complementar, a administração pública:
I – deverá realizar processo licitatório destinado exclusivamente à participação de microempresas e empresas de pequeno porte nos itens de contratação cujo valor seja de até R$80.000,00 (oitenta mil reais); (grifamos)

Computadas as estimativas da administração para o item de licitação e verificado que o valor alcançado não ultrapassa R$80.000,00, a regra é a de assegurar-se exclusividade à participação de entidades de menor porte na cotação do item. Traduz tal exclusividade o tratamento privilegiado deferido às entidades de menor porte pela Lei Complementar nº 123/06.

Assim, ainda, no âmbito do Decreto federal nº 8.538/15:

Art. 6º Os órgãos e as entidades contratantes deverão realizar processo licitatório destinado exclusivamente à participação de microempresas e empresas de pequeno porte nos itens ou lotes de licitação cujo valor seja de até R$80.000,00 (oitenta mil reais).
[...]
Art. 9º Para aplicação dos benefícios previstos nos arts. 6º a 8º:
I – será considerado, para efeitos dos limites de valor estabelecidos, cada item separadamente ou, nas licitações por preço global, o valor estimado para o grupo ou o lote da licitação que deve ser considerado como um único item;

Afasta-se a regra da exclusiva participação de entidades de menor porte no item da licitação de valor estimado igual ou inferior a R$80.000,00 quando configurada uma das seguintes hipóteses previstas na Lei Complementar nº 123/06, devidamente justificada:

Art. 49. Não se aplica o disposto nos arts. 47 e 48 desta Lei Complementar quando:
I – (Revogado);
II – não houver um mínimo de 3 (três) fornecedores competitivos enquadrados como microempresas ou empresas de pequeno porte sediados local ou regionalmente e capazes de cumprir as exigências estabelecidas no instrumento convocatório;
III – o tratamento diferenciado e simplificado para as microempresas e empresas de pequeno porte não for vantajoso para a administração pública ou representar prejuízo ao conjunto ou complexo do objeto a ser contratado;
IV – a licitação for dispensável ou inexigível, nos termos dos arts. 24 e 25 da Lei nº 8.666, de 21 de junho de 1993, excetuando-se as dispensas tratadas pelos incisos I e II do art. 24 da mesma Lei, nas quais a compra deverá ser feita preferencialmente de microempresas e empresas de pequeno porte, aplicando-se o disposto no inciso I do art. 48.

3.1 Edital pregão eletrônico – Compra – Art. 6º do Decreto nº 8.538/15 (contratação exclusiva de ME, EPP e sociedade cooperativa)

ÓRGÃO OU ENTIDADE PÚBLICA[1]
PREGÃO ELETRÔNICO Nº ....../20..[2]
(Processo Administrativo nº ....)

1 – PREÂMBULO[3]

1.1 Torna-se público, para conhecimento dos interessados, que o(a) .... (*órgão ou entidade pública licitante*), por meio do(a) .... (*setor responsável pelas licitações*),[4] sediado(a) .... (*endereço*) realizará licitação, na modalidade PREGÃO, na forma ELETRÔNICA – tipo *menor preço global, menor preço por item ou menor preço por grupo*,[5] nos termos da Lei nº 10.520, de 17 de julho de 2002, do Decreto nº 5.450, de 31 de maio de 2005, da Instrução Normativa SLTI/MPOG nº 2, de 11 de outubro de 2010, da Lei Complementar nº 123, de 14 de dezembro de 2006, da Lei nº 11.488, de 15 de junho de 2007, do Decreto nº 8.538, de 06 de outubro de 2015, *do Decreto nº 7.546, de 02 de agosto de 2011*, da Lei nº 8.666, de 21 de junho de 1993, de forma subsidiária, e das condições estabelecidas neste instrumento convocatório e seus anexos.[6]

1.2 O encaminhamento da proposta de preços terá início com a divulgação do aviso de edital no sítio www.comprasgovernamentais.gov.br, até às .... horas do dia ....../..../200..., hora e data para a abertura da sessão, exclusivamente por meio do sistema eletrônico, sendo os documentos necessários à habilitação encaminhados para análise do pregoeiro e equipe de apoio, no prazo estabelecido neste edital, após solicitação pelo sistema eletrônico.[7]

1.3 Todas as referências de tempo no edital, no aviso e durante a sessão pública, observarão o horário de Brasília – DF.

2 – DO OBJETO

2.1 O objeto da presente licitação é a escolha da proposta mais vantajosa para o fornecimento de ....,[8] conforme condições, quantidades e exigências estabelecidas neste edital e seus anexos.

2.1.1 *A licitação será dividida em itens (ou em grupos), conforme tabela constante do termo de referência, facultando-se ao licitante a participação em quantos itens (ou grupos) forem de seu interesse.*

ou

2.1.1 *As especificações e quantidades que compõem o item (ou grupo) desta licitação constam no termo de referência, anexo ....*

3 – DAS CONDIÇÕES PARA PARTICIPAÇÃO

3.1. A licitação é exclusiva a entidades empresariais que se enquadrem nas categorias de empresa de pequeno porte, microempresa e sociedades cooperativas, na forma estatuída pelo art. 3º da Lei Complementar nº 123, de 14 de dezembro de 2006, cuja atividade, prevista em seu ato constitutivo, seja compatível com o objeto desta licitação e que estejam com credenciamento regular no Sistema de Cadastramento Unificado de Fornecedores – SICAF, conforme disposto no §3º do artigo 8º da Instrução Normativa SLTI/MPOG nº 2/10.[9] [31]

3.1.1 Não poderão participar desta licitação as entidades acima elencadas:

3.1.1.1 proibidas de participar de licitações e celebrar contratos administrativos, na forma da legislação vigente;

3.1.1.2 declaradas suspensas de participar de licitações e impedidas de contratar com .... (*órgão ou a entidade responsável pela licitação*), conforme art. 87, inciso III, da Lei nº 8.666/93;

3.1.2 Também é vedada a participação:

3.1.2.1 de entidades empresariais estrangeiras;

3.1.2.2 de quaisquer interessados que se enquadrem nas vedações previstas no artigo 9º da Lei nº 8.666/93.[12]

4 – DO CREDENCIAMENTO

4.1 O credenciamento do licitante dar-se-á pela atribuição da chave de identificação e de senha, pessoal e intransferível, para acesso ao sistema eletrônico, site www.comprasgovernamentais.gov.br.

4.2 O credenciamento junto ao provedor do sistema implica responsabilidade legal do licitante ou de seu representante legal e na presunção de sua capacidade técnica para realização das transações inerentes a este Pregão.

4.3 O uso da senha de acesso pelo licitante é de sua responsabilidade exclusiva, incluindo qualquer transação efetuada diretamente ou por seu representante, não cabendo ao provedor do sistema ou a este(a) .... (*órgão ou entidade promotor(a) da licitação*), responsabilidade por eventuais danos decorrentes do uso indevido da senha, ainda que por terceiros.

5 – DO ENVIO DA PROPOSTA

5.1 O licitante será responsável por todas as transações que forem efetuadas em seu nome no sistema eletrônico, assumindo como firmes e verdadeiras suas propostas e lances.

5.2 Incumbirá ao licitante acompanhar as operações no sistema eletrônico durante a sessão pública do Pregão, ficando responsável pelo ônus decorrente da perda de negócios, diante da inobservância de quaisquer mensagens emitidas pelo sistema ou de sua desconexão.

5.3 Como condição para participação no pregão, o licitante assinalará em campo próprio do sistema:

5.3.1 que não ultrapassou o limite de faturamento e que cumpre os requisitos estabelecidos no art. 3º da Lei Complementar nº 123/06, estando apto a usufruir do tratamento favorecido estabelecido nos arts. 42 ao 49 da referida Lei Complementar.

5.4 Assinalará, ainda, "sim" ou "não" em campo próprio do sistema eletrônico, relativo às seguintes declarações:

5.4.1 que está ciente e concorda com as condições contidas no Edital e seus anexos, bem como de que cumpre plenamente os requisitos de habilitação definidos no Edital;

5.4.2 que inexistem fatos impeditivos para sua habilitação no certame, ciente da obrigatoriedade de declarar ocorrências posteriores;

5.4.3 que não emprega menor de 18 anos em trabalho noturno, perigoso ou insalubre e não emprega menor de 16 anos, salvo menor, a partir de 14 anos, na condição de aprendiz, nos termos do artigo 7º, XXXIII, da Constituição;[13]

5.4.4 que a proposta foi elaborada de forma independente, nos termos da Instrução Normativa SLTI/MPOG nº 2, de 16 de setembro de 2009;

5.4.5 que não possui na cadeia produtiva, empregados executando trabalho degradante ou forçado, em observância aos incisos III e IV do art. 1º e ao inciso III do art. 5º da Constituição Federal.

5.5 O sistema identificará o porte da entidade empresarial e cooperativa no momento do envio da proposta.

5.6 Até a abertura da sessão, os licitantes poderão retirar ou substituir as propostas anteriormente apresentadas.

5.7 Nos valores propostos estarão inclusos todos os custos operacionais, encargos previdenciários, trabalhistas, tributários, comerciais e quaisquer outros que incidam direta ou indiretamente no fornecimento dos bens.

5.8 A apresentação da proposta implicará plena aceitação,[14] por parte do proponente, das condições estabelecidas neste edital e seus anexos.

5.9 O prazo de validade da proposta não será inferior a ... (...) dias,[15] a contar da data da abertura da sessão.

5.10 Após a divulgação do edital no endereço eletrônico e até a data e horário marcados para a abertura da sessão, os licitantes deverão encaminhar proposta de preços, com a indicação dos seguintes requisitos, exclusivamente por meio eletrônico:

5.10.1 item *(ou grupo)* da licitação. [88]

5.10.2 *número do registro do(s) item(ns)* .... *no* .... (*órgão competente, quando for o caso*);[16]

5.10.3 *período de garantia do(s) item(ns), que não poderá ser inferior a ...., contado(s) da data do recebimento definitivo;*[17]

ou

5.10.3 *prazo de validade do item, que não poderá ser inferior a ...., contado(s) da data do recebimento definitivo;*[17]

5.10.4 *marca (se for o caso);*[18]

5.10.5 *modelo (se for o caso);*[18]

5.10.6 *número de série do(s) item(ns);*[19]

5.10.7 *indicação de que o(s) item(ns) possui(em) prospectos, manuais ou outras informações fornecidas pelo fabricante; (se for o caso)*

5.10.8 *certificado de ..... (se for o caso);*

5.10.9 *outras exigências, dependendo do objeto licitado.*

5.11 Serão desclassificadas as propostas que não atenderem às exigências contidas neste edital.[20]

6 – DAS PROPOSTAS E FORMULAÇÃO DE LANCES

6.1 A partir da data e horário estabelecidos no preâmbulo deste edital terá início a sessão pública do Pregão, na sua forma eletrônica.

6.2 O pregoeiro verificará as propostas apresentadas, desclassificando aquelas que não estejam em conformidade com os requisitos estabelecidos neste edital e anexos, forem omissas ou apresentarem irregularidades insanáveis.[21]

6.3 A desclassificação será sempre fundamentada e registrada no sistema, com acompanhamento em tempo real por todos os participantes.

6.4 O sistema ordenará, automaticamente, as propostas classificadas, sendo que somente estas participarão da fase de lances.[64]

> *A Instrução Normativa SLTI/MPOG nº 3, de 2011, dispõe sobre os procedimentos de operacionalização do pregão eletrônico, para aquisição de bens e serviços no âmbito dos órgãos e entidades integrantes do Sistema de Serviços Gerais – SISG, bem como os órgãos e entidades que firmaram termo de adesão para utilizar o Sistema Integrado de Administração de Serviços Gerais – SIASG. Segundo o seu art. 1º-A, o instrumento convocatório poderá estabelecer intervalo mínimo de diferença de valores entre os lances, que incidirá tanto em relação aos lances intermediários quanto em relação à proposta que cobrir a melhor oferta. A medida visa a evitar lances com descontos irrisórios, constituindo-se em prática que prejudica a concorrência do certame. Caso o edital da licitação não estabeleça o intervalo mínimo de diferença de valores entre os lances, é vedado ao pregoeiro fixá-lo no procedimento licitatório, em respeito aos princípios da vinculação ao instrumento convocatório e da ampla competitividade.*

6.5 Iniciada a etapa competitiva, os licitantes deverão encaminhar lances exclusivamente por meio de sistema eletrônico, sendo imediatamente informados do seu recebimento e do valor consignado no registro.

6.6 Os licitantes poderão oferecer lances sucessivos, observando o horário fixado para abertura da sessão e as regras estabelecidas no edital.

6.7 O licitante somente poderá oferecer lance inferior ao último por ele ofertado e registrado pelo sistema.

6.8 Não serão aceitos dois ou mais lances de mesmo valor, prevalecendo aquele que for recebido e registrado em primeiro lugar.

6.9 Durante o transcurso da sessão pública, os licitantes serão informados, em tempo real, do valor do menor lance registrado, vedada a identificação do licitante.

6.10 No caso de desconexão com o pregoeiro, no decorrer da etapa competitiva do Pregão, o sistema eletrônico poderá permanecer acessível aos licitantes para a recepção dos lances.

6.10.1 Quando a desconexão persistir por tempo superior a 10 (dez) minutos, a sessão do Pregão será suspensa e terá reinício somente após comunicação expressa do pregoeiro aos participantes.[22]

6.11 A etapa de lances da sessão pública será encerrada por decisão do pregoeiro. O sistema eletrônico encaminhará aviso de fechamento iminente dos lances, após o que transcorrerá período de tempo de até 30 (trinta) minutos, aleatoriamente determinado pelo sistema, findo o qual será automaticamente encerrada a recepção de lances.

6.12 Caso o licitante não apresente lances, concorrerá com o valor de sua proposta e, na hipótese de desistência de apresentar outros lances, valerá o último lance por ele ofertado, para efeito de ordenação das propostas.

6.13 *Caso não se realizem lances, será verificada a compatibilidade entre a proposta de menor preço e o valor estimado para a contratação.*

6.14 *O pregoeiro examinará o lance classificado em primeiro lugar quanto à compatibilidade do preço*[23] *em relação ao estimado para a contratação, devidamente justificado. Será desclassificado o lance vencedor que apresentar preço excessivo ou manifestamente inexequível,*[25] *assim considerado aquele que não venha a ter demonstrada sua viabilidade através de documentação que comprove que os custos são coerentes com os de mercado.*

ou

6.13 *Caso não se realizem lances, será verificada a proposta de menor preço e o valor máximo fixado para o item.*

6.14 *Será desclassificado o lance vencedor com valor superior ao preço máximo*[24] *fixado no termo de referência, ou que apresentar preço manifestamente inexequível,*[25] *assim considerado aquele que não venha a ter demonstrada sua viabilidade através de documentação que comprove que os custos são coerentes com os de mercado.*

> Pode ser estipulado no edital, como critério de aceitabilidade da proposta, o maior percentual de desconto sobre o preço de tabela do produto.

> Eventual aplicação da Orientação Normativa MPOG nº 01/2016, a qual prevê que o pregoeiro deverá suspender a sessão pública do pregão na forma eletrônica quando constatar que a avaliação da conformidade das propostas, de que trata o art. 22, §2º, do Decreto nº 5.450/05, irá perdurar por mais de um dia (Art. 1º O pregoeiro deverá suspender a sessão pública do pregão na forma eletrônica quando constatar que a avaliação da conformidade das propostas, de que trata o art. 22, §2º, do Decreto nº 5.450, de 31 de maio de 2005, irá perdurar por mais de um dia. §1º Após a suspensão da sessão pública, o pregoeiro enviará, via chat, mensagem aos licitantes informando a data prevista para o início da oferta dos lances. §2º Durante a suspensão da sessão pública, as propostas poderão ser visualizadas na opção "visualizar propostas/declarações" no menu do pregoeiro).

6.15 *Será aplicado o benefício da margem de preferência, conforme disposto no art. 3º, §§5º e 8º, da Lei nº 8.666/93, no art. 3º, §3º, do Decreto nº 7.546/11 e, ainda, no Decreto nº ....*

> Quando houver propostas beneficiadas com as margens de preferência em relação ao produto estrangeiro, o critério de desempate será aplicado exclusivamente entre as propostas que fizerem jus às margens de preferência, conforme regulamento (art. 5º, §9º, I, do Decreto nº 8.538/15)

6.16 Eventual empate entre propostas, o critério de desempate será aquele previsto no artigo 3º, §2º, da Lei nº 8.666/93.

6.17 Persistindo o empate, o critério de desempate será o sorteio, em ato público para o qual os licitantes serão convocados, vedado qualquer outro processo.

6.18 Por meio do sistema eletrônico, o pregoeiro encaminhará contraproposta ao licitante que apresentou o menor preço, com o fim de negociar a obtenção de melhor proposta, observado o critério de julgamento fixado no edital e vedado que admita negociar condições diversas daquelas nele previstas.[28]

7 – DA AMOSTRA[29]

7.1 O pregoeiro solicitará do(s) licitante(s) classificado(s) em primeiro lugar amostra(s) do(s) item(ns) ...., que deverá(ão) ser apresentada(as) no prazo de .... a contar da data da solicitação, junto ao .... localizado na(o) .... para conferência do produto com as especificações solicitadas no termo de referência, registrada em termo próprio.

7.1.1 se a(s) amostra(s) apresentada(s) pelo primeiro classificado não for aceitável o pregoeiro examinará a proposta do segundo classificado para análise de sua aceitabilidade. Seguir-se-á com a verificação da(s) amostra(s) e, assim, sucessivamente, até a verificação de uma que atenda às especificações constantes no termo de referência.

7.1.2 as condições para a realização da análise técnica da amostra e para o acompanhamento pelos licitantes são as previstas no termo de referência.

8 – DA HABILITAÇÃO

8.1 O pregoeiro consultará o Sistema de Cadastro Unificado de Fornecedores – SICAF, em relação à habilitação jurídica e às regularidades fiscal e trabalhista, conforme disposto nos arts. 4º, *caput*, 8º, §3º, 13, 14 e 43 da Instrução Normativa SLTI/MPOG nº 2/10.[10] [11]

8.2 Também poderão ser consultados os sítios oficiais emissores de certidões, especialmente quando o licitante esteja com alguma documentação vencida junto ao SICAF.

8.3 Caso o pregoeiro não logre êxito em obter a certidão correspondente através do sítio oficial, o licitante será convocado a encaminhar, no prazo de .... (..........) horas, documento válido que comprove o atendimento das exigências deste edital, sob pena de inabilitação, ressalvado o disposto quanto à comprovação da regularidade fiscal das entidades de menor porte, conforme estatui o art. 43, §1º da LC nº 123/06.[34]

> A Lei Complementar nº 155/16 alterou a Lei Complementar nº 123/06. De acordo com o art. 43 deste último diploma, "as microempresas e as empresas de pequeno porte, por ocasião da participação em certames licitatórios, deverão apresentar toda a documentação exigida para efeito de comprovação de regularidade fiscal *e trabalhista*, mesmo que esta apresente alguma restrição". O prazo especial para a regularização da situação trabalhista, conforme art. 11 da Lei Complementar nº 155/16, terá início a partir de 1º de janeiro de 2018.

8.4 Os licitantes que não estiverem cadastrados no Sistema de Cadastro Unificado de Fornecedores – SICAF além do nível de credenciamento exigido pela Instrução Normativa SLTI/MPOG nº 2/10, deverão apresentar a seguinte documentação relativa à habilitação jurídica e às regularidades fiscal e trabalhista , nas condições seguintes:

8.4.1 Habilitação jurídica:

8.4.1.1 no caso de empresário individual, inscrição no Registro Público de Empresas Mercantis;

8.4.1.2 em se tratando de sociedades comerciais, contrato social ou estatuto em vigor, devidamente registrado, e, no caso de sociedades por ações, acompanhado de documentos de eleição de seus administradores;

8.4.1.2.1 inscrição no Registro Público de Empresas Mercantis onde opera, com averbação no Registro onde tem sede a matriz, no caso de ser o participante sucursal, filial ou agência;

8.4.1.3 inscrição do ato constitutivo no Registro Civil das Pessoas Jurídicas, no caso de sociedades simples, acompanhada de prova de diretoria em exercício;

8.4.1.4 no caso de sociedade cooperativa: ata de fundação e estatuto social em vigor, com a ata da assembléia que o aprovou, devidamente arquivado na Junta Comercial ou inscrito no Registro Civil das Pessoas Jurídicas da respectiva sede, bem como o registro de que trata o art. 107 da Lei nº 5.764/71;

8.4.1.5 decreto de autorização, em se tratando de sociedade empresária estrangeira em funcionamento no País;

8.4.1.6 ato de registro ou autorização para funcionamento expedido pelo(a) ...., conforme ...... [50]

> Adotar a redação quando a atividade assim o exigir, com a indicação do órgão/entidade competente para a expedição do ato de registro ou autorização e, ainda, da norma aplicável.

8.4.2 Regularidades fiscal e trabalhista:

8.4.2.1 prova de inscrição no Cadastro Nacional de Pessoas Jurídicas;

8.4.2.2 prova de regularidade com a Fazenda Nacional (certidão conjunta, emitida pela Secretaria da Receita Federal do Brasil e Procuradoria-Geral da Fazenda Nacional, quanto aos demais tributos federais e à Dívida Ativa da União, por elas administrados, conforme Decreto nº 8.302/14 e Portaria nº 358, de 5 de setembro de 2014, do Ministro de Estado da Fazenda);

8.4.2.3 prova de regularidade com a Seguridade Social (INSS);

8.4.2.4 prova de regularidade com o Fundo de Garantia do Tempo de Serviço (FGTS);

8.4.2.5 prova de inexistência de débitos inadimplidos perante a justiça do trabalho, mediante a apresentação de certidão negativa ou positiva com efeito de negativa, nos termos do Título VII-A da Consolidação das Leis do Trabalho, aprovada pelo Decreto-Lei nº 5.452, de 1º de maio de 1943.

8.5 O licitante detentor do menor preço deverá apresentar toda a documentação exigida para efeito de comprovação de regularidade fiscal (e trabalhista), mesmo que esta apresente alguma restrição, sob pena de inabilitação.

> A Lei Complementar nº 155/16 alterou a Lei Complementar nº 123/06 De acordo com o art. 43 deste último diploma, "as microempresas e as empresas de pequeno porte, por ocasião da participação em certames licitatórios, deverão apresentar toda a documentação exigida para efeito de comprovação de regularidade fiscal *e trabalhista*, mesmo que esta apresente alguma restrição". O prazo especial para a regularização da situação trabalhista, conforme art. 11 da Lei Complementar nº 155/16, terá início a partir de 1º de janeiro de 2018.

8.6. Os documentos exigidos para habilitação que não estejam contemplados no SICAF deverão ser apresentados no prazo de ......, após solicitação do pregoeiro, por meio do sistema eletrônico.

8.7 Os documentos quando remetidos por meio do sistema eletrônico, deverão ser apresentados posteriormente em original ou por cópia autenticada, no prazo de .... a contar ....

> Admite-se o envio de documentos por e-mail ou fac-símile, em caráter excepcional, na hipótese de inviabilidade técnica do sistema eletrônico operacional.

8.8 Para fins de habilitação, a verificação pelo órgão promotor do certame nos sítios oficiais de órgãos e entidades emissores de certidões constitui meio legal de prova.

8.9 Constatadas restrições quanto à regularidade fiscal, será concedido ao licitante prazo de cinco dias úteis para a regularização da situação, prorrogável por igual período.

8.10 A prorrogação do prazo poderá ser concedida, a critério da administração, quando requerida pelo licitante, mediante apresentação de justificativa;

8.11 Não comprovada a regularidade fiscal no prazo legal, será facultado à administração convocar os licitantes remanescentes, na ordem de classificação, analisando-se a aceitabilidade da proposta *e a amostra (se exigida no edital)*, seguindo-se com a análise dos documentos relativos à habilitação, assegurando-lhes o mesmo prazo especial para a regularização da situação fiscal.

> *A Lei Complementar nº 155/16 alterou a Lei Complementar nº 123/06. De acordo com o art. 43 deste último diploma, "as microempresas e as empresas de pequeno porte, por ocasião da participação em certames licitatórios, deverão apresentar toda a documentação exigida para efeito de comprovação de regularidade fiscal e trabalhista, mesmo que esta apresente alguma restrição". O prazo especial para a regularização da situação trabalhista, conforme art. 11 da Lei Complementar nº 155/16, terá início a partir de 1º de janeiro de 2018.*

9 – DA IMPUGNAÇÃO E DO PEDIDO DE ESCLARECIMENTOS

9.1 Até dois dias úteis antes da data fixada para abertura da sessão pública, qualquer pessoa poderá impugnar este edital.[35]

9.1.1 Caberá ao pregoeiro decidir sobre a impugnação no prazo de até vinte e quatro horas.

9.1.2 Acolhida a impugnação, será definida e publicada nova data para a realização do certame.

9.1.3 Os pedidos de esclarecimentos referentes a este processo licitatório deverão ser enviados ao pregoeiro, até três dias úteis anteriores à data fixada para abertura da sessão pública, por meio dos seguintes veículos de comunicação: ....

10 – DOS RECURSOS

10.1 O pregoeiro declarará o vencedor e a seguir ensejará a qualquer licitante que manifeste a intenção de recorrer, de forma motivada, isto é, indicando contra qual(is) decisão(ões) pretende recorrer e por quais motivos, e em campo próprio do sistema, no prazo de .... Havendo quem se manifeste, terá, a partir de então, o prazo de três dias para apresentar as razões de recurso, pelo sistema eletrônico, ficando os demais licitantes, desde logo, intimados para, querendo, apresentarem contrarrazões também pelo sistema eletrônico, em outros três dias, que começarão a contar do término do prazo do recorrente, sendo-lhes assegurada vista imediata dos elementos indispensáveis à defesa de seus interesses.[36]

> *A Lei nº 10.520/02 e o Decreto nº 5.450/05 não estabelecem prazo mínimo para a manifestação da intenção de recorrer pelo licitante, cabendo ao edital da licitação fixá-lo, observado que a celeridade processual, característica do pregão, não justifica a fixação de prazo exíguo que dificulte a formulação de motivação mínima. O Tribunal de Contas da União orienta que esse prazo deve observar um mínimo de trinta minutos (Acórdão nº 3.409/2014 – Plenário, Rel. Min. Marcos Bemquerer Costa, Processo nº 000.614/2014-9).*

10.2 A falta de manifestação motivada do licitante quanto à intenção de recorrer importará a decadência desse direito e a consequente adjudicação do objeto pelo pregoeiro ao licitante vencedor.

10.3 O acolhimento do recurso invalida tão-somente os atos insuscetíveis de aproveitamento.

10.4 Os autos do processo permanecerão com vista franqueada aos interessados, no endereço ....

11 – DO TERMO DE CONTRATO (quando for o caso) [63]

11.1 *Será firmado Termo de Contrato, cujo prazo de vigência é de ...., contados do ...., prorrogável na forma do art. 57, §1º, da Lei nº 8.666/93.*[37]

11.2 *O(s) Termo(s) de Contrato será(ão) assinado(s) pelo(s) licitante(s) vencedor(es) no prazo de ...., a partir de sua(s) convocação(ões) para que compareça(m) no endereço constante neste edital, podendo, alternativamente, ser encaminhado(s) ao(s) licitante(s) vencedor(es) para que seja(m) assinado(s) no prazo de .... a contar da data de sua(s) entrega(s), mediante aviso de recebimento (AR) ou meio eletrônico. Se o(s) licitante(s) vencedor(es), injustificadamente, não comparecer(em) para assiná-lo(s) ou não o(s) devolverem no prazo de ...., uma vez escoado o prazo para assinatura(s), poderá(ão) ser convocado(s) outro(s) licitante(s), desde que respeitada a ordem de classificação, para, depois de analisada a amostra (se exigida no edital), comprovados os requisitos habilitatórios e feita a negociação, assinar(em) o(s) referido(s) instrumento(s).*[38]

11.3 *O prazo estabelecido no subitem anterior para assinatura do(s) Termo(s) de Contrato poderá ser prorrogado uma única vez, por igual período, quando solicitado pelo(s) licitante(s) vencedor(es), durante o seu transcurso, e desde que aceito por este .... (órgão ou entidade licitante).*

11.4 *Juntamente com o(s) Termo(s) de Contrato assinado(s), com indicação e número de documento de identificação, o(s) licitante(s) vencedor(es) apresentará(ão) documento que comprove que o representante firmatário tem poderes para essa finalidade. O documento poderá ser apresentado em original, por qualquer processo de cópia reprográfica, autenticada por tabelião de notas ou por servidor da administração, mediante apresentação do original.*

11.5 *O preço consignado no Termo de Contrato será irreajustável.*[39]

ou

11 – DO CONTRATO [63]

11.1 *Para o fiel cumprimento das obrigações assumidas será emitida Nota de Empenho/Carta-Contrato/Autorização, cujo prazo de vigência é de ...., contados do ...., prorrogável na forma do art. 57, §1º, da Lei nº 8.666/93.*[37]

11.2 *A(s) Nota(s) de Empenho/Carta(s)-Contrato(s)/Autorização(ões) de Compra será(ão) aceita(s) pelo(s) licitante(s) vencedor(es) no prazo de ...., a partir de sua(s) convocação(ões) para que compareça(m) no endereço constante neste edital, ou, alternativamente, será(ão) encaminhada(s) ao(s) licitante(s) vencedor(es) para que seja(m) aceita(s) no prazo de ... . a contar de sua(s) entrega(s), podendo ser mediante aviso de recebimento (AR) ou meio eletrônico. Se o(s) licitante(s) vencedor(es), injustificadamente, não comparecer(em) para aceitá-la(s) ou não a(s) devolverem no prazo de ...., após escoado(s) o(s) prazo(s) para o(s) aceite(s), poderá(ão) ser convocado(s) outro(s) licitante(s), desde que respeitada a ordem de classificação, para, depois de comprovados os requisitos habilitatórios e feita a negociação, aceitar(em) o(s)referido(s) instrumento(s).*[38]

11.3 *O prazo estabelecido no subitem anterior para aceite da(s) Nota(s) de Empenho/Carta(s)-Contrato(s)/Autorização(ões) de Compra poderá ser prorrogado uma única vez, por igual período, quando solicitado pelo(s) licitante(s) vencedor(es), durante o seu transcurso, e desde que aceito por este .... (órgão ou entidade pública licitante).*

11.4 *Juntamente com a(s) Nota(s) de Empenho/Carta(s)-Contrato(s)/Autorização(ões) de Compra aceita(s), com indicação e número de documento de identificação, o(s) licitante(s) vencedor(es) apresentará(ao) documento que comprove que o representante firmatário tem poderes para essa finalidade. O documento poderá ser apresentado em original, por qualquer processo de cópia reprográfica, autenticada por tabelião de notas ou por servidor da administração, mediante apresentação do original.*

11.5 *O preço consignado na(s) Nota(s) de Empenho/Carta(s)-Contrato(s)/Autorização(ões) de Compra será irreajustável.*[39]

12 – DA ENTREGA E DO RECEBIMENTO DO OBJETO E DA FISCALIZAÇÃO

12.1 *O prazo de entrega dos bens é de .... dias contados ...., sem interrupção e prorrogável na forma do art. 57, §1º, da Lei nº 8.666/93, no seguinte endereço .... e da forma que segue .... (entrega parcelada)*[40]

ou

12.1 *O prazo de entrega única dos bens é de .... dias contados do ...., sem interrupção e prorrogável na forma do art. 57, §1º, da Lei nº 8.666/93, no seguinte endereço ....*[40]

12.2 Entregues os bens, os mesmos serão recebidos provisoriamente, pelo(s) responsável(is) pelo seu acompanhamento e fiscalização, para efeito de posterior verificação de sua conformidade com as especificações constantes no termo de referência, no prazo de .... dias;

12.3 Os bens poderão ser rejeitados, no todo ou em parte, quando em desacordo com as especificações constantes no termo de referência, devendo ser substituídos no prazo de ...., a partir do ...., às custas do contratado, sob pena de aplicação das penalidades previstas neste edital.

12.4 Os bens serão recebidos definitivamente, no prazo de .... contados do (a) ...., após a verificação da qualidade e quantidade do material e conseqüente aceitação, mediante termo circunstanciado.

12.5 Nos termos do art. 67 Lei nº 8.666/93, será(ão) designado(s) representante(s)/comissão para acompanhar e fiscalizar a entrega dos bens, anotando em registro próprio todas as ocorrências relacionadas com a execução e determinando o que for necessário à regularização das falhas ou defeitos observados.[41]

13 – DO PAGAMENTO

13.1 *O pagamento será efetuado até .... dias, contados a partir da data final do período de adimplemento a que se referir, mediante a apresentação do documento fiscal competente (nota fiscal/fatura), devidamente atestado pelo órgão de fiscalização e acompanhamento da execução do contrato, por meio de Ordem Bancária de Crédito, em depósito em conta-corrente, na agência e estabelecimento bancário indicado pelo contratado.*[42]

ou, tratando-se de entrega única e integral dos bens:

13.1 *O pagamento será efetuado até .... dias, contados a partir da data do recebimento definitivo dos bens, mediante a apresentação do documento fiscal competente (nota fiscal/fatura), devidamente atestado pelo órgão de fiscalização e acompanhamento da execução do contrato, em depósito em conta-corrente, na agência e estabelecimento bancário indicado pelo contratado.*[42]

13.1.1 Os pagamentos decorrentes de despesas cujos valores não ultrapassem o limite de que trata o inciso II do art. 24 da Lei nº 8.666/93, deverão ser efetuados no prazo de até 5 (cinco) dias úteis, contados da data da apresentação da Nota Fiscal, nos termos do art. 5º, §3º, da mesma Lei.

13.2 Antes do pagamento será verificada a regularidade fiscal do contratado no SICAF.

13.3 Na hipótese de atraso de pagamento, desde que este não decorra de ato ou fato atribuível ao contratado, aplicar-se-á o índice do IPCA *pro rata diem*, a título de compensação financeira, que será o produto resultante do mesmo índice do dia anterior ao pagamento, multiplicado pelo número de dias de atraso do mês correspondente, repetindo-se a operação a cada mês de atraso. A exigibilidade do valor não solvido tem início no dia seguinte ao término do prazo fixado para pagamento.

13.4 Por eventuais atrasos injustificados no pagamento devido ao contratado, este fará jus a juros moratórios de 6% ao ano.

13.5 No caso de incorreção nos documentos apresentados, inclusive na Nota Fiscal/Fatura, estes serão restituídos ao contratado para as correções necessárias no prazo de .... (.....) dias, sendo devolvidos no mesmo prazo, não respondendo a contratante por quaisquer encargos resultantes de atrasos na liquidação dos pagamentos correspondentes.

14- DAS SANÇÕES ADMINISTRATIVAS

14.1 O não cumprimento das obrigações assumidas em razão deste procedimento e das obrigações contratuais, sujeitará o(s) licitante(s) adjudicatário(s), garantida a prévia defesa, às seguintes sanções:

14.1.1 advertência;

14.1.2 pelo atraso injustificado na entrega do objeto da licitação, será aplicada multa de ....% por dia de atraso, incidente sobre o valor da parcela inadimplida da obrigação, limitada a 30 (trinta) dias, a partir dos quais será causa de rescisão contratual. Contar-se-á o prazo a partir do estipulado no item .... [*item que trata do prazo de entrega dos bens*], deste edital ou findo o prazo concedido às substituições dos bens a que se refere o item .... [*item que trata do prazo para as substituições*], quando o objeto licitado estiver em desacordo com as especificações exigidas;

14.1.3 multa de 10% (dez por cento) sobre o valor da contratação ou da parcela inadimplida na hipótese de qualquer outra forma de inexecução das obrigações assumidas;

14.1.4 suspensão temporária de participação em licitação e impedimento de contratar com o(a) .... (*órgão ou entidade licitante*), por prazo não superior a 2 (dois) anos, nas hipóteses de execução irregular, atrasos ou inexecução de que resulte prejuízo para o serviço;

14.1.5 declaração de inidoneidade para licitar ou contratar com a administração pública, enquanto perdurarem os motivos determinantes da punição ou até que seja promovida a reabilitação, perante a autoridade que aplicou a penalidade, nas hipóteses em que a execução irregular, os atrasos ou a inexecução associem-se à prática de ilícito penal;

14.1.6 o adjudicatário que, convocado dentro do prazo de validade da sua proposta, não celebrar o contrato, deixar de entregar documentação exigida ou apresentar documentação falsa, ensejar o retardamento da execução do objeto, não mantiver a proposta, falhar ou fraudar na execução do contrato, comportar-se de modo inidôneo ou cometer fraude fiscal, ficará impedido de licitar e contratar com a União e será descredenciado no SICAF pelo prazo de até 5 (cinco) anos, sem prejuízo das multas previstas neste edital e no contrato e das demais cominações legais;

14.1.7 em decorrência da não regularização da sitação fiscal (e/ou trabalhista) pela entidade de menor porte, no prazo fixado neste edital, será aplicada multa de ..... % (..... por cento) sobre o valor do item da licitação.

> *A Lei Complementar nº 155/16 alterou a Lei Complementar nº 123/06. De acordo com o art. 43 deste último diploma, "as microempresas e as empresas de pequeno porte, por ocasião da participação em certames licitatórios, deverão apresentar toda a documentação exigida para efeito de comprovação de regularidade fiscal e trabalhista, mesmo que esta apresente alguma restrição". O prazo especial para a regularização da situação trabalhista, conforme art. 11 da Lei Complementar nº 155/16, terá início a partir de 1º de janeiro de 2018.*

14.2 As sanções de multas poderão ser aplicadas concomitantemente com as demais, facultada a defesa prévia do interessado no prazo de 5 (cinco) dias úteis, contados a partir da data em que tomar ciência da imputação.

14.3 *O valor da multa aplicada será descontado da garantia que houver sido prestada; se for superior ao valor desta, além de sua perda responderá o contratado pela diferença, que será descontada de eventuais créditos que tenha em face da contratante, sem embargo desta rescindir o contrato e/ou cobrá-lo judicialmente.* [se houver garantia]

ou

14.3 *O valor da multa aplicada será descontado de eventuais créditos que tenha em face da contratante, sem embargo deste rescindir o contrato e/ou cobrá-lo judicialmente.*

14.4 As penalidades serão obrigatoriamente registradas no Sistema de Cadastramento de Fornecedores – SICAF.

15 – *DA PRESTAÇÃO DE GARANTIA*

15.1 *Como garantia das obrigações assumidas, conforme disposto no art. 56, da Lei nº 8.666/93, o adjudicatário, no ato da assinatura do Termo de Contrato comprovará a prestação de garantia correspondente a 5% (cinco por cento) do valor do contrato, sendo liberada após o término da sua vigência.*

ou

15.1 *Como garantia das obrigações assumidas, conforme disposto no art. 56, da Lei nº 8.666/93, o contratado, no prazo de .... da data da assinatura do Termo de Contrato, comprovará a prestação de garantia correspondente a 5% (cinco por cento) do valor do contrato, sendo liberada após o término da sua vigência.*

15.2 *Se o valor da garantia for utilizado em pagamento de qualquer obrigação, o adjudicatário ou contratado obriga-se a fazer a respectiva reposição no prazo máximo de 5 (cinco) dias úteis contados da data em que for notificado.*

15.3 *O fato de o adjudicatário ou contratado não prestar a garantia ou prestá-la incorretamente, importará inexecução de obrigação, aplicando-se as penalidades previstas neste edital.*

16 – **DAS DISPOSIÇÕES GERAIS**

16.1 Não havendo expediente ou ocorrendo qualquer fato superveniente que impeça a realização do certame na data marcada, a sessão será automaticamente transferida para o primeiro dia útil subsequente, no mesmo horário anteriormente estabelecido, desde que não haja comunicação em contrário, pelo pregoeiro.

16.2 No julgamento da habilitação e das propostas, o pregoeiro poderá sanar erros ou falhas que não alterem a substância das propostas, dos documentos e sua validade jurídica, mediante despacho fundamentado, registrado em ata e acessível a todos, atribuindo-lhes validade e eficácia para fins de habilitação e classificação.

16.3 A homologação do resultado desta licitação não implicará direito à contratação.

16.4 As normas disciplinadoras da licitação serão sempre interpretadas em favor da ampliação da disputa entre os interessados, desde que não comprometam o interesse da administração, o princípio da isonomia, a finalidade e a segurança da contratação.

16.5 A autoridade competente para aprovação do procedimento licitatório somente poderá revogá-lo em face de razões de interesse público, por motivo de fato superveniente devidamente comprovado, pertinente e suficiente para justificar tal conduta, devendo anulá-lo por ilegalidade, de ofício ou por provocação de qualquer pessoa, mediante ato escrito e fundamentado. A anulação do procedimento licitatório induz à do contrato. Os licitantes não terão direito à indenização em decorrência da anulação do procedimento licitatório, ressalvado o direito do contratado de boa-fé de ser ressarcido pelos encargos que tiver suportado no cumprimento do contrato.

16.6 Quaisquer informações complementares sobre o presente edital e seus anexos, inclusive para examinar e adquirir o termo de referência, poderão ser obtidas no(a) seguinte endereço eletrônico .... ou no endereço ...., pelos e-mails................, ou pelo fone ....

16.8 Para registro no Sistema de Cadastramento Unificado de Fornecedores – SICAF, o licitante deverá acessar o endereço eletrônico ...., e para se credenciar, obter a chave de identificação e senha, o endereço eletrônico do provedor é ....

16.9 Integram este edital, para todos os fins e efeitos, os seguintes anexos:

ANEXO I – termo de referência;

ANEXO II – *minuta de Termo de Contrato (quando for o caso). (ver modelo adotado para o pregão, na forma eletrônica, tendo por objeto compra)*

...., ... de .... de 200.....

Assinatura[43]

PARTE II – LICITAR PARA A FORMAÇÃO DE SISTEMA DE REGISTRO DE PREÇOS

1 Devido processo legal

A fase interna do procedimento licitatório para o Sistema de Registro de Preços (SRP), na modalidade do pregão, tanto na forma presencial quanto eletrônica, cumpre a mesma sequência de atos preparatórios elencados no início deste estudo para as licitações de compras ou serviços, excetuada a exigência da indicação de recursos financeiros para a instauração do certame licitatório.

Apresentam-se igualmente as exigências de processo administrativo devidamente autuado, protocolado e numerado, requisição do objeto, justificativa da contratação, autorização para abertura do processo, elaboração do termo de referência e sua aprovação pela autoridade competente, pesquisa de preços praticados pelo mercado, ato de designação do pregoeiro e equipe de apoio. Compete ao órgão ou entidade gerenciadora do SRP promover as medidas tendentes a atendê-las, consolidando todas as informações relativas à estimativa de consumo próprio e dos órgãos e entidades participantes, quando houver.

O SRP, no âmbito da administração federal direta, autárquica e fundacional, fundos especiais, empresas públicas, sociedades de economia mista e demais entidades controladas, direta ou indiretamente, pela União, é regulamentado pelo Decreto nº 7.892/13, que define as características peculiares e diferenciadas das demais licitações para compras e serviços, como se segue.

1.1 Escolha entre concorrência ou pregão (presencial e eletrônico)

O Decreto federal nº 7.892/13 somente admite a realização do registro de preços nas modalidades concorrência ou pregão, tanto no formato eletrônico como no presencial, e cabível, tão só, o tipo menor preço. Abre exceção para a utilização do tipo técnica e preço, na modalidade concorrência, a qual dependerá de despacho fundamentado da autoridade máxima do órgão ou entidade, contendo as razões de fato e de direito que justifiquem a opção (art. 7º, §1º).

A utilização do pregão para o registro de preços conjuga-se com a determinação que estabelece o uso da modalidade quando o objeto for de natureza comum.[187] Não sendo o objeto de natureza comum, a administração deve empregar a modalidade concorrência.

Sobre a licitação de registro de preços destinada à contratação de bens e serviços comuns da área da saúde, dispõe a Lei nº 10.191, de 14 de fevereiro de 2001:

> Art. 2-A. A União, os Estados, o Distrito Federal e os Municípios poderão adotar, nas licitações de registro de preços destinadas à aquisição de bens e serviços comuns da área da saúde, a modalidade do pregão, inclusive por meio eletrônico, observando-se o seguinte:
> I – são considerados bens e serviços comuns da área da saúde aqueles necessários ao atendimento dos órgãos que integram o Sistema Único de Saúde, cujos padrões de desempenho e qualidade possam ser objetivamente definidos no edital, por meio de especificações usuais do mercado.

1.2 A instauração da licitação independe da indicação de recursos orçamentários

O registro de preços não gera o compromisso de contratar. O SRP caracteriza-se como um conjunto de procedimentos para registro formal de preços relativos à prestação

---

[187] "9.3. determinar à [...] que, com respeito à utilização do Sistema de Registro de Preços (SRP), observe o seguinte: 9.3.1. não há amparo legal para adoção desse procedimento para contratação de obras de engenharia" (Acórdão nº 296/07, Segunda Câmara, Rel. Min. Benjamin Zymler. Processo TC nº 005.128/2006-9, *DOU*, 09.03.2007).

de serviços e ao fornecimento de bens com vistas a contratações futuras, que poderão, ou não, ocorrer. O fornecedor registrado tem, apenas, a expectativa de direito de contratar com a administração dentro do prazo de validade da ata. Por isto que, diferentemente do sistema convencional de licitação, a administração não necessita de contar com prévia dotação orçamentária.

No SRP, a administração deixa a proposta mais vantajosa previamente selecionada, no aguardo da liberação de recursos orçamentários ou financeiros para efetivar a contratação. Tal condição contorna o inconveniente dos contingenciamentos de orçamento, ou seja, a descentralização ou o repasse de recursos às unidades gestoras, para atender às despesas com contratação de bens, obras e serviços, somente ao final do exercício financeiro, resultando, na maioria das vezes, na devolução ao erário de recursos necessários ao desenvolvimento das atividades institucionais por impossibilidade de percorrer, no final do ano financeiro, todo o itinerário do procedimento licitatório.

Acerca da desnecessidade de orçamento prévio para a utilização do SRP, veja-se voto proferido pelo relator no Acórdão TCU nº 1.487/07, Plenário:

> A celeridade fica caracterizada pelo fato de não ser necessário orçamento prévio para a utilização do SRP. Assim, a Administração pode realizar a licitação e aguardar a liberação dos recursos para efetivar a contratação da empresa vencedora do certame. Esta vantagem toma maior relevância ao se considerar que, muitas vezes, o Congresso Nacional não aprova a Lei Orçamentária antes do final do exercício anterior. (Relator Min. Valmir Campelo, Processo TC nº 008.840/2007-3, *DOU* de 03.08.2007)

Também no âmbito do Decreto federal nº 7.892/13:

> Art. 7º (...) §2º Na licitação para registro de preços não é necessário indicar a dotação orçamentária, que somente será exigida para a formalização do contrato ou outro instrumento hábil.

1.3 As contratações se efetivarão na medida das necessidades

Extrai-se do art. 15, §4º, da Lei nº 8.666/93 que a existência de preços registrados não obriga a administração a firmar as contratações que deles poderão advir, sendo-lhe facultada a utilização de outros meios, respeitada a legislação relativa às licitações.

Nas licitações comuns, segundo o disposto no art. 55, II, da Lei nº 8.666/93, o contrato deve fixar as condições do fornecimento ou o regime de execução do serviço, vinculando as partes contratantes aos termos pactuados e admitida a supressão de partes do objeto de acordo entre as partes contratantes.

No SRP, podem ser adquiridas quantidades variáveis, na medida das necessidades da administração, ou mesmo não se adquirir quantidade alguma. Para adequada formulação da proposta de preços e segurança do fornecedor registrado, é imprescindível que as quantidades que possam ser solicitadas na validade da ata do SRP variem no âmbito de um intervalo de mínimo e máximo de unidades, previamente fixado.

O art. 3º, IV, do Decreto nº 7.892/13 menciona que o SRP poderá ser utilizado, quando a natureza do objeto contraindicar definição prévia do quantitativo a ser demandado pela administração. O art. 9º, II, exige que o edital da licitação para a formação de SRP dimensione, por estimativa, as quantidades que poderão ser adquiridas durante o prazo de validade do registro, de modo a que o licitante, diante do edital, conheça a quantidade mínima de unidades que deverá cotar, por item, no caso de bens. Não há contradição entre os dois dispositivos. A administração fixará a quantidade total estimada para o item, de acordo com um planejamento realizado; o que permanecerá incerto é o número de demandas que fará ao fornecedor registrado no período de validade da ata de registro de preços.

1.4 Fixação da quantidade total estimada, por item, e dos quantitativos mínimos e máximos para cada aquisição

O art. 9º, II, do Decreto nº 7.892/13 estabelece a obrigatoriedade de o edital fixar a estimativa de quantidades a serem adquiridas no prazo de validade do registro. Assim, deve ser determinado o quantitativo máximo para a aquisição, por item, no período de validade da ata. Não obstante inexistir previsão no decreto, a adoção do SRP não significa afastar a necessidade de estabelecerem-se os quantitativos mínimos e máximos para cada requisição de fornecimento que for efetuada, afastando pedidos individuais sem qualquer limite pela administração, como, por exemplo, estabelecer que a requisição para o fornecimento de bens possa variar entre um quilograma e uma tonelada, fator que onera a formação das propostas e estimula a participação de aventureiros.

Sem a estipulação das quantidades mínima e máxima para cada requisição, o particular estará diante de dilema econômico invencível, pois seus custos serão diversos em função das quantidades. O resultado será a cotação de preços médios. Logo, sempre que a administração formular requisição de dimensão maior do que a do consumo provável, acabará pagando valor superior ao que poderia ter obtido, se o licitante dispusesse de informação sobre o quantitativo efetivamente provável de ser solicitado e fornecido no prazo de validade da ata.

A administração deve aproveitar o SRP para obter preços por atacado, para o que é indispensável a fixação de quantidades mínima e máxima que permitam aos potenciais interessados avaliar seus custos e a capacidade de fornecimento, traduzindo-se na formulação de propostas mais vantajosas e em segurança para o fornecedor.

1.5 Critérios de aceitabilidade de preço

De acordo com o art. 40, X, da Lei nº 8.666/93, deve o edital da licitação estabelecer o critério de aceitabilidade dos preços unitário e global, conforme o caso, permitida a fixação de preços máximos e vedados a fixação de preços mínimos, critérios estatísticos ou faixas de variação em relação a preços de referência. Referido dispositivo faculta à administração pública a fixação de preço máximo nas licitações, inclusive para o registro de preços, o qual propicia a todos os interessados o conhecimento antecipado do limite máximo que a administração pretende pagar pelo objeto.

Em licitação para obra ou serviço de engenharia, é obrigatória a fixação de preço máximo, conforme orienta o verbete 259, da Súmula do Tribunal de Contas da União – *"Nas contratações de obras e serviços de engenharia, a definição do critério de aceitabilidade dos preços unitários e global, com fixação de preços máximos para ambos, é obrigação e não faculdade do gestor".*

Além do preço máximo, poderá a administração optar pela fixação do critério de aceitabilidade das propostas com base no exame da compatibilidade entre os valores ofertados pelos concorrentes e aqueles estimados na fase interna do procedimento licitatório. Tal critério admite a aceitação de propostas que cotem valores superiores ao estimado – que não confunde com preço máximo, cuja ultrapassagem induz a desclassificação da proposta –, exigindo-se, neste caso, por parte da comissão de licitação e do pregoeiro, a explicitação dos motivos da aceitação do preço.

Outro critério admitido no sistema de registro de preços é o do maior percentual de desconto ou maior desconto. Neste caso, quanto maior o percentual ou o desconto ofertado, menor o valor a ser despendido pela administração na contratação.

O Decreto federal nº 7.892/13, que regulamenta o sistema de registro de preços no âmbito da administração pública federal, prevê o critério baseado na oferta de desconto sobre tabela de preços praticados no mercado, consoante dispõe o art. 9º, §1º, *verbis*:

> O edital poderá admitir, como critério de julgamento, o menor preço aferido pela oferta de desconto sobre tabela de preços praticados no mercado, desde que tecnicamente justificado.

Também pode ser utilizado o critério de aceitabilidade baseado na menor taxa de administração. Quanto menor o percentual da taxa de administração ofertada na proposta de preço, a incidir sobre determinada base de cálculo, menor a despesa para a administração pública. Aplicável, *v.g.*, em objetos que envolvam a operacionalização de vale-refeição, vale-alimentação, vale-combustível ou cartão combustível.

1.6 Participação de empresas de pequeno porte e microempresários

O art. 9º, IV, do Decreto nº 7.892/13 estabelece que o edital deva fixar a quantidade mínima de unidades a ser cotada pelos licitantes, por item, no caso de bens. É medida que, a exemplo do parcelamento do objeto do art. 23, §1º, da Lei nº 8.666/93 e do tratamento previsto nos arts. 44 a 49 da Lei Complementar nº 123/06, favorece a ampliação da participação de empresas de pequeno porte e microempresas no certame, já que, embora não dispondo de capacidade para o fornecimento da totalidade do objeto, possam fornecer quantidades menores.

A decisão que permite a cotação de quantidade mínima de unidades deve vir acompanhada de justificativa de que a medida é técnica e economicamente viável, sem representar prejuízo ao conjunto a ser licitado, com vantagens para a administração e sem perda da economia de escala. Caso contrário, a administração estabelecerá que cada licitante deverá cotar a quantidade total de unidades, por item. O termo de referência estipulará a respeito. Em itens com poucas unidades, convém que os licitantes cotem o seu total. Havendo um número elevado de unidades, por item, até para atrair um maior número de licitantes de menor porte no certame, e dependendo das especificidades do objeto, convém a fixação de quantidade mínima a ser cotada, por item. O caso concreto demandará análise da administração, com o fim de justificar-se a escolha.

Ilustração:

Item	Especificação do objeto e respectiva unidade de medida (art. 9º, I)	Quantitativo total estimado (art. 9º, II)	Quantidade mínima a ser cotada (art. 9º, IV)	Quantidades mínima e máxima por requisição
1	Papel A4 branco pacote com 1000 folhas	2000 pacotes	1000 pacotes	Mínimo de 100 Pacotes e máximo de 150

1.7 Registro de vários fornecedores para atingir o total estimado

A estipulação de quantidade mínima a ser cotada, por item, admite o registro de vários fornecedores ao preço do primeiro colocado, até que seja atingida a quantidade estimada pela administração. O objetivo da medida é o de permitir aos licitantes remanescentes a alteração de seus preços de modo a empatarem com o preço proposto pelo primeiro colocado, visando a fornecer o remanescente da quantidade total estimada.

O art. 25, §7º, do Decreto nº 5.450/05 estabelece que, no pregão eletrônico para a formação de SRP, quando a proposta do licitante vencedor não atender ao quantitativo total estimado para a contratação, respeitada a ordem de classificação, poderão ser convocados tantos licitantes quantos forem necessários para alcançar o total estimado, observado o preço da proposta vencedora.

Sobre o registro de vários fornecedores para atingir o total estimado, enuncia a Lei nº 10.191/01:

> Art. 2º–A
> (...)
> II – quando o quantitativo total estimado para a contratação ou fornecimento não puder ser atendido pelo licitante vencedor, admitir-se-á a convocação de tantos licitantes quantos forem necessários para o atingimento da totalidade do quantitativo, respeitada a ordem de classificação, desde que os referidos licitantes aceitem praticar o mesmo preço da proposta vencedora;
> III – na impossibilidade do atendimento ao disposto no inciso II, excepcionalmente, poderão ser registrados outros preços diferentes da proposta vencedora, desde que se trate de objetos de qualidade ou desempenho superior, devidamente justificada e comprovada a vantagem, e que as ofertas sejam em valor inferior ao limite máximo admitido.

O pregão eletrônico regulamentado pelo Decreto federal nº 5.450/05 não permite o registro de preços de objetos de qualidade ou desempenho superior ao fixado no termo de referência, quando a quantidade do primeiro colocado não for suficiente para as demandas estimadas, tendo em vista que tal pregão não comporta sistemática procedimental que atribua valoração diferenciada e específica da qualidade do produto, razão pela qual a norma do art. 2-A, III, da Lei nº 10.191/01 não tem aplicação no pregão eletrônico federal.

1.8 Fracionamento indevido de despesas

O fracionamento refere-se à despesa, ou seja, à divisão do seu valor. Caracteriza-se quando se divide a despesa para utilizar modalidade de licitação inferior à recomendada pela legislação para o seu total, ou para efetuar contratação direta. A lei impede a utilização da modalidade convite para parcelas de uma mesma obra ou serviço, ou ainda para obras e serviços de idêntica natureza e no mesmo local, que possam ser realizadas conjunta e concomitantemente, sempre que o somatório de seus valores caracterizar o caso de tomada de preços. Da mesma forma, a utilização de várias tomadas de preços para se abster a administração de realizar concorrência.

Se a administração optar por realizar várias licitações ao longo do mesmo exercício financeiro, para um mesmo objeto ou finalidade, deverá utilizar, em todas, a modalidade pertinente ao somatório do que será contratado. A Lei nº 8.666/93 não considera fracionamento a contratação de parcelas de natureza específica executadas por pessoas ou empresas de especialidade diferente daquela do executor da obra.

Da jurisprudência do Tribunal de Contas da União colhe-se que:

> 9.1.3. realize o planejamento prévio de seus gastos anuais, de modo a evitar o fracionamento de despesas de mesma natureza, a fim de não extrapolar os limites estabelecidos nos artigos 23, §2º, e 24, inciso II, da Lei nº 8.666/93, observando que o valor limite para as modalidades licitatórias é cumulativo ao longo do exercício financeiro; (Acórdão nº 1.084/2007- Plenário, Rel. Min. Marcos Vinicios Vilaça, Processo nº 016.973/2004-0).

O manual intitulado *Licitações & contratos. Orientações e jurisprudência*, 4. ed., p. 105, do TCU, faz ver que:

> Ressalvado o pregão, que pode ser adotado em qualquer caso, não é permitida utilização de modalidade inferior quando o somatório do valor em licitação apontar outra superior. Ou seja: convite, quando o valor determinar tomada de preços ou concorrência; ou tomada de preços, quando o valor for de concorrência.

A modalidade licitatória do pregão afasta, parcialmente, a problemática do fracionamento de despesas porque o cabimento dessa modalidade independe do valor estimado do objeto.

Todavia, a ausência de planejamento do quanto vai ser efetivamente gasto para a contratação de determinado serviço ou para a compra de determinado produto, poderá levar à realização de vários pregões durante o exercício, onerando a administração com os custos pertinentes a publicações, eventuais impugnações e recursos administrativos, repetição de tarefas para os setores respectivamente competentes, além de expor à possibilidade de resultar preço maior para quantidade menor, que poderia reduzir-se se maiores fossem as quantidades licitadas num só pregão.

No SRP, a administração pode justificar o fracionamento de despesas com várias contratações ou aquisições no mesmo e no exercício seguinte, tendo em vista que o art. 15, §3º, III, da Lei nº 8.666/93 estabelece a validade do registro de preços por até um ano.

Deliberações do Tribunal de Contas da União orientam para a utilização do SRP, visando a evitar o fracionamento de despesas:

j.2) com o intuito de evitar o fracionamento de despesa, vedado pelo art. 23, §2º, da Lei nº 8.666/93, utilizar-se, na aquisição de bens, do sistema de registro de preços de que tratam o inciso II. e §§1º e 4º, do art. 15, da citada Lei, regulamentado pelo Decreto nº 2.743, de 21.8.1998; (Decisão nº 472/1999, Plenário, Relator Min. Valmir Campelo, Processo TC nº 675.048.1998-2, *DOU* de 05.08.1999)

22. (...) trata-se de um procedimento pertinente com o serviço de sinalização, ao contrário da contratação com fundamento em natureza continuada. A teor do próprio decreto que regulamenta o registro de preços, o sistema se presta a "contratações futuras" de "prestação de serviços" (art. 1º, inciso I) e "será adotado, preferencialmente", "quando, pelas características do bem ou serviço, houver necessidade de contratações freqüentes" ou "quando pela natureza do objeto não for possível definir previamente o quantitativo a ser demandado pela Administração" (art. 2º, incisos I e IV). Também a Lei nº 8.666/93, ao dispor sobre o sistema, fala que ele deverá ser utilizado "sempre que possível" (art. 15), e sua possibilidade no caso dos serviços de sinalização é manifesta. (Acórdão nº 1.365/2003, Plenário, Relator Min. Marcos Vinicios Vilaça, Processo TC nº 012.835/2002-9, *DOU* de 26.09.2003)

3.1.7. Quanto à diminuta disponibilidade orçamentária e financeira da UG 153076, bem como quanto à liberação fracionada dos créditos orçamentários, temos que o gestor poderia contornar essas dificuldades com um planejamento eficiente. Ademais, o Sistema de Registro de Preços, previsto no art. 15 da Lei nº 8.666/93 e regulamentado pelo Decreto nº 2.743, de 21 de agosto de 1998, presta-se bem às dificuldades apresentadas pelos responsáveis. (Acórdão nº 3.146/2004, Primeira Câmara, Relator Min. Guilherme Palmeira, Processo TC nº 009.989/2003-1, *DOU* de 22.12.2004)

9.2.14. oriente os parceiros sobre as possíveis formas de aquisição dos alimentos, com destaque para a modalidade "pregão" e a utilização de sistema de registro de preços; (Acórdão nº 214/2006, Plenário, Relator Min. Lincoln Magalhães da Rocha, Processo TC nº 002.623/2005-8, *DOU* de 01.03.2006)

9.2.2.21. use, sempre que possível, o sistema de registro de preços, conforme preceitua o art. 15, inciso II, da Lei nº 8.666/93; (Acórdão nº 2.582/2005, Primeira Câmara, Relator Min. Augusto Nardes, Processo TC nº 003.261/2002-7, *DOU* de 28.10.2005)

O SRP veio a atender a diversas necessidades da Administração, no intuito de simplificar os procedimentos para a aquisição de produtos e serviços de consumo frequente e diminuir o tempo necessário para a efetivação das aquisições, aproximando a Administração Pública a conceitos modernos de logística, como o 'Almoxarifado Virtual' e o 'Just-in-Time'.

Podem-se apontar, ainda, outros benefícios advindos da adoção do SRP:

redução da quantidade de licitações, em virtude da desnecessidade de realizar certames seguidos com objetos semelhantes;

eliminação do fracionamento de despesa, visto que o registro de preços deverá ser precedido de procedimento licitatório na modalidade concorrência ou pregão, independentemente do valor;

não há obrigação de a Administração adquirir o quantitativo registrado;

diminuição dos custos de armazenagem e das perdas por perecimento ou má conservação, uma vez que a Administração contrata na medida de suas necessidades;

possibilidade de maior economia de escala, uma vez que diversos órgãos e entidades podem participar da mesma ata de registro de preços, adquirindo em conjunto produtos ou serviços para o prazo de até um ano (Acórdão nº 991/2009 – Plenário Rel. Min. Marcos Vinicios Vilaça, Processo nº 021.269/2006-6).

No âmbito do decisório do Superior Tribunal de Justiça, há imputação de responsabilidade na hipótese de fracionamento indevido:

ADMINISTRATIVO E PROCESSUAL CIVIL. AGRAVO REGIMENTAL NO RECURSO ESPECIAL. VIOLAÇÃO AO ART. 535 DO CPC. INEXISTÊNCIA. IMPROBIDADE ADMINISTRATIVA. FRACIONAMENTO INDEVIDO DO OBJETO DA LICITAÇÃO. ART. 11 DA LEI Nº 8.429/92. ACÓRDÃO DO TRIBUNAL DE ORIGEM QUE, À LUZ DAS PROVAS DOS AUTOS, CONCLUIU PELA CARACTERIZAÇÃO DO ATO DE IMPROBIDADE ADMINISTRATIVA E DO ELEMENTO SUBJETIVO, BEM COMO PELA OBSERVÂNCIA DOS PRINCÍPIOS DA RAZOABILIDADE E DA PROPORCIONALIDADE NA APLICAÇÃO DAS SANÇÕES PREVISTAS NA LEI Nº 8.429/92. REEXAME DE MATÉRIA FÁTICO-PROBATÓRIA. SÚMULA 7/STJ. AGRAVO REGIMENTAL IMPROVIDO.

I. Não há falar, na hipótese, em violação ao art. 535 do CPC, porquanto a prestação jurisdicional foi dada na medida da pretensão deduzida, de vez que os votos condutores do acórdão recorrido e do acórdão dos Embargos Declaratórios apreciaram fundamentadamente, de modo coerente e completo, as questões necessárias à solução da controvérsia, dando-lhes, contudo, solução jurídica diversa da pretendida.

II. Segundo o acórdão recorrido, à luz das provas dos autos, "na hipótese, a divisão do objeto, a fim de possibilitar que a licitação ocorresse na modalidade convite, não encontra no conjunto probatório qualquer razão que lhe justifique: (i) a verba para pagamento foi decorrente de um só convênio; (ii) o serviço poderia ter sido prestado conjuntamente por qualquer uma das empresas que restaram vencedoras; (iii) não havia distinção entre a natureza das prestações, o ramo de atuação, a especialidade das empresas ou o local de prestação que fosse capaz de respaldar o fracionamento. Registre-se, inclusive, que para duas das três licitações realizadas, foram convidadas exatamente as mesmas três empresas, o que mais uma vez reforça o argumento de que todos os serviços poderiam ter sido prestados por apenas uma das licitantes". Ainda, segundo o Tribunal de origem, "nenhum dos argumentos trazidos na apelação foi capaz de demonstrar situação que justificasse a maneira como as licitações foram realizadas. A opção pelo fracionamento e escolha da modalidade convite resultaram numa menor amplitude, publicidade e formalismo do procedimento, limitando a competição e restringindo a eficiência e economicidade do certame, tão caras à Administração Pública". Assim, a alteração do entendimento do Tribunal de origem ensejaria, inevitavelmente, o reexame fático-probatório dos autos, procedimento vedado, pela Súmula 7 desta Corte.

III. Quando às sanções aplicadas, o Tribunal de origem concluiu pela manutenção das penalidades impostas (multa civil, suspensão dos direitos políticos e proibição de contratar com o Poder Público), em atenção ao princípio da proporcionalidade e observados os limites do art. 12, III, da Lei nº 8.429/92. No ponto, também não há como alterar tal entendimento, diante do óbice da Súmula 7 desta Corte. Precedentes do STJ.

IV. Agravo Regimental improvido. (AgRg no REsp 1535282/RN, Rel. Min. Assusete Magalhães, DJe 14.03.2016);

DIREITO ADMINISTRATIVO. PREJUÍZO AO ERÁRIO *IN RE IPSA* NA HIPÓTESE DO ART. 10, VIII, DA LEI DE IMPROBIDADE ADMINISTRATIVA.

É cabível a aplicação da pena de ressarcimento ao erário nos casos de ato de improbidade administrativa consistente na dispensa ilegal de procedimento licitatório (art. 10, VIII, da Lei nº 8.429/1992), mediante fracionamento indevido do objeto licitado. De fato, conforme entendimento jurisprudencial do STJ, a existência de prejuízo ao erário é condição para determinar o ressarcimento ao erário, nos moldes do art. 21, I, da Lei nº 8.429/1992 (REsp nº 1.214.605-SP, Segunda Turma, DJe 13.06.2013; e REsp nº 1.038.777-SP, Primeira Turma, Informativo de Jurisprudência, DJe 16.03.2011). No caso, não há como concluir pela inexistência do dano, pois o prejuízo ao erário é inerente (*in re ipsa*) à conduta ímproba, na medida em que o Poder Público deixa de contratar a melhor proposta, por condutas de administradores. Precedentes citados: REsp nº 1.280.321-MG, Segunda Turma, DJe 09.03.2012; e REsp nº 817.921-SP, Segunda Turma, DJe 06.12.2012 (REsp nº 1.376.524-RJ, Rel. Min. Humberto Martins, julgado em 02.09.2014).

1.9 Redução do número de licitações

O registro de preços é implantado mediante licitação, promovida no âmbito de um ou mais órgãos ou entidades administrativas. Após a adjudicação ao licitante declarado vencedor, permite-se que sejam efetivadas várias contratações dentro do prazo de validade da ata, à medida que as necessidades forem surgindo, segundo limites mínimos e máximos prefixados para cada solicitação. A economia é decorrente, principalmente, da realização de um único certame licitatório para diversas contratações. Todavia, a medida só será útil se houver planejamento adequado. Reduzindo o número de licitações, reduz-se o número de recursos administrativos, materiais e humanos, barateando o custo da licitação.

1.10 Redução do volume de estoques

A administração solicitará o fornecimento na medida e no ritmo das necessidades, e o fornecedor registrado entregará o objeto no prazo determinado. Isso permite que sejam reduzidos ou até eliminados os estoques, com economia de pessoal e recursos financeiros para manutenção e vigilância de espaços.

A exigência, no edital, de que o produto tenha prazo de validade ou garantia a partir da data do recebimento definitivo, permite renovação contínua e atualização permanente dos prazos de durabilidade, já que produtos perecíveis enfrentam a necessidade de redução de estoque, em correspondência à perecibilidade e ao prazo de consumo.

1.11 Beneficiamento de órgão ou entidade da administração pública que não participou do certame

Entende-se por órgão ou entidade aderente ou "carona" aquele que não tendo participado dos procedimentos iniciais da licitação para o sistema de registro de preços, solicita ao órgão gerenciador a adesão à ata de registro de preços.

A figura do órgão aderente ("carona") não consta na Lei Geral de Licitações (Lei nº 8.666/93) e nem na Lei do Pregão (Lei nº 10.520/02), diferentemente do regime diferenciado de contratações públicas (RDC), cujo §1º do art. 32 da Lei nº 12.462/11 prevê, expressamente, a possibilidade de adesão ao sistema de registro de preços por qualquer órgão ou entidade responsável pela execução das atividades contempladas no art. 1º do referido diploma. O "carona" foi concebido no âmbito da administração pública federal pelo revogado Decreto nº 3.931/01 e mantido pelo atual Decreto nº 7.892/13, regulamentador do sistema de registro de preços.

O art. 37, XXI, da Constituição Federal prevê a obrigação de a administração pública contratar obras, serviços e compras mediante processo de licitação pública, mas não exige que somente o órgão licitador utilize-se do processo jurídico-administrativo formal realizado. Nem se cogita que a contratação que se faz por meio de adesão à ata de registro de preços traduza-se em hipótese de dispensa de licitação, isso porque, a contratação que se efetiva por meio de adesão decorre de um procedimento competitivo prévio, cujos termos e condições estabelecidos no edital e os da proposta vencedora o órgão ou entidade interessada adere.

Uma das condições necessárias à adesão é a existência de ata de registro de preços (válida) e esta decorre exclusivamente de licitações realizadas para o registro de preços. As adesões, por conseguinte, só serão possíveis em licitações realizadas para o sistema de registro de preços.

O órgão ou entidade, antes de aderir, deve verificar se a ata de registro de preços e seus objetos atendem ou discrepam de suas necessidades, não devendo aderir na segunda hipótese em face do disposto no §1º do art. 54 da Lei nº 8.666/93 (*"Os contratos devem estabelecer com clareza e precisão as condições para sua execução, expressas em cláusulas que definam os direitos, obrigações e responsabilidades das partes, em conformidade com os termos da licitação e da proposta a que se vinculam"*). Também inapropriado o aproveitamento de registro de preços por meio de adesão quando as especificações do objeto forem exclusivas para a instituição que realiza a contratação (Acórdão nº 2.769/2011 – Plenário, Rel. Min. André Luís de Carvalho, Processo nº 011.737/2011-5, TCU).

1.12 Documentos e atos administrativos que, de ordinário, devem instruir o processo de adesão à ata de registro de preços

O procedimento de adesão de órgão não participante à ata de registro de preços depende de planejamento prévio que demonstre a compatibilidade de suas necessidades com a licitação promovida, bem como de demonstração formal da vantagem da contratação.

São precedentes do Tribunal de Contas da União a respeito da adesão:

> Para justificar a adesão, cabe ao órgão contratante detalhar as necessidades que pretende suprir por meio do contrato e demonstrar sua compatibilidade com o objeto discriminado na ata de registro de preço, não lhe socorrendo a mera reprodução, parcial ou integral, do plano de trabalho do órgão que realizou a licitação.
>
> Para evidenciar a vantagem da adesão, é mister que o contratante demonstre a metodologia utilizada, confrontando os preços unitários dos bens e serviços constantes em ata de registro de preço com referenciais válidos de mercado. (Acórdão nº 509/2015 – Plenário, Rel. Min. Marcos Bemquerer Costa, Processo nº 028.577/2011-6)

> Auditoria realizada para avaliar a gestão de contratos de tecnologia da informação no [...] apontara, dentre outros achados, a adesão irregular da entidade a atas de registros de preços de outros órgãos e entidades. No entendimento do relator, "não foram estabelecidas as reais demandas do órgão, nem foi possível avaliar a compatibilidade das necessidades do [...] com as licitações promovidas pelo Inpe e pelo MME. Tal situação evidencia que a adesão às atas de registros de preços ocorreu sem a efetiva observância dos critérios definidos nos normativos e na jurisprudência deste Tribunal". Segundo o relator, ao aderir às atas como órgão não participante, sem qualquer atuação nos procedimentos iniciais dos certames, deveria o [...] justificar obrigatoriamente as vantagens da adesão (art. 22 do Decreto nº 7.892/2013). Tal pressuposto, ademais, já fora objeto de orientação expedida pelo TCU (Acórdão nº 1.233/2012), no sentido de que, ao aderirem a atas de registro de preço, os órgãos e entidades da Administração devem atentar para: a) obrigatoriedade do planejamento da contratação; b) demonstração formal da vantajosidade da adesão; e c) compatibilidade das regras e condições estabelecidas no certame que originou a ata de registro de preços, com as necessidades e condições determinadas na etapa de planejamento da contratação. Assim, o Plenário, em linha com a proposta da relatoria,

cientificou o [...], dentre outros comandos, que a adesão à ata de registro de preços, sem a efetiva demonstração da vantajosidade da contratação e da compatibilidade às reais necessidades do órgão, não se coaduna com o art. 22 do Decreto nº 7.892/2013, nem com o item 9.3.3 do Acórdão nº 1.233/2012 – Plenário (Acórdão nº 3.137/2014 – Plenário, Rel. Min. Augusto Sherman Cavalcanti, Processo nº 017.208/2014-9. Informativo de Licitações e Contratos nº 223, de 2014)

A Corte de Contas federal expediu, ainda, determinação a uma entidade pública para que se abstivesse de aderir a atas de registro de preços gerenciadas por outros órgãos e entidades quando não comprovadas a adequação do objeto registrado às suas reais necessidades e a vantagem do preço registrado em relação aos preços praticados no mercado local (Acórdão nº 1.202/2014 – Plenário, Rel. Min. Ana Arraes, Processo nº 021.418/2011-0).

O fato de a adesão à ata de registro de preços não decorrer diretamente de uma licitação, não significa que a contratação com o fornecedor registrado possa efetivar-se sem qualquer formalidade. O órgão ou entidade aderente deve observar uma série de requisitos para que a contratação efetive-se de forma legítima, afastando eventual responsabilidade dos agentes envolvidos nesses processos.

O elenco de atos e documentos necessários à instrução da fase interna do procedimento de contratação por adesão à ata de registro de preços, de ordinário, observará a seguinte sequência:

1. processo administrativo para a contratação por adesão à ata de registro de preços, devidamente autuado, protocolado e numerado;

2. documento contendo a solicitação/requisição do objeto, elaborado pelo agente ou setor competente do órgão ou entidade aderente, contendo a justificativa da necessidade da contratação pela autoridade competente (art. 2º, parágrafo único, VII, da Lei nº 9.784/99); de acordo com o Tribunal de Contas da União, a adesão a ata de registro de preços requer planejamento da ação, com levantamento das reais necessidades da administração contratante, não se admitindo a contratação baseada tão-somente na demanda originalmente estimada pelo órgão gerenciador (Acórdão nº 998/2016 Plenário, Rel. Min. Benjamin Zymler, Processo nº 024.073/2014-8);

3. verificação da exata identidade do objeto de que necessita o órgão aderente àquele registrado na ata; segundo o Tribunal de Contas da União, não pode haver o aproveitamento de registro de preços por instituição pública quando as especificações do objeto forem exclusivas para a instituição que realiza a contratação (Acórdão nº 2.769/2011 – Plenário, Rel. Min. André Luís de Carvalho, Processo nº 011.737/2011-5); ainda, a Corte de Contas federal expediu alerta a uma entidade para que se abstivesse de aderir a atas de registro de preços cujos objetos possuíssem diferenças essenciais em relação às suas necessidades, por violar o disposto no §1º do art. 54 da Lei nº 8.666/1993 (Acórdão nº 2.557/2010 – Segunda Câmara, Rel. Min. José Jorge, Processo nº 017.739/2008-4);

4. sendo o órgão ou entidade aderente pertencente à administração pública federal, observar a vedação à adesão a atas de registro de preços estaduais, municipais ou distrital;

5. autorização expressa no edital da licitação admitindo a adesão à ata de registro de preços por outros órgãos e entidades e, ainda, previsão do quantitativo reservado para aquisição pelos órgãos não participantes (art. 9, III, c/c o §4º do art. 22 do Decreto

nº 7.892/13); registre-se que a possibilidade de adesão por órgão não participante (ou seja, que não participou dos procedimentos iniciais da licitação) não é uma obrigatoriedade a constar impensadamente em todos os editais para registro de preços, mas sim uma medida anômala e excepcional, uma faculdade que deve ser exercida de forma devidamente motivada;

6. cópias da ata de registro de preço assinada pelo órgão gerenciador e o fornecedor registrado, do instrumento convocatório da licitação, do termo de referência (ou projeto básico) e do termo de contrato referentes à licitação realizada;

7. justificativa quanto a ser vantajosa a adesão pretendida, inclusive do ponto de vista econômico, este apurado mediante consulta aos preços praticados pelo mercado; precedente do TCU: "9.2. determinar ao [...] que: 9.2.1. formalize, previamente às contratações por meio de adesão à Ata de Registro de Preços, o termo de caracterização do objeto a ser adquirido, bem como apresente as justificativas contendo o diagnóstico da necessidade da aquisição e da adequação do objeto aos interesses da Administração, em obediência ao disposto nos artigos 14 e 15, §7º, inciso II, da Lei nº 8.666/1993; 9.2.2. providencie pesquisa de preço com vistas a verificar a compatibilidade dos valores dos bens a serem adquiridos com os preços de mercado e a comprovar a vantagem para a Administração, mesmo no caso de aproveitamento de Ata de Registro de Preços de outro órgão da Administração Pública, em cumprimento ao art. 15, §1º, da Lei nº 8.666/1993" (Acórdão nº 2.764/2010 – Plenário, Rel. Min. Marcos Bemquerer Costa, Processo nº 026.542/2006-1);

8. consulta ao órgão gerenciador, visando obter a indicação dos fornecedores registrados que poderão ser contratados, respectivos quantitativos e preços, conforme a ordem de classificação e limite para a adesão;

8.1 verificação, pelo órgão gerenciador, de que a contratação não ultrapassa a soma das estimativas de demanda dos órgãos gerenciador e participantes;

8.2. resposta afirmativa do fornecedor registrado, acompanhada de justificativa de que o fornecimento não prejudicará as obrigações em relação aos órgão gerenciador e eventuais participantes;

9. autorização expressa do órgão gerenciador, admitindo a adesão à ata de registro de preços;

10. termo de referência ou projeto básico elaborado pelo órgão aderente, aprovado pela autoridade competente, relativamente à sua demanda, observadas as condições do termo de referência da licitação;

11. designação da fiscalização do contrato;

12. autorização da autoridade competente do órgão aderente para que a aquisição se dê por meio de adesão à ata de registro de preços;

13. recursos orçamentários para cobrir a despesa com a contratação pretendida;

14. verificação de que o fornecedor registrado na ata mantém as mesmas condições de habilitação exigidas no instrumento convocatório da licitação realizada (art. 55, XIII, da Lei nº 8.666/93);

15. verificação quanto à existência de eventual apontamento de sanção aplicada ao fornecedor registrado na ata, cujos efeitos o inabilitam para celebrar contrato administrativo com o órgão aderente;

16. verificação de que a minuta de termo de contrato obedece às mesmas cláusulas do termo de contrato da licitação, excepcionando-se condições peculiares ao órgão

aderente, tais como qualificação do órgão, data de início da execução, local onde será entregue ou executado o objeto e quantidade, agente ou comissão responsável pela fiscalização;

17. concretização da adesão, ou seja, celebração do contrato com o fornecedor registrado dentro do prazo de validade da ata de registro de preços; de acordo com o Tribunal de Contas da União, é vedada a adesão a ata de registros de preços com validade vencida (Acórdão nº 1.793/2011 – Plenário, rel. Min. Valmir Campelo, Processo nº 011.643/2010-2);

18. observância de noventa dias após a indicação do fornecedor pelo órgão gerenciador, respeitando-se o prazo de validade da ata de registro de preços, para que se efetive a contratação pelo órgão aderente (art. 22, §6º, do Decreto nº 7.892/13).

1.13 Reanálise pela assessoria jurídica

Indaga-se se a adesão ao SRP atrai, para o órgão/entidade aderente – ou seja, o "carona" –, o dever de cumprir o disposto no art. 38, parágrafo único, da Lei nº 8.666/93, que exige a análise e aprovação prévia de "contratos, acordos, convênios ou ajustes" por parte da assessoria jurídica. A resposta é negativa. Todo o processo licitatório para a formação de SRP, instaurado pelo órgão gerenciador, já foi objeto de análise e aprovação prévia por parte de sua assessoria jurídica, daí ser ociosa a repetição desse procedimento pelo órgão ou entidade não participante da licitação, que venha a fazer uso da ata dela resultante.

Antes da publicação do aviso da licitação (que dá início à fase externa do certame), as minutas de edital, ata e termo de contrato (quando for o caso) já foram analisadas e aprovadas, passando o edital a ser a lei do certame, tanto quanto a ata e o termo de contrato são os instrumentos regentes das relações jurídicas entre as partes, tornando-se imutáveis.

O art. 9º, §4º, do Decreto federal nº 7.892/13, que regulamenta o sistema de registro de preços previsto no art. 15 da Lei nº 8.666/93, estabelece que o exame e a aprovação das minutas do instrumento convocatório da respectiva licitação incumbem, exclusivamente, à assessoria jurídica do órgão gerenciador.

A não submissão do órgão ou entidade "carona" ao cumprimento do disposto no art. 38, parágrafo único, da Lei nº 8.666/93, não obsta o encaminhamento do processo administrativo da adesão para a assessoria jurídica, a fim de que esta se manifeste sobre: (a) alguma questão de que o gestor tenha dúvida quanto à sua juridicidade; (b) a correta instrução processual; (c) a necessária observância de alguma norma vinculante, etc.

Para um efetivo controle da legalidade dos atos a serem praticados, é permitido à autoridade encaminhar todo e qualquer processo que tramite no órgão, para análise e parecer da assessoria jurídica.

Nas adesões à ata de registro de preços, a assessoria jurídica, de ordinário, observará, dentre outros elementos, se: (a) a ata de registro de preços assinada pelo fornecedor registrado e o órgão gerenciador permanece válida; (b) consta a justificativa da necessidade do objeto; (c) há justificativa de que a adesão à ata de registro de preços é mais vantajosa que a realização de um procedimento licitatório para a aquisição do mesmo objeto, acompanhada da pesquisa de preços realizada; (d) foram registradas a prévia consulta e a anuência do órgão gerenciador; (e) há a indicação pelo órgão gerenciador do fornecedor do bem ou prestador de serviço; (f) consta a aceitação expressa, pelo fornecedor registrado, observando-se que a contratação realizar-se-á desde que não venha a interferir na sua capacidade de fornecimento ou produção, ou venha a comprometer as obrigações assumidas na ata de registro de preços; (g) foi elaborado termo de referência, projeto básico ou outro documento com a especificação do objeto e no qual devem constar, minimamente: a quantidade do objeto (que não poderá ultrapassar a 100% do quantitativo registrado em ata); o local da prestação dos serviços ou da entrega do bem; a indicação do fiscal do contrato e como se processará a fiscalização, entre outros dados, sublinhando-se o respeito às condições estabelecidas na ata de registro de preços e no edital da licitação e ressalvadas as renegociações promovidas pelo órgão gerenciador; (h) existe a indicação dos recursos para a aquisição do objeto; (i) o setor ou agente competente certificou-se da inexistência de penalidades impostas ao fornecedor registrado, cujos efeitos tornam-no proibido de contratar com o Poder Público, alcançando o órgão ou entidade "carona"; (j) foi comprovado que o fornecedor registrado mantém as mesmas condições de habilitação exigidas no edital da licitação para a formação do registro de preços; (k) consta a autorização pela autoridade competente; (l) foram juntadas ao processo cópias do edital da licitação, da ata de registro de preços e do termo de contrato dela decorrente (se for o caso); (m) consta nos autos do processo a indicação do servidor ou comissão responsável pela fiscalização do contrato; (n) há a necessidade de formalização das requisições por meio de termo de contrato ou se este poderá ser substituído por instrumento equivalente (nota de emprenho, autorização de compra, etc.); e (o) da adesão decorrer a necessidade de formalizar-se o ajuste por meio de termo de contrato, a assessoria jurídica examinará a minuta para efeito de verificar a correlação de suas cláusulas com as do termo de contrato decorrente da ata de registro de preços, assinado pelo fornecedor registrado e o órgão gerenciador.

1.14 Impedimento de contratar

Além das exigências formuladas pelo decreto para a utilização da ata de registro de preços por parte de órgãos e entidades não participantes da licitação, a estes cabe, antes de contratar, verificar se sobreveio a imposição de penalidade ao fornecedor registrado, com o efeito de impedi-lo de contratar com a administração. Recorde-se que a Lei nº 8.666/93, em seu art. 97, tipifica como crime a celebração de contrato com empresa ou profissional declarado inidôneo, na forma do art. 87, IV.

São sistemas cadastrais existentes, aptos a demonstrar o registro de eventuais sanções aplicadas:

(a) Cadastro Nacional de Empresas Inidôneas e Suspensas (CEIS) (<http://www.portaltransparencia.gov.br>);

(b) Licitantes Inidôneas do Tribunal de Contas da União (<http://portal2.tcu.gov.br>);

(c) Sistema de Cadastro Unificado de Fornecedores (SICAF);

(d) Conselho Nacional de Justiça (CNJ) (<http://www.cnj.jus.br>); e

(e) Cadastro Nacional de Empresas Punidas (CNEP), banco de informações mantido pela ex-Controladoria-Geral da União (CGU), atual Ministério da Transparência,

Fiscalização e Controladoria-Geral da União, cujo objetivo é compilar a relação das empresas que sofreram qualquer das punições previstas na Lei nº 12.846/13 (Lei Anticorrupção).

1.15 Comprovação da regularidade fiscal

O órgão ou entidade não participante ("carona") também está obrigado, antes de contratar, a verificar a regularidade fiscal do fornecedor registrado.

Quando o órgão ou entidade "carona" for da mesma esfera de governo do órgão gerenciador não há maiores problemas, pois a comprovação dar-se-á exclusivamente no que se refere aos documentos relativos à regularidade fiscal exigidos no edital. No âmbito da União, o Decreto nº 3.722/01, atualizado pelo Decreto nº 4.485/02 (art. 1º, §1º, inc. I), impôs à administração, como condição necessária para emissão de nota de empenho, a realização de prévia consulta ao SICAF, com o fim de identificar possível proibição de contratar com o poder público.

Dúvidas podem surgir, quanto à comprovação da regularidade fiscal, quando o órgão ou entidade não participante ("carona") for de esfera de governo distinta da do órgão gerenciador, e as exigências de habilitação sejam pertinentes exclusivamente à Fazenda Pública a que pertence este último. Exemplificando: órgão da administração pública federal direta realiza licitação para registro de preços, elegendo como requisitos para habilitação a comprovação da regularidade com a Fazenda Federal, INSS e FGTS; outros órgãos e entidades não participantes, pertencentes às esferas estaduais e municipais, desejam utilizar a ata. Deverão verificar a regularidade fiscal do fornecedor registrado com as Fazendas Estadual ou Municipal respectiva, conforme o caso? E se demonstrado que o fornecedor registrado não se encontra regular em face dessas Fazendas?

A solução encontra-se no art. 193 da Lei nº 5.172/66 (Código Tributário Nacional) – "Salvo quando expressamente autorizado por lei, nenhum departamento da administração pública da União, dos estados, do Distrito Federal, ou dos municípios, ou sua autarquia, celebrará contrato ou aceitará proposta em concorrência[188] pública sem que o contratante ou proponente faça prova da quitação de todos os tributos devidos à Fazenda Pública interessada, relativos à atividade em cujo exercício contrata ou concorre".

Assim, o órgão ou entidade não participante ou "carona", pertencente à esfera estadual, deverá verificar a regularidade do fornecedor registrado perante a Fazenda Estadual competente; sendo o "carona" pertencente à esfera municipal, deverá verificar a regularidade do fornecedor registrado perante esta Fazenda.

O fato de o fornecedor encontrar-se irregular perante a Fazenda Municipal de sua sede não impede que outros órgãos e entidades pertencentes à esfera municipal diversa com ele contratem, tendo em vista que a regularidade fiscal pode ser investigada nos limites de interesse do ente federativo que a realiza, segundo a regra de competência tributária posta no art. 3º, *caput*, da LC nº 116/03, que prevê, em determinadas hipóteses, o local do recolhimento do imposto (ISS) como sendo aquele onde o serviço foi prestado.

---

[188] Ressalta-se que antes da Reforma Administrativa de 1967 o termo empregado para licitação era concorrência pública. Na Lei nº 4.401, de 1964, promulgada três anos antes do Decreto-Lei nº 200, de 1967, surgiu, pela primeira vez, o vocábulo licitação como sinônimo de concorrência. O art. 193, da Lei nº 5.172, de 1966, quando faz referência à concorrência pública está a dizer licitação.

Em síntese, mesmo que comprovada a vantagem econômica de utilizar-se a ata de registro de preços, o órgão ou entidade não participante, ou "carona", não deverá utilizá-la caso haja impedimento em contratar ou resulte demonstrado que o fornecedor registrado não se encontra regular perante a Fazenda Pública interessada.

1.16 Garantia do preço e reajuste

O art. 2º, §1º, da Lei nº 10.192/01 declara ser nula de pleno direito qualquer estipulação de reajuste ou correção monetária de periodicidade igual ou inferior a um ano. A vedação abrange o SRP, uma vez que o art. 15, §3º, III, da Lei nº 8.666/93 fixou a validade da ata de registro de preços em prazo não superior

Todavia, tal proibição deve levar em consideração que o prazo é contado da data de apresentação da proposta ou do orçamento a que esta se referir, conforme ficar estabelecido no edital (art. 40, XI, da Lei nº 8.666/93), o que poderá ensejar o reajuste caso o interregno de doze meses completar-se no período de validade da ata de registro de preços.

A revisão é a via jurídica adequada para o fim de restabelecer o valor contratual abalado por álea extraordinária superveniente, que lhe rompeu o equilíbrio econômico-financeiro de modo a inviabilizar a execução do objeto nos termos originalmente convencionados. Diversamente do reajuste, a revisão não é automática e independe de interregno temporal, dado que os seus fatos geradores ocorrem inopinadamente, sendo invencíveis pela vontade dos contraentes (PEREIRA JUNIOR, Jessé Torres; DOTTI, Marinês Restelatto. *Limitações constitucionais da atividade contratual da administração pública*. Sapucaia do Sul: Notadez, 2011. p. 63).

Encontra previsão legal na Lei nº 8.666/93:

> Art. 65. Os contratos regidos por esta Lei poderão ser alterados, com as devidas justificativas, nos seguintes casos: [...]
> II – por acordo das partes: [...]
> d) para restabelecer a relação que as partes pactuaram inicialmente entre os encargos do contratado e a retribuição da administração para a justa remuneração da obra, serviço ou fornecimento, objetivando a manutenção do equilíbrio econômico-financeiro inicial do contrato, na hipótese de sobrevirem fatos imprevisíveis, ou previsíveis porém de consequências incalculáveis, retardadores ou impeditivos da execução do ajustado, ou, ainda, em caso de força maior, caso fortuito ou fato do príncipe, configurando área econômica extraordinária e extracontratual. [...]
> §5º Quaisquer tributos ou encargos legais criados, alterados ou extintos, bem como a superveniência de disposições legais, quando ocorridas após a data da apresentação da proposta, de comprovada repercussão nos preços contratados, implicarão a revisão destes para mais ou para menos, conforme o caso.

Sobrevindo os fatos citados no art. 65, II, "d", e §5º da Lei nº 8.666/93, exsurge o direito do fornecedor registrado ao restabelecimento do equilíbrio comprometido pela álea extraordinária e extracontratual, desde que comprovada a sua repercussão sobre o objeto do registro. Aplica-se a teoria da imprevisão como solução eficaz a devolver o equilíbrio entre as obrigações inicialmente estipuladas pelos contraentes.

A revisão encontra previsão no Decreto federal nº 7.892/13:

> Art. 17. Os preços registrados poderão ser revistos em decorrência de eventual redução dos preços praticados no mercado ou de fato que eleve o custo dos serviços ou bens registrados, cabendo ao órgão gerenciador promover as negociações junto aos fornecedores, observadas as disposições contidas na alínea "d" do inciso II do *caput* do art. 65 da Lei nº 8.666, de 1993.

1.17 Revisão do preço registrado diante de redução e elevação do praticado no mercado

De acordo com o Decreto federal nº 7.892/13, quando o preço registrado tornar-se superior ao preço praticado no mercado por motivo superveniente, o órgão gerenciador convocará os fornecedores para negociarem a redução dos preços aos valores praticados pelo mercado. Os fornecedores que não aceitarem reduzir seus preços aos valores praticados pelo mercado serão liberados do compromisso assumido, sem aplicação de penalidade. A ordem de classificação dos fornecedores que aceitarem reduzir seus preços aos valores de mercado observará a classificação original.

Quando o preço de mercado tornar-se superior aos preços registrados e o fornecedor não puder cumprir o compromisso, o órgão gerenciador poderá: liberar o fornecedor do compromisso assumido, caso a comunicação ocorra antes do pedido de fornecimento, e sem aplicação da penalidade se confirmada a veracidade dos motivos e comprovantes apresentados e convocar os demais fornecedores para assegurar igual oportunidade de negociação.

Não havendo êxito nas negociações, o órgão gerenciador deverá proceder à revogação da ata de registro de preços, adotando as medidas cabíveis para obtenção da contratação mais vantajosa.

1.18 Publicação do aviso

De acordo com o art. 17, §6º, do Decreto nº 5.450/05, a divulgação do pregão, na forma eletrônica, realizado para a formação de SRP, independentemente do valor estimado, exige a publicação de aviso pelos seguintes meios de divulgação: *Diário Oficial da União*, meio eletrônico, na internet, e em jornal de grande circulação regional ou nacional.

1.18.1 Publicação da ata de registro de preços

O Decreto federal nº 7.892/13 não provê acerca da publicação da ata de registro de preços, mas estabelece, em seu art. 13, que, homologado o resultado da licitação, o órgão gerenciador, respeitada a ordem de classificação e a quantidade de fornecedores a serem registrados, convocará os interessados para assinatura da ata de registro de preços que, após cumpridos os requisitos de *"publicidade"*, terá efeito de compromisso de fornecimento nas condições estabelecidas.

No âmbito dos órgãos e entidades integrantes do Sistema de Serviços Gerais (SISG), vigora a Instrução Normativa MARE nº 8, de 04 de dezembro de 1998, a qual estabelece, em seu art. 13 que: "O órgão ou entidade responsável mandará publicar na imprensa oficial, por meio do SIASG, o extrato da Ata de Registro de Preço, no prazo máximo de 10 (dez) dias úteis, contados da data de início da validade do registro". No que tange aos aditamentos da ata de registro de preços, o veículo de publicação também é a imprensa oficial, como preceitua o §2º do mesmo dispositivo, cuja redação é a que se segue: "Os aditamentos efetuados na Ata de Registro de Preço serão igualmente publicados na imprensa oficial".

Os contratos decorrentes do SRP também exigem publicação na imprensa oficial, por aplicação do parágrafo único do art. 61 da Lei nº 8.666/93.

Jurisprudência do Tribunal de Contas da União:

> 1.5.1. à [...] que:[...]
> 1.5.1.3. nas próximas contratações de serviços ou aquisições de bens:
> 1.5.1.3.1. ao realizar procedimentos licitatórios e de contratação de fornecimento por meio do Sistema de Registro de Preços, publique o extrato da Ata de Registro de Preço no Diário Oficial em atendimento ao disposto no art. 13 da IN/Mare n. 8/1998; (Acórdão nº 2.679/2009, Primeira Câmara, Relator Min. Marcos Bemquerer Costa, Processo nº TC-007.539/2006-3)

1.19 Competência para a aplicação de penalidades

Tanto o órgão gerenciador como órgãos participantes podem aplicar penalidades ao fornecedor registrado, quando descumprida obrigação estabelecida nos seus respectivos contratos, consoante disposto no art. 5º, IX e X e no art. 6º, §1º, do Decreto nº 7.892/13. E quando o descumprimento da obrigação se der em relação contratual com o órgão não participante ou "carona"?

A ata de registro de preços, durante sua vigência, poderá ser utilizada por qualquer órgão ou entidade da administração que não tenha participado do certame licitatório, após prévia consulta e autorização do órgão gerenciador. Significa que os órgãos não participantes ou "caronas" não necessitam realizar licitação convencional para aquisição dos mesmos bens ou serviços, valendo-se do certame já realizado, dos preços registrados e das condições estabelecidas na ata, desde que comprovada a vantagem econômica.

Quando o fornecedor registrado descumprir obrigação prevista na ata, em relação pactuada com órgão ou entidade "carona", a este competirá a aplicação de penalidades. O órgão não participante, na condição de administração contratante (art. 87, *caput*, da Lei nº 8.666/93), é parte interessada e legítima para impor penalidades administrativas por descumprimento de contrato que celebrou.

Se assim não fosse, grande parte das atividades administrativas do órgão gerenciador seria desviada para a apuração, em processo regular, de responsabilidades e imposição de penalidades decorrentes do descumprimento de obrigações contratuais entre terceiros, ou seja, fornecedor(es) registrado(s) e "carona(s)".

O Decreto nº 7.892/13 dispõe a respeito da aplicação de penalidade ao fornecedor registrado pelo órgão não participante ou "carona". Assim:

> Art. 22 [...]
> §7º Compete ao órgão não participante os atos relativos à cobrança do cumprimento pelo fornecedor das obrigações contratualmente assumidas e a aplicação, observada a ampla

defesa e o contraditório, de eventuais penalidades decorrentes do descumprimento de cláusulas contratuais, em relação às suas próprias contratações, informando as ocorrências ao órgão gerenciador.

Algumas orientações devem ser observadas pelo órgão não participante, quando do descumprimento das obrigações contratuais por parte do fornecedor registrado: (a) é imprescindível a abertura de processo administrativo, com as garantias constitucionais da ampla defesa e do contraditório; (b) as penalidades serão aquelas previstas na ata de registro de preços, que não podem ser outras do que aquelas elencadas no edital do certame e definidas em lei; e (c) a penalidade aplicada deve ser comunicada ao órgão gerenciador.

1.20 Intenção de Registro de Preços (IRP)

O Ministério do Planejamento, Orçamento e Gestão, por intermédio da Secretaria de Logística e Tecnologia da Informação (SLTI), e do Departamento de Logística e Serviços Gerais (DLSG), implantou no Comprasnet um sistema denominado Intenção de Registro de Preços (IRP), cujo objetivo é o de tornar públicas futuras licitações para a formação de registro de preços, tanto por meio da modalidade do pregão como da modalidade concorrência.

O órgão ou entidade que realizará a licitação para o registro de preços deverá divulgá-la por meio do sistema IRP, com antecedência, no sistema eletrônico, visando à adesão de outros órgãos ou entidades interessados na futura contratação do mesmo objeto. O cadastro de uma IRP exige a fixação de data provável de realização do certame e do período de sua divulgação, que não poderá ser inferior a 5 (cinco) dias úteis, dentro do qual outros órgãos ou entidades apresentarão sua adesão. Ao término desse período, serão avaliados os pedidos de adesão, que poderão ser confirmados ou não. A não confirmação exige justificativa.

A demanda (adesão) confirmada será incorporada à demanda inicial do órgão que realizará a licitação (gerenciador) por meio do termo de referência. Tanto o órgão gerenciador como os demais participantes informarão o valor estimado para cada item, mediante prévia e ampla pesquisa de preços praticados no mercado. O pregoeiro operacionaliza o IRP, cadastrando o termo de referência no sistema, o qual disporá de campos próprios para a indicação do material ou serviço, objeto do futuro registro, quantidade, local e prazo para entrega.

A medida é útil e prática na medida em que divulga o objeto da licitação para a formação do registro de preços, que se realizará em data previamente indicada, efetivando-se a informação e as adesões por meio eletrônico.

No Decreto federal nº 7.892/13, a intenção de registro de preços encontra previsão nos seguintes dispositivos:

> Art. 4º Fica instituído o procedimento de Intenção de Registro de Preços – IRP, a ser operacionalizado por módulo do Sistema de Administração e Serviços Gerais – SIASG, que deverá ser utilizado pelos órgãos e entidades integrantes do Sistema de Serviços Gerais – SISG, para registro e divulgação dos itens a serem licitados e para a realização dos atos previstos nos incisos II e V do *caput* do art. 5º e dos atos previstos no inciso II e *caput* do art. 6º.

§1º A divulgação da intenção de registro de preços poderá ser dispensada, de forma justificada, pelo órgão gerenciador.

§2º O Ministério do Planejamento, Orçamento e Gestão editará norma complementar para regulamentar o disposto neste artigo.

§3º Caberá ao órgão gerenciador da Intenção de Registro de Preços – IRP:

I – estabelecer, quando for o caso, o número máximo de participantes na IRP em conformidade com sua capacidade de gerenciamento;

II – aceitar ou recusar, justificadamente, os quantitativos considerados ínfimos ou a inclusão de novos itens; e

III – deliberar quanto à inclusão posterior de participantes que não manifestaram interesse durante o período de divulgação da IRP.

§4º Os procedimentos constantes dos incisos II e III do §3º serão efetivados antes da elaboração do edital e de seus anexos.

§5º Para receber informações a respeito das IRPs disponíveis no Portal de Compras do Governo Federal, os órgãos e entidades integrantes do SISG se cadastrarão no módulo IRP e inserirão a linha de fornecimento e de serviços de seu interesse.

§6º É facultado aos órgãos e entidades integrantes do SISG, antes de iniciar um processo licitatório, consultar as IRPs em andamento e deliberar a respeito da conveniência de sua participação.

Art. 5º Caberá ao órgão gerenciador a prática de todos os atos de controle e administração do Sistema de Registro de Preços, e ainda o seguinte:

I – registrar sua intenção de registro de preços no Portal de Compras do Governo federal;

1.21 Elenco exemplificativo das hipóteses preferenciais do SRP

O art. 3º do Decreto federal nº 7.892/13, que regulamenta o art. 15 da Lei nº 8.666/93, dispõe que:

> Art. 3º O Sistema de Registro de Preços poderá ser adotado nas seguintes hipóteses:
> I – quando, pelas características do bem ou serviço, houver necessidade de contratações frequentes;
> II – quando for conveniente a aquisição de bens com previsão de entregas parceladas ou contratação de serviços remunerados por unidade de medida ou em regime de tarefa;
> III – quando for conveniente a aquisição de bens ou a contratação de serviços para atendimento a mais de um órgão ou entidade, ou a programas de governo; ou
> IV – quando, pela natureza do objeto, não for possível definir previamente o quantitativo a ser demandado pela Administração.

De acordo com o art. 15, inciso II, da Lei nº 8.666/93, as compras, sempre que possível, deverão ser processadas através do sistema de registro de preços. Em outras palavras, ao gestor público compete privilegiar sua adoção sempre que possível. Tal comando legitima o entendimento de que as situações elencadas no art. 3º do Decreto nº 7.892/13 são meramente exemplificativas.

O sistema de registro de preços atende a diversas necessidades da administração, seja na simplificação dos procedimentos para a aquisição de produtos e serviços de consumo frequente, na diminuição do tempo para a efetivação das aquisições, na aproximação dos conceitos modernos de logística, entre os quais o do almoxarifado virtual e o do *just-in-time*.

Hipóteses variadas podem proporcionar outras vantagens para a administração, (a) afasta o fracionamento de despesas; (b) evita a contratação emergencial do objeto em vista da existência de preço e fornecedor registrados; (c) adequação de gastos, ou seja, realiza-se um único procedimento licitatório para a formação do registro de preços de dado objeto, após planejamento do quantitativo apto a atender à demanda da administração, durante o prazo de validade da ata; (d) a existência de preços registrados não obriga a administração a firmar as contratações que deles poderão advir, facultada a realização de licitação específica para a aquisição pretendida; (e) redução de estoques; (f) possibilidade de contratar bens e serviços não contínuos além do exercício financeiro em que realizada a licitação, tendo em vista que o prazo de validade da ata de registro de preços pode alcançar doze meses; (g) a realização da licitação independe da indicação de recursos financeiros; e (h) possibilidade de agruparem-se, numa mesma licitação, vários órgãos e entidades públicas, com interesse na aquisição do mesmo objeto, elevando-o em quantidade e favorecendo a oferta de propostas com valores reduzidos, consequente da economia de escala.

A inexistência de recursos financeiros para a realização da licitação, hipótese não contemplada no art. 3º do Decreto nº 7.892/13, não obsta o sistema de registro de preços. Nesse caso, a administração licita o registro de preços e permanece no aguardo da liberação de recursos para efetuar as contratações de que necessitará, dentro do prazo de validade da respectiva ata (DOTTI, Marinês Restelatto. Vantagens e peculiaridades do sistema de registro de preços. Revista Zênite- Informativo de Licitações e Contratos (ILC), Curitiba: Zênite, nº 243, p. 477-482, maio 2014).

Extraem-se da obra[189] *Limitações constitucionais da atividade contratual da administração pública* (Sapucaia do Sul: Notadez, 2011. p. 296-298), as seguintes lições:

A possibilidade de realizar-se a licitação para a formação do SRP, almejando a futura aquisição de um só bem ou a entrega única de bens – situações não previstas no art. 2º do Decreto nº 3.931/01 –, encontra supedâneo no disposto no art. 15, II, da Lei nº 8.666/93, para o qual as compras, *"sempre que possível"*, deverão ser processadas através do SRP.

A expressão *"sempre que possível"*, adotada pela Lei Geral, é de maior latitude, quer dizer, a Administração Pública confronta as peculiaridades do SRP com o caso concreto, podendo por ele optar mesmo que a hipótese não se encontre dentre aquelas previstas no Decreto nº 3.931/01.

O Tribunal de Contas da União interpreta a regra do art. 15, II, da Lei nº 8.666/93 como um comando cogente, não apenas uma faculdade, *verbis*: *"Com efeito, a Lei n. 8.666/1993 não faz vedação à utilização do SRP para a contratação de serviços, em que pese ser expressa quanto à obrigatoriedade para a aquisição de compras, sempre que a utilização de tal sistema mostrar-se possível"*: (Acórdão nº 1.487/2007, Plenário, Rel. Min. Valmir Campelo. Processo TC nº 008.840/2007-3)

Para Marçal Justen Filho, "Em princípio, o registro de preços apenas apresenta sentido quando for possível realizar uma pluralidade de aquisições. Não teria sentido promover licitação de registro de preços e concretizar uma única aquisição. Não que isso seja proibido – apenas não se caracterizará registro de preços quando se facultar que a Administração esgote todo o quantitativo em uma única aquisição". (JUSTEN FILHO, Marçal. *Comentários à lei de licitações e contratos administrativos*. 13. ed. São Paulo: Dialética, p. 193)

---

[189] Jessé Torres Pereira Junior e Marinês Restelatto Dotti.

O elenco previsto no art. 2º do Decreto nº 3.931/01 exemplifica as situações em que a Administração deva dar preferência à utilização do SRP para a aquisição de bens e serviços. Outras situações em que o sistema mostrar-se compatível podem recomendar sua adoção, dentre elas a da inexistência de recursos financeiros para a contratação imediata. Nessa circunstância, mesmo que o interesse seja pela futura aquisição de um só bem, para a entrega única de bens ou para a prestação de um serviço esporádico, incerto ou não contínuo, e não havendo recursos financeiros disponíveis para a contratação imediata ao desfecho do certame, pode a Administração realizá-lo para a formação do registro de preços, permanecendo no aguardo da liberação de recursos para a contratação, dentro do prazo de validade da Ata de Registro de Preços.

Desnecessária seria a apresentação de um rol de hipóteses atrativas da utilização preferencial do SRP, como o fez o art. 2º do Decreto nº 3.931/01, quando a ordem da Lei Geral é, justamente, para que seja utilizado *"sempre que possível"*. Por ocasião do planejamento da licitação, o administrador público poderá deparar-se com um quadro indicativo de sua utilização para o alcance da eficácia e eficiência da atuação administrativa, e assim o privilegiará.

1.22 Requisitos que devem integrar o edital de licitação para o sistema de registro de preços

Seja a licitação realizada na modalidade concorrência ou pregão, de ordinário, devem integrar o edital da licitação para o sistema de registro de preços os seguintes requisitos:

(a) especificação do objeto, com a explicitação dos elementos necessários e suficientes, com nível de precisão adequado para sua caracterização, inclusive com as respectivas unidades de medida usualmente adotadas;

(b) órgãos e entidades participantes do registro de preços;

(c) estimativa de quantidades a serem adquiridas pelo órgão gerenciador e órgãos participantes, apurada mediante adequadas técnicas quantitativas de estimação (precedente do Tribunal de Contas da União a respeito: "9.2. dar ciência à [...] que a aquisição de equipamentos referentes ao Pregão Eletrônico 97/2012, pelo Sistema de Registro de Preços (SRP), em quantidade superior às necessidades reais da entidade, as quais devem estar devidamente demonstradas no processo de compra, constitui afronta aos princípios da razoabilidade e da eficiência, previstos no art. 2º da Lei nº 9.784/1999, que devem ser observados pela Administração Pública" (Acórdão nº 829/2013 – Plenário, Rel. Min. Valmir Campelo, Processo nº 001.410/2013-0);

(d) quantidade mínima de unidades a ser cotada, por item, no caso de bens (se for o caso);

(e) condições para participação na licitação, em conformidade com os arts. 27 a 31 da Lei nº 8.666/93;

(f) forma de apresentação das propostas;

(g) critério de julgamento de propostas;

(h) privilégios às entidades de menor porte, inclusive no tocante à exclusiva participação no certame (Lei Complementar nº 123/06);

(i) aplicação da margem de preferência, quando for o caso (art. 3º, §15, da Lei nº 8.666/93);

(j) prestação de garantia à execução do contrato (art. 56 da Lei nº 8.666/93);

(k) condições quanto ao local, prazo de entrega e, nos casos de serviços, quando cabível, frequência, periodicidade, características do pessoal, materiais e equipamentos a serem utilizados, procedimentos, cuidados, deveres, disciplina e controles a serem adotados;

(l) condições de pagamento, observadas as disposições da Lei nº 8.666/93;

(m) prazo de validade do registro de preço, observado o disposto no *caput* do art. 15, §3º, III, da Lei nº 8.666/93;

(n) prazos e condições para as assinaturas da ata de registro de preços e do termo de contrato desta decorrente;

(o) prazo de vigência do termo de contrato decorrente da ata de registro de preços;

(p) sanções;

(q) local onde estará disponível o edital;

(r) prazo e condições para impugnações ao edital;

(s) locais, horários e códigos de acesso dos meios de comunicação à distância em que serão fornecidos elementos, informações e esclarecimentos relativos à licitação e às condições para atendimento das obrigações necessárias ao cumprimento de seu objeto;

(t) normas que regem a licitação;

(u) quando admitidas adesões, a estimativa de quantidades a serem adquiridas por órgãos não participantes;

(v) modelo de planilha de formação de custos, quando aplicável, e minutas de termo de contrato e ata de registro de preços como anexos.

2 Modelos

2.1 Edital pregão eletrônico – Sistema de registro de preços (compra)

ÓRGÃO OU ENTIDADE PÚBLICA GERENCIADORA[1]
PREGÃO ELETRÔNICO Nº ....../20.....[2]
(Processo Administrativo nº...........)

1 – PREÂMBULO[3]

1.1 Torna-se público, para conhecimento dos interessados, que o(a) .... (*órgão ou entidade pública gerenciadora*), por meio do(a) .... (*setor responsável pelas licitações*),[4] sediado(a) .... (*endereço*) realizará licitação, na modalidade PREGÃO, na forma ELETRÔNICA, para o SISTEMA DE REGISTRO DE PREÇOS, do tipo *menor preço por item, menor preço por lote ou maior percentual de desconto*,[100] nos termos da Lei nº 10.520, de 17 de julho de 2002, do Decreto nº 5.450, de 31 de maio de 2005, do Decreto nº 3.722, de 09 de janeiro de 2001, atualizado pelo Decreto nº 4.485, de 25 de novembro de 2002, da Instrução Normativa SLTI/MPOG nº 02, de 11 de outubro de 2010, do Decreto nº 7.892, de 23 de janeiro de 2013, da Lei Complementar nº 123, de 14 de dezembro de 2006, da Lei nº 11.488, de 15 de junho de 2007, do Decreto nº 8.538, de 06 de outubro de 2015, *do Decreto nº 7.546, de 02 de agosto de 2011*, aplicando-se, subsidiariamente, a Lei nº 8.666, de 21 de junho de 1993, e as condições estabelecidas neste instrumento convocatório e seus anexos.[6]

1.2 O encaminhamento da proposta de preços terá início com a divulgação do aviso de edital no sítio www.comprasgovernamentais.gov.br, até às .... horas do dia ....../..../200..., hora e data para a abertura da sessão, exclusivamente por meio do sistema eletrônico, sendo os documentos necessários à habilitação encaminhados para análise do pregoeiro e equipe de apoio, no prazo estabelecido neste edital, após solicitação pelo sistema eletrônico.[7]

1.3 Todas as referências de tempo no edital, no aviso e durante a sessão pública, observarão o horário de Brasília – DF.

2 – DO OBJETO

2.1 O objeto deste pregão é o Registro de Preços para futura aquisição de ...., conforme condições, quantidades e exigências estabelecidas neste edital e seus anexos.

2.1.1 *A licitação será dividida em itens (ou em grupos), conforme tabela constante do termo de referência, facultando-se ao licitante a participação em quantos itens (ou grupos) forem de seu interesse.*

ou

2.1.1 *As especificações e quantidades que compõem o item (ou grupo) desta licitação constam no termo de referência, anexo ....*

3 – DAS CONDIÇÕES PARA PARTICIPAÇÃO

3.1. Poderão participar deste pregão entidades cuja atividade, prevista em seu ato constitutivo, seja compatível com o objeto desta licitação e que estejam com credenciamento regular no Sistema de Cadastramento Unificado de Fornecedores – SICAF, conforme disposto no §3º do artigo 8º da Instrução Normativa SLTI/MPOG nº 2/10.[9] [31]

3.1.1 Não poderão participar desta licitação:

3.1.1.1 entidades proibidas de participar de licitações e celebrar contratos administrativos, na forma da legislação vigente;

3.1.1.2 entidades declaradas suspensas de participar de licitações e impedidas de contratar com .... (*órgão ou a entidade responsável pela licitação*), conforme art. 87, inciso III, da Lei nº 8.666/93;

3.1.1.3 entidades empresariais estrangeiras que não tenham representação legal no Brasil com poderes expressos para receber citação e responder administrativa ou judicialmente;

3.1.1.4 quaisquer interessados que se enquadrem nas vedações previstas no artigo 9º da Lei nº 8.666/93.[12]

Observar que item ou grupo da licitação de valor até R$80.000,00 (oitenta mil reais), em regra, deve ser exclusivo à participação de entidades de menor porte (microempresa, empresa de pequeno porte e sociedade cooperativa).

Dispõe a Lei Complementar nº 123/06 que:

Art. 47. Nas contratações públicas da administração direta e indireta, autárquica e fundacional, federal, estadual e municipal, deverá ser concedido tratamento diferenciado e simplificado para as microempresas e empresas de pequeno porte objetivando a promoção do desenvolvimento econômico e social no âmbito municipal e regional, a ampliação da eficiência das políticas públicas e o incentivo à inovação tecnológica.

Parágrafo único. No que diz respeito às compras públicas, enquanto não sobrevier legislação estadual, municipal ou regulamento específico de cada órgão mais favorável à microempresa e empresa de pequeno porte, aplica-se a legislação federal.

Art. 48. Para o cumprimento do disposto no art. 47 desta Lei Complementar, a administração pública:

I – deverá realizar processo licitatório destinado exclusivamente à participação de microempresas e empresas de pequeno porte nos itens de contratação cujo valor seja de até R$80.000,00 (oitenta mil reais); (grifamos)

> Computadas as estimativas do órgão gerenciador e de órgãos participantes (se for o caso) para o item de licitação destinada à formação do registro de preços, e verificado que o valor alcançado não ultrapassa R$80.000,00, a regra é a de assegurar-se exclusividade à participação de entidades de menor porte na cotação do item. Traduz tal exclusividade o tratamento privilegiado deferido às entidades de menor porte pela Lei Complementar nº 123/06.
>
> Assim, ainda, no âmbito do Decreto federal nº 8.538/15:
>
> Art. 6º Os órgãos e as entidades contratantes deverão realizar processo licitatório destinado exclusivamente à participação de microempresas e empresas de pequeno porte nos itens ou lotes de licitação cujo valor seja de até R$80.000,00 (oitenta mil reais).
>
> [...]
>
> Art. 9º Para aplicação dos benefícios previstos nos arts. 6º a 8º:
>
> I – será considerado, para efeitos dos limites de valor estabelecidos, cada item separadamente ou, nas licitações por preço global, o valor estimado para o grupo ou o lote da licitação que deve ser considerado como um único item;

4 – DO CREDENCIAMENTO

4.1 O credenciamento do licitante dar-se-á pela atribuição da chave de identificação e de senha, pessoal e intransferível, para acesso ao sistema eletrônico, site www.comprasgovernamentais.gov.br.

4.2 O credenciamento junto ao provedor do sistema implica responsabilidade legal do licitante ou de seu representante legal e na presunção de sua capacidade técnica para realização das transações inerentes a este Pregão.

4.3 O uso da senha de acesso pelo licitante é de sua responsabilidade exclusiva, incluindo qualquer transação efetuada diretamente ou por seu representante, não cabendo ao provedor do sistema ou a este(a) .... (*órgão ou entidade promotor(a) da licitação*), responsabilidade por eventuais danos decorrentes do uso indevido da senha, ainda que por terceiros.

5 – DO ENVIO DA PROPOSTA

5.1 O licitante será responsável por todas as transações que forem efetuadas em seu nome no sistema eletrônico, assumindo como firmes e verdadeiras suas propostas e lances.

5.2 Incumbirá ao licitante acompanhar as operações no sistema eletrônico durante a sessão pública do Pregão, ficando responsável pelo ônus decorrente da perda de negócios, diante da inobservância de quaisquer mensagens emitidas pelo sistema ou de sua desconexão.

5.3 O licitante assinalará "sim" ou "não" em campo próprio do sistema eletrônico, relativo às seguintes declarações:

5.3.1 que não ultrapassou o limite de faturamento e que cumpre os requisitos estabelecidos no art. 3º da Lei Complementar nº 123/06, estando apto a usufruir do tratamento favorecido estabelecido nos arts. 42 ao 49 da referida Lei Complementar;

5.3.1.1 a assinalação do campo "não" apenas produzirá o efeito de o licitante não ter direito ao tratamento favorecido previsto na Lei Complementar nº 123/06, mesmo que microempresa, empresa de pequeno porte ou sociedade cooperativa;

5.3.2 que está ciente e concorda com as condições contidas no edital e seus anexos, bem como de que cumpre plenamente os requisitos de habilitação definidos no edital;

5.3.3 que inexistem fatos impeditivos para sua habilitação no certame, ciente da obrigatoriedade de declarar ocorrências posteriores;

5.3.4 que não emprega menor de 18 anos em trabalho noturno, perigoso ou insalubre e não emprega menor de 16 anos, salvo menor, a partir de 14 anos, na condição de aprendiz, nos termos do artigo 7º, XXXIII, da Constituição;[13]

5.3.5 que a proposta foi elaborada de forma independente, nos termos da Instrução Normativa SLTI/MPOG nº 2, de 16 de setembro de 2009;

5.3.6 que não possui na cadeia produtiva, empregados executando trabalho degradante ou forçado, em observância aos incisos III e IV do art. 1º e ao inciso III do art. 5º da Constituição Federal.

5.4 Até a abertura da sessão, os licitantes poderão retirar ou substituir as propostas anteriormente apresentadas.

5.5 Nos valores propostos estarão inclusos todos os custos operacionais, obrigações previdenciárias, trabalhistas, tributárias e quaisquer outros encargos que incidam direta ou indiretamente no fornecimento dos bens.

5.6 A apresentação da proposta implicará plena aceitação[14], por parte do proponente, das condições estabelecidas neste edital e seus anexos.

5.7 O prazo de validade da proposta não será inferior a ... (...) *dias*,[15] a contar da data da abertura da sessão. [87]

5.8 Após a divulgação do edital no endereço eletrônico e até a data e horário marcados para a abertura da sessão, os licitantes deverão encaminhar proposta de preços, com a indicação dos seguintes requisitos, exclusivamente por meio eletrônico:

5.8.1 item *(ou grupo)* da licitação;[88]

5.8.2 *número do registro do(s) item(ns) .... no .... (órgão competente, quando for o caso)*;[16]

5.8.3 *período de garantia do(s) item(ns), que não poderá ser inferior a ...., contado(s) da data do recebimento definitivo*;[17]

ou

5.8.3 *prazo de validade do item, que não poderá ser inferior a ...., contado(s) da data do recebimento definitivo*;[17]

5.8.4 *marca (se for o caso)*;[18]

5.8.5 *modelo (se for o caso)*;[18]

5.8.6 *certificado de ..... (se for o caso)*;

5.8.7 *a quantidade de unidades para o(s) item(ns) ...., observada a quantidade mínima fixada no termo de referência; (quando for o caso)*[89]

5.8.7.1 *se a proposta do licitante vencedor não atender ao quantitativo total estimado para a contratação, respeitada a ordem de classificação, poderão ser convocados tantos quantos forem necessários para alcançar o total estimado, observado o preço da proposta vencedora;*

ou

5.8.7 *o licitante deverá cotar a quantidade total estabelecida para o(s) item(ns) ....,*[89] *conforme consta no termo de referência;*

5.8.8 *(outras exigências, dependendo do objeto licitado).*

5.9 serão desclassificadas as propostas que não atenderem às exigências contidas neste edital.[20]

6 – DAS PROPOSTAS E FORMULAÇÃO DE LANCES

6.1 A partir da data e horário estabelecidos no preâmbulo deste edital terá início a sessão pública do Pregão, na sua forma eletrônica.

6.2 O pregoeiro verificará as propostas apresentadas, desclassificando aquelas que não estejam em conformidade com os requisitos estabelecidos neste edital e anexos, forem omissas ou apresentarem irregularidades insanáveis.[21]

6.3 A desclassificação será sempre fundamentada e registrada no sistema, com acompanhamento em tempo real por todos os participantes.

6.4 O sistema ordenará, automaticamente, as propostas classificadas, sendo que somente estas participarão da fase de lances.

> A Instrução Normativa SLTI/MPOG nº 3, de 2011, dispõe sobre os procedimentos de operacionalização do pregão eletrônico, para aquisição de bens e serviços no âmbito dos órgãos e entidades integrantes do Sistema de Serviços Gerais – SISG, bem como os órgãos e entidades que firmaram termo de adesão para utilizar o Sistema Integrado de Administração de Serviços Gerais – SIASG. Segundo o seu art. 1º-A, o instrumento convocatório poderá estabelecer intervalo mínimo de diferença de valores entre os lances, que incidirá tanto em relação aos lances intermediários quanto em relação à proposta que cobrir a melhor oferta. A medida visa a evitar lances com descontos irrisórios, constituindo-se em prática que prejudica a concorrência do certame. Caso o edital da licitação não estabeleça o intervalo mínimo de diferença de valores entre os lances, é vedado ao pregoeiro fixá-lo no procedimento licitatório, em respeito aos princípios da vinculação ao instrumento convocatório e da ampla competitividade.

6.5 Iniciada a etapa competitiva, os licitantes deverão encaminhar lances exclusivamente por meio de sistema eletrônico, sendo imediatamente informados do seu recebimento e do valor consignado no registro.

6.6 Os licitantes poderão oferecer lances sucessivos, observando o horário fixado para abertura da sessão e as regras estabelecidas no edital.

6.7 O licitante somente poderá oferecer lance inferior ao último por ele ofertado e registrado pelo sistema.

6.8 Não serão aceitos dois ou mais lances de mesmo valor, prevalecendo aquele que for recebido e registrado em primeiro lugar.

6.9 Durante o transcurso da sessão pública, os licitantes serão informados, em tempo real, do valor do menor lance registrado, vedada a identificação do licitante.

6.10 No caso de desconexão com o pregoeiro, no decorrer da etapa competitiva do Pregão, o sistema eletrônico poderá permanecer acessível aos licitantes para a recepção dos lances.

6.10.1 Quando a desconexão persistir por tempo superior a 10 (dez) minutos, a sessão do Pregão será suspensa e terá reinício somente após comunicação expressa do pregoeiro aos participantes.[22]

6.11 A etapa de lances da sessão pública será encerrada por decisão do pregoeiro. O sistema eletrônico encaminhará aviso de fechamento iminente dos lances, após o que transcorrerá período de tempo de até trinta minutos, aleatoriamente determinado pelo sistema, findo o qual será automaticamente encerrada a recepção de lances.

6.12 Concluída a fase de lances e classificadas as propostas, será efetivada a verificação automática junto à Receita Federal, do porte da entidade empresarial. O sistema identificará em coluna própria as microempresas, empresas de pequeno porte e cooperativas participantes, procedendo à comparação entre os valores da primeira colocada, caso esta não seja microempresa, empresa de pequeno porte ou cooperativa e das demais participantes.

6.13. Será assegurada às microempresas, empresas de pequeno porte e sociedades cooperativas (que cumprem os requisitos estabelecidos no art. 3º da Lei Complementar nº 123/06, estando aptas a usufruírem do tratamento favorecido estabelecido nos arts. 42 ao 49 da referida Lei Complementar), como critério de desempate, preferência na contratação; [26] [94]

6.13.1 entende-se haver empate quando as ofertas apresentadas pelas microempresas, empresas de pequeno porte e sociedades cooperativas sejam iguais ou até cinco por cento superiores ao menor preço;

6.13.2 o disposto no item anterior somente se aplicará quando a melhor oferta válida não houver sido apresentada por microempresa, empresa de pequeno porte ou sociedade cooperativa;

6.14. A preferência de que trata o item 6.13 será concedida da seguinte forma:

6.14.1 ocorrendo o empate, a microempresa, empresa de pequeno porte ou a sociedade cooperativa melhor classificada poderá apresentar nova proposta no prazo máximo de cinco minutos por item em situação de empate, sob pena de preclusão;

6.14.1.1 para viabilizar tal procedimento, o sistema selecionará os itens com tais características, disponibilizando-os automaticamente nas telas do pregoeiro e do fornecedor, encaminhando mensagem também automática, por meio do chat, convocando a microempresa, empresa de pequeno porte ou sociedade cooperativa para apresentar nova proposta;

6.14.2 não ocorrendo a contratação da microempresa, empresa de pequeno porte ou sociedade cooperativa, na forma do item precedente, serão convocadas as remanescentes que porventura se enquadrem na situação de empate, na ordem classificatória, para o exercício do mesmo direito;

6.14.3 caso não se realizem lances e sejam identificadas propostas idênticas de microempresa, empresa de pequeno porte ou sociedade cooperativa empatadas em segundo lugar, ou seja, na faixa dos 5% (cinco por cento) da primeira colocada, e permanecendo o empate até o encerramento do item, o sistema fará sorteio eletrônico entre tais fornecedores, definindo e convocando automaticamente a vencedora para o encaminhamento de oferta final para desempate;

6.14.3.1 não se aplica o sorteio a que se refere o item anterior na situação em que os lances equivalentes não são considerados iguais, sendo classificados de acordo com a ordem de apresentação pelos licitantes. [27]

6.15 *Caso não se realizem lances, será verificada a compatibilidade entre a proposta de menor preço e o valor estimado para a contratação.* [23] [90]

6.16 *O pregoeiro examinará o lance classificado em primeiro lugar quanto à compatibilidade do preço*[23][90] *em relação ao estimado para a contratação, devidamente justificado. Será desclassificado o lance vencedor que apresentar preço excessivo ou manifestamente inexequível,*[25] *assim considerado aquele que não venha a ter demonstrada sua viabilidade através de documentação que comprove que os custos são coerentes com os de mercado.*

ou

6.15 *Caso não se realizem lances, será verificada a proposta de menor preço e o valor máximo fixado para o item.* [24] [90]

6.16 *Será desclassificado o lance vencedor com valor superior ao preço máximo*[24] [90] *fixado no termo de referência, ou que apresentar preço manifestamente inexequível,*[25] *assim considerado aquele que não venha a ter demonstrada sua viabilidade através de documentação que comprove que os custos são coerentes com os de mercado.*

> *Dispõe o art. 9º, §1º, do Decreto federal nº 7.892/13 que o edital poderá admitir, como critério de julgamento, o menor preço aferido pela oferta de desconto sobre tabela de preços praticados no mercado, desde que tecnicamente justificado.*

> *Eventual aplicação da Orientação Normativa MPOG nº 01/2016, a qual prevê que o pregoeiro deverá suspender a sessão pública do pregão na forma eletrônica quando constatar que a avaliação da conformidade das propostas, de que trata o art. 22, §2º, do Decreto nº 5.450/05, irá perdurar por mais de um dia (Art. 1º O pregoeiro deverá suspender a sessão pública do pregão na forma eletrônica quando constatar que a avaliação da conformidade das propostas, de que trata o art. 22, §2º, do Decreto nº 5.450, de 31 de maio de 2005, irá perdurar por mais de um dia. §1º Após a suspensão da sessão pública, o pregoeiro enviará, via chat, mensagem aos licitantes informando a data prevista para o início da oferta dos lances. §2º Durante a suspensão da sessão pública, as propostas poderão ser visualizadas na opção "visualizar propostas/declarações" no menu do pregoeiro).*

6.17 Será aplicado o benefício da margem de preferência, conforme disposto no art. 3º, §§5º e 8º, da Lei nº 8.666/93, no art. 3º, §3º, do Decreto nº 7.546/11 e, ainda, no Decreto nº ....

> Quando houver propostas beneficiadas com as margens de preferência em relação ao produto estrangeiro, o critério de desempate será aplicado exclusivamente entre as propostas que fizerem jus às margens de preferência, conforme regulamento (art. 5º, §9º, I, do Decreto nº 8.538/15)

> Na aquisição de bens comuns de informática e automação, definidos no art. 16-A da Lei nº 8.248/91, deverá ser observado o direito de preferência estipulado no art. 3º da mesma Lei, conforme procedimento do Decreto nº 7.174/10, que regulamenta a contratação desse objeto no âmbito da administração pública federal, direta ou indireta, pelas fundações instituídas ou mantidas pelo Poder Público e pelas demais organizações sob o controle direto ou indireto da União. Sendo esse o caso, observar o que segue na elaboração do edital: [30]
>
> Ultrapassada a etapa referente à concessão do direito de preferência às entidades de menor porte, será observado pelo pregoeiro o seguinte procedimento:
>
> Classificação dos licitantes cujas propostas finais estejam situadas até dez por cento acima da melhor proposta válida, conforme o critério de julgamento, para a comprovação e o exercício do direito de preferência;
>
> Convocação dos licitantes classificados que detenham certificação de bens ou serviços com tecnologia desenvolvida no País e produzidos de acordo com o Processo Produtivo Básico (PPB), na forma definida pelo Poder Executivo Federal, na ordem de classificação, para que possam oferecer nova proposta ou novo lance para igualar ou superar a melhor proposta válida, caso em que será declarado vencedor do certame;
>
> Caso a preferência não seja exercida na forma do item anterior, por qualquer motivo, serão convocadas as empresas classificadas que detenham certificação de bens e serviços com tecnologia desenvolvida no País, na ordem de classificação, para a comprovação e o exercício do direito de preferência;
>
> Caso a preferência não seja exercida na forma do item anterior, por qualquer motivo, serão convocadas as empresas classificadas que detenham certificação de bens e serviços produzidos de acordo com o PPB, na forma definida pelo Poder Executivo Federal.
>
> Caso nenhuma empresa classificada venha a exercer o direito de preferência, segue-se com a negociação para obtenção de melhor proposta;
>
> As microempresas e empresas de pequeno porte que atendam ao disposto nos incisos do art. 5º do Decreto nº 7.174/10 terão prioridade no exercício do direito de preferência em relação às médias e grandes empresas enquadradas no mesmo inciso;
>
> Caso haja empresa licitante de menor porte – ME e EPP – detentora de certificação, a ordem de classificação, para a oferta de nova proposta ou lance que vise igualar ou superar a melhor proposta, é a que segue:
>
> Tecnologia no país + processo produtivo básico + ME e EPP
>
> Tecnologia no país + processo produtivo básico
>
> Tecnologia no país + ME e EPP
>
> Tecnologia no país
>
> Processo produtivo básico + ME e EPP
>
> Processo produtivo básico

6.18 Eventual empate entre propostas, o critério de desempate será aquele previsto no artigo 3º, §2º, da Lei nº 8.666/93.

6.19 Persistindo o empate, o critério de desempate será o sorteio, em ato público para o qual os licitantes serão convocados, vedado qualquer outro processo.

6.22 Por meio do sistema eletrônico, o pregoeiro encaminhará contraproposta ao licitante que apresentou o menor preço, com o fim de negociar a obtenção de melhor proposta, observado o critério de julgamento fixado no edital e vedado que admita negociar condições diversas daquelas nele previstas.[28]

7 – DA AMOSTRA[29]

7.1 *O pregoeiro solicitará do(s) licitante(s) classificado(s) em primeiro lugar amostra(s) do(s) item(ns) ...., que deverá(ão) ser apresentada(as) no prazo de .... a contar da data da solicitação, junto ao .... localizado na(o) .... para conferência do produto com as especificações solicitadas no termo de referência, registrada em termo próprio.*

7.1.1 *se a(s) amostra(s) apresentada(s) pelo primeiro classificado não for aceitável o pregoeiro examinará a proposta do segundo classificado para análise de sua aceitabilidade. Seguir-se-á com a verificação da(s) amostra(s) e, assim, sucessivamente, até a verificação de uma que atenda às especificações constantes no termo de referência.*

7.1.2 *as condições para a realização da análise técnica da amostra e para o acompanhamento pelos licitantes são as previstas no termo de referência.* [54]

8 – DA HABILITAÇÃO

8.1 O pregoeiro consultará o Sistema de Cadastro Unificado de Fornecedores – SICAF, em relação à habilitação jurídica, às regularidades fiscal e trabalhista e à qualificação econômica financeira, conforme disposto nos arts. 4º, *caput*, 8º, §3º, 13 a 18 e 43 da Instrução Normativa SLTI/MPOG nº 2/10.[10] [11]

8.2 Também poderão ser consultados os sítios oficiais emissores de certidões, especialmente quando o licitante esteja com alguma documentação vencida junto ao SICAF.

8.3 Caso o pregoeiro não logre êxito em obter a certidão correspondente através do sítio oficial, o licitante será convocado a encaminhar, no prazo de .... (.........) horas, documento válido que comprove o atendimento das exigências deste edital, sob pena de inabilitação, ressalvado o disposto quanto à comprovação da regularidade fiscal das entidades de menor porte, conforme estatui o art. 43, §1º da LC nº 123/06.[34]

> *A Lei Complementar nº 155/16 alterou a Lei Complementar nº 123/06. De acordo com o art. 43 deste último diploma, "as microempresas e as empresas de pequeno porte, por ocasião da participação em certames licitatórios, deverão apresentar toda a documentação exigida para efeito de comprovação de regularidade fiscal <u>e trabalhista</u>, mesmo que esta apresente alguma restrição". O prazo especial para a regularização da situação trabalhista, conforme art. 11 da Lei Complementar nº 155/16, terá início a partir de 1º de janeiro de 2018.*

8.4 Os licitantes que não estiverem cadastrados no Sistema de Cadastro Unificado de Fornecedores – SICAF além do nível de credenciamento exigido pela Instrução Normativa SLTI/MPOG nº 2/10, deverão apresentar a seguinte documentação relativa à habilitação jurídica, às regularidades fiscal e trabalhista e à qualificação econômico-financeira, nas condições seguintes:

8.4.1 Habilitação jurídica:

8.4.1.1 no caso de empresário individual, inscrição no Registro Público de Empresas Mercantis;

8.4.1.2 em se tratando de sociedades comerciais, contrato social ou estatuto em vigor, devidamente registrado, e, no caso de sociedades por ações, acompanhado de documentos de eleição de seus administradores;

8.4.1.2.1 inscrição no Registro Público de Empresas Mercantis onde opera, com averbação no Registro onde tem sede a matriz, no caso de ser o participante sucursal, filial ou agência;

8.4.1.3 inscrição do ato constitutivo no Registro Civil das Pessoas Jurídicas, no caso de sociedades simples, acompanhada de prova de diretoria em exercício;

8.4.1.4 no caso de sociedade cooperativa: ata de fundação e estatuto social em vigor, com a ata da assembléia que o aprovou, devidamente arquivado na Junta Comercial ou inscrito no Registro Civil das Pessoas Jurídicas da respectiva sede, bem como o registro de que trata o art. 107 da Lei nº 5.764/71;

8.4.1.5 decreto de autorização, em se tratando de sociedade empresária estrangeira em funcionamento no País;

8.4.1.6 *ato de registro ou autorização para funcionamento expedido pelo(a) ...., conforme ......* [50]

> *Adotar a redação quando a atividade assim o exigir, com a indicação do órgão/entidade competente para a expedição do ato de registro ou autorização e, ainda, da norma aplicável.*

8.4.2 Regularidade fiscal:

8.4.2.1 prova de inscrição no Cadastro Nacional de Pessoas Jurídicas;

8.4.2.2 prova de regularidade com a Fazenda Nacional (certidão conjunta, emitida pela Secretaria da Receita Federal do Brasil e Procuradoria-Geral da Fazenda Nacional, quanto aos demais tributos federais e à Dívida Ativa da União, por elas administrados, conforme Decreto nº 8.302/14 e Portaria nº 358, de 5 de setembro de 2014, do Ministro de Estado da Fazenda);

8.4.2.3 prova de regularidade com a Seguridade Social (INSS);

8.4.2.4 prova de regularidade com o Fundo de Garantia do Tempo de Serviço (FGTS);

8.4.2.5 prova de inexistência de débitos inadimplidos perante a justiça do trabalho, mediante a apresentação de certidão negativa ou positiva com efeito de negativa, nos termos do Título VII-A da Consolidação das Leis do Trabalho, aprovada pelo Decreto-Lei nº 5.452, de 1º de maio de 1943.

8.5 caso o licitante detentor do menor preço seja microempresa, empresa de pequeno porte ou sociedade cooperativa enquadrada no artigo 34 da Lei nº 11.488/07, deverá apresentar toda a documentação exigida para efeito de comprovação de regularidade fiscal, mesmo que esta apresente alguma restrição, sob pena de inabilitação.

> *A Lei Complementar nº 155/16 alterou a Lei Complementar nº 123/06. De acordo com o art. 43 deste último diploma, "as microempresas e as empresas de pequeno porte, por ocasião da participação em certames licitatórios, deverão apresentar toda a documentação exigida para efeito de comprovação de regularidade fiscal e trabalhista, mesmo que esta apresente alguma restrição". O prazo especial para a regularização da situação trabalhista, conforme art. 11 da Lei Complementar nº 155/16, terá início a partir de 1º de janeiro de 2018.*

8.6 Qualificação econômico-financeira:[11]

8.6.1 *certidão negativa de falência expedida pelo distribuidor da sede da pessoa jurídica;*

> *A 2ª Turma do Superior Tribunal de Justiça decidiu que empresas em recuperação judicial têm o direito de participar de licitações (AgRg na MC nº 23.499/RS).*

8.6.2 *balanço patrimonial e demonstrações contábeis do último exercício social, já exigíveis e apresentados na forma da lei, que comprovem a boa situação financeira da empresa, vedada a sua substituição por balancetes ou balanços provisórios, podendo ser atualizados por índices oficiais quando encerrado há mais de 3 (três) meses da data de apresentação da proposta;*

8.6.2.1 *no caso de bens para pronta entrega, não será exigido da entidade de menor porte a apresentação de balanço patrimonial do último exercício financeiro (art. 3º do Decreto nº 8.538/15);*

8.6.2.2 *no caso de empresa constituída no exercício social vigente, admite-se a apresentação de balanço patrimonial e demonstrações contábeis referentes ao período de existência da sociedade;*

8.6.3 *comprovação da situação financeira da empresa será constatada mediante obtenção de índices de Liquidez Geral (LG), Solvência Geral (SG) e Liquidez Corrente (LC), resultantes da aplicação das fórmulas:*[33]

Ativo Circulante + Realizável a Longo Prazo
$LG =$ --;
Passivo Circulante + Passivo Não Circulante
Ativo Total
$SG =$ --;
Passivo Circulante + Passivo Não Circulante
Ativo Circulante
$LC =$ ------------------------; e
Passivo Circulante

8.6.4 *As empresas, cadastradas ou não no SICAF, que apresentarem resultado inferior ou igual a 1 (um) em qualquer dos índices de Liquidez Geral (LG), Solvência Geral (SG) e Liquidez Corrente (LC), deverão comprovar que:*
8.6.4.1 *patrimônio líquido de* .... (......) *do valor estimado da contratação; ou*[33]
8.6.4.1 *garantia de* .... (......) *do valor estimado do contrato.*

> *Dispõe a Lei nº 8.666/93 que:*
> *Art. 31 [...]*
> *§2º A Administração, nas compras para entrega futura e na execução de obras e serviços,* **poderá estabelecer,** *no instrumento convocatório da licitação, a exigência de capital mínimo ou de patrimônio líquido mínimo, ou ainda as garantias previstas no §1º do art. 56 desta Lei, como dado objetivo de comprovação da qualificação econômico-financeira dos licitantes e para efeito de garantia ao adimplemento do contrato a ser ulteriormente celebrado. (grifamos)*
> *Depreende-se do dispositivo transcrito que não há a obrigatoriedade de a administração pública estabelecer no edital a possibilidade de as entidades licitantes, que não apresentarem índices contábeis maiores ou iguais ao exigido, demonstrarem, para fins de habilitação, capital mínimo, patrimônio líquido mínimo ou prestação de garantia. Tal previsão constitui ato discricionário da administração, mas dependente de previsão no edital.*

8.7 As empresas, cadastradas ou não no SICAF, deverão comprovar, ainda, a qualificação técnica, por meio de:[32]
8.7.1 *Comprovação de aptidão para o fornecimento de bens em características, quantidades e prazos compatíveis com o objeto desta licitação (ou com o item pertinente), por meio da apresentação de atestado fornecido por pessoa jurídica de direito público ou privado.*
8.7.1.1 *Os atestados fornecidos devem vir acompanhados de cópias das notas fiscais que os lastreiem.*
8.7.2 *Prova de atendimento aos requisitos* ...., *previstos na lei* .... *(se for o caso);*
8.7.3 *Registro ou inscrição do licitante na entidade profissional competente. (quando for o caso);*[86]
8.8. Os documentos exigidos para habilitação que não estejam contemplados no SICAF deverão ser apresentados no prazo de ......, após solicitação do pregoeiro, por meio do sistema eletrônico.
8.9 Os documentos quando remetidos por meio do sistema eletrônico, deverão ser apresentados posteriormente em original ou por cópia autenticada, no prazo de .... a contar ....

> *Admite-se o envio de documentos por e-mail ou fac-símile, em caráter excepcional, na hipótese de inviabilidade técnica do sistema eletrônico operacional.*

8.10 Para fins de habilitação, a verificação pelo órgão promotor do certame nos sítios oficiais de órgãos e entidades emissores de certidões constitui meio legal de prova.
8.11 Caso não haja redução a preço inferior à proposta original por nenhuma das microempresas, empresas de pequeno porte ou cooperativas que se encontrem no intervalo

do §2º do art. 44 da Lei Complementar nº 123/06, será efetivada a análise da documentação do licitante que originariamente ofereceu a proposta de menor preço.

8.12 Divulgado o resultado da fase de habilitação, o procedimento será este:

8.12.1 quando se tratar de empresa de pequeno porte, microempresa ou cooperativa e constatadas restrições quanto à regularidade fiscal, ser-lhe-á concedido o prazo de cinco dias úteis para a regularização da situação, prorrogável por igual período; a prorrogação do prazo poderá ser concedida, a critério da administração pública, quando requerida pelo licitante, mediante apresentação de justificativa;

8.12.2 não comprovada a regularidade fiscal da empresa de pequeno porte, microempresa ou sociedade cooperativa, no prazo legal, será facultado à administração convocar os licitantes remanescentes, na ordem de classificação, analisando-se a aceitabilidade da proposta *e a amostra (se exigida no edital),* seguindo-se com a análise dos documentos relativos à habilitação;

8.12.3 se, na ordem de classificação, constar empresa de pequeno porte, microempresa ou cooperativa, havendo alguma restrição quanto à regularidade fiscal, ser-lhe-á assegurado o mesmo prazo especial.

> *A Lei Complementar nº 155/16 alterou a Lei Complementar nº 123/06. De acordo com o art. 43 deste último diploma, "as microempresas e as empresas de pequeno porte, por ocasião da participação em certames licitatórios, deverão apresentar toda a documentação exigida para efeito de comprovação de regularidade fiscal <u>e trabalhista</u>, mesmo que esta apresente alguma restrição". O prazo especial para a regularização da situação trabalhista, conforme art. 11 da Lei Complementar nº 155/16, terá início a partir de 1º de janeiro de 2018.*

8.14 Da sessão pública do pregão divulgar-se-á ata no sistema eletrônico.

9 – DA IMPUGNAÇÃO E DO PEDIDO DE ESCLARECIMENTOS

9.1 Até dois dias úteis antes da data fixada para abertura da sessão pública, qualquer pessoa poderá impugnar este edital.[35]

9.1.1 Caberá ao pregoeiro decidir sobre a impugnação no prazo de até vinte e quatro horas.

9.1.2 Acolhida a impugnação contra o edital, será definida e publicada nova data para a realização do certame.

9.1.3 Os pedidos de esclarecimentos referentes a este processo licitatório deverão ser enviados ao pregoeiro, até três dias úteis anteriores à data fixada para abertura da sessão pública,por meio dos seguintes veículos de comunicação: ....

10 – DOS RECURSOS

10.1 O pregoeiro declarará o vencedor e a seguir ensejará a qualquer licitante que manifeste a intenção de recorrer, de forma motivada, isto é, indicando contra qual(is) decisão(ões) pretende recorrer e por quais motivos, e em campo próprio do sistema, no prazo de .... Havendo quem se manifeste, terá, a partir de então, o prazo de três dias para apresentar as razões de recurso, pelo sistema eletrônico, ficando os demais licitantes, desde logo, intimados para, querendo, apresentarem contrarrazões também pelo sistema eletrônico, em outros três dias, que começarão a contar do término do prazo do recorrente, sendo-lhes assegurada vista imediata dos elementos indispensáveis à defesa de seus interesses.[36]

> *A Lei nº 10.520/02 e o Decreto nº 5.450/05 não estabelecem prazo mínimo para a manifestação da intenção de recorrer pelo licitante, cabendo ao edital da licitação fixá-lo, observado que a celeridade processual, característica do pregão, não justifica a fixação de prazo exíguo que dificulte a formulação de motivação mínima. O Tribunal de Contas da União orienta que esse prazo deve observar um mínimo de trinta minutos (Acórdão nº 3.409/2014 – Plenário, Rel. Min. Marcos Bemquerer Costa, Processo nº 000.614/2014-9).*

10.2 A falta de manifestação motivada do licitante quanto à intenção de recorrer importará a decadência desse direito e a consequente adjudicação do objeto pelo pregoeiro ao licitante vencedor.

10.3 O acolhimento do recurso invalida tão-somente os atos insuscetíveis de aproveitamento.

10.4 Os autos do processo permanecerão com vista franqueada aos interessados, no endereço ....

11 – DA ATA DE REGISTRO DE PREÇOS

11.1 A existência de preços registrados não obriga este(a) .... (*órgão ou entidade pública gerenciadora e demais órgãos participantes*) a firmar as contratações que deles poderão advir, sendo-lhe facultada a realização de licitação específica para a aquisição pretendida e assegurado ao beneficiário do registro a preferência de fornecimento em igualdade de condições.[91]

11.2 Homologado o resultado da licitação, será(ão) convocado(s) o(s) licitante(s) vencedor(es) para que compareça(m) no endereço constante neste edital para assinatura da(s) Ata(s) de Registro de Preços no prazo de ...., podendo, alternativamente, ser encaminhada(s) ao(s) licitante(s) vencedor(s) para que seja(m) assinada(s) no prazo de ...., a contar de sua entrega, mediante aviso de recebimento (AR) ou meio eletrônico, sob pena de decair(em) do direito à futura contratação, sem prejuízo das penalidades previstas neste edital.[92]

11.2.1 O prazo estabelecido no subitem anterior para assinatura da ata de registro de preços poderá ser prorrogado uma única vez, por igual período, quando solicitado pela(s) licitante(s) vencedora(s), durante o seu transcurso, e desde que aceito por este órgão público.

11.2.2 Juntamente com a(s) Ata(s) de Registro de Preços assinada(s), com indicação e número de documento de identificação, o(s) licitante(s) vencedor(es) encaminhará(ão) documento que comprove que o representante firmatário tem poderes para essa finalidade. O documento poderá ser apresentado em original, por qualquer processo de cópia reprográfica, autenticada por tabelião de notas ou por servidor da administração, mediante apresentação do original.

11.3 A vigência desta ata de registro de preços será de .... meses, a partir do(a) ...., podendo ser prorrogada até o limite de 12 (doze) meses.[93]

ou

11.3 A vigência desta ata de registro de preços será de 12 (doze) meses, a partir do(a) ...., não podendo ser prorrogada.

ou

11.3 A vigência desta ata de registro de preços será de ..... (......) meses, a partir do(a) ...., não podendo ser prorrogada.

11.4 Serão formalizadas tantas ata de registro de preços quanto necessárias para o registro de todos os itens constantes no termo de referência, com a indicação do licitante vencedor, a descrição do(s) item(ns), as respectivas quantidades, preços registrados e demais condições.

11.5 Será incluído, na ata de registro de preços, na forma de anexo, o registro dos licitantes que aceitarem cotar os bens com preços iguais aos do licitante vencedor na sequência da classificação do certame. [99]

11.6 Se houver mais de um licitante na situação de que trata o item anterior, serão classificados segundo a ordem da última proposta apresentada durante a fase competitiva.

11.7 É vedado efetuar acréscimos nos quantitativos fixados pela ata de registro de preços, inclusive o acréscimo de que trata o §1º do art. 65 da Lei nº 8.666/93.

12 – DO TERMO DE CONTRATO [95]

12.1 Para o fiel cumprimento das obrigações assumidas será firmado Termo de Contrato, cujo prazo de vigência será de ...., contados do(a) ...., prorrogável na forma do art. 57, §1º, da Lei nº 8.666/93.

12.2 O(s) Termo(s) de Contrato será(ão) assinado(s) pelo(s) fornecedor(es) registrado(s) no prazo de ...., a partir de sua(s) convocação(ões) para que compareça(m) no endereço constante neste edital, podendo, alternativamente, ser encaminhado(s) para que seja(m) assinado(s) no prazo de .... a contar de seu(s) recebimento(s), mediante aviso de recebimento (AR) ou meio eletrônico, sob pena de decair(em) do direito à contratação, sem prejuízo das penalidades previstas neste edital.

12.2.1 O prazo estabelecido no subitem anterior para assinatura do(s) Termo(s) de Contrato poderá ser prorrogado uma única vez, por igual período, quando solicitado pelo(s) fornecedor(es) registrado(s), durante o seu transcurso.

12.2.2 Juntamente com o(s) Termo(s) de Contrato assinado(s), com indicação e número de documento de identificação, o(s) fornecedor(es) registrado(s) apresentará(ão) documento que comprove que o representante firmatário tem poder para essa finalidade. O documento poderá ser apresentado em original, por qualquer processo de cópia reprográfica, autenticada por tabelião de notas ou por servidor da administração, mediante apresentação do original.

12.3 O Termo de Contrato poderá ser alterado, observado o disposto no art. 65 da Lei nº 8.666/93.

13 – DA ENTREGA E DO RECEBIMENTO DO OBJETO E DA FISCALIZAÇÃO

13.1 O prazo de entrega dos bens é de .... dias contados do ...., sem interrupção e prorrogável na forma do art. 57, §1º, da Lei nº 8.666/93, no endereço .... e nas quantidades fixadas no termo de referência.

13.2 Entregues os bens, os mesmos serão recebidos provisoriamente, pelo(s) responsável(is) pelo seu acompanhamento e fiscalização, para efeito de posterior verificação de sua conformidade com as especificações constantes no termo de referência, no prazo de .... dias;[56]

13.3 Os bens poderão ser rejeitados, no todo ou em parte, quando em desacordo com as especificações constantes no termo de referência, devendo ser substituídos no prazo de ...., a partir do ...., às custas do contratado, sob pena de aplicação das penalidades previstas neste edital.

13.4 Os bens serão recebidos definitivamente, no prazo de .... contados do (a) ...., após a verificação da qualidade e quantidade do material e conseqüente aceitação, mediante termo circunstanciado.[57]

13.5 Nos termos do art. 67 Lei nº 8.666/93, será(ão) designado(s) representante(s)/comissão para acompanhar e fiscalizar a entrega dos bens, anotando em registro próprio todas as ocorrências relacionadas com a execução e determinando o que for necessário à regularização das falhas ou defeitos observados.[41]

14 – DO PAGAMENTO

14.1 O pagamento será efetuado em até .... dias, contados a partir da data do recebimento definitivo dos bens, mediante a apresentação do documento fiscal competente (nota fiscal/fatura), devidamente atestado pelo órgão de fiscalização e acompanhamento da execução do contrato, em depósito em conta corrente, na agência e estabelecimento bancário indicados pelo contratado.[42]

14.1.1 Os pagamentos decorrentes de despesas cujos valores não ultrapassem o limite de que trata o inciso II do art. 24 da Lei nº 8.666/93, deverão ser efetuados no prazo de até 5 (cinco) dias úteis, contados da data da apresentação da Nota Fiscal, nos termos do art. 5º, §3º, da mesma Lei.

14.2 Antes do pagamento será verificada a regularidade fiscal do contratado no SICAF.

14.3 Na hipótese de atraso de pagamento, desde que este não decorra de ato ou fato atribuível ao contratado, aplicar-se-á o índice do IPCA *pro rata diem*, a título de compensação financeira, que será o produto resultante do mesmo índice do dia anterior ao pagamento, multiplicado pelo número de dias de atraso do mês correspondente, repetindo-se a operação a cada mês de atraso. A exigibilidade do valor não solvido tem início no dia seguinte ao término do prazo fixado para pagamento.

13.4 Por eventuais atrasos injustificados no pagamento devido ao contratado, este fará jus a juros moratórios de 6% ao ano.

14.5 No caso de incorreção nos documentos apresentados, inclusive na Nota Fiscal/Fatura, estes serão restituídos ao contratado para as correções necessárias no prazo de .... (.....) dias, sendo devolvidos no mesmo prazo, não respondendo a contratante por quaisquer encargos resultantes de atrasos na liquidação dos pagamentos correspondentes.

15 – DAS SANÇÕES ADMINISTRATIVAS

15.1 O não cumprimento das obrigações assumidas em razão deste procedimento e das obrigações contratuais, sujeitará o(s) licitante(s) adjudicatário(s), garantida a prévia defesa, às seguintes sanções:

15.1.1 advertência;

15.1.2 pelo atraso injustificado na entrega do objeto da licitação, será aplicada multa de ....% por dia de atraso, incidente sobre o valor da parcela inadimplida da obrigação, limitada a 30 (trinta) dias, a partir dos quais será causa para o cancelamento da ata de registro de preços. Contar-se-á o prazo a partir do estipulado no item .... [*item que trata do prazo de entrega dos bens*], deste edital ou findo o prazo concedido às substituições dos bens a que se refere o item .... [*item que trata do prazo para as substituições*], quando o objeto licitado estiver em desacordo com as especificações exigidas;

15.1.3 multa de 10% sobre o valor da proposta vencedora ou da parcela inadimplida na hipótese de qualquer outra forma de inexecução das obrigações assumidas;

15.1.4 suspensão temporária de participação em licitação e impedimento de contratar com o(a) .... (*órgão ou entidade pública gerenciadora e órgãos e/ou entidades participantes*), por prazo não superior a dois anos, nas hipóteses de execução irregular, atrasos ou inexecução de que resulte prejuízo para o serviço;

15.1.5 declaração de inidoneidade para licitar ou contratar com a administração pública, enquanto perdurarem os motivos determinantes da punição ou até que seja promovida a reabilitação, perante a autoridade que aplicou a penalidade, nas hipóteses em que a execução irregular, os atrasos ou a inexecução associem-se à prática de ilícito penal;

15.1.6 o adjudicatário que, convocado dentro do prazo de validade da sua proposta, não celebrar o contrato, deixar de entregar documentação exigida ou apresentar documentação falsa, ensejar o retardamento da execução do objeto, não mantiver a proposta, falhar ou fraudar na execução do contrato, comportar-se de modo inidôneo ou cometer fraude fiscal, ficará impedido de licitar e contratar com a União e será descredenciado no SICAF pelo prazo de até cinco anos, sem prejuízo das multas previstas neste edital e no contrato e das demais cominações legais;

15.1.7 em decorrência da não regularização da sitação fiscal (*e/ou trabalhista*) pela entidade de menor porte, no prazo fixado neste edital, será aplicada multa de ..... % (..... *por cento*) sobre o valor do item da licitação.

> *A Lei Complementar nº 155/16 alterou a Lei Complementar nº 123/06. De acordo com o art. 43 deste último diploma, "as microempresas e as empresas de pequeno porte, por ocasião da participação em certames licitatórios, deverão apresentar toda a documentação exigida para efeito de comprovação de regularidade fiscal e trabalhista, mesmo que esta apresente alguma restrição". O prazo especial para a regularização da situação trabalhista, conforme art. 11 da Lei Complementar nº 155/16, terá início a partir de 1º de janeiro de 2018.*

15.2 As sanções de multas poderão ser aplicadas concomitantemente com as demais, facultada a defesa prévia do interessado no prazo de cinco dias úteis, contados a partir da data em que tomar ciência da imputação.

15.3 O valor da multa aplicada será descontado de eventuais créditos que tenha em face da contratante, sem embargo desta rescindir o contrato e/ou cobrá-lo judicialmente.

15.4 As penalidades serão obrigatoriamente registradas no Sistema de Cadastramento de Fornecedores – SICAF.

15.5 O fornecedor terá seu registro cancelado nas hipóteses previstas no art. 20 do Decreto nº 7.892/13.

16 – DA GARANTIA DE EXECUÇÃO

16.1 Como garantia das obrigações assumidas, conforme disposto no art. 56, da Lei nº 8.666/93, o adjudicatário, no ato da assinatura do Termo de Contrato comprovará a prestação de garantia correspondente a 5% (cinco por cento) do valor do contrato, sendo liberada após o término da sua vigência.

ou

16.1 Como garantia das obrigações assumidas, conforme disposto no art. 56, da Lei nº 8.666/93, o contratado, no prazo de ....da data da assinatura do Termo de Contrato, comprovará a prestação de garantia correspondente a 5% (cinco por cento) do valor do contrato, sendo liberada após o término da sua vigência.

16.2 Se o valor da garantia for utilizado em pagamento de qualquer obrigação, o adjudicatário ou contratado obriga-se a fazer a respectiva reposição no prazo máximo de 5 (cinco) dias úteis contados da data em que for notificado.

16.3 O fato de o adjudicatário ou contratado não prestar a garantia ou prestá-la incorretamente, importará inexecução de obrigação, aplicando-se as penalidades previstas neste edital.

17– DAS DISPOSIÇÕES GERAIS

17.1 Não havendo expediente ou ocorrendo qualquer fato superveniente que impeça a realização do certame na data marcada, a sessão será automaticamente transferida para o primeiro dia útil subsequente , no mesmo horário anteriormente estabelecido, desde que não haja comunicação em contrário, pelo pregoeiro.

17.2 No julgamento da habilitação e das propostas, o pregoeiro poderá sanar erros ou falhas que não alterem a substância das propostas, dos documentos e sua validade jurídica, mediante despacho fundamentado, registrado em ata e acessível a todos, atribuindo-lhes validade e eficácia para fins de habilitação e classificação.

17.3 A homologação de resultado desta licitação não implicará direito à contratação.

17.4 As normas disciplinadoras da licitação serão sempre interpretadas em favor da ampliação da disputa entre os interessados, desde que não comprometam o interesse da administração, o princípio da isonomia, a finalidade e a segurança da contratação.

17.5 A autoridade competente para aprovação do procedimento licitatório somente poderá revogá-lo em face de razões de interesse público, por motivo de fato superveniente devidamente comprovado, pertinente e suficiente para justificar tal conduta, devendo anulá-lo por ilegalidade, de ofício ou por provocação de qualquer pessoa, mediante ato escrito e fundamentado. A anulação do procedimento licitatório induz a do contrato. Os licitantes não terão direito à indenização em decorrência da anulação do procedimento licitatório, ressalvado o direito do contratado de boa-fé de ser ressarcido pelos encargos que tiver suportado no cumprimento do contrato.

17.6 Quaisquer informações complementares sobre o presente edital e seus anexos, inclusive para examinar e adquirir o termo de referência, poderão ser obtidas no(a) seguinte endereço eletrônico .... ou no endereço ...., pelos e-mails..................., ou pelo fone ....

17.7 Para registro no Sistema de Cadastramento Unificado de Fornecedores – SICAF, o licitante deverá acessar o seguinte endereço eletrônico .... e para se credenciar, obter a chave de identificação e senha o endereço eletrônico do provedor é ....

18. ÓRGÃOS PARTICIPANTES *(se for o caso)*

18.1 São órgãos e entidades participantes da licitação:

18.1.1 .....(nome do órgão ou entidade);

18.1.2 .....(nome do órgão ou entidade);
18.1.3 ....
19. Integram este edital, para todos os fins e efeitos, os seguintes anexos:
ANEXO I – termo de referência;
ANEXO II – minuta de ata de registro de preços ;
ANEXO III – minuta de Termo de Contrato. Ver modelo adotado para o pregão, na forma eletrônica, tendo por objeto a compra;
ANEXO IV – relação de órgãos e entidades participantes e suas estimativas de consumo dentro do prazo de validade da ata de registro de preços . (quando for o caso)

...., ... de .... de 200.....

Assinaturas[43]

2.2 Ata de registro de preços (compra)

ÓRGÃO OU ENTIDADE PÚBLICA
ATA DE REGISTRO DE PREÇOS[96]
Nº ....

O(A) .... (*órgão ou entidade pública gerenciadora*),[97] com sede no(a) ...., na cidade de ...., inscrito(a) no CNPJ/MF sob o nº ...., neste ato representado(a) pelo(a) .... (*cargo e nome*), nomeado(a) pela Portaria nº ...... de ..... de .... de 200..., publicada no *DOU* de ..... de .... de ...., inscrito(a) no CPF sob o nº .... portador(a) da carteira de identidade nº ...., considerando o julgamento da licitação na modalidade de PREGÃO, na forma eletrônica (*poderá ser presencial*), para REGISTRO DE PREÇOS nº ..../200..., publicada no *DOU* de ....../....../200....., processo administrativo nº ...., RESOLVE registrar os preços da(s) empresa(s) indicada(s) e qualificada(s) nesta ATA, de acordo com a classificação por ela(s) alcançada(s) e na(s) quantidade(s) cotada(s), atendendo as condições previstas no edital, sujeitando-se as partes às normas constantes na Lei nº 8.666, de 21 de junho de 1993 e suas alterações, no Decreto nº 7.892, de 23 de janeiro de 2013, e em conformidade com as disposições a seguir:
1. DO OBJETO
1.1. A presente ata tem por objeto o registro de preços para a futura aquisição de ...., especificado(s) no(s) item(ns) .... do termo de referência do edital de Pregão nº ..../20..., que passa a fazer parte desta Ata.
2. DA VALIDADE DA ATA DE REGISTRO DE PREÇOS
2.1 Conforme estipulado no edital da licitação. [98]

3. DOS PREÇOS, ESPECIFICAÇÕES E QUANTITATIVOS
3.1 O preço registrado, a especificação do bem, a quantidade, fornecedor(es) e as demais condições ofertadas na(s) proposta(s) são as que seguem:

Item nº 01						
Fornecedor (razão social, CNPJ/MF, endereço, contatos, representante)						
Especificação	Marca *(se exigida no edital)*	Modelo *(se exigido no edital)*	Unidade	Quantidade	Valor Un	Prazo garantia ou validade

Item nº 01						
Fornecedor (razão social, CNPJ/MF, endereço, contatos, representante)						
Especificação	Marca *(se exigida no edital)*	Modelo *(se exigido no edital)*	Unidade	Quantidade	Valor Un	Prazo garantia ou validade

3.2 *outro(s) item(ns) com preço(s) registrado(s) do mesmo fornecedor: (se for o caso)*

Item nº XXXX						
Fornecedor XXXXXXX						
Especificação	Marca (se exigida no edital)	Modelo (se exigido no edital)	Unidade	Quantidade	Valor Un	Prazo garantia ou validade

3.2 *O preço registrado nesta ata é fixo e irreajustável.*

4. DO FORNECIMENTO

4.1 Conforme os prazos e condições estabelecidos no edital da licitação.

4.2 Nos termos do art. 67 Lei nº 8.666/93, será(ão) designado(s) representante(s)/comissão para acompanhar e fiscalizar a entrega dos bens, anotando em registro próprio todas as ocorrências relacionadas com a execução e determinando o que for necessário à regularização das falhas ou defeitos observados.[41]

5. DAS OBRIGAÇÕES DO FORNECEDOR

5.1. São obrigações do fornecedor:

a) fornecer os bens de acordo com as especificações técnicas e as condições estabelecidas no edital e seus anexos;

b) cumprir os prazos estipulados para entrega dos bens, substituindo-os, às suas expensas, no prazo fixado no edital, quando se verificarem imperfeições, vícios, defeitos ou incorreções;

c) prover todos os meios necessários à garantia do fornecimento, inclusive considerados os casos de greve ou paralisação de qualquer natureza;

d) a falta de quaisquer dos materiais cujo fornecimento incumbe ao detentor do preço registrado não poderá ser alegada como motivo de força maior para o atraso ou inexecução da obrigação e não o eximirá das penalidades a que está sujeito pelo não cumprimento dos prazos e demais condições estabelecidas;

e) indicar preposto, tão logo assinado este instrumento, como contato para todos os atos a serem praticados no prazo de validade da ata de registro de preços;

f) comunicar imediatamente *ao(à)* .... *(órgão ou entidade pública gerenciadora e órgãos ou entidades participantes, se for o caso)* qualquer alteração ocorrida no endereço, conta bancária e outros essenciais para recebimento de correspondência;

g) manter seus empregados, quando nas dependências do(a) .... (*órgão ou entidade pública gerenciadora e órgãos ou entidades participantes, se for o caso*), devidamente identificados;

h) arcar com as despesas com embalagem, seguro e transporte dos materiais até o(s) local(is) de entrega;

i) comunicar imediatamente, *ao(à)* .... (*órgão ou entidade pública gerenciadora e órgãos ou entidades participantes, se for o caso*), por escrito, qualquer fato extraordinário ou anormal que ocorra durante a entrega dos materiais, para adoção de medidas cabíveis, bem como detalhar todo tipo de acidente que, eventualmente, venha a ocorrer;

j) *não transferir a outrem, no todo ou em parte, o objeto desta ata de registro de preços;*

m) manter, durante o prazo de validade da ata de registro de preços, todas as condições de habilitação e qualificação exigidas na licitação;

n) declarar a superveniência de fato impeditivo da contratação.

6. DAS OBRIGAÇÕES DO(A) ÓRGÃO OU ENTIDADE PÚBLICA GERENCIADORA

6.1. São obrigações *do(a)* .... (*órgão ou entidade pública gerenciadora*):

a) exigir o cumprimento de todos os compromissos assumidos pelo fornecedor, nos termos do edital e da proposta;

b) pagar o fornecedor o valor resultante do fornecimento dos bens, na forma estabelecida no edital e nesta ata;

c) notificar o fornecedor, por escrito, sobre imperfeições, falhas ou irregularidades constatadas nos bens fornecidos, para que sejam substituídos;

d) indicar os locais e horários em que deverão ser entregues os materiais, em conformidade com o fixado no edital;

e) permitir ao pessoal do fornecedor acesso ao local da entrega, observadas as normas de segurança;

f) promover ampla pesquisa de mercado, de forma a comprovar que os preços registrados permanecem compatíveis com os praticados no mercado;

g) respeitar a ordem de classificação dos fornecedores registrados quando se realizarem as contratações;

h) *indicar aos órgãos e entidades participantes o fornecedor, na ordem de classificação, os respectivos quantitativos e os valores a serem praticados, quando solicitado;* (*se for o caso*)

i) aplicar, garantida a ampla defesa e o contraditório, as penalidades decorrentes do descumprimento do pactuado nesta ata ou do descumprimento das obrigações contratuais, em relação às próprias contratações;

j) autorizar, excepcional e justificadamente, a prorrogação do prazo previsto no §6º do art. 22 Decreto nº 7.892/13, respeitado o prazo de validade da ata, quando solicitada pelo órgão não participante;

k) efetivar a revisão de preços em decorrência de eventual redução dos preços praticados no mercado ou de fato que eleve o custo dos bens registrados, promovendo as negociações junto aos fornecedores, observadas as disposições contidas na alínea "d" do inciso II do *caput* do art. 65 da Lei nº 8.666/93 e o que segue:

i) quando o preço registrado tornar-se superior ao preço praticado no mercado por motivo superveniente, serão convocados os fornecedores para negociarem a redução dos preços aos valores praticados pelo mercado;

ii) os fornecedores que não aceitarem reduzir seus preços aos valores praticados pelo mercado serão liberados do compromisso assumido, sem aplicação de penalidade; a ordem de classificação dos fornecedores que aceitarem reduzir seus preços aos valores de mercado observará a classificação original;

iii) quando o preço de mercado tornar-se superior aos preços registrados e o fornecedor não puder cumprir o compromisso, o fornecedor poderá ser liberado, caso a comunicação ocorra antes do pedido de fornecimento e sem aplicação da penalidade se confirmada a veracidade dos motivos e comprovantes apresentados, convocando-se os demais fornecedores para assegurar igual oportunidade de negociação;

iv) não havendo êxito nas negociações, revogar-se-á esta ata de registro de preços, adotando-se as medidas cabíveis para obtenção da contratação mais vantajosa.

7. DAS OBRIGAÇÕES DOS ÓRGÃOS PARTICIPANTES (se for o caso)

7.1 São obrigações dos órgãos participantes:

7.1.1 tomar conhecimento da presente ata de registros de preços, inclusive de eventuais alterações, para o correto cumprimento de suas disposições;

7.2.1 aplicar, garantida a ampla defesa e o contraditório, as penalidades decorrentes do descumprimento do pactuado nesta ata ou do descumprimento das obrigações contratuais, em relação às próprias contratações, informando as ocorrências ao órgão gerenciador.

8 – DO PAGAMENTO

8.1 O pagamento efetivar-se-á no prazo e condições estabelecidos no edital da licitação.

9 – DAS SANÇÕES ADMINISTRATIVAS

9.1 O não cumprimento das obrigações assumidas sujeitará o fornecedor registrado, garantida a prévia defesa, às sanções previstas no edital da licitação.

10. DA ADESÃO À ATA DE REGISTRO DE PREÇOS

10.1 Não será admitida a adesão e esta ata de registro de preços.

ou

10.1 Esta ata de registro de preços, durante sua validade, poderá ser utilizada por qualquer órgão ou entidade pública que não tenha participado do certame licitatório, mediante anuência do órgão gerenciador, desde que devidamente justificada a vantagem e respeitadas, no que couber, as condições e as regras estabelecidas na Lei nº 8.666/93 e no Decreto nº 7.892/13.

10.2 Caberá ao fornecedor registrado nesta ata, observadas as condições estabelecidas, optar pela aceitação ou não do fornecimento, desde que não prejudique as obrigações anteriormente assumidas em relação ao órgão gerenciador e órgãos participantes.

10.3 As aquisições ou contratações adicionais não poderão exceder, por órgão ou entidade aderente, a cem por cento do quantitativo dos item registrado nesta ata para o órgão gerenciador e órgãos participantes.

10.4 As adesões e esta ata de registro de preços são limitadas, na totalidade, ao .... (............) do quantitativo de cada item registrado para o órgão gerenciador e órgãos participantes.

> De acordo com o art. 22, §4º, do Decreto nº 7.892/13, o instrumento convocatório deverá prever que o quantitativo decorrente das adesões à ata de registro de preços não poderá exceder, na totalidade, ao **quíntuplo** do quantitativo de cada item registrado na ata de registro de preços para o órgão gerenciador e órgãos participantes, independente do número de órgãos não participantes que aderirem.

10.5 Ao órgão não participante que aderir e esta ata compete os atos relativos à cobrança do cumprimento pelo fornecedor das obrigações contratualmente assumidas e a aplicação, observada a ampla defesa e o contraditório, de eventuais penalidades decorrentes do descumprimento de cláusulas contratuais, em relação as suas próprias contratações, informando as ocorrências ao órgão gerenciador.

10.6 Após a autorização do órgão gerenciador, o órgão não participante deverá efetivar a contratação solicitada em até noventa dias, observado o prazo de validade desta ata de registro de preços.

10.7 Caberá ao órgão gerenciador autorizar, excepcional e justificadamente, a prorrogação do prazo para efetivação da contratação, respeitado o prazo de vigência da ata, desde que solicitada pelo órgão não participante.

> O Tribunal de Contas da União expediu orientação no sentido de que o órgão gerenciador do registro de preços **deve justificar** eventual previsão de adesão à ata por órgãos ou entidades não participantes ("caronas") dos procedimentos iniciais. A adesão prevista no art. 22 do Decreto nº 7.892/13, segundo a Corte de Contas federal, é uma possibilidade anômala e excepcional e não uma obrigatoriedade a constar necessariamente em todos os editais e contratos regidos pelo sistema de registro de preços (Acórdão nº 1.297/2015 – Plenário, Rel. Min. Bruno Dantas, Processo nº 003.377/2015-6). Em outro precedente a Corte de Contas federal assentou que: [...] De todo modo, estou convicto de que, à luz dos art. 9º, inciso III, in fine, do Decreto nº 7.892/2013, a possibilidade de adesão para órgão não participante (ou seja, que não participou dos procedimentos iniciais da licitação) não é uma obrigatoriedade a constar impensadamente em todos os editais de pregões para registro de preços, ao contrário do que corriqueiramente é possível observar, mas sim uma medida anômala e excepcional, uma faculdade que deve ser exercida de forma devidamente motivada e, portanto, passível de avaliação nos processos de controle externo." (Acórdão nº 757/2015 – Plenário, Rel. Min. Bruno Dantas, Processo nº 021.893/2014-4). O limite para adesões consta no art. 22, §4º, do Decreto nº 7.892/13.

11. ÓRGÃOS PARTICIPANTES

São órgãos e entidades públicas participantes do registro de preços: (quando for o caso)

Para firmeza e validade do pactuado, a presente Ata foi lavrada em três vias de igual teor, que, depois de lida e achada em ordem, vai assinada pelas partes *e encaminhada cópia aos demais órgãos participantes* (*se houver*).

Local e data

Assinaturas

3 Procedimentos

3.1 Pregão eletrônico

O procedimento licitatório na modalidade pregão, na forma eletrônica, obedecerá a seguinte sequência de atos, segundo a Lei nº 10.520/02, o Decreto nº 5.450/05, o Decreto nº 8.538/15 e, eventualmente, o Decreto nº 7.546/11:

1. credenciamento prévio perante o provedor do sistema eletrônico da autoridade competente do órgão ou entidade promotora da licitação, do pregoeiro, dos membros da equipe de apoio e dos licitantes que participam do pregão na forma eletrônica;

1.1. o credenciamento faz-se pela atribuição de chave de identificação e de senha, pessoal e intransferível, para acesso ao sistema eletrônico;

1.2. o credenciamento junto ao provedor do sistema implica a responsabilidade legal do licitante e a presunção de sua capacidade técnica para realização das transações inerentes ao pregão na forma eletrônica;

1.3. o uso da senha de acesso pelo licitante é de sua responsabilidade exclusiva, incluindo qualquer transação efetuada diretamente ou por seu representante, não cabendo ao provedor do sistema ou ao órgão ou entidade promotora da licitação responsabilidade por eventuais danos decorrentes de uso indevido da senha, ainda que por terceiros;

1.4. a perda da senha ou a quebra de sigilo deverá ser comunicada imediatamente ao provedor do sistema, para imediato bloqueio de acesso;

1.5. a chave de identificação e a senha poderão ser utilizadas em qualquer pregão na forma eletrônica, salvo quando cancelada por solicitação do credenciado ou em virtude de seu descadastramento perante o SICAF;

1.6. o fornecedor descredenciado no SICAF terá sua chave de identificação e senha suspensas automaticamente;

2. convocação dos interessados por meio da publicação de aviso, observados os valores estimados para a contratação e os meios de divulgação indicados no art. 17 do Decreto nº 5.450/05;

2.1. na divulgação de pregão realizado para o sistema de registro de preços, independentemente do valor estimado, serão adotados os seguintes meios de divulgação:

a) *Diário Oficial da União*;

b) meio eletrônico, na internet; e

c) jornal de grande circulação regional ou nacional.

2.2. o prazo fixado para a apresentação das propostas, contado a partir da publicação do aviso, não será inferior a oito dias úteis;

3. O licitante assinalará "sim" ou "não" em campo próprio do sistema eletrônico, relativo às seguintes declarações:

3.1 de que não ultrapassou o limite de faturamento e de que cumpre os requisitos estabelecidos no art. 3º da Lei Complementar nº 123/06, estando apto a usufruir do tratamento favorecido estabelecido nos arts. 42 ao 49 da referida Lei Complementar;

3.1.2 a assinalação do campo "não" apenas produzirá o efeito de o licitante não ter direito ao tratamento favorecido previsto na Lei Complementar nº 123/06, mesmo que microempresa, empresa de pequeno porte ou sociedade cooperativa;

3.2 de que está ciente e concorda com as condições contidas no edital e seus anexos, bem como de que cumpre plenamente os requisitos de habilitação definidos no edital;

3.3 de que inexistem fatos impeditivos para sua habilitação no certame, ciente da obrigatoriedade de declarar ocorrências posteriores;

3.4 de que não emprega menor de 18 anos em trabalho noturno, perigoso ou insalubre e não emprega menor de 16 anos, salvo menor, a partir de 14 anos, na condição de aprendiz, nos termos do artigo 7º, XXXIII, da Constituição;

3.5 de que a proposta foi elaborada de forma independente, nos termos da Instrução Normativa SLTI/MPOG nº 2, de 16 de setembro de 2009; e

3.6 de que não possui na cadeia produtiva, empregados executando trabalho degradante ou forçado, em observância aos incisos III e IV do art. 1º e ao inciso III do art. 5º da Constituição Federal;

4. encaminhamento das propostas, exclusivamente por meio do sistema eletrônico, desde a divulgação do edital, encerrando-se na data e hora marcadas para abertura da sessão;

5. abertura da sessão pública pelo pregoeiro – pela internet – com a utilização de sua chave de acesso e senha, no dia, horário e local estabelecidos;

5.1. após a data e hora marcadas para abertura da sessão, encerra-se, automaticamente, a fase de recebimento de propostas;

5.2. até a abertura da sessão, os licitantes podem retirar ou substituir a proposta anteriormente apresentada;

5.3. todos os horários observarão, para todos os efeitos, o horário de Brasília, DF, inclusive para contagem de tempo e registro no sistema eletrônico e na documentação relativa ao certame;

6. análise e julgamento das propostas de acordo com as exigências estabelecidas no ato convocatório;

6.1. será desclassificada a proposta que não atender a todas as exigências estabelecidas no edital;

6.2. a desclassificação da proposta de licitante importa preclusão do seu direito de participar da fase de lances;

6.3. só participarão da fase de lances as propostas classificadas;

7. ordenação automática, pelo sistema, das propostas classificadas e que participarão da fase de lances;

8. início da fase competitiva ou fase de lances, pelo pregoeiro, após classificadas e ordenadas as propostas;

A Instrução Normativa SLTI/MPOG nº 3, de 2011, dispõe sobre os procedimentos de operacionalização do pregão eletrônico, para aquisição de bens e serviços no âmbito dos órgãos e entidades integrantes do Sistema de Serviços Gerais – SISG, bem como os órgãos e entidades que firmaram termo de adesão para utilizar o Sistema Integrado de Administração de Serviços Gerais – SIASG. Segundo o seu art. 1º-A, o instrumento convocatório poderá estabelecer intervalo mínimo de diferença de valores entre os lances, que incidirá tanto em relação aos lances intermediários quanto em relação à proposta que cobrir a melhor oferta. A medida visa a evitar lances com descontos irrisórios, constituindo-se em prática que prejudica a concorrência do certame. Caso o edital da licitação não estabeleça o intervalo mínimo de diferença de valores entre os lances, é vedado ao pregoeiro (e também à comissão de licitação) fixá-lo no procedimento licitatório, em respeito aos princípios da vinculação ao instrumento convocatório e da ampla competitividade.

9. encaminhamento de lances pelos licitantes exclusivamente por meio do sistema eletrônico;

9.1. o licitante será informado do recebimento do seu lance e do valor consignado no registro;

9.2. o licitante será informado, em tempo real, do valor do menor lance registrado pelo sistema;

9.3. o oferecimento de lances é sucessivo, e deve sempre ser inferior ao último ofertado pelo próprio licitante, registrado pelo sistema;

9.4. não são aceitos dois ou mais lances iguais, prevalecendo aquele que for recebido e registrado primeiro;

9.5. é vedado ao licitante, quando da inclusão de sua proposta no sistema, inserir qualquer elemento que possa identificá-lo;

10. encerramento da etapa de lances ou etapa competitiva da sessão pública por decisão do pregoeiro;

10.1. após comando do pregoeiro informando o período de tempo a transcorrer, o sistema eletrônico encaminhará aviso de fechamento iminente dos lances, após o que transcorrerá período de tempo de até 30 minutos, aleatoriamente determinado, findo o qual será automaticamente encerrada a recepção de lances;

11. conclusão da fase de lances;

12. classificadas as propostas, será efetivada a verificação automática junto à Receita Federal, do porte da entidade empresarial. O sistema identificará em coluna própria as microempresas, empresas de pequeno porte e cooperativas participantes,

procedendo à comparação entre os valores da primeira colocada, caso esta não seja microempresa, empresa de pequeno porte ou cooperativa e das demais participantes;

13. será assegurada às microempresas, empresas de pequeno porte e sociedades cooperativas (que cumprem os requisitos estabelecidos no art. 3º da Lei Complementar nº 123/06, estando aptas a usufruir do tratamento favorecido estabelecido nos arts. 42 a 49 da referida lei complementar), como critério de desempate, preferência na contratação;

13.1 entende-se haver empate quando as ofertas apresentadas pelas microempresas, empresas de pequeno porte e sociedades cooperativas sejam iguais ou até cinco por cento superiores ao menor preço;

13.2 o disposto no item anterior somente se aplicará quando a melhor oferta válida não houver sido apresentada por microempresa, empresa de pequeno porte ou sociedade cooperativa;

14. a preferência de que trata o item 13 será concedida da seguinte forma:

14.1 ocorrendo o empate, a microempresa, empresa de pequeno porte ou a sociedade cooperativa melhor classificada poderá apresentar nova proposta no prazo máximo de cinco minutos por item em situação de empate, sob pena de preclusão;

14.1.1 para viabilizar tal procedimento, o sistema selecionará os itens com tais características, disponibilizando-os automaticamente nas telas do pregoeiro e do fornecedor, encaminhando mensagem também automática, por meio do chat, convocando a microempresa, empresa de pequeno porte ou sociedade cooperativa para apresentar nova proposta;

14.2 não ocorrendo a contratação da microempresa, empresa de pequeno porte ou sociedade cooperativa, na forma do item precedente, serão convocadas as remanescentes que porventura se enquadrem na situação de empate, na ordem classificatória, para o exercício do mesmo direito;

14.3 caso não se realizem lances e sejam identificadas propostas idênticas de microempresa, empresa de pequeno porte ou sociedade cooperativa empatadas em segundo lugar, ou seja, na faixa dos 5% (cinco por cento) da primeira colocada, e permanecendo o empate até o encerramento do item, o sistema fará sorteio eletrônico entre tais fornecedores, definindo e convocando automaticamente a vencedora para o encaminhamento de oferta final para desempate;

14.3.1 não se aplica o sorteio a que se refere o item anterior quando, por sua natureza, o procedimento não admitir o empate real, ou seja, na situação em que os lances equivalentes não são considerados iguais, sendo classificados de acordo com a ordem de apresentação pelos licitantes;

15. aceitação da proposta vencedora, segundo o critério de julgamento da proposta fixado no edital (compatibilidade com o valor estimado, valor máximo, maior percentual de desconto ou menor taxa de administração); caso a proposta não seja aceita, será analisada a aceitabilidade da(s) proposta(s) subsequente(s), na ordem da classificação;

> Eventual aplicação da Orientação Normativa MPOG nº 01/2016, a qual prevê que o pregoeiro deverá suspender a sessão pública do pregão na forma eletrônica quando constatar que a avaliação da conformidade das propostas, de que trata o art. 22, §2º, do Decreto nº 5.450/ 05, irá perdurar por mais de um dia (Art. 1º O pregoeiro deverá suspender a sessão pública do pregão na forma eletrônica quando constatar que a avaliação da conformidade das propostas, de que trata o art. 22, §2º, do Decreto nº 5.450, de 31 de maio de 2005, irá perdurar por mais de um dia. §1º Após a suspensão da sessão pública,

o pregoeiro enviará, via chat, mensagem aos licitantes informando a data prevista para o início da oferta dos lances. §2º Durante a suspensão da sessão pública, as propostas poderão ser visualizadas na opção "visualizar propostas/declarações" no menu do pregoeiro.

16. a não contratação nos termos previstos no subitem 13 ensejará a adjudicação do objeto licitado em favor da proposta classificada em primeiro lugar, desde que aceito o valor, aplicada a margem de preferência, se for o caso, analisada e aceita a amostra (se exigida no edital) e cumpridos os requisitos de habilitação;

17. eventual aplicação do benefício da margem de preferência (art. 3º, §§5º e 8º, da Lei nº 8.666/93 e art. 3º, §3º, do Decreto nº 7.546/11);

17.1 quando houver propostas beneficiadas com as margens de preferência em relação ao produto estrangeiro, o critério de desempate será aplicado exclusivamente entre as propostas que fizerem jus às margens de preferência, conforme regulamento (art. 5º, §9º, I, do Decreto nº 8.538/15);

18. a negociação de preço junto ao fornecedor classificado em primeiro lugar, quando houver, será sempre após o procedimento de desempate de propostas e classificação final dos fornecedores participantes;

18.1 não se admite negociar condições diferentes daquelas previstas no edital; a negociação será realizada por meio do sistema, podendo ser acompanhada pelos demais licitantes;

19. na contratação de serviços em que a legislação ou o edital exija apresentação de planilha de composição de preços, esta deve ser encaminhada no prazo fixado, por meio do sistema eletrônico, com os respectivos valores readequados ao lance vencedor; a Instrução Normativa SLTI/MPOG nº 02, de 2008, que dispõe sobre regras e diretrizes para a contratação de serviços, continuados ou não, estabelece que: *"Art. 24. Quando a modalidade de licitação for pregão, a planilha de custos e formação de preços deverá ser entregue e analisada no momento da aceitação do lance vencedor, em que poderá ser ajustada, se possível, para refletir corretamente os custos envolvidos na contratação, desde que não haja majoração do preço proposto"*;

20. encerrada a fase, será declarado o licitante que ofertou a melhor proposta, prosseguindo-se com a análise e aceitação da amostra (se exigida no edital) do primeiro classificado;

21. ocorrendo eventual empate nos valores das propostas (em vista da não realização da fase de lances, da não aplicação do benefício da Lei Complementar nº 123/06 e da margem de preferência), adoção do critério de desempate previsto no art. 3º, §2º, da Lei nº 8.666/93;

22.1 persistindo o empate, o critério de desempate será o sorteio, em ato público para o qual os licitantes serão convocados, vedado qualquer outro processo;

23. análise dos documentos de habilitação;

24. os documentos exigidos para habilitação que não estejam contemplados no SICAF, inclusive quando houver necessidade de envio de anexos, deverão ser apresentados no prazo definido no edital, após solicitação do pregoeiro no sistema eletrônico;

24.1 os documentos e anexos exigidos, quando remetidos por meio do sistema eletrônico, deverão ser apresentados posteriormente em original ou por cópia autenticada, no prazo estabelecido no edital;

25. para fins de habilitação, a verificação pelo órgão promotor do certame nos sítios oficiais de órgãos e entidades emissores de certidões constitui meio legal de prova;

27. caso não haja redução a preço inferior à proposta original por nenhuma das microempresas, empresas de pequeno porte ou cooperativas que se encontrem no intervalo do §2º do art. 44 da Lei Complementar nº 123/06, será efetivada a análise da documentação do licitante que originariamente ofereceu a proposta de menor preço;

28. divulgação do resultado da fase de habilitação;

29. quando se tratar de empresa de pequeno porte, microempresa ou sociedade cooperativa e constatadas restrições quanto à regularidade fiscal (e trabalhista),[190] ser-lhe-á concedido o prazo de cinco dias úteis para a regularização da situação, prorrogável por igual período; a prorrogação do prazo poderá ser concedida, a critério da administração pública, quando requerida pelo licitante, mediante apresentação de justificativa;

30. não comprovada a regularidade fiscal da empresa de pequeno porte, microempresa ou sociedade cooperativa, no prazo legal, será facultado à administração convocar os licitantes remanescentes, na ordem de classificação, analisando-se a aceitabilidade da proposta e a amostra (se exigida no edital), seguindo-se com a análise dos documentos relativos à habilitação;

30.1 se, na ordem de classificação, constar empresa de pequeno porte, microempresa ou cooperativa, havendo alguma restrição quanto à regularidade fiscal (e trabalhista), ser-lhe-á assegurado o mesmo prazo especial;

31. no julgamento da habilitação e das propostas, o pregoeiro poderá sanar erros ou falhas que não alterem a substância das propostas, dos documentos e sua validade jurídica, mediante despacho fundamentado, registrado em ata e acessível a todos, atribuindo-lhes validade e eficácia para fins de habilitação e classificação;

32. declarado o vencedor, qualquer licitante poderá, de forma motivada, em campo próprio do sistema e no prazo estipulado no edital, manifestar sua intenção de recorrer;

32.1 a falta de manifestação motivada do licitante quanto à intenção de recorrer, acarretará a decadência desse direito;

33. o pregoeiro somente adjudicará o objeto ao licitante declarado vencedor, caso nenhum licitante declare a intenção de interpor recurso;

34. o acolhimento de recurso importará na invalidação apenas dos atos insuscetíveis de aproveitamento;

35. em caso de recurso, após decidido e constatada a regularidade dos atos praticados, a autoridade competente adjudicará o objeto ao licitante vencedor e homologará o procedimento licitatório;

36. caso algum licitante manifeste a intenção de interpor recurso, devem ser aguardados os seguintes prazos:

36.1. três dias para o oferecimento das razões do recurso;

36.2. três dias para os demais licitantes que quiserem impugnar o recurso porventura interposto, a contar do término do prazo do recorrente;

---

[190] De acordo com o art. 11 da Lei Complementar nº 155/16, o prazo especial para a regularização da situação trabalhista terá início a partir de 1º de janeiro de 2018.

37. encerrada a sessão pública, a ata respectiva será disponibilizada imediatamente na internet, para acesso livre de todos os licitantes;

38. encaminhamento do processo licitatório à homologação pela autoridade competente;

39. homologado o processo licitatório, o adjudicatário será convocado para assinar o termo de contrato ou, ainda, aceitar/retirar o instrumento equivalente no prazo definido no edital.

3.2 Pregão presencial

Na modalidade licitatória pregão, na forma presencial – que se inicia pela apresentação de propostas escritas, seguindo-se a fase de lances e verificação dos requisitos de habilitação do licitante vencedor –, o procedimento observará as disposições da Lei nº 10.520/02, do Decreto nº 3.555/00, do Decreto nº 8.538/15 e, eventualmente, do Decreto nº 7.546/11, a saber:

1. no dia, horário e local determinados no edital, credenciamento dos representantes das entidades empresariais licitantes;

2. os licitantes que desejarem manifestar-se durante as fases do procedimento licitatório, deverão estar devidamente representados por:

2.1. titular da empresa licitante, devendo apresentar cédula de identidade, acompanhada do registro comercial, no caso de empresa individual; contrato social em vigor no caso de sociedades comerciais e estatuto, no caso de sociedades por ações, acompanhado de documentos de eleição de seus administradores e inscrição do ato constitutivo, no caso de sociedades civis, acompanhada de prova de diretoria em exercício;

2.2. quando se tratar de representante designado pelo licitante, este deverá apresentar instrumento particular de procuração, carta de preposto ou carta de credenciamento (com firma reconhecida de quem detenha poderes para outorgar o credenciamento), com poderes para formulação de propostas em lances verbais, para interposição de recursos, bem como para a prática de todos os demais atos inerentes ao certame, acompanhado do registro comercial, no caso de empresa individual; estatuto ou contrato social em vigor no caso de sociedades comerciais, e, no caso de sociedades por ações, acompanhado de documentos de eleição de seus administradores e inscrição do ato constitutivo, no caso de sociedades civis, acompanhada de prova de diretoria em exercício;

3. abertura da sessão pelo pregoeiro, no horário estabelecido no edital;

4. o licitante entregará ao pregoeiro ou à equipe de apoio:

4.1. declaração de que cumpre plenamente os requisitos de habilitação (art. 4º, VII, da Lei nº 10.520/02);

4.2. declaração de que não ultrapassou o limite de faturamento e que cumpre os requisitos estabelecidos no art. 3º da Lei Complementar nº 123/06, estando apto a usufruir do tratamento favorecido estabelecido nos arts. 42 a 49 da referida lei complementar;

4.2.1 a ausência da declaração apenas produzirá o efeito de a microempresa/empresa de pequeno porte/sociedade cooperativa participar da licitação em igualdade de condições com as entidades de maior porte, ou seja, não terá direito ao tratamento favorecido previsto na Lei Complementar nº 123/06, nem poderá invocá-lo;

4.3. separadamente das declarações, os envelopes contendo a proposta de preço e os documentos de habilitação; imperioso respeitar o que estabelece o edital sobre a data e o horário limites para o recebimento de envelopes pela administração; é comum os editais fixarem o horário da abertura da sessão como termo final do prazo para recebimento dos envelopes;

5. abertura dos envelopes contendo as propostas;

6. análise e julgamento das propostas de acordo com as exigências estabelecidas no edital;

6.1 será desclassificada a proposta que não atenda a todas as exigências estabelecidas no edital;

6.2. a desclassificação da proposta importa na preclusão do direito de participar da fase de lances verbais, a que terão acesso apenas as propostas classificadas;

7. classificação da proposta escrita de menor preço e daquelas apresentadas com valores superiores em até 10% (dez por cento) em relação ao menor preço;

7.1. quando não existirem, no mínimo, três propostas com valores superiores em até 10% (dez por cento) da proposta de menor preço, devem ser selecionadas as melhores até o máximo de três, quaisquer que sejam os preços ofertados;

8. ordenação das propostas em ordem crescente de preço cotado para que os representantes legais dos licitantes, devidamente credenciados, participem da etapa competitiva, por meio de lances verbais;

9. fase de lances, iniciando-se pelo detentor da proposta de maior preço, continuando com os demais, pela ordem decrescente dos preços ofertados;

10. o licitante que não quiser dar lance verbal, quando convocado pelo pregoeiro, será excluído da respectiva etapa, mas será mantido, para efeito de ordenação das propostas, o seu último preço apresentado;

11. encerramento da fase de lances pelo pregoeiro;

12. será assegurada às microempresas, empresas de pequeno porte e sociedades cooperativas (que cumprem os requisitos estabelecidos no art. 3º da Lei Complementar nº 123/06, estando aptas a usufruir do tratamento favorecido estabelecido nos arts. 42 ao 49 da referida Lei Complementar), como critério de desempate, preferência na contratação;

12.1 entende-se haver empate quando as ofertas apresentadas pelas microempresas, empresas de pequeno porte e sociedades cooperativas sejam iguais ou até cinco por cento superiores ao menor preço;

12.2 o disposto no item anterior somente se aplicará quando a melhor oferta válida não houver sido apresentada por microempresa, empresa de pequeno porte ou sociedade cooperativa;

13. a preferência de que trata o item 12 será concedida da seguinte forma:

13.1 ocorrendo o empate, a microempresa, empresa de pequeno porte ou a sociedade cooperativa melhor classificada poderá apresentar nova proposta no prazo máximo de cinco minutos por item em situação de empate, sob pena de preclusão;

13.2 não ocorrendo a contratação da microempresa, empresa de pequeno porte ou sociedade cooperativa, na forma do item precedente, serão convocadas as remanescentes que porventura se enquadrem na situação de empate, na ordem classificatória, para o exercício do mesmo direito;

13.3 no caso de equivalência dos valores apresentados pelas microempresas, empresas de pequeno porte e sociedades cooperativas que se encontrem em situação de empate, será realizado sorteio entre elas para que se identifique aquela que primeiro poderá apresentar melhor oferta;

14. não se aplica o sorteio a que se refere o item anterior quando, por sua natureza, o procedimento não admitir o empate real, ou seja, na situação em que os lances equivalentes não são considerados iguais, sendo classificados de acordo com a ordem de apresentação pelos licitantes;

15. aceitação da proposta vencedora, segundo o critério de julgamento da proposta fixado no edital (compatibilidade com o valor estimado, valor máximo, maior percentual de desconto ou menor taxa de administração); caso a proposta não seja aceita, será analisada a aceitabilidade da(s) proposta(s) subsequente(s), na ordem da classificação;

16. a não contratação nos termos previstos no subitem 12 ensejará a adjudicação do objeto licitado em favor da proposta classificada em primeiro lugar, desde que aceito o valor, aplicada a margem de preferência, se for o caso, analisada e aceita a amostra (se exigida no edital) e cumpridos os requisitos de habilitação;

17. eventual aplicação do benefício da margem de preferência (art. 3º, §§5º e 8º, da Lei nº 8.666/93 e art. 3º, §3º, do Decreto nº 7.546/11);

18.1 quando houver propostas beneficiadas com as margens de preferência em relação ao produto estrangeiro, o critério de desempate será aplicado exclusivamente entre as propostas que fizerem jus às margens de preferência, conforme regulamento (art. 5º, §9º, I, do Decreto nº 8.538/15);

19. negociação para obtenção de melhor proposta;

20. na contratação de serviços em que a legislação ou o edital exija apresentação de planilha de composição de preços, esta deve ser encaminhada no prazo fixado, com os respectivos valores readequados ao lance vencedor; a Instrução Normativa SLTI/MPOG nº 02, de 2008, que dispõe sobre regras e diretrizes para a contratação de serviços, continuados ou não, estabelece que: *"Art. 24. Quando a modalidade de licitação for pregão, a planilha de custos e formação de preços deverá ser entregue e analisada no momento da aceitação do lance vencedor, em que poderá ser ajustada, se possível, para refletir corretamente os custos envolvidos na contratação, desde que não haja majoração do preço proposto"*;

21. análise da amostra por comissão técnica, se prevista sua apresentação no edital;

22. ocorrendo eventual empate nos valores das propostas escritas (em vista da não realização da fase de lances, da não aplicação do benefício da Lei Complementar nº 123/06 e da margem de preferência), adoção do critério de desempate previsto no art. 3º, §2º, da Lei nº 8.666/93;

22.1 persistindo o empate, o critério de desempate será o sorteio, em ato público para o qual os licitantes serão convocados, vedado qualquer outro processo;

23. declaração do vencedor da melhor proposta;

24. abertura do envelope contendo a documentação do licitante que ofertou o menor preço;

25. análise da documentação;

26. divulgação do resultado da fase de habilitação;

27. quando se tratar de empresa de pequeno porte, microempresa ou sociedade cooperativa e constatadas restrições quanto à regularidade fiscal (e trabalhista),[191] ser-lhe-á concedido o prazo de cinco dias úteis para a regularização da situação,

---

[191] De acordo com o art. 11 da Lei Complementar nº 155/16, o prazo especial para a regularização da situação trabalhista terá início a partir de 1º de janeiro de 2018.

prorrogável por igual período; a prorrogação do prazo poderá ser concedida, a critério da administração pública, quando requerida pelo licitante, mediante apresentação de justificativa;

28. comprovada a regularidade fiscal (e trabalhista), segue-se com a elaboração da ata, na qual devem estar registrados os nomes dos licitantes que participaram, dos que tiveram suas propostas classificadas ou desclassificadas, os motivos que fundamentaram a classificação e/ou desclassificação, as propostas escritas e os lances verbais ofertados, a identificação dos licitantes inabilitados, se houver, e quaisquer outros atos relativos ao certame que mereçam registro;

29. não comprovada a regularidade fiscal (e trabalhista) da empresa de pequeno porte, microempresa ou sociedade cooperativa, no prazo legal, será facultado à administração convocar os licitantes remanescentes, na ordem de classificação, analisando-se a aceitabilidade da proposta e a amostra (se exigida no edital), seguindo-se com a análise dos documentos relativos à habilitação;

30. se, na ordem de classificação, constar empresa de pequeno porte, microempresa ou sociedade cooperativa, havendo alguma restrição quanto à regularidade fiscal (e trabalhista), ser-lhe-á assegurado o mesmo prazo especial;

31. no julgamento da habilitação e das propostas, o pregoeiro poderá sanar erros ou falhas que não alterem a substância das propostas, dos documentos e sua validade jurídica, mediante despacho fundamentado, registrado em ata e acessível a todos, atribuindo-lhes validade e eficácia para fins de habilitação e classificação;

32. abertura da fase recursal em relação ao resultado do certame;

33. caso algum licitante manifeste a intenção de interpor recurso, mediante registro da síntese das suas razões na ata, aceitas pelo pregoeiro, devem ser aguardados os seguintes prazos:

- três dias para juntada das razões de recurso;
- três dias para os demais licitantes impugnarem o recurso porventura interposto, a contar do término do prazo da recorrente;

34. decisão(ões) acerca do(s) recurso(s);

35. adjudicação do objeto ao licitante declarado vencedor pelo pregoeiro na falta de manifestação no prazo fixado e motivada dos licitantes quanto à intenção de recurso;

36. elaboração de relatório circunstanciado, informando o nome do licitante vencedor e todos os passos ocorridos durante o pregão, fundamentados nos critérios estabelecidos no edital;

37. encaminhamento do processo licitatório para homologação pela autoridade competente; caso tenha havido interposição de recurso, a autoridade competente é quem decide e adjudica o objeto ao licitante vencedor;

38. assinatura do termo de contrato, ata de registro de preços ou aceite/retirada do instrumento equivalente, no prazo definido no edital.

4 Notas explicativas

[1] Nos modelos de editais apresentados, o órgão ou entidade pública licitante é integrante da administração pública federal e as regras editalícias obedecem ao disposto na Lei nº 10.520, de 17 de julho de 2002, no Decreto nº 3.555, de 08 de agosto de 2000, e

no Decreto nº 5.450, de 31 de maio de 2005, com aplicação subsidiária da Lei nº 8.666, de 21 de junho de 1993. Outras normas, como as do Decreto nº 3.722, de 09 de janeiro de 2001, atualizado pelo Decreto nº 4.485, de 25 de novembro de 2002 (dispõe sobre o Sistema de Cadastramento Unificado de Fornecedores – SICAF), do Decreto nº 2.271, de 07 de julho de 1997 (dispõe sobre a contratação de serviços), da Lei Complementar nº 123, de 14 de dezembro de 2006, do Decreto nº 8.538, de 06 de outubro de 2015, da Instrução Normativa nº 02, de 11 de outubro de 2010, do Ministério do Planejamento, Orçamento e Gestão (estabelece normas para o funcionamento do Cadastramento Unificado de Fornecedores – SICAF no âmbito dos órgãos e entidades integrantes do Sistema de Serviços Gerais – SISG) e da Instrução Normativa nº 02, de 30 de abril de 2008, também do Ministério do Planejamento, Orçamento e Gestão (dispõe sobre regras e diretrizes para a contratação de serviços, continuados ou não) também regem os modelos apresentados.

Na licitação para a formação de sistema de registro de preços (SRP), realizada no âmbito da administração federal direta, autárquica e fundacional, fundos especiais, empresas públicas, sociedades de economia mista e demais entidades controladas, direta ou indiretamente pela União, o Decreto aplicável é o de nº 7.892, de 23 de janeiro de 2013.

Os governadores dos estados e do Distrito Federal e os prefeitos municipais devem aprovar, por meio de decretos próprios, as regras a serem observadas na condução de seus pregões pelos órgãos de suas administrações diretas e entidades das respectivas administrações indiretas, que não podem contravir às normas da Lei nº 10.520/02 ou criar obrigações que não estejam nela previstas. Os governadores ou prefeitos também podem aprovar decreto que simplesmente afirme a aplicação, em seu estado ou município, das regas contidas no Decreto nº 3.555/00, no Decreto nº 5.450/05 e no Decreto nº 7.892/13.

[2] Número de ordem em série anual. Significa a ordem das licitações e não de cada uma de suas modalidades. A numeração recomeça a cada exercício, exemplificando: Ano de 2016 – *CONCORRÊNCIA nº 001/16, PREGÃO ELETRÔNICO nº 002/16, PREGÃO PRESENCIAL nº 003/16*. Ano de 2017 – *PREGÃO ELETRÔNICO nº 001/17, CONVITE nº 002/17...*

[3] O art. 4º, III, da Lei nº 10.520/02 estabelece que no edital devam constar os elementos contidos no art. 3º, I, o qual, por comodidade para o leitor, reproduzimos: "Art. 3º A fase preparatória do pregão observará o seguinte: I – a autoridade competente justificará a necessidade de contratação e definirá o objeto do certame, as exigências de habilitação, os critérios de aceitação das propostas, as sanções por inadimplemento e as cláusulas do contrato, inclusive com fixação dos prazos para fornecimento";

Não há referência acerca dos elementos essenciais que devam integrar o preâmbulo do edital. Para suprir a lacuna deixada pela Lei nº 10.520/02, recorre-se do disposto no *caput* do art. 40 da Lei nº 8.666/93, o qual determina que o preâmbulo do edital deve conter o número de ordem em série anual, o nome da repartição interessada e de seu setor, a modalidade, o regime de execução (exclusivamente para as hipóteses de licitação de obras e serviços), o tipo da licitação, o local, dia e hora para recebimento da documentação e proposta, bem como para início da abertura dos envelopes.

A modalidade do pregão, na forma eletrônica, apresenta contornos diferenciados no que tange aos requisitos que devam constar no edital, como o encaminhamento da proposta de preços exclusivamente por meio do sistema eletrônico e dos documentos necessários à habilitação via sistema eletrônico, após solicitação, pelo pregoeiro, posteriormente remetidos em original ou cópia e apenas do licitante classificado em primeiro lugar.

No preâmbulo dos modelos apresentados, além das diretrizes da Lei nº 8.666/93, estão conjugadas disposições da Lei nº 10.520/02 e do Decreto nº 5.450/05, que traz disciplina própria para a forma eletrônica do pregão, no âmbito dos órgãos da administração pública federal direta, fundos especiais, autarquias, fundações públicas, empresas públicas, sociedades de economia mista e demais entidades controladas direta ou indiretamente pela União. Os demais entes da Federação (estados, Distrito Federal e municípios), assim como os órgãos do Poder Judiciário, do Poder Legislativo, Tribunais de Contas e Ministério Público, poderão alinhar-se ao Decreto nº 5.450/05 ou editarão regulamentos próprios, os quais serão indicados no preâmbulo de seus editais.

[4] Art. 40, *caput*, da Lei nº 8.666/93. Trata-se do setor administrativo incumbido das licitações e contratações no contexto interno dos órgãos da administração pública.

[5] Segundo o Decreto nº 5.450/05, art. 2º, a modalidade do pregão, na forma eletrônica, adotará o *tipo menor preço*. No que tange ao preço unitário e ao preço global, há distinção entre eles: o primeiro é o correspondente a cada item contratado e o segundo diz tratar-se do preço correspondente a um só item ou ao somatório dos itens contratados. O Tribunal de Contas da União deliberou no sentido de que seja definido, claramente, no ato convocatório da licitação, o critério de julgamento das propostas, se por preço unitário ou global, de modo a dar atendimento ao art. 44, §1º, da Lei nº 8.666/93 (Acórdão nº 1.292/03, Plenário, Relator Min. Augusto Sherman Cavalcanti. Processo TC nº 009.356/2003-8, *DOU*, 15.09.2003).

Na licitação dividida em itens ou grupos (lotes), cada item ou grupo representa uma licitação isolada ou separada, daí ser fundamental que o edital identifique cada um deles, separadamente, com clareza e objetividade, a fim de que o interessado em participar da licitação os selecione e indique nitidamente. Além de ampliar a competição entre os licitantes, a licitação dividida em itens mostra-se vantajosa para a administração, na medida em que é realizado um único procedimento licitatório, representando economia de recursos materiais, humanos e de tempo.

[6] Recomenda-se a indicação, no preâmbulo do edital, de que a licitação também será regida pelas condições estabelecidas no edital e seus anexos, tendo em vista que o edital, como lei interna do certame, é que vai estabelecer as regras que conduzirão o procedimento, como na hipótese de apresentação de amostra ou protótipo, quando for o caso, ou, ainda, apresentação de planilha de formação de custos ou outros documentos complementares.

[7] Nas modalidades licitatórias convencionais da Lei nº 8.666/93 (concorrência, tomada de preço e convite), verificam-se as exigências de habilitação antes da análise das propostas de preços. No pregão, presencial e eletrônico, invertem-se as fases: verifica-se a aceitabilidade das propostas e, ao final, analisam-se os requisitos de habilitação, e somente do licitante cuja proposta foi classificada em primeiro lugar.

A forma eletrônica diferencia-se da forma presencial pelo encaminhamento das propostas de preços exclusivamente por meio eletrônico.[192] Não há abertura de

---

[192] Art. 21 do Decreto nº 5.450, de 2005: "Após a divulgação do edital no endereço eletrônico, os licitantes deverão encaminhar proposta com a descrição do objeto ofertado e o preço e, se for o caso, o respectivo anexo, até a

envelopes. Admite-se o envio por meio do sistema eletrônico de documentos que devam complementar ou instruir a proposta, quando for o caso. Um exemplo é o envio da Convenção Coletiva de Trabalho, no prazo fixado pelo edital, a fim de que a administração afira o cumprimento do piso salarial fixado para a categoria e a exequibilidade do valor ofertado. Se não for exigida no edital como documento ou informação que deveria constar originariamente da proposta, tal providência também pode ser requerida com base no art. 43, §3º, da Lei nº 8.666/93. A Instrução Normativa nº 02, de 30.04.2008, do MPOG, estabelece que o edital deva conter a exigência da indicação, quando da apresentação da proposta, dos acordos ou convenções coletivas que regem as categorias profissionais vinculadas à execução do serviço (art. 19, inc. IX). Já o art. 29, §3º, II, da mesma instrução normativa, sugere a verificação de acordos coletivos, convenções coletivas ou sentenças normativas em dissídios coletivos de trabalho como procedimento oportuno para o exame da exequibilidade das propostas.

No que tange aos documentos de habilitação, cujo rol deverá constar no edital, serão encaminhados no prazo indicado, por meio do sistema eletrônico, para posterior remessa dos originais ou cópias por via postal ou outro veículo, consoante autoriza o art. 25, §§2º e 3º, do Decreto nº 5.450/05.

De acordo com o Tribunal de Contas da União,[193] em relação ao pregão eletrônico, a legislação dispõe que os documentos exigidos para habilitação que não estejam contemplados no SICAF, mesmo quando houver necessidade de remessa de anexos, devem ser apresentados, pelo sistema eletrônico no prazo definido no edital, após solicitação do pregoeiro.

[8] O inc. II, do art. 3º, da Lei nº 10.520/02, e o inc. I, do art. 40, da Lei nº 8.666/93 determinam que o edital descreva o objeto da licitação de forma sucinta e clara. Almeja-se que a administração adquira, exatamente, objeto com as características e especificações de que necessita, e chame à competição quem desempenha atividade do ramo correspondente ao objeto descrito. Antes do edital, o termo de referência indicará, com precisão, as especificações completas do objeto e as condições de sua entrega ou execução, vedadas as que, por excessivas, irrelevantes ou desnecessárias, limitem a competição.

[9] No pregão, a verificação do cumprimento dos requisitos de habilitação do primeiro classificado, via de regra, objetiva aferir a regularidade fiscal do licitante perante a Fazenda Pública, através de sistema informatizado de consulta cadastral. O sistema de consulta não permite a verificação do objetivo social do licitante vencedor, previsto no instrumento jurídico de constituição da pessoa jurídica (estatuto ou contrato social).

---

data e hora marcadas para abertura da sessão, exclusivamente por meio do sistema eletrônico, quando, então, encerrar-se-á, automaticamente, a fase de recebimento de propostas".

[193] As licitações processadas por meio de sistema operacional eletrônico, como ocorre com o pregão eletrônico processado no Portal de Compras do Governo Federal, possuem canal próprio no sistema (enviar anexo/planilha atualizada/documentos) destinado ao envio de propostas e documentos de habilitação pelos licitantes. Com esse mecanismo, permite-se aos demais licitantes o acesso ao conteúdo das propostas (princípio da transparência), possibilitando-lhes exercer sem obstáculos o contraditório, mediante a interposição do recurso previsto no inciso XVIII, do art. 4º, da Lei nº 10.520/02. O envio de propostas e anexos por e-mail ou fac-símile é permitido, mas em caráter excepcional, na hipótese de inviabilidade técnica que justifique a impossibilidade de encaminhamento por meio de canal próprio no sistema. Na jurisprudência do Tribunal de Contas da União: "9.3. esclarecer à [...] que: 9.3.1. a previsão, como regra, de envio de propostas e anexos por e-mail, em detrimento da utilização das ferramentas do Comprasnet, somente pode ser adotada excepcionalmente e de forma devidamente justificada;" (Acórdão nº 2.096/2015 – Plenário, Rel. Min. Ana Arraes, Processo nº 009.726/2015-2);

A fim de que a administração não contrate com licitante que não seja do ramo de atividade compatível com o objeto da licitação e, portanto, não detenha estrutura (organizacional, técnica e logística) capaz de atender às necessidades da contratante, deve-se exigir do licitante classificado em primeiro lugar, como requisito de habilitação jurídica, a entrega do ato constitutivo, estatuto, contrato social, ou ata de fundação e estatuto (cooperativas), certificando-se, assim, se o objetivo social é pertinente. A par desta exigência, pode a administração diligenciar no sentido de obter maiores e melhores informações, como autorizado pelo art. 43, §3º, da Lei nº 8.666/93.

Constatado que o ramo de atividade não é compatível com o objeto da licitação, a consequência é a inabilitação do licitante, (art. 4º, XIII, da Lei nº 10.520/02 e art. 14, I, do Decreto nº 5.450/05, c/c o art. 28, I, da Lei nº 8.666/93), prosseguindo-se com o juízo de aceitabilidade do valor ofertado pela segunda classificada, análise da amostra (se exigida no edital) e verificação do instrumento jurídico de sua constituição. E assim sucessivamente. Ver nota.[31]

Deliberação do TCU:

> 9.2.4. em futuras licitações, inclua parâmetros objetivos para aferir se as atividades a serem comprovadas por um dado licitante são ou não compatíveis com o objeto da licitação, nos termos do art. 3º, *caput*, c/c o art. 40, inciso VII, da Lei nº 8.666/93; (Acórdão nº 1.676/2005, Plenário, Relator Min. Valmir Campelo, Processo TC nº 015.898/2005-7, *DOU* de 27.10.2005)

[10] Consoante estabelece o art. 3º do Decreto nº 5.450/05, deverão ser previamente credenciados perante o provedor do sistema os licitantes que desejarem participar do pregão eletrônico. O §2º do mesmo dispositivo determina que, no caso de pregão promovido por órgão integrante do SISG (Sistema de Serviços Gerais), o credenciamento do licitante, bem como sua manutenção, dependerá de registro atualizado no Sistema de Cadastramento Unificado de Fornecedores (SICAF).

A Instrução Normativa SLTI/MPOG nº 2, de 2010 veio disciplinar o funcionamento do Sistema de Cadastramento Unificado de Fornecedores (SICAF) no âmbito dos órgãos e entidades integrantes do Sistema de Serviços Gerais (SISG), com base no disposto nos arts. 34 e 115 da Lei nº 8.666/93, a par de revogar a Instrução Normativa MARE nº 5, de 21.07.1995, a qual vedava a realização de licitação para aquisição de bens e contratações de obras e serviços sem que os interessados estivessem previamente cadastrados no SICAF, independente da modalidade de licitação e, ainda, nas contratações diretas por dispensa ou inexigibilidade de licitação, excepcionando-se as hipóteses do art. 24, incs. I, II, III, IV, VIII, IX, XIV, XVI e XVIII, da Lei nº 8.666/93, sem que, nestes casos, fosse prescindida a comprovação da regularidade com o INSS, FGTS e Fazenda Nacional.

Seguindo as diretrizes do art. 3º, §1º, I, da Lei nº 8.666/93 e do Decreto Federal nº 3.722/01, a IN SLTI/MPOG nº 2, de 2010 não mais exige o prévio cadastramento no SICAF para efeito de participação em licitação ou contratação direta com a administração pública federal. De acordo com o verbete 274, da súmula do Tribunal de Contas da União, é vedada a exigência de prévia inscrição no Sistema de Cadastramento Unificado de Fornecedores (SICAF) para efeito de habilitação em licitação. Na modalidade pregão, no formato eletrônico, e para a cotação eletrônica, a IN SLTI/MPOG nº 2/10 exige o prévio credenciamento no SICAF, constituindo-se no nível básico do registro cadastral nesse Sistema, no qual o interessado informa dados pessoais, além dos dados básicos referentes à entidade empresarial como a razão social, CNPJ, endereço e os materiais e/ou serviços integrantes da linha de fornecimento, que devem ser compatíveis com o objeto constante do ato constitutivo, contrato social ou estatuto.

[11] A critério da administração, podem ser reduzidas as exigências de habilitação. No caso das licitações realizadas no âmbito da administração pública federal, é permitido limitá-las à comprovação dos níveis habilitação jurídica e regularidades fiscal e trabalhista. Quando a administração reduz as exigências de habilitação está reduzindo a burocracia e ônus para os licitantes, ampliando a competitividade e aumentando a possibilidade de obter proposta mais vantajosa. As exigências estabelecidas pela administração devem ser sempre as mínimas indispensáveis à plena e satisfatória execução do objeto. Tal assertiva tem como supedâneo a Constituição Federal e a Lei Geral de Licitações, quando dispõem, respectivamente, que nas licitações somente serão permitidas as exigências de qualificação técnica e econômica indispensáveis à garantia do cumprimento das obrigações, vedadas exigências impertinentes ou irrelevantes. O elenco de exigências de habilitação, previsto no art. 4º, XIII, da Lei nº 10.520/02, no art. 14 do Decreto nº 5.450/05 e nos arts. 28 a 31 da Lei nº 8.666/93, deve ser acolhido nas licitações que envolvam grandes volumes de recursos ou alta complexidade de execução do objeto, ou ambos. Cada caso concreto demandará análise da administração no que diz respeito aos requisitos de habilitação a serem exigidos, buscando, sempre, maior competitividade entre os interessados do ramo de atividade.

Na licitação por itens ou grupos (lotes), os requisitos de habilitação devem ser adequados e proporcionais a cada um deles. É o que recomenda a Súmula nº 247, do Tribunal de Contas da União: "é obrigatória a admissão da adjudicação por item e não por preço global, nos editais das licitações para a contratação de obras, serviços, compras e alienações, cujo objeto seja divisível, desde que não haja prejuízo para o conjunto ou complexo ou perda de economia de escala, tendo em vista o objetivo de propiciar a ampla participação de licitantes que, embora não dispondo de capacidade para a execução, fornecimento ou aquisição da totalidade do objeto, possam fazê-lo com relação a itens ou unidades autônomas, *devendo as exigências de habilitação adequar-se a essa divisibilidade*".

A divisão do objeto em itens torna-se obrigatória, uma vez presentes as circunstâncias referidas na súmula. No caso de compras, podem ser adquiridos itens distintos, como materiais de expediente, equipamentos, suprimentos e outros. Em licitação por itens, as exigências de habilitação devem adequar-se à divisão do objeto. Na hipótese de um dos itens envolver grande volume de recursos e/ou alta complexidade, sendo necessário que o licitante vencedor detenha capacidade financeira e/ou técnica para a respectiva execução, é prudente a ampliação dos requisitos de habilitação, limitados que devem ser àqueles previstos na Lei nº 8.666/93, de aplicação subsidiária à modalidade pregão. Por outro lado, se, na mesma licitação, um dos itens envolver pequeno volume de recursos ou o objeto for de pequena complexidade, é aconselhável reduzirem-se as exigências de habilitação.

A contratação de objeto comum, que é a que autoriza o emprego do pregão, visa atender a necessidade administrativa de execução ordinariamente corriqueira. Daí prescindir-se de investigações profundas ou amplas quanto à habilitação dos licitantes. A regra para o pregão é a de que os requisitos de habilitação sejam simplificados.

[12] Deliberação do TCU: "9.7.4. adotem medidas com vistas a impedir a participação em procedimentos licitatórios realizados pela empresa de pessoas físicas ou jurídicas que mantenham qualquer vínculo de natureza técnica, comercial, econômica, financeira ou trabalhista com membros da comissão de licitação, em obediência aos princípios constitucionais da moralidade, da impessoalidade e da igualdade, evitando-se o ocorrido na contratação da empresa" [...] (Acórdão nº 710/08, Plenário, Relator Min. Ubiratan Aguiar. Processo TC nº 014.062.2003.0, *DOU*, 25.04.2008).

[13] O Sistema Integrado de Administração de Serviços Gerais (SIASG) expediu instrução acerca do procedimento para o envio da declaração (Lei nº 9.854/99 e Decreto nº 4.358/02) para o formato eletrônico do pregão. De acordo com o SIASG, a declaração é prestada por todos aqueles que tenham interesse em concorrer, por meio do sistema eletrônico, antes do oferecimento das propostas. Sob o aspecto administrativo, a medida desburocratiza o procedimento licitatório, tendo em vista que a declaração não é mais encaminhada via sistema eletrônico, para posterior remessa do documento no original ou em cópia autenticada. No entanto, ela modifica o procedimento inerente à modalidade do pregão, previsto no Decreto nº 5.450/05, qual seja: o envio dos documentos de habilitação, *in casu*, o do art. 14, VI, após a classificação dos licitantes e somente daquele provisoriamente classificado em primeiro lugar (art. 25, *caput*). Segundo a Lei nº 8.666/93, a falta dessa declaração é motivo de inabilitação. Pode-se argumentar que a declaração de que o licitante não emprega menor, prestada antes do oferecimento as propostas, tem fundamento no disposto no art. 21, §2º, do Decreto nº 5.450/05, o qual estabelece que, para participação no pregão eletrônico, deve o licitante manifestar, em campo próprio do sistema eletrônico, que cumpre os requisitos de habilitação. Essa manifestação, todavia, não se destina a comprovar as categorias que integram a habilitação do licitante, mas o compromete com as exigências de habilitação postas no edital, antecipando que as satisfaz inteiramente. Melhor seria que o SIASG, nesse louvável ímpeto desburocratizador, houvesse exigido a declaração via sistema eletrônico, sim, porém apenas do licitante classificado em primeiro lugar e na fase de habilitação, sem modificar o procedimento regrado pelo Decreto nº 5.450/05.

Nos modelos de editais apresentados, na forma eletrônica do pregão, adaptou-se o envio da declaração do menor para o momento e forma exigidos pelo SIASG.

A declaração do menor, muito embora não se revista de características que visam aferir se o licitante tem condições de bem executar o objeto da licitação (como as exigidas para a habilitação jurídica, regularidades fiscal e trabalhista, qualificação técnica e/ou econômico-financeira), é medida política de proteção ao trabalho do menor, e pode ser eficaz no sentido de desestimular o empregador a infringir a proibição; incentiva-o a abandonar tal conduta, ou a regularizá-la, se nela incidir; vincula o declarante a seus termos, repercutindo na esfera do direito penal, caso apurada a sua falsidade.

Se, no curso do contrato, a administração comprovar a violação dessa norma de proteção ao trabalho de menores, motivo haverá para rescisão contratual (art. 78, inc. XVIII, da Lei nº 8.666/93), a ser imposta unilateralmente pela administração em processo regular, isto é, observadas as garantias da ampla defesa e do contraditório, sem prejuízo de outras sanções (arts. 78, parágrafo único; 79, inc. I, e 80, *caput*).

[14] O art. 18 do Decreto nº 5.450/05 estabelece que, até dois dias úteis antes da data fixada para a abertura da sessão pública, qualquer pessoa poderá impugnar o ato convocatório do pregão, na forma eletrônica. O decreto estipulou prazo para que

qualquer pessoa, assim entendido qualquer interessado em participar da licitação ou qualquer outra pessoa que encontre algum vício no ato convocatório, impugne o edital.

Pelo princípio da especialidade, a regra do art. 18 sobrepõe-se à regra geral do art. 41, §§1º e 2º, da Lei nº 8.666/93,[194] e o não exercício do direito à impugnação do ato convocatório, no prazo estipulado, fixa as condições nele estabelecidas. Transcorrido o prazo sem impugnação, as condições exigidas no ato convocatório passam a ser a lei interna do certame.

O decurso do prazo sem que haja impugnação do ato convocatório não afasta o direito de qualquer cidadão utilizar-se de outros meios para apontar a existência de vício capaz de anular a licitação, seja pela via administrativa, seja pela via judicial, podendo a própria administração anulá-la, quando identificar vício insuscetível de emenda.

[15] A Lei nº 10.520/02 permite que na modalidade pregão outro possa ser o prazo de validade da proposta que não aquele do art. 64, §3º, da Lei nº 8.666/93, que é de sessenta dias a partir da entrega da proposta. Caso omisso o edital do pregão, o prazo dito de validade das propostas – em verdade, prazo de eficácia – será considerado como sendo de sessenta dias. O mesmo entendimento é aplicável para a modalidade pregão, na forma eletrônica, ao que extrai do art. 27, §4º, do Decreto federal nº 5.450/05. Para as modalidades convencionais de licitação (concorrência, tomada de preços e convite), tal prazo continua sendo o do art. 64, §3º, da Lei Geral.

De acordo com o art. 6º da Lei nº 10.520/02, o prazo de validade das propostas será de sessenta dias, se outro não estiver fixado no edital. O art. 11, XXIV, do Decreto federal nº 3.555/00, que aprova o regulamento do pregão, dispõe que o prazo de validade das propostas será de sessenta dias, se outro não estiver fixado no edital. E o art. 27, §4º, do Decreto nº 5.450/05, que regulamenta o pregão eletrônico no âmbito da administração pública federal, fixa tal prazo em sessenta dias, salvo se outro for estabelecido em edital.

Nenhuma das normas indica o termo inicial para a contagem desse prazo. Recorra-se ao art. 64, §3º, da Lei nº 8.666/93, cuja aplicação subsidiária é autorizada pelo art. 9º da Lei nº 10.520/02, e se deduz que, no pregão presencial, aquele prazo se deve contar da data da entrega das propostas. No pregão em formato eletrônico, em vista da faculdade conferida aos licitantes para modificarem ou retirarem suas propostas até a data de abertura da sessão, esta deve ser o termo inicial para a contagem do prazo de validade das propostas.

[16] A qualidade do objeto da licitação pode ser aferida por meio de seu registro no órgão ou entidade pública competente. Os produtos industrializados cuja certificação de qualidade é compulsória são aqueles definidos em atos normativos do poder público, editados pela entidade governamental legalmente incumbida, bem assim aqueles definidos pelo Conselho Nacional de Metrologia, Normalização e Qualidade Industrial (CONMETRO).

---

[194] Art. 41, §§1º e 2º, da Lei nº 8.666/93: "Qualquer cidadão é parte legítima para impugnar edital de licitação por irregularidade na aplicação desta Lei, devendo protocolar o pedido até 5 (cinco) dias úteis antes da data fixada para a abertura dos envelopes de habilitação, devendo a Administração julgar e responder à impugnação em até 3 (três) dias úteis, sem prejuízo da faculdade prevista no §1º do art. 113. Decairá do direito de impugnar os termos do edital de licitação perante a administração o licitante que não o fizer até o segundo dia útil que anteceder a abertura dos envelopes de habilitação em concorrência, a abertura dos envelopes com as propostas em convite, tomada de preços ou concurso, ou a realização de leilão, as falhas ou irregularidades que viciariam esse edital, hipótese em que tal comunicação não terá efeito de recurso".

[17] Período de garantia ou prazo de validade – quando for o caso e a critério do órgão ou entidade licitante, poderá ser exigido o período de garantia ou o prazo de validade do objeto, contado a partir de determinado evento, como, por exemplo, da data do recebimento definitivo.

[18] Marca e/ou modelo – quando for o caso e a critério da administração, o ato convocatório estabelecerá a forma de apresentação das propostas, com o fim de padronizá-las e facilitar sua análise, podendo ser solicitado, entre outras exigências, que a proposta seja elaborada com indicação, quando for o caso, da marca e/ou do modelo do produto que estará sendo cotado. O adjudicatário obriga-se a entregar o objeto da marca e/ou modelo ofertado em sua proposta, podendo entregar objeto de marca diversa, contudo de qualidade equivalente ou superior à ofertada, devidamente atestada, pelo preço vencedor da disputa.

[19] A exigência visa aferir a existência do produto e evitar a participação de fornecedores improvisados ou aventureiros.

[20] Exame da conformidade da proposta com as exigências do edital. Para que a competição ocorra entre os que de fato atendam às condições do edital, é imprescindível que o exame de conformidade da proposta preceda a definição da fase de lances. Nessa etapa, somente devem competir os que estejam aptos a oferecer o objeto nas condições previstas no edital. O Tribunal de Contas da União, por meio do Acórdão nº 688/03, Plenário, firmou entendimento de que a satisfação do objeto frente aos requisitos estabelecidos no edital deve, de fato, anteceder à fase de lances – "9.2 determinar à [...] que adote providências para que as licitações na modalidade pregão observem as regras estabelecidas no art. 4º da Lei nº 10.520/02, especialmente em relação à verificação de conformidade das propostas com os requisitos estabelecidos no instrumento convocatório antes da fase de lances, promovendo as devidas desclassificações de candidatos" (Relator Min. Benjamin Zymler, Processo TC nº 018.505/2002-0, *DOU*, 23.06.2003).

[21] O exame das propostas inicia-se pela verificação de sua conformidade material e formal com as exigências fixadas no instrumento convocatório (art. 4º, X, da Lei nº 10.520/02; art. 22, §§2º e 3º, do Decreto nº 5.450/05; e art. 48, I, da Lei nº 8.666/93). Por exemplo: se exigido no edital que a proposta indique o prazo de validade do bem ou se comprometa com determinado prazo de garantia, e o proponente não expressa tais prazos, a proposta será desclassificada. Após a verificação da conformidade é que a proposta será admitida a disputar a adjudicação, com ou sem o oferecimento de lances. O pregoeiro pode sanar erros ou falhas que não alterem a substância das propostas, mediante despacho fundamentado, registrado em ata e acessível a todos. Para isso, é importante que não haja exigências descabidas a serem inseridas na proposta, evitando-se a exclusão de licitantes e, por consequência, impedindo a ampla participação no certame e a busca da proposta mais vantajosa para a administração.

De acordo com o art. 24 da Instrução Normativa SLTI/MPOG nº 2, de 30.04.2008, que disciplina a contratação de serviços, continuados ou não, por órgãos ou entidades integrantes do Sistema de Serviços Gerais (SISG), quando a modalidade de licitação for o pregão, a planilha de custos e formação de preços deverá ser entregue e analisada no momento da aceitação do lance vencedor, em que poderá ser ajustada, se possível, para refletir corretamente os custos envolvidos na contratação, desde que não haja majoração do preço proposto.

[22] A comunicação da fixação de data para continuação da sessão por via eletrônica (*e-mail*) é válida. Nesse sentido: TRF – 1ª Região, Agravo de Instrumento nº 2004.01.00.023854-6/DF, 5ª Turma, *DO* do DF, 28 abril de 2005.

[23] V. o item 1.3.5.1.17 sobre os critérios de aceitação de propostas (compras e serviços), do capítulo intitulado "Roteiro anotado de procedimentos licitatórios mediante pregão (presencial e eletrônico) e para a formação de sistema de registro de preços".

[24] V. o item 1.3.5.1.17 sobre os critérios de aceitação de propostas (compras e serviços), do capítulo intitulado "Roteiro anotado de procedimentos licitatórios mediante pregão (presencial e eletrônico) e para a formação de sistema de registro de preços".

[25] O tema da inexequibilidade não é tratado pela Lei nº 10.520/02, nem pelo Decreto nº 5.450/05, cabendo suprir a lacuna mediante a utilização da Lei nº 8.666/93, que estabelece que a comissão de licitação deve verificar a compatibilidade de preços de cada proposta e desclassificar as que apresentarem preços inexequíveis. Preza-se a competição e a segurança na contratação.

No que tange a obras e serviços de engenharia, a Lei Geral de Licitações tratou de apresentar fórmula a fim de apurar a inexequibilidade dos preços propostos (art. 48, §1º). Nada obstante a existência de fórmula na Lei nº 8.666/93, o Tribunal de Contas da União, por meio da Súmula nº 262, assentou que: "O critério definido no art. 48, inciso II, §1º, alíneas 'a' e 'b', da Lei nº 8.666/93 conduz a uma presunção relativa de inexequibilidade de preços, devendo a Administração dar à licitante a oportunidade de demonstrar a exequibilidade da sua proposta".

No caso de fornecimento de bens e demais hipóteses de prestação de serviços, uma das formas de cumprir o dispositivo é determinar que o licitante demonstre a exequibilidade do preço ofertado, fixando prazo para essa finalidade, mediante a apresentação de planilha de custos ou de contrato em vigor, ou recentemente executado, indicando valores próximos ao ofertado.

Quando a Lei nº 8.666/93 faz referência a que a declaração de exequibilidade seja efetivada após a demonstração de que os custos dos insumos são coerentes com os de mercado e que os coeficientes de produtividade são compatíveis com a execução do objeto do contrato, está a dizer que ao licitante é concedido o direito subjetivo de comprovar que sua proposta é exequível. A par do ônus da prova concedido ao licitante, poderá a administração diligenciar para comprovar a exequibilidade da proposta.

O Tribunal de Contas da União, por meio do Acórdão nº 1.125/05, Plenário, deliberou: (...) "nos casos de cancelamento de licitação por preço excessivo, seja oferecido prazo para que as licitantes forneçam novas propostas, ou por preço inexeqüível, apresentem as licitantes, sempre que solicitado, a estimativa que embasou a desclassificação de sua proposta, permitindo-lhes o pleno exercício do direito de recorrer da decisão" (Relator Min. Guilherme Palmeira. Processo TC nº 005-609/2005-2, *DOU*, 22.08.2005).

A Instrução Normativa nº 02, de 30.04.2008, do MPOG, alinha alguns procedimentos para o exame da exequibilidade das propostas, quando o objeto seja a prestação de serviços, contínuos ou não, tais como: (a) questionamentos junto ao proponente para a apresentação de justificativas e comprovações em relação aos custos com indícios de inexequibilidade; (b) verificação de acordos coletivos, convenções coletivas ou sentenças normativas em dissídios coletivos de trabalho; (c) levantamento de informações junto ao Ministério do Trabalho e Emprego, e junto ao Ministério da Previdência Social;

(d) consultas a entidades ou conselhos de classe, sindicatos ou similares; (e) pesquisas em órgãos públicos ou empresas privadas; (f) verificação de outros contratos que o proponente mantenha com a administração ou com a iniciativa privada; (g) pesquisa de preço com fornecedores dos insumos utilizados, como atacadistas, lojas de suprimentos, supermercados e fabricantes; (h) verificação de notas fiscais dos produtos adquiridos pelo proponente; (i) levantamento de indicadores salariais ou trabalhistas publicados por órgãos de pesquisa; (j) estudos setoriais; (l) consultas às Secretarias de Fazenda federal, distrital, estadual ou municipal; e (m) análise de soluções técnicas escolhidas e/ou condições excepcionalmente favoráveis que o proponente disponha para a prestação dos serviços.

A citada Instrução Normativa estabeleceu a presunção de inexequibilidade da proposta ofertada, nos certames cujo objeto seja a prestação de serviços continuados ou não, desde que o preço final apresentado seja inferior a 30% da média dos preços ofertados para o item. A decisão de classificação ou desclassificação da proposta será sobrestada para efeito de averiguação do valor apresentado, por meio de diligências.

Assim, uma vez verificado que o menor lance apresenta preço inexequível, o pregoeiro dará os seguintes passos:

a) suspenderá a sessão e, na forma do art. 43, §3º, da Lei nº 8.666/93, solicitará ao licitante a comprovação da exequibilidade do preço ofertado, fixando prazo para essa finalidade, e/ou, concomitantemente, encarregar-se-á da tarefa;

b) não o fazendo no prazo fixado, ou fazendo, mas de maneira a não comprovar satisfatoriamente a exequibilidade do preço ofertado, desclassificação;

c) prossegue com a análise dos lances subsequentes, com a comprovação da exequibilidade do preço, observada a ordem de classificação.

Nas hipóteses em que os lances reputam-se inexequíveis, o pregoeiro não cogitará de negociação, pois esta objetiva reduzir preços, não majorá-los.

[26] A Lei Complementar nº 123/06 instituiu o Estatuto Nacional da Microempresa e da Empresa de Pequeno Porte. Entre outras disposições, trouxe disciplina acerca do acesso aos mercados das empresas de pequeno porte e microempresas, notadamente quando participantes nas licitações realizadas no âmbito da União, dos estados, do Distrito Federal e dos municípios, concedendo a possibilidade de regularizarem a situação fiscal (e trabalhista)[195] quando constatada a existência de restrições, além de assegurar-lhes a preferência nas contratações com o poder público quando houver *empate*[196] com os valores das propostas/lances ofertados originariamente por outras entidades empresariais que não se enquadram nas mesmas categorias. Por meio da Lei nº 11.488, de 15 de junho de 2007, o mesmo tratamento favorecido foi estendido às cooperativas. O Decreto nº 8.538/15 veio regulamentar, no âmbito da administração pública federal, o tratamento favorecido, diferenciado e simplificado dispensado às microempresas, empresas de pequeno porte e, por extensão, às cooperativas, nas contratações públicas de bens, serviços e obras.

---

[195] De acordo com o art. 11 da Lei Complementar nº 155/16, o prazo especial para a regularização da situação trabalhista terá início a partir de 1º de janeiro de 2018.

[196] O art. 44 da LC estabeleceu uma espécie de empate simulado, quando a proposta ou lance ofertado pela empresa de pequeno porte ou microempresa apresentar percentual acima da proposta ou lance ofertado pelas demais entidades empresariais participantes do certame: iguais ou até 10% (dez por cento) nas licitações convencionais e 5% (cinco por cento) na modalidade pregão.

[27] O empate na etapa de lances não encontra aplicação em face da regra do art. 24, §4º, do Decreto nº 5.450/05, que tornou inaceitáveis dois ou mais lances iguais, prevalecendo aquele que for recebido e registrado em primeiro lugar. A realização de sorteio justifica-se na hipótese de ocorrer empate nos valores das propostas, enviadas até o prazo fixado no edital para a abertura da sessão, e não se realizar a etapa de lances.

[28] A negociação de preço junto ao fornecedor classificado em primeiro lugar, quando houver, será sempre após o procedimento de desempate de propostas e classificação final dos fornecedores participantes. Não há sanção prevista para o licitante que se recusa a negociar com o pregoeiro, descabendo qualquer penalidade quando resultar frustrada. A negociação objetiva alcançar proposta mais vantajosa.

[29] A critério da administração, poderá ser exigida a apresentação de amostra ou protótipo. A administração pode adquirir o objeto com nível de qualidade desejável não só mediante sua especificação completa, mas estabelecendo testes laboratoriais por conta do futuro contratado, conforme dispõe o art. 75 da Lei nº 8.666/93, ou exigindo que apresente amostras ou protótipos dos produtos, garantido o direito à contraprova quando rejeitados.[197]

Não há expresso amparo legal para a solicitação de amostras na Lei nº 10.520/02, contudo, tal medida pode garantir boa contratação pela administração, desde que haja previsão no edital e fixação de critérios objetivos de aferição. Tal prática tem encontrado respaldo nas decisões proferidas pelo Tribunal de Contas da União.[198]

O suporte para a exigência de amostras está no art. 43, IV, da Lei nº 8.666/93, aplicável subsidiariamente à modalidade pregão, que determina à comissão de licitação a verificação da conformidade do objeto com critérios de aferição estabelecidos no edital.

É recomendável que o servidor ou comissão responsável pela análise das amostras detenha conhecimento técnico para essa finalidade, dando segurança à administração quanto à eficaz adequabilidade dos bens às necessidades pretendidas. Se satisfatória a amostra ou protótipo, passa-se à habilitação; caso contrário, convocar-se-ão os licitantes remanescentes na ordem de classificação, para a mesma tarefa.

[30] Para aquisição de bens comuns de informática e automação, definidos no art. 16-A da Lei nº 8.248/91, após o procedimento de "empate ficto" das entidades de

---

[197] O Tribunal de Contas da União, na Decisão nº 485/98, Plenário (Relator Min. José Antonio Barreto de Macedo – Processo nº 350.333.1997-1), ao tratar do tema apresentação de amostras, firmou entendimento no sentido de que deva ser respeitado o direito dos licitantes à contraprova, tendo em vista as garantias inerentes à ampla defesa e ao contraditório, previstas no inc. LV do art. 5º da Constituição Federal de 1988.

[198] "8.3.2 limite-se a exigir a apresentação de amostras ou protótipos dos bens a serem adquiridos, na fase de classificação das propostas, apenas ao licitante provisoriamente em primeiro lugar e desde que de forma previamente disciplinada e detalhada, no instrumento convocatório, nos termos dos arts. 45 e 46 da Lei nº 8.666/93, observados os princípios da publicidade dos atos, da transparência, do contraditório e da ampla defesa" (Decisão nº 1.237/02, Plenário, Relator Min. Walton Alencar Rodrigues. Processo TC nº 001.102.2001-0, *DOU*, 27.09.2002).

"8.2.2 Limite-se a exigir a apresentação de amostras ou protótipos dos bens a serem adquiridos na fase de classificação das propostas e desde que devidamente disciplinada, de forma detalhada, no instrumento convocatório" (Decisão nº 85/02, Plenário, Relator Min. Benjamin Zymler. Processo TC nº 002.623.2001-5, *DOU*, 19.03.2002).

[...] embora não se conheça de embargos declaratórios intempestivos, ante a constatação de que há aspectos a serem melhor elucidados para ampliar a compreensão do *decisum* embargado, considero ser pertinente informar ao [...] que, preservado o princípio da celeridade inerente à modalidade de pregão, e com vistas a garantir a qualidade dos produtos adquiridos pela Administração Pública, é aceitável que se exija apresentação, apenas por parte do licitante vencedor, de amostra do material de consumo a ser adquirido no certame. (Acórdão nº 1.182/2007, Plenário, Rel. Min. Marcos Bemquerer Costa, Processo nº 006.984.2006-6).

menor porte, deverá ser observado o direito de preferência estipulado no art. 3º da mesma lei, conforme procedimento do Decreto federal nº 7.174/10.

[31] V. nota 9. Objetiva comprovar que o licitante executa atividades compatíveis com o objeto da licitação. O licitante que desatender quesito de compatibilidade do objetivo social com o objeto da licitação estará descumprindo exigência afeta à habilitação jurídica e, portanto, deverá ser inabilitado. Na modalidade do pregão, o pregoeiro verificará se o objetivo social do licitante é compatível com o objeto do certame por ocasião da análise dos requisitos de habilitação do licitante classificado em primeiro lugar.

Poderão participar da licitação quaisquer licitantes interessados que comprovem possuir os requisitos mínimos de qualificação e cujo objeto social da empresa, expresso no estatuto ou contrato social, especifique ramo de atividade *compatível* com o objeto da licitação. A medida visa afastar a incursão de aventureiros no certame licitatório.

Acrescenta a Instrução Normativa nº 02, de 30.04.2008, do MPOG, que disciplina a contratação de serviços continuados ou não, por órgãos ou entidades integrantes do SISG, em seu art. 5º, que não será admitida a contratação de cooperativas ou instituições sem fins lucrativos, cujo estatuto e objetivos sociais não prevejam ou não estejam de acordo com o objeto a ser contratado.

[32] A qualificação técnica destina-se a aferir a capacidade do licitante para executar o objeto satisfatoriamente. Na modalidade do pregão, aplicam-se, subsidiariamente, as exigências do art. 30 da Lei nº 8.666/93, que deverão estar diretamente relacionadas à complexidade do objeto a ser executado, e tal circunstância deverá ser justificada no processo licitatório. O art. 1º, §4º, do Decreto nº 3.722/01, que dispõe sobre o Sistema de Cadastramento Unificado de Fornecedores (SICAF), estabelece como excetuadas das exigências para habilitação prévia no SICAF as relativas à qualificação técnica do licitante interessado, as quais somente serão demandadas quando a situação exigir. Desnecessário, pois, que os documentos elencados no art. 30 da Lei nº 8.666/93 estejam contemplados no SICAF, como condição para participação no certame. Competirá ao licitante classificado em primeiro lugar encaminhá-los à administração para conferência, segundo o rol apresentado no edital, a forma de apresentação dos documentos, o prazo e demais condições.

Deliberações do TCU:

> 9.1.4. abstenha-se de exigir, em futuras licitações realizadas na modalidade "pregão", certificados da série ISO 9000, em observância ao disposto no art. 3º, §1º, inciso I, da Lei nº 8.666/93, art. 3º, inciso II, da Lei nº 10.520/2002, e nas Decisões Plenárias nºs 020/1998 e 152/2000; (Acórdão nº 1.292/2003, Plenário, Relator Min. Augusto Sherman Cavalcanti, Processo TC nº 009.356/2003-8, *DOU* de 15.09.2003)
>
> 9.2.3. nos instrumentos convocatórios de futuras licitações, limite-se a exigir, na fase de habilitação, a documentação constante dos arts. 27 a 31 da Lei de Licitações e Contratos, abstendo-se de requerer comprovação de que o concorrente é representante autorizado do item ofertado ou declaração de solidariedade do fabricante para com o licitante no tocante à garantia do bem, por se mostrar restritivo à competição; (Acórdão nº 1.676/2005, Plenário, Relator Min. Valmir Campelo, Processo TC nº 015.898/2005-7, *DOU* de 27.10.2005)

Confira-se, ainda, a seguinte decisão proferida pelo Superior Tribunal de Justiça, referente aos atestados de capacidade técnica:

ADMINISTRATIVO. LICITAÇÃO. INTERPRETAÇÃO DO ART. 30, II, §1º, DA LEI Nº 8.666/93.

1. Não se comete violação ao art. 30, II, da Lei nº 8.666/93, quando, em procedimento licitatório, exige-se comprovação, em nome da empresa proponente, de atestados técnicos emitidos por operadores de telefonia no Brasil de execução, no País, em qualquer tempo, de serviço de implantação de cabos telefônicos classe L e C em período consecutivo de 24 meses, no volume mínimo de 60.000 HXh, devidamente certificados pela entidade profissional competente.

2. O exame do disposto no art. 37, XXI, da Constituição Federal, em sua parte final, referente a "exigências de qualificação técnica e econômica indispensáveis à garantia do cumprimento das obrigações" revela que o propósito aí objetivado é oferecer iguais oportunidades de contratação com o Poder Público, não a todo e qualquer interessado, indiscriminadamente, mas, sim, apenas a quem possa evidenciar que efetivamente dispõe de condições para executar aquilo a que se propõe (Adilson Dallari). (REsp nº 172232/SP)

Também a Súmula nº 263 do Tribunal de Contas da União:

Para a comprovação da capacidade técnico-operacional das licitantes, e desde que limitada, simultaneamente, às parcelas de maior relevância e valor significativo do objeto a ser contratado, é legal a exigência de comprovação da execução de quantitativos mínimos em obras ou serviços com características semelhantes, devendo essa exigência guardar proporção com a dimensão e a complexidade do objeto a ser executado.

[33] O demonstrativo de patrimônio líquido, quando não atingido o resultado (índice) que comprove suficientemente a capacidade econômico-financeira do licitante, pode ser exigido no edital, a critério do órgão ou entidade licitante, dependendo do objeto a ser licitado. O porte e/ou a complexidade deste recomendará a adoção, ou não, da exigência, prevista no art. 31, §2º, da Lei nº 8.666/93.

[34] O art. 3º, §2º, do Decreto nº 5.450/05 determina que, na hipótese de pregão promovido por órgão integrante do SISG, o credenciamento do licitante, bem como a sua manutenção, dependerá de registro atualizado no Sistema de Cadastramento Unificado de Fornecedores (SICAF). Para participar da licitação, na modalidade pregão, na forma eletrônica, exige-se o prévio credenciamento dos interessados perante o provedor do sistema.

Na hipótese de o licitante já se haver credenciado e cadastrado perante o provedor do sistema para licitações já realizadas, e, no procedimento licitatório em curso, encontrando-se classificado em primeiro lugar, a administração constata que a data de validade de um dos documentos de regularidade junto ao SICAF venceu durante o certame, estará, ou não, sujeito à inabilitação?

A verificação de que o licitante continua em situação regular pode ser aferida pela administração por simples diligência ou mediante solicitação da documentação atualizada. Comprovando-se a permanência da regularidade, deve ser habilitado. A função do documento que visa a comprovar a regularidade do licitante é a de certificar a existência da informação depositada em registro público. Se a informação lá estiver, a certidão desatualizada não inibe o direito, que decorre do registro, não da certidão.

Caso seja verificado que o licitante não se encontra regular, a consequência é a sua inabilitação, passando à verificação da aceitabilidade das propostas dos demais licitantes, na ordem de classificação.

Há argumentos contrários à habilitação nessa hipótese. É que o Decreto nº 5.450/02 determina a declaração do licitante, em campo próprio do sistema, de que cumpre os requisitos de habilitação. Mas, insista-se, a comprovação de permanência da regularidade do licitante em momento posterior (fase de habilitação) não descaracteriza a declaração emitida. A interpretação em favor da inabilitação atribui à certidão – ato meramente declaratório – natureza de ato constitutivo ou desconstitutivo de direito, o que descabe porque o direito, reitere-se, estará comprovado pela existência do registro atualizado, não em razão da data da certidão.

[35] Pode ser objeto de impugnação a existência de vício capaz de frustrar, comprometer ou restringir o caráter competitivo, que estabeleça preferências ou distinções em razão da naturalidade, da sede ou do domicílio dos licitantes, que estipule circunstâncias impertinentes ou irrelevantes para o específico objeto do contrato, que exija requisitos de habilitação não previstos no exaustivo rol de documentos elencados nos arts. 28 a 31 da Lei nº 8.666/93 (a Lei nº 10.520/02 e o Decreto nº 5.450/05 reproduzem as categorias de habilitação do art. 27 da Lei Geral de Licitações), e, ainda, vício em razão da incompatibilidade dos preços estimados ou máximos fixados no edital com aqueles praticados no mercado.

O art. 18 do Decreto nº 5.450/05 estabelece que até dois dias úteis antes da data fixada para abertura da sessão pública, qualquer pessoa poderá impugnar o ato convocatório do pregão, na forma eletrônica. Dúvidas há acerca da inteligência da parte final do dispositivo, ou seja, a impugnação do edital dar-se-á somente por meio eletrônico ou qualquer pessoa poderá impugnar o ato convocatório do pregão, no seu formato eletrônico, independentemente do meio ou expediente utilizado?

Em face do direito de petição assegurado pelo art. 5º, inc. XXXIV, alínea "a", da CF/88, do disposto no §1º do art. 41 da Lei nº 8.666/93, e em homenagem ao princípio da transparência, parece acertada a última interpretação, ampliativa do controle das despesas públicas.

Quando o mencionado art. 18 legitima qualquer pessoa para impugnar o ato convocatório, todos os meios disponíveis para essa finalidade devem ser admitidos pela administração. Se encaminhada por meio de petição (via fac-símile, *e-mail*, correio ou pessoalmente), será entranhada nos autos do processo licitatório e decidida pelo pregoeiro no prazo de 24 horas. O impugnante será notificado da decisão. Acolhida que seja a impugnação, será definida e publicada nova data para a realização do certame. Se encaminhada por meio do sistema eletrônico empregado pela administração, idem. A impugnação fora do prazo não desobriga a administração do dever de rever seus atos administrativos quando viciados. Trata-se do poder-dever de autotutela enunciado pela Súmula nº 473 do STF.

O Decreto federal nº 5.450/05 estabelece que:

> Art. 18. Até dois dias úteis antes da data fixada para abertura da sessão pública, qualquer pessoa poderá impugnar o ato convocatório do pregão, na forma eletrônica.
> §1º Caberá ao pregoeiro, auxiliado pelo setor responsável pela elaboração do edital, decidir sobre a impugnação no prazo de até vinte e quatro horas.

O Decreto federal nº 3.555/00, que regulamenta a forma presencial do pregão, dispõe que:

Art. 12. Até dois dias úteis antes da data fixada para recebimento das propostas, qualquer pessoa poderá solicitar esclarecimentos, providências ou impugnar o ato convocatório do pregão.
§1º Caberá ao pregoeiro decidir sobre a petição no prazo de vinte e quatro horas.
§2º Acolhida a petição contra o ato convocatório, será designada nova data para a realização do certame.

Resulta que, no âmbito da modalidade pregão, seja o presencial ou o eletrônico, o prazo para o pregoeiro decidir sobre a impugnação é de até vinte e quatro horas, contado da apresentação desta.

[36] No pregão eletrônico, nem sempre é possível que a declaração do vencedor ocorra durante a sessão. Pode ocorrer de o exame dos documentos de habilitação completar-se em outro dia, após diligência para a verificação da regularidade do licitante classificado em primeiro lugar, ou no caso de apresentar-se restrição na regularidade fiscal (e trabalhista[199]) de microempresa, empresa de pequeno porte ou cooperativa, quando lhe será concedido o prazo de cinco dias úteis para regularização, prorrogável por igual período (art. 43, §1º, da LC nº 123/06). Assim, a manifestação imediata e motivada durante a sessão, como referida no Decreto nº 5.450/05, pode resultar prejudicada. Também na forma presencial do pregão, a declaração do vencedor e a manifestação recursal nem sempre ocorrem de forma sincronizada durante a sessão, dado que esta deve aguardar a notificação daquela. O fato é que a administração tem o dever jurídico de possibilitar ao licitante fácil e imediato conhecimento da decisão para que este exercite, querendo, a faculdade de recorrer. O prazo para fazê-lo deve ter abertura e encerramento explicitados, tanto na forma presencial como eletrônica. O SIASG, por exemplo, informa que, encerrada a fase de habilitação, o pregoeiro deve abrir o prazo para registro da intenção de recurso (pregão eletrônico) e somente após o seu fechamento é possível passar-se à fase de sua admissibilidade.

A Lei nº 10.520/02 e o Decreto nº 5.450/05 não estabelecem prazo mínimo para a manifestação da intenção de recorrer pelo licitante, cabendo ao edital da licitação fixá-lo, observado que a celeridade processual, característica do pregão, não justifica a fixação de prazo exíguo que dificulte a formulação de motivação mínima. O Tribunal de Contas da União orienta que esse prazo deve observar um mínimo de trinta minutos (Acórdão nº 3.409/2014 – Plenário, Rel. Min. Marcos Bemquerer Costa, Processo nº 000.614/2014-9).

Em outro acórdão também referente ao prazo para o registro da intenção de recurso, publicado em 12.09.2008, o Plenário do Tribunal de Contas da União, decidiu que: "9.2.2. estabeleça como 30 (trinta) minutos o tempo mínimo para a apresentação de recursos por parte dos licitantes, quando da realização de pregões eletrônicos; (...) 9.4. determinar ao Ministério do Planejamento, Orçamento e Gestão – MPOG, que oriente os usuários do Sistema COMPRASNET no sentido de dar cumprimento ao subitem 9.2.2 deste Acórdão" (Acórdão nº 1.990/08, Relator Min. Raimundo Carreiro, Processo TC nº 019.548/2008-1).

No formato eletrônico, a intenção de recurso deve ser manifestada, exclusivamente, por meio do sistema, não sendo admitido fazê-lo por fac-símile, telefone, telegrama, *e-mail*, via postal ou qualquer outro meio de comunicação.

---

[199] De acordo com o art. 11 da Lei Complementar nº 155/16, o prazo especial para a regularização da situação trabalhista terá início a partir de 1º de janeiro de 2018.

Cabe ao pregoeiro o juízo de admissibilidade do recurso, que consiste em verificar se preenche os requisitos legais, com o fim de aceitá-lo ou recusá-lo. Para a aceitação é essencial que a intenção seja motivada, indicando claramente a decisão contra a qual se recorre e por quê. Os motivos devem ser de cunho jurídico, com densidade suficiente para qualificar o interesse em recorrer.

Quando do exame de admissibilidade da intenção de recurso, atribuído ao pregoeiro, não lhe cabe examinar o mérito recursal, cuja competência é da autoridade superior, mas de verificar apenas a presença dos pressupostos recursais (sucumbência, tempestividade, legitimidade, interesse e motivação).

Pode a irresignação alcançar qualquer das decisões tomadas pelo pregoeiro, quanto à classificação inicial das propostas, ao julgamento destas, à aceitação de lances, ao valor da menor proposta em relação ao critério de aceitabilidade fixado no edital e aos valores praticados pelo mercado, à habilitação ou inabilitação.

Para subsidiar o licitante recorrente, a administração lhe franqueará o acesso aos elementos relativos ao tema ou temas específicos do objeto do recurso (Decreto nº 5.450/05, art. 26), o que se compatibiliza com a celeridade que o procedimento objetiva assegurar. No pregão presencial, o acesso deve ser ainda mais abrangente às informações que possam subsidiar o licitante recorrente, tanto que a Lei nº 10.520/02 assegura, para tal finalidade, vista aos autos do processo licitatório.

O prazo de três dias para a apresentação das razões do recurso é o mesmo nos dois formatos de pregão. O licitante recorrente pode ou não trazê-las, mas a sua falta, assim como de contrarrazões dos demais concorrentes, não exime a administração do dever de processar e decidir o recurso tempestivamente manifestado.

Tem prevalecido o entendimento de que o pregoeiro poderá retratar-se. Se mantiver a decisão, remeterá o recurso à autoridade superior, para que esta o julgue. A autoridade poderá levar em conta o arrazoado do pregoeiro e/ou colher o parecer da assessoria jurídica. A mesma autoridade deve examinar todo e qualquer vício porventura presente no processo, ainda que não apontado pelo recorrente. É seu dever funcional zelar pela legalidade, eficiência, moralidade, impessoalidade, economicidade, probidade e outros princípios administrativos correlatos.

A Lei nº 10.520/02, o Decreto nº 3.555/00 e o Decreto nº 5.450/05 não definem prazo para decidir-se o recurso. A lacuna será suprida pelo disposto no art. 24 da Lei nº 9.784/99 ("Art. 24. Inexistindo disposição específica, os atos do órgão ou autoridade responsável pelo processo e dos administrados que dele participem devem ser praticados no prazo de cinco dias, salvo motivo de força maior. Parágrafo único. O prazo previsto neste artigo pode ser dilatado até o dobro, mediante comprovada justificação").

A Lei nº 10.520/02 e o Decreto nº 5.450/05 não definem os efeitos com que o recurso deva ser recebido. Na prática, ocorrem ambos os efeitos – devolutivo e suspensivo –, tendo em vista que não pode haver adjudicação antes de decidido o recurso.

[37] A norma geral de vigência dos contratos administrativos estabelece limite temporal para a sua execução (a vigência dos respectivos créditos orçamentários – Lei nº 8.666/93, art. 57). Essa regra objetiva, sobretudo, compelir a administração a retornar periodicamente ao mercado, por meio de certames públicos, com vistas a aferir a possibilidade de obtenção de condições mais favoráveis para a compra ou o serviço pretendido. Almeja também assegurar igualdade de condições a todos os concorrentes (art. 37, XXI, da CF/88), de forma a preservar a observância do princípio da competição

que norteia as contratações do poder público. A disputa saudável minimiza o risco da formação de cartéis e viabiliza a multiplicação de potenciais fornecedores de bens e prestadores de serviços, impedindo que uma mesma empresa se perenize na condição de contratada, a menos que continue propiciando, comprovadamente, em licitações ou prorrogações, estas quando cabíveis, a proposta mais vantajosa para a administração.

À exceção das hipóteses previstas nos incs. I, II, IV e V do art. 57 da Lei nº 8.666/93, a duração dos contratos deve coincidir com a vigência do respectivo crédito orçamentário. Em regra, os contratos cujo objeto seja o fornecimento de bens exaurem-se no último dia do exercício financeiro. No entanto, há duas possibilidades que permitem o pagamento do valor contratual vencido o exercício:

a) contratos cumpridos no exercício, mas que, por razões de ordem administrativa e/ou financeira, devam ser pagos no exercício seguinte, ocorrendo a inscrição da despesa como restos a pagar, rubrica que representa os valores de despesas empenhadas e não pagas até o final do exercício em que ocorreu a emissão da nota de empenho;

b) quando ocorrerem fatos supervenientes ao ajuste, na forma do art. 57, §1º, da Lei nº 8.666/93.

[38] O edital poderá estabelecer prazo e condições para a assinatura de termo de contrato ou o aceite/retirada de instrumento equivalente, definindo se haverá convocação expressa para o licitante vencedor comparecer ao órgão, ou se o instrumento contratual ser-lhe-á encaminhado por meio eletrônico ou via postal para assinatura, ou, ainda, se estará condicionada a prazo após a homologação da licitação.

[39] O art. 2º, §1º, da Lei nº 10.192, de 14 de fevereiro de 2001, preceitua ser nula de pleno direito qualquer estipulação de reajuste ou correção monetária de periodicidade igual ou inferior a um ano.

[40] Prazo e local para entrega dos bens, conforme disposto no art. 40, XVI, c/c art. 73, II, da Lei nº 8.666/93.

[41] Se a entrega de um produto ocorrer em lote ou lotes, em valor superior ao convite (art. 23, inc. II, alínea "a", da Lei nº 8.666/93), o recebimento será feito por uma comissão de, no mínimo, três membros, consoante previsto em seu art. 15, §8º.

A fiscalização dos contratos é prerrogativa e dever legal da administração (arts. 58, III, e 67 da Lei nº 8.666/93).

[42] O art. 40, inc. XIV, alínea "a", da Lei nº 8.666/93 estabelece que o edital deve prever condições de pagamento, cujo prazo não será superior a 30 dias, contados a partir da data final do período de execução (adimplemento) de cada parcela. O pagamento de valor inferior ao limite previsto no art. 24, II, da Lei nº 8.666/93 será efetuado pela contratante até o quinto dia útil, contado da apresentação da fatura, conforme preceitua o art. 5º, §3º, da Lei nº 8.666/93.

O pagamento da despesa só será efetuado, quando ordenado, após sua regular liquidação. De acordo com o art. 63 da Lei nº 4.320/64 que estatui sobre normas gerais de Direito Financeiro para elaboração e controle dos orçamentos e balanços da União, dos estados, dos municípios e do Distrito Federal, a liquidação da despesa consiste na verificação do direito adquirido pelo credor, tendo por base os títulos e documentos comprobatórios do respectivo crédito. A verificação visa apurar: (a) a origem e o objeto do que se deve pagar; (b) a importância exata a pagar; e (c) a quem se deve pagar a importância para extinguir a obrigação.

De acordo com o mesmo dispositivo, a liquidação da despesa por fornecimentos feitos ou serviços prestados terá por base: (a) o contrato, ajuste ou acordo respectivo; (b) a nota de empenho; (c) os comprovantes da entrega de material ou da prestação efetiva do serviço.

O pagamento só deve ser efetuado após o atesto da fiscalização designada para acompanhar a execução do contrato de que todas as condições estipuladas no edital ou contrato foram atendidas satisfatoriamente.

O Tribunal de Contas da União[200] deliberou no sentido de ser possível à administração adquirir bem novo, oferecendo como parte do pagamento bem inservível ou antieconômico, previamente avaliado em procedimento de acordo com o Decreto nº 99.658/90, regulador do reaproveitamento, da movimentação, da alienação e de outras formas de desfazimento de material no âmbito federal.

[43] O original do edital deverá ser datado, rubricado em todas as suas folhas e assinado pela autoridade que o expedir – que não é a mesma que o aprovou, incumbência do órgão jurídico –, permanecendo nos autos do processo de licitação. Dele serão extraídas cópias integrais ou resumidas, para divulgação e fornecimento aos interessados.

[44] A redação deverá guardar conformidade com o item do edital que estabelece o prazo de vigência (v. nota 37).

[45] A garantia contratual prevista no art. 56 da Lei nº 8.666/93 pode ser exigida em licitações envolvendo contratações de obras, serviços e compras, independente do valor estimado do objeto e da modalidade licitatória. Da garantia contratual prestada na forma estabelecida pelo art. 56 da Lei nº 8.666/93 pode-se descontar o valor da multa moratória ou compensatória aplicada ao contratado, na hipótese deste não honrar o pagamento no prazo e modo estabelecidos na decisão administrativa que o condenou (arts. 86, §2º e 87, §1º, da Lei nº 8.666/93). Na hipótese de rescisão contratual unilateral determinada pela administração, é possível executar a garantia contratual para ressarcimento da administração diante de prejuízos causados pelo contratado e dos valores das multas e indenizações a ela devidos (art. 80, III, da Lei nº 8.666/93). Para que seja prestada a garantia pelo vencedor da licitação, no entanto, é necessário que a exigência e suas condições constem no edital da licitação.

Registre-se que o Tribunal de Contas da União deliberou sobre a possibilidade de afastamento da garantia na fase de execução do contrato. Assim:

> g) determinar ao [...] a efetivação das seguintes medidas: [...] g.8) cumprir o art. 56 da Lei nº 8.666/93, se prevista a exigência de garantia no contrato e, caso seja afastada excepcionalmente tal prescrição em momento posterior à assinatura do ajuste, seja efetivada apostila ao respectivo contrato, a fim de espelhar a não-exigência da garantia inicialmente requerida pela Administração. (Acórdão nº 595/2001 – Segunda Câmara, Rel. Min. Ubiratan Aguiar, Processo nº 005.557/2000-3)

[46] Deverá guardar conformidade com o item do edital que estabeleça o local e os prazos de entrega e de recebimento, provisório e definitivo.

---

[200] BRASIL. Tribunal de Contas da União. Acórdão nº 277/03, Plenário, Processo TC nº 005.086/2002-4, Relator Min. Adylson Motta, *DOU*, 07.04.2003.

[47] Deverá guardar conformidade com o item do edital que estabeleça o prazo para pagamento.

[48] Segundo o art. 55, §2º, da Lei nº 8.666/93, nos contratos celebrados pela administração com pessoas físicas ou jurídicas, inclusive aquelas domiciliadas no estrangeiro, deverá constar necessariamente cláusula que declare competente o foro da sede da administração para dirimir qualquer questão contratual (Lei nº 8.666/93, arts. 55, §2º, e 32, §6º).

[49] De acordo com o verbete 281, da súmula do Tribunal de Contas da União, é vedada a participação de cooperativas em licitação quando, pela natureza do serviço ou pelo modo como é usualmente executado no mercado em geral, houver necessidade de subordinação jurídica entre o obreiro e o contratado, bem como de pessoalidade e habitualidade. V. o capítulo intitulado "As sociedades cooperativas e o tratamento privilegiado concedido às microempresas e empresas de pequeno porte" (Lei Complementar nº 123/06 e Lei nº 11.488/07).

A Instrução Normativa nº 02, de 30.04.2008, do MPOG, que disciplina a contratação de serviços continuados ou não, por órgãos ou entidades integrantes do SISG, preceitua, em seu art. 4º, que a contratação de sociedades cooperativas somente poderá ocorrer quando, por sua natureza, o serviço a ser contratado evidenciar: (a) a possibilidade de ser executado com autonomia pelos cooperados, de modo a não demandar relação de subordinação entre a cooperativa e os cooperados, nem entre a administração e os cooperados; e (b) a possibilidade de gestão operacional do serviço for compartilhada ou em rodízio, na qual as atividades de coordenação e supervisão da execução dos serviços, e a de preposto, conforme determina o art. 68 da Lei nº 8.666/93, sejam realizadas pelos cooperados de forma alternada, em que todos venham a assumir tal atribuição. Ainda segundo a instrução normativa, nesta última hipótese, é dever da administração prever, no edital, a obrigatoriedade de a cooperativa apresentar um modelo de gestão operacional, conforme as condições estabelecidas no termo de referência, juntamente com a proposta, sob pena de desclassificação (art. 4º, parágrafo único).

[50] Em função da submissão de determinadas atividades ao cumprimento de normas especiais, permite-se a exigência de requisitos singulares. Um exemplo, que diz respeito à prestação de serviços, é a comprovação de autorização para o funcionamento das empresas especializadas em serviços de vigilância, conforme exigência da Lei nº 7.102, de 20.06.1983, alterada pela Lei nº 9.017, de 30.03.1995, regulamentada pelo Decreto nº 89.056, de 24.11.1983, alterado pelo Decreto nº 1.592, de 10.08.1995.

No caso de fornecimento de bens, a comprovação de licença para funcionamento de estabelecimentos que comercializem, produzam ou distribuam medicamentos, drogas, insumos farmacêuticos e correlatos é exigência da Lei nº 6.360, de 23.09.1976, regulamentada pelo Decreto nº 79.094, de 05.01.1977, e pela Lei nº 5.991, de 17.12.1973, regulamentada pelo Decreto nº 74.170, de 10.06.1974.

[51] A prorrogação contratual configura mera expectativa de direito, não constituindo direito subjetivo do contratado, nem dever da administração, que só poderá efetivá-la se for mais vantajosa para o interesse público.

São requisitos necessários à instrução das prorrogações de contratos de serviços de natureza continuada:

(a) a prorrogação deve efetivar-se antes que se esgote o prazo de vigência contratual[201];

(b) haja interesse na prorrogação tanto da administração contratante quanto do contratado;

(c) justificativa de que a prorrogação proporcionará vantagem de preço e/ou de outras condições para a administração;

(d) realização, em regra, de pesquisa de mercado, a demonstrar que os preços contratados permanecem vantajosos para a administração; o TCU dispensa a pesquisa de preços quando:

9.1.17.1. houver previsão contratual de que os reajustes dos itens envolvendo a folha de salários serão efetuados com base em convenção, acordo coletivo de trabalho ou em decorrência da lei; 9.1.17.2. houver previsão contratual de que os reajustes dos itens envolvendo insumos (exceto quanto a obrigações decorrentes de acordo ou convenção coletiva de trabalho e de lei) e materiais serão efetuados com base em índices oficiais, previamente definidos no contrato, que guardem a maior correlação possível com o segmento econômico em que estejam inseridos tais insumos ou materiais; 9.1.17.3. no caso de serviços continuados de limpeza, conservação, higienização e de vigilância, os valores de contratação ao longo do tempo e a cada prorrogação forem inferiores aos limites estabelecidos em ato normativo da Secretaria de Logística e Tecnologia da Informação do Ministério do Planejamento, Orçamento e Gestão – SLTI/MP. Se os valores forem superiores aos fixados pela SLTI/MP, caberá negociação objetivando a redução dos preços de modo a viabilizar economicamente as prorrogações de contrato (Acórdão nº 1.214/2013 – Plenário, Rel. Min. Aroldo Cedraz, Processo nº 006.156/2011-8)

(e) autorização da autoridade competente;

(f) comprovação de que o contratado mantém as condições de habilitação inicialmente exigidas;

(g) certificação de que inexiste impedimento do contratado de manter vínculo contratual com o Poder Público, por meio de consulta a sistemas de registros cadastrais existentes, nos quais podem estar consignadas sanções àquele aplicadas, com efeitos que o proíbem de contratar com o Poder Público, alcançando o órgão ou entidade contratante;

(h) previsão de recursos orçamentários que assegurem o pagamento das despesas;

(i) formalização por meio de termo aditivo;

(j) envio da minuta de termo aditivo para análise e aprovação por assessoria jurídica[202] Lei nº 8.666/1993, art. 38, parágrafo único); e

---

[201] Precedentes do TCU: (a) 9.5.3. se abstenha de firmar termos aditivos a contratos após o término de sua vigência, observando que, nos casos em que os termos contratuais são substituídos por notas de empenho da despesa, a vigência contratual encerra-se na data em que se extinguem as obrigações das partes; (Acórdão nº 1.656/2003 – Plenário, Rel. Min. Walton Alencar Rodrigues, Processo nº 008.551.2003-8); (b) 9.3.14. celebrar o correspondente termo aditivo previamente à expiração do prazo contratual, de modo a evitar a execução de serviços sem cobertura contratual, nos termos do art. 60 da Lei nº 8.666/93; (Acórdão nº 740/2004 – Plenário, Rel. Min. Ubiratan Aguiar, Processo nº 013.661.2003-0); (c) (...) cumpra fielmente os prazos de vigência dos acordos, promovendo sua alteração dentro dos respectivos períodos, nos termos do art. 66 da Lei de Licitações (Acórdão nº 301/2005 – Plenário, Rel. Min. Marcos Bemquerer Costa, Processo nº 928.598.1998-5); e (d) 9.1. determinar à [...] que nas prorrogações contratuais promova a assinatura dos respectivos termos de aditamento até o término da vigência contratual, uma vez que, transposta a data final de sua vigência, o contrato é considerado extinto, não sendo juridicamente cabível a prorrogação ou a continuidade da execução do mesmo; (Acórdão nº 1.727/2004 – Plenário, Rel. Min. Augusto Sherman Cavalcanti, Processo nº 008.348.2004-0).

[202] Precedente do TCU: 48. A jurisprudência desta Corte de Contas há muito consolidou esse entendimento e, conforme se depreende de alguns julgados, também deve ser considerado obrigatório o parecer emitido

(k) publicação do aditamento na imprensa oficial.

São condições à prorrogação de contratos de serviços de natureza continuada, segundo a Instrução Normativa SLTI/MPOG nº 2, de 2008:

> Art. 30-A Nas contratações de serviço continuado, o contratado não tem direito subjetivo à prorrogação contratual, que objetiva a obtenção de preços e condições mais vantajosas para a Administração, conforme estabelece o art. 57, inciso II da Lei nº 8.666, de 1993.
> §1º Os contratos de serviços de natureza continuada poderão ser prorrogados, a cada 12 (doze) meses, até o limite de 60 (sessenta) meses, quando comprovadamente vantajosos para a Administração, desde que haja autorização formal da autoridade competente e observados os seguintes requisitos: I – os serviços tenham sido prestados regularmente; II – a Administração mantenha interesse na realização do serviço; III – o valor do contrato permaneça economicamente vantajoso para a Administração; e IV – a contratada manifeste expressamente interesse na prorrogação.

Acerca do prazo de vigência do termo de contrato de prestação de serviços contínuos, o Tribunal de Contas da União[203] admite duas formas, a saber:

a) a que coincide com o término do exercício financeiro, fazendo-se as prorrogações coincidentes com o final do exercício, como no exemplo a seguir, totalizando 60 (sessenta) meses:
- contrato assinado em 1º.10.2006, com vigência até 31.12.2006;
- primeira prorrogação, de 1º.01.2007 a 31.12.2007;
- segunda prorrogação, de 1º.01.2008 a 31.12.2008;
- terceira prorrogação, de 1º.01.2009 a 31.12.2009;
- quarta prorrogação, de 1º.01.2010 a 31.12.2010;
- quinta e última prorrogação, de 01.01.2011 a 31.09.2011.

b) a que ajusta a duração do contrato com encerramento no exercício seguinte, como no exemplo a seguir, totalizando 60 (sessenta) meses:
- contrato assinado em 1º.10.2006, com vigência até 30.09.2007;
- primeira prorrogação, de 1º.10.2007 a 30.09.2008;
- segunda prorrogação, de 1º.10.2008 a 30.09.2009;
- terceira prorrogação, de 1º.10.2009 a 30.09.2010;
- quarta prorrogação, de 1º.10.2010 a 30.09.2011.

[52] A repactuação é subespécie de reajuste, que autoriza o reequilíbrio da relação econômico-financeira do contrato baseado na demonstração da variação efetiva dos custos de produção, ou seja, na variação dos elementos que compõem o custo da atividade executada pelo contratado no curso do contrato, a que não corresponda índice prefixado no edital ou no contrato. De acordo com a Instrução Normativa SLTI/MPOG nº 2, de 30.04.08:

---

previamente a celebração de termos aditivos, como segue: [...] (Acórdão nº 1.939/2016 – Primeira Câmara, Rel. Min. José Múcio Monteiro, Processo nº 033.977/2011-9).

[203] Decisão nº 605/96, Plenário, Relator Min. Carlos Átila Álvares da Silva. Processo TC nº 003.100/95-2, *DOU*, 15.10.1996. "Duração dos contratos de natureza contínua não precisa coincidir com o ano civil, podendo ultrapassar o exercício financeiro em que foi firmado" (BRASIL. Tribunal de Contas da União – TCU. *Licitações e contratos*: orientações e jurisprudência. 4. ed. rev. atual. e ampl. Brasília: TCU, 2010. p. 772).

Art. 37. A repactuação de preços, como espécie de reajuste contratual, deverá ser utilizada nas contratações de serviços continuados com dedicação exclusiva de mão de obra, desde que seja observado o interregno mínimo de um ano das datas dos orçamentos aos quais a proposta se referir, conforme estabelece o art. 5º do Decreto nº 2.271, de 1997.

Segundo o Tribunal de Contas da União, o instituto da repactuação de preços aplica-se apenas a contratos de serviços continuados prestados com dedicação exclusiva da mão de obra (Acórdão nº 1.488/2016 – Plenário, Rel. Min. Vital do Rêgo, Processo nº 030.028/2015-9).

Analisa-se, pontualmente, o item (ou itens) da planilha que sofreu alteração de custo e sua repercussão no valor contratual, respeitado o requisito da anualidade, contado da data da apresentação da proposta ou do orçamento a que esta se referir. Deve a repactuação ser solicitada pelo contratado mediante a demonstração analítica da variação dos custos do contrato por meio de planilha, ou seja, não é automática, como o reajuste. À administração cumpre certificar se ocorreu ou não a efetiva repercussão dos eventos majoradores dos custos do contrato na forma postulada pelo contratado, vedada a incidência de algum custo não previsto originariamente na proposta. Em outras palavras: o índice de reajuste é o previsto no edital ou no contrato, por isto que bastará aplicá-lo automaticamente, respeitado o prazo ânuo; o índice de repactuação é o que resultará da realidade econômica da execução do objeto contratado e no curso do contrato, por isto que a repactuação deve ser requerida e demonstrado o índice de variação de custo que a autorize, também respeitado o interregno anual.

No caso de repactuações subsequentes, o interregno de um ano será contado da última repactuação, entendendo-se como última repactuação a data em que iniciados os seus efeitos financeiros. Formaliza-se a repactuação por meio de apostilamento. Quando coincidir com prorrogação contratual ou outra alteração, por economia processual, pode ser formalizada no mesmo instrumento do aditamento.

Assim deliberou o TCU:

> 9.1.4. atente para o entendimento firmado na jurisprudência do Tribunal de Contas da União (v.g., AC-1.563/2004 – Plenário, AC-55/2000 – Plenário, etc.), no sentido de que somente os contratos que tenham por objeto a prestação de serviços de natureza contínua podem ser repactuados e a repactuação que vise aumento de despesa não é permitida antes de decorrido, pelo menos, um ano de vigência do contrato, observando, ainda, que:
> 9.1.4.1. é necessária a existência de cláusula no contrato admitindo a repactuação, que pode ser para aumentar ou para diminuir o valor do contrato;
> 9.1.4.2. a repactuação não está vinculada a qualquer índice; e
> 9.1.4.3. para a repactuação de preços deve ser apresentada demonstração analítica da variação dos componentes dos custos do contrato, devidamente justificada; (Acórdão nº 297/2005, Plenário, Relator Min. Walton Alencar Rodrigues, Processo TC nº 008.567.2004-6, *DOU* de 01.04.2005)

Visite-se, também, o seguinte julgado:

Voto do Ministro Relator
(...)

40. Vale mencionar que, quanto aos reajustes salariais concedidos por meio de dissídios coletivos ou equivalentes, este Tribunal pacificou entendimento no sentido de que, por ocasião das repactuações de contratos administrativos para a prestação de serviços de natureza contínua, deve ser observado o interregno de um ano da data do acordo que serviu de base para a proposta ou para a última repactuação (grifei) (Acórdãos nº 1.563/2004-Plenário e nº 1.744/2003-2ª Câmara, dentre outros). (Acórdão nº 1827/2008, Plenário, Relator Min. Benjamin Zymler, Processo TC nº 027.973/2007-2, *DOU* de 29.08.2008)

[53] O reajuste de preços, tal como previsto no art. 40, XI, da Lei nº 8.666/93, é uma adequação de preços sempre para um valor superior, com periodicidade e índice predefinido. A concessão do reajuste deve obedecer aos seguintes requisitos, consoante rol apresentado na obra *Limitações constitucionais da atividade contratual da administração pública*:[204] (a) indicação do índice de reajuste no edital da licitação ou no contrato; (b) periodicidade nunca inferior a um ano (a Lei nº 10.192/01, que dispõe sobre medidas complementares ao Plano Real, reputa nula de pleno direito qualquer estipulação de reajuste ou correção monetária de periodicidade inferior a doze meses, prazo mínimo que deve ser observado para devolver ao negócio a paridade entre os encargos do particular e a remuneração paga originariamente pela administração); (c) data-base (o art. 55, III, da Lei nº 8.666/93 alinha como cláusula necessária em todo contrato administrativo a que estabeleça *data-base* do reajustamento de preços; o art. 40, XI, tratou de fixar o termo inicial para o cômputo do período a partir do qual é possível o reajustamento do valor contratual: da data prevista para a apresentação da proposta ou a data do orçamento a que a proposta referir-se); (d) previsão de recursos orçamentários para o pagamento da despesa decorrente do reajuste; e (e) formalização por meio do apostilamento, conforme autorizado pelo §8º do art. 65, da Lei nº 8.666/93, e também pelo Tribunal de Contas da União: "9.3.3. Formalizar, mediante simples apostilamento, as alterações de valores decorrentes de reajustes previstos no próprio contrato, em consonância com o art. 65, §8º, da Lei nº 8.666/93, evitando a utilização de aditamentos contratuais para esse fim" (Acórdão nº 219/04, Plenário, Relator Min. Adylson Motta. Processo TC 015.875/2003-6); o art. 5º, parágrafo único, da Portaria nº 409, de 21 de dezembro de 2016, do Ministro de Estado do Planejamento, Desenvolvimento e Gestão, que dispõe sobre as garantias contratuais ao trabalhador na execução indireta de serviços e os limites à terceirização de atividades, no âmbito da administração pública federal direta, autárquica e fundacional e das empresas estatais federais controladas pela União, estabelece que nas contratações de serviço continuado sem dedicação exclusiva de mão de obra, para efeito de reajuste, admite-se a adoção de índices específicos ou setoriais, nos termos do inciso XI do art. 40 da Lei nº 8.666/93; o dispositivo da Portaria é omisso em relação à adoção de índices gerais de reajuste, medida prevista em norma de hierarquia superior, notadamente a Lei nº 10.192/01, cujo art. 2º admite a estipulação de correção monetária ou de reajuste por índices de preços gerais, setoriais ou que reflitam a variação dos custos de produção ou dos insumos utilizados nos contratos de prazo de duração igual ou superior a um ano.

---

[204] PEREIRA JUNIOR, Jessé Torres; DOTTI, Marinês Restelatto. *Limitações constitucionais da atividade contratual da administração pública*. Sapucaia do Sul: Notadez, 2011. p. 52-60.

[54] O Tribunal de Contas da União, na Decisão nº 485/98, Plenário (Relator Min. José Antonio Barreto de Macedo, Processo nº 350.333.1997-1), ao tratar do tema da apresentação de amostras, realça o respeito ao direito dos licitantes à contraprova, tendo em vista as garantias inerentes à ampla defesa e ao contraditório, previstas no art. 5º, LV, da CF/88.

Quanto ao acompanhamento da análise da amostra pelo licitante, assentou a Corte de Contas federal: "9.3.2. em licitações que requeiram prova de conceito ou apresentação de amostras, viabilize o acompanhamento de suas etapas para todos os licitantes interessados, em consonância com o princípio da publicidade, insculpido no art. 3º da Lei nº 8.666/93" (Acórdão nº 1.984/08 Plenário, Relator Min. Aroldo Cedraz, Processo nº 001.275/2008-2).

[55] Tratará de forma diferenciada a periodicidade da execução dos serviços. Nos serviços de caráter continuado, como vigilância, limpeza ou conservação, a periodicidade da execução será mensal. Na hipótese de manutenção corretiva e preventiva de equipamentos, como, por exemplo, de elevadores, a forma e a periodicidade da prestação dos serviços será distinta: a manutenção corretiva depende do chamado da administração e poderá ser executada no prazo estipulado pelo contratado, após avaliação prévia da proporção dos danos; a manutenção preventiva, para o mesmo objeto, poderá ser fixada segundo o número de equipamentos existentes na administração, natureza e uso, estabelecendo-se visitas quinzenais ou mensais, com prazo para conclusão dos serviços. Na prestação de serviços a termo, ou seja, que se exaure após sua execução, como, por exemplo, conserto de telhado, encanamentos, sistema elétrico, pintura de paredes, devem ser fixados prazos para sua conclusão, dentro do exercício financeiro, não sendo admitida a prorrogação.

[56] O art. 73, inc. I, alínea "a", c/c o art. 40, inc. XVI, da Lei nº 8.666/93, assina prazo de até 15 dias para o recebimento provisório.

[57] Segundo o art. 73, §3º, da Lei nº 8.666/93, o prazo para o recebimento definitivo não poderá superar 90 dias.

[58] São determinações constantes na Instrução Normativa nº 02, de 30.04.2008, do MPOG:

> Art. 10. É vedado à Administração ou aos seus servidores praticar atos de ingerência na administração da contratada, tais como:
> I – exercer o poder de mando sobre os empregados da contratada, devendo reportar-se somente aos prepostos ou responsáveis por ela indicados, exceto quando o objeto da contratação prever o atendimento direto, tais como nos serviços de recepção e apoio ao usuário;
> (...)
> ANEXO IV
> Guia de Fiscalização dos Contratos de Terceirização
> (...)
> 3.3 Evitar ordens diretas aos terceirizados. As solicitações de serviços devem ser dirigidas ao preposto da empresa. Da mesma forma eventuais reclamações ou cobranças relacionadas aos empregados terceirizados.

[59] V. nota 42.

[60] Dispõe a Instrução Normativa nº 02, de 30.04.2008, do MPOG:

Art. 19. Os instrumentos convocatórios devem conter o disposto no art. 40 da Lei nº 8.666, de 21 de junho de 1993, indicando ainda, quando couber:
(...)
XIII – cláusula, nas contratações de serviços não continuados, prevendo que os pagamentos estarão condicionados à entrega dos produtos atualizados pela contratada, que deverá:
a) manter todas as versões anteriores para permitir o controle das alterações; e
b) garantir a entrega de todos os documentos e produtos gerados na execução, tais como o projeto, relatórios, atas de reuniões, manuais de utilização, etc.

Deliberação do Tribunal de Contas da União:

9.3.5. estabeleça um documento específico (como "ordem de serviço" ou "solicitação de serviço") destinado ao controle dos serviços prestados para fins de pagamento à empresa contratada, contendo, entre outros aspectos que também possam vir a ser considerados necessários pelo órgão: a definição e a especificação dos serviços a serem realizados; as métricas utilizadas para avaliar o volume de serviços solicitados e realizados; a indicação do valor máximo de horas aceitável e a metodologia utilizada para quantificação desse valor, nos casos em que a única opção viável for a remuneração de serviços por horas trabalhadas; o cronograma de realização do serviço, incluídas todas as tarefas significativas e seus respectivos prazos; os custos em que incorrerá o Ministério para consecução do serviço solicitado; e a indicação clara do servidor responsável pela atestação dos serviços; (Acórdão nº 667/2005, Plenário, Relator Min. Augusto Sherman Cavalcanti, Processo TC nº 001.605/2005-5, *DOU* de 03.06.2005)

[61] Trata-se da comprovação do cumprimento integral das obrigações decorrentes da relação de emprego, a ser realizada pelo fiscal do contrato.
No que tange à inadimplência do contratado em relação aos encargos trabalhistas, fiscais e comerciais que está obrigado a cumprir por força da relação empregatícia com seus empregados, de acordo com o §1º do art. 71 da Lei nº 8.666/1993, não transfere à administração contratante a responsabilidade por seu pagamento, nem pode onerar o objeto do contrato ou restringir a regularização e o uso das obras e edificações, inclusive perante o Registro de Imóveis.
O Supremo Tribunal Federal (STF), ao julgar o mérito da Ação Declaratória de Constitucionalidade (ADC) nº 16, na Sessão Plenária de 24.11.2010, assentou sua constitucionalidade, salientando que a mera inadimplência do contratado não transfere à administração pública a responsabilidade pelo pagamento. De acordo com entendimento adotado pelo Plenário da Excelsa Corte, pelo voto da Min. Cármen Lúcia (*Informativo STF* nº 610), o art. 37, §6º, da CF trata de responsabilidade objetiva extracontratual, não se aplicando à administração pública nas relações jurídicas contratuais com o particular.
O STF firmou posição no sentido da inexistência de amparo legal para imputar-se à administração pública responsabilidade objetiva por danos causados por pessoa jurídica de Direito Privado contratada ou seus empregados, pois não são os agentes públicos que, nessa qualidade, vêm a causar o dano, como previsto no §6º do art. 37 da CF, mas empregados da empresa contratada pela administração pública em regular processo licitatório.

De acordo com o STF, a responsabilidade subjetiva da administração pública somente poderá ser discutida, em tese, em havendo ausência de vigilância, ou seja, culpa *in vigilando*, se configurada relevante omissão do órgão público, a ser cabalmente comprovada perante a Justiça do Trabalho, à luz do contraditório.

O julgamento da ADC nº 16 não se reportou à culpa *in eligendo*, mas apenas à *in vigilando*. Em ocorrendo a contratação lícita de empresa prestadora de serviço pela administração, mediante regular licitação, como previsto no art 37, inc. XXI, da Carta Magna, não haverá como condenar-se a administração pela má eleição da empresa contratada, se atendidas foram todas as condições previstas na Lei nº 8.666/1993 e no edital do certame. Tal contratação não resultou de ato discricionário, cuja premissa é a existência de margem de opção dentre diversas soluções possíveis, segundo critérios de oportunidade e conveniência. O contrato administrativo traduz ato vinculado ou regrado, balizado por condições e requisitos estabelecidos na legislação de regência e a serem atendidos com observância do devido processo legal, em competição seletiva pública. Logo, o que importa, nesse processo, em sede de responsabilidade administrativa, não é cogitar-se de culpa *in eligendo*, mas assegurar-se adequada fiscalização da execução do que se contratou mediante requisitos e condições vinculantes, cuja falta, exatamente por isto, caracteriza culpa *in vigilando*, esta, sim, indutora de responsabilização.

Em decorrência do julgado proferido pelo STF na ADC nº 16, foi reeditada a Súmula nº 331 do TST, cujo teor é o que segue:

> IV – O inadimplemento das obrigações trabalhistas, por parte do empregador, implica a responsabilidade subsidiária do tomador dos serviços quanto àquelas obrigações, desde que haja participado da relação processual e conste também do título executivo judicial.
> V – Os entes integrantes da Administração Pública direta e indireta respondem subsidiariamente, nas mesmas condições do item IV, caso evidenciada a sua conduta culposa no cumprimento das obrigações da Lei nº 8.666, de 21.06.1993, especialmente na fiscalização do cumprimento das obrigações contratuais e legais da prestadora de serviço como empregadora. A aludida responsabilidade não decorre de mero inadimplemento das obrigações trabalhistas assumidas pela empresa regularmente contratada.
> VI – A responsabilidade subsidiária do tomador de serviços abrange todas as verbas decorrentes da condenação referentes ao período da prestação laboral.

A Instrução Normativa nº 02, de 30.04.2008, do MPOG, em seu art. 34, §5º, dispõe que, na fiscalização do cumprimento das obrigações trabalhistas e sociais nas contratações continuadas com dedicação exclusiva dos trabalhadores da contratada, exigir-se-á, dentre outras, as seguintes comprovações: I – no caso de empresas regidas pela Consolidação das Leis do Trabalho (CLT): a) no primeiro mês da prestação dos serviços, a contratada deverá apresentar a seguinte documentação: 1. relação dos empregados, contendo nome completo, cargo ou função, horário do posto de trabalho, números da carteira de identidade (RG) e da inscrição no Cadastro de Pessoas Físicas (CPF), com indicação dos responsáveis técnicos pela execução dos serviços, quando for o caso; 2. Carteira de Trabalho e Previdência Social (CTPS) dos empregados admitidos e dos responsáveis técnicos pela execução dos serviços, quando for o caso, devidamente assinada pela contratada; e 3. exames médicos admissionais dos empregados da contratada que prestarão os serviços; b) entrega até o dia trinta do mês seguinte ao da prestação dos serviços ao setor responsável pela fiscalização do contrato dos seguintes documentos, quando não for possível a verificação da regularidade dos mesmos no Sistema de Cadastro de Fornecedores (SICAF): 1. prova de regularidade relativa à Seguridade Social; 2. certidão conjunta relativa aos tributos federais e à Dívida Ativa da União; 3. certidões que comprovem a regularidade perante as Fazendas Estadual, Distrital e Municipal do domicílio ou sede do contratado; 4. Certidão de Regularidade do FGTS – CRF; e 5. Certidão Negativa de Débitos Trabalhistas (CNDT); c) entrega, quando solicitado pela Administração, de quaisquer dos seguintes documentos: 1. extrato da conta do INSS e do FGTS de qualquer empregado, a critério da Administração contratante; 2. cópia da folha de pagamento analítica de qualquer mês da prestação dos serviços, em que conste como tomador o órgão ou entidade contratante; 3. cópia dos contracheques dos empregados relativos a qualquer mês da prestação dos serviços ou, ainda, quando necessário, cópia de recibos de depósitos bancários; 4. comprovantes de entrega de benefícios suplementares (vale-transporte, vale alimentação, entre outros), a que estiver obrigada por força de lei ou de convenção ou acordo coletivo de trabalho, relativos a qualquer mês da prestação dos serviços e de qualquer empregado; e 5. comprovantes de realização de eventuais cursos de treinamento e reciclagem que forem exigidos por lei ou pelo contrato; d) entrega da documentação abaixo relacionada, quando da extinção ou rescisão do contrato, após o último mês de prestação dos serviços, no prazo definido no contrato: 1. termos de rescisão dos contratos de trabalho dos empregados prestadores de serviço, devidamente homologados, quando exigível pelo sindicato da categoria; 2. guias de recolhimento da contribuição previdenciária e do FGTS, referentes às rescisões contratuais; 3. extratos dos depósitos efetuados nas contas vinculadas individuais do FGTS de cada empregado dispensado; e 4. exames médicos demissionais dos empregados dispensados. II – No caso de cooperativas: a) recolhimento da contribuição previdenciária do INSS em relação à parcela de responsabilidade do cooperado; b) recolhimento da contribuição previdenciária em relação à parcela de responsabilidade da Cooperativa; c) comprovante de distribuição de sobras e produção; d) comprovante da aplicação do FATES – Fundo Assistência Técnica Educacional e Social; e) comprovante da aplicação em Fundo de reserva; f) comprovação de criação do fundo para pagamento do 13º salário e férias; e g) eventuais obrigações decorrentes da legislação que rege as sociedades cooperativas. III – No caso de sociedades diversas, tais como as Organizações Sociais Civis de Interesse Público (OSCIPs) e as Organizações Sociais, será exigida a comprovação de atendimento a eventuais obrigações decorrentes da legislação que rege as respectivas organizações.

Segue-se deliberação do TCU acerca da necessidade de comprovação do cumprimento integral das obrigações decorrentes da relação de emprego:

> 9.2.2. exija, nos contratos de prestação de serviços, em especial nas terceirizações de mão-de-obra, a cada pagamento de fatura mensal, comprovação do cumprimento integral das obrigações decorrentes da relação de emprego mantida entre os empregados em exercício na ECT e a prestadora, restando evidenciado o acompanhamento minucioso da execução do contrato, de modo a afastar a possibilidade de, por força do Enunciado TST nº 331, vir a responder subsidiariamente pelo inadimplemento de encargos trabalhistas; (Acórdão nº 1.922/2003, Primeira Câmara, Relator Min. Humberto Guimarães Souto, Processo TC nº 010.954/2003-9, *DOU* de 03.09.2003)

[62] A natureza de determinados serviços exige a apresentação de planilha de composição de preços pelos licitantes. A administração, visando medir a uniformização e a exequibilidade das propostas, poderá padronizar a planilha. A providência permite recompor o valor contratual exatamente para o item ou itens que tenham sido afetados pelo desequilíbrio econômico-financeiro. Assim deliberou o TCU:

> 9.5.7 – nos processos de licitação de obras e serviços, faça constar orçamento detalhado em planilhas que expressem a composição de todos os seus custos unitários, inclusive das propostas com o objetivo de restabelecer o equilíbrio econômico-financeiro, conforme prescrito no art. 7º, §2º, inciso II, da Lei nº 8.666/1993, exigindo, ainda, dos participantes, demonstrativos que detalhem os seus preços e custos (item V-G do relatório de auditoria); (Acórdão nº 1.705/2003, Plenário, Relator Min. Marcos Bemquerer Costa, Processo TC nº 004.225/2002-5, *DOU* de 21.11.2003)

V. item deste roteiro acerca da planilha de composição de custos.

[63] Na Lei nº 10.520/02 há dispositivos atinentes à formalização do ajuste entre a administração e o adjudicatário os quais aludem à celebração e à assinatura do contrato, depreendendo-se que o instrumento a ser utilizado na modalidade pregão deva ser o termo de contrato, documento escrito e solene que enuncia o nome e a qualificação das partes, as cláusulas relacionadas ao objeto e à sua execução (obrigações, sanções, garantias, prazos, etc.), arrematado por local, data e assinatura dos contraentes.

Confiram-se os dispositivos da Lei nº 10.520/02 que aludem à celebração e assinatura de contrato:

> Art. 3º A fase preparatória do pregão observará o seguinte:
> I – a autoridade competente justificará a necessidade de contratação e definirá o objeto do certame, as exigências de habilitação, os critérios de aceitação das propostas, as sanções por inadimplemento e **as cláusulas do contrato**, inclusive com fixação dos prazos para fornecimento; [...]
> Art. 4º A fase externa do pregão será iniciada com a convocação dos interessados e observará as seguintes regras: [...]
> III – do edital constarão todos os elementos definidos na forma do inciso I do art. 3º, as normas que disciplinarem o procedimento e a **minuta do contrato, quando for o caso;** [...]
> XXII – homologada a licitação pela autoridade competente, o adjudicatário será convocado para **assinar o contrato** no prazo definido em edital; e
> XXIII – se o licitante vencedor, convocado dentro do prazo de validade da sua proposta, **não celebrar o contrato**, aplicar-se-á o disposto no inciso XVI. [..]
> Art. 7º Quem, convocado dentro do prazo de validade da sua proposta, **não celebrar o contrato,** deixar de entregar ou apresentar documentação falsa exigida para o certame, ensejar o retardamento da execução de seu objeto, não mantiver a proposta, falhar ou fraudar na execução do contrato, comportar-se de modo inidôneo ou cometer fraude fiscal, ficará impedido de licitar e contratar com a União, Estados, Distrito Federal ou Municípios e, será descredenciado no Sicaf, ou nos sistemas de cadastramento de fornecedores a que se refere o inciso XIV do art. 4º desta Lei, pelo prazo de até 5 (cinco) anos, sem prejuízo das multas previstas em edital e no contrato e das demais cominações legais. (grifamos)

Extrai-se do art. 4º, III, da Lei nº 10.520/02, que a minuta do contrato, leia-se, termo de contrato, integra o processo licitatório, *quando for o caso*. A expressão *quando for o caso* significa que o termo de contrato nem sempre será o instrumento hábil a formalizar o ajuste entre a administração e o adjudicatário na modalidade pregão.

Por aplicação subsidiária do art. 62, §4º, da Lei nº 8.666/93, é dispensável o termo de contrato e facultada a sua substituição, a critério da administração e independentemente de seu valor, nos casos de compras com entrega imediata e integral dos bens adquiridos, dos quais não resultem obrigações futuras, inclusive assistência técnica. Entende-se como compra para entrega imediata, segundo o art. 40, §4º, da Lei nº 8.666/93, aquela com prazo de entrega de até trinta dias da data prevista para apresentação da proposta. Essa é a hipótese que dispensa a formalização do ajuste por meio de termo de contrato, aplicável subsidiariamente à modalidade pregão (art. 9º da Lei nº 10.520/02).

A regra prevista no *caput* do art. 62 da Lei nº 8.666/93 não tem aplicação no pregão, em vista de a utilização dessa modalidade independer do valor estimado do objeto, como ocorre nas modalidades concorrência e tomada de preços.

Assim, na modalidade pregão, em regra, o ajuste entre a administração e o adjudicatário deve ser formalizado por meio de termo de contrato. Tal termo poderá ser dispensado e substituído por instrumentos equivalentes (nota de empenho, autorização de compra, etc.) nas exclusivas hipóteses de compras, independentemente do valor, com entrega imediata e integral dos bens adquiridos, das quais não resultem obrigações futuras, inclusive assistência técnica. Também configuram obrigações futuras, além da assistência técnica, a entrega futura ou parcelada do objeto.

O Tribunal de Contas da União orienta acerca da utilização do termo de contrato, inclusive na modalidade pregão. Assim:

> Nas hipóteses a seguir, **deve a contratação ser formalizada obrigatoriamente por meio de termo de contrato:**
> Licitações realizadas nas modalidades concorrência, tomada de preços e **pregão**;
> Dispensa ou inexigibilidade de licitação, cujo valor esteja compreendido nos limites das modalidades concorrência e tomada de preços;
> Contratações de qualquer valor das quais resultem obrigações futuras. Exemplo: entrega futura ou parcelada do objeto e assistência técnica.
> Nos demais casos, o termo de contrato é facultativo, podendo ser substituído pelos instrumentos hábeis a seguir:
> carta-contrato;
> nota de empenho de despesa;
> autorização de compra;
> ordem de execução de serviço.
> **Pode a Administração dispensar o termo de contrato nas compras com entrega imediata e integral dos bens adquiridos, das quais não resultem obrigações futuras, inclusive assistência técnica, independentemente do valor e da modalidade realizada.** (BRASIL. Tribunal de Contas da União – TCU. Licitações & contratos. orientações e jurisprudência. 4. ed. rev., atual. e ampl. Brasília: TCU, p. 652). (grifamos)

A Corte de Contas federal advertiu órgão público que constitui falha a ausência de contrato para a execução de serviços, decorrente de pregão:

> 9.3. dar ciência à [...] sobre as falhas identificadas na gestão: [...]
> 9.3.2. ausência de celebração de contrato para execução de serviços, em desacordo com o art. 4º, XXII, da Lei nº 10.520/2002; (Acórdão nº 5.127/2014 – Primeira Câmara, Rel. Min. Weder de Oliveira, Processo nº 018.855/2009-6).

[64] Na hipótese de o edital estabelecer como critério de aceitabilidade o do preço máximo, e nas propostas constarem valores acima do máximo admissível, não será o caso de desclassificar tais propostas sem antes esgotar-se a fase de lances. É depois desta que se torna possível verificar se o preço do licitante classificado em primeiro lugar é, ou não, aceitável, segundo o critério estabelecido no edital. Não se realizando a fase de lances, proceder-se-á à análise da aceitabilidade da proposta de menor valor.

[65] "Para participar de licitação pública, o licitante deve comprovar que o ramo de atividade em que atua é compatível com o objeto da licitação e que possui os requisitos mínimos de habilitação".[205]

[66] No pregão presencial, é necessária a presença do licitante ou do seu representante legal, devidamente credenciado, para o oferecimento de lances verbais.[206]

[67] O interessado, sendo, como é, o próprio licitante, estará qualificado para ser assim reconhecido pelo pregoeiro à simples apresentação do ato constitutivo da sociedade ou da entidade de que é o dirigente (averbado no registro público competente – Junta Comercial ou Registro Civil das Pessoas Jurídicas), com cláusula que lhe defira poderes de representação em juízo ou fora dele, acompanhado de seu documento de identidade. Já o representante, não sendo o próprio licitante, deverá apresentar ao pregoeiro o documento por meio do qual o licitante lhe haja outorgado os poderes de representação (carta de preposto ou procuração, firmada pelo sócio que legalmente representa a sociedade ou entidade).

Os poderes de representação não poderão ser genéricos. Na carta de preposição ou na procuração, devem estar conferidos poderes específicos para efetuar lances verbais, recorrer de decisões e praticar todos os demais atos inerentes ao certame. O pregoeiro não reconhecerá como representante quem se apresentar com documento outorgante de poderes genéricos, e dele não levará em conta lances verbais, nem manifestações recursais. O pregoeiro considerará ausente, embora participante, o licitante que se fizer representar por terceiro desprovido de poderes específicos.

Quando das decisões de habilitação ou inabilitação e de julgamento das propostas, se presentes os prepostos dos licitantes no ato em que for proferida a decisão, a comunicação pode ser feita diretamente a eles, mediante registro e lavratura em ata circunstanciada.[207]

[68] "Não se trata de documento destinado a comprovar as categorias que integram a habilitação do licitante (jurídica, fiscal, trabalhista, qualificação técnica, qualificação econômico-financeira). Trata-se de documento que compromete o licitante com as exigências de habilitação postas no edital, antecipando que trouxe, no envelope próprio, os documentos tendentes a comprovar que as satisfaz inteiramente. Tal declaração constitui condição para ser admitido a participar do pregão; sua falta não significa inabilitação, mas obsta o acesso ao certame.

O propósito da lei é o de dissuadir aqueles que se aventuram a participar de uma licitação sem estarem em condições de atender às exigências de habilitação, já que, no

---

[205] BRASIL. Tribunal de Contas da União – TCU. *Licitações e contratos*: orientações e jurisprudência. 4. ed. rev., atual. e ampl. Brasília: TCU, 2010. p. 302.
[206] BRASIL. Tribunal de Contas da União – TCU. *Licitações e contratos*: orientações e jurisprudência. 4. ed. rev., atual. e ampl. Brasília: TCU, 2010. p. 73.
[207] BRASIL. Tribunal de Contas da União – TCU. *Licitações e contratos*: orientações e jurisprudência. 4. ed. rev., atual. e ampl. Brasília: TCU, 2010. p. 848.

pregão, essa etapa do procedimento coloca-se ao final, depois de classificadas as propostas de preço. A consequência pretenderia ser severa: o art. 7º comina sanções cumuladas de impedimento para licitar e contratar no âmbito do ente federado, bem como unilateral descredenciamento dos sistemas cadastrais da administração pública, por até cinco anos, sem prejuízo de multas e 'demais cominações legais'. A norma será de difícil aplicação, posto que prevê cumulação de penalidades para um mesmo fato, desafiando a razoabilidade e a proporcionalidade. De toda sorte, a eventual falta dessa declaração, inclusive por lapso do licitante, tem sido suprida pela singela providência de ter-se à mão um modelo de declaração, que o licitante preenche e assina na própria sessão. O edital também pode contribuir para prevenir incidentes, fazendo-se acompanhar como anexo, de modelo dessa declaração, que será o mesmo de que o pregoeiro disporá para atender ao licitante que não a houvesse trazido, pronta" Comentários de Jessé Torres Pereira Junior.[208]

[69] "A mais relevante regra a destacar-se do inc. VII [art. 4º da Lei nº 10.520, de 2002] acha-se no seu arremate: o pregoeiro, de posse dos envelopes de propostas, tendo conferido a identificação de cada licitante e deles obtido as declarações de atendimento às exigências de habilitação, procederá à 'imediata abertura e à verificação da conformidade das propostas com os requisitos estabelecidos no instrumento convocatório'. Significa dizer que o pregoeiro recebe da lei autoridade para, no limiar da sessão, desclassificar sumariamente as propostas que desatenderem ao edital.

Não se trata, aqui, de verificação de preço. Trata-se de confrontar a proposta com os requisitos do edital quanto às especificações do objeto. Se o edital exigisse, por exemplo, que a proposta apresentasse garantia da execução do objeto por um ano, e determinada proposta houvesse reduzido tal garantia para seis meses, é evidente que está a desatender ao edital, configurando-se o motivo necessário e suficiente de desclassificação de proposta, a teor do disposto no art. 48, I, da Lei nº 8.666/93. Deve o pregoeiro desclassificá-la, invocando como fundamento tal dispositivo da lei geral" Comentário de Jessé Torres Pereira Junior.[209]

Para que a competição se estabeleça entre os que de fato atendem às condições do edital, é imprescindível que o exame de conformidade da proposta preceda a definição da fase de lances. Nessa etapa somente devem competir os que estejam aptos a oferecer proposta mais vantajosa.

[70] "Outra questão que a redação do inc. VII suscita [art. 4º da Lei nº 10.520, de 2002] é a de se saber se o pregoeiro recebe os dois envelopes ao mesmo tempo, no início da sessão, ou se recebe apenas o envelope contendo a proposta de preço, deixando o envelope de habilitação com os licitantes, para somente solicitar-lhes a apresentação ao final da sessão, depois da classificação das propostas, e apenas do licitante classificado em primeiro lugar. Omitem-se os textos da lei e dos decretos federais que a regulamentam. Ambos os procedimentos se compatibilizam com o rito do pregão.

Soa de melhor técnica, contudo, que o pregoeiro recolha os dois envelopes de cada licitante ao início da sessão, porque ambos os envelopes têm a administração por destinatária e devem ser por ela custodiados para abertura na oportunidade própria,

---

[208] GASPARINI (Coord.). *Pregão presencial e eletrônico*. p. 100-101.
[209] GASPARINI (Coord.). *Pregão presencial e eletrônico*. p. 102.

nenhuma razão havendo para que o licitante retenha o segundo envelope que preparou com os documentos, mercê dos quais pretende comprovar à administração que atende aos requisitos de habilitação. Veja-se que o inc. XII do art. 4º prevê que, 'encerrada a etapa competitiva e ordenadas as ofertas, o pregoeiro procederá à abertura do invólucro contendo os documentos de habilitação do licitante que apresentou a melhor proposta, para verificação do atendimento das condições fixadas no edital'. Possível inferir-se que todos os envelopes já estivessem em poder do pregoeiro desde o início da sessão" Comentários de Jessé Torres Pereira Junior.[210]

[71] O art. 6º da Lei nº 10.520/02 autoriza a administração a estipular, no edital, outro prazo de validade das propostas. Caso não o faça, o prazo será de 60 dias, a contar da entrega da proposta, com base no art. 64, §3º, da Lei nº 8.666/93. A não assinatura do contrato, pelo adjudicatário, dentro do prazo de validade da proposta, enseja aplicação das penalidades previstas no art. 7º da Lei nº 10.520/02 e o disposto no inciso XXIII do art. 4º.

[72] Orientações do TCU:[211]

não deve ser estabelecido número mínimo para formulação de lances;
não serão aceitos dois ou mais lances de valores iguais;
quando for o caso, o valor mínimo admissível para lances e o tempo máximo de intervalo entre eles devem ser definidos antes do início da fase de lances;
no pregão presencial, o licitante só pode oferecer lance menor do que o ultimo cotado pelos demais participantes, ou seja, deve sempre cobrir a oferta do concorrente;
no pregão presencial, prevalece o último lance recebido;
no pregão presencial, a etapa de lances é encerrada, se não houver mais licitante disposto a cobrir preço do concorrente;
(...) não há guarida na legislação aplicável à matéria para o procedimento adotado pelo recorrente, qual seja a limitação do número de lances em um pregão, por licitante. (Acórdão nº 57/2004, Plenário, Relator Min. Marcos Bemquerer Costa, Processo TC nº 005.854/2002-4, *DOU* de 12.02.2004)

[73] Se as rodadas de lances verbais mostrarem-se intermináveis, com mínimas diferenças entre uma cotação e outra, pode o pregoeiro exortar os licitantes a uma composição em torno de um valor ou percentual mínimo de diferença entre os lances, mas não pode, por cercear o direito de lançar, impor um percentual ou um valor de sua escolha. Importante que o intervalo de diferença de valor ou percentual entre os lances conste no edital da licitação.

[74] Se os licitantes, a partir de certo patamar de preço, necessitarem formular consultas às instâncias decisórias de suas respectivas empresas, o pregoeiro deve conceder-lhes tempo razoável para fazê-lo, por telefone celular ou outro meio, sem suspensão da sessão; o argumento de que os lançadores estão providos de poderes para ofertar os lances não supera o interesse público em que os lances efetivamente correspondam à capacidade do licitante de honrá-los.

---

[210] GASPARINI (Coord.). *Pregão presencial e eletrônico.* p. 101.
[211] BRASIL. Tribunal de Contas da União – TCU. *Licitações e contratos*: orientações e jurisprudência. 4. ed. rev., atual. e ampl. Brasília: TCU, 2010. p. 73.

[75] Estabelece o art. 48, §3º, que quando todos os licitantes forem inabilitados ou todas as propostas forem desclassificadas, a administração poderá fixar aos licitantes o prazo de oito dias úteis para a apresentação de nova documentação ou de outras propostas. Da conjunção "*ou*" deduz-se ser a alternativa aplicável a qualquer dessas etapas do procedimento licitatório, ou seja, tanto na de habilitação, quando todos os licitantes forem inabilitados, ou na de julgamento, quando todas as propostas forem desclassificadas.

Mas a regra não pode ser aplicada a ambas as hipóteses simultaneamente. Veja-se:

9.4. dar ciência à [...] de que:
9.4.1. a aplicação do disposto no art. 48, §3º, da Lei nº 8.6668/1993 no âmbito do pregão presencial 232/2012 se deu em desconformidade com os comandos previstos nesse dispositivo legal, vez que a regra ali prevista não pode ser aplicada a licitantes já excluídos em outras etapas no curso da licitação, sendo possível sua aplicação ou aos licitantes desclassificados, quanto houver desclassificação de todas as propostas, ou aos inabilitados, quando todos os licitantes participantes da fase de habilitação forem considerados inabilitados, e não a ambas as situações simultaneamente (inabilitados e desclassificados) (Acórdão nº 429/2013 – Plenário, Rel. Min. Augusto Sherman Cavalcanti, Processo nº 045.125/2012-0).

A aplicação da regra do §3º do art. 48 apresenta outros contornos quando o formato do pregão é o eletrônico. No âmbito da administração federal direta, fundos especiais, autarquias, fundações, empresas públicas, sociedades de economia mista e demais entidades controladas direta ou indiretamente pela União, o pregão eletrônico é regulamentado pelo Decreto nº 5.450/05, cuja operacionalização é disciplinada pelo SIASG. Este sistema não prevê a possibilidade de formulação de novas propostas, na forma do disposto no art. 48, §3º, quando todas forem desclassificadas. Infere-se das regras do sistema que, encerrados os lances – seguindo-se o transcurso do tempo de iminência e o encerramento do tempo aleatório –, o pregoeiro passará para a fase de aceitação das propostas. O SIASG estabelece de forma taxativa: na fase de aceitação de proposta não é permitido voltar para a fase de lances. Concluída a fase de aceitação, segundo o SIASG, passa-se para a fase de habilitação da licitante, pela própria tela de aceitação. Vê-se, pois, que o sistema não disponibiliza a fase de formulação de novas propostas, caso todas tenham sido desclassificadas.

[76] O edital poderá estabelecer outra fase de lances para definir o segundo colocado. Concluída esta, seguem-se a verificação da aceitabilidade da proposta, a negociação e a análise da documentação referente à habilitação do vencedor. A medida visa afastar a tentativa de conluio entre os participantes, quando o primeiro classificado for inabilitado ou não assinar o contrato no prazo fixado, favorecendo o segundo classificado que estivesse direcionado a contratar com a administração, tendo cotado preço superior ao primeiro, mas aceitável segundo os critérios exigidos no edital. Isso é possível, pois na modalidade do pregão os licitantes remanescentes, chamados segundo a ordem de classificação, não são obrigados a igualar o valor da proposta classificada em primeiro lugar, embora o pregoeiro tenha o dever funcional de negociar e instá-los a reduzir o preço.

Mesmo que o edital não estabeleça fase de lances para definir o segundo classificado, o pregoeiro poderá precaver-se contra eventuais conluios:

a) garantindo que as propostas classificadas atendam aos valores praticados pelo mercado; para isso, a pesquisa de preços é fundamental, posto que terá estimado com precisão o custo do objeto a ser adquirido, servindo de balizamento para a análise das propostas dos licitantes, em harmonia com os arts. 7º, §2º, inc. III, e 43, incs. IV e V, todos da Lei nº 8.666/93; propostas acima do valor máximo fixado, ou significativamente distanciadas do valor estimado, serão desclassificadas;

b) promovendo a aplicação de penalidade prevista no art. 7º da Lei nº 10.520/02, ao verificar que o licitante que ofertou a menor proposta, cadastrado no sistema, não atualizou documento ou documentos referentes à habilitação, ou que o licitante vencedor, não cadastrado no sistema, deixou de entregar a documentação exigida no edital ou apresentou documentação falsa.

[77] O pregão, na forma presencial, não é restrito aos cadastrados. Surtindo vencedor licitante não cadastrado, o pregoeiro terá que proceder ao exame de sua habilitação por meio dos documentos entregues no envelope nº 02.

No pregão presencial, só é aberto o envelope de habilitação do licitante vencedor. Desse modo, após a assinatura do contrato, é possível restituir os envelopes de habilitação para os respectivos licitantes que tiverem interesse, permanecendo os demais no processo, lacrados. Até esse momento, não comparecendo o licitante vencedor para firmar o ajuste, a administração pode convocar os licitantes remanescentes, na ordem de classificação, oportunidade em que necessitará proceder ao exame da habilitação. É justificável, portanto, a necessidade de que os envelopes permaneçam em poder do órgão ou entidade licitante.

[78] A alegação de que há impedimento ao licitante cadastrado no SICAF para atualizar os documentos de habilitação fere o princípio da isonomia. Ao licitante não cadastrado fica permitido apresentar seus documentos até o momento da sessão, daí não se admitir que idêntica possibilidade seja negada ao já cadastrado. Deve ser permitida a todos os licitantes, cadastrados ou não, a entrega de documentos atualizados que os habilitem para o certame, por meio dos envelopes de nº 02, desde que entregues até a data e horário indicados no edital.

[79] Dispõe a Instrução Normativa nº 02, de 30.04.2008, do MPOG, que, quando da contratação de cooperativas ou instituições sem fins lucrativos, o serviço contratado será executado obrigatoriamente pelos cooperados, no caso de cooperativa, ou pelos profissionais pertencentes aos quadros funcionais da instituição sem fins lucrativos, vedando-se qualquer intermediação ou subcontratação.

[80] O Ministério Público do Trabalho e a União, por intermédio da Advocacia-Geral e do Ministério do Planejamento, Orçamento e Gestão, firmaram Termo de Conciliação visando a regularizar, gradativamente, os contratos de serviços terceirizados cujas atividades estejam sendo exercidas em desacordo com as disposições do Decreto nº 2.271, de 07 de junho de 1997. A União comprometeu-se a contratar serviços terceirizados exclusivamente nas hipóteses autorizadas pelo citado decreto, sob pena de responsabilidade solidária da autoridade que firmou o contrato e do respectivo ordenador de despesas. O Termo de Conciliação estabeleceu a data final de 31.12.2010 para a substituição de todo o pessoal terceirizado que esteja realizando atividades incompatíveis, por profissionais admitidos mediante concurso público, nos termos do art. 37, II, da Constituição Federal.

O mencionado Decreto nº 2.271/97 autoriza, preferencialmente, a execução indireta, ou seja, a contratação de terceiros, para atividades de conservação, limpeza, segurança, vigilância, transportes, informática, copeiragem, recepção, reprografia, telecomunicações e manutenção de prédios, equipamentos e instalações, vedando a contratação de serviços terceirizados cujas atividades sejam inerentes às categorias funcionais abrangidas pelo plano de cargos do órgão ou entidade, salvo expressa disposição legal em contrário ou quando se tratar de cargo extinto, total ou parcialmente, no âmbito do quadro geral de pessoal, podendo-se citar os elencados pela Lei Federal nº 9.632, de 07.05.1998.

O disposto no art. 8º da Instrução Normativa nº 02, de 30.04.2008, do MPOG, é conflitante com o Termo de Conciliação na medida em que admite a alocação da função de *apoio administrativo*, desde que todas as tarefas estejam previamente descritas no contrato de prestação de serviços para a função específica. Se a função de apoio administrativo, admitida pela IN nº 2/08, compreender o desenvolvimento de atividades inerentes às categorias funcionais abrangidas pelo plano de cargos do órgão ou entidade contratante – salvo as exceções admitidas –, ela é inválida por violar o Decreto nº 2.271/97, não bastando para torná-la regular a mera previsão de que todas as tarefas a serem executadas estejam previamente descritas no contrato, como preconiza a IN.

Nada obstante a conhecida carência de servidores na área administrativa, em todas as esferas de governo, o permissivo da Instrução Normativa nº 02/08 não pode adiar a única solução que obedece ao princípio constitucional do concurso público para o preenchimento de cargos nos quadros da administração pública.

Veja-se o texto do Termo de Conciliação:

Processo nº 00810-2006-017-10-00-7
O MINISTÉRIO PÚBLICO DO TRABALHO, neste ato representado pelo Procurador-Geral do Trabalho, Dr. Otávio Brito Lopes, e pelos Procuradores do Trabalho, Dr. Fábio Leal Cardoso e Dra. Vivian Rodrigues Mattos, e a UNIÃO, neste ato representada pela Advocacia-Geral da União, por meio do Advogado-Geral da União, Dr. José Antonio Dias Toffoli, e pelo Procurador-Geral da União, Dr. Luis Henrique Martins dos Anjos, e pelo Ministério do Planejamento, Orçamento e Gestão, por meio do Ministro de Estado do Planejamento, Orçamento e Gestão, Sr. Paulo Bernardo Silva, na forma do art. 5º, §6º, da Lei nº 7.347, de 24 de julho de 1985, combinado com o art. 876 da Consolidação das Leis do Trabalho (Decreto-Lei nº 5.492, de 1 de maio de 1943),
CONSIDERANDO a existência da Ação Civil Pública nº 00810-2006-017-10-00-7, ajuizada pelo Ministério Público do Trabalho em face da UNIÃO, cujo objeto versa sobre a intermediação irregular de mão-de-obra praticada no âmbito da Administração Pública Federal Direta;
CONSIDERANDO que existem outras ações civis públicas ajuizadas e vários procedimentos investigatórios em diversas Procuradorias Regionais do Trabalho envolvendo o tema da terceirização imprópria em órgãos da Administração Pública Federal Direta;
CONSIDERANDO que o acesso a cargos e empregos públicos é condicionado à prévia aprovação em concurso público de provas ou de provas e títulos, conforme previsto no art. 37, II, da Constituição Federal;
CONSIDERANDO que o Enunciado nº 331, I, do Tribunal Superior do Trabalho, estabelece que a contratação de trabalhadores por meio de empresa interposta é ilegal, salvo nos casos previstos na Lei nº 6.019, de 03 de janeiro de 1974;

CONSIDERANDO que o Decreto nº 2.271, de 07 de junho de 1997, estabelece os parâmetros para a identificação dos serviços passíveis de terceirização no âmbito da Administração Pública Federal:

CONSIDERANDO que o Ministério do Planejamento, Orçamento e Gestão apresentou ao Tribunal de Contas da União proposta para substituir empregados terceirizados por servidores concursados, tal como ficou assentado no Acórdão nº 1520/2006 – TCU;

CONSIDERANDO que a União vem sendo responsabilizada de forma subsidiária por créditos trabalhistas insatisfeitos de trabalhadores de empresas prestadoras de serviços, na forma da Sumula 331, IV, do Tribunal Superior do Trabalho;

CONSIDERANDO as reuniões preparatórias realizadas entre o Coordenador Nacional de Combate às Irregularidades Trabalhistas na Administração Pública e Assessores Técnicos do Ministério do Planejamento, Orçamento e Gestão, nas quais restou consolidado o entendimento de que a abrupta solução de continuidade na prestação de tais serviços terceirizados poderia gerar ofensa a bem jurídico de igual importância àquele tutelado na referida Ação Civil Pública;

CONSIDERANDO que, no âmbito do Poder Executivo Federal, a matéria de pessoal é da competência do Ministério do Planejamento, Orçamento e Gestão;

CONSIDERANDO a relevância e a obrigatoriedade de regularização de todos os contratos de prestação de serviços terceirizados,

RESOLVEM CELEBRAR

TERMO DE CONCILIAÇÃO JUDICIAL, nos seguintes termos e condições:

CLÁUSULA PRIMEIRA. A UNIÃO se compromete a contratar serviços terceirizados apenas e exclusivamente nas hipóteses autorizadas pelo Decreto nº 2.271, de 7 de junho de 1997, observado o disposto no artigo 37, inciso XXI, da Constituição Federal.

Parágrafo 1º A responsabilidade pela contratação de serviços terceirizados em desacordo com o disposto no Decreto nº 2.271, de 7 de junho de 1997, será da autoridade competente para a assinatura do contrato e do respectivo ordenador de despesas, solidariamente.

Parágrafo 2º O responsável pela assinatura dos contratos no âmbito de cada ministério, órgão ou entidade deverá identificar as atividades terceirizadas, o quantitativo total de terceirizados e a indicação das parcelas de recursos orçamentários que deixarão de ser disponibilizadas em decorrência da regularização gradativa das contratações conforme o cronograma e proporções estabelecidas na cláusula terceira deste termo.

CLÁUSULA SEGUNDA. A União se compromete a regularizar a situação jurídica dos seus recursos humanos, com a conseqüente rescisão dos contratos de prestação de serviços cujas atividades exercidas pelos trabalhadores terceirizados não estejam de acordo com o disposto no Decreto nº 2.271, de 7 de junho de 1997.

Parágrafo 1º Os órgãos da Administração Pública Federal deverão elaborar, em conjunto com o Ministério do Planejamento, Orçamento e Gestão, proposta de regularização da situação jurídica dos seus recursos humanos, que deverá conter, necessariamente:

a) o quantitativo de pessoal necessário para substituir trabalhadores terceirizados que estejam em desacordo com o Decreto nº 2.271, de 7 de junho da 1997;

b) o quantitativo de cargos, empregos e/ou funções públicas a serem criados, se for o caso;

c) a previsão de realização de concursos públicos para a admissão de novos servidores e/ou empregados públicos;

d) o impacto orçamentário-financeiro das medidas;

e) o cronograma de execução.

Parágrafo 2º O ato que autorizar a realização de concurso público deverá prever expressamente que os novos provimentos estarão vinculados ao pleno cumprimento das obrigações assumidas no presente Termo de Conciliação.

Parágrafo 3º O Ministério do Planejamento, Orçamento e Gestão deverá adotar todas as medidas necessárias no âmbito de sua competência para a regularização da situação jurídica dos recursos humanos de cada órgão da Administração Pública Federal, como autorização para a realização de concursos públicos, encaminhamento de projetos de lei relativos à reestruturação de carreiras e à criação de novos cargos, empregos e/ou funções públicas e previsão de disponibilidade orçamentária para cobrir as novas despesas.

CLÁUSULA TERCEIRA. O adimplemento das obrigações ajustadas obedecerá rigorosamente ao cronograma a seguir estabelecido:

a) até 31.07.2008, deverão estar concluídas, pelo Ministério do Planejamento, Orçamento e Gestão, as propostas de regularização da situação jurídica dos recursos humanos de todos os órgãos da administração pública federal, com fundamento em estudos que demonstrem as reais necessidades da força de trabalho realizada pelos terceirizados;

b) até 31.07.2009, a União deverá substituir, no mínimo, 30% do pessoal terceirizado que esteja realizando atividades incompatíveis com o presente Termo de Conciliação por trabalhadores admitidos mediante concurso público, nos termos do art. 37, II da Constituição Federal;

c) até 31.12.2009, a União deverá substituir, no mínimo, mais 30% do pessoal terceirizado que esteja realizando atividades incompatíveis com o presente Termo de Conciliação por trabalhadores admitidos mediante concurso público, nos termos do art. 37, II, da Constituição Federal;

d) até 31.12.2010, a União deverá substituir todo o pessoal terceirizado que esteja realizando atividades incompatíveis com o presente Termo de Conciliação por trabalhadores admitidos mediante concurso público, nos termos do art. 37, II, da Constituição Federal, ultimando a adequação de que trata a cláusula segunda do presente Termo de Conciliação.

Parágrafo Único. Compete ao Ministério do Planejamento, Orçamento e Gestão autorizar a realização dos respectivos concursos públicos, obedecidos os devidos preceitos legais.

CLÁUSULA QUARTA. A União se compromete a recomendar o estabelecimento das mesmas diretrizes ora pactuadas em relação às autarquias, fundações públicas, empresas públicas e sociedades de economia mista, a fim de vincular todos os órgãos integrantes da administração pública indireta ao cumprimento do presente termo de conciliação, sendo que em relação às empresas públicas e sociedades de economia mista deverá ser dado conhecimento ao Departamento de Coordenação e Controle das Empresas Estatais – DEST, do Ministério do Planejamento, Orçamento e Gestão.

CLÁUSULA QUINTA. O descumprimento das obrigações assumidas no presente Termo de Conciliação sujeitará a União à multa (astreinte) correspondente a R$1.000,00 (um mil reais), por obrigação descumprida (cláusulas e/ou seus parágrafos, incisos ou alíneas), por trabalhador encontrado em situação jurídica irregular, reversível ao Fundo de Amparo ao Trabalhador – FAT, nos termos dos arts. 5º, §6º, e 13 da Lei nº 7.347, 24 de julho de 1985, com obrigatório regresso em desfavor do agente público responsável, independentemente das demais cominações e providências que poderão vir a ser requeridas pelo Ministério Público do Trabalho.

Parágrafo 1º A cobrança da multa não desobriga a UNIÃO do cumprimento das obrigações contidas no presente Termo de Conciliação.

Parágrafo 2º Independentemente das autoridades indicadas como diretamente responsáveis pelo cumprimento do presente Termo de Conciliação, o agente público que, em nome da Administração Pública Federal, firmar ou permitir que terceiros, estranhos à Administração, firmem contrato de prestação de serviços em contrariedade às disposições estabelecidas no presente Termo de Conciliação, será responsável solidário por qualquer contratação irregular, respondendo pela multa prevista no *caput* desta cláusula, além de outras sanções administrativas e penais cabíveis.

CLÁUSULA SEXTA. O presente Termo de Conciliação produzirá efeitos legais a partir da sua celebração, devendo ser submetido ao MM. Juízo da 17ª Vara do Trabalho de Brasília/DF para homologação, a fim de conferir-lhe eficácia de título executivo judicial.
Estando assim, justos e compromissados, firmam o presente instrumento, para que produza os seus efeitos legais.
Brasília, 05 de novembro de 2007.

[81] De acordo com a Instrução Normativa nº 02, de 30.04.2008, do MPOG, a contratação de sociedades cooperativas somente poderá ocorrer quando, por sua natureza, o serviço a ser contratado evidenciar: (a) a possibilidade de ser executado com autonomia pelos cooperados, de modo a não demandar relação de subordinação entre a cooperativa e os cooperados, nem entre a administração e os cooperados; e (b) a possibilidade de gestão operacional do serviço for compartilhada ou em rodízio, na qual as atividades de coordenação e supervisão da execução dos serviços, e a de preposto, conforme determina o art. 68 da Lei nº 8.666/93, sejam realizadas pelos cooperados de forma alternada, de modo a que todos venham a assumir tal atribuição. Neste caso, a cooperativa participante deverá apresentar, juntamente com a proposta de preços, modelo de gestão operacional da prestação dos serviços, sob pena de desclassificação.

[82] A Instrução Normativa nº 02, de 30.04.2008, do MPOG, que disciplina a contratação de serviços continuados ou não, estabelece que as propostas devem pormenorizar, quando for o caso:

    a) a indicação dos sindicatos, acordos coletivos, convenções coletivas ou sentenças normativas que regem as categorias profissionais que executarão o serviço e as respectivas datas bases e vigências, com base no Código Brasileiro de Ocupações (CBO);

    b) a produtividade adotada, e se esta for diferente daquela utilizada pela administração como referência, mas admitida pelo instrumento convocatório, a respectiva comprovação de exequibilidade;

    c) a quantidade de pessoal que será alocado na execução contratual;

    d) a relação dos materiais e equipamentos que serão utilizados na execução dos serviços, indicando o quantitativo e sua especificação.

[83] De acordo com o §10 do art. 30 da Lei nº 8.666/93, é permitida a substituição dos membros da equipe que deverão participar da execução do objeto, desde que por profissionais de experiência equivalente ou superior e aprovada pela administração. Importa que o edital discipline a respeito.

[84] Portaria nº 358, de 5 de setembro de 2014, do Ministro de Estado da Fazenda, que dispõe sobre a prova de regularidade fiscal perante a Fazenda Nacional:

Art. 1º A prova de regularidade fiscal perante a Fazenda Nacional será efetuada mediante apresentação de certidão expedida conjuntamente pela Secretaria da Receita Federal do Brasil – RFB e pela Procuradoria-Geral da Fazenda Nacional – PGFN, referente a todos os tributos federais e à Dívida Ativa da União – DAU por elas administrados.

Parágrafo único: A certidão a que se refere o *caput* não obsta a emissão de certidão com finalidade determinada, quando exigida por lei, relativa aos tributos federais e à Dívida Ativa da União.

Art. 2º As certidões emitidas na forma desta Portaria terão prazo de validade de 180 (cento e oitenta) dias, contado de sua emissão.

Art. 3º A RFB e a PGFN poderão regulamentar a expedição das certidões a que se refere esta Portaria.

Art. 4º A validade das certidões emitidas pela RFB e PGFN depende de verificação de autenticidade pelo órgão responsável pela exigência da regularidade fiscal.

Art. 5º As certidões de prova de regularidade fiscal emitidas nos termos do Decreto nº 6.106, de 30 de abril de 2007, e desta Portaria têm eficácia durante o prazo de validade nelas constante.

Art. 6º Esta Portaria entra em vigor em 20 de outubro de 2014.

[85] Certidão expedida conjuntamente pela Secretaria da Receita Federal do Brasil (RFB) e pela Procuradoria-Geral da Fazenda Nacional (PGFN), referente a todos os tributos federais e à Dívida Ativa da União (DAU) por elas administrados, conforme Portaria nº 358, de 5 de setembro de 2014, do Ministro de Estado da Fazenda. Registre-se que o Decreto nº 8.302/14 revogou o Decreto nº 6.106/07.

[86] A Lei nº 10.520/02 e o Decreto nº 5.450/05 reproduzem as categorias de habilitação arroladas no art. 27 da Lei nº 8.666/93. No que tange à qualificação técnica do licitante, estabelece o art. 30, I, da Lei Geral de Licitações a comprovação mediante registro ou inscrição na entidade profissional competente, que deverá ocorrer apenas quando houver restrição legal ao livre exercício de uma atividade. O órgão ou a entidade pública licitante deverá ter cautela nesse aspecto, tendo em vista a existência de garantias constitucionais que impossibilitam a limitação ao exercício de profissões, a não ser em virtude de lei. É comum os editais apenas reproduzirem a redação do art. 30, I, contudo, ao ser exigida a comprovação do registro ou inscrição, deve o órgão ou entidade fazer referência à entidade profissional competente e à legislação aplicável.

De acordo com a Lei nº 6.839/80, art. 1º, o registro de empresas e a anotação dos profissionais legalmente habilitados, delas encarregados, serão obrigatórios nas entidades competentes para a fiscalização do exercício das diversas profissões,[212] em razão da atividade básica ou em relação àquela pela qual prestem serviços a terceiros.

Ilustra-se com a inscrição nas seguintes entidades: Conselho Regional de Engenharia e Agronomia (CREA), Conselho de Arquitetura e Urbanismo (CAU), Ordem dos Advogados do Brasil (OAB), Conselho Regional de Administração (CRA), Conselho Regional de Química (CRQ), Conselho Regional de Farmácia (CRF), Conselho Federal de Enfermagem e o Conselho Regional de Fisioterapia e Terapia Ocupacional.

Nas relações de trabalho e na atividade econômica em geral, somente será exigida a comprovação de registro ou inscrição na entidade profissional competente se houver lei específica, restritiva do livre exercício de atividade profissional. Assim também no instrumento convocatório da licitação, que deverá identificar, de modo preciso, a entidade de registro profissional competente para fiscalizar a atividade básica ou o serviço preponderante da licitação. Se o instrumento convocatório apenas reproduzir o texto do art. 30, inciso I, da Lei nº 8.666/93, sem especificar a entidade fiscalizadora e a norma de regência, imporá à comissão de licitação e ao pregoeiro aceitar a comprovação

---

[212] A Lei nº 5.194/66 regula o exercício das profissões de engenheiro e de engenheiro agrônomo; o Decreto nº 23.196/33 regula o exercício da profissão agronômica e o Decreto-Lei nº 8.620/46 dispõe sobre a regulamentação do exercício das profissões de engenheiro e de agrimensor; a Lei nº 4.076/62 regula o exercício da profissão de geólogo; a Lei nº 6.664/79 disciplina a profissão de geógrafo; a Lei nº 6.835/80 dispõe sobre o exercício da profissão de meteorologista; a Lei nº 12.378/10 dispõe sobre as atividades e atribuições profissionais do arquiteto e urbanista.

de registro ou inscrição em qualquer entidade profissional, expondo-os a situação contraposta ao princípio do julgamento objetivo.

Por isto que advertem precedentes do Superior Tribunal de Justiça:

ADMINISTRATIVO. CONSELHO REGIONAL DE QUÍMICA. REGISTRO DE EMPRESA QUE COMERCIALIZA EXTINTORES DE INCÊNDIO. ATIVIDADE PREPONDERANTE. ART. 1º DA LEI Nº 6.839/80. 1. Cuidam os autos de embargos à execução, propostos pela empresa [...], em face de ação ajuizada pelo Conselho Regional de Química – CRQ, visando à cobrança de anuidades relativas aos anos de 1998 e 1999. O juízo de primeiro grau julgou procedentes os embargos, extinguindo a execução. Apelou o Conselho e o TRF/5ª Região deu provimento ao recurso voluntário e à remessa oficial à luz do entendimento segundo o qual a atividade preponderante da empresa exige conhecimento específico da área de química, devendo obter, em consequência, registro junto ao Conselho Regional de Química. Recurso especial interposto pela empresa com fundamento nas alíneas "a" e "c", apontando violação ao art. 1º da Lei nº 6.839/80 e à Lei nº 5.194/66, além de dissídio jurisprudencial. Sustenta, em síntese, que a atividade que desenvolve está relacionada à compra, venda e manutenção de extintores de incêndio e submete-se à fiscalização do INMETRO e do CREA, onde já possui inscrição. Sem contra-razões. 2. A empresa que comercializa extintores de incêndio não está obrigada a manter registro no CRQ – Conselho Regional de Química, especialmente quando já o tem perante o CREA – Conselho Regional de Engenharia e Arquitetura e Agronomia. 3. A dupla inscrição não é exigida por norma legal. A atividade básica desenvolvida pela empresa é que determina a que Conselho Profissional deve se vincular (Lei nº 6.839/80, art. 1º). 4. Recurso especial provido. (REsp nº 652.032/AL, Rel. Min. José Delgado, DJ 01.02.2005)

DIREITO ADMINISTRATIVO. INSCRIÇÃO DE INDÚSTRIA DE LATICÍNIOS NO CONSELHO DE QUÍMICA. A pessoa jurídica cuja finalidade precípua é a industrialização e o comércio de laticínios e derivados não é obrigada a registrar-se no Conselho Regional de Química. Precedentes citados: REsp 410.421-SC, Segunda Turma, DJ 1º.08.2005; e REsp 816.846-RJ, Primeira Turma, DJ 17.04.2006. (REsp nº 1.410.594-PR, Rel. Min. Herman Benjamin, DJe 05.12.2013)

E também do Supremo Tribunal Federal (*Informativo STF* nº 752, de 2014):

EMENTA: ADMINISTRATIVO E CONSTITUCIONAL. RECURSO EXTRAORDINÁRIO. INSCRIÇÃO NA ORDEM DOS MÚSICOS DO BRASIL (OMB). PAGAMENTO DE ANUIDADES. NÃO-OBRIGATORIEDADE. OFENSA À GARANTIA DA LIBERDADE DE EXPRESSÃO (ART. 5º, IX, DA CF). REPERCUSSÃO GERAL CONFIGURADA. REAFIRMAÇÃO DA JURISPRUDÊNCIA. 1. O Plenário do Supremo Tribunal Federal, no julgamento do RE 414.426, rel. Min. ELLEN GRACIE, DJe de 10.10.2011, firmou o entendimento de que a atividade de músico é manifestação artística protegida pela garantia da liberdade de expressão, sendo, por isso, incompatível com a Constituição Federal de 1988 a exigência de inscrição na Ordem dos Músicos do Brasil, bem como de pagamento de anuidade, para o exercício de tal profissão. 2. Recurso extraordinário provido, com o reconhecimento da repercussão geral do tema e a reafirmação da jurisprudência sobre a matéria. (Repercussão Geral em RE nº 795.467-SP, Rel. Min. Teori Zavascki).

Ainda no Tribunal de Contas da União:

A exigência de registro ou inscrição na entidade profissional competente, prevista no art. 30, inciso I, da Lei nº 8.666/1993, deve se limitar ao conselho que fiscalize a atividade básica ou o serviço preponderante da licitação (Acórdão nº 5383/2016 – Segunda Câmara, Rel. Min. Vital do Rêgo, Processo nº 019.620/2014-4);

1.7. Dar ciência à [...], com base no art. 7º da Resolução – TCU 265/2014, sobre a ausência de discriminação, de forma precisa, no edital do Pregão 4/2016, da entidade de fiscalização profissional reputada competente para a inscrição dos interessados, se houver, sem perder de vista que tal exigência de qualificação técnica, prevista no artigo 30, inciso I, da Lei nº 8.666/1993, deve ser limitada à inscrição no conselho que fiscalize a atividade básica ou o serviço preponderante objeto da licitação, em afronta ao artigo 1º da Lei nº 6.839/1980, bem como à jurisprudência deste Tribunal, a exemplo dos Acórdão nº 473/2004 – Plenário e 1884/2015, 1ª Câmara, com vistas à adoção de providências internas que previnam a ocorrência de outras semelhantes. (Acórdão nº 970/2016 – Plenário, Rel. Min. José Múcio Monteiro, Processo nº 009.482/2016-4);

[87] O art. 27, §4º, do Decreto nº 5.450/05 autoriza a administração a estipular outro prazo de validade da proposta.

[88] Alguns editais de licitação exigem do licitante a descrição detalhada do objeto na proposta. A oferta de valor na licitação, que adota o critério de julgamento baseado no menor preço, e a consagração do licitante como vencedor da disputa vincula-o à executar o objeto nas específicas condições estipuladas no termo de referência elaborado pela administração. Além disso, o licitante, ao apresentar sua proposta, está concordando com as condições contidas no edital e seus anexos, traduzindo-se na estrita vinculação às condições estabelecidas nesses instrumentos. Ademais, se exigida a descrição detalhada do objeto e tal não ocorrer com a devida exatidão, poderá ensejar a indevida desclassificação da proposta, medida que fere os princípios da razoabilidade, da ampla competitividade e da busca da proposta mais vantajosa para a administração.

[89] Dispõe o art. 23, §7º, da Lei nº 8.666/93, que na compra de bens de natureza divisível e desde que não haja prejuízo para o conjunto ou complexo, é permitida a cotação de quantidade inferior à demandada na licitação, com vistas a ampliação da competitividade, podendo o edital fixar quantitativo mínimo para preservar a economia de escala.

[90] V. o item 1.3.5.1.17 sobre os critérios de aceitação de propostas (compras e serviços), do capítulo intitulado "Roteiro anotado de procedimentos licitatórios mediante pregão (presencial e eletrônico) e para a formação de sistema de registro de preços".

Dispõe o art. 9º, §1º, do Decreto federal nº 7.892/13 que o edital poderá admitir, como critério de julgamento, o menor preço aferido pela oferta de desconto sobre tabela de preços praticados no mercado, desde que tecnicamente justificado.

[91] Os licitantes com preços registrados terão preferência em outra licitação realizada pelo mesmo órgão ou entidade, de mesmo objeto, em igualdade de condições.

[92] A administração lavrará tantas atas quantas forem necessárias para o registro de todos os itens constantes no termo de referência, com a indicação do licitante vencedor, a descrição dos itens, as respectivas quantidades, preços registrados e demais condições. Em havendo vários itens e vários licitantes vencedores, é conveniente que a administração formalize uma ata para cada licitante vencedor, com a descrição dos itens em que se sagrou vencedor, a quantidade ofertada e os preços registrados. A medida evita que uma única ata seja enviada inúmeras vezes para ser assinada por vários licitantes vencedores, distintos e localizados em diversas regiões do país. Mesmo com a

fixação de prazo para que a ata seja devolvida assinada, a existência de vários licitantes vencedores e uma única ata acarretam demora na finalização do documento (assinatura de todos os licitantes).

Convocar os licitantes vencedores para que se apresentem na sede da administração para assinatura da ata pode tornar o registro de preços inócuo quando os valores dos itens não forem expressivos e os licitantes estiverem sediados em localidades distantes, a impor-lhes despesas com o deslocamento e desestimulando a contratação, que, cuidando-se de registro de preços, não é obrigatória. Por outro lado, a administração e os adjudicatários devem atentar para o fato de que a não assinatura da ata atrai a aplicação de penalidades, especificadas no edital.

Para que o registro de preços cumpra a sua finalidade, a administração pode valer-se de meio eletrônico (correio eletrônico em arquivo PDF), enviando por essa forma a ata para assinatura, com prazo para devolução, via postal, posterior conferência de seu conteúdo e do instrumento que conceda poderes ao representante para firmar o documento.

O avanço tecnológico deve estar a serviço da administração, incentivando-se a sua utilização. Dependendo do objeto do registro de preços, todavia, é prudente que o representante da empresa vencedora compareça à administração para assinatura da ata, a fim de que se inteire de pormenores burocráticos condicionantes do início da execução, eventualmente não explicitados no edital. O mesmo vale para a assinatura de termos de contrato.

[93] Extrai-se do art. 15, §3, III, da Lei nº 8.666/93 a possibilidade de fixação de prazo inferior a um ano de validade para o SRP, admitindo-se, posteriormente, a prorrogação, se for o caso, por diversas vezes, até completar o período de um ano. Como a administração e os licitantes vinculam-se aos termos do edital, essa possibilidade nele deverá estar expressa.

O prazo de validade não necessita ser coincidente com o exercício financeiro, tendo em vista que a exigência de recursos orçamentários não se aplica ao SRP.

A possibilidade de prorrogação, em face do princípio da vinculação das partes ao edital, deverá estar prevista neste último, como *conditio sine qua non* à prorrogação. À administração assiste o direito de prorrogar a validade da ata de registro de preços, mas o fornecedor registrado não está obrigado a aceitar a prorrogação.

A regra do art. 57, §2º, da Lei nº 8.666/93, que prevê que toda prorrogação de prazo deva ser justificada e previamente autorizada pela autoridade competente para celebrar o contrato, *in casu* a ata de registro de preços, aplica-se ao SRP.

[94] V. orientações constantes no capítulo intitulado "O tratamento diferenciado às microempresas, empresas de pequeno porte nas contratações públicas, segundo as cláusulas gerais e os conceitos jurídicos indeterminados".

[95] Dispõe o Decreto nº 7.892/13 que:

> Art. 15. A contratação com os fornecedores registrados será formalizada pelo órgão interessado por intermédio de instrumento contratual, emissão de nota de empenho de despesa, autorização de compra ou outro instrumento hábil, conforme o art. 62 da Lei nº 8.666, de 1993.

No tocante ao contrato, a Lei nº 8.666/93 estabelece que:

> Art. 62. O instrumento de contrato é obrigatório nos casos de concorrência e de tomada de preços, bem como nas dispensas e inexigibilidades cujos preços estejam compreendidos nos limites destas duas modalidades de licitação, e facultativo nos demais em que a Administração puder substituí-lo por outros instrumentos hábeis, tais como carta-contrato, nota de empenho de despesa, autorização de compra ou ordem de execução de serviço.
> §1º A minuta do futuro contrato integrará sempre o edital ou ato convocatório da licitação.
> §2º Em "carta contrato", "nota de empenho de despesa", "autorização de compra", "ordem de execução de serviço" ou outros instrumentos hábeis aplica-se, no que couber, o disposto no art. 55 desta Lei.
> §3º Aplica-se o disposto nos arts. 55 e 58 a 61 desta Lei e demais normas gerais, no que couber:
> I – aos contratos de seguro, de financiamento, de locação em que o Poder Público seja locatário, e aos demais cujo conteúdo seja regido, predominantemente, por norma de direito privado;
> II – aos contratos em que a Administração for parte como usuária de serviço público.
> §4º É dispensável o "termo de contrato" e facultada a substituição prevista neste artigo, a critério da Administração e independentemente de seu valor, nos casos de compra com entrega imediata e integral dos bens adquiridos, dos quais não resultem obrigações futuras, inclusive assistência técnica.

O termo de contrato é documento solene, assinado pelas partes contraentes, integrado por cláusulas definidoras do objeto, das condições para a sua execução, das obrigações em geral quanto a prazos, preço, pagamento, garantias, vigência e sanções. O instrumento equivalente é documento simplificado, que contém algumas das cláusulas previstas no art. 55 da Lei nº 8.666/93, no que forem aplicáveis, e na ata de registro de preços, exigindo, apenas, o aceite e retirada pelo contratado. Nesse instrumento, a vigência contratual encerra-se com o cumprimento da obrigação, como assentado pela jurisprudência do Tribunal de Contas da União:

> 9.5.3 se abstenha de firmar termos aditivos a contratos após o término de sua vigência, observando que, nos casos em que os termos contratuais são substituídos por notas de empenho da despesa, a vigência contratual encerra-se na data em que se extinguem as obrigações das partes (Acórdão nº 1.656/2003 – Plenário, Rel. Min. Walton Alencar Rodrigues, Processo nº 008.551/2003-8).

De acordo com o art. 62 da Lei nº 8.666/93, o instrumento de contrato – leia-se termo de contrato – é obrigatório nos casos de concorrência e de tomada de preços, bem como nas dispensas e inexigibilidades cujos preços estejam compreendidos nos limites dessas duas modalidades de licitação, e facultativo nos casos em que a administração puder substituí-lo por instrumentos equivalentes. A modalidade pregão independe do valor estimado do objeto.

O termo de contrato pode ser substituído por instrumento equivalente (carta-contrato, nota de empenho de despesa, autorização de compra ou ordem de execução de serviço), a critério da administração e independentemente de seu valor, apenas na hipótese de *"compra"* com entrega imediata e integral dos bens adquiridos, dos quais não resultem obrigações futuras, inclusive assistência técnica, por aplicação do disposto no art. 62, §4º, da Lei nº 8.666/93 (*É dispensável o "termo de contrato" e facultada a substituição prevista neste artigo, a critério da Administração e independentemente de seu valor, nos casos de compra com entrega imediata e integral dos bens adquiridos, dos quais não resultem obrigações futuras, inclusive assistência técnica*). Entende-se como compra para entrega imediata, segundo o art. 40, §4º, da Lei nº 8.666/93, aquela com prazo de entrega de até trinta dias da data prevista para a apresentação da proposta.

Tendo em vista que no sistema de registro de preços o prazo de validade da ata é de no máximo doze meses, período em que a administração poderá contratar com o fornecedor registrado, de pouca ou nenhuma aplicabilidade terá o disposto no art. 40, §4º, da Lei nº 8.666/93, para ensejar o emprego de instrumento equivalente. O termo de contrato será, então, o instrumento apropriado para veicular cada contratação que se realizar dentro do prazo de validade da ata de registro de preços, daí a imprescindibilidade de integrar o edital da licitação como anexo. Também será o instrumento adequado para formalizar os ajustes celebrados entre os demais órgãos contratantes (participantes e aderentes) e o fornecedor registrado.

Na obrigação futura, o contratado compromete-se a satisfazer as necessidades da administração contratante durante período de tempo determinado e nas condições previamente estipuladas. Configuram obrigações futuras do contratado, segundo o Tribunal de Contas da União,[213] a entrega futura ou parcelada do objeto e a assistência técnica, a atrair, portanto, a formalização do ajuste por meio de termo, não por instrumento equivalente.

Há outra situação atraente da formalização do ajuste entre o fornecedor registrado e a administração por meio de termo de contrato. O Decreto federal nº 7.892/13, em seu art. 12, §1º, veda a realização de acréscimos nos quantitativos fixados pela ata de registro de preços, mas a admite nos contratos decorrentes da ata (art. 12, §3º). Sendo inviável juridicamente aditivar nota de empenho de despesa, em vista de a vigência desse instrumento contratual encerrar-se na data em que se extinguem as obrigações das partes, como fazer uso da prerrogativa do art. 65, §1º, da Lei nº 8.666/93 (acréscimo do objeto)? O termo de contrato, pois, viabiliza a realização de aditivos necessários a acrescer o objeto do contrato, até o limite previsto em Lei.

Há quem defenda a utilização de carta-contrato, nota de empenho de despesa, autorização de compra ou ordem de execução de serviço em substituição ao termo de contrato, em vista da economicidade que representam para a administração pública, por dispensarem a publicação na imprensa oficial. O art. 61, parágrafo único, da Lei nº 8.666/93 exige a publicação resumida do instrumento de contrato, sem distinguir suas espécies, do que se extrai a obrigatoriedade de publicação na imprensa oficial, qualquer que seja o valor do contrato, inclusive quando utilizados instrumentos equivalentes ao termo de contrato. No âmbito do Tribunal de Contas da União extrai-se que:

> O Tribunal Pleno, diante das razões expostas pelo Relator, DECIDE: 1. fixar o prazo de 15 (quinze) dias para que o Presidente da Empresa Brasileira de Planejamento e Transportes – GEIPOT, adote as medidas adiante descritas, com vistas a prevenir a ocorrência de outras

---

[213] Disponível em: <http://portal2.tcu.gov.br/portal/pls/portal/docs/2057620.PDF>.

impropriedades semelhantes: [...] 1.3. publicação dos extratos de todos seus contratos no Diário Oficial da União, nos termos do parágrafo único do art. 61 da Lei nº 8.666/93 e do art. 33 do Regulamento de Licitações e Contratos do GEIPOT, mesmo em se tratando de outros instrumentos hábeis, como por exemplo, "nota de empenho", "carta contrato", "autorização de compra", "ordem de execução de serviço"; (Decisão nº 585/1994 – Plenário, Rel. Min. Homero Santos, Processo nº 011.621/1993-1).

[96] Ao órgão gerenciador, no âmbito da administração pública federal, compete a publicação, no Diário Oficial, do extrato da ata de registro de preços. A Instrução Normativa nº 08, de 04 de dezembro de 1998, do Ministério do Planejamento, Orçamento e Gestão, ao regulamentar os procedimentos licitatórios e de contratação processados pelo Sistema de Registro de Preços, no âmbito dos órgãos e entidades integrantes do Sistema de Serviços Gerais (SISG), estabelece que:

> Art. 13. O órgão ou entidade responsável mandará publicar na imprensa oficial, por meio do SIASG, o extrato da Ata de Registro de Preço, no prazo máximo de 10 (dez) dias úteis, contados da data de início da validade do registro.
> §1º O extrato da Ata de Registro de Preço discriminará o bem, o valor unitário, o valor total estimado, a validade do registro, os fornecedores na ordem de registro com seus respectivos quantitativos propostos e os órgãos e entidades usuários.
> §2º Os aditamentos efetuados na Ata de Registro de Preço serão igualmente publicados na imprensa oficial.

[97] Órgão gerenciador é órgão ou a entidade da administração pública responsável pela condução do conjunto de procedimentos de registro de preços e gerenciamento da ata dele decorrente. O Decreto nº 7.892/13 elenca as atribuições do órgão gerenciador no âmbito da administração pública federal, a saber:

> Art. 5º Caberá ao órgão gerenciador a prática de todos os atos de controle e administração do Sistema de Registro de Preços, e ainda o seguinte:
> I – registrar sua intenção de registro de preços no Portal de Compras do Governo federal;
> II – consolidar informações relativas à estimativa individual e total de consumo, promovendo a adequação dos respectivos termos de referência ou projetos básicos encaminhados para atender aos requisitos de padronização e racionalização;
> III – promover atos necessários à instrução processual para a realização do procedimento licitatório;
> IV – realizar pesquisa de mercado para identificação do valor estimado da licitação e consolidar os dados das pesquisas de mercado realizadas pelos órgãos e entidades participantes, inclusive nas hipóteses previstas nos §§2º e 3º do art. 6º deste Decreto;
> V – confirmar, junto aos órgãos participantes, a sua concordância com o objeto a ser licitado, inclusive quanto aos quantitativos e termo de referência ou projeto básico;
> VI – realizar o procedimento licitatório;
> VII – gerenciar a ata de registro de preços;
> VIII – conduzir eventuais renegociações dos preços registrados;
> IX – aplicar, garantida a ampla defesa e o contraditório, as penalidades decorrentes de infrações no procedimento licitatório; e
> X – aplicar, garantida a ampla defesa e o contraditório, as penalidades decorrentes do descumprimento do pactuado na ata de registro de preços ou do descumprimento das obrigações contratuais, em relação às suas próprias contratações.

§1º A ata de registro de preços, disponibilizada no Portal de Compras do Governo federal, poderá ser assinada por certificação digital.

§2º O órgão gerenciador poderá solicitar auxílio técnico aos órgãos participantes para execução das atividades previstas nos incisos III, IV e VI do *caput*.

[...]

Art. 8º O órgão gerenciador poderá dividir a quantidade total do item em lotes, quando técnica e economicamente viável, para possibilitar maior competitividade, observada a quantidade mínima, o prazo e o local de entrega ou de prestação dos serviços.

[...]

Art. 17. Os preços registrados poderão ser revistos em decorrência de eventual redução dos preços praticados no mercado ou de fato que eleve o custo dos serviços ou bens registrados, cabendo ao órgão gerenciador promover as negociações junto aos fornecedores, observadas as disposições contidas na alínea "d" do inciso II do *caput* do art. 65 da Lei nº 8.666, de 1993.

Art. 18. Quando o preço registrado tornar-se superior ao preço praticado no mercado por motivo superveniente, o órgão gerenciador convocará os fornecedores para negociarem a redução dos preços aos valores praticados pelo mercado.

[...]

Art. 19. Quando o preço de mercado tornar-se superior aos preços registrados e o fornecedor não puder cumprir o compromisso, o órgão gerenciador poderá:

I – liberar o fornecedor do compromisso assumido, caso a comunicação ocorra antes do pedido de fornecimento, e sem aplicação da penalidade se confirmada a veracidade dos motivos e comprovantes apresentados; e

II – convocar os demais fornecedores para assegurar igual oportunidade de negociação.

Parágrafo único. Não havendo êxito nas negociações, o órgão gerenciador deverá proceder à revogação da ata de registro de preços, adotando as medidas cabíveis para obtenção da contratação mais vantajosa.

Art. 20. O registro do fornecedor será cancelado quando:

I – descumprir as condições da ata de registro de preços;

II – não retirar a nota de empenho ou instrumento equivalente no prazo estabelecido pela Administração, sem justificativa aceitável;

III – não aceitar reduzir o seu preço registrado, na hipótese deste se tornar superior àqueles praticados no mercado; ou

IV – sofrer sanção prevista nos incisos III ou IV do *caput* do art. 87 da Lei nº 8.666, de 1993, ou no art. 7º da Lei nº 10.520, de 2002.

Parágrafo único. O cancelamento de registros nas hipóteses previstas nos incisos I, II e IV do *caput* será formalizado por despacho do órgão gerenciador, assegurado o contraditório e a ampla defesa.

[98] Deverá estar em conformidade com o edital. V. nota 93.

[99] De acordo com o art. 11, §2º, do Decreto federal nº 7.892/13, serão registrados na ata os preços e quantitativos do licitante mais bem classificado durante a etapa competitiva e os preços e quantitativos dos licitantes que aceitaram cotar seus bens ou serviços em valor igual ao do licitante mais bem classificado, exatamente nesta ordem.

Trata-se de cadastro de reserva, inovação apresentada pelo Decreto, aplicável no caso de exclusão do primeiro colocado da ata em razão do cancelamento de seu registro por fato superveniente, decorrente de caso fortuito ou força maior, prejudicial ao cumprimento da ata, devidamente comprovado e justificado, ou em razão de interesse público, ou a pedido do próprio fornecedor. O cancelamento do registro do fornecedor poderá ainda decorrer do descumprimento das condições estabelecidas na ata, quando (o fornecedor) não retirar a nota de empenho ou instrumento equivalente no prazo estabelecido pela administração, sem justificativa aceitável, ou sofrer sanção administrativa que o proíba de contratar com o poder público, com eficácia que alcance o órgão ou a entidade contratante. O cancelamento do registro, nessas hipóteses, será formalizado por despacho do órgão gerenciador, assegurados ao fornecedor o contraditório e a ampla defesa.

Enseja o cancelamento do registro do fornecedor, ainda, o fato deste não aceitar reduzir o seu preço, na hipótese em que superior àquele praticado no mercado. Obrigam-se os órgãos contratantes (gerenciador, participantes e aderentes) a consultar os preços praticados pelo mercado antes de contratar com o fornecedor registrado. Evidenciada a desvantagem da contratação, após consultado o fornecedor quanto à possível redução de preço, exsurgirá o cancelamento do registro (especificamente do item com preço superior ao de mercado).

A medida não é de rigor, podendo a administração justificar que, em razão da quantidade remanescente do objeto registrado, dos custos com a realização de nova licitação, da pequena demanda e/ou da necessidade imediata que se apresenta, há vantagem na contratação com o fornecedor pelo preço registrado em ata, e, não, no cancelamento do registro.

[100] De acordo com o art. 9º, §1º, do Decreto nº 7.892/13 o edital poderá admitir, como critério de julgamento, o menor preço aferido pela oferta de desconto sobre tabela de preços praticados no mercado, desde que tecnicamente justificado.

REFERÊNCIAS

ALTOUNIAN, Cláudio Sarian. *Obras públicas*: licitação, contratação, fiscalização e utilização. 2. ed. Belo Horizonte: Fórum, 2009.

ARAGÃO, Alexandre Santos de. *Agências reguladoras e a evolução do direito administrativo Econômico*. Rio de Janeiro: Forense, 2009.

ARNAUD, André-Jean (Coord.). *Dicionário Enciclopédico de teoria e de sociologia do direito*. Rio de Janeiro: Renovar, 1999.

ARNAUD, André-Jean; DULCE, María José Farinas. *Introdução à análise sociológica dos sistemas jurídicos*. Rio de Janeiro: Renovar, 2000.

ARNT, Ricardo (Coord.). *O que os economistas pensam sobre sustentabilidade*. 2. ed. São Paulo: Editora 34, 2011.

BARCELLOS, Ana Paula de. Constitucionalização das políticas públicas em matéria de direitos fundamentais: o controle político-social e o controle jurídico no espaço democrático. *Revista de Direito do Estado*, v. 1, n. 3, p. 17-54, jul./ set. 2006.

BARCELLOS, Ana Paula de. Neoconstitucionalismo, direitos fundamentais e controle das políticas públicas. *Revista de Direito Administrativo*, n. 240, 2005.

BARROSO, Luis Roberto. O controle de constitucionalidade no direito brasileiro. São Paulo: Saraiva, 2009.

BINENBOJM, Gustavo. *Uma teoria do direito administrativo*: direitos fundamentais, democracia e constitucionalização. Rio de Janeiro: Renovar, 2006.

BITTENCOURT, Sidney. *Licitação de registro de preços:* comentários ao Decreto nº 3.931, de 19 de setembro de 2001. 2. ed. Belo Horizonte: Fórum, 2008.

BLIACHERIS, Marcos Weiss. Manejo florestal sustentável: uma perspectiva jurídica. Biblioteca Digital Fórum de Direito Urbano e Ambiental – FDUA, Belo Horizonte, ano 10, n. 56, mar./abr. 2011. Disponível em: <http://www.bidforum.com.br/bid/PDI0006.aspx?pdiCntd=72794>.

BLIACHERIS, Marcos Weiss; FERREIRA, Maria Augusta Soares de Oliveira (Coord.). *Sustentabilidade na administração pública*. Belo Horizonte: Fórum, 2012.

BOBBIO, Norberto; VIROLI, Maurizio. *Diálogo em torno da República*. Tradução Daniela Beccaccia Versiani. Rio de Janeiro: Campus, 2002.

BONAVIDES, Paulo; MIRANDA, Jorge; AGRA, Walber de Moura. *Comentários à Constituição Federal de 1988*. Rio de Janeiro: Forense, 2009.

BRAGA, Valeschka e Silva. *Princípios da proporcionalidade e da razoabilidade*. 2. ed. Curitiba: Juruá, 2008.

BRASIL. Tribunal de Contas da União – TCU. *Licitações e contratos*: orientações e jurisprudência. 4. ed. rev. atual. e ampl. Brasília: TCU, 2010.

BRASIL. Tribunal de Contas da União. *Obras públicas*: recomendações básicas para a contratação e fiscalização de obras públicas. 4. ed. Brasília: TCU, 2014.

BUCCI, Maria Paula Dallari (Org.). *Políticas públicas*: reflexões sobre o conceito jurídico. São Paulo: Saraiva, 2006.

BUCCI, Maria Paula Dallari. *Direito administrativo e políticas públicas*. São Paulo: Saraiva, 2006.

CÂMARA, Alexandre Freitas. *Lições de direito processual civil*. 20. ed. Rio de Janeiro: Lumen Juris, 2010. v. 1.

CARVALHO E SOUSA, Guilherme. *A responsabilidade do estado e o princípio da confiança legítima*. Rio de Janeiro: Lumen Juris, 2014.

CARVALHO FILHO, José dos Santos. *Manual de direito administrativo*. Rio de Janeiro: Lúmen Júris, 2003.

CHARLES, Ronny. *Lei de licitações públicas comentadas*. 3. ed. Salvador: Juspodivm, 2010.

COMPARATO, Fábio Konder. Ensaio sobre o juízo de constitucionalidade de políticas públicas. *Revista dos Tribunais*, v. 737, 1997.

COSTA, Judith Martins. As cláusulas gerais como fatores de mobilidade do sistema jurídico. *Revista dos Tribunais*, São Paulo, v. 680, 1992.

CRETELLA JÚNIOR, José. *Das licitações públicas*. 18. ed. Rio de Janeiro: Forense, 2006.

CRUZ, Flávio da (Coord.). *Comentários à Lei nº 4.320*. 4. ed. São Paulo: Atlas, 2006.

DALLARI, Adilson Abreu. *Aspectos jurídicos da licitação*. 7. ed. São Paulo: Saraiva, 2007.

DIAS, Reinaldo. *Gestão ambiental*. 2. ed. São Paulo: Atlas, 2011.

DOTTI, Marinês Restelatto. Contratação emergencial e desídia administrativa. *Fórum de Contratação e Gestão Pública – FCGP*, ano 6, n. 64, p. 59, abr. 2007.

DOTTI, Marinês Restelatto. Vantagens e peculiaridades do sistema de registro de preços. *Revista Zênite - Informativo de Licitações e Contratos (ILC)*, Curitiba, n. 243, p. 477-482, maio 2014.

DRUCKER, Peter. *Desafios gerenciais para o século XXI*. Tradução Nivaldo Montingelli Jr. São Paulo: Pioneira Thomson Learning, 2001.

ENTERRÍA, Eduardo Garcia. *Democracia, jueces y control de la administración*. 5. ed. Madri: Civitas, 2000.

FERREIRA, Daniel. *Sanções administrativas*. São Paulo: Malheiros, 2001.

FIGUEIREDO, Lúcia Valle. *Curso de direito administrativo*. 7. ed. São Paulo: Malheiros, 2004.

FLORES, Nilton Cesar (Coord.). *A sustentabilidade ambiental em suas múltiplas faces*. São Paulo: Millennium, 2012.

FRANÇA, Maria Adelaide de Campos. *Comentários à lei de licitações e contratos da administração pública*. São Paulo: Saraiva, 2010.

FREITAS, Daniela Bandeira de. *A fragmentação administrativa do Estado*: fatores determinantes, limitações e problemas jurídico-políticos. Belo Horizonte: Fórum, 2011.

FREITAS, Juarez. *A interpretação sistemática do direito*. 2. ed. São Paulo: Malheiros, 1998.

FREITAS, Juarez. *O controle dos atos administrativos e os princípios fundamentais*. São Paulo: Malheiros, 1997.

FREITAS, Juarez. *Discricionariedade administrativa e o direito fundamental à boa administração pública*. 2. ed. São Paulo: Malheiros, 2009.

FRIEDMAN, Thomas L. *O mundo é plano*. Rio de Janeiro: Objetiva, 2005.

FURTADO, Lucas Rocha. *Curso de licitações e contratos administrativos*. 2. ed. Belo Horizonte: Fórum, 2009.

GASPARINI, Diogenes (Coord.). *Pregão presencial e eletrônico*. Belo Horizonte: Fórum, 2006.

GASPARINI, Diogenes. *Crimes na licitação*. 2. ed. São Paulo: NDJ, 2001.

GASPARINI, Diogenes. *Direito administrativo*. 14. ed. São Paulo: Saraiva, 2008.

GIANNINI, Massimo Severo. *Sulla formula amministrazione per risultati*: Derecho Administrativo. Madrid: Ministerio para las Administraciones Públicas (MAP), 1991. v. 1.

GRANILLO OCAMPO, Raúl Enrique. *Distribución de los riesgos en la contratación administrativa*. Buenos Aires: Ástrea, 1990.

GRAU, Eros Roberto. *O direito posto e o direito pressuposto*. 5. ed. São Paulo: Malheiros, 2003.

GRAU, Eros Roberto. *A ordem econômica na Constituição de 1988*: interpretação e crítica. 7. ed. São Paulo: Malheiros, 2002.

GRAZIERA, Maria Luiza Machado. *Contratos administrativos*: gestão, teoria e prática. São Paulo: Atlas, 2002.

GUERRA, Evandro Martins. *Os controles externo e interno da administração pública e os tribunais de contas*. Belo Horizonte: Fórum, 2003.

GUIMARÃES, Edgar; SANTANA, Jair Eduardo. *Licitações e o novo estatuto da pequena e microempresa*: reflexos práticos da LC nº 123/06. 2. ed. Belo Horizonte: Fórum, 2009.

HESSE, Konrad. *Elementos de direito constitucional da República Federal da Alemanha*. Porto Alegre: Sergio Antonio Fabris, 1998.

HOCHMAN, Gilberto; ARRETCHE, Marta; MARQUES, Eduardo. *Políticas públicas no Brasil*. Rio de Janeiro: Fiocruz, 2007.

IANNOTTA, Lucio. Previsione e realizzazione del resultato nella pubblica amministrazione: dagli interessi ai beni. *Rivista Diritto Amministrativo*, Roma, 1999.

JACOBY FERNANDES, Jorge Ulisses. *Contratação direta sem licitação*. 7. ed. Belo Horizonte: Fórum, 2007.

JACOBY FERNANDES, Jorge Ulisses. *Sistema de registro de preços e pregão presencial e eletrônico*. 2. ed. Belo Horizonte: Fórum, 2005.

JUSTEN FILHO, Marçal. *Comentários à Lei de Licitações e contratos administrativos*. 14. ed. São Paulo: Dialética, 2010.

JUSTEN FILHO, Marçal. *Pregão:* comentários à legislação do pregão comum e eletrônico. 4. ed. São Paulo: Dialética, 2005.

KOURY, Suzy Elizabeth Cavalcante. *A desconsideração da personalidade jurídica (disregard doctrine) e os grupos de empresas*. 2. ed. Rio de Janeiro: Forense, 2000.

LIMA, Denise Hollanda Costa. *Terceirização na administração pública*: as cooperativas de trabalho. Belo Horizonte: Fórum, 2007.

LOVELAND, Ian. *Constitutional law, administrative law and human Rights*. 7. ed. Londres: Oxford University Press, 2015.

MAFFINI, Rafael. *Direito administrativo*. 3. ed. São Paulo: Revista dos Tribunais, 2009.

MARANHÃO, Mauriti; MACIEIRA, Maria Elisa Bastos. *Os indicadores nossos de cada dia*: avaliação quantitativa do desempenho organizacional. São Paulo: Baraúna, 2015.

MARTINS COSTA, Judith. As cláusulas gerais como fatores de mobilidade do sistema jurídico. *Revista dos Tribunais*, v. 28, n. 112, out./dez. 1991.

MAXIMILIANO, Carlos. *Hermenêutica e aplicação do direito*. 19. ed. Rio de Janeiro: Forense, 2007.

MENDES, André Luiz; BASTOS, Patrícia Reis Leitão. Um aspecto polêmico dos orçamentos de obras públicas: benefícios e despesas indiretas. *Revista do Tribunal de Contas da União*, n. 88, abr./ jun. 2001.

MILESKI, Helio Saul. *O controle da gestão pública*. 2. ed. Belo Horizonte: Fórum, 2011.

MOREIRA NETO, Diogo de Figueiredo. *Novo referencial no direito administrativo: do controle da vontade ao do resultado*. In: FÓRUM DE CONTROLE DA ADMINISTRAÇÃO PÚBLICA, 3., Rio de Janeiro, 08 ago. 2006.

MOREIRA NETO, Diogo de Figueiredo. Novos institutos consensuais da ação administrativa. *Revista de Direito Administrativo*, Rio de Janeiro, 2003.

MOREIRA NETO, Diogo de Figueiredo. Novas tendências da democracia: consenso e direito público na virada do século; o caso brasileiro. *Revista Eletrônica sobre a Reforma do Estado* – RERE, n. 13, mar./mai 2008.

MOREIRA NETO, Diogo de Figueiredo. *Mutações de direito administrativo*. Rio de Janeiro: Renovar, 2007.

MOREIRA, Egon Bockmann. Desenvolvimento econômico, políticas públicas e pessoas privadas: passado, presente e futuro de uma perene transformação. *Revista de Direito do Estado*, n. 3, abr./ jun. 2008.

MOREIRA, José Carlos Barbosa. Regras de experiência e conceitos jurídicos indeterminados. In: MOREIRA, José Carlos Barbosa. *Temas de direito processual*: segunda série. São Paulo: Saraiva, 1988.

MOTTA, Carlos Pinto Coelho. *Eficácia nas licitações e contratos*. 10. ed. Belo Horizonte: Del Rey, 2005.

MOTTA, Carlos Pinto Coelho. *Licitação e contrato administrativo*. Belo Horizonte: Lê, 1990.

MOTTA, Fabrício. Sanções. In: GASPARINI, Diogenes (Coord.). *Pregão presencial e eletrônico*. Belo Horizonte: Fórum, 2006.

MUSETTI GROTTI, Dinorá Adelaide. A participação popular e a consensualidade na Administração Pública. *Revista de Direito Constitucional e Internacional*, São Paulo, ano 10, n. 39, 2002.

NIEBUHR, Joel de Menezes. *Pregão presencial e eletrônico*. 4. ed. Curitiba: Zênite, 2006.

OLIVEIRA, Gustavo Justino; SCHWANKA, Cristiane. *A administração consensual como a nova face da administração pública no século XXI*: fundamentos dogmáticos, formas de expressão e instrumentos de ação. Disponível em: <http://www.conpendi.org/anais_salvador.html>. Acesso em: 29 jul. 2010.

PEREIRA JUNIOR, Jessé Torres. *Comentários à lei das licitações e contratações da administração pública*. 8. ed. Rio de Janeiro: Renovar, 2009.

PEREIRA JUNIOR, Jessé Torres. *Controle judicial da administração pública*: da legalidade estrita à lógica do razoável. 2. ed. Belo Horizonte: Fórum, 2005.

PEREIRA JUNIOR, Jessé Torres. *Temas de direito administrativo sob tutela judicial no estado democrático eficiente*. Rio de Janeiro: Renovar, 2010.

PEREIRA JUNIOR, Jessé Torres (Coord.). *Comentários ao sistema legal brasileiro de licitações e contratos administrativos*. São Paulo: NDJ, 2016.

PEREIRA JUNIOR, Jessé Torres. *Da reforma administrativa constitucional*. Rio de Janeiro: Renovar, 1999.

PEREIRA JUNIOR, Jessé Torres; DOTTI, Marinês Restelatto. *Convênios e outros instrumentos de "administração consensual" na gestão pública do século XXI*: restrições e ano eleitoral. 3. ed. Belo Horizonte: Fórum, 2015.

PEREIRA JUNIOR, Jessé Torres; DOTTI, Marinês Restelatto. *Limitações constitucionais da atividade contratual da Administração Pública*. Sapucaia do Sul: Notadez, 2011.

PEREIRA JUNIOR, Jessé Torres; DOTTI, Marinês Restelatto. *Comentários ao RDC integrado ao sistema brasileiro de licitações e contratações pública*. Rio de Janeiro: Renovar, 2015.

PEREIRA JUNIOR, Jessé Torres; DOTTI, Marinês Restelatto. Responsabilidade da comissão de licitação, do pregoeiro e de sua equipe de apoio. *Biblioteca Digital Fórum de Contratação e Gestão Pública – FCGP*, Belo Horizonte, ano 10, n. 115, jul. 2011. Disponível em: <http://www.bidforum.com.br/bid/PDI0006.aspx?pdiCntd=73938>.

PEREIRA JUNIOR, Jessé Torres; DOTTI, Marinês Restelatto. Tratamento diferenciado às microempresas, empresas de pequeno porte e sociedades cooperativas nas contratações públicas, segundo as cláusulas gerais e os conceitos jurídicos indeterminados acolhidos na Lei Complementar nº 123/06 e no Decreto Federal nº 6.204/07. *Fórum de Contratação e Gestão Pública – FCGP*, Belo Horizonte, ano 7, n. 74, fev. 2008.

PINTO, Élida Graziane. *Financiamento de direitos fundamentais*. Belo Horizonte: O Lutador, 2010.

RANDERS, Jorgen. *2052*: uma previsão global para os próximos quarenta anos. Tradução André Luiz Sherrill de Lemos. White River Junction: Clube de Roma/ Chelsea Green Publishing, 2012.

REQUIÃO, Rubens. *Curso de direito comercial*. 18. ed. São Paulo: Saraiva, 1988. v. 1.

ROCHA, Cármen Lúcia Antunes. *Constituição e segurança jurídica*. Belo Horizonte: Fórum, 2004.

ROCHA, Eduardo Dias. *Sanções administrativas aplicáveis a licitantes e contratados*. São Paulo: Dialética, 1997.

SANCHIS, Luis Prieto. *Justicia constitucional y derechos fundamentales*. 2. ed. Madri: Trota, 2009.

SANDULLI, Maria Alessandra. *Le sanzioni aministrative pecuniarie*. Napoli: Jovene, 1983.

SANTA MARIA, Paulo Ernesto Pfeifer. *Preço global em obras públicas*: licitações e projeto básico. Belo Horizonte: Fórum, 2007.

SANTOS, Murillo Giordan; BARKI, Teresa Villac Pinheiro. *Licitações e contratações públicas sustentáveis*. Belo Horizonte: Fórum, 2011.

SCHIRATO, Vitor Rhein; PALMA, Juliana Bonacorsi. Consenso e legalidade: vinculação da atividade administrativa consensual ao Direito. Biblioteca *Digital Revista Brasileira de Direito Público* – RBDP, Belo Horizonte, ano 7, n. 27, 2009. Disponível em: <http://www.editoraforum.com.br/bid/bidConteudoShow.aspx?idConteudo=64611>.

SILVEIRA, Angélica Moreira Dresch da. A repactuação contratual na administração pública federal: o posicionamento da Advocacia-Geral da União e a atual jurisprudência do TCU. *Biblioteca Digital Fórum de Contratação e Gestão Pública* – FCGP, Belo Horizonte, ano 8, n. 89, maio 2009. Disponível em: <http://www.bidforum.com.br/bid/PDI0006.aspx?pdiCntd=57560>.

SORRENTINO, Giancarlo. *Diritti e partecipazione nell'amministrazione di resultado*. Napoli: Scientifica, 2003.

SOUTO, Marcos Juruena Villela. *Direito Administrativo em debate* – 2ª série. Rio de Janeiro: Lumen Juris, 2007.

THEODORO JÚNIOR, Humberto. *Curso de Direito Processual Civil*. 12. ed. Rio de Janeiro: Forense, 1993.

USTÁRROZ, Daniel. *Responsabilidade contratual*. 2. ed. São Paulo: Revista dos Tribunais, 2007.

USTÁRROZ, Daniel. *Temas atuais de direito contratual*. Sapucaia do Sul: Notadez, 2010.

VIEIRA, Antonieta Pereira. et al. *Gestão de contratos de terceirização na administração pública*: teoria e prática. 4. ed. Belo Horizonte: Fórum, 2010.

VOLTOLINI, Ricardo. *Conversas com líderes sustentáveis*. São Paulo: Senac, 2011.

WATANABE, Ricardo. *Desconsideração da personalidade jurídica no âmbito das licitações*. Disponível em: <http://www.direitonet.com.br>.

ZANCANER, Weida. *Da consolidação e da invalidação dos atos administrativos*. 3. ed. São Paulo: Malheiros, 2008.

ZYGMUNT, Bauman. *Medo líquido*. Rio de Janeiro: Zahar, 2008.

ZYMLER, Benjamin. *Direito administrativo e controle*. Belo Horizonte: Fórum, 2006.

Esta obra foi composta em fonte Palatino Linotype, corpo 10
e impressa em papel Offset 75g (miolo) e Supremo 250g (capa)
pela Gráfica e Editora O Lutador, em Belo Horizonte/MG.